D1700075

Mohamed Ferid
ABD-EL SALAM
Färbergraben 4
Tel. 0 89 / 260 92 52
D - 80331 MÜNCHEN

Oda Buchholz, Wilfried Fiedler,
Gerda Uhlisch

Wörterbuch
Albanisch–Deutsch

LANGENSCHEIDT · VERLAG ENZYKLOPÄDIE
Leipzig · Berlin · München · Wien · Zürich · New York

10. Auflage 1999
© 1977 Verlag Enzyklopädie Leipzig
© 1992 Langenscheidt · Verlag Enzyklopädie Leipzig, Berlin, München
Druck: Offizin Andersen Nexö Leipzig — ein Betrieb der
Interdruck Graphischer Großbetrieb GmbH
Printed in Germany
ISBN 3-324-00250-8

Vorwort

Dieses Wörterbuch enthält etwa 30 000 Stichwörter. Es spiegelt vor allem den Wortschatz der seit dem Orthographiekongreß von 1972 normierten albanischen Standardsprache wider. Bis zu einem gewissen Grad werden jedoch auch ältere schriftsprachliche Varianten des Albanischen berücksichtigt. Besonders sollen die Hinweise auf den Seiten 15f. („Häufige orthographische Varianten") und 17ff. („Charakterisierung des gegischen Dialekts") den Benutzer in die Lage versetzen, leichtere Texte auch aus der Zeit vor 1972 zu lesen. In dem durch den Umfang des Buches gegebenen Rahmen werden idiomatische Verwendungen dargestellt sowie Hinweise auf sachliche und stilistische Anwendungsbereiche geboten. Geographische Namen, Bezeichnungen von Münzen und Gewichten sowie Abkürzungen sind in das alphabetische Wörterverzeichnis aufgenommen worden.

Das Wörterbuch enthält auf den Seiten 649–739 einen relativ vollständigen Überblick über die Grammatik der albanischen Gegenwartssprache. Im Wörterverzeichnis werden bei den einzelnen Stichwörtern die für die Deklination der Nomina erforderlichen Angaben gebracht: bestimmte Form, Genus und Pluralform bei den Substantiven, feminine Form und – wo erforderlich – Puralformen bei den Adjektiven. Bei den Verben wird mit Ziffern auf die Konjugationstabellen S. 699–739 verwiesen. Die Angaben dort ermöglichen es dem Benutzer, sämtliche Verbformen zu erkennen und zu bilden.

Bei der Erarbeitung der vorliegenden Auflage ließen sich Verfasser und Verlag von dem Bestreben leiten, die sprunghaft gestiegene Nachfrage nach dem Wörterbuch möglichst rasch zu befriedigen. Der Entwicklung des albanischen Wortschatzes seit dem Erscheinen der ersten vier Auflagen konnte deshalb nur in groben Zügen Rechnung getragen werden. Auch wurde darauf verzichtet, in die Erstausgabe aufgenommene Varianten von Wörtern und grammatischen Formen zu streichen, denn man findet sie auch noch in Veröffentlichungen der jüngsten Zeit, selbst wenn sie der Norm nicht mehr entsprechen.

Verfasser und Verlag

Inhaltsverzeichnis

Hinweise für die Benutzung 9
Alphabet und Aussprache 14
Häufige orthographische Varianten 15
Charakterisierung des gegischen Dialekts 19
Regeln zur Silbentrennung 23
Abkürzungen 25
Wörterverzeichnis 27
Grammatik 649

Literaturverzeichnis

Fjalor i gjuhës shqipe, Tirana 1954.
Niko H. Gjini: Fjalor shqip-greqisht. Tirana 1971.
R. Koçi, A. Kostallari, Dh. Shkendi: Fjalor i shkurtër shqip-rusisht. Moskau 1954.
L. Tamás: Albán-magyar szótár. Budapest 1953.
A. Leotti: Dizionario Albanese-Italiano. Roma 1937.
M. Lambertz: Albanisch-deutsches Wörterbuch. Berlin 1954.
E. Çabej: Studime rreth etimologjisë së gjuhës shqipe. In: Buletin i Universitetit Shtetëror të Tiranës, Seria Shkencat Shoqërore 4, 1960 ff.
Fjalor i terminologjisë tekniko-shkencore 1-12. Tirana 1963.
Drejtshkrimi i gjuhës shqipe. Tirana 1973.
I. Mitrushi: Drurët dhe shkurret e Shqipërisë. Tirana 1955.
M. Ndreca: Fjalor shqip-serbokroatisht. Prishtina 1976.

Hinweise für die Benutzung

Auswahl der Stichwörter

Ausgehend von dem Tatbestand, daß es kein albanisch-deutsches Wörterbuch gibt, das die moderne albanische Literatursprache umfaßt, muß das vorliegende Wörterbuch einem weiten Kreis an der albanischen Sprache Interessierter dienen. Deshalb enthält es nicht nur Wörter des täglichen Lebens einschließlich umgangssprachlicher und idiomatischer Ausdrücke, sondern auch wichtige Fachausdrücke aus Wissenschaft und Technik, soweit sie in populärwissenschaftlichen Veröffentlichungen, Zeitungen und in der schönen Literatur vorkommen. Die Auswahl gründet sich auf die wichtigsten albanischen Wörterbücher, in erster Linie auf das « Fjalor i gjuhës shqipe ».

Die Autoren haben darüber hinaus aus Presse und Literatur Wortgut aufgenommen, um vor allem den neueren Wortschatz besser zu erfassen.

Anordnung der Stichwörter

Die Stichwörter sind alphabetisch geordnet. Bei jedem Stichwort wird die Betonung durch einen *Akzent* (') gegeben.

Orthographisch übereinstimmende Stichwörter gleichen Stammes werden aus Gründen der Raumersparnis nach Möglichkeit zusammengefaßt, wobei die Wortarten durch *römische Zahlen* (**I., II.** usw.) unterschieden werden.

    kyç I. -i *Subst*/m, *Pl* -e Schlüssel *m* ...; **II.** 14 *tr* schließen ...

Derjenige Teil des Wortes, der den nachfolgenden Wörtern gemeinsam ist, wird durch einen *senkrechten Strich* (|) abgetrennt und bei den nachfolgenden Wörtern durch *Bindestrich* (-) ersetzt. Der *Bindestrich* wird nur bei grammatischen Angaben verwendet und steht daher auch für das ganze Wort, wenn dieses keinen senkrechten Strich enthält.

    punó|n ...; -het
lies **punón** ...; **punóhet**

    pún|ë ...; -a
lies **púnë** ...; **púna**

    puním ...; *Pl* -e
lies **puním** ...; **puníme**

In den Beispielen und Wendungen wird das Stichwort durch die *Tilde* (~) ersetzt, auch wenn dieses einen senkrechten Strich (|) enthält.

    punón ...; ~ **árën**
lies **punón** ...; **punón árën**

punëtór ...; klása ~e
lies punëtór ...; klása punëtóre

pún|ë ...; mbrójtja e ~s
lies pún|ë ...; mbrójtja e púnës

Das *Gleichheitszeichen* (=) wird verwendet für Verweise von einem Stichwort auf ein Synonym.

shkurtaláq -i *m*, *Pl* -ë *od* -a = shkurtabiq
rehát *Adv* = rahat

Der *Verweispfeil* (→) wird bei unregelmäßigen Wortformen eingesetzt. Er verweist auf das Stichwort, zu dessen Paradigma die Wortform gehört.

kúaj *Pl* → kálë
dháshë *53 1. Pers Sg Aorist Indikativ Aktiv* → jep

Der *Doppelpunkt* (:) steht nach Stichworten, die nur in Wendungen vorkommen.

Die *runde Klammer* ( ) gibt bei den deutschen Wörtern eine Einschränkung der Bedeutung an.

rríhet ...; befruchten *(Fische)*

Bei den albanischen Wörtern gibt sie bei Adjektiven, Pronomen und Substantiven den vorgestellten Artikel, bei Verben einen obligatorischen Kasus oder eine Präposition an.

dhímbet (i) ...
lies i dhímbet ...

Aufbau der Artikel

Wörter gleicher Schreibweise aber verschiedener Herkunft werden durch *hochgestellte Zahlen* unterschieden, z.B. [1]kalorí, [2]kalorí. Bei jedem Stichwort werden die Wortarten durch *römische Zahlen* (**I., II.** usw.) geschieden. Unterschiedliche Bedeutungen eines albanischen Wortes im Deutschen werden in der Regel durch *arabische Zahlen* (**1., 2., 3.** usw.) geschieden. Deutsche Äquivalente werden durch *Komma* oder *Semikolon* getrennt, wobei ein Komma auf eine engere, ein Semikolon auf eine weitere Zusammengehörigkeit hinweist. *Wendungen* folgen unmittelbar nach der Bedeutung, zu der sie gehören.
Bisweilen kann der Begriffsinhalt eines albanischen Wortes nur mit Hilfe zusätzlicher Attribute im Deutschen wiedergegeben werden. Wenn im Deutschen keine entsprechenden Ausdrücke für albanische Wörter existieren oder die übliche Übersetzungsart zu Mißverständnissen führen könnte, wurde eine kurze Definition des albanischen Ausdruckes gegeben.
Ein schwieriges Problem besteht darin, umgangssprachliche oder familiäre Ausdrücke zu behandeln, da hier vielfach die entsprechenden Ausdrücke im Deutschen fehlen. Daher werden oft Übersetzungen für albanische

Wörter, die verschiedenen Sprachschichten angehören, im hochsprachlichen Deutsch wiedergegeben.

Idiomatische Redensarten und *phraseologische Wendungen* werden unter dem Stichwort eingefügt, zu dem sie entsprechend ihrer Grundbedeutung am ehesten gehören. Es wurde versucht, Wendungen und Redensarten durch entsprechende deutsche Wendungen wiederzugeben. Wenn kein deutsches Äquivalent gefunden wurde, gibt das Wörterbuch eine sinngemäße Übersetzung.

Bei jedem deutschen Substantiv wird das Genus angegeben.

Grammatische Angaben folgen jeweils nach dem albanischen Stichwort: **Substantiv.** Das Stichwort steht im Nominativ, es folgt der bestimmte Artikel (Artikelendung), die Genusangabe, die nur für den Singular gilt, und die Pluralendung. Das Wörterbuch strebt dabei an, sich auf die in der Schriftsprache gebrauchten Formen zu beschränken, verzichtet aber nicht auf umgangssprachlich besonders häufig vorkommende Formen.

    pún|ë -a *f*, *Pl* -ë ...
lies **púnë, púna** *f*, *Pl* **púnë** ...
    Arbeit, die Arbeit, Arbeiten

    punëtór -i *m*, *Pl* -ë ...
lies **punëtór, punëtóri** *m*, *Pl* **punëtórë** ...
    Arbeiter, der Arbeiter, Arbeiter

Bei Substantiven, die außer der Artikelendung auch noch einen *vorangestellten Artikel* haben, steht dieser nach der Artikelendung.

    mítur -i (i) *m* ...
lies **i mítur, i míturi** *m* ...
    Minderjähriger, der Minderjährige

Stehen unter einem substantivischen Stichwort noch andere Wortarten, so gilt der *senkrechte Strich* nur für die grammatischen Angaben zum Substantiv.

    sëmúr|ë I. -i (i) *Subst/m*, ...; **II.** (i) *Adj* ...
lies **sëmúrë I. i sëmúrë, i sëmúri** *Subst/m* ...; **II. i sëmúrë** *Adj*

Adjektiv. Das Stichwort ist die maskuline Form im Nominativ. Bei Adjektiven mit dem *vorangestellten Artikel* folgt nach dem Stichwort der Artikel. Steht der *maskuline Artikel* (i), so bedeutet das, daß die maskuline und feminine Form des Adjektivs übereinstimmen.

    mírë (i) *Adj* ...
lies **i mírë, e mírë** ...

Gibt es unterschiedliche maskuline und feminine Formen der Adjektive, so folgt die feminine Endung und der *feminine Artikel* (e) nach dem maskulinen Artikel (i).

    sót|ëm (i), -me (e) *Adj* ...
lies **i sótëm, e sótme** ...

Hinweise für die Benutzung

Bei einem *artikellosen Adjektiv* folgt nach dem Stichwort die *feminine Endung*.

    komuníst, -e *Adj* ...
lies **komuníst, komuníste** ...

Der *Plural* wird nur bei wenigen unregelmäßigen Adjektiven im Wörterbuch verzeichnet. Die Regeln zur Pluralbildung der Adjektive sind dem grammatischen Anhang zu entnehmen.

Wenn Adjektiv und **Adverb** gleichlautend sind und das Adjektiv einen vorangestellten Artikel hat, fehlt dieser beim Adverb.

    mírë I. (i) *Adj* ...; **II.** *Adv* ...
lies **mírë I. i mírë, e mírë** *Adj* ...; **II. mírë** *Adv* ...

Wenn gleichlautende Adjektive und Adverbien in der Bedeutung nicht unterschieden sind, wurde die Wortart Adverb nicht aufgenommen.

Pronomen. Das Stichwort steht im Nominativ. Bei Pronomina *mit Artikel* steht die maskuline Form (i), was — wie bei den Adjektiven — bedeutet, daß die maskuline und feminine Form der Pronomina übereinstimmen.

    saj (i) *Poss Pron* ...
lies **i saj, e saj** ...
    këtíllë (i) *Dem Pron* ...
lies **i këtíllë, e këtíllë** ...

Wird das maskuline oder feminine Genus bei Pronomina nicht nur durch den Artikel gekennzeichnet, — besonders im Plural — so steht die *feminine Endung* nach dem Stichwort.

    mi, -a (e, të) *Poss Pron* ...
lies **e mi, të mi, e mía, të mía** ...

    tjér|ë, -a (e, të) *Indef Pron* ...
lies **e tjérë, të tjérë, e tjéra, të tjéra** ...

Nur wenn das deutsche Äquivalent nicht eindeutig ist, werden weitere grammatische Angaben gemacht.

    atá *Pers Pron/Pl/m* ...
lies **atá** sie
    ajó *Pers Pron/Sg/f* ...
lies **ajó** sie

Verb. Das Stichwort ist die 3. Person Singular Präsens Indikativ Aktiv, die im Deutschen in der Regel durch den Infinitiv wiedergegeben wird. Die *Zahl* nach dem Stichwort (1, 2, 14, 20 usw.) kennzeichnet das Paradigma, nach dem das Verb konjugiert wird. Bei allen Verben wird angegeben, ob sie *transitiv* (tr) oder *intransitiv* (itr) sind.

    punón 1 *itr* ...; *tr* ...
    hap 14 *tr* ...

Die Form, die als *reflexiv* (refl) gekennzeichnet ist, ist bei passivfähigen transitiven Verben gleichzeitig die *Passivform*. Diese Formen werden in der Regel nicht angeführt, wenn sich ihre Bedeutung nur aus den Passiväquivalenten zum transitiven Verb ergibt.

Wenn das Stichwort nicht in der 3. Person Singular Präsens Indikativ Aktiv steht, werden nach der Zahl für das Paradigma die entsprechenden Kategorien angegeben.

 dháshë 53 *1. Pers Sg Aorist Indikativ Aktiv* ...

Steht hinter der Zitierform des Verbs **(i)** oder **(më)**, so steht (i) für eine beliebige Dativ-Kurzform des Personalpronomens.

 dhímbet (i) ...
lies **më dhímbet** er (sie, es) tut mir leid
lies **të dhímbet** er (sie, es) tut dir leid
lies **i dhímbet** er (sie, es) tut ihm (ihr) leid

Grammatische Kategorien oder Wortarten, die das Deutsche nicht kennt, wurden kurz erläutert. Ansonsten wird der Benutzer gebeten, sich im grammatischen Anhang zu informieren.

Alphabet und Aussprache

Das albanische Alphabet besteht aus den folgenden 36 Buchstaben.

Buchstabe	Phonetische Transkription	Aussprache (Beispiele werden nur dann gegeben, wenn die Aussprache oder die Schriftzeichen vom Deutschen abweichen)
a	[a]	
b	[b]	
c	[ts]	wie « z » in Zange
ç	[tʃ]	wie « tsch » in Peitsche
d	[d]	
dh	[ð]	wie stimmhaftes englisches « th » in that
e	[ɛ]	wie offenes « e » in fett
ë	[ə]	betont: ähnlich dem offenen « ö » in öffnen, unbetont: wie « e » in Gabe
f	[f]	
g	[g]	
gj	[d,]	palatales « d » ähnlich « dj »; vergleichbar ungarisch « gy » in magyar, russisch дь in ведьма
h	[h]	
i	[i]	
j	[j]	
k	[k]	
l	[l]	
ll	[ł]	wie russisch « л » in лоб
m	[m]	
n	[n]	wie « n » in nein; vor g und k: wie « n » in Zange
nj	[n,]	palatales « n » wie in russisch дань oder нет
o	[ɔ]	offenes « o » wie in offen
p	[p]	
q	[t,]	palatales « t » ähnlich « tj » wie in der deutschen Interjektion tja
r	[r]	kurzes Zungen-r
rr	[r:]	stark gerolltes Zungen-r
s	[s]	stimmloses « s » wie « ss » in Rosse oder « ß » in Fluß
sh	[ʃ]	wie « sch » in Schule
t	[t]	
th	[θ]	wie stimmloses englisches « th » in thing
u	[u]	
v	[v]	wie « w » in Wein

x	[dz]	wie stimmhaftes italienisches «z» bzw. «zz» in mezzo
xh	[dʒ]	wie stimmhaftes englisches «j» in John
y	[y]	wie «ü» in Tür
z	[z]	wie stimmhaftes «s» in Rose
zh	[ʒ]	wie französisches «j» in journal

Anmerkungen

Konsonantismus: Stimmhafte Konsonanten werden häufig am Wortende stimmlos gesprochen, z.B. kënd [kənt]; breg [brɛk], korb [kɔrp], zogj [zɔt,]. Am Silbenende tritt diese Erscheinung normalerweise nicht auf, z.B. kënddrejtë [kənddrejtə), bregdet [brɛgdɛt].
Innerhalb der Betonungseinheiten (Wörter bzw. Wörter + enklitische Elemente) werden stimmlose Konsonanten vor stimmhaften stimmhaft, stimmhafte vor stimmlosen stimmlos, z.B. s'dua [zdua], s'bën [zbən]; mund ta bëj [munt:abəj].

Vokalismus: In der modernen albanischen Literatursprache gilt die Quantität der Vokale nicht als phonologisch relevant (außer bei ue = u: und ye = y:). Unbetonte Vokale sind stets kurz. Betonte Vokale in geschlossenen Silben sind kurz, z.B. mik [mik], plep [plɛp], betonte Vokale in offenen Silben halblang, z.B. miku [mi·ku], plepi [plɛ·pi], ka [ka·]. Es kommen jedoch auch kurze Vokale in offenen Silben vor, z.B. ajo [ajɔ], edhe [ɛðɛ], ata [ata].

Diphthonge sind úa, ýe, íe; ue und ye sind phonetisch keine Diphthonge, sondern lange Vokale [u:] bzw. [y:].

Betonung: Die Betonung hat dynamischen Charakter. Grundsätzlich weist das Albanische eine freie Betonung auf. Es lassen sich jedoch die folgenden Grundregeln geben:
1. In den meisten Fällen wird die vorletzte Silbe betont.
2. Innerhalb eines Paradigmas eines Verbs, Nomens oder Pronomens ändert sich die Tonstelle meist nicht.
3. In der Regel läßt sich die Tonstelle wie folgt ableiten: bei den Substantiven und substantivischen Adjektiven aus der bestimmten Form des Nominativs Singular, bei den Verben aus der 3. Person Plural Präsens, bei den Pronomen aus dem Dativ Plural. Diese Formen sind jeweils auf der vorletzten Silbe betont, z.B. plep / plépi «Pappel», i párë / i pári «erster», punój / punóni «arbeiten», këtó / këtýre «diese».

Ausnahmen zu 1: gewisse indeklinable Wörter wie edhé, amán... sind endbetont;

Ausnahmen zu 2: gewisse Pluralbildungen bewirken eine Verschiebung der Tonstelle, z.B. njerí / njérëz, lúmë / luménj;

Ausnahmen zu 3: Bei den unter «Ausnahmen zu 2» genannten Fällen läßt sich die Betonung aller Singularformen aus dem bestimmten Nominativ Singular, die Betonung aller Pluralformen aus dem unbestimmten

Nominativ Plural (bei Betonungsverschiebung zum Wortanfang hin, z.B. njerí / njeríu, aber njérëz / njérëzve) oder aus dem Dativ Plural (bei Betonungsverschiebung zum Wortende hin, z.B. lúmë / lúmi, aber luménj / luménjve) bilden.

Bei Substantiven und Adjektiven auf -ur, -ull und bei denen auf -ë+ Konsonant, die ihr -ë beim Hinzutreten von Suffixen nicht verlieren, läßt sich die Tonstelle nicht aus der bestimmten, sondern aus der unbestimmten Form des Nominativs Singular, die auf der vorletzten Silbe betont ist, bilden, z.B. ávull / ávulli, i búkur / i búkuri, bréshër / bréshëri, dhjétësh / dhjétëshi.

Hiervon können Fremdwörter abweichen, z.B. kangúr / kangúri « Känguruh ».

Häufige orthographische Varianten

Die nachstehende Tabelle soll dem Benutzer helfen, bei der Lektüre älterer literatursprachlicher bzw. schrifttoskischer Texte die relativ großen Schwierigkeiten zu meistern, die sich aus der unterschiedlichen Schreibung vieler Wörter ergeben. Diese Varianten sind z.T. rein orthographisch bedingt, z.T. resultieren sie aus unterschiedlicher Aussprache in den Mundarten, bei Fremdwörtern vor allem auch aus verschiedenen Entlehnungsquellen. Im Wörterbuchteil sind nur die besonders oft in den neueren Texten vorkommenden Varianten bei bestimmten Wörten angeführt.

In der Tabelle wird in der Regel an erster Stelle die seltenere, an zweiter Stelle die häufigere Schreibung, die meist auch in das Wörterbuch eingegangen ist, angegeben. Vielfach, jedoch nicht durchgängig, entsprechen die an erster Stelle angeführten Varianten nicht mehr der literatursprachlichen Norm, die auf dem Orthographie-Kongreß von 1972 festgelegt wurde.

Die Varianten können häufig in unterschiedlichen lautlichen Umgebungen vorkommen, z.T. sind sie an bestimmte Umgebungen gebunden. Hier werden nur die Varianten näher gekennzeichnet, die am Wortende bzw. vor stimmlosen Konsonanten auftreten.

Die Schreibung	entspricht	Beispiele
av	au	Kavkaz = Kaukaz
c	s	cfilit = sfilit
c	z	cbut = zbut
ç	c	çentral = central
ç	sh	çkarkim = shkarkim
ç	tsh	i çudiçëm = i çuditshëm
-ç	-xh	borç = borxh
ç	zh	çbën = zhbën
d	nd	dan = ndan
dh	d	dhialekt = dialekt
ev	eu	plevrit = pleurit
eu	ev	europian = evropian
ë	Ø *)	kupëton = kupton
ë	e	vënd = vend
ëll	ull	kukëll = kukull
f	th	fëngjill = thëngjill
-f	-v	urof = urov
g	gj	agenturë = agjenturë
g	k	guzhinë = kuzhinë

*) Ø steht für einen eliminierten oder nicht vorhandenen Laut.

Häufige orthographische Varianten

gn	nj	ignorancë = injorancë
gj	xh	ingjinier = inxhinier
gj+Vokal	gi+Vokal	filologjia = filologia
h	Ø *)	harushë = arushë
i+Vokal	j+Vokal	spiegon = spjegon
i	y	lip = lyp
j	nj	lumej = lumenj
j+Vokal	i+Vokal	ambicjoz = ambicioz
j	Ø *	shtëpija = shtëpia
je	ie	e djelë = e diel
-k	-g	i lik = i lig
kc	ks	akcion = aksion
ks	kz	eksekutiv = ekzekutiv
kv+Vokal	ku+Vokal	akvarel = akuarel
l	ll	dola = dolla
ll	l	monollog = monolog
mb	m	të mbëdha = të mëdha
nj	gn	manjetofon = magnetofon
nj	j	çonj = çoj
nj+Vokal	ni+Vokal	thënje = thënie
-p	-b	qelp = qelb
-q	-gj	zoq = zogj
r	rr	robë = rrobë
rr	r	shterr = shter
s	ns	istitut = institut
s	z	sbut = zbut
-s	-z	mëngjes = mëngjez
sm	zm	kosmik = kozmik
-sh	-zh	grupash = grupazh
-t	-d	munt = mund
th	t	theologji = teologji
-th	-dh	dreth = dredh
u	ue	i dëgjushëm = i dëgjueshëm
ua	o	punëtuar = punëtor
x	z	xbut = zbut
y	i	krymb = krimb
y	ye	i pathyshëm = i pathyeshëm
zh	j	inzheksion = injeksion
Ø *)	ë	antar = anëtar
Ø *)	h	çou = çohu
Ø *)	j	hie = hije

---

*) Ø steht für einen eliminierten oder nicht vorhandenen Laut.

Charakterisierung des gegischen Dialekts

Das vorliegende Wörterbuch basiert auf dem Wortschatz und auf der Morphologie der albanischen Literatursprache der Gegenwart, in die auch gegische Elemente eingegangen sind, in der aber die toskischen Elemente überwiegen. Die folgende kurze Übersicht soll den Benutzer dabei unterstützen, sich in moderneren schriftgegischen Texten zurechtzufinden; sie genügt nicht für ein vollständiges Verständnis der gegischen Texte, namentlich dann nicht, wenn diese in der nordwestgegischen Variante oder in Mundarten abgefaßt sind. Nicht berücksichtigt werden hier Varianten, die auch innerhalb der literatursprachlichen Texte auftreten, und die sich z.T. bei gegischen Texten in stärkerem Maße zeigen, z.B. y statt **i**, **f** statt **th**; vgl. dazu die Tabelle der häufigen orthographischen Varianten.

Vokalismus

Die Schreibung	entspricht	Beispiele
ê	e	pê = pe
ê	ë	vê = vë (ve)
î	i	mullî — mulli
ẏ	y	sẏ = sy
û	u	hû = hu
â	ë	zâ = zë
i (betont)	ë	nji = një
ue	ua	grue = grua
uer	or	puntuer = punëtor
vo	va	i vorfën = i varfër

Konsonantismus

Der wichtigste Unterschied besteht im sogenannten *Rhotazismus* **n → r**. Der Wandel des älteren, im Gegischen bewahrten **n** zu **r** im Toskischen tritt normalerweise in intervokalischer Stellung ein. Durch späteren Vokalausfall erscheint heute ein Gegensatz gegisch **n**, toskisch **r** auch in anderen Positionen:

zâni = zëri
gjylpanë = gjilpërë
anmik = armik
i veshun = i veshur

Die wichtigsten morphologischen Unterschiede

Futurbildung: Im Gegischen kommt neben der in der Literatursprache üblichen Futurbildung mit der Partikel do+Konjunktiv auch eine Bildung mit der konjugierten Form des Hilfsverbs ka « haben »+Infinitiv vor.

Futur

gegisch	*literatursprachlich*
kam me punue	do të punoj
ke me punue	do të punosh
ka me punue	do të punojë
kemi me punue	do të punojmë
keni me punue	do të punoni
kanë me punue	do të punojnë

Futur Imperfekt (Konditional)

gegisch	*literatursprachlich*
kisha me punue	do të punoja
kishe me punue	do të punoje
kish(te) me punue	do të punonte
kishim me punue	do të punonim
kishit me punue	do të punonit
kishin me punue	do të punonin

Imperfektbildung: Neben den in der Schriftsprache üblichen Suffixen zur Bildung des Imperfekts kommt im Gegischen eine Reihe anderer Suffixe vor; hier nur ein Beispiel des Verbparadigmas 1:

gegisch	*literatursprachlich*
punojsha	punoja
punojshe	punoje
punonte	punonte
punojshim	punonim
punojshit	punonit
punojshin	punonin

Bildung des Partizips: Während es im Toskischen und in der Literatursprache der Gegenwart nur ein Partizip gibt, kennt das Gegische *zwei Formen*, eine kürzere und eine längere, deren Funktionsbereich unterschiedlich ist. Während die *kürzere* zur Bildung der periphrastischen Verbalformen (Perfekt, Plusquamperfekt usw.) sowie der infiniten Formen (Infinitiv, Gerundium usw.) dient, wird die *längere* nur gelegentlich — vor allem mundartlich — in dieser Funktion verwendet. In partizipialer Funktion und in den aus Partizipien abgeleiteten Nomina kommt sie ausschließlich vor. Im übrigen ist die Bildung der Partizipien im Gegischen und in der Literatursprache unterschiedlich:

	gegisch	literatursprachlich
Typ 1: punoj		
Perfekt *(1. Pers Sg)*	kam **punue** *	kam **punuar**
Infinitiv	me **punue** *	—
Gerundium	tue **punue** *	duke **punuar**
Partizip	**punuem**	**punuar**
Adjektiv	i **punuem**	i **punuar** « bearbeitet »
Typ 5/6: fryn	kam **frŷ**	kam **fryrë**
	me **frŷ**	—
	tue **frŷ**	duke **fryrë**
	frym	**fryrë**
	i **frym**	i **fryrë** « aufgeblasen »
Typ 14: hap	kam **hapë**	kam **hapur**
	me **hapë**	—
	tue **hapë**	duke **hapur**
	hapun	**hapur**
	i **hapun**	i **hapur** « offen »
Typ 35: pi	kam **pi**	kam **pirë**
	me **pi**	—
	tue **pi**	duke **pirë**
	pimun	**pirë**
	i **pimun**	i **pirë** « getrunken; betrunken »

Infinitiv: Der größte strukturelle Unterschied zwischen dem Gegischen und der albanischen Schriftsprache besteht in der Existenz und häufigen Verwendung des aus der Partikel *me+der kurzen Form des Partizips* (z.T. mundartlich auch der langen Form) bestehenden Infinitivs. Er wird vor allem in folgenden Satztypen verwendet:

Imperativsätze: **Me u shtërngue**, burra, si të mundi. « Anstrengen, Männer, so sehr ihr könnt. »

Fragesätze: (deliberative und polemische): Mendojsha, a thue **me krye** punën mâ parë apo **me lexue** letrat? « Ich dachte, soll ich erst die Arbeit tun oder die Briefe lesen? » Gjithë qyteti flet e unë mos **me dijtë** gjâ? « Die ganze Stadt spricht davon, und ich sollte nichts wissen? »

Konzessivsätze: Sado vonë **me ra**, ai çohet herët në mëngjez. « Wie spät er auch schlafen geht, steht er doch früh am Morgen auf. »

Potentiale Relativsätze: As tradhtuer nuk gjêjshin qi **me i prî**. « Sie fanden auch keinen Verräter, der sie hätte führen können. »

Finalsätze: Vajta në pazar (për) **me blemë** zarzavate. « Ich ging zum Markt, um Gemüse zu kaufen. »

---

* mundartlich auch: kam punuem, me punuem, tue punuem usw. So auch bei den anderen Typen.

Subjekt- und Objektsätze: **Me punue**, âsht detyrë e njeriut. «Zu arbeiten ist die Pflicht des Menschen.» Kam vendosë **me** i **hŷ** mësimit të rusishtes. «Ich habe beschlossen, das Erlernen der russischen Sprache zu beginnen.»

Attributsätze: Erdhi koha **me fjetë**. «Die Zeit zum Schlafengehen ist gekommen.»

Fallsetzung im Konditionalgefüge: **Me** ju **pa** mjeshtri, kishte **me** ju **bërtitë**. «Wenn euch der Meister sähe, würde er euch schelten.»

Regeln zur Silbentrennung

Das **Silbentrennungszeichen** wird durch ein Divis (-) wiedergegeben.

1. Grundregeln für albanische und fremde Wörter

Nichtzusammengesetzte (einfache) Wörter werden *nach Sprechsilben* getrennt.

kaf-shë, i la-rë, kon-gre-si, re-vo-lu-cio-nar.

Zusammengesetzte Wörter werden *nach ihren sprachlichen Bestandteilen* getrennt.

he-kur-udhë (*nicht:* heku-rudhë), mos-ardh-je (*nicht:* mo-sardh-je), për-emër (*nicht:* pë-re-mër), bashk-at-dhe-tar (*nicht:* ba-shkatdhetar).

1.1. *Zwei gleiche* Buchstaben, die in einem Wort zusammentreffen, werden am Ende der Zeile getrennt.

i pa-anshëm, ko-operativë, vaku-um, hesht-te, kundër-revolucion.

1.2. *Einsilbige* Wörter werden nie getrennt.

afsh, bulkth, kënd, shkrumb, vrull.

2. Trennung von Konsonanten

2.1. Ein *einzelner* Konsonant kommt immer auf die folgende Zeile (vgl. aber 1.).

lu-le, ndri-çim, de-ti, do-ra, li-sat, mi-ku.

2.1.1. Die Verbindungen dh, gj, ll, nj, rr, sh, th, xh, zh werden nicht getrennt und wie ein einzelner Konsonant behandelt, da sie einen Laut bezeichnen.

bre-dhi, për-gjak-shëm, po-pu-lli, xi-xë-llo-nja, ba-rra.

2.1.2. Steht der Konsonant -j- vor einem anderen Konsonanten, kommt der nachfolgende Konsonant auf die folgende Zeile.

kuj-tim, laj-thi, maj-tas, mbruj-ta, vaj-ta.

2.2. Stehen *mehrere* Konsonanten zwischen zwei Vokalen, ist die Silbentrennung am Ende der Zeile frei, jedoch muß mindestens der letzte Konsonant mit dem folgenden Vokal zusammen auf die nächste Zeile kommen. Bei zwei oder mehr Möglichkeiten für die Silbentrennung vermeide man jedoch möglichst sinnentstellende Trennungen.

ko-dra *od* kod-ra, shu-fra *od* shuf-ra, ve-pra *od* vep-ra, po-sta *od* pos-ta, vi-shnje *od* vish-nje, la-vdi *od* lav-di, ek-skursion *od* eks-kursion, të-mblat *od* tëm-blat *od* tëmb-lat, hë-ngra *od* hën-gra *od* hëng-ra.

2.2.1. Dies gilt jedoch nicht für Zusammensetzungen mit *Präfixen* und *Suffixen*, die — wie alle Zusammensetzungen — nach ihren *sprachlichen Bestandteilen* getrennt werden.

korr-je, i kë-tej-më, i brend-shëm, i pa-vdek-shëm, e për-koh-shme, i pes-të, të nga-dal-shmit.

3. Trennung von Vokalen

3.1. Ein *einzelner* Vokal wird nicht getrennt. Zweisilbige Wörter, von denen eine Silbe nur aus einem Vokal besteht, sind deshalb nicht trennbar.

acid (*nicht:* a-cid), urë (*nicht:* u-rë), shkoi (*nicht:* shko-i), li-ria (*nicht:* li-ri-a), Shqi-pë-ria (*nicht:* Shqi-përi-a).

3.2. *Zwei* aufeinanderfolgende Vokale werden getrennt, wenn es sich um zwei Silben handelt.

vëlla-it, ka-ut, mi-ell, shi-ut, blu-aj, dy-er, ly-ej.

3.2.1. Bei *Fremdwörtern* gibt es zwei Möglichkeiten der Trennung von zwei aufeinanderfolgenden Vokalen.

ku-adër *od* kua-dër, sku-adër *od* skua-dër, ku-otë *od* kuo-të.

3.2.2. Bei Wörtern auf -ues/-yes werden die beiden Vokale nach Möglichkeit nicht getrennt.

mësue-si, përkthye-sit, sulmue-sin.

Abkürzungen

Abk	Abkürzung	*Fot*	Fotografie
Abl	Ablativ	*Fut*	Futur
abs	absolut	*Gartenb*	Gartenbau
Adj	Adjektiv	*gebr.*	gebräuchlich
Adm	Admirativ	*Gen*	Genitiv
Adv	Adverb	*Geogr*	Geographie
Akk	Akkusativ	*Geol*	Geologie
Akt	Aktiv	*Geom*	Geometrie
alt	veraltet	*Gesch*	Geschichte
amtl	amtlich	*Gesellsch*	Gesellschafts-
Anat	Anatomie		wissenschaften
Aor	Aorist	*Ggs*	Gegensatz
Archäol	Archäologie	*Gramm*	Grammatik
Art	Artikel	*Handw*	Handwerk
Astr	Astronomie	*Hausw*	Hauswirtschaft
Bauw	Bauwesen	*Hdl*	Handel
Bergb	Bergbau	*Hilfsv*	Hilfsverb
bes.	besonders	*hist*	historisch
best	bestimmt	*Imp*	Imperativ
Bez	Bezeichnung	*Imperf*	Imperfekt
Biol	Biologie	*Indef Pron*	Indefinitpronomen
Bot	Botanik	*Indekl*	Indeklinabilium
Buchw	Buchwesen	*Inf*	Infinitiv
bzw., *bzw*	beziehungsweise	*Interj*	Interjektion
Chem	Chemie	*Interr Pron*	Interrogativprono-
Dat	Dativ		men
Dekl	Deklination	*iron*	ironisch
Dem Pron	Demonstrativpro-	*itr*	intransitiv
	nomen	*Jh.*	Jahrhundert
dgl.	dergleichen	*jmd.*	jemand
d.h.	das heißt	*jmdm.*	jemandem
dial	mundartlich	*jmdn.*	jemanden
Eig	Eigenname	*jmds.*	jemandes
Eisenb	Eisenbahn	*Jur*	Rechtswissenschaft
El	Elektrotechnik	*Kart*	Kartenspiel
etw., *etw*	etwas	*Kfz*	Kraftfahrzeug
f	feminin	*Kochk*	Kochkunst
fam	familiär	*Komp*	Komparativ
Fin	Finanzwesen	*Konj*	Konjunktion
Flugw	Flugwesen	*Kurzf, Kzf*	Kurzform
Forstw	Forstwirtschaft	*Landw*	Landwirtschaft

Abkürzungen

Ling	Linguistik	*refl*	reflexiv
Lit	Literatur	*Refl Pron*	Reflexivpronomen
m	maskulin	*reg*	gebietsweise
Mal	Malerei	*Rel*	Religion
Mar	Schiffahrt	*Rel Pron*	Relativpronomen
Math	Mathematik	*Sg*	Singular
Med	Medizin	*Sport*	Sportwissenschaft
Met	Meteorologie	*Subst*	Substantiv
Metr	Metrik	*Suff*	Suffix
Mil	Militärwesen	*Sup*	Superlativ
Min	Mineralogie	*Tech*	Technik
Mus	Musik	*Tel*	Telegrafie
Myth	Mythologie	*Text*	Textilwirtschaft
n	neutral	*Theat*	Theater
Nahr	Nahrungswesen	*tr*	transitiv
Naturw	Naturwissenschaft	*TV*	Fernsehen
Nom	Nominativ	*Typ*	Typographie
Num	Numerale	u., *u*	und
od., *od*	oder	*u.a.*	und andere(s)
Opt	Optik	*u.ä.*	und ähnliche(s)
Päd	Pädagogik	*übertr*	übertragen
Part	Partizip	*u.dgl.*	und dergleichen
Pass	Passiv	*umg*	umgangssprachlich
Perf	Perfekt	*unbest*	unbestimmt
pers	persönlich	*ungebr*	ungebräuchlich
Pers	Person	*unpers*	unpersönlich
Pers Pron	Personalpronomen	*unreg*	unregelmäßig
Pharm	Pharmazie	usw., *usw*	und so weiter
Phil	Philosophie	*verächtl*	verächtlich
Phon	Phonetik	*Verk*	Verkehrswesen
Phys	Physik	*Verw*	Verwaltung
Pl	Plural	*Vet*	Veterinärmedizin
Pol	Politik	*vgl.*	vergleiche
pop	populär	*vulg*	vulgär
Poss Pron	Possessivpronomen	*Wirtsch*	Wirtschaft
Präf	Präfix	*Wiss*	Wissenschaft
Präp	Präposition	z.B.	zum Beispiel
Präs	Präsens	*Zool*	Zoologie
Prät	Präteritum	*Zus*	Zusammen-
Pron	Pronomen		setzung(en)
Psych	Psychologie		

A

¹a *Gramm Fragepartikel;* ~ **vjen?** kommst du?
²a *Konj* oder; **sot** ~ **nesër** heute oder morgen; ~ ... ~ entweder ... oder; ~ **unë** ~ **ti** entweder ich oder du
abá -ja *f, Pl* – Art Wollstoff
abací -a *f, Pl* – Abtei *f*
abanóz -i *m* Ebenholz *n*
abát -i *m, Pl* -ë *od* -ër Abt *m*
abazhúr -i *m, Pl* -e Lampenschirm *m*
abdés -i *m rituelle Waschung der Mohammedaner vor dem Gebet*
abdikím -i *m, Pl* -e Abdankung *f*
abdikón 1 *itr* abdanken
abé -ja *f, Pl* – Schatten *m;* Trugbild *n*, Phantom *n*
abecé -ja *f* Abc *n*, Alphabet *n*
abetár -i *m, Pl* -ë = **abetare**
abetár|e -ja *f, Pl* -e Fibel *f*, Lesebuch *n für die erste Klasse*
ablatív -i *m Gramm* Ablativ *m*
abnegacIón -i *m, Pl* -e Selbstverleugnung *f*
aboním -i *m, Pl* -e Abonnement *n*
abonó|n 1 *tr* abonnieren; **-het** *refl* Abonnent sein
abonúar I. -i (i) *Subst/m, Pl* – (të) Abonnent *m*; II. (i) *Adj* abonniert
abórt -i *m, Pl* -e *Med* Abortus *m*, Abtreibung *f*
abrásh, -e *Adj* blond, weißblond; gesprenkelt, getüpfelt; sommersprossig; *Zool* gescheckt, gefleckt
abrogím -i *m, Pl* -e *Gesellsch* Aufhebung *f* eines Gesetzes, Abrogation *f*
abrogón 1 *tr* ein Gesetz aufheben, abrogieren
absolút, -e *Adj* absolut
absolutísht *Adv* absolut, unbedingt
absolutíz|ëm -mi *m* Absolutismus *m*
absorbím -i *m, Pl* -e Absorption *f*

absorbón 1 *tr* absorbieren
abstením -i *m, Pl* -e Stimmenthaltung *f*
abstenón 1 *itr* sich der Stimme enthalten
abstragón 1 *itr* abstrahieren
abstraksión -i *m, Pl* -e Abstraktion *f*
abstrákt, -e *Adj* abstrakt; **emër** ~ *Gramm* Abstraktum *n*
absúrd, -e *Adj* absurd, widersinnig; unvernünftig
absurditét -i *m, Pl* -e Absurdität *f;* Verrücktheit *f*, Dummheit *f*
abshís|e -ja *f Math* Abszisse *f*
abuzím -i *m, Pl* -e Mißbrauch *m*; ~ **i detyrës** Amtsmißbrauch
abuzón 1 *tr* mißbrauchen; *itr* ~ **në** maßlos sein in
¹**acár** -i *m, Pl* -e Stahl *m*
²**acár** I. -i *Subst/m* Frost *m*, strenge Kälte *f*; II. -e *Adj* 1. *Met* scharf, rauh, frostig; 2. rein, klar; *übertr* streng, schroff, scharf; **foli** ~ er sprach in scharfem Ton
acarí -a *f, Pl* – 1. Frost *m*, Frostwetter *n*, strenge Kälte *f*; 2. Schärfe *f*, Strenge *f*; *übertr* ~ **në veshje** übertriebene Eleganz *f*
acarím -i *m, Pl* -e 1. Zuspitzung *f*, Verschärfung *f*; 2. Not *f*, Zwangslage *f*; 3. Entzündung *f*, Schwären *n einer Wunde*
acarón 1 *tr* verschärfen, zuspitzen; ~ **telat** die Saiten spannen
acarúar (i) *Adj* verschärft, zugespitzt; verschlimmert
acetík, -e *Adj Chem* Essig-; **acid** ~ Essigsäure *f*
acetilén -i *m, Pl* -e Azetylen *n*
acíd I. -i *Subst/m, Pl* -e Säure *f*; ~ **borik** Borsäure; ~ **karbonik** Kohlensäure; ~ **sulfurik** Schwefelsäure; II. -e *Adj Chem* sauer

aciditét -i *m Chem* Säuregrad *m*
açík, -e *Adj* klar, deutlich; hell
adaptím -i *m, Pl* -e Anpassung *f*, Adaption *f*
adaptó|n 1 *tr* anpassen, adaptieren; **-het** (i) *refl* sich anpassen
adásh -i *m, Pl* -ë Namensvetter *m*
aderím -i *m, Pl* -e *Pol* Angliederung *f*; Beitritt *m*
aderón 1 *itr* sich anschließen; beitreten
adét -i *m, Pl* -e **1.** Gewohnheit *f*, Brauch *m*; **e kam** ~ es ist bei mir so Brauch; **2. -e** *Pl Med* Menstruation *f*, Mensis *f*
adezión -i *m Phys* Adhäsion *f*
adjektív -i *m, Pl* -e *Gramm* Adjektiv *n*, Eigenschaftswort *n*
adjutánt -i *m, Pl* -ë Adjutant *m*
administrát|ë -a *f, Pl* -a Verwaltung *f*; Verwaltungsbehörde *f*
administratív, -e *Adj* administrativ, Verwaltungs-; **këshill** ~ Verwaltungsrat *m*
administratór -i *m, Pl* -ë Verwalter *m*
administrím -i *m, Pl* -e Verwaltung *f*; Regierung *f*, Regieren *n*
administrón 1 *tr* verwalten, administrieren
admirál -i *m, Pl* -ë Admiral *m*
admiraliát -i *m, Pl* -e Admiralität *f*
admiratív -i *m, Pl* -e *Gramm* Admirativ *m*
admirón 1 *tr* bewundern, anbeten, verehren
admirúar (i) *Adj* bewundert, verehrt, angebetet
admirúes -i *m, Pl* – Bewunderer *m*, Anbeter *m*, Verehrer *m*
admirúesh|ëm (i), -me (e) *Adj* bewundernswert, anbetungswürdig
adoptím -i *m, Pl* -e **1.** Adoption *f*, Annahme *f* an Kindes Statt; **2.** Annahme eines Gesetzes
adoptív, -e *Adj* Adoptiv-; **djalë** ~ Adoptivsohn *m*
adoptón 1 *tr* **1.** adoptieren, an Kindes Statt annehmen; **2.** ein Gesetz annehmen
adrenalín|ë -a *f Chem* Adrenalin *n*
adrés|ë -a *f, Pl* -a Adresse *f*, Anschrift *f*
adresón 1 *tr* adressieren
Adriatík I. -u *Subst/m* Adria *f*; **II.** -e *Adj* adriatisch; **deti** ~ die Adria, das Adriatische Meer
advérb -i *m, Pl* -e Adverb *n*, Umstandswort *n*
adhurím -i *m Rel* Anbetung *f*, Verehrung *f*
adhurón 1 *tr Gott* anbeten, verehren
adhurúesh|ëm (i), -me (e) *Adj* anbetungswürdig, verehrungswürdig
aerodinamík, -e *Adj* aerodynamisch
aerodinamík|ë -a *f* Aerodynamik *f*
aerodróm -i *m, Pl* -e Flugplatz *m*, Flughafen *m*
aerolít -i *m, Pl* -e Aerolith *m*, Meteorit *m*
aeronautík|ë -a *f* Aeronautik *f*
aeroplán -i *m, Pl* -ë Flugzeug *n*; ~ **gjuajtës** Jagdflugzeug; ~ **vëzhgimi** Aufklärungsflugzeug, Aufklärer *m*; ~ **bombardimi** Bombenflugzeug, Bomber *m*
aeroplanmbártës|e -ja *f, Pl* -e Flugzeugträger *m*
aeropórt -i *m, Pl* -e Flughafen *m*
aerostát -i *m, Pl* -e *Flugw, Met* Ballon *m*
afaríst I. -i *Subst/m, Pl* -ë *od* -a **1.** Geschäftemacher *m*; **2.** Geschäftsmann *m*; Geschäftspartner *m*; **II.** -e *Adj* kommerziell, Handels-
afát -i *m, Pl* -e Zeitpunkt *m*, Termin *m*; Frist *f*; **para** ~ **it** vorfristig; **me** ~ **të shkurtër** kurzfristig; **me** ~ **të gjatë** langfristig; **brënda** ~ **it** fristgemäß
afatgjátë *Adj* langfristig
afazí -a *f* Aphasie *f*
afetár, -e *Adj* areligiös
áfër I. (i) *Adj* nah; **II.** *Adv* nahe,

daneben; etwa; ~ **20 vjet** etwa 20 Jahre; **III.** *Präp (mit Abl)* neben, bei; ~ **meje** neben mir
Afërdít|ë -a *f* Morgenstern *m*
afërí -a *f*, *Pl* – Verwandtschaft *f*
áfërm I. (i), -e (e) *Adj* nah, nächst; **së ~i** von nahem, aus der Nähe; *übertr* **jemi të ~** wir sind verwandt; **II.** -it (të) *Subst/Pl* Verwandte *Pl*
afërméndsh *Adj* deutlich, klar, naheliegend
afërsí -a *f*, *Pl* – Nähe *f*; *Pl* Umgebung *f*, Umgegend *f*; **në ~të e Berlinit** in der Berliner Umgebung
afërsísht *Adv* etwa, ungefähr
áfërt (i) *Adj* = i **áfërm**
Afganistán -i *m* Afghanistan *n*
afinitét -i *m Chem* Affinität *f*
afión -i *m* Opium *n*
afirmím -i *m* Bestätigung *f*; Konsolidierung *f*; Bewährung *f*
afirmó|n 1 *tr in einer Meinung* bestärken; bestätigen **-het** *refl* sich bewähren; sich bestätigen
afirmúar (i) *Adj* bewährt, anerkannt
afísh|e -ja *f*, *Pl* -e Plakat *n*, Maueranschlag *m*
afishím -i *m*, *Pl* -e Plakatankleben *n*
afishón 1 *tr* Plakate ankleben
aforíz|ëm -mi *m*, *Pl* -ma Aphorismus *m*
áfrazi *Adv* nahe, von nahem
afrésk|ë -a *f*, *Pl* -a Freskomalerei *f*
afrikán I. -i *Subst/m*, *Pl* -ë Afrikaner *m*; **II.** -e *Adj* afrikanisch
Afrík|ë -a *f* Afrika *n*
afrím -i *m*, *Pl* -e **1.** Herannahen *n*, Näherung *f*; **2.** Annäherung *f*, Kontakt *m*, Berührung *f*
afró *Adv* etwa, fast, ungefähr
afro-aziatík, -e *Adj* afroasiatisch
afró|n 1 *tr* näher bringen; *itr* näherkommen; **-het** *refl* sich nähern; sich näherkommen; übereinstimmen
afrúar (i) *Adj* genähert, nahegekommen; nett, herzlich, freundlich

afrúesh|ëm (i), -me (e) *Adj* = i **afruar**
afsh -i *m*, *Pl* -e **1.** Hitze *f*, Glut *f*; heißer Atem *m*; **2.** Geruch *m*; **3.** Leidenschaft *f*; **me ~** leidenschaftlich
áftë (i) *Adj* geeignet, fähig, tauglich; **i ~ për shërbimín ushtarak** wehrdiensttauglich
aftësi -a *f*, *Pl* – Fähigkeit *f*
ag -u *m* **1.** Dämmerung *f*; **~u i dritës** das Morgengrauen; *übertr* Schleier *m*, Nebelschleier; **2.**: **~u i syrit** die Pupille
agá -i *m*, *Pl* -llárë Aga *m*
agésh|ë -a *f*, *Pl* -a *Frau eines Agas*
agím -i *m*, *Pl* -e Morgengrauen *n*, Morgendämmerung *f*; **~ boreal** *od* **~ polar** Nordlicht *n*
agnosticíz|ëm -mi *m* Agnostizismus *m*
agnúsh|e -ja *f*, *Pl* -e Gelber Enzian *m*
agón 1 *unpers* tagen, dämmern *(Tag)*
agoní -a *f* Agonie *f*, Todeskampf *m*
agrár, -e *Adj* agrarisch, landwirtschaftlich, Agrar-
agraro-industriál, -e *Adj* Agrar-Industrie-
agregát -i *m*, *Pl* -e Aggregat *n*
agrép -i *m*, *Pl* -ë Skorpion *m*
agresión -i *m*, *Pl* -e Aggression *f*; Angriff *m*, Überfall *m*
agresív, -e *Adj* aggressiv, angriffslustig, herausfordernd
agresór -i *m*, *Pl* -ë Aggressor *m*, Angreifer *m*
agrikultúr|ë -a *f* Agrikultur *f*
agrobiologjí -a *f* Agrobiologie *f*
agronóm -i *m*, *Pl* -ë Agronom *m*
agronomí -a *f* Agronomie *f*
agronomík, -e *Adj* agronomisch
agrotekník, -e *Adj* agrotechnisch
agrotekník|ë -a *f* Agrotechnik *f*
agrúme -t *Pl* Agrumi *Pl*, Zitrusgewächse *Pl*; Zitrusfrüchte *Pl*

agrumerrítës -i *m*, *Pl* – Anbauer *m*, Züchter *m von Zitrusfrüchten*

aguliç|e -ja *f*, *Pl* -e Schlüsselblume *f*

aguridh|e -ja *f*, *Pl* -e unreife Traube *f*; *übertr* unreifer Mensch *m*

agushí -a *f* Schwüle *f*, drückende Hitze *f*

agúshtë (i) *Adj* schwül, drückend heiß; **tym i** ~ stickiger Rauch

agzót -i *m* Schießpulver *n*

agjencí -a *f*, *Pl* – Agentur *f*, Geschäftsstelle *f*; ~ **telegrafike** Nachrichtenagentur *f*; **Agjencia Telegrafike Shqiptare (ATSH)** Albanische Nachrichtenagentur

agjént -i *m*, *Pl* -ë *od* -a **1.** Agent *m*, Handelsagent, Vertreter *m*; ~ **diplomatik** diplomatischer Vertreter; **2.** Agent, Spion *m*

agjentúrë -a *f*, *Pl* -a Agentenwesen *n*; Spionagenetz *n*

agjërím -i *m*, *Pl* -e Fasten *n*; **mban** ~ fasten

agjërón 1 *itr* fasten

agjitación -i *m*, *Pl* -e Agitation *f*

agjitatív, -e *Adj* agitatorisch, Agitations-

agjitatór -i *m*, *Pl* -ë Agitator *m*

agjitón 1 *tr*, *itr* agitieren

¹**ah** **I.** -u *Subst/m*, *Pl* -e Ach *n*, Weh und Ach; **e zuri** ~**u i nënës** ihn traf der Fluch der Mutter; **II.** *Interj* ach!

²**ah** -u *m*, *Pl* -e *od* -a Buche *f*

ahéng -u *m*, *Pl* ahéngje Unterhaltung *f mit Volksmusik;* Volksmusikgruppe *f*

ahére *Adv* **1.** damals, früher; **2.** dann

ahísht|ë -a *f*, *Pl* -a Buchenwald *m*

ahmárrës **I.** -i *Subst/m*, *Pl* – Rächer *m*; **II.** -e *Adj* rächend, Blutrache übend

ahmárrj|e -a *f*, *Pl* -e Rache *f*; Blutrache

ahtë (i) *Adj* Buchen-; **dru të ahta** Buchenholz *n*

ahúr -i *m*, *Pl* -e Stall *m*; Scheune *f*

aí *Pers Pron*, *Dem Pron* er; jener

ajásme -t *Pl Med* Ziegenpeter *m*

ajáz|ëm -ma *f*, *Pl* -ma **1.** Weihwasser *n*; **2.** Ausflugsziel *n im Grünen*

áj|ër -ri *m* Luft *f*; ~ **i shtypur** Druckluft

ájk|ë -a *f* Rahm *m*, Sahne *f*; Wollfett *n*; *übertr* Blüte *f*, Creme *f*, Elite *f*

ajó *Pers Pron*, *Dem Pron* sie; jene

ajr -i *m* = **ajër**

ajrím -i *m*, *Pl* -e Lüften *n*; Ventilation *f*, Lüftung *f*

ajrís 21 *tr* lüften

ajrísj|e -a *f*, *Pl* -e Lüftung *f*; Lüften *n*

ajrón 1 *tr* lüften; entlüften; belüften

ajrór, -e *Adj* Luft-; **flotë** ~**e** Luftflotte *f*; **postë** ~**e** Luftpost *f*; **vijë** ~**e** Luftlinie *f*; **mbrojtje** ~**e** Luftschutz *m*

ajrór|e -ja *f*, *Pl* -e Ventilator *m*

ajrós 21 *tr* = **ajron**

ajrósj|e -a *f*, *Pl* -e = **ajrisje**

ajsbérg -u *m*, *Pl* -ë = **ajzberg**

ajzbérg -u *m*, *Pl* -ë Eisberg *m*

akácj|e -a *f*, *Pl* -e Falsche Akazie *f*, Robinie *f*

akademí -a *f*, *Pl* – Akademie *f*; ~ **e shkencave** Akademie der Wissenschaften

akademík **I.** -u *Subst/m*, *Pl* -ë Akademiemitglied *n*; **II.** -e *Adj* akademisch

akademíst -i *m*, *Pl* -ë *od* -a Student *m* *einer Akademie*

akademíz|ëm -mi *m* Akademismus *m*

akcént -i *m*, *Pl* -e Betonung *f*, Nachdruck *m*, Akzent *m*; *Gramm* Akzent

akçésh|ë -a *f*, *Pl* -a Köchin *f*

akçí -u *m*, *Pl* – *od* -nj Koch *m*

akçihané -ja *f, Pl* – Lokal *n*, kleines Restaurant *n*

akëcil|i, -a *Indef Pron* der und der; ein gewisser

akëkú *Adv* da und da

akëkúsh *Indef Pron* = **akëcili**

aklimatizím -i *m* Anpassung *f*, Akklimatisation *f*

aklimatizó|n 1 *tr* anpassen, akklimatisieren; **-het** *refl* sich anpassen, sich akklimatisieren

akllaí -a *f, Pl* – Nudelholz *n*; Teigrolle *f*

akóma *Adv* noch; schon

akompanjím -i *m, Pl* -e *Mus* Begleitung *f*

akompanjón 1 *tr auf Musikinstrumenten* begleiten

akórd -i *m, Pl* -e *Mus, Wirtsch* Akkord *m*

akordím -i *m, Pl* -e **1.** Stimmen *n von Musikinstrumenten*; Übereinstimmung *f*, Gleichklang *m*; **2.** Vergabe *f*, Vergeben *n*; Erteilung *f*; Herausgabe *f*, Auslieferung *f*; **3.** Bestimmung *f*, Festsetzung *f*

akordón 1 *tr* **1.** *Mus* stimmen; **2.** bestimmen, festlegen; abstimmen; **3.** ausliefern; erteilen; **4.** *itr* gleichlauten, gleichklingen

akreditím -i *m, Pl* -e Akkreditierung *f*, Beglaubigung *f*

akreditón 1 *tr* akkreditieren, beglaubigen

akreditúar (i) *Adj* akkreditiert

akrép -i *m, Pl* -e *od* -ë **1.** Skorpion *m*; **2.** Uhrzeiger *m*

akrobací -a *f, Pl* – **1.** Akrobatik *f*; **2. -ra** *Pl* Tricks *Pl*, Schwindelei *f*

akrobát -i *m, Pl* -ë Akrobat *m*

akrobatík, -e *Adj* akrobatisch

akropól -i *m, Pl* -e *hist* Akropolis *f*

aks -i *m, Pl* -e Achse *f*; ~ **i rrotullimit** Drehachse

aksesór, -e *Adj* seitlich, neben-; zweitrangig; ergänzend

aksidént -i *m, Pl* -e Unfall *m*; Panne *f*; unglücklicher Zufall *m*

aksidentalísht *Adv* infolge eines Unfalls; unglücklicherweise

aksióm|ë -a *f, Pl* -a *Math* Axiom *n*

aksión -i *m, Pl* -e **1.** Aktion *f*; Verfahren *n*; **2.** Aktie *f*

aksioníst -i *m, Pl* -ë Aktionsteilnehmer *m*

akshám -i *m* Abend *m*; Abendgebet *n* der Mohammedaner

akt -i *m, Pl* -e **1.** Handlung *f*, Tat *f*; Vorgang *m*; **2.** Akte *f*, Schriftstück *n*; ~ **i akuzës** Anklageschrift *f*; **3.** *Theat* Akt *m*

aktakuz|ë -a *f, Pl* -a *Jur* Anklageschrift *f*

aktív I. -i *Subst/m, Pl* -e **1.** Aktiv *n*; **2.** *Wirtsch* Aktiva *Pl*; II. -e *Adj* aktiv, tatkräftig, unternehmend; *Wirtsch* **bilanc** ~ Aktiva

aktivíst -i *m, Pl* -ë *od* -a Aktivmitglied *n*

aktivísht *Adv* energisch; aktiv, tatkräftig

aktivitét -i *m, Pl* -e Aktivität *f*, Tätigkeit *f*; Veranstaltung *f*

aktivizím -i *m, Pl* -e Aktivierung *f*

aktivizón 1 *tr* aktivieren, eine Wirkung verstärken; anregen

aktlíndj|e -a *f, Pl* -e Geburtsurkunde *f*

aktór -i *m, Pl* -ë Schauspieler *m*

aktór|e -ja *f, Pl* -e Schauspielerin *f*

aktorésh|ë -a *f, Pl* -a Schauspielerin *f*

aktshítj|e -a *f, Pl* -e Verkaufsurkunde *f*

aktuál, -e *Adj* aktuell, zeitgemäß; gegenwärtig

aktualitét -i *m, Pl* -e Aktualität *f*; gegenwärtige Lage *f*

akuarél -i *m, Pl* -e *Mal* Aquarell *n*

akuarelíst -i *m, Pl* -ë *od* -a Aquarellmaler *m*

akuariúm -i *m, Pl* -e Aquarium *n*

ákull -i *m, Pl* ákuj Eis *n*; *übertr*

është veshur ~ er ist nagelneu gekleidet; **i kam duart** ~ ich habe eiskalte Hände
akullím -i *m, Pl* -e Vereisung *f,* Gefrieren *n; Geol* Vereisung, Vergletscherung *f*
akullnáj|ë -a *f, Pl* -a Gletscher *m;* Inlandeis *n;* ~ **malore** Berggletscher
akulló|n 1 *tr* vereisen, gefrieren; **-het** *refl* zu Eis erstarren, vereisen
akullór|e -ja *f, Pl* -e Speiseeis, Eis *n*
ákullt (i) *Adj* Eis-; vereist, gefroren
akullthýes I. -i *Subst/m, Pl* – Eisbrecher *m;* II. -e *Adj* eisbrechend
akullthýes|e -ja *f, Pl* -e Eisbrecher *m*
akumulatór -i *m, Pl* -ë *Phys* Akkumulator *m*
akumulím -i *m, Pl*-e Akkumulation *f*
akumulón 1 *tr* akkumulieren
akustík, -e *Adj* akustisch; **nerv** ~ Hörnerv *m*
akustík|ë -a *f* Akustik *f*
akuzatív -i *m Gramm* Akkusativ *m*
akúz|ë -a *f, Pl* -a *Jur* Anklage *f*
akuzón 1 *tr Jur* verklagen; anklagen
akuzúar I. -i (i) *Subst/m, Pl* – (të) Angeklagter *m;* II. (i) *Adj* angeklagt
akuzúes -i *m, Pl* – Ankläger *m*
alabást|ër -ri *m* Alabaster *m*
alárm -i *m, Pl* -e Alarm *m,* Warnruf *m; Mil* Alarm, Alarmsignal *n;* **bën** ~ alarmieren; **jep** ~ **in** Alarm schlagen
alarmón 1 *tr* alarmieren; beunruhigen
alarmónjës I. -e *Adj* alarmierend; störend, beunruhigend; II. -i *Subst/m, Pl* – Panikmacher *m;* Störenfried *m*
albanológ -u *m, Pl* -ë Albanologe *m*
albanologjí -a *f* Albanologie *f*
albanologjík, -e *Adj* albanologisch
albúm -i *m, Pl* -e Album *n*
albumín|ë -a *f* Albumen *n,* Eiweiß *n*

albuminóz, -e *Adj* Eiweiß-; **struktura** ~ **e** die Eiweißstruktur
aleánc|ë -a *f, Pl* -a Allianz *f,* Bündnis *n*
aleát I. -i *Subst/m, Pl* -ë Alliierter *m,* Verbündeter *m;* II. -e *Adj* alliiert, verbündet
alegorí -a *f, Pl* – Allegorie *f,* Gleichnis *n*
alegorík, -e *Adj* allegorisch
Aleksandrí -a *f* Alexandria *n*
alergjí -a *f, Pl* – Allergie *f*
alezím -i *m, Pl* -e *Tech* Ausdrehung *f*
alezón 1 *tr Tech* ausdrehen
alfabét -i *m, Pl* -e Alphabet *n*
alfabetík, -e *Adj* alphabetisch
álg|ë -a *f, Pl* -a Alge *f*
algorít|ëm -mi *m, Pl* -me Algorithmus *m*
algjéb|ër -ra *f* Algebra *f*
algjebrík, -e *Adj* algebraisch
Algjér -i *m* Algier *n*
Algjerí -a *f* Algerien *n*
algjerián I. -i *Subst/m, Pl* -ë Algerier *m;* II. -e *Adj* algerisch
alibí -a *f Jur* Alibi *n*
aligatór -i *m, Pl* -ë Alligator *m*
alisív|ë -a *f* Waschlauge *f*
aliván *Indekl* Ohnmacht *f;* **i bie** ~ sie fällt in Ohnmacht
alivanóset 21 *refl* in Ohnmacht fallen
alivanósur I. (i) *Adj* ohnmächtig, bewußtlos; II. -i (i) *Subst/m, Pl* – (të) Bewußtloser *m*
alivér -i *m, Pl* -ë *Zool* Netzmagen *m*
alkál -i *m, Pl* -e Alkali *n*
alkaloíd -i *m, Pl* -e Alkaloid *n*
alkimí -a *f* Alchemie *f*
alkimíst -i *m, Pl* -ë *od* -a Alchemist *m*
alkoól -i *m, Pl* -e Alkohol *m*
alkoolík I. -e *Adj* alkoholisch; **pije** ~ **e** alkoholische Getränke; II. -u *Subst/m, Pl* -ë Alkoholiker *m*
alkoolíz|ëm -mi *m* Alkoholismus *m;* Trunksucht *f*
almíse -t *Pl* Handwerksgeräte *Pl;*

Ackerbaugeräte; ~t e vegut der Webstuhl
álo *Interj* hallo!
alpák|ë -a *f* Alpaka *n*
Álpet *Pl* die Alpen
alpín, -e *Adj* alpin; **këpucë** ~e Bergsteigerschuhe *Pl*
alpiníst -i *m*, *Pl* -ë *od* -a Alpinist *m*, Bergsteiger *m*
alpiníz|ëm -mi *m* Alpinistik *f*
altár -i *m*, *Pl* -ë *od* -e Altar *m*
alternatív, -e *Adj* alternativ, wechselweise, abwechselnd; **rrymë** ~e Wechselstrom *m*
alternatív|ë -a *f*, *Pl* -a Alternative *f*
alternatívisht *Adv* wechselweise, abwechselnd
alternatór -i *m*, *Pl* -ë Wechselstrommaschine *f*
alternúar (i) *Adj* alternierend
álto -ja *f Mus* Alt *m*
altoparlánt -i *m*, *Pl* -e Lautsprecher *m*; *übertr* Sprachrohr *n*
altoreliév -i *m*, *Pl* -e *Arch* Hochrelief *n*
altruíst I. -i *Subst/m*, *Pl* -ë *od* -a Altruist *m*; II. -e *Adj* altruistisch
altruíz|ëm -mi *m* Altruismus *m*
aludón 1 *itr* anspielen; ~ **tek...** auf ... anspielen
alumín -i *m* Aluminium *n*
aluzión -i *m*, *Pl* -e Anspielung *f*
alláh -u *m* Allah *m*
allçí -a *f* Gips *m*
allishverísh -i *m*, *Pl* -e Schacher *m*, Schieberei *f*; Geschäft *n*
amalgám|ë -a *f* Amalgam *n*
amán *Interj* Erbarmen!, ich flehe dich an!
amanét -i *m*, *Pl* -e Pfand *n*; Anvertrautes *n*; Aufbewahrung *f*; **lë** ~ a) jmdm. etw. od. jmdn. anvertrauen; b) jmdm. etw. zur Verwahrung geben; letzter Wille *m*, Vermächtnis *n*
amarilís -i *m* Amaryllis *f*

amatór -i *m*, *Pl* -ë Amateur *m*; Laienkünstler *m*
Amazón -i *m* Amazonas *m*
ambalázh -i *m*, *Pl* -e Verpackung *f*
ambasád|ë -a *f*, *Pl* -a Botschaft *f*; Botschaftsgebäude *n*
ambasadór -i *m*, *Pl* -ë Botschafter *m*; ~ **i jashtëzakonshëm e fuqiplotë** außerordentlicher und bevollmächtigter Botschafter
ambíci|e -a *f*, *Pl* -e Ambition *f*, Ehrgeiz *m*
ambición -i *m*, *Pl* -e Ambition *f*, Ehrgeiz *m*
ambicióz, -e *Adj* ambitiös, ehrgeizig, strebsam
ambícj|e -a *f* = **ambicie**
ambiént -i *m*, *Pl* -e Umgebung *f*, Umwelt *f*; *Gesellsch* Umgebung, Verhältnisse *Pl*
ambientóhet 1 *refl* sich eingewöhnen
ambrozí -a *f* Ambrosia *f*
ambulánc|ë -a *f*, *Pl* -a Ambulanz *f*, Ambulatorium *n*; Feldlazarett *n*
ambulánt, -e *Adj* ambulant, wandernd; **shítës** ~ Hausierer *m*; **bibliotekë** ~e Wanderbibliothek *f*
amél -i *m* Abführmittel *n*; **ka** ~ Durchfall haben
amendamént -i *m* *Jur* Besserung *f*
amerikán I. -i *Subst/m*, *Pl* -ë Amerikaner *m*; II. -e *Adj* amerikanisch
Amerík|ë -a *f* Amerika *n*; **Amerika Latine** Lateinamerika
¹**ám|ë** -a *f*, *Pl* -a 1. Quelle *f*; 2. Flußbett *n*; 3. Zinsleiste *f*, Tallon *m*
²**ám|ë** -a *f*, *Pl* -a Mutter *f*
amësí -a *f* Mutterschaft *f*
ámëz -a *f*, *Pl* -a 1. Matrikel *f*; 2. Mater *f*, Matrize *f*; 3. Duft *m*, Aroma *n*; 4. Bienenkönigin *f*
amfíbë -t *Pl* Amphibien *Pl*
amfiteát|ër -ri *m*, *Pl* -ra Amphitheater *n*
amiánt -i *m* Asbest *m*
amidón -i *m* *Chem* Stärke *f*
amín *Interj* Amen

amnezí -a *f* Amnesie *f*, Gedächtnisschwund *m*
amnistí -a *f* Amnestie *f*
amón|ë -a *f*, *Pl* -ë Amboß *m des Kupferschmieds*
amoniák -u *m* **1.** Ammoniak *n*; **2.** Salmiakgeist *m*
amorál, -e *Adj* unmoralisch
amórf, -e *Adj* amorph, gestaltlos
amortizím -i *m*, *Pl* -e Amortisation *f*
amortizó|n 1 *tr* amortisieren; **-het** *refl* sich amortisieren
ampér -i *m*, *Pl* -ë *Phys* Ampere *n*
ampermét|ër -ri *m*, *Pl* -ra Amperemeter *n*
ampúl|ë -a *f*, *Pl* -a Ampulle *f*
amputación -i *m*, *Pl* -e Amputation *f*
amshó|n 1 *tr* verewigen; **-het** *refl* sich verewigen
ámshtë (i) *Adj* geschmacklos, fad, nüchtern *(Speisen)*
amshtí -a *f* Fadheit *f*, Nüchternheit *f von Speisen*
amshúar (i) *Adj* ewig, unvergänglich
amshúesh|ëm (i), -me (e) *Adj* ewig, unvergänglich
amtár, -e *Adj*: **gjuhë ~ e** Muttersprache *f*
ámull *Adj*: **ujë ~** stehendes Gewässer
amullí -a *f* Stillstand *m*
amvís|ë -a *f*, *Pl* -a Hausfrau *f*
amvón|ë -a *f*, *Pl* -a Kanzel *f der Kirche*
ámz|ë -a *f*, *Pl* -a **1.** Register *n*, Namensverzeichnis *n*; **2.** Bienenkönigin *f*
an -i *m Anat* Gebärmutter *f*
anadétas -i *m*, *Pl* – Küstenbewohner *m*
anadollák **I.** -u *Subst/m*, *Pl* -ë *iron* Türke *m*, Anatolier *m*; **II.** -e *Adj* **1.** türkisch; **2.** *übertr* zurückgeblieben; hart, grausam
anakroník, -e *Adj* anachronistisch
anakroníz|ëm -mi *m*, *Pl* -ma Anachronismus *m*

anále -t *Pl* Annalen *Pl*, Jahrbuch *n*
analfabét -i *m*, *Pl* -ë Analphabet *m*
analfabetíz|ëm -mi *m* Analphabetentum *n*
analitík, -e *Adj* analytisch
analíz|ë -a *f*, *Pl* -a **1.** Analyse *f*, Zerlegung *f*; **~ elektrike** Elektrolyse *f*; **2.** Analyse, Untersuchung *f*
analizón 1 *tr* **1.** analysieren, zerlegen; **2.** analysieren, untersuchen
analizúesh|ëm (i), -me (e) *Adj* analysierbar
analóg, -e *Adj* analog, entsprechend
analogjí -a *f*, *Pl* – Analogie *f*, Entsprechung *f*
anamálas -i *m*, *Pl* – Bergbewohner *m*
ananás -i *m* Ananas *f*
anangáset 21 *refl* sich sputen, sich tummeln
anarkí -a *f* Anarchie *f*
anarkík, -e *Adj* anarchisch
anarkíst **I.** -i *Subst/m*, *Pl* -ë *od* -a Anarchist *m*; **II.** -e *Adj* anarchistisch
anarkíz|ëm -mi *m* Anarchismus *m*
ánas -i *m*, *Pl* – Ureinwohner *m*; **anasit** *Pl* die Urbevölkerung; die Einheimischen
anasjéll|ë -a *f Math* Inversion *f*
anasjélltas *Adv* entgegengesetzt, gegensätzlich, umgekehrt
anasjélltë (i) *Adj* entgegengesetzt, gegensätzlich, umgekehrt; **numra të ~** inverse Zahlen
anasón -i *m* Anis *m*
anatomí -a *f* Anatomie *f*
anatomík, -e *Adj* anatomisch
ancák -u *m*, *Pl* -ë Sims *m*, Konsole *f*; **~ i varur** *od* **~ me lajle** Schlußvignette *f*
ancúj|e -a *f*, *Pl* -e Anchovis *m*
andáj *Konj* deshalb, daher
andéj *Adv* von dort; drüben, jenseits; **~ këtej** da und dort
andéjm|ë (i), -e (e) *Adj* von dort kommend; jenseitig
andéjmi (së) *Adv* von dort

andéjsh|ëm (i), -me (e) *Adj* = i
andejmë
andéjza *Adv* = andej
Ándet *Pl* die Anden
andézaj *Adv* = andej
andráll|ë -a *f*, *Pl* -a Sorge *f*, Kopfzerbrechen *n*
andrí -a *f* landwirtschaftliche Geräte *Pl*
anekdót|ë -a *f*, *Pl* -a Anekdote *f*
anéks -i *m*, *Pl* -e Annex *m*, Anhang *m*; Anbau *m*
aneksím -i *m*, *Pl* -e Annexion *f*
aneksón 1 *tr* annektieren
anembánë *Adv* überall, allenthalben
anemí -a *f* Anämie *f*
anemík, -e *Adj* anämisch
anés|ë -a *f* Parteilichkeit *f*
anestetík, -e *Adj* anästhetisch, Narkose-
anestezí -a *f* Anästhesie *f*
án|ë -a *f*, *Pl* -ë 1. Seite *f*; Rand *m*; Bord *m* des *Schiffes*; ~ **e malit** Berghang *m*; ~ **e lumit** Flußufer *n*; **ana e mbarë** die rechte Seite *des Stoffes*; ~ **e borës** Nordseite; ~ **e shiut** Südseite; **~ t e trupit** die Körperteile; **nga njëra** ~ einerseits; **nga ana tjetër** andererseits; **nga ana e** ~**s** letzten Endes; 2. Gegend *f*; **nga të katër** ~**t** von überall her; ~ **e mbë**~ *od* ~ **e cekë** überall; 3. Seite, Partei *f*; **i mban** ~**n** jmdm. zur Seite stehen, für jmdn. Partei ergreifen; 4. Hilfe *f*, Mittel *n*; **me** ~ **të** *od* **me** ~**n e** mit Hilfe von, mittels
anëdét -i *m*, *Pl* -e Meeresufer *n*, Strand *m*
anëdétas I. -i *Subst/m*, *Pl* – Küstenbewohner *m*; II. -e *Adj* Meeresufer-, Küsten-
anëdétj|e -a *f*, *Pl* -e Küste *f*
anëmálas -i *m*, *Pl* – Bergbewohner *m*
ánës I. *Adv* daneben, an der Seite; II. *Präp (mit Abl)* an, neben
anësí -a *f* parteiische Haltung *f*

anësísht *Adv* parteiisch
anësór I. -i *Subst/m*, *Pl* -ë Sport Linienrichter *m*; II. -e *Adj* seitlich, Seiten-; Linien-; **gjyqtar** ~ Linienrichter
ánësh|ëm (i), -me (e) *Adj* 1. seitlich; 2. parteiisch; voreingenommen
anëshkrím -i *m*, *Pl* -e Randbemerkung *f*, Glosse *f*
anëtár -i *m*, *Pl* -ë Mitglied *n*
anëtár|e -ja *f*, *Pl* -e Mitglied *n*
anëtarësí -a *f* Mitgliedschaft *f*
ang -u *m* Alptraum *m*
angarí -a *f*, *Pl* – Zwangsarbeit *f*; Fronarbeit *f*, Fron *f*; *übertr* **e bën** ~ er macht es ohne Sorgfalt
angazhím -i *m*, *Pl* -e Engagement *n*; Verpflichtung *f*; ~ **individual** Selbstverpflichtung; **merr** ~ sich verpflichten
angazhó|n 1 *tr* engagieren, anstellen; mieten; **-het** *refl* sich verpflichten, sich festlegen; engagiert sein
áng|ërr -rra *f*, *Pl* -rra *Anat* Haut *f* um *Organe*; **angrra e zorrëve** das Bauchfell; **angrra** *Pl* Eingeweide *Pl*
angléz I. -i *Subst/m*, *Pl* -ë Engländer *m*; II. -e *Adj* englisch
Anglí -a *f* England *n*
anglísht *Adv* auf englisch
anglísht|e -ja *f* Englisch *n*
anglo-amerikán, -e *Adj* anglo-amerikanisch
anglosaksón, -e *Adj* angelsächsisch
angullín 11 *itr* heulen, winseln *(Hund)*
angullítj|e -a *f*, *Pl* -e Heulen *n*, Winseln *n des Hundes*
angjinár|e -ja *f*, *Pl* -e Artischocke *f*
angjín|ë -a *f* Angina *f*
angjíst|ër -ra *f*, *Pl* -ra Angelhaken *m*
anijat|ë -a *f*, *Pl* -a *Arch* Schiff *n*, Kirchenschiff
aníj|e -a *f*, *Pl* -e Schiff *n*; ~ **lufte** Kriegsschiff; ~ **tregëtare** Handelsschiff; ~ **me pëlhurë** Segelschiff; ~ **kozmike** Raumschiff

anijesí -a *f* Marine *f*
anijesór -i *m*, *Pl* -ë Matrose *m*
anijetár -i *m*, *Pl* -ë Seemann *m*, Matrose *m*
anilín|ë -a *f* Anilin *n*
animíz|ëm -mi *m* Phil Animismus *m*
anión -i *m*, *Pl* -e Anion *n*
ankánd -i *m* Versteigerung *f*
ankés|ë -a *f*, *Pl* -a Anklageschrift *f*; Klage *f*, Beschwerde *f*
ankét|ë -a *f*, *Pl* -a Umfrage *f*; Untersuchung *f*, Erhebung *f*; Fragebogen *m*
ankím -i *m*, *Pl* -e Klagen *n*, Klage *f*
ankó|n 1 *itr* klagen, jammern; **-het** *refl* sich beklagen, sich beschweren; **i ankohet** sich bei jmdm. beklagen, jmdm. etw. vorjammern; *Jur* verklagt werden
ankónjës **I.** -i *Subst/m* Kläger *m*; **II.** -e *Adj* klagend, jammernd; Kläger-
ankth -i *m*, *Pl* -e Alptraum *m*; Unruhe *f*, Beklemmung *f*
ankúes -i *m*, *Pl* – Kläger *m*, Ankläger
anód|ë -a *f*, *Pl* -a Anode *f*
anófel|e -ja *f*, *Pl* -e Anopheles *f*, Malariamücke *f*
anomalí -a *f*, *Pl* – Anomalie *f*
anón 1 *itr* zu einer Seite neigen; Partei ergreifen; ~ **nga** neigen zu
anoním **I.** -i *Subst/m* Anonyme *m*; **II.** -e *Adj* anonym
anormál, -e *Adj* anormal, unnormal
ansámb|ël -li *m*, *Pl* -le Ensemble *n*
ánsh|ëm (i), -me (e) *Adj* parteiisch
antagoníst, -e *Adj* antagonistisch
antagoníz|ëm -mi *m*, *Pl* -ma Antagonismus *m*
antánt|ë -a *f* Entente *f*
Antarktíd|ë -a *f* Antarktis *f*
antarktík, -e *Adj* antarktisch
antén|ë -a *f*, *Pl* -a Antenne *f*
anterí -a *f*, *Pl* – 1. langärmlige Jacke *f*; 2. langes Nachthemd *n*
antiajrór **I.** -i *Subst/m*, *Pl* -ë Fliegerabwehrkanone *f*, Flak *f*; **II.** -e *Adj* Luftabwehr-; **mbrojtje** ~ **e** Luftschutz *m*
antibiotík, -e *Adj* antibiotisch
antifashíst **I.** -i *Subst/m*, *Pl* -ë od -a Antifaschist *m*; **II.** -e *Adj* antifaschistisch
antifetár, -e *Adj* antireligiös
antiimperialíst, -e *Adj* antiimperialistisch
antík, -e *Adj* antik; *übertr* drollig, komisch
antík|ë -a *f* Antike *f*; antikes Kunstwerk *n*
antikitéte -t *Pl* Antiquitäten *Pl*
antikombëtár, -e *Adj* antinational
antikuár -i *m*, *Pl* -ë Antiquar *m*
antilóp|ë -a *f*, *Pl* -a Antilope *f*
antimón -i *m* Antimon *n*
antipartí **I.** -u *Subst/m*, *Pl* – Parteifeind *m*; **II.** *Adj* parteifeindlich
antipatí -a *f* Antipathie *f*, Abneigung *f*, Widerwille *m*
antipatík, -e *Adj* unsympathisch
antipód -i *m*, *Pl* -e *Geol* Antipode *m*
antipopullór, -e *Adj* volksfeindlich
antiseptík **I.** -u *Subst/m*, *Pl* -ë Antiseptikum *n*; **II.** -e *Adj* antiseptisch
antisportív, -e *Adj* sportfeindlich; unsportlich; **gjest** ~ unsportliche Geste
antitéz|ë -a *f*, *Pl* -a Antithese *f*, Gegenüberstellung *f*; Gegenbehauptung *f*
antologjí -a *f*, *Pl* – Anthologie *f*
antracít -i *m* Anthrazit *m*
antropoídë -t *Pl* Anthropoiden *Pl*, Menschenaffen *Pl*
antropológ -u *m*, *Pl* -ë Anthropologe *m*
antropologjí -a *f* Anthropologie *f*
antropologjík, -e *Adj* anthropologisch
anúar (i) *Adj* geneigt; abschüssig, überhängend
anulím -i *m*, *Pl* -e Annullierung *f*
anulón 1 *tr* annullieren

Anvérs|ë -a *f* Antwerpen *n*
aórt|ë -a *f* Aorta *f*
ap 53 *tr* = jep
aparát -i *m*, *Pl* -e Apparat *m*, Gerät *n*; ~ **fotografík** Fotoapparat; ~ **shtetëror** Staatsapparat; *Anat* ~ **i tretjes** Verdauungsapparat; ~ **i frymëmarrjes** Atemwerkzeuge *Pl*
aparatúr|ë -a *f*, *Pl* -a Apparatur *f*
apartamént -i *m*, *Pl* -e Appartement *n*; Wohnung *f*
apasionúar (i) *Adj* passioniert, leidenschaftlich
apatí -a *f* Apathie *f*, Teilnahmslosigkeit *f*
apatík, -e *Adj* apathisch, teilnahmslos
apél -i *m*, *Pl* -e **1.** Appell *m*, Aufruf *m*; **2.** *Jur* Berufung *f*
apelón 1 *tr Jur* Berufung einlegen
apendicít -i *m* Blinddarmentzündung *f*
Apenínet *Pl* die Apenninen
áp|ë -a *m* **1.** älterer Bruder *m*; **2.** *fam* Papa *m*; *Kosename des Vaters für seine Kinder*
apikultúr|ë -a *f* Bienenhaltung *f*
aplikím -i *m*, *Pl* -e Ausführung *f*; Anwendung *f*
aplikón 1 *tr* ausführen; anwenden
apó *Konj* oder
apolitík, -e *Adj* unpolitisch
apopleksí -a *f* Schlaganfall *m*
apostafát *Adv* absichtlich; ausdrücklich, extra
apostolík, -e *Adj* apostolisch, päpstlich
apostróf -i *m*, *Pl* -a *Gramm* Apostroph *m*
apóstull -i *m*, *Pl* apóstuj Apostel *m*
apoteóz|ë -a *f* Apotheose *f*, Vergöttlichung *f*; Verherrlichung *f*
aproksimatív, -e *Adj* approximativ, annähernd, ungefähr
aprovím -i *m*, *Pl* -e Approbation *f*, staatliche Zulassung *f*; Zulassung, Billigung *f*
aprovón 1 *tr* approbieren, zulassen
aq *Adj, Adv* so sehr, so viel, so groß; so; **dy herë** ~ zweimal so viel; ~ **më** umso; ~ **më pak** umso weniger; ~ **më tepër** umso mehr; **në** ~ **e në kaq** manchmal, ab und zu; *übertr* ~ **më bën** das macht mir gar nichts aus
aqëhéra *Konj* während *(Zeit)*
¹**ar** -i *m* Gold *n*
²**ar** -i *m Flächenmaß* Ar *n*
aráb I. -i *Subst/m*, *Pl* -ë Araber *m*; II. -e *Adj* arabisch
arabá -ja *f*, *Pl* – Kutsche *f*
arabaxhí -u *m*, *Pl* – od -nj Kutscher *m*
arabéske -t *Pl* Arabeske *f*
Arabí -a *f* Arabien *n*
arabísht *Adv* auf arabisch
arabísht|e -ja *f* Arabisch *n*
arádh|e -ja *f*, *Pl* -e *Mil* Reihe *f*, Glied *n*
araknídë -t *Pl* Spinnentiere *Pl*
aráp I. -i *Subst/m*, *Pl* -ë Neger *m*; Mohr *m* im Märchen; II. -e *Adj* dunkelhäutig, braun; schwarz
aráp|e -ja *f*, *Pl* -e Negerin *f*
arapésh|ë -a *f*, *Pl* -a **1.** Negerin *f*; **2.** dunkle, brünette Frau *f*
arápk|ë -a *f*, *Pl* -a = **arape**
arár -i *m*, *Pl* -ë Bauer *m*
aráshk|e -a *f*, *Pl* -a Rübenkohl *m*
árbër -i *m*, *Pl* – Albaner *m*, Italoalbaner
arbërésh I. -i *Subst/m*, *Pl* -ë Italoalbaner *m*, Gräkoalbaner *m*; Labe *m*; II. -e *Adj* italoalbanisch, gräkoalbanisch; labisch
Arbërí -a *f alt* Albanien *n*
arbërísht *Adv* **1.** italoalbanisch; gräkoalbanisch; **2.** labisch
arbërór, -e *Adj alt* albanisch
arbít|ër -ri *m*, *Pl* -ra Schiedsrichter *m*

arbitrár, -e *Adj* willkürlich, arbiträr; **akt ~ Willkürakt** *m*
arbitrarísht *Adv* willkürlich
arbitraritét -i *m, Pl* -e Willkür *f*; Willkürakt *m*
arbitrázh -i *m* Schiedsspruch *m*
arbitrón 1 *itr, tr* Schiedsrichter sein; *ein Spiel als Schiedsrichter pfeifen*
ardhacák -u *m, Pl* -ë Zuwanderer *m*, Neuankömmling *m*
árdh|ëm (i), -me (e) *Adj* = i **ardhshëm**
árdhës -i *m, Pl* – Zuwanderer *m*, Zugereister *m*
ardhí -a *f Bot* Weinrebe *f*, Weinstock *m*, Wein *m*
ardhíshk|ë -a *f, Pl* -a Eidechse *f*
árdhj|e -a *f* Ankunft *f*
árdhm|e -ja (e) *f* Zukunft *f*; *Gramm* Futur *n*
árdhsh|ëm (i), -me (e) *Adj* zukünftig, kommend; **kohë e ardhshme** *Gramm* Zukunft *f*, Futur *n*
árdhshm|e -ja (e) *f Gramm* Futur *n*, Zukunft *f*
árdhtshë 52 *1. Pers Sg Aor* → **vjen**
árdhur (i) *Adj* **1.** gekommen, angekommen; **2.** gegangen, aufgegangen *(Teig)*; **3.** importiert; **pëlhurë e ~ Importstoff** *m*; **4.** *Part* 52 → **vjen**
árdhura -t (të) *Pl* Einkommen *n*; Einnahmen *Pl*; **të ~t kombëtare** das Nationaleinkommen
arén|ë -a *f, Pl* -a Arena *f*
areomét|ër -ri *m, Pl* -ra Aräometer *n*
ár|ë -a *f, Pl* -a Acker *m*
arësím -i *m* = **arsim**
arësý|e -ja *f, Pl* -e = **arsye**
árëz -a *f, Pl* -a Wespe *f*
árëz|ë -a *f, Pl* -a Nacken *m*, Genick *n*
argalí -a *f, Pl* – Webstuhl *m*
argalís 21 *tr, itr* weben; etw. besprechen
argás 21 *tr* **1.** gerben; **2.** *übertr* abhärten, stählen; **-et** *refl* sich vertraut machen

argásj|e -a *f, Pl* -e **1.** Gerben *n*; **2.** Abhärten *n*, Stählen *n*
argát -i *m, Pl* -ë Tagelöhner *m*, Knecht *m*
argát|e -ja *f, Pl* -e Tagelöhnerin *f*, Magd *f*
argatésh|ë -a *f, Pl* -a = **argate**
argatëri -a *f* Gesinde *n*, Gesamtheit *der Tagelöhner*
argatí -a *f* = **argatëri**
argaván -i *m* Flieder *m*
argëtím -i *m, Pl* -e Unterhaltung *f*, Zerstreuung *f*
argëtó|n 1 *tr* unterhalten; streicheln, liebkosen; **-het** *refl* sich unterhalten, sich vergnügen
argóshë -t *Pl* Frieselfieber *n*
argumént -i *m, Pl* -e *od* -a Argument *n*, Beweis *m*; Probe *f*, Bestätigung *f*; Thema *n*, Gesprächsstoff *m*
argumentím -i *m, Pl* -e Argumentation *f*, Beweisführung *f*
argumentón 1 *itr* argumentieren
argjénd -i *m* Silber *n*
argjendár -i *m, Pl* -ë Silberschmied *m*
argjéndtë (i) *Adj* silbern, Silber-
argjentínas I. -i *Subst/m, Pl* – Argentinier *m*; **II.** -e *Adj* argentinisch
Argjentín|ë -a *f* Argentinien *n*
argjíl -i *m, Pl* -e = **argjilë**
argjíl|ë -a *f* Lehm *m*, Töpfererde *f*, Tonerde *f*, Ton *m*
argjilór, -e *Adj* aus Lehm, aus Tonerde
argjipéshk|ëv -vi *m, Pl* -vínj Erzbischof *m*
argjipeshkví -a *f* Erzbistum *n*
arí -u *m, Pl* -nj Bär *m*; **~ i bardhë** Eisbär; **~ i zi** Braunbär
ári|e -a *f, Pl* -e *Mus* Arie *f*
aristokrací -a *f* Aristokratie *f*
aristokrát -i *m, Pl* -ë Aristokrat *m*
aristokrát|e -ja *f, Pl* -e Aristokratin *f*
aristokratík, -e *Adj* aristokratisch
aritmetík, -e *Adj* arithmetisch

aritmetík|ë -a *f* Arithmetik *f*
ark -u *m, Pl* árqe Bogen *m*
arkaík, -e *Adj* archaisch, altertümlich
arkaíz|ëm -mi *m, Pl* -ma *Ling* Archaismus *m*
arkángjëll -i *m, Pl* arkángjëj Erzengel *m*
arkeológ -u *m, Pl* -ë Archäologe *m*
arkeologjí -a *f* Archäologie *f*
arkeologjík, -e *Adj* archäologisch
árk|ë -a *f, Pl* -a **1.** Truhe *f*, Lade *f*, große Kiste *f*; ~ **e të vdekurit** Sarg *m*; **2.** Kassette *f*, Kasse *f*; ~ **e kursimit** Sparkasse
arkëtár -i *m, Pl* -ë Kassierer *m*
arkëtím -i *m, Pl* -e Kassierung *f*
arkëtón 1 *tr* kassieren
árkëz -a *f, Pl* -a kleine Truhe *f*
arkimandrít -i *m, Pl* -ë Archimandrit *m der orthodoxen Kirche*
arkipéllg -u *m, Pl* arkipéllgje Archipel *m*
arkitékt -i *m, Pl* -ë Architekt *m*
arkitektoník, -e *Adj* architektonisch
arkitektúr|ë -a *f* Architektur *f*
arkitrá -u *m, Pl* -rë *Arch* Architrav *m*
arkív -i *m, Pl* -a Archiv *n*
arkivíst -i *m, Pl* -ë *od* -a Archivar *m*
arkivól -i *m, Pl* -e Sarg *m*
arktík I. -e *Adj* arktisch; **II. Arktík** -u *Subst/m* Arktis *f*
armáç -i *m, Pl* -a gestickte Bordüre *f an albanischen Trachtenhosen*
armát|ë -a *f, Pl* -a Armee *f*; **gjeneral armate** Armeegeneral *m*
armatím -i *m, Pl* -e Bewaffnung *f*, Rüstung *f*; **gara e** ~ **eve** das Wettrüsten; **pakësim i** ~ **eve** Rüstungsverminderung *f*
armatís 21 *tr* = **armatos**
armatós 21 *tr* bewaffnen, ausrüsten; **-et** *refl* sich bewaffnen; sich rüsten
armatósj|e -a *f, Pl* -e Bewaffnung *f*
armatósur (i) *Adj* bewaffnet, gerüstet; **forcat e** ~ **a** die bewaffneten Kräfte
armatúr|ë -a *f, Pl* -a Armatur *f*; *Bauw* Eisengeflecht *n*, Eisenskelett *n*; ~ **druri** Holzverschalung *f*
armé -ja *f* Sauerkraut *n*; Mixed Pickles *Pl*
armén I. -i *Subst/m, Pl* -ë Armenier *m*; **II.** -e *Adj* armenisch
armenísht|e -ja *f* Armenisch *n*
armerí -a *f, Pl* – Waffenlager *n*
árm|ë -a *f, Pl* -ë **1.** Waffe *f*; ~ **bërthamore** Kernwaffen; ~ **të bardha** *od* ~ **të ftohta** Hiebwaffen; Stichwaffen; ~ **zjarri** Feuerwaffen; **mbajtje** ~ **sh** Waffenbesitz *m*; Waffenführung *f*; **2.** Waffengattung *f*; **arma e këmbësorisë** die Infanterie; **arma e artilerisë** die Artillerie
armëmbájtj|e -a *f, Pl* -e Erlaubnis *f* zum Waffenbesitz
armëpushím -i *m, Pl* -e Waffenruhe *f*, Waffenstillstand *m*
armëtár -i *m, Pl* -ë Waffenschmied *m*
armík I. -u *Subst/m, Pl* armíq Feind *m*; ~ **i popullit** Volksfeind; **II.** -e *Adj* feindlich
armík|e -ja *f, Pl* -e Feindin *f*
armiqësí -a *f, Pl* – Feindschaft *f*
armiqësísht *Adv* feindlich, feindselig
armiqësó|n 1 *tr* verfeinden; **-het** *refl* sich verfeinden
armiqësór, -e *Adj* feindlich, Feind-
arnaút -i *m, Pl* -ë *alt* Albaner *m*
arnesár -i *m, Pl* -ë Flickschuster *m*; Flickschneider *m*
arnés|ë -a *f, Pl* -a geflickte Stelle *f*
árn|ë -a *f, Pl* -a Flicken *m*, Flekken *m*
arníc|e -a *f, Pl* -a kleiner Flicken *m*
arním -i *m, Pl* -e Flicken *n*, Ausbessern *n*; **-e** *Pl* Flickwerk *n*, Notbehelf *m*
arnísht|ë -a *f, Pl* -a *altes Stück Stoff od Leder, das als Flicken dient*
arnó|n 1 *tr* ausbessern, flicken; **-het**

arogánt

refl übertr sich irgendwie zurechtfinden

arogánt, -e *Adj* arrogant, anmaßend; hochnäsig

aromatík, -e *Adj* aromatisch, wohlriechend; würzig

aróm|ë -a *f* Aroma *n*, Wohlgeruch *m*, Duft *m*

árp|ë -a *f, Pl* -a Harfe *f*

arqipél -i *m, Pl* -e Archipel *m*

arqipéshkv -i *m, Pl*-ínj Erzbischof *m*

arqitékt -i m, *Pl* -ë = **arkitekt**

arqít|ë -a *f, Pl* -a Rute *f zum Flechten von Korbwaren*

arsén 3 *tr* unterrichten, lehren

arsenál -i *m, Pl* -e Arsenal *n*, Waffenlager *n*; *übertr* Arsenal

arseník -u *m* 1. Arsen *n*; 2. Arsenik *n*

arsím -i *m* Unterricht *m*; Lehre *f*; Erziehung *f*; **Ministria e Arsimit** das Ministerium für Volksbildung

arsimdáshës, -e *Adj* bildungshungrig, wissensdurstig

arsimór, -e *Adj* Unterrichts-; Erziehungs-

arsimtár -i *m, Pl* -ë Lehrer *m*, Lehrkraft *f*

arsimtár|e -ja *f, Pl* -e Lehrerin *f*, Lehrkraft *f*

arsý|e -ja *f, Pl* -e 1. Vernunft *f*, Verstand *m*; **pa** ~ unvernünftig; 2. Argument *n*, Beweis *m*, Begründung *f*; 3. Ursache *f*, Grund *m*; **për ç'** ~ **?** aus welchem Grund, warum?; Verhältnis *n*; 4. **ka** ~ recht haben

arsýesh|ëm (i), -me (e) *Adj* vernünftig, verständig; gerechtfertigt; **e gjen të arsyeshme** er hält es für angebracht

arsyetím -i *m, Pl* -e 1. Urteilen *n*; Beurteilen; 2. Rechtfertigung *f*, Begründung *f*

arsyetón 1 *itr* urteilen, sich ein Urteil bilden; *tr* begründen, rechtfertigen

arsyetúes, -e *Adj* rechtfertigend, zur Rechtfertigung einer Sache erfolgend

art -i *m, Pl* -e Kunst *f*; ~ **et figurative** die bildende Kunst; ~ **popullor** Volkskunst; **vepër** ~ **i** Kunstwerk *n*

artdáshës I. -i *m, Pl* – Kunstliebhaber *m*; **II.** -e *Adj* kunstbegeistert

artél -i *m, Pl* -e Artel *n*

artér -i *m, Pl* -e Arterie *f*, Schlagader *f*

ártë (i) *Adj* golden; *übertr* **duar të arta** goldene Hände; **fjalë të arta** goldene Worte

artí -ri *m, Pl* -nj Panzerkiefer *f*; Aleppokiefer *f*

artiçók -u *m, Pl* -ë Artischocke *f*

artificiál, -e *Adj* künstlich, Kunst-; **mëndafsh** ~ Kunstseide *f*

artíkull -i *m, Pl* artíkuj 1. Gramm Artikel *m*, Geschlechtswort *n*; 2. Artikel, Aufsatz *m*; 3. Artikel, Abschnitt *m eines Paragraphen*; 4. Artikel, Ware *f*

artikullshkrúes -i *m, Pl* – Artikelschreiber *m*

artilerí -a *f* Artillerie *f*

artilerík, -e *Adj* Artillerie-

artiljér -i *m, Pl* -ë Artillerist *m*

artísj|e -a *f, Pl* -e Transplantation *f*

artíst -i *m, Pl* -ë *od* -a Künstler *m*; ~ **kinemaje** Filmschauspieler *m*

artíst|e -ja *f, Pl* -e Künstlerin *f*; ~ **kinemaje** Filmschauspielerin *f*

artistík, -e *Adj* künstlerisch, Kunst-

artistikísht *Adv* künstlerisch, kunstvoll

artísht|ë -a *f, Pl* -a Kiefernwald *m*

artizanát -i *m, Pl* -e Handwerk *n*; Kunsthandwerk

artrít -i *m* Arthritis *f*

artropódë -t *Pl* Gliederfüßler *Pl*

arúsh|ë -a *f, Pl* -a Bärin *f*; *Astron* **Arusha e Madhe** der Große Bär, der Große Wagen; **Arusha e Vogël** der Kleine Bär, der Kleine Wagen

arratí -a *f* Flucht *f*; **merr** ~ **në** fliehen, die Flucht ergreifen

arratíset 21 *refl* **1.** fliehen; **2.** auseinanderlaufen, sich zerstreuen
arratísj|e -a *f* = **arrati**
arratísur I. -i (i) *Subst/m, Pl* – (të) Flüchtling *m*; **II.** (i) *Adj* flüchtig, geflohen
¹**arrç** -i *m* oberster Halswirbel *m*
²**arrç** -i *m, Pl* -a Grille *f*, Heimchen *n*
³**arrç** -i *m, Pl* -a *Bot* Kreuzdorn *m*
arrést -i *m Mil* Arrest *m*
arrestím -i *m, Pl* -e Verhaftung *f*; Festnahme *f*
arrestón 1 *tr* verhaften, festnehmen
árr|ë -a *f, Pl* -a *od* -ë **1.** Nußbaum *m*; ~ **e egër** *od* ~ **e Hindit** Götterbaum *m*; **2.** Walnuß; Nuß *f*; ~ **myshke** Muskatnuß; **3.**: *Anat* **arra e fytit** der Adamsapfel
¹**árrëz** -a *f, Pl* -a Nußbaumwald *m*
²**árrëz** -a *f* Halswirbel *m*
arrí|n 11 *od* 10 *od* 6 *itr* ankommen; *tr* einholen, erreichen; **ia arriti qëllimit** er hat sein Ziel erreicht; *übertr* **ia kam arritur kohës së Turqisë** ich habe die Türkenzeit noch miterlebt; ~ *unpers* es genügt, es reicht; **-het** *refl* reifen; **u** ~**ë pemët** die Früchte sind reif
arrírë (i) *Adj* reif
arrísh|ëm (i), -me (e) *Adj* erreichbar
arrítj|e -a *f* Erreichen *n*, Erreichung *f*; Ankunft *f*, Eintreffen *n*; *Sport* Ziel *n*; Errungenschaft *f*
arrogánc|ë -a *f* Arroganz *f*, Hochmut *m*
arrogánt, -e *Adj* arrogant
árrtë (i) *Adj* Nußbaum-; **dru e** ~ Nußbaumholz *n*
¹**as** *Adv (Negation)*: ~ **dua t'ia di fare** ich will davon überhaupt nichts wissen; ~ **unë nuk e di** ich weiß es selbst nicht; ~ **ha** ~ **pi** er ißt und trinkt nicht
²**as** *Partikel*: ~ **ma jep!** gib es mir doch schon!

asáj *Pers Pron, Dem Pron Gen Dat Abl* → **ajo**
asamblé -ja *f, Pl* – Assemblee *f*, Versammlung *f*; ~ **kushtetuese** gesetzgebende Versammlung; ~ **ja e përgjithshme e OKB** die UNO-Vollversammlung
asamblíst -i *m, Pl* -ë *od* -a Teilnehmer *m* einer Assemblee
aseptík, -e *Adj* aseptisch
asfált -i *m* Asphalt *m*
asfaltím -i *m* Asphaltierung *f*
asfaltón 1 *tr* asphaltieren
asfáre *Adv* nichts, gar nichts, überhaupt nichts
asfiksí -a *f* Asphyxie *f*, Erstickungsnot *f*
asgjé *Indef Pron* nichts
asgjëkúnd *Adv* nirgendwo, nirgends
asgjëkúndi *Adv* = **asgjëkund**
asgjëmángut *Konj* trotzdem, dennoch
asgjësím -i *m, Pl* -e Ausrottung *f*, Ausmerzung *f*, Vernichtung *f*
asgjëson 1 *tr* ausrotten, ausmerzen, vernichten
asillój *Dem Pron* derartig, solch
asimetrí -a *f* Asymmetrie *f*
asimetrík, -e *Adj* asymmetrisch
asimilím -i *m, Pl* -e Assimilierung *f*; *Gramm* Assimilation *f*
asimilón 1 *tr* assimilieren; aufnehmen, annehmen
asimptót|ë -a *f, Pl* -a Asymptote *f*
asirián I. -i *Subst/m, Pl* -ë Assyrer *m*; **II.** -e *Adj* assyrisch
asisój I. *Adv* derart, so; **II.** *Dem Pron* derartig, solch
asisténc|ë -a *f* Assistenz *f*, Beistand *m*; Mitarbeit *f*
asistént -i *m, Pl* -ë *od* -a Assistent *m*
asistént|e -ja *f, Pl* -e Assistentin *f*
asistón 1 *itr* anwesend sein; assistieren
asísh *Pers Pron, Dem Pron Abl* → **ata**
askáth -i *m Med* Gerstenkorn *n*
askét -i *m, Pl* -ë Asket *m*

asketík, -e *Adj* asketisch
asketíz|ëm -mi *m* Askese *f*; Asketismus *m*
askúnd *Adv* nirgendwo, nirgends
askúrrë *Adv* nie, niemals
askurrkúsh *Indef Pron* niemand, keiner
askúsh *Indef Pron* = askurrkush
asllán -i *m*, *Pl* -ë *od* -a Löwe *m*; *übertr* Löwe, Held *m*
asndónjë I. *Indef Pron* niemand, keiner; II. *Adj* kein
asndonjëhérë *Adv* niemals
asnjánës I. -i *Subst/m*, *Pl* – El Nulleiter *m*; II. -e *Adj* 1. neutral; 2. *Gramm* neutral, sächlich; **emër** ~ Neutrum *n*; 3. *Chem* neutral
asnjanësí -a *f* Neutralität *f*, Unparteilichkeit *f*
asnjerí *Indef Pron* niemand, keiner
asnjé I. *Indef Pron* niemand, keiner; II. *Adj* kein; ~ **ndihmë** keinerlei Hilfe; **s'bën** ~ **punë** er macht nichts
asnjëhérë *Adv* niemals, nie
asnjër|i, -a *Indef Pron* niemand, keiner
asociál, -e *Adj* asozial
asodóre *Adv* derart, solcher Art
asokóhe *Adv* damals
asortimént -i *m*, *Pl* -e Sortiment *n*
asósh *Pers Pron*, *Dem Pron Abl* → ato
aspák *Adv* nichts, gar nichts; keinesfalls, nicht im geringsten; **s'është** ~ **e vërtetë** das ist überhaupt nicht wahr
aspékt -i *m*, *Pl* -e Aspekt *m*, Gesichtspunkt *m*
aspiránt -i *m*, *Pl* -ë 1. Hauptfeldwebel *m*; 2. Aspirant *m*; Nachwuchswissenschaftler *m*
aspirantúr|ë -a *f* Aspirantur *f*
aspirát|ë -a *f*, *Pl* -a Wunsch *m*, Verlangen *n*, Streben *n*; **aspiratat e popullit** die Sehnsucht des Volkes
aspiratór -i *m*, *Pl* -ë *Tech* Aspirator *m*

aspirín|ë -a *f*, *Pl* -a Aspirin *n*
aspirón 1 *tr* erstreben
asqér -i *m*, *Pl* -a *alt* 1. Soldat *m*; 2. Heer *n*
assesí *Adv* keineswegs, keinesfalls
astár -i *m*, *Pl* -ë *od* -e Futterstoff *m*, Futter *n* (*Kleid*)
astarón 1 *tr Kleid* füttern
ástm|ë -a *f* Asthma *n*
astrít -i *m*, *Pl* -ë Art Schlange *f*; *übertr* Held *m*
astrológ -u *m*, *Pl* -ë Astrologe *m*
astrologjí -a *f* Astrologie *f*
astrologjík, -e *Adj* astrologisch
astronáut -i *m*, *Pl* -ë Astronaut *m*, Raumfahrer *m*
astronautík|ë -a *f* Astronautik *f*, Raumfahrt *f*
astronóm -i *m*, *Pl* -ë Astronom *m*
astronomí -a *f* Astronomie *f*
astronomík, -e *Adj* astronomisch
ásh|e -ja *f*, *Pl* -e Stechpalme *f*
ashensór -i *m*, *Pl* -ë Fahrstuhl *m*, Lift *m*
¹**ásh|ër** -ra *f*, *Pl* -ra 1. Splitter *m*, Span *m*; 2. Dachlatte *f*
²**ásh|ër** -ra *f*, *Pl* -ra Roßkastanie *f*
¹**ashík** -u *m*, *Pl* -ë *alt* Liebhaber *m*, Kavalier *m*
²**ashík** -u *m*, *Pl* -ë *Anat* Knöchel *m*; Knöchelchen *n für das Knöchelspiel*; Knöchelspiel *n*
áshk|ë -a *f*, *Pl* -a Holzsplitter *m*, Span *m*
áshk|ël -la *f*, *Pl* -la = ashkë
ashkëtí -u *m*, *Pl* -nj Einsiedler *m*
ashklón 1 *tr* zersplittern, zerspanen
áshpër (i) *Adj* 1. hart, rauh; **një dimër i** ~ ein harter Winter; **ujë të** ~ hartes Wasser; *übertr* hart, rauh; **fjalë të ashpra** harte Worte; 2. scharf, borstig; **lesh i** ~ kratzige Wolle; 3. grob, dick; **miell i** ~ grobes Mehl
ashpërím -i *m* Verschärfung *f*, Verschlechterung *f*
ashpëró|n 1 *tr* verschärfen, verhär-

ten; **-het** *refl* scharf werden; *übertr* wild werden
ashpërsí -a *f* Schärfe *f*; Härte *f*
ashpërsím -i *m* = **ashpërim**
ashpërsón 1 *tr* = **ashpëron**
asht -i *m, Pl* éshtra Knochen *m*; ~ **i kresë** Schädeldecke *f*
áshtë (i) *Adj* knöchern, beinern, Knochen-
ashtú *Adv* so; ~ ~ so leidlich; **po** ~ genauso
ashtuqúajtur (i) *Adj* sogenannt
¹**at** -i *m, Pl* -llárë Reitpferd *n*, Schlachtroß *n*
²**at** -i *m, Pl* étër = **átë**; ~ **Shtjefën Gjeçovi** Pater Shtjefën Gjeçovi
atá *Pers Pron, Dem Pron Pl/m* sie; jene
atakón 1 *tr* attackieren
atashé -u *m, Pl* – Attaché *m*; ~ **ushtarak** Militärattaché; ~ **tregëtar** Handelsattaché; ~ **i shtypit** Presseattaché
atdhé -u *m* Heimat *f*, Vaterland *n*; **mall i** ~**ut** Heimweh *n*
atdhedáshës I. -i *Subst/m, Pl* – Patriot *m*; II. -e *Adj* heimatliebend, patriotisch
atdhedashurí -a *f* Vaterlandsliebe *f*
atdhetár -i *m, Pl* -ë Patriot *m*
atdhetár|e -ja *f, Pl* -e Patriotin *f*
atdhetarí -a *f* Heimatliebe *f*, Vaterlandsliebe *f*
atdhetaríz|ëm -mi *m* Patriotismus *m*, Vaterlandsliebe *f*
ateíst I. -i *Subst/m, Pl* -ë *od* -a Atheist *m*; II. -e *Adj* atheistisch
ateíz|ëm -mi *m* Atheismus *m*
atéj *Adv* dort
atelié -ja *f, Pl* – Atelier *n*
ateliér -i *m, Pl* -ë = **atelié**
atentát -i *m, Pl* -e Attentat *n*, Anschlag *m*
atentatór -i *m, Pl* -ë Attentäter *m*
át|ë -i *m, Pl* étër 1. Vater *m*, Papa *m*; **i ati** sein Vater, ihr Vater; 2. *Rel* Pater *m*, Vater *m*

atë *Pers Pron, Dem Pron Akk* → **ai** *od* **ajo**
atëbótë *Adv* damals
atëhérë *Adv* 1. damals, früher; **qysh** ~ *od* **që** ~ seit damals, schon damals; 2. dann
atëhërsh|ëm (i), -me (e) *Adj* damalig
atërór, -e *Adj* väterlich
atësí -a *f* Vaterschaft *f*; Väterlichkeit *f*
atíj *Pers Pron, Dem Pron Gen Dat Abl* → **ai**
Atík|ë -a *f* Attika *n*
atíllë (i) *Adj* 1. solcher, ein solcher; 2. stark, kräftig
atjé *Adv* dort
atjésh|ëm (i), -me (e) *Adj* dortig
atkín|ë -a *f, Pl* -a Stute *f*; weibliches Reitpferd *n*
Atlantík I. -u *Subst/m* Atlantik *m*; II. **atlantík**, -e *Adj* atlantisch; **oqeani Atlantík** der Atlantische Ozean
atlás -i *m, Pl* -ë Atlas *m*
atlét -i *m, Pl* -ë Athlet *m*
atletík, -e *Adj* athletisch
atletík|ë -a *f* Athletik *f*; ~ **e lehtë** Leichtathletik; ~ **e rëndë** Schwerathletik
atllás -i *m, Pl* -e *Text* Atlas *m*, Atlasseide *f*
atmosfér|ë -a *f, Pl* -a Atmosphäre *f*; Lufthülle *f*; *übertr* Atmosphäre; Umgebung *f*; Umwelt *f*
atmosferík, -e *Adj* atmosphärisch
ató *Pers Pron, Dem Pron Pl/f* sie; jene
atól -i *m, Pl* -e Atoll *n*
atóm -i *m, Pl* -e Atom *n*
atomík, -e *Adj* atomar, Atom-; **energji** ~ **e** Atomenergie *f*; **bombë** ~ **e** Atombombe *f*
atón, -e *Adj Gramm* unbetont
atrofí -a *f Med* Atrophie *f*
atý *Adv* 1. dort; 2. ungefähr, etwa; ~ **nga ora gjashtë** gegen sechs Uhr; ~ ... ~ bald ... bald, mal ... mal;

~ **për** ~ sofort; ~ **-këtu** hier und da; ~ **përpara** vor kurzem, kürzlich
Atýn|ë -a *f Rel* Vaterunser *n*
atypári *Adv* **1.** nicht weit von dort, dort in der Nähe; **2.** etwa, ungefähr
atýre *Pers Pron, Dem Pron Gen Dat Abl* → **ata** *od* **ato**
atýsh|ëm (i), -me (e) *Adj* dortig
áthët (i) *Adj* herb, säuerlich; **kohë e** ~ kaltes und trockenes Wetter
athínas **I.** -i *Subst/m, Pl* – Athener *m*; **II.** -e *Adj* athenisch
Athín|ë -a *f* Athen *n*
athtím -i *m* **1.** Säuerlichkeit *f*, Herbheit *f*, Säure *f*; herber, säuerlicher Geschmack *m*; **2.** Kälte *f*, Frost *m*
athtón 1 *tr* ansäuern; **më** ~ **gojën** mir zieht es den Mund zusammen
audiénc|ë -a *f, Pl* -a Audienz *f*
auditór -i *m, Pl* -ë Auditorium *n*; Hörsaal *m*
auktór -i *m, Pl* -ë Autor *m*; Urheber *m*
aullín 11 *itr* heulen *(Wolf)*
Australí -a *f* Australien *n*
australián **I.** -i *Subst/m, Pl* -ë Australier *m*; **II.** -e *Adj* australisch
Austrí -a *f* Österreich *n*
austriák **I.** -u *Subst/m, Pl* -ë Österreicher *m*; **II.** -e *Adj* österreichisch
austro-hungaréz, -e *Adj* österreichisch-ungarisch
autarkí -a *f* Autarkie *f*
autenticitét -i *m* Echtheit *f*; Glaubwürdigkeit *f*
autentík, -e *Adj* authentisch, echt; glaubwürdig
autoambulánc|ë -a *f, Pl* -a Krankenwagen *m*; Rettungswagen *m*
autobiografí -a *f, Pl* – Autobiographie *f*
autobiografík, -e *Adj* autobiographisch
autoblínd|ë -a *f, Pl* -a Panzerwagen *m*
autobús -i *m, Pl* -ë *od* -a Autobus *m*; ~ **elektrik** Obus

autodidákt -i *m, Pl* -ë Autodidakt *m*
autogól -i *m, Pl* -a *Sport* Selbsttor *n*
autográf -i *m, Pl* -e Autogramm *n*
autokrací -a *f* Autokratie *f*
autokrát **I.** -i *Subst/m, Pl* -ë Autokrat *m*; **II.** -e *Adj* autokratisch
autokritík|ë -a *f, Pl* -a Selbstkritik *f*
autoktón **I.** -i *Subst/m, Pl* -ë Autochthoner *m*, Ureingesessener *m*; **II.** -e *Adj* autochthon
automát -i *m, Pl* -e Automat *m*
automatík **I.** -u *Subst/m, Pl* -ë Maschinengewehr *n*; **II.** -e *Adj* automatisch, selbsttätig; *übertr* automatisch, unwillkürlich
automatikísht *Adv* automatisch, unwillkürlich
automatizím -i *m, Pl* -e Automatisierung *f*
automatizón 1 *tr* automatisieren
automjét -i *m, Pl* -e Kraftfahrzeug *n*, Fahrzeug
automobíl -i *m, Pl* -a Auto *n*, Kraftwagen *m*
automobilistík, -e *Adj* Auto-, Fahrzeug-, Kraftverkehrs-; **transporti** ~ der Kraftverkehr, der Autotransport; **gara** ~ **e** das Autorennen; **rrugë** ~ **e** Landstraße *f*
autoním, -e *Adj* autonom, unabhängig, selbständig
autonomí -a *f* Autonomie *f*, Unabhängigkeit *f*, Selbständigkeit *f*
autoofiçín|ë -a *f, Pl* -a Autowerkstatt *f*
autopárk -u *m, Pl* autopárqe Fuhrpark *m*; Garage *f*; Reparaturwerkstatt *f*
autoportrét -i *m, Pl* -e Selbstporträt *n*, Selbstbildnis *n*
autopsí -a *f Med* Autopsie *f*
autór -i *m, Pl* -ë Autor *m*, Verfasser *m*; Urheber *m*; *Sport* ~ **i golit** Torschütze *m*
autór|e -ja *f, Pl* -e Autorin *f*, Verfasserin *f*; Urheberin *f*
autoritár, -e *Adj* autoritär

autoritét -i *m, Pl* -e Autorität *f,* Ansehen *n;* maßgebende Persönlichkeit *f,* anerkannte Fachgröße *f*
autorizím -i *m, Pl* -e Autorisation *f,* Ermächtigung *f;* Vollmacht *f*
autorizón 1 *tr* autorisieren, ermächtigen, bevollmächtigen
autostrád|ë -a *f, Pl* -a Autobahn *f*
autosugjestión -i *m* Autosuggestion *f*
avancón 1 *tr* erhöhen; überbieten
avantázh -i *m, Pl* -e Vorteil *m;* Vorzug *m;* Vorrang *m*
avarí -a *f, Pl* – Havarie *f,* Seeschaden *m;* Maschinenschaden *m;* Panne *f;* Defekt *m*
avásh *Adv* langsam; vorsichtig; ~ – ~ in aller Ruhe
aváz -i *m, Pl* -e *alt* Melodie *f;* Kehrreim *m,* Refrain *m*
avdós -i *m, Pl* -ë Buchfink *m*
aventúr|ë -a *f, Pl* -a Abenteuer *n*
aventuriér -i *m, Pl* -ë Abenteurer *m*
¹**áv|ër** -ra *f, Pl* -ra Eisscholle *f*
²**áv|ër** -ra *f* Hitze *f,* Glut *f*
aviación -i *m* Flugwesen *n,* Fliegen *n; Mil* Luftwaffe *f,* Luftstreitkräfte *Pl*
aviatór -i *m, Pl* -ë *od* -a Pilot *m*
avikultúr|ë -a *f* Geflügelzucht *f*
avión -i *m, Pl* -e Flugzeug *n;* me ~ mit Luftpost
avís -i *m, Pl* -e Abgrund *m*
avít 22 *tr* nähern; **-et** *refl* sich nähern, näherkommen
avlëménd -i *m, Pl* -e Webstuhl *m*
avllí -a *f, Pl* – Hof *m;* Hofmauer *f*
avokát -i *m, Pl* -ë *od* avokétër Rechtsanwalt *m;* Advokat *m*
avokatór, -e *Adj* Anwalts-; zyrë ~ e Anwaltsbüro *n*
avokatúr|ë -a *f* Anwaltschaft *f,* Advokatur *f*
avráp|ë -a *f, Pl* -ë behaartes Muttermal *n*
avróhet 1 *refl* vor Kälte anschwellen

ávull -i *m, Pl* ávuj **1.** Dampf *m;* maqinë me ~ Dampfmaschine *f;* **2.** Gluthitze *f,* Hitze *f;* **më hypi një** ~ mir wurde siedendheiß
avullím -i *m Phys* Verdampfung *f*
avulló|n 1 *tr* verdampfen; ~ **rrahun** Waldland durch Abbrennen in Feld verwandeln; *itr* verdampfen; dampfen; **-het** *refl* verdampfen; in Schweiß geraten; *übertr* sich erzürnen, in Wut geraten
avullór|e -ja *f, Pl* -e Dampfschiff *n,* Dampfer *m*
ávullt (i) *Adj* dampfig, Dampf-, dampfförmig
avullúesh|ëm (i), **-me** (e) *Adj* leicht verdampfend; *Chem* flüchtig
avullzím -i *m Phys* Verdampfung *f*
avullzón 1 *tr Phys* verdampfen
axhamí -u *m, Pl* – *od* -nj *alt* Neuling *m,* Anfänger *m;* Rekrut *m*
áxh|ë -a *m, Pl* -ë Onkel *m*
axhustatór -i *m, Pl* -ë Schlosser *m;* Installateur *m*
axhustím -i *m, Pl* -e Schlossern *n;* Schlosserhandwerk *n*
aý *Pers Pron, Dem Pron* er; jener
azbést -i *m* Asbest *m*
Azerbajxhán -i *m* Aserbaidshan *n*
azerbajxhánas I. -i *Subst/m, Pl* – Aserbaidshaner *m;* **II.** -e *Adj* aserbaidshanisch
azgén, -e *Adj* **1.** mutig, draufgängerisch; **2.** wild *(Pferd; Kind)*
Azí -a *f* Asien *n;* ~ e Vogël Kleinasien
aziatík, -e *Adj* asiatisch
azíl -i *m, Pl* -e Asyl *n,* Obdach *n,* Heim *n;* ~ **i i pleqve** das Altersheim
azót -i *m* Stickstoff *m*
azotík, -e *Adj:* **acid** ~ Salpetersäure *f*
azotúar (i) *Adj* Stickstoff-

B

babá -i *m*, *Pl* -llárë 1. Vater *m*, Papa *m*; 2. *Rel* Vorsteher *m eines Bektaschi-Klosters*
babagjýsh -i *m*, *Pl* -ër *od* -a Großvater *m*, Opa *m*
baballëk I. -u *Subst/m*, *Pl* -ë argloser, gutmütiger (alter) Mann *m*; **II.** -e *Adj* arglos, gutmütig, gütig
babanác|e -ja *f*, *Pl* -e grobes Maisbrot *n*
babaník -u *m*, *Pl* -ë *Bot* Fetthenne *f*
babaxhán I. -i *Subst/m*, *Pl* -ë *od* -a 1. argloser, gutmütiger Mann *m*; 2. mutiger Bursche *m*, Draufgänger *m*; Prachtkerl *m*; 3. *vertrauliche Anrede für den Vater, etwa*: Vati *m*, Väterchen *n*; 4. *vertrauliche Anrede unter Freunden, etwa*: alter Junge *m*, altes Haus *n*; **II.** -e *Adj* 1. arglos, gutmütig; naiv, offen; 2. draufgängerisch, mutig; geschickt
babazót -i *m* Großvater *m*, Opa *m*
báb|ë -a *m* Vater *m*, Papa *m*
babëzí -a *f* Unersättlichkeit *f*, Gefräßigkeit *f*, Freßgier *f*
babëzítur (i) *Adj* verfressen, gierig, gefräßig
bábi *m fam* Vati *m*
babíl -i *m*, *Pl* -a Bienenfresser *m*
bablók I. -u *Subst/m* 1. *vertrauliche Anrede für den Vater, etwa*: Vati *m*, Väterchen *n*; 2. *vertrauliche Anrede unter Freunden, etwa*: alter Junge *m*, altes Haus *n*; **II.** -e *Adj* arglos, gutmütig; naiv, offen
bábo -ia *f*, *Pl* – Hebamme *f*
babún|e -ja *f*, *Pl* -e *Gewichtseinheit, etwa 10 kg*
bac -i *m*, *Pl* -a 1. älterer Bruder; 2. Onkel *m*; 3. Bruder *m*, Onkel, Vater *m als Anrede*
¹**bác|ë** -a *m*, *Pl* -a = **bac**
²**bác|ë** -a *f*, *Pl* -a Ohrfeige *f*
bacíl -i *m*, *Pl* -e Bazillus *m*
¹**baç** -i *m*, *Pl* -a Senner *m*
²**baç** -i *m*, *Pl* -a Band *n*, Schnur *f*; Hosengurt *m*, Hosenband; Wickelband
bád|ër -ra *f*, *Pl* -ra 1. Narzisse *f*; 2. Schwertlilie *f*
badiavá *Adv* gratis, umsonst, unentgeltlich; spottbillig; *übertr* umsonst, vergeblich
badifók|ë -a *f*, *Pl* -a 1. Geldbeutel *m*; 2. Lederbeutel *m für Feuerstein und Zunder*
baft -i *m*, *Pl* -e 1. Geschick *n*, Schicksal *n*; 2. Zufall *m*; 3. Glück *n*, Gelingen *n*; **për** ~ glücklicherweise, zum Glück
baftmádh, -e *Adj* glücklich; erfolgreich
baft|zí, -zézë *Adj* unglücklich; erfolglos
bagázh -i *m*, *Pl* -e Gepäck *n*
bág|ël -la *f*, *Pl* -la Mist *m von Rindern und Pferdeverwandten*
bagëlít 20 *itr* misten
bág|ëm -mi *m* Salböl *n*
bagëtí -a *f*, *Pl* – Haustier *n*; Vieh *n*; Viehzucht *f*; ~ **e trashë** Großvieh, Rindvieh; ~ **e imtë** *od* ~ **e hollë** Kleinvieh (Ziegen und Schafe)
báhç|e -ja *f*, *Pl* -e Garten *m*
bahçeván -i *m*, *Pl* -ë Gärtner *m*
báh|e -ja *f*, *Pl* -e Katapult *n*, Schleuder *f*
bahetár -i *m*, *Pl* -ë Katapultschütze *m*
bajám|e -ja *f*, *Pl* -e 1. *Bot* Mandel *f*; Mandelbaum *m*; **vaj** ~**sh** Mandelöl *n*; 2. *Anat* Mandel
baját, -e *Adj* nicht mehr frisch, angegangen *(Speisen)*; schal, abgestanden; altbacken

bájg|ë -a *f*, *Pl* -a = **bagël**
bajlóz -i *m*, *Pl* -ë **1.** *alt* Botschafter *m*, Gesandter *m*; **2.** *Myth* Riese *m*
bajonét|ë -a *f*, *Pl* -a Bajonett *n*
bajrák -u *m*, *Pl* -ë *od* bajráqe **1.** Fahne *f*, Banner *n*; ~**u i dasmës** die Fahne, die ein Brautführer beim Brautzug voranträgt; **2.** Volksstamm *m*, Stammesverband *m*
bajraktár -i *m*, *Pl* -ë **1.** Fahnenträger *m*; Anführer *m des Brautzuges*; **2.** Stammesführer *m*
bajrám -i *m*, *Pl* -e Bairam *m*; ~ **i madh** Fastenende *n des Bairam*; ~ **i vogël** Opferfest *n des Bairam*
bajúk|ë -a *f*, *Pl* -a Art Wildente
bájz|ë -a *f*, *Pl* -a Bleßralle *f*
bakaláro -ja *f* Kabeljau *m*, Dorsch *m*
bakáll -i *m*, *Pl* bakéj *od* bakáj Krämer *m*
bakallék -u *m* Kleinhandel *m*
bák|ëm -mi *m* Blutholzbaum *m*; Braunholz *n*, Brasilholz *n*
bák|ër -ri *m* Kupfer *n*; **-re** *od* **-ra** *Pl* Kupfergeschirr *n*
bakërpunúes -i *m*, *Pl* – = **bakërxhi**
bákërt (i) *Adj* kupfern, Kupfer-
bakërxhí -u *m*, *Pl* – *od* -nj Kupferschmied *m*
bakllavá -ja *f*, *Pl* – rhombenförmiges Blätterteiggebäck mit Nüssen und Sorbett
bakráç -i *m*, *Pl* -e Kupfergefäß *n*
bakshísh -i *m*, *Pl* -e Trinkgeld *n*
baktér -i *m*, *Pl* -e Bakterie *f*
bakteriológ -u *m*, *Pl* -ë Bakteriologe *m*
bakteriologjí -a *f* Bakteriologie *f*
bakteriologjík, -e *Adj* bakteriologisch
baktérj|e -a *f*, *Pl* -e Bakterie *f*
bal -i *m*, *Pl* -a Hund *m mit weißem Stirnfleck*; Jagdhund; Hirtenhund
baláď|ë -a *f*, *Pl* -a Ballade *f*
balánc|ë -a *f*, *Pl* -a Balance *f*, Gleichgewicht *n*; Waage *f*

balancó|n 1 *tr* balancieren; ausbalancieren, ausgleichen; **-het** *refl* ins Gleichgewicht kommen
baláš h -i *m*, *Pl* -ë Pferd *n mit weißem Stirnfleck*, Blesse *f*
¹**balç** -i *m*, *Pl* -a Hosenband *n*, Hosengurt *m*
²**balç** -i *m*, *Pl* -e Johanniskraut *n*
bálç|ëm -mi *m* Balsam *m*
baldós|ë -a *f*, *Pl* -a Dachs *m*
balén|ë -a *f*, *Pl* -a **1.** Wal *m*; **2.** Fischbein *n*
balerín|ë -a *f*, *Pl* -a Ballerina *f*
balét -i *m*, *Pl* -e Ballett *n*
baletmáest|ër -ri *m*, *Pl* -ër *od* -ra Ballettmeister *m*
¹**bál|ë** -a *f*, *Pl* -a Dachs *m*
²**bálë** (i) *Adj Zool* mit weißem Stirnfleck
balgór|e -ja *f*, *Pl* -e großer Getreidekorb *m*
balíc|ë -a *f*, *Pl* -a Kopftuch *n*
balík -u *m*, *Pl* -ë gescheckter Hund *m*; Jagdhund
balísk|ë -a *f*, *Pl* -a Ziege *f mit weißer Stirn*, Blesse *f*
balistík, -e *Adj* ballistisch
balistík|ë -a *f* Ballistik *f*
balísh|ë -a *f*, *Pl* -a Stirnlocke *f*, Stirnhaare *Pl*
balmúq -i *m* Rückenfett *n vom Schwein*, Liesen *Pl*
bálo -ja *m* weißer Ochse *m*
balók -u *m*, *Pl* -ë Hund *m mit weißen Flecken an Schnauze und Pfoten*
balón|ë -a *f*, *Pl* -a Papierdrachen *m*
balósh -i *m*, *Pl* -ë Ochse *m od* Pferd *n mit weißem Stirnfleck*, Blesse *f*
balósh|e -ja *f*, *Pl* -e Stute *f od* Kuh *f mit weißem Stirnfleck*, Blesse *f*
balóz -i *m*, *Pl* -ë *od* -a *alt* Reicher *m*
balsám -i *m* Balsam *m*
balsamós 21 *tr* einbalsamieren
balsamósj|e -a *f*, *Pl* -e Einbalsamierung *f*
balták, -e *Adj* schlammig, morastig, sumpfig

baltaník, -e *Adj* = **baltak**
bált|ë I. -a *Subst/f, Pl* -ë **1.** Schlamm *m*, Matsch *m*; Erde *f*, Land *n*; **bën me** ~ beschmutzen; **2.** Ton *m*, Töpfererde; **enë balte** Tongefäß *n*; ~ **e bardhë** Kaolin *n*; *übertr* **e la në** ~ er ließ ihn im Stich; **II.** (i) *Adj* aus Ton, irden; **enë e** ~ Tongefäß *n*
¹**baltík**, -e *Adj* sumpfig, morastig, schlammig; feucht
²**baltík**, -e *Adj* baltisch, Ostsee-; **deti Baltik** die Ostsee
baltím|ë -a *f, Pl* -ë = **baltinë**
baltín|ë -a *f, Pl* -a Morast *m*; Pfuhl *m*
baltós 21 *tr* mit Schlamm bedecken; beschmutzen, besudeln
baltovín|ë -a *f, Pl* -a = **baltinë**
balúsh|ë -a *f, Pl* -a Lichtfleck *m*
ballabállas *Adv* = **ballaballë**
ballabállë *Adv* gegenüberstehend, Auge in Auge, von Angesicht zu Angesicht; ~ **më** Auge in Auge mit, angesichts des
ballafáqas *Adv* = **ballafaqe**
ballafáqe *Adv* offen, freimütig
ballafaqím -i *m, Pl* -e Gegenüberstellung *f*
ballafaqón 1 *tr* gegenüberstellen
ballamár -i *m, Pl* -ë Tau *n*, Schiffsseil *n*
ballánd|ër -ra *f, Pl* -ra Wasserfall *m*
ballánxh|ë -a *f, Pl* -a Wassergrube *f*, Zisterne *f*
bállazi *Adv* = **ballaballë**
ballbréshtëz -a *f, Pl* -a Esparsette *f*
bállc|ë -a *f, Pl* -a Kappe *f*, kleiner Hut *m*
¹**báll|ë** -i *m od* -ët *n, Pl* -ë **1.** Stirn *f*; **i bën** ~ **armikut** er bietet dem Feind die Stirn; **për** ~ gegenüber; ~ **për** ~ Auge in Auge, von Angesicht zu Angesicht; **me** ~ **hapët** hocherhobenen Hauptes; **2.** Stirnwand *f*, Vorderfront *f*, Vorderseite *f*; *Bauw* ~ **kryesor** Fassade *f*, Vorderfront *des Hauses*; ~ **i i anijes** der Bug des Schiffes; ~ **i i djepit** das Kopfende der Wiege; ~ **i i samarit** der Zwiesel des Packsattels; **në** ~ **të luftës** in vorderster Linie; **3.** Beginn *m*; **në** ~ **të dimrit** zu Beginn des Winters; **4.** das Beste, das Ausgesuchte; ~ **i i rinisë** die Blüte der Jugend; *hist* **Balli kombëtar** albanische antikommunistische, nationalistische Organisation 1943-1944; **5.** Grad *m beim Erdbeben*
²**báll|ë** -a *f, Pl* -a Kopftuch *n*
ballëgjérë *Adj* mit breiter Stirn
ballëhápët *Adj* mit reinem Gewissen, mit unbefleckter Ehre
ballëhápur *Adj* = **ballëhapët**
ballëlárt I. *Adj* mit hoher Stirn; **II.** *Adv* stolz
ballgám -i *m, Pl* -e *od* -a Auswurf *m*, Schleim *m*
ballíc|ë -a *f, Pl* -a Kopftuch *n der Frauen*
ballín|ë -a *f, Pl* -a Frontseite *f*, Vorderseite *f*; Titelblatt *n*
ballíst -i *m, Pl* -ë *hist* Angehöriger der Organisation Balli kombëtar→ ¹**ballë**
Ballkán I. -i *Subst/m* Balkan *m*; **II. ballkán**, -e *Adj* balkanisch, Balkan-; **shtetet** ~ **e** die Balkanstaaten
ballkánas I. -i *Subst/m, Pl* – Balkanbewohner *m*; **II.** -e *Adj* balkanisch, Balkan-
ballkaník, -e *Adj* balkanisch, Balkan-
ballkón -i *m, Pl* -e Balkon *m*
ballník -u *m, Pl* -ë Kopfende *n*
bállo -ja *f, Pl* – Ball *m*, Tanzabend *m*
ballomatár -i *m, Pl* -ë Schuster *m*, Flickschuster
ballomaxhí -u *m, Pl* – *od* -nj = **ballomatar**

ballóm|ë -a *f*, *Pl* -a Flicken *m*, Flecken *m*
ballón -i *m*, *Pl* -ë Ballon *m*
ballót|ë -a *f*, *Pl* -a Blasrohr *n der Kinder*, Pusterohr *n*
ballsór -i *m*, *Pl* -ë **1.** Führer *m*, Anführer; **2.** *Bauw* Vorderfront *f*, Fassade *f*
ballúk -u *m*, *Pl* -ë Kopfende *n der Wiege*; Bettgiebel *m*; Zwiesel *m am Packsattel*
¹**ballúke** -t *Pl* Stirnhaare *Pl*, Stirnlocke *f*, Pony *m*
²**ballúk|e** -ja *f*, *Pl* -e Art Hacke
ballúng|ë -a *f*, *Pl* -a Beule *f*
bambú -ri *m*, *Pl* -nj Bambus *m*
bamírës, -e *Adj* wohltätig
bamirësí -a *f* Wohltätigkeit *f*
bámj|e -a *f*, *Pl* -e Eibisch *m*
banák -u *m*, *Pl* -ë Theke *f*, Schanktisch *m*
banakiér|e -ja *f*, *Pl* -e Schankwirtin *f*
banál, -e *Adj* gewöhnlich, banal, nichtssagend
banalitét -i *m*, *Pl* -e Banalität *f*, Nichtigkeit *f*
banalizón 1 *tr* banalisieren
banán|e -ia *f*, *Pl* -e Banane *f*
banderól|ë -a *f*, *Pl* -ë Banderole *f*
bánd|ë -a *f*, *Pl* -a **1.** Band *f*, Musikkapelle *f*; **2.** Bande *f*, Horde *f*
bandíll -i *m*, *Pl* -ë liebenswürdiger, kecker Bursche *m*; Poussierstengel *m*
bandít -i *m*, *Pl* -ë Bandit *m*, Verbrecher *m*, Räuber *m*
banditíz|ëm -mi *m* Banditentum *n*
banés|ë -a *f*, *Pl* -a **1.** Wohnung *f*; **2.** Wohnort *m*, Wohnsitz *m*; **ku e keni ~ n?** wo wohnen Sie?, wo leben Sie?
bán|ë -a *f*, *Pl* -a Wohnung *f*
bángo -ja *f*, *Pl* - Bank *f*; *Tech* Bank, Aufspannvorrichtung *f*
baním -i *m*, *Pl* -e Wohnung *f*, Wohnhaus *n*; Wohnsitz *m*; Wohnen *n*
bankár, -e *Adj* Bank-; **veprime ~ e** Bankgeschäfte *Pl*
bankét -i *m*, *Pl* -e Bankett *n*
bánk|ë -a *f*, *Pl* -a **1.** Bank *f*, Sitzbank; **2.** Bank, Sparkasse *f*
bankënót|ë -a *f*, *Pl* -a Banknote *f*, Geldschein *m*
bankiér -i *m*, *Pl* -ë Bankier *m*; Bankdirektor *m*
banón 1 *itr* wohnen; leben; *tr* bewohnen
banónjës -i *m*, *Pl* - Bewohner *m*, Einwohner *m*
banór -i *m*, *Pl* -ë = **banonjës**
banúes -i *m*, *Pl* - = **banonjës**
banúesh|ëm (i), -me (e) *Adj* bewohnbar
bánj|ë -a *f*, *Pl* -a **1.** Bad *n*; Baden *n*; **~ dielli** Sonnenbad; **rrobë banje** Badeanzug *m*; **bën ~** ein Bad nehmen, baden; **2.** Bad, Badeort *m*, Kurbad; **~ deti** Seebad; **3.** Bad, Badezimmer *n*
baqth -i *m*, *Pl* - Unterleib *m*; Leistengegend *f*
¹**bar** -i *m*, *Pl* -ëra *od* bárna **1.** Gras *n*, Grashalm *m*; Kraut *n*; **~ i thatë** Heu *n*; **~ i keq** Unkraut; **2.** Heilpflanze *f*, Heilmittel *n*; **~ për të dalë** Abführmittel *n*; **~ mish** Rattengift *n*; **~ mole** *od* **~ lëkure** Mottenpulver *n*; **~ blete** Melisse *f*; **~ ethesh** Tausendgüldenkraut; **~ i trashë** Bilsenkraut; **~ peshku** Königskerze *f*; **~ pezmi** Schafgarbe *f*; **~ plakash** Herbstzeitlose *f*; **~ tamli** Löwenzahn *m*; **~ thëllëze** Bingelkraut; **~ udhe** Mauerpfeffer *m*; **~ zemre** Gelber Enzian *m*; **~ veshi** Hauslauch *m*
²**bar** -i *m*, *Pl* -e Bar *f*
barabár *Adv* ebenso, gleich, auf gleiche Weise
barabarësí -a *f* Gleichheit *f*

barabártë (i) *Adj* gleich, gleichförmig
barabít 22 *tr* vergleichen; gegenüberstellen
barabítj|e -a *f, Pl* -e Vergleich *m*; Gegenüberstellung *f*; **në ~ me** im Vergleich zu
barabrínjës, -e *Adj Geom* gleichseitig
barák|ë -a *f, Pl* -a Baracke *f*
barakráhës, -e *Adj Geom* gleichschenklig
baráng|ë -a *f, Pl* -a = **barakë**
báras *Adv* = **barabar**
barasí -a *f* 1. Identität *f*, Gleichheit *f*, Kongruenz *f*; 2. Gleichberechtigung *f*
barasím -i *m, Pl* -e Angleichung *f*, Gleichstellung *f*; Ausgleich *m*; Vergleich *m*; **gol i ~ it** Ausgleichstor *n*
barasón 1 *tr* angleichen, gleichstellen; ausgleichen; vergleichen
baraspésh|ë -a *f, Pl* -a Gleichgewicht *n*
baraspeshím -i *m El* Kompensation *f*
barastíngull -i *m Mus* Unisono *n*
barasvlérsh|ëm (i), '-me (e) *Adj* gleichwertig
bárazi *Adv* = **barabar**
barazím -i *m, Pl* -e = **barasim**; *El* Ausgleich *m*, Kompensation *f*; **~ fazash** Phasenausgleich
barazón 1 *tr* = **barason**
barazúes -i *m, Pl – El* Kompensator *m*
barazúesh|ëm (i), -me (e) *Adj* 1. vergleichbar; 2. ausgleichbar, regulierbar
barbár I.-i *Subst/m, Pl* -ë Barbar *m*; II. -e *Adj* barbarisch, unmenschlich, roh
barbarí -a *f* Barbarei *f*
barbarísht *Adv* barbarisch
barbaríz|ëm -mi *m, Pl* -ma 1. Barbarei *f*; 2. *Ling* Barbarismus *m*

barbaróz|e -ja *f Bot* Geranie *f*; Storchschnabel *m*
bar-bufé -ja *f, Pl –* Imbißraum *m*, Schnellimbiß *m*, Imbißstube *f*
bárbull -i *m, Pl* bárbuj Pflugreutel *m*
barbúnj|ë -a *f, Pl* -a Seebarbe *f*
bardák -u *m, Pl* -ë = **bardhak**
bárdha (e) *f/best* Weiß *n*; *Anat* **e ~ e syut** der Glaskörper des Auges; **e ~ e vesë** das Eiweiß
bardhák -u *m, Pl* -ë Glas *n*; Trinkgefäß *n*
bardhaléc, -e *Adj* weißlich
bardhásh -i *m, Pl* -ë *Zool* Schimmel *m*; weißer Ziegenbock *m*; weiße Taube *f*
bardhém|ë (i), -e (e) *Adj* weißlich
bárdhë I. (i) *Adj* 1. weiß; **e ~ si borë** schneeweiß; 2. glücklich; **me faqe të ~** ehrenvoll, erfolgreich; II. -t (të) *Subst/n* Weiß *n*; *Anat* **të ~ t e syrit** der Glaskörper des Auges; **të ~ t e vesë** das Eiweiß; **të kuq e të ~** Schminke *f*
bardhësí -a *f* Weiß *n*
bardhísh|e -ja *f, Pl* -e weiße Ziege *f*
bardhók, -e *Adj* weißlich
bardhósh, -e *Adj* blaß, bleich
barésh|ë -a *f, Pl* -a Hirtin *f*, Hirtenmädchen *n*
barét 32 *itr* umhergehen, spazieren gehen
barí I. -u *Subst/m, Pl* -nj Hirt *m*; **~ derrash** Schweinehirt; II. -a *Subst/f* alle Hirten, Hirtenschaft *f*
baríshte -t *Pl* Gemüse *n*; Gemüsepflanzen *Pl*; **~ t e para** das Frühgemüse
barít -i *m, Pl* -e *Geol* Baryt *m*, Schwerspat *m*
baríti 32 *Aor →* **baret**
baritón -i *m, Pl* -ë Bariton *m*
baritór, -e *Adj* Hirten-, Schäfer-; **këngë ~ e** Hirtenlied *n*; **letër ~ e** *Rel* Hirtenbrief *m*
bark -u *m, Pl* bárqe 1. Bauch *m*;

2. Unterleib; Mutterleib *m*; **vëllezër nga një** ~ Halbbrüder mit einer Mutter; **vëllezër prej dy barqesh** Halbbrüder von zwei Müttern; 3. Generation *f*, Geschlecht *n*; **kaluan tri barqe** drei Generationen sind vergangen; 4. **kam** ~ *od* **më heq** ~ *od* **më shkon** ~ ich habe Durchfall; **më dhëmb** ~ **u** ich habe Bauchschmerzen; ~ **i keq** Ruhr *f*; *übertr* Mitte *f*; **në** ~ **të javës** (in der) Mitte der Woche; **me gjithë** ~ ernsthaft, tatsächlich; **na mbiu në** ~ es hängt uns schon zum Halse raus *(Speisen)*; **muri ka lëshuar** ~ die Wand hat sich vorgewölbt

barkaléc, -e *Adj* dickleibig, wohlbeleibt, dickbäuchig

barkalíq -i *m*, *Pl* -a Dickbauch *m*, Dickwanst *m*

barkanjós, -e *Adj* = **barkalec**

bárkas *Adv* bäuchlings, auf dem Bauch, auf allen vieren; **bie** ~ a) sich auf den Bauch legen; b) auf den Bauch fallen; **hiqet** ~ *od* **ecën** ~ auf dem Bauche kriechen, robben

barkatár -i *m*, *Pl* -ë Bootsmann *m*, Schiffer *m*

barkaxhí -u *m*, *Pl* – *od* -nj = **barkatar**

bárkazi *Adv* = **barkas**

bárk|ë -a *f*, *Pl* -a Boot *n*

bárkës -i *m*, *Pl* -a ärmelloser Bauernmantel *m*

barkgjérë *Adj* weitherzig, tolerant, geduldig

bárkj|e -a *f*, *Pl* -e Wickeltuch *n*, Einschlagtuch *n für Säuglinge*

barkmádh I. -i *Subst*/*m*, *Pl* barkmëdhénj Dickwanst *m*, Fettsack *m*; II. **-e** *Adj* = **barkalec**

barkmádh|e -ja *f*, *Pl* barkmëdhá dicke Frau *f*, dickbäuchige Frau

barkór|e -ja *f*, *Pl* -e 1. Wickeltuch *n für Säuglinge*; Bauchwickel *m*; 2. schwarze Schürze *f mit weißen Querstreifen*

barkóset 21 *refl* Bauchschmerzen haben *(vom Essen)*

barkósh, -e *Adj* = **barkalec**

barkthátë *Adj* unfruchtbar, steril *(Frau)*

barkúsh|e -ja *f*, *Pl* -e untere Herzkammer *f*

bárm|ë -a *f Bot* Bast *m*

barnatór -i *m*, *Pl* -ë Apotheker *m*; Drogist *m*

barnatór|e -ja *f*, *Pl* -e Apotheke *f*; Drogerie *f*

barngrénës -i *m*, *Pl* – *Zool* Pflanzenfresser *m*

barój|ë -a *f*, *Pl* -a Unkraut *n*

barók -u *m* Barock *m od n*

baromét|ër -ri *m*, *Pl* -ra Barometer *n*

¹**baró|n** 1 *tr* mit Gras bedecken; **-het** *refl* sprießen

²**barón -i** *m*, *Pl* -ë *od* -a Baron *m*

baronésh|ë -a *f*, *Pl* -a Baronin *f*; Baronesse *f*

bart 14 *tr* tragen, transportieren

bártës -i *m*, *Pl* – Träger *m*; Überträger *von Krankheiten*

bartím -i *m*, *Pl* -e Transport *m*

bártj|e -a *f*, *Pl* -e Beförderung *f*, Transport *m*

barút -i *m* Schießpulver *n*; ~ **pambuku** Schießbaumwolle *f*; *übertr* **fuçi** ~ **i** Pulverfaß *n*

barré -ja *f*, *Pl* – Holzhammer *m*

bárr|ë -a *f*, *Pl* -ë 1. Last *f*, Bürde *f*; Fuhre *f*, Fracht *f*; *Maßeinheit*, *etwa 150 kg*; *übertr* Last, Bürde; **ia bëri** ~ er hat es ihm aufgebürdet; **i bie barra** ihm fällt die Aufgabe zu; **iu bëra** ~ **atij** ich bin ihm zur Last gefallen; **ia ve** ~ **një punë** ich vertraue ihm eine Sache an; 2. Fetus *m*, Leibesfrucht *f*; **bën me** ~ schwängern; **është me** ~ sie ist schwanger; **ngjitet me** ~ schwanger werden;

i shkoi barra sie hatte eine Fehlgeburt
barrësí -a *f* Schwangerschaft *f*
barrikád|ë -a *f*, *Pl* -ë Barrikade *f*
barrón 1 *tr* beladen, aufladen; *übertr* aufbürden, aufhalsen
barrós 21 *tr* = barron
bárrse *Adj*/*f* *Zool* tragend, trächtig
barrsón 1 *tr* schwängern; *Zool* befruchten
¹**bas** -i *m* = bast
²**bas** -i *m Mus* Baß *m*
basketbóll -i *m* Basketball *m*
basketbollíst -i *m*, *Pl* -ë *od* -a Basketballspieler *m*
baskí -a *f*, *Pl* -a großer Nagel *m*
basmá -ja *f* Kattun *m*, Baumwollstoff *m*
básm|ë -a *f*, *Pl* -a = basma
básso -ja *m* = ²bas
bast -i *m*, *Pl* -e Wette *f*; **ve** ~ wetten
bastárdh -i *m*, *Pl* -ë *od* -a degenerierter Mensch *m*; Taugenichts *m*
bastardhó|n 1 *tr* verderben, entarten lassen; ~ **gjuhën** die Sprache mit Fremdwörtern überladen; **-het** *refl* degenerieren, entarten
bastí -a *f*, *Pl* – Razzia *f*, Haussuchung *f*
bastís 21 *tr* durchsuchen, eine Razzia machen; eindringen, einfallen
bastísj|e -a *f*, *Pl* -e Razzia *f*, Haussuchung *f*
bastún -i *m*, *Pl* -ë Stock *m*, Spazierstock
¹**bash** *Adv* genau, eben, gerade
²**bash** -i *m* 1. Bug *m des Schiffes*; 2. das Beste, das Ausgesuchte
bashibozúk I. -u *Subst*/*m*, *Pl* -ë Söldner *m*; II. -e *Adj* Söldner-; **forca** ~ **e** Söldnertruppen *Pl*
bashibuzúk -u *m*, *Pl* -ë *alt* Söldner *m*
bashkangjít 22 *tr* hinzufügen, beifügen, anhängen; angliedern
bashkarí -a *f* Gemeinschaft *f*, Gesellschaft *f*

bashkarísht *Adv* gemeinsam, zusammen
báshkas *Adv* gemeinsam, zusammen
bashkatdhetár -i *m*, *Pl* -ë Landsmann *m*
bashkautór -i *m*, *Pl* -ë Mitautor *m*
báshkazi *Adv* = bashkas
bashkekzisténc|ë -a *f*, *Pl* -a Koexistenz *f*, Zusammenleben *n*; ~ **paqësore** friedliche Koexistenz
bashkekzistón 1 *tr* zusammenleben, koexistieren
¹**báshk|ë** -a *f*, *Pl* -a Vlies *n*, Schaffell *n*
²**báshkë** *Adv* zusammen, gemeinsam, miteinander; ~ **me** zusammen mit
bashkëbisedím -i *m*, *Pl* -e Unterredung *f*
bashkëbisedúes -i *m*, *Pl* – Gesprächspartner *m*
bashkëfajësí -a *f* Mitschuld *f*, Mittäterschaft *f*
bashkëfajtór -i *m*, *Pl* -ë Komplize *m*, Helfershelfer *m*
bashkëfetár -i *m*, *Pl* -ë Glaubensbruder *m*
bashkëfjalím -i *m*, *Pl* -e Erörterung *f*, Diskussion *f*
bashkëfólës -i *m*, *Pl* – Gesprächspartner *m*
bashkëfshatár -i *m*, *Pl* -ë Dorfgenosse *m*
bashkëjetës|ë -a *f* Zusammenleben *n*
bashkëjetón 1 *itr* zusammenleben
bashkëkóhas -i *m*, *Pl* – Zeitgenosse *m*
bashkëluftëtár -i *m*, *Pl* -ë Kampfgenosse *m*; Kriegskamerad *m*
bashkëmarrëdhéni|e -a *f*, *Pl* -e gemeinsame Beziehung *f*
bashkëndénjës -i *m*, *Pl* – Zimmergenosse *m*
bashkëngjít 22 *tr* = bashkangjit
bashkënxénës -i *m*, *Pl* – Mitschüler *m*, Klassenkamerad *m*
bashkënxénës|e -ja *f*, *Pl* -e Mitschülerin *f*, Klassenkameradin *f*

bashkëpërgjegjësím -i *m*, *Pl* -e Entsprechung *f*
bashkëpunëtór -i *m*, *Pl* -ë Mitarbeiter *m*, Kollege *m*
bashkëpunëtór|e -ja *f*, *Pl* -e Mitarbeiterin *f*, Kollegin *f*
bashkëpuním -i *m*, *Pl* -e Mitarbeit *f*, Zusammenarbeit
bashkëpunón 1 *itr* zusammenarbeiten, mitarbeiten
bashkëqéni|e -a *f Biol* Symbiose *f*
bashkëqytetár -i *m*, *Pl* -ë Mitbürger *m*
bashkëqytetár|e -ja *f*, *Pl* -e Mitbürgerin *f*
bashkërendít 20 *tr* koordinieren
bashkërendítës, -e *Adj* koordinierend, beiordnend; *Gramm* nebenordnend, parataktisch; **fjali** ~**e** Nebensatz *m*
bashkërendón 1 *tr* koordinieren; gleichstellen, abstimmen
bashkësí -a *f* Gemeinsamkeit *f*, Gemeinschaft *f*; **në** ~ gemeinsam, zusammen
bashkëshórt -i *m*, *Pl* -ë Ehemann *m*, Gatte *m*
bashkëshórt|e -ja *f*, *Pl* -e Ehefrau *f*, Gattin *f*
bashkëshortór, -e *Adj* Ehe-, ehelich
bashkëtingëllím -i *m*, *Pl* -e Zusammenklang *m*, Konsonanz *f*
bashkëtingëllór|e -ja *f*, *Pl* -e Konsonant *m*, Mitlaut *m*
bashkëveprím -i *m*, *Pl* -e Zusammenwirken *n*, gemeinsames Handeln *n*
bashkëveprón 1 *tr* zusammenwirken, mitwirken
bashkí -a *f*, *Pl* – *alt* Stadtverwaltung *f*; Rathaus *n*
bashkiák, -e *Adj* städtisch; **taksat** ~ **e** die Gemeindesteuer
bashkím -i *m*, *Pl* -e **1.** Einigkeit *f*, Einheit *f*; Gemeinschaft *f*, Vereinigung *f*; **2.** Verband *m*, Verein *m*, Bund *m*; **bashkime profesionale** Gewerkschaft *f*; Gewerkschaftsbund; **3.** Union *f*, Bündnis *n*, Bund; *hist* **Bashkimi Sovjetik (BRSS)** Sowjetunion (UdSSR); **4.** *Chem* Verbindung *f*
bashkón 1 *tr* vereinigen, verbinden, vereinen
báshku (së) *Adv* zusammen, gemeinsam
bashkúar (i) *Adj* verbündet, vereinigt, Einheits-; **Shtetet e Bashkuara të Amerikës (SHBA)** die Vereinigten Staaten von Amerika (USA); **Organizata e Kombeve të Bashkuara (OKB)** die Organisation der Vereinten Nationen (UNO)
bashkudhëtár -i *m*, *Pl* -ë Reisegefährte *m*
bashkudhëtár|e -ja *f*, *Pl* -e Reisegefährtin *f*
bashtín|ë -a *f*, *Pl* -a Grundstück *n*; Bauernhof *m*
baták -u *m*, *Pl* -ë Morast *m*, Sumpf *m*
batakçésh|e -a *f*, *Pl* -a Gaunerin *f*, Betrügerin *f*
batakçí -u *m*, *Pl* – *od* -nj Gauner *m*, Betrüger *m*
batakçillëk -u *m*, *Pl* batakçilléqe Betrug *m*, Gaunerei *f*
batalión -i *m*, *Pl* -e *od* -a *Mil* Bataillon *n*
batáll, -e *Adj* nutzlos, wertlos
bataníj|e -a *f*, *Pl* -e Schlafdecke *f*, Wolldecke *f*
bataré -ja *f*, *Pl* – Salve *f*
baterí -a *f*, *Pl* – *Mil*, *Phys* Batterie *f*;
~ **e bartëshme** Taschenbatterie;
~ **e thatë** Trockenbatterie
batërdí -a *f*, *Pl* – **1.** Lärm *m*, Radau *m*; **2.** Zerstörung *f*, Ruin *m*
batërdís 21 *tr* zerstören, vernichten, ruinieren
batíc|ë -a *f* Flut *f*, Flutzeit *f*;
~ **e zbaticë** Ebbe und Flut, Gezeiten *Pl*
batín|ë -a *f*, *Pl* -a Vogelfalle *f*

batís 21 *tr* zusammendrücken, pressen; abplatten, plattdrücken
batísj|e -a *f* Zusammendrücken *n*, Pressen *n*; Abplatten *n*, Plattdrücken *n*
batíst -i *m* Batist *m*
batór -i *m*, *Pl* -ë *Math* Faktor *m*; *Opt* Koeffizient *m*
báth|ë -a *f*, *Pl* -ë Saubohne *f*
bathísht|ë -a *f*, *Pl* -ë Saubohnenfeld *n*
bathór|e -ja *f*, *Pl* -e = bathishtë
bauksít -i *m* Bauxit *m*
baúll|e -ja *f*, *Pl* -e *alt* Reisekoffer, Koffer *m*
Bavarí -a *f* Bayern *n*
baxhanák -u *m*, *Pl* -ë Schwager *m* (*der mit der Schwester der Ehefrau verheiratete Mann*)
báxh|ë -a *f*, *Pl* -a Dachfenster *n*, Dachluke *f*
báxho -ja 1. *m*, *Pl* – Senner *m*; 2. *f*, *Pl* – Sennerei *f*; Sennhütte *f*
bazál, -e *Adj* Grund-
bazált -i *m* Basalt *m*
bazamént -i *m*, *Pl* -a Fundament *n*
báz|ë -a *f*, *Pl* -a 1. Basis *f*, Fundament *n*, Grundlage *f*; Grund *m*; organizatë- ~ Grundorganisation *f*; hedh bazat *od* ve bazat die Grundlagen schaffen; ~ themeli *Bauw* Fundament; *übertr* flet me baza wohlbegründet sprechen; 2. *Gesellsch* Basis; 3. *Mil* Basis, Stützpunkt *m*; ~ navale Marinestützpunkt; 4. *Geom* Grundseite *f*; 5. *Chem* Base *f*
bazík, -e *Adj Chem* basisch, alkalisch
bazilík|ë -a *f*, *Pl* -a Basilika *f*
bazó|n 1 *tr* basieren, abstützen, auf etw. gründen; -het *refl* sich gründen auf, sich stützen auf, beruhen auf
bazhdár -i *m*, *Pl* -ë *alt* Waagemeister *m*
bazhdarí -a *f alt* 1. Waagegeld *n*; 2. Waageamt *n*

bazhgáre -t *Pl* Kehricht *m*, Unrat *m*
be -ja *f*, *Pl* – Eid *m*, Schwur *m*; bën ~ schwören, geloben; e ve në ~ jmdn. vereidigen; bën ~ e rrufe Stein und Bein schwören; i lëshon ~ jmdn. beschwören; bën ~ për schwören auf
béb|e -ja *f*, *Pl* -e 1. Baby *n*, Säugling *m*; 2. bebja e syrit die Pupille
bébëz -a *f*, *Pl* -a: ~a e syrit die Pupille
bedá -ja *f* Unglück *n*
bedén -i *m*, *Pl* -a *od* -e 1. Zinne *f*, Brustwehr *f*; 2. Spitzenbesatz *m*, Spitze *f*
bef *Indekl*: s'i bën ~ syri er läßt sich nicht bange machen
béfas *Adv* unerwartet, unvermutet, plötzlich
befasí -a *f* Plötzlichkeit *f*, Plötzliche *n*; në ~ plötzlich, unvermutet
beft -i *m*: me ~ sehr wachsam; pa ~ unerwartet, plötzlich
béfti 14 *itr unpers* 3. *Pers Aor*: më ~ es passierte mir; na ~ kjo punë dies widerfuhr uns unerwartet
[1]beg -u *m*, *Pl* -lérë Beg *m*, Bei *m*
[2]beg -u *m*, *Pl* -ë *Tech* Schweißdüse *f*
begátet 20 *refl* sich bereichern; reich werden
begátë (i) *Adj* reich
begatí -a *f* Reichtum *m*, Wohlstand *m*
begatím -i *m* Bereicherung *f*
begatón 1 *tr* 1. bereichern, reich machen; 2. düngen; anreichern
begátsh|ëm (i), -me (e) *Adj* reich, wohlhabend, vermögend; fruchtbar, ergiebig
begenís 21 *tr* = bejendis
behár -i *m*, *Pl* -e *alt* Frühling *m*; Sommerszeit *f*
be|j -u *m*, *Pl* -jlérë = [1]beg
bejendís 21 *tr* leutselig behandeln; *itr* leutselig sein; sich herablassen

bejendísj|e -a *f* leutseliges Verhalten *n*; Herablassung *f*
bejlég -u *m*, *Pl* bejlégje Zweikampf *m*, Duell *n*
bejlegtár -i *m*, *Pl* -ë Duellant *m*, Herausforderer *m* zum Zweikampf
bejlerésh|ë -a *f* Frau des Beg
bejllék -u *m Amt oder Titel eines Beg*
béjt|e -ja *f*, *Pl* -e lyrisch-satirisches Gelegenheitsgedicht *n*
bejtexhí -u *m*, *Pl* – *od* -nj Volksdichter *m* der → **bejte** verfaßt
bekím -i *m*, *Pl* -e **1.** Glückwunsch *m*; Segenswunsch *m*; **2.** *Rel* Segen *m*, Segnung *f*
bekón 1 *tr* **1.** beglückwünschen, gratulieren; **2.** *Rel* segnen
bektashí -u *m*, *Pl* – *od* -nj Angehöriger *m* des Bektaschi-Ordens
bektashián, -e *Adj* Bektaschi-
bektashíz|ëm -mi *m* Bektaschi-Orden *m*; Bektaschi-Bewegung *f*
bekúar (i) *Adj* geweiht; **ujët e** ~ das Weihwasser
¹**bel** -i *m* Taille *f*
²**bel** -i *m*, *Pl* -e Spaten *m*
belá -ja *f*, *Pl* – *od* -ra Unglück *n*, Bedrängnis *f*, Not *f*; **bie në** ~ in Not geraten; Sorge *f*, Kummer *m*
belbacák I. -u *Subst/m*, *Pl* -ë Stotterer *m*, Stammler *m*; **II.** -e *Adj* stotternd, stammelnd
bélbër (i) *Adj* stotternd, stammelnd
belbërát|ë -a *f* Stottern *n*, Stammeln *n*; Gestotter *n*, Gestammel *n*
bélbët (i) *Adj* = **i belbër**
belbëzím -i *m* Stottern *n*, Stammeln *n*
belbëzón 1 *itr* stottern, stammeln
belbëzónjës I. -i *Subst/m*, *Pl* – Stotterer *m*, Stammler *m*; **II.** -e *Adj* unverständlich, stockend *(Stimme)*
belbíc|ë -a *f*, *Pl* -a Lachsforelle *f*
belbúq I. -i *Subst/m*; **II.** -e *Adj* = **belbacak**
bélc|e -ja *f*, *Pl* -e Wollteppich *m*
belég -u *m*, *Pl* belégje Zweikampf *m*
belg, -e *Adj* belgisch

belgjián I. -i *Subst/m*, *Pl* -ë Belgier *m*; **II.** -e *Adj* belgisch
Belgjík|ë -a *f* Belgien *n*
belhóllë *Adj* schmalhüftig, mit schlanker Taille
belúshk|ë -a *f*, *Pl* -a = **belbicë**
bellogardíst -i *m*, *Pl* -ë *od* -a Weißgardist *m*
benediktín -i *m*, *Pl* -ë Benediktinermönch *m*
benevrékë -t *Pl* lange Hose *f*; Unterhose
beng -u *m*, *Pl* béngje Pirol *m*
benzín|ë -a *f* **1.** Benzin *n*; **2.** Benzol *n*
benzól -i *m* Benzol *n*
beqár -i *m*, *Pl* -ë Junggeselle *m*
beqár|e -ja *f*, *Pl* -e Junggesellin *f*
beqarí -a *f* Junggesellentum *n*
berátas -i *m*, *Pl* – Einwohner *m* von Berat
berbér -i *m*, *Pl* -ë Friseur *m*; Barbier *m*
berberésh|ë -a *f*, *Pl* -a Friseuse *f*
berberhané -ja *f* Barbierstube *f*; Frisiersalon *m*
bereqét -i *m*, *Pl* -e Getreide *n*, Korn *n*; Getreideernte *f*; *übertr* reicher Ertrag *m*; Erfolg *m*
beribát I. -i *Subst/m*, *Pl* -ë Wüterich *m*, zerstörungswütiger Mensch *m*; **II.** -e *Adj* **1.** zerstörerisch, zerstörungswütig; **2.** unachtsam, zerfahren; liederlich, nachlässig
berk -u *m*, *Pl* bérqe *Bot* Bast *m*
Berlín -i *m* Berlin *n*
berlinéz I. -i *Subst/m*, *Pl* -ë Berliner *m*; **II.** -e *Adj* berlinisch
¹**berónj|ë** -a *f*, *Pl* -a unfruchtbare, sterile Frau *f*
²**berónj|ë** -a *f*, *Pl* -a Art Schlange *f*
³**berónj|ë** -a *f*, *Pl* -a Stechpalme *f*
Bérn|ë -a *f* Bern *n*
berr -i *m* Ziege *f*, Schaf *n*; -e *od* -a *Pl* Kleinvieh *n*
bésa-bésë *Indekl Schwurformel für den Treueschwur*; **u lidhën** ~ sie gaben sich das Ehrenwort

besatárë -t *Pl* Verbündete *Pl*, Verschworene *Pl*
besatóhet 1 *refl* sich verbünden, sich verschwören
bés|ë -a *f* **1.** *Zusicherung auf freies Geleit, die einem der Blutrache Verfallenen gegeben wurde; Vereinbarung über ein zeitweiliges Aussetzen der Blutrache;* **2.** Ehrenwort *n*; **jep** ~**n** sein Ehrenwort geben; **më hëngri në** ~ er hat mich verraten; **për** ~! Ehrenwort!, meiner Treu!; **njeri i** ~**s** Ehrenmann *m*; **3.** Treue *f*; **është i** ~**s** er ist zuverlässig; **4.** Vertrauen *n*, Glaube *m*; **mos i jep** ~ **atij njeriu!** trau diesem Menschen nicht! **5.** *Rel* Glaube; **është i** ~**s sonë** er hat unseren Glauben; **6.** Kredit *m*, Vertrauenswürdigkeit *f*
besëlídhës -i *m*, *Pl* – Verbündeter *m*, Bundesgenosse *m*
besëlídhj|e -a *f*, *Pl* -e Bündnis *n*, Allianz *f*; Übereinkunft *f*
bés|ëm (i), -me (e) *Adj* treu, ehrlich, verläßlich
besëqén, -e *Adj* untreu, wortbrüchig, falsch
besëqení -a *f* Untreue *f*, Wortbruch *m*, Treuebruch *m*
besím -i *m*, *Pl* -e **1.** Vertrauen *n*, Glauben *m*; ~ **i verbër** blindes Vertrauen; **2.** *Rel* Glaube *m*, Religion *f*; **liria e** ~**it** die Glaubensfreiheit
besimtár, -e *Adj* gläubig, religiös
besník, -e *Adj* treu, ergeben; zuverlässig, verläßlich
besníkë -t *Pl Rel* Gläubige *Pl*
besnikërí -a *f* Treue *f*, Ergebenheit *f*; Zuverlässigkeit *f*
besnikërísht *Adv* treu, ergeben, zuverlässig
besó|n 1 *tr* glauben; **mos e beso!** glaub es nicht!; *itr* glauben, vertrauen; **mos i beso atij!** trau ihm nicht!; denken, annehmen; -**het** *refl*: **s'më besohet** ich kann es nicht glauben
bestár I. -i *Subst/m*, *Pl* -ë *alt* Vermittler *m*, Friedensstifter *m*; **II.** -e *Adj* treu, zu seinem Wort stehend
bestýt, -e *Adj* abergläubisch
bestytní -a *f*, *Pl* – Aberglaube *m*
besúar (i) *Adj* zuverlässig, glaubwürdig, vertrauenswürdig
besúesh|ëm (i), -me (e) *Adj* = i besuar
betéj|ë -a *f*, *Pl* -a Schlacht *f*, Kampf *m*, Gefecht *n*
betím -i *m*, *Pl* -e Eid *m*, Schwur *m*; Eidesleistung *f*, Schwören *n*
betín|ë -a *f*, *Pl* -a Vogelfalle *f*
¹**betó|n** 1 *tr* vereidigen, schwören lassen, jmdm. den Eid abnehmen; -**het** *refl* schwören; **u betua për kokë të djalit** er schwor beim Kopfe seines Sohnes
²**betón** -i *m* Beton *m*; ~ **i armuar** Eisenbeton, Stahlbeton
betonarmé -ja *f* Eisenbeton *m*, Stahlbeton *m*
betoniér -i *m*, *Pl* -ë Betonierer *m*
betoniér|ë -a *f*, *Pl* -a Betonmischmaschine *f*
betoním -i *m* Betonieren *n*
betonísht|e -ja *f*, *Pl* -e Betonfabrik *f*
betonón 1 *tr* betonieren
betúar I. (i) *Adj* geschworen; *übertr* geschworen, erklärt, eingefleischt; **armik i** ~ Todfeind *m*; **II.** -it (të) *Subst/Pl Jur* Geschworene *Pl*
bezdí -a *f*, *Pl* – **1.** Verdruß *m*, Verstimmung *f*; Beunruhigung *f*, Belästigung *f*; **2.** Unannehmlichkeit *f*, Unbequemlichkeit *f*
bezdís 21 *tr* langweilen, verstimmen; belästigen, stören
bezdíssh|ëm (i), -me (e) *Adj* unangenehm, ärgerlich; lästig
bézg|ë -a *f*, *Pl* -a Jerusalemssalbei *m*
bezistán -i *m*, *Pl* -ë Marktstand *m* auf dem Basar

bézhë *Adj* beige; **ngjyrë** ~ beigefarben

bëgátë (i) *Adj* reich, wohlhabend

bëm|e -ja (e) *f*, *Pl* -e (të) Tat *f*, Werk *n*, Tun *n*; **me fjalë e me të** ~ mit Rat und Tat

bë|n 12 *tr*, *itr* machen, tun, ausführen; **e bëri të qajë** er brachte ihn zum Weinen; **dy herë dy bëjnë katër** zwei mal zwei ist vier; **s'më bëjnë këmbët** meine Beine wollen nicht mehr; **më** ~ **keq** es schadet mir; **më** ~ **mirë** es ist gut für mich; **të bëftë mirë!** Guten Appetit!, wohl bekomms!; **ky libër nuk** ~ dieses Buch ist nichts wert; **ka të bëjë me të** a) er ist mit ihm verwandt; b) er hat mit ihm zu tun; ~ **ta zërë** er bemüht sich, es in den Griff zu bekommen; **bëra të përgjigjem** ich versuchte zu antworten; **nuk e pamë nga bëri** wir haben nicht gesehen, wohin er gegangen ist; **ç'** ~ **?** wie geht es dir?, was machst du?; **sa** ~ **?** wieviel kostet es?; **s'** ~ **kjo** das gehört sich nicht; ~ **sikur** er tut so als ob; **i** ~ **ballë armikut** er bietet dem Feind die Stirn; ~ **be** schwören; **i** ~ **bisht detyrës** er entzieht sich seiner Aufgabe; ~ **bukë** Brot backen; **duhani i** ~ **dëm shëndetit** das Rauchen schadet der Gesundheit; ~ **dimër** es ist kalt; ~ **të ditur** bekanntgeben; **bëri djalë** sie hat einen Jungen geboren; **e bëri djalë** er hat ihn adoptiert; ~ **me dorë** winken; ~ **më dysh** halbieren; ~ **fjalë për ...** er spricht über ...; **bëri fjalë me të** er hatte mit ihm einen Wortwechsel; ~ **me gjalpë** Butter hinzufügen; **kjo arë** ~ **shumë grurë** dieser Acker bringt viel Weizen; **ia bëri hallall** er verzieh es ihm; **e** ~ **hi** etw. zu Asche machen; ~ **kërdi** ein Blutbad anrichten; ~ **një kërkesë** ein Gesuch einreichen; ~ **kryq** sich bekreuzigen; ~ **para** Geld verdienen; ~ **pazarllëk** feilschen; ~ **pëlhurë** weben; ~ **plaçkë** Beute machen; ~ **pyetje** eine Frage stellen; **shiu më bëri qull** der Regen hat mich völlig durchnäßt; **i** ~ **me sy** er zwinkert ihm zu; ~ **ujët** Wasser lassen, urinieren; **e bëri vehten për ...** er gab sich als ... aus; **e bëri për vehte** er gewann ihn für sich; ~ **vezë** Eier legen; ~ **zemër** Mut fassen; **i** ~ **zë** jmdn. rufen; **-het** *refl* 1. werden; **u bë mësues** er ist Lehrer geworden; reifen; sich vollenden; **më bëhet mir scheint**, es kommt mir vor; 2. stattfinden; **martesa do të bëhet në tetor** die Hochzeit wird im Oktober stattfinden; **s'është gjë që bëhet** das ist unmöglich; **po bëhen dy vjet që nga ...** es ist schon zwei Jahre her, seit ...; **s'më bëhet të shkoj** ich habe keine Lust zu gehen; **le të bëhet si të bëhet** geschehe, was da wolle; **m'u bë në ëndërr** ich habe geträumt; **bëhet fjalë për ...** es handelt sich um ..., es ist die Rede von ...; **u bë kockë e lëkurë** er ist nur noch Haut und Knochen; **bëhet pishman** er bereut

bërcák -u *m*, *Pl* -ë Jungfisch *m*

bërcél -i *m* Einkorn *n*

bërçík -u *m*, *Pl* -ë Spanne *f (zwischen Daumen und Zeigefinger)*

bërdaléc -i *m* Syphilis *f*

bërdil|ë -a *f*, *Pl* -a Webschaft *m*

bërdók|ëll -lla *f*, *Pl* -lla Beule *f*

bërës -i *m*, *Pl* – Autor *m*, Hersteller *m*, Schöpfer *m*

bërj|e -a *f* Herstellung *f*, Anfertigung *f*; ~ **e ligjeve** Gesetzgebung *f*

bërlýket 14³ *itr* muhen, brüllen *(Kühe)*

bërsí -a *f*, *Pl* – Kelterrückstand *m* bei Wein, Oliven und Pflaumen, Treber *Pl*

bërshím -i *m, Pl* -e Nähseide *f*, Seidengarn *n*

bërtás 27¹ *1. Pers Sg Präs* → **bërtet**

bërtét 27¹ *itr* schreien, rufen, brüllen; **i ~** jmdn. anbrüllen, jmdn. ausschimpfen

bërtím|ë -a *f, Pl* -a Schrei *m*, Aufschrei

bërtíste 27¹ *Imperf* → **bërtet**

bërtítj|e -a *f, Pl* -e Schreien *n*, Geschrei *n*

bërthám|ë -a *f, Pl* -a **1.** Kern *m*, Stein *m bei Steinobst*; **2.** *Phys* Kern, Atomkern; **3.** *Bot* Kern, Zellkern

bërthók|ël -la *f, Pl* -la Kern *m*, Stein *m bei Steinobst*

bërxóll|ë -a *f, Pl* -a = **bërzollë**

bërzóll|ë -a *f, Pl* -a Kotelett *n*; Rostbraten *m*

bërrák|ë -a *f, Pl* -a Pfuhl *m*, Tümpel *m*; Sumpfland *n*, Bruch *m*

bërrór|e -ja *f, Pl* -e Packsattel *m*

bërrúc -i *m, Pl* -e meist schwarzer Wollumhang *m der albanischen Männer*

bërrýl -i *m, Pl* -a *od* -e Ellenbogen *m*; *übertr* Kurve *f*; Flußkrümmung *f*; **u bë ~** er ist betrunken, er ist sternhagelvoll

bésh|ëm (i), -me (e) *Adj* stattlich; beleibt, wohlgenährt

bështín|ë -a *f, Pl* -a Schafherde *f ohne Hirten*

bëtáj|ë -a *f* **1.** Epilepsie *f*, Fallsucht *f*; **2.** Entsetzen *n*, Schreck *m*

bëzán 10¹ *itr* rufen; **i ~** jmdn. zurufen, jmdn. anrufen; **mos bëzaj!** sei still!, muckse dich nicht!

bëzhdíle -t *Pl* Kehricht *m*, Kehrichthaufen *m*

b.f. *Abk* für **bie fjala** z.B., zum Beispiel

bibér -i *m* Pfeffer *m*

biberón -i *m, Pl* -ë Milchflasche *f für Babys*; Sauger *m*, Schnuller *m*

bíb|ë -a *f, Pl* -a **1.** Kücken *n*; Entenkücken; **2.** Truthenne *f*, Pute *f*

bíb|ël -la *f, Pl* -la Bibel *f*, Heilige Schrift *f*

bibizán|e -ia *f, Pl* -e Rindenoboe *f*, Schalmei *f (Volksinstrument)*

biblík, -e *Adj* biblisch

bibliofíl -i *m, Pl* -ë Bibliophile *m*, Bücherfreund *m*

bibliografí -a *f, Pl* – Bibliographie *f*

bibliografík, -e *Adj* bibliographisch

bibliotekár -i *m, Pl* -ë Bibliothekar *m*

bibliották|ë -a *f, Pl* -a Bibliothek *f*; **~ ambulante** Wanderbibliothek

bic -i *m, Pl* -a Ferkel *n*

bíc|e -ja *f, Pl* -e Pfad *m*, Gasse *f*; Ort *m*, Stelle *f*

bíc|ë -a *f, Pl* -a Sau *f*; Zuchtsau

bicún -i *m, Pl* -ë = **bic**

biçák -u *m, Pl* -ë Taschenmesser *n*

biçiklét|ë -a *f, Pl* -a Fahrrad *n*

¹**bie** 48 *itr* **1.** fallen; herabfallen; hinfallen; sinken; **~n çmimet** die Preise fallen; **i ra ethja** sein Fieber ist gesunken; **~ poshtë** abfallen; **s'~ poshtë** es kann sich sehen lassen; **2.** fallen; sich ereignen; **~ shi** es regnet; **~ borë** es schneit; **ra tërmet** es ereignete sich ein Erdbeben; **ra nata** die Nacht brach herein, es wurde dunkel; **ra zjarr** ein Brand brach aus; **ka rënë tifoja** der Typhus ist ausgebrochen; **i ka rënë lia** er hat die Pocken bekommen; **~ fjala** (b.f.) zum Beispiel (z.B.); **3.** geraten, hingeraten; **~ në pusí** in einen Hinterhalt geraten; **ra në grackë** er ist in die Falle gegangen; **më ra në dorë** es ist mir in die Hände gefallen; **ra në dashuri** er hat sich verliebt; **ra në hall** ihm ist ein Unheil zugestoßen; **më ra ndër mend** es fiel mir ein; **më ra në sy** es fiel mir auf; **më ra udha të shkoja andej** ich kam zufällig dort vorbei; **më ra lotaria** ich habe in der Lotterie

gewonnen; **4.** zusammenfallen; fallen auf; sich befinden; **ranë në ujdi** sie sind übereingekommen; **sivjet Viti i Ri ~ të dielën** in diesem Jahr fällt das Neujahrsfest auf einen Sonntag; **ku ~ ky fshat?** wo liegt dieses Dorf? **5.** zufallen, gebühren, zukommen; **i ra një e treta** er erhielt ein Drittel; **më ra shtrenjtë** ich habe es teuer erworben; **më ra puna** die Arbeit fiel mir zu; ich mußte die Sache erledigen; **6.** fallen, sich hinlegen; **~ të fle** ich gehe schlafen; **ra i sëmurë** er ist krank geworden; **~ në gjunjë** auf die Knie fallen, niederknien; **i ra në qafë** er belästigte ihn; **7.**: **ra në hotel** er schlief im Hotel, er stieg im Hotel ab; **8.** gehen, durchqueren; **i ra fushës** er hat das Tal durchquert; **i ra pas** a) er kümmerte sich um ihn; b) er folgte ihm, er lief hinter ihm her; **9.** schlagen, klopfen; **i ~ armikut** er schlägt den Feind; **i ~ derës** er klopft an die Tür; **10.** ein Musikinstrument spielen; **i ~ pianos** er spielt Klavier; **i ~ violinës** er spielt Geige; **i ~ fyellit** er bläst Flöte; **11.** schlagen, tönen, dröhnen; **ra sahati tetë** die Uhr hat acht geschlagen; **ra topi** die Kanone donnerte; **12.** verfallen, kraftlos werden; **më ranë këmbët** ich kann meine Beine kaum noch bewegen; **më ra goja së këshilluari** ich habe mir den Mund (mit Ratschlägen) fusselig geredet; **kjo ligjë ka rënë nga fuqia** dieses Gesetz ist außer Kraft; **13.**: **~ erë** duften; **lulja ~ erë** die Blume duftet; **i ra era** es ist ruchbar geworden
²**bie** 47 *tr* bringen, herbeibringen, herbeitragen; **i ~ ndër mend** ich rufe ihm ins Gedächtnis; **e ~ rrotull** etw. vortäuschen, vorspielen

bif|ë -a *f, Pl* -a Rote Rübe *f,* Rote Bete *f*

bifték -u *m, Pl* -ë Rumpsteak *n;* Beefsteak *n*

bigamí -a *f* Bigamie *f*

bíg|ë -a *f, Pl* -a **1.** Gegenstand *m mit einer Gabelung;* Wäschegabel*f;* Astgabel *f;* Gabelung *f;* **2.** zweigipfliger Berg *m*

big|ël -la *f, Pl* -la Geröll *n;* Steinhalde *f;* Felslandschaft *f*

bígëz -a *f, Pl* -a Astgabel *f (die als Futtergestell für Ziegen dient)*

bigëzím -i *m, Pl* -e Gabelung *f*

bigëzo|n 1 *tr* (einfach) verzweigen; -**het** *refl* sich gabeln

bigoní -a *f, Pl* – Verleumdung *f,* üble Nachrede *f;* **më nxori ~** *od* **më ngjiti ~** er hat mich verleumdet

bigonís 21 *tr* verleumden

bigórr -i *m, Pl* -a **1.** Travertin *m;* **2.** Kesselstein *m*

bij *Pl* → **bir**

bij|ë -a *f, Pl* -a **1.** Tochter *f;* **e bija** seine Tochter, ihre Tochter; **~ në shpirt** Adoptivtochter; **2.** Zinsleiste *f;* Talon *m,* Kontrollabschnitt *m*

bijësí -a *f* Filiation *f,* Kindschaft *f*

bijón 1 *tr* gebären, ein Kind bekommen

bikonkáv, -e *Adj Opt* bikonkav

bikonvéks, -e *Adj Opt* bikonvex

bikutína -t *Pl* Lockenwickler *Pl*

bilán -i *m, Pl* -e *od* -a Brustblatt *n beim Pferdegeschirr*

bilánc -i *m, Pl* -e Bilanz *f*

bilárdo -ja *f, Pl* – Billard *n;* Billardtisch *m*

bilashnjók -u *m, Pl* -ë *Bot* Schoß *m,* Schößling *m,* junger Trieb *m*

bilaterál, -e *Adj* bilateral, zweiseitig

bilbíl -i *m, Pl* -a **1.** Nachtigall *f;* **2.** Pfeife *f,* Trillerpfeife

bilé *Konj* sogar; eher noch

biletarí -a *f*, *Pl* – Fahrkartenschalter *m*, Verkaufsstelle *f* für Eintrittskarten *od. Fahrkarten od. Lose*

biletashítës -i *m*, *Pl* – Fahrkartenverkäufer; Kartenverkäufer *m*; Losverkäufer *m*

bilét|ë -a *f*, *Pl* -a Billett *n*; Fahrkarte *f*, Fahrschein *m*; Eintrittskarte *f*; Losschein *m*

bíl|ë -a *f*, *Pl* -a Kugel *f*; Billardkugel

bilión -i *m* Billion *f*

bilúr -i *m* **1.** Kristall *n*, Kristallglas *n*; **2.** Porzellan *n*

bím|ë -a *f*, *Pl* -ë Pflanze *f*; ~ **mjekësore** Heilpflanze

bimësí -a *f* Pflanzenwelt *f*, Flora *f*, Vegetation *f*

bímëz -a *f*, *Pl* -a Pflänzchen *n*, kleine Pflanze *f*

bimór, -e *Adj* pflanzlich, Pflanzen-; **bota** ~ **e** die Pflanzenwelt

bíms|ë -a *f*, *Pl* -a Keller *m*, Kellergeschoß *n*

biná -ja *f*, *Pl* – Gebäude *n*

binák -u *m*, *Pl* -ë Zwilling *m*, Zwillingsbruder *m*

binák|e -ja *f*, *Pl* -e Zwilling *m*, Zwillingsschwester *f*

binár -i *m*, *Pl* -ë **1.** Schiene *f*, Schienenstrang *m*; **2.** Latte *f*; Sparren *m*; ~ **lidhës** Dachsparrenlinie *f*; ~ **strehe** Dachsteg *m*

bind I. 14 *tr* **1.** überzeugen; überreden; **2.** in Erstaunen versetzen, verwundern; **-et** *refl* **1.** sich überzeugen; einsehen; **u** ~ **a** ich habe es eingesehen; **2.** sich wundern, staunen; **3.**: **i** ~ **et** er gehorcht ihm; er ordnet sich ihm unter; **II.** **-i** *Subst/m* Wunder *n*; **për** ~ erstaunlicherweise; wunderbar

bíndës, -e *Adj* überzeugend, beweiskräftig

bindj|e -a *f* **1.** Überzeugen *n*; Zureden *n*, Überreden *n*; **2.** Überzeugung *f*; Überzeugtheit *f*; **3.** Gehorsam *m*, Unterordnung *f*; Ergebenheit *f*

bíndsh|ëm (i), -me (e) *Adj* gehorsam, folgsam

bíndur (i) *Adj* **1.** gehorsam, folgsam; **2.** überzeugt

binék -u *m*, *Pl* -ë Reitpferd *n*

binóm -i *m*, *Pl* -e *Math* Binom *n*

bint|ë -a *f*, *Pl* -ë Binde *f*, Verband *m*

binják -u *m*, *Pl* -ë = **binak**

binjók -u *m*, *Pl* -ë = **binak**

biográf -i *m*, *Pl* -ë Biograph *m*

biografí -a *f*, *Pl* – Biographie *f*

biografík, -e *Adj* biographisch

biokimí -a *f* Biochemie *f*

biokimík, -e *Adj* biochemisch

bioksíd -i *m* Dioxid *n*

biológ -u *m*, *Pl* -ë Biologe *m*

biológ|e -ia *f*, *Pl* -e Biologin *f*

biologjí -a *f* Biologie *f*

biologjík, -e *Adj* biologisch

bir -i *m*, *Pl* **bij** Sohn *m*; **i biri** sein Sohn, ihr Sohn; ~ **për shpirt** *od* ~ **në shpirt** Adoptivsohn

biralí|e -a *f*, *Pl* -e Kloßkelle *f*, Schaumlöffel *m*

bír|ë -a *f*, *Pl* -a Loch *n*, Öffnung *f*; **i mbeti** ~ **në zemër** es tat ihm leid; **bira-bira** zerlöchert, durchlöchert

birërí -a *f* = **bijësí**

birësí -a *f* = **bijësí**

bírko I. *Adv* ausgezeichnet!, hervorragend!; **II.** *Adj*: ~ **djalë** Prachtbursche *m*

Birmaní -a *f* Burma *n*

birón **1** *tr* durchbohren, durchlöchern, zerlöchern; lochen, mit Löchern versehen

birth -i *m*, *Pl* -a Pickel *m*

birúc|ë -a *f*, *Pl* -a **1.** kleines Loch *n*, Löchelchen *n*; **2.** *übertr* Loch, Gefängniszelle *f*; **3.** Hummelbau *m*

birrarí -a *f*, *Pl* – Bierlokal *n*, Kneipe *f*

bírr|ë -a *f* Bier *n*

biséd|ë -a *f*, *Pl* -a **1.** Gespräch *n*,

Unterhaltung *f*; Unterredung *f*;
2. Rede *f*, Ansprache *f*
bisedím -i *m*, *Pl* -e Unterredung *f*, Erörterung *f*, Diskussion *f*; **vë në ~** erörtern, besprechen
bisedón 1 *tr* besprechen, erörtern; *itr* sich unterhalten, diskutieren
bisekstíl, -e *Adj*: **vit ~** Schaltjahr *n*
¹bisk -u *m*, *Pl* bisq *od* bísqe Zweig *m*; Stengel *m*, Halm *m*; *Arch* **bísqe** *Pl* Ornament *n*
²bisk -u *m* Rinnsal *n*
biskónj|ë -a *f*, *Pl* -a große, schlanke Frau *f*
biskót|ë -a *f*, *Pl* -a Keks *m*, Plätzchen *n*
bismút -i *m* Wismut *n*
bismúth -i *m* = **bismut**
bisták -u *m*, *Pl* -ë Traube *f*, Weintraube
¹bístër (i) *Adj* 1. gewandt, flink, geschickt; findig; 2. heftig, ungestüm; lebhaft
²bístër *Adj* sauer, säuerlich; herb; **uthull ~** scharfer Essig; **ujë ~** eiskaltes Wasser; *übertr* **grua ~** eine Frau mit spitzer Zunge
bistrók, -e *Adj* stark (*Essig*, *Alkohol*); herb, unreif
bísh|ë -a *f*, *Pl* -a Bestie *f*, wildes Tier *n*, Raubtier; Wolf *m*; *übertr* Unmensch *m*, Bestie
bishkórr|ë -a *f alt* Stute *f (der man beim Tode ihres Herrn den Schwanz gestutzt hat)*
bisht -i *m*, *Pl* -a *od* -ra 1. *Zool* Schwanz *m*, Schweif *m*; Rute *f*; Schwanzflosse *f*; *übertr* **yll me ~** Schweifstern *m*, Komet *m*; **~ i anijes** Schiffsheck *n*; **rri në ~** hocken, kauern; 2. *Bot* Stengel *m*, Stiel *m*; **~ i qepës** Zwiebellauch *n*; 3. Stiel, Griff *m*, Handgriff; **~ pene** Federhalter *m*; 4.: **~ i flokëve** Zopf *m*; 5. Ende *n*, Schluß *m*; *übertr* **i bën ~ detyrës** er drückt sich vor der Aufgabe; **e shikoi me**

~ të syrit er hat ihn verstohlen angesehen; **iku me ~ ndër shalë** er zog beschämt davon; **e drodhi ~ in** er ist abgekratzt; **e mori në ~** er ist hereingefallen; **i kreh ~ in** er kratzt sich bei ihm ein; **ngreh ~ in** angeben, die Nase heben; **nxjerr ~ ra** sich herauswinden, Ausflüchte suchen; **luan ~ in** a) heucheln, sich verstellen; b) kokettieren; **e mori në ~ të lahutës** er hat sich über ihn lustig gemacht; **rrenacak me ~** ein unverschämter Lügner
bishtagját|ë -i *m*, *Pl* -ë Schwanzmeise *f*
bishtáj|ë -a *f*, *Pl* -a *Bot* Hülse *f*; grüne Bohne *f*
bishtajór, -e *Adj* hülsig, Hülsen-
bishtajóre -t *Pl* Leguminosen *Pl*
bishták, -e *Adj* geschwänzt; mit Stiel, gestielt
bishtaléc -i *m*, *Pl* -a Zopf *m*, Haarflechte *f*
bishtán, -e *Adj* langstielig
bishtarák|e -ja *f*, *Pl* -e *kleines Gefäß mit langem Stiel zur Bereitung von türkischem Kaffee*
bishtatúnd -i *m*, *Pl* - = **bishtatundës**
bishtatúndës -i *m*, *Pl* - Bachstelze *f*
bishtcúb, -e *Adj* = **bishtcung**
bishtcúng, -e *Adj* stummelschwänzig, stutzschwänzig; schwanzlos
bishtdác -i *m Bot* Fuchsschwanz *m*
bishtdhélp|ër -ra *f Bot* Wiesenfuchsschwanz *m*
bishtéc -i *m*, *Pl* -ë Zopf *m*
bishtéz|ë -a *f*, *Pl* -a Schwanzriemen *m* *beim Pferd*
bísht|ëm (i), -me (e) *Adj* hinterster, letzter
bishtfultér|e -ja *f*, *Pl* -e Kaulquappe *f*
bishtgërshér|ë -a *f*, *Pl* -ë Spießente *f*
bishtgjátë *Adj* langstielig
bishtlëkúndës -i *m*, *Pl* - = **bishtatundës**

bishtlopát|ë -a *f*, *Pl* -a Kaulquappe *f*
bishtór -i *m*, *Pl* -ë Leuchter *m*
bishtór|e -ja *f*, *Pl* -e **1.** Kochlöffel *m*, Rührlöffel; langstieliger Löffel *m*; **2.** Ackerstreifen *m*, Ackerzipfel *m*
bishtós 21 *tr Schafen* das Hinterteil scheren
bishtpërdrédhur -a *f* Flittchen *n*
bishtth -i *m*, *Pl* -a Stielchen *n*, Stengelchen *n an Früchten od Blättern*
bishtúk -u *m*, *Pl* -ë **1.** Leuchter *m*, Kerzenhalter *m*; **2.** *Bot* Meerzwiebel *f*
bitónj|ë -a *f*, *Pl* -a *Bot* Reis *n*, Pflänzchen *n*
bitúm -i *m* Bitumen *n*, Asphalt *m*
bituminóz, -e *Adj* Bitum-
biúl|e -ja *f*, *Pl* -e Doppelrohrblatt *n bei Volksinstrumenten*
bixhóz -i *m* Glücksspiel *n*, Hasardspiel *n*; Kartenspiel *n*
bixhozçí -u *m*, *Pl – od* -nj Spieler *m*, Glücksspieler, Kartenspieler
bizantín, -e *Adj* byzantinisch
bizél|e -ja *f*, *Pl* -e grüne Erbse *f*
bíz|ë -a *f*, *Pl* -a Schusterahle *f*, Pfriem *m*; Stichel *m*
bizón -i *m*, *Pl* -ë *od* -a Bison *m*
bjellogardíst -i *m*, *Pl* -ë *od* -a Weißgardist *m*
bjellorús I. -i *Subst/m*, *Pl* -ë Belorusse *m*; II. -e *Adj* belorussisch
Bjellorusí -a *f* Belrußland *n*
¹**bjérë** 48 *Imp* → ¹**bie**
²**bjérë** 47 *Imp* → ²**bie**
bjerr 18 *tr* verlieren, einbüßen
bjerradítës -i *m*, *Pl* – Tagedieb *m*
bjérrj|e -a *f*, *Pl* -e Verlieren *n*; Verlust *m*, Einbuße *f*
bjeshkatár -i *m*, *Pl* -ë Almhirt *m*; Senner *m*
bjeshkatár|e -ja *f*, *Pl* -e Sennerin *f*
bjéshk|ë -a *f*, *Pl* -ë Bergweide *f*, Alm *f*

bjeshkëtár -i *m*, *Pl* -ë Bergbewohner *m*; Almhirt *m*
bjeshkí -a *f* Almwirtschaft *f*, Sennerei *f*
bjeshkón 1 *tr Vieh* auf der Alm weiden; *itr* den Sommer mit dem Vieh auf der Alm verbringen
¹**blán|ë** -a *f Bot* Splint *m*
²**blán|ë** -a *f*, *Pl* -a blauer Fleck *m*, Schlagmal *n*
blasfemí -a *f* Blasphemie *f*
blát|ë -a *f*, *Pl* -ë Oblate *f*, Hostie *f*
blatón 1 *tr geweihte Brote* opfern
ble -u *m*, *Pl* -j Band *m*
blegërím|ë -a *f*, *Pl* -a Geblök *n*, Blöken *n von Schafen*
blegërín 11 *itr* blöken, bläken, mähen *(Schaf)*
blegërón 1 *itr* = blegërin
blegtór -i *m*, *Pl* -ë Hirt *m*, Schäfer *m*; Viehzüchter *m*, Tierzüchter *m*
blegtorál, -e *Adj* Tierzucht-, Viehzucht-; **ekonomi** ~e Viehwirtschaft *f*; **prodhime** ~e tierische Produkte *Pl*
blegtór|e -ja *f*, *Pl* -e Hirtin *f*; Viehzüchterin *f*, Tierzüchterin *f*
blegtorésh|ë -a *f*, *Pl* -a = blegtore
blegtorí -a *f* Viehzucht *f*
bléj|ë -a *f* = blerje
blen 7 *tr* kaufen; einkaufen; erwerben; *übertr* **ia bleva mendjen** ich habe ihn durchschaut; **e**~ **me pare** jmdn. bestechen, kaufen
blénd|ë -a *f Geol* Zinkblende *f*
blérës I. -i *Subst/m*, *Pl* – Käufer *m*; II. -e *Adj* Kauf-; **fuqi** ~e Kaufkraft *f*
blerím -i *m* Grünen *n*; das Grün, das Pflanzengrün; ~e *Pl* Auen *Pl*; Wiesen *Pl*; das Grüne, freie Natur *f*
blerín|ë -a *f*, *Pl* -a grüne Wiese *f*, grünes Land *n*, Aue *f*
blérj|e -a *f*, *Pl* -e Kauf *m*, Einkauf; Ankauf, Erwerb *m*

blerón 1 *itr* **1.** grünen, ergrünen; sich begrünen; **2.** wimmeln

blerósh, -e *Adj* grünlich, grün

blértë (i) *Adj* grün, maigrün

blésh|ëm (i), -me (e) *Adj* verkäuflich; *übertr* käuflich, bestechlich

bletár -i *m, Pl* -ë Imker *m*, Bienenzüchter *m*

bletarí -a *f* Bienenzucht *f*; Imkerei *f*

blét|ë -a *f, Pl* -ë **1.** Biene *f*, Imme *f*; **mbretëresha e** ~ **ve** die Bienenkönigin; **koshere me** ~ Bienenkorb *m*; **2.** Bien *m*, Bienenvolk *n*; Bienenschwarm *m*

bletërrítës -i *m, Pl* – = bletar

¹**bli** -ri *m, Pl* -rë *od* -j Linde *f*

²**bli** -ni *m, Pl* -j Stör *m*

blim -i *m* Mahlen *n*

blindón 1 *tr* Mil panzern

blindúar (i) *Adj Mil* gepanzert; **tren i** ~ Panzerzug *m*; **karro e** ~ Panzerwagen *m*; **mjete të** ~ **a** Panzerfahrzeuge *Pl*

blirím -i *m, Pl* -e Überschwemmung *f*, Hochwasser *n*

blirón 1 *itr* Hochwasser führen, über die Ufer treten

blóçk|ë -a *f, Pl* -a Kiefernzapfen *m*, Kienapfel *m*

blof -i *m, Pl* -e Bluff *m*, Irreführung *f*

blój|ë -a *f, Pl* -ë **1.** Mahlen *n*, Zermahlen; **2.** Mahlgut *n* *(das bei einem Gang zur Mühle gemahlen wird)*

blok -u *m, Pl* blóqe = **bllok**

blokón 1 *tr* = **bllokon**

blond, -e *Adj* blond

blóz|ë -a *f, Pl* -ë Ruß *m*

blózh|ëm -ma *f* Sägemehl *n*

blózhët (i) *Adj* sägemehlartig

blu *Adj* blau; ~ **e çelur** hellblau; ~ **e errët** dunkelblau

blúan 2 *tr* **1.** mahlen; **2.** auspressen; **3.** verdauen; *übertr* ~ **me mend** sich den Kopf zermartern; **mos bluaj!** rede keinen Quatsch!

bluáshk|ë -a *f, Pl* -ë = **blloshkë**

blúd|e -ja *f, Pl* -e hölzerne Schüssel *f*, Schale *f*

blúd|ë -a *f Nahr* Schimmel *m*, Kahmhaut *f*

blúz|ë -a *f, Pl* -a Bluse *f*

blúzhd|ë -a *f, Pl* -a Krümchen *n*, Krümel *m*; Stäubchen *n*

bluzhdón 1 *tr* zerkrümeln, zerkleinern; zu Staub machen

bllof -i *m, Pl* -e Bluff *m*

bllok -u *m, Pl* bllóqe Block *m*; Häuserblock; Notizblock; Zeichenblock; *Pol* Block; *Bauw* Block; ~ **betoni** Betonblock

bllokád|ë -a *f, Pl* -a Blockade *f*; Seesperre *f*

bllokiér|ë -a *f* Blockform *f* für Beton

bllokím -i *m, Pl* -e Blockieren *n*, Blockierung *f*

bllokón 1 *tr* blockieren, sperren, absperren

bllokúar (i) *Adj* blockiert, gesperrt; **mbeta i** ~ **nga dëbora** ich war vom Schnee eingeschlossen

bllóshk|ë -a *f, Pl* -ë Splitter *m*, Span *m*; Hobelspan

bób|ël -la *f, Pl* -la **1.** Weinbergschnecke *f*; **2.** Naturhorn *n* als *Volksinstrument*

bobín|ë -a *f, Pl* -a *Phys, El* Spule *f*; Bobine *f*; ~ **induktive** Induktionsspule

bobó *Interj* o weh! *(ängstlich, klagend)*

boból -i *m, Pl* -a Zürgelnuß *f*

boborésh|ë -a *f, Pl* -a Ameise *f*

boboríc|ë -a *f, Pl* -a Küchenschabe *f*

bocél -i *m, Pl* -a kleine Flasche *f*, Buddel *f*

¹**bóç|ë** -a *f Typ* Korrekturfahne *f*, Fahnenabzug *m*

²**bóç|e** -a *f, Pl* -a Flasche *f*

bóç|ë -a *f, Pl* -a **1.** ~ **pishe** Kiefernzapfen *m*, Kienapfel *m*; ~

kollomoqi Maiskolben *m*; **2.** *Anat* **boça e fytit** der Adamsapfel; **3.** Garnspule *f*, Spindel *f*
bóçk|ë -a *f*, *Pl* -a *Bot* Meerzwiebel *f*
bodéc -i *m*, *Pl* -e *od* -a Spitze *f des Ochsenstachels*
bodrúm -i *m*, *Pl* -e Keller *m*, Kellergeschoß *n*
bohçallék -u *m*, *Pl* bohçalléqe Geschenk *n der Braut an die männlichen Verwandten des Bräutigams*
bóhç|e -ja *f*, *Pl* -e **1.** Einschlagetuch *n*; Bündel *n*; Packen *m*; **2.** handgewebte Schürze *f*
boj -i *m* Wuchs *m*, Statur *f*; **një ~ njeriu** Mannshöhe *f*; mannshoch, mannsgroß
bojargjénd, -e *Adj* silbern, silberfarben
bojatís 21 *tr* färben; anstreichen, malen; **~ murin** die Wand tünchen; **~ këpucët** die Schuhe eincremen
bojatísj|e -a *f* Färben *n*; Malen *n*, Anstreichen *n*
bojaxhí -u *m*, *Pl* – *od* -nj Maler *m*, Anstreicher *m*; Färber *m*
bój|ë -a *f*, *Pl* -ra Farbe *f*; Farbstoff *m*; **~ vaji** Ölfarbe; **~ shkrimi** Tinte *f*; **~ qielli** Himmelblau *n*; **~ këpucësh** Schuhcreme *f*; **film me bojra** Farbfilm *m*; **i ka dalë boja** a) es ist ausgeblichen; b) er hat sein wahres Gesicht gezeigt; **ia nxorri ~ n** er hat ihn entlarvt
bojëgështénjë *Adj* kastanienbraun
bojëgják, -e *Adj* blutrot
bojëhíri *Adj* aschfarben, grau
bojëlimón, -e *Adj* zitronengelb
bojëvjóllcë *Adj* veilchenfarben, violett
bojkót -i *m* Boykott *m*
bojkotím -i *m*, *Pl* -e Boykottieren *n*, Boykott *m*
bojkotón 1 *tr* boykottieren
bók|ë -a *f*, *Pl* -a steiniger Hügel *m*
bók|ël -la *f*, *Pl* -la Maiskolben *m*

bokërín|ë -a *f*, *Pl* -a **1.** trockener, steiniger Boden *m*; steiniger, unfruchtbarer Acker *m*; **2.** Felsenriff *n*, Klippe *f*
bók|ërr -rra *f*, *Pl* -rra Feldmaus *f*
boks -i *m* Boxen *n*, Boxkampf *m*
bóks|ë -a *f*, *Pl* -a Behälter *m für Pfeffer und Salz*
boksiér -i *m*, *Pl* -ë *Sport* Boxer *m*
boksít -i *m*, *Pl* -e Bauxit *m*
bolc -i *m*, *Pl* -a Pflugsohle *f*
bóle -t *Pl* Hoden *Pl*
Bolivi -a *f* Bolivien *n*
bolshevík **I.** -u *Subst/m*, *Pl* -ë Bolschewik *m*; **II.** -e *Adj* bolschewistisch
bolshevíz|ëm -mi *m* Bolschewismus *m*
boll *Adv* reichlich, viel, massenhaft; **e bukur ~** wunderschön
bólle -t *Pl* = **bole**
bóll|ë -a *f*, *Pl* -a *Zool* Äskulapschlange; Schlange *f*
bollék -u *m* Überfluß *m*, Überschuß *m*; Reichtum *m*
bollësísht *Adv* im Überfluß, im Übermaß
bóllka -t *Pl* Hosen *Pl*
bóllsh|ëm (i), -me (e) *Adj* **1.** reichlich; genügend; **2.** breit; weit
bollújs|ë -a *f*, *Pl* -a Ringelnatter *f*
bombardím -i *m*, *Pl* -e Bombardierung *f*, Bombardement *n*; Beschießung *f*
bombardón 1 *tr* bombardieren, beschießen
bombardónjës -i *m*, *Pl* – = **bombardues**
bombardúes -i *m*, *Pl* – Bombenflugzeug *n*, Bomber *m*
bombastík, -e *Adj* bombastisch
bómb|ë -a *f*, *Pl* -a Bombe *f*; **~ dore** Handgranate *f*; **~ atomike** Atombombe; **~ me hidrogjen** Wasserstoffbombe; **~ djegëse** Brandbombe; **~ me sahat** Zeitbombe
bomból|ë -a *f*, *Pl* -a *Tech* Gasflasche *f*, Stahlflasche *f*

bo|n 1 *tr Zool* paaren; -het *refl Zool* sich paaren
bonifikím -i *m, Pl* -e Melioration *f*, Urbarmachung *f von Sümpfen*
bonifikón 1 *tr Sümpfe* trockenlegen, urbar machen; meliorieren
bóno -ja *f, Pl* – Bon *m*, Koupon *m*
bonják -u *m, Pl* -ë Waise *f*, Waisenjunge *m*
bonják|e -ja *f, Pl* -e Waise *f*, Waisenmädchen *n*
bor -i *m Chem* Bor *n*
bóra *f/best Met* Bora *f*
boráç|ë -a *f* = boraks
boráks -i *m* Borax *m*
borç -i *m* = borxh
bórd|e -ja *f, Pl* -e Maueröffnung *f*; Loch *n*
bór|ë -a *f, Pl* -ë *od* -ëra Schnee *m*; bie ~ es schneit; anë e ~s Nordseite *f*; ~ e bardhë schneeweiß
Borëbárdh|ë -a *f* Schneewittchen *n im Märchen*
bórgull -i *m* Weizengrütze *f*
borgjéz I. -i *Subst/m, Pl* -ë Bourgeois *m*; II. -e *Adj* bourgeois
borgjezí -a *f* Bourgeoisie *f*; ~ e madhe Großbourgeoisie
borí -a *f, Pl* – 1. *Mus* Horn *n*; Trompete *f*; Autohupe *f*; 2. Rinne *f*; Dachrinne; ~ e sobës Ofenrohr *n*
bóri 18 *Aor* → bjerr
boríg|ë -a *f, Pl* -a Schwarzkiefer *f*
borík, -e *Adj Chem* Bor-; acid ~ Borsäure *f*
borím|ë -a *f* Pulverschnee *m*
borizán -i *m, Pl* -ë Hornist *m*; Trompeter *m*
boroníc|ë -a *f, Pl* -a Heidelbeere *f*
bórn|ë -a *f, Pl* -ë *El* Klemme *f*
bors -i *m, Pl* -a Buchfink *m*
borxh -i *m, Pl* -e 1. Anleihe *f*, Geldverpflichtung *f*; ~ e *Pl* Schulden *Pl*; jep ~ *Geld* verleihen, ausleihen; merr ~ ein Darlehen aufnehmen;

kam ~ ich habe Schulden; lan ~ et seine Schulden bezahlen; 2. Pflicht *f*, Schuldigkeit *f*; kam ~ ich halte es für meine Pflicht, ich bin verpflichtet
borxhlí -u *m, Pl* – *od* -nj Schuldner *m*; më ka bërë ~ ich bin tief in seiner Schuld
borzilók -u *m, Pl* -ë Basilikum *n*
bos -i *m, Pl* -ë Boß *m*
Bosfór -i *m* Bosporus *m*
bósk|ë -a *f, Pl* -a = boksë
Bósnj|ë -a *f* Bosnien *n*
bostán -i *m, Pl* -e 1. Melone *f*; 2. Melonenbeet *n*; Melonengarten *m*; Melonenfeld *n*
bostanxhí -u *m, Pl* – *od* -nj Melonenverkäufer *m*; Melonenzüchter *m*
bosh I. -e *Adj* 1. leer, hohl; 2. vergeblich, unnütz; nichtig; punë ~ e vergebliche Mühe; II. *Adv* leer
boshatís 21 *tr* 1. leeren, entleeren; 2. *Gewehr* abschießen, abfeuern; 3. evakuieren
boshatísj|e -a *f, Pl* -e Entleerung *f*, Ausleeren *n*; Abfeuern *n*; Evakuierung *f*
boshllëk -u *m, Pl* boshlléqe Leere *f*, Vakuum *n*; Öde *f*; Hohlraum *m*
boshnják I. -u *Subst/m, Pl* -ë Bosnier *m*; II. -e *Adj* bosnisch
bosht -i *m, Pl* -e 1. Spindel *f*; 2. Achse *f*; *Tech* Welle *f*, Stange *f*; ~ i qerres Wagenachse; ~ koordinatesh Koordinatenachse; 3. *Geogr* Erdachse; 4. *Anat* ~ i kurrizit Wirbelsäule *f*, Rückgrat *n*
bósht|ër -ra *f, Pl* -ra Forsythie *f*
botaník, -e *Adj* botanisch; kopsht ~ Botanischer Garten
botaník|ë -a *f* Botanik *f*
botaníst -i *m, Pl* -ë *od* -a Botaniker *m*
bót|e -ja *f, Pl* -e Wasserkrug *m*, Wassergefäß *n* mit schmalem Hals
bót|ë -a *f, Pl* -ë 1. Erde *f*, Boden *m*;

Lehm *m*; **2. Bota** *Astron* die Erde, der Erdball; **3.** Welt *f*, Weltall *n*; **bota e shtazëve** die Tierwelt; **në anë të ~s** am Ende der Welt, weit weg; **4.** Leute *Pl*; **e di gjithë bota** alle Welt weiß es; **le të flasin bota** laß die Leute reden; **5.** Umwelt; **bota artistike** die Kunstwelt; **6.** Epilepsie *f*, Fallsucht *f*; **i ra bota** *od* **i ra e botës** er bekam einen epileptischen Anfall; er leidet an Epilepsie; **7. i ~ s** fremd

botëkuptím -i *m*, *Pl* -e Weltanschauung *f*

bót|ëm (i), -me (e) *Adj* blaß, bleich

botërísht *Adv* öffentlich, vor aller Welt

botërór, -e *Adj* Welt-, weltweit; öffentlich; **luftë ~ e** Weltkrieg *m*

bótësh|ëm (i), -me (e) *Adj* öffentlich

botím -i *m*, *Pl* -e Publikation *f*, Veröffentlichung *f*; **~ i ri** Neuerscheinung *f*; **~ i dytë** zweite Auflage *f*

botón 1 *tr* publizieren, veröffentlichen; herausgeben, verlegen

botónjës I. -i *Subst/m*, *Pl* – Verleger *m*, Herausgeber *m*; II. -e *Adj* verlegend, herausgebend; **shtëpi ~ e** Verlag *m*

botór, -e *Adj* öffentlich, allgemein

bozaxhí -u *m*, *Pl – od* -nj Hersteller *m* und Verkäufer *m von* → **bozë**

bóz|ë-a *f säuerliches Erfrischungsgetränk aus gegorenem Mais- oder Hirsemehl*; *übertr* **e bëre ~** du hast der Sache den Reiz genommen

bozilók -u *m* Basilikum *n*

bozúk -u *m*, *Pl* -ë = **buzuk**

bózh|ë -a *f*, *Pl* -a Pelikanweibchen *n*

bozhór -i *m*, *Pl* -ë Pelikan *m*

bozhúr|e -ja *f*, *Pl* -e Pfingstrose *f*

brac -i *m*, *Pl* -a kleiner Dieb *m*; Spitzbube *m*, Gauner *m*

bracanárë -t *Pl Geol* Stalaktiten *Pl*

brací -a *f* kleiner Diebstahl *m*; Stibitzen *n*

bracón 1 *itr*, *tr* stibitzen, mausen; betrügen, begaunern

brahmán -i *m*, *Pl* -ë Brahmane *m*

brahmaníz|ëm -mi *m* Brahmanismus *m*

brakésha -t *Pl* lange, weiße Hose *f*

braktís 21 *tr* verlassen, im Stich lassen; vernachlässigen; verlegen *(Gegenstände)*

braktísj|e -a *f* Verlassen *n*, Zurücklassen *n*; Vernachlässigung *f*; Verlegen *n*

brámbull *Adv*: **zjarri u ndez ~** das Feuer loderte auf

brambullín 11 *itr* lodern

brambullón 1 *itr* = **brambullin**

bramc -i *m* Zunder *m*, Hammerschlag *m*

bramsh -i *m* Haufen *m*

brán|ë -a *f*, *Pl* -a Egge *f*

branís 21 *tr* **1.** eggen; schleifen, ziehen, schleppen; **2.** hinziehen, verlangsamen

bravár|e -ja *f*, *Pl* -e **1.** Milchschaf *n*, Hausschaf *n*; **2.** große Schafherde *f aus Tieren mehrerer Besitzer*

bravaxhí -u *m*, *Pl – od* nj Schlosser *m*

bráv|ë -a *f*, *Pl* -a Türschloß *n*

brázd|ë -a *f*, *Pl* -a = **brazë**

bráz|ë -a *f*, *Pl* -a Furche *f*, Ackerfurche

Brazíl -i *m* Brasilien *n*

braziliján I. -i *Subst/m*, *Pl* -ë Brasilianer *m*; II. -e *Adj* brasilianisch

brazím -i *m* Rauhreif *m*

bre *Interj* ach nein!, nanu! *(Erstaunen)*; **~ ç'po na thua** was du nicht sagst!; **ku je ~** he, wo bist du denn?; **jo ~ burrë** nein, mein Lieber; **hë, ~ shokë** wohlan, Freunde

¹**bredh** -i *m*, *Pl* -a Tanne *f*, Edeltanne

²**bredh** 16 *itr* **1.** springen, hüpfen; **2.** auf und ab gehen, hin und her gehen, umherstreifen; **3.** rennen, laufen; **4.** abprallen, zurückprallen; **5.** scherzen

bredharák -u *m*, *Pl* -ë Landstreicher *m*, Herumtreiber *m*
brédh|ë -a *f* Springen *n*, Hüpfen *n*; Anlauf *m*, Schwung *m*
brédhës, -e *Adj Opt* reflektierend
bredhísht|e -ja *f*, *Pl* -e Tannenwald *m*
brédhj|e -a *f Phys* Reflexion *f*
brédhtë (i) *Adj* Tannen-; **dru e ~** Tannenholz *n*
breg -u *m*, *Pl* brígje *od* brégje **1.** Hügel *m*; **2.** Ufer *n*, Küste *f*; **3.** rundes Stück *n*; **një ~ sheqer** ein Klumpen Zucker; *übertr* **dolli në ~** er ist über den Berg
bregalúmas -i *m*, *Pl* – Bewohner *m* an Flußufern
bregdét -i *m*, *Pl* -e Meeresstrand *m*, Küste *f*
bregdetár, -e *Adj* Küsten-
bregdétas -i *m*, *Pl* – Küstenbewohner *m*
brég|ël -la *f*, *Pl* -la = **bregole**
bregól|e -ja *f*, *Pl* -e kleiner Hügel *m*, Hügelchen *n*
bregór, -e *Adj* hügelig
bregór|e -ja *f*, *Pl* -e Hügel *m*, Erhebung *f*, Anhöhe *f*
Brégu i Fildíshtë *m*/*best* Elfenbeinküste *f*
brejtárë -t *Pl* Nagetiere *Pl*
bréjtës -it *Pl* = **brejtarë**
bréjtj|e -a *f Geol* Erosion *f*
brékë -t *Pl* Unterhose *f*; Schlüpfer *m*; **~ t e banjës** die Badehose
brekúshe -t *Pl* lange weite Hose *f*
bre|n 8 *tr* nagen; zernagen, zerfressen; **më ~ zemra më të** ich hege Verdacht gegen ihn; **-het** *refl* sich streiten, sich zanken
brénda I. *Adv* drinnen, innen; **i hyri çështjes ~** er hat sich in das Problem vertieft; **~ në shtëpi** innerhalb des Hauses, im Hause; **~ në parti** innerparteilich; **hyn ~** eintreten, hineingehen; **II.** *Präp (mit Abl)* innerhalb, in (*Ort*); innerhalb, binnen (*Zeit*); **~ kësaj jave** innerhalb dieser Woche
brendapërbrénda *Präp* (*mit Abl*) direkt innerhalb, unmittelbar in
bréndazi *Adv* drinnen, innen; von innen, von innen heraus
brendësi -a *f*, Innere *n*, innerer Teil *m*; *übertr* Wesen *n*, Kern *m*, Inhalt *m*
brendí -a *f* Inhalt *m*, Substanz *f*
bréndsh|ëm (i), -me (e) *Adj* innerer, inwendig, intern; **tregëtia e brendshme** der Binnenhandel; **Ministria e Punëve të Brendshme** das Ministerium des Innern; *übertr* **është i ~** er gehört dazu, er ist einer von uns
bréndshme -t (të) *Pl* Eingeweide *Pl*, Innereien *Pl*
bréng|ë -a *f*, *Pl* -a **1.** Kummer *m*, Schmerz *m*, Leid *n*; **2.** *Vet* Geschwulst *f*, beulenartiger Ausschlag *m*; *übertr* **të raftë brenga!** du sollst die Krätze kriegen!
brengós 21 *tr* betrüben, Kummer bereiten, Schmerz bereiten
brengósur (i) *Adj* traurig, betrübt, bekümmert
brerím|ë -a *f*, *Pl* -a schneidende Kälte *f*; naßkaltes Wetter *n*
brerón 1 *unpers* stark regnen, in Strömen gießen
brerór|e -ja *f*, *Pl* -e Aureole *f*, Heiligenschein *m*
bréshër -i *m* Hagel *m*, Hagelschauer *m*; **bie ~** es hagelt; **shpëtoi nga shiu, ra në ~** er kam vom Regen in die Traufe; **i ranë lotët ~** seine Tränen rannen wie Sturzbäche
breshërím|ë -a *f* Hagelschauer *m*, Hagelschlag *m*
breshkamádh, -e *Adj* skrofulös
bréshk|ë -a *f*, *Pl* -a Schildkröte *f*
bréshkëz -a *f*, *Pl* -a **1.** Skrofel *f*, Skrofulose *f*; **2.** *eine Krankheit des Feigenbaumes*

breshkújës|e -ja *f*, *Pl* -e Süßwasser-schildkröte *f*
breshníz|ë -a *f* Graupelschauer *m*
bréshtet 14 *refl* wild werden, in Zorn geraten
¹brésht|ë -a *f*, *Pl* -a Tannenwald *m*
²bréshtë (i) *Adj* wild, roh, unzivilisiert
bretk -u *m*, *Pl* bretq Frosch *m*, Froschmännchen *n*
bretkóc|ë -a *f*, *Pl* -a = bretkosë
bretkós|ë -a *f*, *Pl* -a Frosch *m*
brez -i *m*, *Pl* -a **1.** Gürtel *m*; Gurt *m*; Riemen *m*; *übertr* **lëshon ~in** jmdn. herausfordern; *Geogr* Erdgürtel, Zone *f*; **2.** Taille *f*; **3.** Stützbalken *m*; **~i i zonjës** *od* **~i i Perëndisë** der Regenbogen; **4.** Generation *f*; **~ pas ~i** von Generation zu Generation
bréz|ë -a *f*, *Pl* -a Egge *f*
brezní -a *f Pl* – Generation *f*
brezór|e -ja *f*, *Pl* -e Revolver *m*
brénda *Adv* = brenda
brëndësí -a *f* = brendësi
bréndsh|ëm (i), -me (e) *Adj* = i brendshëm
bri -ri *m*, *Pl* – od -rë *Zool* Horn *n*; Geweih *n*; *übertr* **i hanë ~rët** er sucht Streit; **më ra në ~** ich habe es kapiert; **i ve ~rë** jmdm. Hörner aufsetzen
brídhte 16 *Imperf* → bredh
brí|e -ja *f* Karies *f*, Knochenfraß *m*
brigád|ë -a *f*, *Pl* -a Brigade *f*
brigadiér -i *m*, *Pl* -ë Brigadier *m*
brigadiér|e -ja *f*, *Pl* -e Brigadierin *f*
brigím -i *m*, *Pl* -e Zurechtweisung *f*, Verweis *m*, Rüge *f*
brigón 1 *tr* zurechtweisen, tadeln, rügen
brígje *Pl* → breg
brilánt -i *m*, *Pl* -e *od* -a Brillant *m*
brilantín|e -a *f* Brillantine *f*
brím|ë -a *f*, *Pl* -a Loch *n*, Öffnung *f*; Höhle *f*; Hohlraum *m*
brimón 1 *tr* **1.** durchlöchern, lochen; durchbohren; **2.** *übertr* auskundschaften, herausfinden; nachbohren
brimós 21 *tr* = brimon
brinaták, -e *Adj* = brinoç
brinóç **I.** -e *Adj* gehörnt; **II.** -i *Subst/m* der Gehörnte, Teufel *m*
brinjár **I.** -e *Adj* gehörnt; **II.** -i (i) *Subst/m* betrogener Ehemann *m*
brínjazi *Adv* seitlich, daneben
brínj|ë -a *f*, *Pl* -ë **1.** Rippe *f*; *Pl* -a **2.** kleiner Abhang *m*, Böschung *f*; **3.** *Geom* Seite *f*, Seitenfläche *f*
brírtë (i) *Adj* hornig, hörnern; **lëndë e ~** Hornmaterial *n*, Horn *n*
brirth -i *m*, *Pl* -ë *Zool* Fühler *m*, Fühlhorn *n*
brís|ë -a *f Med* Brand *m*, Gangrän *n*; *Vet* Milzbrand *m*
brisk -u *m*, *Pl* brísqe **1.** Rasiermesser *n*; **~ rronjës** *od* **~ rrues** Rasiermesser; **2.** Taschenmesser *n*; **i ka dhëmbët ~** er hat scharfe Zähne; *übertr* **e ka gjuhën ~** er hat eine spitze Zunge
bríshtë (i) *Adj* zerbrechlich; brüchig, bröcklig; **mot i ~** Schaltjahr *n*
brishtóhet 1 *refl* brüchig werden
britaník, -e *Adj* britisch
brítës -i *m*, *Pl* – Ausrufer *m*; Schreier *m*
bríti 27[1] *Aor* → bërtet
brítm|ë -a *f*, *Pl* -a Schrei *m*, Aufschrei, Geschrei *n*
brivétmi *m/best Myth* das Einhorn
bríz|ë -a *f Anat*, *Opt* Hornhaut *f*
bródhi 16 *Aor* → bredh
brof *Interj* auf!; **bëri ~ e u çua më këmbë** er stand sofort auf
brohorí -të *Pl* Hochrufe *Pl*, Beifallssturm *m*
brohorít 22 *tr* stürmisch feiern; jmdm. stürmischen Beifall spenden
brohorítje -t *Pl* = brohori
brójc|ë -a *f*, *Pl* -a Kanne *f*, Krug *m*; *Getreidemaß, etwa 1/2 kg*
brom -i *m Chem* Brom *n*

bromík, -e *Adj* Brom-; acid ~ Bromsäure *f*
bronc -i *m* Bronze *f*
brónke -t *Pl* Bronchien *Pl*
bronkít -i *m* Bronchitis *f*
bronz -i *m* Bronze *f*
brónzët (i) *Adj* bronzen
broshúr|ë -a *f*, *Pl* -a Broschüre *f*
bruç -i *m*, *Pl* -a **1.** *Zool* Pillendreher *m*; **2.** Maikäfer *m*
brufullón 1 *itr* herausbrechen, hervorquellen; wimmeln; *Bot* sprießen
brúk|ë -a *f* Tamariske *f*
Bruksél -i *m* Brüssel *n*
brul -i *m*, *Pl* -e Ellbogen *m*
brúmbull -i *m*, *Pl* brúmbuj **1.** Drohn *m*; **2.** Mistkäfer *m*
brúm|ë -i *m*, *Pl* -ë **1.** Teig *m*; Sauerteig; **2.** *übertr* Stoff *m*, Material *n*; **3.** Reichtum *m*
brumón 1 *tr* **1.** *Teig* kneten; **2.** bilden, formen
brumós 21 *tr* = **brumon**
brumósj|e -a *f* Formung *f*
brumtór|e -ja *f*, *Pl* -e Teigtrog *m*, Teigschüssel *f*
brunc -i *m* = **bronc**
brústë (i) *Adj* blau, dunkelblau
brúsh|e -a *f*, *Pl* -a Pinsel *m*; Bürste *f*
brushón 1 *tr* abbürsten, ausbürsten
brúshtull -a *f*, *Pl* -a **1.** Heidekraut *n*, Heide *f*, Erika *f*; **2.** Efeu *m*
brutál, -e *Adj* brutal, roh, unmenschlich
brutalísht *Adv* brutal
brutalitét -i *m* Brutalität *f*
brúto *Adj* brutto, Brutto-
brýdhët (i) *Adj* zart, weich, mürbe; *übertr* sanft, mild
bryll -i *m*, *Pl* -e **1.** Ellenbogen *m*; **2.** Biegung *f*, Krümmung *f*
brým|ë -a *f* Reif *m*, Rauhreif
brymósur (i) *Adj Met* bereift, mit Rauhreif überzogen
brrák|ë -a *f*, *Pl* -a Pfuhl *m*, Tümpel *m*; Sumpfland *n*, Bruch *m*

buác|ë -a *f*, *Pl* -a = **buallicë**
búall -i *m*, *Pl* búaj Büffel *m*
buallíc|ë -a *f*, *Pl* -a Büffelkuh *f*
búbas -it *Pl Med* Würmer *Pl*
bubazhél -i *m*, *Pl* -a Schreckgespenst *n*, Kinderschreck *m*
búbc|ë -a *f*, *Pl* -a Spulwurm *m des Menschen*
búb|ë -a *f*, *Pl* -a **1.** Seidenraupe *f*; **2.** Spulwurm *m des Menschen*; **3.** junge Laus *f*; **4.** Schreckgespenst *n*, Kinderschreck *m*
búbëz -a *f*, *Pl* -a Zündpfanne *f am Gewehr*
bubít 22 *tr* entlausen, lausen
bubrék -u *m*, *Pl* -ë Niere *f*
bubrrón 1 *itr*, *tr* **1.** entlausen; **2.** trödeln, herumbummeln; **3.** herumkramen, herumstöbern; **4.** einzelne Hälmchen zupfen *(Vieh bei Weidemangel)*
bubú *Interj (klagend)* o weh!; oje, oje!
bubullím|ë -a *f*, *Pl* -a Donner *m*, Donnerschlag *m*; Donnergrollen *n*
bubullín 6 *unpers* donnern
bubullín|ë -a *f*, *Pl* -a = **bubullimë**
bubullón 1 *unpers* = **bubullin**
bubúq|e -ja *f*, *Pl* -e = **burbuqe**
buburíck|ë -a *f*, *Pl* -ë Marienkäfer *m*
buburít 22 *itr*: po ~ gjella das Essen kocht auf kleiner Flamme
buburíz|ë -a *f*, *Pl* -a Butterflocke *f beim Buttern*
buburréc|ë -a *f*, *Pl* -a Schabe *f*, Küchenschabe
bubuzhén|e -ia *f*, *Pl* -e = **bubuzhinkë**
bubuzhím|ë -a *f*, *Pl* -ë = **bubuzhinkë**
bubuzhínk|ë -a *f*, *Pl* -a Goldkäfer *m*
bucák -u *m*, *Pl* -ë hölzerner Wasserkrug *m*
bucél|ë -a *f*, *Pl* -a **1.** kleiner Bottich *m*, Wasserfäßchen *n*; **2.** Radnabe *f*
buçáll -i *m* Bordun *m*, Brummpfeife *f des Dudelsackes*
buçás 23 *1. Pers Sg Präs* → **buçet**
buçét 23 *itr* brausen, rauschen,

buçímë 70

tosen; donnern, dröhnen, hallen; krachen; **më buçasin veshët es dröhnt mir in den Ohren**
buçím|ë -a *f* Brausen *n*, Rauschen *n*, Tosen *n*; Donnern *n*, Dröhnen *n*, Hallen *n*; Krachen *n* *(von Schüssen)*, Büchsenknallen *n*
buçítës, -e *Adj* brausend, rauschend, tosend; donnernd, krachend, dröhnend
buçíti 23 *Aor* → **buçet**
buçítj|e -a *f* = **buçimë**
budallá -i *m*, *Pl* budallénj Dummkopf *m*, Narr *m*, Einfaltspinsel *m*
budallallék -u *m*, *Pl* budallalléqe Dummheit *f*, Torheit *f*, Narretei *f*
budallallóset 21 *refl* verdummen, verblöden, vertrotteln
budalláq|e -ja *f*, *Pl* -e Dumme *f*, Närrin *f*
budíst I. -i *Subst/m*, *Pl* -ë *od* -a Buddhist *m*; **II.** -e *Adj* buddhistisch
budíz|ëm -mi *m* Buddhismus *m*
buf I. -i *Subst/m*, *Pl* -ë *od* -a Uhu *m*; **II.** *Adj übertr* 1. einfältig, schwerfällig, begriffsstutzig; 2. ungekämmt und unrasiert, struppig
bufát 20 *tr* anschwellen lassen, eine Schwellung verursachen; quellen lassen; **-et** *refl* schwellen, anschwellen; quellen
bufátj|e -a *f* Schwellen *n*, Anschwellen; Quellen *n*
bufé -ja *f*, *Pl* – 1. Büffet *n*, Anrichte *f*; 2. Schanktisch *m*; Stehbüffet *n*; Imbißstube *f*; kaltes Büffet
búfkë *Adj*: **pulë** ~ Huhn *n* mit Federbüschel auf dem Kopf; **fik** ~ unreife Feige *f*
buharí -a *f*, *Pl* – Schornstein *m*, Esse *f*, Kamin *m*; Kaminvorsprung *m*
buhasí -a *f* roter Futterstoff *m*
buhavít 20 *tr* anschwellen lassen, eine Schwellung hervorrufen; **-et** *refl* anschwellen, schwellen; *übertr*

sich sattessen, sich den Bauch vollschlagen
buís 21 *itr* sich in Scharen versammeln; wimmeln
bujár I. -i *Subst/m*, *Pl* -ë Adliger *m*, Edelmann *m*; Herr *m*; **II.** -e *Adj* 1. vornehm, edel; 2. hochherzig, gütig, wohltätig
bujár|e -ja *f*, *Pl* -e Adlige *f*, Edelfrau *f*; Dame *f*
bujarésh|ë -a *f*, *Pl* -a = **bujare**
bujarí -a *f* 1. Adel *m*; Adelsschicht *f*; 2. Edelmut *m*, Güte *f*; Großmut *f*, Großzügigkeit *f*
bujarísht *Adv* edel, edelmütig; großherzig, großzügig
bujáshk|e -a *f*, *Pl* -a Holzspan *m*, Holzsplitter *m*, Hobelspan *m*
búj|ë -a *f* Lärm *m*, Getöse *n*; Aufsehen *n*; **me** ~ aufsehenerregend; **bëri** ~ das erregte Aufsehen; **mos i bëj punët me** ~! mach nicht so viel Aufhebens von deiner Arbeit!
bújg|ër -ri *m*, *Pl* -ër Mazedonische Eiche *f*
bujk -u *m*, *Pl* bujq Bauer *m*; *hist* Zinsbauer; ~ **rob** Leibeigener *m*
bujkésh|ë -a *f*, *Pl* -a Bauersfrau *f*, Bäuerin *f*
bujkrób -i *m*, *Pl* -ë Leibeigener *m*
bujkrobërí -a *f* Leibeigenschaft *f*
bujqësí -a *f* Landwirtschaft *f*, Ackerbau *m*
bujqësór, -e *Adj* landwirtschaftlich, Landwirtschafts-, Ackerbau-
bújsh|ëm (i), -me (e) *Adj* sensationell, aufsehenerregend
bujtár I. -i *Subst/m*, *Pl* -ë Gast *m*; **II.** -e *Adj* gastlich, gastfrei, Gast-
bujtarí -a *f* Gastlichkeit *f*, Gastfreiheit *f*
bújtet 10² *refl* Quartier nehmen, sich einquartieren; übernachten; → ¹**bun**
bújtës -i *m*, *Pl* – Wirt *m*, Gastgeber *m*

bujtín|ë -a *f*, *Pl* -a kleines Hotel *n*, Gasthaus *n*
bujtón 1 *tr* beherbergen
búk|ë -a *f*, *Pl* -ë **1.** Brot *n*; ~ **e ndorme** Fladenbrot; ~ **e bardhë** Weißbrot; **2.** Essenszeit *f*; **ha** ~ Mittagbrot od. Abendbrot essen; **është në** ~ er ißt gerade; **është për** ~ **tek ai** er ist bei ihm zum Essen eingeladen; **oda e** ~**s** das Speisezimmer; **3.** Lebensunterhalt *m*, Verdienst *m*; **hyn në** ~ in Dienst treten; **për një copë** ~ sehr billig; **për** ~**n e gojës** um das tägliche Brot; **zi buke** Hungersnot *f*
bukëbërës -i *m*, *Pl* – Bäcker *m*
bukëfík|e -ja *f*, *Pl* -e Feigenbrot *n*
búk|ël -la *f*, *Pl* -la Wiesel *n*
bukëpjékës -i *m*, *Pl* – Bäcker *m*
bukëval|e -ja *f*, *Pl* -e *Nahr* **1.** Art Arme Ritter; **2.** *zerkrümelte, in Sirup gekochte Brezel, die am 3. Tag nach der Geburt eines Kindes zubereitet wird*
bukëzóhet 1 *refl* Mittagbrot od Abendbrot essen
búklëz -a *f*, *Pl* -a Wiesel *n*
bukón 1 *itr* = **bukëzohet**
bukolík, -e *Adj* bukolisch, Hirten-
bukolíke -t *Pl* Bukolika *Pl*, Hirtendichtung *f*
búkur I. (i) *Adj* **1.** schön, hübsch; **e Bukura e Dheut** *Märchenfigur* die Schönste der Erde; **2.** gut, edel; II. *Adv* **1.** schön, hübsch; **2.** sehr gut, prima, fabelhaft; **3.** reichlich, ziemlich; sehr
bukurán, -e *Adj* **1.** schön, liebreizend; **2.** hochherzig, edel, gut
bukuré -ja *f*, *Pl* – Glühwürmchen *n*, Johanniskäfer *m*
Bukurésht -i *m* Bukarest *n*
bukuréz|ë -a *f*, *Pl* -a = **bukure**
bukurí -a *f*, *Pl* – Schönheit *f*; Anmut *f*, Liebreiz *m*

bukurón 1 *tr* schmücken, verschönern, putzen
bukurósh, -e *Adj* schön, hübsch *(auch ironisch)*
bukurshkrím -i *m* Schönschrift *f*
bulçí -ri *m*, *Pl* – *Anat* Innenseite *f* *der Wangen*; **ha me të dy** ~**të** er kaut mit vollen Backen
bulçím -i *m* drückende Schwüle *f*
buletín -i *m*, *Pl* -e Bulletin *n*
bulevárd -i *m*, *Pl* -e Boulevard *m*
búl|ë -a *f*, *Pl* -a **1.** *Bot* Knospe *f*, Auge *n*; **2.:** ~ **e veshit** Ohrläppchen *n*; ~ **e gishtit** Fingerspitze *f*, Fingerkuppe *f*; **3.** Tropfen *m*, Tröpfchen *n*
búlëz -a *f*, *Pl* -a **1.** Tropfen *m*, Tröpfchen *n*; **2.** Pickel *m*, Pustel *f*
bulëzím -i *m* Knospen *n*
bulëzón 1 *itr* knospen, treiben, sprießen *(Knospen)*
búlg|ër -ri *m*, *Pl* -ër Mazedonische Eiche *f*
bulír|ë -a *f*, *Pl* -a hölzernes Wasserfäßchen *n*, kleiner Bottich *m*
bulk -u *m*, *Pl* bulq = **bulkth**
bulkth -i *m*, *Pl* -a *Zool* Grille *f*
bulmét -i *m*, *Pl* -ra Molkereiprodukte *Pl*
bulmetór|e -ja *f*, *Pl* -e Molkerei *f*
bulón 1 *itr* = **bulëzon**
bulqí -a *f* Landwirtschaft *f*; ~ **të** *Pl* Getreide *n* noch auf dem Halm
bulurít 20 *itr* = **buluron**
bulurón 1 *itr* muhen, brüllen *(Rindvieh)*
bullafíq, -e *Adj* aufgeschwemmt, schwammig, aufgedunsen
bullár -i *m*, *Pl* -ë *Zool* Scheltopusik *m*
bullétër *Adj* sauer, essigsauer
búll|ë -a *f*, *Pl* -a **1.** Mohammedanerin *f*; **2.** *Frau, die die Braut schmückt und in das Haus des Bräutigams begleitet*
bulléndër -ra *f* Waschwasser *n für das Fußbad*

bullgár I. -i *Subst/m, Pl* -ë Bulgare *m*; II. -e *Adj* bulgarisch
Bullgarí -a *f* Bulgarien *n*
bullgarí -a *f* Laute *f* mit vier Saiten
bullgarísht *Adv* auf bulgarisch
bullgarísht|e -ja *f* Bulgarisch *n*
bullgúr -i *m* Graupen *Pl*, Gräupchen *Pl*
bullóg -u *m Myth* Haus *n* des Drachens
bullúng|ë -a *f, Pl* -a Beule *f am Körper*; Beule, Ausbuchtung *f an Metallgegenständen*; **bullunga-bullunga** verbeult, ausgebeult
bumbáll|ë -a *f, Pl* -a Küchenschabe *f*, Kakerlak *m*
bumbrék -u *m, Pl* -ë Niere *f*
bumbullín 6 *unpers* donnern
¹bun 10² *tr* beherbergen; jmdm. Quartier geben; *itr* Quartier nehmen; übernachten; → **bujtet**
²bun -i *m, Pl* -a Sennhütte *f*
bunác|ë -a *f* 1. Windstille *f*; 2. Dunkelheit *f der Nacht*, Nachtdunkel *n*
bunár -i *m, Pl* -ë Brunnen *m*; Quelle *f*
bung -u *m, Pl* -a Traubeneiche *f*
bungáj|ë-a *f, Pl* -a Eichenwäldchen *n*
bungbút|ë -a *f, Pl* -a Flaumeiche *f*
búng|ë -a *f, Pl* -a = **bung**
bungkéq|e -ja *f, Pl* -e Ungarische Eiche *f*
bunísht|ë -a *f, Pl* -a Sennerei *f*
búnker -i *m, Pl* -ë Bunker *m*
buqét|ë -a *f, Pl* -a Bukett *n*
burbúq|e -ja *f, Pl* -e Knospe *f*
burdullák -u *m, Pl* -ë Portulak *m*
burg -u *m, Pl* búrgje 1. Gefängnis *n*; **u dënua me ~** er wurde zu Gefängnishaft verurteilt; 2. Stall *m*; **~u i kuajve** der Pferdestall
burgëtón 1 *tr* jmdm. das Leben zur Hölle machen
burgím -i *m, Pl* -e 1. Einkerkerung *f*; **~ shtëpiak** Hausarrest *m*; 2. Haft *f*,

Haftstrafe *f*; **~ i përjetshëm** lebenslängliche Haft
burgós 21 *tr* einkerkern, einsperren
burgósj|e -a *f, Pl* -e Einkerkerung *f*
burgósur I. -i (i) *Subst/m, Pl* – (të) Häftling *m*, Gefangener *m*, Sträfling *m*; II. (i) *Adj* gefangen, eingekerkert
burgtár -i *m, Pl* -ë Gefängnisaufseher *m*, Kerkermeister *m*
burgjí -a *f, Pl* – 1. Bohrer *m*; 2. Schraube *f*; 3. Wirbel *m bei Saiteninstrumenten*
¹burí -a *f, Pl* – = **bori**
²burí -a *f* große Menge *f*, Haufen *m*; Reichtum *m*, Überfluß *m*
burím -i *m, Pl* -e 1. Quell *m*, Wasserquelle *f*; Quellwasser *n*; *Geol* Quelle *f*, Quellader *f*; **~ vajguri** Ölquelle; **~ hekurbartës** eisenhaltige Quelle; 2. *übertr* Quelle, Ursprung *m*, Herkunft *f*; **e di nga ~e të sigurta** er weiß es aus sicherer Quelle; **~ force** Kraftquell
burizán -i *m, Pl* -ë Hornist *m*; Trompeter *m*
burkth -i *m, Pl* – *Zool* Grille *f*, Heimchen *n*
búrm|ë -a *f, Pl* -a kleine Schraube *f*
burokrací -a *f* Bürokratie *f*
burokrát -i *m, Pl* -ë Bürokrat *m*
burokratík, -e *Adj* bürokratisch
burokratíz|ëm -mi *m* Bürokratismus *m*
burón 1 *itr* quellen, hervorquellen, entspringen
búrs|ë -a *f, Pl* -a 1. Stipendium *n*; 2. Börse *f*
bursíst -i *m, Pl* -ë *od* -a Stipendienempfänger *m*, Stipendiat *m*
burrác -i *m, Pl* -a unscheinbarer Mann *m*, Männlein *n*
burracák I. -u *Subst/m, Pl* -ë Feigling *m*, Memme *f*, Hasenfuß *m*; II. -e *Adj* feige, memmenhaft, ängstlich

burrák -u *m*, *Pl* -ë = **burrac**
búrras *Adv* mannhaft, tapfer, kühn
búrr|e -ja *f*, *Pl* -e tapfere Frau *f*, Heldin *f*
burréc -i *m*, *Pl* -ë Feigling *m*, Hasenfuß *m*
búrr|ë -i *m*, *Pl* -a 1. Mann *m*; 2. Ehemann, Gatte *m*; 3. Ehrenmann; ~ **shteti** Staatsmann; **gjysmë** ~**i** ein Mann in mittleren Jahren; ~ **i thyer** ein Mann im fortgeschrittenen Alter; **a je** ~ ? wie geht's? *(Formel bei der Begrüßung von Männern untereinander)*
burrërésh|ë -a *f*, *Pl* -a = **burre**
burrërí -a *f* 1. Mannhaftigkeit *f*, Tapferkeit *f*, Kühnheit *f*; 2. Mannesalter *n*; 3. alle Männer *Pl*, Mannsleute *Pl*
burrërísht I. -e *Adj* Männer-, Herren-; **rroba** ~**e** Herrenbekleidung *f*; II. *Adv* mannhaft, heldenhaft, kühn
burrërór, -e *Adj* mannhaft, heldenhaft, mutig
burrëzím -i *m* Mannbarkeit *f*, Eintritt in das Mannesalter
burrëzóhet 1 *refl* zum Manne werden, mannbar werden
burrnésh|ë -a *f*, *Pl* -a = **burre**
burrnót -i *m* Schnupftabak *m*; *übertr* **ky nxënës është** ~ dieser Schüler ist leistungsschwach
busól|ë -a *f*, *Pl* -a Kompaß *m*
bust -i *m*, *Pl* -e *Bildh* Büste *f*
búsull -a *f*, *Pl* -a = **busolë**
bush -i *m*, *Pl* -e Buchsbaum *m*
bushígëz -a *f*, *Pl* -a Blase *f*
bushlíq|e -ja *f*, *Pl* -e 1. Brandblase *f*; 2. Ulmenfrucht *f*
bushllíz|ë -a *f*, *Pl* -a Ackerwinde *f*
búshtë (i) *Adj* Buchsbaum-, buchsbaumen
búsht|ër -ra *f*, *Pl* -ra Hündin *f*; *übertr* Hure *f*, Dirne *f*, liederliches Weib *n*

búshtërz -a *f*, *Pl* -a Maulwurfsgrille *f*
bushtrík -u *m*, *Pl* -ë Maispflanze *f* *die keinen Kolben hervorbringt*
¹**but** -i *m*, *Pl* -e großes Faß *n* *für Käse, saures Gemüse od dgl.*
²**but** -i *m*, *Pl* -e Filetstück *n*
bút|e -ja *f*, *Pl* -e = ¹**but**
bútë (i) *Adj* 1. weich; zart, fein; **me të** ~ im Guten; 2. zahm; sanftmütig; mild; **qen i** ~ ein zahmer Hund; **njeri i** ~ ein sanftmütiger Mensch; **kohë e** ~ mildes Wetter; **lahuta e** ~ ein lyrisches Lied; 3. *Zool*, *Bot* gezähmt, gezüchtet; kultiviert, veredelt; **derr i** ~ Hausschwein *n*
bút|ër -ri *m* 1. Schnupfen *m*; 2. *Vet* Rotz *m der Pferde*
butësí -a *f* Sanftmut *f*, Sanftheit *f*, Milde *f*; Zartheit *f*, Weichheit *f*
butësír|ë -a *f* mildes, feuchtes Wetter *n*
bútur -a *f* = **butër**
buxhák -u *m* Futterwicke *f*
buxhét -i *m*, *Pl* -e Budget *n*, Staatshaushalt *m*
buxhetór, -e *Adj* Budget-, Haushalts-; **vit** ~ Haushaltsjahr *n*
buzáç -e *Adj* dicklippig, mit wulstigen Lippen
buzagáz I. -i *Subst/m* Lächeln *n*; II. -e *Adj* lächelnd, fröhlich, heiter
buzél, -e *Adj* = **buzaç**
búz|ë -a *f*, *Pl* -ë 1. Lippe *f*; **ve** ~**n në gaz** lächeln; **var** ~**t** *od* **lëshon** ~**t** einen Flunsch ziehen; **dredh** ~**t** die Lippen schürzen; **s'i qesh buza** er ist immer ernst; **flet me** ~ er spricht affektiert; 2. Rand *m*, Seite *f*, äußerer Abschluß *m*; ~**s së** entlang; ~**s së detit** am Meer entlang; ~ **më** ~ bis zum Rand voll; **në** ~ **të varrit** am Rande des Grabes; 3.: **një** ~ **mali** ein Felsbrocken

buzëhóllë *Adj* mit schmalen Lippen; *übertr* wählerisch, mäkelig
buzëpaqéshur *Adj* ernst; mißmutig; mürrisch, verbittert
buzëplásur *Adj* niedergeschlagen, deprimiert, betrübt
buzëqésh 14² *itr* lächeln, schmunzeln
buzëqéshj|e -a *f*, *Pl* -e Lächeln *n*, Schmunzeln *n*
buzëqéshur *Adj* lächelnd, heiter, freundlich
buzëvárë *Adj* unzufrieden, verärgert
buzín|ë -a *f*, *Pl* -a *Bauw* Einfassung *f*; ~ **këmbësoreje** Bordkante *f*, Bordstein *m*
buzm -i *m* **1.** Julklotz *m der in der Heiligen Nacht verbrannt wird*; **nata e** ~ **it** Heiligabend *m*, Heilige Nacht *f*; **2.**: ~ **i vatrës** Herdstein *m*
buzór|e -ja *f*, *Pl* -e Lippenlaut *m*, Labial *m*
buzúk -u *m*, *Pl* -ë Gitarre *f mit 6 Saiten*
byc -i *m*, *Pl* -a *Med* Gerstenkorn *n*
byk -u *m* Spreu *f*; *Astr* ~ **u i kumbarës** die Milchstraße; *übertr* wertloser Mensch *m*
bylbýl -i *m*, *Pl* -e *od* -a = **bilbil**
bylmét -i *m*, *Pl* -e = **bulmet**
bylmúan 2 *tr* Fett oder Butter an das Essen geben
bylýk -u *m*, *Pl* -ë Menge *f*, Haufen *m*, Schar *f*
bylyzýk -u *m*, *Pl* -ë Armband *n*
bymé|n 3 *tr* ausdehnen; -**het** *refl* sich ausdehnen
bymím -i *m*, *Pl* -e Erweiterung *f*, Ausdehnung; *Tech* Dehnung *f*, Ausdehnung
bymýesh|ëm (i), -**me** (e) *Adj Phys* dehnbar
bymyeshmërí -a *f Tech*, *Phys* Dehnbarkeit *f*, Elastizität *f*
byrazér -i *m fam* Bruder *m*, Brüderchen *n als Anrede*
byrazérk|ë -a *f fam* Schwester *f*
býrd|e -ja *f*, *Pl* -e Satteldecke *f*
byrék -u *m*, *Pl* -ë *od* byréqe Pastete *f bes. mit Käse od Fleisch*
byró -ja *f*, *Pl* – Büro *n*; ~ **ja politike** das Politbüro
byrokrací -a *f* = **burokraci**
byrokrát -i *m*, *Pl* -ë = **burokrat**
býrum! *Interj* bitte sehr!, bitte! *(als Aufforderung, näher zu treten, Platz zu nehmen oder sich zu bedienen)*
byrynxhýk -u *m*, *Pl* -ë Nähseide; Seide *f*, Seidenstoff *m*
bythçák -u *m*, *Pl* -ë Hosenboden *m*
býthç|e -ja *f*, *Pl* -e **1.** Zigarettenstummel *m*; **2.** *Bot* Tabakblatt *n vom unteren Teil des Stengels*
bythé -ja *f*, *Pl* – Satteldecke *f*
bythéc -i *m*, *Pl* -a mitgebrachter Gast *m*, Begleiter *m*
bythéz|ë -a *f*, *Pl* -a = **bythe**
býth|ë -a *f*, *Pl* -ë **1.** Gesäß *n*, Hintern *m*; Steiß *m*; **rri në** ~ bleib auf deinen vier Buchstaben sitzen; **2.** Fuß *m des Baumes*; **3.** Grund *m*, Boden *m eines Gefäßes*
bythprápa *Adv* rückwärts; **dolli** ~ er ging rückwärts hinaus
bythqíq|ër -ra *f*, *Pl* -ra Osterluzei *f*
byzylýk -u *m*, *Pl* -ë Armband *n*

C

ca I. *Indef Pron* einige, manche; **II.** *Adv* etwas, ein bißchen; ~ më tutje etwas weiter; ~ nga ~ allmählich, nach und nach; ~ ... ~ ... teils ... teils ...
cafullón 1 *itr* bellen, kläffen *(Hund)*
cak -u *m, Pl* cáqe **1.** Grenzpunkt *m*; Grenze *f*; Posten *m*; *übertr* e zë në ~ jmdn. auf frischer Tat ertappen; **2.** *Math* Grenzwert *m*, Limes *m*
cák|ë -a *f, Pl* -a kleine Tasche *f*, Beutel *m*
cákërr *Adj*: bishtin ~ mit hocherhobenem Schwanz
cakllón 1 *tr* klappern; ~ dhëmbët er klappert mit den Zähnen
cakórr|e -ja *f, Pl* -e kleine Axt *f*
caktím -i *m* Bestimmung *f*, Festlegung *f*, Festsetzung *f*
caktón 1 *tr* bestimmen, festsetzen, festlegen
caktúar (i) *Adj* bestimmt, festgesetzt, festgelegt
caktúesh|ëm (i), -me (e) *Adj* bestimmbar; abgrenzbar
calík -u *m, Pl* -ë Ziegenbalg *m*, Schlauch *m*
cangádh|e -ja *f, Pl* -e Milchschaf *n*; Milchziege *f*
cangulét|ë -a *f, Pl* -a kleine Tasche *f*, Beutel *m*
cap -i *m, Pl* cepínj = cjap
cáp|ë -a *f, Pl* -a Art Hacke *(Kombination aus Karst und Herzhacke)*
capón 1 *tr* hacken, umhacken
capónj|ë -a *f, Pl* -a gehörnte Ziege *f*
capórr|e -ja *f, Pl* -e Kuh *f mit langen Hörnern*
car -i *m, Pl* -ë Zar *m*
carác -i *m, Pl* -a Zürgelbaum *m*
cárb|ë -a *f, Pl* -a Fetzen *m*, Lumpen *m*
cárd|e -ja *f, Pl* -e Teil *m*; geringe Last *f*
caréq|e -ja *f, Pl* -e Korb *m*
carín|ë -a *f, Pl* -a alt Tribut *m*
caríst, -e *Adj* zaristisch
caríz|ëm -mi *m* Zarismus *m*
cark -u *m, Pl* cárqe Pferch *m für Lämmer*
carúq|e -ja *f, Pl* -e Art Opanke *f*
carrók -u *m, Pl* -ë kleiner Junge *m*
cázë *Indef Pron, Adv* etwas, ein bißchen; më ~ nach kurzer Zeit
céf|ël -la *f, Pl* -la **1.** Schale *f von Ei, Korn, Nuß, Zitrusfrüchten*; Haut *f*, Obsthaut; Fruchtwand *f*; **2.** Splitter *m*, Span *m*
ceflóhet 1 *refl* in Splitter zerfallen, zersplittern
céh|ë -a *f, Pl* -a Zeche *f*, Bergwerk *n*
Cejlón -i *m* Ceylon *n*
cek 14³ *tr* berühren
¹cék|ë -a *f, Pl* -a seichte Stelle *f*, Sandbank *f*; anë e ~ überall, allerorten
²cék|ë -a *f* Absicht *f*, Ziel *n*
cékët (i) *Adj* seicht, flach; *übertr* seicht, oberflächlich
ceklín|ë -a *f* seichte Stelle *f*, Sandbank *f*
cekón 1 *itr* auf Grund geraten, stranden
cektësí -a *f* Seichtheit *f*, Oberflächlichkeit *f*
celebrím -i *m, Pl* -e: ~ martese standesamtliche Trauung *f*
celebrón 1 *tr*: ~ martesën standesamtlich trauen
celenterátë -t *Pl Zool* Coelenterata *Pl*, Hohltiere *Pl*
célf|ë -a *f, Pl* -a = cefël
celfís 21 *tr* Frucht, Korn enthäuten, abpellen; Schale entfernen, schälen

celofán -i *m* Zellophan *n*
celúl|ë -a *f, Pl* -a *Biol, Pol* Zelle *f*
celuloíd|ë -a *f* Zelluloid *n*
celulóz|ë -a *f* Zellulose *f*
cen -i *m, Pl* -e körperlicher Fehler *m*, Makel *m*, Gebrechen *n*; schlechte Angewohnheit *f*
cenón 1 *tr* = **cënon**
censúr|ë -a *f* Zensur *f*, Zensurbehörde *f*
censurím -i *m, Pl* -e Zensierung *f*
censurón 1 *tr* zensieren
cénsh|ëm (i), -me (e) *Adj* eifrig, emsig, fleißig
centigrám -i *m, Pl* -ë Zentigramm *n*
centilít|ër -ri *m, Pl* -ra Zentiliter *m od n*
centimét|ër -ri *m, Pl* -ra Zentimeter *m od n*
centrál I. -i *Subst/m, Pl* -e Zentrale *f*, Zentralstelle *f*; ~ **i elektrikut** Kraftwerk *n*; ~ **i telefonit** Fernsprechamt *n*; ~ **telefonik** Telefonzentrale; II. -e *Adj* zentral
centralíst -i *m, Pl* -ë *od* -a Telefonist *m*, Angestellter *m in der Telefonzentrale*
centralíz|ëm -mi *m* Zentralismus *m*
centralizím -i *m* Zentralisation *f*
centralizón 1 *tr* zentralisieren
centrifúg, -e *Adj* = **centrifugal**
centrifugál, -e *Adj* zentrifugal, Zentrifugal-; **forca** ~**e** die Zentrifugalkraft
cenzúr|ë -a *f, Pl* -a = **censurë**
cep -i *m, Pl* -a *od* -e 1. Ecke *f*, Kante *f*; Winkel *m*; **në** ~ **të krahut** auf der Schulter; 2. *Geom* Ecke; 3. Schnabel *m*; 4. *Geogr* Kap *n*
cép|ë -a *f, Pl* -ra = **cefël**
ceremoní -a *f, Pl* – Zeremonie *f*, Feierlichkeit *f*
ceremoniál I. -i *Subst/m* Zeremoniell *n*; II. -e *Adj* zeremoniell, feierlich

cergár -i *m, Pl* -ë Zeltbewohner *m*; Nomade *m*
cergatár -i *m, Pl* -ë = **cergar**
cérg|ë -a *f, Pl* -a 1. dicke, grobe Wolldecke *f*; 2. Zelt *n der Nomaden*; 3. Fetzen *m*, Lumpen *m*; ~ **merimange** Spinnwebe *f*
cerk 14³ *tr* treffen; auf etw. stoßen
¹**cérm|ë** -a *f* Arthritis *f*, Gelenkentzündung *f*
²**cérm|ë** -a *f, Pl* -a bester Teil *m einer Ware*; sehr starker Weinbrand *m*
³**cérmë** (i) *Adj* kalt, kühl
cermít 20 *tr*: ~ **dhëmbët** mit den Zähnen knirschen
cerník -u *m, Pl* -ë Kescher *m*
certifikát|ë -a *f, Pl* -a Bescheinigung *f*, Beglaubigung *f*, Zertifikat *n*
cezúr|ë -a *f, Pl* -a Zäsur *f*
cëmón 1 *unpers* schmerzen, stechen; **më** ~ **ija** ich habe Seitenstechen
cëním -i *m, Pl* -e Verstoß *m*; Verletzung *f*, Übertretung *f*; Kränkung *f*
cënón 1 *tr* 1. berühren; 2. verletzen, übertreten, mißachten; kränken, beleidigen; **e cënoi në nder** er hat ihn in seiner Ehre gekränkt; 3. mit der Zubereitung beginnen, ansetzen *(Speisen)*
cërcërét 20 *itr* gluckern, brodeln
cërcërím -i *m, Pl* -e Zwitschern *n*, Gezwitscher *n*
cërcërít 22 *itr* zwitschern
cëríl -i *m, Pl* -a Singdrossel *f*
cërm|ë -a *f, Pl* -a Krampf *m*, Zuckung *f*
cërmëdéll -i *m* Sumach *m*
cërmók -u *m, Pl* -ë Tuff *m*, Tuffstein *m*
cfág|ë -a *f* Spinnennetz *n*, Spinnengewebe *n*
cfilít 20 *tr* martern; verprügeln; foltern, quälen, peinigen; *übertr* entkräften, anstrengen; erschüttern;

-et *refl* sich quälen, sich grämen; sich überanstrengen, ermatten
cfilítës, -e *Adj* qualvoll, peinigend
cfilítj|e -a *f*, *Pl* -e Pein *f*, Qual *f*; Tortur *f*, Folter *f*
cfilítur (i) *Adj* geplagt, gepeinigt, gefoltert; abgerackert
cfrat -i *m*, *Pl* -e Wehr *n*, Flußwehr
cfurk -u *m*, *Pl* cfúrqe 1. Gabel *f*, Heugabel; 2. *Zool* Skorpion *m*
cfýtës -i *m*, *Pl* -a Blasrohr *n für Wasser*, Spritzrohr *n*
ciát 20 *itr* pfeifen, piepsen *(Maus od. Vogel)*
cibún|e -ia *f*, *Pl* -e Art Filzumhang
cicamí -u *m f*, *Pl* - Zaunkönig *m*
cicerón -i *m*, *Pl* -ë Reiseführer *m*
cíc|ë -a *f*, *Pl* -a Mutterbrust *f*, Brustwarze *f*; Zitze *f*
cicërím -i *m*, *Pl* -e = cërcërim
cicërím|ë -a *f*, *Pl* -a = cërcërim
cicërín 6 *itr* zwitschern
cicërón 1 *itr* = cicërin
cíf|ël -la *f*, *Pl* -la Splitter *m*; Holzsplitter, Span *m*
cigár|e -ja *f*, *Pl* -e Zigarette *f*
cigarís 21 *tr* braten
cigarísj|e -a *f*, *Pl* -e Braten *n*
cigarísht|e -ja *f*, *Pl* -e Zigarettenspitzchen *n*
cigón|ë -a *f*, *Pl* -e Surne *f (Volksinstrument vom Oboentyp)*
¹cik 14³ *tr* berühren, anrühren
²cik -u *m*, *Pl* cíqe Rand *m eines Gefäßes*; ~ më ~ randvoll, zum Überlaufen voll
cikalósur (i) *Adj* gescheckt, gesprenkelt, gepunktet
cík|ë -a *f*, *Pl* -a *Zool* Brachpieper *m*
cík|ël -li *m*, *Pl* -le Zyklus *m*
cík|ër -ra *f*, *Pl* -ra Stückchen *n*, Bißchen *n*, Teilchen *n*
cikërím|ë -a *f*, *Pl* -ë Kleinkram *m*; Kleinigkeit *f*
ciklík, -e *Adj* zyklisch
ciklón -i *m*, *Pl* -e Zyklon *m*
ciklóp -i *m*, *Pl* -ë Zyklop *m*

ciklopík -e *Adj* zyklopisch; mure ~ e Zyklopenmauern *Pl*
ciklostíl -i *m*, *Pl* -ë Vervielfältigungsapparat *m*
cíkm|ë -a *f* Frost *m*
cíkn|ë -a *f* 1. Reif *m*, Rauhreif; Frost *m*; 2. angebrannter Bodensatz *m*
ciknóset 21 *refl* anbrennen; angebrannt riechen *(Speisen)*
cikóm|ë -a *f*, *Pl* -a Seil *n am Packsattel*
cikrrón 1 *unpers* nieseln, tröpfeln
ciladó *Indef Pron*/*f* jede, jegliche
cilësí -a *f*, *Pl* - Eigenschaft *f*, Merkmal *n*; Qualität *f*
cilësón 1 *tr* beurteilen, einschätzen, qualifizieren
cilësór I. -i *Subst*/*m*, *Pl* -ë Gramm Attribut *n*; II. -e *Adj* qualitativ
cilësorísht *Adv* qualitativ
cil|i I. -a *Interr Pron* wer, welcher; II. (i), -a (e) *Rel Pron* welcher, der
cilidó *Indef Pron*/*m* jeder, jeglicher, jedermann
cilínd|ër -ri *m*, *Pl* -ra Zylinder *m*
cilindrík, -e *Adj* zylindrisch
cilór|e -ja *f*, *Pl* -e Tafeltuch *n*, Tischdecke *f*
cillést|ër -ra *f*, *Pl* -ra Sech *n*, Pflugmesser *n*
cimák -u *m*, *Pl* -ë 1. Stachel *m der Biene*; 2. *Bot* Keimblatt *n*
cimb -i *m*, *Pl* -a Kneifen *n*, Zwicken *n*; Stich *m von Insekten*
cimbídh I. 14 *tr* 1. zwicken, kneifen; 2. abrupfen, abzwacken, abreißen; II. -i *Subst*/*m*, *Pl* -e Pinzette *f*
cimbídh|e -ja *f*, *Pl* -e Zwicken *n*, Kneifen *n*; Abzwicken, Abzwacken *n*
cimbís 21 *tr* zwicken, kneifen
cimóc|ë -a *f*, *Pl* -a Windel *f*, Wickelband *n*
cingán -i *m*, *Pl* -ë Zigeuner *m*
¹cingár|e -ja *f*, *Pl* -e Zigarette *f*;

fletë ~ **sh** Zigarettenpapier *n*;
kuti ~ **sh** Zigarettenschachtel *f*
²**cingár|e** -ja *f*, *Pl* -e Viehglocke *f*
cingarídh|e -ja *f*, *Pl* -e Bodensatz *m* bei geschmolzenem Fett
cingarís 21 *tr* = **cigaris**
cíng|ël -li *m* Stock *m* zum Spielen; Stöckchenspiel *n*
cingërím|ë -a *f*, *Pl* -a trockene Kälte *f*, klirrender Frost *m*
cingërón 1 *itr* stark frieren, vor Kälte (fast) erstarren
cingrím -i *m* Geheul *n*, Tiergeheul
cingrís 21 *tr* entfachen, anzünden, schüren; reizen, aufreizen
cingrón 1 *itr* heulen, jaulen *(Tiere)*
ciník I. -u *Subst/m*, *Pl* -ë Zyniker *m*; **II.** -e *Adj* zynisch
ciníz|ëm -mi *m* Zynismus *m*
cínk|ë -a *f*, *Pl* -a Blaumeise *f*
cinkografí -a *f* Zinkographie *f*, Zinkätzen *n*
cínx|ër -ri *m*, *Pl* -ra Zikade *f*, Singzirpe *f*
cinxërít 22 *itr* zirpen *(Zikade)*
cinxërón 1 *itr* = **cinxërit**
cip -i *m* Spitze *f*, oberes Ende *n*; **në** ~ **të krahut** auf der Schulter; ~ **më** ~ übereinander
cip|ë -a *f*, *Pl* -a dünne Haut *f*, Häutchen *n*; Milchhaut; Schale *f*; Membrane *f*; Film *m*; *übertr* **njeri pa** ~ schamloser Mensch; **i ka plasur cipa** er hat jedes Schamgefühl verloren
cípëz|ë -a *f*, *Pl* -a Häutchen *n*, Membrane *f*
cipëplásur *Adj* schamlos, unverschämt
cirilík, -e *Adj* kyrillisch
cirk -u *m*, *Pl* -e *od* círqe Zirkus *m*
cirkát|ë -a *f*, *Pl* -a Wasserstrahl *m*
círk|ë -a *f*, *Pl* -a Tropfen *m*; Sprenkel *m*, Tüpfel *m*
cirkón 1 *itr* tropfen
cirkús -i *m*, *Pl* -e Zirkus *m*

círl|ë -a *f*, *Pl* -a Amsel *f*; ~ **fushe** Singdrossel *f*
ciro -ja *f* verlorenes Spiel *n*
cirónk|ë -a *f*, *Pl* -a Weißfisch *m*
cir|úa -ói *m*, *Pl* -ónj = **cironkë**
cirrís 21 *tr* anstacheln, aufstacheln; reizen, necken; stechen *(Insekten)*
cistérn|ë -a *f*, *Pl* -a Tankwagen *m*
císt|ë -a *f*, *Pl* -a *Med* Zyste *f*
cit 20 *tr* sättigen; stopfen; **-et** *refl* sich sättigen, satt werden
citát -i *m*, *Pl* -e Zitat *n*
¹**cít|ë** -a *f*, *Pl* -a Stricknadel *f*
²**cítë** *Adv* voll, randvoll
citón 1 *tr* zitieren
citós 21 *tr* bis zum Rand füllen
civíl I. -i *Subst/m*, *Pl* -ë *od* -a Zivilist *m*; **II.** -e *Adj* zivil, Zivil-; **të drejtat** ~ **e** das Zivilrecht; **kodi** ~ das Zivilgesetzbuch; **lufte** ~ **e** Bürgerkrieg *m*
cjap -i *m*, *Pl* cjep Bock *m*, Ziegenbock
ckall|úa -ói *m*, *Pl* -ónj Schößling *m*, Trieb *m*; Knospe *f*
ckëlfít 22 *tr* Haut abziehen, schinden; abkratzen, abschaben; **-et** *refl* abplatzen, abblättern, sich schuppen
ckërfít 22 *tr* bohren, stochern; reizen *(Wunde od. dgl.)*; **-et** *refl* sich öffnen, aufblühen *(Blüten)*; *übertr* **iu ckërfitën sytë** er machte große Augen, er riß die Augen auf
ckërk|ë -a *f*, *Pl* -a Felsspitze *f*, Felsnadel *f*; Kamin *m*, Felsschlucht *f*
ckërmít 22 *tr*: ~ **dhëmbët** mit den Zähnen klappern
ckínjet 14 *refl* wehtun, anhaltend schmerzen
cmag -u *m*, *Pl* -ë Pflock *m*, Holznagel *m*
cmatós 21 *itr* aufgehen, sprießen *(Saat)*
cmilár -i *m*, *Pl* -ë Meißel *m*
cmir -i *m* Neid *m*, Mißgunst *f*

cmirzí -u *m, Pl* -nj od cmirzézë Neider *m*, Neidhammel *m*

cof 14 *itr Zool* verenden, verrecken, krepieren

cófët (i) *Adj Zool* verendet, verreckt, tot

coftín|ë -a *f, Pl* -a Aas *n*, Kadaver *m*

cóh|ë -a *f, Pl* -ëra Tuchstoff *m*, Tuch *n*, Wollstoff *m*

cóhtë (i) *Adj* tuchen, Tuch-, Stoff-

¹cok -u *m, Pl* -ë Mittelhandknochen *m*

²cok 14³ *tr* berühren

³cok *Adv* genau, zweifellos; geradeheraus, ohne Umschweife

cokát 22¹ *tr* dengeln

cók|ël -la *f, Pl* -la trockenes Holzstück *n*; Holzscheit *n*

coklón 1 *tr Holz* spalten

cóp|ë -a *f, Pl* -a *od* -ë Stück *n*; Musik-, Theaterstück; një ~ këndimi ein Lesestück; një ~ rrugë ein Stück Weges; Teil *m*, Stück, Exemplar *n*; tetë ~ shtëpi acht Häuser; ia tha ~ er sagte es ihm geradeheraus; ~ ~ *od* copa-copa entzwei, kaputt, zerstückelt; mit zerrissenen Sachen

copëtím -i *m, Pl* -e Zerstückelung *f*, Zersplitterung *f*; Zersplittern *n*, Zerstückeln *n*

copëtó|n 1 *tr* zerstückeln; zerreißen, zerfetzen; -het *refl* kaputt gehen; *übertr* müde werden; sich überanstrengen, sich fast zerreißen

copëzón 1 *tr* = copëton

córk|ë -a *f, Pl* -a Kücken *n*, Küchlein *n*

cpórdhës -i *m* Speiseröhre *f*

crog 14³ *tr* abholzen; *Geflügel* rupfen

crógët (i) *Adj* abgeholzt, kahl; kahlköpfig

cub -i *m, Pl* -a Räuber *m*

cubák, -e *Adj* schwanzlos; stummelschwänzig

cubél, -e *Adj* = cubak

cúc|ë -a *f, Pl* -a Mädchen *n*

cúf|ël -la *f, Pl* -la 1. Häutchen *n*, feine Haut *f*; 2.: ~ e borës dicke Schneeflocke *f*; 3. *in der Luft schwebende Teilchen*

cúkla -t *Pl* 1. Rückstand *m*, Rest *m*; 2. Kämmrückstände *Pl bei Wolle*

cuks 21 *itr* brennen; më ~ lëkura mir brennt die Haut

¹cúle -t *Pl* 1. Bettzeug *n*; 2. Windeln *Pl*; 3. Lumpen *Pl*, Fetzen *Pl*

²cúl|e -ja *f, Pl* -e 1. Hirtenflöte *f*; 2. Beinknochen *m*

cull -i *m, Pl* -ë kleiner Junge *m*, Kind *n*; ~ e mull groß und klein

cullúfe -t *Pl* Schläfenlocken *Pl*, Haarbüschel *Pl an den Schläfen (Frisur bei Nordalbanerinnen)*

cung I. -u *Subst/m, Pl* cúngje Stumpf *m*, Baumstumpf, Stubben *m*; ~ hardhie Rebstock *m*; ~ i konit Kegelstumpf; II. -e *Adj* amputiert; verstümmelt

cungál -i *m, Pl* -ë Sparren *m*

cungél I. -i *Subst/m, Pl* -a kleiner Stumpf *m*; II. *Adj* verstümmelt, amputiert; armamputiert, handamputiert

cúng|ë -a *f, Pl* -a = cung

cungím -i *m, Pl* -e Stutzen *n*, Ausästen *n*; Amputation *f*

cungón 1 *tr Bäume* stutzen, ausästen; *Gliedmaßen* abtrennen, abhauen, amputieren

cúngull *Adj* amputiert, verkrüppelt

cungullón 1 *tr* = cungon

¹cup -i *m, Pl* -a Schulter *f*

²cup *Adj* ungerade, unpaarig; numër ~ ungerade Zahl; par a ~ gerade oder ungerade

cúp|e -ja *f, Pl* -e einläufige Pistole *f*

cupíl -i *m, Pl* -a 1. Sparren *m*; 2. Stock *m zum Herunterschlagen von Obst*

cúrk|ë -a *f, Pl* -ë Quelle *f*

cúrl|e -ja *f, Pl* -e = cigonë

¹**curr** -i *m, Pl* -a hoher Felsen *m*
²**curr** 14 *tr*: ~ **veshët** die Ohren spitzen *(Tiere)*
curríl -i *m, Pl* -a Wasserstrahl *m*
currón 1 *tr* **1.** stutzen, kurzschneiden; **2.**: ~ **veshët** die Ohren spitzen *(Tiere)*
cvírdhte 16³ *Imperf* → **cvjerdh**
cvjerdh 16³ *tr* entwöhnen; abkühlen *(Verhältnis)*

cvórdhi 16³ *Aor* → **cvjerdh**
cýle-diáre cylja-diare *f* Doppelflöte *f*
cýrl|e -ja *f, Pl* -e Melodiepfeife *f des Dudelsackes*
cyt 22 *tr* anstacheln, aufstacheln, reizen
cýtj|e -a *f* Reizen *n*, Gestichel *n*
cyth 14 *tr* stechen; impfen *(gegen Pocken)*

Ç

ç' *Interr Pron* was; was für ein; ~ **është?** was ist los?, was gibt es denn?; ~ **e do?** wozu brauchst du es?; ~ **zë i ëmbël!** was für eine schöne Stimme!; **s'na tha se** ~ **kërkonte** er sagte uns nicht, was er wollte
çabúll|e -ja *f, Pl* -e Gastmahl *n*
çaçaník -u *m, Pl* -ë Walnuß *f*; Nußbaum *m*; grüne Nußschale *f*
¹**çáçk|ë** -a *f, Pl* -a Mokkatasse *f*
²**çáçk|ë** -a *f, Pl* -a Scheitel *m*, Schädeldecke *f*
çád|ër -ra *f, Pl* -ra **1.** Zelt *n*; **ngreh çadrën** das Zelt aufschlagen; **2.** Schirm *m*
¹**çáfk|ë** -a *f, Pl* -a Fischreiher *m*
²**çáfk|ë** -a *f, Pl* -a **1.** Scheitel *m*, Schädeldecke *f*; **2.** Becher *m*, Schale *f für Milch, Tee usw.*
çafkëlór|e -ja *f, Pl* -e Haubenlerche *f*
çaír -i *m, Pl* -e = **çajre**
çaj -i *m* Tee *m*
çájm|e -ja *f, Pl* -e **1.** Neuntöter *m*; **2.** Fischreiher *m*; ~ **e kuqe** Rallenreiher *m*

çajník -u *m, Pl* -ë Teekanne *f*, Porzellankännchen *n*; Teekessel *m*
çájr|e -ja *f, Pl* -e Wiese *f*
çakáll -i *m, Pl* çakáj *od* çakéj Schakal *m*
çakáll|e -ja *f, Pl* -e Schläger *m der Mühle*; *übertr* ~ **mulliri** Schwätzer *m*
çakarít 20 *tr* die Augen aufreißen
çakçírë -t *Pl* Hose *f aus weißem Filz*
çakénj *Pl* → **çakall**
çák|ël -la *f, Pl* -la Bagatelle *f*; Kinkerlitzchen *Pl*; **çakla** *Pl* Hausrat *m*
çákëll -i *m* Schotter *m*, Splitt *m*, Steinschutt *m*; *Bauw* Füllstoff *m*
çakërdís 21 *tr* verteilen, zerstreuen, auseinanderjagen; vertreiben, entfernen; **-et** *refl* sich verkrümeln, verschwinden; *übertr* verrückt werden
çakërít 20 *tr* = **çakarit**
çákërr *Adj* schielend
çakmák -u *m, Pl* -ë Feuerzeug *n*; Feuerstahl *m*
çal -i *m* Hinkender *m*, Lahmer *m*
çalakémbëzi *Adv* mit einem Bein, auf einem Bein

çalamán, -e *Adj* hinkend, lahm
çálazi *Adv* hinkend, lahmend
¹çál|ë -a *f*, *Pl* -a Knitter *m*, Falte *f* im Stoff
²çálë (i) *Adj* = **çalaman**
çalím -i *m* Hinken *n*, Lahmen *n*
çálk|ë -a *f*, *Pl* -a hinkende Frau *f*
çalók, -e *Adj* = **çalaman**
çalón 1 *itr* hinken, lahmen; *übertr* ~ **puna** die Arbeit kommt nicht vom Fleck; *tr* **më ~ kjo puna jote** deine Sache da behindert mich
çalúk, -e *Adj* = **çalaman**
çallapatís 21 *tr* knittern, knautschen
çallát|ë -a *f*, *Pl* -a Kerbe *f*; Scharte *f*
çallatón 1 *tr* kerben, einkerben; schartig machen
çáll|ë -a *f*, *Pl* -a = **çallatë**
çallëstís 21 *itr* **1.** sich bemühen, streben; **2.** sich sorgen um, sich kümmern um
çallëstísj|e -a *f* **1.** Kraftanstrengung *f*, Bemühung *f*; **2.** Sorge *f*
çallëstísur (i) *Adj* **1.** energisch, tätig, rührig; **2.** aufmerksam, fürsorglich
çállma -t *Pl* Puffmais *m*
çállm|ë -a *f*, *Pl* -a Turban *m der Hodschas*
çallón 1 *tr* = **çallaton**
¹çam -i *m*, *Pl* -e Tanne *f*
²çam I. -i *Subst/m*, *Pl* -ë *od* -ër Tschame *m (albanischer Bewohner des Westepirus)*; **II.** -e *Adj* tschamisch
çamarók, -e *Adj* schelmisch, spitzbübisch; leicht verrückt
çamçakéz -i *m* Kolophonium *n*, Bogenharz *n*; **-a** *Pl* Kaugummi *m*
Çamëri -a *f* Tschameri *f (westlicher Teil des Epirus)*
çamërísht *Adv* auf tschamisch
çamërísht|e -ja *f* Tschamisch *n*, albanischer Dialekt im Westepirus
çan 5 *tr* zerspalten, spalten; zerhauen, zerhacken; ~ **arra** Nüsse knacken; ~ **dru** Holz hacken; durchschneiden, durchschlagen; zerreißen, zerfetzen; *Med* sezieren; durchbrechen, durchstoßen; ~ **rrethimin** die Belagerung durchbrechen; *übertr* spalten; **më çau kokën** er fiel mir auf die Nerven; **nuk ~ kokën** es ist ihm gleichgültig; **çau** er verschwand; **çau dhenë** er hat die ganze Welt durchwandert
çanák -u *m*, *Pl* -ë çanáqe Napf *m*, Schüssel *f*; *übertr* **bie në ~** in eine Familie aufgenommen werden; **e kam në ~** er gehört zu meiner Familie
çanaklëpírës -i *m*, *Pl* - Speichellecker *m*; Schmarotzer *m*, Parasit *m*
çánd|ër -ra *f*, *Pl* -ra Stütze *f*, Stützgabel *f*
çánt|ë -a *f*, *Pl* -a Tasche *f*, Handtasche, Aktentasche *f*; Schulranzen *m*, Mappe *f*
¹çap -i *m* Jagdhund *m*
²çap I. -i *Subst/m*, *Pl* -e *od* -a Schritt *m*; **II.** 14 *itr* gehen, schreiten, laufen; ~ **në shtëpi!** marsch nach Hause!
³çap 14 *tr* **1.** kauen, zerkauen; **2.** *Boden* hacken, auflockern
çapaçúl -i *m*, *Pl* -ë kleiner, unscheinbarer Mensch; unbedeutender Mensch *m*
çapár -i *m*, *Pl* -ë **1.** Seidenschnur *f*, Kordel *f*, Band *n*; **2.** Silberfaden *m*, Goldfaden *m*
çapáre -t *Pl* *Mus* Becken *Pl*, türkische Teller *Pl*
çapárk|ë -a *f*, *Pl* -a Band *n*, Bändchen *n*; ~ **për maqina shkrimi** Farbband
¹çáp|ë -a *f*, *Pl* -a Bissen *m*, Happen *m*
²çáp|ë -a *f*, *Pl* -a Hacke *f*
çapélën 3 *tr* = **çapëlon**
çapëló|n 1 *tr in zwei Stücke* reißen, schneiden; zerfetzen, zerreißen; **-het** *refl übertr* **u çapëlova** ich bin wie gerädert
çápën 15 *itr* = **²çap**

çapërtíset 21 *refl* verrückt werden, den Verstand verlieren

çápëz -a *f*, *Pl* -a Pflugreute *f*

çapík I. -u *Subst/m Pl* -ë Rüpel *m*, Schlingel *m*, Lümmel *m*; **II.** -e *Adj* frech, flegelhaft, ungezogen

çapítet 22 *refl* tapsig laufen *(Kleinkinder)*; schreiten

çapítj|e -a *f*, *Pl* -e = **çapje**

çápj|e -a *f*, *Pl* -e Schritt *m*, Gang *m*; Gehen *n*, Schreiten *n*

çápk|ë -a *f*, *Pl* -a Fischreiher *m*

çapkén -i *m*, *Pl* -ë Stromer *m*, Nichtsnutz *m*, Taugenichts *m*; Schelm *m*, Schalk *m*, Wildfang *m*; verwöhntes, verhätscheltes Kind *n*

çapkënllék -u *m*, *Pl* çapkënlléqe Herumlungern *n*; Schelmenstreich *m*, Schelmerei *f*

çapók -u *m*, *Pl* -ë **1.** Oberschenkel *m*; Unterschenkel *m*; **2.** Oberschenkelbein *n*; Schienbein *n*, Wadenbein *n*; **3.** Sporn *m des Hahnes*

çaprashít 22 *tr* **1.** verwirren, durcheinanderbringen; **2.** leeres Stroh dreschen, dummes Zeug reden; *itr* torkeln, stolpern

çapráz I. *Adv*: **ma bëri mendjen** ~ er hat mich umgestimmt; **foli** ~ er hat unüberlegt gesprochen, er hat Unsinn geredet; **II.** -e *Adj* unüberlegt, unbeherrscht

çapráze -t *Pl* Schmuckmünzen *Pl der albanischen Bäuerinnen*; Stickereien *Pl am Hemdkragen*

çápthi *Adv* im Schritt

çap|úa -ói *m*, *Pl* -ónj Sporn *m des Hahnes*

çaráp -i *m*, *Pl* -ë = **çorap**

çarçáf -i *m*, *Pl* -ë *od* -e **1.** Laken *n*; **2.** Schleier *m*

çardák -u *m*, *Pl* -ë Veranda *f*, offene Galerie *f*

çardhák -u *m*, *Pl* -ë = **çardak**

çaré -ja *f* Mittel *n*, Ausweg *m*, Lösungsweg *m*; **s'ka** ~ es gibt keinen Ausweg; **bën** ~ Möglichkeiten ausfindig machen, Rat schaffen

çár|ë I. (i) *Adj* gespalten, zerhackt, zerrissen; **II.** -a (e) *Subst/f*, *Pl* -a (të) Spalt *m*, Ritze *f*

çárës, -e *Adj* spaltbar

çárj|e -a *f*, *Pl* -e **1.** Spaltung *f*, Spalten *n*; Zerreißen *n*, Zerhauen *n*; **2.** *Med* Obduktion *f*

çark -u *m*, *Pl* çárqe *od* çérqe **1.** Falle *f*; **bie në** ~ in die Falle gehen; **2.** Tabakschneidemesser *n*; **3.** Pipette *f zur Blutentnahme*; **4.** Abzugshahn *m am Gewehr*

çarmatím -i *m*, *Pl* -e Abrüstung *f*; Entwaffnung *f*

çarmatós 21 *tr* abrüsten; entwaffnen

¹çart -i *m* wirre Rede *f*; **flet prej** ~ **i** phantasieren, irre reden

²çart 14 *tr* kaputt machen, ruinieren, verderben

çartapréras *Adv* schlecht

çartaqéfas *Adv* unwillig, widerwillig

çárt|ë -a *f* Uneinigkeit *f*, Zwietracht *f*

çartó|n 1 *itr* verrückt werden, den Verstand verlieren; **-het** *refl* wirres Zeug reden, phantasieren

çarraník -u *m*, *Pl* -ë Art Fliegenschrank; Käsekammer *f*

çarraví -a *f*, *Pl* – Weigerung *f*; Behinderung *f*, Hindernis *n*, Schwierigkeit *f*

ças -i *m*, *Pl* -e = **çast**

çast -i *m*, *Pl* -e Augenblick *m*, Moment *m*; **gjellë të** ~**it** Schnellgerichte *Pl*; **orë e** ~ *od* **për orë e për** ~ ständig, Tag und Nacht; **atë** ~ sofort, augenblicklich

çástë (i) *Adj* unmittelbar, sofortig

çatáll I. -i *Subst/m*, *Pl* -ë *od* çatáj Gabel *f*; Zinke *f*, Zinken *m*; Gabelung *f*; **II.** *Adj* schief; stumpf; schielend; **sy** ~ Schielauge *n*

çatí -a *f*, *Pl* – Dach *n*; ~ **e rrafshët** Terrassendach; Flachdach; ~ **ku-**

polë Kuppeldach; ~ qepore Zwiebeldach
çatmá -ja *f*, *Pl* - *Bauw* Fachwerk *n*; Gestell *n*, Gerippe *n*; Paneel *n*
çátm|ë -a *f* Trennwand *f*, geweißte Bretterwand *f*
çaúl -i *m*, *Pl* -e *Anat* Kiefer *m*
çavalís 22 *tr* verstümmeln, entstellen
çb- *s*. zhb-
çd- *s*. zhd-
çdo *Adj* jeder
çdokúsh *Indef Pron* jeder, jedermann
çdonjér|i, -a *Indef Pron* = çdokush
çéfk|ë -a *f*, *Pl* -a Kapuze *f*
çéhr|e -ja *f*, *Pl* -e Miene *f*, Gesichtsausdruck *m*; me ~ mürrisch
¹çek -u *m*, *Pl* çéqe Scheck *m*
²çek -u *m* Proviant *m des Hirten*
³çek I. -u *Subst*/*m*, *Pl* -ë Tscheche *m*; II. -e *Adj* tschechisch
⁴çek 14³ *tr Frage* berühren, anschneiden; erwähnen, zitieren, anführen
çekán -i *m*, *Pl* -ë *od* -a Hammer *m*
çék|e -ja *f* Ecke *f*, Winkel *m*
çekíç -i *m*, *Pl* -ë Hammer *m*; Hämmerchen *n*; ~ i farkëtarit Schmiedehammer; ~ i shkresës Stichel *m*
çekísht *Adv* auf tschechisch
çekísht|e -ja *f* Tschechisch *n*
çekosllovák, -e *Adj* tschechoslowakisch
Çekosllovakí -a *f* Tschechoslowakei *f*
çel 14 *tr* öffnen; eröffnen; erschließen; ~ një tokë Boden urbar machen; ~ zogj Küken ausbrüten; ~ zjarrin das Feuer anzünden; *übertr* ~ sytë frische Luft schnappen; *itr* ~ i koha es hat sich aufgeheitert; ~ in lulet die Blumen blühen auf, die Blüten öffnen sich; a ~ ai? empfängt er Gäste?; -et *refl* aufreißen; ~ en duart die Hände werden rissig; *übertr* sich

auf hellen; iu ~ fytyra seine Miene hellte sich auf, er wurde fröhlich
çél|ë -a *f* bester, erlesener Teil *m*; *übertr* Blüte *f*, Creme *f*; ~ e parësi die Creme der Gesellschaft
çélës -i *m*, *Pl* -a 1. Schlüssel *m*; *übertr* i dorëzoi ~ at er hat bankrott gemacht; *Tech* Schlüssel; ~ fiks Schraubenschlüssel; ~ i regjistrueshëm Schublehre *f*; 2. *El* Schalter *m*; ~ i elektrikut Lichtschalter; ~ sigurie Sicherheitsschalter
çélët (i) *Adj* hell, klar; ngjyrë e ~ eine helle Farbe; offen; *übertr* fytyrë e ~ ein offenes Gesicht
çelík -u *m* Stahl *m*
çelikrán -i *m*, *Pl* -ë Hippe *f*, Gärtnermesser *n*, Winzermesser *n*
çelíktë (i) *Adj* stählern, Stahl-; *übertr* vullnet i ~ stählerner Wille
çelíng -u *m*, *Pl* -ë Oberhirt *m*
çelítet 20 *refl* gesunden, genesen, aufblühen
çélj|e -a *f* 1. Eröffnung *f*; Öffnen *n*; 2. Ausgraben *n*; 3. Aufblühen *n*, Aufbrechen *n* von Blüten
¹çelník -u *m* = çelik
²çelník -u *m*, *Pl* -ë = çeling
çelnikós 21 *tr übertr* stählen, härten; -et *refl* sich stählen; erstarken
çelníktë (i) *Adj* = i çeliktë
çeltín|ë -a *f*, *Pl* -a 1. *Bauw* Öffnung *f*; ~ dere Türöffnung *f*; 2. Waldlichtung *f*
çélur (i) *Adj* 1. offen, geöffnet, eröffnet; 2. fröhlich, heiter
çem 14 *od* 15 *tr* erwähnen, anführen; initiieren, in die Wege leiten; *itr* sa i kishin ~ur mustaqet sobald ihm der Schnurrbart gesprossen war; -et *refl* sich zeigen, hervortreten
çeménto -ja *f* = çimento
çén|ë -a *f*, *Pl* -a *Anat* Kiefer *m*
çengél -i *m*, *Pl* -a *od* -e Haken *m*, Eisenhaken; Anker *m*; hedh ~ at

die Anker werfen; ~ **pusi** Brunnenhaken; *übertr* **u bë** ~ er ist nur noch Haut und Knochen

çep -i *m, Pl* -a 1. Tülle *f an der Kanne*; ~ **i kroit** Ausflußrohr *n am Brunnen*; 2. Schnabel *m*

çepáll|ë -a *f, Pl* -a Kescher *m*

çepé -ja *f, Pl* – Haarbüschel *n, das man auf einem glattgeschorenen Kopf stehen läßt*

çepirók -u *m, Pl* -ë Spanne *f*

çepkát 20 *tr Wolle* zupfen; *itr* scharren *(Huhn)*

çepój|ë -a *f, Pl* -a Loch *n*; Öffnung *f*

çeptír|ë -a *f* feuchte, grasbewachsene Stelle *f*

çérdh|e -ja *f, Pl* -e Nest *n*; ~ **fëmijësh** Kinderkrippe *f*

çerdhúkull -a *f, Pl* -a Feldlerche *f*

çeré -ja *f* = **çehre**

çerék -u *m, Pl* -ë Viertel *n*; **një** ~ **sahati** eine Viertelstunde

çerekçí -u *m, Pl* – *od* -nj armer Handwerker *m*

çerék|e -ja *f, Pl* -e *Getreidemaß von etwa 34 kg*

çerekfinál|e -ja *f* Viertelfinale *n*

çerekshéku|ll -lli *m, Pl* -j Vierteljahrhundert *n*

çerép -i *m, Pl* -ë Brotbackform *f aus Ton*

çerjép -i *m, Pl* -ë = **çerep**

çérqe *Pl* → **çark**

çervé -ja *f, Pl* – *weißes, an den Ecken mit Gold- oder Silberfäden besticktes Tuch*

çerr -i *m, Pl* -a Zaunkönig *m*

çésm|e -ja *f, Pl* -e Brunnen *m*, Quellbrunnen; Wasserhahn *m*; Hydrant *m*

çeshtín 6 *itr* niesen

çetaník -u *m, Pl* -ë = **çetar**

çetár -i *m, Pl* -ë Mitglied *n einer Bande, Gruppe*

çetél|e -ja *f, Pl* -e *alt* Kerbholz *n*

çét|ë -a *f, Pl* -a 1. bewaffnete Schar *f*, Bande *f*; Partisanengruppe *f*; 2. Sippe *f*

çetinák -u *m, Pl* -ë Krummholzkiefer *f*

çetín|ë -a *f, Pl* -a Schwarzkiefer *f*; ~ **e zezë** Fichte *f*

çetón 1 *itr* mit einer bewaffneten Schar auf Raub gehen

çetúr -i *m, Pl* -ë Holzbecher *m der Hirten*, hölzernes Trinkgefäß *n mit langem Stiel*

çevré -ja *f, Pl* – = **çerve**

çézm|ë -a *f, Pl* -a = **çesme**

çë *Interr Pron* was; was für ein

çënjtet 14 *refl* abschwellen, eine Schwellung verlieren; **u çënjt dora** die Hand ist nicht mehr geschwollen

çéshtj|e -a *f, Pl* -e Frage *f*; Problem *n*; *übertr* **e bën** ~ etw. an die große Glocke hängen

çf- *s.* **shf-**

çfárë *Interr Pron* was; was für ein

çfarëdó *Indef Pron* was auch immer, alles; jeder, beliebig, jeder beliebige

çfarëdósh|ëm (i), -me (e) *Adj* jeder, x-beliebig, jeder beliebige

çfarësí -a *f* Zugehörigkeit *f* zu einer Gattung

çibán -i *m, Pl* -ë Pickel *m*, Pustel *f*

çibúk -u *m, Pl* -ë Tabakspfeife *f*

çíc|ërr -rra *f, Pl* -rra Trieb *m* an *Baumstümpfen*

çiçibanóz -i *m, Pl* -a Johannisbrotbaum *m*

çiçibún|e -ia *f, Pl* -e = **çiçibanoz**

çíck|ë -a *f* Bißchen *n*

çifçí -u *m, Pl* – *od* -nj leibeigener Bauer *m*

çiflíg -u *m, Pl* çiflígje = **çiflik**

çifligár -i *m, Pl* -ë Großgrundbesitzer *m*

çiflík -u *m, Pl* -ë *od* çiflíqe großes Gut *n*, Großgrundbesitz *m*

çift I. -i *Subst/m, Pl* -e 1. Paar *n*; Pärchen *n*; Brautpaar; ~**e-**~**e**

paarweise; **2.** *Phys* ~ **përdredhjeje** Drehmoment *n*; **II.** **-e** *Adj* gerade; **numër** ~ gerade Zahl

çíft|e -ja *f, Pl* -e **1.** Scharnier *n*; **2.** doppelläufiges Gewehr *n*, Doppelflinte *f*

çiftelí -a *f* Mandoline *f mit zwei Saiten*

çiftëzím -i *m Tech* Verkettung *f*, Verbindung *f*; Kupplung *f*, Schaltung *f*

çiftëzón 1 *tr Tech* verketten, verbinden; kuppeln, schalten

çiftón 1 *tr Zool* paaren

çiftós 21 *tr* = **çifton**

çifút -i *m, Pl* -ë Jude *m*

¹çik -u *m* Reizen *n*, Aufhetzen *n*, Aufwiegelung *f*; **jep** ~ reizen, anstacheln, aufhetzen

²çik 14³ *tr* streifen, leicht berühren

Çikágo -ja *f* Chikago *n*

¹çík|ë -a *f, Pl* -a Mädchen *n*

²çík|ë -a *f, Pl* -a **1.** Stück *n*, Happen *m*, Bissen *m*; Fetzen *m*; **një** ~ ein bißchen; **për një** ~ beinahe, um ein Haar; **çika-çika** zerfetzt, zerstückelt; **2.** Strahl *m*; Sonnenstrahl; **3.** Tropfen *m*; **4.** Grund *m*; Ursache *f*; Anstoß *m*

³çík|ë -a *f, Pl* -a Weidenlaubsänger *m*; ~ **e vogël** Wintergoldhähnchen *n*

çikërrí -a *f, Pl* – Kleinigkeit *f*

çikërríme -t *Pl* Kleinigkeiten *Pl*, Kleinkram *m*; Bagatellen *Pl*

çikërrím|ë -a *f, Pl* -a = **çikërri**

çikërrimtár -i *m, Pl* -e Kurzwarenhändler *m*, Galanteriewarenhändler *m*

çikët (i) *Adj* winzig

çikëvérr|ë -a *f, Pl* -a Glühwürmchen *n*, Leuchtkäfer *m*, Johanniskäfer *m*

çikëz -a *f, Pl* -a Treibnetz *n der Fischer*

çikj|e -a *f* Berührung *f*

çikla -t *Pl* = **çikërrime**

çiklíst -i *m, Pl* -ë *od* -a Radfahrer *m*; Radrennfahrer; Kunstradfahrer

çiklíz|ëm -mi *m* Radsport *m*, Radrennsport; **kurs çiklizmi** *od* **garat e çiklizmit** Radrennen *n*

çikón 1 *tr Wäsche* einfeuchten, bespritzen; *itr* tropfen, feucht sein; **shtëpia** ~ das Haus ist feucht

çikrík -u *m, Pl* -ë **1.** Rolle *f*, Rollrädchen *n*; **2.** Haspel *f*; **3.** *Tech* Winde *f*, Welle *f*, Walze *f*

çilék -u *m, Pl* -ë Erdbeerstaude *f*; Erdbeere *f*

çilimí -u *m, Pl* – *od* -nj kleines Kind *n*

çilimillék -u *m, Pl* çilimilléqe Kinderei *f*

çíltas *Adv* offen und ehrlich

çíltë (i) *Adj* offen, ehrlich

çíltër (i) *Adj* = i **çiltë**

çiltërí -a *f* Offenheit *f*; Ehrlichkeit *f*

çimentím -i *m, Pl* -e Zementieren *n*

çiménto -ja *f* Zement *m*

çimentón 1 *tr* zementieren; festigen, stärken

çím|ërr -rra *f, Pl* -rra Wanze *f*

çímk|ë -a *f, Pl* -a = **çimërr**

çín|ërr -rra *f, Pl* -rra Kohlmeise *f*

çíngo -ja *f* Zink *n*

çíngtë (i) *Adj* Zink-

çiní -a *f, Pl* -a Teller *m*

çinteresúar (i) *Adj* uneigennützig, selbstlos

çip -i *m, Pl* -e *od* -a Winkel *m*, Ecke *f*; Spitze *f*, Kante *f*

çirák -u *m, Pl* -ë Lehrling *m*

çírret 18 *refl* **1.** zerreißen, Löcher bekommen; sich abschürfen *(Leder, Haut)*; **2.** sich die Kleidung zerreißen; **3.** sich heiser schreien; → **çjerr**

çírrte 18 *Imperf* → **çjerr**

çitjánë -t *Pl* Pluderhose *f der Frauen*

çiví -a *f, Pl* – Dorn *m der Angel an Tür und Fenster*

çivít -i *m* Indigo *m*, Waschblau *n*

çízm|e -ja *f*, *Pl* -e Stiefel *m*
çjerr 18 *tr* zerreißen, zerfetzen; abschürfen *(Leder, Haut)*; zerkratzen; aufritzen; → çirret
çjérrë (i) *Adj* 1. zerrissen, zerfetzt; 2. abgeschürft, zerkratzt; 3. heiser
çjérrj|e -a *f* Zerreißen *n*, Abschürfen *n*
çk- *s.* shk-
¹çka *Interr Pron, Indef Pron, Rel Pron* was, was für ein, welcher
²çka *Adv* 1. so-so, mittelmäßig; si shkon? ~ wie geht es? es geht; 2. das ist mir egal, das interessiert mich nicht
çlidh 14 *tr* aufbinden, auflösen, lösen
çlirím -i *m* Befreiung *f*; *Tech* Absonderung *f*, Abgabe *f*, Ausscheidung *f*
çlirimtár I. -i *Subst/m*, *Pl* -ë Befreier *m*; II. -e *Adj* befreiend, Befreiungs-
çlirón 1 *tr* befreien
çlirónjës I. -i *Subst/m*, *Pl* -; II. -e *Adj* = çlirimtar
çlirúar (i) *Adj* befreit
çlodh 14 *tr* erquicken, erfrischen; -et *refl* sich erfrischen, sich erholen, sich entspannen; sich ausruhen
çlódhës, -e *Adj* erholsam, erfrischend, entspannend
çlódhj|e -a *f* Erholung *f*, Entspannung *f*; Ausruhen *n*, Ruhe *f*
çmáhet 14³ *refl* sorglos dahinleben
çmállet 14 *refl* seine Sehnsucht stillen; Wiedersehen feiern
çmashkullón 1 *tr* kastrieren, entmannen
çmátet 20 *refl* zaudern
çmend 14 *tr* verrückt machen; -et *refl* verrückt werden, den Verstand verlieren
çmendín|ë -a *f*, *Pl* -a Irrenanstalt *f*, Nervenklinik *f*
çméndj|e -a *f* Wahnsinn *m*

çmendón 1 *itr*: mendon e ~ sich den Kopf zerbrechen, grübeln
çméndur (i) *Adj* verrückt, wahnsinnig, irre
çmërs -i *m* 1. poröser Kalkstein *m*; 2. Kesselstein *m*, Wasserstein *m*
çmërzítet 20 *refl* sich die Zeit vertreiben, sich die Langeweile vertreiben
çmësóhet 1 *refl* sich etwas abgewöhnen, sich entwöhnen
çmilitarizím -i *m* Entmilitarisierung *f*
çmilitarizón 1 *tr* entmilitarisieren
çmim -i *m*, *Pl* -e Preis *m*; ~i i shitjes der Verkaufspreis; ~e të prera Festpreise; *übertr* Preis; ndarja e ~eve die Preisverteilung
çmirëzóhet 1 *refl* abmagern, gesundheitlich herunterkommen; sich verschlimmern *(Krankheit)*; verderben, umkommen, schlecht werden
çmobilizím -i *m* Demobilisierung *f*
çmobilizón 1 *tr* demobilisieren
çmon 1 *tr* 1. abschätzen, begutachten; 2. schätzen, achten; würdigen
çmorrít 20 *tr* entlausen
çmos *Indef Pron*: bën ~ sein Bestes tun, sein Möglichstes tun
çmpleks 14 *tr* entflechten, aufflechten
çmúar (i) *Adj* wertvoll; gur i ~ Edelstein *m*
çmúesh|ëm (i), -me (e) *Adj* = i çmuar
çnderím -i *m*, *Pl* -e Entehrung *f*; Schändung *f*
çnderón 1 *tr* entehren, die Ehre nehmen; vergewaltigen, schänden
çnderónjës, -e *Adj* entehrend
çndérsh|ëm (i), -me (e) *Adj* ehrlos, unehrenhaft, schändlich
çndërrím -i *m*, *Pl* -e Umwandlung *f*, Transformation *f*; *Math* Umformung *f*
çndërrón 1 *tr* umformen, umändern; transformieren

çnjerëzón 1 *tr* jmdn. verderben
çnjerëzór, -e *Adj* unmenschlich, viehisch, barbarisch
çobán -i *m*, *Pl* -ë *od* çobénj Hirt *m*
çobanák -u *m*, *Pl* -ë Senn *m*, Almhirt *m*
çobánçe I. *Adv* wie ein Hirt, auf Hirtenart; II. *Adj*: lugë ~ Hirtenlöffel *m*
çobán|e -ia *f*, *Pl* -e Hirtin *f*
çobanésh|ë -a *f*, *Pl* -a = çobane
çobaní -a *f* Hirtentum *n*, Hirtenwesen *n*; alle Hirten *Pl*
çobánk|ë -a *f*, *Pl* -a 1. Hirtin *f*; 2. Bachstelze *f*
çobanón 1 *itr* Vieh hüten, als Hirt arbeiten
çoç *Indef Pron* etwas
çok -u *m*, *Pl* çóqe Hammer *m*; Türklopfer *m*
çokán -i *m*, *Pl* -e Hammer *m*
çokán|e -ia *f*, *Pl* -e 1. Türklopfer *m*; 2. Viehglocke *f*
çokanís 21 *tr* 1. *Fleisch* zerschneiden; 2. *itr* an die Tür klopfen
çokás 23 *1. Pers Sg Präs* → çoket
çokét 23 *itr* an die Tür klopfen, anklopfen; *tr* anstoßen *(mit Gläsern)*; çokitëm gotat wir stießen miteinander an
çók|ë -a *f*, *Pl* -a Schnipser *m mit den Fingern*; bie me ~ mit den Fingern schnipsen
çokíti 23 *Aor* → çoket
çokollát|ë -a *f*, *Pl* -a Schokolade *f*; Trinkschokolade
çomág|ë -a *f*, *Pl* -a Hirtenstab *m*, Hirtenstock *m*
çomlék -u *m* Art Sauerbraten
ço|n 1 *tr* 1. bringen, wegbringen, wegführen; schicken, wegschicken, abschicken; 2. steigern, erhöhen; 3. wecken; aufspüren, aufscheuchen; 4. verbringen; ~ hundën verschnupft sein; ~ pluhur Staub aufwirbeln; -het *refl* aufstehen; aufwachen

çoráp -i *m*, *Pl* -ë *od* -e Strumpf *m*
çórb|ë -a *f*, *Pl* -a Suppe *f bes. mit Reis oder Nudeln*; *übertr* u bë ~ es ist in Unordnung geraten; na e bëri mendjen ~ er hat uns verwirrt, er hat uns völlig durcheinandergebracht
çorganizím -i *m* Desorganisation *f*
çorganizón 1 *tr* desorganisieren
çóri 18 *Aor* → çjerr
çorientím -i *m* Desorientierung *f*
çorientón 1 *tr* desorientieren
çorodít 22 *tr* degenerieren, entarten lassen; -et *refl* degenerieren, entarten
çorodítës, -e *Adj* zersetzend
çorodítj|e -a *f* Entartung *f*
çót|ë -a *f*, *Pl* -a 1. Eichelhäher *m*; 2. Weibchen *n* der Zwergohreule
çotíll|ë a *f*, *Pl* -a Stempel *m*, Quirl *m des Butterfasses*
çp- *s.* shp-
çpërfíllj|e -a *f* Mißachtung *f*
çq- *s.* shq-
çregjistrím -i *m* Streichung *f*, Entfernung *f*, Tilgung *f aus einem Register*
çregjistrón 1 *tr aus einem Register* streichen, entfernen, tilgen
çrregullím -i *m*, *Pl* -e Unordnung *f*, Liederlichkeit *f*; Verwirrung *f*, Chaos *n*
çrregullón 1 *tr* aus der Ordnung bringen, durcheinanderbringen; Unordnung schaffen, in Unordnung bringen
çrrégullt (i) *Adj* unordentlich, ungeordnet; unzuverlässig, liederlich
çrrethón 1 *tr Belagerung* aufheben; freilassen, durchlassen
çrrënjós 21 *tr* entwurzeln, mit der Wurzel ausreißen; ausrotten
çrrënjósj|e -a *f* Entwurzelung *f*; Ausrottung *f*
çúb|ë -a *f*, *Pl* -a Gebüsch *n*, Gesträuch *n*
çuç -i *m* Vogeljunges *n*

çuçlén 3 *itr* murmeln *(Quelle)*
çuçlím -i *m, Pl* -e Murmeln *n*
çuçurás 23 *1. Pers Sg Präs* → **çuçuret**
çuçurét 23 *itr* wispern, ins Ohr flüstern
çuçurít 22 *itr* = **çuçuret**
çuçuríti 23 *Aor* → **çuçuret**
çudí -a *f, Pl – od* -ra **1.** Wunder *n;* **2.** Verwunderung *f*, Erstaunen *n;* ~ e madhe erstaunlich!, toll!
çudibërës I. -i *Subst/m, Pl –* Wundertäter *m;* II. -e *Adj* wundertätig
çudít 22 *tr* in Erstaunen versetzen, verwundern; -et *refl* sich wundern; erstaunt sein
çuditërísht *Adv* erstaunlicherweise, komischerweise
çudítj|e -a *f* Verwunderung *f*, Erstaunen *n*
çudítsh|ëm (i), -me (e) *Adj* **1.** wunderbar; **2.** erstaunlich, verwunderlich; komisch, seltsam
çúfk|ë -a *f, Pl* -a Quaste *f*, Bummel *f*, Fransenbüschel *n*
çuk 14³ *tr* **1.** berühren; probieren, prüfen; **2.** jmdm. auflauern
çukét 23 *tr* picken; mit dem Schnabel hacken; mit dem Schnabel aushacken; *übertr* jmdm. zusetzen
çúk|ë -a *f, Pl* -a Gipfel *m*, Bergspitze *f;* Schnabel *m*
çukít 22 *tr* picken; mit dem Schnabel hacken; beißen *(Schlange)*

çukítj|e -a *f* Picken *n*
çúlz|ë -a *f, Pl* -ë Schweinerüssel *m*
çull -i *m, Pl* -e Wolldecke *f;* Ziegenhaarteppich *m;* Pferdedecke *aus Ziegenwolle*
çúmb|ër -ri *m* Hals *m des Kruges*
¹**çun** -i *m, Pl* -a Junge *m*, Knabe *m*
²**çun** -i *m* Fischerboot *n*
çunák -u *m, Pl* -ë kleiner Junge *m;* unreifer Mensch *m*
çungurís 21 *itr Eier* gegeneinanderschlagen
çúp|ë -a *f, Pl* -a Mädchen *n*
çupërí -a *f* Mädchenzeit *f;* alle Mädchen *Pl*
çupít 20 *itr* = **çuket**
çúpk|ë -a *f, Pl* -a Mädelchen *n*
çupulín|ë -a *f, Pl* -a = **çupkë**
çurg -u *m, Pl* çúrgje Wasserstrahl *m;* Springquell *m; übertr* **i vate gjaku** ~ sein Blut floß in Strömen
çurgón 1 *itr* mit einem dicken Strahl fließen *(Quelle)*
çúrk|ë -a *f, Pl* -a = **çurg**
çurlikón 1 *itr* zwitschern
çv- *s.* **zhv-**
çýç|ë -a *f, Pl* -a Tülle *f*, Schnauze *f der Kanne*
çyr -i *m, Pl* -e Gitarre *f mit 12 Saiten*
çyrék -u *m, Pl* -ë *od* çyréqe rundes Brot *n aus Weizen od. Mais*
çyrýk *Adj* schadhaft, defekt; krank

D

dac I. -i *Subst/m, Pl* -a **1.** Kater *m;* **2.**: ~ **deti** Katzenhai *m;* II. *Adj übertr* nackt
dáck|ë -a *f, Pl* -a Ohrfeige *f; übertr* Ohrfeige, Schlag *m*
dád|e -a *f, Pl* -a **1.** Kinderfrau *f;* **2.** Amme *f;* **3.** *fam* Mama *f*
dádo -ja *f, Pl –* = **dadë**

dafín|ë -a *f*, *Pl* -a Lorbeerbaum *m*; Lorbeerblatt *n*; **kurorë dafinash** Lorbeerkranz *m*

dafíntë (i) *Adj* Lorbeer-

dafní -a *f*, *Pl* – Daphnie *f*, Wasserfloh *m*

dagëndís 21 *tr* zerstreuen, verteilen

¹**daí** -u *m*, *Pl* dajllárë = **dajë**

²**daí** I. -u *Subst/m*, *Pl* dajllárë Held *m*, mutiger, junger Mann *m*; II. *Adj* mutig, tapfer

dairé -ja *f*, *Pl* – = **dajre**

daják -u *m*, *Pl* -ë Knüppel *m*, Prügel *m*, Stock *m*; **i dha një ~ er hat ihn verprügelt**

dajésh|ë -a *f*, *Pl* -a Tante *f* *(Frau des Bruders der Mutter)*

dáj|ë -a *m*, *Pl* -a 1. Onkel *m* *(Bruder der Mutter)*; 2. Onkel, Vater *m* als Anrede gegenüber Älteren

dájk|o -ua *m*, *Pl* -o = **dajë**

dajlán -i *m*, *Pl* -e Fischwehr *n*

dáj|o -ua *m*, *Pl* -o = **dajë**

dájr|e -ja *f*, *Pl* -e Schellentrommel *f*, Tamburin *n*

dakórd *Adv* einverstanden; **ranë ~ sie kamen überein**; **jam ~ ich bin einverstanden**

daktíl -i *m*, *Pl* -ë *Lit* Daktylus *m*

daktilográf -i *m*, *Pl* -ë Maschinenschreiber *m*

daktilográf|e -ja *f*, *Pl* -e Maschinenschreiberin *f*

daktilografí -a *f* Maschinenschreiben *n*

daktilografík, -e *Adj* Schreibmaschinen-; **maqinë ~ e** Schreibmaschine *f*

daktilografíst -i *m*, *Pl* -ë *od* -a = **daktilograf**

daktilografíst|e -ja *f*, *Pl* -e = **daktilografe**

daktilografón 1 *tr* mit der Maschine schreiben, maschineschreiben

dal 19 *1. Pers Sg Präs* → **del**

dála -t (të) *Pl*: **të hyra e të ~ a)** Einnahmen *Pl* und Ausgaben *Pl*; b) Empfangen *n* und Verabschieden *n*, Kommen *n* und Gehen *n* von Gästen

dále *Interj* wart mal!, halt!

dál|ë I. -ët (të) *Subst/n* 1. Gehen *n*, Hinausgehen, Weggehen; Spazierengehen; 2. Ausgang *m*, Ende *n*; **në të ~ të prillit** Ende April; 3. **të ~t jashtë** Verrichten *n* der Notdurft, Austretengehen; II. -a (e) *Subst/f*, *Pl* -a (të) Ausgang *m*; **në të ~** am Ausgang; am Ende; III. -a *Subst/f*, *Pl* -a 1. Pickel *m*, Eiterpickel; 2. Milzbrand *m*; IV. (i) *Adj* 1. hervorstehend, hervortretend, herausragend; 2. weitgereist

dáli|e -a *f*, *Pl* -e Dahlie *f*

dálj|e -a *f*, *Pl* -e 1. Ausgang *m*; **rrugë ~ je** Ausweg *m*; 2. Überschwemmung *f*, Hochwasser *n*; 3. Erscheinen *n*, Ausgabe *f* einer Zeitung usw.

Dalmací -a *f* Dalmatien *n*

dalmatín I. -i *Subst/m*, *Pl* -ë Dalmatiner *m*; II. -e *Adj* dalmatinisch

dálm|e -ja (e) *f*, *Pl* -e (të) Abort *m*

dalngadálë *Adv* langsam, allmählich

daltarí -a *f*, *Pl* – Skulptur *f*

dált|ë -a *f*, *Pl* -a 1. Meißel *m*, Stechbeitel *m*, Stemmeisen *n*; 2. Stichel *m*, Gravierstift *m*

daltím -i *m*, *Pl* -e Bildhauerei *f*; Bildhauerarbeit *f*

daltón 1 *tr* 1. meißeln; 2. schnitzen; 3. gravieren

daltónjës -i *m*, *Pl* – 1. Bildhauer *m*; 2. Schnitzer *m*; 3. Graveur *m*

dalzótës -i *m*, *Pl* – Beschützer *m*, Helfer *m*

dallásh *Adv* übel, schlecht; *übertr* **i mori ~ fjalët** er hat die Worte krummgenommen

dallaveraxhí -u *m*, *Pl* – *od* -nj Betrüger *m*; Intrigant *m*, Ränkeschmied *m*

dallavér|e -ja *f*, *Pl* -e Betrügerei *f*; **-e** *Pl* Ränke *Pl*, Intrigenspiel *n*

dalldí -a *f* = **dalldisje**
dalldís 21 *itr*; -et *refl* **1.** Mut fassen, sich ein Herz fassen; **2.** tollkühn sein; **3.** in einer Sache aufgehen, sich begeistern; **ai ~ pas asaj** er schwärmt für sie
dalldísj|e -a *f*, *Pl* -e **1.** Mut *m*; **2.** Tollkühnheit *f*, Tollheit *f*; **3.** Begeisterung *f*, Schwärmerei *f*
dallëndýsh|e -ja *f*, *Pl* -e **1.** Schwalbe *f*; **bisht i ~s** *Zool* Schwalbenschwanz *m*; **2.** Teil des Pferdehufes
dállg|ë -a *f*, *Pl* -ë *od* -a Welle *f*, Woge *f*; **me ~** wellig; **bën ~ od ka ~** es ist starker Wellengang; **~t e jetës** die Stürme des Lebens
dallgëzím -i *m*, *Pl* -e Wogen *n*, Wellengang *m*; Wellenbewegung *f*; Schwingung *f*, Vibration *f*
dallím -i *m*, *Pl* -e Unterscheidung *f*; Unterschied *m*
dallkaúk -u *m*, *Pl* -ë Speichellecker *m*, Kriecher *m*
dallkaukllék -u *m*, *Pl* dallkauklléqe Kriecherei *f*, Speichelleckerei *f*; **bën ~** er hängt die Fahne nach dem Wind
dallό|n **1** *tr* unterscheiden; hervorheben; erkennen, ausmachen; *itr*; **-het** *refl* sich unterscheiden, sich auszeichnen, hervorstechen
dallónjës, -e *Adj* spezifisch, kennzeichnend; unterscheidend, distinktiv
dallúar (i) *Adj* ausgezeichnet, hervorragend
dallúes, -e *Adj* = **dallonjës**
dallúesh|ëm (i), -me (e) *Adj* unterscheidbar
damalúg -u *m*, *Pl* -e Doppelsterzpflug *m*
damár -i *m*, *Pl* -ë Ader *f*; **~ët e gjakut** die Blutgefäße; **~ i ujit** Wasserader; *übertr* **i hypi ~i** er bekam die Schnapsidee; **e kam në ~** ich habe es im Blut; **me ~ë**

a) nervös; b) unausgeglichen, launisch; c) geädert
dámas *Adv* getrennt, einzeln, für sich; **jetojnë ~** sie leben getrennt
Damásk -u *m* Damaskus *n*
damáz -i *m* *Vet* Rasse *f*; **për ~** zur Zucht
damazllék -u *m* *Vet* Zucht *f*, Züchtung *f*
dambllá -ja *f* = **damlla**
dám|ë -a *f* Dame *f*; Damespiel *n*
damixhán|ë -a *f*, *Pl* -a = **damzanë**
dámk|ë -a *f*, *Pl* -a **1.** Fleck *m*; *übertr* Fleck, Makel *m*; **2.** Stempel *m*, Siegel *n*; **vulos me ~n e tradhëtarit** als Verräter brandmarken
damkós 21 *tr* stempeln; zeichnen; *übertr* bloßstellen; brandmarken
damkósj|e -a *f*, *Pl* -e Stempeln *n*; Zeichnen *n*; Brandmarkung *f*
damllá -ja *f* Schlaganfall *m*, Apoplexie *f*
damllósur (i) *Adj* vom Schlaganfall getroffen; gelähmt
damzán|ë -a *f*, *Pl* -a große Korbflasche *f*, Demijohn *m*
dan 5 *tr*, *itr* = **ndan**
danc -i *m*, *Pl* -e Tanz *m*; **loz ~** tanzen
dancón 1 *tr*, *itr* tanzen
danéz **I.** -i *Subst*/*m*, *Pl* -ë Däne *m*; **II.** -e *Adj* dänisch
dangáll -i *m*, *Pl* -ë dicker Mann *m*, Dickwanst *m*
dangáll|e -ja *f*, *Pl* -e dicke Frau *f*
dangaráq -i *m*, *Pl* -ë = **dangall**
dáng|ë -a *f* *iron* Wanst *m*, Dickbauch *m*
Danimárk|ë -a *f* Dänemark *n*
dansón 1 *tr*, *itr* = **dancon**
dantéll|ë -a *f*, *Pl* -a *Text* Spitze *f*, Spitzenstoff *m*; Spitzenbesatz *m*
Danúb -i *m* Donau *f*
danubián, -e *Adj* Donau-; donauländisch
darçín -i *m* Zimt *m*

Dardanéle -t *Pl* Dardanellen *Pl*
dardhák, -e *Adj* birnenförmig
dárdh|ë -a *f, Pl* -a Birnbaum *m*; Birne *f*
dardhísht|ë -a *f, Pl* -a Holzbirne *f*, Wildbirne *f*
dardhúk|ël -la *f, Pl* -la = **dardhishtë**
dár|e -ja *f, Pl* -e Tara *f*, Verpackungsgewicht *n*
dár|ë -a *f, Pl* -ë Zange *f*; *übertr* **ia nxjerr fjalët me ~** er versteht es, ihm jedes Wort aus der Nase zu ziehen
darí -a *f, Pl* – Brautgeschenk *n*
dárket 14³ *refl* zum Abendessen zu Gast sein
dárk|ë -a *f, Pl* -a **1.** Abendbrot *n*, Abendessen *n*; **2.** Gastmahl *n*; **shtroi një ~** er gab ein Essen; **3.** Abend *m*; Vorabend *m*
darkó|n 1 *tr* zum Abendbrot bewirten; *itr* zu Abend essen; **-het** *refl* zum Abendessen zu Gast sein
daróv|ë -a *f, Pl* -a = **dari**
daroví -a *f, Pl* – = **dari**
darovísht *Adv* als Geschenk; unentgeltlich, kostenlos, gratis
darovít 20 *tr* **Braut** beschenken *(bes. mit Geld)*
darovítj|e -a *f, Pl* -e Beschenken *n* der Braut
darvinízj|ëm -mi *m* Darwinismus *m*
dasí -a *f, Pl* – Zwietracht *f*; Spaltung *f*; *Rel* Schisma *n*
dáskull -a *f, Pl* -a Platte *f*, Steinplatte
dásm|ë -ët *Subst/Pl od* -a *Subst/f, Pl* -a Hochzeit *f*, Hochzeitsfest *n*
dasmór -i *m, Pl* -ë Hochzeitsgast *m*; Brautführer *m*
dasmór|e -ja *f, Pl* -e = **dasmoreshë**
dasmorésh|ë -a *f, Pl* -a Brautführerin *f*
dash -i *m, Pl* **desh** Widder *m*, Schafbock *m*; Hammel *m*; **~ tredhak** verschnittener Schafbock,

Hammel, Schöps *m*; **~ vargër** unverschnittener Bock *m*; **~ i kumborës** Leithammel; **mish ~ i** Hammelfleisch *n*
dashakéq -i *m, Pl* – Mißgünstiger *m*, Übelwollender *m*, Feind *m*
dashamír|e -i *m, Pl* -ë Wohlwollender *m*, Gönner *m*, Freund *m*; **~ i arteve** Kunstliebhaber *m*
dashamírës -i *m, Pl* – = **dashamirë**
dashamirësí -a *f* Wohlwollen *n*, Gunst *f*, Freundschaft *f*
dáshj|e -a *f* Wollen *n*, Wunsch *m*; Absicht *f*; **me ~** absichtlich, gewollt; **pa ~** unabsichtlich, unbeabsichtigt; **me ~ e pa ~** wohl oder übel
dashnór -i *m, Pl* -ë Liebhaber *m*; Geliebter *m*
dashnór|e -ja *f, Pl* -e Geliebte *f*
dásht|ër -ra *f, Pl* -ra **1.** *Bot* Bärenklau *m*; **2.** *Arch* Akanthus *m*
dáshur I. (i) *Adj* **1.** lieb, geliebt; liebenswürdig, nett, herzlich; **2.** besonders zusagend, Lieblings-; **II.** -i (i) *Subst/m, Pl* – (të) Geliebter *m*; **III.** -a (e) *Subst/f, Pl* -a (të) Geliebte *f*; **IV.** 43 *Part* → ¹**do**
dashurí -a *f* Liebe *f*; **~ e nënës** Mutterliebe; **~ e atdheut** Heimatliebe; **bie në ~** sich verlieben
dashuró|n 1 *tr* lieben; **-het** *refl* verliebt sein; sich verlieben; **dashurohen** sie lieben sich
¹**dát|ë** -a *f* Schrecken *m*; Furcht *f*, Angst *f*; **i kalli ~ n** er jagte ihm Angst ein
²**dát|ë** -a *f, Pl* -a Datum *n*
datëlíndj|e -a *f, Pl* -e Geburtsdatum *n*
datím -i *m* Datierung *f*
datív -i *m Gramm* Dativ *m*
datón 1 *tr* datieren
daúll|e -ja *f, Pl* -e Trommel *f*; *Anat* **~ e veshit** Trommelfell *n*
davá -ja *f Jur* Klage *f*; Prozeß *m*,

Rechtsstreit *m*; **bën** ~ klagen, anklagen, prozessieren
davarít 22 *tr* auseinandertreiben, zersprengen, zerstreuen
debát -i *m*, *Pl* -e Debatte *f*
debitór -i *m*, *Pl* -ë Schuldner *m*
debój|ë -a *f*, *Pl* -a Rüstkammer *f*, Waffenkammer *f*
debutím -i *m* Debüt *n*
debutón 1 *itr* debütieren
decentralizím -i *m*, *Pl* -e Dezentralisierung *f*
decentralizón 1 *tr* dezentralisieren
decilít|ër -ri *m*, *Pl* -ra Deziliter *n*
decimét|ër -ri *m*, *Pl* -ra Dezimeter *n*
decizív, -e *Adj* entscheidend
dedikím -i *m*, *Pl* -e Zueignung *f*, Widmung *f*
dedikón 1 *tr* widmen, zueignen
deduksión -i *m*, *Pl* -e Deduktion *f*; **bën** ~ **e** Schlüsse ziehen
deduktív, -e *Adj* deduktiv
def -i *m*, *Pl* -e Schellentrommel *f*, Tamburin *n*
defatór|e -ja *f*, *Pl* -e Tamburinspielerin *f*
defensív, -e *Adj* defensiv, Verteidigungs-
defensív|ë -a *f* Defensive *f*
deficít -i *m*, *Pl* -e Defizit *n*, Fehlbetrag *m*
definición -i *m*, *Pl* -e Definition *f*
definitív, -e *Adj* definitiv, endgültig
definitivísht *Adv* endgültig
deformím -i *m*, *Pl* -e Deformation *f*, Entstellung *f*; Verformung *f*, Umformung *f*
deformón 1 *tr* deformieren, entstellen; verformen, umformen
deformúar (i) *Adj* deformiert, verzerrt; verwischt
deftér -i *m*, *Pl* -ë *od* -e Heft *n*
degám|e -ja *f*, *Pl* -e Streit *m*, Zank *m*
degátet 20 *refl* sich streiten, sich zanken
degdís 21 *tr* schicken, wegschicken; übergeben; -et *refl* sich weit entfernen; weit reisen; irgendwohin verschlagen werden, irgendwohin geraten
dég|ë -a *f*, *Pl* -ë *od* -a **1.** *Bot* Zweig *m*; **2.** Zweig, Fach *n*, Gebiet *n*; **është i** ~**s** er ist vom Fach; **3.** Zweigstelle *f*, Abteilung *f*, Sektor *m*; ~ **e bankës** Zweigstelle der Bank; **kryetar i** ~**s** Abteilungsleiter *m*; **4.** Nebenfluß *m*
dégëz -a *f*, *Pl* -a Zweiglein *n*, Reis *n*
degëzím -i *m*, *Pl* -e Verzweigung *f*, Gabelung *f*, Abzweigung *f*
degëzó|n 1 *tr* verzweigen, verästeln; -het *refl* sich verzweigen, sich abzweigen, sich gabeln
degradím -i *m*, *Pl* -e Degradierung *f*
degradón 1 *tr* degradieren
degjenerím -i *m*, *Pl* -e Degeneration *f*, Degenerierung *f*
degjeneróhet 1 *refl* degenerieren
deh 14³ *tr* betrunken machen; **-et** *refl* sich betrinken; betrunken werden; *übertr* trunken werden; **u** ~ **nga sukseset** seine Erfolge sind ihm zu Kopf gestiegen
déhës, -e *Adj* berauschend
déhj|e -a *f* Betrunkenheit *f*, Rausch *m*; *übertr* Trunkenheit *f*, Rausch *m*
déhur (i) *Adj* betrunken; *übertr* trunken, berauscht
¹**dej** *Adv* übermorgen; in der nächsten Zeit, nächstens; **nesër** ~ morgen oder übermorgen, demnächst
²**dej** *Pl* → **dell**
déjk|ë -a *f*, *Pl* -a Mauersegler *m*
dejmarák I. -u *Subst*/*m*, *Pl* -ë Trunkenbold *m*, Trinker *m*; **II.** -e *Adj* dem Trunk ergeben, trunksüchtig
dekadénc|ë -a *f* Dekadenz *f*, Verfall *m*
dekadént, -e *Adj* dekadent
dekád|ë -a *f*, *Pl* -a Jahrzehnt *n*

dekaéd|ër -ri *m*, *Pl* -ra Dekaeder *n*
dekagrám -i *m*, *Pl* ë Dekagramm *n*, Deka *n*
dekalít|ër -ri *m*, *Pl* -ra Dekaliter *n*
dekamét|ër -ri *m*, *Pl* -ra Dekameter *n*
dekán -i *m*, *Pl* -ë *od* -a Dekan *m*
deklamím -i *m*, *Pl* -e Deklamation *f*, Deklamieren *n*
deklamón 1 *tr* deklamieren
deklamónjës I. -i *Subst/m*, *Pl* – Deklamator *m*, Vortragender *m*; II. -e *Adj* deklamierend
deklarát|e -a *f*, *Pl* -a Erklärung *f*; Deklaration *f*; **bën** ~ *od* **lëshon** ~ eine Erklärung abgeben
deklarón 1 *tr* deklarieren, amtlich erklären
deklarúar (i) *Adj* deklariert; *übertr* erklärt; **armik i** ~ ein erklärter Feind
deklasúar (i) *Adj* deklassiert
deklinación -i *m*, *Pl* -e *Gramm* Deklination *f*, Beugung *f*
dekompozím -i *m* Dekomposition *f*; Verwesung *f*
dekompozón 1 *tr* dekomponieren; *itr* verwesen, verfaulen
dekorát|ë -a *f*, *Pl* -a Orden *m*, Ehrenzeichen *n*; Dekorierung *f*, Auszeichnung *f*
dekoratív, -e *Adj* dekorativ
dekóre -t *Pl* Dekoration *f*; Dekor *n*
dekorím -i *m*, *Pl* -e 1. Auszeichnung *f*, Dekorierung *f*; 2. Ausschmückung *f*, Dekorieren *n*
dekorón 1 *tr* 1. auszeichnen, dekorieren; 2. ausschmücken, dekorieren
dekovíl -i *m*, *Pl* -a Schmalspurbahn *f*, Kleinbahn *f*, Feldbahn *f*
dekrét -i *m*, *Pl* -e Dekret *n*, Verordnung *f*
dekretím -i *m*, *Pl* -e Dekretierung *f*
dekretlígj -i *m*, *Pl* -e Gesetzesverordnung, Verordnung *f mit Gesetzeskraft*

dekretón 1 *tr* dekretieren, verordnen, anordnen
dekurajó|n 1 *tr* entmutigen; **-het** entmutigt werden; sich entmutigen lassen
del 19 *itr* 1. hinausgehen, herauskommen; hingehen, ausgehen, fortgehen; ausgehen, schwinden; **i kanë dalë flokët** ihm sind die Haare ausgegangen; 2. aufgehen *(Gestirne; Samen)*; herauskommen; auf den Markt kommen; **i ka dalë një puçërr** er hat einen Pickel bekommen; **doli gazeta** die Zeitung ist erschienen; 3. entspringen *(Fluß)*; 4. entgegenkommen, entgegengehen, gegenübertreten; 5. kommen, ankommen; **doli pranvera** der Frühling ist da; 6. ausgehen, alle werden; **i doli gjumi** er ist aufgewacht; 7.: **më doli nga fjala** er ist mir gegenüber wortbrüchig geworden; 8. enden, zu Ende gehen; ~ **mode** *od* ~ **nga moda** aus der Mode kommen; 9. etwas werden; **ka dalë doktor i mirë** er ist ein guter Arzt geworden; 10. sich erweisen, sich herausstellen; **doli i pafajshëm** er erwies sich als unschuldig; **dola i gabuar** ich war im Unrecht; ~ **mirë** gelingen; ~ **fitues** als Sieger hervorgehen; **doli mirë në provim** er hat in der Prüfung gut abgeschnitten; **doli sheshit** es zeigte sich deutlich, es trat klar zutage; 11. sich bestätigen; **më doli ëndrra** mein Traum ist in Erfüllung gegangen; 12. genügen, reichen, auskommen; 13. übertreffen, überholen; **ia dal** ich übertreffe ihn; 14. hervorstehen, hervortreten, herausragen; **i doli krah** er beschützte ihn; **i doli në krye** er hat es geschafft; **i doli punës para** er hat sich auf die Sache vorbereitet; ~ **jashtë** aus-

treten gehen; **doli menç** er ist um den Verstand gekommen; **më doli dorës** *od* **më doli nga dora** es ist mir aus der Hand geglitten; **doli me këpucë të kuqe** er hat pleite gemacht; **ku do të dalësh?** worauf willst du hinaus, worauf zielst du ab?
dél|e -ja *f, Pl* -e *od* dhen *od* dhën Schaf *n*
deledásh -i *m* Zwitter *m*, Hermaphrodit *m*
delegación -i *m, Pl* -e Delegation *f*, Abordnung *f*
delegát -i *m, Pl* -ë Delegierter *m*
delegím -i *m, Pl* -e Delegierung *f*
delegón 1 *tr* delegieren
delendís 21 *tr* verleumden, verunglimpfen; jmds. Ehre in den Schmutz ziehen
delenxhí I. -u *Subst/m, Pl* – *od* -nj Verleumder *m*, Ehrabschneider *m*; II. *Adj* verleumderisch, niederträchtig
delfín -i *m, Pl* -ë Delphin *m*, Zahnwal *m*
delikát, -e *Adj* 1. empfindlich; **stomak ~** ein empfindlicher Magen; zart, fein; **lëkurë ~ e** zarte Haut *f*; 2. delikat, heikel; **çështje ~ e** eine heikle Frage
delíkt -i *m, Pl* -e Delikt *n*, strafbare Handlung *f*
délm|e -ja *f, Pl* -e = **dele**
delmér -i *m, Pl* -ë Schafhirt *m*
delmér|e -ja *f, Pl* -e 1. Schafhirtin *f*; 2. Bachstelze *f*
délt|ë -a *f, Pl* -a *Geogr* Delta *n*
deltín|ë -a *f Geol* Ton *m*; Kaolin *n*
deltinór, -e *Adj* tönern, tonig, Ton-
deluzión -i *m, Pl* -e Ernüchterung *f*, Enttäuschung *f*
dell -i *m, Pl* dej 1. *Anat* Sehne *f*; **~ i Akilit** Achillessehne; 2. Ader *f*; Wasserader; 3. Puls *m*; 4. Laune *f*; Augenblickslaune; **i këceu ~ i** er kam auf die verrückte Idee

dem -i *m, Pl* -a Jungstier *m*, Jungbulle *m*
demagóg -u *m, Pl* -ë Demagoge *m*
demagogjí -a *f* Demagogie *f*
demagogjík, -e *Adj* demagogisch
demalúk -u *m, Pl* -ë Doppelsterzpflug *m*
demarkación -i *m* Demarkation *f*; **vija e ~ it** die Demarkationslinie
demaskím -i *m, Pl* -e Demaskierung *f*, Entlarvung *f*
demaskón 1 *tr* demaskieren, entlarven
dembél I. -i *Subst/m, Pl* -ë *od* -a Faulpelz *m*, Faulenzer *m*; II. -e *Adj* faul
dembelí -a *f* Faulenzerei *f*, Faulheit *f*; Trägheit *f*
dembelóset 21 *refl* faul werden; träge werden
dembelósj|e -a *f* Faulsein *n*, Nichtstun *n*
dembellék -u *m* = **dembeli**
demék *Partikel* angeblich; also; **~ s'e paske ditur ti?** was, du willst es nicht gewußt haben?!
demét -i *m, Pl* -e *od* -a Garbe *f*
demiroxhák -u *m, Pl* -ë Feuerbock *m*
demobilizím -i *m* Demobilisierung *f*
demobilizón 1 *tr* demobilisieren
demokrací -a *f, Pl* – Demokratie *f*
demokrát -i *m, Pl* -ë Demokrat *m*
demokrát|e -ja *f, Pl* -e Demokratin *f*
demokratík, -e *Adj* demokratisch
demokratikísht *Adv* auf demokratische Weise, demokratisch
demokratizím -i *m* Demokratisierung *f*
demokratizón 1 *tr* demokratisieren
demón -i *m, Pl* -ë Dämon *m*
demonstrát|ë -a *f, Pl* -a Demonstration *f*
demonstrónjës I. -i *Subst/m, Pl* – Demonstrant *m*; II. -e *Adj* demonstrierend
demoralizím -i *m, Pl* -e Demorali-

sierung *f*; Demoralisation *f*, Sittenverfall *m*
demoralizó|n 1 *tr* demoralisieren, zersetzen; **-het** *refl* den Mut verlieren, entmutigt werden
demoralizúar (i) *Adj* demoralisiert
demostrát|ë -a *f*, *Pl* -a = **demonstratë**
demostratív, -e *Adj* demonstrativ
den 7 *tr* = **deh**
denbabadén *Adv* seit eh und je
dend 14 *tr* vollstopfen; hineinstopfen, hineinpressen; *übertr* vollstopfen, sättigen; verprügeln; **-et** *refl* sich vollstopfen, sich den Bauch vollschlagen
dendërón 1 *tr* häufiger machen, häufen; ~ **vizitat** immer häufiger besuchen
dendësí -a *f* **1.** *Phys* Dichte *f*; spezifisches Gewicht *n*; *Tech* Dichte, Dichtigkeit *f*; ~ **rryme** Stromdichte; **2.** Dichte, Dichtheit *f*; ~ **a e popullsisë** die Bevölkerungsdichte
dendësím -i *m* Verdichtung *f*, Komprimierung *f*
dendësó|n 1 *tr* verdichten, komprimieren; **-het** *refl* sich verdichten
déndur **I.** (i) *Adj* dicht; häufig; **II.** *Adv* häufig, oft
dendurí -a *f* *Phys*, *El* Frequenz *f*; ~ **vetiake** Eigenfrequenz; ~ **e lartë** Hochfrequenz; ~ **e ulët** Niedrigfrequenz; Häufigkeit *f*
deng -u *m*, *Pl* -a *od* **déngje** Bündel *n*; voller Sack *m*; **e mbushi** ~ **er hat es bis zum Rande gefüllt**; gefüllte Satteltasche *f*; *übertr* **ata të dy vijnë** ~ die beiden sind gleich
ðeník -u *m* Unwetter *n*, Regensturm *m*
denoncím -i *m*, *Pl* -e Anzeige *f*, Meldung *f*; Denunziation *f*; Aufkündigung *f* eines Vertrages
denoncón 1 *tr* **1.** anzeigen, denunzieren; angeben, melden; **2.** kündigen, aufkündigen, für null und nichtig erklären
densitét -i *m* *Tech* Dichte *f*
dentál -i *m*, *Pl* -e *Gramm* Dentallaut *m*, Dental *m*
dentár, -e *Adj* zahnärztlich; **klinikë** ~ **e** Zahnklinik *f*
dentíst -i *m*, *Pl* -ë *od* -a Dentist *m*, Zahnarzt *m*
dénjë (i) *Adj* **1.** würdig, wert; **2.** passend, geeignet; entsprechend; gebührend
denjësísht *Adv* würdig, gebührend
denjón 1 *itr* sich herablassen, geruhen; *tr* würdigen, für wert halten
depërtím -i *m*, *Pl* -e **1.** Eindringen *n*, Eintreten *n*; Durchdringen *n*; Überqueren *n*; **2.** Durchbrechen *n*, Durchbohren *n*; Durchstoßen *n*
depërtón 1 *itr* eindringen; hineingehen; eintreten, hindurchgehen; durchkommen, durchsickern; *tr* **1.** überqueren; **2.** durchbrechen, durchschlagen; durchbohren, durchstechen
depërtúesh|ëm (i), -me (e) *Adj* gangbar, passierbar, durchquerbar; durchdringbar, durchlässig
dépo -ja *f*, *Pl* – Depot *n*, Niederlassung *f*, Magazin *n*
deponím -i *m*, *Pl* -e Zeugenaussage *f*
deponón 1 *tr* bezeugen, aussagen (*vor Gericht*)
deportím -i *m*, *Pl* -e Deportation *f*
deportón 1 *tr* deportieren
depozít|ë -a *f*, *Pl* -a Deposition *f*, Hinterlegung *f*; ~ **të hollash** Hinterlegungssumme *f*; Spareinlage *f*
depozitón 1 *tr* deponieren, hinterlegen, in Verwahrung geben
deputét -i *m*, *Pl* -ë Deputierter *m*, Abgeordneter *m*
derdh 14 *tr* **1.** ausgießen; vergießen; ~ **ujët** Wasser lassen; ausschütten, verschütten; umfüllen; *Metall* gie-

dérdhje

ßen; genau anpassen; **t' i paska ~ur rrobat!** er hat dir die Sachen so genäht, daß sie wie angegossen sitzen!; **2.** *Geld* einzahlen, deponieren; **~ pare për...** Geld verwenden für...; **3.**: **e ka ~ur linë** er ist nun gegen die Pocken immun; **-et** *refl* überlaufen; sich ergießen; münden, einmünden, zusammenströmen; **i ~et sich auf jmdn. stürzen, über jmdn. herfallen; i ~eshin flokët mbi supe** die Haare fielen ihr über die Schultern; **t' u ~ën letrat** deine Briefe liegen überall herum

dérdhj|e -a *f, Pl* -e **1.** Gießen *n*, Ausgießen; Ergießen; Verschütten *n*, Ausschütten *n*; **~ gjaku** Blutvergießen; **~ në trajtë** Formguß *m*, Formgießen; **2.** Einzahlung *f*

dérdhur (i) *Adj* vergossen; ausgegossen; gegossen; eingezahlt; **rrobat i rrinë të ~a në trup** die Sachen sitzen ihm wie angegossen

dér|ë -a *f, Pl* dýer Tür *f*; Türflügel *m*; **~ e udhës** Haustür; **~ rrëshqitëse** Schiebetür; **~ rrotulluese** Drehtür; **~ e vogël** Abort *m*; *übertr* Haus *n*, Familie *f*, Dynastie *f*

derëbábë *f/unbest* Haus *n*, Familie *f* des Vaters

derëbárdhë I. *Indekl* altes Haus!, alter Junge!, mein Freund! *als Anrede*; **II.** *Adj* glücklich, erfolgreich

derëçélë *Adj* gastfreundlich, gastfrei

dérës -i *m, Pl* – Pförtner *m*, Portier *m*; Türhüter *m*

derëtár -i *m, Pl* -ë = **derës**

derëzéz|ë -a *f* Unglückliche *f*

derëzí I. derëzézë *Adj* unglücklich, elend; **II.** **-u** *Subst/m* Unglücksrabe *m*, Unglückswurm *m*

dérgjet 14 *refl das Bett* hüten, bettlägerig sein; darniederliegen, dahinsiechen; schmachten

dérgj|ë -a *f* **1.** Siechtum *n*; **2.** Auszehrung *f*, Schwindsucht *f*

déri *Präp* bis; **~ në** *(mit Akk)* bis *(Ort)*; **~ më** *(mit Akk)* bis *(Zeit)*; **~ këtu** bis hierher; **~ tani** bis jetzt; **~ diku** bis zu einem gewissen Grade; **~ kur?** wie lange, bis wann?

deríçk|ë -a *f, Pl* -a Türchen *n*

derisá *Konj* bis, solange bis; weil; da

derisót|ëm (i), -me (e) *Adj* bisherig, bis heute erfolgt

derisótsh|ëm (i), -me (e) *Adj* = i **derisotëm**

deritanísh|ëm (i), -me (e) *Adj* bisherig, bis jetzt erfolgt

deritásh|ëm (i), -me (e) *Adj* = i **deritanishëm**

derivát -i *m, Pl* -e **1.** *Gramm* Ableitung *f*, abgeleitetes Wort *n*; **2.** *Chem* Derivat *n*

derivím -i *m Math* Ableitung *f*, Derivation *f*

derivón 1 *tr Math* ableiten

derivúar (i) *Adj Math* abgeleitet

derk -u *m, Pl* dirq Ferkel *n*

derkúc -i *m, Pl* -ë = **derk**

dermán -i *m, Pl* -e Heilmittel *n*; Heilung *f*, Rettung *f*; **pa ~** ohne Widerrede, unbedingt

dermatológ -u *m, Pl* -ë Dermatologe *m*

dermatologjí -a *f* Dermatologie *f*

dert -i *m, Pl* -e Sorge *f*, Kummer *m*; Bange *f*

dertíme -t *Pl* Sorgen *Pl*

dertón 1 *itr sein Leid* klagen

dervén -i *m, Pl* -e **1.** Gebirgsschlucht *f*, Klamm *f*; Gebirgspaß *m*; **2.** Chaussee *f*, Landstraße *f*

dervísh -i *m, Pl* -ë **1.** Derwisch *m*; **2.** Speisemorchel *f*

derr -i *m, Pl* -a Schwein *n*; **~ i egër** Wildschwein; **mish ~i** Schweinefleisch *n*; **qime ~i** Borste *f*; *übertr*

hartnäckig, verbissen, zäh; **m' u bë ~** ich bin seiner überdrüssig
derrár -i *m*, *Pl* -ë Schweinehirt *m*; Schweinemäster *m*
dérr|e -ja *f* unermüdlich arbeitende Frau *f*, Arbeitstier *n*; unbeugsame Frau
derrërísht *Adv* zäh, verbissen
derrkúc -i *m*, *Pl* -ë = **derk**
derrnék -u *m* Laune *f*, Schnapsidee *f*
deskriptív, -e *Adj* deskriptiv, beschreibend
despót -i *m*, *Pl* -ë Despot *m*, Gewaltherrscher *m*
despotík, -e *Adj* despotisch, tyrannisch
despotíz|ëm -mi *m* Despotismus *m*
destilím -i *m*, *Pl* -e Destillation *f*
destinón 1 *tr* bestimmen
¹**desh** *Adv* fast, beinahe, um ein Haar; **~ s' ~** wohl oder übel
²**desh** *Pl* → **dash**
déshi 43 *Aor* → ¹**do**
deshifrím -i *m*, *Pl* -e Dechiffrierung *f*, Entzifferung *f*
deshifrón 1 *tr* dechiffrieren, entziffern
déshtas *Adv* absichtlich, bewußt
det -i *m*, *Pl* -e Meer *n*, See *f*; **~ i Adriatik** die Adria; **Deti i Zi** das Schwarze Meer; **sot ka ~** heute ist Seegang; **e zuri ~ i** er ist seekrank geworden; *übertr* in Massen, viel
detál -i *m*, *Pl* -e Detail *n*; *Tech* Werkstück *n*
detár I. -i *Subst/m*, *Pl* -ë Matrose *m*, Seemann *m*; II. -e *Adj* See-, Meeres-; **klimë ~ e** Seeklima *n*; **popull ~** Küstenbevölkerung *f*
detarí -a *f* Seefahrt *f*
detashmént -i *m*, *Pl* -e Abteilung *f*, Detachement *n*
detektív -i *m*, *Pl* -ë Detektiv *m*; Geheimpolizist *m*
determiním -i *m* Bestimmen *n*, Determinieren *n*, Determinierung *f*

determiníz|ëm -mi *m* Determinismus *m*
determinón 1 *tr* determinieren, bestimmen
dëtë 43: **të ~** *3. Pers Sg Konjunktiv* → ¹**do**
detórës -i *m*, *Pl* – Schuldner *m*
detýr|ë -a *f*, *Pl* -a **1.** Pflicht *f*; **2.** Amt *n*, Dienst *m*; **3.** Aufgabe *f*, Hausaufgabe; **~ në klasë** Klassenarbeit *f*
detyrím -i *m* **1.** Verpflichtung *f*; **2.** Schuld *f*; Soll *n*, Abgabesoll; **~ e** *Pl* Pflichten *Pl*; Zwang *m*
detyró|n 1 *tr* verpflichten; zwingen; **-het** *refl* gezwungen sein; verpflichtet sein; sich verpflichten; **kjo i detyrohet atij** das ist sein Verdienst, es ist ihm zu verdanken
detyrúesh|ëm (i), -me (e) *Adj* obligatorisch, bindend; verbindlich; Zwangs-
devé -ja *f*, *Pl* – Kamel *n*; **lesh ~ je** Kamelhaar *n*
devijím -i *m*, *Pl* -e Abweichung *f* *von einer Linie*
devijón 1 *itr* abweichen (*von einer Linie*)
devíl|e -ja *f*, *Pl* -e List *f*
devíz|ë -a *f*, *Pl* -a Devisen *Pl*
devoción -i *m* Devotion *f*
devótsh|ëm (i), -me (e) *Adj* devot, unterwürfig; ergeben
devotshmërí -a *f* Ergebenheit *f*
dezertím -i *m*, *Pl* -e Desertion *f*, Fahnenflucht *f*
dezertón 1 *itr* desertieren, überlaufen
dezertór -i *m*, *Pl* -ë Deserteur *m*, Überläufer *m*
dezinénc|e -a *f*, *Pl* -a *Gramm* Endung *f*
dezinfektánt -i *m*, *Pl* -ë Desinfektionsmittel *n*, Desinfiziens *n*
dezinfektím -i *m*, *Pl* -e Desinfektion *f*
dezinfektón 1 *tr* desinfizieren
dezinfektúes I. -i *Subst/m*, *Pl* –

Desinfektor *m*; **II.** -e *Adj* desinfizierend
dezhúr -i *m*, *Pl* – Diensthabender *m*
dezhúr|e -ja *f*, *Pl* -e Diensthabende *f*
dëbím -i *m* Vertreibung *f*; *Tech* Rückstoß *m*
dëbón 1 *tr* verjagen, hinauswerfen, vertreiben; *Tech* zurückstoßen, abstoßen
dëbór|ë -a *f* Schnee *m*
dëfré|n 3 *itr*; **-het** *refl* sich amüsieren, sich vergnügen
dëfrím -i *m*, *Pl* -e Belustigung *f*, Zeitvertreib *m*; Vergnügen *n*
dëftén 3 *tr* = **dëfton**
dëfténjës -i *m*, *Pl* – Anzeiger *m*, Index *m*
dëftés|ë -a *f*, *Pl* -a Quittung *f*, Bestätigung *f*; ~ **e pjekurisë** Reifezeugnis *n*
dëftó|n 1 *tr* 1. zeigen; 2. sagen, erzählen; **-het** *refl* sich zeigen als, sich erweisen als
dëftór, -e *Adj Gramm* hinweisend; **përemër** ~ Demonstrativpronomen *n*
dëftór|e -ja *f Gramm* Indikativ *m*
dëftúes -i *m*, *Pl* – 1. Inhaltsverzeichnis *n*; 2. Zeiger *m*; 3. *Math* Kennziffer *f*, Exponent *m*
dëgjés|ë -a *f* Gehorsam *m*
dëgjím -i *m* Gehör *n*; Hören *n*
dëgjó|n 1 *tr* 1. hören; 2. gehorchen; **ia** ~ **fjalën** er hört auf ihn; **-het** *refl* zu hören sein; im Gerede sein; **s'më dëgjohet fjala** man hört nicht auf mich
dëgjónjës -i *m*, *Pl* – Hörer *m*, Zuhörer; Gasthörer; Hospitant *m*
dëgjónjës|e -ja *f*, *Pl* -e Hörerin *f*, Zuhörerin; Gasthörerin; Hospitantin *f*
dëgjúar (i) *Adj* 1. gehorsam; 2. berühmt, namhaft, angesehen
dëgjúes -i *m*, *Pl* – = **dëgjonjës**
dëgjúesh|ëm (i), -me (e) *Adj* 1. hörbar; 2. gehorsam

dëkó|n 1 *tr* 1. schlagen, prügeln, ohrfeigen; 2. ausgießen; **-het** *refl* in sich zusammenfallen, zusammenbrechen; einstürzen
dëlír 14[1] *tr* 1. reinigen, säubern; ~ **thitë** Schweine kastrieren; 2. in Ordnung bringen; **-et** *refl* 1. sich reinigen; *seine Notdurft* verrichten; 2. gebären, entbinden
dëlírë **I.** -t (të) *Subst/n* Sauberkeit *f*, Reinlichkeit *f*; Reinheit *f*; **II.** (i) *Adj* sauber, rein; gereinigt; reinlich
dëllénj|ë -a *f*, *Pl* -a = **dëllinjë**
dëllínj|ë -a *f*, *Pl* -a Wacholder *m*
dëm I. -i *Subst/m*, *Pl* -e Schaden *m*, Verlust *m*; Nachteil *m*; **në** ~ **të** ... zum Nachteil des ..., zuungunsten des ...; **II.** *Adv* sinnlos, unnütz, umsonst; **shkon** ~ in die Binsen gehen, sich als unnütz erweisen
dëmçpërblím -i *m*, *Pl* -e = **dëmshpërblim**
dëmprúrës, -e *Adj* schadenbringend, schädlich, schädigend; nachteilig
dëmsh|ëm (i), -me (e) *Adj* schädlich; verderblich, unheilvoll
dëmshpërblén 3 *tr* jmdm. den Schaden ersetzen, jmdm. Schadenersatz leisten, jmdn. entschädigen
dëmshpërblím -i *m*, *Pl* -e Schadenersatz *m*; ~ **e të luftës** Kriegsreparationen *Pl*
dëmtár, -e *Adj* = **i dëmshëm**
dëmtím -i *m*, *Pl* -e Schädigung *f*, Schadensstiftung *f*; Schaden *m*
dëmtón 1 *tr* schädigen; beschädigen; jmdm. schaden, jmdm. Schaden zufügen
dëmtónjës **I.** -i *Subst/m*, *Pl* –; **II.** -e *Adj* = **dëmtues**
dëmtúes **I.** -i *Subst/m*, *Pl* – Schädling *m*; **II.** -e *Adj* Schädlings-, zersetzend
dënd 14 *tr* = **dend**
dënés 21 *itr* schluchzen

dënés|ë -a *f, Pl* -a Schluchzen *n*;
qan me ~ schluchzend weinen
dënesón 1 *itr* = **dënes**
dëním -i *m, Pl* -e Strafe *f*; Verurteilung *f*, Bestrafung *f*; **~ me vdekje** Todesurteil *n*, Todesstrafe
dënón 1 *tr* 1. verurteilen, bestrafen; *übertr* verurteilen, mißbilligen; 2. *Speisen* zubereiten, mit der Zubereitung beginnen
dënúesh|ëm (i), -me (e) *Adj* verdammungswürdig, verwerflich; strafbar
dërçíkth -i *m Anat* Zäpfchen *n*
dërdëlís 21 *itr* schwatzen, schwätzen
dërgát|ë -a *f, Pl* -a Delegation *f*, Abordnung *f*
dërgés|ë -a *f, Pl* -a Sendung *f*
dërgím -i *m, Pl* -e Absenden *n*, Schicken *n*; Entsendung *f*
dërgón 1 *tr* schicken, senden; **i dërgoi fjalë** er benachrichtigte ihn
dërgúar I. (i) *Adj* gesandt, abgesandt; II. -i (i) *Subst/m* Gesandter *m*, Abgesandter *m*; **i ~i i jashtëzakonshëm** der außerordentliche Gesandte
dërgúes I. -i *Subst/m, Pl* – Absender *m*; II. -e *Adj* absendend, Absender-
dërhém -i *m, Pl* – Gewichtseinheit, *etwa 2,5 g*
dërkór|e -ja *f, Pl* -e Restaurant *n*, Gasthaus *n*
dërmák|e -ja *f, Pl* -e Bruchstück *n*; Krümel *m*
dërm|ë -a *f, Pl* -a steiler Abhang *m mit Geröll*, Schlucht *f*; *übertr* **i dha ~n** er schlug ihn in die Flucht
dërmí -a *f, Pl* – *od* -a Bruchstück *n*; Scherbe *f*, Splitter *m*
dërmím -i *m, Pl* -e Zerstückelung *f*, Zerkleinerung *f*; Zerstörung *f*, Zerschlagung *f*, Vernichtung *f*
dërmísh 14² *tr* blutig kratzen; -et *refl* sich kratzen

dërmít 22 *itr* schlummern; dösen, dahindämmern
dërmítj|e -a *f* Schlummer *m*, Halbschlaf *m*; Dösen *n*
dërmó|n 1 *tr* zerstückeln, zerkleirern, zersplittern; zerstören, zerschlagen, vernichten; *übertr* gehörig verprügeln; *itr* absteigen, hinuntergehen; -het *refl* sich heftig stoßen; *übertr* ermüden, ermatten
dërmúes, -e *Adj* erdrückend; *üb rtr* **shumica ~e** die überwältigende Mehrheit; vernichtend, zerschmetternd; **grusht ~** ein vernichtender Schlag
dërpénj *Pl* → **drapër**
dërsí|n 6 *od* 11³ *itr*; -tet *refl* schwitzen
dërstil|ë -a *f, Pl* -a Walkmühle *f*
dërrás|ë -a *f, Pl* -a 1. Brett *n*; **~ e zezë** Schultafel *f*, Wandtafel *f*; 2. Platte *f*, Steinplatte *f*; *Anat* **dërrasa e krahërorit** das Brustbein; *übertr* **nuk shkel në ~ të kalbët** er läßt sich nicht auf unsichere Sachen ein; **ai ka një ~ mangut** er hat nicht alle Tassen im Schrank; **paguan më ~ bar** bezahlen; **çan dërrasa** leeres Stroh dreschen
dërrasim -i *m, Pl* -e *Bauw* Verkleidung *f*, Verschalung *f*
dërrásk|ë -a *f, Pl* -a *Bauw* Platte *f*, Täfelchen *n*
dëshír|ë -a *f, Pl* -a Wunsch *m*, Verlangen *n*, Sehnsucht *f*
dëshirón 1 *tr* 1. sich etw. wünschen, begehren, ersehnen; 2. wünschen, wollen; 3.: **e dëshirofsh djalin!** *Fluch* mögest du deinen Sohn verlieren!
dëshirór, -e *Adj* Wunsch-; *Gramm* **mënyrë ~e** Wunschform *f*, Optativ *m*
dëshirór|e -ja *f Gramm* Optativ *m*
dëshirúar (i) *Adj* ersehnt, erwünscht; sehnsuchtsvoll, sehnsüchtig
dëshirúesh|ëm (i), -me (e) *Adj* erwünscht, ersehnt; wünschenswert

dëshmí -a *f*, *Pl* - 1. Zeugenaussage *f*; 2. Beweis *m*, Bestätigung *f*; 3. Zeugnis *n*; ~ **shkollore** Schulzeugnis
dëshmitár -i *m*, *Pl* -ë Zeuge *m*; Augenzeuge; Trauzeuge
dëshmitár|e -ja *f*, *Pl* -e Zeugin *f*; Augenzeugin; Trauzeugin
dëshmón 1 *tr* bezeugen; bestätigen, nachweisen, bescheinigen; *itr* Zeuge sein, als Zeuge aussagen; ~ **për** zeugen von
dëshmór -i *m*, *Pl* -ë Blutzeuge *m*, Märtyrer *m*, Opfer *n*; **bie** ~ den Märtyrertod sterben, als Märtyrer fallen
dëshmór|e -ja *f*, *Pl* -e Märtyrerin *f*, Opfer *n*
dëshmúes -i *m*, *Pl* - = **dëshmitar**
dëshpërím -i *m*, *Pl* -e Verzweiflung *f*; großer Kummer *m*; Hoffnungslosigkeit *f*, Trostlosigkeit *f*; **bie në** ~ verzweifeln; **me** ~ verzweifelt, voller Verzweiflung
dëshpëró|n 1 *tr* entmutigen; zur Verzweiflung bringen, jmdm. jegliche Hoffnung nehmen; **-het** *refl* verzweifeln
dështák -u *m*, *Pl* -ë Fehlgeburt *f*
dështím -i *m*, *Pl* -e 1. Fehlgeburt *f*; 2. Mißerfolg *m*, Pleite *f*
dështón 1 *itr* 1. eine Fehlgeburt haben; 2. Mißerfolg haben
di 36 *tr.* wissen; kennen; können, beherrschen; ~ **tri gjuhë** er kann drei Sprachen; **unë kështu e** ~ meines Wissens ist es so; **ai s'** ~ **të sillet** er kann sich nicht benehmen; ~ **për** halten für; *übertr* **s'ta** ~ **për të mirë** er dankt es dir nicht; **s'do t'ia** ~**jë** das kümmert ihn nicht
diabét -i *m* Diabetes *m*, Zuckerkrankheit *f*
diabetík I. -u *Subst*|*m*, *Pl* -ë Diabetiker *m*, Zuckerkranker *m*; II. -e *Adj* diabetisch, zuckerkrank

diadém|ë -a *f*, *Pl* -a Diadem *n*
diafrágm|ë -a *f*, *Pl* -a 1. *Anat* Zwerchfell *n*; 2. *Opt* Blende *f*
diagnóz|ë -a *f*, *Pl* -a Diagnose *f*
diagonál, -e *Adj* diagonal
diagonál|e -ja *f*, *Pl* -e Diagonale *f*
diagrám -i *m*, *Pl* -e Diagramm *n*
dialékt -i *m*, *Pl* -e Dialekt *m*
dialektál, -e *Adj* dialektal, Dialekt-
dialektík, -e *Adj* dialektisch; **materializëm** ~ dialektischer Materialismus *m*
dialektík|ë -a *f* Dialektik *f*
dialektológ -u *m*, *Pl* -ë Dialektologe *m*, Mundartforscher *m*
dialektologjí -a *f* Dialektologie *f*, Mundartforschung *f*
dialektór, -e *Adj* = **dialektal**
dialóg -u *m*, *Pl* -ë Dialog *m*
diamánt -i *m*, *Pl* -e Diamant *m*
diamét|ër -ri *m*, *Pl* -ra Diameter *m*, Durchmesser *m*
diametralísht *Adv* diametral
diapazón -i *m*, *Pl* -e *Mus* Kammerton *m*; Tonumfang *m*, Stimmumfang *m*; Stimmgabel *f*
diapozitív -i *m*, *Pl* -e Dia *n*, Diapositiv *n*
diaré -ja *f* Diarrhöe *f*, Durchfall *m*
diatéz|ë -a *f* Diathese *f*; ~ **veprore** Aktiv *n*; ~ **pësore** Passiv *n*
dicíl|i, -a *Indef Pron* jemand, irgendjemand; einer, einige
diç *Indef Pron* etwas
díçka *Indef Pron* etwas, irgendetwas; etwas, ein bißchen
didaktík, -e *Adj* didaktisch, Lehr-
didaktík|ë -a *f* Didaktik *f*
didaskalík, -e *Adj* Unterrichts-, Lehr-
díel -a (e) *f*, *Pl* -a (të) Sonntag *m*
dielektrík, -e *Adj* dielektrisch
diéll -i *m*, *Pl* díej Sonne *f*; **banjë** ~**i** Sonnenbad *n*; **leu** ~**i** die Sonne ist aufgegangen; **perëndoi** ~**i** *od* **u fal** ~**i** *od* **ra** ~**i** die Sonne ist untergegangen; **e zuri** ~**i** er hat Sonnenbrand bekommen;

übertr **mbeti në** ~ er guckte in den Mond
diellór, -e *Adj* Sonnen-; **sistemi** ~ das Sonnensystem
díes -i *m, Pl* – 1. Zauberer *m*, Wahrsager *m*; 2. Gelehrter *m*, weiser Mann *m*
díes|e -ja *f, Pl* -e Wahrsagerin *f*
diestár -i *m, Pl* -ë 1. Wahrsager *m*; 2. Weiser *m*
diestár|e -ja *f, Pl* -e Wahrsagerin *f*
diét|ë -a *f, Pl* -a 1. Diät *f*, Schonkost *f*; 2. Diäten *Pl*, Tagegeld *n*
difékt -i *m, Pl* -e Defekt *m*, Mangel *m*
difensív, -e *Adj* = **defensív**
diferénc|ë -a *f, Pl* -a Differenz *f*, Unterschied *m*
diferenciál I. -i *Subst/m Math* Differential *n*; II. -e *Adj* differential
diferencím -i *m, Pl* -e Differenzierung *f*
diferencón 1 *tr* differenzieren
difterít -i *m* Diphtherie *f*
diftóng -u *m, Pl* diftóngje Diphthong *m*
díg|ë -a *f, Pl* -a Damm *m*, Deich *m*; Wehr *n*
dígjet 18² *refl* Feuer fangen, brennen, verbrennen; ~ **për** lechzen nach, verlangen nach; verfallen, ungültig werden; **u dogj bileta** die Fahrkarte ist verfallen; → **djeg**
dígjte 18² *Imperf* → **djeg**
diháš 22¹ *itr* keuchen
dihátj|e -a *f* Keuchen *n*, keuchendes Atmen *n*
díj|e -a *f* Wissen *n*; Wissenschaft *f*; **flet me** ~ klug sprechen, wohlüberlegt reden
dijekéq, -e *Adj* listig; hinterlistig
dijekeqí -a *f* Hinterlist *f*, böse Absicht *f*
dijení -a *f* Kenntnis *f*, Ahnung *f*; **ve në** ~ in Kenntnis setzen
dijetár -i *m, Pl* -ë Wissenschaftler *m*, Gelehrter *m*
díj|ë -a *f* = **dije**

díjsh|ëm (i), -me (e) *Adj* gelehrt, gebildet
dikastér -i *m, Pl* -e Ministerium *n*, Behörde *f*
dík|ë -a *f* Verlangen *n*, Gier *f*
diké *Indef Pron Akk* → **dikush**
dikotiledón, -e *Adj Bot* zweikeimblättrig
dikotiledóne -t *Pl Bot* zweikeimblättrige Pflanzen *Pl*
diktát -i *m, Pl* -e Diktat *n*, Niederschrift *f*; *Pol* Diktat
diktatór -i *m, Pl* -ë Diktator *m*
diktatoriál, -e *Adj* diktatorisch
diktatúr|ë -a *f, Pl* -a Diktatur *f*; **diktatura e proletariatit** die Diktatur des Proletariats
diktím -i *m, Pl* -e 1. Diktat *n*, Diktieren *n*; 2. *Jur* Revisionsgericht *n*, Kassationshof *m*, Berufungsgericht *n*
diktimón 1 *tr Jur* Berufung einlege
¹**diktón** 1 *tr* entdecken, auffinden, ausfindig machen; bemerken
²**diktón** 1 *tr* diktieren
dikú *Adv* 1. irgendwo; ~ – ~ hier und da; 2. ab und zu, bisweilen; **deri** ~ bis zu einem gewissen Grade
dikújt *Indef Pron Gen Dat Abl* → **dikush**
dikúr *Adv* 1. einstmals, früher; 2. einstmals, dereinst, eines Tages
dikúrsh|ëm (i), -me (e) *Adj* früher, einstmalig
dikúsh *Indef Pron* jemand, irgendjemand, einer; ~ **lexon,** ~ **vizaton** der eine liest, der andere zeichnet
dikuték *Adv* irgendwo, weit
dilém|ë -a *f, Pl* -a Dilemma *n*
diletánt I. -i *Subst/m, Pl* -ë *od* -a Dilettant *m*, Laie *m*; II. -e *Adj* dilettantisch
diletantíz|ëm -mi *m* Dilettantismus *m*
dílte 19 *Imperf* → **del**
dilúv -i *m* Diluvium *n*
dimensión -i *m, Pl* -e Dimension *f*

dím|ër -ri *m*, *Pl* -ra Winter *m*; **në ~ od dimrit** im Winter, zur Winterszeit; **sot bën ~** heute ist es kalt
dimërák, -e *Adj* Winter-
dimërím -i *m* Überwinterung *f*; Winterweide *f*
dimërón 1 *itr* überwintern, den Winter verbringen; mit dem Vieh auf der Winterweide bleiben; *tr* das Vieh zu den Winterweiden bringen
dimërór I. -i *Subst/m alt* Dezember *m*; II. -e *Adj* Winter-
diminutív -i *m*, *Pl* -e *Gramm* Diminutivum *n*
dimisqí -a *f*, *Pl* – Damaszener Klinge *f*
dimítë -t *Pl* Pluderhose *f der Frauen*
di|n 6 *unpers* tagen; **-het** *refl* eine Nacht durchwachen, wachen, wach bleiben; **u di** der Tag brach an
dinák, -e *Adj* schlau, listig; hinterlistig
dinakërí -a *f*, *Pl* – List *f*, Schlauheit *f*; Hinterlist
dinakërísht *Adv* schlau, listig; hinterlistig
dinamík, -e *Adj* dynamisch; *übertr* dynamisch, energiegeladen
dinamík|ë -a *f* Dynamik *f*
dinamít -i *m* Dynamit *n*
dinamíz|ëm -mi *m* Dynamik *f*, Schwung *m*
dinamó *od* **dínamo** -ja *f*, *Pl* – El Dynamo *m*
dinár -i *m*, *Pl* -ë Dinar *m* als *Währungseinheit*; Schmuckmünze *f*
dinastí -a *f*, *Pl* – Dynastie *f*
dín|ë -a *f*, *Pl* -a *Phys*, *Tech* Dyn *n*
dinosáur -i *m*, *Pl* -ë Dinosaurier *m*
dinjitét -i *m* Würde *f*
dinjitóz, -e *Adj* ernsthaft, würdig
diód|ë -a *f* Diode *f*
dioqéz|ë -a *f*, *Pl* -a Diözese *f*
diplomací -a *f* Diplomatie *f*
diplomát -i *m*, *Pl* -ë Diplomat *m*
diplomatík, -e *Adj* diplomatisch

diplóm|ë -a *f*, *Pl* -a Diplom *n*
diplomóhet 1 *refl* ein Diplom erlangen
diplomúar (i) *Adj* diplomiert, Diplom-
dipól -i *m*, *Pl* -e Dipol *m*
diptérë -t *Pl Zool* Dipteren *Pl*, Zweiflügler *Pl*
diqýsh *Adv* irgendwie, so lala, einigermaßen
dirék -u *m*, *Pl* -ë Mast *m*, Mastbaum *m*; hölzerne Säule *f*
dirékt, -e *Adj* direkt, unmittelbar; **zgjedhje ~ e** Direktwahl *f*
direktív|ë -a *f*, *Pl* -a Direktive *f*, Richtlinie *f*; **direktiva** *Pl* Weisungen *Pl*
dír|ë -a *f*, *Pl* -a Spur *f*, Fährte *f von Wild*
¹**dírgjet** 18² *refl* herabsteigen, herunterkommen; hinuntergehen, sich hinunterbegeben
²**dírgjet** 18² *refl* = **dergjet**
dirigjént -i *m*, *Pl* -ë Dirigent *m*
dirigjón 1 *tr Mus* dirigieren
dirizhónjës -i *m*, *Pl* – Dirigent *m*
dirk -u *m*, *Pl* dirq = **derk**
dirq *Pl* → **derk**
dírset 11³ *refl* schwitzen
dírsë -t *Pl* = **djersë**
dírsi 11³ *Aor* → **dërsin**
disá *Indef Pron* einige, mehrere, etliche; **~ herë** mehrmals
disavariántësh, -e *Adj* mit mehreren Varianten
disavjeçár, -e *Adj* mehrjährig
disenjatór -i *m*, *Pl* -ë technischer Zeichner *m*
disertación -i *m*, *Pl* -e Dissertation *f*
disfát|ë -a *f*, *Pl* -a Niederlage *f*, Schlappe *f*
disfatíst -i *m*, *Pl* -ë *od* -a Miesmacher *m*, Defätist *m*
disfatíz|ëm -mi *m* Miesmacherei *f*, Defätismus *m*
disharmoní -a *f* Disharmonie *f*

disí *Adv* irgendwie, so lala; mittelmäßig, durchschnittlich

disiplín|ë -a *f* Disziplin *f*; ~ **e partisë** Parteidisziplin; ~ **në punë** Arbeitsdisziplin

disiplinó|n 1 *tr* disziplinieren, an Disziplin gewöhnen; Disziplin durchsetzen; **-het** *refl* diszipliniert werden, sich an Disziplin gewöhnen

disiplinór, **-e** *Adj* disziplinarisch, disziplinell, Disziplinar-

disk -u *m*, *Pl* dísqe *Sport* Diskus *m*; Scheibe *f*; ~ **numrash telefoni** *od* ~ **thirrjeje** Wählerscheibe; ~ **i diellit** Sonnenscheibe; ~ **i gramofonit** Schallplatte *f*

diskreditím -i *m* Diskreditierung *f*

diskreditó|n 1 *tr* diskreditieren, in Mißkredit bringen; **-het** *refl* in Mißkredit gelangen

diskrimináción -i *m*, *Pl* -e Diskriminierung *f*

diskriminím -i *m*, *Pl* -e Diskriminierung *f*

diskriminón 1 *tr* diskriminieren

diskutánt -i *m*, *Pl* -ë Diskussionsredner *m*

diskutím -i *m*, *Pl* -e Diskussion *f*

diskutón 1 *tr*, *itr* diskutieren

dispéçer -i *m*, *Pl* – Dispatcher *m*

dispenserí -a *f* Ambulanz *f*; medizinische Beratungsstelle *f*

dispéns|ë -a *f*, *Pl* -a Skript *n*, vervielfältigte Vorlesungsskripten *Pl*

disponíbël *Adj* disponibel, verfügbar

disponón 1 *tr* verfügen über, disponieren über

dispozíción -i *m*: **në** ~ zur Verfügung

dispozít|ë -a *f*, *Pl* -a 1. Punkt *m eines Gesetzes usw.*; 2. Vorschrift *f*, Anordnung *f*, Verordnung *f*; Verfügung *f*; 3. *Jur* Verordnung, Bestimmung *f*; 4. *Mil* Disposition *f*

dispró|n 1 *tr* jmdm. *die Hoffnung* nehmen; **-het** *refl* verzweifeln

disproporción -i *m*, *Pl* -e Disproportion *f*

distánc|ë -a *f*, *Pl* -a Distanz *f*, Entfernung *f*; Abstand *m*

distík -u *m*, *Pl* -ë 1. *Lit* Distichon *n*; 2.: **elb** ~ Braugerste *f*

distilát -i *m*, *Pl* -e Destillat *n*

distilatór -i *m*, *Pl* -ë Destilliergerät *n*

distilerí -a *f* Destillierwerk *n*

distilím -i *m*, *Pl* -e Destillation *f*

distilón 1 *tr* destillieren

distinktív I. -i *Subst/m*, *Pl* -e *od* -a Zeichen *n*, Kennzeichen; Abzeichen; II. -e *Adj* distinktiv, kennzeichnend; unterscheidend

distóm|ë -a *f* *Zool* Leberegel *m*

dish *Adv* beinahe, fast

dishépull -i *m*, *Pl* dishépuj *alt* Schüler *m*; Anhänger *m*, Jünger *m*

dishiplín|ë -a *f* = **disiplinë**

dishrák, **-e** *Adj* gierig; gefräßig

disht|ë -a *f*, *Pl* -a Mahltrichter *m*

dishull -i *m*, *Pl* díshuj Mastixstrauch *m*

ditár -i *m*, *Pl* -ë 1. Joch *n als Feldmaß*; 2. Tagebuch *n*

ditár|e -ja *f*, *Pl* -e Tagebuch *n*; Klassenbuch *n*; Berichtsheft *n*

dít|ë -a *f*, *Pl* -ë *od* dit Tag *m*; ~ **e kremte** Feiertag, Festtag; ~ **pune** Arbeitstag, Werktag; ~ **jave** Wochentag; **Dita e Mësuesit** der Tag des Lehrers; ~ **e bardhë** Glückstag; Glück *n*; ~ **e zezë** Unglückstag, schwarzer Tag; Unglück *n*; **një** ~ **prej** ~**sh** eines Tages; **për** ~ täglich; ~ **për** ~ tagaustagein, tagtäglich; **dita-**~**s** von Tag zu Tag, täglich; **ka dit** es ist lange her; seit langem; **gjithë** ~**n e lume** *od* **tërë** ~**n e** ~**s** den lieben langen Tag; **gjatë** ~**s** *od* .~**n** tagsüber, am Tage; **këto dit** dieser Tage; **ndonjë** ~ eines schönen Tages; **rendi i** ~**s** die Tagesordnung; **urdhër dite** Tages-

ditëbárdhë 104

befehl *m*; **çështje e ~s** aktuelles Problem *n*, Tagesfrage *f*; **dita e verës** der Frühlingsanfang, das Frühlingsfest; **~n e mirë!** guten Tag! *(Gruß beim Abschied)*; **mirë dita!** guten Tag! *(bei der Begrüßung)*
ditëbárdhë *Adj* glücklich
ditëgjátë *Adj* langlebig
ditëlíndj|e -a *f* Geburtstag *m*
dítën *Adv* am Tage, tags, tagsüber
ditënát|ë -a *f* Tag von 24 Stunden, Tag und Nacht
dítës (i) *Adj* diensttuend, diensthabend
ditëshkúrtër *Adj* früh verstorben; kurzlebig
dítëzaj *Adv* vorgestern
ditë|zí I. -zézë *Adj* arm, unglücklich; II. -ziu *Subst/m* Unglückswurm *m*, Unglücksrabe *m*
ditirámb -i *m*, *Pl* -e *Lit* Dithyrambe *f*, Lobgesang *m*
dítj|e -a *f* Wissen *n*, Kenntnis *f*; **me ~** mit Wissen; **pa ~ të tij** ohne sein Wissen
ditón 1 *itr* den Tag verbringen; *tr* das Vieh den ganzen Tag hüten
ditór I. -e *Adj* Tages-, Tage-; **pagë ~e** Tageslohn *m*; II. -i *Subst/m*, *Pl* -ë 1. Tag *m* nach einem Feiertag; 2. Tagebuch *n*, Register *n* eines Betriebes
ditsh|ëm (i), -me (e) *Adj* gebildet, gelehrt, klug
dítur (i) *Adj* 1. gebildet, gelehrt, klug; 2. bekannt, allgemein bekannt
diturí -a *f*, *Pl* – Wissen *n*; Kenntnis *f*; Gelehrtheit *f*, Weisheit *f*; Wissenschaft *f*
div I. -i *Subst/m*, *Pl* -a *Myth* Riese *m*; II. *Adj/m* riesig, gewaltig
diván -i *m*, *Pl* -e *od* -a 1. Diele *f*, Vorsaal *m*; 2. Diwan *m*
divergjénc|ë -a *f*, *Pl* -a Divergenz *f*; Meinungsverschiedenheit *f*

diversánt -i *m*, *Pl* -ë Diversant *m*
diversión -i *m*, *Pl* -e Diversion *f*
dividénd -i *m*, *Pl* -e Dividende *f*
divíz|e -a *f*, *Pl* -a 1. Devise *f*, Wahlspruch *m*; 2. Uniform *f*
divizión -i *m*, *Pl* -e *Mil* Division *f*
divórc -i *m*, *Pl* -e *Jur* Scheidung *f*
dízel -i *m* Diesel *m*, Dieselkraftstoff *m*
dizenterí -a *f* Dysenterie *f*, Ruhr *f*
dízgje -t *Pl* 1. Gamaschenbänder *Pl*; 2. Windel *f*, Wickelband *n*
dizgjín -i *m*, *Pl* -a Zaum *m*, Zaumzeug *n*
dizinfektón 1 *tr* = **dezinfekton**
djál|ë -i *m*, *Pl* djem *od* djelm 1. Junge *m*, Knabe *m*; 2. Junge, Sohn *m*; **~ i gjetur** Stiefsohn; **e bën ~** jmdn. adoptieren, an Sohnes Statt annehmen; 3. Bursche *m*, Leibwächter *m*; 4. Junggeselle *m*
djalërí -a *f* 1. Knabenalter *n*; 2. alle Jungen *Pl*
djalëríshte *Adj/f* Knaben-, Jungen-; **rroba ~** Knabenbekleidung *f*; **këpucë ~** Burschenschuhe *Pl*
djalósh -i *m*, *Pl* djelmósha Jüngling *m*, junger Mann *m*
djaloshár, -e *Adj* Burschen-, Jünglings-
djalth -i *m* kleiner Junge *m*, Steppke *m*
djall -i *m*, *Pl* djaj Teufel *m*, Satan *m*
djáll|e -ja *f*, *Pl* -e Teufelin *f*, listiges Weib *n*
djallëzí -a *f*, *Pl* – Teufelei *f*, Tücke *f*, Hinterlist *f*
djallëzísht *Adv* teuflisch
djallëzón 1 *tr* verderben *(charakterlich)*
djallëzór, -e *Adj* teuflisch; verteufelt
djallëzúar (i) *Adj* abgefeimt, ausgepicht
djallúc|ë -a *f*, *Pl* -a kleine Teufelin *f*, freches Gör *n*

djallúsh|ë -a *f*, *Pl* -a Satansweib *n*, tückisches Frauenzimmer *n*
djathaník -u *m*, *Pl* -ë Quarkpastete *f*
djathár -i *m*, *Pl* -ë Senn *m*, Käser *m*
djathaxhí -u *m*, *Pl* – *od* -nj Käsehändler *m*
djáth|ë -i *m od* -ët *n*, *Pl* -ëra Käse *m*; ~ **i njomë** Weichkäse; ~ **peshe** Hartkäse, Schnittkäse; ~ **i bardhë** Schafskäse; ~ **fetë** Schichtkäse; ~ **baxho** Magerkäse
djáthta (e) *f*/*best* die Rechte, die rechte Hand; *Pol* die Rechte
djáthtas *Adv* rechts; nach rechts
djathtasrrotullúes, -e *Adj* rechtsdrehend
djáthtazi *Adv* = **djathtas**
djáthtë (i) *Adj* 1. rechter, rechts; 2. geschickt; 3. *Pol* rechtsstehend, rechter
djathtíz|ëm -mi *m* Rechtsradikalismus *m*
dje *Adv* gestern; **që** ~ *od* **qysh** ~ seit gestern, schon gestern
djeg 18² *tr* verbrennen; sich verbrennen; **dogja dorën** ich habe mir die Hand verbrannt; brennen; ~ **dielli** die Sonne sengt; brennen, beißen; scharf sein; schneiden; *übertr* verletzen; **i dogji ajo fjalë** dieses Wort hat sie verletzt; *itr* Fieber haben, vom Fieber glühen; **i sëmuri** ~ der Kranke hat hohes Fieber; **më** ~ **stomaku** ich habe Sodbrennen; → **digjet**
djégës I. -i *Subst*/*m* Reseda *f*; II. -e *Adj* brennend, scharf; **spec** ~ scharfer Paprika *m*; brennbar, Brenn-; **lëndë** ~ **e** Brennmaterial *n*, Brennstoffe *Pl*; **bombë** ~ **e** Brandbombe *f*
djégi|e -a *f* Verbrennung *f*, Verbrennen *n*; Brennen *n*
djégsh|ëm (i), -me (e) *Adj* brennbar, Brenn-
djégur (i) *Adj* verbrannt; angebrannt *(Speisen)*

djél|ë -a (e) *f*, *Pl* -a (të) Sonntag *m*
djelm *Pl* → **djalë**
djelmërí -a *f* = **djemuri**
djem *Pl* → **djalë**
djemurí -a *f* alle jungen Burschen *Pl*
djep -i *m*, *Pl* -e *od* -a Wiege *f*; *übertr* Wiege, Ursprungsort *m*
djép|e -ja *f*, *Pl* -e = **djep**
djergsór|e -ja *f*, *Pl* -e Wöchnerin *f*
djérset 21 *refl* schwitzen
djérs|ë -a *f*, *Pl* -ë Schweiß *m*; *übertr* **me** ~ **të ballit** im Schweiße seines Angesichts
djersítur (i) *Adj* schwitzend, schweißbedeckt, verschwitzt
djerr I. -i *Subst*/*m*, *Pl* -e 1. Brache *f*, Brachland *n*; 2. glattes ungemustertes Gewebe *n*; II. -e *Adj* brach, brachliegend, unbearbeitet
djérra (e) *f*/*best* die Arme, die Unglückliche
djerraditë *m*/*unbest* Tagedieb *m*, Nichtsnutz *m*
djerrín|ë -a *f*, *Pl* -a Brachland *n*
djerrísht|ë -a *f*, *Pl* -a = **djerrinë**
djerrón 1 *itr* sich den Kopf zerbrechen, grübeln
djésh|ëm (i), -me (e) *Adj* gestrig
djéshm|e -ja (e) *f* Gestern *n*; Vergangenheit *f*
djéthinaj *Adv* gestern
dlir 14¹ *tr* = **dëlir**
d.m.th. *Abk für* **domethënë**
¹do 43 *tr* 1. lieben; 2. brauchen, nötig haben; 3. *itr* wünschen, wollen; 4. *unpers* es ist erforderlich, man muß; ~ **shikuar mirë kjo punë** das will wohl überlegt sein
²do *Indef Pron* einige, mehrere
³do *Gramm Partikel zur Bildung des Futur und Konditional*
dobáre *Adv* wenigstens, mindestens, zum mindesten
dobësí -a *f* 1. Schwäche *f*, Schwachheit *f*, Kraftlosigkeit *f*; 2. ~ *Pl* Schwächen *Pl*

dobësím -i *m* Schwächung *f*; Abmagerung *f*, Abmagern *n*
dobësír|ë -a *f* gesundheitliche Schwäche *f*
dobësó|n 1 *tr* schwächen; **-het** *refl* schwach werden; abnehmen, abmagern
dóbët (i) *Adj* 1. schwach, kraftlos; 2. schlecht, minderwertig; leistungsschwach; *übertr* charakterlich schlecht, labil
dobëtón 1 *tr* = **dobëson**
dobí -a *f*, *Pl* – Nutzen *m*, Vorteil *m*, Gewinn *m*; **s'të bën** ~ das nützt dir nichts
dobíç -i *m*, *Pl* -ë *od* -a uneheliches Kind *n*, Bastard *m*
dobiprúrës, -e *Adj* gewinnbringend, nutzbringend
dobísh|ëm (i), -me (e) *Adj* nützlich, vorteilhaft
docént -i *m*, *Pl* -ë Dozent *m*
dóç|e -ja *f* 1. Wasserkrug *m*, Tonkrug *m*; 2. Maisstrunk *m*
dóç|ë -a *f* = **doçkë**
dóçk|ë -a *f* 1. Händchen *n*; 2. Art Kinderspiel *mit entkörnten Maiskolben*
doemós *Adv*: **me** ~ *od* ~ unbedingt, auf jeden Fall
dogán|ë -a *f*, *Pl* -a Zoll *m*; Zollamt *n*
doganiér -i *m*, *Pl* -ë Zollbeamter *m*, Zöllner *m*
doganór, -e *Adj* Zoll-; **taksë** ~e Zollgebühr *f*
dogmatík, -e *Adj* dogmatisch
dogmatík|ë -a *f Rel* Dogmatik *f*
dogmatíz|ëm -mi *m* Dogmatismus *m*
dógm|ë -a *f*, *Pl* -a Dogma *n*
dógji 18² *Aor* → **djeg**
dój|ë -a *f* Wille *m*; Wunsch *m*
dójk|ë -a *f*, *Pl* -a Amme *f*
dok -u *m* dichter Baumwollstoff *m*, Kattun *m*; Segeltuch *n*
dóke -t *Pl* Brauchtum *n*; ~**t e zakonet** die Sitten und Bräuche
dokëndís 21 *tr* 1. gesundheitlich schaden, ungesund sein für; 2. beleidigen, kränken
dók|ërr -rra *f*, *Pl* -rra großer Knochen *m*; **dokrra** *Pl* Geschwätz *n*; **mos folë dokrra!** rede keinen Unsinn!
doktór -i *m*, *Pl* -ë *od* -a 1. Arzt *m*, Doktor *m*; 2. Doktor *als Titel*; ~ **profesor A. Xhuvani** Prof. Dr. A. Xhuvani
doktorát|ë -a *f*, *Pl* -a Doktorat *n*, Doktorwürde *f*
doktorésh|ë -a *f*, *Pl* -a Ärztin *f*, Doktorin *f*
doktrinár, -e *Adj* doktrinär
doktrín|ë -a *f*, *Pl* -a Doktrin *f*; Lehre *f*
dokudó *Adv* irgendwohin; **mos i fut hundët** ~! steck deine Nase nicht überall hinein!
dokumént -i *m*, *Pl* -e *od* -a Dokument *n*, Urkunde *f*
dokumentación -i *m* Dokumentation *f*; ~ **shkollor** Unterrichtsmaterial *n*, Lehrmittel *Pl*
dokumentár I. -e *Adj* dokumentarisch, urkundlich; Dokumentar-; II. -i *Subst*/*m*, *Pl* -ë Dokumentarfilm *m*
dokumentím -i *m* Dokumentation *f*; Dokumentierung *f*
dokumentón 1 *tr* dokumentieren
dokushdó *Indef Pron* jeder beliebige
dóli 19 *Aor* → **del**
dolín|ë -a *f*, *Pl* -a Tal *n*; trichterförmige Rille *f*
dollák -u *m*, *Pl* -ë Wickelgamasche *f*
dollám|ë -a *f*, *Pl* -a = **dolloma**
dolláp -i *m*, *Pl* -ë *od* -e 1. Schrank *m*; Wandschrank *m*; 2. ~ **i kafesë** Kaffeeröster *m*, Kaffeeröstmaschine *f*; 3. Fenster *n*
dollár -i *m*, *Pl* -ë Dollar *m*
dollí -a *f*, *Pl* – Trinkspruch *m*; **ngreh** ~ das Glas erheben
dólli 19 *Aor* → **del**
dollmá -ja *f*, *Pl* – Krautwickel *m*,

Kohlroulade *f mit Fleisch und Reis gefüllt*
dollomá -ja *f*, *Pl* - knielanger und vorn offener Mantel *m aus Tuch oder Filz*
domát|e -ja *f*, *Pl* -e Tomate *f*; **salcë** ~sh Tomatensoße *f*; Tomatenmark *n*; **lëng** ~sh Tomatensaft *m*
domethénë, *Abk* d.m.th. das heißt *(Abk* d.h.)
domethéni|e -a *f* Bedeutung *f*, Wortbedeutung
dominó -ja *f* Domino *n*, Dominospiel *n*
dominón 1 *itr* herrschen; vorherrschen, dominieren
dómk|ë -a *f*, *Pl* -a Beule *f*
domosdó I. -ja *Subst/f* Unabdingbarkeit *f*, Zwangsläufigkeit *f*; II. *Adv* unbedingt, ohne Zweifel
domosdósh|ëm (i), -me (e) *Adj* unabdingbar, unumgänglich, zwangsläufig; notwendig
domosdoshmërí -a *f* unbedingte Notwendigkeit *f*, Unabdingbarkeit *f*
donatí -a *f* Schmuck *m*
donatís 21 *tr* schmücken, ausschmücken; Schmuck anlegen; mit Schmuck behängen
dóne -t *Pl* lange Unterhose *f*
doràc I. -i *Subst/m*, *Pl* -ë Einarmiger *m*; Einhändiger *m*; II. -e *Adj* einarmig; einhändig
doracák, -e *Adj* handlich, Hand-; **libër** ~ Handbuch *n*; **fshesë** ~e Handfeger *m*
dorák I. -u *Subst/m*, *Pl* -ë Griff *m*, Handgriff; *Tech* Kurbel *f*, Hebel *m*; Sterze *f*, Sterz *m am Pflug*; II. -e *Adj* = dorac II.
dorák|e -ja *f*, *Pl* -e Handschuh *m*
dorás -i *m*, *Pl* -ë Mörder *m*, Täter *m*
doráshk|ë -a *f*, *Pl* -a = dorake
dorásht|ë -a *f*, *Pl* -a *Garnmaß* Docke *f*, Strähne *f*
dordolëc -i *m*, *Pl* -ë *od* -a 1. Vogelscheuche *f*; 2. Regenmädchen *n*, Regenknabe *m (Kind, das bei Pfingstumzügen mit Wasser bespritzt wird)*
dordolín|ë -a *f* Klee *m*
doré -ja *f*, *Pl* - Griff *m bes. am Messer*
doréz|ë -a *f*, *Pl* -a 1. Handschuh *m*; 2. Hebel *m*
dór|ë -a *f*, *Pl* dúar 1. Hand *f*; ~ më ~ von Hand zu Hand; **dora-dora** Hand in Hand; **dora-doras** *od* **dora-**~**s** vorderhand, vorläufig, einstweilen; **dora vetë** a) eigenhändig, gezeichnet; b) höchstpersönlich; selbst; **me duar plotë** a) freigebig; b) mit vollen Händen; **me duar thatë** mit leeren Händen; **nën** ~ unter der Hand, heimlich; **jam në** ~ **të tij** ich bin in seiner Hand; **e kam në** ~ ich habe ihn in der Hand; **e shtiu në** ~ a) er hat ihn in seine Gewalt gebracht; b) er hat es sich angeeignet; **i vjen për dore** *od* **i vjen** ~**sh** es geht ihm leicht von der Hand; **ve** ~**n në zemër** er hat Mitleid; **i jep** ~**n** er reicht ihm die Hand, er hilft ihm; **s'ka kapur qiellin me** ~ er ist auf keinen grünen Zweig gekommen; **heq** ~ a) sich fernhalten, sich zurückziehen; etw. sein lassen; die Verantwortung abgeben; b) ablehnen; verzichten; **ve në** ~ sich etw. aneignen; **s'ka gjë në** ~ er hat nichts zu sagen; **rri me duar kryq** *od* **rri me duar në ijë** er legt die Hände in den Schoß; **e merr nëpër** ~ er geht es noch einmal durch; **na iku nëpër duar** er starb uns unter den Händen weg; **ia ngjis** ~**n** ich unterstütze ihn; **ka** ~ er stiehlt; **jep** ~ es nützt mir; **s'e zë me** ~ er läßt sich nicht darauf ein; **bie në** ~ in die Hände fallen; **ia ka marrë** ~**n asaj pune** er hat sich mit

der Sache vertraut gemacht; **i ktheu ~ babës** er hob die Hand gegen seinen Vater; **e lë pas dore** er vernachlässigt es; **ai është dora e djathtë e tij** er ist seine rechte Hand; **me pare në ~** gegen Barzahlung; **2.** Griff *m*, Henkel *m*; **~ e havanit** Stößel *m* des Mörsers; **3.** Handvoll *f*; **një ~ miell** eine Handvoll Mehl; **4.** Bestätigung *f*; Quittung *f*; **merri një ~!** laß dir von ihm eine Quittung geben! **5.** Qualität *f*; **miell i ~s së parë** Mehl von bester Qualität; **6.**: **është i ~s sonë** er ist von unserer Art; er ist einer von uns; **dora e mesme** die Mittelschicht; **këso dore** von dieser Art, auf diese Weise; **në ~ të parë** in erster Linie, zum ersten

dorëcúng, -e *Adj* = **dorac**

dorëçélë *Adj* großzügig, freigebig

dorëdhḗnë *Adj* = **dorëçelë**

dorëdhḗnës, -e *Adj* großzügig, freigebig; bürgend, Bürgschaft leistend

dorëdhëni|e -a *f* Bürgschaft *f*, Garantie *f*

dorëgjátë *Adj übertr* mit langem Arm, mächtig; gewalttätig

dorëhápët *Adj* verschwenderisch

dorëhéqës, -e *Adj* zurückgetreten, abgedankt

dorëhéqj|e -a *f*, *Pl* -e Abdankung *f*, Rücktritt *m*, Demission *f*; Abschied *m*; Ablehnung *f*, Absage *f*; **jep ~n** a) abdanken; b) seinen Abschied einreichen, in den Ruhestand treten; c) ablehnen; auf etw. verzichten

dorëhóllë *Adj* arm, armselig

dorëjáshtë *Adj* abseits stehend, beiseite stehend; **mbeti ~** er blieb abseits

dorëlëshúar *Adj* verschwenderisch

dorëmbárë *Adj* mit goldenen Händen, mit glücklicher Hand

dorëmbýllur *Adj* geizig

dorëpërdórë *Adv* einstweilen, vorläufig

dorëplót *Adv* mit vollen Händen; freigebig

dorëprérë *Adj* armamputiert; handamputiert

dorërrúdhë *Adj* = **dorështrënguar**

dorëshkrés|ë -a *f*, *Pl* -a = **dorëshkrim**

dorëshkrím -i *m*, *Pl* -e Handschrift *f*, Manuskript *n*

dorështrénjtë *Adj* = **dorështrënguar**

dorështrëngím -i *m* Geiz *m*

dorështrëngúar *Adj* geizig, knauserig; gierig, habsüchtig

dorëtháté *Adj* geizig, knauserig; mit leeren Händen kommend

dórëz -a *f*, *Pl* -a **1.** Griff *m*; Henkel *m*; **~ e parmendës** Pflugsterz *m*; **2.** Manschette *f am Hemd*; **3.** Handschuh *m*; **4.** Getreidebund *n*, Getreidebüschel *n*

dorëzán|ë -i *m*, *Pl* -ë = **dorëzënës**

dorëzénës -i *m*, *Pl* - Bürge *m*, Garant *m*; **hyn ~** bürgen, haften

dorëzëni|e -a *f* Bürgschaft *f*, Garantie *f*

dorëzím -i *m*, *Pl* -e Aushändigung *f*, Übergabe *f*; Abgabe *f*, Ablieferung *f*

dorëzó|n **1** *tr* übergeben, überreichen, aushändigen; ausliefern; abliefern; aufgeben, übergeben, preisgeben; vertrauen, anvertrauen; **~ prift** zum Priester weihen; **-het** *refl* sich ergeben

dorëzónj|ë -a *f* Geißblatt *n*

dorí -u *m*, *Pl* - rotbraunes Pferd *n*, Fuchs *m* (*Pferd*)

dórj|e -a *f*, *Pl* -e kupferner Kochtopf *m*

dosár -i *m*, *Pl* -ë = **dosje**

dós|ë -a *f*, *Pl* -a Sau *f*; *übertr* **1.** gesunde, kräftige Frau *f*; **2.** böses Weibsstück *n*

dosëbál|ë -a *f*, *Pl* -a Dachs *m*

dósëz -a *f*, *Pl* -a Maulwurfsgrille *f*
dosidó *Adv* schlecht und recht; liederlich
dósj|e -a *f*, *Pl* -e Akte *f*, Aktenordner *m*, Dossier *m*
doshkadó *Indef Pron* jedes x-beliebige
dot *Adv Gramm Partikel zum Ausdruck der Unmöglichkeit in verneinten Sätzen*; s'ha ~ ich kann nicht essen; *Partikel zum Ausdruck des Zweifels in Frage- u.Bedingungssätzen*; a vjen ~ ? schaffst du es zu kommen?; në u kthefsha ~ a) falls ich jemals zurückkehre; b) falls ich es schaffe zurückzukommen
dóz|ë -a *f*, *Pl* -a Dosis *f*, Dose *f*; *übertr* me një ~ ironie mit einem Schuß Ironie
¹drág|ë -a *f*, *Pl* -a Lawine *f*
²drág|ë -a *f*, *Pl* -a Bagger *m*
dragomán -i *m*, *Pl* -ë *od* -a *alt* Dolmetscher *m*
drag|úa -ói *m*, *Pl* -ónj Drache *m*
drahmí -a *f Währungseinheit* Drachme *f*
drakonián, -e *Adj* drakonisch
dramatík, -e *Adj* 1. *Lit* dramatisch, Dramen-; 2. dramatisch, aufregend, spannend
dramatík|ë -a *f* Dramatik *f*
dramatíz|ëm -mi *m* dramatischer Stil *m*
dramatizón 1 *tr* 1. *Lit* dramatisieren; 2. dramatisieren, übertreibend schildern; übertreiben
dramatúrg -u *m*, *Pl* -ë Dramaturg *m*; Dramenautor *m*
dramaturgjí -a *f* Dramaturgie *f*
drám|ë -a *f*, *Pl* -a *Lit* Drama *n auch übertr*
drandofíll|e -ja *f*, *Pl* -e Rose *f*; ~ bjeshke Heckenrose
drang -u *m*, *Pl* drangj Katzenjunges; Junges *n von wilden Tieren*; Welpe *m*

dráng|ë -a *f*, *Pl* -a *Zool* Rotauge *n*
drang|úa -ói *m*, *Pl* -ónj 1. Drache *m*; 2. *Myth* Drachentöter *m*; starker Held *m*
drap -i *m*, *Pl* -a Stange *f*, Stock *m*
dráp|ër -ri *m*, *Pl* drapínj *od* dërpénj *od* drépër *od* drapërínj Sichel *f*
drásk|ë -a *f* Bodensatz *m* bei geschmolzener Butter
¹dre -ri *m*, *Pl* -rë Hirsch *m*
²dre *Interj* ach nein! *(Verwunderung)*
³dre -ja *f* Angst *f*, Furcht *f*
dredh 16 *tr* 1. drehen; *Fäden* drehen, zusammendrehen; zwirnen; winden; 2. herumdrehen; ~ valle sich im Tanz drehen, tanzen; 3. *Vet* verschneiden, kastrieren; 4. *itr* sich wenden, zurückkehren
dredhacák, -e *Adj* = dredhak
dredhák, -e *Adj* 1. hinterlistig, durchtrieben, gerieben; 2. ausweichend, nach Ausflüchten suchend
dredhalák, -e *Adj* unbeständig; veränderlich
dredhalésh -i *m* 1. Spinnerei *f bes. für grobe Wolle*; 2. Wollspinner *m bes. für grobe Wolle*; Teppichweber *m*
dredhaník, -e *Adj* = dredhak
dredharák, -e *Adj* = dredhak
dredhatór I. -e *Adj* = dredhak;
II. -i *Subst*/*m*, *Pl* -ë Wortverdreher *m*
drédh|e -ja *f*, *Pl* -e 1. Wirbelwind *m*; 2. Schlingpflanze *f*
drédh|ë -a *f*, *Pl* -a 1. Kurve *f*, Biegung *f*; 2. Wirbelwind *m*; 3. Senkel *m bei Opanken*; 4. Art gedrehte Peitsche; 5. Ranke *f des Weinstockes*; dredha-dredha in Kurven, sich schlängelnd; kurvenreich; *übertr* floké dredha-dredha lockiges Haar; i bën dredha fjalës er macht Ausflüchte; dredha e djallit der Teufel selbst, ein richtiger Teufel
drédhël -a *f*, *Pl* -a Glockenblume *f*

drédhës -i *m, Pl* – 1. Schraube *f*; 2. Hirsch *m mit stark verzweigtem Geweih*
drédhët (i) *Adj* gewunden
dredhëtí -a *f Tech* Windung *f*
¹**drédhëz** -a *f, Pl* -a Kordel *f*, Litze *f*, Tresse *f*
²**drédhëz** -a *f, Pl* -a Erdbeere *f*, Walderdbeere
dredhí -a *f, Pl* – List *f*, Tücke *f*; Intrige *f*
dredhím -i *m* Kurve *f*; *übertr* Verdrehung *f*, Umschweife *Pl*
dredhón 1 *itr* 1. umkehren, zurückkehren; 2. sich winden, sich schlängeln, eine Kurve machen *(Straße, Fluß od. dgl.)*; 3. listig sein; ausweichen, *Ausflüchte* machen; *Worte* verdrehen
drédhur (i) *Adj* 1. gedreht, zusammengedreht, gewunden; 2. *Vet* verschnitten, kastriert
drédhura -t (të) *Pl* 1. Zittern *n*, Schauer *m*, Schüttelfrost *m*; 2. Kurven *Pl*, Biegungen *Pl*
drég|ë -a *f, Pl* -a Schorf *m*, Grind *m*
drégëz -a *f, Pl* -a = **dregë**
dregëzím -i *m Med* Verschorfung *f*
dregëzóhet 1 *refl Med* verschorfen
drejt I. *Adv* gerade; **rri ~ !** sitz gerade!; ohne Umschweife, geradeheraus; **i bie ~** direkt darauf losgehen; richtig, zutreffend; fehlerfrei; **punon ~** richtig handeln, recht tun; **~ për ~ od ~ për së drejti** unmittelbar, direkt; **II.** *Präp (mit Abl)* auf ... zu, in Richtung auf, entgegen; **~ shtëpisë** zum Haus hin
dréjtas *Adv*: **këtu ~** hier herum; hier vorbei; hier in der Nähe
dréjt|ë I. (i) *Adj* 1. gerade, gerade gewachsen, aufrecht; 2. richtig, zutreffend; 3. gerecht denkend; **II.** -a (e) *Subst/f* 1. Ehrlichkeit *f*; **me të ~** auf ehrliche Weise, ehrlich; 2. Wahrheit *f*; 3.: **ka të ~** recht haben; 4. *Jur* Recht *n*; **e drejta civile** das Zivilrecht; **e drejta penale** das Strafrecht; 5.: **të drejta** *Pl* Rechte *Pl*; **të drejtat e njeriut** die Menschenrechte
drejtësí -a *f* 1. Gerechtigkeit *f*; 2. Rechtswesen *n*, Justiz *f*; 3. Rechtswissenschaft *f*, Jura *f*
drejtësísht *Adv* richtig, zu Recht; gerecht, gerechterweise
dréjtëz -a *f, Pl* -a *Geom* Gerade *f*
drejtím -i *m* 1. Richtung *f*; Kurs *m*, Verlauf *m*; **ku e ke ~ in?** in welche Richtung gehst du?; in welcher Richtung wohnst du?; 2. Tendenz *f*, Trend *m*; 3. Leitung *f*
drejtkéndës, -e *Adj* rechtwinklig
drejtón 1 *tr* 1. aufrichten; geraderichten, gerademachen, geraderücken; ausrichten, richten auf; 2. leiten, verwalten; 3. senden, schicken, richten an; **drejto gojën!** halte den Mund!; **-het** *refl* sich wenden nach; sich wenden an; **iu drejtova atij** ich wandte mich an ihn
drejtónjës I. -i *Subst/m, Pl* – Führer *m*, Leiter *m*; **II.** -e *Adj* führend, leitend
drejtór -i *m, Pl* -ë Direktor *m*; Leiter *m*
drejtorésh|ë -a *f, Pl* -a Direktorin *f*; Leiterin *f*
drejtorí -a *f, Pl* – Direktion *f*; Leitung *f*
drejtpeshím -i *m* Gleichgewicht *n*
drejtpërdréjt *Adv* direkt; unmittelbar
drejtpërdréjtë (i) *Adj* direkt, unmittelbar
drejtpërsëdréjti *Adv* = **drejtpërdrejt**
drejtqëndrím -i *m Mil* Haltung *f*; **merr ~** Haltung annehmen
drejtshkrím -i *m* Rechtschreibung *f*
drejtshkrimór, -e *Adj* Rechtschreib-, orthographisch
drejtúes I. -i *Subst/m, Pl* – Führer *m*;

Leiter *m*; *El* Gleichrichter *m*;
II. -e *Adj* führend, leitend
drejtvendósj|e -a *f Tech* Punkteinstellung *f*
dréket 14³ *refl* zu Mittag essen
drék|ë -a *f*, *Pl* -ë **1.** Mittagessen *n*; ~ **n e mirë!** Mahlzeit!; **2.** Mittag *m*; **3.** **-ët** *Pl* Leichenschmaus *m*, Totenmahl *n*
drekëhérë *Adv*: **më** ~ um Mittag herum, gegen Mittag
drekëhérsh|ëm (i), -me (e) *Adj* mittäglich, Mittags-
drékëz -a *f*, *Pl* -a Maiglöckchen *n*
drekón 1 *itr* zu Mittag essen; zu Mittag eingeladen sein
drekór|e -ja *f*, *Pl* -e Gaststätte *f*; Mensa *f*
drekóset 21 *refl* = **dreket**
dremít 22 *itr* schlummern; dösen
dremítur -it (të) *n* Schlummer *m*, Halbschlaf *m*; Dösen *n*
drenúsh|ë -a *f*, *Pl* -a Hirschkuh *f*
drénj|ë -a *f*, *Pl* -a Wachtel *f*
drépër *Pl* → **drapër**
drepínj *Pl* → **drapër**
dreq -i *m*, *Pl* -ër Teufel *m*, Satan *m*; *übertr* Teufel; Teufelskerl *m*; **më hypën** ~**ërit** ich geriet in Wut
dréq|e -ja *f*, *Pl* -e Teufelin *f*
dreqësí -a *f* Teufelei *f*, Gemeinheit *f*, Boshaftigkeit *f*
drë -ri *m*, *Pl* – *od* -rë = ¹**dre**
drëmk|ë -a *f* Nickerchen *n*, Schläfchen *n*
dridh 16⁴ *tr* zittern machen, erbeben lassen; **-et** *refl* **1.** zittern, beben; erschauern, frösteln; **2.** zurückkehren, sich wenden
dridh|ë -a *f* Zittern *n*; **i hyri dridha** er bekam Angst; **i shtie** ~**n** jmdn. in Angst und Schrecken versetzen
drídhës -i *m*, *Pl* – *El* Vibrator *m*
drídhj|e -a *f*, *Pl* -e Zittern *n*; *Akust*, *Opt* Schwingung *f*, Vibration *f*
drídhm|ë -a *f*, *Pl* -a = **dridhë**

drídhsh|ëm (i), -me (e) *Adj* zitternd, bebend
drídhte 16 *Imperf* → **dredh**
drínj|ë -a *f*, *Pl* -a Reisig *n*
dritár|e -ja *f*, *Pl* -e Fenster *n*; ~ **harkore** Bogenfenster; ~ **ngritëseulëse** Fallfenster; ~ **rrëshqitëse** Schiebefenster
drít|ë -a *f*, *Pl* -a **1.** Licht *n*, Helligkeit *f*; **drita e diellit** das Sonnenlicht; **zbardhi drita** es ist hell geworden; **2.** Glanz *m*; **3.** Lichtquelle *f*, Licht (*Lampe usw.*); **4.** Pupille *f*; *übertr* **e ruan si** ~**n e syrit** er hütet es wie seinen Augapfel; *Buchw* **del në** ~ erscheinen; ~ **në** ~ in 24 Stunden; **në** ~**n e** im Lichte von; **nusja ishte** ~ die Braut war bildhübsch; **nxjerr në** ~ a) ans Tageslicht bringen; b) ins Leben rufen (*Ideen usw.*)
dritëdhénës, -e *Adj* lichtspendend, leuchtend
dritëgjátë *Adj* weitsichtig
dritëshkúrtër *Adj* kurzsichtig
dritëshkurtësí -a *f* Kurzsichtigkeit *f*
drítëz -a *f*, *Pl* -a Kerze *f*, Licht *n*
dritór|e -ja *f*, *Pl* -e **1.** Fenster *n*; **2.** Schalterfenster, Schalter *m*
drith|ë -i *m* *od* -ët *n*, *Pl* -ëra Getreide *n*; ~ **buke** Brotgetreide
drithërón 1 *itr* bangen um, sich ängstigen um, zittern um
drithm|ë -a *f*, *Pl* -a Schüttelfrost *m*; Zittern *n*; **e zuni drithmat** er hat Schüttelfrost bekommen; **më zuri drithma** ich bekam es mit der Angst zu tun
drithmón 1 *tr* jmdm. bange machen, jmdm. Angst einflößen, jmdn. in Furcht versetzen
drithník -u *m*, *Pl* -ë Getreidescheune *f*, Getreidespeicher *m*
drithtím -i *m* Schreck *m*
drithtóhet 1 *refl* erschrecken, einen Schreck bekommen

dríz|ë -a *f, Pl* -a Stechdorn *m*; ~ **e butë** Akazie *f*, Robinie *f*

drobít 22 *tr* ermüden, schwächen; erschöpfen, zermürben; **-et** *refl* ermüden, geschwächt werden; zermürbt werden

drobítj|e -a *f* Ermüdung *f*, Erschöpfung *f*; Entkräftung *f*

drobítur (i) *Adj* ermüdet, geschwächt, erschöpft; zermürbt; altersschwach

drobolí -të *Pl* Innereien *Pl*, Eingeweide *Pl*

drobolít 22 *tr*: **më ~i** es hat mir den Magen umgedreht; **-et** *refl* ermüden

¹**dródhi** 16 *Aor* → **dredh**

²**dródhi** 16⁴ *Aor* → **dridh**

drójtet 9³ *refl* sich fürchten; → **dron, druan**

drójtj|e -a *f* Furcht *f*, Angst *f*

drójtur (i) *Adj* furchtsam, ängstlich, schreckhaft; erschreckt

drokth -i *m*, *Pl* -a **1.** Blasenstrauch *m*; **2.** Ginster *m*

drom -i *m*, *Pl* -e Landstraße *f*, Chaussee *f*

drómc|e -a *f*, *Pl* -a Krume *f*, Krümel *m*

dromcón 1 *tr* zerkrümeln, zerbröckeln

dromedár -i *m*, *Pl* -ë Dromedar *n*

dromonís 21 *tr* Getreide sieben

dron 9³ *tr* = **druan**

drop -i *m* Speise aus zerbröseltem Brot, in Butter überbacken

dru **I.** -ri *Subst/m*, *Pl* -nj *od* -rë **1.** Baum *m*; ~ **frytor** Obstbaum; ~ **gjethor** Laubbaum; **2.** Holz *n*; Bauholz; **3.** Stückholz, Brennholz; ein Stück Holz; ~ **anije** Mastbaum, Mast *m*; *übertr* **do** ~ **ai** er hat Prügel verdient; **ha** ~ Prügel bekommen; **i dhashë** ~ ich habe ihn verprügelt; **është** ~ **ai** er ist stockdumm; **II.** -ja *Subst/f*, *Pl* – Holz bes. als Brenn- u.

Baumaterial; *übertr* ~ **e shtrembër** Stümper *m*

drúajtj|e -a *f*, *Pl* -e = **drojtje**

drú|an 9 *od* 9¹ *itr* Angst haben, sich fürchten; erschrecken; **-het** *refl* sich genieren, Hemmungen haben

druár -i *m*, *Pl* -ë = **druvar**

drudh 14 *tr* = **dromcon**

drúdh|e -ja *f*, *Pl* -e = **dromcë**

drúdhëz -a *f*, *Pl* -a = **dromcë**

drúg|ë -a *f*, *Pl* -a **1.** Schiffchen *n* am Webstuhl; **2.** Rocken *m*, Spinnrocken, Spinnstock *m*

drúnjtë (i) *Adj* hölzern, Holz-

druprérës -i *m*, *Pl* – Holzfäller *m*

drúsht|ë -a *f*, *Pl* -a Stange *f*, Mast *m*; ~ **e telegrafit** Telegraphenmast

druth -i *m* Zorn *m*, Verärgerung *f*

druvár -i *m*, *Pl* -ë Holzfäller *m*; Brennholzverkäufer *m*

drýdhët (e) *Adj/f*: **dru e** ~ leicht zu hobelndes Holz

dryshk -u *m* Rost *m* am Eisen

dúa 43 *1. Pers Sg Präs* → **do**

dúaj -t *Pl* Garbe *f*

duák -u *m*, *Pl* duéq Satteltasche *f*

dualíz|ëm -mi *m* Dualismus *m*

dúallëm 19 *1. Pers Pl Aor* → **del**

dúar *Pl* → **dorë**

duarplót *Adv* mit vollen Händen

duartrokít 22 *itr* applaudieren, Beifall klatschen

duartrokítje -t *Pl* Applaus *m*, Beifall *m*, Händeklatschen *n*

duarthárë *Adj* hilflos

duarthátë *Adj* mit leeren Händen kommend, ohne Geschenk kommend

duaxhí -u *m*, *Pl* – *od* -nj **1.** Anhänger *m*, Mitläufer *m*; **2.** Gönner *m*

dublázh -i *m*: ~ **zëri** Synchronisation *f*

¹**dúd|ë** -a *f*, *Pl* -a Schwarzer Maulbeerbaum *m*

²**dúd|ë** -a *f*, *Pl* -a Zahnfleisch *n*

dudsh -i *m*, *Pl* -a zahnloser Greis *m*

dudúk -u *m, Pl* -ë **1.** Pfeifchen *n aus einem Porreestengel*; **2.** Rindenoboe *f*, Schalmei *f (Volksinstrument)*

duél -i *m, Pl* -e Duell *n*, Zweikampf *m*

duéq *Pl* → **duak**

duét -i *m, Pl* -e Duett *n*; Duo *n*

duf -i *m* Ärger *m*, Zorn *m*, Wut *f*; **nxjerr** ~ **in** seine Wut auslassen

dufóhet 1 *refl* in Wut geraten, in Zorn ausbrechen, in die Luft gehen

duháç -i *m, Pl* -a **1.** Sturmwind *m*, Orkan *m*; **2.** Drache *m*

duhán -i *m, Pl* -e Tabak *m*; ~ **i egër** Bilsenkraut *n*; **pi** ~ rauchen

duhanísht|e -ja *f, Pl* -e Tabakfeld *n*, Tabakplantage *f*

duhanór, -e *Adj* Tabaks-

duhanór|e -ja *f, Pl* -e = **duhanishte**

duhanshítës -i *m, Pl* – Tabakhändler *m*

duhantór|e -ja *f, Pl* -e Tabakladen *m*

duhanxhí -u *m, Pl* – *od* -nj = **duhanshitës**

dúhet 43 *refl* **1.** erforderlich sein, gebraucht werden; **a duhem gjë unë këtu?** werde ich hier irgendwie gebraucht?; **ky libër më** ~ dieses Buch brauche ich; **sa pare të duhen?** wieviel Geld brauchst du?; **2.** *unpers* müssen; **unë** ~ **të shkoj** ich muß gehen; **kjo gjë** ~ **të rregullohet** diese Sache muß in Ordnung gebracht werden; **3.**: **ç'të** ~ **ty?** was geht dich das an? was kümmert es dich?; → ¹**do**

duhí -a *f, Pl* – Sturmwind *m*, Orkan *m*

duhísh|ëm (i), -me (e) *Adj* stürmisch

dúhm|ë -a *f* **1.** Mief *m*, Gestank *m*; **2.** Windstoß *m*; **3.** Schwüle *f*

dúhur (i) *Adj* erforderlich, notwendig; passend, angebracht; **në kohën e** ~ zur rechten Zeit

dukagjín -i *m* angegorener Traubenmost *m*

dukát -i *m, Pl* dukét Dukaten *m*

dukát|ë -a *f, Pl* -a Herzogtum *n*

dúke *Gramm Partikel zur Bildung des Gerundiums*; ~ **kënduar** singend; **është** ~ **lexuar** er liest gerade, er ist beim Lesen

dukél -i *m, Pl* -a zweizinkige Hacke *f*, Karst *m*

dukésh|ë -a *f, Pl* -a Herzogin *f*

dúket 14³ *refl* **1.** sich zeigen, sichtbar sein; erscheinen, kommen; **2.** aussehen, scheinen, den Anschein haben; *unpers* **më** ~ mir scheint; **ashtu më** ~ so scheint es mir, es kommt mir so vor

dúk|ë -a *m, Pl* -ë Herzog *m*

dúkj|e -a *f* äußere Erscheinung *f*, Äußeres *n*; Aspekt *m*; **e vuri në** ~ er unterstrich es, er betonte es

dúksh|ëm (i), -me (e) *Adj* sichtbar; auffällig

dúkur (i) *Adj* ansehnlich, stattlich, gutaussehend

dukurí -a *f, Pl* – Erscheinung *f*, Phänomen *n*

dumbré -ja *f* Eichenwald *m*

dúm|e -ja *f, Pl* -e *Getreidemaß, etwa 9 kg;* *übertr* dickes Kind *n*

dúmk|ë -a *f, Pl* -a Faust *f*

dúng|ë -a *f, Pl* -a Art Pistole *f*

duodén -i *m* Zwölffingerdarm *m*

duplikát|ë -a *f, Pl* -a Duplikat *n*, Doppel *n*, Zweitschrift *f*

duq -i *m, Pl* -e Zapfen *m im Spundloch*

dúqe -t *Pl* Satteltaschen *Pl*

durés|ë -a *f Tech* Toleranz *f*

durím -i *m* Ausdauer *f*, Geduld *f*; **bën** ~ sich gedulden, Geduld haben; sich beherrschen; **humb** ~ **in** die Geduld verlieren

duró|n 1 *itr* Geduld haben, ausdauernd sein; standhalten, halten; *tr* dulden, erdulden, aushalten; *übertr* **s'e duroj dot atë** ich kann

durúar

ihn nicht ausstehen; **-het** *refl* erträglich sein; **s'm'u durua** ich hielt es nicht mehr aus
durúar (i) *Adj* geduldig; tolerant
durúesh|ëm (i), **-me** (e) *Adj* geduldig, duldsam; erträglich
Dúrrës -i *m* Durrës *n*, *alt* Durazzo *n*
durrsák I. -u *Subst/m*, *Pl* **-ë** Einwohner von Durrës; **II. -e** *Adj* aus Durrës
dush -i *m*, *Pl* **-e** Dusche *f*
dushk -u *m*, *Pl* **dúshqe 1.** Eiche *f*; **~ i egër** Stechpalme *f*; **2.** Laub *n als Winterfutter*
dushkáj|ë -a *f*, *Pl* **-a** Eichenwald *m*
dushkóhet 1 *refl* sich belauben
dúshktë (i) *Adj* eichen, Eichen-; **dru e ~** Eichenholz *n*, Eiche *f* *als Holzart*
dúshkull -i *m*, *Pl* **dúshkuj** Mastixstrauch *m*
dushmán -i *m*, *Pl* **-ë** *alt* Feind *m*, Gegner *m*
dushnéz|ë -a *f*, *Pl* **-a** Strauch *m*
dushník -u *m*, *Pl* **-ë** Eichenwald *m*
duvák -u *m*, *Pl* **-ë** Brautschleier *m*
duzín|ë -a *f*, *Pl* **-a** Dutzend *n*; **për ~** dutzendweise
duzhín|ë -a *f*, *Pl* **-a** = **duzinë**
d.v. *Abk* für **dora vetë** gezeichnet (gez.)
dy *Num* zwei; **~ nga ~** zu zweit, in Zweierreihen; **~ farësh** zweierlei; **të ~ od të ~ja** alle beide, alle zwei
dyánsh|ëm (i), **-me** (e) *Adj* zweiseitig, beiderseitig
dybék -u *m*, *Pl* **-ë** Butterfaß *n*; hölzerner Mörser *m*
dydít|ësh, -she *Adj* zweitägig
dýer *Pl* → **derë**
dyfáqësh, -e *Adj* zweikantig
dyfék -u *m*, *Pl* **-ë** *od* **dyféqe** Gewehr *n*, Flinte *f*; *übertr* Kampf *m*, Gefecht *n*; **bën ~ me** kämpfen gegen; **në ~ të parë** im ersten Gefecht

dyfekçí -u *m*, *Pl* – *od* **-nj** Büchsenmacher *m*, Gewehrmacher *m*
dyfeqíset 21 *refl* sich schießen, miteinander kämpfen
dyfísh I. -i *Subst/m* Doppelte *n*; **II.** *Adv* doppelt, zweifach; zweimal
dyfishím -i *m* Verdopplung *f*
dyfishón 1 *tr* verdoppeln, verzweifachen
dyfíshtë (i) *Adj* doppelt, zweifach
dyfórmësh, -e *Adj* mit zwei Formen
dygéç -i *m*, *Pl* **-a** Stößel *m*, Mörserkeule *f*
dygjuhësí -a *f* Diglossie *f*
dygjuhësór, -e *Adj* zweisprachig
dygjúhësh, -e *Adj* zweisprachig
dyjár, -e *Adj Math* binär
dyjávsh|ëm (i), **-me** (e) *Adj* zweiwöchig
dykátëshe *Adj/f*: **shtëpi ~** zweigeschossiges Haus *n*
dykuptimësí -a *f* Ambiguität *f*, Doppeldeutigkeit *f*
dylbén -i *m*, *Pl* **-e** Schleier *m*; feiner Stoff *m* *für Schleier und Pluderhosen*
dylbí -a *f*, *Pl* – Fernglas *n*; **~ dyshje** Binokel *n*
dylmér|e -ja *f*, *Pl* **-e** Bachstelze *f*
dyluftím -i *m*, *Pl* **-e** Zweikampf *m*
dylúgtë (i) *Adj Opt* bikonkav
dýll|ë -i *m* *od* **-ët** *n* Wachs *n*; **~ i kuq** Siegellack *m*; Gummilack *m*, Schellack *m*; **~ druri** Harz *n*; **letër dylli** Pauspapier *n*; *Anat* **~ i veshit** Ohrenschmalz *n*; *übertr* **bëhet ~** wachsbleich werden
dyllós 21 *tr* wachsen, mit Wachs tränken
dyllósur (i) *Adj* gewachst, Wachs-
dýlltë (i) *Adj* wächsern, aus Wachs
dymbëdhjétë *Num* zwölf
dýmëzaj *Adv* doppelt
dymëzím -i *m*, *Pl* **-e** = **dyfishim**
dymëzón 1 *tr* = **dyfishon**
dymotórësh, -e *Adj* zweimotorig
dymýstë (i) *Adj Opt* bikonvex

dynd 14 *tr* erschüttern, erzittern lassen; **-et** *refl übertr* sich erheben, aufstehen

dyndáll|ë -a *f*, *Pl* -a Überschwemmung *f*, Hochwasser *n*, Hochwasserflut *f*

dýndj|e -a *f*, *Pl* -e Auswanderung *f*, Umsiedlung *f eines Volkes usw.*; **dyndja e madhe e popujve** die große Völkerwanderung

dyngjýrësh, -e *Adj* zweifarbig

dyným -i *m*, *Pl* -ë *Flächenmaß, etwa 1000 qm*

dynjá -ja *f*, *Pl – alt* Welt *f*; Leute *Pl*; **e di gjithë** ~ **ja** alle Welt weiß es

dypálësh, -e *Adj* zweiseitig, bilateral

dypíkës -i *m*, *Pl – Gramm* Doppelpunkt *m*

dyqán -i *m*, *Pl* -e Laden *m*, Geschäft *n*

dyqanxhí -u *m*, *Pl – od* -nj Ladeninhaber *m*, Geschäftsinhaber *m*

dyqél -i *m*, *Pl* -a = **dukel**

dyqínd *Num* zweihundert

dyrrókësh, -e *Adj Gramm* zweisilbig

dysí -a *f* Dualität *f*

dýstë (i) *Adj* **1.** eben, glatt; ungemustert; **2.** gleich, gleichmäßig

dystón 1 *tr* glätten, ebnen

dysh **I.** -i *Subst*/*m*, *Pl* -a Zwei *f*; *alte Münze* Zweier *m*; *übertr* **s'bën një** ~ es ist keinen roten Heller wert; **II.** *Adv*: **ndau** ~ er hat es in zwei Teile geteilt; **e bëri** ~ er hat es doppelt zusammengelegt; **e kam më** ~ ich bin noch unentschlossen; **s'ia bën fjalën** ~ er steht zu seinem Wort

dýshas *Adv*: **e kam** ~ ich bin im Zweifel; ich bin unentschlossen

dyshék -u *m*, *Pl* -ë Matratze *f*; **futet në** ~ zu Bett gehen; ~ **kashte** Strohsack *m*

dyshemé -ja *f*, *Pl* – **1.** Fußboden *m*; **2.** golddurchwirkter Schleier *m*

dyshím -i *m*, *Pl* -e **1.** Zweifel *m*, Unentschlossenheit *f*; **pa** ~ ohne Zweifel, zweifellos; **2.** Verdacht *m*

dyshímtë (i) *Adj* zweifelhaft, verdächtig; unsicher

dyshó|n 1 *itr* zweifeln, unsicher sein; ~ **më atë** er hat einen Verdacht gegen ihn; *tr* bezweifeln; **-het** *refl*: **nuk dyshohet se...** es ist nicht zu bezweifeln, daß...

dýtë (i) *Adj* zweite

dytësór, -e *Adj* sekundär

dythundrák, -e *Adj* paarhufig

dythundrákë -t *Pl* Paarhufer *Pl*

dyvizór, -e *Adj* bilinear

dyvjeçár, -e *Adj* zweijährig, Zweijahr-

dyvjetór, -e *Adj* = **dyvjeçar**

dyzanór -i *m*, *Pl* -ë Diphthong *m*

dýzash *Adv*: **jam** ~ ich bin mir noch nicht im klaren, ich bin noch unentschlossen, ich bin mir noch im Zweifel

dyzét *Num* vierzig

dyzetkémbësh -i *m*, *Pl* – = **dyzetkëmbëshe**

dyzetkémbësh|e -ja *f*, *Pl* -e Tausendfüßler *m*

Dh

¹**dha** *Konj* also
²**dha** 53 *Aor* → **jep**
dhallaník -u *m, Pl* -ë Pastete *f aus Maismehl mit Buttermilch oder Joghurt*
dháll|ë -a *f* Buttermilch *f*; *übertr* **e bën mendjen** ~ verrückt machen, verwirren
dhampír -i *m, Pl* -ë Vampir *m*
dhanór|e -ja *f* Dativ *m*
dhart -i *m, Pl* -e Maisrebbler *m*
dhaskál -i *m, Pl* dhaskénj *od* dhaskáj *alt* Lehrer *m*
dháshë 53 *1. Pers Sg Aor* → **jep**
¹**dhe** -u *m, Pl* -ra **1.** Erde *f*; Festland *n*; **2.** Land *n*; ~ **i huaj** Ausland, Fremde *f*; **burrë i** ~**ut** a) Prachtkerl *m*, Held *m*; b) Fremder *m*; **3. Dheu** *Geogr* die Erde, der Erdball; **e Bukura e Dheut** die Schönste der Erde *(Märchenfigur)*; **4.** Boden *m*; **mori** ~**në ndër sy** er wanderte aus, er ging weg; **mori fjala** ~**në** die Nachricht hat sich verbreitet; **u bë** ~ er ist aschfahl geworden
²**dhe** *Konj* und; auch
³**dhe** 53 *2. Pers Sg Aor* → **jep**
dhel 14 *tr* umschmeicheln, jmdm. schmeicheln
dhelatár -i *m, Pl* -ë einziger Sohn *m*; verwöhntes, verzärteltes Kind *n*
dhelatón 1 *tr* mit Zärtlichkeiten umgeben; verwöhnen, verzärteln
dhéle -t *Pl* Zärtlichkeit *f*
dhelëkúndj|e -a *f, Pl* -e Erdbeben *n*
dhélk|ë -a *f, Pl* -a = **dhele**
dhelparák, -e *Adj* listig, schlau; hinterlistig
dhélp|ër -ra *od* -ëra *f, Pl* -ra *od* -ëra Fuchs *m*
dhelpërí -a *f, Pl* - List *f*, Schlauheit *f*; Schläue *f*; Hinterlist, Tücke *f*

dhelpërísht *Adv* mit List und Tücke; schlau
dhemb (i) 14 *itr* **1.** schmerzen; **më** ~ **koka** ich habe Kopfschmerzen; **2.**: **nënës i** ~ **për djalin** die Mutter liebt ihren Sohn innig; **-et** *refl* leid tun; **më** ~**et** er tut mir leid
dhémbj|e -a *f, Pl* -e Schmerz *m*
dhémbur (i) *Adj* liebevoll, innig liebend; mitleidig, mitfühlend
dhémbura -t (të) *Pl* Schmerzen *Pl*
dhemburí -a *f* Mitleid *n*, Mitgefühl *n*; Liebe *f zu Verwandten*
dhemíz|ë -a *f, Pl* -a **1.** Raupe *f*; Made *f*; **2.** Fliege *f*
dhémj|e -a *f, Pl* -e Raupe *f*; Made *f*
dhémsh|ëm (i), -me (e) *Adj* mitleidig, mitleidsvoll
dhémshur (i) *Adj* = **i dhembur**
dhemshurí -a *f* = **dhemburi**
¹**dhen** -i *m, Pl* -a Splitter *m*, Span *m*
²**dhen** *Pl* → **dele**
dhenár -i *m, Pl* -ë Schafhirt *m*
dhenár|e -ja *f, Pl* -e Schafhirtin *f*
dhenël -a *f, Pl* -a = ¹**dhen**
dhenëz -a *f, Pl* -a **1.** Niednagel *m*; **2.** Splitter *m*; **3.** Borkenkäfer *m*
dhesk -u *m, Pl* dhesq *Zool* Bremse *f*; Stechfliege *f*, Dasselfliege *f*
dhespót -i *m, Pl* -ë *od* -ër Bischof *m* *in der orthodoxen Kirche*
dhésh|ëm (i), -me (e) *Adj* Erd-
dhéul|ë -a *f, Pl* -a Ameise *f*
dhez 17¹ *tr* anzünden
dhézur (i) *Adj* angezündet, entzündet
¹**dhëmb** -i *m, Pl* -ë Zahn *m*; ~**ët e qumështit** die Milchzähne; ~**ët prerës** die Schneidezähne; ~**ët e syrit** die Augenzähne; ~ **i vënë** künstlicher Zahn, Zahnersatz *m*; **mishi i** ~**ëve** das Zahnfleisch; *Tech* Zahn; ~**ët e sharrës** die Sägezähne; *übertr* **flet nëpër** ~ **ë**

er murmelt durch die Zähne; **i njoh ~ë e ~allë** ich kenne ihn in- und auswendig; **me shpirt ndër ~ë** mit großen Qualen; **zbardh ~ët** feixen; **~ë-~ë** gezackt, gezahnt
²**dhëmb** (i) 14 *itr* = **dhemb**
dhëmbác I. -i *Subst/m* Lispler *m*; II. -e *Adj* lispelnd
dhëmbáll|ë -a *f*, *Pl* -ë Backenzahn *m*; **~ët e syrit** die Weisheitszähne
dhëmbarásh -i *m*, *Pl* -ë Mensch *m mit schiefen Zähnen und Zahnlücken*
dhëmbçón 1 *tr* hineinbeißen, anbeißen
dhémbës -i *m*, *Pl* - Rechen *m*, Harke *f*
dhémbëz -a *f*, *Pl* -a *Tech* Zahn *m*; **~at e sharrës** die Sägezähne
dhëmbëzúar (i) *Adj* gezähnt, gezackt, zackig; **rrotë e ~** Zahnrad *n*
dhémbj|e -a *f*, *Pl* -e = **dhembje**
dhëmbór|e -ja *f*, *Pl* -e *Gramm* Dentallaut *m*, Dental *m*
dhémbur (i) *Adj* = **i dhembur**
dhëmbýset (i) 21 *itr* leid tun; **më ~** er tut mir leid
dhën *Pl* → **dele**
dhéna -t *Pl* Daten *Pl*, Angaben *Pl*, Fakten *Pl*
dhënár -i *m*, *Pl* -ë = **dhenar**
dhënd|ër -ri *m*, *Pl* dhëndúrë Bräutigam *m*; junger Ehemann *m*; Schwiegersohn *m*; Schwager *m*
dhëndërí -a *f* 1. Zeit *f* *in der jmd. Bräutigam ist*; 2. *alle jungen Ehemänner eines Hauses*
dhëndërón 1 *itr* Bräutigam werden; sich verloben
dhënd|ërr -rri *m*, *Pl* dhëndúrrë = **dhëndër**
dhën|ë I. (i) *Adj* hingegeben; passioniert; II. -a (e) *Subst/f*, *Pl* -a (të) *Math* gegebene Größe *f*, Gegebene *n*; III. -ët (të) *Subst/n*: **të ~ e të marrë** Beziehung *f*; Handelsbeziehung; IV. 53 *Part* → **jep**

dhéni|e -a *f* Geben *n*; **~a e ndihmës** die Hilfeleistung
dhi -a *f*, *Pl* - Ziege *f*, Geiß *f*; **~ e egër** Wildziege; Gemse *f*
dhiák -u *m*, *Pl* -ë Ziegenhirt *m*
dhiár -i *m*, *Pl* -ë = **dhiak**
dhiár|e -ja *f*, *Pl* -e 1. Ziegenhirtin *f*; 2. Ziegenpfad *m*, schmaler Pfad *m im Gebirge*
dhiát|ë -a *f*, *Pl* -a Testament *n*; *Rel* **dhiata e vjetër** das Alte Testament; **dhiata e re** das Neue Testament
dhier 31¹ *Part* → **dhjet**
dhímbet (i) 14 *itr* leid tun; **nuk i ~ gjë për të** für ihn ist ihm nichts zu schade
dhímb|ë -a *f*, *Pl* -a = **dhimbje**
dhímbj|e -a *f*, *Pl* -e Schmerz *m*; Kummer *m*
dhímbsh|ëm (i), -me (e) *Adj* 1. bedauernswert, mitleiderregend; 2. mitleidig, mitfühlend
dhimisqí -a *f* Damaszener Klinge *f*
dhiózm|ë -a *f* Minze *f*
dhiqél -i *m*, *Pl* -ë Karst *m*, zweizinkige Hacke *f*
dhírtë (i) *Adj* Ziegen-
dhisk -u *m*, *Pl* dhisq 1. Tablett *n*; *übertr* Spende *f*; 2. Scheibe *f des Mondes oder der Sonne*
dhiste 31¹ *Imperf* → **dhjet**
dhitet 31¹ *refl* in die Hosen machen; *übertr* **u dhie puna e tij** seine Arbeit ist zum Teufel; → **dhjet**
dhiz -t *Pl* Geißlein *Pl*, Zicklein *Pl*
dhízte 17¹ *Imperf* → **dhez**
dhjak -u *m*, *Pl* -ë Diakon *m*
dhjámet 14 *refl* dick werden, Fett ansetzen
dhjám|ë -i *m od* -ët *n*, *Pl* -ëra Fett *n*; **ve ~** Fett ansetzen
dhjamór, -e *Adj* fettig, Fett-
dhjámtë (i) *Adj* Fett-; **qiri i ~** Talglicht *n*
dhjamur (i) *Adj* fett
dhjet 31¹ *itr* austreten gehen; seine

Notdurft verrichten; *tr übertr*: e ~ etwas versauen
dhjéta (e) *f/best, Pl* -t (të) *alt* der Zehnt *als Abgabe*
dhjét|ë I. *Num* zehn; **II.** (i) *Adj* zehnter; **III.** -a *Subst/f* Zehn *f*; me ~ra zu Dutzenden
dhjetëdítësh -i *m, Pl* -e = **dhjetëditor**
dhjetëditór I. -i *Subst/m, Pl* -ë Dekade *f*; **II.** -e *Adj* zehntägig
dhjetëfísh I. *Adv* zehnfach; **II.** -i *Subst/m* das Zehnfache
dhjetëfishím -i *m* Verzehnfachen *n*, zehnfache Erhöhung *f*
dhjetëfishón 1 *tr* verzehnfachen
dhjetëgárësh -i *m Sport* Zehnkampf *m*
dhjétësh I. -i *Subst/m, Pl* -e *Münze* Zehner *m*; **II.** *Adv* in zehn Teile; zehnfach
dhjétësh|e -ja *f, Pl* -e *Math* Zehnerpotenz *f*
dhjetëvjeçár, -e *Adj* zehnjährig, Zehnjahres-
dhjetëvjétësh -i *m, Pl* -e Jahrzehnt *n*
dhjetëvjetór -i *m* zehnter Jahrestag *m*
dhjetón 1 *tr* **1.** dezimieren; **2.** unterschlagen; **3.** *alt* den Zehnten eintreiben
dhjetór I. -i *Subst/m* Dezember *m*; **II.** -e *Adj* dekadisch, Zehner-; **numrat** ~e die Zehnerzahlen, die Zehner
dhjéu 31¹ *Aor* → **dhjet**
dhóg|ë -a *f, Pl* -a Brett *n*, Diele *f*
dhógtë (i) *Adj* Bretter-
dhokán -i *m, Pl* -ë Falle *f*, Mausefalle *f*

dhokaníqe -t *Pl* **1.** Krücken *Pl*; **2.** Bischofsstab *m*
dhóm|ë -a *f, Pl* -a Raum *m*, Zimmer *n*, Stube *f*; Kammer *f im Parlament*; *Tech* Kammer; ~ **me trusni të ulët** Unterdruckkammer; ~ **e avullit** Dampfkammer; *Opt* ~ **e errët** Dunkelkammer
dhri -a *f, Pl* – Weinrebe *f*, Wein *m*, Weinstock *m*
dhrom -i *m, Pl* -e Landstraße *f*, Chaussee *f*, Fernverkehrsstraße *f*
dhropikí -a *f Med* Wassersucht *f*
dhún|ë -a *f, Pl* -ë **1.** Schande *f*; **i vuri** ~ **shtëpisë** er hat die Familie in Schande gebracht; **2.** Schaden *m*, Schlechtes *n*; **3.** Gewalt *f*; me ~ mit Gewalt, gewaltsam
dhuním -i *m, Pl* -e **1.** Schändung *f*, Vergewaltigung *f*; Zwang *m*; **2.** Verletzung *f*, Verstoß *m*, Mißachtung *f*
dhunón 1 *tr* **1.** vergewaltigen, schänden; gegen jmdn. Gewalt anwenden; **2.** beleidigen, mißachten; ~ **të drejtat e tjetrit** des anderen Rechte mit Füßen treten; **3.** *Abkommen* verletzen
dhunónjës -i *m, Pl* – = **dhunues**
dhunúes -i *m, Pl* – Beleidiger *m*; Schänder *m*; Gewalttätiger *m*
dhurát|ë -a *f, Pl* -a Geschenk *n*
dhurëtí -a *f, Pl* – Geschenk *n, bes.* Hochzeitsgeschenk
dhurón 1 *tr* schenken, verschenken
dhurónjës -i *m, Pl* – *Jur* Stifter *m*; Spender *m*
dhurúes -i *m, Pl* – = **dhuronjës**

E

¹**e** *Pers Pron Kurzform Akk* → **ajo** *od* → **ai**
²**e** *Art/f vor Adj, Subst im Gen, vor femininen Verwandtschaftsnamen, best Pron usw.*; **vajza ~ bukur** das schöne Mädchen; **vajza ~ Tanës** Tanas Mädchen; **vajza ~ saj** ihr Mädchen; **~ ëma** seine (ihre) Mutter
³**e** *Konj* und; auch
ebonít -i *m* Hartgummi *m*, Ebonit *n*
¹**ec** 14 *itr* = **ecën**
²**ec** 45 *Imp* → **vete**
écën 15 *itr* gehen, laufen; **i ~ rroga** sein Gehalt läuft weiter; sich bewegen; fahren; *übertr* **s'më ~** es gelingt mir nicht; **s'i ~ puna** er hat kein Glück
écj|e -a *f* 1. Gehen *n*; 2. Gang *m*, Gangart *f*
ecuní -a *f* Gang *m*; Verfahren *n*, Methode *f*
écur -it (të) *n* Gang *m*; Gehen *n*
ecurí -a *f* Verlauf *m*, Gang *m*
edukát|ë -a *f* 1. Erziehung *f*, Bildung *f*; 2. Bildung, Benehmen *n*; **me ~** mit guten Manieren
edukatív, -e *Adj* erzieherisch, Bildungs-
edukatór -i *m*, *Pl* -ë Erzieher *m*
edukatór|e -ja *f*, *Pl* -e Erzieherin *f*
edukím -i *m* Erziehung *f*
edukón 1 *tr* erziehen
edukónjës I. -i *Subst/m*, *Pl* – Erzieher *m*; II. -e *Adj* erzieherisch
edukúes, -e *Adj* erzieherisch; Erziehungs-
edhé *Konj* und, auch, und auch; **~ pse** *od* **~ sikur** auch wenn, wenn auch
édhe *Adv* noch; schon, sogar
efékt -i *m*, *Pl* -e 1. Effekt *m*, Wirkung *f*, Erfolg *m*; 2. Eindruck *m*
efektív I. -i *Subst/m*, *Pl* -e *Mil* Personalbestand *m*, Effektivbestand *m*; II. -e *Adj* effektiv, wirksam; tatsächlich, real
efektivísht *Adv* tatsächlich
eféktsh|ëm (i), -me (e) *Adj* wirkungsvoll
efendí -u *m*, *Pl* – *alt* Herr *m*
efikás, -e *Adj* effektvoll, wirkungsvoll
efikasitét -i *m* Wirksamkeit *f*
efsh -i *m* Ekel *m*; **e kam ~ të flas me atë** es widert mich an, mit ihm zu sprechen
égër (i) *Adj* 1. wild, ungezähmt; **kafshë e ~** wildes Tier *n*; 2. unzivilisiert, ungebildet; roh; 3. wild, wildwachsend, unkultiviert; **trëndafil i ~** Wildrose *f*; 4. rauh, unzugänglich, unwirsch; **me të ~** im Bösen
egërlé -ja *f* wilder Ölbaum *m*
egërsí -a *f* Wildheit *f*, Rohheit *f*; Rauhheit *f*
egërsím -i *m* Verwilderung *f*; Aufstacheln *n*, Wildmachen *n*
egërsír|ë -a *f*, *Pl* -a Wild *n*, Raubtier *n*; *übertr* Bestie *f*
egërsisht *Adv* wild, roh, unmenschlich; unzivilisiert
egërsó|n 1 *tr* reizen, erzürnen, wild machen; verschärfen; **-het** *refl* wild werden, wütend werden; **u egërsua moti** das Wetter hat sich sehr verschlechtert; **po më egërsohet plaga** meine Wunde wird immer schlimmer
egërtí -a *f* Rohputz *m*, Verputz *m*; Rohbau *m*
egoíst I. -i *Subst/m*, *Pl* -ë *od* -a Egoist

m; **II.** -e *Adj* egoistisch, selbstsüchtig
egoíz|ëm -mi *m*, *Pl* -ma Egoismus *m*; egoistisches Interesse *n*
egzisténc|ë -a *f* = **ekzistencë**
egzistón 1 *itr* = **ekziston**
Egjé -u *m* Ägäis *f*; **deti** ~ das Ägäische Meer
égjër -a *f Bot* Taumel-Lolch *m*
egjíd|ë -a *f* Ägide *f*
Egjípt -i *m* Ägypten *n*
egjíptas -i *m*, *Pl* - Ägypter *m*
egjiptián I. -i *Subst*/*m*, *Pl* -ë Ägypter *m*; **II.** -e *Adj* ägyptisch
eh I. -u *Subst*/*m* Schneide *f*, Messerschneide; **II.** 14³ *tr* schärfen, wetzen
éh|ë -a *f* Schneide *f*
éhull -i *m*, *Pl* éhuj Eiszapfen *m*
éja I. 52 *Imp* → **vjen**; **II.** *Interj* komm!, hierher!
ekinodérme -t *Pl* Stachelhäuter *Pl*
ekíp -i *m*, *Pl* -e Equipe *f*, Mannschaft *f*; Gruppe *f*
ekipázh -i *m*, *Pl* -e Besatzung *f*, Mannschaft *f*
eklektík I. -u *Subst*/*m*, *Pl* -ë Eklektiker *m*; **II.** -e *Adj* eklektisch
eklektíz|ëm -mi *m* Eklektizismus *m*
eklíps -i *m*, *Pl* -e Eklipse *f*; Sonnenfinsternis *f*, Mondfinsternis; ~ **i plotë i hënës** totale Mondfinsternis
ekoným -i *m*, *Pl* -ë Ökonom *m*; Verwalter *m*, Wirtschaftsleiter *m*
ekonomát -i *m*, *Pl* -e Wirtschaftsbereich *m*; Verwaltungsbereich *m*
ekonomí -a *f* **1.** Ökonomik *f*; **2.** Ökonomie *f*, Wirtschaft *f*; **3.** Ökonomie, Wirtschaftswissenschaft *f*; **4.** Produktion *f*; ~ **ndihmëse** Nebenwirtschaft; **5.** Wirtschaftlichkeit *f*, Sparsamkeit *f*; **bën** ~ sparen; sparsam sein; **6.** **-të** *Pl* die Spareinlagen, die Spargelder
ekonomík, -e *Adj* **1.** ökonomisch, Wirtschafts-; **2.** sparsam, wirtschaftlich
ekonomikísht *Adv* **1.** ökonomisch, wirtschaftlich; **2.** sparsam, wirtschaftlich, haushälterisch
ekonomíko-politík, -e *Adj* politisch-ökonomisch
ekonomíko-shoqërór, -e *Adj* sozialökonomisch
ekonomiqár, -e *Adj* sparsam, wirtschaftlich
ekoníst -i *m*, *Pl* -ë *od* -a Ökonom *m*, Wirtschaftler *m*; Wirtschaftswissenschaftler *m*
ekonomíz|ëm -mi *m*, *Pl* -ma Ökonomismus *m*; ökonomistische Auffassung *f*
ekonomizón 1 *tr* sparsam wirtschaften, bewirtschaften; sparen, beiseite legen
ekrán -i *m*, *Pl* -e *Film* Leinwand *f*
eksíq, -e *Adj* mangelhaft, dürftig; *übertr* **është** ~ **nga mendja** bei ihm ist eine Schraube locker, er hat nicht alle Tassen im Schrank
ekskavatór -i *m*, *Pl* -ë Bagger *m*, Greifbagger
ekskluzív, -e *Adj* exklusiv, ausschließlich; **e drejta** ~ **e** das Alleinrecht
ekskluzivísht *Adv* ausschließlich
ekskursión -i *m*, *Pl* -e Exkursion *f*
ekspansión -i *m*, *Pl* -e Expansion *f*
ekspansioníst, -e *Adj* expansiv, Expansions-
ekspansioníz|ëm -mi *m* Expansionspolitik *f*
ekspedít|ë -a *f*, *Pl* -a **1.** Expedition *f*, Forschungsreise *f*; **2.** Kriegszug *m*
eksperiénc|ë -a *f*, *Pl* -a Erfahrung *f*; **shkëmbim eksperiencash** Erfahrungsaustausch *m*
eksperimént -i *m*, *Pl* -e Experiment *n*, Versuch *m*
eksperimentál, -e *Adj* experimental, experimentell
eksperimentím -i *m* Experimentieren *n*
eksperimentón 1 *itr* experimentieren

eksperimentúes -i *m*, *Pl* – Experimentator *m*
ekspért -i *m*, *Pl* -ë *od* -a Experte *m*; Sachverständiger *m*, Gutachter *m*
ekspertíz|ë -a *f*, *Pl* -a Expertise *f*
ekspertón 1 *tr* expertisieren, begutachten, sachverständig prüfen
eksploatím -i *m* Ausbeutung *f*; Ausnutzung *f*, Nutzung
eksploatón 1 *tr* ausbeuten; ausnutzen, nutzen
eksploatónjës I. -i *Subst/m*, *Pl* – Ausbeuter *m*; II. -e *Adj* ausbeutend, ausbeuterisch, Ausbeuter-
eksplodím -i *m*, *Pl* -e Explosion *f*
eksplodón 1 *itr* explodieren, zerknallen, platzen
eksplorím -i *m*, *Pl* -e 1. Erforschung *f*, Untersuchung *f*; 2. *Geol* Schürfung *f*
eksplorón 1 *tr* 1. erforschen; 2. *Geol* schürfen
eksplorónjës -i *m*, *Pl* – 1. Forscher *m*; 2. *Geol* Schürfer *m*
eksplozión -i *m*, *Pl* -e Explosion *f*
eksplozív, -e *Adj* explosiv
eksponént -i *m*, *Pl* -ë *Math*, *Pol* Exponent *m*
ekspórt -i *m* Export *m*, Ausfuhr *f*
eksportím -i *m*, *Pl* -e Exportieren *n*; Export *m*; ~ e *Pl* Exportwaren *Pl*
eksportón 1 *tr* exportieren, ausführen
eksportúes -i *m*, *Pl* – Exporteur *m*
ekspozím -i *m*, *Pl* -e 1. Auslegung *f*, Darlegung *f*; 2. Ausstellung *f*
ekspozít|ë -a *f*, *Pl* -a Ausstellung *f*, Schau *f*
ekspozón 1 *tr* ausstellen, zur Schau stellen
ekspresión -i *m* Ausdruck *m*
ekspresioníz|ëm -mi *m* Expressionismus *m*
ekstáz|ë -a *f* Ekstase *f*, Verzückung *f*; Begeisterung *f*
ekstrákt -i *m*, *Pl* -e 1. Extrakt *m*;
~ **mishi** Fleischextrakt; 2. Sonderdruck *m*
ekstraterritoriál, -e *Adj* exterritorial
ekstravagánc|ë -a *f*, *Pl* -a Extravaganz *f*; Ausschweifung *f*
ekstravagánt, -e *Adj* extravagant; ausschweifend
ekstrém -i *m*, *Pl* -e *Math* Extremwert *m*
ekstremíz|ëm -mi *m* Extremismus *m*
ekuación -i *m*, *Pl* -e *Math* Gleichung *f*
ekuatór -i *m* Äquator *m*
ekuatoriál, -e *Adj* äquatorial, Äquator-
ekuilíb|ër -ri *m* Gleichgewicht *n*; **trau i ekuilibrit** der Schwebebalken
ekuilibríst -i *m*, *Pl* -ë *od* -a Äquilibrist *m*, Seiltänzer *m*
ekuilibrón 1 *tr* ins Gleichgewicht bringen
ekuivalénc|ë -a *f* Äquivalenz *f*, Gleichwertigkeit *f*
ekuivalént, -e *Adj* äquivalent, gleichwertig
ekzagjerúar (i) *Adj* übertrieben; überschwenglich; überspannt, überkandidelt
ekzákt I. -e *Adj* exakt, genau; sorgfältig; II. *Adv* exakt, genau
ekzaltím -i *m* 1. Verherrlichung *f*; 2. Begeisterung *f*, Verzückung *f*
ekzaltó|n 1 *tr* verherrlichen; -**het** *refl* in Entzücken geraten, sich begeistern; exaltiert sein
ekzaltúar (i) *Adj* 1. entzückt, begeistert; exaltiert; 2. fanatisch
ekzaminím -i *m Med* Untersuchung *f*
ekzaminón 1 *tr Med* untersuchen
ekzekutím -i *m*, *Pl* -e 1. Verwirklichung *f*, Ausführung *f*; 2. Exekution *f*, Hinrichtung *f*; 3. *Mus* Ausführung, Aufführung *f*, Vortrag *m*; Vorführung *f*, Darbietung *f*
ekzekutív, -e *Adj* exekutiv, ausführend; vollstreckend; *Pol* push-

ekzekutón 122

teti ~ die Exekutive; **komiteti** ~ das Exekutivkomitee
ekzekutón 1 *tr* 1. *Mus* spielen, aufführen, vortragen; vorführen, darbieten; 2.: ~ një të dënuar einen Verurteilten hinrichten
ekzém|ë -a *f, Pl* -a *Med* Ekzem *n*, Exanthem *n*
ekzemplár -i *m, Pl* -ë Exemplar *n*; Beispiel *n*, Modell *n*
ekzisténc|ë -a *f* Existenz *f*, Dasein *n*, Leben *n*
ekzistencialíz|ëm -mi *m* Existentialismus *m*
ekzistón 1 *itr* existieren, vorhanden sein; leben
ekzistúes, -e *Adj* existent, vorhanden
ekzocentrík, -e *Adj* exzentrisch
ekzogamí -a *f* Exogamie *f*
ekzotík, -e *Adj* exotisch, fremdartig
elasticitét -i *m* Elastizität *f*
elastík, -e *Adj* elastisch; *übertr* **përgjegje** ~ e eine ausweichende Antwort
elb -i *m, Pl* -ëra Gerste *f*
elbaróz|ë -a *f Bot* Storchschnabel *m*
elbazé -ja *f, Pl* - Fächer *m*
Élb|ë -a *f* Elbe *f*
élbëra -t *Pl* Gerste *f auf dem Halm*
elbërísht|e -ja *f, Pl* -e Gerstenfeld *n*
elbísht|e -ja *f* Gerstenstroh *n*
elbór|e -ja *f, Pl* -e = **elbërishte**
élbtë (i) *Adj* Gersten-
elbth -i *m Med* Gerstenkorn *n*
elefánt -i *m, Pl* -ë *od* -a Elefant *m*
elegánc|ë -a *f* Eleganz *f*
elegánt, -e *Adj* elegant
elegjí -a *f, Pl* - *Lit* Elegie *f*
elegjiák, -e *Adj* elegisch
elektorál, -e *Adj* Wahl-; **zonë** ~ e Wahlbezirk *m*; **bileta** ~ e der Stimmzettel; **fushata** ~ e die Wahlkampagne
elektricíst -i *m, Pl* -ë *od* -a Elektriker *m*
elektricitét -i *m* Elektrizität *f*

elektriçíst -i *m, Pl* -ë *od* -a = **elektricist**
elektrifikím -i *m, Pl* -e Elektrifizierung *f*
elektrifikón 1 *tr* elektrifizieren
elektrík I. -u *Subst/m, Pl* -ë elektrisches Gerät *n*; Elektrizität *f*; **stacion** i ~ut Elektrostation *f*; II. -e *Adj* elektrisch; **rrymë** ~ e elektrischer Strom *m*
elektrizím -i *m* Elektrisieren *n*
elektrizón 1 *tr* elektrisieren; *übertr* begeistern
elektród|ë -a *f, Pl* -a Elektrode *f*
elektrodinamík, -e *Adj* elektrodynamisch
elektrokardiográm -i *m, Pl* -e Elektrokardiogramm *n*
elektrokimí -a *f* Elektrochemie *f*
elektrokimík, -e *Adj* elektrochemisch
elektrolít -i *m, Pl* -ë Elektrolyt *m*
elektrolíz|ë -a *f* Elektrolyse *f*
elektromagnét -i *m, Pl* -ë Elektromagnet *m*
elektromagnetík, -e *Adj* elektromagnetisch
elektromagnetíz|ëm -mi *m* Elektromagnetismus *m*
elektromekaník, -e *Adj* elektromechanisch
elektrometalurgjí -a *f* Elektrometallurgie *f*
elektromét|ër -ri *m, Pl* -ra Elektrometer *n*
elektromotór -i *m, Pl* -a Elektromotor *m*
elektrón -i *m, Pl* -e Elektron *n*
elektroník, -e *Adj* elektronisch
elektroník|ë -a *f* Elektronik *f*
elektrotekník|ë -a *f* Elektrotechnik *f*
elektroterapí -a *f* Elektrotherapie *f*
elemént -i *m, Pl* -e Element *n*; ~ **galvanik** galvanisches Element; ~ **i thatë** Trockenelement; **uji është** ~ **i peshkut** das Wasser ist das Element des Fisches; ~ **e** *Pl* Elemente *Pl*, Grundbegriffe *Pl*;

übertr ~ë të **dyshimtë** zweifelhafte Elemente
elementár, -e *Adj* elementar, grundlegend; einfach
elík|ë -a *f*, *Pl* -a Schiffsschraube *f*; Propeller *m*
eliminím -i *m*, *Pl* -e Eliminierung *f*, Beseitigung *f*
eliminón 1 *tr* eliminieren, beseitigen
elíps|ë -a *f*, *Pl* -a *Math*, *Gramm* Ellipse *f*
eliptík, -e *Adj* **1.** ellipsenförmig, elliptisch; **2.** *Gramm* elliptisch, unvollständig; **fjali** ~e Ellipse *f*, elliptischer Satz *m*
elmáz -i *m*, *Pl* -e Diamant *m*; **gur** ~ Edelstein *m*; Glasschneider *m*
elokuénc|ë -a *f* Eloquenz *f*, Beredsamkeit *f*
elokuént, -e *Adj* eloquent, beredt
emancipím -i *m* Emanzipation *f*
emancipó|n 1 *tr* emanzipieren; **-het** *refl* sich emanzipieren
emblém|ë -a *f*, *Pl* -a Emblem *n*
embolí -a *f Med* Embolie *f*
embriologjí -a *f* Embryologie *f*
embrión -i *m*, *Pl* -e Embryo *m*; Keimling *m*; *übertr* Keim *m*, Beginn *m*
embrionál, -e *Adj* embryonal, unentwickelt
ém|ër -ri *m*, *Pl* -ra Name *m*; *Gramm* Substantiv *n*; ~ **i përveçëm** Eigenname; **me të njëjtin** ~ gleichnamig; *übertr* Ruf *m*, Leumund *m*; **me** ~ berühmt; **ka** ~ **të keq** er hat einen schlechten Ruf; **i ka dalë emri** er hat sich einen Namen gemacht; **në** ~ **të tij** in seinem Namen
emërím -i *m*, *Pl* -e **1.** Ernennung *f*, Berufung *f*; **2.** Benennung *f*, Bezeichnung *f*
emërö|n 1 *tr* **1.** ernennen, berufen; **2.** benennen, bezeichnen
emërónjës -i *m*, *Pl* – *Math* Nenner *m*
emërór, -e *Adj* Namens-; **listë** ~e Namensverzeichnis *n*; **rasa** ~e der Nominativ
emërór|e -ja *f* Nominativ *m*
emërtím -i *m*, *Pl* -e Benennung *f*, Bezeichnung *f*
emërtón 1 *tr* benennen, bezeichnen
emërúes -i *m*, *Pl* – = **emëronjës**
emfáz|ë -a *f* Emphase *f*
emigración -i *m*, *Pl* -e Emigration *f*
emigránt -i *m*, *Pl* -ë Emigrant *m*, Auswanderer *m*; Flüchtling *m*
emigrím -i *m*, *Pl* -e Emigrieren *n*; Emigration *f*
emigrón 1 *itr* emigrieren, auswandern; flüchten
emisión -i *m*, *Pl* -e **1.** Emission *f*, Herausgabe *f von neuen Banknoten, Briefmarken usw.*; **bankë** ~ **i** Notenbank *f*; **2.** Sendung *f*; ~ **radiofoník** Rundfunksendung
emoción -i *m*, *Pl* -e Emotion *f*
emocionúar (i) *Adj* bewegt
empirík, -e *Adj* empirisch
empiríst -i *m*, *Pl* -ë *od* -a Empiriker *m*; Empirist *m*
empiríz|ëm -mi *m* Empirismus *m*
émt|ë -a *f*, *Pl* -a Tante *f*; **e emta** seine Tante, ihre Tante
emulación -i *m*, *Pl* -e Wettbewerb *m*, Wettstreit *m*; ~ **socialist** sozialistischer Wettbewerb
emulsión -i *m* Emulsion *f*
enciklopedí -a *f* Enzyklopädie *f*
enciklopedík, -e *Adj* enzyklopädisch; **njeri** ~ ein Mensch mit umfassenden Kenntnissen
enciklopedíst -i *m*, *Pl* -ë *od* -a Enzyklopädiker *m*; *hist* Enzyklopädist *m*
¹**end** -i *m Bot* Pollen *Pl*, Blütenstaub *m*
²**end** 14 *itr* aufblühen
³**end** 14 *tr* weben, wirken; **-et** *refl übertr* sich herumtreiben, umherstreifen
⁴**end** 14 *tr*: **miza e** ~**i mishin** die

Fliege hat ihre Eier auf dem Fleisch abgelegt
endacák I. -u *Subst/m, Pl* -ë Herumtreiber *m*, Stromer *m*; **II.** -e *Adj* sich herumtreibend, umherstreifend
énd|e -ja *f, Pl* -e Blüte *f an Bäumen*
endé *Adv* noch
endemík, -e *Adj Med* endemisch; *Zool* auf ein Gebiet beschränkt
¹éndës I. -i *Subst/m, Pl* – Weber *m*; **II.** -e *Adj* webend, Weber-
²éndës -i *m Bot* Auge *n*, Sproß *m*
éndës|e -ja *f, Pl* -e Weberin *f*
¹éndëz -a *f, Pl* -a Spinnwebe *f*
²éndëz -a *f, Pl* -a Blüte *f an Bäumen*; Blüte *des Olivenbaumes*; *Zool* ~ **pishe** Larve *f des Prozessionsspinners*
endëzón 1 *itr* aufblühen, erblühen, aufbrechen *(Blüten)*
endír|ë -a *f, Pl* -a Wunsch *m*, Verlangen *n*
éndur I. -it (të) *Subst/n* Weben *n*; **II.** (i) *Adj* gewebt
energjetík|ë -a *f* Energiewirtschaft *f*
energjí -a *f, Pl* – Energie *f*; ~ **atomike** Atomenergie; ~ **elektrike** Elektroenergie; *übertr* Energie, Tatkraft; Kraft *f*
energjík, -e *Adj* energisch, tatkräftig, entschlossen
energjikísht *Adv* energisch
én|ë -a *f, Pl* -ë Gefäß *n*; *Anat* ~ **t e gjakut** die Blutgefäße
eng -u *m* **1.** Taubstummer *m*; **2.** Dummkopf *m*
engléz, -e *Adj* englisch
éngjëll -i *m, Pl* éngjëj Engel *m*; *übertr* Engel, sanfter Mensch *m*
engjëllór, -e *Adj* Engels-, engelhaft, engelsgleich
engjëllúsh|e -ja *f, Pl* -e Engelchen *n*, Engelein *n (als Kosewort)*
engjërdhí -a *f* Quecksilber *n*
engjinár -i *m, Pl* -ë Artischocke *f*

enigmatík, -e *Adj* rätselhaft, undurchsichtig
enígm|ë -a *f, Pl* -a Rätsel *n*
énkas *Adv* absichtlich, bewußt; ausdrücklich
enklitík, -e *Adj Gramm* enklitisch
ent -i *m, Pl* -e *Jur* Gesellschaft *f*, Unternehmen *n*
entusiáz|ëm -mi *m* = **entuziazëm**
entuziást I. -i *Subst/m, Pl* -ë Enthusiast *m*; **II.** -e *Adj* begeistert, enthusiastisch
entuziáz|ëm -mi *m* Enthusiasmus *m*, Begeisterung *f*
entuziazmó|n 1 *tr* begeistern; -het *refl* sich begeistern
entuziazmúar (i) *Adj* begeistert
énj|ë -a *f, Pl* -a Milchziege *f*; Milchschaf *n*
énjt|e -ja (e) *f, Pl* -e (të) Donnerstag *m*
énjtet 20 *refl* sich blähen, sich bauschen; anschwellen
énjtur I. (i) *Adj* geschwollen, aufgebläht; **II.** -it (të) *Subst/n* Schwellung *f*, Geschwulst *f*
ep -i *m, Pl* -e Epos *n*
épet 14 *refl* sich beugen, sich biegen, sich neigen
epërm (i), -e (e) *Adj* oberer, höherer, Ober-; **Shqipëria e** ~ **e** Oberalbanien *n*
epërsí -a *f* Überlegenheit *f*; Übergewicht *n*
epidemí -a *f, Pl* – Epidemie *f*
epidemík, -e *Adj* epidemisch; **sëmundje** ~ **e** Seuche *f*
epidérm|ë -a *f Anat* Epidermis *f*, Oberhaut *f*
epifaní -a *f Rel* Epiphanienfest *n*
epigrafí -a *f* Epigraphik *f*; Inschriftenkunde *f*
epigrám -i *m, Pl* -e Epigramm *n*, Sinngedicht *n*; Spottgedicht *n*; *hist* Epigramm, Aufschrift *f*
epík, -e *Adj Lit* episch
epík|ë -a *f Lit* Epik *f*

epilepsí -a *f* Epilepsie *f*, Fallsucht *f*
epileptík I. -u *Subst/m, Pl* -ë Epileptiker *m*; II. -e *Adj* epileptisch
epilóg -u *m, Pl* -ë Epilog *m*, Nachwort *n*; Nachruf *m*
epiqénd|ër -ra *f Geol* Epizentrum *n*
epirót I. -i *Subst/m, Pl* -ë Epirote *m*; II. -e *Adj* epirotisch, Epirus-
episkopát|ë -a *f, Pl* -a Episkopat *n*, Bistum *n*
episód -i *m, Pl* -e Episode *f*
epitáf -i *m, Pl* -e Epitaph *n*, Grabschrift *f*
epitét -i *m, Pl* -e *Gramm* Epitheton *n*, Beiwort *n*
épj|e -a *f, Pl* -e *Tech* Biegung *f*, Krümmung *f*
epók|ë -a *f, Pl* -a Epoche *f*; **epoka e gurit** die Steinzeit; **epoka e hekurit** die Eisenzeit
epopé -ja *f, Pl – Lit* Epopöe *f*, Heldengedicht *n*
épos -i *m* Epos *n*
eprór I. -i *Subst/m, Pl* -ë Vorgesetzter *m*; Vorsteher *m*; II. -e *Adj* übergeordnet, höherstehend; **oficer** ~ höherer Offizier *m*
epsh -i *m, Pl* -e Leidenschaft *f*, Begierde *f*, Trieb *m*
épsh|ëm (i), -me (e) *Adj* 1. geschmeidig, schmiegsam, biegsam; 2. nachgiebig, gefügig
éptë (i) *Adj* = i **épur**
épur (i) *Adj* gebogen, gekrümmt, gebeugt; geneigt
eracák, -e *Adj* spursicher, Spür-; **qen** ~ Spürhund *m*
erándsh|ëm (i), -me (e) *Adj* aromatisch, wohlriechend
erdhí -a *f* Weinrebe *f*, Wein *m*; ~ **e egër** Wildrebe *f*
érdhi 52 *Aor* → **vjen**
erdhíshte -t *Pl* abgeschnittene Weinranken *Pl*
eremí -a *f* Wüste *f*
eremít -i *m, Pl* -ë Eremit *m*, Einsiedler *m*

ér|ë -a *f, Pl* -ëra 1. Wind *m*; **fryn** ~ es ist windig; ~ **e shiut** Südwind; ~ **e borës** Nordwind; ~ **e hollë** Lüftchen *n*, leichte Brise *f*; 2. Geruch *m*; ~ **e mirë** Duft *m*, Aroma *n*; ~ **e keqe** Gestank *m*; **pa** ~ geruchlos; **bie** ~ es riecht gut, es duftet; **peshku ka marrë** ~ der Fisch hat zu stinken begonnen; **qeni ra më** ~ der Hund hat Witterung aufgenommen; *übertr* **mos të ka marrë koka** ~ ? bist du noch bei Troste?; **i ra era** er ahnt es; 3. : ~**ra** *Pl* Gewürze *Pl*
erëkúq|e -ja *f* Milzbrand *m*
ërëza -t *Pl* Gewürze *Pl*, Gewürzpflanzen *Pl*
erg -u *m, Pl* -ë *Phys* Erg *n*
ergát -i *m, Pl* -ë Tagelöhner *m*
ergaván -i *m* Flieder *m*
ergjénd -i *m* Silber *n*; ~**e** *Pl* Geschmeide *n*, Silberschmuck *m*
ergjëndár -i *m, Pl*-ë Silberschmied *m*
ergjéndë (i) *Adj* silbern, Silber-; silbrig
érgjëz -i *m, Pl* – junge Laus *f*
ermén I. -i *Subst/m, Pl* -ë Armenier *m*; II. -e *Adj* armenisch
ermík -u *m* Reismehl *n*
erón 1 *tr* lüften, durchlüften
erozión -i *m, Pl* -e *Geol* Erosion *f*
erupsión -i *m, Pl* -e *Geol* Eruption *f*, Ausbruch *m*
eruptív, -e *Adj Geol* eruptiv
err I. -i *Subst/m* Finsternis *f*; II. 14 *tr* jmdn. bis zum Dunkelwerden aufhalten; *übertr* **i** ~ **i sytë** er starb, ihm brach das Auge; -**et** *refl* von der Dunkelheit überrascht werden; **po** ~**et** *unpers* es dunkelt, es wird Nacht
errësím -i *m* Verdunkelung *f*, Verfinsterung *f*; Dunkelwerden *n*
errësír|ë -a *f, Pl* -a Finsternis *f*; Dunkelheit *f*; Halbdunkel *n*; *übertr* Unwissenheit *f*; Zweifel *m*; Ungewißheit *f*

errësó|n 1 *tr* dunkel machen, verdunkeln; trüben; **-het** *refl* sich verdunkeln, sich verfinstern; Nacht werden, dunkel werden; von der Nacht überrascht werden

érrët I. (i) *Adj* dunkel, düster, trübe; lichtlos; dunkel *(Farben)*; **e kuqe e ~** dunkelrot; *übertr* dunkel, unklar, verworren; II. *Adv* in der Dunkelheit; im Dunklen; dunkel, unklar

esé -ja *f, Pl* — Essay *n*

esénc|ë -a *f, Pl* -a Essenz *f*; *übertr* Essenz, Wesen *n*, Wesentliche *n*

esenciál, -e *Adj* essential, wesentlich, hauptsächlich

ésëll *Adv* nüchtern, mit leerem Magen; nüchtern, nicht betrunken; ausgenüchtert

esëllóhet 1 *refl* nüchtern werden, ausnüchtern

ésëllt (i) *Adj* nüchtern

eskavatór -i *m, Pl* -ë Bagger *m*; **~ ecës** Schreitbagger

eskursión -i *m, Pl* -e Exkursion *f*, Ausflug *m*

esmér, -e *Adj* schwarzbraun, kastanienbraun, brünett

esnáf -i *m, Pl* -ë 1. Zunft *f*, Gilde *f*; 2. Zunftgenosse *m*; Kaufmann *m*, Händler *m*

estetík, -e *Adj* ästhetisch

estetík|ë -a *f* Ästhetik *f*

estón I. -i *Subst/m, Pl* -ë Este *m*; II. -e *Adj* estnisch, estländisch

Estoní -a *f* Estland *n*

estonián I. -i *Subst/m, Pl* -ë; II. -e *Adj* = eston

estrád|ë -a *f, Pl* -a Estrade *f*, Estradenkonzert *n*; Variété *n*

ésull *Adv* = esëll

esh -i *m, Pl* -ë Igel *m*

eshák -u *m* Stechapfel *m*

eshk -u *m*: **kam ~** ich habe Durst

éshk|e -ja *f, Pl* -e Niere *f*

éshk|ë -a *f* 1. Zunder *m*, Zunderschwamm *m*; 2. Holzkohle *f für die Schmiede*

eshkór|e -ja *f, Pl* -e Zunderbeutel *m*

eshták, -e *Adj* Knochen-, knochig; **ind ~** Knochengewebe *n*

ésht|ë -a *f, Pl* -a *Anat* Faser *f*, Muskelfaser

ésht|ër -ra *f, Pl* -ra Knochen *m*; Knöchel *m*; **eshtrat** *Pl* die Gebeine, die sterblichen Überreste

eshtërí -a *f, Pl* — Knochengerüst *n*, Skelett *n*

éshtërt (i) *Adj* = eshtak

eshtór, -e *Adj* = eshtak

éshtra *Pl* → asht

¹et -i *m* Durst *m*; *übertr* Durst, Verlangen *n*, Gier *f*

²et *Gen Dat Abl Sg* → átë

etáp|ë -a *f, Pl* -a Etappe *f*

etér -i *m* 1. Äther *m*; 2. *Chem* Äther; **~ sulfurik** Äthyläther, Schwefeläther

étër *Pl* → átë

etësúar (i) *Adj* durstig

etík, -e *Adj* ethisch, sittlich

etikét|ë -a *f, Pl* -a 1. Etikett *n*, Preiszettel *m*, Warenaufschrift *f*; 2. Etikette *f*, Umgangsformen *Pl*

etík|ë -a *f, Pl* -a Ethik *f*

etimologjí -a *f, Pl* — Etymologie *f*; Etymon *n*

etimologjík, -e *Adj* etymologisch

Etiopí -a *f* Äthiopien *n*

etj. *Abk* für **e të tjera** a) und so weiter, usw.; b) und andere, u.a.

étj|e -a *f* = et

etník, -e *Adj* ethnisch, Volks-

etnográf -i *m, Pl* -ë Ethnograph *m*

etnografí -a *f* Ethnographie *f*

etnografík, -e *Adj* ethnographisch

étsh|ëm (i), -me (e) *Adj* durstig; dürstend nach

etshón 1 *itr* dürsten, Durst haben

etúar (i) *Adj* = i etur

étur (i) *Adj* durstig, dürstend

etýd|e -ja *f, Pl* -e Etüde *f*, Studie *f*

éth|e -et *Pl od* -ja *f* Fieber *n*;

Schüttelfrost *m*; ~ t e kënetës die Malaria; më zunë ~ t ich habe Fieber bekommen
éthet 14 *refl Vet* brünstig sein *(Kuh und Schwein)*
éthësh|ëm (i), -me (e) *Adj* fieberhaft
eufemíz|ëm -mi *m*, *Pl* -ma Euphemismus *m*
eufoní -a *f* Euphonie *f*, Wohlklang *m*
eufoník, -e *Adj* euphonisch, wohlklingend
euforí -a *f* Euphorie *f*; në ~ euphorisch
eukalípt -i *m*, *Pl* -e Eukalyptus *m*; Eukalyptusbaum *m*
eunúk -u *m*, *Pl* -ë Eunuche *m*
Európ|ë -a *f* = **Evropë**
europián I. -i *Subst/m*, *Pl* -ë; II. -e *Adj* = **evropian**
eventuál, -e *Adj* eventuell
eventualísht *Adv* eventuell, möglicherweise, gegebenenfalls
eventualitét -i *m* Eventualität *f*, Möglichkeit *f*; **për çdo** ~ auf alle Fälle
evgjít -i *m*, *Pl* -ë Zigeuner *m*

evidénc|ë -a *f*, *Pl* -a Evidenz *f*, Augenscheinlichkeit *f*; Registratur *f*, Nachweis *m*; **mban në** ~ a) auf dem laufenden halten; b) im Auge behalten; **vë në** ~ a) in die Nachweisführung einbeziehen; b) ausdrücklich betonen
evidencón 1 *tr* nachweisen; hervorheben
evidént, -e *Adj* evident, offensichtlich, offenbar
evitím -i *m*, *Pl* -e Verhütung *f*, Vorbeugung *f*; Vermeidung *f*
evitón 1 *tr* verhüten, vorbeugen; vermeiden
evolución -i *m*, *Pl* -e Evolution *f*
evoluón 1 *itr* sich entwickeln
Evróp|ë -a *f* Europa *n*
evropián I. -i *Subst/m*, *Pl* -ë Europäer *m*; II. -e *Adj* europäisch, Europa-
ezmér, -e *Adj* = **esmer**
ezofág -u *m* Speiseröhre *f*
ezhdërhá -ja *f Myth* Drache *m*; Giftschlange *f*; *übertr* Held *m*, Drachentöter *m*

Ë

ëhet 8 *refl* anschwellen; sich aufblähen
ëjtj|e -a *f* Schwellung *f*
éma *f/best*: **e** ~ seine Mutter, ihre Mutter
ëmbël (i) *Adj* süß; lieblich, angenehm; *übertr* sanft, zart, mild; **fjalë të ëmbla** zärtliche Worte *Pl*; **kohë e** ~ mildes Wetter *n*
ëmbëlsí -a *f* Süße *f*; **me** ~ süß, lieblich
ëmbëlsír|ë -a *f* Süßigkeit *f*, Lekkerei *f*; **-a** *Pl* Süßigkeiten *Pl*, Naschwerk *n*
ëmbëlsó|n 1 *tr* süßen, zuckern; mit Süßigkeiten bewirten; **-het** *refl* Süßigkeiten naschen
ëmbëltón 1 *tr* = **ëmbëlson**
ëmbëltór|e -ja *f*, *Pl* -e Süßwarengeschäft *n*; Konditorei *f*
ëm|ë -a *f* Zinsbogen *m*; ~ **e bijë** Zinsbogen und Zinsleiste
ëndet 14 *unpers*: **më** ~ es gefällt mir, ich habe Lust

¹ënd|ë -a *f* Appetit *m*; Verlangen *n*, Wunsch *m*; **ma ka ënda** es gefällt mir, ich habe Lust dazu
²ënd|ë -a *f* feines Mehl *n*
ënd|ërr -rra *f*, *Pl* -rra Traum *m*; **pashë një ~ od m'u bë në ~** ich habe geträumt; *übertr* Traum, Wunschtraum, Träumerei *f*; **ti rron me ëndrra** du bist ein Träumer
ëndërrím -i *m* Träumen *n*; -e *Pl* Träumerei *f*
ëndërríme -t *Pl* Träumereien *Pl*; Träumen *n*
ëndërrít 22 *tr* = ëndërron
ëndërrón 1 *tr* träumen; sich etw. erträumen
ëndërrónjës -i *m*, *Pl* – Träumer *m*; Phantast *m*
ëndj|e -a *f* = ¹ëndë

ëngjëll -i *m*, *Pl* ëngjëj = engjëll
ëngjëllór, -e *Adj* engelhaft, engelsgleich, Engels-
ëngjëllúsh|ë -a *f* = engjëllushe
ënjtet 14 *refl* anschwellen; **iu ënjt dora** seine Hand ist geschwollen; sich aufblähen, sich aufblasen; *übertr* satt werden, sich satt essen
është 54 *itr* **1.** sein, sich befinden; sich aufhalten, verweilen; leben; **~ këtu** er ist hier; **~ keq** es geht ihm schlecht; **~ e s' ~** er weiß nicht aus noch ein; **të thom atë që ~** ich sage dir die Wahrheit; **2.** *Gramm* Hilfsverb für die Bildung des Perfekts, Plusquamperfekts und Aorists II von Mediopassiv bzw. Reflexivum

F

fabrikánt -i *m*, *Pl* -ë *od* -a Fabrikant *m*, Hersteller *m*; Fabrikbesitzer *m*
fabrikát -i *m*, *Pl* -e Fabrikat *n*
fabrík|ë -a *f*, *Pl* -a Fabrik *f*; **punëtor fabrike** Fabrikarbeiter *m*
fabrikím -i *m*, *Pl* -e Fabrikation *f*, Herstellung *f*
fabrikón 1 *tr* fabrizieren, herstellen; *übertr* ausdenken, erfinden
fabrikúes -i *m*, *Pl* – Hersteller *m*; *übertr* Erfinder *m*
facolét|ë -a *f*, *Pl* -a Taschentuch *n*; Kopftuch *n*
fagót -i *m*, *Pl* -e Fagott *n*
fagúr|ë -a *f* Hautjucken *n*
fagús|ë -a *f* *Med* Krebs *m*
faíz -i *m*, *Pl* -e Zins *m*; Nutzen *m*
faizçí -u *m*, *Pl* – *od* -nj Wucherer *m*

faj -i *m*, *Pl* -e Schuld *f*, Vergehen *n*; **ka ~** er ist schuldig, er hat Schuld; **ia hedh ~ in** er schiebt ihm die Schuld in die Schuhe; **i vë ~** er beschuldigt ihn
fajáns|ë -a *f* Fayence *f*
fajdé -ja *f*, *Pl* – = faiz
fajdexhí -u *m*, *Pl* – *od* -nj = faizçi
fajësí -a *f* Schuld *f*, Schuldigsein *n*; Mitschuld *f*
fajësím -i *m*, *Pl* -e Beschuldigung *f*
fajëson 1 *tr* beschuldigen
fájk|ë -a *f*, *Pl* -a Bordwand *f*
fajkón 1 *tr* lackieren; polieren
fajkór|e -ja *f*, *Pl* -e = fajkua
fajk|úa -ói *m*, *Pl* -ónj Falke *m*
fájsh|ëm (i), -me (e) *Adj* schuldig
fajtór **I.** -i *Subst*/*m*, *Pl* -ë Schuldiger

m; **II.** -e *Adj* schuldig, schuldbeladen

fakfún -i *m* Neusilber *n*, Alpaka *n*

fakír -i *m*, *Pl* -ë Fakir *m*; Unglücksrabe *m*

fakt -i *m*, *Pl* -e Tatsache *f*, Faktum *n*, Fakt *m*; **në ~** tatsächlich, in Wirklichkeit

faktón 1 *tr* beweisen, mit Fakten belegen

faktór -i *m*, *Pl* -ë Faktor *m*

faktúr|ë -a *f*, *Pl* -a Rechnung *f*

fakultatív, -e *Adj* fakultativ

fakultét -i *m*, *Pl* -e Fakultät *f*

fal 14 *tr* **1.** schenken; verleihen, ausleihen; **2.** entschuldigen, verzeihen; amnestieren, begnadigen; **më ~**! verzeih mir!; **më ~**! *od* **më ~ni**! Verzeihung!, Entschuldigung!; **3.**: **~ sabahun** das Morgengebet sprechen; **4.**: **~ e dritën**! lösch das Licht!; **-et** *refl* **1.** beten; **2.** unter eine Amnestie fallen; **u ~** er ist begnadigt worden; **3. u ~ dielli** die Sonne ist untergegangen; **u ~ drita** das Licht ist ausgegangen; **4.**: **i ~et** sich jmdm. unterwerfen; sich vor jmdm. demütigen; **5.**: **i ~et** jmdm. Grüße übermitteln; **i ~ em nderit** ich danke ihm; **të ~ em nderit**! danke!, ich danke dir; **ju ~ emi nderit**! danke!, wir danken Ihnen

fála -t (të) *Pl* Grüße *Pl*; **i bëj të ~** ich grüße ihn, ich lasse ihn grüßen

fálas *Adv* unentgeltlich; geschenkt, als Geschenk

falemindérit *Indekl* danke; **shumë ~**! vielen Dank!; **ia di për ~** ich bin ihm dafür zu Dank verpflichtet

falemndérit *Indekl* danke!

fálë I. *Adv* unentgeltlich; als Geschenk; **II.** *Präp (mit Abl)* dank; **~ atij** dank seiner Hilfe, durch ihn

falënderím -i *m*, *Pl* -e Dank *m*; Dankeswort *n*, Dankesbezeigung *f*

falënderón 1 *tr* jmdm. danken, sich bei jmdm. bedanken

falënderón|ës, -e *Adj* dankbar; dankend

fáles I. -i *Subst*/*m*, *Pl* – Pilger *m*; **II.** *Adj* freigebig; großmütig, großzügig; verzeihend

fál|ëz -za *f*, *Pl* -za Zündpfanne *f* am Gewehr

falimentím -i *m*, *Pl* -e Konkurs *m*, Bankrott *m*; Niederlage *f*, Mißerfolg *m*

faliménto -ja *f*, *Pl* – Bankrotterklärung *f*

falimentón 1 *itr* bankrott gehen, in Konkurs geraten; scheitern, eine Niederlage erleiden, Mißerfolg haben

falimentúar (i) *Adj* bankrott, pleite, gescheitert

falít 22 *itr*; **-et** *refl* verrückt werden, wahnsinnig werden; **u ~ mendsh** er hat den Verstand verloren

fálj|e -a *f*, *Pl* -e Verzeihung *f*, Entschuldigung *f*; Begnadigung *f*, Amnestierung *f*

fals, -e *Adj* falsch, gefälscht; **pare ~ e** Falschgeld *n*

falsifikatór -i *m*, *Pl* -ë Fälscher *m*; Verfälscher *m*

falsifikím -i *m*, *Pl* -e Fälschung *f*; Verfälschung

falsifikón 1 *tr* fälschen; verfälschen, falsch darstellen

fálso *Adj* = **fals**

fálsh|ëm (i), -me (e) *Adj* verzeihlich, entschuldbar

faltór|e -ja *f*, *Pl* -e Gebetsstätte *f*, Tempel *m*

fálur (i) *Adj* **1.** geschenkt, verschenkt; **2.** amnestiert, begnadigt; **3.** verziehen, entschuldigt; vergeben

fall -i *m*, *Pl* -e Weissagung *f*, Wahrsagung *f*; **hedh ~** *od* **shtie ~** wahrsagen, weissagen; **shtie në ~ me letra** Karten legen

fállco *Adj* falsch; **bën ~** falsch singen

fallxhésh|ë -a *f*, *Pl* -a Wahrsagerin *f*, Weissagerin *f*; Kartenlegerin *f*
fallxhí -u *m*, *Pl* – *od* -nj Wahrsager *m*, Weissager *m*; Kartenleger *m*
fám|ë -a *f* guter Ruf *m*, guter Name *m*; Ruhm *m*; **me ~** berühmt, bekannt; **merr ~** berühmt werden
famëkéq, -e *Adj* berüchtigt, mit schlechtem Ruf
famëmádh, -e *Adj* berühmt, bekannt, bedeutend
familísht *Adv* mit der Familie
familjár, -e *Adj* familiär, vertraut; häuslich; Familien-; **jeta ~ e** das Familienleben; ungezwungen
familjarísht *Adv* mit der ganzen Familie; familiär
familjaritét -i *m* Familiarität *f*; **~ i sëmurë** Cliquenwirtschaft *f*
familjarizóhet 1 *refl* sich befreunden mit; sich vertraut machen mit; Familienanschluß finden
famílj|e -a *f*, *Pl* -e Familie *f*
fámsh|ëm (i), -me (e) *Adj* = **famëmadh**
fámull -i *m*, *Pl* fámuj Patenkind *n*, Patenjunge *m*
famullésh|ë -a *f*, *Pl* -a Patenkind *n*, Patenmädchen *n*
famullí -a *f*, *Pl* – Pfarrei *f*, Pfarrgemeinde *f*
famulltár -i *m*, *Pl* -ë Pfarrer *m*
fanár -i *m*, *Pl* -ë **1.** Leuchtturm *m*; **2.** Laterne *f*, *bes.* Bootslaterne
fanatík, -e *Adj* fanatisch
fanatíz|ëm -mi *m* Fanatismus *m*
fanellát|ë -a *f*, *Pl* -a Flanell *m*
fanéll|ë -a *f*, *Pl* -a Flanellunterhemd *n*; Trikot *n*, Dreß *m*; Sportdreß, Sportkleidung *f*
fanfár|e -a *f*, *Pl* -a Blaskapelle, Musikkorps *n*
fang -u *m*, *Pl* fángje **1.** schlechter und schwer zu bearbeitender Boden *m*; **2.** grasbewachsene Niederung *f*; Sode *f*, Rasenstück *n*; **3.** Bilsenkraut *n*

fangísht|ë -a *f*, *Pl* -a Grasland *n*; mit Bilsenkraut bewachsenes Land *n*
¹faní -a *f* Erscheinung *f*; Phantasie *f*, Einbildung *f*
²faní *Adv*: **e bën ~** etw. verwüsten, zerstören, dem Erdboden gleichmachen
fanítet (i) *refl* eine Vision haben; **më ~** ich habe die Vision, mir erscheint
fant -i *m Kart* Joker *m*; Ober *m*
fantastík, -e *Adj* phantastisch
fantazí -a *f* Phantasie *f*
fantázm|ë -a *f*, *Pl* -a Vision *f*, Erscheinung *f*; Gespenst *n*
fanterí -a *f Mil* Infanterie *f*
fantóm|ë -a *f*, *Pl* -a Phantom *n*, Gespenst *n*, Geist *m*
¹fáq|e -ja *f*, *Pl* -e **1.** Wange *f*, Backe *f*; Gesicht *n*; *übertr* **na zbardhi ~n** er hat uns Ehre gemacht; **na nxiu ~n** er hat uns Schande gebracht; **s'i kuqet faqja** er ist unverfroren, er wird nicht einmal rot; **sa për sy e ~** nur dem Anschein nach, nur der Form halber; **s'ka sy e ~** er traut sich nicht; **nuk i dolli në ~** er hatte Pech; **me ~ të bardhë** erfolgreich, mit Ehre; **me ~ të zezë** erfolglos, blamiert, mit Schande; **2.** Oberfläche *f*, rechte Seite *f von Geweben*; **~ e jastëkut** Kissenbezug *m*; **~ këpucësh** Oberleder *n*; **në ~ të dheut** auf Erden; *übertr* **njeri me dy ~** Heuchler *m*; **3.** *Bauw* Fläche *f*, Seite; **~ e shtëpisë** Fassade *f* des Hauses; **~ mali** Berghang *m*, Abhang *m*; **4.** Seite, Buchseite; Heftseite; **5.** Generation *f*; **6.**: **i jep ~ bukës** er bräunt das Brot
²fáqe *Präp (mit Abl)* vor; **~ meje** vor mir, vor meinen Augen
faqebárdhë I. *Adj* erfolgreich, ehrenvoll; glücklich; **II.** *Adv* erfolgreich; **dalsh ~ !** mögest du Erfolg haben!, viel Erfolg!
faqekúq I. -e *Adj* rotwangig, rot-

bäckig, rosig; *übertr* ehrlich, ehrbar; **II.** -i *Subst/m, Pl* – Goldfink *m*
faqeláre *Adj* ehrenhaft, ehrbar, mit reinem Gewissen
faqéll -i *m* Batist *m*
faqevérdhë *Adj* blaß, bleich, fahl
fáqeza *Adv* öffentlich, vor aller Augen
faqe|zí, -zézë *Adj* ehrlos, unverschämt; unglücklich
faqól -i *m, Pl* -e Kopftuch *n*
faqór|e -ja *f, Pl* -e **1.** Feldflasche *f*; **2.** Batist *m*
faqós 21 *tr Typ* umbrechen
faqósës -i *m, Pl* – *Typ* Umbruchgestalter *m*, Metteur *m*
faqósj|e -a *f, Pl* -e *Typ* Umbruch *m*
far -i *m, Pl* -ë Leuchtturm *m*; *Film* Scheinwerfer *m*
faraník, -e *Adj* Saat-; **drithëra** ~ **e** Saatgetreide *n*
farásh|e -a *f, Pl* -a **1.** Kehrschaufel *f*; **2.** Art Wandkasten *für Besteck und Salznapf*
faráshk|ë -a *f, Pl* -a = **farashë**
fárc *Adv* **1.** gar nicht, überhaupt nicht, keineswegs *(in verneinten Sätzen)*; **s'e njoh** ~ ich kenne ihn überhaupt nicht; **s' di** ~ er weiß gar nichts; **2.** sehr, vollkommen; ~ **mirë** sehr gut
farefís -i *m* Verwandtschaft *f*; **jemi** ~ **me të** wir sind mit ihm verwandt
farefisní -a *f* Verwandtschaft *f*; **kemi** ~ wir sind verwandt
¹**fár|ë** -a *f, Pl* -ë *od* -a **1.** *Bot* Samen *m*; Samenkorn *n*; Frucht *f*; *Zool* Samenzelle *f*; Samen; **2.** Gattung *f*, Sorte *f*, Art *f*; **ç'** ~ **njeriu është?** was für ein Mensch ist er?; **të një fare** gleichartig; **3.** : ~ **buke** Sauerteig *m*; ~ **kosi** Joghurtferment *n*; **4.** Intrige *f*; **mos fut fara!** schmiede keine Ränke!
²**fárë** *Indef Pron* keinerlei *(in verneinten Sätzen)*
fárës, -e *Adj* Saat-, Samen-
farfurí -a *f, Pl* – **1.** Porzellan *n*; Porzellangeschirr *n*; **2.** Glanz *m*
faríshte -t *Pl* Sämereien *Pl*
¹**fárk|ë** -a *f, Pl* -a Schmiede *f*; Amboß *m*
²**fárk|ë** -a *f, Pl* -a **1.** Körperbau *m*; körperliche Konstitution *f*; **2.** charakteristische Eigenart *f der Kleidung usw.*
farkëtár -i *m, Pl* -ë Schmied *m*
farkëtarí -a *f, Pl* – Schmiede *f*
farkëtím -i *m* Schmieden *n*
farkëtón 1 *tr* schmieden; stählen; *übertr* schmieden, heranbilden
farkëtónjës -i *m, Pl* – Schmied *m*; *übertr* Schmied, Urheber *m*
farkëtúes -i *m, Pl* – = **farkëtonjës**
farkím -i *m* **1.** Zementfußboden *m*; **2.** Schmieden *n*
farkón 1 *tr* **1.** schmieden; **2.** *Pferd* beschlagen; *Nägel* einschlagen; **3.** auslegen, ausschlagen; *Zementfußboden* anlegen; ~ **me dërrasa** täfeln; *Parkett* legen; **4.** stählen, abhärten
farmaceutík, -e *Adj* pharmazeutisch
farmací -a *f, Pl* – Apotheke *f*
farmacíst -i *m, Pl* -ë *od* -a Apotheker *m*; Pharmazeut *m*
farmák -u *m, Pl* farmáqe Gift *n*; *übertr* **është** ~ gallebitter sein; **lëshon** ~ Gift verspritzen, boshaft sprechen
farmakologjí -a *f* Pharmakologie *f*, Pharmazie *f*
farmakós 21 *tr* vergiften; *übertr* jmdm. das Leben verbittern, jmdn. betrüben
farmasón -i *m, Pl* -ë Freimaurer *m*
faróç, -e *Adj* Samen-, Saat-; samenreich, mit vielen Kernen
farón 1 *tr* = **faros**
farós 21 *tr* vernichten, ausrotten, vertilgen; **-et** *refl* zugrunde gehen, eingehen
farósj|e -a *f* Vernichtung *f*, Ausrottung *f*, Vertilgung *f*

fárs|ë -a *f, Pl* -a Farce *f*, Posse *f*
farurína -t *Pl* Sämereien *Pl*
fasád|e -a *f, Pl* -a Fassade *f*
fasúl|e -ja *f, Pl* -e Bohne *f*; ~ **të njoma** grüne Bohnen; ~ **të thata** weiße Bohnen
¹**fásh|ë** -a *f, Pl* -a **1.** Stück *n*, Streifen *m*; **2.** Wickelband *n*, Windel *f*; **3.** Stück Leder für 3 Opanken
²**fáshë** *Adv*: **bie** ~ sich beruhigen
fashíkull -i *m, Pl* fashíkuj Faszikel *m*
fashíst I. -i *Subst/m, Pl* -ë *od* -a Faschist *m*; **II.** -e *Adj* faschistisch
fashít 22 *tr* beruhigen; zur Ruhe bringen; **-et** *refl* sich beruhigen; aufhören zu...
fashíz|ëm -mi *m* Faschismus *m*
fashón 1 *tr Kind* wickeln, windeln
fashqé -ja *f, Pl* – Windel *f*, Wickelband *n*
fat -i *m, Pl* -e **1.** Schicksal *n*; **2.** Glück *n*, Erfolg *m*; **njeri me** ~ Glückspilz *m*; **3.**: **i doli ~ i** sie hat einen Mann bekommen; **për ~ të mirë** *od* **për ~** glücklicherweise, zum Glück; **për ~ të keq** unglücklicherweise, leider; **më ecën ~ i** ich habe Glück
fatál, -e *Adj* fatal, verhängnisvoll; unvermeidlich
fatalíst I. -i *Subst/m Pl* -ë *od* -a Fatalist *m*; **II.** -e *Adj* fatalistisch
fatalitét -i *m* Fatalität *f*
fatalíz|ëm -mi *m* Fatalismus *m*
fatbárdhë *Adj* glücklich; erfolgreich
fatbardhësí -a *f* Glück *n*; Erfolg *m*, Gelingen *n*
fatbardhësísht *Adv* glücklicherweise, zum Glück; erfolgreich, mit Glück
fatí -a *f, Pl* – *Myth* Art Fee *(die in der 3. Nacht nach der Geburt eines Kindes dessen Schicksal bestimmt)*
fatkéq, -e *Adj* unglücklich; erfolglos, unglückselig
fatkeqësí -a *f, Pl* – Unglück *n*, Unheil *n*; Mißerfolg *m*; unglückliches Ereignis *n*

fatkeqësísht *Adv* unglücklicherweise, leider
fatlíg, -ë *Adj* = **fatkeq**
fatlúm, -e *Adj* = **fatbardhë**
fatlúmtur *Adj* = **fatbardhë**
fatmádh, -e *Adj* = **fatbardhë**
fatmírë *Adj* = **fatbardhë**
fatmirësí -a *f* = **fatbardhësi**
fatmirësísht *Adv* = **fatbardhësisht**
fatón 1 *tr* beglückwünschen, jmdm. Glück oder Erfolg wünschen
fatós -i *m, Pl* -a **1.** Recke *m*; Held *m*; **2.** *hist* Jungpionier *m*
fatthën|ë -a *f, Pl* -a Wahrsagerin *f*
fatthénës -i *m, Pl* – Wahrsager *m*
fatúr|ë -a *f, Pl* -a Rechnung *f*; Quittung *f*, Bescheinigung *f*
faturíst -i *m, Pl* -ë *od* -a Fakturist *m*
fat|zí, -zézë *Adj* = **fatkeq**
fáun|ë -a *f* Fauna *f*
favór -i *m, Pl* -e **1.** Gefälligkeit *f*, Gefallen *m*; **2.** Gunst *f*, Wohlwollen *n*; **në ~ të** zu Gunsten von
favorizím -i *m, Pl* -e Begünstigung *f*, Bevorzugung *f*
favorizó|n 1 *tr* begünstigen; bevorzugen; unterstützen; jmdm. die Gunst erweisen; **-het** *refl* in Gunst stehen
favórsh|ëm (i), -me (e) *Adj* **1.** günstig; **2.** wohlwollend, gewogen, zugetan
fáz|ë -a *f, Pl* -a Phase *f*; Periode *f*, Abschnitt *m*
fe -ja *f, Pl* – **1.** Glaube *m*; Religion *f*, Konfession *f*; **2.** Zeichen *n* der Heirat *(gegenseitige Geschenke der beiden beteiligten Familien)*
féçk|e -a *f, Pl* -a Rüssel *m*; Schnauze *f*
federál, -e *Adj* föderativ, Bundes-
federát|ë -a *f, Pl* -a Föderation *f*, Staatenbund *m*; Verband *m*; **Federata Ndërkombëtare e Rinisë Demokratike** Weltbund der Demokratischen Jugend
federatív, -e *Adj* föderativ; **Republi-**

ka Federative Socialiste Sovjetike e Rusisë Russische Sozialistische Föderative Sowjetrepublik
fej *Pl* → **fyell**
féje -t *Pl od* ~ t e hundës Nasenhöhlen *Pl*; Nüstern *Pl*; Nasenlöcher *Pl*
fejés|ë -a *f*, *Pl* -a Verlobung *f*
fejó|n 1 *tr* verloben; **-het** *refl* sich verloben
fejtón -i *m*, *Pl* -e Feuilleton *n*
fejúar I. (i) *Adj* verlobt; II. -i (i) *Subst/m* Verlobter *m*; III. -a (e) *Subst/f* Verlobte *f*
féjz|ë -a *f*, *Pl* -a: **fejzat e hundës** Nasenhöhlen *Pl*; Nüstern *Pl*; Nasenlöcher *Pl*
fekondím -i *m* Befruchtung *f*
fekondón 1 *tr* befruchten
feks 21 *tr* blank putzen, polieren; *itr* erstrahlen, leuchten, glänzen; *unpers* ~ **i drita** es dämmerte, der Tag brach an
feksím -i *m* Glanz *m*; Strahlen *n*, Leuchten *n*
feldmareshál -i *m*, *Pl* -ë Feldmarschall *m*
feldspát -i *m* Feldspat *m*
fél|e -ja *f*, *Pl* -e Stück *n*, Scheibe *f*
fél|ë -a *f*, *Pl* -a = **fele**
felgrím -i *m*, *Pl* -e Schnauben *n* des Pferdes
felgrón 1 *itr* schnauben *(Pferd)*
felmëzón 1 *tr* in Scheiben oder in Stückchen schneiden
féllë (i) *Adj* = **i thellë**
femc -i *m*, *Pl* -a Stachel *m* der Bienen und Wespen
fém|e -ja *f*, *Pl* -e Schusterahle *f*, Pfriem *m*
fém|ër -ra *f*, *Pl* -ra 1. Frau *f*, Weib *n*; *Zool* weibliches Tier *n*, Weibchen *n*; 2. *Tech* Falz *f*, Nute *f*, Fuge *f*; Zapfenloch *n*; Mutter *f*; Öse *f*
femërór, -e *Adj* weiblich, feminin; *Gramm* **emër** ~ Femininum *n*
femërór|e -ja *f*, *Pl* -e *Gramm* Femininum *n*; feminines Genus *n*

fend 14 *itr* leise furzen
fénd|ë -a *f*, *Pl* -a leiser Furz *m*
fendós|ë -a *f*, *Pl* -a Schwarzwerdender Eierbovist *m*
fenér -i *m*, *Pl* -ë *od* -e 1. Laterne *f*; Grubenlampe *f*; 2. Leuchtfeuer *n*, Leuchtturm *m*; *Film* Scheinwerfer *m*; ~ **magjik** Laterna magica *f*; 3. *übertr* Wegweiser *m*, leuchtendes Vorbild *n*
fenomén -i *m*, *Pl* -e Phänomen *n*, Erscheinung *f*
feodál I. -e *Adj*; II. -i *Subst/m*, *Pl* -ë = **feudal**
ferexhé -ja *f*, *Pl* – Schleier *m* der Mohammedanerinnen; Parandscha *f der Mohammedanerinnen*
feríśht|e -ja *f*, *Pl* -e Säugling *m*
fermént -i *m*, *Pl* -e Ferment *n*
fermentím -i *m*, *Pl* -e Fermentierung *f*, Fermentation *f*
fermentón 1 *itr* von Fermenten zersetzt werden, gären; *tr* fermentieren
férm|ë -a *f*, *Pl* -a Farm *f*; Staatsgut *n*
fertél|e -ja *f*, *Pl* -e Fetzen *m*, Flicken *m*; **-e** *Pl* Lumpen *Pl*
ferr -i *m* Hölle *f*
ferrc I. -i *Subst/m*, *Pl* -a Zaunkönig *m*; II. -e *Adj* dornig, stachelig
férrc|ë -a *f*, *Pl* -a 1. Fischgräte *f*; 2. Distel *f*; 3. Intrigen *Pl*; Ränke *Pl*, Verleumdungen *Pl*
ferréck|ë -a *f*, *Pl* -a *Bot* Eselsfurz *m*
férr|ë -a *f*, *Pl* -a 1. Dorn *m*, Stachel *m*; 2. Dorngestrüpp *n*, Dornenbusch *m*; ~ **gomari** Eselsfurz *m*; ~ **e jashtme** Robinie *f*; 3. Stechdorn *m*; 4. Brombeerstrauch *m*; *übertr* **m'u bë** ~ er hängt an mir wie eine Klette; **iu vu ferra asaj dere** die Familie ist ausgestorben
ferrëbárdh|ë -a *f*, *Pl* -a wilde Rose *f*, Heckenrose, Hundsrose
ferrëbút|ë -a *f*, *Pl* -a Spargel *m*
ferrëkúq|e -ja *f*, *Pl* -e Stechdorn *m*
ferrísht|e -ja *f*, *Pl* -e = **ferrishtë**

ferrísht|ë -a *f*, *Pl* -a Dornengestrüpp *n*, Dornenhecke *f*
ferrmánz|ë -a *f*, *Pl* -a Brombeerstrauch *m*; Brombeere *f*
ferromagnetíz|ëm -mi *m* Ferromagnetismus *m*
fes -i *m*, *Pl* -a Fes *m*
fesát -i *m* Intrige *f*; Verwicklung *f*, Verwirrung *f*, Wirrnis *f*
festár -i m, *Pl* -ë Festteilnehmer *m*
festár|e -ja *f*, *Pl* -e Festteilnehmerin *f*
fést|e -ja *f*, *Pl* -e = fes
fést|ë -a *f*, *Pl* -a Fest *n*; Festtag *m*, Feiertag *m*
festím -i *m*, *Pl* -e Feiern *n*
festivál -i *m*, *Pl* -e Festival *n*
festón 1 *tr* feiern, feierlich begehen
festónjës -i *m*, *Pl* - Teilnehmer *m* an einer Feier
fetár, -e *Adj* religiös, konfessionell; gläubig, fromm
fét|ë -a *f*, *Pl* -a Scheibchen *n*
fetishíz|ëm -mi *m* Fetischismus *m*
feudál I. -i *Subst/m*, *Pl* -ë Feudalherr *m*, Adliger *m*; II. -e *Adj* Feudal-, feudalistisch, feudal
feudalíz|ëm -mi *m* Feudalismus *m*
feudoborgjéz, -e *Adj* bürgerlich-feudal
fëdíg|ë -a *f* 1. Mühe *f*, Mühsal *f*; Anstrengung *f*; 2. Schwangerschaft *f*; **grua me** ~ schwangere Frau *f*
fëjén 3 *itr* sich schuldig machen, sich etwas zuschulden kommen lassen; sündigen
fëlí -a *f*, *Pl* - Speise aus zerbröckeltem Weißbrot, das mit Sorbett übergossen und gebacken wird; Art Fladen *(der anläßlich der Feier am 3. Tag nach der Geburt eines Kindes zubereitet wird)*
fëllég|ë -a *f*, *Pl* -a Schlampe *f*
fëlléz|ë -a *f* Rebhuhn *n*
fëllíg|ë -a *f* Schmach *f*, Schande *f*
fëlligshtí -a *f*, *Pl* - Schandtat *f*

fëllím -i *m*, *Pl* -e Lüftchen *n*, Windhauch *m*, leichte Brise *f*
fëllíq 14 *tr* beschmutzen, schmutzig machen, besudeln; *übertr* beleidigen, in den Schmutz ziehen; **-et refl** sich schmutzig machen; sich besudeln; sich blamieren; sich erniedrigen
fëllíqët (i) *Adj* = i fëlliqur
fëllíqur (i) *Adj* schmutzig, dreckig; verschmutzt, verdreckt
fëmíj|ë -a *f od m*, *Pl* -ë 1. Kind *n*; kopshti ~ ve Kindergarten *m*; 2. Familie *f*; 3. Ehefrau *f*, Gattin *f*
fëmijërí -a *f* Kindheit *f*, Kindesalter *n*
fëminí -a *f* = fëmijëri
fënd 14 *tr* = fend
fëndýell -i *m*, *Pl* fëndýej Schusterahle *f*, Pfriem *m*
fëng -u *m*, *Pl* fëngje = fang
fërfëllím -i *m*, *Pl* -e Wurf *m*; Werfen *n*
fërfëllón 1 *tr* werfen, wegwerfen
fërfllíz|ë -a *f* Schneesturm *m*, Schneegestöber *n*
fërg -u *m*, *Pl* fërgje Tiegel *m*, Pfanne *f*
fërgés|ë -a *f*, *Pl* -a *Pfannengericht aus Eiern sowie Leber- und Fleischstückchen; Pfannengericht aus Käse und Tomaten oder Paprika*
fërgëllí -të *Pl* Schüttelfrost *m*
fërgëllón 1 *itr* Schüttelfrost haben
fërgím -i *m* Braten *n*
fërgón 1 *tr* braten, rösten
fërkát 22[1] *itr* prassen, schlemmen *(bei einer Verlobungs- oder Hochzeitsfeier)*; *tr* verschlingen
fërkím -i *m* Reiben *n*, Einreiben; Massage *f*; Reibung *f*
fërkójs|e -ja *f*, *Pl* -e Masseuse *f*
fërkón 1 *tr* reiben; massieren; einreiben
fërlí -a *f*, *Pl* - 1. Art Auflauf *aus Kürbis, Eiern und Milch;* 2. *Blätterteiggebäck mit Honig*

fërlík -u *m*, *Pl* -ë am Spieß gebratenes Tier *n* (*Ziege, Schaf oder Schwein*)
fërlláz|ë -a *f*, *Pl* -a Schneeregen *m*
fërshëllén 3 *itr* = **fërshëllín**
fërshëllím|ë -a *f*, *Pl* -a Pfiff *m*; Pfeifen *n*; Zischen *n*; Heulen *n* des Windes
fërshëllín 6 *itr* pfeifen; fauchen, zischen; rauschen, heulen (*Wind*)
fërshëllór|e -ja *f*, *Pl* -e Gramm Zischlaut *m*, Sibilant *m*
fërtéle -t *Pl* Fetzen *Pl*
fërtým|ë -a *f* Wucht *f*, Schwung *m*; **merr ~** Anlauf nehmen, Schwung holen
fërrát|ë -a *f* Graupen *Pl*
fërrón 1 *tr* **1.** grob mahlen, zerreiben; **2.** feilen
fërrúes -i *m*, *Pl* – Reibeisen *n*, Raspel *f*
fëstëk -u *m*, *Pl* -ë Kern *m* der Pinienkiefer
fëshfërésh -i *m* Regenmantel *m* aus Nylon
fëshfërím|ë -a *f* Rascheln *n*, Rauschen *n*, Geraschel *n*
fëshfërít 22 *itr* rascheln, rauschen
fëshfërítës, -e *Adj* raschelnd, rauschend
fëshfërítj|e -a *f* Rascheln *n*, Rauschen *n*
fëshfésh -i *m*, *Pl* -e = **fëshfërësh**
fësh-fésh|e -ja *f*, *Pl* -e = **fëshfërësh**
fëshkëllón 1 *itr* pfeifen
fët *Adv, bes.* **~ e ~** schnell, in Windeseile, im Nu
fibrín|ë -a *f* Fibrin *n*
fic 14 *tr Obst* weich machen; **-et** *refl* weich werden (*Obst*)
fíce *Adj* überreif; reif, weich (*Obst*)
fiçór -i *m*, *Pl* -ë **1.** Gehilfe *m* des Maurers; Hütejunge *m*; **2.** Knirps *m*, Dreikäsehoch *m*; **3.** Kieselstein *m*
fidán -i *m*, *Pl* -ë *od* -a Pflänzling *m*, Setzling *m*, Steckling *m*; junger Baum *m*
fidanísht|e -ja *f*, *Pl* -e Baumschule *f*; Anpflanzung *f*
fidhé -të *Pl* Fadennudeln *Pl*
Fíer -i *m* Fier *n* (*Stadt in Südalbanien*)
fier -i *m* Farn *m*, Farnkraut *n*
fieráj|ë -a *f*, *Pl* -a = **fierishtë**
fierák, -e *Adj* aus Fier
fierísht|ë -a *f*, *Pl* -a Farndickicht *n*; Farnkraut *n*
figuránt -i *m*, *Pl* -ë Statist *m*, Komparse *m*
figuránt|e -ja *f*, *Pl* -e Statistin *f*, Komparsin *f*
figuratív, -e *Adj* figurativ, figürlich, bildlich; **agjitacion ~** Sichtagitation *f*; **arti ~** *od* **artet ~e** die bildende Kunst; **kuptim ~** übertragene Bedeutung *f*; **material ~** Anschauungsmaterial *n*
figúr|ë -a *f*, *Pl* -a Figur *f*; Gestalt *f*; Abbildung *f*; Persönlichkeit *f*
figurón 1 *itr* figurieren, erscheinen; eingetragen sein, auf einer Liste stehen
fij *Pl* → **fill**
fíj|e -a *f*, *Pl* -e Faden *m*, Faser *f*; **~ sintetike** synthetische Faser; **~ leshi** Wollfaden; **~ mëshese** Borste *f*; **~ kashte** Strohhalm *m*; **~ bari** Grashalm *m*; **një ~ letër** ein Blatt Papier; **një ~ shkrepse** ein Streichholz; *übertr* **humb ~n** den Faden verlieren; **e vë për ~** jmdn. auf den rechten Weg bringen; **një ~** ein bißchen, ein wenig; **asnjë ~** gar nichts; **për ~ e për pe** haarklein, ganz genau
fijehóllë *Adj* mit feinen Fäden, feinfaserig
fijerrállë *Adj* grobmaschig
fijeshpéshë *Adj* engmaschig
fijetráshë *Adj* mit dicken Fäden, grobfaserig

fijón 1 *itr*: ~ **borë** es schneit in feinen Flocken

¹fik -u *m*, *Pl* fiq Feige *f*; Feigenbaum *m*; ~ **deti** *od* ~ **frengu** Feigenkaktus *m*

²fik 14³ *tr Feuer* auslöschen; *Flamme* ersticken; *Licht* auslöschen, ausmachen; *übertr* ruinieren, ins Unglück stürzen; -et *refl* ausgehen, erlöschen; *übertr* u ~ er ist ruiniert; u ~ën gazit sie sind vor Lachen fast gestorben

fikátet 20 *refl* 1. leicht trocknen; 2. ausgehen *(Feuer)*

fikátës -i *m* Schalldämpfer *m*

fikátj|e -a *f Phys*, *El* Dämpfung *f*

fíkët -it (të) *n* Ohnmacht *f*, Bewußtlosigkeit *f*

fiks *Adv* genau; pünktlich; **në orën tetë** ~ genau um acht, Punkt acht Uhr

fiksím -i *m*, *Pl* -e Fixierung *f*

fiktív, -e *Adj* fiktiv

fikth -i *m* 1. *Anat* Adamsapfel *m*; 2. unreife Feige *f*

fil -i *m*, *Pl* -ë *od* -a Elefant *m*

filán -i *m* der und der; ~ **njeri** Herr Soundso

filán|e -ia *f* die und die, Frau Soundso

filantróp -i *m*, *Pl* -ë Philanthrop *m*

filantropí -a *f* Philanthropie *f*

filantropík, -e *Adj* philanthropisch

filarmoní -a *f* Philharmonie *f*

filatelí -a *f* Philatelie *f*

filatelíst -i *m*, *Pl* -ë *od* -a Philatelist *m*, Briefmarkensammler *m*

filatúr|ë -a *f*, *Pl* -a Zwirnerei *f*; Spinnerei *f*

fildikós -i *m*, *Pl* -e starker Baumwollfaden *m*

fildísh -i *m* Elfenbein *n*

fildíshtë (i) *Adj* elfenbeinern, Elfenbein-; **Bregu i Fildíshtë** Elfenbeinküste *f*

filetatúr|ë -a *f*, *Pl* -a *Tech* Gewinde *n*

filetím -i *m Tech* Gewindeschneiden *n*

filéto -ja *f* Gewinde *n*; ~ **e brëndëshme** Innengewinde; ~ **e jashtme** Außengewinde; **profil i** ~**s** Gewindeprofil *n*

filí -a *f*, *Pl* – *od* -ra Art *f*; Rasse *f*; Sippe *f*; Sippschaft *f*

filíç -i *m*, *Pl* -a Stempel *m*, Quirl *m des Butterfasses*

filigrán -i *m* Filigran *n*, Filigranarbeit *f*

filík -u *m*, *Pl* filíqe Frischling *m*

Filipíne -t *Pl* Philippinen *Pl*

filíq|e -ja *f*, *Pl* -e Schlinge *f*, Schlaufe *f*, Öse *f für Knöpfe*

filistín -i *m*, *Pl* -ë *od* filistínj Philister *m*; Spießbürger *m*

filíz -i *m*, *Pl* -a junger Trieb *m*, Sproß *m*; Pfröpfling *m*, Veredlungsreis *n*; *übertr* Sprößling

film -i *m*, *Pl* -a *od* -e Film *m*; ~ **multiplikativ** Trickfilm; ~ **artistik** Spielfilm; ~ **dokumentar** Dokumentarfilm; **merr në** ~ filmen

filmím -i *m* Filmen *n*

filmón 1 *tr* filmen

filogjenéz|ë -a *f* Phylogenese *f*

filoksér|ë -a *f* Reblaus *f*

filológ -u *m*, *Pl* -ë Philologe *m*

filológ|e -ia *f*, *Pl* -e Philologin *f*

filologjí -a *f* Philologie *f*

filoshqiptár, -e *Adj* albanophil

filozóf -i *m*, *Pl* -ë Philosoph *m*

filozofí -a *f* Philosophie *f*

filozofík, -e *Adj* philosophisch

filozofón 1 *itr* philosophieren

fílt|ër -ri *m*, *Pl* -ra Filter *m*

filtrím -i *m* Filterung *f*, Filtrierung *f*

filtrón 1 *tr* filtern, filtrieren

filxhán -i *m*, *Pl* -ë *od* -a Tasse *f*, Mokkatasse

¹fill -i *m*, *Pl* fij *od* fíje Faden *m*, Faser *f*; dünner Draht *m*; *übertr* **e humb** ~**in** den Faden verlieren; Ziel *n*, Absicht *f*; **zë** ~ beginnen,

anfangen; **ia hoqi ~ in** er läßt ihn links liegen; **në ~ të mortes** angesichts des Todes, beim Sterben
²**fill** *Adv* **1.** schnurstracks; **shkoi ~ e në shtëpi** er ging schnurstracks nach Hause; **2.** allein, mutterseelenallein; **3. për ~ e për pe** haarklein, in allen Einzelheiten; **~ e flakë** vollkommen, völlig
fillák, -e *Adj* hochgewachsen
fíll|e -ja *f*, *Pl* -e = **fije**
fillés|ë -a *f* = **fillim**
fillestár, -e *Adj* anfänglich, ursprünglich; elementar, grundlegend, Anfangs-
fillím -i *m*, *Pl* -e Anfang *m*, Beginn *m*
filló|n *tr* etw. anfangen, beginnen; in Gang setzen; *itr*; -het *refl* anfangen, beginnen, losgehen
fillór, -e *Adj*: **shkollë ~ e** Grundschule *f*
fillprés|ë -a *f*, *Pl* -a Drahtschere *f*
fillrójt|ës -i *m*, *Pl* – Nachrichtentechniker *m*, Fernmeldemechaniker *m*
fíllthi *Adv* ganz allein, mutterseelenallein
fíll|zí, -zézë *Adj* schlecht, mit schlechten Absichten
finál|e -ja *f Mus, Sport* Finale *n*
finánc|ë -a *f*, *Pl* -a Finanzwesen *n*, Geldwesen *n*; Finanzamt *n*; **financa** *Pl* Finanzen *Pl*; **Ministria e Financave** das Ministerium für Finanzen
financiár, -e *Adj* finanziell, Finanz-; **viti ~** das Finanzjahr
financiér -i *m*, *Pl* -ë Bankangestellter *m*, Finanzfachmann *m*; Finanzier *m*, Bankier *m*
financím -i *m* Finanzierung *f*
financón 1 *tr* finanzieren
finík -u *m*, *Pl* -ë Dattelpalme *f*
fink -u *m*, *Pl* -ë Buchfink *m*
finlandéz I. -i *Subst/m*, *Pl* -ë Finne *m*; **II.** -e *Adj* finnisch, finnländisch

Finlánd|ë -a *f* Finnland *n*
finók, -e *Adj* schlau, listig; aufgeweckt
finokërí -a *f* List *f*, Schlauheit *f*
fínj|ë -a *f* Waschlauge *f*
finjós 21 *tr* mit Waschlauge waschen
fiq *Pl* → ¹**fik**
Firénc|e -ja *f* Florenz *n*
fír|ë -a *f* Gewichtseinbuße *f*, Schwund *m bei Waren*; *Tech* Schrumpfung *f*
firím -i *m*: **~ në tokë** *El* Erdung *f*
fírm|ë -a *f*, *Pl* -a **1.** Firma *f*; **2.** Unterschrift *f*; **vë ~n** unterschreiben
firmón 1 *tr* unterschreiben, unterzeichnen
firmónjës -i *m*, *Pl* – Unterzeichner *m*, Unterzeichneter *m*
firón 1 *itr* an Gewicht verlieren, abnehmen
firós 21 *itr* = **firon**
fis -i *m*, *Pl* -e **1.** Stamm *m*, Sippe *f*; **2.** Geschlecht *n*, Familie *f*; Verwandtschaft *f*; **i kemi ~ od jemi ~ me ata** wir sind mit ihnen verwandt
fisanák, -e *Adj* verwandt, aus dem gleichen Stamm
fisarmoník|ë -a *f*, *Pl* -a Akkordeon *n*
fís|ëm (i), -me (e) *Adj* adlig; vornehm; aus gutem Hause
fiskáj|ë -a *f*, *Pl* -a **1.** Wasserstrahl *m*; **2.** Gerte *f*, Rute *f*
fiskál, -e *Adj* fiskalisch
fiskí -a *f* Wasserstrahl *m*
fiskultúr|ë -a *f* = **fizkulturë**
fisník I. -u *Subst/m*, *Pl* -ë Adliger *m*, Edelmann *m*; **II.** -e *Adj* **1.** adlig; angesehen, vornehm; **2.** edel, edelmütig, hochherzig
fisnikërí -a *f* Edelmut *m*, Hochherzigkeit *f*
fisnikërón 1 *tr* adeln; edel machen, veredeln
fisnór, -e *Adj* Sippen-, Stammes-

fistán -i *m, Pl* -a **1.** Kleid *n*; **2.** Fustanella *f*
fistík -u *m, Pl* -ë = **fëstëk**
fish -i *m, Pl* -e *El* Steckgabel *f*; ~ **e kontakti** Steckdose *f*
fishék -u *m, Pl* -ë **1.** Patrone *f*; **2.** Papierhülse *f*, Papprölichen *n*; *übertr* **jam** ~ ich habe keine Ahnung
fishekór|e -ja *f, Pl* -e Patronentasche *f*
fishekzár -i *m, Pl* -ë Feuerwerk *n*; Feuerwerkskörper *m*
fishk 14³ *tr* verwelken lassen; **-et** *refl* verwelken, welken
fishkëllén 3 *itr* pfeifen; zischen, fauchen; rauschen, heulen
fishkëllím -i *m, Pl* -e Pfiff *m*; Pfeifen *n*
fishkëllím|ë -a *f, Pl* -a Pfeifen *n*; Zischen *n*, Fauchen *n*; Rauschen *n*; Heulen *n*
fishkëllón 1 *itr* = **fishkëllen**
físhkët (i) *Adj* welk, trocken
físhkur (i) *Adj* verwelkt, vertrocknet
¹**fishnjár** -i *m, Pl* -ë Marder *m*; Iltis *m*
²**fishnjár** -i *m, Pl* -ë Harpune *f*
fit *Adv*: **jemi** ~ wir sind quitt
fités|ë -a *f, Pl* -a = **fitim**
fitíl -i *m, Pl* -ë *od* -a **1.** Docht *m*; Lunte *f*, Zündschnur *f*; *übertr* **fut** ~ aufhetzen; **2.** *ein Garnmaß für Baumwolle*
fitím -i *m, Pl* -e **1.** Verdienst *m*, Einkommen *n*; **2.** Profit *m*; **3.** Nutzen *m*, Gewinn *m*; **4.** Sieg *m*, Gewinnen *n*
fitimprúrës, -e *Adj* gewinnbringend, nutzbringend, vorteilhaft
fitimtár I. -i *Subst/m, Pl* -ë Sieger *m*, Gewinner *m*; **II.** -e *Adj* siegreich, sieghaft
fitón 1 *tr, itr* **1.** gewinnen, siegen; **2.** Gewinn erlangen, Nutzen ziehen; ~ **simpati** Sympathie erringen

fitónjës -i *m, Pl* – Sieger *m*, Gewinner *m*
fitór|e -ja *f, Pl* -e Sieg *m*, Erfolg *m*; **nga fitorja në** ~ von Sieg zu Sieg; **korr** ~ Siege erringen
fitúes -i *m, Pl* – = **fitonjës**
fizík, -e *Adj* **1.** physikalisch; **2.** physisch, körperlich; **edukatë** ~ **e** Körpererziehung *f*
fizikán -i *m, Pl* -ë Physiker *m*
fizikánt -i *m, Pl* -ë = **fizikan**
fizík|ë -a *f* Physik *f*
fizikísht *Adv* körperlich; gesundheitlich
fiziológ -u *m, Pl* -ë Physiologe *m*
fiziologjí -a *f* Physiologie *f*
fiziologjík, -e *Adj* physiologisch
fizionomí -a *f* Physiognomie *f*
fizioterapí -a *f* Physiotherapie *f*
fizkulturál, -e *Adj* sportlich, Sport-; **paradë** ~ **e** Sportparade *f*
fizkultúr|ë -a *f* Körperkultur *f*
fizkulturíst -i *m, Pl* -ë *od* -a *m* Sportler *m*
fjalamán I. -i *Subst/m, Pl* -ë Schwätzer *m*; **II.** -e *Adj* schwatzhaft
fjalamán|e -ia *f, Pl* -e Klatschtante *f*, Klatschbase *f*, Schwätzerin *f*
fjál|ë -a *f, Pl* -ë **1.** Wort *n*; ~ **të rënda** beleidigende Worte; **ha** ~ **t die Worte verschlucken, undeutlich sprechen;** ~ **e nderit** Ehrenwort; ~ **e vjetër** *od* ~ **e urtë** Sprichwort; **me një** ~ mit einem Wort, kurz und bündig; **me** ~ **të tjera** anders ausgedrückt, mit anderen Worten; **pa** ~ unbedingt; **kjo s'është një** ~ **goje** das ist kein leeres Gerede; ~ **për** ~ wortwörtlich, wörtlich, Wort für Wort; **i ktheu** ~ er widersprach ihm; **bëhet fjala për...** es ist die Rede von...; **libri në** ~ das erwähnte Buch; **bie fjala** *od* **fjala vjen** zum Beispiel; **i dolli fjala** seine Worte haben sich bewahrheitet; **më zë vend fjala** mein Wort gilt; **s'më pi**

ujë fjala mein Wort gilt nicht, man hört nicht auf mich; s'ia bëj ~n dysh *od* nuk ia kthej ~n ich höre auf ihn ohne lange Widerrede; **2.** Rede *f*, Ansprache *f*; mban ~ eine Rede halten; liria e ~s die Redefreiheit; ~n e ka ai er hat das Wort; mori ~n er ergriff das Wort; **3.** Versprechen *n*; i dha ~n er gab ihm sein Wort; e hëngri ~n *od* e shkeli ~n er hat sein Wort gebrochen; më doli nga fjala er wurde mir gegenüber wortbrüchig; Übereinkunft *f*, Übereinstimmung *f*; jam më një ~ me ta ich stimme mit ihnen überein; kemi lënë ~n wir haben vereinbart; **4.** Nachricht *f*, Benachrichtigung *f*; i çoi ~ er hat ihn benachrichtigt; u hap fjala se... man erzählte, daß...; **5.** Streit *m*, Wortwechsel *m*; bëra ~ me të ich stritt mich mit ihm; kjo arë është me ~ dieser Acker ist ein Streitobjekt; s'bën ~ ai er ist verträglich

fjalëformím -i *m* Wortbildung *f*

fjalëformúes, -e *Adj* Wortbildungs-; plani ~ die Wortbildungsebene

fjalëkrýq -i *m*, *Pl* -e Kreuzworträtsel *n*

fjalëmádh, -e *Adj* aufschneiderisch, angeberisch, prahlerisch

fjalëmbël *Adj* freundlich, nett

fjalëmír|ë I. -i *Subst/m*, *Pl* -ë Fürsprecher *m*; **II.** -a *Subst/f*, *Pl* -a Fürsprecherin *f*; **III.** *Adj* für jemanden gutsagend, eintretend, bürgend; sich für jmdn. verwendend

fjalëpák *Adj* wortkarg

fjalëréndë *Adj* schroff, taktlos, frech

fjalëshúmë *Adj* gesprächig; schwatzhaft, geschwätzig

fjalëtón 1 *itr* **1.** widersprechen, seinen Standpunkt verteidigen; **2.** sich streiten

fjálëz -a *f*, *Pl* -a Wörtchen *n*; *Gramm* Partikel *f*

fjalí -a *f*, *Pl* – *Gramm* Satz *m*

fjalím -i *m*, *Pl* -e Rede *f*, Ansprache *f*; ~ i rastit Festrede

fjalóhet 1 *refl* sich streiten, einen Wortwechsel haben

fjalór -i *m*, *Pl* -ë Wörterbuch *n*

fjalórth -i *m*, *Pl* -ë Taschenwörterbuch *n*; Wörterverzeichnis *n*, Glossar *n*

fjalóset 21 *refl* sich unterhalten; diskutieren

fjetësí -a *f* Lethargie *f*; Schläfrigkeit *f*

fjéti 38 *Aor* → **fle**

fjétj|e -a *f* Schlaf *m*, Schlafen *n*; dhoma e ~s das Schlafzimmer

fjetór|ja -ja *f*, *Pl* -e Schlafsaal *m*

fjétur (i) *Adj* still, ruhig, phlegmatisch; ujë i ~ a) stehendes Gewässer *n*; b) abgestandenes Wasser *n*

fjóll|ë -a *f*, *Pl* -a = **fqollë**

fjóng|ë -a *f*, *Pl* -ë Haarband *n*, Haarschleife; Schleife *f*

fjóngo -ja *f*, *Pl* – = **fjongë**

fjord -i *m*, *Pl* -e Fjord *m*

flagránc|ë -a *f*: zë në ~ in flagranti ertappen

flagránt, -e *Adj* flagrant

flak 14³ *tr* werfen; wegschmeißen, wegwerfen; schleudern, wegschleudern; hinauswerfen, hinausjagen

flakarésh -i *m*, *Pl* -a Ohrfeige *f*

flák|ë -a *f*, *Pl* -ëra Flamme *f*; ~ e kuqe knallrot, feuerrot; mori ~ çatia das Dach geriet in Flammen; ~ për ~ Schuß um Schuß; *übertr* Leidenschaft *f*, Feuer *n*; Fanal *n*; pushkë ~ ein funkelnagelneues Gewehr

flakëhedhës -i *m*, *Pl* – Flammenwerfer *m*

flakërím *Adv* blitzschnell, sofort

flakërín 6 *tr* = **flak**

flakërishta -t *Pl* Feuerholz *n*, Reisig *n*

¹**flakërón** 1 *tr* = **flak**

²flakërón 1 *itr* funkeln, blitzen
flákët (i) *Adj* leidenschaftlich; glühend; flammend
flákj|e -a *f* 1. Werfen *n*, Schleudern *n*; Wegwerfen *n*; flakja e diskut das Diskuswerfen; 2. Vertreibung *f*, Verjagung *f*
flakón 1 *itr* in Flammen aufgehen, verbrennen; flammen
fláktë (i) *Adj* = i flakët
flakurím|ë -a *f, Pl* -a 1. Ohrfeige *f*; 2.: po marr një ~ te zjarri ich wärme mich ein bißchen am Feuer auf
flakuró|n 1 *itr* sich hinabstürzen, sich fallenlassen; -het *refl* verbrennen
flám|ë -a *f* 1. Schnupfen *m*, Erkältung *f*; 2. Epilepsie *f*; 3. *Vet* Art Cholera; 4. *Bot* Art Weinkrankheit; *übertr* i shtie ~n er jagt ihm Furcht ein, er versetzt ihn in Schrecken
flamóset 21 *refl* sich erkälten, Schnupfen bekommen
flamósur (i) *Adj* 1. arm; verflucht; 2. erkältet, verschnupft
flamúr -i *m, Pl* -ë *od* flámur -i *m, Pl* flámuj Fahne *f*, Flagge *f*, Banner *n*; ~ tranzitor Wanderfahne; shtizë e ~it Fahnenstange *f*; ngreh ~in die Fahne hissen; ul ~in die Fahne einholen; ~ në gjysmështize Flagge auf halbmast
flamurmbájtës -i *m, Pl* – = flamurtar
flamurtár -i *m, Pl* -ë Fahnenträger *m*, Bannerträger *m*
fland -i *m, Pl* -e *Typ* Matrize *f*, Mater *f*
flaníkth -i *m, Pl* -a Vogelbauer *n*, Vogelkäfig *m*
flas 29 *1. Pers Sg Präs* → flet
fláshket 14³ *refl* träge werden, erlahmen
fláshkët (i) *Adj* träge, lahm, saft- und kraftlos
flát|ër -ra *f, Pl* -ra *Zool* Flügel *m*

flatrón 1 *itr* mit den Flügeln schlagen, flattern; fliegen
flaurí -a *f* Spreu *f*; feiner Staub *m*; ~ *Pl* vom Wind aufgewirbelte Teilchen
flautíst -i *m, Pl* -ë *od* -a Flötist *m*; Flötenspieler *m*
fláut -i *m, Pl* -e Konzertflöte *f*, Querflöte *f*
fle 38 *itr* 1. schlafen; *übertr* ai ~ në këmbë er ist eine Schlafmütze; 2. *tr*: e ~ mendjen ich bin völlig ruhig; ich bin meiner Sache sicher; → flihet
flég|ë -a *f, Pl* -a Splitter *m*, Span *m*; një ~ pishë ein Kienspan
flég|ër -ra *f, Pl* -ra 1. *Bauw* Flügel *m*; Türflügel, Torflügel; 2. *Anat* flegrat e hundës Nasenflügel *Pl*, Nasenhöhlen *Pl*; 3. Scheibe *f*, Stück *n*
flegmatík, -e *Adj* phlegmatisch
fleksión -i *m, Pl* -e *Gramm* Flexion *f*
flet 29 *tr, itr* 1. sprechen, reden; ausdrücken, aussprechen; flasin për të sie reden schlecht über ihn; po ~ rreth një çështjeje er erörtert ein Problem; 2.: i ~ jmdn. zurechtweisen, tadeln; jmdn. schelten, ausschimpfen; 3.: vete t'i flas ich gehe, um ihn zu trösten; 4. versprechen; ma foli er hat es mir versprochen; → flitet
fletankét|ë -a *f, Pl* -a Fragebogen *m*
fletár -i *m, Pl* -ë Läufer *m*, oberer Mühlstein *m*
flét|ë -a *f, Pl* -ë 1. *Zool, Tech* Flügel *m*; ~t e derës die Türflügel; ~t e dritares die Fensterflügel; ~t e mullirit die Windmühlenflügel; 2. *Bot, Tech* Blatt *n*; ~ sharre Sägeblatt; 3. Blatt; një ~ letër ein Blatt Papier; ~ e librit Buchseite; libri u bë ~ ~ das Buch ist zerfleddert; 4. Schein *m*; Schreiben *n*, Urkunde *f*; ~ lirimi Entlassungsschein; ~ lavdërimi Belobigungsschreiben;

~ **nderi** Ehrenurkunde; *übertr* **trim me** ~ ein großer Held; **s'i vë** ~ **gojës** er nimmt kein Blatt vor den Mund; **ndërron** ~**n** er hängt den Mantel nach dem Wind; **ia ktheu** ~**n** er hat ihm die Treue gebrochen, er hat ihn verraten

fletëgjérë *Adj Bot* breitblättrig

fletëhýrj|e -a *f*, *Pl* -e Eintrittskarte *f*; Passierschein *m*

fletëlavdërim -i *m*, *Pl* -e Belobigungsschreiben *n*, Belobigungsurkunde *f*

fletërrufé -ja *f*, *Pl* – Flugblatt *n*; Anschlag *m* *(Wandzeitung)*

flétës -i *m*, *Pl* – *Zool* Blättermagen *m der Ziegen und Schafe*

fletësëmúndj|e -a *f* Krankenschein *m*

fletór|e -ja *f*, *Pl* -e Heft *n*; Zeitung *f*, Blatt *n*

fletúsh|ë -a *f*, *Pl* -a *Bot* Deckblatt *n*

fletúshk|ë -a *f*, *Pl* -a Blättchen *n*, Blatt *n kleine Zeitung*; *iron* Käseblatt

flév|ë -a *f* Ader *f*

flë 38 *itr* = **fle**

fli -a *f* Opfer *n*; **bën** ~ opfern, zum Opfer bringen; **u bë** ~ **për atdhe** er fiel für die Heimat

flíhet 38 *refl*: **s'më** ~ ich bin nicht müde; ich kann nicht einschlafen; → **fle**

flijón 1 *tr* opfern, als Opfer darbringen

flint -i *m Opt* Flintglas *n*

flínte 38 *Imperf* → **fle**

flíste 29 *Imperf* → **flet**

flit -i *m* Flit *n*, Ungeziefermittel *n*

flítet 29 *refl*, *bes. unpers* man sagt, es wird erzählt; es geht das Gerücht um; → **flet**

flóçk|ë -a *f*, *Pl* -a *Myth* Art Nixe *mit sehr langem Haar*

flojér|e -ja *f*, *Pl* -e Flöte *f*

flok -u *m*, *Pl* -ë 1. einzelnes Haar *n*; Haar, Haare *Pl*; *übertr* **i merr** ~**ët** er wird sein Pate; 2. Flocke *f*; **bie bora** ~ **ë-** ~ **ë** es schneit in dichten Flocken

flokát|ë -a *f* weißer Wollumhang *m der Albaner*

flók|e -ja *f*, *Pl* -e 1. dicker, kurzärmeliger Mantel *m*; 2. Wolldecke *f mit Fransen*

flokëbárdhë *Adj* weißhaarig

flokëdrédhur *Adj* mit lockigem Haar, kraushaarig

flokëgështénjë *Adj* mit kastanienbraunem Haar

flokëgjátë *Adj* langhaarig

flokëkúq, -e *Adj* rothaarig

flokëpakréhur *Adj* ungekämmt

flokëvérdhë *Adj* blond, strohblond

flókëz -a *f*, *Pl* -a = **floçkë**

flokëzbërdhýlur *Adj* mit ausgeblichenen Haaren

flokë|zí, -zézë *Adj* schwarzhaarig

flóks|e -ja *f*, *Pl* -e Wolldecke *f mit Fransen*

floktár -i *m*, *Pl* -ë Friseur *m*

floktár|e -ja *f*, *Pl* -e Friseuse *f*

floktarí -a *f*, *Pl* – Friseurladen *m*, Frisiersalon *m*

floktór|e -ja *f*, *Pl* -e = **floktari**

flóq|e -ja *f*, *Pl* -e ärmelloser Frauenmantel *m*

flor -i *m*, *Pl* -ë Caisson *m*, Taucherglocke *f*

flór|ë -a *f* Flora *f*

florí -u *od* -ri *m* Gold *n*; ~ **nj** *Pl* Goldmünzen *Pl*, Schmuckmünzen *Pl*

florímtë (i) *Adj* = **i florinjtë**

florínjtë (i) *Adj* golden, Gold-

flósk|ë -a *f*: ~ **bore** Schneeschicht *f*; Schneedecke *f*

flót|ë -a *f*, *Pl* -a Flotte *f*; ~ **ajrore** Luftflotte

flug -u *m* Schwung *m*, Elan *m*; Eifer *m*

flúg|ë -a *f*, *Pl* -a *Bauw* Schindel *f*

flúgëz -a *f*, *Pl* -a Leiste *f*, Latte *f*

flugtár, -e *Adj* flink, gewandt, lebhaft

fluks -i *m Opt* Fluß *m*, Strom *m*; ~ **drite** Lichtstrom
fluoreshénc|ë -a *f* Fluoreszenz *f*
flur -i *m, Pl* -e *Bauw* Flucht *f*, Treppenflucht
flúrë *Indekl*: në ~ im Flug
fluróm|ë -a *f, Pl* -a Seifenblase *f*
flurór, -e *Adj Phys, Chem* flüchtig
flútur -a *f, Pl* -a **1.** Schmetterling *m*; ~ **e lakravet** Kohlweißling *m*; **2.** Leberegel *m*
fluturák I. -u *Subst/m, Pl* -ë Küken *n*; **II.** -e *Adj* fliegend, Flug-
fluturím I. -i *Subst/m, Pl* -e Flug *m*, Fliegen *n*; **II.** *Adv* wie im Flug; im Fluge
fluturímthi *Adv* im Fluge; wie im Fluge, im Nu
fluturón 1 *itr* fliegen; *übertr* fliegen, eilen; ~ **nga gëzimi** vor Freude ganz aus dem Häuschen sein
fluturónjës, -e *Adj* = **fluturues**
fluturúes, -e *Adj* fliegend, Flug-
fllad I. 14 *tr* lüften; **II.** -i *Subst/m, Pl* -e Brise *f*, kühles Lüftchen *n*, leichter Wind *m*
fllad!t 22 *tr* erfrischen, kühlen; -et *refl* sich erfrischen, sich abkühlen
fllad!tj|e -a *f, Pl* -e Kühle *f* (des Windes); kühler Lufthauch *m*
fllug -u *m* Fackel *f*
fllúg|ë -a *f, Pl* -a Schleppkahn *m*
fllúsk|ë -a *f, Pl* -a Blase *f*; Brandblase; ~ **sapuni** Seifenblase; *übertr* **bën flluska në erë** er baut Luftschlösser
flluskós 21 *tr* aufblasen, aufblähen
fodúll, -e *Adj* überheblich, hochmütig
fodullék -u *m* Überheblichkeit *f*, Hochmut *m*
¹**fók|ë** -a *f, Pl* -a Seehund *m*, Robbe *f*
²**fók|ë** -a *f Med* Gesichtsrose *f*, Wundrose *f*; *Vet* Rotlauf *m*
fokíst -i *m, Pl* -ë *od* -a Heizer *m*
folé -ja *f, Pl* – Nest *n*; ~ **katrore** Quadratnestpflanzverfahren *n*; *übertr* Nest, Herd *m*; ~ **e arzave** Wespennest, Unruheherd
fólës -i *m, Pl* – Sprecher *m*, Redner *m*; ~ **i radios** Ansager *m*
fóli 29 *Aor* → **flet**
fólj|e -a *f, Pl* -e Verb *n*; ~ **ndihmëse** Hilfsverb
foljór, -e *Adj Gramm* verbal, Verb-; **emër** ~ Verbalsubstantiv *n*
folklór -i *m* Folklore *f*
folkloríst -i *m, Pl* -ë *od* -a Folklorist *m*
folkloristík, -e *Adj* folkloristisch
fólm|e -ja (e) *f* **1.** Redeweise *f*, Sprechweise *f*; **2.** Mundart *f*; **3.** Versprechen *n*, Gelöbnis *n*
fólur I. -it (të) *Subst/n* Sprechen *n*; Sprechweise *f*; **II.** (i) *Adj* gesprochen
fóll|ë -a *f, Pl* -a **1.** dicke Schuppe *f* der Schlange; **2.** Metallplättchen *n*, Schmuckplättchen *n an Trachten*, Paillette *f*
follósh -i *m, Pl* -e Nest *n*, Bau *m*
fond -i *m, Pl* -e Fonds *Pl*, Geldmittel *Pl*, Geldvorrat *m*; Grundmittel *Pl*; ~ **i kryesor i fjalëve** der Grundwortschatz
fonderí -a *f, Pl* – *Tech* Gießerei *f*; Schmelzerei *f*
foném|ë -a *f, Pl* -a Phonem *n*
fonetík, -e *Adj* phonetisch
fonetík|ë -a *f* Phonetik *f*
fóra *Adv*: **e bëri** ~ er übertrumpfte alle damit
forazhére -t *Pl* Furage *f*, Futter *n*, Futtermittel *Pl*
fórb|ël -la *f, Pl* -la abgeschälte Schale *f von Obst*
forcát -i *m* Kraft *f*, Stärke *f*
forcát|ë -a *f* = **forcat**
forcé -ja *f, Pl* – Festung *f*
fórc|ë -a *f, Pl* -a Kraft *f*, Stärke *f*; *Phys, Tech* ~ **rëndese** Schwerkraft, Gravitation *f*; ~ **e rrymës** Stromstärke; ~ **e frenimit** Bremskraft;

~ **lëvizëse** Antriebskraft; **forcat prodhúes** die Produktivkräfte
forcím -i *m* Stärkung *f*, Verstärkung, Festigung *f*
forcó|n 1 *tr* stärken, verstärken, festigen; **-het** *refl* sich stärken; erstarken, stark werden; zu Kräften kommen
foré -ja *f* Hoffnung *f*
fór|ë -a *f* 1. Schwung *m*, Kraft *f*; **me** ~ schwungvoll, kraftvoll; 2. Stolz *m*; Überheblichkeit *f*, Dünkel *m*, Hochmut *m*
forínt|ë -a *f*, *Pl* -a Währungseinheit Forint *m*
formación -i *m*, *Pl* -e Formation *f*
formál, -e *Adj* formal
formalíst -i *m*, *Pl* -ë *od* -a Formalist *m*
formalísht *Adv* formal; nur zum Schein
formalitét -i *m*, *Pl* -e Formalität *f*
formalíz|ëm -mi *m*, *Pl* -ma Formalismus *m*
formát -i *m*, *Pl* -e Format *n*
fórm|ë -a *f*, *Pl* -a Form *f*; **sa për** ~ der Form halber, nur zum Schein
formím -i *m*, *Pl* -e Formung *f*, Bildung *f*, Herausbildung
formó|n 1 *tr* formen, bilden, schaffen; **-het** *refl* gebildet werden, bestehen aus; sich herausbilden
formulár -i *m*, *Pl* -ë Formular *n*
formúl|ë -a *f*, *Pl* -a Formel *f*; ~ **e betimit** Schwurformel
formulím -i *m*, *Pl* -e Formulierung *f*
formulón 1 *tr* formulieren
fort *Adv* 1. sehr, recht; ~ **mirë** sehr gut; 2. laut; **folë më** ~! sprich lauter!; stark, kräftig
fortés|ë -a *f*, *Pl* -a Festung *f*; *übertr* Bollwerk *n*
fórtë (i) *Adj* 1. stark, kräftig; standhaft, heldenhaft; **me të** ~ gewaltsam; 2. stark, hart; scharf; **kala e** ~ eine starke Festung; **dru e** ~ hartes Holz *n*; **stofë e** ~ derber Stoff *m*; **erë e** ~ heftiger Wind *m*; **dimër i** ~ strenger Winter *m*; **ethe të forta** starkes Fieber *n*; **uthull e** ~ scharfer Essig *m*; **duhan i** ~ starker Tabak *m*; **me zë të** ~ mit lauter Stimme; **argumente të forta** überzeugende Argumente *Pl*; 3. *übertr* leistungsstark ; talentiert, gut bewandert; **është i** ~ **në matematikë** er ist gut in Mathematik
fortësí -a *f* Stärke *f*, Kraft *f*; *Chem, Tech* Härte *f*
fortifikát|ë -a *f*, *Pl* -a Befestigung *f*; Befestigungsanlage *f*
fortifikím -i *m*, *Pl* -e *Mil* Befestigung *f*
fortifikón 1 *tr Mil* befestigen
fortó|n 1 *tr* härten; **-het** *refl* hart werden
¹**forúm** -i *m*, *Pl* -a Kamin *m*; Schornstein *m*, Esse *f*; Kaminrohr *n*, Heizrohr *n*
²**forúm** -i *m*, *Pl* -e Forum *n*; ~ **et më të larta** die obersten Instanzen
fosfát -i *m*, *Pl* -e Phosphat *n*
fosfór -i *m* Phosphor *m*
fosforeshénc|ë -a *f* Phosphoreszenz *f*
fosforík, -e *Adj* Phosphor-; **acid** ~ Phosphorsäure *f*
fosíl I. -i *Subst*/*m*, *Pl* -e Fossil *n*; II. -e *Adj* fossil
fosilizím -i *m* Fossilisation *f*, Versteinerung *f*
fosilizó|n 1 *tr* fossilisieren, versteinern; **-het** *refl* zum Fossil werden, versteinern
foshnjarák, -e *Adj* kindlich; kindisch; **punë** ~ **e** Kinderei *f*
fóshnj|e -a *f*, *Pl* -e Säugling *m*, Kleinkind *n*
foshnjërí -a *f* 1. frühes Kindesalter *n*; Säuglingsalter *n*; 2. Kinderei *f*
foshnjór, -e *Adj* Kinder-, Kindes-; **çerdhe** ~ **e** Kinderkrippe *f*
foshnjór|e -ja *f*, *Pl* -e Kindergarten *m*
fotí -a *f*, *Pl* – Öllämpchen *n*

fotoekspozit|ë -a *f, Pl* -a Fotoausstellung *f*
fotográf -i *m, Pl* -ë Fotograf *m*
fotografí -a *f, Pl* – Fotografie *f*;
~ **bardhë-zi** Schwarzweißfoto *n*;
~ **me ngjyra** Farbfoto *n*; ~ **me rëntgen** Röntgenaufnahme *f*; **merr në** ~ *od* **nxjerr** ~ fotografieren; **del në** ~ sich fotografieren lassen
fotografík, -e *Adj* fotografisch
fotografíst -i *m, Pl* -ë *od* -a Fotograf *m*
fotografó|n 1 *tr* fotografieren; -**het** *refl* sich fotografieren lassen
fotokópj|e -a *f, Pl* -e Fotokopie *f*
fotoreportér -i *m, Pl* -ë Fotoreporter *m*, Bildreporter *m*
fqinj|ë I. -a *Subst/f od Subst/m, Pl* -ë Nachbar *m*, Nachbarin *f*; **II.** -e *Adj* benachbart, Nachbar-
fqinjërón 1 *itr* Nachbar sein, benachbart sein; nachbarschaftliche Beziehungen unterhalten; in ein Nachbardorf einheiraten
fqinjësí -a *f* Nachbarschaft *f*
fqóll|ë -a *f, Pl* -a 1. gehechelter, spinnfertiger Flachs *m*; 2. Spirale *f*; 3. feine Flocke *f*; **bie bora** ~-~ es schneit in feinen, dichten Flocken
fragmént -i *m, Pl* -e Fragment *n*
fragmentár, -e *Adj* fragmentarisch
frak -u *m, Pl* -ë Frack *m*
fraksión -i *m, Pl* -e Fraktion *f*
francéz I. -i *Subst/m, Pl* -ë Franzose *m*; **II.** -e *Adj* französisch
Fránc|ë -a *f* Frankreich *n*
françeskán -i *m, Pl* -ë Franziskanermönch *m*
frang -u *m, Pl* -a *Währungseinheit* Franc *m*; Franken *m alte albanische Währungseinheit*
frangjí -a *f, Pl* -a Wandnische *f am Kamin*; Schießscharte *f*
Frankfurt-mbi-Majn Frankfurt am Main

franko-gjermán, -e *Adj* französischdeutsch
franxhóll|ë -a *f, Pl* -a langes Weißbrot *n*, Kaviarbrot *n*
fraq -i *m* trockene Kälte *f*, Frost *m*
fráshër -i *m, Pl* -a Esche *f*
fráshtë (i) *Adj* Eschen-; **dru e** ~ Eschenholz *n*
frat -i *m, Pl* frétër *Rel* Bruder *m*, Klosterbruder
frazeologjí -a *f* Phraseologie *f*
frazeologjík, -e *Adj* phraseologisch
fráz|ë -a *f, Pl* -a *Gramm* Phrase *f*; *übertr* Phrase
¹fre -ri *m, Pl* -rë 1. Zaum *m*, Zaumzeug *n*, Zügel *m*; *übertr* **e mban në** ~ er hält ihn im Zaum; **merr** ~**rët në dorë** er nimmt die Zügel in die Hand; **veri** ~ **gojës!** zügle deine Zunge!; 2. *Tech* Bremse *f*
²fre -ri *m, Pl* -rë abgebeerter Strunk *m der Weintraube*, Kamm *m*
¹frégull -a *f, Pl* -a Nasenflügel *m*
²frégull -a *f, Pl* -a Pflänzling *m*, Setzling *m*; Rute *f*, Gerte *f*
frekuénc|e -a *f* Frequenz *f*; ~ **e lartë** Hochfrequenz; ~ **e ulët** Niedrigfrequenz
frekuentím -i *m* Frequentierung *f*, Besuch *m*; Zulauf *m*; Verkehr *m*
frekuentón 1 *tr* besuchen, häufig besuchen
fréna -t *Pl Tech* Bremse *f*; ~ **dore** Handbremse
freng, -e *Adj* = **frëng**
frenón 1 *tr* zügeln; bremsen; *übertr* bremsen, behindern, hemmen
frenúes, -e *Adj* hemmend, bremsend
frérëz -a *f, Pl* -a = ²**fre**
fresk -u *m* 1. schattige Stelle *f*, kühles Plätzchen *n*; 2. Fächer *m*; 3. Frische *f*, erfrischende Kühle *f*; **sot bën** ~ heute ist es kühl
fréskët (i) *Adj* frisch, erfrischend; **erë e** ~ ein frischer Wind; frisch *(Speisen)*; **gjalpë i** ~ frische Butter *f*

freskí -a *f* schattige Stelle *f*; Frische *f*, Kühle *f*; *übertr* Frische; blühender Zustand *m*

freskím -i *m*, *Pl* -e Erfrischung *f*, Erquickung *f*; Kühlung *f*, Abkühlung

frésko -ja *f*, *Pl* – *Mal* Freske *f*

freskográf -i *m*, *Pl* -ë Freskenmaler *m*

freskó|n 1 *tr* erfrischen, abkühlen; **-het** *refl* sich erfrischen, sich abkühlen

freskónjës, -e *Adj* = **freskues**

freskúes, -e *Adj* erfrischend, erquickend, kühlend; **pije** ~ **e** Erfrischungsgetränke *Pl*

frezatór -i *m*, *Pl* -ë Fräser *m*

fréz|ë -a *f*, *Pl* -a Fräse *f*, Fräsmaschine *f*

frë**ng**, -e *Adj* französisch

frëngjisht *Adv* auf französisch

frëngjisht|e -ja *f* Französisch *n*

frëngjúz -i *m* Syphilis *f*

frígas -i *m*, *Pl* – Phryger *m*

frigorifér -i *m*, *Pl* -ë *od* -a Kühlschrank *m*, Kühlraum *m*

frikác, -e *Adj* feige, ängstlich, furchtsam

frikacák I. -e *Adj* feige, ängstlich, furchtsam; II. -u *Subst/m*, *Pl* -ë Feigling *m*, Memme *f*

frikakéq, -e *Adj* schreckhaft

frikamán I. -i *Subst/m*, *Pl* -ë; II. -e *Adj* = **frikacak**

frikanjóz, -e *Adj* ängstlich, furchtsam, feige

frikásh I. -i *Subst/m*, *Pl* -ë; II. -e *Adj* = **frikacak**

fríket 14³ *refl* Angst bekommen, sich erschrecken; Angst haben, sich fürchten

frík|ë -a *f* Angst *f*, Furcht *f*; Schrecken *m*; **i hyri frika** *od* **e zuri frika** er bekam es mit der Angst zu tun; **ia ka** ~**n atij** a) er hat Angst vor ihm; b) er hat Angst um ihn; **më dolli frika** ich habe keine Angst mehr; **është** ~ **se mos** ... es ist zu befürchten, daß ..., es besteht die Gefahr, daß ...

frikës, -e *Adj* = **frikanjoz**

frikësím -i *m*, *Pl* -e Erschrecken *n*; Drohung *f*, Einschüchterung *f*

frikësó|n 1 *tr* bedrohen, einschüchtern; jmdm. Angst einjagen, jmdn. in Schrecken versetzen; **-het** *refl* erschrecken; sich fürchten

frikón 1 *tr* = **frikëson**

friksh|ëm (i), -me (e) *Adj* 1. feige, furchtsam, ängstlich; 2. furchteinflößend, beängstigend

fríngo *Adj*, *Adv* funkelnagelneu

frizonísht|e -ja *f* Friesisch *n*

fron -i *m*, *Pl* -e 1. Schemel *m*; 2. Thron *m*; 3. Totenbahre *f*; Sarg *m*; 4. hoher Absatz *m des Schuhes*; **gotë me** ~ Stielglas *n*, Glas *mit hohem Stiel*

front -i *m*, *Pl* -e Front *f*

frontál, -e *Adj* frontal; **sulm** ~ Frontalangriff *m*

fruljét|ë -a *f*, *Pl* -a Kreisel *m*

frulliz|ë -a *f* Schneeflocke *f*; Schneegestöber *n*

frúshkull -i *m*, *Pl* frúshkuj Peitsche *f*

frushkullón 1 *tr* peitschen, mit der Peitsche schlagen

frúshull -a *f*, *Pl* -a Heulen *n*, Pfeifen *n des Windes*

frut -i *m*, *Pl* -e Frucht *f*; ~**a** *Pl* Obst *n*

frutdhénës, -e *Adj* fruchtbringend, fruchtbar

frutikultúr|ë -a *f* Obstanbau *m*, Obstkultur *f*

frutór, -e *Adj* fruchttragend, Frucht-; Obst-; **pemë** ~ **e** Obstbaum *m*

fruth -i *m* Masern *Pl*; Röteln *Pl*; ~ **i zi** *od* ~ **i keq** Scharlach *m*

fry -ja *f* Wind *m*, Böe *f*

frým|ë -a *f*, *Pl* -ë 1. Atem *m*; **merr** ~ atmen, Luft holen; **i**

merret fryma *od* **i zihet fryma** er bekommt keine Luft mehr; **me një ~ in einem Atemzug, im Nu; dha ~n e fundit** er hat sein Leben ausgehaucht; **rrinin ~ më ~ sie** saßen dicht an dicht; **2.** Luft *f*; **me ~ aufgeblasen; i dolli fryma** die Luft ist herausgegangen; **3.** Wind *m*; **4.** Einwohner *m*; **ky katund ka 1000 ~** dieses Dorf hat 1000 Seelen; **5.** Sinn *m*, Geist *m*; **në ~n e miqësisë** im Geiste der Freundschaft

frymëhéqj|e -a *f* Einatmen *n*, Einatmung *f*

frymëmárrës, -e *Adj* Atmungs-; **aparati ~** der Atmungsapparat

frymëmárrj|e -a *f* Atmung *f*, Atmen *n*

frymënxjérrj|e -a *f* Ausatmen *n*, Ausatmung *f*

frymëzím -i *m, Pl* -e Inspiration *f*, Eingebung *f*, Anregung *f*; Begeisterung *f*

frymëzó|n 1 *tr* inspirieren, anregen; begeistern, mitreißen; **-het** *refl* sich inspirieren lassen; sich begeistern

frymëzónjës, -e *Adj* begeisternd, anregend, mitreißend

frymëzúar (i) *Adj* inspiriert, angeregt; begeistert

frymó|n 1 *tr* aufblasen, aufpumpen; **-het** *refl* böse sein; **frymohet në të** er ist mit ihm böse

frymór -i *m, Pl* -ë Lebewesen *n*

frymós 21 *itr* atmen, Atem holen

fry|n 5 *tr, itr* blasen, pusten, *Luft* ausstoßen; aufblähen, aufblasen; *Dudelsack* blasen; **i ~ zjarrit** er entfacht das Feuer; **~ hundët** sich schneuzen, die Nase schnauben; *übertr* **i kanë fryrë në vesh** sie haben es ihm eingeblasen, sie haben ihn aufgehetzt; *itr* **~ erë** es ist windig; *übertr* **fryu** er verschwand, er verduftete; **-het** *refl* anschwellen; sich satt essen, sich den Bauch vollschlagen; zunehmen, dicker werden

frýrë I. (i) *Adj* angeschwollen; aufgebläht, aufgeblasen, aufgedunsen; *übertr* hochtrabend; **II.** -t (të) *Subst/n* Anschwellen *n*, Schwellung *f*; Aufblähung *f*; Entfachen *n*

frýs|e -ja *f, Pl* -e Blasebalg *m*

fryshán, -e *Adj* füllig, mollig, dick; aufgedunsen

fryt -i *m, Pl* -e Frucht *f*, Produkt *n*; Ertrag *m*, Gewinn *m*, Nutzen *m*; *Bot* Frucht

frytdhënës, -e *Adj* fruchtbar, ergiebig, ertragreich; fruchtbringend, erfolgreich

frytëzím -i *m, Pl* -e *Bot* Fruchtansatz *m*, Fruchtbildung *f*; Erhöhung *f* der Bodenfruchtbarkeit

frýtsh|ëm (i), -me (e) *Adj* fruchtbar, fruchtbringend; ertragreich, ergiebig; nützlich, erfolgreich

frýz|ë -a *f, Pl* -a Pfeife *f*, Trillerpfeife

fshat -i *m, Pl* -ra Dorf *n*

fshatár -i *m, Pl* -ë Bauer *m*, Dorfbewohner *m*; **~ i kooperuar** Genossenschaftsbauer; **~ individual** Einzelbauer; **~ i varfër** Kleinbauer; **ky është një ~i im** er ist aus demselben Dorf wie ich, er ist mein Dorfgenosse

fshatarák I. -e *Adj* dörflich, ländlich; **II.** -u *Subst/m, Pl* -ë Bauer *m*

fshatárçe *Adv* wie auf dem Lande, nach ländlicher Sitte, nach Bauernart

fshatár|e -ja *f, Pl* -e Bäuerin *f*; Dorfbewohnerin *f*

fshataresí -a *f* Bauern *Pl*, Bauernschaft *f*, Landbevölkerung *f*; **~ e kooperuar** Genossenschaftsbauern *Pl*

fshatárk|ë -a *f, Pl* -a Bauernmädchen *n*; Bäuerin *f*

fshátçe *Adv* **1.** im ganzen Dorf, mit

dem ganzen Dorf; **2.** nach dem Brauch des Dorfes
fsheh 17 *tr* verstecken, verbergen; → **fshihet**
fsheharák, -e *Adj* heimlichtuerisch
fshehësír|ë -a *f*, *Pl* -a geheimer Ort *m*, verborgene Stelle *f*; Schlupfwinkel *m*, Versteck *n*
fshéhj|e -a *f* Verheimlichung *f*; Verbergen *n*, Verstecken *n*
fshehrëtín 6 *itr* seufzen
fshéhtas *Adv* heimlich, im Verborgenen
fshéhtazi *Adv* = **fshehtas**
fshéhtë (i) *Adj* versteckt, verborgen; heimlich, geheim; **zgjedhje (me vota) të fshehta** geheime Wahlen *Pl*
fshehtësí -a *f*, *Pl* - Heimlichkeit *f*, Heimlichtuerei *f*; Geheimnis *n*
fshéhura *Adv* = **fshehtas**
fshéhurazi *Adv* = **fshehtas**
fshesaxhí -u *m*, *Pl* – *od* -nj Straßenkehrer *m*, Straßenfeger *m*
fshés|ë -a *f*, *Pl* -a Besen *m*; **jepi një ~ odës!** feg mal das Zimmer aus!; *übertr* **i vuri ~ n** er hat ihn davongejagt
fshíhet 17 *refl* sich verstecken; **i ~** er versteckt sich vor ihm; *übertr* **më ~** er weicht mir aus, er ist mir gegenüber zurückhaltend; → **fsheh**
fshíhte 17 *Imperf*; → **fsheh**
fshik 14[3] *tr* **1.** Blasen hervorrufen, Bläschen bilden; **2.** leicht berühren, streifen; **-et** *refl* Bläschen bekommen; Pickel kriegen
fshikárt|ë -a *f*, *Pl* -a Blasenstrauch *m*
fshík|ë -a *f*, *Pl* -a **1.** Blase *f*, Brandblase; Hautbläschen *n*, Pickel *m*; Harnblase; **2.** *Zool* Kokon *m*; **~ mëndafshi** Seidenraupenkokon
fshikëz -a *f*, *Pl* -a Bläschen *n*, Blase *f*
fshikëzéz|ë -a *f*, *Pl* -a Furunkel *m*, Geschwür *n*
fshikull I. -a *Subst/f*, *Pl* -a; **II. -i** *Subst/m*, *Pl* **fshíkuj** Peitsche *f*, Rute *f*
fshikullón 1 *tr* mit der Peitsche schlagen, peitschen; *übertr* geißeln
fshin 6 *tr* **1.** ausfegen, fegen; saubermachen, säubern, reinigen; **~ këpucët** die Schuhe putzen; **2.** abwischen; löschen, ausstreichen, ausradieren; **~ djersët** (sich) den Schweiß abwischen
fshíra -t (të) *Pl* Kehricht *m*
fshírës|e -ja *f*, *Pl* -e Tafellappen *m*, Schwamm *m für die Tafel*
ftéket 14[3] *refl* nachdenken, überlegen; **më ~** es fällt mir ein, ich erinnere mich
ftés|ë -a *f*, *Pl* -a Einladung *f*, Einladungskarte *f*; *Jur* Vorladung *f*
ftésës -i *m*, *Pl* -a *od* - Hochzeitsbitter *m*
ftíg|ë -a *f* Epilepsie *f*
ftíket 14[3] *refl* vertrocknen, austrocknen, versiegen
ftillón 1 *tr* **1.** klären; erklären, erörtern; **2.** in Ordnung bringen
ftillzím -i *m*, *Pl* -e Erklärung; Klärung *f*; Regelung *f*
ftillzón 1 *tr* = **ftillon**
ftim -i *m*, *Pl* -e Einladung *f*
ftoh 14[3] *tr* abkühlen, kalt werden lassen; kühlen; *übertr* entfremden, entfernen; **-et** *refl* sich erkälten; *übertr* sich entfremden, sich fremd werden
ftohësír|ë -a *f* kaltes Wetter *n*, Kälte *f*; *übertr* Abkühlung *f*, Entfremdung *f*
ftóhët I. (i) *Adj* kalt, kühl; *übertr* kühl, abweisend; **II.** *Adv* kalt, kühl; **bën ~** *od* **është ~** es ist kalt; **ka ~** er friert, ihm ist kalt; *übertr* **më priti ~** er begegnete mir kühl, er empfing mich kühl; **III.** **-it** (të) *Subst/n* **1.** Kälte *f*, kaltes Wetter *n*; **ka të ~** er friert;

ftóhje 148

2. Erkältung *f*; **kam marrë të ~** ich habe mich erkältet
ftóhj|e -a *f* Abkühlung *f*; Abkühlen *n*
ftóht|ë I. (i) *Adj* = i **ftohët; II.** -a (e) *Subst/f* Kälte *f*, Frost *m*
ftohtësí -a *f* Kälte *f*; Gleichgültigkeit *f*
ftóhur I. -it (të) *Subst/n* Erkältung *f*; **II.** (i) *Adj* erkältet; abgekühlt, erkaltet
ftóm|ë -a *f* Kälte *f*
fton 1 *tr* einladen; auffordern; *Jur* vorladen
ft|úa -ói *m, Pl* -ónj Quitte *f*
ftúar (i) *Adj* geladen, eingeladen; *Jur* vorgeladen
ftúarj|e -a *f, Pl* -e Einladung *f*
ftúes -i *m, Pl* – Gerichtsdiener *m*, Gerichtsbote *m*
ftuják -u *m, Pl* -ë einjähriges Ziegenböcklein *n*, Jährling *m*
ftúj|ë -a *f, Pl* -a einjährige Ziege *f*
fucák -u *m, Pl* -ë Naseweis *m*; neugieriger Mensch *m*
fúck|ë -a *f, Pl* -a 1. Blase *f*, Pickel *m*, Pustel *f*; 2. **fuckat** *Pl* Art Biskuitgebäck *mit Sorbett übergossen*
fucón 1 *itr* stibitzen, mausen
fuçí -a *f, Pl* – Faß *n*, Tonne *f*
¹fúg|ë -a *f, Pl* -a *Bauw* Fuge *f*
²fúg|ë -a *f, Pl* -a Pirolweibchen *n*
³fúg|ë -a *f* 1. Feuer *n*; **i vuri ~ n shtëpisë** er hat das Haus in Brand gesteckt; *übertr* Feuer, Schwung *m*; 2. Kreisel *m*
fugëzón 1 *tr* *Bauw* verfugen, die Fugen verschmieren, ausfugen
fukar|á I. -ái *Subst/m, Pl* -á *od* -énj Armer *m*, Habenichts *m*; **II.** *Adj* arm
fukarallék -u *m* Armut *f*, Elend *n*
fultér|e -ja *f, Pl* -e Pfanne *f*, Tiegel *m*
fultérëz -a *f, Pl* -a Kaulquappe *f*
fulltják -u *m, Pl* -ë *od* fulltéqe Brandblase *f*
fulltják|ë -a *f, Pl* -a = **fulltak**

fund -i *m, Pl* -e 1. Grund *m*, Boden *m* *von Gefäßen usw.*; **~ i detit** Meeresgrund; **në ~ të filxhanit** auf dem Boden der Tasse; 2. Ende *n*; **shiti ~ in e arkës** er hat die besten (zuunterst liegenden) Sachen verkauft; **në ~ të rrugës** am Ende der Straße; 3. unterer Teil *m*; Saum *m*; 4. Rock *m (für Frauen)*; 5. Ende *n*; **në ~ të muajit** am Monatsende; **~ e krye** *od* **~ e majë** von oben bis unten; von Anfang bis Ende; völlig, vollkommen; **pa anë e pa ~** endlos; **në ~** *od* **më në ~** *od* **së ~i** schließlich, letzten Endes; **tash së ~i** kürzlich, vor kurzem; **~i** (i) **~it** letzten Endes, wie dem auch sei; **shkon në ~** es geht zu Ende; **jep ~** beenden, beschließen; **i dhashë ~ punës** ich habe die Arbeit beendet; **të erdhi ~i** dein Ende ist gekommen
fundamént -i *m, Pl* -e Fundament *n*
fundërrés|ë -a *f, Pl* -a *Geol* Sediment *n*, Sedimentgestein *n*
fundërrí -a *f, Pl* – Bodensatz *m*, Rückstand *m*, Rest *m*; Kehricht *m*; Ausschuß *m*; **~ *Pl*** Abschaum *m* *der Gesellschaft*
fúndit (i) *Adj* letzte; **lajmet e ~** die letzten Nachrichten
fúndj|e -a *f, Pl* -e *Bauw* Schwelle *f*
fundór, -e *Adj* *Gramm* Schluß-; **zanore ~ e** Schlußvokal *m*, Auslautvokal *m*
fundós 21 *tr* versenken; **-et** *refl* versinken, untergehen; zusammenstürzen
fundósj|e -a *f, Pl* -e Versenkung *f*; Untergang *m*; Zusammensturz *m*, Ruin *m*
fúndra -t *Pl* Abfall *m*; Kehricht *m*
fundrín|ë -a *f* = **fundërri**
funerál -i *m, Pl* -e Beerdigung *f*, Leichenbegängnis *n*
funkción -i *m, Pl* -e = **funksion**

funkcioním -i *m* = **funksionim**
funksión -i *m*, *Pl* -e Funktion *f*; Stellung *f*, Tätigkeit *f*, Amt *n*; **kryen** ~ e Funktionen ausüben; *Biol*, *Math* Funktion
funksionál, -e *Adj* funktionell, funktional
funksionár -i *m*, *Pl* -ë Funktionär *m*
funksioním -i *m*, *Pl* -e Funktionieren *n*; **vë në** ~ *Gerät* anstellen; *Maschine* einschalten, in Gang bringen
funksionón 1 *itr* funktionieren
fuqí -a *f*, *Pl* - 1. Kraft *f*, Körperkraft; Vermögen *n*, Fähigkeit *f*; ~ **punëtore** Arbeitskraft; ~ **mendore** geistige Fähigkeiten; ~ **blerëse** Kaufkraft; **më la** ~ a *od* **m'u pre** ~ a die Kräfte verließen mich, ich habe keine Kraft mehr; **hyn në** ~ in Kraft treten; 2. *Phys* Kraft, Leistung *f*, Effekt *m*; ~ **avulli** Dampfkraft; **një kalë** ~ eine Pferdestärke; **dy kuaj** ~ zwei Pferdestärken; ~ **përthithëse** Saugfähigkeit *f*; 3. *Math* Potenz *f*; **dy në** ~ **të tretë** zwei in dritter Potenz, (2³); 4. Macht *f*, Vollmacht; 5. *Pl* ~ **të mësimore** der Lehrkörper; 6. Gültigkeit *f*; **ligjët në** ~ die geltenden Gesetze
fuqimádh, -e *Adj* mächtig, machtvoll, kraftvoll
fuqimísht *Adv* stark, in starkem Maße
fuqiplótë *Adj* bevollmächtigt; allmächtig
fuqísh|ëm (i), -me (e) *Adj* kraftvoll, kräftig; stark, mächtig
fuqizím -i *m* Verstärkung *f*
fuqizón 1 *tr* stärken
fúrc|ë -a *f*, *Pl* -a = **furçë**
fúrç|ë -a *f*, *Pl* -a Bürste *f*; *El* Bürste
¹**fúrd|e** I. -ja *Subst/f*, *Pl* -e Kinkerlitzchen *Pl*; Krimskrams *m*; II. *Adj* wertlos
²**fúrd|e** -ja *f*, *Pl* -e Dachschindel *f*

fúret 14 *refl* eindringen; **m'u fur** ich habe mich verschluckt; *übertr* **m'u fur shpirti** ich bin sehr niedergeschlagen
furfurít 20 *itr* glitzern, glänzen, funkeln
furí -a *f* Wucht *f*, Schwung *m*; *Pl* **prej** ~ **ve të motit** durch die Wetterunbilden
furísh|ëm (i), -me (e) *Adj* wuchtig, heftig, schwungvoll
furkatór|e -ja *f*, *Pl* -e Spinnerin *f* mit *Handspindel*
fúrk|ë -a *f*, *Pl* -a 1. Spinnrocken *m*; 2. Forke *f*, Heugabel *f*; Stützgabel *f*, Stütze *f*
fúrkëz -a *f*, *Pl* -a Stützgabel *f*, Stütze *f für Bäume und Sträucher*
furkulíc|ë -a *f*, *Pl* -a Gabel *f*
furmáçk|ë -a *f* Spanne *f*
furnizím -i *m* Ausrüstung *f*, Ausstattung *f*; Belieferung *f*, Versorgung *f*; -e *Pl* Ausrüstungsgegenstände *Pl*, Ausrüstung *f*
furnizón 1 *tr* ausrüsten, ausstatten; versorgen, beliefern
furnizúes I. -e *Adj* Versorgungs-; Liefer-; II. -i *Subst/m*, *Pl* – Zulieferer *m*, Lieferant *m*
furqét|ë -a *f*, *Pl* -a Haarnadel *f*
furtún|ë -a *f*, *Pl* -a Sturm *m*, Sturmwind *m*, Orkan *m*
furr -i *m*, *Pl* -e = **furrë**
furrác -i *m*, *Pl* -a Wassermühle *f*
fúrr|ë -a *f*, *Pl* -a Backofen *m*; Backhaus *n*, Bäckerei *f*; *übertr* **këtu qenka** ~ hier ist es ja glühendheiß; **i sëmuri është** ~ der Kranke glüht wie ein Ofen; *Tech* Ofen *m*, Feuerung *f*; ~ **e lartë** Hochofen; **furra Marten** der Siemens-Martin-Ofen; ~ **e shkrirjes** Schmelzofen; ~ **e gëlqeres** Kalkofen
furrík -u *m*, *Pl* -ë *od* **furríqe** Hühnerstall *m*; Legenest *n*; Legei *n*; *übertr* Stall *m*, Bude *f*
furrnált|ë -a *f*, *Pl* -a Hochofen *m*

furrón 1 *tr* grob mahlen
furrtár -i *m*, *Pl* -ë Bäcker *m*
furrxhí -u *m*, *Pl* – *od* -nj = **furrtar**
fúsk|ë -a *f*, *Pl* -a = **fshikë**
fustán -i *m*, *Pl* -e **1.** Kleid *n*; ~ **i nxehtë** warmes Kleid, Winterkleid; **2.** Fustanella *f*, weißer Faltenrock *m* (*Teil der südalbanischen Männertracht*)
fustanéll|ë -a *f*, *Pl* -a Fustanella *f*, weißer Faltenrock *m* (*Teil der südalbanischen Männertracht*)
¹fúst|ë -a *f*, *Pl* -a Rock *m der Frauen*
²fúst|ë -a *f*, *Pl* -a Nachen *m*, Boot *n*, Kahn *m*
fushák -u *m*, *Pl* -ë Riegel *m*, Balken *m vor Tür und Fenster*
fushár -i *m*, *Pl* -ë **1.** Flachlandbewohner *m*; Talbewohner *m*; **2.** Ackerbürger *m*
fusharák -u *m*, *Pl* -ë Flachlandbewohner *m*, Talbewohner *m*
fushát|ë -a *f*, *Pl* -a **1.** *Mil* Feldzug *m*; **2.** Kampagne *f*; ~ **elektorale** Wahlkampagne; ~ **e mbjelljeve** Aussaatkampagne; **3.** Sammlung *f*, Geldsammlung
fúsh|ë -a *f*, *Pl* -a Ebene *f*; Tal *n*; Platz *m*; ~ **e sportit** Sportplatz; Feld *n*; ~ **e luftës** Schlachtfeld, Kriegsschauplatz; ~ **elektrike** elektrisches Feld; *Bauw* Paneel *n*; *übertr* Gebiet *n*; **në** ~ **të arteve** auf künstlerischem Gebiet; **e qiti në** ~ er brachte es ans Tageslicht; **ia bëri** ~ **me lule** er hat es ihm in den schönsten Farben geschildert
fushím -i *m*, *Pl* -e *Mil* Aufschlagen *n* des Lagers
fúshkët (i) *Adj* federnd, elastisch, dehnbar
fushón 1 *itr Mil* kampieren, das Lager aufschlagen
fushór, -e *Adj Mil*: **artileri** ~ **e** Feldartillerie *f*; **postë** ~ **e** Feldpost *f*

fushór|e -ja *f*, *Pl* -e Tal *n*, kleine Ebene *f*
fushqét|ë -a *f*, *Pl* -a Feuerwerk *n*; Feuerwerkskörper *m*
fushtág|ë -a *f*, *Pl* -a Gerte *f*, Rute *f*; Peitsche *f*; *übertr* **i vuri** ~ **n** er hat ihn davongejagt
fúshul -a *f*, *Pl* -a Egel *m*, Blutegel
fut 22 *tr* hineinstecken, hineinlegen, hineinstellen; hineinstopfen; einführen; einschließen, einbeziehen; *übertr* **ai** ~ **hundët kudo** er steckt seine Nase überall hinein; **i** ~ **a një grusht** ich versetzte ihm einen Faustschlag; **-et** *refl* eintreten, hineingehen; eindringen; ~ **et në rrezik** sich in Gefahr begeben; **s'iu** ~ **asaj pune** er hat sich nicht daran beteiligt; er hat sich nicht in die Sache eingemischt
futboll -i *m* Fußball *m*, Fußballspiel *n*
futbollíst -i *m*, *Pl* -ë *od* -a Fußballspieler *m*, Fußballer *m*
fút|ë -a *f*, *Pl* -a **1.** Schürze *f*; **2.** schwarzes Kopftuch *n*
fútj|e -a *f* Hineinstecken *n*, Hineinlegen *n*; Hineinstellen *n*; Einführung *f*; Einbeziehung *f*
fútsh|ëm (i), -me (e) *Adj* umgänglich, freundlich
fútur (i) *Adj* hineingesteckt; hineingestopft; eingeführt; **vend i** ~ ausgehöhlte Stelle *f*, Mulde *f*
futúr -i *m Gramm* Zukunft *f*, Futur *n*
fúzhnj|e -a *f*, *Pl* -e Fischspeer *m*
f.v. *Abk für* **fjala vjen** → **fjalë**
fýçkë *Adj* taub, hohl; *übertr* dumm, geistlos, geistig hohl
fýell -i *m*, *Pl* fýej *od* fej **1.** Flöte *f* (*Volksinstrument*); **2.** *Anat*: ~ **i këmbës** Unterschenkelknochen *m*, Wadenbein *n* und Schienbein *n*; ~ **i dorës** Unterarmknochen *m*, Elle *f* und Speiche *f*; **3.** *übertr* Dummkopf *m*, Hohlkopf *m*

fý|en 4 *tr* beleidigen, kränken, beschimpfen; **-het** *refl* beleidigt sein
fýerj|e -a *f*, *Pl* -e Beleidigung *f*, Kränkung *f*
fýes, -e *Adj* beleidigend, kränkend, verletzend
fyl, -e *Adj* taub, hohl, ausgehöhlt
fýrbë *Adj*: **arrë** ~ taube Nuß *f*
fyshék -u *m*, *Pl* -ë = **fishek**
fýshtë (i) *Adj*: **bukë e** ~ gut durchgebackenes Brot
fýsht|ër -ra *f*, *Pl* -ra Forsythie *f*
fyt -i *m* **1.** Kehle *f*, Gurgel *f*; Schlund *m*, Kehlkopf *m*; **më dhemb** ~ **i** ich habe Halsschmerzen; **e kapi për** ~ **i** er ging ihm an die Gurgel; **2.** Tülle *f*, Schnauze *f an Kannen*
fytafýt *Adv*: **u kapën** ~ sie gingen einander an die Gurgel
fyták -u *m*, *Pl* -ë Holzkanne *f*
fýtas *Adv* = **fytafyt**
fytýr|ë -a *f*, *Pl* -a **1.** Gesicht *n*, Antlitz *n*; **del në** ~ sich fotografieren lassen; **me** ~ finsterblickend; **njeri me dy fytyra** ein Mensch mit zwei Gesichtern, ein Heuchler; *übertr* **më mori** ~ **n** er hat mich bloßgestellt; **s'ka** ~ er traut sich nicht; **2.** Figur *f*, Abbildung *f*; **3.** Oberfläche *f*; **në** ~ **të tokës** auf der Erde, auf der Erdoberfläche; **4.** *Lit* Figur, Gestalt *f*
fytyrëçélë *Adj* strahlend, heiter, fröhlich
fytyrúar (i) *Adj* bildhaft, sinnbildlich, bildlich
fýz|ë -a *f*, *Pl* -a dünne Röhre *f*; **fyzat e gjakut** die Blutgefäße

G

gabardín|ë -a *f*, *Pl* -a Gabardine *f*; Gabardinemantel *m*
gabél -i *m*, *Pl* -ë Wanderzigeuner *m*
gabél|e -ja *f*, *Pl* -e Wanderzigeunerin *f*
gabérr, -e *Adj* plump, schwerfällig, ungehobelt
gáb|ë -a *f*, *Pl* -a Fehler *m*, Irrtum *m*; Dummheit *f*; **mos folë gaba!** red kein dummes Zeug!
gabím I. -i *Subst/m*, *Pl* -e Fehler *m*; Irrtum *m*, Versehen *n*; ~ **shtypi** Druckfehler; **bie në** ~ sich irren, in einen Fehler verfallen; **e merr** ~ etw. mißverstehen; II. *Adv* irrtümlich; **është** ~ es ist falsch; **e ka** ~ er ist im Irrtum, er hat unrecht
gabimísht *Adv* irrtümlich, fälschlich
gabó|n 1 *itr* Fehler machen, falsch handeln; irren, unrecht haben, im Irrtum sein; *tr* täuschen; **të** ~ **syri** dein Auge täuscht dich; *übertr* ~ **rrugën** auf dem falschen Wege sein; **-het** *refl* sich irren, im Irrtum sein, unrecht haben
gabónj|ë -a *f*, *Pl* -a Adler *m*
gabrréc, -e *Adj* ausgehöhlt *(Baum)*
gabúar (i) *Adj* fehlerhaft, falsch, verkehrt; irrtümlich; **mendim i** ~ falscher Gedankengang, Irrtum *m*; **dola i** ~ **në këtë gjë** in dieser Sache hatte ich unrecht; **ti je i** ~ du irrst dich
gabúesh|ëm (i), -me (e) *Adj* trügerisch, täuschend, irrig
gabzhérr -i *m*, *Pl* -a Luftröhre *f*

gác|ë -a *f, Pl* -a Glut *f*, glühende Kohle *f*; *übertr* **i ka sytë** ~ er hat Glutaugen, seine Augen sprühen Funken

gacullín|ë -a *f, Pl* -a Glühwürmchen *n*, Leuchtkäfer *m*

gacullón 1 *itr* glühen, funkeln, blitzen

gáç|e -ja *f, Pl* -e Herbstzeitlose *f*

gadíshull -i *m, Pl* gadíshuj Halbinsel *f*; ~ **i i Ballkanit** *od* **Gadishulli Ballkanik** die Balkanhalbinsel

gaf -i *m, Pl* -e Mißgriff *m*; **bëre një** ~ du hast eine Dummheit gemacht

gafórr|e -ja *f, Pl* -e **1.** Flußkrebs *m*; **2.** Strandkrabbe *f*

gafrrón 1 *tr* Haare zerzausen, zerwühlen

gagáç -i *m, Pl* -ë Stotterer *m*, Stammler *m*

gajás 21 *itr*: ~ **për** vergehen nach, schmachten nach; ~ **a për një pikë ujë** ich komme fast um vor Durst; ermüden; ~ **i së ecuri** er ist vom Laufen müde; ~ **i së qeshuri** er hat sich halbtot gelacht

gájd|e -a *f, Pl* -a Dudelsack *m*

gájg|e -a *f, Pl* -a Nuß *f mit dünner Schale*, Nuß, *die sich leicht knacken läßt*

gájl|e -ja *f, Pl* -e Sorge *f*, Kummer *m*; **s'ka** ~ das macht nichts, das schadet nichts; **s'kam** ~ das ist mir egal, das kümmert mich nicht

gajrét -i *m* Courage *f*, Mut *m*; Geduld *f*, Langmut *f*; **i jap** ~ ich ermuntere ihn

gajtán -i *m, Pl* -ë *od* -e *od* -a Litze *f*, Borte *f*, Tresse *f*; Stoßband *n*

gajúsh|e -a *f, Pl* -a Gebüsch *n*, Gesträuch *n*; Sumpfwald *m mit Dornengestrüpp*

galaktík|ë -a *f* Galaxis *f*, Milchstraßensystem *n*; **Galaktika** die Milchstraße

galámsh I. -i *Subst/m, Pl* -a Lahmer *m*, Gelähmter *m*, Paralytiker *m*; **II.** *Adv* zusammengerollt, zusammengeballt, zu einem Knäuel zusammengewickelt; **u mblodh** ~ er hat sich zusammengerollt

galdím -i *m, Pl* -e große Freude *f*, Jubel *m*

galdón 1 *itr* jubeln, jauchzen; sich freuen

gál|e -ja *f, Pl* -e = **gajle**

galé -ja *f, Pl* – Galeere *f*

galéd|ër -ra *f, Pl* -ra Blechkrug *m*, Blechkanne *f*

galér|ë -a *f, Pl* -a = **galé**

galerí -a *f, Pl* – **1.** *Bergb* Stollen *m*; Tunnel *m*; **2.** *Theat* Galerie *f*; **3.** Galerie, Kunstsammlung *f*, Gemäldegalerie

galét|ë -a *f, Pl* -a Zwieback *m*

gál|ë -a *f, Pl* -a **1.** Dohle *f*, Turmkrähe *f*; **2.** schwarzes Schaf *n*

galíç *Adv*: **rri** ~ kauern, hocken

galinacé -të *Pl* Scharrvögel *Pl*

galín|ë -a *f* Erdklumpen *m*, Erdscholle *f*; Felsbrocken *m*, Felsgestein *n*; Kies *m*

gálm|ë (i), -e (e) *Adj* schwärzlich, dunkelfarbig, dunkelgrau

galtín|ë -a *f* Mauerschutt *m*

galúc *Adv* = **galiç**

galvanizím -i *m* Galvanisieren *n*

galvanomét|ër -ri *m, Pl* -ra Galvanometer *n*

gallabér|e -ja *f, Pl* -e weitgeöffnete Blüte *f*

gallát|ë -a *f* Lärm *m*, Spektakel *m*; lautes Sprechen *n*

gallóf -i *m, Pl* -ë Nebelkrähe *f*; *übertr* Dummkopf *m*, Schwätzer *m*

gallósh|e -ja *f, Pl* -e Galosche *f*, Gummiüberschuh *m*

gallúst|ër -ra *f, Pl* -ra Dachfenster *n*, Dachluke *f*

gám|ë -a *f, Pl* -a Tonleiter *f*

gám|ërr -rra *f*, *Pl* -rra Köder *m* zum Angeln, bes. Regenwurm
gamíl|e -ja *f*, *Pl* -e Kamel *n*
gamít 20 *itr* bellen
gamúl|e -ja *f*, *Pl* -e Haufen *m*; Heuhaufen; Steinhaufen; Erdhaufen
Gán|ë -a *f* Ghana *n*
Gang -u *m* Ganges *m*
gangrén|ë -a *f Med* Brand *m*, Gangrän *f*
gangstér -i *m*, *Pl* -ë *od* -a Gangster *m*; Verbrecher *m*, Krimineller *m*
gángull *Adv* im Ganzen, komplett
gapthétet 20 *refl* sich prügeln, sich schlagen
garamét -i *m*, *Pl* -e Schwierigkeit *f*; Sorge *f*
garancí -a *f*, *Pl* – 1. Garantie *f*, Sicherheit *f*; Bürgschaft *f*, Gewähr *f*; 2. *Hdl* Garantie, Garantieleistung *f*
garánt -i *m*, *Pl* -ë Bürge *m*, Garant *m*; **bëhet** ~ garantieren, bürgen
garantón 1 *tr*, *itr* garantieren, bürgen; jmdm. etw. versichern
garázh -i *m*, *Pl* -e Garage *f*; Autoreparaturwerkstatt *f*
gárb|e -ja *f*, *Pl* -e 1. Blumentopf *m*; 2. Nachttopf *m*
gárb|ë -a *f*, *Pl* -a Scharte *f*, Kerbe *f* in einer Schneide
gárbull -i *m*, *Pl* gárbuj Insektenbekämpfungsmittel *n*
gárd|ë -a *f*, *Pl* -a Garde *f*; Leibwache *f*
gardërób|ë -a *f*, *Pl* -a Kleiderschrank *m*, Garderobenschrank *m*; Garderobe *f*, Kleiderablage *f*
gardián -i *m*, *Pl* -ë: ~ **i burgut** Gefängniswärter *m*, Wächter *m*
gardh -i *m*, *Pl* gárdhe *od* gjérdhe Zaun *m*, Umzäunung *f*, Einzäunung *f*; *übertr* Hindernis *n*; **i vë** ~ **një gjëje** einer Sache einen Riegel vorschieben; **i mbështillen** ~ sie umzingeln ihn, sie kreisen ihn ein
gardhéc -i *m*, *Pl* -ë runder Maisspeicher *m*
gardhím -i *m*, *Pl* -e Absperrung *f*; Einzäunung *f*
gardhíq|e -ja *f*, *Pl* -e Schutzgeflecht *n* um junge Bäume
gardhísht|e -ja *f*, *Pl* -e kleiner Zaun *m*
gardhón 1 *tr* umzäunen, einhegen
gardhór|e -ja *f*, *Pl* -e 1. große Korbflasche *f*; 2. = **gardhiqe**
gár|ë -a *f*, *Pl* -a Wettbewerb *m*, Wettkampf *m*, Wettstreit *m*
gargalíq -i *m*, *Pl* -a Laubfrosch *m*
gargalís 21 *tr* kitzeln, krabbeln
gargáre -t *Pl* Gurgeln *n*
¹**gargarít** 22 *itr* gurgeln
²**gargarít** 20 *itr* quaken
gargaríz|ëm -mi *m*, *Pl* -ma Gurgeln *n*
¹**gárgull** *Adv* voll, randvoll, zum Überlaufen voll
²**gárgull** -i *m*, *Pl* gárguj 1. Star *m*; 2. Bienenfresser *m*
garnizón -i *m*, *Pl* -e *Mil* Garnison *f*
garsón -i *m*, *Pl* -ë Kellner *m*, Ober *m*
garúzhd|ë -a *f*, *Pl* -a Kochlöffel *m*
gárz|ë -a *f* Mull *m*, Gaze *f*
garráç -i *m*, *Pl* -a Blumentopf *m*; angeschlagener Krug *m*
garrít 22 *itr* iahen
gastár|e -ja *f*, *Pl* -e Glasgefäß *n*; Glassplitter *m*, Glasscherbe *f*
gastarína -t *Pl* Glaswaren *Pl*, Gläser *Pl*
gastártë (i) *Adj* gläsern, Glas-
gastrík, -e *Adj* gastrisch, Magen-; **lëng** ~ Magensaft *m*
gastrít -i *m* Gastritis *f*, Magenschleimhautentzündung *f*
gashtéll|ë -a *f*, *Pl* -a Kniescheibe *f*
¹**gásht|ë** -a *f*, *Pl* -a = **gashtellë**
²**gásht|ë** -a *f*, *Pl* -a Prüfstein *m*; Karborund *n*; Schleifstein *m*

gátet 20 *refl* sich fertigmachen; **u gata** ich bin fertig

gát|ë -a *f*, *Pl* -a Fischreiher *m*

gáti *Adv* **1.** bereit; **është ~ er** ist bereit; fertig, beendet, ausgeführt; **2.** fast, beinahe, um ein Haar **gatí -të** *Pl* Vorbereitungen *Pl*

gatím -i *m* Zubereitung *f der Speisen,* Kochen *n;* **ajo bën ~ të mirë** sie kann gut kochen; **-e** *Pl* Süßigkeiten *Pl die bei einem Besuch der Braut in ihrem Vaterhaus ausgetauscht werden*

gatísh|ëm (i), **-me** (e) *Adj* = **i gatshëm**

gatishmërí -a *f* Bereitschaft *f*; Bereitwilligkeit *f*

gatít 22 *tr* fertigmachen, vorbereiten; **-et** *refl* sich fertigmachen, sich vorbereiten; fertig werden; **gatitu!** stillgestanden!

gatítj|e -a *f*, *Pl* -e Vorbereitung *f*, Bereitmachen *n*; Fertigstellung *f*

gátsh|ëm (i), **-me** (e) *Adj* bereit; fertig

gatúan 2 *tr Speisen* zubereiten, kochen; *Teig* kneten; *übertr* **s'gatove gjë** du hast nichts geschafft

gatúes -i *m*, *Pl* - Koch *m*

gatúes|e -ja *f*, *Pl* -e Köchin *f*

gath -i *m*, *Pl* -ë **1.** *Bot* Kätzchen *n*; **2. -ë** *Pl Zool* Ziegenläppchen *Pl*

gáv|ër -ra *f*, *Pl* -ra Loch *n*, Höhle *f*, Aushöhlung *f in Baum od. Stein; übertr* **lyp ~ er** sucht einen Schlupfwinkel

gávërz -a *f*, *Pl* -a Pore *f*

gavíç -i *m*, *Pl* -a **1.** Tretfaß *n*, Weintrotte *f;* **2.** Speicher *m*

gavýell -i *m*, *Pl* **gavéj** Viertel *n der Felge des Wagenrades*

gáxh|ë -a *f*, *Pl* -a = **gashtellë**

¹gaz -i *m*, *Pl* -e Gas *n;* **~ i tokës** Erdgas; **~ i lëngët** *od* **~ i lëngshëm** flüssiges Gas; **~ fisnik** Edelgas; **~ ndriçonjës** Leuchtgas; **~ helmonjës** Giftgas; **~ mbytës** Stickgas; **~ lotësjellës** Tränengas; **bombë me ~ lotësjellës** Tränengasbombe *f*

²gaz -i *m*, *Pl* -e **1.** Freude *f;* freudiger Anlaß *m;* Spaß *m,* Vergnügen *n;* **2.** Lachen *n,* Gelächter *n;* **u fika ~ it** ich sterbe fast vor Lachen; **vë buzën në ~** lächeln; **i vuri ~ in** er machte sich über ihn lustig; **u bë ~ i i botës** er hat sich vor aller Welt lächerlich gemacht

gazép -i *m*, *Pl* -e Pech *n*, Unglück *n;* Qual *f*, Leid *n;* Folter *f;* **heq ~ in** Qualen ausstehen

gazepqár -i *m*, *Pl* -ë Pechvogel *m*, Unglücksrabe *m*

gazetár -i *m*, *Pl* -ë Zeitungsreporter *m,* Journalist *m*

gazetár|e -ja *f*, *Pl* -e Zeitungsreporterin *f*, Journalistin *f*

gazetarí -a *f* Journalismus *m*

gazetashítës -i *m*, *Pl* - Zeitungsverkäufer *m*

gazét|ë -a *f*, *Pl* -a Zeitung *f;* **~ muri** Wandzeitung

gazëllím -i *m*, *Pl* -e große Freude *f*, Jubel *m*

gazëlló|n 1 *tr* erfreuen; **-het** *refl* sich freuen

gázët (i) *Adj* gasförmig, Gas-

gazmátës -i *m*, *Pl* - Gasuhr *f*, Gaszähler *m*

gazménd -i *m*, *Pl* -e Freude *f*, Jubel *m*

gazmó|n 1 *tr* erfreuen; **-het** *refl* sich freuen

gazmór, -e *Adj* fröhlich, vergnügt; freudig, freudebringend

gazmorí -a *f* Heiterkeit *f*, Fröhlichkeit *f*

gazogjén -i *m* Gaserzeuger *m*

gazón 1 *tr* auslachen, verspotten, verhöhnen

gáztë (i) *Adj* = **i gazët**

gaztór I. -i *Subst/m*, *Pl* -ë Spaß-

macher *m*, Witzbold *m*; **II.** **-e** *Adj* witzig; lustig, fröhlich
gaztór|e -ja *f*, *Pl* -e Spaßmacherin *f*
gazhdár|e -ja *f*, *Pl* -e *großer, in die Erde eingelassener Korb zur Aufbewahrung von Mais*
gazhél -i *m*, *Pl* -ë Esel *m*
gdhe -ri *m*, *Pl* -nj Knorren *m*, Knorz *m*, knotiger Auswuchs *m* an Bäumen; *übertr* schwerfälliger, ungehobelter Mensch *m*
gdhend 14 *tr* **1.** hobeln, schnitzen; **2.** meißeln; einmeißeln, gravieren; *übertr* jmdm. Schliff beibringen
gdhénd|ël -la *f*, *Pl* -la Span *m*, Splitter *m*
gdhéndës -i *m*, *Pl* – Schnitzer *m*; Steinmetz *m*; Bildhauer *m*; Graveur *m*
gdhéndj|e -a *f*, *Pl* -e Schnitzen *n*, Hobeln *n*; Meißeln *n*; Gravieren *n*
gdhéndur (i) *Adj* geschnitzt; gehobelt; gemeißelt; graviert; *übertr* wohlerzogen
gdhë -ri *m* = **gdhe**
gdhënd 14 *tr* = **gdhend**
gdhi|n 6 *tr* die Nacht schlaflos verbringen; *itr* **po** ~ es tagt; *refl*: **u gdhiva** ich habe die Nacht schlaflos verbracht; **si u gdhive?** wie hast du geschlafen? *(als Begrüßung am Morgen)*; **u gdhi** der Tag brach an
gdhírë -t (të) *n*: **ndaj të** ~ bei Tagesanbruch, gegen Morgen
gég|ë -a *m*, *Pl* -ë Gege *m*, Nordalbaner *m*
gegërísht *Adv* auf gegisch
gegërísht|e -ja *f* Gegisch *n* *(nordalbanischer Dialekt)*
géizer -i *m*, *Pl* -ë *od* -a Geiser *m*
gémtë (i) *Adj* schief, krumm, schiefgewachsen; schielend
gemtón 1 *tr* krümmen; verdrehen, verzerren
ger -i *m*, *Pl* -a Eichhörnchen *n*
gérm|ë -a *f*, *Pl* -a Buchstabe *m*

gëk: **s'bëri** ~ er gab keinen Mucks von sich
gëlbázet 14 *refl Vet* von der Leberegelkrankheit befallen werden
gëlbáz|ë -a *f*, *Pl* -a *Vet* Leberegelkrankheit *f*
gëlón 1 *itr* hervorbrechen; sich ansammeln, zusammenströmen; ~ **zjarri** das Feuer lodert
gëlqér|e -ja *f* Kalk *m*, Ätzkalk; ~ **e shuar** Löschkalk; ~ **e pashuar** ungelöschter Kalk; **djeg** ~ Kalk brennen
gëlqerexhí -u *m*, *Pl* – *od* -nj Kalkbrenner *m*; Kalkverkäufer *m*
gëlqerór, -e *Adj* Kalk-; **gur** ~ Kalkstein *m*
gëlvózh|ë -a *f*, *Pl* -a harte Schale *f* *(Nuß, Ei)*; Schale *(Apfelsine)*
gëlltím -i *m*, *Pl* -e Schluck *m*
gëlltít 22 *tr* schlucken, hinunterschlucken; verschlingen
gëlltítj|e -a *f* Schlucken *n*
gëmúsh|ë -a *f*, *Pl* -a Busch *m*, Strauch *m*; Staude *f*
gënjé|n 3 *itr* lügen; *tr* belügen; betrügen, täuschen; **-het** *refl* sich täuschen, sich irren
gënjeshtár -i *m*, *Pl* -ë Lügner *m*, Lügenmaul *n*; Betrüger *m*
gënjésht|ër -ra *f*, *Pl* -ra Lüge *f*, Unwahrheit *f*; **gënjeshtra i ka këmbët të shkurtëra** Lügen haben kurze Beine
gënjéshtërt (i) *Adj* erlogen, erfunden, unwahr
gënjím -i *m*, *Pl* -e Lügen *n*; Lüge *f*; Betrug *m*
gërbáç -i *m*, *Pl* -e *od* -a Peitsche *f*
gërb|ë -a *f*, *Pl* -a *Anat* Buckel *m*, Auswuchs *m*
gërbuláç, -e *Adj* eitrig, grindig
gërbúlet 14 *refl* grindig sein, eitrig sein; aussätzig sein; Aussatz bekommen
gërbúl|ë -a *f* Lepra *f*, Aussatz *m*
gërbúlët (i) *Adj* aussätzig, leprös

gërbúzet 14 *refl* Grimassen schneiden, Fratzen machen; feixen
gërcmón 1 *tr* reizen, anstacheln
gërç -i *m* Krampf *m*
gërdáll|ë -a *f* altes Pferd *n*, Gaul *m*, Mähre *f*
gërdéc -i *m* Syphilis *f*
gërdétsh|ëm (i), -me (e) *Adj* ekelerregend, eklig, widerlich
gërdí -a *f* Ekel *m*, Widerwille *m*; Übelkeit *f*, Brechreiz *m*
gërdítet (i) 20 *refl* sich übergeben müssen; sich ekeln; **më ~ mir ist übel; es widert mich an**
gërdháj|ë -a *f*, *Pl* -a abgebeerter Strunk *m der Weintraube*, Kamm *m*
gërdhát|ë -a *f*, *Pl* -a unwegsame, steinige Gegend *f*
gërdhél|e -ja *f*, *Pl* -e Sturzacker *m*
gërdhín 6 *tr* kratzen, zerkratzen
gërdhísht 20 *tr* = **gërdhin**
gërdhít|ë -a *f* körperliches Gebrechen *n*, Körperfehler *m*
gërdhítj|e -a *f* Kratzen *n*, Zerkratzen
gërdhóm|ë -a *f*, *Pl* -a Spreu und Häcksel
gërdhúshta -t *Pl* Siebrückstände *Pl als Hühnerfutter*
gërdhúz|ë -a *f*, *Pl* -a = **gërdhushta**
gërét 23 *od* 24 *itr* knarren
gërgaléc -i *m*, *Pl* -a Laubfrosch *m*
gërgáll|e -ja *f*, *Pl* -e steinige Gegend *f*, Steinwüste *f*
gërgás 30² *1. Pers Sg Präs* → **gërget**
gërgás|ë -a *f*, *Pl* -a Reizen *n*, Anstacheln *n*, Aufhetzen *n*; Aufwiegelung *f*; Intrigieren *n*
gërgásës -i *m*, *Pl* – Anstifter *m*, Hetzer *m*, Aufwiegler *m*; Intrigant *m*
gërgáu 30² *Aor* → **gërget**
gërgét 30² *tr* **1.** reizen, anstacheln, aufhetzen; aufwiegeln; **2.** intrigieren
gërgëlác -i *m* Luftröhre *f*
gërgëlák -u *m* Kehle *f*, Gurgel *f*, Schlund *m*
gërgér|e -ja *f*, *Pl* -e Klapper *f für Kinder*
gërgërét 23 *od* 24 *itr* brodeln
gërgërít 22 *itr* gurgeln
gërgërítj|e -a *f* Brodeln *n*; Gurgeln *n*
gërgíste 30² *Imperf* → **gërget**
gërháç -i *m Vet* Pips *m*
gërhám|ë -a *f*, *Pl* -ë Schnarchen *n*
gërhán|ë -a *f*, *Pl* -ë Hechel *f*, Flachshechel
gërhanón 1 *tr Flachs*, Hanf hecheln
gërhás 23 *od* 24 *1. Pers Sg Präs* → **gërhet**
gërháti 24 *Aor* → **gërhet**
gërhét 23 *od* 24 *itr* schnarchen
gërhím|ë -a *f*, *Pl* -a Schnarcher *m*; Schnarchen *n*
gërhín 11 *itr* = **gërhet**
gërhíste 23 *od* 24 *Imperf* → **gërhet**
gërhíti 23 *Aor* → **gërhet**
gërhítj|e -a *f* Schnarchen *n*
gërj|e -a *f* Agonie *f*, Todeskampf *m*
gërlác -i *m* Luftröhre *f*
gërlán -i *m* Kehle *f*, Gurgel *f*
gërlát 22¹ *tr* biegen, beugen, krümmen
gërmádh|ë -a *f*, *Pl* -a Ruine *f*
gërmáz -i *m* = **gërlan**
gërmés|ë -a *f*, *Pl* -a Spaten *m*
gérm|ë -a *f*, *Pl* -a Buchstabe *m*
gërmíh 14³ *tr* hacken; graben
gërmím -i *m*, *Pl* -e Graben *n*, Grabung *f*; Ausschachten *n*; **~ e *Pl* Ausgrabungen *Pl***
gërmít 22 *tr* benagen, abnagen; knabbern
gërmón 1 *tr* graben, umgraben; eine Grube ausheben; ausschachten
gërmúes -i *m*, *Pl* – Grabender *m*; **~ varresh** Totengräber *m*
gërmúq *Adv* gebeugt, krumm, gekrümmt; **rri ~** krumm sitzen
gërmúqet 14 *refl* sich krümmen; sich krumm machen; krumm werden, bucklig werden

gërmúqët (i) *Adj* krumm, gekrümmt
gërmúshet (i) 14² *refl* jmdm. drohen; sich vor jmdm. großtun
gërnét|ë -a *f, Pl* -a Klarinette *f*
gërnjár, -e *Adj* streitsüchtig, zänkisch; tadelnd, vorwurfsvoll
gḗrnj|ë -a *f* Streit *m,* Zank *m,* Zänkerei *f;* Vorwurf *m*
gërnjíhet 6 *refl* sich ständig streiten, streitsüchtig sein
gërnjítës, -e *Adj* streitsüchtig, rauflustig
gërqísht *Adv* auf griechisch
gërqísht|e -ja *f* Griechisch *n*
gërshét -i *m, Pl* -a Zopf *m,* Haarflechte *f;* ~ **qepësh** Zwiebelzopf
gërshetdégë *Adj* mit abstehenden Zöpfen
gërshetím -i *m, Pl* -e Flechten *n;* Flechtwerk *n;* Verflechtung *f*
gërshetón 1 *tr* Zöpfe flechten; flechten, winden; verflechten
gërshér|ë -ët *Pl od* -a *f, Pl* -ë Schere *f;* ~ **e parë** erste Schur *f; übertr* **me një ~ janë prerë** sie sehen alle gleich aus
gërshḗrëz -a *f, Pl* -a 1. Ohrwurm *m;* 2. Dachlatte *f*
gërthápë -t *Pl* 1. Gartenschere *f,* Heckenschere; 2. Schere *f des Skorpions*
gërthás 23 *1. Pers Sg Präs* → **gërthet**
gërthét 23 *itr* schreien, brüllen
gërthël -a *f, Pl* -a Krabbe *f;* Krebs *m*
gërthíste 23 *Imperf* → **gërthet**
gërthiúl|ë -a *f, Pl* -a Wiedehopf *m*
gërthj|e -a *f, Pl* -e = **gërthël**
gërvállet 14 *refl* gröhlen, kreischend singen
gërvísh 14² *tr* kratzen, zerkratzen; aufritzen, ritzen
gërvíshj|e -a *f* Kratzen *n;* Ritzen *n*
gërvísht 14 *tr* = **gërvish**
gërxh -i *m, Pl* -e felsiger Ort *m;* zackiger Felsen *m*
gërxhellóhet 1 *refl* sich großtun, sich aufspielen; sich spreizen, angeberisch laufen
gërrés|ë -a *f, Pl* -a 1. Kratzeisen *n,* Kratze *f;* Topfkratzer *m;* 2. *aus dem Topf gekratzte Speisereste*
gërríc 14 *tr* mit den Nägeln kratzen, zerkratzen
gërríc|ë -a *f, Pl* -a Kratzer *m,* Schramme *f;* Kratzwunde *f*
gḗrrq|e -ja *f, Pl* -e Schluck *m*
gërrýen 4 *tr* 1. abkratzen; abschleifen; 2. aushöhlen; auskratzen; *übertr* **më ~ barku për bukë** mir knurrt der Magen; 3. *Erde* abtragen, ausspülen, unterhöhlen; aufwühlen
gërrýer (i) *Adj* ausgehöhlt, hohl; aufgewühlt; unterspült
gërrýerj|e -a *f, Pl* -e 1. Abschleifen *n;* 2. Aushöhlung *f;* 3. *Geol* Abrasion *f;* Verwitterung *f*
gëstáll -i *m, Pl* gëstáj Likörglas *n,* Schnapsglas *n*
gështénj|ë -a *f, Pl* -a Edelkastanie *f;* ~ **e egër** *od* ~ **kali** Roßkastanie *f;* **ngjyrë gështenje** kastanienbraun
gëthápë -t *Pl* 1. Scheren *Pl des Skorpions;* 2.: ~ **t e kalasë** die Burgzinnen
gëthép -i *m, Pl* gëthápë Haken *m*
gëzím -i *m, Pl* -e 1. Freude *f;* 2. Freudenfest *n,* Festlichkeit *f,* freudiger Anlaß *m*
gëzimprúrës, -e *Adj* freudespendend, freudebringend
gëzimzézë *Adj/f* betrübt, traurig; niedergeschlagen; verbittert
gëzóf -i *m, Pl* -ë Pelz *m;* Pelzmantel *m*
gëzofçí -u *m, Pl* – *od* -nj = **gëzoftar**
gëzoftár -i *m, Pl* -ë Kürschner *m*
gëzoftór|e -ja *f, Pl* -e Kürschnerei *f;* Rauchwarengeschäft *n*
gëzó|n|i 1 *tr* 1. erfreuen, jmdm. Freude bringen; aufheitern; 2. sich freuen an, Gefallen finden an; genießen;

3. sich einer Sache erfreuen; **-het refl** sich freuen
gëzúar I. (i) *Adj* **1.** fröhlich, heiter, froh; erfreulich; **2.** glücklich; **II.** *Interj* prost!, zum Wohl!
gëzúesh|ëm (i), **-me** (e) *Adj* froh, fröhlich; freudig; erfreulich
gëzhdáll|ë -a *f*, *Pl* -a Schiene *f für gebrochene Glieder*; Span *m*, Hölzchen *n*; Kerbe *f*; *übertr* -a *Pl* Geschwätz *n*, Unsinn *m*
gëzhój|ë -a *f*, *Pl* -a harte Schale *f*; Nußschale; Schneckenhaus *n*; ~ **e fishekut** Patronenhülse *f*
gëzhólltë (i) *Adj* leer, hohl; taub *(Nuß)*
gëzhút|ë -a *f*, *Pl* -a = **gërdhushta**
gíca -t *Pl fam* erste Zähne *Pl des Kindes*, Beißerchen *Pl*, Hackerchen *Pl*
gicilím -i *m* Kitzeln *n*, Kitzelei *f*
gicilón 1 *tr* kitzeln
gílc|ë -a *f*, *Pl* -a Sehne *f*
gips -i *m* Gips *m*
gisht -i *m*, *Pl* -a *od* **-ërínj** *od* **-ëra 1.** Finger *m*; Zehe *f*; ~ **i i madh** der Daumen; ~ **i tregonjës** der Zeigefinger; ~ **i i mesëm** der Mittelfinger; ~ **i i unazës** der Ringfinger; ~ **i i vogël** der kleine Finger; *El* ~ **kontakti** Kontaktfinger; *übertr* **ka** ~ **në atë punë** er hat seine Finger im Spiel; **vë** ~ **in në plagë** er legt den Finger auf den wunden Punkt; **mbeti me** ~ **në gojë** er ging leer aus; **2.** *Maßeinheit etwa ein Fingerbreit*; **3. -a** *Pl* schmale weiße Streifen *Pl im Stoff*
gísht|e -ja *f*, *Pl* -e Fingerhut *m*
gishtës -i *m*, *Pl* – Speiche *f*
gishtëz -a *f*, *Pl* -a = **gishte**
gíz|ë -a *f* Gußeisen *n*, Roheisen *n*
gladiatór -i *m*, *Pl* -ë Gladiator *m*
glás|ë -a *f*, *Pl* -a Vogelmist *m*; Hühnermist *m*
glást|ër -ra *f*, *Pl* -ra Blumentopf *m*
gledhatár -i *m*, *Pl* -ë Schmeichler *m*
gledhatár|e -ja *f*, *Pl* -e Schmeichlerin *f*
gledhatón 1 *tr* liebkosen, schmeicheln
glédh|ë -a *f*, *Pl* -a Zärtlichkeit *f*, Liebkosung *f*; Schmeicheln *n*
glép|ë -a *f*, *Pl* -a Augenbutter *f*
glicerín|ë -a *f* Glyzerin *n*
glikánxo -ja *f*, *Pl* – Anis *m*
glikó -ja *f*, *Pl* – Konfitüre *f*, *die einem Gast zum Willkommen gereicht wird*
glín|ë -a *f Geol* Ton *m*; Kaolin *n*
glíqe -t *Pl* Kniesehnen *Pl*
glíst|ër -ra *f*, *Pl* -ra Regenwurm *m*; Spulwurm *m*
glob -i *m*, *Pl* -e Globus *m*
globál, -e *Adj* global; generell; **shumë** ~ **e** Gesamtsumme *f*
globúl|ë -a *f*, *Pl* -a Blutkörperchen *n*; **globula të bardha** weiße Blutkörperchen; **globula të kuqe** rote Blutkörperchen
gloq -i *m*, *Pl* – = **glepë**
glosár -i *m*, *Pl* -ë Glossar *n*
glukóz|ë -a *f* Glykose *f*
glýt|ër -ra *f*, *Pl* -ra Flockseide *f*
gllabërím -i *m*, *Pl* -e **1.** Verschlucken *n*, Hinunterschlucken *n*; **2.** Eroberung *f*, Ergreifung *f*
gllabërón 1 *tr* verschlucken, verschlingen; hinunterschlucken; *übertr* rauben, an sich reißen
gllabërónjës I. -e *Adj* **1.** verschluckend, verschlingend; **2.** an sich reißend; erobernd; **II. -i** *Subst/m*, *Pl* – Eroberer *m*
gllaník -u *m*, *Pl* -ë **1.** Herdstein *m*; Kaminhals *m*; **2.** viereckiger Stein *m den die Reiter benutzen, um das Pferd zu besteigen*, Trittstein
glláro -ja *f*, *Pl* – Möwe *f*
gllavín|ë -a *f*, *Pl* – Radnabe *f*
gllénk|ë -a *f*, *Pl* -a Schluck *m*
gllénqk|ë -a *f*, *Pl* -a Schlückchen *n*
gllófk|ë -a *f*, *Pl* -a Höhle *f*, Aushöhlung *f*, Loch *n*

gnéis -i *m* Gneis *m*
gnoseologjí -a *f* Gnoseologie *f*
gnostík, -e *Adj* gnostisch
gobéll|ë -a *f*, *Pl* -a tiefe Stelle *f im Wasser*
¹**góc|ë** -a *f*, *Pl* -a Mädchen *n*
²**góc|ë** -a *f*, *Pl* -a Gemeine Auster *f*; ~ **deti** Auster
godás 23 *1. Pers Sg Präs* → **godet**
godét 23 *tr* schlagen
godín|ë -a *f*, *Pl* -a Gebäude *n*, Bauwerk *n*
godíste 23 *Imperf* → **godet**
godít 22 *tr* **1.** bauen, aufbauen; **2.** reparieren, ausbessern, in Ordnung bringen; **3.** schlagen, stoßen; ~ **me pëllëmbë** ohrfeigen; **e ~ën shumë** sie nahmen ihn ins Kreuzfeuer der Kritik; **4.** *itr, unpers* sich ereignen, passieren, geschehen; **~ i që u ndodha dhe unë atje** es traf sich, daß ich auch gerade dort war; **-et** *refl* sich prügeln, sich schlagen; **~ et me ...** übereinkommen mit ...
goditj|e -a *f*, *Pl* -e Schlagen *n*, Stoßen *n*; Schießen *n*; Schlag *m*, Stoß *m*; Angriff *m mit Worten*
góg|ël -la *f*, *Pl* -la **1.** Eichel *f*; Frucht *f der Zypresse*; **2.** runder Gegenstand *m*
gogësím|ë -a *f*, *Pl* -a Gähnen *n*, Gegähne *n*
gogësín 6 *od* 11 *itr* gähnen
gogësír|e -a *f*, *Pl* -a Gähnen *n*
gogësít 22 *itr* = **gogësin**
goglíq -i *m*, *Pl* -a *Bot* kleine Eichel *f*
goglúq|e -ja *f*, *Pl* -e *kleines Würstchen aus gehacktem Fleisch*
gogól -i *m*, *Pl* -ë *od* -a Kinderschreck *m*, Schreckgespenst *n*, Popanz *m*
gogollín|ë -a *f*, *Pl* -a Wacholderbeere *f*
gojác I. -i *Subst/m*, *Pl* -ë Stotterer *m*, Stammler *m*; **II.** -e *Adj* stotternd, stammelnd
goják, -e *Adj* schiefmäulig

gojarísht *Adv* = **gojas**
gojártë *Adj* beredt, schönredend
gójas *Adv* mündlich
gojásh I. -i *Subst/m*, *Pl* -ë **1.** Schiefmaul *n*; **2.** Stotterer *m*; **II.** -e *Adj* **1.** schiefmäulig; **2.** stotternd, stammelnd
gojáshpër *Adj* scharfzüngig, bissig
gojavít 20 *tr* nachplappern, etw. nachreden
gójazi *Adv* = **gojas**
gój|ë -a *f*, *Pl* -ë **1.** Mund *m*; Maul *n*, Schnauze *f*; ~ **më** ~ *od* ~ **e** ~ von Mund zu Mund; nach der mündlichen Überlieferung; **goja ~s** unter vier Augen; **mbeti pa** ~ er war sprachlos vor Staunen; **mbeti me** ~ **hapët** er staunte; **pret me** ~ **hapët** er wartet ungeduldig; **me gjysmë** ~ unentschlossen, zögernd, zaghaft; **plot ~n** a) frei von der Leber weg, ohne Hemmungen; b) mit vollem Recht; **e zuri në** ~ er erwähnte es; **mba ~n!** halt den Mund!; **e mban në** ~ er führt es ständig im Munde; **e di më** ~ er kennt es auswendig; **në ~ e kam** ich habe es auf der Zunge; **më lëshon goja lëng** mir läuft das Wasser im Munde zusammen; **hap ~n** ich gähne; **më hapet goja** ich muß gähnen; **mbeti me gisht në** ~ er ging leer aus, er hatte das Nachsehen; **ka** ~ *od* **i pret goja** er hat eine scharfe Zunge; **ka ~ n e lagur** er ist ein Schwätzer; **lëshon ~n** er läßt seiner Zunge freien Lauf; **s'e lëshon nga goja** er spricht immer gut von ihm; **e morën nëpër** ~ sie sind über ihn hergezogen; **ve** ~ **mbi të** er zieht über ihn her; **mbledh ~n** a) er hält die Zunge im Zaum; b) es zieht den Mund zusammen; **i erdhi goja** a) es (das Kind) begann zu sprechen; b) er ist ein guter Redner geworden; **iu lidh goja** a) er hat die Sprache verloren; b) es hat ihm die

Sprache verschlagen; **i mbahet goja** er stottert; **i mirret goja** er stottert (vor Aufregung), er stammelt; **të lumtë goja!** a) recht hast du gesprochen!; b) gut hast du gesungen! **2.** Sprache *f*; **nuk ia di ~n** ich verstehe seine Sprache nicht; **goja e popullit** der Volksmund; **s'dua të hyj në ~n e popullit** ich möchte nicht ins Gerede kommen; **3.** Person *f*; **në atë shtëpi janë ~ shumë** in dieser Familie sind viele Mäuler (zu ernähren); **4.: ~ tëkëqia** böse Zungen *Pl*; **5.** *Text* Masche *f*; **6.: ~t e dërrasës = gojëz; 7.: ~ asllani** *od* **~ ujku** *Bot* Löwenmaul *n*
gojëdhán|ë -a *f*, *Pl* -a = **gojëdhënë**
gojëdhën|ë -a *f*, *Pl* -a Legende *f*, mündliche Überlieferung *f*, Volkssage *f*
gojëkéq, -e *Adj* verleumderisch, hetzend; lästernd; schimpfend, schmähend
gojëkráp|ë -a *f* Eselsdistel *f*
gojëláshtë *Adj* unflätig redend, Zoten reißend, obszön
gojëlëshúar *Adj* schwatzhaft, geschwätzig
gojëmarráq -i *m*, *Pl* -a Stotterer *m*, Stammler *m*
gojëmbël *Adj* angenehm redend; sanft redend, zärtlich redend; freundlich
gojëmbërthýeri *m/best* der Wolf *(euphemistisch)*
gojëmjáltë *Adj* = **gojëmbël**
gojëndýrë *Adj* = **gojëlashtë**
gojëpríshur *Adj* = **gojëkeq**
gojështhúrur *Adj* **1.** schwatzhaft, geschwätzig; **2.** unflätig redend, Zoten reißend
gojëtár -i *m*, *Pl* -ë guter Redner *m*, Rhetoriker *m*
gojëtarí -a *f* Beredsamkeit *f*, Eloquenz *f*
gojëthátë *Adj*: **mbeti ~** er ging leer aus, er hatte das Nachsehen, er war der Angeführte
gojëvrárë *Adj* beleidigende Worte gebrauchend, unflätig sprechend
gójëz -a *f*, *Pl* -a **1.** *Mus* Mundstück *n*; **~ flauti** Flötenmundstück; **2.** Gebiß *n am Zaumzeug*; Maulkorb *m*; **3.** *Text* Masche *f*; **4.** ineinandergreifende Teile von Holzverbindungen, *z. B.* Schlitz und Zapfen, Nut und Spund usw.
gojëzón 1 *tr Bauw Holzverbindungen schaffen*; *z.B.*: spunden, fügen, falzen
gojós 21 *tr* über jmdn. schwatzen; verleumden
gojósur (i) *Adj* verleumdet
gojúsh, -e *Adj* schwatzhaft, geschwätzig
gol -i *m*, *Pl* -a *Sport* Tor *n*
golásh -i *m*, *Pl* -ë Nacktschnecke *f*
golf -i *m* Golf *n*, Golfspiel *n*
góll|e I. -ja *Subst*/*f*, *Pl* -e Hohlraum *m*, ausgehöhlte Stelle *f*, Loch *n in einem festen Körper* **II.** *Adj* hohl, ausgehöhlt; leer
gollogúng|ë -a *f*, *Pl* -a Wacholderbeere *f*
gollomésh *Adj* nackt, bloß; **~ i natës** Fledermaus *f*
gomár -i *m*, *Pl* -ë Esel *m*; *übertr* **ku çalon ~i** wo der Hund begraben liegt
gomár|e -ja *f*, *Pl* -e Eselin *f*
gomarí -a *f*, *Pl* – Eselei *f*, Dummheit *f*
gomaríc|ë -a *f*, *Pl* -a = **gomare**
gomarísht *Adv* wie ein Esel, dumm
gomarjár -i *m*, *Pl* -ë Eseltreiber *m*
gomarllëk -u *m*, *Pl* gomarllëqe = **gomari**
góm|ë -a *f*, *Pl* -a **1.** Baumharz *n*; **2.** Gummi *m*; Radiergummi; Luftreifen *m*, Schlauch *m von Fahrzeugen*; **prej gome** aus Gummi, Gummi-; *übertr* **je ~ fare** du bist ja totschick

gomíl|ë -a *f, Pl* -a Steinhaufen *m*, Steinhügel *m*; Hügelgrab *n*
gónxh|e -ja *f, Pl* -e Knospe *f*; ~ **e pambukut** Baumwollkapsel *f*
gonjomét|ër -ri *m, Pl* -ra Goniometer *n*, Winkelmesser *m*
gop -i *m Anat* Scheide *f*
gopç, -e *Adj* gefräßig, verfressen, gierig
gopçár, -e *Adj* = **gopç**
gopéd|ër -ra *f, Pl* -ra *alt* Kanone
gopësí -a *f* Gefräßigkeit *f*, Freßgier, Gier *f*
gór|e -ja *f, Pl* -e Hündin *f*
górg|ë -a *f, Pl* -a **1.** Grube *f*, Loch *n*; **2.** tiefe Stelle *f in Flüssen und Seen*; **3.** Loch, Höhle *f in Bäumen*
goríll|ë -a *f, Pl* -a Gorilla *m*
gorré -ja *f, Pl* – Abgrund *m*; tiefe Stelle *f im Wasser*, Kolk *m*
gorríc|ë -a *f, Pl* -a Holzbirnbaum *m*; wilde Birne *f*, Holzbirne; *übertr* **-a** *Pl* Unsinn *m*, Geschwätz *n*, Gefasel *n*
gorríctë (i) *Adj* Holzbirnen-, aus Wildbirnenholz; stark, fest, hart
gorrík -u *m, Pl* -ë Brotbackform *f aus Ton*
gorrísht|ë -a *f, Pl* -a Hain *m mit Holzbirnbäumen*
gós|ë -a *f, Pl* -a Wassergrube *f*, Wasserloch *n*
gósk|ë -a *f, Pl* -a = ²**gocë**
gostár -i *m, Pl* -ë Gastgeber *m*
góst|ë -a *f, Pl* -a = **gosti**
gostí -a *f, Pl* – *od* -ra Gastmahl *n*; Fest *n*, Festessen *n*, Festmahl *n*
gostít 22 *tr Gäste* empfangen, *Gäste* bewirten; jmdm. etw. spendieren; **e ~ me kafe** er bewirtet ihn mit Kaffee; **-et** *refl*: **vajtëm të ~ emi në një pastiçeri** wir gingen zusammen konditern
gostítj|e -a *f, Pl* -e Bewirtung *f*; Gastmahl *n*
gót|ë -a *f, Pl* -a Glas *n*, Trinkglas

gotík, -e *Adj* gotisch
govát|ë -a *f, Pl* -a Trog *m*; Waschtrog, Waschzuber *m*; Kübel *m*, Bottich *m*; Maurermulde *f*, Kalkbottich
góxha *od* **goxhá** **I.** *Adj* groß, gewaltig; ~ **burrë** ein Kerl wie ein Schrank; ~ **djalë** ein großer Junge; ~ **pallat** ein riesiger Palast, ein riesiges Haus; **II.** *Adv* reichlich, sehr viel
gozhdár -i *m, Pl* -ë Nageleisen *n*
gózhd|ë -a *f, Pl* -ë *od* -a Nagel *m*, Eisenstift, Stift *m*
gozhdón 1 *tr* nageln, benageln; zunageln, vernageln
gozhúp -i *m, Pl* -a Lammfellweste *f* (*Teil der nordalbanischen Männertracht*)
gra *Pl* → **grua**
gráb|ë -a *f, Pl* -a Aushöhlung *f am Flußufer*
grabí -a *f, Pl* – = **grabitje**
grabít 20 *tr* rauben, plündern; berauben, ausrauben
grabítës -i *m, Pl* – Räuber *m*, Plünderer *m*
grabítj|e -a *f, Pl* -e Raub *m*, Plünderung *f*, Plünderei *f*, Beraubung *f*
grabitqár, -e *Adj* Raub-, räuberisch; **shpend** ~ Raubvogel *m*
grabúj|ë -a *f* Rechen *m*, Harke *f*
grác|ë -a *f, Pl* -a Stickerei *f*, gestickte Kante *f*
gráck|ë -a *f, Pl* -a Falle *f*; *übertr* **ra në** ~ er ist in die Falle gegangen
gráçk|ë -a *f, Pl* -a Weißkohl *m*
gradél|ë -a *f, Pl* -a Grill *m*
¹**grád|ë** -a *f, Pl* -a **1.** Grad *m als Maßangabe*; **2.** Rang *m*, Stufe *f*
²**grád|ë** -a *f, Pl* -a **1.** Vogelnest *n*; **2.** geflochtener Behälter *m zur Seidenraupenzucht*
gradím -i *m, Pl* -e Rangerhöhung *f*, Beförderung *f*
gradín|ë -a *f, Pl* -a **1.** Hausgarten;

2. verwilderter Garten *m*; verwilderter Acker *m*

gradón 1 *tr* befördern, in einen höheren Rang versetzen

graduál, -e *Adj* graduell, stufenweise

gradualisht *Adv* stufenweise, nach und nach

graduát -i *m*, *Pl* -ë Gefreiter *m*; Stabsgefreiter

grafík I. -u *Subst/m*, *Pl* -ë Grafik *f*; graphische Darstellung *f*; **II.** -e *Adj* graphisch; schriftlich; **shenjë ~ e** Schriftzeichen *n*

grafikisht *Adv* graphisch

grafít -i *m*, *Pl* -e Graphit *m*

gráfm|ë -a *f*, *Pl* -a Gestank *m*, Mief *m*, schlechte Luft *f*; schlechter Atem *m*, Mundgeruch *m*

grafóm|ë -a *f*, *Pl* -a Abgrund *m*

grafullím -i *m* Überkochen *n* von *Flüssigkeiten*

grafullón 1 *itr* überkochen *(Flüssigkeiten)*

grah 14³ *tr, itr* antreiben, anspornen; *übertr* **i ~ punës** er stürzt sich in die Arbeit; **u ~ u këmbëve** er nahm die Beine unter den Arm; *itr* **po ~ bari** das Gras sprießt; **i ~ u gjaku** sein Blut floß in Strömen; **~ ën njerëzia** die Menschen strömten zusammen

gráhm|ë -a *f* letzter Atemzug *m*; Todeskampf *m*, Agonie *f*

¹**gram** -i *m*, *Pl* – *od* -ë Gramm *n*; **~ -molekulë** Grammolekül *n*

²**gram** -i *m*, *Pl* -a *Bot* Hundszahn *m*; Quecke *f*

³**gram** -i *m* Gram *m*, Leid *n*, Sorge *f*

gramafón -i *m*, *Pl* -a *od* -e = **gramofon**

gramatík|ë -a *f*, *Pl* -a Grammatik *f*; Grammatikbuch *n*

gramatikór, -e *Adj* grammatisch, grammatikalisch

grám|ë -a *f*, *Pl* -a: **di ~** er kann schreiben

graminacé -të *Pl* Gräser *Pl*

gramísht|ë -a *f*, *Pl* -a queckenbewachsene Stelle *f*

gramofón -i *m*, *Pl* -e *od* -a Grammophon *n*, Plattenspieler *m*

granát|ë -a *f*, *Pl* -a Granate *f*; **~ dore** Handgranate

granít -i *m* Granit *m*

grapcón 1 *tr* beknabbern

grarí -a *f* alle Frauen *Pl*

graríshte *Adj/f*: **rroba ~** Damenkleidung *f*, Frauenbekleidung *f*

grasím -i *m*, *Pl* -e Maßhalten *n* in *Essen u. Trinken*

grasón 1 *itr* Maß halten, mäßig sein *(Essen und Trinken)*

grashín|ë -a *f*, *Pl* -a Wicke *f*

grashtón 1 *tr* = **grazhdon**

grat I. -i *Subst/m Tech* Leistung *f*; **~ i i motorit** die Leistung des Motors; **II.** *Indekl*: **ka ~** es ist gut, es ist zweckmäßig; **s'ka ~** es hat keinen Zweck; es ist wertlos

grát|ë -a *f*, *Pl* -a geflochtene Umzäunung *f*; **~ e parzmit** Brustkorb *m*

grátis *Adv* gratis, umsonst

grátsh|ëm (i), -me (e) *Adj* wertvoll, gut

grath -i *m*, *Pl* -ë **1.** Zähnchen *n*, Zacken *m*; **~ë-~ë** gezackt, gezähnt, Zahn-; **2.** Borste *f*; **3.** Flachsstengel *m*, Sproßachse *f des Flachses*

gráthët (i) *Adj Bot* borstenhaarig, borstig

grathtél -i *m*, *Pl* -a *Bot* Fleischfarbige Glockenheide *f*

gráv|ë -a *f*, *Pl* -a Höhle *f*, Lagerstätte *f von Tieren*

gravitación -i *m* Gravitation *f*

gravitét -i *m* Schwere *f*, Erdanziehungskraft *f*; **qendra e ~it** der Schwerpunkt; **fuqia e ~it** die Schwerkraft

grazhd -i *m*, *Pl* -e Futterkrippe *f*, Futterraufe *f*; Stall *m*; *übertr*

është për të lidhur në ~ er ist schwer von Begriff
grazhdár -i *m*, *Pl* -ë **1.** Viehfutter *n*; **2.** Stallbursche *m*; **3.** Reitpferd *n*
grazhdár|e -ja *f*, *Pl* -e = **gazhdare**
grazhdón 1 *tr* Futter in die Raufe geben; *Pferde, Esel, Rinder* füttern
grebásh -i *m*, *Pl* -a Rechen *m*, Harke *f*
grebón 1 *tr* rechen, harken; abrechen, abharken; zusammenharken
gréhull -i *m*, *Pl* gréhuj Dickicht *n*
grek I. -u *Subst/m*, *Pl* -ë Grieche *m*; **II.** -e *Adj* griechisch
grekofón, -e *Adj* griechischsprachig
gréll|ë -a *f*, *Pl* -a tiefe Stelle *f bes. am Flußrand*
grém|ë -a *f*, *Pl* -a = **greminë**
gremín|ë -a *f*, *Pl* -a **1.** Abgrund *m*, Schlucht *f*; Kluft *f*; steiler Abhang *m*, Steilwand *f*; **2.** Untergang *m*, Verderben *n*
gremís 21 *tr* hinabwerfen, hinabstürzen; hinunterwerfen; hineinwerfen; **-et** *refl* fallen, hinfallen; hinabstürzen, herunterfallen; einstürzen, in Trümmer gehen
gremísj|e -a *f*, *Pl* -e Hinabfallen *n*, Absturz *m*; Hinunterwerfen *n*
¹**grep** -i *m*, *Pl* -a **1.** Angelhaken *m*; Angel *f*; **2.**: ~ **i sahatit** Uhrzeiger *m*; ~ **i anijes** Anker *m*; **3.** Häkelnadel *f*; *übertr* **ia nxori fjalët me** ~ er zog ihm jedes Wort aus der Nase
²**grep** -i *m* Rotz *m* der Pferde
grepón 1 *tr* angeln; herausangeln, mit einem Haken herausziehen
greqísht *Adv* auf griechisch
greqísht|e -ja *f* Griechisch *n*
grér|ë -a *f*, *Pl* -a Wespe *f*
grés|ë -a *f*, *Pl* -a unreife Weintrauben *Pl*
¹**greth** -i *m* gebrochener Flachs *m*
²**greth** -i *m*, *Pl* -a Hornisse *f*
grév|ë -a *f*, *Pl* -a Streik *m*; ~ **e përgjithshme** Generalstreik

grevëthýes -i *m*, *Pl* – Streikbrecher *m*
grevíst I. -i *Subst/m*, *Pl* -ë *od* -a Streikender *m*; **II.** -e *Adj* Streik-; **lëvizja** ~ **e** die Streikbewegung
Grënlánd|ë -a *f* Grönland *n*
gri *Adj* grau; **bojë** ~ grau
gríb|ë -a *f*, *Pl* -a **1.** großer Kamm *m*; **2.** Rechen *m*, Harke *f*; **3.** Art Fischnetz
grífsh|ë -a *f*, *Pl* -a Eichelhäher *m*
grigj -i *m*, *Pl* -e Herde *f*, Schafherde; ~ **e-**~ **e** herdenweise
grígj|ë -a *f*, *Pl* -a = **grigj**
grih 14³ *tr* schleifen, wetzen, schärfen
gríh|ë -a *f*, *Pl* -a Schleifstein *m*, Wetzstein *m*
grihón 1 *tr* = **grih**
grík|ëll -lla *f*, *Pl* -lla Bienenfresser *m*
grila -t *Pl* Fensterläden *Pl*
gríl|ë -a *f*, *Pl* -a Rost *m* im *Ofen*
grill -i *m* **1.** *Min* Schiefer *m*; **2.** lockerer Boden *m*
grill|ë -a *f* = **grila**
grillón 1 *tr* abfeilen
grimác|ë -a *f*, *Pl* -a Grimasse *f*
grímc|ë -a *f*, *Pl* -a Krume *f*, Krümel *m*, kleines Stückchen *n*; *El* Teilchen *n*
grimcím -i *m*, *Pl* -e Zerkrümeln *n*, Zerkleinern *n*, Zerstückeln *n*
grimcón 1 *tr* zerkrümeln, zerstückeln, zerkleinern
grím|ë -a *f*, *Pl* -a Krümelchen *n*, Krümel *m*, Bißchen *n*; **më prit një** ~ **!** warte ein Weilchen auf mich!
gri|n 6 *tr* **1.** in kleine Stückchen schneiden, zerschneiden; zerkleinern; zerkrümeln; zerreißen; **2.** zernagen, zerfressen; **e** ~ **ë** sie haben ihn durchlöchert; **më griu barku** ich habe fürchterliche Bauchschmerzen; **-het** *refl* **1.** sich zanken, sich streiten; **2.** sich schinden, sich abrackern
grindanjóz, -e *Adj* = **grindës**

grindár, -e *Adj* = **grindës**
grindavéc, -e *Adj* = **grindës**
grindet 14 *refl* sich streiten, sich zanken
grínd|ë -a *f*, *Pl* -a = **grindje**
grindës, -e *Adj* streitsüchtig, zänkisch; streitlustig
grindj|e -a *f*, *Pl* -e Streit *m*; Zank *m*, Gezänk *n*, Zänkerei *f*
grip -i *m* Grippe *f*
gripór, -e *Adj* Grippe-; sëmundje ~ e Grippeerkrankung *f*
grírës|e -ja *f*, *Pl* -e Schneidemaschine *f*, Schneidevorrichtung *f*; ~ **kashte** Strohschneidemaschine, Häckselbank *f*
grírj|e -a *f*, *Pl* -e Zerstückelung *f*, Zerbröckelung *f*, Zerkleinerung *f*
gris I. 21 *tr* 1. *Kleidung* abtragen, abnutzen, verschleißen; 2. zerreißen, zerfetzen; zerkratzen; **-et** *refl* kaputt gehen, zerreißen; sich zerkratzen; sich die Sachen zerreißen; II. **-i** *Subst*/*m*, *Pl* -a Gurkenhobel *m*, Gurkenreibeisen *n*
grisk|ël -la *f*, *Pl* -la Schuppe *f* *vom Fisch*
grish 14² *tr* einladen
gríshës -i *m*, *Pl* – Hochzeitsbitter *m*
grishím -i *m*, *Pl* -e Einladung *f*
gríshj|e -a *f*, *Pl* -e Einladen *n*; Einladung *f*
grízh|ël -la *f*, *Pl* -la Elster *f*
Groenlánd|ë -a *f* Grönland *n*
gromësín 6 *od* 11 *itr* aufstoßen, rülpsen
gromësír|ë -a *f*, *Pl* -a Rülpser *m*; Rülpsen *n*, Aufstoßen *n*
gróp|ë -a *f*, *Pl* -a 1. Grube *f*, Loch *n*; ~ **nevojtoresh** Abortgrube; 2. Grab *n*; 3. Tal *n*, Senke *f*; 4. *Anat*: ~ **e syrit** Augenhöhle *f*; ~ **e mjekrës** Grübchen *n am Kinn*;
gropa-gropa voller Löcher, uneben
gropësír|ë -a *f*, *Pl* -a *Gebiet voller Vertiefungen und Löcher*

grópëz|ë -a *f*, *Pl* -a kleine Grube *f*; ~ **e hundës** Nasenloch *n*
grópk|ë -a *f*, *Pl* -a Grübchen *n*
gropón 1 *tr* 1. eine Grube graben, ein Loch ausheben; 2. vergraben, eingraben; beerdigen, begraben
gropór|e -ja *f*, *Pl* -e = **gropësírë**
gropós 21 *tr* beerdigen
gropósj|e -a *f*, *Pl* -e Beerdigung *f*
grosh -i *m*, *Pl* – *alte albanische Münze*; Groschen *m*
groshár -i *m*, *Pl* -ë = **grosh**
groshatár -i *m*, *Pl* -ë = **grosh**
grósh|ë -a *f*, *Pl* -ë Bohne *f*; *Bot* Linse *f*
gróshëz -a *f*, *Pl* -a Hornklee *m*
groshór|e -ja *f*, *Pl* -e 1. Bohnenfeld *n*; 2. Tontopf *m zum Kochen von Bohnen*
gróshull -a *f*, *Pl* -a Kichererbse *f*
grózh|ël -la *f*, *Pl* -la Zaunwicke *f*
grúa -ja *f*, *Pl* gra 1. Frau *f*, Weib *n*; 2. Ehefrau, Gattin *f*
gruár -i *m*, *Pl* -ë Schürzenjäger *m*, Frauenheld *m*
grúmbull I. **-i** *Subst*/*m*, *Pl* grúmbuj Haufen *m*; Stapel *m*; Menschenmenge *f*, Ansammlung *f*; *Geol* ~ **malor** Bergmassiv, Massiv *n*; II. *Adv* in Massen; zusammen, in einem Haufen
grumbullím -i *m*, *Pl* -e Sammeln *n*; Anhäufung *f*, Ansammlung *f*, Konzentration *f*; Erfassung *f*; zyrë e ~ it Erfassungsstelle *f*
grumbulló|n 1 *tr* sammeln; anhäufen, aufhäufen; *Waren* konzentrieren; *landwirtschaftliche Produkte* erfassen; **-het** *refl* sich ansammeln, sich versammeln
grunár -i *m*, *Pl* -ë Getreidespeicher *m*
grunór|e -ja *f*, *Pl* -e abgeerntetes Weizenfeld *n*
grúnjtë (i) *Adj* Weizen-
grup -i *m*, *Pl* -e 1. Gruppe *f*; ~ **-mallra** Warengruppe; ~ **-moshë** Altersgruppe; *Landw* ~ **-kul-**

turë Anbaugruppe; ~e-~e in Gruppen, grüppchenweise; 2. *El* Aggregat *n*
grupázh -i *m*, *Pl* -e *Pol* Gruppierung *f*, Fraktionsbildung *f*
grupím -i *m*, *Pl* -e Gruppierung *f*
grupón 1 *tr* gruppieren, ordnen; zu Gruppen vereinigen
grúr|ë -i *m* od -ët *n* Weizen *m*
grusht -i *m*, *Pl* -e *od* -a 1. Faust *f*; Faustschlag *m*, Fausthieb *m*; *übertr* Schlag *m*, böse Überraschung *f*; ~ shteti Staatsstreich *m*, Putsch *m*; i dha ~ in er hat ihn vernichtet; i bie kokës me ~ e a) er ist voller Reue; b) er ist sehr niedergeschlagen; 2. Handvoll *f*
gruzín I. -i *Subst/m*, *Pl*-ë Grusinier *m*, Georgier *m*; II. -e *Adj* grusinisch, georgisch
grykakúq -i *m*, *Pl* – Rotkehlchen *n*
grýkas I. -it *Subst/Pl* Ziegenpeter *m*, Mumps *m*; II. *Adv* am Hals, um den Hals
grykáshik|ë -a *f*, *Pl* -a Lätzchen *n*, Sabberlatz *m*
grykél|e -ja *f*, *Pl* -e *Geol* Engpaß *m*, Klamm *f*
grýk|ë -a *f*, *Pl* -ë 1. Gurgel *f*, Kehle *f*; Rachen *m*; u zunë ~ më ~ sie packten einander an der Gurgel; grykat *Pl* Halsschmerzen *Pl*, Angina *f*; 2. Kragen *m*; 3. Hals *m*, Öffnung *f an Gegenständen*; ~ e shishes Flaschenhals; ~ e pusit Brunnenrand *m*; ~ e topit Kanonenrohr *n*; ~ e pushkës Gewehrlauf *m*; ~ vullkani Vulkankrater, Krater *m*; mbushur gjer në ~ randvoll; 4. *Pl* -a: ~ mali Gebirgspaß *m*; Bergschlucht *f*; 5.: ~ e detit Meerenge *f*, Sund *m*; 6. Flußmündung *f*; 7.: në ~ të javës zu Beginn der Woche
grykëhóll|ë -a *f*, *Pl* -a *iron* Schießeisen *n*

grýkës -i *m*, *Pl* – Gierschlund *m*, Vielfraß *m*, Schlemmer *m*
grykësí -a *f* Gefräßigkeit *f*, Freßsucht *f*, Gier *f*
grykësór -i *m*, *Pl* -ë = grykës
grykór|e -ja *f*, *Pl* -e *Gramm* Guttural *m*, Gaumenlaut *m*
grykóset 21 *refl* sich gegenseitig an der Gurgel packen
grýks|ë -a *f*, *Pl* -a Brustlatz *m*
grymáç -i *m* Sehnsucht *f*
grymósur (i) *Adj* schwach, kraftlos
grýnjë (i) *Adj* Weizen-; bukë e ~ Weizenbrot *n*
grýnjëra -t *Pl* Weizenfelder *Pl*; Weizenaussaat *f*
grýnjtë (i) *Adj* – i grynjë
grremç -i *m*, *Pl* -a Haken *m*, Kleiderhaken
grrýen 4 *tr* = gërryen
grryk -u *m*, *Pl* grrýqe kalte Brise *f*, kühler Wind *m*
guác|ë -a *f*, *Pl* -a Auster *f*
Guaián|ë -a *f* Guayana *n*
gúall -i *m*, *Pl* gúaj 1. Schale *f*; Nußschale; 2. Hirnschale, Schädel *m*
guásk|ë -a *f*, *Pl* -a harte Schale *f*; *Zool* Panzer *m*
guáz|ë -a *f*, *Pl* -a Austernschale *f*
gúb|e -ja *f*, *Pl* -e = gribë
gubér|e -ja *f*, *Pl* -e Umhang *m*, Pelerine *f*; Männermantel *m aus Ziegenhaar*
gúbëz -a *f*, *Pl* -a Skrofulose *f*
gucimác|ë -a *f*, *Pl* -a Raupe *f des Kohlweißlings*
gúck|ë -a *f*, *Pl* -ë = gucimacë
guç -i *m*, *Pl* -e Pferdebiß *m*; zë ~ beißen (*Pferd*)
gudulís 21 *tr* kitzeln
guerílj|e -a *f*, *Pl* -e Guerillakrieg *m*; Guerillaeinheit *f*
gufáll|ë -a *f*, *Pl* -a ausgehöhlter Baumstamm *m*; Höhlenbaum *m*; große Höhle *f in einem Baum*
¹gúf|ë -a *f*, *Pl* -a 1. Höhle *f*; 2.

Höhlenbaum, hohler Baum *m*; große Baumhöhle

²**gúf|ë** -a *f, Pl* -a = **gulfë**

gúf|ër -ra *f, Pl* -ra Krater *m*

gufím -i *m* Hervorquellen *n*, Entspringen *n von Wasser*; Überlaufen *n*, Überkochen *n von Flüssigkeit*

gúfk|ë -a *f, Pl* -a **1.** Huhn *n mit dickem Hals*; **2.** Federbüschel *n unter dem Schnabel*

gufón 1 *itr* **1.** entspringen, hervorquellen, herausfließen (*Wasser*); **2.** überkochen, überlaufen *beim Kochen*; **3.** anschwellen, sich ausbreiten, sich vergrößern; **më ~ zemra prej gëzimit** mir schwillt die Brust vor Freude; **po ~ bari** das Gras sprießt

¹**gugásh** -i *m, Pl* -a *od* gugéshë Ringeltaube *f*

²**gugásh** -i *m, Pl* -a Bogen *m* der Lahuta

gúg|ë -a *f, Pl* -a *fam* Babyhemdchen *n*

gugúç|e -ja *f, Pl* -e Lachtaube *f*

gugurón 1 *itr* gurren (*Taube*)

guhák -u *m, Pl* -ë Ringeltaube *f*; *übertr* Einfaltspinsel *m*, Trantute *f*

Guiné -ja *f* Guinea *n*; **~ja e Re** Neuguinea

guját|ë -a *f, Pl* -a Schale *f*, Rinde *f*, Hülse *f*; **~ e dheut** Erdrinde

guját|ë -a *f, Pl* -a Nußschale *f*; Eierschale *f*

gulçí -a *f* Asthma *n*

gulçím -i *m* **1.** asthmatischer Husten *m*; **2.** Unruhe *f*, Beunruhigung *f*

gulçó|n 1 *tr* **1.** beunruhigen, stören, jmdm. Unannehmlichkeiten bereiten; **2.** *Wild* aufscheuchen, aufjagen; **3.** *itr* nach Atem ringen, schwer atmen; **-het** *refl* sich beunruhigen, sich aufregen

gulçónjës, -e *Adj* asthmatisch

gúlf|ë -a *f, Pl* -a Blutsturz *m*; Gallenerguß *m*; **i shkonte gjaku gulfa-gulfa** sein Blut sprudelte in Mengen hervor

gulm -i *m, Pl* -a **1.** Sorge *f*, Kummer *m*; **2.** Lärm *m*, Krach *m*, Gezänk *n*

gulón 1 *itr* = **gëlon**

gulshím -i *m* = **gulçim**

gulshón 1 *tr* = **gulçon**

gultón 1 *tr* **1.** wegschaffen, weglegen; **2.** *Hasen* aufscheuchen, aufjagen

gumallák -u *m* Gummilack *m*, Schellack *m*

gúm|ë -a *f, Pl* -a Klippe *f*, Riff *n*

gumërát|ë -a *f, Pl* -a Steinhaufen *m auf einem Feld;* Schutthaufen *m*, Trümmerhaufen *m*

gumëzhím|ë -a *f, Pl* -a Summen *n*; Dröhnen *n*, Hallen *n*; Widerhallen

gumëzhín 11 *itr* summen (*Bienen*)

gumëzhít 22 *itr* summen (*Bienen*); hallen, dröhnen; widerhallen

gún|ë -a *f, Pl* -a Kapuzenumhang *m aus Ziegenhaar*

gungáç I. -i *Subst/m, Pl* -ë Buckliger *m*; **II. -e** *Adj* bucklig, verwachsen

gungáç|e -ja *f, Pl* -e Bucklige *f*

gungáll|ë -a *f, Pl* -a Zikade *f*

gungát 20 *itr* gurren (*Tauben*)

gúng|ë -a *f, Pl* -a **1.** Beule *f*; Bukkel *m*, Höcker *m*, Auswuchs *m am Körper*; Beule, Ausbuchtung *f an Gefäßen*; harte und trockene Frucht *f*; **gunga-gunga** verbeult, ausgebeult; **gunga** *Pl* Skrofulose *f*; **2.** *Arch* Apsis *f*

gungóhet 1 *refl:* **~ kazani** der Kessel wird verbeult

gur -i *m, Pl* -ë **1.** Stein *m*; Steinblock *m*, Steinplatte *f*; **~ zmerilio** *od* **~ zmeril** Schleifstein; **~ natyror** Naturstein; **~ zjarri** *od* **~ shkrepës** Feuerstein; **~ i paçmuar** *od* **~ xhevahir** *od* **~ i mirë** *od*

~ **i kushtueshëm** Edelstein; ~ **thoi** Achat *m*; ~ **pambuku** od ~ **mëndafshi** od ~ **liri** Amiant *m*; ~ **kali** Kupfervitriol *n*; ~ **dominoje** Dominostein; ~ **varri** Grabstein; **koha e** ~**it** die Steinzeit; ~**ë** *Pl Med* Steine *Pl*; **bëhet** ~ versteinern, zu Stein werden, steinhart werden; **s'mbeti** ~ **mbi** ~ **es** blieb kein Stein über dem anderen; **s'lë dy** ~**ë bashkë** er läßt keinen Stein auf dem anderen, er ist ein Wildfang; *übertr* **ka arrën e** ~**in në dorë** er hat alle Fäden in der Hand; 2. Felsblock *m*, Felsgestein *n*

gurabí|e -a *f, Pl* -e keksartiges Gebäck *n*

guracák I. -e *Adj* stämmig, stark; II. -u *Subst/m, Pl* -ë 1. Gebirgspferd *n*; Gebirgstier *n*; 2. ständiger Bergbewohner *m*

guraçók -u *m, Pl* -ë = **guralec**

guraléc -i *m, Pl* -a od -ë Kieselstein *m*, Kiesel *m*

gurç, -e *Adj* steinhart

gurëcón 1 *tr* härten, steinhart machen

gurgác -i *m, Pl* -a Feuerstein *m*

gurgdhéndës -i *m, Pl* - Steinmetz *m*

gurgulé -ja *f, Pl* - Tumult *m*, Lärm *m*, Krawall *m*; Durcheinander *n*; Menschenmenge *f*, Menschenansammlung *f*

gurgullím -i *m, Pl* -e: ~ **i ujit** Gurgeln *n*, Murmeln *n des Wassers*

gurgullón 1 *itr* gurgeln, murmeln *(Wasser)*

gurgúr -i *m, Pl* -ë Zwirnrolle *f*, Garnspule *f*

guríçk|ë -a *f, Pl* -a Steinchen *n*, Kiesel *m*

guríq -i *m, Pl* -a = **guriçkë**

gurísht|ë -a *f, Pl* -a Steinhalde *f*, steiniges Gelände *n*; Geröll *n*

gurkál|ë -i *m* Kupfervitriol *n*

gurkýç -i *m, Pl* -a *Arch* Gewölbeschlußstein *m*

gurmác -i *m, Pl* -ë kleiner, runder Stein *m*, Kiesel *m der als Kinderspielzeug dient*

gurmáz -i *m* Speiseröhre *f*; Schlund *m*

gurnéc -i *m, Pl* -ë Plötze *f*

gurón 1 *tr* = **gurëcon**

gurór|e -ja *f, Pl* -e Steinbruch *m*

gurshkrépës -i *m, Pl* – Feuerstein *m*

gúrtë (i) *Adj* steinern, Stein-; steinhart, fest

gurth -i *m, Pl* -a *Med* Stein *m*

gúrr|ë -a *f, Pl* -a Quelle *f*, Ursprung *m eines Flusses*

gúrrëz -a *f, Pl* -a = **gurrë**

gústo -ja *f übertr* Geschmack *m*; **me** ~ geschmackvoll

gushakúq -i *m, Pl* -a = **gushkuq**

gushán -i *m, Pl* -ë Ganter *m*, Gänserich *m*

gúsh|ë -a *f, Pl* -a 1. Kehle *f*, Gurgel *f*; 2. *Med* Kropf *m*, Struma *n*; Kropf, Kröpfchen *n bei Vögeln*; Läppchen *n des Hahnes*; 3. Kehlleiste *f*

gushëdálë *Adj* kropfig, Kropf-, mit Kropf

gushkúq -i *m, Pl* -ë Rotkehlchen *n*

gushór|e -ja *f, Pl* -e 1. Halsband *n*; Halskette *f*; 2. Lätzchen *n*

gushósh, -e *Adj* = **gushëdálë**

gusht -i *m* August *m*

gushták, -e *Adj* im August reifend, August-

gushteríc|ë -a *f, Pl* -a Zauneidechse *f*

gushtovjésht|ë -a *f* Ende August – Anfang September, Spätsommer *m*, Nachsommer *m*

gút|ë -a *f* Gicht *f*

guturál -i *m, Pl* -e *Gramm* Guttural *m*, Gaumenlaut *m*

guvernatór -i *m, Pl* -ë Gouverneur *m*

guvért|ë -a *f, Pl* -a 1. Deck *n*, Oberdeck *n*; 2. Schlafdecke *f*

gúv|ë -a *f, Pl* -a = ¹**gufë**

guvernór -i *m, Pl* -ë = **guvernator**
guxím -i *m* Mut *m,* Kühnheit *f,* Tapferkeit *f*
guxímsh|ëm (i), -me (e) *Adj* mutig, tapfer
guximtár I. -e *Adj* mutig, verwegen, unerschrocken; II. -i *Subst/m, Pl* -ë Draufgänger *m*
guxón 1 *itr* wagen, sich trauen, den Mut aufbringen

gúzh|ëm -ma *f, Pl* -ma Riemen *m,* Wiede *f mit der das Zugtier an Deichsel oder Pflugbalken geschirrt wird;* ~ **lundre** Dolle *f*
guzhín|ë -a *f, Pl* -a Küche *f*
gyp -i *m, Pl* -a Zylinder *m,* Röhre *f;* Tube *f;* Rinne *f; Bauw* Kanal *m,* Rohr *n*
gypëzím -i *m, Pl* -e Rohrleitung *f,* Rohrleitungssystem *n*

Gj

gjah -u *m* 1. Jagd *f;* 2. Jagdtier *n,* Jagdbeute *f,* Wild *n;* **del për** ~ auf die Jagd gehen
gjahtár -i *m, Pl* -ë Jäger *m,* Weidmann *m*
gjahtón 1 *tr, itr* jagen
gjahtór -i *m, Pl* -ë = **gjahtar**
gjak -u *m, Pl* -ra *od* gjáqe 1. Blut *n; übertr* **iu prish** ~**u** er geriet in Wut; **i kërceu** ~**u në tru** er wurde rasend vor Wut; **më ngriu** ~**u** ich erstarrte vor Schreck; **me** ~ **të nxehtë** erregt, erzürnt; **me** ~ **të ftohtë** kaltblütig, sachlich, gefaßt; **një** ~ **pare** ein Haufen Geld; **pikë e** ~ unerschwinglich teuer; 2. Verwandtschaft *f;* **jemi të një** ~**u** wir sind verwandt; ~**u s' bëhet ujë** die Stimme des Blutes läßt sich nicht verleugnen; Blut ist dicker als Wasser; 3. Mord *m,* Bluttat *f;* 4. Blutrache *f;* **ia marr** ~**un** ich übe an ihm Blutrache aus; 5. ~**ra** *Pl* Menstruation *f*
gjakatár I. -i *Subst/m, Pl* -ë Totschläger *m,* Mörder *m;* II. -e *Adj* blutgierig, blutrünstig

gjakdérdhj|e -a *f, Pl* -e Blutvergießen *n,* Blutbad *n*
gják|e -ja *f, Pl* -e Blutwurst *f*
gjákës -i *m, Pl* – Mörder *m;* Feind *m bes. bei der Blutrache;* Wüterich *m*
gjakësí -a *f* Bluttat *f,* Mord *m*
gjakësór I. -e *Adj* 1. blutig; 2. blutgierig, blutrünstig; II. -i *Subst/m, Pl* -ë 1. Mörder *m;* 2. grausamer, blutrünstiger Mensch *m,* Wüterich *m*
gjaketó|n 1 *tr* 1. blutig machen, mit Blut besudeln; 2. sehnsüchtig wünschen; **-het** *refl* bluten
gjakftóhtë *Adj* kaltblütig; geistesgegenwärtig; beherrscht; sachlich
gjakftohtësí -a *f* Kaltblütigkeit *f;* Geistesgegenwart *f;* Beherrschung *f,* Sachlichkeit *f*
gjakhúpës *Adj* 1. *einer, der ohne Rächer ist (ohne Verwandte, die die Blutrache ausüben könnten);* 2. *einer, dessen Mörder unbekannt ist (so daß keiner die Blutrache ausüben kann);* 3. *einer, der treubrüchig gemordet hat (und vom ganzen Dorf gemeinschaftlich getötet wurde)*

gjakídhët *Adj* jähzornig, aufbrausend
gjakím -i *m*, *Pl* -e sehnsüchtiger Wunsch *m*; brennendes Verlangen *n*
gjakmárrës I. -i *Subst/m*, *Pl* – Rächer *m bei der Blutrache*; II. -e *Adj* rächend, Blutrache nehmend
gjakmárrj|e -a *f*, *Pl* -e Blutrache *f*, Ausübung *f* der Blutrache; Rache *f*
gjakndézj|e -a *f* = **gjaknxehtësi**
gjakndézur *Adj* = **gjaknxehtë**
gjaknxéhtë *Adj* hitzköpfig, aufbrausend
gjaknxehtësí -a *f* Wut *f*, höchste Erregung *f*
gjakón 1 *tr* = **gjakëton**
gjakós 21 *tr* blutig machen; -et *refl* sich blutig machen; *übertr* **u ~ën** sie wurden ermordet
gjakpírës -i *m*, *Pl* – Blutsauger *m*, Halsabschneider *m*
gjalm -i *m*, *Pl* -a *od* gjelmítër Senkel *m*, Schnürsenkel, Schnürband *n*
gjálm|ë -a *f*, *Pl* -a = **gjalm**
gjálp|ë -i *m od* -ët *n* Butter *f*
gjallés|ë -a *f* Dasein *n*, Existenz *f*; Lebewesen *n*
gjáll|ë I. (i) *Adj* 1. lebendig, lebend; **për së gjalli** lebend, bei lebendigem Leibe; **gjë e ~** Viehbestand *m*, Vieh *n*; 2. flink, lebhaft, aufgeweckt; 3. roh *(Speise)*; *übertr* **shkëmb i ~** der reinste Felsen; II. *Adv* 1. lebendig; **mbetet ~ am Leben bleiben**; **më ~** besser; **~ e keq** in großer Armut; **pak ~** halbtot; 2. sehr ähnlich; **~ i ati** ganz der Vater; III. -i (i) *Subst/m*, *Pl* -ët (të) Lebender *m*, Lebendiger *m*; IV. -ët (të) *Subst/n*: **në të ~ të tij** zu seinen Lebzeiten; **për të ~ nuk e lëshoj** lebend gebe ich es nicht her, nur über meine Leiche
gjallërí -a *f* 1. Leben *n*, Lebendigsein *n*; 2. Lebendigkeit *f*, Lebhaftigkeit *f*, Leben *n*; Schwung *m*, Energie *f*, Elan *m bei der Arbeit*
gjallërím -i *m* Belebung *f*
gjallërísht *Adv* lebendig, lebhaft; schwungvoll, aktiv; munter
gjallërón 1 *tr* beleben
gjallësí -a *f* = **gjallëri**
gjallím -i *m Biol* Leben *n*
gjállj|e -a *f*: **me ~ të** zu Lebzeiten von
gjallón 1 *itr* dahinvegetieren, kümmerlich sein Leben fristen
gjállsh|ëm (i), -me (e) *Adj* lebhaft, aktiv, schwungvoll
¹**gjan** 5 *itr*, *unpers* vorkommen, sich ereignen, geschehen
²**gjan** 5 *od* 10 *itr* 1. ähneln, ähnlich sein; **~ me të motrën** er ähnelt seiner Schwester; 2. passen zu, stehen; **kjo rrobë s' të ~** dieses Kleid steht dir nicht; **s' të ~ es** ziemt sich nicht für dich; 3. scheinen, dünken; **ashtu më ~** so scheint es mir; 4. *tr* nachahmen, imitieren; **ia gjaj shkrimit të tij** ich ahme seine Schrift nach
gján|ë -a *f* Anschwemmung *f*, Schwemmland *n*
¹**gjárë** -t (të) *n*: **ka të ~ es** kann so sein, es dürfte stimmen, es ist möglich
²**gjárë** 30 *Part* → **gjet**
gjárkëz -it *Pl* Bauchfell *n*, Eingeweidehaut *f*
gjárpër -i *m*, *Pl* -ínj *od* gjarpínj *od* gjërpínj Schlange *f*; *übertr* Verräter *m*
gjarpërím -i *m*, *Pl* -e Geschlängel *n*, Schlangenlinie *f*
gjarpërón 1 *itr* sich schlängeln
gjarpërúsh|e -ja *f*, *Pl* -e (weibliche) Schlange *f*; *übertr* böses Weib *n*, falsche Schlange
gjas 30 *1. Pers Sg Präs* → **gjet**
gjás|ë -a *f*, *Pl* -ë 1. Wahrscheinlichkeit *f*; **mbas gjase** *od* **mbas gjithë**

~ve allem Anschein nach; me ~ wahrscheinlich; 2. Anzeichen *n*; ~t janë të mira die Anzeichen sind gut; 3. günstige Gelegenheit *f*; kur t' ia shoh ~n wenn ich eine günstige Gelegenheit dafür sehe
gjás|ëm (i), -me (e) *Adj Math* wahrscheinlich
gjasësísht *Adv* wahrscheinlich
gjasím -i *m*, *Pl* -e Ähnlichkeit *f*; në ~ të ähnlich; mbas ~eve dem Anschein nach
gjasón 1 *itr* = ²gjan
gjashtár|e -ja *f*, *Pl* -e Revolver *m* mit 6 Patronen
gjásht|ë I. *Num* sechs; II. (i) *Adj* sechste; III. -a *Subst/f* Sechs *f*
gjashtëdhjétë *Num* sechzig
gjashtëfishón 1 *tr* versechsfachen
gjashtëkëndsh -i *m*, *Pl* – Sechseck *n*
gjashtëmbëdhjétë *Num* sechzehn
gjashtëmujór -i *m*, *Pl* -ë Halbjahr *n*, Semester *n*
gjashtór|e -ja *f*, *Pl* -e = gjashtare
gjatamán, -e *Adj* lang, hochaufgeschossen
gjataník, -e *Adj* = gjataman
gjatarúshe *Adj/f* rank und schlank, lang und dünn
gjátas *Adv* längs, in der Länge, der Länge nach
gjátazi *Adv* = gjatas
gjátë I. (i) *Adj* lang; dy metra i ~ zwei Meter lang; rrugë e ~ eine lange Straße; udhëtim i ~ eine lange Reise; groß, langaufgeschossen; *Gramm* lang; zanore e ~ ein langer Vokal; për së gjati der Länge nach; *übertr* e ka gjuhën të ~ er hat eine spitze Zunge; s'ia bëri të ~ er fackelte nicht lange mit ihm; e ka dorën të ~ er hat einen langen Arm; II. *Präp (mit Abl)* 1. längs, entlang; ~ bregut am Ufer entlang; 2. während, im Laufe; ~ dimrit während des Winters;

III. *Adv* lange; e trajtoi gjerë e ~ er behandelte es lang und breit
gjatësí -a *f*, *Pl* – Länge *f*; ~ vale Wellenlänge; ~ gjeografike geographische Länge
gjatësór, -e *Adj* Längs-; drejtim ~ Längsrichtung *f*
gjatók, -e *Adj* länglich
¹gjató|n 1 *tr* verlängern, längen, lang machen; -het *refl* sich verlängern, länger werden, lang werden
²gjatón 1 *itr* auf die Jagd gehen, jagen
gjatóre *Adj/f*: kumbull ~ Eierpflaume *f*
gjatósh, -e *Adj* = gjatok
gjáu 30 *Aor* → gjet
gjáz|ë -a *f* Auenwald *m*
gjedh -i *m*, *Pl* -a Rind *n*, Rindvieh *n*
gjédh|e -ja *f*, *Pl* -e Muster *n*, Modell *n*; *Tech* Etalon *m*
gjedhésht|ër -ra *f*, *Pl* -ra Zins *m*
gjegjsísht *Adv* beziehungsweise
gjekëtín 6 *itr* dröhnen, hallen, widerhallen
gjel -i *m*, *Pl* -a *Zool* Hahn *m*; ~ pylli Birkhahn; ~ i egër Auerhahn; ~ deti Truthahn; *übertr* i rri ~ ich widersetze mich ihm
gjelatín|ë -a *f* Gelatine *f*
gjelazéz -i *m*, *Pl* – Kormoran *m*
gjélbër (i) *Adj* grün, maigrün, hellgrün
gjelbërím -i *m* Grün *n*; Grünen *n*; ~e *Pl* das Grüne, freie Natur *f*
gjelbërón 1 *itr* grünen, grün werden; ausschlagen *(Bäume)*
gjelbërónjës, -e *Adj* grünend
gjélbërt (i) *Adj* = i gjelbër
gjelbërúar (i) *Adj* ergrünt, grün
gjeldétës -i *m*, *Pl* – Truthahn *m*
¹gjelmít|ër -ra *f*, *Pl* -ra Wollkamm *m*
²gjelmítër *Pl* → gjalm
gjelúc -i *m*, *Pl* -a Hähnchen *n*
gjellbérës -i *m*, *Pl* – Koch *m*

gjellbërës|e -ja *f, Pl* -e Köchin *f*
gjéll|ë -a *f, Pl* -ë **1.** Speise *f*, Essen *n*; **bën** ~ Essen kochen; **2.** Leben *n*
gjellëtór|e -ja *f, Pl* -e kleines Restaurant *n*, Speisegaststätte *f*; Küche *f*
gjéllëz -a *f* Salz *n*, Kochsalz
gjem -i *m* Zaum *m*; *übertr* **i vë** ~ **in** er zügelt ihn
gjemb -i *m, Pl* -a **1.** *Bot* Stachel *m*; Dorn *m*; ~ **gomari** Nickende Distel *f*; **2.**: **tel me** ~ **a** Stacheldraht *m*; **3.** Gräte *f*; **4.** eiserne Heuharke *f*; *übertr* **rri si mbi** ~ **a** ich sitze wie auf Kohlen
gjembáç -i *m, Pl* -ë Nickende Distel *f*
gjembón 1 *tr* stechen, pieken, pieksen
gjembór, -e *Adj* dornig; stachelig
gjémbtë (i) *Adj* = **gjembor**
gjemenxhé -ja *f, Pl* – Art Violine mit 3 Saiten
gjemí -a *f, Pl* – *alt* Schiff *n*; Segelschiff, Segelboot *n*
gjemth -i *m* Sporn *m des Hahnes*
gjen 46 *tr* **1.** finden; **e** ~ **me vend** er hält es für angebracht, er findet es richtig; **2.** erfinden, entdecken; **3.** treffen, antreffen; **ç'të gjeti?** was ist denn mit dir los?; → **gjindet**
gjendárm -i *m, Pl* -ë Gendarm *m*
gjendarmerí -a *f* Gendarmerie *f*
gjéndet 46 *refl* = **gjindet**
gjéndj|e -a *f* Zustand *m*, Lage *f*, Situation *f*; ~ **lufte** Kriegszustand; ~ **shëndetësore** Gesundheitszustand; ~ **agregati** Aggregatzustand; ~ **civile** Personenstand, Zivilstand; **zyra e** ~ **s civile** *od* **gjendja civile** das Standesamt; **është në** ~ er ist in der Lage
gjenealogjí -a *f* Genealogie *f*
gjenealogjík, -e *Adj* genealogisch; **dru** ~ Stammbaum *m*

gjenerál -i *m, Pl* -ë *od* -a General *m*; ~ **armate** Armeegeneral
gjeneralíssim -i *m* Generalissimus *m*
gjeneralkolonél -i *m, Pl* -ë Generaloberst *m*
gjeneralleitnánt -i *m, Pl* -ë Generalleutnant *m*
gjeneralmajór -i *m, Pl* -ë Generalmajor *m*
gjenerát|ë -a *f, Pl* -a Generation *f*
gjenerátor -i *m, Pl* -ë Generator *m*
gjenetík, -e *Adj* genetisch
gjenetík|ë -a *f* Genetik *f*
Gjenév|ë -a *f* Genf *n*
gjenéz|ë -a *f* Genese *f*, Ursprung *m*; Entstehungsgeschichte *f*
gjení -u *m, Pl* – Genie *n*
gjeniál, -e *Adj* genial
gjenitál, -e *Adj* genital; **organet** ~ **e** die Genitalien
gjenitív -i *m* *Gramm* Genitiv *m*
Gjenóv|ë -a *f* Genua *n*
gjeodetík, -e *Adj* geodätisch
gjeodezí -a *f* Geodäsie *f*, Landvermessung *f*
gjeográf -i *m, Pl* -ë Geograph *m*
gjeografí -a *f* Geographie *f*
gjeografík, -e *Adj* geographisch; **pozita** ~ **e** die geographische Lage; **hartë** ~ **e** Landkarte *f*
gjeografikísht *Adv* geographisch
gjeológ -u *m, Pl* -ë Geologe *m*
gjeológ|e -ia *f, Pl* -e Geologin *f*
gjeologjí -a *f* Geologie *f*
gjeologjík, -e *Adj* geologisch
gjeomét|ër -ri *m, Pl* -ra Geometer *m*, Landmesser *m*
gjeometrí -a *f* Geometrie *f*
gjeometrík, -e *Adj* geometrisch
gjeoqendrór, -e *Adj* geozentrisch
gjeorgjián I. -i *Subst/m, Pl* -ë Georgier *m*; II. -e *Adj* georgisch
¹**gjep** -i *m, Pl* -a Spule *f*, Garnspule; Garnrolle *f*
²**gjep** -i *m, Pl* -a Kanne *f bes. aus Kupfer*

gjépura -t *Pl* Geschwätz *n*, Geschwafel *n*, leeres Gerede *n*
¹**gjer** -i *m*, *Pl* -a Siebenschläfer *m*
²**gjer** *Präp* bis; ~ **nesër** bis morgen; ~ **më** bis auf, bis zu; ~ **në** bis nach, bis; ~ **kur** bis wann
gjerák -u *m* Kranich *m*
gjeratëhérsh|ëm (i), -me (e) *Adj* bis zum damaligen Zeitpunkt erfolgt
gjeraqín|ë -a *f*, *Pl* -a Falke *m*; *übertr* flinke gewandte Frau *f (in Volksliedern)*
gjérazi *Adv* der Breite nach, in der Breite
gjerb 14 *tr*, *itr* in Schlückchen trinken
gjérb|ë -a *f*, *Pl* -a vom Dach fallender Tropfen *m*; Schluck *m*
gjerbón 1 *tr* 1. entrahmen, absahnen; 2. *itr* ein undichtes Dach haben; **shtëpia** ~ das Dach des Hauses leckt
gjerdán -i *m*, *Pl* -ë *od* -a Halskette *f*; Patronengürtel *m*
gjerdék -u *m*, *Pl* -ë Brautgemach *n*
gjerdhác, -e *Adj* aufgeweckt
gjerdhán -i *m*, *Pl* -ë = gjerdan
gjérdhe *Pl* → gardh
gjérë (i) *Adj* 1. breit; weit, ausgedehnt; **masat e gjera** die breiten Massen; 2. weitherzig, tolerant
gjerësí -a *f* Breite *f*
gjerësísht *Adv* breit, weit; in die Breite; in breitem Maße
gjergjéf -i *m*, *Pl* -ë *od* -a Stickrahmen *m*
gjermán I. -i *Subst/m*, *Pl* -ë Deutscher *m*; II. -e *Adj* deutsch; *hist* **Republika Demokratike Gjermane** *(Abk RDGJ)* Deutsche Demokratische Republik (DDR)
gjermán|e -ia *f*, *Pl* -e Deutsche *f*
Gjermaní -a *f* Deutschland *n*, **Republika Federale e Gjermanisë** Bundesrepublik *f* Deutschland
gjermaník, -e *Adj* germanisch
gjermanikísht *Adv* germanisch

gjermanísht *Adv* auf deutsch
gjermanísht|e -ja *f* Deutsch *n*
gjérm|ë -a *f*, *Pl* -a Feuerloch *n*, Feuerung *f*
gjeró|n 1 *tr* weiten, erweitern; verbreitern; **-het** *refl* sich ausweiten
gjersá *Konj* 1. bis, bis daß; 2. solange; da, da ja, wenn
gjertanísh|ëm (i), -me (e) *Adj* bisherig
gjerúnd -i *m Gramm* Gerundium *n*
gjerúsh, -e *Adj* breitschultrig
gjest -i *m*, *Pl* -e Geste *f*, Gebärde *f*, Handbewegung *f*; Handlung *f*, Geste
gjesh 14² *tr* kneten; walken
gjeshk -u *m*, *Pl* -a trockenes Laub *n*
gjéshk|ë -a *f*, *Pl* -a = gjeshk
gjeshtár|e -ja *f*, *Pl* -e Hebamme *f*
gjésht|ër -ra *f*, *Pl* -ra Ginster *m*, Ginsterstrauch *m*
gjet 30 *itr* gleichen, ähnlich sein
gjét|e -ja *f*, *Pl* -e Stiefkind *n*
gjétës -i *m*, *Pl* - Finder *m*
gjéti 46 *Aor* → gjen
gjetíu *Adv* anderswo; anderswohin
gjétj|e -a *f*, *Pl* -e Fund *m*, Auffinden *n*; Erfindung *f*, Entdeckung *f*
gjétkë *Adv* = gjetiu
gjétkëz -a *f*, *Pl* -a Gänseverschlag *m*, Gänsestall *m*
gjétur (i) *Adj* 1. gefunden, entdeckt; **fëmijë e** ~ Findelkind *n*, Findling *m*; 2. vorgefunden; Adoptiv-; **baba i** ~ Adoptivvater *m*; **vëlla i** ~ Stiefbruder *m*
gjeth -i *m*, *Pl* - = gjethe
gjethaník -u *m*, *Pl* -ë Pastete *f* mit Blattgemüse
gjethaták, -e *Adj* dichtbelaubt
gjéth|e -ja *f*, *Pl* -e 1. Laub *n*, Blätter *Pl*; ~ **delli** Wegerich *m*; 2. grüne Zweige *Pl* als Viehfutter; Feime *f aus Laub für Winterfutter*
gjéthet 14 *refl* ausschlagen *(Bäume)*
gjethësón 1 *itr* = gjethet

gjethím|ë -a *f, Pl* -a Steinlinde *f*
gjezáp -i *m* Salzsäure *f*; Salpetersäure *f des Silberschmiedes*
gjezdis 21 *itr* spazieren gehen, wandern; *tr* bereisen
gjezdísur (i) *Adj* weitgereist
gjë I. -ja *Subst/f, Pl* -ra 1. Sache *f*, Ding *n*, Gegenstand *m*; 2. Habe *f*, Vermögen *n*; ~ **prej** ~**je** Nichts *n*, Nichtigkeit *f*; 3. etwas, irgend etwas *(in positiven Sätzen)*; **a ke ~ për të thënë?** hast du etwas zu sagen? 4. nichts *(in negierten Sätzen)*; **nuk dinte ~** er wußte nichts; **s'ka ~** das macht nichts, das schadet nichts; 5. Angelegenheit *f*, Frage *f*, Problem *n*; 6. : ~ **e gjallë** Vieh *n*, Viehbestand *m*; II. -ri *Subst/m* 1. Habe, Vermögen; ~ **pa zot** herrenloses Gut *n*; 2. Vieh; ~**ri i gjallë** die lebende Habe, das Vieh
gjëegjéz|ë -a *f, Pl* -a Rätsel *n*
gjëkáfshë *Indef Pron* 1. etwas, irgendetwas; 2. nichts *(in verneinten Sätzen)*
gjëkúndi *Adv* 1. irgendwo; irgendwohin; 2. nirgendwo, nirgends; nirgendwohin *(in verneinten Sätzen)*
gjëlpër|ë -a *f, Pl* -a = **gjilpërë**
gjëllím -i *m* Leben *n*, Lebensführung *f*
¹**gjëllín** 11 *od* 6 *itr* leben; wohnen
²**gjëllín** 11 *od* 6 *itr* auf Futtersuche sein, nach Futter suchen
gjëmb -i *m, Pl* -a = **gjemb**
gjëm|ë -a *f, Pl* -ë 1. Unheil *n*, schwerer Schlag *m*; Todesnachricht *f*; 2. Getöse *n*, Gedonner *n*; 3. Klage *f*, Totenklage
gjëmëmádh, -e *Adj* unglücklich, bedauernswert
gjëmím -i *m, Pl* -e Rauschen *n*, Tosen *n*, Brausen *n*; Echo *n*, Widerhall *m*; Donner *m*
¹**gjëmón** 1 *itr* rauschen, tosen, brausen; donnern *(Kanonen)*; *unpers* es donnert
²**gjëmón** 1 *itr* jmdm. nacheilen, hinterherlaufen
gjëmtón 1 *tr* zusammensuchen, zusammenlesen; wählen
gjëndet 46 *refl* = **gjindet**; → **gjen**
gjënd|ër -ra *f, Pl* -ra Drüse *f*; **gjëndra vezore** Eierstöcke *Pl*
gjëndëróhet 1 *refl* eine Drüsenschwellung haben
gjëndj|e -a *f, Pl* -e = **gjendje**
gjërë (i) *Adj* = **i gjerë**
gjërí -a *f* = **gjiri**
gjërpazi *Adv* sich schlängelnd, schlangenartig; **ecën ~** sich schlängeln
gjërpínj *Pl* → **gjarpër**
gjësëndi *Indef Pron* 1. etwas, irgendetwas; 2. nichts *(in verneinten Sätzen)*
gjéz|ë -a *f, Pl* -a Rätsel *n*
gji -ri *m, Pl* – 1. Brust *f*; Mutterbrust, Busen *m*; *übertr* **në ~ të familjes** im Schoße der Familie; ~**ri i veve** der Eierstock; 2. *Geogr* ~ **deti** Meerbusen, Bucht *f*
gjibón -i *m, Pl* -ë Gibbon *m*
Gjibraltár -i *m* Gibraltar *n*
gjigánt I. -i *Subst/m, Pl* -ë Gigant *m*, Riese *m*; II. -e *Adj* gigantisch, riesig
gjilpër|ë -a *f, Pl* -a Nadel *f*; ~ **me kokë** Stecknadel; ~ **e busolës** Kompaßnadel; *Med* Nadel, Spritze *f*; **i bëri një ~** er hat ihm eine Spritze gegeben; *übertr* **as një majë gjilpëre** nicht ein bißchen, überhaupt nichts; **majë e ~** haarklein, bis ins kleinste
gjilpërón 1 *tr* impfen, spritzen
gjilpërýer -i *m, Pl* -ë Ahle *f*
gjillés|ë -a *f* Salz *n*; Geschmack *m*
gjimnást -i *m, Pl* -ë Turner *m*
gjimnastík|ë -a *f* Gymnastik *f*, Turnen *n*
gjimnastikór, -e *Adj* gymnastisch, turnerisch

gjimnáz -i *m, Pl* -e Gymnasium *n*
gjimnazíst -i *m, Pl* -ë *od* -a Gymnasiast *m*
gjínd|e -ja *f* Leute *Pl*; **gjindja e shtëpisë** die eigenen Leute, die Familie, die Familienangehörigen
gjíndet 46 *refl* **1.** sich befinden, sein; ~ **mirë** es geht ihm gut; **2. nuk** ~ das gibt es nicht; **nuk** ~ **i tilli** er hat nicht seinesgleichen, er ist einmalig; **3.** jmdm. beistehen, helfen; → **gjen**
gjíndj|e -a *f* = **gjinde**
gjindór|e -ja *f Gramm* Genitiv *m*
gjíndsh|ëm (i), -me (e) *Adj* hilfsbereit
gjinekológ -u *m, Pl* -ë Gynäkologe *m*, Frauenarzt *m*
gjinekologjí -a *f* Gynäkologie *f*
gjinekologjík, -e *Adj* gynäkologisch
gjinésht|ër -ra *f, Pl* -ra Ginster *m*, Ginsterstrauch *m*
gjín|ë -a *f Geol* Ton *m*
gjiní -a *f, Pl* – **1.** Verwandtschaft *f*; **2.** *Gramm* Genus *n*; **3.** *Biol* Gattung *f*
gjinkáll|ë -a *f, Pl* -a Zikade *f*
gjips -i *m* Gips *m*
gjir -i *m, Pl* -e Wirbel *m von Wasser oder Luft*
gjiráf|ë -a *f, Pl* -a Giraffe *f*
gjirí -a *f, Pl* – Verwandtschaft *f*, Blutsverwandtschaft; **shkoi nusja në** ~ die Braut ging in ihr Vaterhaus
gjiríz -i *m, Pl* -e *od* -a Fallrohr *n am Abort*; Abortgrube *f*, Sickergrube *f*
Gjirokást|ër -ra *f* Gjirokastra *n (Stadt in Südalbanien)*
gjirokastrít -i *m, Pl* -ë Bewohner der albanischen Stadt Gjirokastra
gjirón 1 *tr* füllen, anfüllen
gjíste 30 *Imperf* → **gjet**
gjíshtëz -a *f, Pl* -a Fingerhut *m*
gjitár -i *m, Pl* -ë Säugetier *n*, Säuger *m*
gjitáre *Adj/f Zool* mit reichem Milchertrag, viel Milch gebend

gjitón -i *m, Pl* -ë Nachbar *m*
gjithandéj *Adv* überall; von überall, von allen Seiten
gjithánsh|ëm (i), -me (e) *Adj* allseitig
gjithanshmërí -a *f* Allseitigkeit *f*
gjitháq *Adv* so sehr, so viel
gjithashtú *Konj* ebenso; auch
gjíthazi *Adv* insgesamt, gänzlich; im ganzen
gjithcíl|i, -a *Indef Pron* jeder, ein jeglicher, jeder einzelne
gjithçká *Indef Pron* alles; alles was, was auch immer
gjithçmós *Indef Pron* alles, alles mögliche
gjíthë I. *Adj* **1.** ganz; alle; ~ **katundi** das ganze Dorf; ~ **klasa** die ganze Klasse; ~ **ditën** den ganzen Tag; **me** ~ **mend** allen Ernstes, wirklich; ~ **burrat** alle Männer; ~ **gratë** alle Frauen; ~ **shënjtorët** Allerheiligen *Pl*; **2.** jeder; **për** ~ **ditën** jeden Tag; voll, voller; ~ **qejf** voller Freude; **me** ~ **qejf** sehr gern, mit Vergnügen; ~ **e** ~ insgesamt, im ganzen; **me** ~ mitsamt, einschließlich; **II.** (i) *Adj* ganz; alle; **i** ~ **katundi** das ganze Dorf; **të gjitha gratë** alle Frauen; **III.** ~, **gjitha (të)** *Indef Pron* alle; **erdhën të** ~ **es kamen alle (Männer); bisedoi me të gjitha** er sprach mit allen (Frauen); **gjitha (të)** *Indef Pron Pl/f* alles; **i harrova të gjitha** ich habe alles vergessen; **ka hequr dorë së gjithash** er hat auf alles verzichtet; **para së gjithash** vor allem, vor allen Dingen; **IV.** *Konj*: **me** ~ **që** *od* **me** ~ **se** obwohl, obgleich; **me** ~ **atë** trotzdem, dennoch
gjithëfuqísh|ëm (i), -me (e) *Adj* allmächtig
gjithëkombëtár, -e *Adj* gesamtnational, gesamtstaatlich
gjithëpopullór, -e *Adj* das ganze Volk betreffend

gjithësí -a *f* All *n*, Weltall, Universum *n*
gjithësísh|ëm (i), -me (e) *Adj* universell, Welt-
gjithëshqiptár, -e *Adj* gesamtalbanisch
gjithfárë *Adj* allerlei, von jeder Art; ~ **sendesh** alle möglichen Dinge
gjithhérë *Adv* stets, ständig
gjithhérsh|ëm (i), -me (e) *Adj* dauernd, ständig
gjithkáh *Adv* überall, von allen Seiten, auf allen Seiten
gjithkúnd *Adv* überall, allenthalben; überallhin
gjithkúsh *Indef Pron* jeder, jedermann; ~ **të tijnë** jeder das Seine
gjithmbárë *Indef Pron* alle, alle zusammen
gjithmbársh|ëm (i), -me (e) *Adj* umfassend, allumfassend
gjithmónë *Adv* immer, ständig; **një herë e për** ~ ein für allemal
gjithmónsh|ëm (i), -me (e) *Adj* ständig
gjithndúersh *Adv* allerlei, von unterschiedlichster Art
gjithnjé *Adv* immer, unausgesetzt, fortwährend; häufig, oft, ständig
gjithsahérë *Konj* jedes Mal wenn, so oft
gjithsecíl|i -a *Indef Pron* jeder, jeder einzelne
gjithséj|ë -a *f* Endergebnis *n*, Summe *f*; Ganze *n*
gjithséjt *Adv* insgesamt, zusammen
gjithséjtë (i) *Adj* ganz, total
gjithsekúsh *Indef Pron* wer auch immer, jeder beliebige
gjithsesí *Adv* 1. wie auch immer, wie es auch sei; 2. haarklein, in allen Einzelheiten
gjithsí *Adv* = **gjithsesi**
gjithshkáh|e -ja *f* Gesamtheit *f*; alles
gjizaník -u *m*, *Pl* -ë Art Quarkkuchen
gjizár -i *m*, *Pl* -ë Hersteller *m* von Ziegenkäse; Gehilfe *m* des Käsers

gjíz|ë -a *f* Ziegenkäse *m*; Molkenkäse *m*
gjobár -i *m*, *Pl* -ë 1. Feldhüter *m*, Flurschütz *m*; 2. *alt einer der, Geldstrafen verhängt*
gjób|ë -a *f*, *Pl* -a Geldstrafe *f*, Geldbuße *f*
gjobít 22 *tr* mit einer Geldstrafe belegen
gjobón 1 *tr* = **gjobit**
gjoc -i *m*, *Pl* -a Blattlaus *f*
gjója I. *Konj* als ob; II. *Adv* angeblich
gjok -u *m*, *Pl* -ë *od* -a *Zool* Schimmel *m*
gjoks -i *m* Brust *f*
gjol -i *m*, *Pl* -e 1. See *m*, Teich *m*; 2. Morast *m*
gjóll|ë -a *f*, *Pl* -ë Salzlecke *f*
gjon -i *m*, *Pl* -a Zwergohreule *f*
gjoní -a *f* Winkelmaß *n der Maurer*
gjonth -i *m*, *Pl* -a = **gjoc**
gjórë (i) *Adj* arm, bedauernswert, elend
gju -ri *m*, *Pl* -një Knie *n*; **i bie në** ~ **një** er bittet ihn kniefällig, er fällt ihm zu Füßen; **m'u prenë** ~ **njët** ich habe weiche Knie; ich bin müde; **rri** ~ **më** ... er steht auf gutem Fuße mit ...; ~ **më** ~ **me** inmitten
gjúajtës, -e *Adj* Jagd-; **aeroplan** ~ Jagdflugzeug *n*, Jäger *m*
gjúajtj|e -a *f*, *Pl* -e Jagd *f*; Nachspüren *n*, Verfolgung *f*; Bewerfen *n*; Beschießung *f*
gjúan 9 *od* 9¹ *od* 2 *tr* 1. jagen, erjagen; ~ **peshk** fischen, angeln; 2. nach etw. auf der Lauer liegen; auf etw. aufpassen; jmdm. nachspüren; 3. bewerfen; **e** ~ **me gurë** er bewirft ihn mit Steinen; 4. beschießen
gjuetár -i *m*, *Pl* -ë Jäger *m*
gjúhc|ë -a *f*, *Pl* -a Weißfisch *m*
gjúh|ë -a *f*, *Pl* -ë 1. Zunge *f*; **e ka** ~**n të gjatë** er läßt seiner Zunge freien Lauf; **e ka** ~**n shpatë**

gjuhëgjátë

er hat eine gewandte Zunge; **më zuri gjuha lesh** ich habe mir schon den Mund fusselig geredet; **e kam në majë të ~ s** es liegt mir auf der Zunge; **2.** Sprache *f*; ~ **amtare** Muttersprache; ~ **zyrtare** Amtssprache; ~ **letrare** *od* ~ **e shkrimit** Schriftsprache, Literatursprache; **3.** Landzunge *f*

gjuhëgjátë *Adj* schwatzhaft

gjuhëkrijúes, -e *Adj* sprachschöpferisch

gjuhëlóp|ë -a *f*, *Pl* **-ë** *Bot* Ochsenzunge *f*

gjuhëmbájtur *Adj* mit einer schweren Zunge, lallend

gjuhëmbrójtës, -e *Adj* spracherhaltend

gjuhëprérë *Adj* mit abgeschnittener Zunge; *übertr* schweigsam

gjuhësí -a *f* Sprachwissenschaft *f*

gjuhësisht *Adv* linguistisch

gjuhësór, -e *Adj* sprachlich, Sprach-; sprachwissenschaftlich

gjuhëtár -i *m*, *Pl* **-ë** Sprachwissenschaftler *m*

gjúhëz -a *f*, *Pl* **-a 1.** Klöppel *m*, Glockenklöppel; **2.** *Mus* Zunge *f*; Blatt *n*; **3.**: **Bauw ~ dërrase** Zapfen *m*, Spund *m*, Zinken *m*

gjuhëzón 1 *tr* *Bauw* spunden, graten, zinken

gjuhúst|ër -ra *f*, *Pl* **-ra** Lästermaul *n*, böse Zunge *f*

gjumásh I. -e *Adj* schlafsüchtig; verschlafen; schlafmützig; **II. -i** *Subst/ m*, *Pl* **-ë** schlafmütziger Mensch *m*, Schlafmütze *f*

gjúm|ë -i *m* Schlaf *m*; **sëmundja e gjumit** die Schlafkrankheit; **oda e gjumit** *od* **dhoma e gjumit** das Schlafzimmer; **nëpër ~** im Halbschlaf; **ka ~** er kann gut schlafen; **më zuri gjumi** *od* **më mori gjumi** ich schlief ein; **iu bë në ~** er träumte; **e vë në ~** a) zu Bett bringen; einschläfern; b) er hält ihn hin; er führt ihn hinters Licht

gjumëmádh, -e *Adj* = **gjumash**

gjumë|zí (i), **-zézë** (e) *Adj* unglücklich, unglückselig, elend

gjumth -i *m* Schläfchen *n*, Nickerchen *n*

gjunják|e -ja *f*, *Pl* **-e** Gamasche *f*

gjúnjas *Adv* auf Knien, kniend; **hiqet ~** auf Knien kriechen

gjúnjazi *Adv* = **gjunjas**

gjunjëzím -i *m*, *Pl* **-e** Kniefall *m*; Niederknien *n*

gjunjëzóhet 1 *refl* auf die Knie fallen, niederknien; *übertr* sich jmdm. beugen; sich vor jmdm. demütigen

gjurát 22¹ *tr* Nachlese halten, Reste aufsammeln

gjurmáshk|ë -a *f*, *Pl* **-a** gestrickter Hausschuh *m*

gjúrm|ë -a *f*, *Pl* **-ë** *od* **-a 1.** Spur *f*; Fährte *f*; **i ra për ~** er ist ihm auf die Spur gekommen; er hat ihn aufgespürt; **2.** Gamasche *f*

gjurmíme -t *Pl* wissenschaftliche Untersuchungen *Pl*, Forschungen *Pl*

gjurmón 1 *tr* jmdm. nachspüren; jmdn. verfolgen; einer Sache nachgehen

gjurulldí -a *f* Lärm *m*, Rummel *m*

gjykát|ë -a *f* **1.** Gericht *n*; **gjykata e lartë** das Oberste Gericht; ~ **ushtarake** Militärgericht; Kriegsgericht; **2.** Unheil *n*, Verhängnis *n*

gjykátës -i *m*, *Pl* **–** Richter *m*

gjykatór|e -ja *f*, *Pl* **-e** Gerichtsgebäude *n*, Gericht *n*

gjykím -i *m*, *Pl* **-e 1.** Urteil *n*, Rechtsspruch *m*; **2.** Urteilskraft *f*, Urteilsvermögen *n*; **e humbi ~in** er hat den Verstand verloren

gjykó|n 1 *itr*, *tr* **1.** richten, urteilen, ein Urteil fällen; **2.** beurteilen, einschätzen; *eine Meinung* äußern; **-het** *refl*: **gjykohet me një** mit jmdm. zum Friedensrichter gehen

gjykúes, -e *Adj* Gerichts-; **trupi** ~ das Gericht, die Richtenden
gjyláç -i *m* Art Schaumgebäck
gjyláp -i *m* Rosenwasser *n*
gjýl|e -ja *f*, *Pl* -e Geschoß *n*, Kanonenkugel *f*; *Sport* Kugel *f*; **shtytja e** ~**s** *od* **hedhja e** ~**s** Kugelstoßen *n*
gjylják -u *m* Rosenöl *n*
gjym -i *m*, *Pl* -a Kupferkanne *f*; Blechkanne *f*
gjým|ër -ra *f*, *Pl* -ra Hufschlag *m des Pferdes*
gjymsazóg-u *m* Zaunkönig *m*
gjýmtë (i) *Adj* mangelhaft, defekt; verkrüppelt, verstümmelt; *Gramm* defektiv, unvollständig
gjymtím -i *m*, *Pl* -e körperlicher Mangel *m*; Verstümmelung *f*, Verkrüppelung *f*
gjymtíset 21 *refl* aussterben, verlöschen *(Familie)*
gjymtón 1 *tr* verkrüppeln, verstümmeln; stutzen; entstellen; defekt machen
gjymtýr|ë -a *f*, *Pl* -ë 1. Glied *n*; ~**t** *Pl* die Gliedmaßen; ~**t e fjalisë** die Satzglieder; 2. Gelenk *n*
gjymýsh -i *m*, *Pl* -a Goldfaden *m*; Silberfaden *m*
gjynáh -u *m*, *Pl* -e Sünde *f*; **hyn në** ~ eine Sünde begehen; **paguan** ~ **et** sühnen, büßen; **kam** ~ **për atë** ich bedauere ihn, er tut mir leid; **është** ~ das ist ein Jammer, das ist schade
gjynahqár -i *m*, *Pl* -ë Sünder *m*
gjynahqár|e -ja *f*, *Pl* -e Sünderin *f*
gjyp -i *m*, *Pl* -e = **gyp**
gjyq -i *m*, *Pl* -e 1. Rechtsstreit *m*, Prozeß *m*; Gerichtsverhandlung *f*, Verhandlung *f*; 2. Gericht *n*; ~ **arbitrari** Schiedsgericht
gjyqësór, -e *Adj* gerichtlich, Gerichts-
gjyqtár -i *m*, *Pl* -ë Richter *m*; ~ **anësor** *Sport* Linienrichter

gjyrýk -u *m*, *Pl* -ë Blasebalg *m*
gjyrylltí -a *f* = **gjurulldi**
gjysmagjél -i *m Myth* Halbhahn *m*
gjysmák, -e *Adj* 1. halbfertig, halb, unvollständig; **purë** ~ **e** eine halbe Sache; 2. halbgebildet, halbanalphabetisch
gjysmanalfabét -i *m*, *Pl* -ë Halbanalphabet *m*
gjýsm|ë I. -a *Subst|f*, *Pl* -a Hälfte *f*; **një** ~ **ore** eine halbe Stunde; Mitte *f*; **për** ~ zur Hälfte, halb; II. *Adj* halb; ~ **i vdekur** halbtot; ~ **lakuriq** halbnackt; ~ **njeriu** a) eine halbe Leiche; b) ein Trottel
gjysmëautomatík, -e *Adj* halbautomatisch
gjysmëfabrikát -i *m*, *Pl* -e Halbfabrikat *n*
gjysmëfinál|e -ja *f* Halbfinale *n*
gjysmëhén|ë -a *f* Halbmond *m*; **Gjysmëhëna e Kuqe** der Rote Halbmond
gjysmëhí|e -ja *f Film* Halbschatten *m*
gjysmëkoloní -a *f*, *Pl* – Halbkolonie *f*
gjysmëproletár -i *m*, *Pl* -ë Halbproletarier *m*
gjysmërréth -i *m*, *Pl* **gjysmërráthë** Halbkreis *m*
gjysmëshqiptár -i *m*, *Pl* -ë Halbalbaner *m*
gjysmëzyrtár, -e *Adj* halbamtlich, offiziös
gjysmím -i *m*, *Pl* -e Halbierung *f*
gjysmón 1 *tr* halbieren
gjysh -i *m*, *Pl* -ë *od* -ër 1. Großvater *m*; **i** ~ **i** sein Großvater, ihr Großvater; 2. Vorsitzender *m eines Bektashi-Klosters*
gjýsh|e -ja *f*, *Pl* -e Großmutter *f*; **e gjyshja** seine Großmutter, ihre Großmutter
gjytrým -i *m*, *Pl* -ë *od* -a Paralytiker *m*, Gelähmter *m*
gjytrým|e -ja *f*, *Pl* -e Gelähmte *f*
gjyvéç -i *m*, *Pl* -ë *od* -e 1. Güwetsch *m*; 2. kupferner Topf *m*
gjyzlýkë -t *Pl* Brille *f*

H

ha 49 *tr* **1.** essen, verzehren; speisen; fressen; verschlingen; ~ **bukë** essen; ~ **mëngjez** frühstücken; *übertr* **hëngri gjithë pasurinë** er hat sein ganzes Hab und Gut verjubelt; **s'e ~ këtë** das lasse ich mir nicht weismachen; **s'ma ~ mendja** es will mir nicht in den Kopf; **e ~ me sy** er trifft ihn mit dem bösen Blick; **një herë e hëngra** darauf bin ich nur einmal hereingefallen!; **hëngri dru** er mußte Prügel einstecken; **hëngri një gjobë** er hatte eine Geldstrafe zu zahlen; **s'e ~ plumbi** den trifft keine Kugel; ~ **pare** er ist bestechlich; **ai m'i hëngri paret** er hat mir das Geld nicht zurückgegeben; **e hëngri dheu i zi** ihn deckt der grüne Rasen; **më ~ me të mirë** er betört mich; **e hëngri fjalën** er hat sein Wort gebrochen; **ai ka ngrënë zotimet e tija** er hat seine Versprechungen nicht gehalten; **2.** zerfressen, zersetzen; abnagen; abnutzen; aushöhlen; **i ~ shpejt këpucët** bei ihm halten die Schuhe nicht lange; ~ **me limë** feilen, abfeilen; ~ **në kandar** er betrügt beim Wiegen; **i ~ të drejtën** er beschneidet sein Recht; **mos i ha thonjt!** kaue nicht an deinen Fingernägeln!; **3.** beißen; stechen; jucken; **më hëngri arza** mich hat eine Wespe gestochen; **i ~ koka** a) ihm juckt der Kopf; b) er kann es nicht erwarten; c) er richtet sich mit Macht zu Grunde; **më ~ shtati** mich juckt es am ganzen Körper; **më ~ meraku** a) ich bin beunruhigt; b) der Zweifel quält mich; **më ~ zemra më atë** ich hege ihm gegenüber Zweifel; **më ~ zemra për atë** ich sehne mich nach ihm; **mos rri aty, se të ~ era!** setz dich nicht dorthin, sonst bekommst du Zug!; **4.**: **s'e ~ dot me mua** er kann es nicht mit mir aufnehmen, er kann sich nicht mit mir messen; **-het** *refl* **1. kjo mund të hahet** das ist eßbar; **s'më hahet** ich mag nicht essen, ich habe keinen Appetit; **2.** kaputt gehen; sich abnutzen; **3.** sich in die Haare geraten, sich streiten; **4.** miteinander wetteifern

habér -i *m*, *Pl* -e **1.** Nachricht *f*, Bescheid *m*; **2.** Ahnung *f*, Kenntnis *f*

haberdís 21 *tr* benachrichtigen

habí -a *f* Verwunderung *f*, Erstaunen *n*; Überraschung *f*; **për ~** überraschenderweise; wunderbar

habít 22 *tr* in Erstaunen versetzen; verwirren, schockieren; **-et** *refl* sich wundern, staunen; verwirrt sein, überrascht sein

habítës, -e *Adj* verwunderlich, erstaunlich

habítj|e -a *f* = habi

habitór|e -ja *f Gramm* Admirativ *m*

habítsh|ëm (i), -me (e) *Adj* **1.** leicht zu verwirren; **2.** verwirrt; zerstreut, zerfahren; **3.** seltsam; verwunderlich

habítur (i) *Adj* erstaunt

hadém -i *m* Eunuch *m*

háe -ja *f*, *Pl* -na Essen *n*, Speise *f*

háes, -e *Adj* **1.** eßbar; **2.** verfressen, gefräßig

Hág|ë -a *f* Den Haag *n*

hagrép -i *m*, *Pl* -a **1.** Skorpion *m*; **2.** Uhrzeiger *m*

haín -i *m*, *Pl* -ë Wortbrüchiger *m*, Schuft *m*, Verräter *m*

haír -i *m* Nutzen *m*, Wohl *n*;

Glück *n*; Freude *f*; Heil *n*; s'bën ~ das bringt nichts ein

haját -i *m*, *Pl* -e Windfang *m*, kleiner Vorbau *m an der Haustür*

hájde *Interj* komm!, los!; ~ **ni!** kommt!; ~ ~ ç'trim ka qenë! was für ein Held ist er doch gewesen!

hajdúçe *Adv* verstohlen, heimlich, auf Räuberart

hajdút -i *m*, *Pl* -e *od* -ër Räuber *m*; Dieb *m*; Spitzbube *m*; ~ **me çizme** Erzhalunke *m*, Schuft *m*

hajdút|e -ja *f*, *Pl* -e Räuberin *f*; Diebin *f*; Spitzbübin *f*

hajdutëri -a *f* **1.** Raub *m*; Diebstahl *m*; Räuberei *f*, Räuberhandwerk *n*; **2.** alle Räuber *Pl*, Räubervolk *n*

hajdútk|ë -a *f*, *Pl* -a = **hajdute**

hajmalí -a *f*, *Pl* - Amulett *n*, Talisman *m*

hájm|ë (i), -e (e) *Adj* = i **hajthëm**

hajn -i *m*, *Pl* -a = **hajdut**

hajní -a *f* = **hajdutëri**

hajnón 1 *tr* rauben

hajr -i *m* = **hair**

hájth|ëm (i), -me (e) *Adj* mager; dünn, dürr

hajván -i *m*, *Pl* -ë *od* -a Tier *n*, Haustier; Vieh *n*; *Pl* -ër *übertr* Dummkopf *m*, Blödian *m*

hak -u *m*, *Pl* háqe = **hakë**

hakátet 20 *refl* sich mühen, sich abmühen, sich plagen

hák|ë -a *f*, *Pl* -ë **1.** Entlohnung *f*, Belohnung *f*; **2.** Recht *n*; **ke** ~ du hast recht; **3.** Rache *f*; **merr** ~**n** er nimmt Rache

hakërróhet (i) **1** *refl* jmdm. drohen, jmdn. in Furcht versetzen; jmdn. einschüchtern, anbrüllen

hakmárrës I. -i *Subst*/*m*, *Pl* - Rächer *m*; **II.** -e *Adj* rachsüchtig; rächend, sich rächend

hakmárrj|e -a *f*, *Pl* -e Rache *f*, Vergeltung *f*; Blutrache

hakmérret 19[1] *refl* sich rächen

hakóç -i *m*, *Pl* -a Eber *m*

hakrrí -a *f* Paarungsbereitschaft *f bei Schweinen*

hakrríz|ë -a *f* = **hakrri**

halá *Adv* noch; ~ **s'ka ardhur** er ist immer noch nicht da

[1]**hál|ë** -a *f*, *Pl* -a **1.** Gräte *f*; **2.** Granne *f*; Splitter *m*; *übertr* **e ka** ~ **në sy** es ist ihm ein Dorn im Auge; **fjalë pa** ~ Worte ohne Hintergedanken

[2]**hál|ë** -a *f*, *Pl* -a Schwarzkiefer *f*

halíç -i *m*, *Pl* -e Kiesel *m*, Steinchen *n*; Kies *m*

halíq -i *m* Flußsand *m*; sandiges Ufer *n*; mit Sand und Steinen bedeckte Stelle *f*; ~**e** *Pl* Kieselsteine *Pl*; Müllhaufen *m*

halíqsh|ëm (i), -me (e) *Adj* mager, dürr

halísht|e -ja *f*, *Pl* -e Schwarzkiefernwald *m*

halogjén -i *m* Halogen *n*

halórë -t *Pl* Nadelhölzer *Pl*, Koniferen *Pl*

hálth -i *m*, *Pl* -a *Bot* Nadel *f*

halucinación -i *m*, *Pl* -e Halluzination *f*

hall -i *m*, *Pl* -e **1.** Sorge *f*, Kummer *m*; Not *f*, Leid *n*; Unglück *n*; Unruhe *f*, Aufregung *f*; **i qau** ~ **in** a) er vertraute ihm seine Sorgen an, er klagte ihm sein Leid; b) er zeigte ihm sein Mitgefühl; **2.** Sache *f*, Angelegenheit *f*; Anliegen *n*; ~**i është që...** es geht darum, daß...; **bëra** ~ **për të** ich habe es mit Mühe beschafft

hallagrép *Adv* durcheinander; Hals über Kopf

hallakát 22[1] *tr* auseinandertreiben, auseinanderjagen, zerstreuen; -**et** *refl* schlendern; sich zerstreuen, auseinandergehen

halláll I. -i *Subst*/*m* *Rel* Rechte *n*, Richtige *n*; **II.** *Adj* gerecht; **gjë** ~

eine gerechte Sache; **III.** ' *Adv*: **ma bën ~ !** verzeih (es) mir!
hallát -i *m, Pl* -e Werkzeug *n*
hallavítet 20 *refl* sich herumtreiben; umherschlendern
halldúp -i *m, Pl* -ë *od* -a *od* -ër *verächtl* Türke *m*; Türkenfreund *m*
hallexhí -u *m, Pl* – *od* -nj Unglücklicher *m*, Unglücksrabe *m*, Armer *m*
háll|ë -a *f, Pl* -a Tante *f (Schwester des Vaters)*
hallí -a *f, Pl* – weicher, flauschiger Plüschteppich *m*, Teppich *m*
hállk|ë -a *f, Pl* -a kleiner Ring *m*, Eisenring; Kettenglied *n*; Reif *m*; Halsband *n*; **hallka** *Pl* Ketten *Pl*, Fesseln *Pl*, Bande *Pl*; Handschellen *Pl*
hállv|ë -a *f, Pl* -a Halwa *n*
hamáll -i *m, Pl* hamáj *od* haméj Lastträger *m*; Gepäckträger *m*
hamáll|e -ja *f, Pl* -e **1.** abgeerntetes Getreidefeld *n das als Weide dient*; **2.** = **hamallë**
hamáll|ë -a *f, Pl* -a Wald *m (der entlaubt wird, um die Blätter als Winterfutter zu verwenden)*
hamallék -u *m* **1.** Lohn *m*, Entlohnung *f des Lastträgers*; **2.** Lastentragen *n*; Hilfsarbeit *f*
hamallí -a *f* = **hamallëk**
hamám -i *m, Pl* -e türkisches Bad *n*; **qënka ~ këtu!** ist das hier eine Hitze!
hamásht|ër -ra *f, Pl* -ra Gerberbottich *m*, Gerberkufe *f*
hambár -i *m, Pl* -ë Getreidescheune *f*, Scheune *f*; Getreidespeicher *m*
haméndj|e -a *f* Mutmaßung *f*, Vermutung *f*, Schätzung *f*; **mbas ~s sime** nach meiner Ansicht; **me ~** ungefähr, über den Daumen gepeilt
haménj *alt Pl* → **hamall**

hámës I. -i *Subst/m, Pl* – Freßsack *m*, Vielfraß *m*; **II.** -e *Adj* gefräßig
hamëshór -i *m, Pl* -ë Hengst *m*, Zuchthengst
hamulít 20 *itr* bellen
hámull -a *f, Pl* -a = **hamullore**
hamullór|e -ja *f, Pl* -e Stoppelfeld *n*
hamurík -u *m, Pl* hamuríq Maulwurf *m*
han -i *m, Pl* -e Han *m*, Ausspann *m*, Herberge *f*
handár -i *m, Pl* -ë Türriegel *m*, Türverschluß *m*
handrák -u *m, Pl* handráqe **1.** Eiter *m*; Schleim *m*, Rotz *m*; **2.** Mist *m*; **3.** schmutzige Dinge *Pl*
hángri 49 *alt Aor* → **ha**
hángsh|ëm (i), -me (e) *Adj* eßbar
hánko -ja *f, Pl* – Anrede *an mohammedanische Frauen*
hanxhár -i *m, Pl* -ë Fleischermesser *n*, Schlachtmesser *n*; Haumesser *n*, Haudegen *m*
hanxhí -u *m, Pl* – *od* -nj Herbergsbesitzer *m*; Besitzer *m* eines Han
¹**hap** -i *m, Pl* -a Schritt *m*; Schritt *als Maßeinheit*
²**hap** -i *m, Pl* -e Pille *f*, Tablette *f*
³**hap** 14 *tr* **1.** öffnen, aufmachen; aufdecken; ausbreiten, entfalten; **~ gropë** eine Grube graben; **~ rrugën** den Weg bahnen; **~ni vend!** macht Platz!; **~ zemrën** sein Herz eröffnen, jmdm. Vertrauen schenken; **~ oreksin** den Appetit anregen; **i ~ sytë** ich öffne ihm die Augen; **mos i ~ synë atij!** gib ihm keine Veranlassung!; **~ pëlhurët** die Segel setzen; **2.** eröffnen, einweihen; gründen; **3.** verbreiten, verteilen; **4.** *eine Sitzung od. dgl.* eröffnen, beginnen; **5.** *itr*: **~i koha** es hat sich aufgeheitert *(Wetter)*; **~ën lulet** die Blumen sind aufgeblüht; **-et** *refl* **1.** sich öffnen, aufgehen; **u hap** er ist zugänglicher geworden, er

geht mehr aus sich heraus; **iu hap atij** er hat sich ihm anvertraut; 2. sich entfalten, sich verteilen, ausschwärmen; **hapuni!** geht auseinander!; **u hap fjala** es verbreitete sich das Gerücht; **u hap shumë** er hat sich selbst übertroffen; 3. die Hand erheben; 4.: **posa u hap dita** sobald es Tag geworden war

hapaçél, -e *Adj* große Schritte machend, schnell ausschreitend, weit ausholend

hapashál|ë -a *f, Pl* -ë Schritt *m* als Maßeinheit

hapashálthi *Adv*: **ecën ~** breitbeinig laufen

háp|ë -a *f, Pl* -a Schritt *m*; **~ helike** Schraubensteigung *f*

hapërcón 1 *tr* zerreißen, zerfetzen *(Kleidung)*

hapërdá|n 5 *tr* auseinandertreiben; aufscheuchen; **-het** *refl* auseinandergehen; auseinanderstieben; umherschlendern

háp|ës -si *m, Pl* -se Schlüssel *m*; *übertr* **kam hapset e kashtës** von mir hängt das nicht ab

hapësír|ë -a *f, Pl* -a Raum *m*; Weite *f*, ausgedehnte Fläche *f*; Weltraum; *Tech* Intervall *n*, Distanz *f*; *Bauw* Zwischenraum, Spannweite; **~ qiellore** Himmelsgewölbe *n*; *übertr* Spielraum

hapësirór, -e *Adj* räumlich

hápët I. (i) *Adj* 1. ausgedehnt, weit, offen; 2. hell *(Farben)*; **e kuqe e ~** helles Rot *n*; **II.** *Adv* offen, geöffnet; frei; **ka një vend ~ atje** dort ist eine freie Stelle; klar und deutlich, offen; *übertr* **me ballë ~** stolz und unerschrocken

hápj|e -a *f* Öffnen *n*; Eröffnung *f*; Beginn *m*; **hapja e shkollave** der Schulbeginn; **~ tokash** Neulandgewinnung *f*, Urbarmachung *f*

hapmádh, -e *Adj* mit großen Schritten laufend

¹**haps** -i *m, Pl* -e = **hapës**

²**haps** -i *m* Gefängnis *n*; **~ it** *Pl* die Häftlinge, die Gefangenen

hapsán|ë -a *f, Pl* -a = ²**haps**

hapshál|ë -a *f, Pl* -ë = **hapashalë**

háptas *Adv* offen, klar und deutlich

háptazi *Adv* = **haptas**

hápur I. (i) *Adj* offen, geöffnet; eröffnet; **II.** *Adv* offen; geöffnet; **me krahë ~** mit offenen Armen; offen, ehrlich

háqe *Pl* → **hak**

harabél -i *m, Pl* -a Spatz *m*, Sperling *m*

haráç -i *m, Pl* -e *alt* 1. Tribut *m*; 2. Kopfsteuer *f der Christen im osmanischen Reich*; Steuer *f*

harakopí -a *f* Zote *f*, unanständiger Witz *m*, Zweideutigkeit *f*

harakúq 14 *tr* drehen; **~ fërlikun** den Braten am Spieß drehen

harám I. -i *Subst/m Rel* Verbotenes *n*, Unerlaubtes *n*; **II.** *Adj* unerlaubt, verboten; **mall ~** unrechtmäßig erworbenes Gut *n*; **III.** *Adv*: **të qoftë ~!** es soll dir zum Verderben werden!

haráp I. -i *Subst/m, Pl* -ë 1. Neger *m*, Mohr *m*; 2. Kaulquappe *f*; **II.** *Adv*: **u bë ~ shtëpia** das Haus ist in wüster Unordnung

harár -i *m, Pl* -ë Sack *m*

harbó|n 1 *itr* 1. umherschlendern; sich herumtreiben, herumbummeln; davonlaufen, losstürzen, losrennen; rennen; 2. *tr* reizen, in Wut bringen, zur Raserei bringen; *Pferde* scheu machen; **-het** *refl* rasen, toben, vor Wut schäumen; durchgehen, scheuen *(Pferde)*

harbúar (i) *Adj* wütend, rasend; wild *(Pferd)*; ungezogen, garstig, widerspenstig

harbút I. -i *Subst/m, Pl* -ë Hungerleider *m*, Habenichts *m*, armer Teufel *m*; **II.** -e *Adj* tölpelhaft

harc -i *m*, *Pl* -a Felsenlandschaft *f*; Gebiet *n* mit steilen Felsen
hardáll -i *m* Senf *m*; *übertr* ungehobelter Mensch *m*; Dummkopf *m*, Blödian *m*
hardallóset 21 *refl* verrückt werden; rasen, toben, wüten; wuchern *(Pflanzen)*
hárdh|ël -la *f*, *Pl* -la = **hardhje**
hardhí -a *f*, *Pl* – Weinstock *m*, Rebe *f*
hárdhj|e -a *f*, *Pl* -e Zauneidechse *f*; Eidechse *f*
hardhón 1 *tr* werfen
hardhúc|e -a *f*, *Pl* -a 1. Eidechse *f*; 2. *eine gefährliche Halskrankheit*
hardhúck|ë -a *f*, *Pl* -a = **hardhje**
hardhúshk|ë -a *f*, *Pl* -a = **hardhje**
haré -ja *f*, *Pl* – Freude *f*, Jubel *m*
harém -i *m*, *Pl* -e Harem *m*
hark -u *m*, *Pl* hárqe 1. Bogen *m* *(Waffe)*; *Math* Bogen, Kreisbogen; *Arch* Bogen; 2. *Pl* **herq** *od* **hérqe** *Bogen der Fes-Hersteller zum Auflockern der Wolle*
harkát, -e *Adj*: **pëlhurë** ~ **e** Baumwollseidengewebe *n*
harkëtár -i *m*, *Pl* -ë Bogenschütze *m*
harknáj|e -a *f*, *Pl* -a Arkade *f*, Bogengewölbe *n*
harlís 21 *tr* *Pferde* übermütig machen; **-et** *refl* übermütig werden; wüten, toben; wild werden, scheuen *(Pferd)*; üppig werden, wuchern *(Pflanzen)*
harmëshór -i *m*, *Pl* -ë = **hamëshor**
¹**harmóç** -i *m*, *Pl* -a abgebröckelter Putz *m*
²**harmóç** -i *m*, *Pl* -a Pinienkiefer *f*
harmó|n 1 *tr* zerstören, verderben; **-het** *refl* 1. zerbröckeln, zerfallen, abbröckeln; 2. vermodern, verfaulen; morsch werden; wurmstichig werden; 3. zerreißen; von Motten zerfressen werden
harmoní -a *f* Harmonie *f*; Harmonielehre *f*

harmoník, -e *Adj* harmonisch
harmonísh|ëm (i), -me (e) *Adj* = **harmonik**
harmonizím -i *m* *Mus* Harmonisieren *n*
harmonizón 1 *tr* *Mus* harmonisieren
harón|e -a *f*, *Pl* -a flache und runde Backform *f*, rundes Kuchenblech *n*
harpagón -i *m*, *Pl* -ë Harpagon *m*, Geizhals *m*
hárp|ë -a *f*, *Pl* -a Harfe *f*
hárt|ë -a *f*, *Pl* -a Landkarte *f*
hartím -i *m*, *Pl* -e Aufsatz *m*; Ausarbeitung *f*; Zusammenstellung *f*, Erarbeitung *f*
hartín|ë -a *f*, *Pl* -a Krummholzkiefer *f*
hartón 1 *tr* 1. *Aufsatz* schreiben; ausarbeiten; erarbeiten, zusammenstellen; 2. *Plan* aufstellen, entwerfen
hartónjës -i *m*, *Pl* – = **hartues**
hartós|ë -a *f*, *Pl* -a Dachlatte *f*
hartúes -i *m*, *Pl* – Bearbeiter *m*; Autor *m*; Entwerfer *m*
harúp -i *m* Johannisbrotbaum *m*
harushán, -e *Adj* bärenstark
harúsh|ë -a *f*, *Pl* -a Bärin *f*; Bär *m*; *Astron* **Harusha e Madhe** der Große Bär; **Harusha e Vogël** der Kleine Bär
harvallín|ë -a *f*, *Pl* -a Bruchbude *f*, baufälliges Haus *n*
harxh -i *m* Lebensmittelvorrat *m*; ~ **e** *Pl* 1. Ausgaben *Pl*, Auslagen *Pl*, Kosten *Pl*; 2. Zutaten *Pl für das Schneidern*
harxhím -i *m*, *Pl* -e Ausgeben *n*; Ausgabe *f*; ~ **e** *Pl* Ausgaben *Pl*, Kosten *Pl*
harxhó|n 1 *tr* Ausgaben machen; *Geld* ausgeben, verbrauchen; **-het** *refl* sich verausgaben
harxhúar I. -it (të) *Subst/n* Ausgeben *n*, Verbrauchen *n* von *Geld*; II. (i) *Adj* ausgegeben, verbraucht

harzán|e -ia *f, Pl* -e dicke Wachskerze *f*

harr 14 *tr* **1.** jäten, ausjäten; *die Getreidefelder vom Unkraut befreien; übertr* redigieren, korrigieren; **2.** *Bäume* ausästen, beschneiden; *Reben* verschneiden

harramán, -e *Adj* vergeßlich, zerstreut

harráq, -e *Adj* = **harraman**

harrés|ë -a *f* Vergessen *n*; Vergeßlichkeit *f*

harrís 21 *tr* = **harron**

hárrj|e -a *f, Pl* -e Art Sandfliege

harrók -u *m, Pl* -ë Ziegenbock *m*

harró|n 1 *tr* vergessen; **-het** *refl* in Vergessenheit geraten; **kjo s'më harrohet** das kann ich nicht vergessen

harrúar (i) *Adj* **1.** vergeßlich; **2.** vergessen; **të shkuara-të ~a** was vorbei ist, ist vorbei

has 14 *itr, tr* unerwartet treffen; **-et** *refl* sich begegnen; vorkommen

hasét -i *m* Neid *m*, Mißgunst *f*

haset|çí, -çëshë *Adj* neidisch, mißgünstig

hasëll -i *m* Hafer *m od* Gerste *f als Grünfutter*

hás|ër -ra *f, Pl* -ra Binsenmatte *f*, Binsenteppich *m*

hasm -i *m, Pl* -ë Feind *m*, Blutrachefeind

hasmésh|ë -a *f, Pl* -a Feindin *f*

hasmërí -a *f* Feindschaft *f*; Blutrache *f*

hasudé -ja *f, Pl* – Süßspeise aus Stärke, Butter und Zucker

hasharí, -e *Adj* ungezogen, unartig, ungehorsam

hashásh -i *m* Schlafmohn *m*; Milchsaft *m des Schlafmohns*

hashísh -i *m* Haschisch *m*

hashúr|e -ja *f, Pl* -e *Süßspeise aus Graupen und Bohnen*

hatá -ja *f* Unglück *n*, Schicksalsschlag *m*; **me ~** unfreiwillig, unwillkürlich, unbeabsichtigt

hatásh|ëm (i), -me (e) *Adj* furchtbar, schrecklich, fürchterlich; **punë e hatashme** Abscheulichkeit *f*

hatér -i *od* **hát|ër** -ri *m* Gunst *f*; Partei *f*, Parteilichkeit *f*, Seite *f*; **pa ~** unparteiisch; **mban ~** bevorzugen, begünstigen, parteiisch sein; **për hatrin tënd** dir zuliebe, dir zu Gefallen; **i mbeti ~i** er ist eingeschnappt; es paßt ihm nicht; **e kam në ~** ich denke daran

hátulla -t *Pl* Dachstuhl *m*, Dachgebälk *n*

haúr -i *m, Pl* -e Stall *m*

haúz -i *m, Pl* -e Zisterne *f*

havá -ja *f* Luft *f*; Klima *n*; Wetter *n*; *übertr* **fjalë në ~** leeres Gerede *n*; **është në ~** a) er ist sich unschlüssig; b) er hängt völlig in der Luft; **dal për ~** ich gehe Luft schnappen

havál|e -ja *f, Pl* -e **1.** Langeweile *f*; **2.** Beobachtungsmöglichkeit *f*, Ausguck *m*; **i pret ~n** er versperrt ihm die Aussicht

haván -i *m, Pl* -ë *od* -a **1.** Tabakschneider *m*; **2.** Mörser *m*; Mil Mörser, Steilfeuergeschütz *n*

haváz -i *m, Pl* -e Melodie *f*; *übertr* **~ i vjetër** die alte Leier; **i bie po një ~ i** er reitet immer auf derselben Sache herum

háv|ër -ra *f, Pl* -ra Schleier *m*

havjár -i *m* Kaviar *m*

havllí -a *f, Pl* – Handtuch *n für das Gesicht*

haxhí -u *m, Pl* -nj *od* **haxhilérë** Mekkapilger *m*, Hadschi *m*

haxhillék -u *m* Wallfahrt *f*, Pilgerfahrt *f nach Mekka*

házër *Adv* bereit, fertig

hazërlléqe -t *Pl* Vorbereitungen *Pl bes. für eine Hochzeit*

házërt (i) *Adj* fertig; **të ~a** Fertigspeisen *Pl*

házn|ë -a *f, Pl* -a Schatz *m*

hebraísht *Adv* auf hebräisch
hebraísht|e -ja *f* Hebräisch *n*
hedh 16 *tr* **1.** werfen, schmeißen, schleudern; wegwerfen, hinwerfen; abwerfen; ~ **hekurin** den Anker auswerfen, ankern; ~ **në erë** in die Luft jagen, sprengen; **hodhi një fjalë** er hat eine Anspielung gemacht; ~ **poshtë** a) wegwerfen, vernichten, zunichte machen; b) zurückweisen, verschmähen; c) widerlegen; ~ **pas krahëve** *od* ~ **prapa krahëve** a) vergessen; b) unberücksichtigt lassen, vernachlässigen; **s'ma** ~ **dot!** mich kannst du nicht übers Ohr hauen!; ~ **dritë mbi** Licht werfen auf; **i** ~ **fajin atij** er schiebt ihm die Schuld zu; **i** ~ **një sy** *od* **i** ~ **një shikim** a) er wirft ihm einen Blick zu; b) er wirft einen Blick darauf; **i** ~ **hi syve** er streut ihm Sand in die Augen, er macht ihm faulen Zauber vor; **2.** gießen, eingießen; schütten, zuschütten, überschütten; **mos i hidh ujë qumështit!** gieß kein Wasser an die Milch!; **3.**: ~ **grurin** den Weizen worfeln; **4.** überqueren, durchqueren; ~ **lumin** a) den Fluß überqueren; b) Schwierigkeiten überwinden; **5.** jmdn. versetzen; etw. verlagern; **6.**: ~ **në gjyq** vor den Richter zerren, bei Gericht anzeigen; **7.**: ~ **themelet** den Grundstein legen, die Grundlagen schaffen; ~ **çatinë** das Dach decken; **8.**: ~ **hapin e parë** den ersten Schritt machen; ~ **shqelma** Fußtritte austeilen; **9.**: ~ **në dorë** an sich reißen; **10.**: ~ **dashuri me** *od* ~ **dashuri mbi** sich verlieben in; *itr* **po** ~ **borë** es schneit; → **hidhet**
hédh|e -ja *f, Pl* -e Kopfschuppe *f*; Häutchen *n der Maiskörner*
hédhj|e -a *f* **1.** Werfen *n*, Schleudern *n*; Wurf *m*; Sprung *m*, Satz *m*, Springen *n*; *Sport* ~ **e shtizës** Speerwurf; ~ **e gjyles** Kugelstoßen *n*; **2.** *Tech* Projektion *f*; **3. hedhja e bazave të socializmit** die Schaffung der Grundlagen des Sozialismus
hédhur I. (i) *Adj* **1.** geworfen; **2.** groß und schlank; **3.** gewandt, geschickt, pfiffig; aktiv, energisch; **II.** -it (të) *Subst/n* Hinauswerfen *n*; Werfen *n*; Springen *n*; **me një të** ~ **të syrit** mit einem Blick
hegjemón -i *m* Hegemon *m*
hegjemoní -a *f* Hegemonie *f*
hegjír|ë -a *f* Hedschra *f*
héjbe -t *Pl* Doppelsack *m*; zweiseitige Satteltasche *f*
héjd|ë -a *f* Buchweizen *m*
héje *Pl* → **hell**
¹**héj|ë** -a *f* Nahrungsvorrat *m für das ganze Jahr*
²**héj|ë** -a *f, Pl* -a Speer *m*, Wurfspeer; Lanze *f*
héjz|ë -a *f, Pl* -a Wasserscheide *f*
hekakéq, -e *Adj* leidgeprüft
hekatómb|ë -a *f, Pl* -a Blutbad *n*
hék|ë -a *f* Todeskampf *m*
hékës -i *m, Pl* -a Schlüsselbein *n*
héks|ëm (i), -me (e) *Adj* durchsichtig
hektár -i *m, Pl* -ë Hektar *m*
hektográm -i *m, Pl* -ë Hektogramm *n*
hektolít|ër -ri *m, Pl* -ra Hektoliter *m od. n*
hékur -i *m, Pl*-a **1.** Eisen *n*; ~ **i butë** Weicheisen; **mineral** ~ **i** Eisenerz *n*; ~ **i an::jes** Anker *m*; ~**a** *Pl* Eisenwaren *Pl*; Eisenwerkzeug *n*; Eisenketten *Pl*, Handschellen *Pl*; *übertr* **është për** ~**a** er ist verrückt; **2.** Bügeleisen
hekuráqe -t *Pl* Eisenschrott *m*
hekurbetón -i *m* Eisenbeton *m*
hekurímtë (i) *Adj* = **i hekurt**
hekurína -t *Pl* Eisenschrott *m*; Eisenspäne *Pl*; Eisenzeug *n*

hekuríshte -t *Pl* 1. Eisenwaren *Pl*;
2. Eisenwerkzeuge *Pl*
hekurkthýes -i *m*, *Pl* – Eisenbieger *m*
hekurós 21 *tr* bügeln, plätten
hekurósj|e -a *f* Bügeln *n*, Plätten *n*
hekurpunónjës -i *m*, *Pl* – Schlosser *m*; Schmied *m*
hekurpunúes -i *m*, *Pl* – = **hekurpunonjës**
hékurt (i) *Adj* eisern, Eisen-; *übertr* **vullnet i** ~ eiserner Wille *m*
hekurúdh|ë -a *f*, *Pl* -a Eisenbahn *f*; Eisenbahnstrecke *f*, Eisenbahnlinie *f*; ~ **me një palë binarë** eingleisige Strecke *f*
hekurudhór, -e *Adj* Eisenbahn-
hekzamét|ër -ri *m*, *Pl* -ra *Lit* Hexameter *m*
helík|ë -a *f*, *Pl* -a 1. Spirale *f*; Schneckenlinie *f*, Schraubenlinie *f*;
2. Schiffsschraube *f*; *Tech* Welle *f*
helikoptér -i *m*, *Pl* -ë Hubschrauber *m*
heliocentrík, -e *Adj* heliozentrisch
hélium -i *m* Helium *n*
¹**helm** -i *m*, *Pl* -e 1. Gift *n*; **gjarpër me** ~ Giftschlange *f*; **merr** ~ **in** *od* **pi** ~ **in** sich vergiften; *übertr* **volli** ~ **e vrer** er hat Gift und Galle gespuckt; 2. versalzene oder bittere *Speise*; sündhaft teure Sache *f*;
3. Unglück *n*, großer Kummer *m*
²**helm** -i *m*, *Pl* -e Helm *m*
helmarín|ë -a *f*, *Pl* -a Tollkirsche *f*
helmatím -i *m* Vergiftung *f*
helmatís 21 *tr* vergiften
helmatísj|e -a *f*, *Pl* -e Vergiftung *f*
helmatón 1 *tr* = **helmatis**
helmét|ë -a *f*, *Pl* -a Stahlhelm *m*
hélmës -i *m*, *Pl* – Oleander *m*
helmím -i *m*, *Pl* -e Vergiftung *f*; ~ **i gjakut** Blutvergiftung
helmó|n 1 *tr* vergiften; *übertr* jmdm. Kummer bereiten, jmdn. betrüben; **-het** *refl* sich vergiften; sich betrüben, traurig werden
helmónjës, -e *Adj* giftig, Gift-; **gaz** ~ Giftgas *n*; **gjarpër** ~ Giftschlange *f*; **bimë** ~ **e** Giftpflanze *f*
hélmtë (i) *Adj* = **helmonjës**
helmúar (i) *Adj* 1. betrübt, traurig;
2. vergiftet; 3. giftig
helmúes, -e *Adj* = **helmonjës**
¹**hélmz|ë** -a *f*, *Pl* -a Schlucken *m*, Schluckauf *m*
²**hélmz|ë** -a *f*, *Pl* -a Wasserschierling *m*
hell -i *m*, *Pl* -e *od* **héje** *od* **hej**
1. Spieß *m*, Bratspieß; ~ **guri** Stalagmit *m*; 2. Eiszapfen *m*
hellísht|e -ja *f*, *Pl* -e Holz *n* *für Bratspieße*
hem *Konj*: ~ ... ~ ... sowohl..., als auch...; einerseits..., andererseits...
hematít -i *m* Hämatit *m*, Eisenglanz *m*; Roteisenstein *m*
hemiptérë -t *Pl Zool* Halbflügler *Pl*, Hemipteren *Pl*
hemisfér|ë -a *f*, *Pl* -a Hemisphäre *f*
hemofilí -a *f* Hämophilie *f*, Bluterkrankheit *f*
hemoglobín|ë -a *f*, *Pl* -a Hämoglobin *n*
hemoroídë -t *Pl* Hämorrhoiden *Pl*
hemorragjí -a *f* großer Blutverlust *m*, Hämorrhagie *f*
hendbóll -i *m* Handball *m*, Handballspiel *n*
hendék -u *m*, *Pl* -ë *od* **hendéqe** Graben *m*, Wassergraben; Gosse *f*; ~ **antitanks** Panzergraben
heník -u *m*, *Pl* -ë *Mil* Mörser *m*
hep -i *m*, *Pl* -a Ritze *f*, Rille *f*; feine Spitze *f*
hepatík, -e *Adj* hepatisch, Leber-
heq 16 *tr* 1. ziehen; herausziehen; in die Länge ziehen; **hiqi veshin!** zieh ihm mal die Ohren lang!; ~ **bishtin** am Schwanz ziehen; **e** ~ **për hunde** er führt ihn an der Nase herum: ~ **për kapistre** am Halfter führen; **hoqi thikën**

er zog das Messer; ~ **zvarrë** schleppen, schleifen; ~ **vija** Linien ziehen; **i hoqi një hekur** sie bügelte es auf; **hiq e mos e këput** er zieht die Sache endlos in die Länge; **a e ~ duhanin?** rauchst du?; **hiqe derën!** mach die Tür hinter dir zu! 2. wegziehen; ausziehen, ablegen; **hiqe pallton!** leg den Mantel ab!; **hiqe kësulën!** nimm die Mütze ab!; wegnehmen; wegrücken; beseitigen; ~ **dorë** a) sich zurückziehen, aufhören mit; zurücktreten, abtreten; b) verzichten; ~ **dorë nga trashëgimi** er verzichtet auf das Erbe; **hiqe nga mendja!** schlag es dir aus dem Kopf!; **ia hoqi vetes** er hat Selbstmord begangen; 3. *Math* abziehen, subtrahieren; 4. jmdm. eins überziehen; **i hoqi një dru** er hat ihn verprügelt; ~ **një shqelm** einen Fußtritt versetzen; 5. erleiden, erdulden; leiden; ~ **keq** viel Schlimmes durchmachen; ~ **mirë** gut leben; **ai po ~** er liegt im Sterben; **më ~ bark** ich habe Durchfall; 6.: ~ **valle** tanzen *(Volkstanz)*; 7.: **i hoqi vërejtjen mbi...** er lenkte seine (ihre) Aufmerksamkeit auf...; **i hoqi vërejtje** er hat ihn getadelt; 8.: ~ **në gojë** schlecht von jmdm. sprechen; 9. **hoqi një telegram** er hat telegraphiert; → **hiqet**

héqës I. -i *Subst*/*m*, *Pl* – Leidender *m*; **II.** -e *Adj* leidend

héqj|e -a *f* 1. Ziehen *n*, Ziehung *f*; **heqja e lotarisë** die Lotterieziehung; 2. Wegziehen *n*; Ausziehen *n*; *Math* Subtraktion *f*; 3. Leiden *n*

héqur I. (i) *Adj* dünn, mager *bes. im Gesicht*; gezogen; weggezogen; abgehärmt, leidend; **II.** -it (të) *Subst*/*n*: **të ~it frymë** das Atmen, das Einatmen

herák, -e *Adj* früh aufstehend
herbariúm -i *m* Herbarium *n*
herc -i *m*, *Pl* -e *El* Hertz *n*
hérdh|e -ja *f*, *Pl* -e 1. Nest *n*; 2. -e *Pl* Hoden *Pl*
héret *Adv* 1. zeitig, sehr früh, frühzeitig; vorzeitig; 2. einst, früher
heretík I. -u *Subst*/*m*, *Pl* -ë Häretiker *m*, Ketzer *m*; **II.** -e *Adj* ketzerisch
herezí -a *f*, *Pl* – Ketzerei *f*, Häresie *f*
hér|ë I. -a *Subst*/*f*, *Pl* -ë 1. Mal *n*, -mal; **një ~** einmal; **na ishte një ~** es war einmal; **dy ~** zweimal; **ndonjë ~** manchmal; irgendwann; **kësaj here** diesmal; **asnjë ~** niemals; **për të parën ~** zum ersten Mal, erstmals; **shumë ~** oftmals, oft; **një ~ e për gjithmonë** ein für allemal; **të shumtën e ~s** in den meisten Fällen, meist; 2. bestimmte Zeit *f*; **ka ~** es ist lange her; **me një ~** sofort; **sa kaq ~** unverzüglich; **një ~ moti** einst, ehedem; ~ **pas here** von Zeit zu Zeit; 3. Gelegenheit *f*; Zufall *m*; **II.** *Adv* mal, bald; ~ ... ~ ... mal ... mal; bald ... bald ...; ~ **duke qeshur,** ~ **duke qarë** mal lachend, mal weinend; ~-~ manchmal, ab und zu
herëkéq|e -ja *f*, *Pl* -e Steinkauz *m*, Kauz *m*, Käuzchen *n*
hérës -i *m*, *Pl* – *Math* Quotient *m*
héresh|ëm (i), -me (e) *Adj* = **i hershëm**
hérët *Adv* früh, zeitig; **më ~** früher; **tepër ~** vorzeitig, zu früh; ~ **a vonë** früher oder später, über kurz oder lang
hermafrodít -i *m*, *Pl* -ë Zwitter *m*; Hermaphrodit *m*
hermetík, -e *Adj* hermetisch
hermetikísht *Adv* hermetisch
hermón 1 *tr* graben; *eine Grube graben*, *einen Graben ausheben*

hermóq -i *m, Pl* -a Graben *m*; Gosse *f*
heró -i *m, Pl* -nj Held *m*; ~ **kombëtar** Nationalheld; ~ **i punës** Held der Arbeit
heroík, -e *Adj* heroisch, heldenmütig, heldenhaft; Heldenheroikísht *Adv* heroisch, heldenhaft
heroín|ë -a *f, Pl* -a Heldin *f*
heroíz|ëm -mi *m, Pl* -ma Heroismus *m*, Heldentum *n*; Heldentat *f*
herq *Pl* → hark
hérqe *Pl* → hark
hershém -i *m* Unwetter *n*; Sturmregen *m*; *übertr* Elan *m*, Schwung *m*
hérsh|ëm (i), -me (e) *Adj* alt, altertümlich; früher, ehemalig
hershón 1 *tr* 1. vorzeitig erledigen; 2. *itr* vorzeitig werfen, vorzeitig Junge kriegen
¹herr -i *m, Pl* -a Zwerg *m als Märchenfigur*
²herr 14 *tr* = harr
hérr|e -ja *f, Pl* -e Zwergin *f als Märchenfigur*
hérrës -i *m, Pl* – Weinrebenverschneider *m*
hesáp -i *m, Pl* -e Rechnung *f*; Abrechnung *f*, Verrechnung *f*; *übertr* Abrechnung, Vergeltung *f*; **ora e hesapeve** die Stunde der Vergeltung; Rechenschaft *f*; **s'i jap kujt** ~ ich bin niemandem Rechenschaft schuldig; *übertr* **s'ka** ~ das bringt nichts ein; **sa për** ~ **in tim** ich für meinen Teil, was mich betrifft; **ka pare pa** ~ er hat Geld wie Heu
hés|ë -a *f* = ¹hejë
hesht 14 *itr* schweigen
heshtár -i *m, Pl* -ë Lanzenträger *m*
héshtazi *Adv* schweigend, schweigsam
hésht|ë -a *f, Pl* -a Speer *m*
heshtím -i *m* = heshtje
héshtj|e -a *f* Schweigen *n*; **e kaloi në** ~ er ist stillschweigend darüber hinweggegangen
héshtur (i) *Adj* schweigend; still
heterogjén, -e *Adj* heterogen
hetíme -t *Pl* Untersuchungen *Pl*, Nachforschungen *Pl*, Überprüfung *f*; *Jur* Untersuchung *f*
hetón 1 *tr* 1. untersuchen, nachforschen, überprüfen; 2. entdecken, aufdecken
hetúes -i *m, Pl* – Untersuchungsrichter *m*
hetuesí -a *f* Untersuchungsgericht *n*, Untersuchungsbehörde *f*
hezitím -i *m, Pl* -e Schwanken *n*, Zögern *n*
hezitón 1 *itr* schwanken, zögern, zaudern
¹hë *Interj* vorwärts!, los!, beweg dich!; ~ **ni!** vorwärts!, los!, bewegt euch!
²hë *Adv:* ~ **sot** ~ **nesër** komm ich heut nicht, komm ich morgen
hën|ë I. -a *Subst/f* Mond *m*; ~ **e re** Neumond; ~ **e plotë** Vollmond; ~ **e ngrënë** abnehmender Mond; **gjysmë** ~ Halbmond; **hëna po mbushet** der Mond nimmt zu; **hëna po vdiret** der Mond nimmt ab; **sëmundja e** ~**s** die Epilepsie; *übertr* **njeri me** ~ ein launischer Mensch, ein Mensch mit Grillen; II. -a (e) *Subst/f, Pl* -a (të) Montag *m*
hënëz -a *f* Mond *m*
hëngri 49 *Aor* → ha
hëpërhë *Adv* einstweilen, vorläufig; jetzt, im gegebenen Augenblick
hi -ri *m* 1. Asche *f*; **bojë** ~**ri** aschfarben, aschgrau; **e bëri** ~ **e pluhur** er hat es zu Schutt und Asche gemacht; *übertr* **deshi të më hidhte** ~ **syve** er wollte mir Sand in die Augen streuen; 2. Mehltau *m am Weinstock*
hiát -i *m Gramm* Hiatus *m*

hibríd I. -i *Subst/m, Pl* -e Hybrid *m*, Hybride *f*; **II.** -e *Adj* hybrid
hiç I. *Indef Pron* nichts; ~ **fare** gar nichts, überhaupt nichts; keineswegs, nicht im geringsten; ~ **njeri** niemand; **e bleva për** ~ **gjë** ich habe es spottbillig gekauft; **II.** -i *Subst/m* Nichts *n*
híd|ër -ra *f Myth* Hydra *f*; Wasserschlange *f*
hidrát -i *m, Pl* -e Hydrat *n*
hidratúar (i) *Adj* hydratisiert, Hydrat-
hidraulík, -e *Adj* hydraulisch
hidraulík|ë -a *f* Hydraulik *f*
hidravión -i *m, Pl* -e *od* -a Wasserflugzeug *n*
hidrocentrál -i *m, Pl* -e Wasserkraftwerk *n*
hidroelektrík, -e *Adj* hydroelektrisch, Wasserkraft-; **central** ~ Wasserkraftwerk *n*
hidrografí -a *f* Hydrographie *f*
hidrografík, -e *Adj* hydrographisch
hidrogjén -i *m* Wasserstoff *m*
hidrokarbúr -i *m, Pl* -e Kohlenwasserstoff *m*
hidroksíd -i *m, Pl* -e Hydroxyd *n*
hidrolíz|ë -a *f* Hydrolyse *f*
hidrometeorologjík, -e *Adj* hydrometeorologisch
hidromét|ër -ri *m, Pl* -ra Hydrometer *n*; Hyetometer *n*
hidrometrí -a *f* Hydrometrie *f*
hidrometrík, -e *Adj* hydrometrisch
hidropizí -a *f Med* Wassersucht *f*
hidrostatík|ë -a *f* Hydrostatik *f*
hidroturbín|ë -a *f, Pl* -a Wasserturbine *f*
hídhet 16 *refl* 1. springen, herabspringen; 2. **i** ~ sich auf etwas (oder jmdn.) stürzen; 3. überlaufen; hinübergehen; → **hedh**
hidhërím -i *m, Pl* -e Kummer *m*, Schmerz *m*, Traurigkeit *f*; Enttäuschung *f*
hidhëró|n 1 *tr* betrüben; jmdm.

Kummer bereiten; enttäuschen; **-het** *refl* traurig sein, betrübt sein, leiden
hídhës -i *m, Pl* – Brennessel *f*
hídhët (i) *Adj* bitter; traurig, betrübt
hidhrák, -e *Adj* reizbar, cholerisch, jähzornig; gereizt
hídhte 16 *Imperf* → **hedh**
hídhur (i) *Adj* bitter; *übertr* bitter, böse, schlimm
hí|e -ja *f, Pl* -e = **híje**
hién|ë -a *f, Pl* -a Hyäne *f*
hierarkí -a *f, Pl* – Hierarchie *f*
hierarkík, -e *Adj* hierarchisch
hieroglíf -i *m, Pl* -e Hieroglyphe *f*
hieróṛ|e -ja *f, Pl* -e Altarraum *m*
híesh|ëm (i), **-me** (e) *Adj* = **i hijshëm**
higromét|ër -ri *m, Pl* -ra Hygrometer *n*
higjién|ë -a *f* Hygiene *f*
higjieník, -e *Adj* hygienisch
híj|e -a *f, Pl* -e Schatten *m*, schattige Stelle *f*; **hedh** ~ *od* **lëshon** ~ Schatten werfen; Schemen *m*, Gespenst *n*; ~ **e ligë** böser Geist *m*; *übertr* **është në** ~**n tënde** er steht unter deinem Schutz; **matet me** ~**n e mëngjezit** er markiert den starken Mann; **të ka** ~ es steht dir gut; **s'të ka** ~ es ziemt sich nicht für dich; **i ra një** ~ **e zezë shtëpisë** die Familie wurde von einem großen Unglück betroffen; **ka** ~ **të rëndë** er ist eine imposante Erscheinung
híjeç, -e *Adj* Schatten-; **bimë** ~ **e** Schattenpflanzen *Pl*
hijenón 1 *itr* 1. die heißen Stunden des Tages im Schatten verbringen *(Mittagsruhe halten)*; 2. *tr* mit Schatten bedecken, beschatten
hijeréndë *Adj* würdevoll, imposant, stattlich; mürrisch
hijesír|ë -a *f, Pl* -a 1. Schatten *m*, schattige Stelle *f*; 2. -a *Pl* Unterholz *n*

hijesón 1 *tr* mit Schatten bedecken, beschatten
hijeshí -a *f* Anmut *f*, Schönheit *f*, Reiz *m*
hijeshím -i *m*, *Pl* -e Verschönerung *f*
hijeshón 1 *tr* hübsch machen, Anmut verleihen, Reiz verleihen; verschönern
hijezón 1 *tr* schattieren
híjsh|ëm (i), -me (e) *Adj* anmutig, reizend, bezaubernd
hík|ërr -rra *f*, *Pl* -rra 1. saure Milch *f*, Dickmilch; 2. Buchweizen *m*
hikrróhet 1 *refl* sauer werden *(Milch)*
híl|e -ja *f*, *Pl* -e List *f*, Hinterlist, Tücke *f*; Trick *m*; Betrug *m*, Schwindel *m*, Gaunerei *f*
hileqár, -e *Adj* hinterlistig, tückisch; unehrlich, betrügerisch
Himaláje -t *Pl* Himalaya *m*
híme -t *Pl* Kleie *f*; ~ **sharre** Sägemehl *n*, Sägespäne *Pl*
himenoptérë -t *Pl* *Zool* Hautflügler *Pl*, Hymenopteren *Pl*
hímn| -i *m*, *Pl* e Hymne *f*; ~ **i kombëtar** die Nationalhymne
himoník -u *m*, *Pl* -ë Wassermelone *f*
hímtë (i) *Adj* grau, aschgrau
hinárdh -i *m* Artischocke *f*
hindjá -ja *f* Kattun *m*
híng|ë -a *f*, *Pl* -a = **hinkë**
híng|ël -la *f*, *Pl* -la Sattelgurt *m*, Sattelstrick *m*
hingëllím|ë -a *f*, *Pl* -a Wiehern *n*, Gewieher *n*
hingëllín 6 *od* 11 *itr* wiehern
hingëllón 1 *itr* = **hingëllin**
hínk|ë -a *f*, *Pl* -a Trichter *m*
hínjtë (i) *Adj* = **i himtë**
hiperból|ë -a *f*, *Pl* -a Hyperbel *f*
hipertrofí -a *f* Hypertrophie *f*
hípën 15 *itr* 1. hinaufgehen, hinaufsteigen, hinaufklettern; **i** ~ **automobilit** er steigt in das Auto; **i** ~ **kalit** er besteigt das Pferd; ~ **në pemë** er klettert auf den Baum; ~ **në katin e dytë** er geht in die zweite Etage hinauf; ~ **në fron** er besteigt den Thron; ~ **në fuqi** es tritt in Kraft; **i hipi inati** er geriet in Zorn; **i hipi bari grurit** das Gras hat den Weizen überwuchert; 2. aufsteigen, emporkommen; steigen *(Preise)*; *Zool* bespringen *(Stier oder Hengst)*; 3. *tr* setzen, hinaufsetzen; **e hipi në kalë** er hat ihn auf das Pferd gesetzt
hípj|e -a *f* Aufsteigen *n*, Besteigen *n*, Besteigung *f*
hipnotíz|ëm -mi *m* Hypnotisierung *f*; Hypnotismus *m*
hipnotizón 1 *tr* hypnotisieren
hipnóz|ë -a *f* Hypnose *f*
hipodróm -i *m*, *Pl* -e Hippodrom *m od n*
hipokondrí -a *f* Hypochondrie *f*
hipokrít I. -i *Subst/m*, *Pl* -ë *od* -a Heuchler *m*, Scheinheiliger *m*; II. -e *Adj* scheinheilig, heuchlerisch
hipokrizí -a *f*, *Pl* – Heuchelei *f*, Verstellung *f*, Scheinheiligkeit *f*
hipopotám -i *m*, *Pl* -ë Flußpferd *n*, Nilpferd *n*
hipostáz|ë -a *f* Hypostase *f*
hipoték|ë -a *f*, *Pl* -a Hypothek *f*
hipotekím -i *m*, *Pl* -e Belastung *f* mit einer Hypothek
hipotekón 1 *tr* mit einer Hypothek belasten
hipotenúz|ë -a *f*, *Pl* -a Hypotenuse *f*
hipotetík, -e *Adj* hypothetisch
hipotéz|ë -a *f*, *Pl* -a Hypothese *f*
hípur *Adv*: **erdhi** ~ er kam hoch zu Roß, er kam angeritten
híqet 16 *refl* 1. kriechen, krauchen; ~ **zvarrë** sich dahinschleppen; 2. verschwinden; **hiqmu këtej!** hau ab!, scher dich weg!; ~ **mënjanë** sich zurückziehen; 3. *Zool* gedeckt werden; 4. *Med* ausbrechen; ~ **një grip** eine Grippeepidemie ist ausgebrochen; 5. so

tun, als ob; **më ~ mik** er tut, als wäre er mein Freund; → **heq**
híqte 16 *Imperf* → **heq**
hir -i *m*, *Pl* -e **1.** Gunst *f*, Gnade *f*, Wohlwollen *n*; Unterstützung *f*; **me ~ a me pahir** *od* **~i a pahiri** wohl oder übel; **për ~ të së vërtetës** um der Wahrheit willen; **2.** Anmut *f*, Grazie *f*; **3.:** **~e** *Pl* Amulett *n*
hirësí -a *f*, *Pl* – **1.** Hochwürden *Anrede an Geistliche;* **2.** Anmut *f*, Grazie *f*; Feinheit *f*
hiróhet (i) 1 *refl* liebkosen; schmeicheln
hirplótë *Adj* gnadenreich, gnädig
hirráq, -e *Adj* molkig, Molken-
hírr|ë -a *f* Molke *f*
hírrët (i) *Adj* Molken-; *übertr* **ujë i ~** trübes Wasser *n*
hís|e -ja *f*, *Pl* -e **1.** Anteil *m*, Erbanteil; **2.** Mal *n*; **dy ~** zweimal
hísëll -i *m*, *Pl* -a Brennessel *f*
histerí -a *f* Hysterie *f*
histerík, -e *Adj* hysterisch
histologjí -a *f* Histologie *f*
historí -a *f* Geschichte *f*; Geschichtswerk *n*; **~ e muzikës** Musikgeschichte; Geschichte, Erzählung *f*; Histörchen *n*, Anekdote *f*
historián -i *m*, *Pl* -ë Historiker *m*
historík **I.** -u *Subst/m* Historie *f*, historische Darstellung *f*, geschichtlicher Überblick *m*; **II.** -e *Adj* historisch, geschichtlich
historíko-shoqërór, -e *Adj* sozialhistorisch
historiografí -a *f* Historiographie *f*
historíz|ëm -mi *m* Historismus *m*, Historizismus *m*
hith -i *m*, *Pl* -a **1.** *Bot* Brand *m*, Mehltau *m*; Faulschimmel *m* **an Reben 2.** Brennessel *f*
híth|ër -ra *f*, *Pl* -ra Brennessel *f*
híthk|ë -a *f*, *Pl* -a *Bot* Goldregen *m*
hjedh 16¹ *tr* = **hedh**
hjédh|ë -a *f* Weizenspreu *f*, Spreu *f*

hjédhët (i) *Adj* schlank, lang und dünn; hoch *(Berg)*
hjékës -i *m*, *Pl* – Hehler *m*, Helfershelfer *m*, Mittelsmann *m*
hobé -ja *f*, *Pl* – Katapult *n*, Wurfschleuder *f*
hódhi 16 *Aor* → **hedh**
hój|e -a *f*, *Pl* -e Wabe *f*, Honigwabe
hóka -t *Pl* Scherz *m*, Spaß *m*
hokatár **I.** -i *Subst/m*, *Pl* -ë Spaßvogel *m*, Witzbold *m*; **II.** -e *Adj* witzig, spaßig
hokón 1 *itr* sich lustig machen
holandéz **I.** -i *Subst/m*, *Pl* -ë Holländer *m*, Niederländer *m*; **II.** -e *Adj* holländisch, niederländisch
Holánd|ë -a *f* Holland *n*, Niederlande *Pl*
hól|e -ja *f*, *Pl* -e Art Schaukel *f für kleine Kinder*
holl -i *m*, *Pl* -e Halle *f*; Vorhalle, Hotelhalle
hólla -t (të) *Pl* **1.** Geld *n*; **të ~ të vogla** Kleingeld; **të ~ në dorë** Bargeld; **2. rri në të ~** er hat nur Unterwäsche an
hollák, -e *Adj* dünn, sehr schlank
hóllë **I.** (i) *Adj* **1.** dünn; **qumësht i ~** dünne Milch; dünn, schlank *(Körper);* **2. zë i ~** hohe Stimme *f*; **3.** fein, klein; **shi i ~** Nieselregen *m*; **bagëti e ~** Kleinvieh *n (Schafe und Ziegen);* **3.** *übertr* scharfsinnig; **mos e shiko punën kaq hollë!** sei nicht so spitzfindig!; **II.** *Adv* **1.** dünn, fein; spitz; **bluar ~** fein gemahlen; **veshur ~** leicht bekleidet; **2.** präzis, genau; sorgfältig; **gjykon ~** er hat ein klares Urteilsvermögen
hollësí -a *f*, *Pl* – **1.** Feinheit *f*, Kleinheit *f*; Schärfe *f*, Genauigkeit *f*; **~ a e mendjes** Scharfsinn *m*, Scharfsinnigkeit *f*; **2. ~ra** *Pl* Einzelheiten *Pl*, Feinheiten *Pl* **ma tregoi me të gjitha ~rat** er hat es mir haarklein erzählt

hollësír|ë -a *f, Pl* -a = **hollësi**
hollësish|ëm (i), -me (e) *Adj* ausführlich, detailliert; sorgfältig, genau
hollësísht *Adv* in allen Einzelheiten, haarklein, ausführlich; genau, sorgfältig
hóllët (të) *n/best* Ohnmacht *f*, Bewußtlosigkeit *f*; **i ra të ~** sie fiel in Ohnmacht, sie wurde bewußtlos
hollí -a *f*: **~a e mendjes** Scharfsinn *m*
hollím -i *m, Pl* -e **1.** Blätterteig *m*; **2.** Auswalzen *n des Teiges*; **3.** Verfeinerung *f des Geistes*; Schärfen *n*, Ausprägen *n des Verstandes*
holló|n 1 *tr* **1.** dünn machen, dünner machen, verdünnen; anspitzen, schärfen; *übertr* Denken entwickeln, Geist schärfen; **2.** *Blätterteig* auswalzen; **-het** *refl* dünn werden, abmagern
hollúes -i *m, Pl* – Nudelholz *n*
homázh -i *m, Pl* -e Huldigung *f*
homogjén, -e *Adj* homogen
homogjenësí -a *f* Homogenität *f*
homogjenitét -i *m* = **homogjenësi**
homoním -i *m, Pl* -e Homonym *n*
homonimí -a *f* Homonymie *f*
hon -i *m, Pl* -e Abgrund *m*
hóndra -t *Pl* Flockseide *f*
honéps 21 *tr* verdauen; *übertr* **nuk e ~te në asnjë mënyrë** er konnte ihn überhaupt nicht ausstehen
honépsj|e -a *f* Verdauung *f*
honí -a *f, Pl* – Trichter *m*; Felsschlucht *f*
hop -i *m, Pl* -e **1.** Mal *n*; **këtë ~** diesmal, dieses Mal; **me një ~** mit einem Mal, auf einmal; **2.** Sprung *m*; **~e-~e** ab und zu, manchmal; **me ~e** mit Unterbrechungen, sprunghaft
hópa *Interj* hopp!, hopsa!; **e merr ~** a) jmdn. in seine Klauen bekommen; b) ein Kind in den Arm nehmen
hópthi *Adv* auf einem Bein hüpfend, hopsend
hóqi 16 *Aor* → **heq**
hor -i *m, Pl* -a = **horr**
hóras *Adv* im Chor; **i vij ~** ich schwänzele um ihn herum
horasán -i *m* Mörtel *m*
hordhí -a *f, Pl* – Horde *f*, Bande *f*
horiát -i *m, Pl* -ë Geizhals *m*, Geizkragen *m*
horizónt -i *m, Pl* -e Horizont *m*
horizontál, -e *Adj* horizontal
horizontalísht *Adv* horizontal
hormón -i *m, Pl* -e Hormon *n*
horr -i *m, Pl* -a **1.** Halunke *m*, Lump *m*, Schuft *m*; **2.** Habenichts *m*, armer Teufel *m*; reicher Geizkragen *m*
hórr|e -ja *f, Pl* -e schamloses Weib *n*; Hure *f*
horrllék -u *m, Pl* horrlléqe **1.** Schurkerei *f*, Schuftigkeit *f*; Schamlosigkeit *f*; **2.** Hungersnot *f*, Krise *f*; Armut *f*, Elend *n*
horró|n 1 *tr* beleidigen; bloßstellen; herunterputzen; **-het** *refl* zum Schuft werden; sich schuftig benehmen; schamlos werden
hostén -i *m, Pl* -ë **1.** Ochsenstachel *m*; **2.** *Längenmaß*; **një ~ vend** ein winziges Stück Land
hosháf -i *m, Pl* -e gekochtes Dörrobst *n*, Kompott *n* aus Dörrobst
hosháfk|ë -a *f, Pl* -a Backpflaume *f*, Dörrpflaume *f*
hoshmár -i *m* Art Maisbrei *mit Butter*
hotél -i *m, Pl* -e Hotel *n*
hotél-pensión -i *m, Pl* -e Hotel-Pension *f*
hotél-restauránt -i *m, Pl* -e Hotel-Restaurant *n*
hotelxhí -u *m, Pl* – *od* -nj Hotelier *m*
hov I. -i *Subst/m, Pl* -e Schwung *m*; Aufschwung; Elan *m*; Anlauf *m*;

ka marrë ~ cs hat sich stürmisch entwickelt; ~e-~e ab und zu; allmählich; II. 14 *itr* springen; klettern, steigen
hovardá *Adv* großmütig, gütig, edel
hovardallék -u *m*, *Pl* hovardalléqe Großmut *f*, Edelmut *m*, Güte *f*; großmütiges Verhalten *n*, edle Tat *f*
hóvsh|ëm (i), -me (e) *Adj* stürmisch, schwungvoll
hóxh|ë -a *m*, *Pl* hoxhallárë Hodscha *m*; **Hoxha Tahsini** Hodscha Tahsin
hu -ri *m*, *Pl* -nj Pfahl *m*; Stange *f*; **jeni njerëz të ~rit e të litarit** ihr seid Galgenvögel
húa -ja *f*, *Pl* – Anleihe *f*, Darlehen *n*; **jep ~** verborgen, leihen; **merr ~** sich etw. borgen
huadhénës -i *m*, *Pl* – Kreditgeber *m*, Geldverleiher *m*
huadhéni|e -a *f*, *Pl* -e Kreditgewährung *f*, Geldverleihung *f*; Leihen *n*, Ausleihen *von Geld*
húaj (i) *Adj* fremd; fremdartig; **vend i ~** Ausland *n*; **gjuhë e ~** Fremdsprache *f*; **mish i ~** Geschwulst *f*, Tumor *m*
huájtës -i *m*, *Pl* – Geldverleiher *m*
húall -i *m*, *Pl* hóje Wabe *f*, Honigwabe
huamárrës -i *m*, *Pl* – Kreditnehmer *m*, Schuldner *m*
huamárrj|e -a *f*, *Pl* -e Kreditaufnahme *f*, Geldanleihe *f*; Leihen *n* von *Geld*
hú|an 9 *tr* verborgen, leihen; **-het** *refl* sich etw. borgen, sich etw. leihen; **unë s'huhem te njeri** ich borge mir bei niemandem etwas
huazím -i *m*, *Pl* -e 1. Fremdwort *n*; Lehnwort *n*, Entlehnung *f*; 2. Fremdartigkeit *f*; 3. *Buchw* Ausleihe *f*

hublín|ë -a *f*, *Pl* -a feiner Staub *m*; Spreu *f*
húd|ër -ra *f*, *Pl* -ra = **hudhër**
húdh|ër -ra *f*, *Pl* -ra Knoblauch *m*
hudhëró|n 1 *tr* werfen; **-het** *refl* losstürzen, sich stürzen auf
húdhj|e -a *f* = **hedhje**
huj -i *m*, *Pl* -e 1. Laune *f*, Schrulle *f*, Grille *f*; 2. Wut *f*, Zorn *m*
hujáks 21 *tr* behexen, mit dem bösen Blick verhexen
hujnáj|ë -a *f*, *Pl* -a Pfahlwerk *n*; Pfahlbau *m*
hukám|ë -a *f* Geschrei *n*
hukát 22¹ *itr* 1. schreien, brüllen; 2. jmdn. anhauchen, um ihn von bösen Geistern zu befreien
hulín|ë -a *f*, *Pl* -a = **hublinë**
hulmëtón 1 *tr* = **hulumton**
hulumtíme -t *Pl* Nachforschungen *Pl*, Untersuchungen *Pl*; Forschungen *Pl*
hulumtón 1 *tr* 1. *eine Spur* verfolgen, jmdm. nachspüren; 2. untersuchen, erforschen, nachforschen
hulumtúes -i *m*, *Pl* – Forscher *m*
hullí -a *f*, *Pl* – Furche *f*
hullím -i *m*, *Pl* -e Blätterteig *m*; Auswalzen *n* von *Teig*
hullón 1 *tr* Blätterteig auswalzen
humakúsh -i *m Zool* Strauß *m*
humaníst I. -i *Subst/m*, *Pl* -ë *od* -a Humanist *m*; II. -e *Adj* humanistisch
humanitár, -e *Adj* humanitär, Human-; **shkenca ~e** Geisteswissenschaften *Pl*
humaníz|ëm -mi *m* Humanismus *m*
humb 14 *tr* verlieren; verfehlen, verpassen, versäumen; **~e rastin** du hast die Gelegenheit verpaßt; **~ rrugën** sich verirren; *Krieg*, *Spiel usw.* verlieren; *übertr* **~ kohën** die Zeit vertrödeln; **~ fillin** den Faden verlieren; **e ~i** er ist verwirrt; *itr* 1. verlorengehen, verschwinden; 2. untertauchen,

versinken; sich senken; **3.** sich versenken; **~i në studime** er hat sich in seine Studien vertieft; **~ pas** sich für etw. begeistern, in einer Sache aufgehen; **~i në gjumë** er ist in einen tiefen Schlaf gesunken
humbák -u *m* Morast *m*
humbás 25 1. *Pers Sg Präs* → **humbet**
humbéll|ë -a *f*, *Pl* -a Vertiefung *f*, Erdloch *n*, Senke *f*
humbét 25 *tr*, *itr* = **humb**
húmb|ë -a *f*, *Pl* -a Erdloch *n*, Vertiefung *f*
húmbët (i) *Adj* **1.** verloren, verschwunden; **2.** tief; vertieft
húmbi 25 *Aor* → **humb**
humbím -i *m*, *Pl* -e *Geol* Senkung *f*
humbíste 25 *Imperf* → **humbet**
húmbj|e -a *f* Verlieren *n*, Niederlage *f*; Schaden *m*, Verlust *m*
humbón 1 *itr* sich senken; versinken
humbór|e -ja *f*, *Pl* -e entlegenes Tal *n*; Einöde *f*
humbullón 1 *itr* **1.** sich senken; **2.** verschwinden; vom Erdboden verschluckt werden
húmbur (i) *Adj* **1.** verloren, verschwunden; **2.** *übertr* verstört, zerstreut, verwirrt; **3.** einfältig, dumm
humnér|e -ja *f*, *Pl* -e Abgrund *m*; Schlucht *f*
humór -i *m* Humor *m*
humoríst -i *m*, *Pl* -ë *od* -a Humorist *m*
humoristík, -e *Adj* humoristisch
humoríz|ëm -mi *m* Humor *m*, humoristische Eigenart *f*
humús -i *m* Humus *m*
hundác, -e *Adj* plattnasig
hundák, -e *Adj* **1.** mit großer fleischiger Nase; **2.** hochnäsig, überheblich; **3.** *Gramm* nasal
hundç I. -i *Subst*/*m*, *Pl* -a Mensch *m* mit großer fleischiger Nase; **II.** *Adj* mit großer fleischiger Nase

hundé -ja *f*, *Pl* – Nasenriemen *m des Pferdes;* Nasenring *m der Kälber*
hundéc, -e *Adj* **1.** mit großer Nase; **2.** hochnäsig
húnd|ë -a *f*, *Pl* -ë **1.** Nase *f*; **flet nëpër ~** er spricht durch die Nase, er näselt; **fryn ~ t** er schneuzt sich; **rashë buzë e më ~** ich bin auf die Nase gefallen; **i ra ~n** er hat ihm einen Nasenstüber gegeben; *übertr* **ka ~ od s'e ul ~n** er ist hochnäsig; **ngreh ~n përpjetë** er trägt die Nase hoch; **i ra hunda** er hat seinen Hochmut verloren; **më hanë ~ t** a) mir juckt die Nase; b) ich stürze mich ins Verderben, ich lasse mich unüberlegt auf ein Risiko ein; **i theu ~n** er hat ihn zurechtgewiesen; **është me ~** er hat schlechte Laune; **më priti me ~** er empfing mich unfreundlich; **flet me ~** er redet unfreundlich; **ai fut ~ t kudo** er steckt seine Nase in alles hinein; **i hyj ndër ~** ich mische mich in seine Angelegenheiten ein; **ma pruri në majë të ~s** er hat mich auf die Palme gebracht; **më erdhi shpirti në ~** mir ist der Kragen geplatzt; **më dolli për ~sh** es kam mir teuer zu stehen; **2.:** **~ dheu** Landzunge *f*
hundëkrrút *Adj* mit Adlernase, mit Vogelnase
hundëlésh, -e *Adj* mutig, kühn; verwegen; dreist
hundëmádh, -e *Adj* = **hundec**
hundësqép *Adj* mit Vogelnase
hundëshkábë *Adj* mit Adlernase
hundështýpur *Adj* plattnasig
húndëz|ë -a *f*, *Pl* -a Maulkorb *m*
hundím -i *m* Verbitterung *f*; Erzürnung *f*
hundóhet 1 *refl* betrübt werden; verbittert sein; sich erzürnen
hundór, -e *Adj Gramm* Nasal-; **zanore ~ e** Nasalvokal *m*

hundór|e -ja *f*, *Pl* -e *Gramm* Nasal *m*, Nasallaut *m*

hundrón 1 *itr* unfreundlich sprechen

hungaréz I. -i *Subst/m*, *Pl* -ë Ungar *m*; II. -e *Adj* ungarisch

Hungarí -a *f* Ungarn *n*

hungarísht *Adv* auf ungarisch

hungarísht|e -ja *f* Ungarisch *n*

hungrón 1 *itr* heulen, winseln *(Hund, Wolf)*

hup 14 *tr*, *itr* = **humb**

húpës -i *m*, *Pl* — Mann *m* für den keine Blutrache erfolgte

húptë (i) *Adj:* **bukë e** ~ altbackenes Brot *n*; **borë e** ~ verharschter Schnee *m*; **para të hupta** unverhofft eingetroffenes Geld *n*

¹huq -i *m*, *Pl* -e Laune *f*, Schrulle *f*, Grille *f*

²huq *Adv*: **shkoi** ~ es war umsonst

húrb|ë -a *f*, *Pl* -a Schluck *m*; **hurba-hurba** schluckweise

húrdh|e -ja *f*, *Pl* -e Efeu *m*

hurdhél|e -ja *f*, *Pl* -e kleiner Tümpel *m*; kleines Wasserloch *n*

húrdh|ë -a *f*, *Pl* -a Tümpel *m*; Wasserloch *n*

hurdhíq *Adj* patschnaß, klitschnaß

hurmá -ja *f* = **hurmë**

húrm|ë -a *f*, *Pl* -a **1.** Dattelpalme *f*; Dattel *f*; **2.** ~ **vendi** Lotospflaume *f*; ~ **deti** Kakipflaume *f*

hurpát 22¹ *itr* schlückchenweise trinken

hurth -i *m*, *Pl* -a = **hurdhe**

hutáq I. -e *Adj* vergeßlich, zerstreut; II. -i *Subst/m*, *Pl* -ë vergeßlicher Mensch *m*, zerstreuter Professor *m*

¹hút|ë -a *f*, *Pl* -a Geier *m*; ~ **e bardhë** Mönchsgeier

²hút|ë -a *f*, *Pl* -a Art Gewehr

hutím -i *m*, *Pl* -e Irrtum *m*; Zerstreutheit *f*; Vergeßlichkeit *f*

hutlón 1 *tr* täuschen

hutó|n 1 *tr* verwirren; verwundern, in Erstaunen versetzen; *itr* sich irren; **-het** *refl* sich wundern; verwirrt sein, zerstreut sein

hutrróhet 1 *refl* **1.** erstaunt sein; verwirrt sein; **2.** vertrotteln, kindisch werden, wunderlich werden

hutrrój|ë -a *f*, *Pl* -a wunderliche Alte *f*

hutúar (i) *Adj* verwirrt, zerstreut

hyj -i *m*, *Pl* – Gott *m*

hyjnésh|ë -a *f*, *Pl* -a Göttin *f*

hyjní -a *f*, *Pl* – Gottheit *f*

hyjním -i *m*, *Pl* -e Vergötterung *f*

hyjnizím -i *m*, *Pl* -e = **hyjnim**

hyjnizón 1 *tr* = **hyjnon**

hyjnón 1 *tr* vergöttern

hyjnór, -e *Adj* göttlich

hyjnúesh|ëm (i), -me (e) *Adj* = **hyjnor**

hyjplím|e -ja *f Astron* Milchstraße *f*

hyll -i *m*, *Pl* hyj Stern *m*

hyllësí -a *f*, *Pl* -a Sternbild *n*

hymn -i *m*, *Pl* -e = **himn**

hymnón 1 *tr* mit Hymnen besingen; rühmen, preisen

hyn 13 *itr* eintreten, hineingehen; ~ **në punë** eine Arbeit aufnehmen; **s'më** ~ **në punë** das nützt mir nichts, das kann ich nicht gebrauchen; ~ **me forcë** einbrechen; ~ **dorëzanë** bürgen; ~ **në fuqi** in Kraft treten; **pëlhura** ~ der Stoff läuft ein; ~ **në bela** Unannehmlichkeiten bekommen; **i hyri frika** er bekam Angst; ~ **mësues** Lehrer werden; **hyri prilli** der April hat begonnen; **i** ~ **brenda** er begreift es; **s'ia hyj kësaj valleje** ich mische mich da nicht ein; **më hyri në zemër** ich habe ihn ins Herz geschlossen; **s'më** ~ **në krye** es will mir nicht in den Kopf

hýpën 15 *tr* = **hipën**

hyr 13 *Imp* → **hyn**

hýra -t (të) *Pl* Einkünfte *Pl*, Einkommen *n*; **shtëpi me shumë të** ~ **e të dala** ein Haus, in dem man ein- und ausgeht

hýr|ë I. -a (e) Subst/f, Pl -a (të) Eingang m; II. -ët (të) Subst/n Eintritt m; Eingang; Einleitung f
hyrí -a f, Pl – 1. Huri f, schöne Jungfrau f im Paradies der Mohammedaner; 2. übertr wunderschönes Mädchen n; Schönheit f; **Hyria e Detit** die Seejungfrau (Märchenfigur)
hýrj|e -a f, Pl -e = hyrë II
hýrje-dálj|e -a f, Pl -e Eingang und Ausgang m
hyzmeqár -i m, Pl -ë alt Diener m
hyzmét -i m, Pl -e alt Dienst m

I

¹i Art/m bei Subst, Adj, Pron, Num im Nom Sg
²i Pers Pron 1. Kurzform Dat → ajo od → ai; 2. Kurzform Akk → ato od → ata
ia Pers Pron 1. Kombination der Kurzformen → i (Dat) und → e (Akk); ~ dha er gab es ihm; 2. Kombination der Kurzformen → i (Dat) und → i (Akk); ~ dha er gab sie (Pl) ihm
iberík, -e Adj iberisch
ibërshím -i m, Pl -e gedrehter Seidenfaden m, Nähseide f
ibërshímtë (i) Adj Seiden-
ibrét -i m abschreckendes Beispiel n; verunstalteter Mensch m; Ekel m
ibrík -u m, Pl -ë od ibríqe Kanne f, Kupferkanne
íck|ël -la f, Pl -la Tritt m, Fußtritt; Ausschlagen n von Tieren
iç -i m Krem f, Füllung f bei Gebäck
idár|e -ja f Regelung f, Lenkung f; Verwaltung f; sparsames Wirtschaften n; bën ~ regeln, lenken, steuern; rationell wirtschaften
idé -ja f, Pl – od -ra Idee f; Hauptgedanke m; Einfall m; Plan m
ideál I. -i Subst/m, Pl -e 1. Ideal n; 2. Math ideale Zahl f; II. -e Adj ideal, vorbildlich; ideell, ideal, gedanklich
idealíst I. -i Subst/m, Pl -ë od -a Idealist m; II. -e Adj idealistisch
idealíz|ëm -mi m Idealismus m
idealizím -i m Idealisierung f, Idealisieren n
idealizón 1 tr idealisieren
identifikím -i m, Pl -e Identifizierung f
identifikón 1 tr identifizieren
identík, -e Adj identisch
identitét -i m Identität f, Gleichheit f
ideoestetík, -e Adj geistig-ästhetisch
ideológ -u m, Pl -ë Ideologe m
ideologjí -a f Ideologie f
ideologjík, -e Adj ideologisch
ideologjikísht Adv ideologisch, in ideologischer Hinsicht
ideopolitík, -e Adj politisch-ideologisch
ideór, -e Adj ideell, Ideen-
idíl -i m, Pl -e Idyll n; Lit Idylle f
idilík, -e Adj idyllisch
idiocí -a f Med Idiotie f, Schwachsinn m
idiomatík, -e Adj idiomatisch
idióm|ë -a f Idiom n
idiót, -e Adj Med idiotisch, schwachsinnig; dumm
idiotíz|ëm -mi m, Pl -ma Ling

Idiotismus *m*, Mundarteigentümlichkeit *f*
idolatrí -a *f* Götzendienerei *f*
idhënár, -e *Adj* = **idhnak**
idhët I. (i) *Adj* bitter; herb; *übertr* scharf; streng; **II.** *Adv* scharf; streng; finster
idhnák, -e *Adj* jähzornig, aufbrausend, leicht reizbar
idhnákth -i *m*, *Pl* -a Schwarzer Nachtschatten *m*
idhnáq -i *m*, *Pl* -e *Bot* Bittersüß *m*
idhujtár -i *m*, *Pl* -ë Götzenanbeter *m*
idhujtarí -a *f* Götzenanbetung *f*, Idolatrie *f*, Abgötterei *f*
ídhull -i *m*, *Pl* ídhuj Idol *n*, Götze *m*, Abgott *m*
idhullatrí -a *f* = **idhujtari**
idhulltár -i *m*, *Pl* -ë = **idhujtar**
iftár -i *m*, *Pl* -ë *od* -e feierliche Abendmahlzeit *f die den Ramadan eröffnet;* Abendmahlzeit *am Ende eines Fastentages während des Ramadans*
igrasí -a *f* Feuchtigkeit *f*, Feuchte *f*
igumén -i *m*, *Pl* -ë Abt *m eines orthodoxen Klosters*
íjas *Adv* seitlich; seitwärts
ij|ë -a *f*, *Pl* -ë **1.** Hüfte *f*, Lende *f*; **rri me duar në ~** die Hände in den Schoß legen; **2.** Seite *f*, Seitenfläche *f*, Rand *m*
ik 15 *Imp* → **ikën**
ikanák -u *m*, *Pl* -ë Flüchtling *m*, Flüchtender *m*
íkën 15 *itr* fliehen, ausreißen; wegrennen, weglaufen; sich entfernen, weggehen, aufbrechen; **~ koha** die Zeit vergeht; **i ~ rrezikut** er weicht der Gefahr aus; sich verflüchtigen *(Gas); übertr* **i ~ fjalës** er macht Ausflüchte
íkj|e -a *f* Flucht *f*; Weglaufen *n*, Wegrennen *n*; Aufbruch *m*, Weggang *m*
ikón|ë -a *f*, *Pl* -a Ikone *f*, Heiligenbild *n*

ikonográf -i *m*, *Pl* -ë Ikonenmaler *m*
ikonografí -a *f* Ikonographie *f*; Porträtsammlung *f*
ikonoklást -i *m*, *Pl* -ë Ikonoklast *m*, Bilderstürmer *m*
íkra -t *Pl* Rogen *m*, Fischeier *Pl*; Kaviar *m*
iktiológ -u *m*, *Pl* -ë Ichthyologe *m*
iktiologjí -a *f* Ichthyologie *f*, Fischkunde *f*
íkur (i) *Adj* geflohen, flüchtig; ausgewandert
iláç -i *m*, *Pl* -e Heilmittel, Arznei *f*; Mittel *n*, Lösungsweg *m*
ilegál, -e *Adj* illegal
ilegalitét -i *m* Illegalität *f*
ilét -i *m* Epilepsie *f*; chronisches Leiden *n*
Iliáda *f*/*best* die Ilias
ilír I. -i *Subst*/*m*, *Pl* -ë Illyrier *m*; **II.** -e *Adj* illyrisch
ilirík, -e *Adj* illyrisch
ilirísht|e -ja *f* Illyrisch *n*
ílq|e -ja *f*, *Pl* -e Steineiche *f*
iluminíz|ëm -mi *m hist* Aufklärung *f*
ilustrím -i *m*, *Pl* -e Illustrierung *f*, Illustration *f*
ilustrón 1 *tr* illustrieren
iluzión -i *m*, *Pl* -e Illusion *f*; **~ e** *Pl* Illusionen *Pl*, Träume *Pl*
im, -e *Poss Pron* mein; **~ bir** mein Sohn; **libri ~** mein Buch; **~ e bije** meine Tochter; **çanta ~ e** meine Tasche
imagjinár, -e *Adj* imaginär
imagjinát|e -a *f* Imagination *f*, Einbildung *f*, Einbildungskraft *f*; Vorstellung *f*
imagjinón 1 *tr* sich etw. einbilden; sich etw. vorstellen
imám -i *m*, *Pl* -ë Imam *m*
imán -i *m Rel* Symbol *n der mohammedanischen Religion;* Glaube *m*; *übertr* **s'ka ~** er hat kein Mitleid, er ist hartherzig
imanént, -e *Adj Phil* immanent
imár -i *m*, *Pl* -e Grasschwaden *m*

imediát I. -e *Adj* unmittelbar, sofortig; **II.** *Adv* sofort, unmittelbar

imitím -i *m, Pl* -e Imitation *f*, Nachahmung *f*

imitón 1 *tr* imitieren, nachahmen; kopieren

imoník -u *m, Pl* -ë Wassermelone *f*

imorál, -e *Adj* unmoralisch

imoralitét -i *m* Unmoral *f*; unmoralische Handlung *f*

impedénc|ë -a *f El* Widerstand *m*, Impedanz *f*

imperatív -i *m Gramm* Imperativ *m*

imperatór -i *m, Pl* -ë Kaiser *m*

imperatorí -a *f* Kaiserreich *n*

imperfékt -i *m Gramm* Imperfekt *n*

imperialíst I. -i *Subst*/*m, Pl* -ë *od* -a Imperialist *m*; **II.** -e *Adj* imperialistisch

imperialíz|ëm -mi *m* Imperialismus *m*

impersonál, -e *Adj Gramm* unpersönlich; **folje** ~ **e** Impersonale *n*

imponím -i *m, Pl* -e 1. Aufnötigung *f*, Aufdrängen *n*; **me** ~ mit Zwang; 2. Imponieren *n*

imponó|n 1 *tr* jmdm. etw. aufdrängen, aufnötigen, aufzwingen; einführen; *itr* jmdm. imponieren; **i** ~ er imponiert ihm; **-het** *refl* imponieren, Eindruck machen

impórt -i *m* Import *m*, Einfuhr *f*

importím -i *m* Importieren *n*, Import *m*; ~**e** *Pl* Importe *Pl*, Importwaren *Pl*

importón 1 *tr* importieren, einführen

impórtónjës I. -i *Subst*/*m, Pl* – Importeur *m*; **II.** -e *Adj* importierend, Import-

impostím -i *m, Pl* -e Postbeförderung *f*

impostón 1 *tr* mit der Post befördern, per Post schicken

impozánt, -e *Adj* imposant, beeindruckend, eindrucksvoll

impresioníz|ëm -mi *m* Impressionismus *m*

improvizím -i *m, Pl* -e Improvisation *f*

improvizón 1 *tr* improvisieren

impúls -i *m, Pl* -e Impuls *m*, Anstoß *m*, Antrieb *m*

impulsív, -e *Adj* impulsiv

ímsht|ë -a *f, Pl* -a Wald *m mit jungen Eichen,* junger Eichenwald

ímtë (i) *Adj* fein; klein; **rërë e** ~ feiner Sand; **shi i** ~ Nieselregen *m*; **bagëti e** ~ Kleinvieh *n*; **përshkrim i** ~ detaillierte Beschreibung *f*

imtësí -a *f* Feinheit *f*; Genauigkeit *f*

imtësísht *Adv* fein; genau, präzis

imtí -a *f* Scharfsinn *m*

imtón 1 *tr* 1. verfeinern, feiner machen; zerkleinern, kleiner machen; 2. analysieren, zerlegen

imún, -e *Adj* immun

imunitét -i *m* Immunität *f*

imunizón 1 *tr* immunisieren

imunizúar (i) *Adj* immunisiert, immun

imzót -i *m* Monsignore *m Titel katholischer Geistlicher;* mein Herr *Anrede des Dieners an den Herrn;* mein Gebieter *Anrede der Frau an den Gatten (im Volkslied)*

inát -i *m, Pl* -e 1. Wut *f*, Zorn *m*, Rage *f*; Ärger *m*, Verstimmung *f*; **mban** ~ er ist zornig; **ka shumë** ~ **me mua** er ist sehr wütend auf mich; **më vjen** ~ ich werde zornig, ich werde wütend; 2. Starrköpfigkeit *f*, Starrsinn *m*; **për** ~ aus Trotz

inat|çí, -çíe *od* -çéshë *Adj* starrköpfig, starrsinnig; hitzköpfig, aufbrausend

inatós 21 *tr* erzürnen, in Wut bringen, in Rage bringen; ärgern; **-et** *refl* sich ärgern, sich erzürnen; aufbrausen, auffahren

inaugurím -i *m* Einweihung *f*

inagurón 1 *tr* einweihen

incidént -i *m*, *Pl* -e Vorfall *m*, Zwischenfall *m*

incisón 1 *tr* = **inçison**

inçisím -i *m*, *Pl* -e Aufnehmen *n* (*Tontechnik*)

inçisón 1 *tr* aufnehmen (*tontechnisch*)

ind -i *m*, *Pl* -e **1.** *Text* Schuß *m*, Querfäden *Pl*; **2.** *Anat* Gewebe *n*; ~ **eshtor** Knochengewebe; ~ **muskulor** Muskelgewebe; ~ **lidhës** Bindegewebe

indéks -i *m* Index *m*; Verzeichnis *n*, Liste *f*; Register *n*; *Math* Index

independénc|ë -a *f* Unabhängigkeit *f*

Indí -a *f* Indien *n*

indián I. -i *Subst/m*, *Pl* -ë **1.** Inder *m*, Hindu *m*; **2.** Indianer *m*; **II.** -e *Adj* **1.** indisch; **2.** indianisch

indián|e -ia *f*, *Pl* -e **1.** Inderin *f*; **2.** Indianerin *f*

indíc -i *m*, *Pl* -e Indiz *n*

indiferénc|ë -a *f* Indifferenz *f*, Gleichgültigkeit *f*

indiferént, -e *Adj* indifferent, gleichgültig

indikatív -i *m Gramm* Indikativ *m*

indikatór -i *m*, *Pl* -ë Indikator *m*

indinját|ë -a *f* Empörung *f*, Entrüstung *f*

indinjóhet 1 *refl* indigniert sein, entrüstet sein, empört sein; sich empören, seine Empörung äußern

indirékt, -e *Adj* indirekt

indisiplиním -i *m*, *Pl* -e Disziplinlosigkeit *f*

indísht *Adv* **1.** auf indisch; **2.** auf indianisch

indivíd -i *m*, *Pl* -ë Individuum *n*, Einzelwesen *n*, Person *f*

individuál, -e *Adj* individuell

individualíst -i *m*, *Pl* -ë *od* -a Individualist *m*

individualisht *Adv* individuell

individualitét -i *m* Individualität *f*, Eigenart *f*

individualíz|ëm -mi *m* Individualismus *m*

indoevropián, -e *Adj* indoeuropäisch, indogermanisch

Indokín|ë -a *f* Indochina *n*

indón 1 *tr* weben; *Kleider* stopfen, flicken

Indonezí -a *f* Indonesien *n*

indonezián I. -i *Subst/m*, *Pl* -ë Indonesier *m*; **II.** -e *Adj* indonesisch

indór, -e *Adj Anat* Gewebe-, Gewebs-

indukción -i *m* = **induksion**

induksión -i *m El* Induktion *f*

induktív, -e *Adj* induktiv

industrí -a *f*, *Pl* – Industrie *f*; ~ **e rëndë** Schwerindustrie; ~ **e lehtë** Leichtindustrie; ~ **tekstile** Textilindustrie; ~ **e veshmbathjes** Bekleidungsindustrie

industriál I. -i *Subst/m*, *Pl* -ë Industrieller *m*; **II.** -e *Adj* industriell, Industrie-; **vend** ~ Industrieland *n*

industrializím -i *m* Industrialisierung *f*

industrializón 1 *tr* industrialisieren

industrializúar (i) *Adj* industrialisiert, Industrie-

inercí -a *f* Beharrung *f*

infekción -i *m*, *Pl* -e = **infeksion**

infeksión -i *m*, *Pl* -e Infektion *f*, Ansteckung *f*

infektím -i *m*, *Pl* -e Infizieren *n*; Infekt *m*

infektív, -e *Adj* infektiös, ansteckend

infektó|n 1 *tr* infizieren, anstecken; **-het** *refl* sich anstecken

inferiór -i *m*, *Pl* -ë Untergebener *m*, Untergeordneter *m*

infermerí -a *f*, *Pl* – Sanitätsraum *m*; Sanitätsbaracke *f*, Krankenbaracke *f*

infermiér -i *m*, *Pl* -ë Krankenpfleger *m*

infermiér|e -ja *f*, *Pl* -e Krankenschwester *f*

infiltróhet 1 *refl* durchsickern, durchdringen

infinitív -i *m Gramm* Infinitiv *m*
inflación -i *m* Inflation *f*
inflamación -i *m*, *Pl* -e *Med* Entzündung *f*
inflatór, -e *Adj* inflatorisch, Inflations-
¹**influénc|ë** -a *f*, *Pl* -a Einfluß *m*
²**influénc|ë** -a *f* Influenza *f*, Grippe *f*
influencím -i *m*, *Pl* -e Beeinflussung *f*
influencó|n 1 *tr* beeinflussen; **-het** *refl* sich beeinflussen lassen; beeinflußt werden
información -i *m*, *Pl* -e Information *f*; Informierung *f*
informát|ë -a *f*, *Pl* -a Information *f*, Auskunft *f*
informatív, -e *Adj* informativ, informatorisch; **byro** ~**e** Informationsbüro *n*
informatór -i *m*, *Pl* -ë Informant *m*
informím -i *m* Informieren *n*; Information *f*
informó|n 1 *tr* informieren, benachrichtigen; **-het** *refl* sich informieren, sich unterrichten
informónjës -i *m*, *Pl* – = **informator**
infrakúq, -e *Adj* infrarot
ingranázh -i *m*, *Pl* -e *Tech* Verzahnung *f*; Zahnräderwerk *n*, Triebwerk *n*
inhalación -i *m* Inhalation *f*, Inhalieren *n*
inherént, -e *Adj* inhärent
iniciatív|ë -a *f*, *Pl* -a Initiative *f*
iniciatór -i *m*, *Pl* -ë Initiator *m*, Urheber *m*
inisiatív|ë -a *f*, *Pl* -a = **iniciativë**
injekción -i *m*, *Pl* -e = **injeksion**
injeksión -i *m*, *Pl* -e Injektion *f*, Spritze *f*; Impfstoff *m*, Serum *n*
injektór -i *m Tech* Injektor *m*
inkasím -i *m* Inkasso *n*, Geldeinnahme *f*
inkasón 1 *tr Geld* kassieren
inklinación -i *m*, *Pl* -e *Phys* Inklination *f*

inkuadrím -i *m* 1. Einstellung *f von Personal*; 2. Einbeziehung *f*
inkuadrón 1 *tr* 1. *Personal* einstellen; 2. einbeziehen, in einen größeren Zusammenhang stellen
inkubatór -i *m*, *Pl* -ë Inkubator *m*
inkuizición -i *m* Inquisition *f*
inkurajím -i *m* Ermutigung *f*, Ermunterung *f*
inkurajón 1 *tr* ermutigen, ermuntern
inkurajúes, -e *Adj* ermutigend
inorganík, -e *Adj* anorganisch
inovación -i *m*, *Pl* -e Innovation *f*, Neuerung *f*
insékt -i *m*, *Pl* -e Insekt *n*
insektengrënës I. -i *Subst/m, Pl* – Insektenfresser *m*; **II.** -e *Adj* insektenfressend
insistím -i *m* Beharrung *f*, Beharrlichkeit *f*
insistón 1 *tr* beharren auf, bestehen auf
inspektím -i *m*, *Pl* -e Inspektion *f*
inspektón 1 *tr* inspizieren, besichtigen
inspektór -i *m*, *Pl* -ë Inspektor *m*
inspektorát -i *m* Inspektion *f (als Amt)*
inspiración -i *m*, *Pl* -e Inspiration *f*
inspirím -i *m*, *Pl* -e = **inspiracion**
inspirón 1 *tr* inspirieren, anregen
instalím -i *m*, *Pl* -e Installation *f*, Anlage *f*, Einbau *m*; Leitungssystem *n*; ~**i elektrik** die elektrische Installation
instaló|n 1 *tr* installieren, einbauen; errichten; **-het** *refl* sich niederlassen, sich einrichten
instánc|ë -a *f*, *Pl* -a Instanz *f*
instínkt -i *m*, *Pl* -e Instinkt *m*
instinktív, -e *Adj* instinktiv, unwillkürlich; instinktmäßig
instinktivísht *Adv* instinktiv, unwillkürlich
institución -i *m*, *Pl* -e Institution *f*, Einrichtung *f*
institút -i *m*, *Pl* -e Institut *n*;

Instituti i Gjuhësisë dhe i Letërsisë Institut für Sprach- und Literaturwissenschaft

instruksióne -t *Pl* Instruktionen *Pl*; Weisungen *Pl*

instruktór -i *m*, *Pl* -ë **1.** Instrukteur *m*; **2.** Sportlehrer *m*

instrumént -i *m*, *Pl* -e Instrument *n*, Werkzeug *n*, Gerät *n*; ~ **muzikor** Musikinstrument

instrumentál, -e *Adj* instrumental

instrumentíst -i *m*, *Pl* -ë *od* -a Instrumentalist *m*

insulín|ë -a *f* Insulin *n*

integrál **I.** -i *Subst/m* *Math* Integral *n*; **II.** -e *Adj* integral, ganz, vollständig; **njehsim** ~ Integralrechnung *f*

integritét -i *m* Integrität *f*

integrón 1 *tr* integrieren

intelektuál **I.** -i *Subst/m*, *Pl* -ë Intellektueller *m*; **II.** -e *Adj* intellektuell

inteligjénc|ë -a *f* Intelligenz *f*

inteligjént, -e *Adj* intelligent

intendénc|ë -a *f*, *Pl* -a *Mil* Intendantur *f*

intensifikím -i *m* Intensivierung *f*

intensifikón 1 *tr* intensivieren

intensitét -i *m*, *Pl* -e Intensität *f*, Intensivität *f*; *El* Stärke *f*; ~ **rryme** Stromstärke

intensív, -e *Adj* intensiv

intensívsht *Adv* intensiv

interés -i *m*, *Pl* -a Interesse *n*; Nutzen *m*, Gewinn *m*, Vorteil *m*; Eigeninteresse; Aufmerksamkeit *f*, Teilnahme *f*; Bedeutung *f*; ~**a** *Pl* Zinsen *Pl*; Interessen *Pl*

interesánt, -e *Adj* interessant

interesaxhí -u *m*, *Pl* – *od* -nj Habgieriger *m*, Gewinnsüchtiger *m*, Profitgieriger *m*

interesím -i *m*, *Pl* -e Interesse *n*, Teilnahme *f*, Aufmerksamkeit *f*

interesó|**n** 1 *itr* interessieren; **kjo më** ~ das interessiert mich; **-het** *refl* sich interessieren

interferénc|ë -a *f* Interferenz *f*

interjeksión -i *m*, *Pl* -e Interjektion *f*

internacionál, -e *Adj* international

internacionál|**e** -ja *f* Internationale *f*; **Internacionalja e Parë** die Erste Internationale

internacionalíst **I.** -i *Subst/m*, *Pl* -ë *od* -a Internationalist *m*; **II.** -e *Adj* internationalistisch

internacionalíz|ëm -mi *m* Internationalismus *m*

internát -i *m*, *Pl* -e Internat *n*

internatíst -i *m*, *Pl* -ë *od* -a Internatsschüler *m*, Internatsstudent *m*

interním -i *m*, *Pl* -e Internierung *f*; Internierungslager *n*

internón 1 *tr* internieren

internúar **I.** (i) *Adj* interniert; **II.** -i (i) *Subst/m*, *Pl* – (të) Internierter *m*

interpelánc|ë -a *f*, *Pl* -a Interpellation *f*, parlamentarische Anfrage *f*

interpelón 1 *tr* interpellieren, anfragen

interpretím -i *m*, *Pl* -e Interpretation *f*

interpretón 1 *tr* interpretieren

interruptór -i *m*, *Pl* - ë *El* Schalter *m*

intervál -i *m*, *Pl* -e Intervall *n*; *Theat* Pause *f*; *Mus* Intervall

intervención -i *m*, *Pl* -e Intervention *f*

intervencioníst -i *m*, *Pl* -ë *od* -a Intervent *m*

intervením -i *m*, *Pl* -e Intervention *f*, Vermittlung *f*; Einmischung *f*

intervenón 1 *itr* intervenieren, vermitteln; sich einmischen

intervíst|ë -a *f*, *Pl* -a Interview *n*

intím, -e *Adj* intim, vertraut, vertraulich

intimitét -i *m*, *Pl* -e Intimität *f*

intoleránc|ë -a *f* Intoleranz *f*, Unduldsamkeit *f*

intransitív, -e *Adj* *Gramm* intransitiv

intransigjént, -e *Adj* unversöhnlich
intrigánt I. -i *Subst/m, Pl* -ë *od* -a Intrigant *m*; **II.** -e *Adj* intrigant, arglistig, Intrigen spinnend
intrigánt|e -ja *f, Pl* -e Intrigantin *f*
intríg|ë -a *f, Pl* -a Intrige *f*; *Lit* **Intriga e Dashuria** Kabale und Liebe
intrigón 1 *itr* intrigieren
intuición -i *m* Intuition *f*
intuitív, -e *Adj* intuitiv
invadím -i *m, Pl* -e Invasion *f*
invadón 1 *tr* in ein Land eindringen, einfallen; *ein Land* überfallen
invadónjës -i *m, Pl* – Invasor *m*
invalíd -i *m, Pl* -ë Invalide *m*
invaliditét -i *m* Invalidität *f*, Arbeitsunfähigkeit *f*
invariánt -i *m Math* Invariante *f*
invazór -i *m, Pl* -ë Invasor *m*
inventár -i *m, Pl* -ë Inventar *n*; Bestandsverzeichnis *n*
inventarizím -i *m* Inventarisierung *f*
inventarizón 1 *tr* inventarisieren
invertebrátë -t *Pl Zool* Wirbellose *Pl*
investím -i *m, Pl* -e Investition *f*, Kapitalanlage *f*; investiertes Kapital *n*
investón 1 *tr* investieren
inxhí -a *f, Pl* – Perle *f*
inxhiniér -i *m, Pl* -ë Ingenieur *m*; ~ **minierash** Bergbauingenieur; ~ **kimist** Chemieingenieur
inxhiniér|e -ja *f, Pl* -e weiblicher Ingenieur; **ajo është** ~ sie ist Ingenieur
inxhinierí -a *f* Ingenieurwesen *n*
injoránc|ë -a *f* Ignoranz *f*, Unwissenheit *f*
injoránt, -e *Adj* ignorant, unwissend
injorón 1 *tr* ignorieren
ipéshkv -i *m, Pl* –ínj katholischer Bischof *m*
ipeshkví -a *f, Pl* – Bistum *n*
ípet 53 *refl* = **jepet** → **jep**
ípsht|ë -a *f, Pl* -a **1.** junger Eichenwald *m*; **2.** Mahltrichter *m*

ípte 53 *Imperf* → **jep**
iqindí -a *f* Nachmittagsgebet *n* der Mohammedaner; Nachmittag *m*; Vesper *f*
Irák -u *m* Irak *m*
Irán -i *m* Iran *m*
iranián I. -i *Subst/m, Pl* -ë Iraner *m*, Perser *m*; **II.** -e *Adj* iranisch, persisch
ireál, -e *Adj* irreal
iridacé -të *Pl* Schwertliliengewächse *Pl*
iríd|ë -a *f Anat* Iris *f*, Regenbogenhaut *f*
irídium -i *m* Iridium *n*
iríq -i *m, Pl* -ë *od* -a Igel *m*; ~ **deti** Seeigel
iríth -i *m Anat* Zäpfchen *n*
iríz|ë -a *f Med* Krebs *m*
irlandéz I. -i *Subst/m, Pl* -ë Ire *m*; **II.** -e *Adj* irisch
irlandéz|e -ja *f, Pl* -e Irin *f*
Irlánd|ë -a *f* Irland *n*; **Irlanda e Veriut** Nordirland
ironí -a *f* Ironie *f*; ~**a e fatit** die Ironie des Schicksals
ironík, -e *Adj* ironisch
ironikísht *Adv* ironisch
ironizón 1 *tr* ironisieren
irracionál, -e *Adj* irrational
ísk|ër -ra *f, Pl* -ra **1.** Funken *m*; **2.** Stückchen *n*, Krümel *m*, Krume *f*
islám, -e *Adj* islamisch
islamík, -e *Adj* = **islam**
islamíz|ëm -mi *m* Islamismus *m*; Islam *m*
Islánd|ë -a *f* Island *n*
íso -ja *f Mus* Bordun *m bes. im mehrstimmigen Volksgesang*
íst|ëm -mi *m, Pl* -me Isthmus *m*, Landenge *f*
istikám -i *m, Pl* -e Schützengraben *m*
ish I. 54 *Imperf* → **është**; **II.** *Präf* ex-, ehemalig
ish-drejtór -i *m* ehemaliger Direktor *m*

ish-kryeqytét -i *m* ehemalige Hauptstadt *f*, frühere Hauptstadt
ish-minist|ër -ri *m* Exminister *m*
íshull -i *m*, *Pl* íshuj Insel *f*
Italí -a *f* Italien *n*
italián I. -i *Subst/m*, *Pl* -ë Italiener *m*; II. -e *Adj* italienisch
italián|e -ia *f*, *Pl* -e Italienerin *f*
italísht *Adv* auf italienisch
italísht|e -ja *f* Italienisch *n*
italoshqiptár -i *m*, *Pl* -ë Italoalbaner *m*
itinerár -i *m*, *Pl* -ë Reiseroute *f*; Reisebuch *n*
ithtár -i *m*, *Pl* -ë Anhänger *m* einer Idee, Verfechter *m*, Schüler *m*
ithtó|n 1 *tr* bitter machen; herb machen; **-het** *refl* verbittern, sich grämen; **m'u ithtua goja** ich habe einen bitteren Geschmack im Mund
iu *Gramm* 1. *Kombination der Kurzform des Pers Pron →* **i** *(Dat) und der Pass-Refl-Partikel →* **u**; **çmimi ~ dha nxënësit më të mirë** der Preis wurde dem besten Schüler verliehen; **~ ngjit malit** er kletterte auf den Berg; 2. *Kombination der Kurzform des Pers Pron →* **u** *(Dat) und der Pass-Refl-Partikel →* **u**; **çmimet ~ dhanë nxënësve më të mirë** die Preise wurden den besten Schülern verliehen; **~ ngjit maleve** er kletterte auf die Berge
ív|ë -a *f*, *Pl* -a Stickerei *f* an der Kleidung
izobáre -t *Pl* Isobaren *Pl*
izoglós|ë -a *f*, *Pl* -a Isoglosse *f*
izolacioníst -i *m*, *Pl* -ë *od* -a Isolationist *m*
izolacioníz|ëm -mi *m* Isolationismus *m*
izolánt, -e *Adj Phys* isolierend
izolatór -i *m*, *Pl* -ë Isolator *m*
izolím -i *m* Isolierung *f*, Isolation *f*, Absonderung *f*; *Phys* Isolierung, Isolation
izoló|n 1 *tr* isolieren, absondern; *Phys* isolieren; **-het** *refl* sich isolieren, sich absondern
izolónjës -i *m*, *Pl* – = izolator
izolúar (i) *Adj* isoliert, vereinsamt; abgeschlossen, ausgeschlossen
izomórf, -e *Adj* isomorph
izotérme -t *Pl* Isothermen *Pl*
izotermík, -e *Adj* isotherm
izotóp -i *m*, *Pl* -e Isotop *n*
Izraél -i *m* Israel *n*
izraelít I. -i *Subst/m*, *Pl* -ë Israeli *m*; Israelit *m*, Jude *m*; II. -e *Adj* israelisch; israelitisch, jüdisch
izraelít|e -ja *f*, *Pl* -e Israelitin *f*; Jüdin *f*

J

¹**ja** *Interj* da!, hier!, schau!; **~ libri** da ist das Buch; **~ ku e ke** a) hier hast du es; b) sieh, dort ist er
²**ja:** **~ ... ~ ...** *Konj* entweder... oder...

³**ja** = ia
jabanxhésh|e -a *f*, *Pl* -a Fremde *f*, fremde Frau *f*
jabanxhí -u *m*, *Pl* – *od* -nj Fremder *m*
jaguár -i *m*, *Pl* -ë Jaguar *m*

jahní -a *f, Pl* – Art Gulasch
jaht -i *m* Jacht *f*
¹ják|ë -a *f, Pl* -a **1.** Kragen *m*; **2.** Kapuze *f*
²jákë *Interj* komm!, hierher!; ~**ni!** kommt!
jákëz -a *f, Pl* -a Kragen *m*
jakí -a *f, Pl* – Senfpflaster *n*; Aderlaß *m*
jakúc|e -ja *f, Pl* -e Art Männerjacke *mit kurzen Ärmeln*
jakút -i *m, Pl* -e Rubin *m*
jallán, -e *Adj* lügnerisch
Jállt|ë -a *f* Jalta *n*
jam 54 *1. Pers Sg Präs* → **është**
jamb -i *m, Pl* -e *Lit* Jambus *m*
jambáll -i *m, Pl* -e Süßholz *n*
jambík, -e *Adj Lit* jambisch
jamullí -a *f, Pl* -a wollene Schlafdecke *f*; Wolldecke *f*
janár -i *m* Januar *m*
jap 53 *1. Pers Sg Präs* → **jep**
japí -a *f* Figur *f*, Statur *f*; Gesichtszüge *Pl*
japísh|ëm (i), -me (e) *Adj* ansehnlich
japonéz I. -i *Subst/m, Pl* -ë Japaner *m*; **II.** -e *Adj* japanisch
Japoní -a *f* Japan *n*
japonísht *Adv* auf japanisch
japonísht|e -ja *f* Japanisch *n*
japrák -u *m, Pl* -ë Kohlroulade *f*; Roulade *f mit Weinblättern*
jarán -i *m, Pl* -ë *od* -a Liebhaber *m*, Geliebter *m*
jard -i *m, Pl* -ë Yard *n*
jargaván -i *m, Pl* -ë *od* -a Flieder *m*
jargavéc -i *m, Pl* -ë Nacktschnecke *f*
jargavél, -e *Adj* sabbernd, Speichel auswerfend, geifernd
járg|ë -a *f, Pl* -a **1.** Spucke *f*, Sabber *m*, Speichel *m*; **2.** Schleim *m der Schnecken*
járgëz -a *f Bot* Schleim *m*
jargëzóhet 1 *refl* sabbern, geifern
jargëzór, -e *Adj* schleimig
jargós 21 *tr* bespucken, bespeien; vollspucken; -et *refl* sich besabbern
jaríçk|ë -a *f, Pl* -a Hühnchen *n*, junge Henne *f*
jarovizím -i *m* Jarowisierung *f*
jasemín -i *m, Pl* -a Jasmin *m*
jastëck|ë -a *f, Pl* -a kleines Kissen *n*
jastëk -u *m, Pl* ë Kissen *n*, Kopfkissen
jashmák -u *m, Pl* -ë Gesichtsschleier *m der Mohammedanerinnen*
jáshta *Adv* = **jashtë**
jáshtazi *Adv* von draußen, von außen, von außerhalb
jáshtë I. *Adv* außen, draußen; hinaus, heraus; **del** ~ a) hinausgehen; b) austreten gehen, die Notdurft verrichten; **II.** *Präp (mit Abl)* außer, außerhalb; ~ **meje** außer mir; ~ **shtetit** im Ausland
jashtëlígjsh|ëm (i), -me (e) *Adj* ungesetzlich, gesetzwidrig
jásht|ëm (i), -me (e) *Adj* äußerer, Außen-, außenstehend; fremd; **tregëti e jashtme** Außenhandel *m*; **Ministria e Punëve të Jashtme** das Ministerium für Auswärtige Angelegenheiten, das Außenministerium
jashtëqendrór, -e *Adj* exzentrisch
jáshtësme -t (të) *Pl Myth* Feen *Pl* *die Kinder rauben u. sie tottanzen*
jáshtësmi (i) *m/best* der Teufel
jashtëshkollór, -e *Adj* außerschulisch
jashtëzakonísht *Adv* außergewöhnlich, außerordentlich, besonders
jashtëzakónsh|ëm (i), -me (e) *Adj* außerordentlich, außergewöhnlich, besonderer; **i dërguar i** ~ außerordentlicher Gesandter, Sonderbeauftragter *m*
jatagán -i *m, Pl* -ë *od* -a Jatagan *m*, orientalisches Krummschwert *n*
jaták -u *m, Pl* -ë *od* jatáqe Bett *n*; *übertr* Unterschlupf *m*; **iu bë** ~ **atij** er gewährte ihm Unterschlupf
javásh *Adv* langsam

javásh|e -ja *f*, *Pl* -e Klemmholz *n* mit dem die Pferde beim Beschlagen am Beißen gehindert werden

javashllék -u *m* Langsamkeit *f*; Verzögerung *f*; Trödelei *f*; Trägheit *f*

jáv|ë -a *f*, *Pl* -ë Woche *f*; **për ~** wöchentlich; *Rel* **java e madhe** die Karwoche

javór, -e *Adj* wöchentlich, Wochen-

javór|e -ja *f*, *Pl* -e Stundenplan *m*, Wochenplan *m*

¹**jaz** -i *m*, *Pl* -a Mühlbach *m*

²**jaz** -i *m* Trauer *f*; **mban ~** trauern **je** 54 2. *Pers Sg Präs* → **është**

jehón 1 *itr* widerhallen, echoen

jehón|ë -a *f*, *Pl* -a Echo *n*, Widerhall *m*

jel -i *m* Rheumatismus *m*

jél|e -ja *f*, *Pl* -e Pferdemähne *f*

jelék -u *m*, *Pl* -ë *od* jeléqe Weste *f*

Jemén -i *m* Jemen *m*

jeniçér -i *m*, *Pl* -ë *alt* Janitschar *m*

jep 53 *tr* geben, überreichen; schenken, überlassen; opfern; **ata japin të kuptohet** sie geben zu verstehen; **nuk di se nga t' ia jap** ich weiß nicht ein noch aus; **japim e marrim** a) wir stehen in Verbindung miteinander; *b)* wir handeln miteinander; **kanë dhënë e kanë marrë** sie haben verwandtschaftliche Beziehungen miteinander geknüpft; **dha e mori** er bemühte sich, er suchte einen Ausweg; **dhashë e dhashë** ich habe getan, was ich konnte; **~ hua** verborgen, verleihen; **~ shpirt** den Geist aufgeben, sterben; **~ shpirtin për të** er gibt das Letzte für ihn her; **~ shkak për...** den Anlaß geben für...; **i ~ besë** er vertraut ihm, er schenkt ihm Glauben; **i ~ besën** *od* **i ~ fjalën** er gibt ihm sein Wort; **e ~ ligja** das Gesetz läßt es zu, es ist erlaubt; **ia dha gazit** er begann zu lachen; **i ~ sy** er verwöhnt ihn; **s'më ~ dorë** es nützt mir nichts; **i ~ zemër** er macht ihm Mut; **ua dha këmbëve** er nahm die Beine in die Hand, 'er nahm Reißaus; **i ~ dorë të lirë** er läßt ihm freie Hand; **i dha thonjtë** er hat ihn vertrieben; **i dha fund punës** a) er hat die Arbeit beendet; b) er machte der Sache ein Ende; **-et** *refl* 1. sich widmen, sich hingeben; ergeben sein; sich begeistern für; **~et pas lodrës** er ist dem Spiel ergeben; **~em pas teje** ich bin dir ergeben; 2. sich ergeben, kapitulieren; 3.: **më ~et që ta bëj** ich habe die Möglichkeit, es zu tun

jeremí I. -a *Subst/f* Einsamkeit *f*; Abgeschiedenheit *f*; Einsiedelei *f*; II. -a *Subst/m* Einsiedler *m*

jeremíní -a *f* Wüstenei *f*, Einöde *f*

jerm -i *m* geistige Abwesenheit *f*; Fieberwahn *m*; Delirium *n*; **flet ~** im Fieberwahn sprechen; im Wahn sprechen; Unsinn reden

jermí -a *f* = **jerm**

jermík -u *m* Reismehl *n*

jermón 1 *itr* im Wahn sprechen; im Fieber sprechen

jesír -i *m*, *Pl* -ë *alt* Kriegsgefangener *m*

jeshíl I. -e *Adj* grün; II. -i *Subst/m* Grün *n*; **e lëshova kalin në ~** ich ließ das Pferd auf die Weide

jeshilón 1 *itr* grünen, sprießen, ausschlagen *(Bäume)*

jeshillék -u *m* das Grün

jet 22¹ *itr* bleiben, dableiben; **~a keq** ich bin in einer schwierigen Lage

jetés|ë -a *f* Lebensart *f*, Lebensweise *f*; Lebensunterhalt *m*; **nivel i ~s** Lebensstandard *m*

¹**jet|ë** -a *f*, *Pl* -ë 1. Leben *n*; **la ~** *od* **dha ~** er gab sein Leben; **ndërroi ~** er starb; **jeta e ~s** die Ewigkeit; **për ~** *od* **për ~ të ~s** *od* **sa të jetë jeta** ewig, für das

ganze Leben; **2.** Leben, Lebensart *f*; Lebensstandard *m*; **bën ~ të mirë** er führt ein gutes Leben; **3.** Lebhaftigkeit *f*, Lebendigkeit *f*
²**jétë** 54: **të ~ 3.** *Pers Sg Konjunktiv* → **është**
jetëdhënës, -e *Adj* lebenspendend; belebend
jetëgjátë *Adj* langlebig
jetërsím -i *m*, *Pl* -e *Jur* Übereignung *f*
jetërsón 1 *tr Jur* übereignen, übertragen
jetësór, -e *Adj* lebenswichtig
jetëshkrím -i *m*, *Pl* -e Biographie *f*, Lebensbeschreibung *f*
jetëshkúrtër *Adj* kurzlebig; in jungen Jahren verstorben, frühverstorben
jetë|zí, -zézë *Adj* unglücklich
jetík, -e *Adj* **1.** uralt, altehrwürdig; **2.** Lebens-, lebenslang; **3.** lebenswichtig, essentiell
jetím -i *m*, *Pl* -ë *od* -a Waise *f*, Waisenjunge *m*
jetím|e -ja *f*, *Pl* -e Waisenkind *n*, Waisenmädchen *n*
jetimór|e -ja *f*, *Pl* -e Waisenhaus *n*
jetón 1 *itr* **1.** leben, lebendig sein; **~ me...** leben von..., sich ernähren von...; **2.** leben, wohnen; **~ me...** zusammenleben mit...; **3.** *tr* erleben, miterleben, an etw. teilhaben
jetóset 21 *refl* altersschwach werden
jevg -u *m*, *Pl* jevgj seßhafter Zigeuner *m*
jévg|ë -a *f*, *Pl* -a seßhafte Zigeunerin *f*
jezít -i *m*, *Pl* -ë Blutsauger *m*; böser Mensch *m*
jezuít -i *m*, *Pl* -ë Jesuit *m*; *übertr* Lügner *m*, Heuchler *m*
jezuitíz|ëm -mi *m* Jesuitismus *m*; *übertr* Heuchelei *f*
jézull -i *m* Glut *f*, Glutasche *f*; Fieber *n*, Fieberglut
ji 54 *Imp* → **është**
jíni 54 2. *Pers Pl Präs* → **është**
jípte 53 *Imperf* → **jep**

jo I. *Adv* nein; nicht; **më thirri mua, ~ ty** mich hat er gerufen, nicht dich; **~ që ~ ganz gewiß** nicht; **~ vetëm** nicht nur; **II.** *Konj:* **~ ... ~ ...,** entweder... oder...; ob... oder...
joantagoníst, -e *Adj* nichtantagonistisch
jod -i *m* Jod *n*
jokalimtár, -e *Adj Gramm* intransitiv
jokapitalíst, -e *Adj* nichtkapitalistisch
jolí -të *Pl* = **sazet**
jon -i *m*, *Pl* -e Ion *n*
Jon I. -i *Subst/m* Ionisches Meer *n*; **II.** *Adj* :**deti ~** das Ionische Meer
jóne -t *Pl* Arie *f*
¹**jón|e** -a *f*, *Pl* -a **1.** Echo *n*; **2.** Arie *f*
²**jónë** *Poss Pron/f* unsere; **shoqja ~** unsere Kollegin
jongár -i *m*, *Pl* -ë **1.** Gitarre *f mit 3 Saiten*; **2.** Doppelflöte *f*
jonizím -i *m* Ionisation *f*
jónxh|ë -a *f* Luzerne *f*; **~ e egër** Schneckenklee *m*
joobjektív, -e *Adj* nichtobjektiv
jooksidúes, -e *Adj* nichtoxydierend
joproletár, -e *Adj* nichtproletarisch
jordanéz I. -i *Subst/m*, *Pl* -ë Jordanier *m*; **II.** -e *Adj* jordanisch
Jordaní -a *f* Jordanien *n*
jorgán -i *m*, *Pl* -ë *od* -a Steppdecke *f*; *übertr* **shtri këmbët sa ke ~ in!** strecke die Beine nach der Decke!; **për një plesht djeg ~ in** er macht aus einer Mücke einen Elefanten
jorganxhí -u *m*, *Pl* – *od* -nj Steppdeckenhersteller *m*
jóse *Konj:* **~ ... ~ ...** entweder... oder...
josh 14² *tr* locken, anlocken; umschmeicheln; -**et** *refl* schmeicheln, sich anschmeicheln
¹**jósh|ë** -a *f*, *Pl* -a Großmutter *f*, Oma *f (mütterlicherseits)*

²jósh|ë -a f Lockung f, Verlockung f; Schmeichelei f

jot *Poss Pron/f* deine; ~ **motër** deine Schwester

jóte *Poss Pron/f* deine; **shoqja** ~ deine Kollegin

jozyrtár, -e *Adj* nichtamtlich, inoffiziell

ju *Pers Pron* ihr; Sie

júa *Pers Pron* 1. *Kombination der Kurzform* → **ju** *(Dat) und* → **e** *(Akk)*; ~ **dha** er gab es euch; 2. *Kombination der Kurzform* → **ju** *(Dat) und* **i** *(Akk)*; ~ **dha** er gab sie *(Pl)* euch

júaj *Poss Pron* euer, eure; Ihr, Ihre; **shoku** ~ euer Kollege; **shoqja** ~ eure Kollegin

jubilár I. -e *Adj* Jubiläums-; **vit** ~ Jubiläumsjahr *n*; II. -i *Subst/ m, Pl* -ë Jubilar *m*

jubilé -u *m, Pl* – Jubiläum *n*

jud -i *m Myth Gestalt, die nachts den Säufern erscheint, sie überfällt und schlägt*

júdh|ë -a *m* Judas *m*; Verräter *m*

júfk|ë -a *f, Pl* -a 1. Art Süßigkeit *in der Pfanne zubereitet und in Sorbett getränkt;* 2. **jufka** *Pl* Bandnudeln *Pl*

jug -u *m* Süden *m*; Südwind *m*; **Amerika e Jugut** Südamerika *n*; **vallet e Jugut** die Tänze aus dem Süden (Südalbanien)

júg|ë -a *f* Südwind *m*

juglíndj|e -a *f* Südosten *m*

juglindór, -e *Adj* südöstlich

jugór, -e *Adj* südlich, Süd-; **Europa Jugore** Südeuropa *n*

jugosllàv I. -i *Subst/m, Pl* -ë Jugoslawe *m*; II. **-e** *Adj* jugoslawisch

Jugosllaví -a *f* Jugoslawien *n*

jugperëndím -i *m* Südwesten *m*

jugperëndimór, -e *Adj* südwestlich

jugvietnaméz, -e *Adj* südvietnamesisch

julián, -e *Adj* julianisch; **kalendari** ~ der Julianische Kalender

jullár -i *m, Pl* -ë Zaum *m*, Halfter *m*

júra *f/best* der Jura

jurí -a *f, Pl* – 1. Jury *f*; 2. *Jur* Geschworene *Pl*, Schwurgericht *n*

juridík, -e *Adj* juristisch, rechtlich; rechtswissenschaftlich; Rechts-; **person** ~ juristische Person *f*

juridikísht *Adv* juristisch, rechtlich

juridiksión -i *m, Pl* -e Jurisdiktion *f*, Rechtsprechung *f*, Gerichtsbarkeit *f*

jurisprudénc|ë -a *f* Jurisprudenz *f*, Rechtswissenschaft *f*

juríst -i *m, Pl* -ë *od* -a Jurist *m*

justifikím -i *m, Pl* -e Rechtfertigung *f*, Justifikation *f*

justifikó|n 1 *tr* rechtfertigen, justifizieren; -het *refl* sich rechtfertigen, seine Unschuld beweisen

K

¹ka 55 *tr* 1. haben, besitzen; halten; haben als; **e** ~ **mik** er ist sein Freund; ~ **et** er hat Durst; ~ **uri** er hat Hunger; ~ **të drejtë** er hat recht; ~ **punë** er hat zu tun; **ki mendjen!** nimm dich in acht!; **ki kujdes!** paß auf!, gib acht!; **e** ~ **zakon** er hat die Angewohnheit;

kështu e ~në trimat so ist es bei mutigen Männern Brauch; **si të ~m?** wie geht es dir?; **ç' ke ti?** was willst du?; was geht es dich an?; **ç' ke ti, e rregulloj unë** laß nur, ich bringe das in Ordnung!; **e ~m me atë** ich habe mit ihm ein Problem zu lösen; **ç' ke me mua?** was willst du denn von mir?; **e ~m mirë me atë** ich stehe mit ihm auf gutem Fuß; **ç' të ~ dora?** was ist mit deiner Hand?; **2.** *unpers:* **~ es** gibt; **~ erë sot** es ist windig heute; **~ vapë** es ist heiß; **burrë si ai s'~** es gibt keinen Mann wie diesen; **është e bukur sa s'~** sie hat an Schönheit nicht ihresgleichen; **3.**: **~m një vit që e kërkoj** ich suche es schon seit einem Jahr; **~ një vit** es ist ein Jahr her; **4.**: **sa i ke mollët?** was kosten bei dir die Äpfel?; **sa ~ kjo këmishë?** was kostet dieses Hemd?; **5.** *(im Aorist)*: **e pat** es ist aus, da ist nichts mehr zu machen; **e patën ullinjtë** die Oliven sind hin; **6.** *itr*: **s'~m si rri** ich kann nicht bleiben; **s'~m sesi** ich kann (es) auf gar keinen Fall; **7.** *Gramm Hilfsverb zur Bildung verschiedener Verbformen*

²**ka** -u *m, Pl* **qe** Ochse *m*
kabaré -ja *f, Pl* – Kabarett *n*
káb|ël -li *m, Pl* -le *El* Kabel *n*; **~ i tokëzuar** Erdkabel, Erdleitung *f*
kabinét -i *m, Pl* -e **1.** Kabinett *n*, Gesamtministerium *n*; **2.** Kabinett; Schulzimmer *n*; **~ i fizikës** Physikzimmer *n*
kabín|ë -a *f, Pl* -a Kabine *f*
kabísht -i *m, Pl* -a Ohrwurm *m*
kablósh -i *m* **1.** Stirnlocke *f*; **2.** langfasrige Wolle *f* vom Kopf des Schafes
kábllo -ja *f, Pl* – Kabel *n*
kabllográm -i *m, Pl* -e Kabelgramm *n*

kabúll *Adv*: **bën ~** bereitwillig annehmen, geneigt sein anzunehmen
kabuní -a *f, Pl* – *Kochk süße Reisspeise mit Rosinen, Mandeln und Fleischstückchen*
kacabú -ni *m, Pl* -nj Käfer *m*
kacafík -u *m, Pl* -ë Ausguck *m des Feldhüters*; alte Bude *f*, Bruchbude, Hütte *f*
kacafýtet 20 *refl* sich raufen, sich prügeln
kacafýtj|e -a *f, Pl* -e Prügelei *f*, Rauferei *f*; Kampf *m*
kacagjél *Indekl*: **rri ~** sich großtun, angeben
kacagjelóhet 1 *refl* sich großtun, sich aufplustern, sich aufspielen
kacaléc -i *m, Pl* -a Heuschrecke *f*
kacarrík -u *m, Pl* -ë Stütze *f für den Rebstock*
kacarróhet 1 *refl* klettern; sich hochwinden, sich hochranken; *übertr* sich aufspielen
kacarrúm -i *m, Pl* -a entkörnter Maiskolben *m*
kacaváret 14¹ *refl* = **kacarrohet**
kacavárës -e *Adj* = **kacavjerrës**
kacavídh|ë -a *f, Pl* -a Schraubenzieher *m*
kacavírret 18 *refl* = **kacarrohet**
kacavjérrës -e *Adj* rankend, Kletter-, sich windend
kacék -u *m, Pl* -ë Schlauch *m für Wein, Öl, Essig*; Balg *m*; Blasebalg
kacér -e *Adj* **1.** mit geraden Hörnern; **2.** mit aufgezwirbeltem Schnurrbart
kác|ë -a *f, Pl* -ë Tonne *f*
kací -a *f, Pl* – Kohlenschaufel *f*
kacibárdh|ë -a *f, Pl* -a wilde Rose *f*, Hundsrose
kacíq -i *m, Pl* – **1.** Zicklein *n*; **2.** Balg *m*; Schlauch *m für Öl, Wein, Essig und dgl.*
kacúk *Adv*: **rri ~** hocken, kauern
kacúl|e -ja *f, Pl* -e kleine Garbe *f*
kaç -i *m, Pl* **keç** *od* **këçër** Weber *m*

kaçabék -u *m, Pl* -ë Roter Milan *m*
kaçák **I.** -u *Subst/m, Pl* -ë Flüchtling *m*; Deserteur *m*; **II.** -e *Adj* unverzollt, geschmuggelt; schwarz gekauft
kaçamák -u *m* Maisbrei *m*, Polenta *f*
kaçamíll -i *m, Pl* kaçamíj Schnecke *f*
kaçarrél *Adj* = **kaçurrel**
kaçarrúm -i *m, Pl* -a = **kacarrum**
kaçavíd|ë -a *f, Pl* -a = **kacavidhë**
kaçavídh|e -a *f, Pl* -a = **kacavidhë**
káç|e -ja *f, Pl* -e **1.** wilde Rose *f*, Hundsrose; **2.** Art Safran; **3.** Herbstzeitlose *f*
kaçél, -e *Adj* lahm
kaçík|ërr -rra *f, Pl* -rra = **kacalec**
kaçíl|e -ja *f, Pl* -e Körbchen *n*, Korb *m*
kaçirúb|ë -a *f, Pl* -a *Zool* Häubchen *n*, Haube *f der Vögel*; Haarbüschel *n*, Haarsträhne *f*
kaçkarítet 20 *refl* jmdm. falsche Versprechungen machen; jmdm. etwas vormachen; schwindeln
kaçkaváll -i *m, Pl* -e harter Schafskäse *m*
káçk|ë -a *f, Pl* -a Nuß *f mit der grünen Schale;* Walnuß
káçkët (i) *Adj* Walnuß-
kaçórr -i *m, Pl* -a Hasenjunges *n*, Häschen *n*
kaçórr|e -ja *f, Pl* -e Hütte *f*
kaçubét -i *m, Pl* -a Roter Milan *m*
kaçúb|ë -a *f, Pl* -a Busch *m*, Strauch *m*
kaçubór, -e *Adj* buschig, staudig, strauchig; buschhoch
kaçúl -i *m* **1.** Federschopf, Schopf *m*, Häubchen *n bei Vögeln*; **2.** Hahnenkamm *m*; **3.** Haubenlerche *f*
kaçúl|e -ja *f, Pl* -e Kapuze *f*
kaçulít|ë -a *f, Pl* -a Federschopf *m*, Häubchen *n bei Vögeln*
kaçullár -i *m, Pl* -ë Prahler *m*, Prahlhans *m*
kaçúll|e -ja *f, Pl* -e = **kaçule**

kaçúp -i *m, Pl* -e = **kacek**
kaçurrél, -e *Adj* kraus, geringelt, lockig *(Haar)*
kaçurréla -t *Pl* Locken *Pl*; krauses Haar *n*
kád -i *m* Weihrauch *m*
kadaíf -i m *Kochk orientalische Süßspeise*, Art Nudelgebäck *mit Sorbett übergossen*
kadást|ër -ra *f* Kataster *m*; Katasteramt *n*
kadastrál, -e *Adj* Kataster-, Katastral-
kadastrím -i *m, Pl* -e Katastrieren *n*
kadastrón 1 *tr* katastrieren; in ein Kataster eintragen
kád|e -ja *f, Pl* -e Bottich *m*, Fäßchen *n für Butter, Käse usw.*
kadét -i *m, Pl* -ë Kadett *m*
kadí -u *m, Pl* -lérë Kadi *m*
kadifé -ja *f, Pl* – Samt *m*; Waschsamt, Kordsamt
kadísht|ë -a *f, Pl* -a Fäßchen *n*
kadít 22 *tr* mit Weihrauch ausräuchern
kadítsh|ëm (i), -me (e) *Adj* vor langer Zeit geschehen; früher, vormalig
kadoríq|e -ja *f, Pl* -e Senker *m*, Ableger *m*, Absenker *vom Weinstock*
kádh|ë -a *f, Pl* -a Hippe *f*, Gartenmesser *n*, Winzermesser *n*
kádh|ëm -mi *m, Pl* -ma = **kadhë**
kaf -i *m* Zunder *m*
kafás -i *m, Pl* -e = **kafaz**
kafáz -i *m, Pl* -e **1.** Käfig *m*, Vogelbauer *n*; Fenstergitter *n aus Holzgeflecht*; **2.** *Anat*: ~ **i krahërorit** Brustkasten *m*, Brustkorb *m*; **3.** *El* Käfig; *Bauw* ~ **i shkallëve** Treppenhaus *n*
kafazlí -a *f, Pl* – Gitter *n*, Gitterwerk *n vor den Fenstern mohammedanischer Häuser*
kafé -ja *f* **1.** Kaffee *m*; **bojë** ~ kaffeebraun; **2.** Café *n*, Kaffeehaus *n*

kafeín|ë -a *f* Koffein *n*
kafené -ja *f*, *Pl* – Kaffeehaus *n*, Café *n*
kafe-restoránt -i *m*, *Pl* -e Speisegaststätte *f*
kafexhí -u *m*, *Pl* – *od* -nj 1. Kaffeekoch *m*; 2. Kaffeehausbesitzer *m*
káfk|ë -a *f*, *Pl* -a Schädel *m*
káfkull -i *m*, *Pl* káfkuj Panzer *m der Schildkröte*
kafshár -i *m*, *Pl* -ë Hirt *m, bes. von Pferden, Eseln und Maultieren*
kafshát|ë -a *f*, *Pl* -a Bissen *m*, Happen *m*, Mundvoll *m*; ein Bissen Brot, ein Stückchen Brot; **për të sigurar** ~**n e gojës** um das tägliche Brot zu sichern
káfsh|ë -a *f*, *Pl* -ë 1. Tier *n*; 2. Lasttier, Saumtier, Packtier; 3. Sache *f*, Ding *n*
káfshëz -a *f*, *Pl* -a Rätsel *n*
kafshím -i *m*, *Pl* -e Beißen *n*; Biß *m eines Tieres*
kafshón 1 *tr* beißen, schnappen *(Tiere)*; anbeißen, hineinbeißen
kafshór|e -ja *f*, *Pl* -e = **kafshatë**
kaftán -i *m*, *Pl* -ë Kaftan *m*
kah *Präp* = **nga**
káh|e -ja *f*, *Pl* -e *Tech* Richtung *f*, Führung *f*; ~ **e lëvizjes** Bewegungssinn *m*
kahérë *Adv* vor einiger Zeit, früher einmal
kahérsh|ëm (i), -me (e) *Adj* früher, einstmalig
kaík|e -ja *f*, *Pl* -e Paddelboot *n*
kaísh -i *m*, *Pl* -e Riemen *m*
kaísht|ë -a *f* weißer Ton *m*, Kaolin *n*
kajmák -u *m*, *Pl* -e Sahne *f*, Rahm *m*
kajnác|ë -a *f*, *Pl* -a Riegel *m*, Klinke *f*, Griff *m am Fenster*
Kájro -ja *f* Kairo *n*
kajsí -a *f*, *Pl* – Aprikose *f*; Aprikosenbaum *m*
kakáo -ja *f* Kakaobaum *m*; Kakao *m*
kakarís 21 *itr* gackern *(Hühner)*

kakarísj|e -a *f* Gegacker *n*
kák|ë -a *f* Kacke *f*, Kot *m bes. von Säuglingen*
kakërdhí -a *f*, *Pl* – Kot *m*, Kötel *m von Schaf und Ziege*
kakërdhíç|ë -a *f*, *Pl* -a Eidechse *f*
kakërdhóc -i *m*, *Pl* -a Frosch *m*
kakërdhók -u *m*, *Pl* -ë *Anat* Augapfel *m*
kakëzógëz -a *f*, *Pl* -a Blindschleiche *f*
kakëzóz|ë -a *f*, *Pl* -a = **kakëzogëz**
kakí -a *f*, *Pl* -a Backglocke *f*
kakofoní -a *f* Kakophonie *f*; Mißklang *m*
kakofoník, -e *Adj* mißtönend
kakól|e -ja *f*, *Pl* -e Hüftknochen *m*
kakrrúk -u *m*, *Pl* -ë Steinobst *n*; harte Nuß *f*
kaktús -i *m*, *Pl* -e Kaktus *m*
kalá -ja *f*, *Pl* – Festung *f*, Burg *f*
kalakíç *Adv* huckepack
kalamá -ni *m*, *Pl* -j Kind *n bis zu 8-9 Jahren*
kalamán -i *m*, *Pl* -ë = **kalama**
kalaménd 14 *tr* verwirren, irremachen; -et *refl* ein Schwindelgefühl haben; ~**em** mir wird schwindelig
kalangérç, -e *Adj* lahm; gebrechlich; kränklich
kalaqáfë *Adv* huckepack
kalaróhet 1 *refl* sich hochranken
kálas *Adv* auf allen vieren
kalavésh -i *m*, *Pl* -a Traube *f* Wein, Büschel *n Obst*
kalavéshas *Adv* im Bösen, schlecht
kalavígjas *Adv* an Armen und Beinen getragen
kalb 14 *tr* verfaulen lassen, verrotten lassen; *übertr* e ~ **a me dru** ich habe ihn gehörig verprügelt; -et *refl* verfaulen, verrotten
kalbaróq -i *m*, *Pl* -ë Siecher *m*, kränklicher Mensch *m*
kalbaróq|e -ja *f*, *Pl* -e kränkliche Frau *f*, Sieche *f*
kalbç, -e *Adj* faul, verrottet, verfault
kalbëséhet 3 *refl* verfaulen

kalbësím -i *m* Verfaulen *n*, Modern *n*, Verrotten *n*
kalbësír|ë -a *f*, *Pl* -a Verfaultes *n*; Fäule *f*, Fäulnis *f*
kalbësítet 20 *refl* = **kalbësehet**
kálbët (i) *Adj* = i **kalbur**
kalbëzím -i *m* = **kalbësim**
kalbëzó|n 1 *tr* verfaulen lassen; -het *refl* faulen, verrotten
kalbsíqe -t *Pl* vermodertes Holz *n*, verfaultes Laub *n*
kálbur (i) *Adj* faulig, verfault; vermodert; verrottet; morsch
kálc|ë -a *f*, *Pl* -a Gamasche *f aus weißem Filz*
kálcium -i *m* Kalzium *n*
kaldaíst -i *m*, *Pl* -ë *od* -a Dampfmaschinist *m*
kaldáj|ë -a *f Tech* Kessel *m*; ~ **me avull** Dampfkessel
kalécë *Adv* = **kalehtë**
kaléhtë *Adv* sacht, leise
kalém -i *m*, *Pl* -e *od* -a 1. Schreibfeder *f*; Stift *m*, Bleistift; 2. Pfropfreis *n*; 3.: ~ **e** *Pl* Waren *Pl*, Artikel *Pl*
kalemxhí -u *m*, *Pl* – *od* -nj Schreiberling *m*
kalendár -i *m*, *Pl* -ë Kalender *m*
kalésh, -**e** *Adj* 1. behaart; 2. schwarzäugig, mit schwarzen Augen und Brauen
kaleshán, -**e** *Adj* behaart
kalésh|e -ja *f*, *Pl* -e 1. Schwarzäuglein *n Kosename für Mädchen;* 2. Schaf *n mit schwarzen Ringen um die Augen*
kál|ë -i *m*, *Pl* kúaj *od* kúal 1. Pferd *n*, Roß *n*, Gaul *m*; ~ **i Nilit** Nilpferd; ~ **shale** Reitpferd; ~ **shtrigash** Heupferd; ~ **i qyqes** Art Geier; **me** ~ beritten, zu Roß; 2. *Tech*: ~ – **fuqi**, *Abk* **KF** *od* **HP** Pferdestärke *f* (PS)
kálë-fuqí, káli-fuqí *m*, *Pl* kúaj-fuqí Pferdestärke *f*

kálfët (i) *Adj*: **ujë i** ~ leicht getrübtes Wasser
kalíb|e -ja *f*, *Pl* -e kleine Hütte *f*
kalíb|ër -ri *m*, *Pl* -ra *Tech* Kaliber *n*; Kaliberbolzen *m*, Kaliberlehre *f*, Meßschieber *m*; *übertr* Kaliber, Größe *f*, Rang *m*
kalibób|ë -a *f*, *Pl* -a Zürgelbaum *m*; Frucht *f des Zürgelbaums*, Zürgelnuß *f*
kalibóç *Adv* auf dem Rücken; **e mori** ~ er nahm ihn huckepack
kalíf -i *m*, *Pl* -ë Kalif *m*
kalifát -i *m* Kalifat *n*
Kaliforní -a *f* Kalifornien *n*
kalikót -i *m* Kaliko *m*
kalím -i *m* Übergang *m*; Umschlagen *n*; Überwindung *f*; ~ **i afatit** Überschreiten *n* der Frist, Terminüberschreitung *f*
kalimtár I. -e *Adj* 1. *Gramm, Math* transitiv; 2. vorübergehend; **periudhë** ~**e** Übergangsperiode *f*; **II.** -i *Subst/m*, *Pl* -ë Vorübergehender *m*, Passant *m*
kalimtarí -a *f Math* Transitivität *f*
kaliqáfë *Adv* = **kalaqafë**
kalíq|e -ja *f*, *Pl* -e Holzschuh *m*, Holzpantine *f*
kalít 22 *tr* 1. *Mühlstein* schleifen; *Sense* dengeln, schärfen; 2. *Metall* entschlacken; *Eisen* stählen
kalítës, -**e** *Adj Tech* stählend, härtend
kalítj|e -a *f Tech* Stählen *n*, Härten *n*
kalítur (i) *Adj* gehärtet, gestählt
kálium -i *m* Kalium *n*
kaliváre *Adv* rieselnd, rinnend
kalív|e -ja *f*, *Pl* -e = **kalibe**
kalkáre -t *Pl* verrottetes Treibholz *n*
Kalkidík *Adj/m*: **gadishulli** ~ die Chalkidike
kalkopirít -i *m* Kupferkies *m*
kalkulím -i *m*, *Pl* -e Kalkulation *f*, Kalkulieren *n*
kalkulón 1 *tr* kalkulieren
Kalkút|ë -a *f* Kalkutta *n*

kalón 1 *itr* 1. vorbeigehen, vorbeikommen, vorübergehen; daherkommen; 2. (në) übergehen zu; 3. gehen; ~ **dorë më dorë** von Hand zu Hand gehen; 4. vergehen, vorbeigehen, verstreichen; **i kaloi afati** die Frist dafür ist verstrichen; **i kaloi kolla** sein Husten ist weg; **kaloi të dyzetat** er ist über vierzig; 5.: **na kanë kaluar disa gabime** uns sind einige Fehler unterlaufen; 6. überschreiten, passieren, überqueren; durchmachen; **e kaloi rrezikun** er hat die Gefahr überwunden; ~ **tifon** den Typhus durchmachen; ~ **klasën** das Klassenziel erreichen, versetzt werden; 7. verbringen; ~ **pushimet** den Urlaub verbringen; ~ **kohën** die Zeit verbringen; 8. überholen, übertreffen; **ia** ~ er übertrifft ihn

kalór -i *m, Pl* -ë = **kalorës**

kalór|e -ja *f, Pl* -e 1. Gerte *f*, Stöckchen *n des Reiters*; 2. oberer Bügel *m des Lastsattels*; 3. Häutchen *n in der Nuß*

kalórës -i *m, Pl* – 1. Relter *m*; Kavallerist *m*; 2. Ritter *m*; 3. *übertr* edler, großzügiger Mensch *m*

kalorësí -a *f* 1. Kavallerie *f*, Reiterschaft *f*; 2. Ritterlichkeit *f*, Edelmut *m*

¹**kalorí** -a *f* Kavallerie *f*

²**kalorí** -a *f, Pl* – Kalorie *f*; ~ **e vogël** Grammkalorie *f*; ~ **e madhe** Kilokalorie

kalorifér -i *m, Pl* -ë *od* -a Heizung *f*

kalorím -i *m, Pl* -e Ritt *m*

kalórthi *Adv*: **qep** ~ mit Heftstichen nähen, heften

kalptón 1 *tr* mit Werg verstopfen

kalptýr|ë -a *f, Pl* -a Werg *n*

káltër (i) *Adj* blau, hellblau, himmelblau

kaltërím|ë -a *f* Blau *n*, Bläue *f*

kaltërón 1 *tr* blau färben

kaltërsí -a *f* = **kaltërimë**

káltërt (i) = **i kaltër**

¹**kalúar** *Adv* aufgesessen, zu Roß; *übertr* **ti je** ~ bei dir geht es vorwärts, mit deiner Sache steht es gut

²**kalúar** I. (i) *Adj*: **javën e** ~ vergangene Woche, vorige Woche; **i** ~ **nga mosha** bejahrt, über fünfzig Jahre; II. -a (e) *Subst/f* Vergangenheit *f*

kalúes, -e *Adj* ausreichend, genügend *für die Versetzung*; **notë** ~**e** ausreichende Note

kalúesh|ëm (i), -me (e) *Adj* passierbar, übersteigbar; **notë e kalueshme** für die Versetzung ausreichende Note

kalúsh -i *m, Pl* -ë Pferdchen *n*, Rößlein *n*

kalvár -i *m, Pl* -ë herabhängender Gegenstand *m*; ~ **rrushi** Weintraube *f*; ~ **uji** Wasserfall *m*

kall 14 *tr* 1. hineinstecken, hineintun; eingraben, vergraben; begraben; hineinschlagen; 2. anstiften; 3. anzünden, anbrennen; 4. **i** ~ **i datën** er jagte ihm einen Schreck ein

kálla -t *Pl* Verleumdungen *Pl*, üble Nachrede *f*; **i futi** ~ er verleumdete ihn

kallaballék -u *m* große Menschenmenge *f*, Gewimmel *n*; *übertr* **mblidh** ~**un**! nimm deinen Verstand zusammen!; **mos na bën** ~! verschwinde!

kallafatím -i *m* Verpichen *n* und Verstopfen *n* mit Werg

kallafatón 1 *tr* auspichen, mit Werg und Pech abdichten

kallafýt 22¹ *tr* den Boden festklopfen; festtreten, feststampfen

kalláj -i *m* Zinn *n*; *übertr* **i jep një** ~ etw. aufpolieren

kallajís 21 *tr* verzinnen

kallajísj|e -a *f* Verzinnung *f*, Verzinnen *n*

kallájt (i) *Adj* Zinn-, zinnern

kallajxhí -u *m, Pl* – *od* -nj Verzinner *m*

kallám -i *m*, *Pl* -ë *od* -a **1.** Schilf *n*, Schilfrohr *n*; ~ **i sheqerit** Zuckerrohr; **2.** *Text* Kettbaum *m*; **3.** ~ **i misrit** Maisstengel *m*; ~ **i dorës** Unterarmknochen *m*, Elle *f od* Speiche *f*; ~ **i këmbës** Unterschenkelknochen *m*, Wadenbein *n od* Schienbein *n*; ~ **i çorapit** Beinling *m* des Strumpfes
kallamár -i *m*, *Pl* -ë **1.** Tintenfaß *n*; **2.** Tintenfisch *m*
kallamát|ë -a *f* Mastixbranntwein *m*
kallambóq -i *m* Mais *m*; ~ **i hollë** Hirse *f*; ~**e** *Pl* gekochter *od* gerösteter Mais; Maisfeld *n*
kallambóqtë (i) *Adj* Mais-
kallamé -ja *f*, *Pl* – **1.** Stoppeln *Pl*; **2.** Brachland *n*, Brache *f*
kallamídh|e -ja *f*, *Pl* -e Hülse *f*
kallamísht|e -ja *f*, *Pl* -e = **kallmishtë**
kallaúz -i *m*, *Pl* -ë *alt* Wegweiser *m*, Führer *m*, Begleiter *m*; Verführer *m*
kallçí -të *Pl* Gamaschen *Pl* aus weißem Filz
kalldrém -i *m*, *Pl* -e Pflaster *n*; Kopfsteinpflaster, Straßenpflaster; gepflasterte Straße *f*
kallép -i *m*, *Pl* -e Leisten *m*; Gießform; Form *f*, Modell *n*; *Bauw* ~ **druri** Holzverschalung *f*; **një ~ sapun** ein Stück Seife; *übertr* **ai di ta futë punën në** ~ er versteht es, die Sache ins rechte Gleis zu bringen; **i vete** ~ *od* **i rri** ~ es sitzt ihm wie angegossen; **i merr** ~ **punët** er nimmt die Dinge unkritisch hin
kállëz -it *Pl* Ähren *Pl*; *übertr* **ai kërkon** ~ **në dëborë** er verlangt Unmögliches
kallëzím -i *m*, *Pl* -e **1.** Erzählen *n*; Erzählung *f*; **2.** Gerede *n*, Verleumdung *f*
kallëzimtár -i *m*, *Pl* -ë Denunziant *m*; Zuträger *m*; Informant *m*
¹**kallëzón** 1 *tr* **1.** melden; denunzieren; verleumden; **2.** erzählen, berichten, mitteilen
²**kallëzón** 1 *itr* Ähren ansetzen
kallëzór|e -ja *f Gramm* Akkusativ *m*
kallëzúes -i *m*, *Pl* – *Gramm* Prädikat *n*, Satzaussage *f*; ~ **foljor** verbales Prädikat; ~ **emëror** nominales Prädikat, Prädikatsnomen *n*
kállf|ë -a *m*, *Pl* -ë Handlungsgehilfe *m*; Geselle *m*
kallí -u *m*, *Pl* -nj *od* **kálleza** Ähre *f*; Fruchtstand *m*, Fruchtkolben *m*; ~**misri** Maiskolben *m*; *übertr* **ka mbetur** ~ er ist jetzt mutterseelenallein; → **kallëz**
kálli 26³ *Aor* → **këllet**
kallkán I. *Adv*: **i rrinë rrobat** ~ die Kleider sitzen ihm wie angegossen; **ishte bërë** ~ er war vor Kälte erstarrt; **i rri** ~ er bietet ihm die Stirn; **II.** -i *Subst/m alt* Eis *n*
kallm -i *m*, *Pl* -a **1.** Maiskolben *m*; **2.** Kolbenrohr *n*, Rohrkolben *m*; **3.** Beinling *m* des Strumpfes
kallmísht|ë -a *f*, *Pl* -a **1.** Röhricht *n*, Schilf *n*; **2.** Rohrgeflecht *n*; **3.** Maiskolben *m*
kállo -ja *f*, *Pl* – Hühnerauge *n*; Hornhaut *f*; Schwiele *f*
kallogré -ja *f*, *Pl* – orthodoxe Nonne *f*; **të shtatë** ~ **të** die 7 Fastenwochen vor Ostern
kallogrínj|ë -a *f*, *Pl* -a = **kallogre**
kallogjér -i *m*, *Pl* -ë orthodoxer Mönch *m*
kallp, -e *Adj* falsch; **para** ~ **e** Falschgeld *n*; **njeri** ~ nicht der Richtige, Versager *m*
kallpák -u *m*, *Pl* -ë Lammfellmütze *f*
kallpazán -i *m*, *Pl* -ë Fälscher *m*; Betrüger *m*, Schwindler *m*
kallpazán|e -ia *f*, *Pl* -e Fälscherin *f*; Betrügerin *f*, Schwindlerin *f*
kallúm|e -ja *f*, *Pl* -e **1.** Wall *m*, Haufen *m*; **2.** Abortgrube *f*
kallzón 1 *tr*, *itr* = **kallëzon**
kam 55 *1. Pers Sg Präs* → **ka**

kamáll|e -ja *f, Pl* -e Erdhöhle, Erdloch *n*; Fuchsbau *m*; Höhle *f der Schildkröte*

kamár|e -ja *f, Pl* -e Nische *f*, Wandvertiefung *f*; ~ **vapori** Schiffskabine *f*

kamariér -i *m, Pl* -ë = **kamerier**

kamariér|e -ja *f, Pl* -e = **kameriere**

kamást|ër -ra *f, Pl* -ra Herdkette *f*

kamatár -i *m, Pl* -ë Geldverleiher *m*, Wucherer *m*

kamát|ë -a *f, Pl* -a Zins *m*, Wucherzins

kambadóras *Adv* auf allen vieren

kambaléc -i *m, Pl* -a **1.** Schemel *m*, Hocker *m*; **2.** Gestell *n zum Ablegen von Lasten*

kambanár|e -ja *f, Pl* -e Glockenturm *m*

kambán|ë -a *f, Pl* -a **1.** Glocke *f*; **2.** *Chem* Zylinder *m*

kambanór|e -ja *f, Pl* -e = **kambanare**

kambatís 21 *tr Bauw* abstützen, stützen

kambatísj|e -a *f, Pl* -e *Bauw* Gerüst *n*

Kambérr|ë -a *f* Canberra *n*

kambés|ë -a *f, Pl* -a **1.** *Web* Tritt *m*; **2.** Bein *n*, Beinstellen *n*

kambiál -i *m, Pl* -e *Fin* Wechsel *m*

Kambóxhia *f/best* Kambodscha *n*

kambrík -u *m* Kambrik *m*

kameleón -i *m, Pl* -a Chamäleon *n*

kameramán -i *m, Pl* -ë Kameramann *m*

kamér|ë -a *f, Pl* -a Kamera *f*

kamerí|e -ja *f, Pl* -e **1.** Altan *m*; **2.** Bank *f mit Rückenlehne*

kameriér -i *m, Pl* -ë Kellner *m*, Ober *m*

kameriér|e -ja *f, Pl* -e Kellnerin *f*

kám|ë -a *f, Pl* -a Dolch *m*; Haudegen *m*

kámës I. -i *Subst/m Pl* – Reicher *m*; **II.** -e *Adj* wohlhabend, reich

kámës|e -ja *f, Pl* -e Reiche *f*

kámfur -i *m* Kampfer *m*

kamilláf -i *m, Pl* -ë Kamilavkion *n*, Kopfbedeckung *f der orthodoxen Priester und Mönche*

kamión -i *m, Pl* -ë Lastauto *n*, Lastwagen *m*

kamísh -i *m, Pl* -a lange Tabakspfeife *f*

kamjáll|ë -a *f* Stoppeln *Pl*

¹kámj|e -a *f* Habe *f*, Vermögen *n*, Reichtum *m*

²kámje -t *Pl* Dreifuß *m an der Feuerstelle*

kamomíl|ë -a *f* Kamille *f*; Kamillentee *m*; **i dha fëmijës pak** ~ sie gab dem Kind etwas Kamillentee

kamp -i *m, Pl* -e Lager *n*; ~ **përqëndrimi** Konzentrationslager

kampanulacé -të *Pl* Glockenblumengewächse *Pl*

¹kampión -i *m, Pl* -e Muster *n*, Warenmuster

²kampión -i *m, Pl* -ë *od* -a **1.** Champion *m*, Sieger *m*; ~**i i botës** der Weltmeister; **2.** Verfechter *m* einer Idee

kampionát -i *m, Pl* -e Championat *n*, Meisterschaft *f*; ~**i botëror** die Weltmeisterschaft

kampíst -i *m, Pl* -ë *od* -a Lagerteilnehmer *m*; Erholungssuchender *m in einem Ferienlager*

kamufló|n 1 *tr* tarnen, maskieren; ~ **het** *refl* sich tarnen

kamxhík -u *m, Pl* -ë Knute *f*, Lederpeitsche *f*

Kanadá -ja *f* Kanada *n*

kanadéz I. -i *Subst/m, Pl* -ë Kanadier *m*; **II.** -e *Adj* kanadisch

kanakár I. -i *Subst/m, Pl* -ë verwöhnter Junge *m*, Muttersöhnchen *n*; **II.** -e *Adj* verwöhnt, verzärtelt

kanakár|e -ja *f, Pl* -e verwöhntes Mädchen *n*

kanál -i *m, Pl* -e Kanal *m*; *Geogr* ~**i i Suezit** Suezkanal; *Med* ~ **përcjellës i vezëve** Eileiter *m*; *übertr*

kanalizím 214

Kanal, Weg *m*; me ~ **in zyrtar** auf dem Amtswege
kanalizím -i *m*, *Pl* -e Kanalisierung *f*; Kanalisation *f*
kanalizón 1 *tr* kanalisieren
kanapé -ja *f*, *Pl* – Kanapee *n*, Sofa *n*
Kanaríne -t *Pl*: **ishujt e** ~ **ve** die Kanarischen Inseln
kanarín|ë -a *f*, *Pl* -a Kanarienvogel *m*
kanát -i *m*, *Pl* -e *Bauw* Flügel *m*, Türflügel, Fensterflügel
kanavác|ë -a *f*, *Pl* -a **1.** Kanevas *m*, Steifleinen *n*; **2.** grobes Handtuch *n*
kanavét|ë -a *f*, *Pl* -a Geldtruhe *f*, Schatztruhe *f*
kancelár -i *m*, *Pl* -ë Kanzler *m*
kancelarí -a *f* Kanzlei *f*
kancér -i *m Med* Krebs *m*
kandár -i *m*, *Pl* -ë Waage *f bes.* Laufgewichtswaage; *übertr* **s'çon** ~ das spielt keine Rolle
kandél|ë -a *f*, *Pl* -a *Tech* Kerze *f*
kánd|ërr -rra *f*, *Pl* -rra Insekt *n*, Kerbtier *n*
kandidát -i *m*, *Pl* -ë Kandidat *m*, Anwärter *m*; ~ **partie** Kandidat der Partei; ~ **për deputet** Wahlkandidat; Kandidat *als wissenschaftlicher Grad*
kandidatúr|ë -a *f*, *Pl* -a Kandidatur *f*
kandíl -i *m*, *Pl* -a *od* -e **1.** Öllämpchen *n*; **2.**: ~ **deti** Qualle *f*, Meduse *f*
kandíl|e -ja *f*, *Pl* -e Öllämpchen *n*
kandilenáft -i *m*, *Pl* -ë Kirchendiener *m der die Kerzen anzündet*, Küster *m*
kandilér -i *m*, *Pl* -ë Leuchter *m*, Kerzenhalter *m*
kandís 21 *tr* überzeugen; **-et** *refl* sich überzeugen lassen; einsehen; **u** ~ er hat es eingesehen
kanél|ë -a *f*, *Pl* -ë Schweißbrenner *m*
kanéll|ë -a *f* Zimtbaum *m*; Zimtrinde *f*, Zimt *m*
kangúr -i *m*, *Pl* -ë Känguruh *n*

kangjélla -t *Pl* Eisengitter *n*, Eisenzaun *m*
kanibál -i *m*, *Pl* -ë Kannibale *m*, Menschenfresser *m*
kaníc|ë -a *f*, *Pl* -a Scheide *f des Messers*
kanión -i *m*, *Pl* -e Cañon *m*
kanísk -u *m*, *Pl* kanísqe Geschenk *n*, Hochzeitsgeschenk
kaníst|ër -ra *f*, *Pl* -ra Korb *m*, Wäschekorb
kanós 21 *itr* mit einer Buße belegen, zu einer Buße verurteilen; **-et** (*i*) *refl* jmdm. drohen, Angst einjagen
kanósj|e -a *f*, *Pl* -e Drohung *f*, Bedrohung; Einschüchterung *f*
kanotázh -i *m* Kanusport *m*
kantiér -i *m*, *Pl* -e Bauplatz *m*, Baustelle *f*; Stapelplatz *m*; ~ **detar** Werft *f*
kantón -i *m*, *Pl* -e Kanton *m*
kanún -i *m*, *Pl* -e Kanon *m Gesamtheit der gültigen Grundsätze und Regeln*; ~ **i i Lekë Dukagjinit** der Kanon des Lekë Dukagjin, das traditionelle albanische Volksrecht; Gesetz *n*
kanúsh|ë -a *f*, *Pl* -a Storch *m*
kánxh|ë -a *f*, *Pl* -a Haken *m*, Enterhaken
kanjél|ë -a *f*, *Pl* -a Hahn *m*, Zapfhahn; Spund *m am Faß*
kaolín -i *m* Kaolin *n*, Porzellanerde *f*
káos -i *m* Chaos *n*, Durcheinander *n*, Unordnung *f*
kaotík, **-e** *Adj* chaotisch
¹**kap** -i *m*, *Pl* -a **1.** Deckel *m*; ~ **i kazanit** Topfdeckel, Stürze *f*; **2.** Kaffeekanne *f*
²**kap** 14 *tr* fassen, anfassen, anpacken; ergreifen; ~ **për** fassen an; **-et** *refl* **1.** gefaßt werden, ergriffen werden; **2.** erreichen, anlangen; sich belaufen auf; **3.** sich streiten
kapacitét -i *m* Kapazität *f*, Fassungs-

vermögen *n*, Aufnahmefähigkeit *f*; Produktionsvermögen *n*
kapadaí -u *m*, *Pl* – *od*-nj Prahler *m*; Prahlhans *m*, Großmaul *n*
kapadaillék -u *m*, *Pl* kapadailléqe Prahlerei *f*, Großsprecherei *f*
kapák -u *m*, *Pl* -ë Deckel *m*; Topfdeckel, Stürze *f*; ~**u i syrit** das Augenlid; Umschlag *m eines Buches*; ~**ë** *Pl* Fensterläden *Pl*; *übertr* **i vë** ~ etw. erledigen, abschließen
kapamá -ja *f Speise aus gebratenem Lammfleisch*
kapánxh|e -ja *f*, *Pl* -e Luke *f*, Falltür *f*
kapár -i *m* Anzahlung *f*; Pfand *n*, Handgeld *n*
kapardíset 21 *refl* protzen, angeben, sich wichtig machen
kapardísj|e -a *f* Wichtigtuerei *f*, Großtun *n*
kaparón 1 *tr* = **kaparos**
kaparós 21 *tr* anzahlen
kapás|ë -a *f*, *Pl* -a Ölkrug *m*
kapcél 14 *tr* Fässer abdichten
kapcél|e -ja *f*, *Pl* -e Pulver *n aus der Rinde von Schwarzkiefern zum Abdichten von Fässern*
kapedán -i *m*, *Pl* -ë Anführer *m einer Freischar*; Held *m*
kapelashítës -i *m*, *Pl* – Hutverkäufer *m*
kapél|ë -a *f*, *Pl* -a Hut *m*
¹**káp|ë** -a *f*, *Pl* -ë Armvoll *m* Getreide oder Mais
²**káp|ë** -a *f*, *Pl* -a Saugflasche *f*; Sauger *m*, Nuckel *m*
kapërcéll -i *m* Speiseröhre *f*
kapërcén 3 *itr*, *tr* 1. überspringen; übertreten, überschreiten; überqueren; überwinden; 2. überholen, übertreffen; ~ **normën** die Norm überbieten, übererfüllen; 3. *die Grenze des guten Geschmacks usw.* überschreiten; *Befehl* übertreten; ~ **fjalën** das Thema wechseln

kapërcím -i *m*, *Pl* -e Überspringen *n*; Überwinden *n*, Überwindung *f*; Überschreiten *n*; Übertreten *n*; Überqueren *n*; Übertritt *m*
kapërcýesh|ëm (i), -me (e) *Adj* übersteigbar, überquerbar, überspringbar; überwindbar, lösbar
kapërdímthi *Adv* kopfüber
kapërdí|n 6 *tr* 1. schlucken, hinunterschlucken; verschlucken; 2. umkippen; -**het** *refl* umkippen, kentern
kapërtón 1 *tr* = **kapton**
kapërthén 3 *tr* festnageln; gut befestigen
kapërxén 3 *itr*, *tr* = **kapërcen**
kápës -i *m*, *Pl* -a 1. Griff *m*, Halter *m*; ~ **i ndërresave** Wäscheklammer *f*; ~ **flokësh** Haarklemme *f*, Haarspange *f*, Haarnadel *f*; ~**e** *Pl Math* eckige Klammer, Quadratklammer; 2. Saugflasche *f*; Sauger *m*
kápës|e -ja *f*, *Pl* -e = **kapës**
kápëz -a *f*, *Pl* -a 1. Griff *m am Messer usw.*; 2. *Tech* Klemmvorrichtung *f*; *El* Klemme *f*, Kontakt *m*
kapíc|ë -a *f*, *Pl* -a 1. weiße Häkelmütze *f*; 2. montenegrinische Kappe *f*; 3. Armvoll *m Getreide*, Getreidebund *n*; 3. Stapel *m Holz*
kapidán -i *m*, *Pl* -ë *od* -a 1. Anführer *m einer Freischar*; ~ **i vaporit** Kapitän *m*, Schiffskapitän; 2. *alt* Stammesoberhaupt *n in christlichen Gegenden Albaniens*
kapilár, -e *Adj*: **gyp** ~ Kapillare *f*, Haarröhrchen *n*
kapilárë -t *Pl* Kapillaren *Pl*, Kapillargefäße *Pl*
kapilaritét -i *m Phys* Kapillarität *f*
kapín|ë -a *f* Brombeere *f*; Brombeerstrauch *m*
kapistáll -i *m*, *Pl* -e Halfter *m*; *übertr* **s' ia var** ~**in** er kümmert sich nicht darum, er achtet nicht darauf

kapíst|ër -ra *f*, *Pl* -ra Halfter *m*
kapít 22 *tr* ermüden, erschöpfen; **-et** *refl* erschöpft sein, müde werden, ermüden
kapitál -i *m*, *Pl* -e Kapital *n*
kapitalíst I. -i *Subst/m*, *Pl* -ë *od* -a Kapitalist *m*; **II.** -e *Adj* kapitalistisch
kapitalíz|ëm -mi *m* Kapitalismus *m*
kapitél -i *m*, *Pl* -e *Arch* Kapitell *n*
kapitén -i *m*, *Pl* -ë *od* -a **1.** Kompaniechef *m*; Kapitän *m*; Hauptmann *m*; ~ **i klasës së parë** Hauptmann; ~ **i klasës së dytë** Oberleutnant *m*; **2.** *Sport* Kapitän, Mannschaftskapitän
kapítj|e -a *f* Ermüdung *f*, Erschöpfung *f*
kapitúll -i *m*, *Pl* kapítuj Kapitel *n*, Abschnitt *m*
kapitullím -i *m*, *Pl* -e Kapitulation *f*
kapitullón 1 *itr* kapitulieren, sich ergeben
kápj|e -a *f*, Pl -e Ergreifung *f*, Festnahme *f*
kaplón 1 *tr* ganz bedecken; überfallen, überwältigen; **më** ~ **puna** ich ersticke in Arbeit
kaplóq -i *m*, *Pl* -e Rocken *m*, Spinnrocken *als Faserbündel*
kapllán -i *m*, *Pl* -ë Tiger *m*
kapllluçín|e -a *f*, *Pl* -a Jochpolster *n*
kapósh -i *m*, *Pl* -ë *Zool* Hahn *m*; ~ **deti** Truthahn
kapót|ë -a *f*, *Pl* -a Soldatenmantel *m*
kapqíell -i *m*, *Pl* kapqíej Hochhaus *n*, Wolkenkratzer *m*
kapríç -i *m*, *Pl* -a Kaprize *f*
kapriçióz, -e *Adj* kapriziös
kapr|úall -ólli *m*, *Pl* -ój Rehbock *m*
kaprróç -i *m*, *Pl* -a **1.** kräftiger Mann *m*, Kraftmensch *m*; **2.** Rehbock *m*
kapróll|e -ja *f*, *Pl* -e Reh *n*, Ricke *f*
kaps *Adv* verstopft; **është** ~ hartleibig sein
kapsallít 20 *tr* zwinkern; blinzeln

kapsllék -u *m* Hartleibigkeit *f*, Verstopfung *f*
kapsóll|ë -a *f*, *Pl* -a Pfanne *f*, Zündpfanne *am Gewehr*
kapsuláç|e -ja *f*, *Pl* -e Steinschloßgewehr *n*
kapsúl|ë -a *f*, *Pl* -a *Bot* Kapsel *f*
kapshát|ë -a *f*, *Pl* -a = **kafshatë**
kápsh|ëm (i), -me (e) *Adj* leichtfaßlich, verständlich
kapshón 1 *tr* = **kafshon**
kapshtón 1 *tr* umspannen, umfassen
kapt -i *m*, *Pl* -e Beetgraben *m*, Bewässerungsgraben *m*; Feld *n* mit *Bewässerungsgräben*
kaptéll -i *m*, *Pl* -ë Vorderteil *n des Lastsattels od. der Wiege*
kaptér -i *m*, *Pl* -ë Feldwebel *m*; Wachtmeister *m*
káptë *Indekl*: **më të** ~ **të malit** nach dem Übersteigen des Berges
kaptím -i *m* Übergang *m*, Überqueren *n*; Überholen *n*, Überbieten *n*
kaptín|ë -a *f*, *Pl* -a **1.** *abgetrennter Kopf von Tieren*; Kopf *m des Menschen*, Haupt *n*; **2.** Zwiebel *f der Gemüsezwiebel, des Knoblauchs usw.*; Blütenkopf; **3.** Kapitel *n im Buch*
kaptón 1 *tr* überqueren, übersteigen, überschreiten; überholen, überbieten; ~ **kafshatën** den Bissen hinunterschlucken
kapth -i *m*, *Pl* -a Steig *m*, Saumpfad *m im Gebirge*
kap|úa -ói *m*, *Pl* -ónj *Zool* Hahn *m*
kapúç -i *m*, *Pl* -a **1.** Kapuze *f*; Kappe *f*; **2.** Puffmais *m*
kapullón 1 *tr* = **kaplon**
kaq *Adv*, *Indef Pron* so; soviel, soweit; **për** ~ **gjë** wegen einer so kleinen Sache; ~ **sa** so viel daß, so sehr daß
kaqól -i *m*, *Pl* -ë große Nuß *f für Kinderspiel*; *übertr* schwerfälliger Mensch *m*

kar -i *m* männliches Glied *n*
karabiná -ja *f, Pl* – Rohbau *m*
karabín|ë -a *f, Pl* -a Karabiner *m*
karabób|e -ja *f, Pl* -e Zürgelbaum *m*; Zürgelnuß *f*
karabój|ë -a *f* schwarze Lederfarbe *f*
karabullák -u *m, Pl* -ë Kormoran *m*; Zwergscharbe *f*
karabuqén -i *m, Pl* -a Strychnos *m*, Brechnußbaum *m*
karabúsh -i *m, Pl* -a Maiskolben *m*; *übertr* begriffsstutziger Mensch *m*
karadák|e -ja *f, Pl* -e Art großer Revolver
karadyzén -i *m, Pl* -ë *od* -a Zupfinstrument *n* mit zwei Saiten
karafíl -i *m, Pl* -a 1. Nelke *f*; 2. Gewürznelke
karafilórë -t *Pl* Nelkengewächse *Pl*
karagjóz -i *m,Pl* -ë Spaßmacher *m*, Witzbold *m*; Narr *m*
karagjozllék -u *m, Pl* karagjozlléqe Narretei *f*; Spaß *m*, Ulk *m*
Karaíbe -t *Pl* die Karibischen Inseln
Karaibík *Adj/m*: **deti** ~ das Karibische Meer
karakatín|ë -a *f, Pl* -a baufälliges Haus *n*, Bruchbude *f*
karaktér -i *m, Pl* -e 1. Charakter *m*; 2. Duktus *m*, Schrifttyp *m*
karakteristík, -e *Adj* charakteristisch
karakteristík|ë -a *f, Pl* -a Charakteristik *f*
karakterizím -i *m, Pl* -e Charakterisierung *f*
karakterizón 1 *tr* charakterisieren
karamanjóll|ë -a *f* Richtschwert *n*
karamból -i *m, Pl* -a Billardkarambol *n*
karamél|e -ja *f, Pl* -e Karamelle *f*, Bonbon *n*
karantín|ë -a *f, Pl* -a Quarantäne *f*
karár -i *m*: **i dhashë** ~ ich habe es beschlossen; **ka gjetur** ~ **puna** die Sache ist im Lot
karát -i *m, Pl* –Karat *n*

karavél|ë -a *f, Pl* -a kleiner runder Laib Brot, Brot *n*
karáv|ë -a *f, Pl* -a Schiff *n*
karavídh|e -ja *f, Pl* -e Krebs *m*, Krabbe *f*
karbíd -i *m* Karbid *n*
karbón -i *m* Kohlenstoff *m*; El Kohle *f*
karbonát -i *m, Pl* -e Karbonat *n*
karboník, -e *Adj* Kohlenstoff-, Kohlen-; **gaz** ~ Kohlendioxid *n*; **acid** ~ Kohlensäure *f*
karbonizím -i *m, Pl* -e Karbonisation *f*, Verkohlung *f*
karbonizó|n 1 *tr* karbonisieren, verkohlen; **-het** *refl* zu Kohle werden, karbonisieren
karburánt -i *m, Pl* -e *od* -a Kraftstoff *m*, Treibstoff *m*
kardiák I. -u *Subst/m, Pl* -ë Herzkranker *m*; II. -e *Adj* herzkrank
kardiák|e -ja *f, Pl* -e Herzkranke *f*
kardinál -i *m, Pl* -ë Kardinal *m*
kardiokirúrg -u *m, Pl* -ë Herzchirurg *m*
karék|ëll -lla *f, Pl* lla = **karekllë**
karékll|ë -a *f, Pl* -a Stuhl *m*
¹**karél** I. -i *Subst/m, Pl* -ë Karelier *m*; II. -e *Adj* karelisch
²**karél** -i *m, Pl* -e Werkzeugschlitten *m*
karfíc|ë -a *f, Pl* -a Sicherheitsnadel *f*; Anstecknadel *f*, Brosche *f*; Haarnadel *f*, Haarklemme *f*
karfós 21 *tr* mit beiden Händen packen, ergreifen; zwischen zwei Fingern halten
kargatís 21 *tr* spannen, straffen, straff ziehen
karíg|e -ia *f, Pl* -e = **karríge**
karikatúr|ë -a *f, Pl* -a Karikatur *f*
karikaturíst -i *m, Pl* -ë *od* -a Karikaturist *m*
karíq -i *m, Pl* -a Senknetz *n*
karkaléc -i *m, Pl* -a *od* -ë Heuschrecke *f*, Heupferd *n*

karkashín|ë -a *f, Pl* -a abgemagertes, krankes Schaf *n*
karkát 22¹ *itr* quaken
kárk|ë -a *f, Pl* -a Klinker *m*
kárm|ë -a *f, Pl* -a **1.** Felsen *m*, Steilfelsen *am Flußufer*; **2.** Käppchen *n* und Habit *n der Karmeliter*
karmó|n 1 *tr* hinauswerfen, davonjagen, vertreiben; umstoßen; zerstören; **-het** *refl*: **karmohu**! hau ab!, scher dich weg!
karnavál -i *m, Pl* -e Karneval *m*; *übertr* **u bë** ~ er hat sich zum Gespött der Leute gemacht
karós *Adv* barhäuptig
karót|ë -a *f, Pl* -a Mohrrübe *f*, Karotte *f*
Karpátet *Pl/best* die Karpaten
karpentiér -i *m Pl* -ë Zimmermann *m*
kárp|ë -a *f, Pl* -a Fels *m*
karpúz -i *m, Pl* -e Wassermelone *f*
karsh -i *m, Pl* kersh steinige und felsige Gegend *f*; Geröllhalde *f*, Steinhalde *f*; **vend** ~ steinige und felsige Gegend
karshí I. *Adv* entgegen, gegenüber; **s'më del** ~ er traut sich nicht in meine Nähe; **II.** *Präp (mit Abl)* gegenüber
kartél -i *m, Pl* -e Kartell *n*
kartél|ë -a *f, Pl* -a Karteikarte *f in Polikliniken, Betrieben usw.*
¹**kárt|ë** -a *f, Pl* -ëra **1.** Papier *n*; **2.** Karte *f*, Postkarte; ~**rat e lodrës** die Spielkarten
²**kárt|ë** -a *f* Charta *f*; **Karta e Kombeve të Bashkuara** die Charta der Vereinten Nationen; **Karta e Madhe e Lirive** Magna Charta *f*
kartëmonédh|ë -a *f, Pl* -a Banknote *f*, Papiergeld *n*
kartëpostál|e -ja *f, Pl* -e Postkarte *f*
kartëvizít|ë -a *f, Pl* -a Visitenkarte *f*
kartëzóhet 1 *refl* korrespondieren, in Briefwechsel stehen
kartográf -i *m, Pl* -ë Kartograph *m*
kartografí -a *f* Kartographie *f*
kartografík, -e *Adj* kartographisch
kartolerí -a *f, Pl* − Schreibwarenhandlung *f*
kartolín|ë -a *f, Pl* -a Ansichtskarte *f*, bedruckte Karte *f*
kartóll|ë -a *f, Pl* -a Kartoffel *f*
kartón -i *m, Pl* -a Karton *m*, Pappe *f*
kartoték|ë -a *f, Pl* -a Kartothek *f*, Kartei *f*, Zettelkasten *m*
kartúç -i *m, Pl* -a = **karton**
kárth|ë -a *f, Pl* -a *Bot* Goldregen *m*
karthí -a *f, Pl* -a trockenes Reisig *n*, Kleinholz *n*, Feuerholz *n*
kárthj|e -a *f, Pl* -e = **karthi**
karván -i *m, Pl* -e *od* -a Karawane *f*; Gruppe *f von Wanderhirten*; **ka një** ~ **fëmijë** er hat einen Haufen Kinder
karvaríq -i *m, Pl* -a Kescher *m*
karrabísht -i *m, Pl* -a Ohrwurm *m*
karrác|e -ja *f, Pl* -e junges Maultier *n*
karrapítet 20 *refl* ermatten, ermüden, schwach werden
karrapúc *Adv* kauernd, gekrümmt; **rri** ~ kauern
karravésh -i *m, Pl* -ë Stock *m mit gebogenem Ende zum Herabziehen der Zweige beim Obstpflücken*
karrél -i *m, Pl* -a Lore *f*, Hunt *m*
karrém -i *m, Pl* -a Regenwurm *m*
karriér|ë -a *f* Karriere *f*, Laufbahn *f*
karrieríst -i *m, Pl* -ë *od* -a Karrierist *m*
karríg|e -ia *f, Pl* -e Stuhl *m*
karríg|ë -a *f, Pl* -a = **karrige**
karrík|e -ja *f, Pl* -e = **karrige**
kárro -ja *f, Pl* − Karren *m*, Pferdekarren; ~ **dore** Schubkarre *f*
karrocabërës -i *m, Pl* − Wagenbauer *m*, Stellmacher *m*
karrocaxhí -u *m, Pl* − *od* -nj = **karrocier**
karrocerí -a *f, Pl* − Karosserie *f*
karróc|ë -a *f, Pl* -a Wagen *m*, Kutsche *f*; Droschke *f*; ~ **fëmijësh** Kinderwagen

karrociér -i *m*, *Pl* -ë Kutscher *m*, Droschkenkutscher
karróq|e -ja *f*, *Pl* -e **1.** *Getreidemaß etwa 8-10 kg*; **2.** Melkeimer *m*
karrúp -i *m*, *Pl* -a Art Reuse
kasafórt|ë -a *f*, *Pl* -a Tresor *m*, Panzerschrank *m*
kasáp -i *m*, *Pl* -ë Fleischer *m*
kasaphán|e -ia *f*, *Pl* -e Fleischerläden *Pl auf dem Basar*; *übertr* Gemetzel *n*, Blutbad *n*
kasaphán|ë -a *f*, *Pl* -a = kasaphane
kasatúrr|ë -a *f*, *Pl* -a Art Bajonett, Haudegen *m*
kasavét -i *m*, *Pl* -e Sorge; **mos ki ~!** sei unbesorgt!
kasdéj *Adv* überübermorgen
kasét|ë -a *f*, *Pl* -a Kasten *m*, Kästchen *n*; **~ e ndihmës së shpejtë** Verbandskasten; **~ shkarkimi** Spülkasten *der Toilette*
kás|ë -a *f*, *Pl* -a **1.** Geldschrank *m*, Tresor *m*; **2.** Truhe *f*, Lade *f*; **3.**: **~ e tytës** Schaft *m des Gewehres*
kaskét|ë -a *f*, *Pl* -a Schirmmütze *f*; **~ e nxënësit** Schülermütze *f*
kásk|ë -a *f*, *Pl* -a Helm *m*
kasnéc -i *m*, *Pl* -ë *od* -a Ausrufer *m*, Herold *m*; Bote *m*
kasnecón 1 *tr* ausrufen, verkünden
kasóll|e -ja *f*, *Pl* -e kleine Hütte *f*, Kate *f*
Kaspík *Adj/m*: **deti ~** das Kaspische Meer
kást|ë -a *f*, *Pl* -a Kaste *f*
kastíle *Adv* absichtlich, mit Absicht; ausdrücklich, extra; **kanë ardhur ~ për ty** sie sind extra deinetwegen gekommen
kastór -i *m*, *Pl* -ë Biber *m*; Biberpelz *m*
kastravéc -i *m*, *Pl* -a *od* -ë Gurke *f*
kastríq -i *m*, *Pl* -a Art Schlange
kashaí -a *f*, *Pl* – Striegel *m*
kashaít 22 *tr* striegeln
káshë e láshë *Indekl* Rätsel *n*
kásh|ër -ra *f*, *Pl* -ra Binse *f*

kashkaváll -i *m*, *Pl* -e = kaçkavall
kashnjét -i *m*, *Pl* -e Kastanienwäldchen *n*
kashtár|e -ja *f*, *Pl* -e **1.** Stroh *n*; **2.** Strohfeuer *n*, großes Feuer *n*
kásht|ë -a *f* **1.** Stroh *n*; **2.** *Astron* **Kashta e Kumtrit** die Milchstraße; *übertr* **u bënë ~ e koqe** sie sind in alle vier Winde zerstreut
kashtón 1 *tr* mit Stroh bedecken; in Stroh hüllen; mit Stroh umflechten
kashtór|e -ja *f*, *Pl* -e **1.** Strohflasche *f*, Korbflasche *f*; **2.** Strohhütte *f*; **3.** Feime *f von Stroh oder Heu*
kashtrój|ë -a *f*, *Pl* -a Maisstroh *n*
káshtull -a *f Astr* Milchstraße *f*
kashtúp -i *m*, *Pl* -ë Haut *f die den Maiskolben bedeckt*
kashturína -t *Pl* **1.** verschiedenes Stroh *n*, Stroharten *Pl*; **2.** Sumpfgras *n*; Unkraut *n*
kat -i *m*, *Pl* -e *Bauw* Stock *m*, Stockwerk *n*, Etage *f*
katác -i *m*, *Pl* -a kleine Vogelfalle *f*
kataklízm|ë -a *f*, *Pl* -a Überschwemmung *f*, Sintflut *f*; Erdrutsch *m*; Zerstörung *f*; Zusammenbruch *m*, Katastrophe *f*
katalizatór -i *m*, *Pl* -ë Katalysator *m*
katalíz|ë -a *f*, *Pl* -a Katalyse *f*
katalóg -u *m*, *Pl* -ë Katalog *m*; **~ pullash** Briefmarkenkatalog
katalogizón 1 *tr* katalogisieren
katallá -ni *m*, *Pl* -nj *Myth* einäugiger, menschenfressender Riese *m*; **Katallani** der Riese Katallan
katandí -a *f*, *Pl* – Habe *f*, Besitz *m*; Reichtum *m*, Vermögen *n*; **s'ka shtëpi e ~** er ist bettelarm
katandís 21 *itr* in eine üble Lage geraten; *tr* in eine üble Lage bringen
katapí -a *f*, *Pl* – Türriegel *m*
katapúlt|ë -a *f*, *Pl* -a Katapult *n*
kataráf -i *m*, *Pl* -a Falltür *f*, Lukentür *f*
katarák -u *m*, *Pl* -ë Türriegel *m*,

Türbalken *m*
katarákt -i *m*, *Pl* -e Wasserfall *m*
katár|ë -a *f*, *Pl* -a Fluch *m*, Verwünschung *f*
katarósh -i *m*, *Pl* -ë herausstehender schiefer Zahn *m*
katárr -i *m* Katarrh *m*
katastrofál, -e *Adj* katastrophal
katastróf|ë -a *f*, *Pl* -a Katastrophe *f*
katéd|ër -ra *f*, *Pl* -ra Katheder *n*, Lehrerpult *n*; Lehrstuhl *m*
katedrál|e -ja *f*, *Pl* -e Kathedrale *f*, Dom *m*
kategorí -a *f*, *Pl* – Kategorie *f*; Klasse *f*, Gruppe *f*; **i ~së së parë** erstklassig; *Sport* ~ **e parë** Oberliga *f*
kategorík, -e *Adj* kategorisch
kategorikisht *Adv* kategorisch
kategorizím -i *m*, *Pl* -e Kategorisierung *f*, Einstufung *f*, Einordnung *f*
kategorizón 1 *tr* kategorisieren, einstufen, einordnen
katekíz|ëm -mi *m*, *Pl* -ma Katechismus *m*
katét -i *m*, *Pl* -e Kathete *f*
katék -u *m*, *Pl* -ë Magen *m des Vogels*
kátër *Num* vier; **nga të ~ anët** von allen Seiten; **i bën sytë ~** er ist ganz Auge, er ist wachsam
katërçíp -i *m*, *Pl* -e *od* -a Viereck *n*
katërçíptë (i) *Adj* viereckig
katërditór, -e *Adj* viertägig
katërfísh *Adv* vierfach; viermal
katërfishón 1 *tr* vervierfachen
katërkémbësh I. -it *Subst/Pl* Vierbeiner *Pl*; II. -e *Adj* vierbeinig
katërkéndësh I. -i *Subst/m*, *Pl* -a Viereck *n*; II. -e *Adj* viereckig
katërkóhësh, -e *Adj*: **motor ~** Viertaktmotor *m*
katërmbëdhjétë *Num* vierzehn
katërnák -u *m*, *Pl* -ë *od* katërnéq Vierling *m*
katërqínd *Num* vierhundert
katërqóshesh, -e *Adj* viereckig

kátërsh I. -i *Subst/m*, *Pl* -a Vier *f*; II. *Adv*: **e ndau më ~** er teilte es in vier Teile; **palose më ~!** falte es vierfach!
katërshór, -e *Adj*: **gur ~** Quaderstein *m*
kátërt (i) *Adj* vierte
kátërta (e) *f* Viertel *n*; **një e ~** ein Viertel; **dy të ~** zwei Viertel
katërvéndësh, -e *Adj*: **veturë ~ e** Viersitzer *m*
katërvjeçár, -e *Adj* vierjährig
katërvjétsh|ëm (i), -me (e) *Adj* = **katërvjeçar**
katikúle -t *Pl* übertriebene Komplimente *Pl*
katíl I. -i *Subst/m*, *Pl* -ë Unmensch *m*; Mörder *m*; II. -e *Adj* unmenschlich, grausam, blutrünstig
katíl|e -ja *f*, *Pl* -e Unmensch *m*; Mörderin *f*
katión -i *m* Kation *n*
katód|ë -a *f*, *Pl* -a Kathode *f*
katolicíz|ëm -mi *m* Katholizismus *m*
katolík I. -u *Subst/m*, *Pl* -ë Katholik *m*; II. -e *Adj* katholisch
katolík|e -ja *f*, *Pl* -e Katholikin *f*
katóq -i *m*, *Pl* -e = **katúa**
katragjýsh -i *m*, *Pl* -ë *od* -ër Ururgroßvater *m*
katragjýsh|e -ja *f*, *Pl* -e Ururgroßmutter *f*
katrámz|ë -a *f*, *Pl* -a Heftel *n*, Schließhäkchen *n*
katrán -i *m* Teer *m*
katranós 21 *tr* unabsichtlich verderben
katranósur (i) *Adj* ungeschickt, tolpatschig
katrasýll -i *m*, *Pl* -a auf beiden Augen Schielender *m*
kátrash (së) *Adv* eilends, Hals über Kopf
katravésh -i *m Myth* menschenfressendes Ungeheuer *n*
katrón 1 *tr* **1.** aufzählen; **2.** *einen*

Toten beweinen, beklagen; 3. verfluchen
katrór I. -i *Subst/m, Pl* -ë Quadrat *n*; **II.** -e *Adj* quadratisch, Quadrat-; **rrënjë** ~ **e** Quadratwurzel *f*; **metër** ~ Quadratmeter *n od m*
katrovár -i *m, Pl* -ë Krugmacher *m*
katróv|ë -a *f, Pl* -a doppelhenkliger Wasserkrug *m*
kat|úa -ói *m, Pl* -ónj Stall *m*; Raum *m im Erdgeschoß, in dem Tiere, Holz, landwirtschaftliche Geräte usw. untergebracht werden*
katúnd -i *m, Pl* -e Dorf *n*
katundár -i *m, Pl* -ë Dorfbewohner *m*; Bauer *m*
katundárçe *Adv* dörflich, ländlich
katundár|e -ja *f, Pl* -e Dorfbewohnerin *f*; Bäuerin *f*
katundarí -a *f* Bauernschaft *f*; *alt* Gemeindeverwaltung *f*
katúndës -i *m, Pl* – = **katundar**
katúndës|e -ja *f, Pl* -e = **katundare**
kath -i *m Med* Gerstenkorn *n*
kathíc -i *m, Pl* -a *Anat* Kitzler *m*
kaubój -i *m, Pl* -ë Cowboy *m*
káuç -i *m, Pl* -e Couch *f*
kauçúk -u *m* Kautschuk *m*, Gummi *m*
Kaukáz -i *m* Kaukasus *m*
kaurdís 21 *tr* braten; rösten
kaurmá -ja *f, Pl* – Suppe *f aus Leber und Kuttelflecken*
kaúrr -i *m, Pl* -ë *iron* Christ *m*
kaustík, -e *Adj* kaustisch
kaúsh -i *m, Pl* -a 1. Stube *f einer Kaserne*; 2. Tüte *f*; **një** ~ **duhan** ein Päckchen Tabak
kauzál, -e *Adj* kausal
kauzalitét -i *m* Kausalität *f*
káuz|ë -a *f, Pl* -a gerechte Sache *f*
kavák -u *m, Pl* -ë Pyramidenpappel *f*
kavalerí -a *f, Pl* – Kavallerie *f*
kavalét -i *m, Pl* -e Staffelei *f*
kavaliér -i *m, Pl* -ë Kavalier *m*; großzügiger Mensch *m*
kaváll -i *m, Pl* -a 1. große Längsflöte *f*; 2. Schnabelflöte *f*; *übertr* **bira e fundit e** ~ **it** das fünfte Rad am Wagen
kavanóz -i *m, Pl* -a *od* -ë Glasbehälter *m für Zucker, Honig usw.*
kavaríq|e -ja *f, Pl* -e = **karvariq**
kavërdís 21 *tr Fleisch* braten; rösten
kazák I. -u *Subst/m, Pl* -ë Kasache *m*; **II.** -e *Adj* kasachisch
Kazikistán -i *m* Kasachstan *n*
kazán -i *m, Pl* -ë *od* -e 1. Kessel *m*, Kupferkessel; *Bauw* ~ **i pjerrët rrotullues** Mischtrommel *f*; ~ **i mbushur** Füllbehälter *m*; 2. Schlitten *m für Holztransport*
kazanxhí -u *m, Pl* – *od* -nj Kupferschmied *m*; Kesselflicker *m*
kazeín|ë -a *f* Kasein *n*
kazérm|ë -a *f, Pl* -a Kaserne *f*
kazíno -ja *f, Pl* – Kasino *n*
kázm|ë -a *f, Pl* -a Hacke *f*, Spitzhacke; Kreuzhacke; *übertr* **i vuri** ~ **n shtëpisë** er hat das Haus eingerissen
kazhúp -i *m, Pl* -ë Bauernpelz *m*
¹**ke I.** *Präp (mit Nom)* zu .. hin; ~ **yt vëlla** zu deinem Bruder; **II.** *Konj* dort wo, dorthin wo, wohin; ~ **ka shkuar**, ... wohin er gegangen ist, .. ; während *(Zeit)*; ~ **po shkoja rrugës** als ich gerade die Straße entlang ging; da, weil; ~ **s'fole ti**, ... da du nichts gesagt hast, ...; **III.** *Adv:* **ja** ~ sieh da, da; **ja** ~ **erdhi** da ist er ja
² **ke** 55 2. *Pers Sg Präs* → **ka**
kec -i *m, Pl* -a *od* -ër Ziegenböckchen *n*
kéc|e -ja *f, Pl* -e Zicklein *n*
¹**keç** -i *m, Pl* -a = **kec**
²**keç** *Pl* → **kaç**
kéç|e -ja *f, Pl* -e 1. Zicklein *n*; 2. kleines Mädchen *n*
kedh -i *m, Pl* -a *od* -ë = **kec**
kédh|e -ja *f, Pl* -e = **kece**
kekllísh 14² *itr* zirpen *(Grillen)*
kelt -i *m, Pl* -ë Kelte *m*

keltísht *Adv* auf keltisch
keltísht|e -ja *f* Keltisch *n*
kem -i *m* Weihrauch *m*
kemikálje -t *Pl* Chemikalien *Pl*
kemón 1 *itr* mit Weihrauch räuchern; *tr* mit Weihrauch beräuchern
kentáur -i *m, Pl* -ë Kentaur *m*, Zentaur *m*
kep I. -i *Subst/m, Pl* -a **1.** Spitze *f des Berges*, Gipfel *m*; ~ **më** ~ von Gipfel zu Gipfel; **2.** Kap *n*; **Kepi i Shpresës së Mirë** das Kap der Guten Hoffnung; **3.** Hammer *m* zum *Behauen des Mühlsteins*; **II.** 14 *tr* **1.** behauen, meißeln; **2.** anpicken, anhacken
képëc -a *f, Pl* -a Rute *f*, Weidenrute; Wiede *f*
kepór|e -ja *f, Pl* -e kleine Axt *f*, kleines Beil *n*
keq I. (i), -e (e) *Adj* schlecht, schlimm, böse; elend, jämmerlich, übel; **për fat të** ~ leider; **trim i** ~ ein großer Held; **II.** *Adv* **1.** schlecht, schlimm, böse; elend, jämmerlich, übel; **shkon** ~ es geht schlecht; **e përdor** ~ etw. (jmdn.) mißbrauchen; **është** ~ es geht ihm (gesundheitlich) schlecht; **mbeti** ~ es geht ihm (wirtschaftlich) schlecht; **e ka për** ~ er hält es für schlimm; **s'e ke** ~ *od* **s'thua** ~ du hast nicht unrecht, dein Gedanke ist gut; **është** ~ **nga sytë** er sieht schlecht; **më vjen** ~ es tut mir leid; **më vjen** ~ **për..** es tut mir leid um ..., ich bedaure ...; **si jo më** ~ *od* **si mos më** ~ schlechter geht's nicht; ~ **e tukeq** *od* ~ **e më** ~ schlimmer geht's nicht; **2.** sehr, schrecklich, furchtbar; **e do** ~ er mag ihn sehr; **e ha** ~ **sallatën** ich esse schrecklich gern Salat; **jam vrarë** ~ ich habe mich furchtbar gestoßen; **III.** -të (të) *Subst/n* Leid *n*; Böses *n*, Übles *n*; **muar të** ~ er (der Stoff) ist verwaschen; **e merr për të** ~ er mißversteht es, er versteht es falsch; **e merr me të** ~ er behandelt ihn schlecht; **pa të** ~ ohne böse Absicht, ohne Hintergedanken; **si pa të** ~ als ob nichts wäre; **na kalle të** ~ **të** du hast uns einen Schreck eingejagt
keqán, -e *Adj* häßlich
keqárdhj|e -a *f* Mißvergnügen *n*, Mißfallen *n*; **me** ~ mit Bedauern; **me** ~ **po ta them** ich sage es dir zu meinem Leidwesen
kéqas *Adv* im Bösen
keqbërës I. -i *Subst/m, Pl* – Übeltäter *m*; **II.** -e *Adj* übeltäterisch; schädlich
kéq|e -ja (e) *f* **1.** Not *f*; **e bëri nga e keqja** er tat es aus Not; **të këqiat** *Pl* die Leiden; **2.** böse Tat *f*, Untat, Verbrechen *n*; **e keqja më e vogël** das kleinere Übel; **të** ~ **n!** *od* **ta marrsha të** ~ **n** alles Böse will ich auf mich nehmen! *(viel gebrauchter Segenswunsch)*
kéqet 14 *refl* sich mit jmdm. verzanken, jmdm. zürnen; **i** ~ jmdn. anfahren, anschreien
keqësím -i *m* Verschlechterung *f*, Verschlimmerung *f*
keqëso|n 1 *tr* verschlechtern, verschlimmern; -het *refl* sich verschlechtern, schlechter werden; **po keqësohem** mein Gesundheitszustand verschlechtert sich
keqkuptím -i *m, Pl* -e Mißverständnis *n*
keqkuptón 1 *tr* mißverstehen
keqpërdór 14 *tr* mißbrauchen; jmdn. schlecht behandeln; mit etw. schlecht umgehen
keqpërdorím -i *m* Mißbrauchen *n*, Mißbrauch *m*; schlechte Behandlung *f*
keqpërdórj|e -a *f* = keqpërdorim
keqpësím -i *m* Unglück *n*, Pech *n*
kersh *Pl* → **karsh**

kérrm|ë -a *f*, *Pl* -a Dornicht *n*, Dorngestrüpp *n*
kérrmëz -a *f* Schnurren *n der Katze*
kerrnjón 1 *itr* schnurren *(Katze)*
kétë 55: të ~ 3. *Pers Sg Konjunktiv* → **ka**
két|ër -ri *m*, *Pl* -ra Eichhörnchen *n*
kë *Interr Pron Akk* → **kush**
këcén 3 *itr*, *tr* = **kërcen**
këdó *Indef Pron Akk* → **kushdo**
këhá *Adv* hier, dahier
këhé *Adv* von hier
këlbázet 14 *refl Vet* von der Leberegelkrankheit befallen werden *(Schafe)*
këlbáz|ë -a *f* 1. Sputum *n*, Auswurf *m*; 2. *Vet* Leberegelkrankheit *f*
këlbázur (i) *Adj Vet* von der Leberegelkrankheit befallen
këlbóq|e -ja *f*, *Pl* -e Auswurf *m*
këlcás 23 *1. Pers Sg Präs* → **këlcet**
këlcét 23 *itr* Krach machen
këlcíste 23 *Imperf* → **këlcet**
këlkáz|ë -a *f*, *Pl* -a Aronstab *m*
Këln -i *m* Köln *n*
këlpísht|ë -a *f*, *Pl* -a wilder Mandelbaum *m*
këlshéd|ër -ra *f*, *Pl* -ra Rebe *f*
këlthás 23 *od* 27 *1. Pers Sg Präs* → **këlthet**
këlthét 23 *od* 27 *itr* schreien, aufschreien
këlthím|ë -a *f*, *Pl* -a Schrei *m*, Aufschrei
këlthíste 23 *od* 27 *Imperf* → **këlthet**
këlýsh -i *m*, *Pl* -ë *od* -a Jungtier *n*, Junges *n fleischfressender Säugetiere*; ~ **dheu** Maulwurfsgrille *f*
këlýshëza -t *Pl* Niednägel *Pl*
këllás 26[3] *1. Pers Sg Präs* → **këllet**
këllcác|ë -a *f*, *Pl* -a Blasrohr *n*
këllehet 3 *refl* wirbeln, sich in Wallung befinden *(Blut)*; sich in Aufruhr befinden *(Gefühle)*
këlléqkë *Adj*: vezë ~ faules Ei
këllét 23 *od* 26[3] *tr* 1. hineinstecken, hineintun; eingraben; begraben, beerdigen; 2. anstiften, verleiten
këlléç -i *m*, *Pl* -e Degen *m*; Säbel *m*
këlléf -i *m*, *Pl* -e Etui *n*, Futteral *n*; Hülle *f*, Bezug *m*; ~ **syzesh** Brillenetui; ~ **jastëku** Kissenbezug
këllí -a *f*, *Pl* – 1. Schlempe *f*, Futterbrei *m*; 2. Wollfett *n*
këllír|ë -a *f* 1. Schlempe *f*, Futterbrei *m*; schmutziges Wasser *n*, Brühe *f*; 2. Fleck *m*
këllíste 26[3] *Imperf* → **këllet**
këllk -u *m*, *Pl* këllqe Oberschenkelknochen *m*
këmbác, -e *Adj* lahm
këmbadóras *Adv* auf allen vieren
këmbálk|ë -a *f*, *Pl* -a Stelze *f*
këmbán|ë -a *f*, *Pl* -a Glocke *f*
këmbaník -u *m*, *Pl* -ë Fußgänger *m*
këmbé|n 3 *tr* verwechseln; vertauschen; tauschen, austauschen; -**het** *refl* sich umziehen; *übertr* **u këmbye** er ist übergeschnappt, er ist verrückt geworden
këmbés -i *m*, *Pl* -ë Wechsler *m*, Geldwechsler
këmbés|ë -a *f* Wechsel *m*, Austausch *m*; Vertauschung *f*; Verwechselung *f*
kémb|ë -a *f*, *Pl* -ë 1. Bein *n*; Fuß *m*; **rri më** ~ stehen; **rri** ~ **mbi** ~ a) mit übereinandergeschlagenen Beinen sitzen; b) zufrieden sein; **më merren** ~**t** ich stolpere, ich wanke; **ua mbathi** ~**ve** *od* **ua dha** ~**ve** er nahm Reißaus, er gab Fersengeld; **sa mbahem në** ~ ich kann mich kaum noch auf den Beinen halten; **e la këmba e dora** er ist sehr schwach geworden, seine Arme und Beine wollen nicht mehr; **merr nëpër** ~ jmdn. quälen, treten; **i shkau këmba** er hat seine Position verloren; **ngul** ~ auf etw. beharren, auf etw. bestehen; **fëmija merr** ~ das Kind beginnt zu laufen; **i vuri** ~**n** er bedeckte es; **i ra**

së mirës me ~ er hat das Gute mißachtet; **bëri** ~ es hat Beine bekommen, es wurde gestohlen; **me** ~ **të mbarë!** viel Glück! *(Segenswunsch bei der Hochzeit oder bei der Geburt eines Kindes)*; **e ndoqi këmba-** ~**s** er folgte ihm auf dem Fuße; **kokë e** ~ von Kopf bis Fuß, völlig; **me majrat e** ~**ve** auf Zehenspitzen; ~ **e duar** an Händen und Füßen; **në** ~ **të** an Stelle von ..., anstatt des...; ~ **njeriu** niemand, keine Menschenseele; **2.** Fuß, Bein *von Gegenständen*; ~ **karrige** Stuhlbein; ~ **ure** Brückenpfeiler *m*; **3.** Fuß *als Maßeinheit*; **dhjetë** ~ **gjatë** zehn Fuß lang; **4.** Versfuß; **5.** kleine Garneinheit; **6.** zu Fuß; **po shkon (më)**~ er geht zu Fuß
këmbédél|e -ja *f*, *Pl* -e Endivie *f*
këmbëkízë *Adj* o-beinig, säbelbeinig
këmbëkrýq *Adv*: **rri** ~ im Schneidersitz hocken; **shtrohet** ~ sich hinhocken
këmbëkúq|e -ja *f*, *Pl* -e **1.** Rebhuhn *n*; **2.** Maisbrei *m*, Polenta *f*
këmbëmbárë *Adj* glücklich; glückbringend, heilbringend
këmbëngúlës, -e *Adj* beharrlich, hartnäckig
këmbëngúlj|e -a *f* Beharrlichkeit *f*, Hartnäckigkeit *f*
këmbëprápë *Adj* unglücklich; unglückbringend
kémbës -i *m*, *Pl* – **1.** Fußgänger *m*; Infanterist *m*; **2.** Leiter *f*
këmbësór -i *m*, *Pl* -ë Fußgänger *m*; Infanterist *m*
këmbësór|e -ja *f*, *Pl* -e Fußgängerin *f*
këmbësorí -a *f Mil* Fußtruppe *f*, Infanterie *f*
këmbëshpéjtë *Adj* schnellfüßig, leichtfüßig
këmbështrémbër *Adj* krummbeinig
këmbëshúmëz -a *f*, *Pl* -a Tausendfüßler *m*
këmbëtérs *Adj* unheilbringend

kémbëz -a *f*, *Pl* -a **1.** Abzug *m*, Drücker *m am Gewehr*; **2.** Pflugsohle *f*; **3.** Stützpfeiler *m*; Brückenpfeiler *m*; **4.** gesticktes Bündchen *n an Kleidung*; **5.** Fuß *m an Möbeln*; **6.** Garnbüschel *n*
këmbëzbáthur *Adj* barfuß
këmbím -i *m*, *Pl* -e Tausch *m*, Austausch; **pjesë** ~**i** Ersatzteil *n*
kémbj|e -a *f*, *Pl* -e gesticktes Bündchen *n an Kleidung*
këmbór|ë -a *f*, *Pl* -ë Glocke *f*, Viehglocke; **dash me** ~ Leithammel *m*; *übertr* Familienoberhaupt *n*
këmbýer (i) *Adj* **1.** ausgetauscht, gewechselt; **2.** verrückt, töricht
këmísh|e -a *f*, *Pl* -ë Hemd *n*; ~ **nate** Nachthemd; ~ **e gjarpërit** Natternhemd, Schlangenhaut *f*; **këmisha e uthullës** die Essigbakterien; *übertr* **ka lindur me** ~ er ist ein Glückspilz
këmishëzí -u *m*, *Pl* -nj Schwarzhemd *n für italienische Faschisten*
kënáç|e -ja *f*, *Pl* -e Tongefäß *n*, Wasserkrug *m*; **bie shiu me** ~ es gießt in Strömen
kënáq 14 *tr* befriedigen, zufriedenstellen; -**et** *refl* zufrieden sein; sich begnügen; sich amüsieren, auf seine Kosten kommen; ~**et me pak** er ist mit wenigem zufrieden; **u** ~**a** es hat mir sehr gefallen
kënaqësí -a *f* Zufriedenheit *f*, Befriedigung *f*; **me** ~ mit Freuden, sehr gern
kënáqsh|ëm (i), -**me** (e) *Adj* zufriedenstellend, befriedigend; vergnüglich, ergötzlich; angenehm
kënáqur (i) *Adj* zufrieden; befriedigt; **mbetëm shumë të** ~ es hat uns sehr gefallen
kënát|ë -a *f*, *Pl* -a Wasserkrug *m aus Ton od. Holz*
kënd -i *m*, *Pl* -e **1.** *Geom* Winkel *m*; ~ **i drejtë** rechter Winkel; ~ **i mbyllët** spitzer Winkel; ~ **i hapët**

stumpfer Winkel; **2.** Ecke *f*, Winkel; Rand *m*, Kante *f*
kënddréjt|ë I. -i *Subst/m, Pl* -ë Rechteck *n*; **II.** *Adj* rechtwinklig
këndéj I. *Präp (mit Abl)* diesseits; ~ **lumit** diesseits des Flusses, auf dieser Seite des Flusses; **II.** *Adv* auf dieser Seite, diesseits; ~ **e tej** von heute an
këndéjm|ë (i), -e (e) *Adj* diesseitig
këndéjmi (së) *Adv* von hier, von hier aus
këndéjsh|ëm (i), -me (e) *Adj* = **i këndejmë**
këndéll 14 *tr* rotglühend machen; entzünden, anzünden; beleben, jmdm. Kraft geben; **-et** *refl* rot werden; sich entzünden; sich beleben, zu Kräften kommen; gedeihen
këndéll|ë -a *f, Pl* -a Lampe *f*; Leuchter *m*
këndés -i *m, Pl* -a Hahn *m*; ~ **i egër** Auerhahn
këndéz -i *m, Pl* a = **këndes**
këndím -i *m, Pl* -c Lesen *n*; **nuk di** ~ **e shkrim** er kann nicht lesen und schreiben; Vorlesen; Lektüre *f*, Lesestoff *m*; **libri i** ~ **it** das Lesebuch; Belesenheit *f*; ~**e** *Pl* Studien *Pl*
këndírr 14¹ *tr* ersticken; **-et** *refl* ersticken; ~**em** ich bekomme keine Luft mehr
këndítet 20 *refl* sich sattessen
këndmátës -i *m, Pl* - Winkelmesser *m*, Goniometer *n*
këndón 1 *tr, itr* **1.** singen; **të këndoftë zemra!** du sollst dich freuen!; **2.** lesen; studieren, lernen; **3.** *Beschwörungsformeln* aufsagen, murmeln; **4.:** **po ia këndojnë** man sagt von ihm, es heißt von ihm; **ç'**~ **gazeta?** was sagt die Zeitung?, was steht in der Zeitung?
këndónjës -i *m, Pl* - Leser *m*
këndór, -e *Adj Geom* winklig

kéndsh|ëm (i), -me (e) *Adj* angenehm; erfreulich; anmutig, lieblich
këndúar (i) *Adj* belesen, klug, gebildet
këndúes -i *m, Pl* - = **këndes**
kënéll|ë -a *f, Pl* -a Spundloch *n*
kënét|ë -a *f, Pl* -a Sumpf *m*
kënetór, -e *Adj* sumpfig, Sumpf-; **bimë** ~**e** Sumpfpflanze *f*
kën|ë -a *f* Hennastrauch *m*; Henna *f*
këng|ë -a *f, Pl* -ë **1.** Lied *n*; ~ **popullore** Volkslied; ~ **trimash** Heldenlied, episches Lied; **2.** Gesang *m*; ~ **e këndezit** Hahnenschrei *m*, Krähen *n*; *übertr* **kënga e Mukës** das alte Lied, die alte Leier
këngëtár I. -i *Subst/m, Pl* -ë Sänger *m*; **II.** -e *Adj* Sing-, Sänger-; **zogj** ~**ë** Singvögel *Pl*
këngëtár|e -ja *f, Pl* -e Sängerin *f*
këngëtór I. -i *Subst/m, Pl* -ë; **II.** -e *Adj* = **këngëtar**
këpucár -i *m, Pl* -ë Schuhmacher *m*, Schuster *m*
këpúc|ë -a *f, Pl* -ë **1.** Schuh *m*; *übertr* **iu bë** ~ er hat sich ihm völlig unterworfen; **i vuri të dy këmbët në një** ~ er hat ihn in die Enge getrieben, er hat ihn gezwungen; **2.** Belohnung *f für wiedergebrachtes Diebesgut*
këpucëbérës -i *m, Pl* - Schuhmacher *m*
këpucëbërësí -a *f* Schuhmacherei *f*
këpucëtár -i *m, Pl* -ë = **këpucar**
këpucëtarí -a *f, Pl* - Schuhmacherhandwerk *n*
këpucëtór|e -ja *f, Pl* -e Schuhmacherei *f*, Schusterwerkstatt *f*
këpúj|ë a *f, Pl* -ë *od* -a **1.** runde Frucht *f*, Beere *f*; **një** ~ **mollë** ein Apfel; **2.** Knopf *m*; **3.** Tropfen *m*; **një** ~ **ujë** ein Tropfen Wasser; **4.** *Gramm* Kopula *f*
këpúrdh|ë -a *f, Pl* -a Pilz *m*

këpúsh|ë -a *f*, *Pl* -a Holzbock *m*, Zecke *f*
këpút 22 *tr* **1.** abreißen; losreißen, trennen, absondern; **2.** zerreißen; **3.** *übertr* ermüden, müde machen; ~ **qafën** pack dich!, troll dich!; **të** ~ **shpirtin** er kann einem in der Seele leid tun; **i** ~**ën fjalët** das letzte Wort wurde gesprochen, sie haben ihren Beschluß gefaßt; **-et** *refl* **1.** müde werden, ermatten; **u** ~**a** ich bin völlig erschöpft; **2.** sich lösen, herunterfallen; ~**et ndër vete** sich einen Bruch heben
këputaqáfas *Adv* Hals über Kopf
këpút|ë -a *f*, *Pl* -a Fußsohle *f*
këpútj|e -a *f*, *Pl* -e **1.** Abreißen *n*, Riß *m*; Abbruch *m*, Unterbrechung *f*; ~ **e marrëdhënieve diplomatike** Abbruch der diplomatischen Beziehungen; *El* Unterbrechung *des Stromkreises*; **2.** Erschlaffung *f*, Ermüdung *f*, Erschöpfung *f*; **3.** Ackerschachtelhalm *m*, Zinnkraut *n*
këpútur (i) *Adj* **1.** ermattet, erschöpft; **2.** bettelarm
këpúturit (të) *n*/*best*: **të** ~ **mish** Sehnenscheidenentzündung *f*
këqía (të) *Pl*/*f* → **i keq**
këqíj, -a (të) *Adj*/*Pl* → **i keq**
këqíja -t (të) *Pl* Leid *n*, Leiden *Pl*; Böses *n*, böse Taten *Pl*
këqínj (të) *Adj Pl*/*m* → **i keq**
këqýr 14[1] *tr* anschauen, betrachten, ansehen; beobachten
këqýrj|e -a *f* Betrachtung *f*; Beobachtung *f*
kërbáç -i *m* Peitsche *f*, Ziemer *m*
kérb|ë -a *f*, *Pl* -a Faß *n*
kërbíl -i *m*, *Pl* -e Abhang *m*, abschüssige Stelle *f*
kërbísht -i *m Anat* Kreuzbein *n*
kërbíshtje -t *Pl* **1.** Hüften *Pl*, Lenden *Pl*, Kreuz *n* **2.** Ischias *m*, Hexenschuß *m*
kërbishtórë -t *Pl* Wirbeltiere *Pl*

kërbótull -a *f* rötlicher Ton *m*
kërcás 23 *od* 28 *l. Pers Sg Präs* → **kërcet**
kërcéll -i *m*, *Pl* kërcéj = **kërcyell**
kërcén 3 *itr* **1.** springen; **2.** tanzen; *übertr* **me** ~ **damari** mir schwillt die Zornesader, ich werde zornig; **ka kërcyer vera** der Wein ist sauer geworden; *tr* eingießen, einfüllen
kërcét 23 *od* 28 *itr* krachen; klirren; knarren; knistern; dröhnen; erschallen; **dera** ~ die Tür quietscht; ~ **zjarri** das Feuer prasselt; ~ **dajaku** die Ohrfeige schallt; **i** ~ **derës** er klopft an die Tür; **krisi lufta** der Krieg ist ausgebrochen; **krisi gota** das Glas ist gesprungen; **ia krisi të qarit** sie brach in Tränen aus; *übertr* fliehen; **krisi e iku** er war auf und davon; *tr* ~ **gishtërat** mit den Fingern schnipsen; ~ **dhëmbët** mit den Zähnen knirschen
kérc|e -a *f*, *Pl* -a **1.** Knorpel *m*; **2.** Lage *f von Blätterteiggebäck*
kërcellén 3 *tr* = **kërcëllín**
kërcëllím -i *m*, *Pl* -e Zähneknirschen *n*, Zähneklappern *n*
kërcëllím|ë -a *f*, *Pl* -a Knallen *n*, Krachen *n der Flinte*
kërcëllín 6 *od* 11 *tr* mit den Zähnen knirschen, mit den Zähnen klappern
kërcëllítj|e -a *f* = **kërcëllím**
kërcëllón 1 *tr* = **kërcëllin**
kërcëním -i *m*, *Pl* -e Bedrohung *f*, Drohen *n*, Drohung *f*
kërcënó|n 1 *tr* jmdn. bedrohen, jmdm. drohen; **-het** *refl*: **i kërcënohet** er droht ihm, er jagt ihm Angst ein
kërcënónjës, -e *Adj* drohend, bedrohlich
kërcí -ri *m*, *Pl* -nj Unterschenkel *m*; Unterschenkelknochen *m*, Schienbein *n und* Wadenbein *n*
kërcím -i *m*, *Pl* -e **1.** Sprung *m*,

Springen *n*; *Sport* ~ **së larti** Hochsprung; ~ **së gjati** Weitsprung; ~ **trehapesh** Dreisprung; ~ **me shkop** Stabhochsprung; **2.** Tanz *m*, Tanzen *n*
kërcimtár -i *m*, *Pl* -ë **1.** Tänzer *m*; **2.** Springer *m*
kërcimtár|e -ja *f*, *Pl* -e **1.** Tänzerin *f*; **2.** Springerin *f*
kërcíste 23 *od* 28 *Imperf* → **kërcet**
kërcítj|e -a *f* Knarren *n*; Kratzen *n*; Knallen *n*; Krachen *n*; Geknatter *n*; Knirschen *n*
kërcón 1 *tr* anknabbern
kërcór, -e *Adj*: **ind** ~ Knorpelgewebe *n*
kërcú -ri *m*, *Pl* -nj Baumstumpf *m*, Stubben *m*; Wurzelstock *m*
kërcúq **I.** -i *Subst*/*m*, *Pl* -a kleiner Baumstumpf *m*; **II.** -e *Adj* arm, bedauernswert
kërcúr|ë -a *f*: **kërcura unë!** ich Ärmste!
kërcýell -i *m*, *Pl* **kërcéj** **1.** Stengel *m*, Stiel *m*; **2.** Unterschenkel *m*; Unterschenkelknochen *m*
kërcýes -i *m*, *Pl* – Tänzer *m*
kërçép -i *m*, *Pl* -ë Zweig *m*; trockenes Reisig *n*, Holzspan *m*; Baumstumpf *m*; *übertr* ~ **nga mendja** schwerfällig, begriffsstutzig
kërçík -u *m*, *Pl* -ë Unterschenkel *m*; Schienbein *n und* Wadenbein *n*; *übertr* **s'ka** ~ er hat nicht die Kraft dafür
kërdí -a *f* Blutbad *n*, Gemetzel *n*
kërdís 21 *itr* metzeln, dahinmetzeln; *übertr* ermüden; sehr anstrengen
kërdhókull -a *f*, *Pl* -a Hüftknochen *m*
kërëndí -a *f* Mauerschutt *m*
kërkáç -i *m*, *Pl* -ë Bettler *m*
kërkés|ë -a *f* **1.** Bitte *f*, Ersuchen *n*; **me** ~ **n e...** auf Ersuchen von...; **sipas** ~ **s së...** nach der Bitte von...; **2.** Nachfrage *f*; **ka** ~ **të madhe për...** es besteht eine große Nachfrage nach...; **3. kërkesa** *Pl* a) Anforderungen *Pl*, Ansprüche *Pl*; b) Forderungen *Pl*
kërkím -i *m* Anforderung *f*; ~ **materiali** Materialanforderung; ~ **e** *Pl* Forschungen *Pl*, Studien *Pl*, Untersuchungen *Pl*; Nachforschungen
kërkimór, -e *Adj* Forschungs-; **metoda** ~ **e** Forschungsmethoden; **institucione** ~ **e-shkencore** wissenschaftliche Forschungseinrichtungen
kërkón 1 *tr* **1.** suchen; durchsuchen, kontrollieren; **2.** abschmecken, kosten; **3.** wollen, verlangen, fordern
kërkúar (i) *Adj* gesucht, gefragt
kërkúes -i *m*, *Pl* – **1.** Forscher *m*; **2.** Bittsteller *m*; **3.** *Phot* Sucher *m*
kërléshet 14[2] *refl* **1.** gesträubte Haare haben *(Katze usw.)*; **2.** sich streiten
kërléshj|e -a *f*, *Pl* -e Handgemenge *n*, Streiterei *f*
kërlúk -u *m*, *Pl* -ë gekrümmter Hirtenstab *m*
kërm|ë -a *f* **1.** Aas *n*, Kadaver *m*; **2.** unzerlegtes geschlachtetes Tier *n*
kërmëz -i *m* Karmesin *n*, Karminrot *n*
kërmíll -i *m*, *Pl* **kërmíj** Schnecke *f*; *Anat* ~ **i i veshit** die Schnecke im Ohr
kërmín|ë -a *f* Wiederkäuermagen *m*
kërnác **I.** -i *Subst*/*m*, *Pl* -ë Geizhals *m*, Geizkragen *m*; **II.** -e *Adj* geizig, knauserig
kërnáck|ë -a *f*, *Pl* -a gegrilltes Hackfleischwürstchen *n*
kërndézet 14 *refl* zornig werden, sich erregen
kërnét|ë -a *f*, *Pl* -a *umg* Klarinette *f*
kërp -i *m* Hanf *m*
kërpáç -i *m*, *Pl* -ë Flickschuster *m*; Flickschneider *m*

kërpésh -i *m, Pl* -a Halfter *m*
kërpícë *Adv* brechend voll, gestopft voll
kërpín 6 *itr* beim Trinken einen Imbiß zu sich nehmen
kërptë (i) *Adj* hanfen, Hanf-
kërpúdh|ë -a *f, Pl* -a Pilz *m*
kërqél|ë -a *f, Pl* -a Gürtelmesser *n*
kërqéll|ë -a *f, Pl* -a Dorn *m* der Türangel
kërsh|ë -a *f, Pl* -a Felsenmeer *n*, Gebiet voller Steine und Felsen
kërshëndélla -t *Pl* Weihnachten *n*, Weihnacht *f*
kërshërí -a *f* Wissensdrang *m*, Wissensdurst *m*; Neugier *f*
kërshnjét -i *m* Steinlinde *f*
kërtól|e -ja *f, Pl* -e großer Knochen *m*
kërtóll|ë -a *f, Pl* -a Kartoffel *f*
kërtýl 14 *tr* anfüllen, vollstopfen, sättigen; **-et** *refl* 1. dick werden; sich aufblasen; satt werden; 2. voll werden, sich füllen, reichlich versorgt werden mit ; 3.: **i** ~**et** jmdm. drohen
kërtýlë *Adv* voll, voller
kërtházi *Adv* quer, schräg; **i ra rrugës** ~ er kürzte den Weg ab
kërthët (i) *Adj* quer, schräg
kërthí I. -u *Subst/m, Pl* -nj Neugeborenes *n*, kleines Kind *n*; *übertr* unreifer Mensch *m*; II. *Adj* sehr klein, zart
kërthíç|ël -la *f, Pl* -la zartes, empfindliches und kränkliches Mädchen *n*
kërthíng|ël -la *f, Pl* -la *Zool* Kiebitz *m*
kërthínjë *Adj* sehr klein, zart (Säuglinge; Lämmer)
kërthinjí -a *f* frühes Kindesalter *n*
kërthínjtë (i) *Adj* sehr klein, sehr jung, zart; saugend
kërthíz|ë -a *f, Pl* -a 1. Nabel *m*; 2. *übertr* Nabel, Mittelpunkt *m*; 3. Mittelstück *n*, Herzstück *n*; **në** ~ **të dimrit** mitten im Winter
kërvéshet 14² *refl* höhnisch den Mund verziehen, spöttisch grinsen
kërr I. -i *Subst/m* Esel *m*; II. -e *Adj* grau *bes. von Pferden*
kërráb|ë -a *f, Pl* -a 1. Hirtenstab *m*; Fleischerhaken; Haken *m* zum Niederziehen von Ästen; 2. Art Hacke
kërríç -i *m, Pl* -ë *od* -a Eselsfüllen *n*
kërríç|e -ja *f, Pl* -e junge Eselin *f*
kërrít 22 *itr* grunzen (Schwein)
kërrl|ë -a *f* dünner Schlamm *m*, Schlammpfütze *f*
kërrmí -a *f* Holzwurm *m*
kërrnjót|ë -a *f Vet* Staupe *f*
kërrús 21 *tr* biegen, krümmen; **-et** *refl* sich beugen, sich krümmen
kërrút|ë -a *f, Pl* -a gehörntes Schaf *n*
kësáç -i *m, Pl* -a Kneifzange *f*
kësáj *Dem Pron Gen Dat Abl* → **kjo**
kësájt *Adv* diesseits, auf dieser Seite
kësisój I. *Adv* so; II. *Adj* solch, derartig; ~ **lulesh s'kam parë** solche Blumen habe ich noch nicht gesehen
kësísh *Dem Pron Abl* → **këta**
kësmét -i *m* = **kismet**
kësodóre I. *Adj* derartig, in dieser Art; II. *Adv* auf diese Weise, so
kësósh *Dem Pron Abl* → **këto**
këst -i *m, Pl* -e Rate *f*, Abzahlungsrate
kësulér -i *m, Pl* -ë Haubenlerche *f*
kësúl|ë -a *f, Pl* -a 1. Haube *f*, Kappe *f*; 2. *Math* Kugelabschnitt *m*
késhéte -t *Pl* Kleie *f*
këshíll -i *m, Pl* -a 1. Rat *m*, Ratschlag *m*, Empfehlung *f*; **e thotë në** ~ er sagt es im Vertrauen; 2. Rat, Ratsversammlung *f*; ~ **i i rrethit** der Rat des Kreises; ~ **i i fshatit** der Rat der Gemeinde; **Këshilli i Ministrave** der Minister-

rat; **Këshilli Botëror i Paqes** der Weltfriedensrat

këshíll|ë -a *f*, *Pl* -a Rat *m*, Ratschlag *m*, Empfehlung *f*

këshillím -i *m*, *Pl* -e Raten *n*, Ratgeben *n*

këshilló|n 1 *tr* beraten; jmdm. raten, einen Rat geben; empfehlen; **-het** *refl* sich beraten, sich Rat holen

këshilltár -i *m*, *Pl* -ë **1.** Ratgeber *m*, Berater *m*; **2.** Ratsmitglied *n*; **3.** Rat *m* *als Titel*; ~ **juridik** Gerichtsrat

kështáll|ë -a *f*, *Pl* -a *Med* Schiene *f*

kështallón 1 *tr* schienen

kështjéll|ë -a *f*, *Pl* -a Burg *f*; Festung *f*

kështú *Adv* so, auf diese Weise; ~ **ose ashtu** sowieso, so oder so; ~ **e tutje** von jetzt an; **e ~ me radhë** und so fort, und so weiter; ~ **që** so daß

kështýr|e -ja *f*, *Pl* -e Bergpfad *m*

kët|á, -ó *Dem Pron* diese; **këta djem** diese Jungen; **këto vajza** diese Mädchen

këtéj I. *Adv* hier, hier drüben; hierher; **që** ~ von hier, von hier an, von hier aus; von da an; auf diese Seite; ~ **e tutje** von heute an; **II.** *Präp (mit Abl)* diesseits, auf dieser Seite

këtéjm|ë (i), -e (e) *Adj* hiesig, diesseitig; **së këtejmi** von hier aus

këtë́ *Dem Pron Akk* → **ky** *od* **kjo**

këtíj *Dem Pron Gen Dat Abl* → **ky**

këtíllë (i) *Adj* solch, derartig, solcherart

këtjé *Adv* hier, hier herum; **eja** ~ komm hier in die Nähe!; **këtu** – ~ hier und da

këtó *Dem Pron* → **këta**

këtú *Adv* hier, an dieser Stelle; ~ **e tre vjet** vor drei Jahren; ~ **pari** hier in der Nähe

këtúsh|ëm (i), -me (e) *Adj* hiesig

këtýre *Dem Pron Gen Dat Abl* → **këta** *od* **këto**

ki 55 *Imp* → **ka**

kiamét I. -i *Subst/m*, *Pl* -e **1.** Weltuntergang *m*, jüngstes Gericht *n*; **2.** großes Unheil *n*, Katastrophe *f*, Unglücksfall *m*; **II.** *Adv* schrecklich viel, furchtbar viel

kibernetík|ë -a *f* Kybernetik *f*

kic 14 *tr* beißen

kíca -t *Pl fam* Beißerchen *Pl*, Zähnchen *Pl*

kiciríb|ë -a *f*, *Pl* -a *Zool* Kiebitz *m*

kiç -i *m*, *Pl* -a Hinterschiff *n*, Heck *n*

kíç|e -ja *f*, *Pl* -e **1.** kleines Ölgefäß *n*; **2.** Felsnase *f*

¹**kík|ë** -a *f*, *Pl* -a oberste Spitze *f*

²**kík|ë** -a *f*, *Pl* -a Mähne *f*

kík|ël -la *f*, *Pl* -la feine Spitze *f*

kikirík -u *m*, *Pl* -ë *od* -e Erdnuß *f*

kíl|e -ja *f*, *Pl* -e Patronenhülse *f*

Kilí -a *f* Chile *n*

kilián I. -i *Subst/m*, *Pl* -ë Chilene *m*; **II.** -e *Adj* chilenisch

kilikón 1 *tr* kitzeln

kílo -ja *f*, *Pl* – Kilo *n*

kilográm -i *m*, *Pl* – *od* -ë Kilogramm *n*

kilomét|ër -ri *m*, *Pl* -ra Kilometer *m od. n*

kilometrázh -i *m* Kilometerzahl *f*

kilovát -i *m*, *Pl* – Kilowatt *n*; ~ **-orë** Kilowattstunde *f*

kilús -i *m* Darmlymphe *f*

kilzón 1 *tr* = **kilikon**

kíll|ë -a *f*, *Pl* -ë Gewichtseinheit, *etwa 56 bis 63 kg*

kimá -ja *f* Hackfleisch *n*, Gehacktes *n*; *Speise mit Hackfleisch*

kimér|ë -a *f*, *Pl* -a Chimäre *f*, Hirngespinst *n*, Trugbild *n*

kimerík, -e *Adj* chimärisch, trügerisch

kimét -i *m* Wert *m*, Preis *m*; **sa e ka** ~ **in?** was ist es wert?;

e ka me ~ es bedeutet ihm viel, es ist für ihn sehr wertvoll
kimí -a *f* Chemie *f*; **~ inorganike** anorganische Chemie; **~ e naftës** Petrolchemie
kimík, -e *Adj* chemisch; **plehra ~ e** Kunstdünger *m*
kimikísht *Adv* chemisch
kimíst -i *m*, *Pl* -ë *od* -a Chemiker *m*
kin 6 *tr* Reben verschneiden; *übertr* **ia ~** jmdn. übertreffen
kinakín -i *m* Chinarinde *f*
kind -i *m*, *Pl* -a Falte *f an Kleidung*; Saum *m*; Ecke *f*, Kante *f*
kinemá -ja *f*, *Pl* – Kino *n*
kinematografí -a *f* Filmwesen *n*
kinematografík, -e *Adj* Kino-, Film-
kinéz **I.** -i *Subst*/*m*, *Pl* -ë Chinese *m*; **II.** -e *Adj* chinesisch
kinezísht *Adv* auf chinesisch
kinezísht|e -ja *f* Chinesisch *n*
kín|ë -a *f* **1.** Chinabaum *m*, Chinarinde *f*; **2. Kínë** China *n*; **Republika Popullore e Kinës** Volksrepublik China
kíng|ël -la *f*, *Pl* -la Sattelgurt *m*, Bauchgurt *m*
kinín|ë -a *f* Chinin *n*
kiníno -ja *f* = **kininë**
kinkalerí -a *f*, *Pl* – **1.** Kurzwaren *Pl* und andere kleine Dinge *Pl (z.B. Rasierklingen, Kämme, Schreibwaren, Galanteriewaren, Spielzeug usw.)*; **2.** kleiner Laden für Kurzwaren und andere kleine Dinge
kinokomedí -a *f*, *Pl* – Filmkomödie *f*
kinoregjizór -i *m*, *Pl* -ë Filmregisseur *m*
kinostúdio -ja *f* Filmstudio *n*
kínse *Konj* als ob
kipc -i *m* Doppelgänger *m*
kirgíz **I.** -i *Subst*/*m*, *Pl* -ë Kirgise *m*; **II.** -e *Adj* kirgisisch
Kirgizí -a *f* Kirgisien *n*
kiroptérë -t *Pl* Flattertiere *Pl*
kirúrg -u *m*, *Pl* -ë Chirurg *m*
kirúrg|e -ia *f*, *Pl* -e Chirurgin *f*
kirurgjí -a *f* Chirurgie *f*
kirurgjík, -e *Adj* chirurgisch
kirurgjikál, -e *Adj* chirurgisch; **ndërhyrje ~ e** chirurgischer Eingriff
kismét -i *m*, *Pl* -e Schicksal *n*, Geschick *n*; Glück *n*; **s'qe ~ es** hat nicht sollen sein
kist -i *m*, *Pl* -e Rate *f*
¹**kish** *Konj* wenn nur, daß nur; **~ ta di** wenn ich es nur wüßte
²**kish** 55 *Imperf* → **ka**
kísh|ë -a *f*, *Pl* -a Kirche *f*, Gotteshaus *n*; Kirche *als Gemeinschaft von Christen*; **~ ortodokse** orthodoxe Kirche; **etërit e ~ s** die Kirchenväter
kíshëz -a *f*, *Pl* -a *Arch* Kapelle *f*
kishtár, -e *Adj* kirchlich
kitár|ë -a *f*, *Pl* -a Gitarre *f*
kít|e -ja *f*, *Pl* -e Ährenbündel *n*; Ähre *f*
kít|ë -a *f*, *Pl* -a Eiszapfen *m*
kít|ër -ra *f*, *Pl* -ra = **ketër**
kitón -i *m*, *Pl* -e Chiton *m*
kith -i *m* Dunstschleier *m auf den Gipfeln hoher Berge*
kíthi *Adv*: **për së ~** schief, schräg, quer; **e preva për së ~** ich habe es schräg zugeschnitten
kíz|ë -a *f*, *Pl* -a Hippe *f*, Winzermesser *n*; Gartenmesser *n*
kjo *Dem Pron*/*f* diese; **~ grua** diese Frau; **~ vajzë** dieses Mädchen
kjóm|ë -a *f* Kirschsaft *m*; Pflaumensaft *m*
klandestín, -e *Adj* geheim, unterirdisch
klarinét|ë -a *f*, *Pl* -a Klarinette *f*
klás|ë -a *f*, *Pl* -a **1.** *Pol* Klasse *f*; **lufta e klasave** der Klassenkampf; **2.** Klasse, Schulklasse; Klassenzimmer *n*; **3.** Jahrgang *m von Rekruten*; **4.** *Biol* Klasse; **5.** Klasse *bei der Eisenbahn*; **6.** Klasse *als Qualitätsgrad*; **i ~ s së parë** erstklassig
klasicíst, -e *Adj* klassizistisch

klasicíz|ëm -mi *m* Klassizismus *m*
klasifikím -i *m*, *Pl* -e Klassifikation *f*, Klassifizierung *f*
klasifikón 1 *tr* klassifizieren
klasík I. -u *Subst/m*, *Pl* -ë Klassiker *m*; II. -e *Adj* klassisch; **gjuhët** ~ **e** die klassischen Sprachen; *übertr* klassisch, typisch, charakteristisch; **shembëll** ~ **e** ein klassisches Beispiel
klasíst, -e *Adj* = **klasor**
klasór, -e *Adj* Klassen-, klassenmäßig; **raporte** ~ **e** Klassenverhältnisse *Pl*
klauzól|ë -a *f*, *Pl* -a Klausel *f*
kléçk|ë -a *f*, *Pl* -a 1. Hölzchen *n*, Span *m*, Splitter *m*; ~ **dhëmbësh** Zahnstocher *m*; *übertr* **punë me kleçka** eine unsichere Sache, eine Sache, die nicht glatt verläuft; 2. Ausrede *f*, Vorwand *m*, Ausflucht *f*
klék|ë -a *f*, *Pl* -a Krummholzkiefer *f*
kleptomán I. -i *Subst/m*, *Pl* -ë Kleptomane *m*; II. -e *Adj* kleptomanisch
kleptomán|e -ia *f*, *Pl* -e Kleptomanin *f*
kler -i *m* Klerus *m*
klerík -u *m*, *Pl* -ë Kleriker *m*, Geistlicher *m*
klerikál I. -i *Subst/m*, *Pl* -ë Klerikaler *m*; II. -e *Adj* klerikal, klerikalisch
klerikalíz|ëm -mi *m* Klerikalismus *m*
kliént -i *m*, *Pl* -ë *od* -a Kunde *m*; Stammkunde; Klient *m*; Patient *m*
klientél|ë -a *f*, *Pl* -a Klientel *f*; Kundenkreis *m*, Kundschaft *f*; Patienten *Pl*
klík|ë -a *f*, *Pl* -a Clique *f*, Sippschaft *f*, Klüngel *m*
klimakteriúm -i *m* Med Klimakterium *n*, Wechseljahre *Pl*
klimaterík, -e *Adj* 1. mit gutem Klima; **vend** ~ Kurort *m*, Sommerfrische *f*; 2. klimatisch, Klima-
klimatík, -e *Adj* klimatisch, Klima-
klimë|ë -a *f*, *Pl* -a Klima *n*
klinïk, -e *Adj* klinisch
klinïk|ë -a *f*, *Pl* -a Klinik *f*
klíp|ë -a *f*, *Pl* -a *Geol* Klippe *f*
klisýr|ë -a *f*, *Pl* -a Engpaß *m*, Hohlweg *m*, Bergenge *f*
klishé -ja *f*, *Pl* – Klischee *n*, Druckstock *m*; Klischee, Abklatsch *m*
klíthi 27 *Aor* → **këlthet**
klíthj|e -a *f*, *Pl* -e Schrei *m*, Aufschrei
klíthm|ë -a *f*, *Pl* -a = **klithje**
klízm|ë -a *f*, *Pl* -a Klistier *n*, Einlauf *m*
klor -i *m* Chlor *n*
klorát -i *m*, *Pl* -e Chlorat *n*
klorhidrík, -e *Adj* Chlorwasserstoff-; **acid** ~ Salzsäure *f*
klorík, -e *Adj* Chlor-; **acid** ~ Chlorsäure *f*
klorofíl -i *m* Chlorophyll *n*, Blattgrün *n*
klorofórm -i *m* Chloroform *n*
klorúr -i *m* Chlorid *n*
klóun -i *m*, *Pl* -ë Clown *m*
klub -i *m*, *Pl* -e Klub *m*, Klubraum *m*
kllábëz -a *f*, *Pl* -a Türriegel *m*
klláç|e -a *f*, *Pl* -a Pfütze *f*, Lache *f*
kllág|ër -ra *f*, *Pl* -ra 1. Scholle *f*, Erdscholle, Erdklumpen *m*; 2. Eisschicht *f*, Eisdecke *f*
klläjk|ë -a *f*, *Pl* -a 1. Holzpflock *m* *der Pflugbalken und Joch verbindet*; 2. Türriegel *m*
¹**klláp|ë** -a *f*, *Pl* -a 1. Handfessel, Fessel *f*; *übertr* **bie në** ~ in die Falle gehen; 2. Türriegel *m*; 3. Klammer *f*; ~ **katrore** eckige Klammer; 4. Zunge *f* *an Holzblasinstrumenten*
²**klláp|ë** -a *f*, *Pl* -a mit Wasser gefüllter Stapfen *m*, Pfütze *f*

kllapít 20 *tr* wie ein Hund fressen; aufschlecken
kllapós 21 *tr* in Pfützen hineintreten, durch Pfützen waten
kllásh|ë -a *f, Pl* -a Umhang *m aus einem Gemisch von Ziegen- und Schafwolle*
kllínz|ë -a *f, Pl* -a Goldregenpfeifer *m*
klloçít 22 *itr* 1. glucken, gackern; 2. glucken, brüten
kllóçk|ë -a *f, Pl* -a Glucke *f*, Bruthenne *f*
kllógjër -a *f Bot* Mutterkorn *n*, Getreidebrand *m*
kllogjërésh|ë -a *f, Pl* -a orthodoxe Nonne *f*
kllúk|ë -a *f, Pl* -a = **klloçkë**
kllukím -i *m* Brüten *n*
kllup 14 *tr* hinunterschlingen, verschlingen
kllupít 20 *tr* = **kllup**
kmés|ë -a *f, Pl* -a Hippe *f*, Gartenmesser *n*, Winzermesser *n*
kmesëtár -i *m, Pl* -ë Gärtner *m der die Bäume ausästet*
koalición -i *m, Pl* -e Koalition *f*; **qeveri** ~**i** Koalitionsregierung *f*
kob -i *m, Pl* -e 1. Betrug *m*, Verrat *m*; **më hëngri në** ~ er hat mich betrogen; 2. Unglück *n*, Schicksalsschlag *m*
kobált -i *m* Kobalt *n*
kobár -i *m, Pl* -ë Mauser *m*, Dieb *m*
kobásh, -e *Adj* heimlich stehlend, diebisch
kób|ë -a *f* 1. Diebstahl *m in der eigenen Familie*; 2. Schaden *m*, Unheil *n*; Blutbad *n*; **ia bëri** ~**n** er hat ihn umgebracht
kobím -i *m, Pl* -e Betrügen *n*, Täuschung *f*
kobimtár -i *m, Pl* -ë Betrüger *m*, Täuscher *m*
kobít 22 *tr, itr* 1. stehlen, entwenden; 2. jmdm. schaden, jmdn. schädigen

kobón 1 *tr* täuschen, anführen; beschwichtigen
kóbsh|ëm (i), -me (e) *Adj* schändlich, abscheulich; unglücklich
kobtár -i *m, Pl* -ë Treuloser *m*, Verräter *m*
kobúr|e -ja *f, Pl* -e Art Pistole; *übertr* **është** ~ er ist ein Dummkopf
kob|zí, -zézë *Adj* unheilbringend, unselig
koc -i *m, Pl* -a *od* -ínj Knochen *m*
kocán -i *m, Pl* -ë schwarzer Ziegenbock *m*
kóc|e -ja *f, Pl* -e Mädchen *n von 8 bis 10 Jahren*
¹**kóc|ë** -a *f, Pl* -a Goldbrasse *f*
²**kóc|ë** -a *f, Pl* -a schwarze Ziege *f*
³**kóc|ë** -a *f, Pl* -a geflochtener Sperrzaun *m beim Fischfang*
kóck|ë -a *f, Pl* -a = **koc**
kockërína -t *Pl* Knochensplitter *Pl*
koconárë -t *Pl* Handwurzelknochen *Pl*
koç -i *m, Pl* -a 1. Widder *m*, Hammel *m*; 2. Büffeljunges *n*
koçák -u *m, Pl* -ë Pferch *m für Schweine*
koçallák -u *m, Pl* -ë Hüftknochen *m*
koçán -i *m, Pl* -ë entkörnter Maisstengel *m*; Strunk *m*; Stiel *m*; Stumpf *m*
koçék -u *m, Pl* -ë Maisspeicher *m*; Vorratsschrank *m*
koçél|e -ja *f, Pl* -e Löffelbrett *n*, Löffelkasten *m*
koçér|e -ja *f, Pl* -e Kanne *f aus Metall*
¹**koçí** -a *f, Pl* – Brautkutsche *f*
²**koçí** -a *f* Preis *m bei Wettkämpfen*
koçimár|e -ja *f, Pl* -e Erdbeerbaum *m*
koçirám|ë, -e *Adj* gelähmt, lahm
koçkúll|ë -a *f, Pl* -a Kichererbse *f*
koçobásh -i *m, Pl* -ë *alt* Dorfältester *m*

koçomíla -t *Pl* Röhrenknochen *Pl*, große Knochen *Pl*
koçúm|e -ja *f*, *Pl* -e **1.** Wasserkrug, Krug *m*; **2.** kleines Tintenfaß *n*
kod -i *m*, *Pl* -e **1.** Code *m*, Kodex *m*; ~ **i civil** Zivilgesetzbuch *n*; ~ **i penal** Strafgesetzbuch; **2.** Kode *m*, Schlüssel *m*
kód|ër -ra *f*, *Pl* -ra Hügel *m*, niedriger Berg *m*
kodifikím -i *m* Kodifizierung *f*
kodifikón 1 *tr* kodifizieren
kodósh -i *m*, *Pl* -ë Kuppler *m*
kodréc -i *m*, *Pl* -a Hügelchen *n*
kodrín|ë -a *f*, *Pl* -a hügliges Gelände *n*; kleiner Hügel *m*
kodrinór, -e *Adj* hüglig
koeficiént -i *m*, *Pl* -ë *od* -a Koeffizient *m*
kofçék -u *m*, *Pl* -ë Maisspeicher *m*
kofín -i *m*, *Pl* -ë großer Lastkorb *m*, Traubenkorb *m*; *übertr* **si** ~ **i pas të vjelit** zu spät, post festum
kofsharë -t *Pl* **1.** wollene Unterhose *f*; **2.** Gamasche *f aus dichtem Wollstoff*
kófsh|ë -a *f*, *Pl* -ë Oberschenkel *m*; Hüfte *f*
kofshína -t *Pl* Jochpolster *n*
koftárë -t *Pl* Gliedmaßen *Pl Arme und Beine vom Körper getrennt*; **e ndanë katër** ~ **sh** er wurde geviertelt
koherénc|ë -a *f* Kohärenz *f*
koherént, -e *Adj* kohärent
kohezión -i *m* Kohäsion *f*
kóh|ë -a *f*, *Pl* -ë **1.** Zeit *f*; Zeitspanne *f*; Jahreszeit; **koha e të vjelave** die Zeit der Weinlese; **në çdo** ~ jederzeit; **një** ~ einstmals; **me** ~ zeitig, frühzeitig; rechtzeitig; **pa** ~ vorzeitig, vor der Zeit; ~ **më** ~ immer wieder mal, ab und zu; **orë e pa** ~ ständig, stets und ständig; **prej kohe** seit langem, längst; **para pak kohe** unlängst; ~ **pas kohe** von Zeit zu Zeit; **i shkoi koha** seine Zeit ist vorbei; **2.** Epoche *f*, Jahrhundert *n*; **koha e re** die Neuzeit; **3.** Zeit, Frist *f*; **tri dit** ~ drei Tage Zeit; **4.** Zeit, Freizeit; **s'ka** ~ er hat keine Zeit; rechte Zeit, Gelegenheit *f*; **5.** Wetter *n*; ~ **e bukur** schönes Wetter; **6.** *Gramm* Zeit, Tempus *n*
kohëník I. -u *Subst/m*, *Pl* -ë Zeitgenosse *m*; **II.** -e *Adj* zeitgenössisch
kohëník|e -ja *f*, *Pl* -e Zeitgenossin *f*
koincidénc|ë -a *f* Zusammentreffen *n*
koincidón 1 *itr* zusammenfallen, zusammentreffen; sich decken, übereinstimmen
kój|e -a *f*, *Pl* -e Brotrinde *f*, Kruste *f*
kójk|ë -a *f*, *Pl* -a kahler Hügel *m*
kojril|ë -a *f*, *Pl* -a Kranich *m*
kojshí -u *m*, *Pl* – *od* -nj = **komshi**
kok -u *m* Koks *m*
kokaín|ë -a *f* Kokain *n*
kokáll -i *m*, *Pl* -ë Knochen *m*
kokáll|ë -a *f*, *Pl* -a = **kokall**
kokár|e -ja *f*, *Pl* -e Steckzwiebel *f*
kók|e -ja *f*, *Pl* -e Bonbon *n*
kók|ë -a *f*, *Pl* -ë *od* -a *bes.4*. **1.** Kopf *m*, Haupt *n*; **më zuri koka** ich habe Kopfschmerzen; **kush s'ka** ~ **ka këmbë** was man nicht im Kopf hat, hat man in den Beinen; **var** ~ **n** *od* **ul** ~ **n** er läßt den Kopf hängen; **bën sipas** ~ **s** er handelt nach seinem Kopf; **ma bëri koka** ich bin selbst schuld daran; ~ **e këmbë** völlig, mit Haut und Haaren; **hyn** ~ **e këmbë në...** er stürzt sich kopfüber in...; ~ **më** ~ a) Kopf an Kopf; b) unter vier Augen; **ngreh** ~ **n** a) er hebt den Kopf; b) *übertr* er erhebt sein Haupt; **atje e ka** ~ **n** es zieht ihn dorthin; **e gjej sipas** ~ **s** es geschieht mir recht; **2.** Kopf, Leben *n*; **e pagoi me** ~ er bezahlte es mit dem Leben; **me** ~ **në torbë** unter Lebensgefahr; **ia ha**

~n er bringt ihn um Kopf und Kragen; **la ~n er ließ** sein Leben; **3.** Köpfchen *n*, Verstand *m*; **njeri me ~** ein Mensch mit Köpfchen; **s'ka ~** er hat keinen Verstand; **s'i mbushet koka** es will ihm nicht in den Kopf; er sieht es nicht ein; **çan ~n** er zerbricht sich den Kopf; er macht sich Sorgen; **s'çan ~n** er kümmert sich nicht (darum); **më hipën në ~** a) es kommt mir in den Sinn; b) er fällt mir auf die Nerven; **4.** Kopf, runder Teil *m von Pflanzen od Gegenständen*; **~ lakre** Kohlkopf; **~ qepe** eine Zwiebel; *Tech* **~ mbajtëse** Aufspannvorrichtung *f*; **~ e gjilpërës** Nadelkopf; **~ e bastunit** Stockknauf *m*; **5.** Kopf, Stück *n*; **për ~** pro Kopf; **njëzet ~ dhen** zwanzig Stück Schafe; **~ për ~** Stück um Stück

kokëbárdhë *Adj* weißhaarig
kokëçárje -t *Pl* Sorgen *Pl*, Kopfzerbrechen *n*
kokëdérr, -e *Adj* störrisch, eigensinnig, halsstarrig
kokëdrú *Adj* dumm, stumpfsinnig
kokëfórtë *Adj* starrsinnig; eigensinnig; unnachgiebig
kokëfortësí -a *f* Starrsinn *m*; Dickköpfigkeit *f*; Beharrlichkeit *f*; **me ~** starrsinnig; dickköpfig; beharrlich
kokëgdhé *Adj* starrsinnig, starrköpfig; hartnäckig, beharrlich
kokëjáshtë *Adv* barhäuptig
kokëkúngull *Adj* begriffsstutzig, blöde; hohlköpfig
kók|ël -la *f*, *Pl* -la Bonbon *n*
kokëmádh, -e *Adj* großköpfig, mit großem Kopf
kokëmísh, -e *Adj* = **kokëkungull**
kokëngjéshur *Adj* = **kokëfortë**
kokëgjýlmazi *Adv* kopfüber
kokëpóshtë *Adv* mit dem Kopf nach unten

kokëprérë *Adj* geköpft, enthauptet; *übertr* im Stich gelassen
kokërdhák, -e *Adj* rund; **gur ~** Kieselstein *m*
kokërdhók -u *m*, *Pl* -ë Augapfel *m*; **~u i syrit** der Augapfel; **nxjerr sytë ~** Stielaugen machen; **sa një ~** winzig
kók|ërr -rra *f*, *Pl* -rra einzelnes Korn *n*, Körnchen *n*; Beere *f*, einzelne Frucht *f*; Knolle *f*; Kugel *f*, Stimmkugel; Stück *n*; **një ~ dardhë** eine Birne; **një ~ ve** ein Ei; **kokrra e motit** Blitz *m*; **kokrra-kokrra** in alle Winde zerstreut; **i rri ~** ich bleibe ihm gegenüber standhaft
kokërrdúç|e -ja *f*, *Pl* -e Gallapfel *m*
kokërrmádh, -e *Adj* großbeerig, großfrüchtig, mit großen Früchten; grobkörnig
kokërrvógël *Adj* kleinbeerig, kleinfrüchtig, mit kleinen Früchten; feinkörnig
kókës -it *Pl* Ersten *Pl*, Honoratioren *Pl*
kokëshkëmb, -e *Adj* = **kokëfortë**
kokëshkrétë *Adj* waghalsig, tollkühn
kokëtráshë *Adj* = **kokëkungull**
kokëtúl, -e *Adj* begriffsstutzig, dumm
kokëthátë *Adj* dumm, unvernünftig
kokëúlur *Adj* = **kokëunjur**
kokëúnjur *Adj* **1.** bescheiden, einfach, anspruchslos; schüchtern; **2.** niedergeschlagen, bedrückt
kokëzón 1 *tr* verkoken
koklavít 22 *tr* durcheinanderbringen, verwirren; vermischen; komplizieren
koklavítj|e -a *f* Vermengung *f*, Vermischung *f*, Verwirrung *f*; Komplizierung *f*; komplizierte Angelegenheit *f*; Durcheinander *n*, Wirrwarr *m*
koklavítur (i) *Adj* verworren; kompliziert, verwirrend

koklíç|e -ja *f, Pl* -e Gipfel *m*, Bergspitze *f*

kókm|e -ja *f, Pl* -e 1. kleiner Wasserschöpfer *m*; 2. große Kaffeekanne *f*; 3. Sparbüchse *f*

kokodásh -i *m, Pl* -e Käsehappen *m*

kokón|ë -a *f, Pl* -a Puppe *f*; *übertr* schöne Frau *f*, Puppe

kokorréth -i *m, Pl* -e Tragring *m*, Kopfring *m*

kokósh -i *m, Pl* -ë 1. Hahn *m*; 2. Puffmais *m*

kokoshár|e -ja *f, Pl* -e Art runde, scharfe Paprikaschote

kokrríz|ë I. -a *Subst/f, Pl* -a Körnchen *n*; II. *Adv* körnig

kokrró|n 1 *tr* zu Körnchen verteilen; **-het** *refl* sich zerstreuen; *übertr* vereinsamen

koks -i *m* Koks *m*

koksifikím -i *m* Verkokung *f*

koksifikón 1 *tr* verkoken

koktéj -i *m, Pl* -e Cocktail *m*

kokúll, -e *Adj* konvex

kokurllék -u *m* Brunnenrand *m*, Brunneneinfassung *f*

kolandín|ë -a *f, Pl* -a Schaukel *f*

kolandís 21 *tr* schaukeln

kolár -i *m, Pl* -ë Fuhrmann *m*

kolásh -i *m* Maisbrei *m*, Polenta *f*

kólc|ë -a *f* Lötzinn *n*

kolé -ja *f, Pl* – Wurst *f*

kól|e -ja *f* Wäschestärke *f*, Hemdenstärke *f*

kolég -u *m, Pl* -ë Kollege *m*

kolég|e -ia *f, Pl* -e Kollegin *f*

kolégj -i *m, Pl* -e 1. Kolleg *n*; 2. Kollegium *n*; *Jur* ~ **i i gjykatës së lartë** das Kollegium des Obersten Gerichts

kolegjiál, -e *Adj* Kollegial-; **organ** ~ Kollegialorgan *n*

kolegjialitét -i *m* Kollegialität *f*

kolegjiúm -i *m* Kollegium *n*; ~ **i i redaksisë** das Redaktionskollegium

koleksión -i *m, Pl* -e Sammlung *f*, Kollektion *f*; ~ **pullash** Briefmarkensammlung

koleksioníst -i *m, Pl* -ë *od* -a Sammler *m*

kolektív I. -i *Subst/m, Pl* -e Kollektiv *n*; II. -e *Adj* kollektiv, gemeinsam, gemeinschaftlich; **punë** ~ **e** Kollektivarbeit *f*; **frymë** ~ **e** Kollektivgeist *m*; *Gramm* **emër** ~ Kollektivum *n*

kolektivísht *Adv* im Kollektiv, gemeinsam

kolektivíz|ëm -mi *m* Kollektivismus *m*

kolektivizím -i *m, Pl* -e Kollektivierung *f*

kolektivizón 1 *tr* kollektivieren

kolektór -i *m, Pl* -ë *El* Kollektor *m*, Kommutator *m*

kolendárë -t *Pl* Weihnachtssänger *Pl*

kolénd|ër -ra *f, Pl* -ra kleines Weihnachtsgebäck *n*; **nata e kolendrave** die Nacht vor Heiligabend; die Silvesternacht

koleoptér -i *m, Pl* ë Käfer *m*; ~ ë *Pl* Koleopteren *Pl*

kolér|ë -a *f* 1. Cholera *f*; 2. *Schimpfwort* verdammtes Biest *n*

koléshk|ë -a *f, Pl* -a Karren *m*

kólës -i *m* Art Kitt *zum Töpfeflicken*

kolíb|e -ja *f, Pl* -e Unterschlupf *m*, Schutzdach *n*; Hütte *f*; alte Bude *f*

kolík -u *m, Pl* -ë Felshang *m*

kolipóst|ë -a *f, Pl* -a Postsendung *f*, Postpaket *n*, Päckchen *n*

kolís 21 *tr* leimen, ankleben; **-et** (i) *refl* sich an jmdn. hängen, an jmdm. kleben

kolkóz -i *m, Pl* -e Kolchos *m*

kolkozián I. -i *Subst/m, Pl* -ë Kolchosbauer *m*; II. -e *Adj* Kolchos-

kólme (e) *Adj/f* hübsch, schön

kolokuiúm -i *m, Pl* -e Kolloquium *n*

kolonél -i *m, Pl* -ë *od* -a Oberst *m*

kolón|ë -a *f*, *Pl* -a Kolonne *f*
koloní -a *f*, *Pl* – 1. *Pol* Kolonie *f*; 2. Kolonie, Ausländergruppe *f*; **~a shqiptare e Bukureshtit** die albanische Kolonie in Bukarest; 3. *Biol* Kolonie; **~ algash** Algenkolonie
koloniál, -e *Adj* kolonial
koloniále -t *Pl* Kolonialwaren *Pl*
kolonializ|ëm -mi *m* Kolonialismus *m*
kolonist -i *m*, *Pl* -ë *od* -a Kolonist *m*
kolonizatór -i *m*, *Pl* -ë Kolonisator *m*
kolonizím -i *m*, *Pl* -e Kolonisierung *f*
kolonizón 1 *tr* 1. kolonisieren, zur Kolonie machen; 2. kolonisieren, besiedeln
kolónj|ë -a *f*, *Pl* -a Kölnischwasser *n*, Eau de Cologne *n*
kolorít -i *m*, *Pl* -e Kolorit *n*
kolós -i *m*, *Pl* -ë Koloß *m*, Riese *m*; Koryphäe *f*, Größe *f*
kolosál, -e *Adj* kolossal, überaus groß; **ndërtesë ~ e** riesiges Gebäude
kolovájz|ë -a *f*, *Pl* -a Schaukel *f*
kolovít 22 *tr* bewegen, schaukeln, schwingen; **-et** *refl* sich bewegen, schaukeln, pendeln
koltrín|ë -a *f*, *Pl* -a Vorhang *m*, Gardine *f*
Kolumbí -a *f* Kolumbien *n*
kolupúç -i *m*, *Pl* -ë kleiner, pausbäckiger Junge *m*
kolupúç|e -ja *f*, *Pl* -e kleines, pausbäckiges Mädchen *n*
¹**koll** -i *m* = **kóle**
²**koll** -i *m* Grendel *m*, Pflugbalken *m*
³**koll** -i *m* = ¹**kollë**
kolláj *Adv* leicht, ohne Schwierigkeit; **e kam ~** es fällt mir leicht
kollajllék -u *m* Leichtigkeit *f*, Mühelosigkeit *f*
kollájsh|ëm (i), -me (e) *Adj* leicht, mühelos
kollájtë (i) *Adj* = **i kollajshëm**
kollán -i *m*, *Pl* -a 1. Gürtel *m* bes. Frauengürtel *od* Mantelgürtel; 2. Sattelgurt *m* des Pferdes
kolláp -i *m*, *Pl* -ë Oberarmknochen *m*
kollár|e -ja *f*, *Pl* -e Kragen *m*, Hemdkragen
kollarís 21 *tr* Wäsche stärken
kolláro -ja *f*, *Pl* – Stehkragen *m*
kollçákë -t *Pl* Ärmelschützer *m*, Ärmelschoner *m*
kollçíkë -t *Pl* Gamaschen *Pl*
kóllet 14 *refl* husten; Husten haben
¹**kóll|ë** -a *f* Husten *m*; **~ e bardhë** *od* **~ e mirë** Keuchhusten; **~ e madhe** *od* **~ e keqe** Schwindsucht *f*, Tuberkulose *f*
²**kóll|ë** -a *f*, *Pl* -ë großer Bogen *m* Papier
kollítet 20 *refl* = **kollet**
kollofít 22 *tr* schlucken, verschlucken, hinunterschlucken
kollogjón|ë -a *f* Weißdorn *m*
kollomóq -i *m* Mais *m*; **-e** *Pl* Maisfeld *n*
kollón|ë -a *f*, *Pl* -a 1. Kolonne *f*; 2. *Typ* Spalte *f*; 3. Säule *f*; *übertr* Stütze *f*, Säule
kollovár -i *m*, *Pl* -ë eingeheirateter Schwiegersohn *m* (*der bei seinen Schwiegereltern lebt*)
kolltúk -u *m*, *Pl* -ë *od* **kolltúqe** Sessel *m*, Lehnstuhl *m*; *übertr* **i pëlqen ~u** er strebt nach einem hohen Posten
kollúm -i *m* gestampfter Lehm *m* zur Ziegelherstellung
kollúm|e -ja *f*, *Pl* -e Grube *f* in der Lehm gestampft wird
kom -i *m* Pferdemähne *f*; Roßhaar *n*
komandánt -i *m*, *Pl* -ë Kommandant *m*; Kommandeur *m*; **~ suprem** Oberkommandierender *m*
kománd|ë -a *f*, *Pl* -a Kommando *n*; Befehlsstab *m*; Befehlsgewalt *f*; **nën ~n e tij** unter seinem Kommando

komandím -i *m*, *Pl* -c **1.** Kommandieren *n*; **2.** *Tech* Steuerung *f*; ~ **automatik** automatische Steuerung; ~ **hidraulik** hydraulische Steuerung; **me** ~ **së largu** ferngesteuert

komandón 1 *tr*, *itr* **1.** kommandieren, befehlen; **2.** *Tech* steuern

¹**komb** -i *m*, *Pl* -e Nation *f*

²**komb** -i *m*, *Pl* -e Knoten *m*; **m'u bë buka** ~ mir ist der Bissen im Hals steckengeblieben; **një** ~ **ujë** ein Schluck Wasser

kombajnér -i *m*, *Pl* -ë Kombinefahrer *m*; Mähdrescherfahrer *m*

kombájn|ë -a *f*, *Pl* -a Kombine *f*; Mähdrescher *m*

kombësí -a *f*, *Pl* – Nationalität *f*

kombëtár, -e *Adj* national, National-; Landes-; **ndjenja** ~**e** das Nationalgefühl; **të ardhurat** ~**e** das Sozialprodukt; **kampionat** ~ Landesmeisterschaft *f*

kombiár, -e *Adj* alt national

kombinación -i *m*, *Pl* -e **1.** Kombination *f*, Verbindung *f*; **2.** zufälliges Zusammentreffen *n verschiedener Faktoren*

kombinát -i *m*, *Pl* -e Kombinat *n*, Industriekombinat

kombinezón -i *m*, *Pl* -e *Text* Damenhemd *n*, Hemdhose *f*

kombiním -i *m*, *Pl* -e Kombinierung *f*; Kombination *f*; *Chem* Verbindung *f*

kombinón 1 *tr* kombinieren; *itr* zueinander passen, harmonieren; **kombinojnë** sie passen zueinander

komblík -u *m*, *Pl* -ë Waschbecken, Waschschüssel *f*; *Anat* Becken *n*

kómç|ë -a *f*, *Pl* -a Knopf *m*

komedí -a *f*, *Pl* – Komödie *f*

komediográf -i *m*, *Pl* -ë Lustspielautor *m*, Komödienschreiber *m*

komént -i *m*, *Pl* -e Kommentar *m*; ~ **i shtypit** Pressekommentar; ~ **i radios** Rundfunkkommentar

komentár -i *m*, *Pl* -ë Kommentar *m eines Buches oder dgl.*

komentatór -i *m*, *Pl* -ë Kommentator *m*

komentón 1 *tr* **1.** kommentieren, mit Kommentaren versehen; **2.** kommentieren, erläutern, interpretieren

komentónjës -i *m*, *Pl* – = **komentues**

komentúes -i *m*, *Pl* – Kommentator *m*

komét -i *m*, *Pl* -ë Komet *m*, Schweifstern *m*

kóm|ë -a *f* = **kom**

komfórt -i *m*, *Pl* -e Komfort *m*

komík **I.** -u *Subst/m*, *Pl* -ë Komiker *m*; **II.** -e *Adj* komisch; lustig, putzig; **teatër** ~ Lustspieltheater *n*, Komödie *f*

komín|ë -a *f* Treber *Pl*, Trester *Pl*

kominóshe -t *Pl* Arbeitsanzug *m*, Kombination *f*, Kluft *f*

komisár -i *m*, *Pl* -ë Kommissar *m*

komisariát -i *m* Kommissariat *n*

komisión -i *m*, *Pl* -e Kommission *f*, Ausschuß *m*; Auftrag *m*; **dyqan me** ~ Kommissionsladen *m*

komisionár -i *m*, *Pl* -ë Kommissionär *m*

komít -i *m*, *Pl* -ë *od* -a *hist* Komitadschi *m*, Freiheitskämpfer *m*

komitaxhí -u *m*, *Pl* – *od* -nj = **komit**

komitét -i *m*, *Pl* -e Komitee *n*; ~ **ekzekutiv** Exekutivkomitee; ~**i i partisë** die Parteileitung; ~**i qëndror** das Zentralkomitee

komíz|ëm -mi *m* das Komische

komó -ja *f*, *Pl* – Kommode *f*

komód, -e *Adj* bequem

komoditét -i *m* Bequemlichkeit *f*; ~**e** *Pl* Annehmlichkeiten *Pl*

kompákt, -e *Adj* kompakt

kompaktësí -a *f* Kompaktheit *f*; Einhelligkeit *f*

kompaní -a *f*, *Pl* – *Mil* Kompanie *f*

komparatív -i *m* *Gramm* Komparativ *m*

kompás -i *m, Pl* -ë *od* -e Zirkel *m*
kompensát|ë -a *f* Furnier *n*
kompensáto -ja *f* Sperrholz *n*; Furnier *n*
kompensatór -i *m El* Kompensator *m*
kompeténc|ë -a *f, Pl* -a **1.** Kompetenz *f*, Zuständigkeit *f*, Befugnis *f*; **2.** Kompetenz, Rechtsbereich *m*; **3.** Kompetenz, Urteilsfähigkeit *f*
kompetént, -e *Adj* kompetent, zuständig, maßgebend; urteilsfähig
kompilación -i *m, Pl* -e Kompilation *f*
kompléks I. -i *Subst/m, Pl* -e Komplex *m*; **II.** -e *Adj* komplex, vielschichtig
kompleksív, -e *Adj* Komplex-, Gesamt-; **shuma** ~ **e** die Gesamtsumme
komplét I. -i *Subst/m, Pl* -e Garnitur *f*, Satz *m*; vollständige Sammlung *f*; **II.** -e *Adj* komplett, vollständig
kompletím -i *m, Pl* -e Komplettierung *f*, Ergänzung *f*
kompletón 1 *tr* komplettieren, vervollständigen, ergänzen
komplicitét -i *m Jur* Komplizenschaft *f*, Teilnahme *f an einem Verbrechen*
komplikón 1 *tr* komplizieren
komplikúar (i) *Adj* kompliziert
kompliménti -i *m, Pl* -e Kompliment *n*; Schmeichelei *f*
komplót -i *m, Pl* -e Komplott *n*, Verschwörung *f*, Anschlag *m*
komplotíst -i *m, Pl* -ë *od* -a Verschwörer *m*
komponént -i *m, Pl* -e Komponente *f*, Bestandteil *m*
komponént|e -ja *f, Pl* -e *Phys* Komponente *f*
komponím -i *m, Pl* -e *Chem* Verbindung *f*
kompóst|ë -a *f, Pl* -a Kompott *n*
kompósto -ja *f* = **compostë**
kompozición -i *m, Pl* -e Komposition *f*, Aufbau *m eines Werkes*; *Mus* Komposition
kompozím -i *m, Pl* -e *Mus* Komponieren *n*
kompozíte -t *Pl* Korbblütler *Pl*
kompozitór -i *m, Pl* -ë Komponist *m*
kompozón 1 *tr Mus* komponieren
komprés|ë -a *f, Pl* -a Kompresse *f*, Umschlag *m*
kompresór -i *m, Pl* -ë *od* -a Kompressor *m*
komprometó|n 1 *tr* kompromittieren, bloßstellen; **-het** *refl* sich kompromittieren, sich eine Blöße geben
komprometónjës, -e *Adj* kompromittierend
komprometúar (i) *Adj* kompromittiert, bloßgestellt
kompromís -i *m, Pl* -e Kompromiß *m*; **pa** ~ kompromißlos
komsomól -i *m* Komsomol *m*
komsomólas -i *m, Pl* – Komsomolze *m*
komshí -u *m, Pl* – *od* -nj Nachbar *m*
kómtë (i) *Adj* Roßhaar-; **sitë e** ~ Haarsieb *n*
komunál, -e *Adj* kommunal, Kommunal-, Gemeinde-; **shërbime** ~ **e** kommunale Dienstleistungen; **rrugë** ~ **e** Gemeindestraße *f*
komún|ë -a *f* **1.** Kommune *f*; **Komuna e Parisit** die Pariser Kommune; **2.** Gemeinde *f*, Gemeinwesen *n*
komunikación -i *m, Pl* -e Kommunikation *f*, Verkehr *m*
komunikát|ë -a *f, Pl* -a amtliche Bekanntmachung *f*, Kommuniqué *n*; Frontbericht *m*, Kriegsbericht *m*
komunikím -i *m, Pl* -e Mitteilung *f*, Kommunikation *f*
komunikón 1 *tr* in Kenntnis setzen; mitteilen
komuníst I. -i *Subst/m, Pl* -ë *od* -a Kommunist *m*; **II.** -e *Adj* kommunistisch

komuníst|e -ja *f*, *Pl* -e Kommunistin *f*
komunitét -i *m*, *Pl* -e Kommunität *f*, religiöse Gemeinschaft *f*; ~ **i primitiv** die Urgemeinschaft; Gemeinschaftlichkeit *f*, Gemeinsamkeit *f*
komuníz|ëm -mi *m* Kommunismus *m*; ~ **primitiv** Urkommunismus
komutatór -i *m*, *Pl* -ë *El* Kommutator *m*
¹kon 1 *tr* 1. füttern; 2. *Tiere* stopfen, mästen
²kon -i *m*, *Pl* -e Konus *m*, Kegel *m*
konák -u *m*, *Pl* -ë *od* konáqe 1. Schlafzimmer *n*, Kammer *f*; **bën ~ od zë ~** 'übernachten; 2. Zimmer *n*, Stube *f*; *übertr* **hap ~** eine Familie gründen
konakáre *Adj/f* gut wirtschaftend, hauswirtschaftlich veranlagt, sehr häuslich
koncentrík, -e *Adj Geom* konzentrisch
koncentrím -i *m*, *Pl* -e Konzentrierung *f*, Konzentration *f*; *Chem* Konzentration
koncentró|n 1 *tr* konzentrieren; *Chem* konzentrieren; **-het** *refl* sich konzentrieren, sich sammeln
koncentrúar (i) *Adj Chem* konzentriert; **acid i ~** konzentrierte Säure
koncépt -i *m*, *Pl* -e Konzept *n*, Konzeption *f*, erster Entwurf *m*
konceptím -i *m*, *Pl* -e Konzeptierung *f*, Konzeptbildung *f*
koncért -i *m*, *Pl* -e Konzert *n*
koncesión -i *m*, *Pl* -e Konzession *f*
koncesív, -e *Adj Gramm* konzessiv
koncíl -i *m*, *Pl* -e Konzil *n*
koncíz, -e *Adj* knapp, kurzgefaßt, gedrängt
kondák -u *m*, *Pl* -ë 1. Kolben *m*, Gewehrkolben; 2. Wickelband *n* für Säuglinge
kondensatór -i *m*, *Pl* -ë *Phys*, *El* Kondensator *m*; ~ **ajror** Luftkondensator
kondicionál I. -i *Subst/m Gramm* Konditional *m*; II. -e *Adj* 1. *Gramm* konditional, Bedingungs-; **fjali ~ e** Konditionalsatz *m*; 2. *Jur* bedingt; **dënim ~** bedingte Verurteilung
kondicionalísht *Adv Jur* bedingt, unter bestimmten Bedingungen
kondicionél, -e *Adj* bedingt; **dënim ~** bedingte Verurteilung
kondicioním -i *m*, *Pl* -e Bedingen *n*; Bedingtheit *f*
kondicionó|n 1 *tr* von einer Bedingung abhängig machen, bedingen; **-het** *refl* von Bedingungen abhängig sein; bedingt sein
kondicionúar (i) *Adj* bedingt, Bedingungen unterworfen, abhängig
kondís 21 *itr* einkehren, sich einstellen; Fuß fassen, sich festsetzen
kondít|ë -a *f*, *Pl* -a 1. Bedingung *f*, Voraussetzung *f*, Vorbedingung; ~ **e domosdoshme** Grundbedingung; 2. vereinbarte Lieferbedingung, Zahlungsbedingung; 3. **kondita** *Pl* Umstände *Pl*, Verhältnisse *Pl*, Bedingungen *Pl*; **me ~ që...** unter der Bedingung, daß...
konduktór -i *m*, *Pl* -ë 1. *Phys* Leiter *m*; 2. Leiter *einer Gruppe*, *z.B. beim Straßenbau*; 3. Schaffner *m*; Kontrolleur *m*
kón|e -ia *f*, *Pl* -e Welpe *m*, junger Hund *m*; kleiner Haushund, Hündchen *n*
konfederát|ë -a *f*, *Pl* -a Konföderation *f*, Staatenbund *m*; Bündnis *n*
konferénc|ë -a *f*, *Pl* -a 1. Rede *f*, Ansprache *f*; 2. Konferenz *f*, Beratung *f*
konferenciér -i *m*, *Pl* -ë Redner *m*, Vortragender *m*
konfirmón 1 *tr* bestätigen; bekräftigen

konfiskím -i *m*, *Pl* -e Konfiskation *f*, Vermögenseinziehung *f*, Beschlagnahme *f*

konfiskón 1 *tr* konfiszieren, beschlagnahmen, das Vermögen einziehen

konflíkt -i *m*, *Pl* -e Konflikt *m*, Streit *m*

konfondón 1 *tr* vermischen, vermengen; verwirren, durcheinanderbringen

konfórm, -e *Adj* konform, gleich, entsprechend; ~ me in Übereinstimmung mit, entsprechend

konformitét -i *m* Konformität *f*, Gleichklang *m*, Übereinstimmung *f*; në ~ me in Einklang mit, übereinstimmend mit

konformíz|ëm -mi *m* Konformismus *m*

konfúz, -e *Adj* konfus

konfuzión -i *m*, *Pl* -e Konfusion *f*

konglomerát -i *m*, *Pl* -e Konglomerat *n*, Gemenge *n*, Gemisch *n*; *Geol* Konglomerat

kongrés -i *m*, *Pl* -e Kongreß *m*, Tagung *f*; Kongreß *als gesetzgebende Körperschaft*

kongresíst -i *m*, *Pl* -ë *od* -a Kongreßteilnehmer *m*, Kongreßdelegierter *m*

kongjestión -i *m*, *Pl* -e Kongestion *f*, Blutandrang *m*

kongjíll -i *m*, *Pl* kongjíj glühende Kohle *f*

konifére -t *Pl* Koniferen *Pl*, Nadelhölzer *Pl*

koník, -e *Adj* konisch, kegelförmig

konís 21 *itr* = **kondís**

koniunksión -i *m*, *Pl* -e *Gramm* Konjunktion *f*

koniunktív -i *m* *Gramm* Konjunktiv *m*

koniunktúr|ë -a *f* Konjunktur *f*

konízm|ë -a *f*, *Pl* -a Ikone *f*, Heiligenbild *n*

konkáv, -e *Adj* konkav, Konkav-; pasqyrë ~ e Konkavspiegel *m*

konkludón 1 *itr* schließen, einen Schluß ziehen

konkluzión -i *m*, *Pl* -e Schlußfolgerung *f*

konkordát -i *m*, *Pl* -e Konkordat *n*

konkrét, -e *Adj* konkret; *Gramm* emër ~ Konkretum *n*

konkretísht *Adv* konkret

konkretizím -i *m*, *Pl* -e Konkretisierung *f*

konkretizón 1 *tr* konkretisieren

konkurénc|ë -a *f*, *Pl* -a Konkurrenz *f*

konkurént -i *m*, *Pl* -ë 1. Konkurrent *m*; Gegner *m*; Bewerber *m*, Mitbewerber *um ein Amt*

konkurón 1 *itr* 1. an einer Ausschreibung teilnehmen, sich mitbewerben; miteinander wetteifern; sich streiten; 2. mit jmdm. konkurrieren, jmdm. Konkurrenz machen

konkúrs -i *m*, *Pl* -e Bewerbung *f*, Wettbewerb *m*; öffentliche Ausschreibung *f für ein Amt*; Ausscheid *m*; Preisausschreiben *n*

konóp -i *m*, *Pl* -ë Strick *m*, Seil *n*, Hanfseil

konopíc|ë -a *f*, *Pl* -a Keuschbaum *m*

konseguénc|ë -a *f*, *Pl* -a Konsequenz *f*; me ~ konsequent

konsekuénc|ë -a *f* Konsequenz *f*; Folge *f*

konsekuént, -e *Adj* konsequent, folgerichtig; stetig

konsekutív, -e *Adj* *Gramm* konsekutiv

konservatór I. -i *Subst/m*, *Pl* -ë Konservativer *m*; II. -e *Adj* konservativ

konservatór|e -ja *f*, *Pl* -e Konservative *f*

konservatoriúm -i *m*, *Pl* -e Konservatorium *n*, Musikhochschule *f*

konservatoríz|ëm -mi *m* Konservatismus *m*

konsérv|ë -a *f, Pl* -a Konserve *f*
konservón 1 *tr* konservieren
konsiderát|ë -a *f, Pl* -a **1.** Erwägung *f*; **merr në ~ in** Erwägung ziehen, in Betracht ziehen, erwägen; **2.** Ansicht *f*, Meinung *f über jmdn.*
konsiderím -i *m, Pl* -e Betrachtung *f*, Erwägen *n*; **merr në ~** in Betracht ziehen
konsiderón 1 *tr* halten für, betrachten als, ansehen als
konsiderúesh|ëm (i), -me (e) *Adj* beträchtlich, bedeutend
konsistón 1 *itr*: **~ në** beruhen auf, bestehen in, liegen in; bestehen aus
konsolidím -i *m* Konsolidierung *f*, Festigung *f*
konsolidón 1 *tr* konsolidieren, verstärken, festigen
konsonánt -i *m, Pl* -e Konsonant *m*
konsorcium -i *m, Pl* -e Konsortium *n*
konspékt -i *m, Pl* -e Konspekt *m*; **bën ~** einen Konspekt anfertigen
konspiración -i *m, Pl* -e Verschwörung *f*
konspirativ, -e *Adj* konspirativ; verschwörerisch; **mbledhje ~ e** Geheimversammlung *f*
konspirator -i *m, Pl* -ë Verschwörer *m*
konstánt, -e *Adj* konstant, feststehend, beständig
konstánt|e -ja *f, Pl* -e Konstante *f*, Festwert *m*
konstatím -i *m, Pl* -e Konstatierung *f*, Feststellung *f*, Bestätigung *f*
konstatón 1 *tr* konstatieren, feststellen, bestätigen
konstitución -i *m, Pl* -e **1.** Verfassung *f*; **2.** Konstitution *f*, Körperverfassung
konstitucionál, -e *Adj* konstitutionell, verfassungsmäßig
konstruksión -i *m, Pl* -e Konstruktion *f*

konstrúkt -i *m, Pl* -e Konstruktion *f*; Bau *m*; *Gramm* Satzbau
konstruktím -i *m* Konstruktion *f*, Konstruieren *n*
konstruktív, -e *Adj* konstruktiv
konsultación -i *m, Pl* -e Konsultation *f*
konsultatív, -e *Adj* konsultativ, beratend; **votë ~ e** beratende Stimme
konsúlt|ë -a *f, Pl* -a Beratung *f von Ärzten oder Spezialisten*
konsultím -i *m, Pl* -e Konsultation *f*
konsultó|n 1 *tr* konsultieren, zu Rate ziehen, um Rat befragen; **-het** *refl* sich beraten, sich raten lassen
konsultór|e -ja *f, Pl* -e Mütterberatungsstelle *f*
kónsull -i *m, Pl* kónsuj Konsul *m*; **~ i përgjithshëm** Generalkonsul; *hist* Konsul
konsullát|ë -a *f, Pl* -a Konsulat *n*
konsullór, -e *Adj* Konsular-; **trupi ~** das Konsularkorps
konsúm -i *m* Konsum *m*, Verbrauch *m*; **kooperativa e ~ it** die Konsumgenossenschaft; **2.** Verschleiß *m*, Abnutzung *f*
konsumatór -i *m, Pl* -ë Konsument *m*, Verbraucher *m*
konsumím -i *m, Pl* -e **1.** Verbrauchen *n*, Konsumieren *n*; **2.** *Tech* Verschleiß *m*, Abnutzung *f*
konsumó|n 1 *tr* **1.** konsumieren, verbrauchen; **2.** verschleißen, abnutzen; **-het** *refl* sich abnutzen, sich verschleißen
konsumónjës -i *m, Pl* – = **konsumator**
konsumúes -i *m, Pl* – = **konsumator**
kont -i *m, Pl* -ë *od* -a Graf *m*
kontábël *Adj* Rechnungs-; **shef ~** Buchhalter *m*; **seksion ~** Buchhaltung *f*; Rechnungsabteilung *f*
kontabilitét -i *m* **1.** Rechnungswesen *n*; **2.** Rechnungsführung *f*, Buchhaltung *f*
kontákt -i *m, Pl* -e Kontakt *m*,

Berührung *f*, Verbindung *f*; *El* Kontakt; ~ **dyfish** Doppelkontakt

kontaktmbýllës -i *m El* Kontaktschließer *m*

kontatór -i *m, Pl* -ë Gaszähler *m*, Stromzähler *m*, Wasseruhr *f*

kontékst -i *m, Pl* -e Kontext *m*

kontést -i *m, Pl* -e Anfechtung *f*

kontestón 1 *tr* abstreiten, ableugnen; kontestieren, anfechten

kontestúes, -e *Adj* strittig

kontésh|ë -a *f, Pl* -a Gräfin *f*

kontinént -i *m, Pl* -e Kontinent *m*, Festland *n*; Erdteil *m*

kontinentál, -e *Adj* kontinental, Festlands-

kontingjént -i *m, Pl* -e Kontingent *n*; ~ **i importimit** Einfuhrkontingent; ~ **muratorësh** Berufsgruppe *f* der Maurer

kontrabánd|ë -a *f, Pl* -a Konterbande *f*, Schmuggel *m*; Schmuggelware *f*

kontrabandíst -i *m, Pl* -ë *od* -a Schmuggler *m*

kontrabás -i *m, Pl* -a Kontrabaß *m*, Baßgeige *f*

kontradiksión -i *m, Pl* -e = **kontradiktë**

kontradíkt|ë -a *f, Pl* -a 1. Widerspruch *m*; 2. Gegensatz *m*; 3. Kontrast *m*, Interessengegensatz, Widerspruch

kontradiktór, -e *Adj* widersprüchlich, sich widersprechend

kontraksión -i *m, Pl* -e *Anat, Gramm* Kontraktion *f*, Zusammenziehung *f*

kontraktón 1 *tr* vertraglich vereinbaren, über etw. einen Vertrag abschließen

kontraktúes I. -i *Subst/m, Pl* – Vertragsschließender *m*, Vertragspartner *m*; II. -e *Adj* vertragsschließend

kontraktúes|e -ja *f, Pl* -e Vertragspartnerin *f*

kontrapúnkt -i *m Mus* Kontrapunkt *m*

kontrást -i *m, Pl* -e Kontrast *m*, Gegensatz *m*

kontrát|ë -a *f, Pl* -a Vertrag *m*, Kontrakt *m*

kontribuón 1 *itr* beitragen, mitwirken, einen Beitrag leisten

kontribút -i *m, Pl* -e Beitrag *m*, Mitwirkung *f*

kontróll -i *m, Pl* -e Kontrolle *f*, Überprüfung *f*, Nachprüfung *f*

kontrollím -i *m, Pl* -e Kontrollieren *n*, Überprüfung *f*

kontrollón 1 *tr* kontrollieren, überwachen, nachprüfen

kontrollór -i *m, Pl* -ë *od* -a Kontrolleur *m*, Prüfer *m*, Überwacher *m*; *El* Kontroller *m*

kontúr -i *m, Pl* -ë Kontur *f*

konvejér -i *m, Pl* -ë Förderband *n*, Conveyer *m*

konvéks, -e *Adj* konvex

konvencionál, -e *Adj* konventional, vertraglich vereinbart; konventionell, üblich, herkömmlich

konvént|ë -a *f, Pl* -a Konvention *f*, Vereinbarung *f*, Abkommen *n*

konvergjénc|ë -a *f* Konvergenz *f*

konvertíb|ël, -le *Adj Fin* konvertierbar, tauschbar, Tausch-

konvertitór -i *m, Pl* -ë Konverter *m*; ~ **i Besemer** Bessemerbirne *f*; ~ **i Tomas** Thomasbirne *f*

konvíkt -i *m, Pl* -e Internat *n*, Studentenheim *n*

konviktór -i *m, Pl* -ë Internatsschüler *m*, Heimbewohner *m*

kónxh|e -ja *f, Pl* -e Knospe *f*, Blütenknospe

konják -u *m, Pl* -ë Kognak *m*; Glas *n* Kognak; **katër** ~**ë** vier (Glas) Kognak

kooperatív, -e *Adj* genossenschaftlich

kooperatív|ë -a *f, Pl* -a Genossenschaft *f*, Kooperative *f*; ~ **e arti-**

zanatit Produktionsgenossenschaft des Handwerks; ~ **bujqësore** landwirtschaftliche Produktionsgenossenschaft (LPG)

kooperativíst I. -i *Subst/m, Pl* -ë *od* -a Genossenschaftsmitglied *n*, Genossenschafter *m*; Genossenschaftsbauer *m*; **II.** -e *Adj* genossenschaftlich

kooperatívíz|ëm -mi *m* Genossenschaftswesen *n*

kooperím -i *m* Kooperation *f*

kooperóhet 1 *refl* in eine Genossenschaft eintreten

kooperúar (i) *Adj* kooperiert, Genossenschafts-; **fshatar i** ~ Genossenschaftsbauer *m*

kooptím -i *m, Pl* -e Kooptierung *f*, Ergänzungswahl *f*

kooptón 1 *tr* kooptieren, zuwählen

koordinát|ë -a *f, Pl* -a *Math* Koordinate *f*; **sistemi i koordinatave** das Koordinatensystem

koordiním -i *m, Pl* -e Koordinierung *f*

koordinón 1 *tr* koordinieren

kopáç -i *m, Pl* -e **1.** Baumstumpf *m*, Klotz *m*; **2.** Hammer *m*; **3.** Hüftknochen *m*

kopáç|e -ja *f, Pl* -e Baumstumpf *m*, Klotz *m*; Stock *m*, Knüppel *m*; *übertr* **hëngri një** ~ er hat Dresche gekriegt

kopán -i *m, Pl* -ë **1.** Fleischklopfer *m*; **2.** Bleuel *m*, Wäscheschlägel *m*; **3.** Traube *f Wein*

kopanís 21 *tr* mit dem Bleuel schlagen; *übertr* verprügeln

kopánj -i *m* **1.** flaches Gefäß *n* zum *Entsahnen der Milch*; **2.** Kinderbadewanne *f*; **3.** Mörteltrog *m*

kopé -ja *f, Pl* – große Herde *f bes. Schafherde*

kopék -u *m, Pl* -ë Kopeke *f*

Kopenhág|ë -a *f* Kopenhagen *n*

koperí -a *f* Gesamtheit *f* der Herden, alle Herden *Pl*

kopertín|ë -a *f, Pl* -a Umschlag *m einer Zeitschrift usw.*; Buchumschlag, Einband *m*

kopertón -i *m, Pl* -a Reifen *m*; ~ **rezerve** Reservereifen

kóp|ër -ra *f, Pl* -ra Fenchel *m*; ~ **qeni** Dill *m*

kopíc|ë -a *f, Pl* -a Motte *f*; **bar i** ~ **s** Mottenpulver *n*

kopíl I. -i *Subst/m, Pl* -ë *od* -a **1.** Hausknecht *m*; **2.** unehelicher Junge *m*; **II.** -e *Adj* listig, verschlagen

kopilán -i *m, Pl* -ë Bursche *m*, Schlingel *m*

kopíl|e -ja *f, Pl* -e **1.** Hausmagd *f*; **2.** uneheliches Mädchen *n*; **3.** listige Frau *f*

kopilí -a *f, Pl* -ra List *f*, Verschlagenheit *f*, Tücke *f*

kopilísht *Adv* auf listige Weise, heimtückisch

kopilón 1 *itr* **1.** als Hausknecht *od* Hausmagd arbeiten; *tr* **2.** überlisten, jmdm. einen Streich spielen

kopíst -i *m, Pl* -ë *od* -a Kopist *m*, Abschreiber *m*

kopisterí -a *f, Pl* – Schreibbüro *n*, Kopierbüro *n*

kopjatív, -e *Adj* Kopier-; **laps** ~ Kopierstift *m*; **letër** ~ **e** Kohlepapier *n*

kópj|e -a *f, Pl* -e Kopie *f*, Durchschlag *m*, Durchschrift *f*; Imitation *f*, Reproduktion *f*

kopjím -i *m, Pl* -e Kopieren *n*

kopjón 1 *tr* kopieren; nachahmen; reproduzieren

koprác -i *m, Pl* -ë Geizhals *m*, Geizkragen *m*

koprác|e -ja *f, Pl* -e Geizige *f*

koprací -a *f* Geiz *m*

koprésh -i *m, Pl* -a Halfter *m*

kóps|ë -a *f, Pl* -a Knopf *m*

kopsít 22 *tr* knöpfen, zuknöpfen; **-et** *refl* sich selbst ein Kleidungsstück zuknöpfen

kopsht -i *m, Pl* -e *od* -inj *od* qipshte Garten *m*; ~ **zoologjik** Zoo *m*, Tierpark *m*; ~ **i fëmijëve** *od* ~ **fëmijësh** Kindergarten

kopshtáqe -t *Pl* Gartengemüse *n bes. Kräuter*

kopshtár -i *m, Pl* -ë **1.** Gärtner *m*; **2.** Hausgarten *m*

kopshtarí -a *f* Gärtnerei *f*, Gartenbau *m*

kopshtór|e -ja *f, Pl* -e Kindergarten *m*, Vorschule *f*

kopúk -u *m, Pl* -ë Landstreicher *m*, Vagabund *m*

kopúl|ë -a *f, Pl* -a *Gramm* Kopula *f*

kóq|e -ja *f, Pl* -e **1.** Korn *n*; ~ **gruri** Getreidekorn; **2.** Beere *f*, runde, fleischige Frucht; **një** ~ **mollë** ein Apfel; **3.** runder Gegenstand *m*, Stück *n*; **4.** Bläschen *n*, Pickel *m*, Pustel *f*; **5.** *Pl* Hoden *Pl*

koqërína -t *Pl* Pickel *Pl*, Pusteln *Pl*, Bläschenausschlag *m*

kóqëz -a *f, Pl* -a Bläschen *n*, Pickel *m*

koqína -t *Pl* Getreide *n*

koqísk|ë -a *f, Pl* -a Beere *f*

koqít 22 *tr* Beeren pflücken

kóqk|ë -a *f, Pl* -a = **koqëz**

kor -i *m, Pl* -e Chor *m*

koracát|ë -a *f, Pl* -a Panzerkreuzer *m*

¹korál -i *m, Pl* -e Koralle *f*

²korál, -e *Adj* Chor-; **këngë** ~ **e** Chorlied *n*

korán -i *m, Pl* -ë Lachsforelle *f*

koraník -u *m, Pl* -ë Topfwurst *f*, Tiegelwurst *f*

koráq -i *m, Pl* -a Beschlaghammer *m des Hufschmieds*

korb -i *m, Pl* -a *od* -ë **1.** Rabe *m*, Kolkrabe; ~ **i bardhë** Nebelkrähe *f*; ~ **sqepkuq** Alpendohle *f*; **2.** Bartumber *m*, Umberfisch *m*

korbásh -i *m, Pl* -ë schwarzer Ziegenbock *m*

kórb|e -ja *f, Pl* -e Bordwand *f*, Seite *f des Kahnes*

korbéc -i *m* schwarzes Tier *n bes. Bock, Hammel, Hund*

kórb|ë -a *f, Pl* -a Rabe *m*; *übertr* arm, einsam, bedauernswert *(Frauen)*; **korba unë!** ich Unglückliche!

kórbull -a *f, Pl* -a Käsefaß *n*

kordél|ë -a *f, Pl* -a = **kordhelë**

kórd|ë -a *f, Pl* -a *Math* Sehne *f*; Saite *f*; **kordat e zërit** die Stimmbänder

kordón -i *m, Pl* -ë *od* -a Seil *n*; Kordon *m*, Sperre *f*, Absperrung *f*; Uhrkette *f*; *El* Schnur *f*, Leitungsschnur

kordhél|e -ja *f, Pl* -e kurvenreiche Straße *f*

kordhél|ë -a *f, Pl* -a Kordel *f*, Zierschnur, Schnur *f*

¹kórdh|ë -a *f, Pl* -a Säbel *m*

²kórdh|ë -a *f, Pl* -a Darmsaite *f*

kordhëtár -i *m, Pl* -ë Säbelkämpfer *m*

kórdhëz -a *f, Pl* -a **1.** Bogensehne *f*; **2.** *Speise aus Leber und Gekröse*

Koré -ja *f* Korea *n*

¹kór|e -ja *f, Pl* -e Brotrinde, Kruste *f*; Rinde *f*, Borke *f*

²kór|e -ja *f* Schmach *f*, Schande *f*

³kór|e -ja *f, Pl* -e Zichorie *f*, Chicorée *m*

⁴kór|e -ja *f* Alter *n*; **i** ~ **s sonë** in unserem Alter

koreán I. -i *Subst/m, Pl* -ë Koreaner *m*; **II.** -e *Adj* koreanisch

koreán|e -ia *f, Pl* -e Koreanerin *f*

korént I. -i *Subst/m, Pl* -e *El* Strom *m*; Luftzug *m*, Luftstrom; **këtu ka** ~ hier zieht es; *übertr* **është në** ~ er ist auf dem laufenden; **vë në** ~ informieren; **II.** -e *Adj* laufend, fortlaufend *(Zeitschrift)*

koreografí -a *f* Choreographie *f*

koreografík, -e *Adj* choreographisch

korésht|ë -a *f, Pl* -a Wald *m zum Holzschlagen*, Nutzwald

¹kór|ë -a *f, Pl* -a = **¹kore**

²kór|ë -a f, Pl -a 1. Frist f; 2. Generation f

³kór|ë -a f, Pl -a Ikone f

korëzím -i m Geol Inkrustation f

Korfúz -i m Korfu n

koríçk|ë -a f, Pl -a Brotrinde f, Kruste f

koriér -i m, Pl -ë Kurier m

koríj|e -a f, Pl -e kleiner Gemeindewald m, Wäldchen n

koríst -i m, Pl -ë od -a Chorist m, Chorsänger m

korít 22 tr in Schande bringen, entehren, schänden; -et refl in Schande geraten

korít|ë -a f, Pl -a Trog m; Mühltrog; Tränke f; ~ e rrushit Kelterbottich m

korítur (i) Adj sehr hungrig; sehr durstig

korkolítet 22 refl schaukeln, sich wiegen; wanken

korkozhél -i m Schaukel f

kormín|ë -a f Wiederkäuermagen m

korné -ja f Anat Hornhaut f des Auges

korníz|ë -a f, Pl -a Rahmen m

kórn|o -oja od -ua f, Pl -o Horn n, Waldhorn

korolár -i m, Pl -ë Math Korollar m, Folgesatz m

koról|ë -a f, Pl -a Blumenkrone f, Blütenblätterkrone f

kbromán|e -ia f, Pl -e Kommißbrot n

korón|ë -a f, Pl -a 1. Krone f; 2. Zahnkrone; 3. Fin Krone

korozión -i m, Pl -e Korrosion f

korp -i m, Pl -e Körper m; Mil Korps n

korparmát|ë -a f, Pl -a Armeekorps n

korporát|ë -a f, Pl -a Zunft f der Handwerker; Korporation f, Körperschaft f

kórpus -i m, Pl -e 1. Mil Korps n, Armeekorps; 2. Tech Körper m;

~ cilindrik Zylinder m; Bauw Block m; ~ banesash Wohnblock

korsé -ja f, Pl – Korsett n

korsél -i m Alaun m

korsét -i m, Pl -e = korse

kortárë -t Pl = koftarë

kortézh -i m, Pl -e Prozession f, Zug m, Gefolge n; Ehrengeleit n; ~ i përmortshëm Trauerzug

korthín|ë -a f, Pl -a Trieb m am Baumstumpf

korúb|e -ja f, Pl -e Bienenstock m

korúq|e -ja f, Pl -e = korriqe

korr 14¹ tr (mit der Sichel) ernten, absicheln; übertr ~ suksese Erfolge ernten; më ~i uria ich bin halbverhungert

kórra -t (të) Pl Ernten n, Ernte f; Erntezeit f; Ernteertrag m, geerntetes Getreide n

korrékt, -e Adj korrekt, tadellos, einwandfrei; fair

korrektím -i m, Pl -e Korrektur f

korrektón 1 tr korrigieren

korrektór -i m, Pl -ë Korrektor m

korrelación -i m, Pl -e Korrelation f

korrespondénc|ë -a f, Pl -a Korrespondenz f, Briefwechsel m, Schriftverkehr m; shkollë me ~ Fernstudium n

korrespondént -i m, Pl -ë Korrespondent m; ~ i posaçëm Sonderkorrespondent

korrespondón 1 itr korrespondieren

kórr|ë -a f = të korra

kórrës I. -i Subst/m, Pl – Schnitter m; II. -e Adj Ernte-; maqinë ~ e Erntemaschine f

kórrës|e -ja f, Pl -e Schnitterin f

korridór -i m, Pl -e Korridor m, Flur m, Gang m

korrigjím -i m, Pl -e Korrektur f, Berichtigung f, Verbesserung f

korrigjón 1 tr korrigieren

korrík -u m Juli m

korríq|e -ja f, Pl -e Getreidemaß, etwa 1,5 kg

kórrj|e -a *f* Ernte *f*, Ernten *n*
korrobác, -e *Adj* mager, dürr *(Menschen)*
korrobác|e -ja *f, Pl* -e **1.** Jungfisch *m*; **2.** Art Weißfisch
korrocák -u *m* Vogelmagen *m*
korronéc -i *m, Pl* -ë = **koshtar**
korropésh, -e *Adj* brünett, dunkel *(Hautfarbe)*
korropítet 20 *refl* ermüden, ermatten
korrovésh I. -i *Subst/m, Pl* -ë **1.** Krug *m mit einem Henkel*; **2.** Weintraube *f*; **II.** -e *Adj* ohne Ohren, mit abgeschnittenen Ohren
korro|zí, -zézë *Adj* = **korropesh**
korrupción -i *m* Korruption *f*
korruptím -i *m, Pl* -e Korrumpierung *f*; Bestechung *f*; Korruption *f*
korruptó|n 1 *tr* korrumpieren, verderben; bestechen; **-het** *refl* verdorben sein; sich bestechen lassen, bestechlich sein
kos -i *m* Joghurt *m*
kosaxhí -u *m, Pl* – *od* -nj Joghurthersteller *m*; Joghurtverkäufer *m*
¹**kós|ë** -a *f, Pl* -a Sense *f*; Mahd *f*, Heumahd; *übertr* **i vuri ~ n** er hat ihn beseitigt
²**kós|ë** -a *f, Pl* -a Zopf *m*, Haarflechte *f*
kósinus -i *m* Kosinus *m*
kosít 22 *tr* mähen, abmähen *(mit der Sense)*
kosítës I. -i *Subst/m, Pl* – Mäher *m*, Schnitter *m*; **II.** -e *Adj* mähend, Heu-, Mäh-
kosítj|e -a *f* Mahd *f*, Heuernte *f*; Mähen *n*
kósk|ë -a *f, Pl* -a Knochen *m*; **u bë ~ e lëkurë** er ist nur noch Haut und Knochen
kosór|e -ja *f, Pl* -e kleine Sense *f*, Sichte *f*
kosovár I. -i *Subst/m, Pl* -ë Kosovar *m (Bewohner von Kosovo)*; **II.** -e *Adj* aus Kosovo
kostár -i *m, Pl* -ë = **kositës**

kósto -ja *f* Kosten *Pl*; **ulja e ~ s** die Kostensenkung
kostúm -i *m, Pl* -e **1.** Anzug *m*; Kostüm *n*; **2.** Tracht *f*; **~ kombëtar** Nationaltracht
kosh -i *m, Pl* -a *od* -e Korb *m*; Fischkorb; **~ i i plehrave** der Abfallkorb, der Papierkorb
koshádh|e -ja *f, Pl* -e Patrouille *f*
koshár|e -ja *f, Pl* -e Korb *m*, Körbchen *n*; trichterförmiger Bienenkorb
koshariq|e -ja *f, Pl* -e langes, schmales Körbchen *n*
kóshas -it *Pl* Biesfliegen *Pl*
koshér|e -ja *f, Pl* -e **1.** Bienenkorb *m*; **2.** Körbchen *n*; Maiskorb *m*, Maisspeicher *m*; **3.** Schutzgeflecht *n um junge Bäume*
kósh|ë -a *f, Pl* -a Korbreuse *f*
kóshëz -a *f, Pl* -a Rinderdasselfliege *f*, Rindbißfliege *f*
koshiénc|ë -a *f* Bewußtsein *n*; Gewissen *n*; Gewissenhaftigkeit *f*
koshiént, -e *Adj* bewußt, gewissenhaft
koshíq -i *m, Pl* -a *Getreidemaß, etwa 35 kg*
koshíq|e -ja *f, Pl* -e Körbchen *n*
koshtár -i *m, Pl* -ë großer, in die Erde eingelassener Maiskorb *m*, Maisspeicher *m*
¹**kot** -i *m, Pl* -a Büffelkalb *n*
²**kot** *Adv* umsonst, vergeblich; nutzlos, zwecklos; **je ~** *od* **e ke ~** du hast unrecht, du irrst dich; **~ së ~ i** grundlos; **më ~** völlig umsonst; **flet ~** er redet Unsinn, er phantasiert
kotangjént -i *m, Pl* -e Kotangens *m*
kotár -i *m, Pl* -ë **1.** Schweineauslauf *m*; Schafstall *m*; Hühnerstall *m*; **2.** Speiseschrank *m*
kotéc -i *m, Pl* -e *od* -a **1.** Hühnerstall *m*; **2.** eingegrabener Maisspeicher *m*

kotél|e -ja *f*, *Pl* -e Katzenjunges *n*, Kätzchen *n*

kótet 20 *refl* 1. dahindämmern, dösen; 2. dummes Zeug schwatzen

kótë (i) *Adj* sinnlos, nutzlos, vergeblich; **fjalë të kota** dummes Zeug, leere Worte; **më të ~** sinnlos, ohne Sinn und Zweck

kotësí -a *f*, *Pl* – Sinnlosigkeit *f*, Nutzlosigkeit *f*

kotësína -t *Pl* Nonsens *m*, dummes Zeug *n*

kotiledón -i *m*, *Pl* -e Keimblatt *n*

kotlét|ë -a *f*, *Pl* -a Kotelett *n*

kotóhet 1 *refl* schwatzen, schwätzen, dummes Zeug reden

kotórr -i *m*, *Pl* -a Büffelkalb *n*

kotórr|e -ja *f*, *Pl* -e weibliches Büffelkalb *n*

kotovál 14[1] *tr* wellenartig hin und her bewegen; wellen; **-et** *refl* im Winde wehen, flattern

kotrovár -i *m*, *Pl* -ë Töpfer *m*

kotróv|ë -a *f*, *Pl* -a Tonkrug *m mit engem Hals*

kótull -a *f*, *Pl* -a Rock *m*, Frauenrock

kotullóhet 1 *refl* = **kotet**

kotherák -u *m*, *Pl* -ë armer Schlucker *m*

kothér|e -ja *f*, *Pl* -e trockene Brotrinde *f*, trockener Kanten *m Brot*

kóth|ër -ra *f*, *Pl* -ra Siebring *m*, Siebreif *m*; Rand *m der Pastete*

kováç -i *m*, *Pl* -ë Schmied *m*

kovaçhán|e -ia *f*, *Pl* -e Schmiede *f*

kovát 22[1] *tr* eine Glucke ansetzen, brüten lassen; *itr* brüten

[1]**kóv|ë** -a *f*, *Pl* -a Eimer *m*, Schöpfeimer

[2]**kóv|ë** -a *f*, *Pl* -a Brutplatz *m von Geflügel*

kozák -u *m*, *Pl* -ë Kosake *m*

kozmetík I. -u *Subst/m*, *Pl* -ë Kosmetikum *n*, Schönheitsmittel *n*; **II.** -e *Adj* kosmetisch

kozmetík|ë -a *f* Kosmetik *f*, Schönheitspflege *f*

kozmetíst -i *m*, *Pl* -ë *od* -a Kosmetiker *m*

kozmetíst|e -ja *f*, *Pl* -e Kosmetikerin *f*

kozmík, -e *Adj* kosmisch; **anije ~ e** Raumschiff *n*

kozmodróm -i *m*, *Pl* -e Kosmodrom *n*; Startrampe *f*

kozmografí -a *f* Kosmographie *f*

kozmografík, -e *Adj* kosmographisch

kozmonáut -i *m*, *Pl* -ë Kosmonaut *m*

kozmonautík|ë -a *f* Kosmonautik *f*

kozmopolít I. -i *Subst/m*, *Pl* -ë Kosmopolit *m*; **II.** -e *Adj* kosmopolitisch

kozmopolitíz|ëm -mi *m* Kosmopolitismus *m*

kózmos -i *m* Kosmos *m*, Weltall *n*

kozhél -i *m*, *Pl* -e Schaukel *f*

kozhúp -i *m*, *Pl* -e Hirtenpelz *m*

kqyr 14[1] *tr* = **këqyr**

krah -u *m*, *Pl* -ë 1. Arm *m*; ~ **pune** Arbeitskraft *f bes. in der Landwirtschaft*; **punë ~u** Handarbeit *f*, körperliche Arbeit; **punëtor ~u** körperlich Arbeitender *m*; **me ~ ë hapur** mit offenen Armen; 2. Schulter *f*, Rücken *m*; **me pushkë në ~** mit geschultertem Gewehr; **~ për ~** Schulter an Schulter; *übertr* **i ktheu ~ët** er zeigte ihm die kalte Schulter; **i thau ~un** er hat ihn im Stich gelassen; **hedh prapa ~ëve** a) vergessen, außer acht lassen; b) geringschätzen; **kthen ~ët** vernachlässigen; **flasin pas ~ëve** sie reden hinter dem Rücken; 3. *Zool* Flügel *m*; *Tech* Flügel *m*, Tragfläche *f*; **bëri ~ ë** er war auf und davon; 4. *Geol* Abhang *m*; 5. Seite *f*; Flanke *f*; **në ~ të djathtë** auf der rechten Seite; 6. Unterstützung *f*; **i del ~ od i bëhet ~** jmdn. unterstützen, jmdn. verteidigen; **i mban ~un** er

unterstützt ihn; **7.: një ~ ein Armvoll**; **një ~ dru** ein Armvoll Holz
krahán|ë -a *f*, *Pl* -ë Seite *f*, Partei *f*
krahaqáfë *Adv* geschultert
kraharór -i *m*, *Pl* -ë **1.** Brustkasten *m*, Brustkorb *m*; Oberkörper *m*; **2.** Mutterbrust, Busen *m*, Brust *f*
kráhas *Adv*: **u zunë ~** sie rangen miteinander; **~ me** gleichzeitig mit, neben, parallel zu
krahasím -i *m*, *Pl* -e Vergleich *m*, Vergleichen *n*, Gegenüberstellung *f*; *Gramm* Komparation *f*, Steigerung *f*
krahasimtár, -e *Adj* vergleichend; **gjuhësja ~ e** die vergleichende Sprachwissenschaft, die Komparativistik
krahasón 1 *tr* vergleichen; gegenüberstellen
krahasór|e -ja *f Gramm* Komparativ *m*
krahasúes, -e *Adj* = **krahasimtar**
krahashó|n 1 *tr* gleich machen; einen Vergleich machen; **-het** *refl* sich einig werden, sich vergleichen *(finanziell)*
krahatár -i *m*, *Pl* -ë körperlich Arbeitender *m*, Schwerarbeiter *m*
krahatár|e -ja *f*, *Pl* -e körperlich Arbeitende *f*
krahathád|ër -ri *m*, *Pl* -ra Sperber *m*
krahathát|ë -a *f*, *Pl* -ë = **krahathadër**
kráhc|ë -a *f* Strick *m aus Lindenbast*
krahcúng, -e *Adj* einarmig, armamputiert
krahëhápur *Adv*: **me ~** mit offenen Armen
krahër|úar -óri *m*, *Pl* -órë = **kraharor**
kráhës -i *m*, *Pl* -a Hemd *n*
krahëshkrúar *Adj* mit gesprenkelten Flügeln, mit bunten Flügeln

krahëtháte *Adj* willenlos, kraftlos, träge
krahín|ë -a *f*, *Pl* -a Region *f*, Bezirk *m*; Gebiet *n*, Gegend *f*
krahinór, -e *Adj* regional, Bezirks-
krahinoríz|ëm -mi *m* Gebietsegoismus *m*, auf Bezirksinteressen beruhende Engstirnigkeit *f*
krahís 21 *tr* **1.** *Bäume* ausästen; *Äste* ausschneiden; **2.** jäten; **3.** oberflächlich saubermachen, *Stroh* zusammenfegen
krahísht *Adv* ordentlich übereinander, ordentlich zusammengelegt
krahishtím -i *m* Ordnen *n*
krahishtón 1 *tr* in Ordnung bringen
krahníc|ë -a *f*, *Pl* -a Leiterbaum *m am Wagen*
krahnóç -i *m*, *Pl* -a Brotsack *m des Hirten*, Hirtentasche *f*
krahnórs|e -ja *f*, *Pl* -e Schultersack *m*; Umhängebeutel *m*; Umhängetasche *f*
krahnjérr -i *m*, *Pl* -ë Fleischfarbige Glockenheide *f*
krahól -i *m*, *Pl* -a Weste *f*
krahósh -i *m*, *Pl* -a **1.** Tornister *m*; Rucksack *m*; **2.** *Mann mit kräftigem Brustkasten*
krajl -i *m*, *Pl* -a König *m (in der Volksepik)*
krajlí -a *f*, *Pl* – Königreich *n (in der Volksepik)*
krajlíc|ë -a *f*, *Pl* -a Königin *f (in der Volksepik)*; **~ e bletëve** Bienenkönigin
kral -i *m*, *Pl* -ë = **krajl**
krand -i *m*, *Pl* -e = **krande**
kránd|e -ja *f*, *Pl* -e **1.** Reisig *n*, dürres Geäst *n*; **2.** Gezweig *n*, Blätterzweig *m*
krándet 14 *refl* ausschlagen, grün werden *(Bäume)*
krandóhet 1 *refl* = **krandet**
kranth -i *m*, *Pl* -a Blättchen *n bes. am Ölbaum*

¹**krap** -i *m, Pl* krep Karpfen *m*; *übertr* begriffsstutziger Mensch
²**krap** -i *m* Schlüsselbein *n*
kráp|e -ja *f, Pl* -e Eierstock *m*
krápj|e -a *f, Pl* -e schwarze Süßkirsche *f*
krapulíq -i *m, Pl* -a **1.** Karpfenjunges *n*; **2.** Gründling *m*
krasít 22 *tr* Bäume ausästen; *Äste* verschneiden; *übertr* reinigen, säubern
krasítj|e -a *f* Verschneiden *n* der Bäume
krást|ë -a *f, Pl* -a Marmorsteinbruch *m*
kratér -i *m, Pl* -e Krater *m*
kravát|ë -a *f, Pl* -a Krawatte *f*, Binder *m*, Schlips *m*
kravél|e -ja *f, Pl* -e runder Brotlaib *m*, Rundbrot *n*
kre -ja *f* **1.** Kopf *m*; **2.** Kopf, Kopfstück *n*, Ende *n eines Gegenstandes*
kreatór **I.** -e *Adj* schöpferisch, kreativ; **II.** -i *Subst/m, Pl* -ë Schöpfer *m*
kréç|e -ja *f, Pl* -e Kohlkopf *m*
kredenciále -t *Pl* Beglaubigungsschreiben *n*
kredí -a *f, Pl* – **1.** Kreditsumme *f*, Darlehen *n*; **2.** Budgetposten *m*; ~ **për arësim** Unterrichtsbudget *n*; **3.** Kredit *m*, Teilzahlungsverkauf *m*; **me** ~ auf Kredit; **4.** Kredit, Vertrauenswürdigkeit *f*
kredít -i *m* = **kredi**
kreditón 1 *tr* jmdm. Kredit gewähren
kreditór -i *m, Pl* -ë Gläubiger *m*, Kreditgeber *m*
krédo -ja *f* Kredo *n*, Glaubensbekenntnis *n*
kredh 16 *tr* tauchen, eintauchen; untertauchen; → **kridhet**
kredharák -u *m, Pl* -ë Haubentaucher *m*

kréf|ëz -a *f, Pl* -a Falle *f*, Schlinge *f*; Mausefalle
kréfsh|ë -a *f, Pl* -a Striegel *m*
kreh 17 *tr* kämmen; striegeln; *übertr* **i** ~ **bishtin** jmdm. um den Bart gehen; → **krihet**
kréh|ër -ri *m, Pl* -re **1.** Kamm *m*; ~ **kuajsh** Striegel *m*; **2.** Wollkamm; **3.** Lade *f am Webstuhl*; **4.** Fischskelett *n*
kréhj|e -a *f* Kämmen *n*; Striegeln *n*
krehón 1 *tr* = **kreh**
kreísht|ë -a *f, Pl* -a Gipfel *m*, Bergspitze *f*
krejt *Adv* vollkommen, ganz, völlig; ~ **qyteti** die ganze Stadt
krejtësísht *Adv* vollkommen, vollständig, völlig
krék|ë -a *f, Pl* -a Feldahorn *m*
krekëzón 1 *tr* Bäume stutzen
kréko **I.** *Adj* funkelnagelneu *(Kleidungsstücke)*; **II.** *Adv* völlig neu eingekleidet
krekóhet 1 *refl* aufschneiden; sich spreizen, stolzieren; hochnäsig sein
krekóset 21 *refl* = **krekohet**
krekósj|e -a *f* Hochmut *m*, Dünkel *m*, Stolz *m*; Angeben *n*
krekósur (i) *Adj* aufschneiderisch, großsprecherisch, prahlend; angeberisch
kréla -t *Pl* Locken *Pl*, lockiges Haar *n*; ~-~ gelockt, lockig; voller Locken, mit lockigem Haar
krelón 1 *tr* locken, kräuseln
kremastár -i *m, Pl* -ë **1.** Herdkette *f*; **2.** Kleiderbügel *m*
krém|ë -a *f* **1.** Creme *f*, Süßspeise *f*; **2.** Hautcreme, Salbe *f*
Kremlín -i *m* Kreml *m*
krémt|e -ja (e) *f, Pl* -e (të) Festtag *m*, Feiertag *m*; **ditë e** ~ Feiertag
kremtím -i *m, Pl* -e Feiern *n*
kremtón 1 *tr* feiern, feierlich begehen
kren 3 *tr* herausziehen; herausholen, herausnehmen
krenár, -e *Adj* stolz

krenarí -a *f* Stolz *m*
krénd|e -ja *f, Pl* -e Laub *n*, Blätter *Pl zum Verfüttern*
krení -a *f* = krenarí
krenóhet 1 *refl* stolz sein; sich brüsten
¹**krep** -i *m, Pl* -a Felsen *m*; großer Stein *m*
²**krep** -i *m* Krepp *m*
³**krep** *Pl* → krap
krérë -t *Pl* 1. Kapital *n*; 2. die Spitzen, die Oberen *der Gesellschaft*; → **krye**
kres -i *m* Striegel *m*
krés|ë -a *f, Pl* -a 1. Schabeisen *n*, Kratzeisen *n*; 2. Striegel *m*
krest -i *m, Pl* -a = kres
krestomací -a *f, Pl* – Chrestomathie *f*
kreshk -u *m, Pl* -ë Fischschuppe *f*
kréshk|ë -a *f* Laub *n*, Blätter *Pl*
kréshkët (i) *Adj* schieferartig abblätternd *(Steine)*
kréshmë -t *Pl* Fastenzeit *f*, Fasten *n*
kreshmí -a *f* Fasten *n*
kreshmón 1 *itr Rel* fasten
kreshmór|e I. -ja *Subst/f, Pl* -e Fastenspeise *f*; II. *Adj/f* Fasten-
kreshník I. -u *Subst/m, Pl* -ë Held *m*, Recke *m*, Ritter *m (bes. im epischen Lied)*; **këngë** ~**ësh** Heldenlied *n*; II. -e *Adj* heldenhaft, ritterlich, heroisch; **këngë** ~**e** Heldenlied *n*
kreshník|e -ja *f, Pl* -e Heldin *f*
kreshnikí -a *f* Heldentum *n*; Mannesmut *m*, Ritterlichkeit *f*
kréshp|ë -a *f, Pl* -a Schaf *n* mit *langer und rauher Wolle*
kreshpëró|n 1 *tr* erzürnen, in Wut versetzen; -**het** *refl* in Wut geraten, zornig sein
krésht|ë I. -a *Subst/f* 1. Mähne *f*, Pferdemähne; 2. Borsten *Pl vom Schwein; übertr* **qen me** ~ erbarmungsloser Mensch *m*, Bestie *f*; 3. Striegel *m*; Kratzbürste *f*; 4. Kamm *m des Hahnes*; 5. Wurzel *f*, Knolle *f der Zwiebel*; verhärteter Teil *m von Blättern*; 6. Bergkamm *m*, Grat *m*; II. (i) *Adj* borstig, rauhhaarig
kreshtóhet 1 *refl* 1. großtun, aufschneiden; 2.: **kreshtohem** mir stehen die Haare zu Berge
kreták I. -u *Subst/m* Kreidezeit *f*; II. -e *Adj* Kreide-; kreidezeitlich
krét|ë -a *f Geol* Kreide *f*
krevát -i *m, Pl* -e Bett *n*, Bettgestell *n*
krév|ë -a *f, Pl* -a Aststütze *f*, Rebstecken *m*
krezm -i *m* Salböl, geweihtes Öl *n*
krezmím -i *m* Salbung *f*, Ölung *f*
krezmón 1 *tr* salben, ölen
kréh|ër -ri *m, Pl* -re = krehër
krënd -i *m, Pl* -e 1. Futterlaub *n*; 2. Maiskolben *m in der Hülle*
kri -a *f, Pl* – Holzwurm *m*
krídhet 16 *refl* tauchen, untertauchen; → **kredh**
krídhte 16 *Imperf* → **kredh**
krif|e -ja *f, Pl* -e Mähne *f*, Pferdemähne
krífsh|ë -a *f, Pl* -a Steinlinde *f*
kríhet 17 *refl* sich kämmen; → **kreh**
krijés|ë -a *f, Pl* -a 1. Schöpfung *f*, Geschaffenes *n*; Geschöpf *n*; 2. Schöpfen *n*, Schaffen *n*
krijím -i *m, Pl* -e 1. Schaffen *n*, Erschaffung *f*; Gründung *f*; 2. Schöpfung *f*, Werk *n*
krijimtarí -a *f* Schaffen *n*; Schöpfertum *n*
krijóhet 1 *refl* schreien, laut weinen *(Säugling)*
krijón 1 *tr* 1. schaffen; erschaffen, hervorbringen; gründen; 2. erfinden, entdecken
krijónjës I. -i *Subst/m, Pl* –; II. -e *Adj* = **krijues**
krijúes I. -i *Subst/m, Pl* – Schöpfer *m*; Urheber *m*, Erfinder *m*; II. -e *Adj* Schöpfungs-, Schaffens-; schöpferisch

krikllón 1 *itr* knarren *(Rad)*
kríkull -a *f, Pl* -a Stützgabel *f*
krim -i *m, Pl* -e Verbrechen *n*
krimb -i *m, Pl* -a Wurm *m*; ~ i mëndafshit Seidenraupe *f*; ~ i drusë Holzwurm; ka zënë ~ a a) es ist voll von Würmern; b) es ist wurmstichig; *übertr* i ka hyrë ~ i a) da ist der Wurm drin; b) er ist krank
krímbet 14 *refl* 1. Würmer bekommen; wurmstichig werden; Läuse bekommen; 2. sich füllen, sich bedecken *(in Mengen)*
krimbëri -a *f* Gewühl *n*, Gewimmel *n*; Menschenmenge *f*
krímbur (i) *Adj* von Würmern befallen; angenagt, zerfressen; schadhaft; wurmstichig
Krimé -ja *f* (die) Krim *f*
kriminál, -e *Adj* kriminell, verbrecherisch
kriminalíst I. -i *Subst/m, Pl* -ë od -a Kriminalist *m*, Strafrechtler *m*; II. -e *Adj* kriminalistisch
kriminalitét -i *m, Pl* -e Kriminalität *f*; Straffälligkeit *f*
kriminél -i *m, Pl* -ë Krimineller *m*, Verbrecher *m*
¹**krín|ë** -a *f, Pl* -a Bienenschwarm *m*
²**krín|ë** -a *f* 1. Pferdemähne *f*, Roßhaar *n*; 2. Matratzenfüllung *f*
krip 14 *tr* salzen; bestreuen; e ~ a me sheqer ich habe es mit Zucker bestreut
kripaník -u *m, Pl* -ë = **kripës**
kríp|ë -a *f, Pl* -ëra Salz *n*; Kochsalz; ~ **guri** *od* ~ **e bardhë** Steinsalz; ~ **inglizi** Bittersalz, Magnesiumsulfat *n*; *Chem* Salz; *übertr* **shaka me** ~ ein geistvoller Witz, ein gepfefferter Witz
krípës -i *m, Pl* – Art Menage *für Pfeffer und Salz;* Salzstreuer *m*
kripësír|ë -a *f* Salzwasser *n*, Lake *f*
kripëson 1 *tr* versalzen
kripór|e -ja *f, Pl* -e Salzlagerstätte *f*; Saline *f*; Salzsiederei *f*; Salzbergwerk *n*
kripsník -u *m, Pl* -ë Kasten *m für Salz und Besteck*
krípsh|ëm (i), -me (e) *Adj* salzig, gesalzen
kriptogáme -t *Pl* Sporenpflanzen *Pl*, Kryptogamen *Pl*
kriptográm -i *m* Kryptogramm *n*
kripth -i *m, Pl* -a Härchen *n*
krípur (i) *Adj* gesalzen; salzig; versalzen; bestreut
¹**kris** -i *m, Pl* -a Quecke *f*
²**kris** 21 *tr, itr* = **kërcet**
krís|ë -a *f, Pl* -a Riß *m*, Sprung *m*; krisa-krisa rissig, gesprungen
krísi 28 *Aor* → **kërcet**
krísj|e -a *f, Pl* -e = ¹**kris**
krískull -i *m* Brustbein *n*
krísm|ë -a *f, Pl* -a Krach *m*, Knall *m*; Krachen *n*, Knallen *n*
kristál -i *m, Pl* -e Kristall *m*; Kristallglas *n*
kristalín, -e *Adj* kristallin; Kristall-
kristalizím -i *m* Kristallisation *f*; Herausbildung *f*, Herauskristallisierung *f*
kristalizó|n 1 *tr* kristallisieren; **-het** *refl* sich herauskristallisieren
kristáltë (i) *Adj* kristallisch, Kristall-; kristallklar
kristián, -e *Adj* christlich
kristianíz|ëm -mi *m* = **krishterim**
krísur (i) *Adj* zersprungen, geplatzt, zerrissen; *übertr* irre, verrückt
Krisht -i *m* Christus *m*
krishtérë I. (i) *Adj* christlich; II. (i) *Subst/m, Pl* – (të) Christ *m*; III. (e) *Subst/f, Pl* krishtéra (të) Christin *f*
krishterím -i *m* Christentum *n*; Christenheit *f*
krishtlíndje -t *Pl* Weihnachten *Pl*
kritér -i *m, Pl* -e Kriterium *n*
kritík I. -u *Subst/m, Pl* -ë Kritiker *m*; II. -e *Adj* kritisch

kritikán -i *m, Pl* -ë Nörgler *m*, Meckerer *m*, Kritikaster *m*
kritík|ë -a *f, Pl* -a Kritik *f*
kritikón 1 *tr, itr* kritisieren
kritikónjës, -e *Adj* kritisierend
krizantém|ë -a *f, Pl* -a Chrysantheme *f*
kríz|ë -a *f, Pl* -a Krise *f*, Krisis *f*; ~ **nervash** Nervenkrise
Kroací -a *f* Kroatien *n*
kroát I. -i *Subst/m, Pl* -ë Kroate *m*; II. -e *Adj* kroatisch
króc|ë -a *f, Pl* -a Heckenrose *f*
kródh|ë -a *f, Pl* -a Brotkruste *f*, Brotrinde *f*
kródhi 16 *Aor* → **kredh**
krójç|e -ja *f, Pl* -e Brünnlein *n*
krokár -i *m, Pl* -ë Steckzwiebel *f*
krokodíl -i *m, Pl* -ë *od* -a Krokodil *n*; *übertr* **lot** ~ **i** Krokodilstränen *Pl*
krom -i *m* Chrom *n*
kromásh I. -i *Subst/m, Pl* -ë Krätziger *m*, Krätzekranker *m*; räudiges Tier *n*; II. -e *Adj* krätzig, krätzekrank; räudig
króm|ë -a *f, Pl* -a 1. *Med* Krätze *f*; Räude *f*; 2. Heckenrose *f*, wilde Rose *f*
kromós I. -i *Subst/m, Pl* -ë; II. -e *Adj* = **kromash**
kromóset 21 *refl* die Krätze bekommen; die Räude bekommen
krongjíll -i *m, Pl* krongjíj Eiszapfen *m*
kroník, -e *Adj* chronisch, schleichend
kroník|ë -a *f, Pl* -a Chronik *f*; Nachrichtenteil *m einer Zeitung*; ~ **teatrore** Theaternachrichten *Pl*
kroníst -i *m, Pl* -ë *od* -a Chronist *m*; Berichterstatter *m*
kronologjí -a *f, Pl* – Chronologie *f*
kronologjík, -e *Adj* chronologisch
kronologjikísht *Adv* chronologisch
kronomét|ër -ri *m, Pl* -ra Chronometer *n*
kronj *Pl* → **krua**
króq|e -ja *f, Pl* -e Löffelkasten *m*

kros -i *m, Pl* -a Grindkopf *m*
króset 21 *refl* Kopfgrind bekommen
krós|ë -a *f* Grind *m*
kross -i *m* Croß *m*, Geländelauf *m*
krúa krói *m, Pl* kronj *od* króje Quelle *f*, Brunnen *m*
krú|an 2 *tr* 1. kratzen, kraulen; 2. *Verbranntes* abkratzen; *Topf* auskratzen; ~ **zërin** sich räuspern, hüsteln; **-het** *refl* sich jucken, sich kratzen; *übertr* **të kruhet shpina** dir juckt wohl das Fell
krucifére -t *Pl* Kreuzblütler *Pl*
krúes -i *m, Pl* -a Topfkratzer *m*
krúnde -t *Pl* Kleie *f*; *übertr* **ky është** ~ er ist nichts wert
krúp|ë -a *f* Ekel *m*, Widerwille *m*; **më vjen** ~ ich ekele mich
krúpsh|ëm (i), -me (e) *Adj* eklig; **është i** ~ er ekelt sich leicht
krusmár -i *m, Pl* -ë Folterwerkzeug *n*
krúsm|ë -a *f*: **i vuri** ~ **n** er hat ihn gefoltert, er hat ihn gequält
krúspull *Adv* krumm und lahm, gekrümmt; **mblidhet** ~ sich zusammenkrümmen; **mbështjell** ~ zusammenknüllen, zusammenknautschen
kruspulló|n 1 *tr* krumm machen, krümmen; zusammenknüllen, knittern, knüllen; **-het** *refl* sich krümmen, sich zusammenziehen; krumm werden; sich verkrampfen, sich zusammenrollen; sich hinkauern; knittern, knautschen
kruspullúk -u *m* Mandragora *f*
krustacé -të *Pl* Krebstiere *Pl*, Krustazeen *Pl*
krushk -u *m, Pl* krushq 1. angeheirateter Verwandter *m*; 2. Hochzeitsgevatter *m*, Brautführer *m*
krushkamádh -i *m* erster Brautführer *m*
krushkapár|ë -i *m* = **krushkamadh**
krushkóhet 1 *refl* sich verschwägern

krushqár -i *m*, *Pl* -ë Hochzeitsbitter *m*
krushqár|e -ja *f*, *Pl* -e Hochzeitsbitterin *f*
krushqësí -a *f* alle Brautführer *Pl*
krushqí -a *f*, *Pl* – **1.** angeheiratete Verwandtschaft *f*; Verschwägerung *f*; **2.** Amt des Hochzeitsbitters; **3.** alle Brautführer *Pl*
krýb|e -ja *f*, *Pl* -e Werg *n*
krydh 14 *tr* Geld aus der Tasche stehlen
krýe -t *n od* kréu *m*, *Pl* krérë **1.** Kopf *m*, Haupt *n*; **me ~ në torbë** unter Lebensgefahr; **lidhet me ~ t** er verbürgt sich mit seinem Kopf; **më ~ të vet** nach dem eigenen Kopf; eigensinnig, starrsinnig; **ngritën ~** sie erhoben sich, sie machten einen Aufstand; **i rri punës mbi ~** er hat die Sache im Griff; **në ~** an der Spitze; **për ~** pro Kopf; **i del në ~** er schafft es, er bewältigt es; **2.** Beginn *m*, Anfang *m*; **që në ~** von Anfang an; **në ~ të muajit** Anfang des Monats; **fund e ~** vollständig, völlig; **~ jave** jede Woche; **~ viti** jedes Jahr; **3.** Quelle *f*; **ka ~ t** entspringen; **4.** Wichtigstes *n*, Hauptsache *f*; Oberhaupt, Spitze *f*, Oberster *m*; *alt* **kreu i fshatit** der Dorfälteste; **5.**: **~ t e gjësë** das Kapital; **6.** Stück *n*, Kopf *(Vieh)*; **7.** Kapitel *n*; **8. kreja** *f* Kopf, Scheitel *m*; **lesht e kresë** das Haupthaar; **për mend të kresë** aus eigenem Verschulden
kryearmík -u *m*, *Pl* kryearmíq Hauptfeind *m*, Erzfeind *m*
kryeártëz -a *f*, *Pl* -a Stieglitz *m*
kryeartíkull -i *m*, *Pl* kryeartíkuj Leitartikel *m*
kryeéngjëll -i *m*, *Pl* kryeéngjëj Erzengel *m*
kryefamiljár -i *m*, *Pl* -ë Familienoberhaupt *n*, Familienvorstand *m*

kryefíll -i *m* Ausgangspunkt *m*, Anfang *m*, Beginn *m*
kryefjál|ë -a *f*, *Pl* -ë *Gramm* Subjekt *n*
kryefórtë *Adj* halsstarrig, dickköpfig, störrisch
kryegjé -ja *f*, *Pl* – Kapital *n*
kryeinxhiniér -i *m*, *Pl* -ë leitender Ingenieur *m*
kryekëpút *Adv* ganz und gar, vollständig, völlig; **je ~ gabim** du irrst dich gründlich
kryekërrúsë *Adj* bescheiden, demütig
kryekísh|ë -a *f*, *Pl* -a Kathedrale *f*
kryekomandánt -i *m*, *Pl* -ë Oberkommandierender *m*
kryekónsull -i *m*, *Pl* kryekónsuj Generalkonsul *m*
kryekréje *Adj* vorrangig, hauptsächlich
kryekréjet *Adv* vor allen Dingen, vor allem
kryekúngull *Adj* **1.** mit einem Kopf wie ein Kürbis; *übertr* dumm, hohlköpfig, einfältig; **2.** glatzköpfig, kahlköpfig
kryekúq -i *m*, *Pl* – Stieglitz *m*
kryelártë *Adj* **1.** hochnäsig, überheblich, eingebildet; **2.** stolz, erhobenen Hauptes; majestätisch
kryelartësí -a *f* **1.** Hochmut *m*, Überheblichkeit *f*; **2.** Stolz *m*
kryellogaritár -i *m*, *Pl* -ë Hauptbuchhalter *m*
kryeminíst|ër -ri *m*, *Pl* -ra Premierminister *m*, Ministerpräsident *m*
kryeministrí -a *f* Amt *n* des Ministerpräsidenten
kryemjék -u *m*, *Pl* -ë Oberarzt *m*; Chefarzt *m*
kryemjésht|ër -ri *m*, *Pl* -ra Obermeister *m*
kryemót -i *m* Silvesternacht *f*, Neujahrsnacht *f*
krý|en 4 *tr* beenden; abschließen; ausführen; erfüllen; verbrauchen;

-**het** *refl* ausgehen, zu Ende gehen, alle werden

kryenéç, -e *Adj* eigensinnig, halsstarrig; uneinsichtig

kryeneçësí -a *f* Eigensinn *m*, Halsstarrigkeit *f*

kryengrítës I. -i *Subst/m, Pl* – Rebell *m*, Aufständischer *m*; **II.** -e *Adj* rebellisch, aufständisch

kryengrítj|e -a *f, Pl* -e Rebellion *f*, Aufstand *m*, Aufruhr *m*

kryengúlthi *Adv* kopfüber; kopfstehend; **rri** ~ kopfstehen, auf dem Kopf stehen

kryepárë *Adv* zuerst, zunächst, zu Beginn

kryepeshkóp -i *m, Pl* -ë orthodoxer Erzbischof *m*

kryepeshkopát|ë -a *f, Pl* -a orthodoxes Erzbistum *n*

kryepicingúl *Adv* = **kryengulthi**

kryeplák -u *m, Pl* **kryepléq** *alt* Gemeindevorsteher *m*, Dorfältester *m*

kryepleqësí -a *f alt* Gemeindevorstand *m*, Versammlung *f der Dorfältesten*

kryepunëtór -i *m, Pl* -ë Vorarbeiter *m*

kryeqytét -i *m, Pl* -e Hauptstadt *f*

kryeqytétas -i *m, Pl* – Hauptstädter *m*

krýer I. -a (e) *Subst/f Gramm* Perfekt *n*; **e** ~ **e thjeshtë** Aorist *m*; **e** ~ **e plotë** Plusquamperfekt *n*; **e** ~ **e tejshkuar** *od* **e** ~ **e tejkaluar** zweiter Aorist; **II.** (i) *Adj Math* endlich

kryerádh|ë -a *f, Pl* -ë *Typ* neue Zeile *f*, Absatz *m*

kryeredaktór -i *m, Pl* -ë Chefredakteur *m*

krýerj|e -a *f* Erfüllung *f*, Ausführung *f*; ~ **e detyrës** Pflichterfüllung

kryerrésht -i *m, Pl* -a = **kryeradhë**

kryesekretár -i *m, Pl* -ë Erster Sekretär *m*, Generalsekretär

kryesí -a *f, Pl* – **1.** Vorsitz *m*, Präsidium *n*; **2.** Leitung *f*, Vorsitz *einer Versammlung*; Vorstand *m*; **3.** Präsidialamt *n*, Kanzlei *f*

kryesím -i *m, Pl* -e Leitung *f*, Vorsitz *m*

kryesísht *Adv* hauptsächlich, in erster Linie, vor allem

kryesón 1 *tr* leiten, den Vorsitz führen, präsidieren

kryesór, -e *Adj* Haupt-, hauptsächlich, erstrangig; **detyra** ~ **e** die Hauptaufgabe

kryesór|e -ja *f* Hauptsache *f*; **kjo është kryesorja** das ist das Wichtigste

kryeshëndóshë: shkon për ~ Beileid bezeigen, kondolieren gehen

kryeshtróhet 1 *refl* den Hut ziehen, das Haupt entblößen

kryetár -i *m, Pl* -ë Vorsitzender *m*, Leiter *m*, Oberhaupt *n*

kryetár|e -ja *f, Pl* -e Vorsitzende *f*, Leiterin *f*

kryetóll|ë I. -a *Subst/m, Pl* -ë Glatzkopf *m*, Kahlkopf *m*; **II.** *Adj* kahl, glatzköpfig

kryetrím -i *m, Pl* -a großer Held *m*; Hauptheld

kryetúl, -e *Adj* begriffsstutzig, einfältig, dumm

krýeth -i *m* Köpfchen *n*

kryeúlët *Adj* demütig; bescheiden

kryeúr|ë -a *f, Pl* -a Brückenkopf *m*

kryevép|ër -ra *f, Pl* -ra **1.** Hauptwerk; **2.** hervorragendes Werk *n*

kryezót -i *m, Pl* -ërínj Landesherr *m*, oberster Herrscher *m*

krymb -i *m, Pl* -a = **krimb**

krymbalésh -i *m, Pl* -a behaarte Raupe *f*

krypanéc -i *m* Brennesselpastete *f*

krýp|ë -a *f* = **kripë**

kryq -i *m, Pl* -e *od* -a Kreuz *n*; **Kryqi i Kuq** das Rote Kreuz; **rri**

me duar ~ die Hände in den Schoß legen; **e pret** ~ etw. quer durchschneiden; **bëra** ~ ich wunderte mich, ich geriet in Erstaunen; ich verbeugte mich; ich beugte mich; ich bekreuzigte mich; ~ **e Pl Anat** Kreuz, Kreuzbein *n*; hinterer Teil *m des Lastsattels*

kryqalí -a *m, Pl* – *od* -nj Christ *m*

krýqas *Adv* kreuzweise; kreuzförmig; über Kreuz

kryqás 21 *tr* kreuzigen, ans Kreuz schlagen

krýq|e -ja *f, Pl* -e 1. Fensterkreuz *n*; Verstrebung *f*; 2. Kreuzung *f*, Wegkreuzung; 3. dreieckiges Kopftuch *n*; 4. Viertel *n eines Brotlaibes*; 5. *Anat* Kreuz

krýqëza -t *Pl* 1. *Anat* Kreuz *n*; Kreuzbein *n*; 2. hinterer Teil *m* des *Lastsattels*

kryqëzát|ë -a *f, Pl* -a Kreuzzug *m*

kryqëzím -i *m, Pl* -e 1. Kreuzung *f von Rassen*; 2.: ~ **udhësh** Wegkreuzung; 3. Kreuzigung *f*

kryqëzó|n 1 *tr* 1. kreuzen, übereinander legen; 2. *Rassen* kreuzen; 3. kreuzigen; **-het** *refl* 1. gekreuzigt werden; 2. sich bekreuzigen

kryqëzór -i *m, Pl* -ë Mil Kreuzer *m*

kryqós 21 *tr* = **kryqëzon**

krríl|ë -a *f, Pl* -a Kranich *m*

krrok 14[3] *itr* krächzen *(Rabe)*

[1]**krrókull** -a *f, Pl* -a Hüftknochen *m*

[2]**krrókull** -a *f, Pl* -a Safran *m*

krrus 21 *tr* = **kërrus**

krrút|ë -a *f, Pl* -a bucklige Greisin *f*

krrutzóhet 1 *refl* krumm werden, bucklig werden

ksést|ër -ra *f, Pl* -ra kleines Tongefäß *n für Öl usw.*

ksilofón -i *m, Pl* -e Xylophon *n*

ksilografí -a *f* Holzschneidekunst *f*, Xylographie *f*

ksíst|ër -ra *f, Pl* -ra Teigkratzer *m*

kshét|ë -a *f, Pl* -a *Myth* Nixe *f*

kshétëz -a *f, Pl* -a = **kshetë**

kthe|n 3 *tr* 1. wenden, umdrehen, umkehren; *Kleidungsstück* wenden; 2. umwandeln, verwandeln; ändern; **i ktheu mendjen** er hat ihn umgestimmt; **ktheu fjalën** a) er wurde seinem Wort untreu; b) er wechselte das Thema; **ktheu fletën** er hat seine Beziehungen geändert; 3. zurückgeben, zurückerstatten; 4. **ia ktheu** *od* **i ktheu përgjigjen** er erwiderte ihm; **ia ktheu vizitën** er erwiderte seinen Besuch; 5. *itr* zurückkehren; **ai qe i dobët, por tani ka kthyer** er war sehr schwach, doch jetzt geht es ihm besser; **-het** *refl* zurückkehren, zurückkommen; sich drehen, sich umdrehen; sich verwandeln, sich verändern; **iu ktheva** ich stürzte mich auf ihn

kthés|ë -a *f, Pl* -a Kurve *f*, scharfe Biegung *f*; Wendung *f*, Richtungsänderung *f*; Wende *f*

kthét|ër -ra *f, Pl* -ra Kralle *f*, Fang *m der Raubvögel;* Klaue *f; übertr* **ra në kthetrat e tija** er geriet in seine Fänge

kthill 14 *tr* aufheitern, aufhellen; **-et** *refl* sich aufhellen, aufklaren *(Wetter)*; sich aufhellen *(Miene)*

kthíllët (i) *Adj* heiter, klar *(Himmel)*

kthim -i *m, Pl* -e 1. Rückkehr *f*, Wiederkehr *f*; 2. Rückerstattung *f*, Zurückgabe *f*; 3. Wiederherstellung *f*

kthín|ë -a *f, Pl* -a Raum *m*, Zimmer *n*

[1]**kthis** I. -i *Subst/m, Pl* -a Mauer *f*, Wand *f*; II. 21 *tr* mauern, eine Mauer errichten, eine Wand hochziehen

[2]**kthis** 21 *itr* winseln *(Hund)*; wimmern *(Kind)*

kthísës -i *m, Pl* – Maurer *m*

kthjellësí -a *f* Klarheit *f*

kthjéllët I. (i) *Adj* heiter, klar

(*Himmel*); klar (*Wasser*); klardenkend; **II.** *Adv* klar

kthjellím -i *m, Pl* -e Klärung *f,* Aufklärung; Aufheiterung *f;* Läuterung *f von Flüssigkeiten usw.*

kthjelló|n 1 *tr* klären, aufklären; **-het** *refl* aufklaren, sich aufklären

kthjelltësí -a *f* Klarheit *f;* Reinheit *f*

kthýer I. (i) *Adj* **1.** zurückgekehrt; gewendet; umgekehrt, umgedreht; **2.**: e ~ geschieden, in das Vaterhaus zurückgekehrt *(Frau)*; **II.** -a (e) *Subst/f, Pl* -a (të) Kurve *f,* scharfe Biegung *f*

ku I. *Adv* wo; wohin; woher; ~ **e di ai?** woher weiß er es?; ~ **e** ~ viel, um vieles; ~ **kjo stofë,** ~ **kjo tjetra!** wie kann man diesen Stoff mit dem anderen dort vergleichen!; **II.** *Konj* dort wo; wohin, wo auch immer; ~ ... ~ ... bald ... bald ...

kuaçít 22 *itr* gackern, glucken

¹**kuád|ër** -ri *m, Pl* -ra **1.** Grenze *f,* Rahmen *m;* **në kuadrin e përgjithshëm** im allgemeinen Rahmen; **2.** Führungskader *m,* Kerntruppe *f;* Kader *Pl,* Mitarbeiterschaft *f;* Verzeichnis *n* der Mitarbeiter

²**kuád|ër** -ra *f* Tafel *f;* ~ **përndarjeje** Schalttafel

kuadrát -i *m, Pl* -e *Geom* Quadrat *n*

kuadratík, -e *Adj* quadratisch

kuadratúr|ë -a *f* Quadratur *f*

kuádro -ja *f, Pl* – Kader *m;* ~ *Pl* Kader *Pl,* Mitarbeiterschaft *f*

kúaj *Pl* → **kalë**

kúaj-fuqí *Pl* → **kalë-fuqí**

kuák 14³ *itr* quaken

kuál *Pl* → **kalë**

kualifikím -i *m, Pl* -e Qualifizierung *f,* Qualifikation *f*

kualifikón 1 *tr* qualifizieren

kualifikúar (i) *Adj* qualifiziert

kualitatív, -e *Adj* qualitativ

kualitét -i *m, Pl* -e Qualität *f*

kúan 2 *tr* füttern

kuánt -i *m, Pl* -e Quant *n*

kuantitatív, -e *Adj* quantitativ, zahlenmäßig

kuantitét -i *m, Pl* -e Quantität *f,* Menge *f*

kuárc -i *m* Quarz *n*

kuárt -i *m, Pl* -a **1.** *Mus* Quarte *f;* **2.** Viertelliter *m od n*

kuartét -i *m, Pl* -e Quartett *n*

kub I. -i *Subst/m, Pl* -e **1.** Kubus *m,* Würfel *m;* **2.** *Math* dritte Potenz *f;* **II.** *Adj* Kubik-; **metër** ~ Kubikmeter *m*

kubé -ja *f, Pl* – Kuppel *f*

Kúb|ë -a *f* Kuba *n*

kúb|ël -la *f, Pl* -la Alse *f,* Maifisch *m*

kubík, -e *Adj* kubisch; Kubik-; **metër** ~ Kubikmeter *m;* **rrënjë** ~ **e** Kubikwurzel *f*

kubúr|e -ja *f, Pl* -e = **kobure**

¹**kuç** -i *m, Pl* -e Tontopf *m,* Tonkrug *m*

²**kuç** -i *m fam* Hund *m,* Wauwau *m*

kuçéd|ër -ra *f, Pl* -ra *Myth* Drache *m,* Drachen *m mit vielen Köpfen; übertr* **është një** ~ sie ist ein Drachen

kúçk|ë -a *f, Pl* -a Hündin *f;* Weibsstück *n*

kúd|ër -ra *f, Pl* -ra Hündin *f*

kudó *Adv* überall, allerorten; ~ **që** wo auch immer; ~ **qoftë** wo es auch sei; **sido** ~ wie auch immer; so lala

¹**kudh** -i *m, Pl* -e Krüglein *n*

²**kudh** -i *m, Pl* -a = **kudhër**

kúdh|ë -a *f, Pl* -a = **kudhër**

kúdh|ër -ra *f, Pl* -ra Amboß *m*

kuestionár -i *m, Pl* -ë Fragebogen *m*

kufí -ri *m od* -a *f, Pl* -j Grenze *f;* **gur i** ~**rit** Grenzstein *m; übertr* **jemi** ~ **me atë** wir sind mit ihm benachbart; **i vë** ~ einer Sache einen Riegel vorschieben; **me** ~ in Grenzen, in Maßen

kufiár I. -i *Subst/m, Pl* -ë Nach-

bar *m*, Anrainer *m*; **II.** -e *Adj* benachbart, angrenzend
kufirém|ë -a *f*, *Pl* -a = **kufirmë**
kufírm|ë -a *f*, *Pl* -a Schwarzwurzel *f*
kufitár I. -i *Subst/m*, *Pl* -ë **1.** Nachbar *m*; Anrainer *m*; **2.** Grenzsoldat *m*; **II.** -e *Adj* Grenz-; zona ~ e das Grenzgebiet
kufíz|ë -a *f Math* Glied *n*
kufizím -i *m*, *Pl* -e Begrenzung *f*, Beschränkung *f*
kufizó|n 1 *tr* begrenzen, beschränken, einschränken; **-het** *refl* sich beschränken, sich einschränken
kufizór, -e *Adj* Grenz-; **vija** ~ e die Grenzlinie
kufizúar (i) *Adj* begrenzt, beschränkt; geistig beschränkt, engstirnig
kúfk|ë I. -a *Subst/f*, *Pl* -a Schneckenhaus *n*; **II.** *Adj* hohl, leer
kufóm|ë -a *f*, *Pl* -a Leiche *f*, Leichnam *m*; geschlachtetes Tier *n*
kúhet 2 *refl* sich röten und pellen *(Haut)*
kulntál -i *m*, *Pl* -ë Doppelzentner *m*
kuintesénc|ë -a *f* Quintessenz *f*
kuintét -i *m*, *Pl* -e Quintett *n*
kuís 21 *itr* winseln *(Hund)*; quietschen, knarren *(Räder)*
kuislíng -u *m*, *Pl* -ë Quisling *m*, Verräter *m*
kuitánc|ë -a *f*, *Pl* -a Quittung *f*
kujdés -i *m* **1.** Sorge *f*, Aufmerksamkeit *f*; **ka** ~ **për** aufpassen auf, achten auf; **2.** Sorgfalt *f*; Aufmerksamkeit *f*; **me** ~ ! paß auf!, sieh dich vor!; ~ ! Achtung!; **3.**: ~ **e** *Pl* Sorgen *Pl*
kujdéset 21 (për) *refl* aufpassen auf, achtgeben auf; sich kümmern um, sorgen für
kujdesí -a *f* Sorgfältigkeit *f*, Aufmerksamkeit *f*
kujdésj|e -a *f* Sorge *f*; Aufmerksamkeit *f*
kujdesóhet 1 *refl* = **kujdeset**

kujdéssh|ëm (i), -me (e) *Adj* aufmerksam; achtsam, sorgfältig
kujdestár -i *m*, *Pl* -ë **1.** Vormund *m*; **2.** Kontrollbeamter *m*, Kontrolleur *m*; **3.** Aufseher *m*, Aufsicht *f*; ~ **i i klasës** der Klassenälteste
kujdestár|e -ja *f*, *Pl* -e **1.** Vormund *m*; **2.** Aufseherin *f*; **kujdestarja e klasës** die Klassenälteste
kujdestarí -a *f*. **1.** Vormundschaft *f*; **2.** Aufsichtsamt *n*
kúj|ë -a *f* Totenklage *f*, Klagegesang *m*
kujórë -t *Pl* Schneidezähne *Pl des Pferdes*
kujrí -a *f*, *Pl* – Allmende *f*, Gemeindeweide *f*, Gemeindewald *m*
kujt *Interr Pron Gen Dat Abl* → **kush**
kujtdó *Indef Pron Gen Dat Abl* → **kushdo**
kujtés|ë -a *f* Gedächtnis *n*
kujtím -i *m*, *Pl* -e **1.** Erinnerung *f*, Andenken *n*, Gedenken *n*; **2.** Andenken, Erinnerungsgabe *f*; **3.**: ~ e *Pl* Erinnerungen, Memoiren *Pl*
kujtó|n 1 *tr* **1.** erinnern, jmdm. etw. ins Gedächtnis rufen; erwähnen; sich einer Sache *od* Person erinnern; **do të më kujtosh** du wirst noch an mich denken; **2.** denken, vermuten, annehmen; **sa vjeç e** ~ ? wie alt schätzt du ihn?, für wie alt hältst du ihn?; **3.** jmds. gedenken; **4.** an jmdn. erinnern, jmdm. ähneln; **-het** *refl* sich erinnern, darauf kommen; **u kujtua për plakun** er erinnerte sich des Alten; **kujtohu mirë!** überlege es dir gut!; **më kujtohet** mir fällt ein, ich erinnere mich
kujtúesh|ëm (i), -me (e) *Adj* scharfsinnig, gescheit
kujunxhí -u *m*, *Pl* – *od* -nj Silberschmied *m*
kújza -t *Pl* **1.** kleine Nägel *Pl*, Stifte *Pl*; **2.** Fäden *Pl*; **3.** Niednägel

kuk *Adv* mutterseelenallein, ganz einsam; **mbeti** ~ er ist ganz allein geblieben

kukaçéfas *Adv*: **luan** ~ Versteck spielen

kukán -i *m*, *Pl* -ë *od* -a Buckliger *m*, Verwachsener *m*

kukát 22[1] *itr* wehklagen, jammern

kukés|ë -a *f*, *Pl* -a Krücke *f*

kúk|ëll -lla *f*, *Pl* -lla = **kukull**

kukmán, -e *Adj* vertrottelt

kukóhet 1 *refl* bucklig werden

kukón 1 *tr* Faß abdichten

kukú *Interj* o weh, o weh!

kukúdh -i *m*, *Pl* -ë *Myth* Wiedergänger *m* (*vorgestellt als Männlein mit Schwanz*); *übertr* schlechter Mensch *m*

kúkull -a *f*, *Pl* -a **1.** Puppe *f*; **2.** Holzpuppe, Marionette *f*; *übertr* **qeveri** ~ Marionettenregierung *f*

kukumjáçk|ë -a *f*, *Pl* -a Käuzchen *n*, Steinkauz *m*

kukuráq -i *m*, *Pl* -ë Nieswurz *m*

kukurbitacé -të *Pl* Kürbisgewächse *Pl*

kukuréc -i *m*, *Pl* -ë *Speise aus gebratenen Kaldaunen und Leber*

kukuvájk|ë -a *f*, *Pl* -a = **kukumjaçkë**

kukuvríq -i *m*, *Pl* -ë Kücken *n*, Küchlein *n*

kukzóhet 1 *refl* sich biegen, sich krümmen; einen Buckel machen (*Katze*)

kuláç I. -i *Subst/m*, *Pl* -ë *od* kuléç **1.** Fladenbrot *n*, Knäckebrot; **2.** Kuchenkringel *m*; **II.** *Adv* geringelt, zusammengerollt, zusammengeringelt

kulák -u *m*, *Pl* -ë Kulak *m*, Großbauer *m*

kulár -i *m*, *Pl* -ë **1.** Einzelnackenjoch *n*; Jochbogen *m*; **ka** ~ **i** Zugochse *m*; **2.** Art Laufgitter; **3.** Viertel *n der Felge des Wagenrades*; **4.** bogenförmiger Gegenstand *m*; ~ **i lahutës** Bogen *m* der Lahuta; ~ **me lule** Blumengirlande *f*

kuléks -i *m*, *Pl* -e Stechmücke *f*

kulét|ë -a *f*, *Pl* -a Geldtasche *f*, Geldbeutel *m*; Tasche *f*; ~ **e fishekëve** Patronentasche

kulíse -t *Pl* Kulissen *Pl*

¹kulm -i *m*, *Pl* -e **1.** First *m*, Dachfirst; Dach *n*; **2.** *übertr* Höhe *f*, Gipfel *m*, Höhepunkt *m*; **3.** *Math* Scheitelpunkt *m*

²kulm -i *m*, *Pl* -a Welle *f*, Woge *f*; ~ **a-** ~ **a** in Wellen, wogend

kulmák -u *m*, *Pl* -ë Riedgras *n*, Schilfgras *n*

kulmár -i *m*, *Pl* -ë First *m*, Dachfirst; Firstbalken *m*

kulmár|e -ja *f*, *Pl* -e First *m*

kulmór I. -i *Subst/m*, *Pl* -ë Firstbalken *m*; **II.** -e *Adj* vertikal, senkrecht, lotrecht

kulmór|e -ja *f*, *Pl* -e Senkrechte *f*, Vertikale *f*

kúlp|ër -ri *m*, *Pl* -ra Klematis *f*

kulshéd|ër -ra *f*, *Pl* -ra = **kuçedër**

kult -i *m*, *Pl* -e Kultus *m*, Gottesdienst *f*; Kult *m*, Verehrung *f*

kúlt|ër -ra *f*, *Pl* -ra Kissen *n*

kultivatór -i *m*, *Pl* -ë Kultivator *m*

kultivím -i *m* Kultivieren *n*

kultivón 1 *tr* kultivieren

kulturál, -e *Adj* kulturell, Kultur-; **revolucion** ~ Kulturrevolution *f*

kultúr|ë -a *f* Kultur *f*; Bildung *f*; ~ **fizike** Körperkultur; landwirtschaftliche Kultur

kulturór, -e *Adj* = **kultural**

kulturúar (i) *Adj* kultiviert, kulturvoll

kulufiskán I. -i *Subst/m*, *Pl* -ë Schwindsüchtiger *m*, Tuberkulöser *m*; **II.** -e *Adj* schwindsüchtig, tuberkulös

kulufísk|ë -a *f* Schwindsucht *f*, Tuberkulose *f*

kulumbrí -a *f*, *Pl* – Lachtaube *f*

kuluvér -i *m* Regenbogen *m*

kull -i *m*, *Pl* -a Falbe *m*
kullandrís 21 *tr* verwenden, benutzen
kúllet 14 *refl* = kollet
kullés|ë -a *f*, *Pl* -a 1. Seihrückstand *m*, Seihe *f*; 2. Seiher *m*, Filter *m*; Haarsieb *n*
kúll|ë -a *f*, *Pl* -a 1. Turm *m*; 2. Kulla *f* *(albanisches Wehrhaus)*; 3.: ~ **sane** Heufeime *f*, Heuschober *m*
kullím -i *m* 1. Seihen *n*, Durchseihen, Filtrieren *n*; Klären *n*, Reinigen *n*; 2. Rinnen *n*, Fließen *n*, Tröpfeln *n*
kullísht|e -ja *f*, *Pl* -e Seihe *f*, Filter *m*; Haarsieb *n*
kúllmë (i) *Adj* falb, honiggelb *(Pferd)*
kullójc|ë -a *f*, *Pl* -a = kullishte
kullój|ë -a *f*, *Pl* -a = kullishte
kullóm|ë -a *f* Satz *m*, Bodensatz; Filterrückstand *m*
kullón 1 *tr* 1. seihen, durchseihen, filtern; säubern, reinigen, klären; *übertr* gründlich reinigen, einer Sache auf den Grund gehen; 2. bis zur Neige leeren; *itr* 3. rieseln, tropfen, rinnen; fließen; nässen *(Wunde)*; 4. ausfallen, sich niederschlagen, sich setzen *(Bodensatz)*
kullónjës, -e *Adj* fließend, rinnend; **kanal ~** Abflußkanal *m*
kullór -ja *f*, *Pl* -e = kullishte
kullós|ë -a *f*, *Pl* -a = kullotë
kullósht|ër -ra *f* Biestmilch *f* *(Milch von einer Kuh, die frisch gekalbt hat; erste Milch der Mutter nach der Entbindung)*
kullót 22¹ *tr* weiden, *Vieh* hüten; *Vieh* auf die Weide treiben; *übertr* ~ **sytë** das Auge erfreuen; *itr* weiden, grasen
kullót|ë -a *f*, *Pl* -a Weide *f*, Weideplatz *m*; ~ **vere** Sommerweide, Alm *f*; ~ **dimri** Winterweide
kullótës -i *m*, *Pl* - Hirt *m*, Viehhüter *m*

kullótj|e -a *f*, *Pl* -e Weide *f*; Weiden *n*
kullúar (i) *Adj* gefiltert, klar, rein *(Flüssigkeit)*; *übertr* makellos, rein; charakterlich sauber
kullúarj|e -a *f* Filtern *n*, Seihen *n*
kullufít 20 *tr* hinunterschlucken; hinunterschlingen, verschlingen
kullumbrí -a *f*, *Pl* - Schlehe *f*; Schlehdorn *m*
kullúsm|ë -a *f*, *Pl* -a Dickicht *n*
¹**kum** -i *m* Sand *m*
²**kum** -i *m* schlechte Nachricht *f*, Hiobsbotschaft *f*
kumác -i *m*, *Pl* -ë Hühnerstall *m*; Taubenschlag *m*; Hundehütte *f*
kumahárk -u *m*, *Pl* kumahárqe *Zool* Libelle *f*
kumák -u *m*, *Pl* -ë Ringelblume *f*
kumandár -i *m*, *Pl* -ë Anführer *m* *einer bewaffneten Gruppe*
kumár -i *m* Glücksspiel *n*, Hasardspiel *n*
kumarxhí -u *m*, *Pl* - *od* -nj Spieler *m*, Glücksspieler
kumásh -i *m*, *Pl* -e Seidenstoff; Stoff *m*
kumb -i *m*, *Pl* -e Ton *m*, Klang *m* *eines Instruments*
kumbár|ë -a *m*, *Pl* -ë 1. Trauzeuge *m*; 2. Pate *m*, Taufpate; Gevatter *m*; 3. Freund *m* der Familie *(der dem Kind zum ersten Mal die Haare schneidet)*; 4. Familienmitglied *n* eines Trauzeugen oder Taufpaten
kumbarí -a *f*, *Pl* - Gevatterschaft *f*, Patenschaft *f*; Amt *n* des Trauzeugen
kumbaríset 21 *refl* Pate werden; Trauzeuge werden; sich jmdn. als Paten nehmen; sich jmdn. als Trauzeugen nehmen; eine Gevatterschaft anknüpfen
kumbím -i *m* Klang *m*, Hall *m*; Widerhall, Resonanz *f*

kumbís 21 *tr* stützen; **-et** *refl* sich stützen; zu Bett gehen

kumbón 1 *itr* hallen, tönen, klingen; **më ~ veshi** ich habe Ohrensausen

kumbonár|e -ja *f*, *Pl* -e freistehender Glockenturm *m*

kumbón|ë -a *f*, *Pl* -ë = **kumborë**

kumbónjës, -e *Adj* klingend, klangvoll, volltönend; wohlklingend

kumbór|ë -a *f*, *Pl* -ë Glocke *f*; Viehglocke, Herdenglocke

kumbúesh|ëm (i), -me (e) *Adj* klingend, wohlklingend; hallend, dröhnend

kúmbull -a *f*, *Pl* -a Pflaumenbaum *m*; Pflaume *f*; **~ e egër** Schlehe *f*

kumbullór|e -ja *f*, *Pl* -e **1.** Art Pflaume; **2.** Tomate *f*

kúm|e -ja *m*, *Pl* -e Patenkind *n*; Pate *m*, Taufpate

kumér|ë -a *f* Furcht *f*, Schrecken *m*

¹**kúm|ë** -a *f*, *Pl* -a Trauzeugin *f*; Taufpatin *f*

²**kúm|ë** -a *f* Klang *m*, Wohlklang

kumí -a *f*, *Pl* – Ziegeleiofen *m*, Brennofen *m*

kumihárk -u *m*, *Pl* kumihárqe *Zool* Libelle *f*

kumrí -a *f*, *Pl* – Lachtaube *f*

kumt -i *m* Nachricht *f*, Kunde *f*

kumtár -i *m*, *Pl* -ë Bote *m*

kumtés|ë -a *f*, *Pl* -a wissenschaftlicher Beitrag *m* *(auf Tagungen u. dgl.)*

kúmt|ër -ri *m*, *Pl* -ër Pate *m*; Trauzeuge *m*; *Astron* **Kashta e Kumtrit** die Milchstraße

kumtërí -a *f* Patenschaft *f*; alle Paten *Pl* *eines Kindes*

kumtím -i *m*, *Pl* -e Mitteilung *f*, Bekanntmachung *f*

kumtón 1 *tr* benachrichtigen; bekanntgeben, mitteilen

kumutrí -a *f* Hochzeitskleider *Pl* *(Kleider, die der Bräutigam der Braut für die Hochzeit schickt)*

kunádh|e -ja *f*, *Pl* -e Marder *m*

kunát -i *m*, *Pl* kunétër Schwager *m*; **i ~ i** sein Schwager, ihr Schwager

kunát|ë -a *f*, *Pl* -a Schwägerin *f*; **e kunata** seine Schwägerin, ihre Schwägerin

kunatóll -i *m*, *Pl* -ë Schwager *m* *(Bruder der Frau)*

kund *Adv* **1.** irgendwo; **2.** annähernd, etwa

kundalí -a *f*, *Pl* – Schaukel *f*

kundalís 21 *tr* schaukeln

kúnd|e -ja *f*, *Pl* -e Breitblättriges Kolbenrohr *n*, Rohrkolben *m*

kúndër **I.** *Präp (mit Abl)* gegen, wider; **II.** *Adv* gegenüber; **rri ~** gegenübersitzen

kundëradmirál -i *m*, *Pl* -ë Konteradmiral *m*

kundërajrór, -e *Adj* Luftabwehr-; **mbrojtja ~ e** der Luftschutz

kundërgjégj|e -ja *f*, *Pl* -e Erwiderung *f*

kundërhélm -i *m*, *Pl* -e Gegengift *n*

kundërlígjsh|ëm (i), -me (e) *Adj* gesetzwidrig, ungesetzlich

kundërmás|ë -a *f*, *Pl* -a Gegenmaßnahme *f*

kundërmím -i *m* Duften *n*, Duft *m*; Geruch *m*; Gestank *m*

kundërmón 1 *itr* riechen, duften; stinken; *tr* **më kundërmoi** er hat mich vollgestunken

kundërofensív|ë -a *f*, *Pl* -a Gegenoffensive *f*

kundërón 1 *tr* jmdm. widersprechen; gegen jmdn. sein, gegen etw. sein

kundërpadí -a *f*, *Pl* – Gegenklage *f*

kundërpagés|ë -a *f*, *Pl* -a Nachnahme *f*

kundërpésh|ë -a *f* Gegengewicht *n*

kundërpërgjígj|e -ja *f*, *Pl* -e Gegenantwort *f*, Erwiderung *f*

kundërrevolución -i *m*, *Pl* -e Konterrevolution *f*

kundërrevolucionár **I.** -i *Subst/m*, *Pl* -ë Konterrevolutionär *m*; **II.** -e *Adj* konterrevolutionär

kundërsjéllj|e -a *f, Pl* -e Rückstoß *m* von Waffen
kundërspionázh -i *m* Gegenspionage *f*
kundërsúlm -i *m, Pl* -e Gegenangriff *m*
kundërsulmón 1 *itr* einen Gegenangriff machen
kundërshtár I. -i *Subst/m, Pl* -ë Widersacher *m*, Gegner *m*; **II.** -e *Adj* gegnerisch, Gegen-; **pala** ~ e die Gegenseite *f*
kundërshtár|e -ja *f, Pl* -e Widersacherin *f*, Gegnerin *f*
kundërshtí -a *f, Pl* – Widersprechen *n*, Widerspruch *m*; Gegensatz *m*, Widerspruch
kundërshtím -i *m, Pl* -e Widerstand *m*; **në** ~ **me** im Gegensatz zu, im Widerspruch mit; **s'ka** ~ er hat keinen Einwand, er hat nichts dagegen
kundërshtón 1 *tr* gegen eine Sache sein, sich einer Sache widersetzen; gegen jmdn. sein, sich jmdm. widersetzen; ~ **në fjalë** jmdm. widersprechen
kundërshtór, -e *Adj Gramm* adversativ
kundërshtúesh|ëm (i), -me (e) *Adj* bezweifelbar, bestreitbar, zweifelhaft; ablehnungswürdig
kúndërt I. (i) *Adj* gegenteilig, gegensätzlich; **ana e** ~ die entgegengesetzte Seite; **II.** -a (e) *Subst/f* Gegenteil *n*; Gegensatz *m*; **uniteti i të** ~ **ave** die Einheit der Gegensätze
kundërthéni|e -a *f, Pl* -e Widerspruch *m*
kundërvájtj|e -a *f, Pl* -e = **kundravajtje**
kundërveprím -i *m, Pl* -e Gegenhandlung *f*, Gegenaktion *f*
kundërveprón 1 *itr* eine Gegenhandlung durchführen
kundërvé 39¹ *tr* entgegensetzen; entgegenstellen
kundërvéni|e -a *f, Pl* -e Gegenüberstellung *f*, Entgegenstellen *n*, Entgegensetzen *n*
kundërvínte 39¹ *Imperf* → **kundërvë**
kundërvléft|ë -a *f, Pl* -a = **kundërvlerë**
kundërvlér|ë -a *f, Pl* -a Gegenwert *m*
kundërvúri 39¹ *Aor* → **kundërvë**
kundërzbulím -i *m* Gegenspionage *f*, Abwehr *f*
kúndra *Präp* = **kundër**
kundrarrým|ë -a *f El* Gegenstrom *m*
kundravájtës -i *m, Pl* – *Jur* Gesetzesübertreter *m*, Gesetzesverletzer *m*
kundravájtj|e -a *f, Pl* -e *Jur* Gesetzesübertretung *f*, Gesetzesverletzung *f*
kundréjt *Präp (mit Abl)* gegenüber; angesichts
kundrím -i *m, Pl* -e Beobachtung *f*; Betrachtung *f*; Betrachten *n mit Wohlgefallen*
kundrín|ë -a *f, Pl* -a *Gramm* Objekt *n*
kundrón 1 *tr* betrachten, anschauen; beobachten; wohlgefällig betrachten, sich an etw. ergötzen
kundrúall I. *Präp (mit Abl)* gegenüber; angesichts; **II.** *Adv* gegenüber
kuneifórm, -e *Adj* keilförmig; **shkrim** ~ Keilschrift *f*
kunél -i *m, Pl* -e Kaninchen *n*, Hauskaninchen *n*
kunetí -a *f* Gesamtheit *f* der Schwäger, Schwägerschaft *f*
kún|ë -a *f, Pl* -a Schaukel *f*
kungáll|ë -a *f, Pl* -a Zikade *f*, Zirpe *f*
kungár -i *m, Pl* -ë Giebelsparren *m*; Eckständer *m*, Eckpfeiler *m am Holzhaus*
kungát|ë -a *f* Abendmahl *n der Orthodoxen*
kúng|ë -a *f* 1. Altarraum *m*, Altarstätte *f*; 2. Ecke *f*
kungím -i *m, Pl* -e Reichen *n* des Abendmahls; Abendmahl *n*

kungó|n 1 *tr* das Abendmahl reichen; **-het** *refl* das Abendmahl empfangen
kúngull -i *m, Pl* kúnguj **1.** Kürbis *m*; ~ **i njomë** Melonenkürbis; ~ **ujës** Wassermelone *f*; ~ **i egër** Zaunrübe *f*; **2.** Flasche *f*, Wasserkrug *m*; *übertr* begriffsstutziger Mensch *m*
kungullác -i *m* **1.** *iron* Schädel *m*, Rübe *f*; **2.** Dummkopf *m*
kungulléshk|ë -a *f, Pl* -a kleiner Kürbis *m*, Gemüsekürbis
kungullháes -i *m, Pl* – großer Kürbis *m*
kungullúsh -i *m* wildwachsender Kürbis *m*
kunúp -i *m, Pl* -e Mücke *f*
kunupiér|ë -a *f, Pl* -a Moskitonetz *n*, Mückenschleier *m*
kunj -i *m, Pl* -a **1.** Keil *m*; Pflock *m*; **2.** Mahlzahn *m der Pferde*
kunjás 21 *tr* abdichten
kunjón 1 *tr* Sack zupflöcken, mit einem Pflock verschließen
kuociént -i *m, Pl* -ë Quotient *m*
kuót|ë -a *f, Pl* -a **1.** Quote *f*, Anteil *m*; Höhenangabe *f auf topographischen Karten*
kuotización -i *m, Pl* -e Anteil *m*; Mitgliedsbeitrag *m*
kup -i *m* Haufen *m*; **mbledh** ~ anhäufen, aufhäufen
kupác -i *m, Pl* -ë hölzernes Gefäß *n für Proviant der Hirten*; Teller *m*, Schüssel *f*
kupalíc|ë -a *f, Pl* -a = **kup**
kúp|ë -a *f, Pl* -a **1.** Glas *n*, Becher *m*; Pokal *m*, Kelch *m*; *übertr* **u mbush kupa** das Maß ist voll; *Sport* **Kupa e Evropës** der Europapokal; ~ **lëvizëse** Wanderpokal; **Kupa e Kupave** der Pokal der Pokalsieger; **2.** tiefer Teller *m*, Schüssel *f*; **3.** Wärmflasche *f*; **4.**: ~ **e gjurit** Kniescheibe *f*; ~ **e kresë** Schädelknochen *m*; ~ **e dorës** Handfläche *f*; Handvoll *f*; **5.**: ~ **e lules** Blütenkelch *m*; **6.** *Kart* Herz *n*, Rot *n*; **7.**: ~ **e qiellit** Himmelskuppel *f*, Firmament *n*; **8.** Schröpfkopf *m*
kupól|ë -a *f, Pl* -a Kuppel *f*
kupón -i *m, Pl* -a *od* -e Kupon *m*, Abschnitt *m*
kupshór|e -ja *f, Pl* -e Schüsselchen *n*
kuptím -i *m, Pl* -e **1.** Bedeutung *f*, Sinn *m*; **s'ka** ~ es ist sinnlos; **2.** Verständnis *n*, Geist *m*; **s'tregon** ~ **për** er zeigt kein Verständnis für; **3.** Konzept *n*, Entwurf *m*; **4.** Auffassen *n*, Auffassung *f*
kuptimplót, -e *Adj* sinnreich, sinnvoll; bezeichnend
kuptó|n 1 *tr* verstehen, begreifen, erfassen; auffassen; herausbekommen; merken, bemerken; **-het** *refl* sich verstehen, übereinkommen, einig werden; **u kuptuam** wir haben uns verständigt
kuptúar (i) *Adj* verständig; geistreich
kuptúesh|ëm (i), -me (e) *Adj* **1.** verständig; **2.** verständlich, begreiflich
kuptueshmërí -a *f* Verständlichkeit *f*
kúpz|ë -a *f, Pl* -a **1.** Holzgefäß *n*; **2.**: **kupza e gjurit** die Kniescheibe
kuq I. (i), -e (e) *Adj* rot; **Ushtria e Kuqe** die Rote Armee; **II.** -i *Subst|m, Pl* -a rote Taube *f*; **III.** -të (të) *Subst|n* **1.** Rot *n*, Röte *f*; **të** ~ **të e qiellit** die Röte des Himmels; **të** ~ **të e vesë** das Eigelb; Schminke *f*, Rouge *n*; **të** ~ **të e buzëve** Lippenstift *m*; **2.**: **të** ~ **të e madh** Gesichtsrose *f*, Wundrose *f*; **IV.** 14 *tr* rot machen, röten; anbraten, anbräunen; **-et** *refl* rot werden, erröten; sich röten; braun werden
kuqál I. -i *Subst|m, Pl* -ë **1.** Rothaariger *m*, Rotkopf *m*; **2.** *Zool* Fuchs *m*, rotes Pferd *n*; **II.** -e *Adj* rothaarig, rotblond
kuqalásh, -e *Adj* rotgesichtig, mit rotem Gesicht; rötlich

kuqál|e -ja *f*, *Pl* -e Rothaarige *f*
kúq|ël -la *f* **1.** ausgepreßter Olivensaft *m*; **2.** rötliche Ente *f*
kuqëlón 1 *itr* rötlich sein
kuqëlósh I. -i *Subst/m*, *Pl* -ë; **II.** -e *Adj* = **kuqal**
kuqëlósh|e -ja *f*, *Pl* -e = **kuqale**
kuqërrém (i), -e (e) *Adj* rötlich
kuqërrémtë (i) *Adj* = i **kuqërrem**
kuqërrésh|ëm (i), -me (e) *Adj* = i **kuqërrem**
kuqërrís 21 *tr* röten, bräunen, rösten; **-et** *refl* reifen, reif werden
kuqlémtë (i) *Adj* = i **kuqërrem**
kuqlín|ë -a *f* rote Erde *f*; rote Farbe *f*
kuqlór|e -ja *f*, *Pl* -e *Bot* Kaiserling *m*
kuqón 1 *itr* rot leuchten
kúqur (i) *Adj* geröstet, gebraten; sonnengebräunt; rotgemalt; gerötet
kur I. *Adv* wann; **që** ~ seitdem; **deri** ~ ? bis wann?; **II.** *Konj* wann; **eja** ~ **të duash!** komm, wann du willst; als; wenn; **ai ka ardhur** ~ **e** ~ **përpara** er ist schon lange vorher gekommen; ~ ... **e** ~ ... einmal...einmal...; ~ **po e** ~ **jo** einmal ja und einmal nein
kuráj|ë -a *f* Courage *f*, Schneid *m*, Mut *m*; **merr** ~ Mut fassen
kurájo -ja *f* = **kurajë**
kurajóz, -e *Adj* mutig, beherzt
kurán -i *m* Koran *m*
kuratív, -e *Adj* kurativ, heilend
kurbán -i *m*, *Pl* -e Opfertier *n das zu mohammedanischen Festen geschlachtet wird;* übertr Opfer *n*; **t'u bëfsha** ~ ich möchte mich für dich opfern *(Segenswunsch)*
kurbanbajrám -i *m Rel* Kleiner Bairam *m*
kurbát - *m*, *Pl* kurbétë Wanderzigeuner *m*
kurbét -i *m*, *Pl* -e Auswanderung *f*; Fremde *f*, Ausland *n*
kurbetçí -u *m*, *Pl* - od -nj Auswanderer *m*; Arbeiter *m der zeitweilig im Ausland arbeitet*; Gastarbeiter
kurbetllí -u *m*, *Pl* - od -nj = **kurbetçí**
kúrb|ë -a *f*, *Pl* -a *Geom* Kurve *f*
kurdís 21 *tr* **1.** aufziehen; ~ **sahatin** die Uhr aufziehen; ~ **kitarën** die Gitarre stimmen; **2.** anstiften; anzetteln; **3.** in Gang bringen, in Bewegung setzen
kurdó *Adv* jederzeit; ~ **që** jedesmal wenn, wann immer
kurdohérë *Adv* jederzeit, immer; ~ **që** jedesmal wenn, so oft
kurént -i *m*, *Pl* -e *El* Strom *m*; Luftstrom, Luftzug *m*
kureshtár, -e *Adj* wißbegierig, wissensdurstig; neugierig
kureshtí -a *f* Wißbegier *f*; Neugierde *f*, Neugier *f*
kúr|ë -a *f*, *Pl* -a Kur *f*, Heilbehandlung *f*; **bën një** ~ sich einer Kur unterziehen, eine Kur machen
kurí -a *f* Scham *f*; Schande *f*
kuriér -i *m*, *Pl* -ë Kurier *m*
kurím -i *m* Heilbehandlung *f*, Kurieren *n*
kurióz, -e *Adj* neugierig; wißbegierig
kuriozitét -i *m* Neugierde *f*, Neugier *f*; Wißbegier *f*; -e *Pl* Sehenswürdigkeiten *Pl*
kurishtón 1 *tr* verleumden, diskreditieren
¹**kurm** -i *m*, *Pl* -a menschlicher Körper *m*; Stamm *m*, Baumstamm
²**kurm** -i *m*, *Pl* -a **1.** Fischfilet *n*; **2.** Schicht *f bei Blätterteig*; **e ndau** ~ **a**-~**a** er schnitt es in Scheiben
kurmagják -u *m*, *Pl* -ë Blutwurst *f*, Fleischwurst *f*
kurmërísht *Adv* körperlich, physisch, mit dem Körper
kurmón 1 *tr* in Schichten teilen; zerspalten, zerteilen; in Scheiben schneiden
kurmzón 1 *tr* einen Buckel machen *(Katze, Schlange)*

kurnác, -e *Adj* geizig, knauserig
kuró|n 1 *tr* kurieren, ärztlich behandeln; **-het** *refl* sich behandeln lassen, sich kurieren lassen
kurór|ë -a *f, Pl* -a **1.** Kranz *m*; *übertr* Hochzeit *f*; **grua me** ~ verheiratete Frau; **vë** ~ heiraten; **2.** Krone *f*; *Bot* Krone, Baumkrone
kurorëzím -i *m, Pl* -e Krönung *f*
kurorëzó|n 1 *tr* krönen; **-het** *refl* gekrönt werden; sich krönen; von Erfolg gekrönt sein
kúrpër -i *m, Pl* -a Klematis *f*
kurqél -i *m, Pl* -a Dolch *m*
kúrqë *Konj* da, wenn
kurs -i *m, Pl* -e **1.** Kursus *m*, Lehrgang *m*; **2.** *Fin* Kurs *m*
kursánt -i *m, Pl* -ë Schüler *m* an einer Militärakademie; Lehrgangsteilnehmer *m*
kúrse *Konj* **1.** aber, hingegen, während; ... ~ **në të vërtetë** in Wirklichkeit aber; **2.** wenn, da... doch; ~ **s'di, pse flet?** wenn du es nicht weißt, warum sprichst du?
kursé|n 3 *tr* sparen; *itr* sparsam sein, sich einschränken; **-het** *refl*: **nuk kursehet** er spart keine Mittel, er scheut keine Mühe
kursím -i *m, Pl* -e Sparen *n*; Einsparen; **arka e** ~ **it** die Sparkasse; **librezë** ~ **i** Sparbuch *n*; **me** ~ **të madh** mit großer Sparsamkeit; ~ **e** *Pl* Ersparnisse *Pl*; Einsparungen *Pl*
kursimtár -i *m, Pl* -ë Sparer *m*; sparsamer Mensch *m*
kursimtár|e -ja *f, Pl* -e Sparerin *f*; sparsame Frau *f*
kursíst -i *m, Pl* -ë *od* -a Lehrgangsteilnehmer *m*
kursíst|e -ja *f, Pl* -e Lehrgangsteilnehmerin *f*
kursív, -e *Adj* kursiv
kursýer (i) *Adj* sehr sparsam; geizig, knausrig

kurt -i *m, Pl* -e Hof *m*
kurtár -i *m, Pl* -ë Höfling *m*
kurtésh -i *m* Juckreiz *m*, Hautjucken *n*
¹**kurtín|ë** -a *f, Pl* -a Hausgarten *m*
²**kurtín|ë** -a *f, Pl* -a Vorhang *m*, Gardine *f*
kurth -i *m, Pl* -e Falle *f*, Schlinge *f*; *übertr* **bie në** ~ in die Falle gehen
kurthón 1 *tr* in die Falle locken; jmdm. eine Falle stellen
kurvár -i *m, Pl* -ë Schürzenjäger *m*; Hurenbock *m*
kúrv|ë -a *f, Pl* -a Hure *f*, Dirne *f*
kúrrë *Adv* **1.** niemals, nie; ~ **n e** ~ **s** niemals, nie und nimmer; **2.** je, jemals
kurrfárë *Indef Pron* keinerlei, kein
kurrgjé *Indef Pron* nichts
kurríl|ë -a *f, Pl* -a Kranich *m*
kurríll|ë -a *f, Pl* -a = **kurrilë**
kurríz -i *m* Rücken *m*; Rückgrat *n*, Wirbelsäule *f*; *übertr* **në** ~ **të tjerëve** auf Kosten anderer; ~ **i dorës** Handrücken; ~ **i këmbës** Fußrücken, Rist *m*; ~ **i malit** Bergrücken; Buckel *m*, Auswuchs *m* am Rücken
kurrizdálë *Adj* bucklig
kurrízo I. -ja *Subst/m, Pl* – Buckliger *m*, verwachsener Mensch *m*; II. *Adj* bucklig, verwachsen
kurrizór, -e *Adj* **1.** konvex; gewölbt, bauchig; **2.** Rücken-; **shtylla** ~ **e** die Wirbelsäule
kurrizórë -t *Pl* Wirbeltiere *Pl*
kurrkáh *Adv* nirgendwo, nirgends
kurrkúnd *Adv* nirgends, nirgendwo; nirgendwohin
kurrkúsh *Indef Pron* niemand, keiner
kurrqýsh *Adv* = **kurrsesi**
kurrsesí *Adv* keineswegs, keinesfalls, auf gar keinen Fall
kusár -i *m, Pl* -ë Räuber *m*; Dieb *m*; ~ **me çizme** Erzdieb; ~ **i detit** Seeräuber
kusár|e -ja *f, Pl* -e Diebin *f*

kusarí -a *f, Pl* – = **kusëri**
kusërí -a *f, Pl* – Raub *m*; Stehlen *n*
kusërísht *Adv* räuberisch
kusërón 1 *itr* von Raub und Diebstahl leben
kusí -a *f, Pl* – *od* -ra Kessel *m*, Kupferkessel
kúspull *Adv* = **kruspull**
kuspullós 21 *tr* = **kruspullon**
kusúr -i *m* 1. Rest *m*; übertr **s'lashë** ~ ich tat alles nur Mögliche; 2. Mangel *m*, Fehler *m*; Sorge *f*
kush *Interr Pron* wer, welcher; ~..., ~... der eine..., der andere...; *Rel Pron* derjenige welcher; *Indef Pron:* **atë s'e do** ~ ihn mag niemand
kushdó *Indef Pron* jedermann, jeder beliebige; ~ **që** wer auch immer
kushedí *Adv* wer weiß, vielleicht
kushërí -ri *m, Pl* -nj Vetter *m*, Cousin *m*; ~ **i parë** Cousin; ~ **i dytë** Großcousin; **jemi** ~**nj** wir sind miteinander verwandt
kushërír|ë -a *f, Pl* -a Kusine *f*, Base *f*
kushinét|ë -a *f, Pl* -a *Tech* Lager *n*
kushriní -a *f* alle Cousins *Pl*
kusht -i *m, Pl* -e 1. Bedingung *f*; **me** ~ **që** unter der Bedingung, daß; **me çdo** ~ unter jeder Bedingung, unter allen Umständen; 2. Gelübde *n*; 3. Wette *f*; **vë me** ~ wetten; **lidhet me** ~ eine Wette eingehen
Kushtetúese *Adj/f:* **Asambleja** ~ die verfassunggebende Versammlung
kushtetút|ë -a *f, Pl* -a Verfassung *f*, Grundgesetz *n*
kushtëzón 1 *tr* bedingen
kushtím -i *m, Pl* -e Widmung *f*
¹**kushtó|n** 1 *tr* widmen; -**het** *refl* sich widmen, sich verschreiben
²**kushtón** 1 *itr* kosten; **sa** ~ **kjo gjë?** was kostet das?
kushtór, -e *Adj Gramm* konditional, Bedingungs-; **fjali** ~**e** Konditionalsatz *m*
kushtór|e -ja *f Gramm* Konditional *m*
kushtrím -i *m* Ruf *m zu den Waffen*; Einberufung *f*; Alarm *m*; Aufruf
kushtúesh|ëm (i), -**me** (e) *Adj* kostspielig, teuer, aufwendig
kut -i *m, Pl* – Längenmaß, *etwa 80 cm;* Stock *m für ein Stockspiel der Kinder*
kút|ë -a *f, Pl* -a junger Hund *m*, Welpe *m*
kutí -a *f, Pl* – *od* -a 1. Schachtel *f*, Kästchen *n*, Dose *f*; Karton *m*, Kiste *f*, Kasten *m*; ~ **e duhanit** Tabaksdose; *übertr* **e ka gojën si** ~ er hat einen kleinen Mund; ~-~ kariert *(Stoff)*; *Tech* ~ **e marsheve** Antriebsgehäuse *n*; 2. *El* Dose; ~ **kontaktesh** Steckdose; ~ **degëzimi** Abzweigdose; ~ **e përndarjes** Verteilerdose
kutíçk|e -a *f, Pl* -a Kästchen *n*, Schächtelchen *n*; **me kutiçka** kariert
kuturí -a *f, Pl* – Schätzen *n*, Schätzung *f*
kuturiár, -e *Adj* draufgängerisch, waghalsig, mutig *(Kinder)*
kuturís 21 *itr* wagen; sich entschließen
kuturú *Adv* durcheinander, wie es gerade kommt, aufs Geratewohl; **flet** ~ Unsinn reden
kuturúm *Adv* = **kuturu**
Kuváit -i *m* Kuweit *n*
kuváre -t *Pl* Art Kohlroulade
kuvénd I. -i *Subst/m, Pl* -e 1. Rede *f*, Gespräch *n*, Unterhaltung *f*; **s'ha** ~ er versteht nicht; er begreift nichts; Einvernehmen *n*; **lidh** ~ **in me...** vereinbaren mit...; **s'rri në** ~ er steht nicht zu seinem Wort; 2. Ratsversammlung *f*, Gemeindeversammlung *f*; *hist* ~ **i i burrave** der Rat der Männer; **Kuvendi Popullor** der Volksrat *(Parlament in Albanien)*; 3. Versammlungs-

ort *m*; **4.** katholisches Kloster *n*; **II.** 14 *itr*; -et *refl* sich unterhalten; sich beraten

kuvendár, -e *Adj* wortgewandt; gesprächig

kuvendím -i *m* Beratung *f*, Besprechung *f*; Unterhaltung *f*, Gespräch *n*

kuvendón 1 *itr* sich beraten; sich unterhalten; *tr* besprechen, durchsprechen; beraten

kuvendvógël *Adj* wortkarg

kuvért|ë -a *f*, *Pl* -a **1.** Wolldecke *f*, Schlafdecke *f*; **2.** Oberdeck *n* des *Schiffes*

kuvlí -a *f*, *Pl* – Vogelbauer *n*, Käfig *m*

kuxón 1 *itr* wagen

kuzín|ë -a *f*, *Pl* -a = **kuzhínë**

kuzhín|ë -a *f*, *Pl* -a Küche *f*; ~ **ekonomike** Küchenherd *m*; Küche *als Art der Zubereitung;* **kuzhina shqiptare** die albanische Küche, albanische Speisen *Pl*

kuzhiniér -i *m*, *Pl* -ë Koch *m*

ky *Dem Pron/m* dieser, dieses, diese; ~ **djalë** dieser Junge; ~ **libër** dieses Buch; ~ **gjarpër** diese Schlange

kyç I. -i *Subst/m*, *Pl* -e *od* -a **1.** Schlüssel *m*; Notenschlüssel; ~ **vidhash** Schraubenschlüssel; ~ **varës** Vorhängeschloß *n*; **2.** *El* Schalter *m*; **3.** *Anat* Gelenk *n*; **II.** 14 *tr* zuschließen, abschließen; verschließen; *El* ans Netz anschließen; -et *refl* sich einschließen

kyçënic|ë -a *f*, *Pl* -a Schloß *n für Schlüssel*

kýçj|e -a *f El* Anschluß *m*, Netzanschluß; Kupplung *f*; ~ **me dorë** Handkupplung

kýçur (i) *Adj* verschlossen, zugeschlossen

L

la 42 *Aor* → **lë**

lab I. -i *Subst/m*, *Pl* -ë *od* lébër Labe *m (Bewohner der Labëri)*; **II.** -e *Adj* labisch; **dialekti** ~ die labische Mundart *(südwestalbanische Mundart)*

lábçe *Adv* **1.** auf labisch; **2.** wie die Laben, auf labische Art

labërgón 1 *tr* lockern, lösen; aufknoten

Labërí -a *f* Labëri *f (Landschaft in Südwestalbanien)*

labërísht *Adv* auf labisch

labërísht|e -ja *f* Labisch *n*

labiál -i *m*, *Pl* -e *Gramm* Labial *m*, Lippenlaut *m*

labiáte -t *Pl* Lippenblütler *Pl*, Labiaten *Pl*

labirínt -i *m*, *Pl* -e Labyrinth *n*; *Anat* Labyrinth, Innenohr *n*

laboránt -i *m*, *Pl* -ë Laborant *m*

laboránt|e -ja *f*, *Pl* -e Laborantin *f*

laboratór -i *m*, *Pl* -ë Laboratorium *n*, Labor *n*

labót -i *m* Melde *f*, Gartenmelde

láçk|ë -a *f*, *Pl* -a Hausrat *m*; **me** ~ **e me plaçkë** mit Sack und Pack

ladíc|ë -a *f*, *Pl* -a Gamasche *f aus weißem Filz*

ladút I. -i *Subst/m*, *Pl* -ë Halunke *m*, Strolch *m*; **II.** -e *Adj* gaunerisch, treulos

lafát|ë -a *f*, *Pl* -a Judasbaum *m*
láfsh|ë -a *f*, *Pl* -a Hahnenkamm *m*; *Anat* Vorhaut *f*
lag 14³ *tr* naß machen; mit Wasser bespritzen, besprühen; befeuchten; eintauchen; gießen, bewässern; ~ **gojën** den Mund anfeuchten; **-et** *refl* feucht werden; naß werden
lagatér|e -a *f* Aprilwetter *n* (*in Albanien: Märzwetter*)
lágc|ë -a *f*, *Pl* -a Gießkanne *f*
lág|ë -a *f* **1.** Wasser *n*, Meer *n* Ggs zu Land; **2.** feuchte Seite *f* eines zum Knobeln benutzten Steinchens (*im Gegensatz zur trockenen Seite*); **3.** Bißchen *n*, Kleckschen *n*
lágës -i *m*, *Pl* – **1.** Gießkanne *f*; **2.** Spritzrohr *n* der Kinder
lagësír|ë -a *f* Feuchtigkeit *f*, Nässe *f*; Regenwetter *n*
lagësón 1 *itr* tropfen, lecken
lágësht (i) *Adj* feucht, naß; **mot i** ~ feuchtes Wetter
lagështí -a *f* Feuchtigkeit *f*
lagështím -i *m* Feuchtigkeit *f* vom *Rauhreif*; feiner Regen *m*, Nieselregen
lagështimátës -i *m*, *Pl* – Hygrometer *n*
lagështír|ë -a *f* = **lagësirë**
lágët (i) *Adj* naß, durchnäßt; feucht, klamm
lágur (i) *Adj* naß; feucht; durchnäßt, durchtränkt; benetzt, angefeuchtet
lagúsh -i *m* angeschwemmtes Laub *n*
lágj|e -ja *f*, *Pl* -e **1.** Stadtteil *m*, Stadtbezirk *m*, Stadtviertel *n*; Wohnbezirk *m*; **2.** Gruppe *f* von Menschen, Menschenmenge *f*; **të dy** ~**t** die beiden Seiten, die beiden Parteien; ~-~ gruppenweise, in Grüppchen
lagjín -i *m*, *Pl* -e **1.** Waschschüssel *f*; **2.** Tonkrug *m* für Schnaps
lahúr -i *m* **1.** dünner Stoff *m* für Hemden und Pluderhosen der Frauen; **2.** großes Kopftuch *n* mit Fransen; Handtuch *n* mit Fransen
lahurí -a *f* = **lahur**
lahút|ë -a *f*, *Pl* -a **1.** Streichinstrument *n* mit einer Saite, Gusla *f*; **2.** Art Laute *mit acht Saiten, die mit Federkielen angerissen werden*; *übertr* ~ **bridashe** Heldenlied *n*, episches Lied *n*; ~ **e butë** Liebeslied *n*; **e vë në bisht të** ~**s** er macht sich über ihn lustig
laík, -e *Adj* weltlich; Laien-
lájka -t *Pl* Schmeicheleien *Pl*, Lobhudelei *f*; **i bën** ~ *od* **e merr me** ~ er umschmeichelt ihn
lajkatár -i *m*, *Pl* -ë Schmeichler *m*, Lobhudler *m*
lajkatár|e -ja *f*, *Pl* -e Schmeichlerin *f*
lajkatís 21 *tr* = **lajkaton**
lajkatón 1 *tr* jmdm. schmeicheln, jmdm. lobhudeln
lájkës -i *m*, *Pl* – = **lajkatar**
lajkëson 1 *tr* = **lajkaton**
lájl|e -ja *f*, *Pl* -e Blumenbild *n*; Blumenstickerei *f*; Ornament *n*
lajlón 1 *tr* verschönern, schmücken
lajm -i *m*, *Pl* -e Nachricht *f*, Botschaft *f*, Mitteilung *f*
lajmés|ë -a *f*, *Pl* -a schriftliche Nachricht *f*, Benachrichtigung *f*
lajmërím -i *m*, *Pl* -e Benachrichtigung *f*, Bekanntgabe *f*, Bekanntmachung *f*; Benachrichtigen *n*
lajmëró|n 1 *tr* benachrichtigen; bekanntgeben, bekanntmachen; **-het** *refl* erfahren, hören
lájmës -i *m*, *Pl* – Heiratsvermittler *m*
lájmës|e -ja *f*, *Pl* -e Heiratsvermittlerin *f*
lajmësí -a *f* Heiratsvermittlung *f*
lajmësón 1 *itr* **1.** als Heiratsvermittler wirken; **2.** *tr* einen Boten senden; bekanntgeben, bekanntmachen
lajmëtár -i *m*, *Pl* -ë Bote *m*, Ankündiger *m*, Verkünder *m*

lájmi (i) *m, Pl* -t (të) *best* Gesandter *m*; Überbringer *m*, Bote *m*
lajmón 1 *tr* = **lajmëron**
Lajpcíg -u *m* Leipzig *n*
lajtmotív -i *m, Pl* -e Leitmotiv *n*, roter Faden *m*
lajtór|e -ja *f, Pl* -e Abwaschbecken *n*, Spülbecken *n*
lajthát|ë -a *f, Pl* -a Judasbaum *m*
lajthí -a *f, Pl* – Haselnußstrauch *m*; Haselnuß *f*; ~ **e egër** Baumhasel *m*
lajthím -i *m, Pl* -e Irrtum *m*, Fehler *m*
lajthísht|e -ja *f, Pl* -e Haselnußhain *m*
lajthít 22 *itr* sich irren; sich verirren, vom Wege abkommen; *übertr* verrückt werden, toll werden
lajthítj|e -a *f, Pl* -e Irrtum *m*; Verwirren *n*, Verwickeln *n*
lak -u *m, Pl* leq *od* léqe 1. Falle *f*, Schlinge *f*; **ngrehu një** ~ er stellte eine Falle; **e zuri në** ~ er hat ihn in die Falle gelockt; **s'bie në** ~ er geht nicht in die Falle, er fällt nicht darauf herein; **i bëri** ~ **fjalës** er redete um die Sache herum; 2. Seil *n*, Strick *m*; lederner Schnürsenkel *m*; 3. Bogen *m der* → **lahutë**; 4. *Geogr* Paß *m*, Sattel *m*; 5. Biegen *n*, Brechen *n*; **jep** ~ **druja** das Holz biegt sich; 6. **leqe** *Pl* Kniesehnen *Pl*; **më dridhen leqet e këmbëve** mir zittern die Knie, ich zittere am ganzen Leibe
lakadrédhas *Adv* im Zickzack, in Kurven
lakés|ë -a *f, Pl* -a *Math* Kurve *f*; Krümmung *f*, Biegung *f*
lák|ër -ra *f, Pl* -ra Kraut *n*, Kohl *m*; ~ **e bardhë** Weißkraut, Weißkohl; ~ **e kuqe** Rotkraut, Rotkohl; **një kokë** ~ ein Kohlkopf; **lakra** *Pl* Gemüse *n*, Grünzeug *n*; Grünwaren *Pl*; *übertr* **ndau lakrat** er machte reinen Tisch, er klärte die Lage

lakërarmé -ja *f* Sauerkraut *n*, Sauerkohl *m*
lakím -i *m, Pl* -e *Gramm* Deklination *f*
lakín|ë -a *f, Pl* -a Serpentine *f*
lakmí -a *f, Pl* – Verlangen *n*, Begierde *f*; Habgier, Gier *f*; Neid *m*; **ka** ~ **për...** gieren nach...; **i hyri** ~**a** er bekam Verlangen; **ia ka** ~ er beneidet ihn darum
lakmím -i *m, Pl* -e Gieren *n*; Neiden *n*; Gier *f*; Neid *m*
lakmitár, -e *Adj* = **lakmues**
lakmó|n 1 *tr, itr* 1. Verlangen haben nach; gierig sein, sich sehnsüchtig etw. wünschen; gefallen; **i** ~ **vajzës** das Mädchen gefällt ihm; 2. geizen, geizig sein; 3.: **s'ia** ~ er beneidet ihn nicht darum; 4. sich bemühen, sich anstrengen; **-het** *refl*: **po më lakmohet duhani** ich finde Gefallen am Rauchen
lakmónjës, -e *Adj* = **lakmues**
lakmúes I. -i *Subst/m, Pl* – Neidhammel *m*; Nimmersatt *m*, Unersättlicher *m*; II. -e *Adj* gierig, verlangend; gierend; neidisch, neidvoll
lakmúesh|ëm (i), -me (e) *Adj* beneidenswert; bemerkenswert
lakó|n 1 *tr* 1. biegen, beugen, verbiegen; 2. *Gramm* deklinieren; 3. *itr*: **i** ~ abweichen von, abirren von; **-het** *refl* sich beugen, sich biegen lassen; sich verbiegen
lakoník, -e *Adj* lakonisch
lakór|e -ja *f, Pl* -e 1. *Math* Kurve *f*; 2. Wollmantel *m für Männer*
lakrór -i *m, Pl* -ë Pastete *f mit Fleisch-, Kürbis- od. Käsefüllung*
lakrurína -t *Pl* Gemüse *n*, Grünzeug *n*, Grünwaren *Pl*
láksht|e -ja *f* Tau *m*; Nieselregen *m*
laktóz|ë -a *f* Laktose *f*, Milchzucker *m*
lakth -i *m, Pl* -a *od* -e Masche *f*, Schlinge *f eines Netzes*

lakúesh|ëm (i), -me (e) *Adj Gramm* deklinabel, deklinierbar

lakúq, -e *Adj*: **dhe** ~ rote Erde *f*, Ton *m*

lakúq|e -ja *f* rote Erde *f*

lákur *Adv* nackt

lakurékës -i *m*, *Pl* – Fledermaus *f*

lakuríq I. *Adv* nackt, bloß, unbekleidet; II. -i *Subst/m*, *Pl* -ë *od* -a Fledermaus *f*; ~ **i natës** Fledermaus

lakút, -e *Adj* gefräßig, verfressen

lakutërí -a *f* Gefräßigkeit *f*, Gier *f*

lál|e -ja *f*, *Pl* -e **1.** Klatschmohn *m*, Roter Mohn *m*; **2.** Blumenbild *n*; Ornament *n*; **me** ~ **e lule** mit Ornamenten und Blumen

laletátë *Adv*: **janë** ~ sie sind intim, sie sind eng befreundet

lál|ë -a *m Anrede an den älteren Bruder, Vater od. Schwager*

lalúsh 14² *tr* streicheln, liebkosen, verwöhnen

lamelibranké -të *Pl* Lamellibranchiata *Pl*, Muscheln *Pl*

lám|ë -a *f*, *Pl* -a *Zool* Lama *n*

lamtumír|ë I. -a *Subst/f* Lebewohl *n*; **i dha** ~ **n** *od* **i tha** ~ **n** er sagte ihm Lebewohl; **fjalë lamtumire** Abschiedsworte *Pl*; II. *Interj* lebe wohl!

la|n 5 *tr* **1.** waschen; ~ **enët** das Geschirr spülen, abwaschen; blankputzen, polieren; **i lava duart nga...** ich habe mich des ... entledigt; **2.**: ~ **me ergjënd** versilbern; ~ **me flori** vergolden; **3.** *übertr* bezahlen, begleichen; ~ **punëtorin** den Arbeiter bezahlen; ~ **borxhin** die Schuld begleichen; **këtë njeri e laj unë** für die Unschuld dieses Menschen bürge ich; **të** ~ **e të lyen** er wickelt dich um den Finger; **4.** *Filme* entwickeln; *itr* **lau** er verschwand, er verduftete; **-het** *refl* sich waschen, baden; sich reinwaschen; sühnen, *übertr* **u lamë bashkë** wir sind miteinander quitt

landár -i *m*, *Pl* -ë große Menge *f*, große Anzahl *f*

lánd|ër -ra *f*, *Pl* -ra **1.** *Bot* Ranke *f*, Kürbisranke; **2.** Oleander *m*

lándro -ja *f* Oleander *m*

lanét -i *m*, *Pl* -ër Teufel *m*, Satan *m*; ~ **paç!** der Teufel soll dich holen!; **e bëri** ~ er verfluchte ihn; **e bëri** ~ **rakinë** er hat mit dem Trinken aufgehört

lanét|e -ja *f*, *Pl* -e Teufelin *f*

langór -i *m*, *Pl* -ë Jagdhund *m*

langór|e -ja *f*, *Pl* -e Jagdhündin *f*

lang|úa -ói *m*, *Pl* -ónj = **langor**

lanís 21 *tr Fleisch* in Scheiben schneiden; kleinschneiden

lanók -u *m*, *Pl* -ë Räuber *m*, Dieb *m*

lansím -i *m*, *Pl* -e Start *m von Raketen*

lansón 1 *tr Raketen* starten

lap 14 *itr* schlabbern

lapandár, -e *Adj* zerlumpt

laparós 21 *tr* beschmutzen, verdrecken; **-et** *refl* sich schmutzig machen, sich dreckig machen

lapé -ja *f* Läppchen *n der Ziegen*

lapét|ë -a *f*, *Pl* -a **1.** Bauchfell *n geschlachteter Tiere*; **2.** zungenförmig geschnittenes Stück Stoff als Verzierung an Kleidungsstücken

láp|ë -a *f*, *Pl* -a zähe Fleisch- oder Hautstücken *Pl*, Zadder *m*; *Zool* Wamme *f*

láp|ër -ra *f*, *Pl* -ra **1.** *Zool* Wamme *f*; **2.** Hautlappen *m*; Bauchfell *n*; zähes Stück *n Fleisch oder Haut*; **3.** Ohrfeige *f*

lapërdhár I. -i *Subst/m*, *Pl* -ë Zotenreißer *m*; II. -e *Adj* unanständig, obszön, unzüchtig; Zoten reißend, unanständig redend

lapërdhí -a *f*, *Pl* – Zote *f*, Obszönität *f*

lapërúsh|e -ja *f*, *Pl* -e Champignon *m* *(eßbare Art)*

láp|ës -si *m, Pl* -se = ¹**laps**
lapidár -i *m, Pl* -ë **1.** Gedenkstein *m*; Gedenktafel *f*; **2.** Lapidarium *n*
lápkër -a *f, Pl* -a **1.** Wamme *f der Horntiere*; **2.** Ohrfeige *f*
¹**laps** -i *m, Pl* -a Bleistift *m*
²**laps** 21 *itr* abgekämpft sein, müde sein, geschwächt sein; ~ **me ty** ich bin deiner überdrüssig
lapurák I. -e *Adj* mit ungefiedertem Hals; **II.** -u *Subst/m*: ~ **i natës** Fledermaus *f*
lapúsh, -e *Adj* mit großen und abstehenden Ohren
lar -i *m* Lorbeer *m*; Lorbeerbaum *m*; ~ **i egër** Stechpalme *f*
lára -t (të) *Pl* **1.** Menstruation *f*; **2.**: **të** ~ **t e enëve** Spülwasser *n*, Abwaschwasser *n*; Wassersuppe *f*, Brühe *f für schlechtes Essen*
laracón 1 *tr* bunt färben, bunt anmalen
laradásh -i *m, Pl* -a **1.** Pelikan *m*; **2.** Puffmais *m*; **3.** *Kinderspiel* Purzelbaum *m*, Kobolzschießen *n*; Radschlagen *n*
laragán, -e *Adj* = **laraman**
laramán, -e *Adj* bunt; gefleckt, gescheckt; gesprenkelt; getupft; *übertr* heuchlerisch, doppelgesichtig *(Mensch)*
larán, -e *Adj* = **i larmë**
larásk|ë -a *f, Pl* -a Elster *f*
larásh -i *m, Pl* -ë **1.** Aasgeier *m*; **2.** gescheckter Ziegenbock *m*
larazón 1 *tr* = **laracon**
lardh -i *m* Schweinespeck, Speck *m*
lár|e -ja *f, Pl* -e buntscheckige Ziege *f*
¹**lár|ë I.** -a *Subst/f, Pl* -a **1.** weißer Fleck *m*; Blesse *f*; **lara-lara** scheckig, buntscheckig, gescheckt; gesprenkelt, getupft; **2.** Umhang *m aus Ziegenhaar*; **3.** *übertr* Streifen *m* Land; **II.** (i) *Adj* scheckig, buntscheckig, gescheckt; gesprenkelt, getupft

²**lárë** (i) *Adj* glänzend, poliert *(Waffen)*
lárëc, -e *Adj* = **i larmë**
larëkúq|e -ja *f, Pl* -e rotscheckiges Schaf *n*
lárës -i *m, Pl* – Bändchen *n aus roten und weißen Fäden, das die Kinder zum Frühlingsfest tragen*
lárëz -a *f, Pl* -a Wildrebe *f*
larëzéz|ë -a *f, Pl* -a schwarzfleckiges Schaf *n*
larg I. *Adv* weit, entfernt; **dhjetë km** ~ 10 km weit; **së** ~ **u** *od* **nga** ~ von weitem, aus der Ferne; von weit, weither; **mos shko** ~ **!** geh nicht so weit!; **II.** *Präp (mit Abl)* weit weg, weit entfernt; ~ **teje** weit weg von dir, weit entfernt von dir; ~ **sysh** ~ **zemrës** aus den Augen, aus dem Sinn
lárgas *Adv* indirekt; **ia thotë** ~ er sagt es ihm umständlich
lárgazi *Adv* von weitem, von ferne, aus der Ferne
largés|ë -a *f, Pl* -a Entfernen *n*; Weggehen *n*; Entfernung *f*, Abstand *m*
lárgë (i) *Adj* weit, fern, entfernt; **për së largu** von weitem, von ferne
largësí -a *f, Pl* – Entfernung *f*, Abstand *m*, Distanz *f*
lárgët (i) *Adj* entfernt, fern; weit; **jemi të** ~ **me atë** wir sind mit ihm weitläufig verwandt
largím -i *m, Pl* -e Weggehen *n*, Weggang *m*; Abreise *f*; Entfernen *n*, Entfernung *f*
largó|n 1 *tr* entfernen; fernhalten; wegbringen; vertreiben; **-het** *refl* sich entfernen, weggehen, wegfahren
largpámës, -e *Adj* weitblickend, vorausschauend; weitsichtig
largpámj|e -a *f* Weitsichtigkeit *f*; Weitblick *m*
larí -a *f* **1.** Gescheckisein *n*, Buntheit *f*; **2.** Unterart *f*, Spielart *f*

laríc|ë -a *f*, *Pl* -a bunter glänzender Stoff *m* aus *Baumwolle u. Seide*
larík, -e *Adj* = i **larmë**
larím -i *m*, *Pl* -e **1.** Schmeichelei *f*; **2.** *Arch* Fries *m*; **3.** ~ e *Pl* Blumenornamente *Pl*, Verzierungen *Pl*
laríng -u *m* Kehlkopf *m*, Larynx *m*
larís -i *m*, *Pl* -a *Zool* Grauschimmel *m*
larísk, -ë *Adj* gescheckt, gefleckt, gesprenkelt; **gjel** ~ ein gesprenkelter Hahn
larítet 20 *refl* es taut und die Erde lugt schon stellenweise hervor
lárm|ë (i), -e (e) *Adj* gescheckt, gefleckt, buntscheckig; gesprenkelt, getupft
larmí -a *f* **1.** Geschecktsein *n*, Sprenkelung *f*; Buntheit *f*; **2.** *Naturw* Unterart *f*; **3.** Vielfalt *f*; **një** ~ **motivesh** eine Vielfalt von Motiven
larmúshk|ë -a *f*, *Pl* -a buntscheckige Ziege *f*
láro -ja *m*, *Pl* – geschecker Hund *m*; *übertr* Herumtreiber *m*, Strolch *m*, Vagabund *m*
larón 1 *tr* tüpfeln, sprenkeln, mit Pünktchen versehen; *übertr* umschmeicheln, umgarnen
larós 21 *tr* = **laron**
larósh I. -i *Subst*/*m*, *Pl* -a *Zool* Grauschimmel *m*; **II.** -e *Adj* gescheckt, scheckig
laróshet 14² *refl* reifen *(Früchte)*
lart *Adv* hoch; hinauf, nach oben; oben; **ngreje** ~! heb es hoch!; **atje** ~ dort oben; **nga** ~ von oben; **ngreje zërin më** ~! sprich lauter!; ~ **nga** mehr als; **dhjetë vjeç e** ~ von zehn Jahren an
lártazi *Adv* von oben
lárte (i) *Adj* **1.** hoch; **prej së larti** von oben; **zë i** ~ a) hohe Stimme; b) laute Stimme; **çmime të larta** hohe Preise; *übertr* **njeri i** ~ ein berühmter Mensch, eine hochgestellte Persönlichkeit; **2.** oberster; **gjyq i** ~ Oberstes Gericht *n*
lártër (i) *Adj* = i **lartë**
lartësí -a *f*, *Pl* – Höhe *f*; ~ **e tingullit** Tonhöhe; Überlegenheit *f*; Höhepunkt *m*, Gipfel *m*; Niveau *n*; ~ **absolute** absolute Höhe, Höhe über dem Meeresspiegel
lartësím -i *m*, *Pl* -e Erhöhung *f*, Erhebung *f*; Verherrlichung *f*, Lobpreisung *f*
lartësír|ë -a *f*, *Pl* -a Hochland *n*, Hochebene *f*; Erhebung *f*, Anhöhe *f*
lartësón 1 *tr* erhöhen, hochstellen; erheben, herausstellen; lobpreisen, verherrlichen
lartón 1 *tr* = **lartëson**
lartpërméndur I. (i) *Adj* obengenannt, obenerwähnt; **II.** -i (i) *Subst*/*m*: **i** ~ **i** der Obengenannte; **III.** -a (e) *Subst*/*f*: **e** ~**a** die Obengenannte
larth -i *m* Stechpalme *f*
larúsh, -e *Adj* gesprenkelt, getupft, getüpfelt, scheckig, buntgescheckt
larúshk -u *m*, *Pl* **larúshq** = **larëz**
lárv|ë -a *f*, *Pl* -a *Zool* Larve *f*
larýshtë (i) *Adj* = **larush**
laskandér -i *m*, *Pl* -ë Nichtsnutz *m*, Taugenichts *m*
laskár -i *m*, *Pl* -ë **1.** Trage *f*, Bahre *f*; **2.** Paddel *n*, Ruder *n*
laskár|e -ja *f*, *Pl* -e **1.** Fetzen *m*, Flicken *m*, Lumpen *m*; **2.** Gesteinsbrocken *m*, Felsbrocken *m*
laskaróhet 1 *refl* sich die Sachen zerfetzen, zerreißen
laskuráç -i *m*, *Pl* -ë Nacktschnecke *f*
laskuríq -i *m*, *Pl* -a Fledermaus *f*; ~ **i natës** Fledermaus
lastár -i *m*, *Pl* -ë *Bot* Trieb *m*, Schößling *m*, Sproß *m*; *übertr* gertenschlanker, hochgewachsener Mensch
lastón 1 *tr Kind* verwöhnen, verzärteln, verziehen

láshë 42 *1. Pers Sg Aor* → **lë**
lasht -i *m* Zeit *f*; **në atë ~** zu der Zeit, damals
láshta -t (të) *Pl* Getreide *n auf dem Halm*
láshtazi *Adv* damals, ehemals, in alten Zeiten
¹**láshtë** I. *Adv* **1.** damals, ehemals, in alten Zeiten; **ka ~** es ist schon lange her; **2.** rechtzeitig; II. (i) *Adj* **1.** alt, uralt, ehrwürdig; **së lashti** einstmals, früher; **2.** früh, zeitig reifend *(Früchte)*
²**lásht|ë** -a *f* **1.** Tau *m*; Nieselregen *m*; **2.** *Bot* Brand *m*
lashtërísht *Adv* = **lashti**
láshti *Adv* vor langer Zeit, früher, einstmals
lashtó|n 1 *itr* altern, alt werden; *Bot* zeitig reifen; *Zool* vorzeitig werfen; **-het** *refl* altern, alt werden; veralten
latént, -e *Adj* latent, versteckt, verborgen
lát|ë -a *f*, *Pl* -a **1.** Beilchen *n*; Fleischermesser *n*, Tranchiermesser *n*; **2.** Kerbe *f*; **3.** Abschnitt *m der Lebensmittelkarte*; Essenmarke *f*; Karte *f*; Kupon *m*
latím -i *m* Behauen *n von Stein*, Meißeln *n*; Schnitzen *n*
latín, -e *Adj* lateinisch
latinísht *Adv* auf lateinisch
latinísht|e -ja *f* Lateinisch *n*, Latein *n*
latón 1 *tr* meißeln, *Stein* behauen; *Holz* schnitzen
latór|e -ja *f*, *Pl* -e Beilchen *n*
latrédh -i *m*, *Pl* -a nicht kastrierbarer Schaf- oder Ziegenbock *m*
laturís 21 *tr* beschmutzen, besudeln; **-et** *refl* sich beschmutzen, schmutzig werden, verdrecken
latúsh|ë -a *f*, *Pl* -a = **latore**
latýr|ë -a *f*, *Pl* -a **1.** Spülwasser *n*, Abwaschwasser *n*; *übertr* Brühe *f*, Wassersuppe *f für schlechtes Essen*; **2.** glitschiger Boden *m*, Schlammwüste *f*
laureát -i *m*, *Pl* -ë Preisträger *m*
laurésh|ë -a *f*, *Pl* -a Feldlerche; Haubenlerche; Lerche *f*
láur|ë -a *f Myth häßliches Weib, in kleines schreiendes Tier verwandelt*
lauróhet 1 *refl* **1.** einen Preis bekommen, Preisträger werden; **2.** promovieren, die Doktorwürde erlangen
lavamán -i *m*, *Pl* -e Waschbecken *n*
lavár -i *m*, *Pl* -ë **1.** Hundehalsband *n*; **2.** *Bot* Ranke *f*; **3.** Wiede *f zum Verbinden von Pflugbaum und Joch*
lavár|e -ja *f*, *Pl* -e **1.** Strick *m*, Seil *n zum Henken*; **ti qënke për ~** du bist reif für den Strick; **2.** Zügel *m*
lavatríç|e -ja *f*, *Pl* -e Waschmaschine *f*
lavd -i *m* Ruhm *m*; **~e** *Pl* Lobpreisungen *Pl*, Lob *n*
lavdërés|ë -a *f*, *Pl* -a = **lavdërim**
lavdërím -i *m*, *Pl* -e Belobigung *f*, Lob *n*; Lobpreisung *f*
lavdëró|n 1 *tr* loben; lobpreisen, rühmen; **-het** *refl* sich rühmen, prahlen, aufschneiden
lavdí -a *f*, *Pl* – Ruhm *m*, Weltruf *m*; Ehre *f*; **~ dëshmorëve** Ehre den Gefallenen
lavdidáshës, -e *Adj* eitel, ruhmsüchtig; ehrgeizig, ehrsüchtig
lavdidáshj|e -a *f* Ruhmsucht *f*, Eitelkeit *f*; Ehrgeiz *m*
lavdiplótë *Adj* ruhmvoll; ruhmreich
lavdísh|ëm (i), **-me** (e) *Adj* ruhmreich, ruhmvoll; berühmt
lávdra -t *Pl* = **lavduri**
lavdurí -të *Pl* Lobpreisungen *Pl*; Prahlerei *f*
lavduróhet 1 *refl* **1.** aufschneiden, prahlen, sich rühmen; **2.** gelobt werden, gerühmt werden
láv|ë -a *f*, *Pl* -a Lava *f*

láv|ër -ra *f* Feldarbeit *f*; ka për ~ od ka lavre Zugochse *m*

¹lavír|e -ja *f*, *Pl* -e *Geol* Grat *m*, Bergkamm *m*

²lavír|e -ja *f*, *Pl* -e **1.** Hure *f*; **2.** schmutziger Lappen *m*, Fetzen *m*

laviret 18 *refl* hangen, hängen

lavír|ë -a *f*, *Pl* -a **1.** Wildbach *m*, Sturzbach *m*; **2.** Hure *f*

lavjérrë 18 *Part* → laviret

lavjérrës -i *m*, *Pl* – Pendel *n*

lavóm|ë -a *f*, *Pl* -a Wunde *f*, Wundmal *n*

lavór 18 : **u** ~ *Aor Pass* → laviret

lavós 21 *tr* verwunden, verletzen; -et *refl* verwundet werden; sich verletzen

lavrón 1 *tr* = lëvron

lavrósë (i) *Adj* ausgehungert, heißhungrig

lbardh 14 *tr* weißen, weiß machen, aufhellen

¹le *Gramm Partikel zur Bildung des Jussivs* laß, laßt; ~ të shkojë laß ihn gehen; mag er gehen; soll er doch gehen; er soll gehen

²le *Konj*: ~ që nicht nur daß; ~ që ... po edhe nicht nur daß ... sondern auch

³le 42 **2.** *Pers Sg Aor* → lë

lebetí -a *f* Entsetzen *n*, Furcht *f*, Schrecken *m*

lebetít 22 *tr* in Schrecken versetzen, erschrecken; -et *refl* sich entsetzen, erschrecken

lebetítj|e -a *f* = lebeti

¹léb|ër -ra *f* Brustdrüsenentzündung *f bei stillenden Frauen*

²lébër *Pl* → lab

leckamán I. -i *Subst*/*m*, *Pl* -ë zerlumpter Mensch *m*; II. -e *Adj* zerfetzt, zerlumpt, abgerissen

léck|ë -a *f*, *Pl* -a Stoffetzen *m*, Flicken *m*, Lumpen *m*; lecka-lecka völlig zerrissen; völlig zerlumpt; *übertr* e bëra ~ ich habe ihn zusammengestaucht

leckós 21 *tr* zerfetzen, zerreißen; -et *refl* zerlumpt herumlaufen; herunterkommen

leckósur (i) *Adj* zerfetzt, zerlumpt

leçít 22 *tr* **1.** ausrufen lassen; verkünden; **2.** enterben, verstoßen; **3.** lesen

leçítës -i *m*, *Pl* – **1.** Ausrufer *m*, Marktschreier *m*; **2.** Leser *m*

¹ledh -i *m*, *Pl* -e Erdhügel *m*, Damm *m*; Einfriedung *f*, Umzäunung *f*; Mauer *f*; ~e *Pl* Schutzwall *m*, Stadtmauer

²ledh -i *m* Flußschlamm *m*

ledhatár -i *m*, *Pl* -ë **1.** Schmeichler *m*; **2.** Nesthäkchen *n*, Lieblingssohn *m*

ledhatón 1 *tr* liebkosen, streicheln; umschmeicheln, umgarnen

lédhe -t *Pl* Schmeicheleien *Pl*; Liebkosungen *Pl*, Zärtlichkeiten *Pl*

lédh|ë -a *f*, *Pl* -a Schmeichelei *f*, Schöntuerei *f*; Liebkosung *f*, Streicheln *n*

ledhísht|ë -a *f* Gebiet, *das nach einer Überschwemmung von Schlammablagerungen bedeckt ist*, Überschwemmungsgebiet *n*

legál, -e *Adj* legal, gesetzlich

legalísht *Adv* legal, auf legale Weise

Legalitét -i *m hist monarchistische Organisation in Albanien zur Zeit König Zogus und während des 2. Weltkrieges*

legalizím -i *m*, *Pl* -e Legalisierung *f*; Legalisation *f*, Beglaubigung *f*

legalizón 1 *tr* legalisieren, amtlich machen; beglaubigen

legát|ë -a *f*, *Pl* -a Gesandtschaft *f*; Legation *f*

legén -i *m*, *Pl* -ë Waschschüssel *f*, Waschbecken *n*; *übertr* **i bie** ~ **it** er schwatzt dummes Zeug

leguminózo -t *Pl* Hülsenfrüchtler *Pl*, Leguminosen *Pl*

legjendár, -e *Adj* legendär

legjénd|ë -a *f*, *Pl* -a **1.** Legende *f*,

Sage *f*; 2. Legende, Zeichenerläuterung *f*

legjión -i *m*, *Pl* -e *hist* Legion *f*

legjionár -i *m*, *Pl* -ë *hist* Legionär *m*

legjislación -i *m*, *Pl* -e *Jur* Gesetzeswerk *n*; Gesetzgebung *f*

legjislatív, -e *Adj* legislativ, gesetzgebend; **fuqia** ~ e die Legislative

legjislatór -i *m*, *Pl* -ë Gesetzgeber *m*

legjislatúr|ë -a *f*, *Pl* -a Legislaturperiode *f*

legjitím, -e *Adj* legitim, rechtmäßig; gesetzlich anerkannt

¹**leh** -u *m*, *Pl* -ë Beet *n*

²**leh** 14³ *itr* bellen, blaffen, kläffen

léh|e -ja *f*, *Pl* -e = ¹**leh**

lehërón 1 *tr* in Beete einteilen

léhj|e -a *f* Bellen *n*, Gebell *n*

lehóhet 1 *refl* Erleichterung finden

lehón|ë -a *f*, *Pl* -a Wöchnerin *f*

lehoní -a *f* Wochenbett *n*, Kindbett *n*

léhtas *Adv* leicht; leise, unbemerkt

léhtazi *Adv* = **lehtas**

léhtë I. (i) *Adj* leicht; **metal i** ~ Leichtmetall *n*; **gjumë i** ~ leichter Schlaf *m*; **trupa të lehta** leichtbewaffnete Truppen *Pl*; **është i** ~ **fort** er ist leichtfüßig; **njeri i** ~ ein leichtsinniger Mensch; II. **-t (të)** *Subst/n* Ohnmacht *f*; III. *Adv* leicht; **hëngra** ~ ich habe etwas Leichtes gegessen; **jam më** ~ es geht mir besser

lehtësí -a *f* 1. Leichtigkeit *f*; **ka** ~ **në të shprehur** er kann sich mühelos ausdrücken; **me** ~ leicht, mühelos; 2. Gunstbezeigung *f*; Gefallen *m*

lehtësím -i *m*, *Pl* -e Erleichterung *f*

lehtëso|n 1 *tr* erleichtern; leichter machen; **-het** *refl* sich Erleichterung verschaffen, sich erleichtern, sich frei machen von; Erleichterung finden

lehtësónjës, -e *Adj* = **lehtësues**

lehtësór, -e *Adj* = **lehtësues**

lehtësúar (i) *Adj* erleichtert

lehtësúes, -e *Adj* erleichternd; *Jur* rrethana ~ e mildernde Umstände *Pl*

léj|e -a *f*, *Pl* -e 1. Erlaubnis *f*; ~ **kalimi** Passierschein *m*; ~ **shoferi** Fahrerlaubnis; **me** ~ **n tuaj** mit Ihrer Erlaubnis, erlauben Sie bitte; 2. Beurlaubung *f*, Urlaub *m*; **është me** ~ er hat Urlaub

lejekalím -i *m*, *Pl* -e Passierschein *m*

léj|ë -a *f*, *Pl* -ë = **leje**

lejím -i *m* Erlauben *n*, Erlaubniserteilung *f*

lejlák -u *m*, *Pl* -ë Flieder *m*

lejlék -u *m*, *Pl* -ë 1. Storch *m*; 2. Art Sichel

lejó|n 1 *tr* erlauben, Erlaubnis geben; ermöglichen; **-het** *refl* sich erlauben; Erlaubnis haben; **lejohet** es ist erlaubt

lejór, -e *Adj Gramm* konzessiv; **fjali** ~ e Konzessivsatz *m*

lejtmotív -i *m*, *Pl* -e = **lajtmotiv**

lejthí -a *f*, *Pl* - = **lajthi**

lejthíz|ë -a *f*, *Pl* -a = **lajthishte**

lejúesh|ëm (i), -me (e) *Adj* erlaubt

lek -u *m*, *Pl* -ë Lek *m albanische Währungseinheit*

lék|ë -a *f*: **leka e kresë** der Scheitel

leksík -u *m*, *Pl* -ë 1. Glossar *n*, Wörterverzeichnis *n*; 2. Lexik *f*, Wortschatz *m*; 3. Lexikon *n*

leksikográf -i *m*, *Pl* -ë Lexikograph *m*

leksikografí -a *f* Lexikographie *f*

leksikografík, -e *Adj* lexikographisch

leksikologjí -a *f* Lexikologie *f*

leksikór, -e *Adj* lexikalisch, Wortschatz-

leksión -i *m*, *Pl* -e Lektion *f*, Unterricht *m*, Unterrichtsstunde *f*

lektín 6 *itr* = **lektis**

lektís 21 *itr (për)* Sehnsucht haben nach, sich verzehren nach, schmachten nach

lektór -i *m*, *Pl* -ë Lektor *m*

lél|ë -a *f*, *Pl* -a schmutzige Frau *f*, Schlampe *f*

lemarák -u *m*, *Pl* -ë Neidhammel *m*; Gierschlund *m*

lemerí -a *f*, *Pl* – Schrecken *m*, Entsetzen *n*; **mora ~ në** ich wurde von Entsetzen gepackt; **për ~** schrecklich, entsetzlich; schreckliches Ereignis *n*; Panik *f*, panischer Schreck *m*; Schreckensschrei *m*, Aufschrei *m*

lemerís 21 *tr* jmdm. Angst einjagen, jmdn. in Schrecken versetzen; **-et** *refl* erschrecken, sich fürchten

lemerísh|ëm (i), **-me** (e) *Adj* entsetzlich, furchterregend, schrecklich

lemeróhet 1 *refl* erschrecken, von Entsetzen gepackt werden

lém|ë -a *f Math* Lemma *n*, Hilfssatz *m*

lemëzón 1 *itr* Schlucken bekommen, Schluckauf bekommen

lémz|ë -a *f* Schlucken *m*, Schluckauf *m*; **më zuri lemza** ich habe Schlucken

len 46[1] *itr* **1.** geboren werden; **2.** aufgehen *(Sonne)*; *übertr* **më ka lerë në zemër** ich habe den Wunsch, ich habe mir vorgenommen

lend -i *m*, *Pl* -e = **lende**

lénd|e -ja *f*, *Pl* -e Eichel *f*

leníc|ë -a *f*, *Pl* -a *Zool* Weibchen *n* der Lachsforelle

leninist I. -i *Subst/m*, *Pl* -ë *od* -a Leninist *m*; **II.** -e *Adj* leninistisch

leniníz|ëm -mi *m* Leninismus *m*

lenó|n 1 *tr* lindern, erleichtern; **ky bar më lenoi dhimbat** diese Medizin hat meine Schmerzen gelindert; **-het** *refl* **1.** Erleichterung finden, befreit werden von; **2.** kindisch werden, vertrotteln

leopárd -i *m*, *Pl* -ë Leopard *m*

lépe *Interj alt* zu Befehl!, jawohl!; ja bitte!

lepidoptérë -t *Pl* Schmetterlinge *Pl*

lépra *f/best* Aussatz *m*, Lepra *f*

lepróset 21 *refl* Lepra bekommen

leptýr|ë -a *f* schlammige Stelle *f*, glitschiger Boden *m*

lépur -i *m*, *Pl* lépra *od* lépuj Hase *m*, Feldhase; Schneehase; **~ i butë** Hauskaninchen *n*; *übertr* Angsthase; **i ka hyrë ~ i në bark** ihm ist das Herz in die Hose gerutscht

lepurúsh|ë -a *f*, *Pl* -a Häsin *f*

lepurúshk|ë -a *f*, *Pl* -a Häschen *n*, Hasenjunges *n*

leq *Pl* → **lak**

léq|e -ja *f*, *Pl* -e Fleck *m*

leqendís 21 *tr* schwächen; betrüben; grämlich machen; demoralisieren; **-et** *refl* schwach werden; traurig werden; verzweifeln

leqetís 21 *tr* beschmutzen, verdrecken, beflecken

leqík|ë -a *f*, *Pl* -a **1.** Grüner Salat *m*, Kopfsalat; **2.** Endivie *f*

lerán|ë -a *f*, *Pl* -a Steinhalde *f*, Steinfeld *n*; steiniger Bach *m*

lerásh, -e *Adj* schmutzig, dreckig, ungewaschen

[1]**lér|ë** -a *f*, *Pl* -a **1.** Schmutz *m*, Dreck *m* *(am Körper und an der Kleidung)*; *übertr* Schandfleck *m*; **i vuri ~ shtëpisë** er hat der Familie Schande gemacht; **2.** Schlamm *m*; **3.** Wasserloch *n* in den Bergen bei Schneeschmelze

[2]**lér|ë** -a *f*, *Pl* -a Steinhaufen *m*; Steinhalde *f*, Geröllhalde *f*

[3]**lérë** -t (të) *n* Geburt *f*

[4]**lérë** 42 *Imp* → **lë**

lerós 21 *tr* beschmutzen, schmutzig machen, dreckig machen; **-et** *refl* sich schmutzig machen, sich beschmutzen

lerth -i *m* Efeu *m*

[1]**lés|ë** -a *f*, *Pl* -a **1.** Egge *f*; **2.** Lattenrost *m* *zum Tragen*, Trage *f*, Trageband *n*; **~ bore** Schlitten *m*; Gatter *n*, Lattentür *f*; **vuri ~!** gebiete ihm Einhalt!, bremse ihn!; **kërkon ta futë në ~** er will ihn in die Falle locken

²lés|ë -a f, Pl -a Troddel f, Bommel f
³lés|ë -a f, Pl -a Putzlappen m, Scheuerlappen m
⁴lés|ë -a f, Pl -ë Wäscheschlägel m, Bleuel m
lesím -i m Eggen n
lésk|ër -ra f, Pl -ra Schuppe f; Plättchen n; leskra-leskra schuppig; aufgeplatzt; abbröckelnd, abblätternd
leskëró|n 1 tr abschälen, abspalten, abschuppen; -het refl sich schuppen, sich schälen; abblättern, abbröckeln
lesník -u m, Pl -ë Heufeime f, Grasfeime f um einen Baum geschichtet
lesón 1 tr eggen
lesh -i m od -të n, Pl -ra 1. Wolle f; Fell n, Pelz m; 2. Haar n; übertr ~ e li Durcheinander n, Kraut und Rüben
leshaták, -e Adj haarig, behaart
leshatór, -e Adj = leshatak
leshbútë Adj mit weichem Haar; mit weichem Fell
leshdrédhur Adj lockig, kraushaarig, mit lockigem Haar
leshégër Adj rauhhaarig; mit rauhem Fell
léshet 14² refl Haare bekommen, sich behaaren
leshhóllë Adj mit feinem Haar; mit feinem Fell
léshko -ja m, Pl – Leichtgläubiger m, Einfältiger m
leshník -u m, Pl -ë wollener Wintermantel m
leshnján -i m, Pl -ë Bewohner von Lesh
leshnján|e -ia f Wind m (der Regen bringt u. aus der Richtung von Lesh kommt)
léshnj|e -a f Moos n
leshradrédhur Adj = leshdredhur
léshta -t (të) Pl Wollstoffe Pl; wollene Winterkleidung f

leshterík -u m, Pl -ë Alge f; Tang m, Seetang
léshtë (i) Adj 1. wollen; çorape të leshta Wollsocken Pl; 2. Schafs-; qumësht i ~ Schafsmilch f; 3. übertr einfach, naiv; harmlos; gutmütig; leichtgläubig
leshtór, -e Adj = leshatak
leshtórm|ë (i), -e (e) Adj behaart, haarig; dichtbehaart; langhaarig
leshvérdhë Adj blondhaarig, mit blondem Haar, blond
letargjí -a f Lethargie f; übertr Stumpfheit f, Interesselosigkeit f
lét|ër -ra f, Pl -ra 1. Brief m; ~ e hapur offener Brief; 2. Papier n; Zettel m; ~ zmerilio Sandpapier; 3. Kart Karte f, Spielkarte
letërkëmbím -i m, Pl -e Briefwechsel m
letërkredenciále -t Pl Beglaubigungsschreiben n
letërnjoftím -i m, Pl -e Kennkarte f, Personalausweis, Ausweis m
letërprúrës -i m, Pl – = letërshpërndarës
letërsí -a f, Pl – Literatur f
letërshpërndárës -i m, Pl – Briefträger m, Postbote m
letërthírrj|e -a f, Pl -e Jur Vorladung f
letërthíthës|e -ja f, Pl -e Löschpapier n, Löschblatt n
letóhet 1 refl sich erleichtern; Erleichterung finden; sich Erleichterung verschaffen; übertr kindisch werden, vertrotteln
letón I. -i Subst/m, Pl -ë Lette m; II. -e Adj lettisch
Letoní -a f Lettland n
letonísht Adv auf lettisch
letonísht|e -ja f Lettisch n
letrár I. -i Subst/m, Pl -ë Schriftsteller m, Literat m; II. -e Adj literarisch, Literatur-; revistë ~ e Literaturzeitschrift f
leucemí -a f Leukämie f
leukocít -i m, Pl -e Leukozyt m

levarásh I. -i *Subst/m, Pl* -ë unruhiger Mensch *m*; unzuverlässiger Mensch; II. -e *Adj* unruhig; unzuverlässig; flatterhaft
levénd, -e *Adj* schlank und flink
levénx|ë -a *f, Pl* -a Wolldecke *f*
leverdí -a *f* Nutzen *m*, Vorteil *m*, Gewinn *m*; Interesse *n*; **s'kam** ~ es lohnt sich nicht für mich
leverdís 21 *itr* Nutzen haben, Vorteil haben; nutzen; **s'më** ~ das nützt mir nicht
¹**lév|ë** -a *f, Pl* -a 1. *Phys* Hebel *m*, Hebearm *m*; 2. *übertr* Antrieb *m*, Ansporn *m*, Hebel; **leva leniniste** das Leninaufgebot
²**lév|ë** -a *f, Pl* -a Lew *m* bulgarische Währungseinheit
levrék -u *m, Pl* -ë Seebarsch *m*, Wolfbarsch *m*
lexím -i *m, Pl* -e Lesen *n*, Lektüre *f*; **libër** ~ **i** Lesebuch *n*; **sallë** ~ **i** Lesesaal *m*
lexón 1 *tr* lesen, vorlesen
lexónjës -i *m, Pl* – = lexues
lexúes -i *m, Pl* – Leser *m*
lexúesh|ëm (i), -me (e) *Adj* lesbar, leserlich
lez -i *m, Pl* -a *od* -ë Warze *f*
lezár -i *m, Pl* -ë waagerechte Stützstange *f* der Weinrebe; Stange *f* auf die Fleisch und Wurst zum Räuchern gehängt wird
léz|e -ja *f, Pl* -e = lez
lezéç|ëm (i), -me (e) *Adj* 1. wohlschmeckend, appetitlich, lecker; 2. anmutig, hübsch; niedlich; putzig, drollig
lezét -i *m, Pl* -e Geschmack *m*, Wohlgeschmack; Genuß *m*; Vergnügen *n*; **gjellë pa** ~ fades, nüchternes Essen; **ha me** ~ mit Appetit essen; **ka** ~ es ist angenehm, es macht Spaß; **a ke** ~ ? gefällt es dir?; *übertr* **i ka** ~ **kostumi** das Kostüm steht ihr gut; **s'të ka** ~ **ty t'i thuash këto fjalë** es ziemt sich nicht für dich, so etwas zu sagen
lezétsh|ëm (i), -me (e) *Adj* = i lezeçëm
Lézh|ë -a *f* Lesh *n* (albanische Stadt)
lë 42 *tr* 1. lassen, liegenlassen, bleibenlassen; ~ **të varur** in der Schwebe belassen; ~ **pas dore** vernachlässigen, sich nicht kümmern um; **të lutem, më ler rehat!** laß mich bitte in Ruhe!; 2. dalassen, zurücklassen; übriglassen; hinterlassen; **e la në vend** er streckte ihn nieder; **e la pas** *od* **e la prapa** a) er ließ ihn hinter sich, er überholte ihn; b) er ließ ihn zurück, er starb; **la dy djem** er ließ zwei Jungen zurück; **ai s'u la gjë djemve** er hat den Söhnen nichts hinterlassen; **nuk i la sy e faqe** er hat ihn völlig bloßgestellt; 3. stehenlassen, wachsen lassen; ~ **mustaqet** er läßt sich den Schnurrbart stehen; 4. zulassen, erlauben; **e lashë djalin të shkojë me shokë** ich ließ den Jungen mit seinen Freunden weggehen; ~ **jashtë** a) herauslassen; b) draußen lassen; ausklammern, unberücksichtigt lassen; 5. unterlassen; **s'e** ~ **pa shkuar** ich gehe auf jeden Fall hin; **nuk** ~ **(asnjë) gjë pa bërë** er läßt nichts unversucht; 6. ablassen von, aufhören zu; ~ **re** a) laß das!; b) laß schon gut sein!; **lashë rakinë** ich habe aufgehört, Schnaps zu trinken; **t'i** ~ **më shakatë!** Scherz beiseite!; 7. verlassen; **më la në baltë** er hat mich im Stich gelassen; **e la në rrenë** er hat ihn belogen; **si e latë?** was habt ihr beschlossen?, wie seid ihr verblieben?; **më kanë** ~ **në sytë** ich kann nicht mehr (gut) sehen; **e la gruan** er hat seine Frau verlassen; 8. verlieren; **la pasurinë në lodër** er hat seinen Besitz verspielt; **la jetën** er ließ sein

Leben; **la kokën** a) er verbürgte sich mit seinem Leben; b) er ließ seinen Kopf; **la lëkurën** er trug seine Haut zu Markte; **kur e pashë lashë mendtë** als ich ihn sah, war ich höchst erstaunt; 9. verschieben; **punën e sotme mos e ler për nesër** was du heute kannst besorgen, das verschiebe nicht auf morgen; 10.: ~ **fjalë** a) ausrichten lassen; b) seinen letzten Willen kundtun; ~ **të kuptohet** zu verstehen geben

lëbárk|e -ja *f* Ruhr *f*, Dysenterie *f*
lëçít 22 *tr* = **leçít**
lëfór|e -ja *f*, *Pl* -e Schale *f* von *Apfelsinen, Weintrauben usw.*
lëfór|ë -a *f*, *Pl* -a *Zool* Schuppe *f*
lëfós -i *m*, *Pl* -ë Fresser *m*, Freßsack *m*, Vielfraß *m*
lëftím -i *m*, *Pl* -e Herzschlag *m*
lëftón 1 *tr*, *itr* kämpfen; bekämpfen; sich anstrengen, sich bemühen; **më** ~ **zemra** ich habe Herzklopfen
lëfýt -i *m*, *Pl* -a 1. Tülle *f*, Schnauze *f* an *Kannen*; 2. Kehle *f*, Gurgel *f*
lëkór|e -ja *f*, *Pl* -e Chicorée *f*; Zichorie *f*
lëkóst|ër -ra *f Bot* Bast *m*
lëk|úe -óni *m*, *Pl* -ój Wasserrose, weiße Seerose *f*
lëkúnd 14 *tr* bewegen, hin und her schaukeln; **-et** *refl* sich bewegen, sich hin und her wiegen; schwanken; schaukeln; wanken; *übertr* schwanken, unsicher sein
lëkúndës -i *m*, *Pl* – *El* Vibrator *m*, Oszillator *m*
lëkúndj|e -a *f*, *Pl* -e Schwanken *n*; Schaukeln *n*; Wanken *n*; Wakkeln *n*; Erschütterung *f*; *Phys* Schwingung *f*, Oszillation *f*; *übertr* Schwankung *f*
lëkúndsh|ëm (i), -me (e) *Adj* unsicher, schwankend, wankelmütig
lëkúq 14 *tr* leicht röten; **-et** *refl* erröten, rot werden

lëkuraxhí -u *m*, *Pl – od* -nj Gerber *m*
lëkúret 14¹ *refl* zum Skelett abmagern, Haut und Knochen werden
lëkúr|ë -a *f*, *Pl* -ë 1. Haut *f*; Leder *n*; Fell *n*; Lederbalg *m für Flüssigkeiten*; ~ **vaji** Ölschlauch *m*; **u bë kockë e** ~ er ist nur noch Haut und Knochen; **e ka** ~**n të trashë** er hat ein dickes Fell; 2. *Pl* -a Rinde *f*; Schale *f*; ~ **e mollës** Apfelschale; ~ **e fasules** Hülse *f* der grünen Bohnen
lëkurëhóllë *Adj* mit zarter Haut, mit dünner Haut; mit dünner Schale
lëkurëpunónjës -i *m*, *Pl –* 1. Lederarbeiter *m*; Gerber *m*; 2. Kürschner *m*
lëkurërrégjës -i *m*, *Pl –* = **lëkuraxhi**
lëkúrës -i *m*, *Pl –* Schinder *m*
lëkurëtráshë *Adj* grobhäutig, mit dicker Haut; *übertr* dickfellig
lëkurtár -i *m*, *Pl* -ë = **lëkuraxhi**
lëkúrtë (i) *Adj* Leder-, ledern
lëmáq|e -ja *f*, *Pl* -e Trümmerfeld *n*; Gesteinshalde *f*
lëmáshk -u *m*, *Pl* lëmáshqe 1. Flußschlamm *m*; schlammige Ablagerung *f an Steinen usw.*; 2. Moder *m*, Fäulnisschimmel *m*; 3. ausgetrockneter Mund *m*
lëmáz|ë -a *f*, *Pl* -a Häutchen *n*, dünne Schale *f*; ~ **e qepës** Zwiebelschale
lëméhet 3 *refl* sich schminken, sich zurechtmachen
lëméket 14³ *refl* 1. feucht werden, naß werden; in Schweiß geraten; 2. ohnmächtig werden
lém|ë -i *m*, *Pl* -ë *od* -énj *od* -énj 1. Tenne *f*, Dreschplatz *m*; Dreschen *n*, Drusch *m*; **lëmi i parë** die Erntezeit, die Druschzeit; 2. Gebiet *n*, Feld *n*; ~ **lufte** Schlachtfeld; **në** ~ **të** auf dem Gebiet von; *Phys* Feld *n*
lëmísht|e -ja *f*, *Pl* -e 1. Reisig *n*; 2. Kehricht *m*

lëmójz|ë -a *f*, *Pl* -a Glätthobel *m*; Polierstahl *m*

lëmó|n 1 *tr* 1. feilen; glatt reiben, glätten; 2. streicheln, liebkosen; -**het** *refl* sich reiben; sich (gegenseitig) streicheln

lëmósh|ë -a *f*, *Pl* -a 1. Almosen *n*, milde Gabe *f*, Spende *f*; 2. Speisen, die zum Gedächtnis an einen Toten verteilt werden

lëmósht|ër -ra *f*, *Pl* -ra Krume *f*, Krümel *m* von Brot

lëmsh -i *m*, *Pl* -e Knaul *m*, Knäuel *n*; ~ **i i dheut** der Erdball; *übertr* **m'u bë ~ në fyt** es blieb mir im Halse stecken; **e bën ~** etw. verheddern, etw. durcheinanderbringen; **u mblodh ~ od u bë ~** a) er rollte sich zusammen; b) er ist zusammengeschrumpft; **u bë puna ~** die Angelegenheit ist verworren

lëmúar (i) *Adj* glatt, eben

lëmúq *Adv*: **bie ~** übereinanderfallen; **e lëshoi ~ përdhe** er streckte ihn nieder

lëmýshk -u *m*, *Pl* lëmýshqe 1. ausgetrockneter Mund *m*, ausgedörrte Kehle *f*; 2. Moos *n*; Seetang *m*

léna -t (të) *Pl* Essenreste *Pl*, Speisereste *Pl*

lëndár, -e *Adj* = **lëndor**

lénd|ë -a *f*, *Pl* -ë 1. Bauholz *n*, Baumaterial *n*; 2. Materie *f*, Substanz *f*; Material *n*; **~ t e para** Rohstoffe *Pl*, Grundstoffe *Pl*; **~ djegëse** Brennmaterial, Brennstoff *m*; **Bauw ~ lidhëse** Bindemittel *n*; **~ ndërtimi** Baumaterial; 3. *übertr* Stoff, Gegenstand *m*, Thema *n*; **~ t e mësimit** die Unterrichtsfächer

lëndím -i *m*, *Pl* -e Verschlimmern *n*, Reizen *n einer Wunde*

lëndín|ë -a *f*, *Pl* -a 1. Brache *f*, Brachland *n*; 2. Wiese *f*; 3. Grasscholle *f*

lëndón 1 *tr* reizen *(Wunde)*; den Schmerz schüren; verletzen, verwunden; *übertr* **~ zemrën** eine alte Wunde berühren, einen alten Schmerz aufwühlen

lëndór, -e *Adj* stofflich, materiell

lénë (i) *Adj* 1. zurückgelassen, liegengelassen, hinterlassen; verlassen; 2. verrückt; 3. träge; lässig, nachlässig

lënësí -a *f* Verrücktheit *f*; Blödheit *f*

lëng -u *m*, *Pl* léngje Saft *m*; Baumsaft; *Phys* Flüssigkeit *f*, flüssiger Körper *m*; **~ ftohës** Kühlflüssigkeit; *Anat* **~ qelqor** Glaskörper *m des Auges*; **~ ujor** Augenflüssigkeit; *übertr* **më lëshon goja ~** mir läuft das Wasser im Mund zusammen

lëngát|ë -a *f*, *Pl* -ë Siechtum *n*, Krankenlager *n*; langwierige Krankheit *f*; *Vet* Seuche *f*; Krankheit *bei Pflanzen*; **lëngata e tokës** *od* **lëngata e hënës** die Epilepsie

lëngatóhet 1 *refl Vet* Milzbrand bekommen *(Schafe)*

lëngësír|ë -a *f* Saft *m* der Bäume

lëngësóhet 1 *refl*: **u lëngësuan drurët** der Saft ist in den Bäumen hochgestiegen

lëngështím -i *m* Verflüssigung *f*, Kondensation *f*

lëngështón 1 *tr* verflüssigen

lëngët (i) *Adj* flüssig; saftig

lëngëtór|e -ja *f*, *Pl* -e *Gramm* Liquidlaut *m*

lëngëzón 1 *itr*: **më ~ goja** mir läuft das Wasser im Mund zusammen

lëngím -i *m*, *Pl* -e 1. Siechtum *n*, Siechen *n*; langwierige Krankheit *f*; 2. Typhus *m*

lëngón 1 *itr* an einer langwierigen Krankheit leiden, dahinsiechen

lëngsh|ëm (i), -me (e) *Adj* flüssig

lëngúth -i *m* Saft *m junger. Bäume*

lëngjýr|ë -a *f* Typhus *m*

lënúr 14[1] *tr* Flachs *od* Wolle käm-

lëpín

men; **-et** *refl* sich abrackern, schuften

lëpín 6 *tr* lecken, ablecken, abschlecken; lutschen; *übertr* **ç'kam pështyrë, s'e lëpij** was ich gesagt habe, nehme ich nicht zurück

lëpírë (i) *Adj* abgeleckt; (wie) angeklatscht *(Haare)*

lëpís -i *m* Zeigefinger *m*

lëpísk|ë -a *f*, *Pl* -a Schuppe *f der Fische*

lëpítk|ë -a *f*, *Pl* -a Schlappen *m*, Pantoffel *m*

lëpíz|ë -a *f*, *Pl* -a Regal *n*, Wandbrett *n*, Wandbord *n*

lëpjét|ë -a *f*, *Pl* -a Ampfer *m*; ~ **bjeshke** Sauerampfer

lëplúng|ë -a *f*, *Pl* -a Seihtuch *n*

lëpúsh|ë -a *f*, *Pl* -a 1. Königskerze *f*; 2. Pestwurz *f*

lëpúshk|ë -a *f*, *Pl* -a *iron* Blättchen *n*, Käseblatt *n für Zeitung*

lër 42 *Imp* → **lë**

lërím -i *m* Pflügen *n*, Ackern *n*, Bestellung *f des Ackers*

lërón 1 *tr* pflügen, ackern; den Boden bearbeiten

lërónjës -i *m*, *Pl* – wissenschaftlicher Bearbeiter *m*

lës -i *m* Löß *m*

lëshé -ja *f* Anlauf *m*, Schwung *m*, Elan *m*

lëshím -i *m*, *Pl* -e 1. Freilassung *f*; Weglassen *n*; Loslassen *n*; Zulassen *n*; 2. Unterlassung *f*; Zugeständnis *n*; 3. *Tech* Toleranz *f*; 4. *Sport* Abfahrtslauf *m*; 5. Start *m eines Raumschiffes*

lëshó|n 1 *tr* 1. loslassen, fallenlassen, nicht halten; **lëshoi gurin përdhe** er ließ den Stein fallen; **e ~ gojën** er läßt seiner Zunge freien Lauf; **s'të ~ nga goja** er redet immer (Gutes) von dir; **fiku lëshoi koqet përdhe** der Feigenbaum hat seine Früchte abgeworfen; 2. locker lassen, lockern; ~ **litarin** er läßt das Seil locker; ~ **pe** er gibt nach, er macht Konzessionen; 3. von sich geben, aufgeben, verlieren; ~ **bojën** abfärben, die Farbe verlieren; **dielli ~ rreze** die Sonne sendet ihre Strahlen; ~ **lot** Tränen vergießen, weinen; ~ **erë të mirë** gut riechen; **sytë e tij lëshonin shkëndija** seine Augen sprühten Funken; **mos i lësho armët!** a) gib deine Waffen nicht aus der Hand!; b) wirf die Flinte nicht ins Korn!; 4. freilassen, laufen lassen, gehen lassen; **dua të vete po s'më ~ im atë** ich will hingehen, aber mein Vater läßt mich nicht; 5. loslassen, aussenden, vom Stapel lassen; ~ **një anije në det** ein Schiff vom Stapel lassen; *Raumschiffe, Raketen* starten; ~ **sytë** Blicke werfen; ~ **spirancën** den Anker auswerfen; **na lëshuan qentë** sie ließen die Hunde auf uns los; *Motoren, Mechanismen* in Gang setzen; *Verordnungen usw.* erlassen; *Losungen usw.* aufstellen; 6. verlassen; ~ **gruan** die Frau verlassen, sich von der Frau scheiden lassen; **e lëshoi zemra** er hat den Mut verloren; 7. entlassen; **pat lëshuar shërbëtorin** er hatte den Diener entlassen; 8. jmdm. etw. überlassen; **i lëshoj rrugë** ich mache ihm Platz, ich weiche vor ihm aus; ~ **një odë me qira** ein Zimmer vermieten; 9.: **e ~ doret** *od* **e ~ prej dore** jmdn. verlassen, jmdm. die Unterstützung entziehen; 10. hervorbringen, ansetzen; **gruri lëshoi kallinj** der Weizen hat Ähren angesetzt; **lëshoi gonxhe trëndafili** die Rose hat Knospen bekommen; **djali lëshoi shtat** der Junge ist in die Höhe geschossen; ~ **rrënjë** Wurzeln treiben; 11. wachsen lassen; ~ **mjekër** er läßt sich den Bart stehen; *itr* 12. sich entfalten, auseinandergehen; aufblühen; **lëshoi trëndafili** die Rose (der Rosenstock) ist aufgeblüht; **ujërat lëshuan** es ist Hochwasser; das Wasser ist über die Ufer getreten; **lëshoi bleta** das Bienenvolk ist ausgeschwärmt; **-het** *refl* **1.** sich auf jmdn. stürzen; sich über etw. hermachen; **i lëshohem armikut** ich stürze mich auf den Feind; **2.** (hin)gehen; **lëshohu gjer në pazar!** geh bis zum Basar!; **3.** den Mut verlieren; **mos u lësho!** fasse dich!, gib den Mut nicht auf!

lëshúar (i) *Adj* **1.** unaufmerksam, unachtsam, zerstreut; nachlässig, lässig; **2.**: **grua e ~** verlassene Frau *f*, geschiedene Frau

lëshúes -i *m, Pl* – Anlasser *m,* Starter *m*

lëtýr|ë -a *f, Pl* -a = **latyrë**

lëvár|e -ja *f, Pl* -e Wasserfall *m*

lëvdát|ë -a *f, Pl* -a *meist Pl* Prahlerei *f*, Angeberei *f*, Angabe *f*; Lob *n*, Ehre *f*, Anerkennung *f*

lëvdím -i *m* = **lëvdatë**

lëvdó|n 1 *tr* loben, rühmen; lobpreisen; ehren, anerkennen; **-het** *refl* sich rühmen, prahlen, angeben

lëvdúesh|ëm (i), -me (e) *Adj* lobenswert

lëvér|e -ja *f* **1.** Fetzen *m*, Flicken *m*; Lappen *m*; **2.** Stoff *m*; Kopftuch *n der Bauern*; **3.** *iron* Blättchen *n für Zeitung*; **4.** ~ **e** *Pl* Unterwäsche *f*

lëvézhg|ë -a *f, Pl* -a = **lëvozhgë**

lëvíret 14¹ (i) *refl* jmdn. flehentlich bitten, anflehen; sich anbiedern, sich demütigen

lëvír|ë -a *f, Pl* -a flehentliche Bitte *f*, Flehen *n*

lëvíz 14 *itr* sich bewegen, sich fortbewegen; in Gang kommen; *tr* bewegen, fortbewegen; in Bewegung bringen, in Gang setzen

lëvízës, -e *Adj* beweglich; bewegend, treibend, Trieb-; **forcat ~e** die Triebkräfte; **kupë ~e** Wanderpokal *m*

lëvízj|e -a *f, Pl* -e **1.** Bewegung *f*; Bewegen *n*; ~ **punëtore** Arbeiterbewegung; ~ **trupash** Truppenbewegung; **2.** Verkehr *m*; **3.** Antrieb *m von Maschinen u. dgl.*

lëvizór, -e *Adj* bewegend, treibend, Trieb-

lëvízsh|ëm (i), -me (e) *Adj* beweglich

lëvízur (i) *Adj* unbeständig, flatterhaft; wacklig, instabil

lëvór|e -ja *f, Pl* -e Blatthülle *f des Maiskolbens*; Schale *f*, Haut *f von Früchten und Gemüse*; Rinde *f*

lëvorón 1 *tr* = **lëvorzon**

lëvorzó|n 1 *tr Obst* schälen; *die Haut* abmachen, enthäuten; entrinden; **-het** *refl übertr* sich schinden, sich abrackern

lëvózhg|ë -a *f, Pl* -a harte Schale *f (Nuß usw.)*; Schale *von Obst, bes. von Apfelsinen*

lëvrím -i *m, Pl* -e **1.** Pflügen *n*, Ackern *n*; Bearbeitung *f des Bodens*, Bestellen *n*; **2.** Bearbeiten *n*, Bearbeitung *f eines Wissenschaftsgebietes*

lëvrín 6 *itr* sich (schnell) hin und her bewegen; sich schlängeln; kreisen; kribbeln, wimmeln; *übertr* **më ~ gjaku** mein Blut gerät in Wallung; **më ~** ich habe große Lust

lëvríz|ë -a *f, Pl* -a Bandwurm *m*

lëvrón 1 *tr* **1.** pflügen; *Acker* bebauen, bestellen, bearbeiten; **2.** *eine Kunst oder Wissenschaft* betreiben; etw. bearbeiten *(auf wissenschaftlichem oder künstlerischem Gebiet)*; **3.** erleichtern; **4.** *itr* = **lëvrin**

lëvrúes -i *m, Pl* – Erforscher *m*

lëvýret 14¹ *refl* = **lëviret**

¹**li** -ri *m* Lein *m*, Flachs *m*; **farë ~ri** Leinsamen *m*; **prej ~ri** leinen,

Leinen-; **lesh e ~ wie Kraut und Rüben**
²**li** -a *f* Pocken *Pl*; **~ e dhenve** *od* **~ e qenve** Windpocken, Spitzpocken
Libán -i *m* (der) Libanon *m*
liberál I. -i *Subst/m*, *Pl* -ë Liberaler *m*; II. -e *Adj* liberal
liberalíz|ëm -mi *m* Liberalismus *m*
líb|ër -ri *m*, *Pl* -ra Buch *n*; **~ mësimi** Lehrbuch
Libí -a *f* Libyen *n*
libián I. -i *Subst/m*, *Pl* -ë Libyer *m*; II. -e *Adj* libysch
bralídhës -i *m*, *Pl* – Buchbinder *m*
librár -i *m*, *Pl* -ë Buchhändler *m*
librarí -a *f*, *Pl* – Buchhandlung *f*
librashítës -i *m*, *Pl* – Buchverkäufer *m*, Buchhändler *m*
libréz|ë -a *f*, *Pl* -a Büchlein *n*, Heft *n*; **~ anëtarësie** Mitgliedsbuch *n*; **~ banke** *od* **~ kursimi** Sparkassenbuch *n*, Sparbuch *n*
licé -u *m*, *Pl* -e Lyzeum *n*
liceíst -i *m*, *Pl* -ë *od* -a Schüler *m* eines Lyzeums
líc|ë -a *f*, *Pl* -a Flachsbreche *f*
licitación -i *m*, *Pl* -e Versteigerung *f*, Lizitation *f*
líder -i *m*, *Pl* -ë Führer *m*; **~ i partisë** Parteiführer
lidh 14 *tr* 1. binden, zubinden, abbinden; verbinden *(Wunde usw.)*; einbinden; **~ një libër** ein Buch binden; binden, fesseln; zusammenbinden; **2.** verbinden, vereinigen; **3.** verbinden, in einen logischen Zusammenhang bringen; **e ka ~ur mirë këtë shkresë** er hat dieses Schreiben gut formuliert; **4.:** **~ fjalë** übereinkommen; **~ një kontratë** einen Vertrag schließen; **~ miqësi** Freundschaft schließen; **~ aleancë** ein Bündnis eingehen; **~ krushqi** sich verschwägern; **i ~ një rrogë të mirë** ich billige ihm ein gutes Gehalt zu; **e ~a me fjalë** a) ich konnte ihn (von seinen Gedanken usw.) ablenken; b) ich konnte ihn überzeugen; **5.** *El* anschließen; kuppeln; **~ me tokë** erden; **~ në të shkurtër** kurzschließen; **~ bashkë** zusammenschalten; **6.** etw. (vor allem aus religiösen Gründen) aufgeben, einer Sache entsagen; **kam ~ur mishin** ich entsage (zeitweilig) dem Fleischgenuß, ich faste; **ka ~ur rakinë** er trinkt keinen Branntwein mehr; **7.: e kanë ~ur atë** man hat ihn behext; **8.: s' ~ pare kjo gjë** das bringt nicht viel Geld ein; **9.: ~ inat** zornig werden; **10.: e ~a në algjebër** ich stellte ihm eine schwierige Algebra-Aufgabe; *itr* 11. *Frucht* ansetzen; **sa lule çelin të gjitha nuk ~ in** nicht alle Blütenträume reifen; **12.: ai ~ e zgjidh atje** er genießt dort große Autorität; -et *refl* **1.** sich verbünden; **u ~ën me besë** sie schlossen einen Treuebund; **2.: ~ et me mish e me shpirt** sich stark engagieren, sich einer Sache mit Leib und Seele verschreiben; **3.** sich fangen lassen, sich ergeben; *alt* **~u!** halt!, stehengeblieben!; **4.** sich (auf jmdn.) völlig verlassen; **5.: pse m'u ~ e?** warum hast du (es) mir fest zugesagt? **6.: ~et me kusht** wetten; **7.: iu ~ goja** er fand keine Worte
lidh|e -ja *f*, *Pl* -e Binde *f*, Verband *m*
lidhës -i *m*, *Pl* – Mühlenwehr *n*
lidhës|e -ja *f*, *Pl* -e Bindfaden *m*, Schnur *f*, Strick *m*; **~ këpucësh** Schnürsenkel *m*
lídhëz -a *f*, *Pl* -a 1. *Gramm* Konjunktion *f*, Bindewort *n*; **2.** Bindfaden *m*
lídhj|e -a *f*, *Pl* -e 1. Binden *n*, Zubinden *n*; Verbinden; Einbinden; **2.** Verbindung *f*, enge Beziehung *f*; **në ~ me** in Verbindung mit; **3.** Bund *m*, Liga *f*; *hist* Lidhja e

Prizrenit die Liga von Prizren; **4.** Vereinigung *f*, Verband *m*; **Lidhja e Shkrimtarëve** der Schriftstellerverband; **5.** *Chem* Verbindung; ~ **metalike** Legierung *f*; **6.** *El* Netzanschluß *m*; Kupplung *f*, Schaltung *f*; ~ **me dorë** Handkupplung; ~ **me tokë** Erdung *f*; ~ **me paralel** Parallelschaltung; ~ **në sëri** Reihenschaltung; ~ **shtëpie** Hausanschluß; **7.** *Bauw* Verband *m*

lidhór, -e *Adj Gramm* relativ; **fjali** ~**e** Relativsatz *m*; **përemër** ~ Relativpronomen *n*; **mënyrë** ~**e** Konjunktiv *m*

lidhór|e -ja *f Gramm* Konjunktiv *m*

lídhur I. (i) *Adj* **1.** gebunden, zusammengebunden; **2.** verbunden, vereint, verbündet; **3.** abgeschlossen *(Vertrag usw.)*; **4.** gebunden *(Buch)*; **5.** verbunden *(Wunde)*; **6.** stattlich, stark, kräftig; **II.** *Adv* gebunden, gefesselt; verbunden; ~ **me** in Verbindung mit

lídhura -t (të) *Pl Rel* Fastnacht *f*

lifqér -i *m*, *Pl* -e Wasserfall *m*

lig I. 14³ *tr* ausmergeln, auszehren *(Krankheit)*; krank machen; **-et** *refl* dünner werden, abmagern; dahinsiechen; krank werden, erkranken; **iu** ~ **ora** er hat den Mut verloren; **II.** (i), -ë (e) *Adj* **1.** schlecht, böse; **për së** ~**u** im Bösen, mit Gewalt; **2.** mager; **mish i** ~ mageres Fleisch; **3.** krank, schwerkrank; abgezehrt, ausgemergelt; siech; **4.** feige; mutlos

líga -t (të) *Pl* Böses *n*, Unglück *n*, Mißgeschick *n*

ligáç -i *m* kraftloser, schwacher Mann *m*; Schwächling *m*

ligát 20 *tr Vet Tiere* krank machen; **-et** *refl* die Leberegelkrankheit bekommen *(Schafe)*

ligát|ë -a *f*, *Pl* -a **1.** *Vet* Leberegelkrankheit *f*; **2.** morastige Wiese *f*

ligatín|ë -a *f*, *Pl* -a feuchte Niederung *f*; Sumpf *m*, Morast *m*

ligavéc -i *m*, *Pl* -ë Nacktschnecke *f*

¹**líg|ë I.** -a (e) *Subst*/*f* **1.** Unglück *n*, Unheil *n*, Böses *n*; Gefahr *f*; **2.** Krankheit *f*; **3.** Klosett *n*; **II.** -ët (të) *Subst*/*n* Ohnmacht *f*

²**líg|ë** -a *f*, *Pl* -a Liga *f*

ligësí -a *f*, *Pl* – Bosheit *f*, Boshaftigkeit *f*, Schlechtigkeit *f*; ~ *Pl* Missetaten *Pl*, Untaten *Pl*

lígët (i) *Adj* ausgemergelt, abgezehrt; elend, verhärmt

ligsht *Adv* **1.** schwerkrank, todkrank; **është** ~ es steht schlecht um ihn; **2.**: **më vjen** ~ es tut mir leid; **mos ia thuaj, se i vjen** ~ sage es ihm nicht, denn er ärgert sich darüber; **më vjen** ~ **për të** ich bedaure ihn, er tut mir leid

lígshtë (i) *Adj* kraftlos, schwach; morsch

ligshtí -a *f* **1.** Schwäche *f*, Kraftlosigkeit *f*; Schwächeanfall *m*, Ohnmacht *f*; **i ra** ~ er fiel in Ohnmacht; **2.** Unmännlichkeit *f*; Feigheit *f*

ligshtím -i *m* Schwächung *f*, Ermattung *f*

ligshtó|n 1 *tr* schwächen, entkräften; **-het** *refl* **1.** schwächer werden, die Kräfte verlieren; **2.** den Mut verlieren

ligj -i *m*, *Pl* -e **1.** Gesetz *n*; **jashtë** ~ **it** gesetzwidrig; **2.** Recht *n*; **ka** ~ recht haben

ligjbërës -i *m*, *Pl* – Gesetzgeber *m*

ligjdhënës -i *m*, *Pl* – = **ligjbërës**

ligje -t *Pl* Totenklage *f*

lígj|ë -a *f*, *Pl* -ë Gesetz *n*; ~**t e natyrës** die Naturgesetze; ~**t fonetike** die Lautgesetze; Gesetz, Regel *f*, Norm *f*

ligjërát|ë -a *f*, *Pl* -a **1.** Ansprache *f*, Rede *f*; **2.** *Gramm*: **pjesët e** ~**s** die Satzteile; ~ **e drejtë** direkte Rede;

~ e zhdrejtë indirekte Rede; **3.** Mundart *f*
ligjërí -a *f*, *Pl* – Stimmengewirr *n*; Laute *Pl*
ligjërím -i *m*, *Pl* -e Mundart *f*
ligjëró|n 1 *itr* **1.** sprechen, reden; **2.** *einen Toten beklagen, Totenklagen* singen; **3.** *Reden* halten; **4.** singen *(Vögel)*; **-het** *refl* sich beraten, sich unterhalten
ligjësór, -e *Adj* gesetzmäßig
ligjësorí -a *f* Gesetzmäßigkeit *f*
ligjëshmërí -a *f* Gesetzlichkeit *f*; Gesetzmäßigkeit *f*
ligjóhet 1 *refl* beichten; das heilige Abendmahl nehmen; die letzte Ölung empfangen
ligjór, -e *Adj* gesetzlich, Gesetzes-
ligjorísht *Adv* gesetzlich, auf legale Weise
lígjsh|ëm (i), **-me** (e) *Adj* gesetzlich, legal; gerecht, zulässig, erlaubt; gesetzmäßig; rechtmäßig
líj|ë -a *f*, *Pl* -a Blattern *Pl*, Pocken *Pl*
lijëvrárë *Adj* = **i lijosur**
lijósur (i) *Adj* pockennarbig
lik I. -u *Subst/m* Niveau *n*, Ebene *f*; **për ~ të dheut** *od* **~ me dhenë** in Erdbodenhöhe; **II.** *Adv* genau; **~ për gjysëm** genau zur Hälfte
likárdh|ë -a *f* Windpocken *Pl*, Spitzpocken *Pl*
likén -i *m*, *Pl* -e *Bot* Flechte *f*
likér -i *m*, *Pl* -e *od* -a *od* -na Likör *m*
likogjóne -t *Pl* Hüftgegend *f*, Kreuz *n*; **më ranë ~t** ich habe Hexenschuß
líkshëm *Adv* = **ligsht**
líksht *Adv* = **ligsht**
liktýr|ë -a *f* Schnur *f*, Seil *n* zum *Binden von Holzlasten*
likuidím -i *m* **1.** Liquidierung *f*, Beseitigung *f*, Auflösung *f*; **2.** Begleichung *f*, Erledigung *f einer Rechnung u. dgl.*
likuidón 1 *tr* **1.** liquidieren, beseitigen, auslöschen; **2.**: **~ hesapin** die Rechnung bezahlen, die Forderung begleichen; **kjo çështje u likuidua** diese Frage ist erledigt
likurísht|ë -a *f*, *Pl* -a *Zool* Krake *m*, Achtfüßler *m*
lil -i *m*, *Pl* -a Lilie *f*
lilák -u *m*, *Pl* -ë Flieder *m*; Fliederbaum *m*, Fliederstrauch *m*
líl|ë -a *f*, *Pl* -a kleiner Eisenring *m*; **lilat e zinxhirit** a) die Handschellen; b) die Kettenglieder
liliacé -të *Pl* Liliazeen *Pl*, Liliengewächse *Pl*
lilth -i *m* *Anat* Zäpfchen *n*
limán -i *m*, *Pl* -e Hafen *m*; Bucht *f*
limanón 1 *tr* feilen
limanór, -e *Adj* Hafen-
limér -i *m*, *Pl* -e Versteck *n*, Schlupfwinkel *m* *der Räuber*, Räubernest *n*
lím|ë I. -a *Subst/f*, *Pl* -a Feile *f*; **~ pete** Flachfeile; **~ rrumbullake** Rundfeile; **~ triqoshe** Dreikantfeile; **II.** (i) *Adj* glatt, eben *(Oberfläche)*
limfatík, -e *Adj* **1.** lymphatisch, Lymph-; **enët ~e** die Lymphgefäße; **2.** *übertr* faul, träge
limf|ë -a *f* *Anat* Lymphe *f*; *Bot* Gewebeflüssigkeit *f*
limím -i *m* Feilen *n*
¹**limón** -i *m*, *Pl* -ë *od* -a Zitrone *f*
²**limón** 1 *tr* = **lëmon**
limonád|ë -a *f*, *Pl* -a Zitronengetränk *n*, Limonade *f*
limontóz -i *m* Zitronensäure *f*
linacé -të *Pl* Linazeen *Pl*, Leinpflanzen *Pl*
linç -i *m*: **gjyqi i ~it** das Lynchgericht; **ligja e ~it** die Lynchjustiz
linçón 1 *tr* lynchen
lind 46¹ *tr* gebären; *itr*; **-et** *refl* geboren werden; aufgehen *(Sonne)*
líndj|e -a *f*, *Pl* -e **1.** Geburt *f*; **2.** Sonnenaufgang *m*; Osten *m*; **Lindja e Afërt** der Nahe Osten; **Lindja e Largët** der Ferne Osten

lindór, -e *Adj* 1. östlich, Ost-; 2. Heimat-; **krahina** ~ **e** der Heimatbezirk
líndur (i) *Adj* geboren; hervorgegangen, herrührend, stammend
lineár, -e *Adj* linear, geradlinig, Längen-; **metër** ~ laufender Meter, laufendes Meter
ling -u *m* Eile *f*, Hast *f*; Geschwindigkeit *f*; **me** ~ eilig, schnell
lingárdh|ë -a *f* = **likardhë**
ling|ë -a *f*, *Pl* -a Glöckchen *n*; Viehglocke *f*, Herdenglocke *f*
lingërí -a *f* Geplänkel *n*
língëz -a *f*, *Pl* -a Glöckchen *n*
linguíst -i *m*, *Pl* -ë *od* -a Linguist *m*, Sprachwissenschaftler *m*
linguistík, -e *Adj* sprachwissenschaftlich, linguistisch
linguistík|ë -a *f* Linguistik *f*, Sprachwissenschaft *f*
lingrénë *Adj* = i **lijosur**
lingjér|ë -a *f*, *Pl* -a morastiger, sumpfiger Ort *m*
línkthi *Adv* im Trab; schnell, hurtig, eilig
linotíp -i *m*, *Pl* -e Linotype *f*, Setzmaschine *f*
linotipíst -i *m*, *Pl* -ë *od* -a Linotype-Setzer *m*
línta -t (të) *Pl* Unterwäsche *f*, Leibwäsche *f*
línte 42 *Imperf* → **lë**
líntë (i) *Adj* leinen, linnen, Leinen-
¹**línj|ë** -a *f*, *Pl* -a Leinenhemd *n*; ~ **e thjeshtë** Seidenhemd *n*; *übertr* **dola** ~ **s** ich wunderte mich, ich guckte dumm aus der Wäsche
²**línj|ë** -a *f*, *Pl* -ë 1. Linie *f*, Strecke *f*; 2. *El* Leitung *f*; ~ **e kundërt** *od* ~ **e anasjelltë** Rückleitung; ~ **kontakti** Kontaktleitung; ~ **ushqyese** Zuleitung *f*; ~ **tensioni të lartë** Hochspannungsleitung
linjít -i *m* Braunkohle *f*
lip 14 *tr* = **lyp**

lipacák I. -u *Subst/m*, *Pl* -ë Bettler *m*; **II.** -e *Adj* bettelnd
lipacák|e -ja *f*, *Pl* -e Bettlerin *f*
líp|ë -a *f*, *Pl* -a Linde *f*
lípës -i *m*, *Pl* – Bettler *m*
lipësón 1 *tr*, *itr* = **lyp**
lipsár -i *m*, *Pl* -ë Bettler *m*
lípset 21 *refl* brauchen, nötig haben; **më** ~ ich brauche; mangeln, fehlen; *unpers* es ist notwendig, es ist erforderlich, man muß
lipsí -a *f* Armut *f*
liq -të *Pl* Schäfte *Pl* am Webstuhl
liqén -i *m*, *Pl* -e *od* -ë See *m*; ~ **kratërsor** *od* ~ **vullkanik** Kratersee
liqér -i *m*, *Pl* -e Likör *m*; Glas *n* Likör; **dy** ~ **e** zwei (Glas) Likör
lirát|ë -a *f* Erlaubnis *f*
lirét|ë -a *f*, *Pl* -a Lira *f* italienische Währungseinheit
¹**lír|ë** -a *f*, *Pl* -a Lyra *f*, Leier *f*
²**lír|ë** -a *f*, *Pl* -a Lire *f* türkische Währungseinheit; Lira *f* italienische Währungseinheit
³**lírë I.** (i) *Adj* 1. frei, ungebunden; ungezwungen, leger; **është i** ~ er ist frei, er hat Zeit; unentgeltlich; **hyrje e** ~ freier Eintritt; **ky vend është i** ~ dieser Platz ist frei; **vargje të lira** freie Verse; **përkthim i** ~ freie Übersetzung; 2. billig, preiswert; **II.** *Adv* 1. locker, leger; 2. billig; **e blemë** ~ wir haben es billig gekauft
lirësí -a *f* Billigsein *n*, niedriges Preisniveau *n*
lirësón 1 *tr* 1. freistellen, entbinden; 2. verbilligen
lírët (i) *Adj* leger; locker *(Gürtel)*
lirí -a *f*, *Pl* – 1. Freiheit *f*; ~ **a e fjalës** die Redefreiheit; ~ **a e shtypit** die Pressefreiheit; 2. Ungebundenheit *f*, Ungezwungenheit *f*; Bewegungsfreiheit
liridáshës, -e *Adj* freiheitsliebend
lirík I. -u *Subst/m*, *Pl* -ë Lyriker *m*; **II.** -e *Adj* lyrisch

lirík|ë -a *f* Lyrik *f*
lirím -i *m* Befreiung *f*; Freilassung *f*, Entlassung *f*; *Jur* ~ **kondicional** bedingte Freilassung
lirísht *Adv* frei; ungebunden, ungezwungen; freimütig; ungehindert; **e flet** ~ **rusishten** er spricht fließend Russisch
lirísht|ë -a *f*, *Pl* -a Lichtung *f*, Waldlichtung
liríz|ëm -mi *m* Lyrismus *m*; Enthusiasmus *m*, dichterisches Feuer *n*
liró|n 1 *tr* 1. befreien; freilassen, entlassen; erlauben; 2. ausleeren, entleeren; ~ **qytetin** die Stadt räumen; ~ **shtëpinë** das Haus ausräumen; **i lirova vendin** ich machte ihm Platz; 3. lockern; 4. erleichtern; **më lirove nga kjo barrë** du hast mir diese Last abgenommen; 5. verbilligen, *Preis* senken; **-het** *refl* 1. sich befreien; sich retten, entkommen; 2. sich lockern; 3. billiger werden; 4.: **u lirua gruaja** die Frau hat entbunden
lírshëm *Adv* frei; locker; ungezwungen; **sot jam** ~ heute habe ich frei
lírtë (i) *Adj* = **i lintë**
lirúar I. (i) *Adj* 1. befreit; entlassen, freigelassen; 2. frei; locker; ungezwungen; II. *Adv* = **lírshëm**
lis -i *m*, *Pl* -a 1. Eiche *f*; 2. hoher Baum *m*
lisár|e -ja *f*, *Pl* -e Eichenschonung *f*, Eichenwäldchen *n*
Lisbón|ë -a *f* Lissabon *n*
lísm|ë -a *f*, *Pl* -a Schiefer *m*; Schiefergestein *n*; Erde *f die leicht bröckelt*
lisnáj|ë -a *f*, *Pl* -a Eichenwald *m*
lisní -a *f*, *Pl* – = **lisnajë**
líst|ë -a *f*, *Pl* -a Liste *f*, Verzeichnis *n*; ~ **e gjellëve** Speisekarte *f*
litaní -të *Pl Rel* Litanei *f*
litantráks -i *m* Steinkohle *f*
litár -i *m*, *Pl* -ë Seil *n*, Strick *m*; Leine *f*; **vdekje në** ~ Tod durch den Strang; **i hurit e i** ~ **it** Galgenvogel *m*; Erzschurke *m*
literatúr|ë -a *f*, *Pl* -a Literatur *f*
¹**lít|ër** -ri *m*, *Pl* -ra Liter *m* od. *n*
²**lít|ër** -ra *f*, *Pl* -ra *Garnmaß für eine bestimmte Menge von Baumwollfäden*
litografí -a *f* Lithographie *f*
litografík, -e *Adj* lithographisch
lituán I. -i *Subst/m*, *Pl* -ë Litauer *m*; II. -e *Adj* litauisch
Lituaní -a *f* Litauen *n*
lituanísht *Adv* auf litauisch
lituanísht|e -ja *f* Litauisch *n*
liturgjí -a *f*, *Pl* – *Rel* Liturgie *f*
liturgjík, -e *Adj Rel* liturgisch
líthk|ë -a *f*, *Pl* -a = **lidhëse**
líthme -t *Pl Rel* Fastnacht *f*
livádh -i *m*, *Pl* -e Wiese *f*
livánd|ë -a *f*, *Pl* -a Lavendel *m*; Lavendelöl *n*; Parfüm *n*
livándo -ja *f* = **livandë**
livár|e -ja *f*, *Pl* -e Wasserfall *m*
liváres -i *m*, *Pl* – Herabhängendes *n*
livárz|ë -a *f*, *Pl* -a *Bot* Kätzchen *Pl (als Blütenstand)*
livél -i *m*, *Pl* -a *Bauw* Libelle *f*, Wasserwaage *f*
livríz|ë -a *f*, *Pl* -a Bandwurm *m*
Ljezh -i *m* Lüttich *n*
loc -i *m*: **lum** ~ **i** lieber Freund, mein Lieber *als Anrede*
lóc|e -ja *f*: **lum locja** liebe Freundin, meine Liebe *als Anrede*
lóçk|ë -a *f Anat* Augapfel *m*; **loçka e zemrës** mein Liebling, mein Schätzchen *(Liebkosung für kleines Kind)*
lóço *Adj* dümmlich; vertrauensselig
lód|ër -ra *f*, *Pl* -ra 1. Spiel *n*, Spielen *n*; Glücksspiel; **lodrat e fëmijëve** die Kinderspiele; ~ **e shahut** Schachspiel; 2. Spielzeug *n*; 3. Spielrunde *f*; 4. Betrügerei *f*, List *f*; Intrigenspiel; 5. Trommel *f*
lodërtár -i *m*, *Pl* -ë Trommler *m*

lodërtí -a *f* große Trommel *f*; ~ *Pl* Schlagzeug *n*
lódërz -a *f* Epilepsie *f*
lodrón 1 *itr* springen, aufspringen *(vor Freude)*; herumhüpfen, tanzen; *tr* tanzen lassen, springen lassen
lodh 14 *tr* ermüden, matt machen; **-et** *refl* müde werden, ermatten; sich anstrengen; **u** ~ **a** ich bin erschöpft
lódhët (i) *Adj* = i **lodhur**
lódhj|e -a *f* Ermüdung *f*, Müdigkeit *f*; Erschöpfung *f*; Anstrengung *f*
lódhsh|ëm (i), -me (e) *Adj* ermüdend; anstrengend
lódhur (i) *Adj* müde; ermattet; erschöpft; überanstrengt
lofát|ë -a *f*, *Pl* -a Judasbaum *m*
log -u *m*, *Pl* lógje Wiese *f*; Lichtung *f*; Platz *m*; Kampfplatz
logarít|ëm -mi *m*, *Pl* -me Logarithmus *m*
logón 1 *tr* planieren, ebnen, einebnen
logorí -a *f*, *Pl* – Klage *f*, Totenklage
logorís 21 *tr* einen Toten beklagen; jmdm. Totenklagen singen
logjík, -e *Adj* logisch
logjik|ë -a *f* Logik *f*; ~ **formale** formale Logik; *übertr* Logik, Zusammenhang *m*; **logjika e ngjarjeve** der Zusammenhang der Ereignisse; logisches Denken *n*; **me** ~ logisch
logjíksh|ëm (i), -me (e) *Adj* logisch, folgerichtig
lójb|ë -a *f*, *Pl* -a makrelenähnlicher Adriafisch *m*
lojc, -e *Adj* unbeständig; unzuverlässig
lój|ë -a *f*, *Pl* -na Spiel *n*; **lojnat olimpike** die Olympischen Spiele; **e vuri në** ~ er hat sich über ihn lustig gemacht; **loja e parë** die erste Halbzeit
lojtár -i *m*, *Pl* -ë Spieler *m*, Mitspieler

lójtur (i) *Adj* 1. halbverrückt, närrisch; 2. wortbrüchig; unzuverlässig
lokál I. -i *Subst/m*, *Pl* -e Lokal *n*; II. -e *Adj* lokal, örtlich; **anestezí** ~ **e** Lokalanästhesie *f*, örtliche Betäubung *f*
lokalíst, -e *Adj* lokalpatriotisch
lokalitét -i *m*, *Pl* -e 1. Gemeinde *f*; 2. Lokalität *f*, Örtlichkeit *f*
lokalíz|ëm -mi *m* Lokalpatriotismus *m*
lokalizím -i *m* Lokalisierung *f*
lokalizón 1 *tr* lokalisieren, örtlich bestimmen; begrenzen
lokatív -i *m* *Gramm* Lokativ *m*
lók|e -ja *f* zärtliche Anrede des Kindes an die Mutter; **mori ti** ~ du liebe Mutti; **lokja e nënës** mein Liebling! *Anrede der Mutter an ihr Kind*
lokoméndet 14 *refl* ein Schwindelgefühl haben; ihm wird schwindlig
lokomobíl|ë -a *f*, *Pl* -a Lokomobile *f*
lokomotív|ë -a *f*, *Pl* -a Lokomotive *f*
lokomotivíst -i *m*, *Pl* -ë *od* -a Lokomotivführer *m*
lokución -i *m*, *Pl* -e Lokution *f*, Redewendung *f*, Ausdruck *m*; ~ **ndajfoljor** zusammengesetzte Adverbialbestimmung *f*
lól|e I. -ja *f* einfältige, leichtgläubige Frau *f*; II. -ja *m* einfältiger, leichtgläubiger Mann *m*
lolí -a *f*, *Pl* – Dummheit *f*, Eselei *f*; **u bë** ~ er wurde zum Gespött der Leute
lolís 21 *tr* verlachen, verspotten, zum Narren halten
Lónd|ër -ra *f* London *n*
lopár -i *m*, *Pl* -ë Kuhhirt *m*
lopát|ë -a *f*, *Pl* -a 1. Schaufel *f*; 2. Paddel *n*; Ruder *n*
lopátëz -a *f*, *Pl* -a Kaulquappe *f*
lopçár -i *m*, *Pl* -ë = **lopar**
lóp|ë -a *f*, *Pl* -ë Kuh *f*

lopërína -t *Pl* Rindvieh *n*, Rinder *Pl*, Kühe *Pl*
lópërt (i) *Adj* Kuh-
lópk|**ë** -a *f*, *Pl* -a *alte albanische Münze*, Viertellek *m*
lóq|**e** -ja *f* männliches Glied *n*; ~ e *Pl* Hoden *Pl*
lord -i *m*, *Pl* -ë Lord *m*
Lorén|**ë** -a *f* Lothringen *n*
lórz|**ë** -a *f*: flet si lorza er plappert wie ein Papagei
losh, -e *Adj* weinerlich
lot -i *m*, *Pl* – Träne *f*; me ~ për faqe tränenüberströmt; ~ krokodili Krokodilstränen *Pl*; derdh ~ Tränen vergießen
lotarí -a *f*, *Pl* – Lotterie *f*
lót|**ë** -a *f hist* Auslosung *f zum Militärdienst*; të ra lota dich hat das Los getroffen, du bist dran
lotít 20 *itr* = loton
lotón 1 *itr* weinen, Tränen vergießen; tropfen
lotúesh|**ëm** (i), -me (e) *Adj* klagend, traurig; beklagenswert
lovídh|**e** -ja *f*, *Pl* -e Hülse *f*; grüne Bohne *f*
loz 34 *tr*, *itr* spielen; bewegen; sich bewegen; ~ valle tanzen *(Reigen, Volkstanz)*; çmimet nuk ~ in die Preise schwanken nicht; ~ mendsh verrückt werden
lozák, -e *Adj* rankend, kletternd; bimë ~ e Kletterpflanze *f*
lóz|**e** -ja *f*, *Pl* -e *Bot* Ranke *f*
lozonjár, -e *Adj* unbeständig, launisch, launenhaft
lózh|**ë** -a *f*, *Pl* -a Loge *f*
luádh -i *m*, *Pl* -e = livadh
lúajtj|**e** -a *f*, *Pl* -e Bewegung *f*, Schwankung *f*
lúan 9[1] *tr*, *itr* 1. bewegen; weglegen, wegstellen; mos e luaj! rühr nicht mehr daran!, laß es dabei bewenden!; 2. sich bewegen, sich rühren; mos luaj vendit! rühr dich nicht vom Fleck!; wackeln; wanken, schwanken; 3. spielen; kalamajtë po luajnë die Kinder spielen; ~ shah Schach spielen; *übertr* diç ~ këtu irgend etwas wird hier gespielt; ka lojtur mendsh er ist verrückt geworden; 4. *Theat* spielen; 5. verspotten
luán -i *m*, *Pl* -ë *od* luáj Löwe *m*; *übertr* Held *m*
luanésh|**ë** -a *f*, *Pl* -a Löwin *f*; *übertr* Heldin *f*, Löwin
lubeníc|**ë** -a *f*, *Pl* -a Wassermelone *f*
lubërtín|**ë** -a *f* Schlamm *m*, Matsch *m*; Schneematsch
lubí -a *f*, *Pl* – 1. Sturm *m*; 2. *Myth* siebenköpfiger Drache *m*
lubrifikánt -i *m*, *Pl* -e Schmiermittel *n*, Schmieröl *n*
lubrifikón 1 *tr* schmieren, abschmieren
lúc|**ë** -a *f*, *Pl* -a dünner Schlamm *m*; Schlick *m*
lucó|**n** 1 *tr* mit Schlamm beschmieren, mit Schlamm bespritzen; beschmutzen; -het *refl* schmutzig werden; sich mit Schlamm besudeln
lúejtsh|**ëm** (i), -me (e) *Adj* 1. unruhig, lebhaft; unzuverlässig; 2. beweglich, transportabel; pasuri e luejtshme bewegliche Habe
luftaníj|**e** -a *f*, *Pl* -e Kriegsschiff *n*
luftár I. -i *Subst*/*m*, *Pl* -ë Krieger *m*; Kämpfer *m*; II. -e *Adj* kriegerisch; kämpferisch
luftarák, -e *Adj* kriegerisch; Kriegs-; kämpferisch; Kampfes-; përshëndetje ~ e Kampfesgrüße *Pl*; unbeugsam
lúft|**ë** -a *f*, *Pl* -a *od* -ëra 1. Kampf *m*, Auseinandersetzung *f*; lufta e klasave der Klassenkampf; 2. Krieg *m*; Lufta e Dytë Botërore der zweite Weltkrieg; lufta civile der Bürgerkrieg; Kampf, Schlacht *f*; ~ detare Seeschlacht; 3. *übertr* Kampf, Kämpfen *n*; Gegner-

schaft *f*, Opposition *f*; ~ për paqe Friedenskampf; ~ opinionesh Meinungsstreit *m*

luftëdáshës, -e *Adj* kriegerisch, kriegslüstern, kriegswillig

luftënxítës -i *m*, *Pl* – Kriegshetzer *m*

luftëtár -i *m*, *Pl* -ë = luftar

luftím -i *m*, *Pl* -e Kämpfen *n*; Kampf *m*, Schlacht *f*; ~ et e zemrës Herzklopfen *n*

luftón 1 *tr, itr* kämpfen; bekämpfen, bekriegen

lug -u *m*, *Pl* lugj *od* lúgje **1.** Trog *m*, Wassertrog; Bottich *m*; längliche Aushöhlung *f in Stein od Holz*; hölzerne Rinne *f zur Bewässerung der Felder*; ~ u i mullírit der Mühlgraben; **2.** Dachrinne *f*; **3.** *Anat* Grube *f*, Höhle *f*; ~ u i qafës die Nackenhöhle, der Nacken; ~ u i zemrës die Bauchhöhle; **4.** ~ u i borës der Trampelpfad im Schnee

lugáç -i *m*, *Pl* -a Hohlbeitel *m des Böttchers*

lugáj|ë -a *f*, *Pl* -a breites Tal *n*

lugár|e -ja *f*, *Pl* -e Trog *m*

lugát -i *m*, *Pl* lugét *od* lugétër *Myth* Wiedergänger *m*; Vampir *m*; *übertr* ha si ~ er frißt wie ein Scheunendrescher

lugát|ë -a *f*, *Pl* -a Paddel *n*; Ruder *n*

lúg|ë -a *f*, *Pl* -ë Löffel *m*; ~ gjelle Eßlöffel; ~ kafje Kaffeelöffel; ~ çaji Teelöffel; *übertr* rri me ~ në brez faul in den Tag hineinleben

lúgës I. -i *Subst/m*, *Pl* – Hohlbeitel *m*; **II.** -e *Adj* konkav, hohl

lugësník -u *m*, *Pl* -ë aufhängbarer Behälter *m für Besteck und Salz*

lúgët (i) *Adj* konkav, hohl, nach innen gewölbt

lugëtí -a *f* Konkavität *f*

lugëvéshëz -a *f*, *Pl* -a Ohrwurm *m*

lugín|ë -a *f*, *Pl* -a Tal *n*; Schlucht *f*

lugmýstë (i) *Adj* konkavkonvex

lugón 1 *tr* aushöhlen

lugór, -e *Adj* = i lugët

lugór|e -ja *f*, *Pl* -e **1.** hölzernes Waschgefäß *n*; **2.** kleines Tal *n*

lugós 21 *tr* = lugon

lugúr -i *m*, *Pl* -e Messer *n zum Aushöhlen von Kürbissen*

lugurúzhd|ë -a *f*, *Pl* -a **1.** Kochlöffel *m*; **2.** *Tech* Schmelzpfanne *f*, Schmelztiegel *m*

lugútk|ë -a *f*, *Pl* -a Walderdbeere *f*

luhác|ë -a *f*, *Pl* -a Schaukel *f*

luhár|e -ja *f*, *Pl* -e Kochlöffel *m*

luhát 22[1] *tr, itr* schaukeln, hin und her bewegen; ~ bishtin mit dem Schwanz wackeln; -et *refl* schwanken, wanken; hin und her schaukeln; wackeln

luhátj|e -a *f*, *Pl* -e *Phys* Pendeln *n*; Schwankung *f*

luks -i *m*, *Pl* -e Luxus *m*, Prunk *m*; Verschwendung *f*

Luksembúrg -u *m* Luxemburg *n*

luksóz, -e *Adj* luxuriös, prunkvoll; verschwenderisch

lukth -i *m* **1.** Magen *m*; **2.** Quellaustritt *m (Rohr)*

lulbúkur -i *m* Bartnelke *f*

lúl|e -ja *f*, *Pl* -e **1.** Blüte *f*; Blume *f*; ~ saksíe Topfpflanze *f*; **2.** Blütenmuster *n (Stoff)*; *übertr* Blüte; në ~ n e rinisë in der Blüte der Jugend; në ~ të ballit mitten auf die Stirn; ky është ~ ndaj atij er ist im Vergleich zu ihm viel besser; dita e ~ ve *od* e diela e ~ ve der Verlobungstag; ~ t *Pl* Menstruation *f*; ~ alle Springkraut *n*; ~ blete a) Melisse *f*; b) Geißblatt *n*; ~ bore Hortensie *f*; ~ dele *od* ~ delesh *od* ~ dhensh *od* ~ shqerre Gänseblümchen *n*, Tausendschönchen *n*; ~ dielli Sonnenblume; ~ dylli *od* ~ gomari *od* ~ qumështore *Bot* Löwenzahn *m*; ~ dashuri *od* ~ -mos-më-harro Vergißmeinnicht *n*; ~ filxhan *Bot* Fingerhut *m*; ~ goje *Bot* Löwenmaul *n*; ~ gjaku Johanniskraut *n*;

~ **kadife** Samtblume, Studentenblume; ~ **kumbonë** Glockenblume; ~ **kunde**, ~ **nuse** Klatschmohn *m*; ~ **lakër** Blumenkohl *m*; ~ **mëllagë** Pelargonie *f*; ~ **Milani** Dahlie *f*, Georgine *f*; ~ **mine** Eisenhart *n*; ~ **-mos-mëprek** Rührmichnichtan *n*; ~ **mustaku** Geißblatt *n*; ~ **pashke** *od* ~ **vere** Schlüsselblume; ~ **sapuni** Schaumkraut *n*; ~ **vath** Fuchsie *f*; ~ **vizhë** *Bot* Fliegenklappe *f*; ~ **vjeshte** a) Herbstzeitlose *f*; b) Chrysantheme *f*; c) Gekrönte Wucherblume; ~ **zemër** *od* ~ **sahati** Passionsblume
luledhí -a *f*, *Pl* – Geißblatt *n*
lulekáç|e -ja *f*, *Pl* -e Primel *f*, Schlüsselblume *f*
lulekúq|e -ja *f*, *Pl* -e Roter Mohn *m*
lulelák|ër -ra *f*, *Pl* -ra Blumenkohl *m*
lulenísht|e -ja *f*, *Pl* -e Balsamine *f*
luleshítës -i *m*, *Pl* – Blumenverkäufer *m*
luleshítës|e -ja *f*, *Pl* -e Blumenverkäuferin *f*
luleshtrýdh|e -ja *f*, *Pl* -e Erdbeere *f*; Walderdbeere; Erdbeerpflanze *f*, Erdbeerstaude *f*
lúl|ë -a *f*, *Pl* -a = **lule**
lúlëz -a *f Med* Bindehautentzündung *f*
lulëzím -i *m*, *Pl* -e Blühen *n*, Blüte *f*; *übertr* Blütezeit *f*, Blüte; Aufblühen *n*; Erblühen
lulëzón 1 *itr* blühen; *übertr* erblühen, gedeihen; florieren
lulëzúar (i) *Adj* blühend, Blüten-, Blumen-; *übertr* blühend, gedeihend, florierend
lulëzúesh|ëm (i), -me (e) *Adj* blühend, gedeihend; Aufschwung nehmend
lulísht|e -ja *f*, *Pl* -e Blumengarten *m*; Blumenanlage *f*, Park *m*
lulkúq -i *m*, *Pl* -a **1.** Roter Mohn *m*, Klatschmohn; **2.** Menstruation *f*
lulushán, -e *Adj* geblümt *(Stoff)*

lum I. (i), -e (e) *Adj* glücklich; **II.** *Adj*: ~ **ti** du Glücklicher!, du Glückliche!
lumák -u *m*, *Pl* lumáqe *Bot* (Blatt-) Knospe *f*, Auge *n*; Trieb *m*
lumáq|e -ja *f*, *Pl* -e = **lumak**
lumáre -t *Pl* Schwemmlaub *n*, angeschwemmtes Geäst *n*
lumbárdh|ë -a *f*, *Pl* -a **1.** Taube *f*; **2.** Bombe *f*
lúm|ë -i *m*, *Pl* luménj Fluß *m*, Strom *m*; *übertr* **e hodhi lumin** er hat die Gefahr überstanden, er ist über den Berg; **më mori lumi** ich bin ruiniert, ich bin erledigt; **për** ~ schlecht, übel
lumëmádh I. -e *Adj* unglücklich, unglückselig, arm; **II.** -i *Subst*/*m* Unglücksrabe *m*, Unglückswurm *m*; **ç'bëri** ~ **i!** was hat der Unglückswurm bloß gemacht!
lumërí -a *f* = **lumtëri**
lumërón 1 *tr* glücklich preisen
lúmëth -i *m*, *Pl* -a Nebenfluß *m*, Flüßchen *n*
lumë|**zí**, -zézë *Adj* unglücklich, arm, bedauernswert
lúm|i, -ja *Adj* glücklich; ~ **ti** du Glückspilz!
lumineshénc|ë -a *f* Lumineszenz *f*
lumpenproletariát -i *m* Lumpenproletariat *n*
lúmshin → **lumtë**
lúmtë *defektives Verb, das nur im Optativ existiert*: **të** ~ **!** bravo! herrlich!, wunderbar!; **të** ~ **dora!** *od* **të lumshin duart!** wie gut du das gemacht hast!; **të** ~ **goja!** wie schön und richtig du gesprochen hast!; wie schön du gesungen hast!; **i** ~ **pushka!** wie gut er mit dem Gewehr geschossen hat!
lumtërí -a *f* Glück *n*
lumtërísht *Adv* zum Glück, glücklicherweise
lúmtur (i) *Adj* glücklich
lumturí -a *f* Glück *n*

lúmthi *Adv*: ~ **unë** ich Glückskind, ich Glückspilz

¹**lúnd|ër** -ra *f*, *Pl* -ra Fischotter *m*; *übertr* **je bërë si** ~ du hast Hamsterbacken gekriegt

²**lúnd|ër** -ra *f*, *Pl* -ra **1.** Paddelboot; Kahn *m*, Boot *n*; kleines Schiff *n*; **2.** Fähre *f*

lundërtár -i *m*, *Pl* -ë Bootsmann *m*, Schiffer *m*; Fährmann *m*

lúndërz -a *f*, *Pl* -a Fischotter *m*

lundërzák -u *m*, *Pl* -ë Knäuel *n*, Garnknäuel

lundrár -i *m*, *Pl* -ë = **lundërtar**

lundrarí -a *f* Schiffahrt *f*; Seefahrt *f*

lundríc|ë -a *f*, *Pl* -a Kahn *m*, kleines Boot *n*

lundrím -i *m*, *Pl* -e Übersetzen *n*; Schiffahrt *f*, Seefahrt *f*; **mjete** ~ **i** Wasserfahrzeuge *Pl*

lundrón 1 *itr* mit dem Boot fahren, mit dem Schiff fahren; zur See fahren; per Schiff reisen

lundrúesh|ëm (i), -me (e) *Adj* schiffbar

lúng|ë -a *f*, *Pl* a Abszeß *m*, Eitergeschwür *n*, Eiterbeule *f*

lúp|ë -a *f*, *Pl* -a Lupe *f*

luqérbull -a *f*, *Pl* -a Luchs *m*

lurí -a *f*, *Pl* -a Herde *f*

lúsp|ë -a *f*, *Pl* -a *Zool* Schuppe *f*

lúst|ër -ra *f*: **i dhashë një** ~ ich habe es poliert; **u dhashë një** ~ **këpucëve** ich habe die Schuhe geputzt

lustrafín -i *m* Lackleder *n*

lustraxhí -u *m*, *Pl* – od -nj Schuhputzer *m*

lustrím -i *m* Schuhputzen *n*

lustrín|ë -a *f* = **lustrafin**

lustrón 1 *tr* Schuhe putzen

lush -i *m*, *Pl* -ë wütender Mensch *m*, Berserker *m*

lúsh|ë -a *f*, *Pl* -a Hündin *f*; *übertr* wütende Frau *f*, Keiftante *f*

lut 22 *tr* **1.** beten; **2.** bitten; erbitten; anflehen; **3.** das Namensfest eines Heiligen feiern; Kirchweih feiern; **4.** wünschen; **-et** *refl* **1.** beten; **2.** bitten; **të** ~ **em shumë të më ndihmosh** ich bitte dich sehr, mir zu helfen; **ju lutem!** bitte!

luterán I. -i *Subst/m*, *Pl* -ë Lutheraner *m*; II. -e *Adj* lutherisch

¹**lút|ë** -a *f*, *Pl* -a = **lutje**

²**lút|ë** -a *f*, *Pl* -a Hündin *f*

lútës -i *m*, *Pl* – **1.** Bittender *m*, Bittsteller *m*; **2.** Betender *m*

lútës|e -ja *f*, *Pl* -e **1.** Bittende *f*; **2.** Betende *f*

lútj|e -a *f*, *Pl* -e **1.** Bitte *f*; Gesuch *n*, Antrag *m*; **2.** Gebet *n*

lútura -t (të) *Pl* inständige Bitte *f*, Flehen *n*

luvgát -i *m*, *Pl* luvgjétër = **lugat**

lúzm|ë -a *f* Bienenschwarm *m*

luzmón 1 *itr* schwärmen *(Bienen)*

lyç *Adv* durcheinander, verheddert; **ka dalë** ~ es ist verfitzt *(Garn)*; *übertr* **më dolli** ~ mir ist alles durcheinander gegangen; **e qiti** ~ er hat es durcheinander gebracht

lý|en 4 *tr* **1.** ölen, einölen; fetten, eincremen, einsalben; **2.** tünchen, weißen, anmalen; *Schuhe* eincremen; *übertr* **të lan e të** ~ er umschmeichelt dich, er wickelt dich um den Finger; **-het** *refl* sich einölen, sich eincremen, sich einsalben; sich schminken; *übertr* **u lye edhe ky** auch er hat Dreck am Stecken; **i lyhet prapa** er hängt sich an ihn, er heftet sich ihm an die Fersen

lýer (i) *Adj* **1.** fettig, ölig; geschmiert; eingecremt; geschminkt; fett *(Speise)*; **2.** angemalt, gestrichen; getüncht; geweißt; **3.** beschmutzt; besudelt

lýerës -i *m*, *Pl* – Maler *m*, Anstreicher *m*

lýerj|e -a *f*, *Pl* -e Tünchung *f*; Bemalung *f*; Streichen *n*, Tün-

chen *n*, Bemalen *n*; Schmieren *n*; Einölen *n*, Eincremen *n*
lylyvér -i *m*, *Pl* -e Regenbogen *m*
lym -i *m*, *Pl* -e Flußschlamm *m*
lymërisht|e -ja *f*, *Pl* -e mit Schlamm bedecktes Land *n*
lymór|e -ja *f*, *Pl* -e = **lymërishte**
lyp 14 *tr*, *itr* fordern, verlangen, begehren; betteln; anbetteln; erbetteln; **-et** *refl*: **më** ~**et** ich brauche; ~**et** es ist nötig, es ist erforderlich
lypaník -u *m*, *Pl* -ë Bettler *m*
lýp|ë -a *f*, *Pl* -a Bettel *m*, Bettelei *f*, Betteln *n*
lýpës -i *m*, *Pl* – = **lypanik**
lýpës|e -ja *f*, *Pl* -e Bettlerin *f*
lypësí -a *f* = **lypë**
lypsár -i *m*, *Pl* -ë = **lypanik**
lýpset 21 *refl* gebraucht werden, nötig sein; *unpers* man muß, es ist nötig; **më** ~ ich brauche, mir fehlt
lýpura -t (të) *Pl* = **lypë**
lyr 14¹ *tr* beschmutzen, schmutzig machen; **-et** *refl* in den Schmutz fallen, sich schmutzig machen, schmutzig werden
lýrdhëz -a *f*, *Pl* -a Warze *f*
lýr|ë -a *f* Speisefett; Fett *n*; **gjellë me** ~ fettes Essen *n*
lyrësón 1 *tr* schmieren, abschmieren, ölen
lyrësónjës -i *m*, *Pl* – Schmiermittel *n*, Schmieröl *n*
lyrón 1 *tr* = **lyr**
lyrós 21 *tr* fettig machen, mit Fett besprizen, mit Fett bekleckern; **-et** *refl* fettig werden, fettfleckig werden; sich besudeln
lýrsh|ëm (i), -me (e) *Adj* fettig, ölig; **gjellë e lyrshme** fettes Essen
lýsht|ër -ra *f*, *Pl* -ra **1.** Treibgut *n*, Angeschwemmtes *n*; **2.** Menschenmenge *f*, Ansammlung *f*
lyth -i *m*, *Pl* -a *od* -ë **1.** Hornhaut *f*; Hühnerauge *n*; **2.** Warze *f*
lýthët (i) *Adj* warzig, mit Warzen

LL

llabán|e -ia *f* Kapuze *f* aus Ziegenwolle
llabíç -i *m*, *Pl* -ë Gespenst *n*; *übertr* Fresser *m*, Freßsack *m*
llabút -i *m* kurzer kräftiger Sproß *m*, Trieb *m*; *übertr* **i hoqi një** ~ er hat ihn verprügelt
llac -i *m*, *Pl* -a Maurergehilfe *m*
llacamán, -e *Adj* **1.** lange saugend *(Tiere)*; **2.** Feinschmecker-, mit verwöhntem Gaumen
llác|ë -a *f*, *Pl* -a **1.** Laufmasche *f*; **2.** weiter Umhang *m*
llaç -i *m*, *Pl* -a **1.** Pfütze *f*, Schlamm *m*; **2.** *Bauw* Putz *m*, Mörtel *m*
lladík I. -u *Subst/m*, *Pl* -ë Melone *f*; **II.** *Adj*: **njeri** ~ Dickwanst *m*
llaf -i *m*, *Pl* -e Wort *n*; Gespräch *n*; ~ **pas** ~**i** ein Wort gab das andere
llafazán I. -i *Subst/m*, *Pl* -ë Schwätzer *m*, Quatschkopf *m*; **II.** -e *Adj* schwatzhaft, geschwätzig, redselig
lláf|e -ja *f*, *Pl* -e = **llaf**
llafós 21 *tr* sagen; *itr*; **-et** *refl* sich unterhalten, miteinander schwatzen, plaudern

llagáp -i *m*, *Pl* -e Familienname, Name *m*; Beiname, Spitzname
llagár, -e *Adj* klar, rein
llagarís 21 *tr* säubern, reinigen
llagártë (i) *Adj* = **llagar**
llagém -i *m*, *Pl* -e Abflußkanal *m*; unterirdischer Gang *m*, Tunnel *m*; Grube *f*; Sickergrube; Graben *m*; Sprengloch *n*
llahtár -i *m* = **llahtari**
llahtarí -a *f* Schrecken *m*, große Angst *f*; Entsetzen *n*
llahtarís 21 *tr* in Schrecken versetzen, jmdm. Entsetzen einjagen, jmdm. Angst einflößen; -et *refl* sich erschrecken, einen Schreck bekommen, entsetzt sein
llahús|ë -a *f*, *Pl* -a Wöchnerin *f*
¹**lláj|ë** -a *m* Anrede an Bruder und Onkel
²**lláj|ë** -a *f*, *Pl* -a schwarzes Schaf *n*
llájk|ë -a *f*, *Pl* -a geflochtenes Gatter *n* vor dem Pferch
llak -u *m*, *Pl* lláqe Lack *m*; ~ **për thoj** Nagellack
llák|ë -a *f*, *Pl* -a: ~ bore Schneeregen *m*, Schlackerschnee *m*
¹**lláll|ë** -a *f*, *Pl* -a Amme *f*
²**lláll|ë** -a *f*, *Pl* -a Bienenwolf *m*, Wachsmotte *f*; *übertr* **ka hyrë llalla në atë shtëpi** in dieser Familie herrscht Zwietracht
llamarín|ë -a *f*, *Pl* -a verzinktes Eisenblech *n*
llamaríntë (i) *Adj* Blech-
llambádh|ë -a *f*, *Pl* -a dicke Wachskerze *f*
llambarís 21 *itr* leuchten
llámb|ë -a *f*, *Pl* -a Lampe *f*; ~ **elektrike** elektrische Lampe; ~ **me këndellje** Glühlampe; ~ **me neon** Neonlampe; ~ **zbuluese** *od* ~ **detektuese** Detektorlampe
llambík -u *m*, *Pl* -ë Wäschetopf *m*, Wäschekessel; Kessel *m* zum Schnapsbrennen
llámbro -ja *f*, *Pl* – **1.** Glühwürmchen *n*; **2.** Goldplättchen *n* an Trachten, Flitter *m*
llamburít 20 *itr* glänzen, leuchten
llámj|e -a *f Myth* Lamie *f*, wasserbewachender Drachen
llámp|ë -a *f*, *Pl* -a = **llambë**
llanár -i *m*, *Pl* -ë **1.** Kamm *m*; **2.** Wollkamm, Weberkamm
llangós -i *m*, *Pl* -ë Köter *m*, Straßenhund *m*; *übertr* Herumtreiber *m*
llangjásh, -e *Adj* heiser sprechend, krächzend
llap 14 *itr* schlabbern, schlürfen *(Hund)*; *übertr* schlabbern, schwatzen
llapá -ja *f*, *Pl* – dicke Reissuppe *f*
llapaqén, -e *Adj* unüberlegt daherschwätzend
llapár -i *m*, *Pl* -ë Streichbrett *n* am Pflug
llapazán -i *m*, *Pl* -ë *od* -a Schwätzer *m*
¹**lláp|ë** -a *f*, *Pl* -a **1.** Zunge *f*; Sprache *f*; **ka** ~ **të keqe** er ist ein Schandmaul; **2.** Zunge, Lasche *f* aus Stoff *od.* Leder; **3.** **llapa c veshit** Ohrläppchen *n*; **4.** langohrige Ziege *f*
²**lláp|ë** -a *f*, *Pl* -a **1.** dicke Reissuppe *f*; **2.** Zugpflaster *n*, Senfpflaster *n*
llapërçín|ë -a *f*, *Pl* -a trüber Bodensatz *m*
llapërkáj|ë -a *f* Schneeregen *m*; Schneematsch *m*
llapëron 1 *itr* schlabbern, schwatzen; über jmdn. herziehen, tratschen
llapëtím|ë -a *f* Glanz *m*, Glänzen *n*, Leuchten *n*
llapón 1 *itr* = **llap**
llaps 21 *itr* glänzen, leuchten; *tr* zum Glänzen bringen, polieren
llaptýr|ë -a *f*, *Pl* -a **1.** wäßriges Essen *n*, Fraß *m*; **2.** **llaptyra** *Pl* Schmähungen *Pl*, Schimpfworte *Pl*
llapúsh, -e *Adj* großohrig, schlappohrig, mit langen Ohren

llapúsh|ë -a *f, Pl* -a 1. Deckblatt *n des Maiskolbens*; 2. Pestwurz *f*

llaskónj|ë -a *f, Pl* -a Schößling *m*, Ableger *m*, Sproß *m*

llaskúç -i *m, Pl* -ë Nassauer *m*

llastár -i *m, Pl* -ë Ableger *m*, Senker *m*; *übertr* Halbwüchsiger *m*

llastík -u *m* Gummi *m*; Gummiwaren *Pl*; Schleuder *f*, Katapult *m* *(Kinderspielzeug)*

llastíktë (i) *Adj* Gummi-, aus Gummi

llastím -i *m* Verwöhnen *n*, Verhätscheln *n*, Verzärteln *n*

llastón 1 *tr* verwöhnen; verzärteln, verhätscheln

lláshk|ë -a *f, Pl* -a 1. Weinschößling *m*, Rebling *m*; 2. Tier *n das vorzeitig jungt*

llaturís 21 *tr* beschmutzen, dreckig machen; **-et** *refl* sich beschmutzen; trübe werden *(Wasser)*

lláv|ë -a *f, Pl* -a Wolfsrudel *n*

llazúr|ë -a *f* Durcheinander *n*

llénjëz -a *f* Schlamm *m*, Matsch *m*

llér|ë -a *f, Pl* -ë *od* -a Unterarm *m*; **përvesh** ~ **t** sich die Ärmel hochkrempeln

llërëpërvéshur *Adv* mit hochgekrempelten Ärmeln; tatkräftig

llíxh|ë -a *f, Pl* -a Thermalbad *n*, Thermalquelle *f*

lloç I. -i *Subst/m* 1. Mörtel *m*; 2. Schlamm *m*, Matsch *m*; Schneematsch; II. -e *Adj* überreif, matschig, musig *(Obst)*

llof -i *m* Verfressenheit *f*, Freßgier *f*

lloftár, -e *Adj* verfressen

llogáç|e -ja *f, Pl* -e Wasserloch *n*; Schlammpfütze *f*

llogarí -a *f, Pl* – 1. Rechnung *f*, Abrechnung; *übertr* Rechenschaft *f*; **jep** ~ Rechenschaft ablegen; 2. Rechnungsbüro *n*, Buchhaltung *f*

llogarít 22 *tr* rechnen, abrechnen; Rechnungen führen; berechnen; *übertr* **mos më** ~ **mua!** rechne nicht mit mir!; **s'e** ~ das berücksichtige ich nicht, das rechne ich nicht mit

llogaritár -i *m, Pl* -ë Rechnungsführer *m*; Buchhalter *m*

llogarítj|e -a *f, Pl* -e Abrechnung *f*; Rechnungsführung *f*, Buchhaltung *f*

llogobér|e -ja *f, Pl* -e 1. weit geöffnete Blüte *f*; 2. Schwätzerin *f*, Klatschbase *f*, Plaudertasche *f*

llogór|e -ja *f, Pl* -e Schützengraben *m*

lloh|ë -a *f* 1. Schneeregen *m*; Hagelsturm *m*; Regensturm *m*; Regen *m*; 2. Nässe *f*, Feuchtigkeit *f*

lloj -i *m, Pl* -e 1. Art *f*, Gattung *f*; Sorte *f*; ~ – ~ **mendimesh** allerlei Gedanken, die verschiedensten Gedanken; 2. *Zool, Bot* Art, Spezies *f*

llojllójsh|ëm (i), -me (e) *Adj* verschiedenartig, unterschiedlich

llok 14³ *tr Flüssigkeiten* in Gefäßen schütteln

llokáj|ë -a *f* Schmutzwasser *n*

llokánd|ë -a *f, Pl* -a *alt* Lokal *n*

llókm|ë -a *f, Pl* -a Bissen *m*, Happen *m*; Fleischwürfel *m*, Fleischbröckchen *n*; Leckerbissen *m*

llokoçít 22 *tr Flüssigkeit* durch Umrühren trüben; schütteln

llokúm -i *m, Pl* -e Lokum *n (orientalische Süßigkeit aus Stärke, Zucker und Nüssen)*

llokúm|e -ja *f, Pl* -e = **llokum**

llom -i *m* 1. Matsch *m*, Schlamm *m*; **u mbyt në** ~ er versank im Schlamm; 2. Bodensatz *m* von *Flüssigkeiten*; Bodensatz, Ausschuß *m*

llomé -ja *f* Flußschlamm *m*, angeschwemmter Schlamm *m*

llomít 22 *tr* zerstampfen, zu Brei machen

llomotít 22 *itr* schwatzen, quasseln;

über jmdn. herziehen, über jmdn. tratschen
llomotítj|e -a *f, Pl* -e Gerede *n*; Geschwätz *n*
llomshtí -a *f* Dreck *m*, Schlamm *m*, Schmutz *m*; Bodensatz *m*; *übertr* Abschaum *m*
llónxh ï -a *f, Pl* -a **1.** Wassergrube *f*, Wasserloch *n*; **2.** Beet *n*; Blumenrabatte *f*
lloq -i *m, Pl* -a träger Mensch *m*, Phlegmatiker *m*
llósk|ë -a *f, Pl* -a *Zool* Rotauge *n*, Rotfeder *f*
llosh -i *m, Pl* -e **1.** Nest *n*, Bau *m*, Höhle *f von wilden Tieren*; **2.** Stelle *f mit zerwühltem Gras*
llovrák -u *m* Spreu *f*
llóxh|ë -a *f, Pl* -a Loggia *f*
lloz -i *m, Pl* -e **1.** Riegel *m*, Türriegel, Türbalken *m*; ~ **i i pushkës** das Gewehrschloß; **2.** Breche *f*, Brecheisen *n*; *Phys* Hebel *m*, Hebearm *m*
llubát|e -a *f* Bodensatz *m bes. bei Öl*
lluburdín|ë -a *f* Satz *m bei Flüssigkeiten*; trüber Wein *m*

llúc|ë -a *f, Pl* -a dünner Schlamm *m*, Schlick *m*
llukaník -u *m, Pl* -ë Wurst *f*
¹**llúk|ë** -a *f, Pl* -a Linde *f*
²**llúk|ë** -a *f, Pl* -a faules Ei *n*
llulláq -i *m* Dunkelblau *n*
llúll|ë -a *f, Pl* -a **1.** Destillationsrohr *n*; **2.** lange Pfeife *f*; geschnitzte Pfeife; Pfeifenkopf *m*
llum -i *m* Bodensatz *m*; *übertr* der letzte Dreck; Abschaum *m*; **u bë puna** ~ es geht alles durcheinander
llúm|ë -a *f* Jauchengrube *f*
llup 14 *itr* schlucken; *tr* verschlingen, hinunterschlucken; viel essen, fressen
llúp|ë -a *f* Freßgier *f*; Vielesserei *f*, Völlerei *f*
llúpës I. -i *Subst/m, Pl* – Fresser *m*, Vielfraß *m*; II. -e *Adj* verfressen
lluq -i *m, Pl* -ër = **lloq**
llúrb|ë -a *f* Bodensatz *m*
llúst|ër -ra *f* = **lustër**
llustraxhí -u *m, Pl* – *od* -nj = **lustraxhi**
llustrín|ë -a *f* Glanz *m*; **këpucë llustrina** Lackschuhe *Pl*
llustrón 1 *tr* = **lustron**

M

ma *Pers Pron Kombination der Kurzform* → **më** *(Dat) und* → **e** *(Akk)*; ~ **dha** er gab es mir
mác|e -ja *f, Pl* -e **1.** *Zool* Katze *f*; **2.:** ~ **e zjarrit** Feuerbock *m*
mác|ë -a *f, Pl* -a Katze *f*; *Kart* Pik *n*; **nusja** ~ Pikdame *f*
¹**máck|ë** -a *f, Pl* -a Katze *f*
²**máck|ë** -a *f, Pl* -a äußerste Spitze *f*

macóll|e -ja *f, Pl* -e Holzhammer *m*
macúk|ë -a *f* Hirtenstab *m*
maç -i *m, Pl* -e Match *n*, Wettkampf *m*
máç|ë -a *f, Pl* -a harter Ackerboden *m*
máçk|ë -a *f, Pl* -a = **maçë**
maçók -u *m, Pl* -ë Kater *m*; *übertr* Tunichtgut *m*
maçórr -i *m, Pl* -a = **maçok**

madém -i *m*, *Pl* -e *alt* **1.** Erz *n*; Mineral *n*; **2.** Metall *n*; **3.** -e *Pl* Mine *f*, Bergwerk *n*
madërgón|ë -a *f*, *Pl* -a Mandragora *f*; Bilsenkraut *n*
madjé *Konj* sogar
madh I. (i), -e (e) *Adj* groß; **vëllai i** ~ der große (ältere) Bruder; **ra një borë e** ~**e** es ist viel Schnee gefallen; **me të** ~**e** sehr; **qeshi me të** ~**e** er lachte lauthals; **II.** -i (i) *Subst*/*m*, *Pl* mëdhénj (të) Erwachsener *m*, Älterer *m*
mádh|e -ja *f*, *Pl* -e Großmutter *f*, Oma *f*
mádhet 14 *refl* prahlen, angeben; überheblich werden
madhërí -a *f* **1.** Größe *f*; Würde *f*, Majestät *f*; **2.** Hoheit *f*, Majestät *als Anrede*
madhërísht *Adv* majestätisch; würdevoll; imposant
madhëró|n 1 *tr* würdigen; befördern; jmds. Ansehen erhöhen; **-het** *refl* überheblich tun, angeben
madhësí -a *f*, *Pl* -a Größe *f*
madhështí -a *f* **1.** Hochmut *m*, Stolz *m*; **2.** Pracht *f*, Herrlichkeit *f*
madhështó|n 1 *tr* loben, rühmen; **-het** *refl* angeben; überheblich tun, großtun
madhështór, -e *Adj* **1.** stolz, hochmütig; **2.** majestätisch; prächtig; herrlich, großartig
madhón 1 *tr* vergrößern, größer machen; erhöhen; würdigen, ehren, loben
madhór, -e *Adj* **1.** *Jur* volljährig; **2.:** **fuqi** ~**e** höhere Gewalt; *Mil* **shtabi** ~ der Generalstab; **oficer** ~ höherer Offizier *m*
madhósh, -e *Adj* groß und dick, korpulent
mádhtë (të) *n*/*best* Größe *f*; Würde *f*; Macht *f*
mafés -i *m* Kopftuch *n*

magár -i *m*, *Pl* -ë Esel *m*; **bar** ~**i** Pestwurz *f*
magáz|e -ja *f*, *Pl* -e = **magazinë**
magazí -a *f*, *Pl* – = **magazinë**
magazín|ë -a *f*, *Pl* -a **1.** Geschäft *n*; **Magazina Popullore (MAPO)** Warenhaus *n*; **2.** Magazin *n*, Lager *n*
magaziniér -i *m*, *Pl* -ë Magazinverwalter *m*, Lagerverwalter *m*
magdanóz -i *m* Petersilie *f*
magnát -i *m*, *Pl* -ë Magnat *m*
magnét -i *m*, *Pl* -ë Magnet *m*; ~ **në formë patkoi** Hufeisenmagnet; ~ **i përhershëm** Permanentmagnet
magnetík, -e *Adj* magnetisch, Magnet-; **fushë** ~**e** magnetisches Feld *n*; **gjilpërë** ~**e** Magnetnadel *f*
magnetíz|ëm -mi *m* Magnetismus *m*; ~ **tokësor** Erdmagnetismus
magnetizím -i *m*, *Pl* -e Magnetisierung *f*
magnetizón 1 *tr* magnetisieren; *übertr* magnetisch anziehen, in seinen Bann ziehen, hypnotisieren
magnetofón -i *m*, *Pl* -a Tonbandgerät *n*
magnéz -i *m* Magnesium *n*
magnézium -i *m* = **magnez**
magríp -i *m*, *Pl* -ë großer Ölkrug *m*
¹**magjár** -i *m*, *Pl* -ë Ungar *m*, Madjar *m*
²**magjár** -i *m*, *Pl* -ë **1.** Esel *m*; **2.:** ~ **zjarri** Feuerbock *m*; **3.:** ~**i i violinës** der Steg der Violine
mágj|e -a *f*, *Pl* -e Holztrog *m*; ~ **buke** Backtrog, Knettrog; Waschtrog
magjéps 21 *tr* verzaubern; *übertr* bezaubern; verwirren, um den Verstand bringen
magjépsur (i) *Adj* verzaubert; bezaubert, berückt
magjetór|e -ja *f*, *Pl* -e Köchin *f*; Backfrau *f*
magjí -a *f*, *Pl* – Zauberei *f*, Magie *f*; *übertr* Zauber *m*; **bën** ~ zaubern

magjík, -e *Adj* magisch; zauberhaft; geheimnisvoll

magjiplótë *Adj* bezaubernd, zauberhaft

magjistár -i *m, Pl* -ë Magier *m*, Zauberer *m*

magjistár|e -ja *f, Pl* -e Zauberin *f*; Hexe *f*

magjistríc|ë -a *f, Pl* -a = **magjistare**

magjýp -i *m, Pl* -a seßhafter Zigeuner *m*

mah 14³ *tr* mästen

maháll|ë -a *f, Pl* -a Stadtbezirk *m*, Wohnbezirk *m*; Wohnviertel *n*

¹**mahí** -a *f, Pl* – Dachsparren *m*; **shtëpi** ~ Haus *n* mit Satteldach

²**mahí** -a *f, Pl* – 1. Entzündung *f*; 2. Spott *m*, Verspottung *f*; Scherz *m*, Spaß *m*

mahís 21 *tr, itr* = **mahit**

mahísj|e -a *f, Pl* -e 1. Entzündung *f*, Infektion *f einer Wunde*; 2. Verschärfung *f*, Zuspitzung *f einer Situation*

mahít 22 *tr* 1. *eine Wunde* zum Eitern bringen; 2. auslachen, verspotten, sich lustig machen über; *itr* eitern; sich entzünden; **-et** *refl* 1. spotten; scherzen; 2. sich verschärfen, sich zuspitzen

mahmúr *Adv* schlaftrunken, unausgeschlafen

mahnít 22 *tr* in Erstaunen versetzen, verblüffen; **-et** *refl* staunen, sich wundern, in Staunen geraten

mahnítës, -e *Adj* erstaunlich, verblüffend; wunderbar

mahnítj|e -a *f* Erstaunen *n*, Verwunderung *f*; Staunen

mahnítsh|ëm (i), **-me** (e) *Adj* wunderbar; erstaunlich, verblüffend

máhur (i) *Adj* gemästet; feist

maistráll -i *m* Mistral *m*

¹**maj** -i *m* Mai *m*; **zëmë** ~ **në** wir begehen den Morgen des Maifestes im Grünen

²**maj** -i *m, Pl* -a Schmiedehammer *m*; großer Holzhammer *des Sattlers*

majá -ja *f* Hefe *f*; Sauerteig *m*; Gärstoff *m*; Joghurtferment *n*

majasíll -i *m* Hämorrhoiden *Pl*

majdanóz -i *m* = **magdanoz**

máj|ë I. -a *Subst/f, Pl* -a 1. Spitze *f*; **maja e kokës** der Scheitel, der Kopfwirbel; **në** ~ **të gishtave** auf Zehenspitzen; **e ka në** ~ **të gjuhës** es liegt ihm auf der Zunge; **fund e** ~ von Kopf bis Fuß, von oben bis unten, völlig, vollkommen; 2. Höhe *f*, Gipfel *m*; 3. *Text*: **maja e pëlhurës** die Längsfäden des Gewebes, die Kette; 4. *übertr* Spitze, höchste Qualität *f*; **maja e miellit** das beste Mehl; **bëri** ~ es hat zu sprießen begonnen; *übertr* **flet** ~ **në** ~ er redet wirres Zeug; **erdhën** ~ **me** ~ sie kamen herbeigeeilt; II. *Präp (mit Abl)* oben auf, auf der Spitze; ~ **malit** auf der Spitze des Berges; ~ **kalit** beritten, zu Pferde

majhósh, -e *Adj* süßsauer; **mollë** ~ **e** ein säuerlicher Apfel

majm 14 *tr*; **-et** *refl* = ¹**man**

májm|ë (i), **-e** (e) *Adj* fett, gemästet; *übertr* **tokë e majme** fruchtbare Erde *f*, fetter Boden *m*; **rrogë e majme** hohes Gehalt *n*

majmërí -a *f* Fettheit *f*, Dicksein *n*

majmók, -e *Adj* fett, dick

majmún -i *m, Pl* -ë Affe *m*

májmur (i) *Adj* = **i majmë**

majonéz|ë -a *f, Pl* -a Mayonnaise *f*

majór -i *m, Pl* -ë Major *m*

majós 21 *tr* bis zum Rand füllen

majósh, -e *Adj* = **majhosh**

májta (e) *f/best* die Linke, die linke Hand; *Pol* die Linke

májtas *Adv* links, linkerhand

majtasrrotullúes, -e *Adj* linksdrehend

májtë (i) *Adj* linker; **dora e** ~ die linke Hand

majtíz|ëm -mi *m* Linksradikalismus *m*
majth -i *m*, *Pl* -a kleiner Schmiedehammer *m*; Hämmerchen *n*
majúc I. -i *Subst/m*, *Pl* -a scharfe Spitze *f*; II. -e *Adj* scharf, spitz
majúng -u *m*, *Pl* -a großer Hammer *m*
makár *Interj* 1. hoffentlich!; ~ **të jetë ashtu!** hoffentlich ist es so!, wenn es nur so wäre!; 2. wenigstens, mindestens
makará -ja *f* 1. *Tech* Flaschenzug *m*; Winde *f*; 2. Garnrolle *f*
makaróna -t *Pl* Nudeln *Pl*
makét -i *m*, *Pl* -e Modell *n*
mák|ë -a *f* Haut *f auf Flüssigkeiten*; **maka e qumështit** die Milchhaut
makinacióne -t *Pl* Machenschaften *Pl*
makinerí -a *f* Maschinerie *f*
makllåda -t *Pl* leeres Geschwätz *n*, dummes Gerede *n*
makróhet 1 *refl* Haut bekommen *(Flüssigkeiten)*
makrós|ë -a *f*, *Pl* -a grüne Schicht *f* von Wasserlinsen auf stehenden Gewässern, Entengrütze *f*
maksimál, -e *Adj* maximal; **çmimi** ~ der Höchstpreis
maksimúm -i *m*, *Pl* -e 1. Maximum *n*; Höchstpreis *m*; Höchststrafe *f*; 2. Hochdruckgebiet *n*; Hoch *n*
maksús *Adv* ausgesprochen, direkt; vorsätzlich
¹**makth** -i *m* Steinklee *m*
²**makth** -i *m* Lager *n*, Platz *m wo Haustiere werfen*
³**makth** -i *m* 1. Alptraum *m*; 2. *Myth* Alp *m der besonders den Frauen erscheint*
⁴**makth** -i *m* Hasenjunges *n*
makúsh -i *m*, *Pl* -ë *Zool* Strauß *m*
makút I. -i *Subst/m*, *Pl* -ë Vielfraß *m*; II. -e *Adj* unersättlich, gierig, gefräßig

makutërí -a *f* Gier *f*, Unersättlichkeit *f*
makútk|ë -a *f*, *Pl* -a unersättliche Frau *f*
mal -i *m*, *Pl* -e Berg *m*; ~**e** *Pl* Gebirge *n*; *übertr* **mori** ~**et** a) er ist in die Berge geflohen, er ist ausgerissen; b) er ist zu den Partisanen gegangen; **m'u bë zemra** ~ ich habe mich riesig gefreut; ~**it me kokë s'i bihet** man kann nicht mit dem Kopf durch die Wand; **rrofsh sa** ~**et!** lang sollst du leben!, mögest du so alt werden wie die Berge!
malacák I. -u *Subst/m*, *Pl* -ë Gebirgler *m*, Bergbewohner *m*; II. -e *Adj* Berg-, Gebirgs-
Malajzí -a *f* Malaysia *n*
malamál *Adv* von Ufer zu Ufer
malári|e -a *f* Malaria *f*
malaрík, -e *Adj* 1. Malaria-; **zonë** ~ **e** Malariazone *f*; 2. malariakrank
malaták, -e *Adj* hinterwäldlerisch, ungehobelt
malazéz I. -i *Subst/m*, *Pl* -ë Montenegriner *m*; II. -e *Adj* montenegrinisch
malazías -i *m*, *Pl* – Montenegriner *m*
malcím -i *m*, *Pl* -e Entzünden *n*, Entzündung *f einer Wunde*
malcó|n 1 *tr* reizen, zum Eitern bringen *(Wunde)*; *itr* eitern; sich entzünden; -**het** *refl* eitern, schwären
malësí -a *f*, *Pl* – 1. Gebirge *n*; 2. Bergbewohner *Pl*
malësór -i *m*, *Pl* -ë Bergbewohner *m*, Gebirgler *m*
malësór|e -ja *f*, *Pl* -e Bergbewohnerin *f*
Máli i Zi *m/best* Montenegro *n*
malíj|ë -a *f* Nordwind *m*
malók -u *m*, *Pl* -ë 1. Bergbewohner *m*; 2. ungehobelter Mensch *m*, Hinterwäldler *m*
malór, -e *Adj* Berg-, Gebirgs-;

thëllëzë ~e Bergrebhuhn *n*; **klimë** ~e Gebirgsklima *n*

malshésh|e -ja *f, Pl* -e Gebirgsplateau *n*, Hochebene *f*, Hochfläche *f*

malt -i *m* Malz *n*

malvacé -të *Pl* Malvengewächse *Pl*

¹**mall** -i *m* Sehnsucht *f*; **kam** ~ ich sehne mich; **më merr** ~**i** ich bekomme Sehnsucht; **s'më ha** ~**i për të** er ist mir gleichgültig, er ist mir schnuppe; **e ka për** ~ es ist ihm teuer; **rrallë e për** ~ sehr selten

²**mall** -i *m, Pl* -ra 1. Grundbesitz *m*; Immobilien *Pl*; 2. Ware *f*; **prodhimi i** ~**rave** die Warenproduktion; **s'e bëj** ~ ich halte es nicht für wichtig

mallés|ë -a *f, Pl* -a Weide *f*

mallëngjé|n 3 *tr* rühren, bewegen, ergreifen *(seelisch)*; aufwühlen; **-het** *refl* ergriffen sein, gerührt sein; sich sehnen; den Wunsch haben

mallëngjím -i *m* Rührung *f*, Ergriffenheit *f*; Erregung *f*; Sehnsucht *f*; ~**i i shtëpisë** die Sehnsucht nach der Familie, das Heimweh

mallëngjýer (i) *Adj* rührend, ergreifend; ergriffen, bewegt

mallëngjýesh|ëm (i), **-me** (e) *Adj* rührend, ergreifend, bewegend

mallkím -i *m, Pl* -e Fluch *m*; Bannfluch, Bann *m*, Exkommunikation *f*

mallkón 1 *tr* verfluchen, verdammen; in den Bann schlagen, aus der Kirche ausschließen, exkommunizieren

mallkúar (i) *Adj* verflucht, verdammt; exkommuniziert

mallón 1 *tr* auf die Weide treiben

mallót|ë -a *f, Pl* -a dicker Wollmantel *m für Männer*

mállsh|ëm (i), **-me** (e) *Adj* wehmütig, sehnsüchtig

mallth -i *m Zool* Ballen *m* an den Krallen bestimmter Tiere

mamalíg|ë -a *f* Maisbrei *m*, Polenta *f*

mamí -a *f, Pl* – Hebamme *f*

mámi *f fam* Mutti *f*

mamíc|ë -a *f, Pl* -a 1. Amme *f*; 2. Hebamme

mamiférë -t *Pl* Säugetiere *Pl*

mamúz -i *m, Pl* -ë *od* -a *od* -e Sporn *m*; *Pl* Sporen *Pl*

¹**ma|n** 10 *tr* mästen; **-het** *refl* fett werden

²**man** -i *m, Pl* -a *od* -e Maulbeerbaum *m*; Maulbeere *f*; ~ **toke** Erdbeere

manafërr|ë -a *f, Pl* -a Brombeerstrauch *m*; Brombeere *f*

manár -i *m, Pl* -ë Hauslamm *n*, zahmes Lämmchen *n*

¹**manastír** -i *m, Pl* -e *od* -ë Kloster *n*

²**Manastír** -i *m alt für* Bitola *n*

mandáll -i *m, Pl* -ë *od* -a Türriegel *m*

mandapóst|ë -a *f, Pl* -a Postanweisung *f*

mandarín|ë -a *f, Pl* -a Mandarine *f*

mandát i *m, Pl* -e 1. Mandat *n*; 2. Zahlungsanweisung *f*; ~ **pagese** Auszahlungsanweisung; ~ **arkëtimi** Einzahlungsanweisung

mandát|ë -a *f, Pl* -a Schreckensnachricht *f*, Todesnachricht; Todesanzeige *f*

mandéj *Adv* dann, danach

mánd|ër -ra *f, Pl* -ra 1. Almhütte *f*, Stall *m auf der Alm*; 2. Pferch *m*; 3. Herde *f*

mandíl|e -ja *f, Pl* -e Taschentuch *n*; Kopftuch, Halstuch

mandolinát|ë -a *f, Pl* -a Mandolinenkonzert *n*

mandolín|ë -a *f, Pl* -a Mandoline *f*

mandolinist -i *m, Pl* -ë *od* -a Mandolinenspieler *m*

mandrí -a *f, Pl* – Herde *f*

mandríno -ja *f Tech* Spindelstock *m*

manév|ër -ra *f, Pl* -ra Manöver *n*; **-ra** *Pl* Manöver *Pl*, Tricks *Pl*

manevrím -i *m*, *Pl* -e Manövrieren *n*, Manövrierung *f*
manevrón 1 *itr* manövrieren; rangieren
mangáll -i *m*, *Pl* -e *od* mangáj Kohlenbecken *n*, Mangal *n*
mangán -i *m* Mangan *n*
manganís 21 *tr Wolle* kämmen
mángët (i) *Adj* unvollständig, mangelhaft, defekt
mángut *Adv* unvollständig; mangelhaft; **ai ka një dërrasë ~ bei ihm ist eine Schraube locker, er hat nicht alle Tassen im Schrank**
maní -a *f*, *Pl* – Manie *f*, Besessenheit *f*, Wahn *m*; Manie, Sucht *f*
maniák, -e *Adj* manisch, besessen
manifaktúr|ë -a *f*, *Pl* -a Web- und Wirkwaren *Pl*, Stoffe *Pl*
manifést -i *m* Manifest *n*; **~ i partisë komuniste** das Manifest der kommunistischen Partei
manifést|ë -a *f*, *Pl* -a Manifest *n*, Verzeichnis *n des Ladegutes eines Schiffes*
manifestím -i *m*, *Pl* -e Manifestation *f*, Kundgebung *f*
manifestón 1 *tr* manifestieren
manivél|ë -a *f*, *Pl* -a *Tech* Hebel *m*, Kurbel *f*
manomét|ër -ri *m*, *Pl* -ra Manometer *n*, Druckmesser *m*
manovél|ë -a *f*, *Pl* -a = **manivelë**
manóv|ër -ra *f*, *Pl* -ra = **manevër**
manovrón 1 *itr* = **manevron**
mantél -i *m*, *Pl* -e *od* -a Mantel *m*
mánto -ja *f*, *Pl* – Frauenmantel *m*
manusháq|e -ja *f*, *Pl* -e Veilchen *n*
manxurán|ë -a *f*, *Pl* -a Majoran *m*
manjóli|e -a *f*, *Pl* -e Magnolie *f*
maqedónas I. -i *Subst/m*, *Pl* – Makedonier *m*; II. -e *Adj* makedonisch
Maqedoní -a *f* Makedonien *n*
maqinerí -a *f*, *Pl* – Maschinerie *f*, Maschinenausrüstung *f*
maqín|ë -a *f*, *Pl* -a **1.** Maschine *f*; **~ shkrimi** Schreibmaschine; **~ qepëse** Nähmaschine; **~ larëse** Waschmaschine; **~ shirëse** Dreschmaschine; **~ korrëse** *od* **~ kositëse** Mähmaschine, Mäher *m*; **~ lidhëse** Bindemaschine, Binder *m*; **~ rotative** Rotationsmaschine; **~ shtypi** Druckerpresse *f*; **~ shpimi** Bohrmaschine; **~ me avull** Dampfmaschine; **2.** Auto *n*, Wagen *m*
maqiníst -i *m*, *Pl* -ë *od* -a Maschinist *m*
maráj -i *m* Fenchel *m*
marangóz -i *m*, *Pl* -ë *od* -a Tischler *m*; Zimmermann *m*
maráq -i *m* = **maraj**
maratón|ë -a *f* Marathonlauf *m*
maratoníst -i *m*, *Pl* -ë *od* -a Marathonläufer *m*
maráuzhg|ë -a *f*, *Pl* -a Rinderbremse *f*
maráz -i *m*, *Pl* -e Wut *f*, Zorn *m*; Kummer *m*
mardh 14 *itr* frieren; *tr* gefrieren lassen, einfrieren, vereisen
márdh|ë -a *f* Frost *m*
márdhi 26³ *od* 11² *Aor* → **mërdhet**
maré -ja *f*, *Pl* – Erdbeerbaum *m*, Arbutus *m*
marén|ë -a, *Pl* -a Keuschbaum *m*
mareshál -i *m*, *Pl* -ë Marschall *m*
margáç -i *m*, *Pl* -ë Esel *m*
margarín|ë -a *f* Margarine *f*
margaritár -i *m*, *Pl* -ë Perle *f*
marhamá -ja *f*, *Pl* – großes Handtuch *n*
marifét -i *m* Geschicklichkeit *f*; List *f*, Hinterlist, Tücke *f*; **~ e** *Pl* Intrigenspiel *n*, Ränke *Pl*
marinár -i *m*, *Pl* -ë Matrose *m*; Seemann *m*
marín|ë -a *f*, *Pl* -a Marine *f*; **~ e luftës** Kriegsmarine; **~ e tregëtisë** *od* **~ tregëtare** Handelsmarine
marionét|ë -a *f*, *Pl* -a Marionette *f*

marketím -i *m* Markenbezeichnung *f*, Firmenbezeichnung
markéz -i *m*, *Pl* -ë Marquis *m*; Markgraf *m*
markéz|e -ja *f*, *Pl* -e Marquise *f*; Markgräfin *f*
márk|ë -a *f*, *Pl* -a Fabrikmarke *f*, Firmenzeichen *n*; Mark *f* *Währungseinheit*
marksíst I. -i *Subst/m*, *Pl* -ë *od* -a Marxist *m*; II. -e *Adj* marxistisch
marksíz|ëm -mi *m* Marxismus *m*; ~-leninízëm Marxismus-Leninismus *m*
markúç -i *m*, *Pl*-ë Gummischlauch *m*, Gartenschlauch *m*
marmallát|ë -a *f*, *Pl* -a Marmelade *f*
marmelát|ë -a *f*, *Pl* -a = **marmallatë**
mármur -i *m* Marmor *m*
Marók -u *m* Marokko *n*
mars -i *m* 1. März *m*; 2. ~ e *Pl* rotweiße Seidenbänder *Pl* *(die Kinder zum Frühlingsanfang tragen)*
marsh I. -i *Subst/m*, *Pl* -e *Mus* Marsch *m*; II. *Interj* marsch!; përpara ~ ! vorwärts marsch!
marshallój|ë -a *f*, *Pl* -a Oleander *m*
marshím -i *m*, *Pl* -e Marschieren *n*, Marsch *m*
marshón 1 *itr* marschieren
martallóz -i *m*, *Pl* -ë 1. Bewaffneter *m*; 2. Flurhüter *m*, Waldhüter
martés|ë -a *f*, *Pl* -a Heirat *f*, Vermählung *f*
márt|ë -a (e) *f*, *Pl* -a (të) Dienstag *m*
martín|ë -a *f*, *Pl* -a Art Gewehr, Martinigewehr
martír -i *m*, *Pl* -ë Märtyrer *m*; Opfer *n*
martír|e -ja *f*, *Pl* -e Märtyrerin *f*; Opfer *n*
martirizón 1 *tr* martern, quälen, peinigen
martó|n 1 *tr* 1. vermählen, verheiraten; 2. *Bot* veredeln; **-het** *refl* heiraten, sich vermählen

marúl|e -ja *f*, *Pl* -e Kopfsalat *m*; Gartenlattich *m*
márxh|ë -a *f* enthäuteter Kadaver *m*
marr 19¹ *l*. *Pers Sg Präs* → **merr**
marraménthi *Indekl* Schwindelanfall *m*, Schwindelgefühl *n*; Benommenheit *f*; **po ecën** ~ er taumelt
marrásh -i *m*, *Pl*-ë Wahnsinniger *m*, Verrückter *m*
márrë I. (i) *Adj* verrückt, wahnsinnig; wild, rasend; dumm, einfältig, leichtgläubig; II. -t (të) *Subst/n* Nehmen *n*; **të** ~ **e të dhënë** Beziehungen *Pl*; **të** ~ **me të keq** schlechte Behandlung *f*; **të** ~ **me të mirë** Beschwichtigen *n*, Besänftigen *n*; **të** ~**t frymë** das Atmen, das Atemholen
marrëdhéni|e -a *f*, *Pl* -e Beziehung *f*; ~**t në prodhim** die Produktionsverhältnisse
márrës -i *m*, *Pl* – Empfänger *m*; *Tech* Empfänger; ~ **rryme** Stromabnehmer *m*
marrëvéshj|e -a *f*, *Pl* -e Abkommen *n*, Vereinbarung *f*, Übereinkunft *f*; Vertrag *m*; ~ **tregëtare** Handelsabkommen
marrëzí -a *f*, *Pl* – *od* -ra 1. Unsinn *m*, Quatsch *m*, Verrücktheit *f*; Dummheit *f*; 2. *Med* Wahnsinn *m*
marrëzísht *Adv* bis zum Wahnsinn, wahnsinnig
marrí -a *f*, *Pl* – Wahnsinnstat *f*, Verrücktheit *f*; Unsinn *m*, Dummheit *f*
marrísht *Adv* = **marrëzisht**
márrj|e -a *f*, *Pl* -e Nehmen *n*, Erhalten *n*; *Tech* Empfang *m*; ~ **rryme** Stromabnahme *f*
marró|n 1 *tr* verrückt machen, zum Wahnsinn treiben; entnerven; **-het** *refl* verrückt werden
marróq, **-e** *Adj* leicht verrückt
marrós 21 *tr* verwirren; schwindeln machen; verrückt machen; **-et** *refl* verrückt werden

marrósj|e -a *f* Wahnsinn *m*, Irrsinn
márrtë (i) *Adj* trüb, verschwommen;
dritë e ~ trübes Licht *n*; fotografi
e ~ unscharfe Fotografie *f*
marrúk, -e *Adj* = **marroq**
masák|ër -ra *f*, *Pl* -ra Massaker *n*
masakrím -i *m*, *Pl* -e Metzelei *f*,
Gemetzel *n*
masakrón 1 *tr* massakrieren, niedermetzeln
masát -i *m*, *Pl* -ë Zündstahl *m*
masázh -i *m*, *Pl* -e Massage *f*
¹**más|ë** -a *f*, *Pl* -a **1.** Maß *n*; **po i
merr ~n** er nimmt bei ihm Maß;
Versmaß; *übertr* **me ~** in Maßen,
mit Maß; **pa ~** maßlos; **i ve ~
gojës** er zügelt sein Mundwerk;
2. masa *Pl* Maßnahmen *Pl*; **mori
masat** er ergriff die entsprechenden
Maßnahmen, er veranlaßte das
Nötige; **masa preventive** Sicherheitsvorkehrungen *Pl*, Vorsichtsmaßnahmen
²**más|ë** -a *f*, *Pl* -a Masse *f*; **masa** *Pl*
Massen *Pl*, Volksmassen; **vrasje
në ~** Massenmord *m*
masív, -e *Adj* massiv; Massen-
maskará -i *m*, *Pl* maskarénj
Strolch *m*, Halunke *m*, Schurke *m*
maskarallék -u *m*, *Pl* maskaralléqe
Schuftigkeit *f*, Gemeinheit *f*, Niederträchtigkeit *f*
maskarí -a *f*, *Pl* - Spaß *m*, Scherz *m*
maskarón 1 *itr* scherzen, Spaß
machen
másk|ë -a *f*, *Pl* -a Maske *f*, Larve *f*;
~ **mbrojtëse** Schutzmaske; ~ **të
vdekuri** Totenmaske; *übertr* **i hoqi
~n** er hat ihm die Maske vom
Gesicht gerissen, er hat ihn
entlarvt
maskím -i *m*, *Pl* -e Maskierung *f*;
Mil Tarnung *f*
maskón 1 *tr* maskieren; verschleiern;
Mil tarnen
maskúar (i) *Adj* maskiert; verschleiert; getarnt; **armik i ~** verkappter Feind *m*
masón -i *m*, *Pl* -ë Freimaurer *m*
masonerí -a *f* Freimaurerei *f*, Freimaurertum *n*
masovík I. -e *Adj* Massen-; **vrasës ~**
Massenmörder *m*; **në mënyrë ~ e**
im großen Maße, im großen
Maßstab; **II.** -u *Subst/m*, *Pl* -ë
Massenorganisator *m*, Massenagitator *m*
masovikísht *Adv* massiv; massenhaft, massenweise
mastár -i *m*, *Pl* -ë *Bauw* Richtscheit *n*
mastél -i *m*, *Pl* -e Fäßchen n
mastík|ë -a *f* Anisschnaps *m*
mastrapá -ja *f*, *Pl* – Henkeltöpfchen *n*
masúr -i *m*, *Pl* -ë Schiffchen *n*,
Weberschiffchen
mashallá I. -ja *Subst/f*, *Pl* – **1.** brennender Kienspan *m*, brennendes
Holzscheit *n*; **2.** *alt* Talisman *m*,
*Gold- od. Silbermünze als Schutz
gegen den bösen Blick*; **II.** *Interj*
möge es nicht vom bösen Blick
getroffen werden!; Gott sei Dank!;
wunderbar!, prächtig!
másh|ë -a *f*, *Pl* -a Kohlenzange *f*;
übertr willfähriges Werkzeug *n*,
Strohmann *m*, Mittelsmann *m*
mashín|ë -a *f*, *Pl* -a leichtes Maschinengewehr *n*
mashínk|ë -a *f*, *Pl* -a = **mashinë**
máshkull -i *m*, *Pl* méshkuj **1.**
Mann *m*; männliches Lebewesen *n*;
Zool Männchen *n*; **2.** Haken *m*;
~ **e femër** Haken und Öse; ~ **i
qerres** Wagendeichsel *f*; ~ **i qepës**
Zwiebelschlotte *f*
mashkullí -a *f* alle Männer *Pl*
mashkullím -i *m* = **mashkulli**
mashkullón 1 *itr* kalben, *männliche
Kälber* werfen
mashkullór, -e *Adj* männlich, mas-

kulin; **tokë** ~ **e** unfruchtbarer Boden *m*
mashkullór|e -ja *f, Pl* -e **1.** *Grαmm* Maskulinum *n*; **2.** Mannweib *n*
mashkull|úar -óri *m, Pl* -órë unfruchtbarer Trieb *m* an der Weinrebe, Geiztrieb
máshterk -u *m, Pl* máshterq tiefer Holzteller *m*
másht|ër -ra *f, Pl* -ra = **mashterk**
mashtráp|ë -a *f, Pl* -a Henkeltöpfchen *n*
mashtrím -i *m, Pl* -e Betrug *m*
mashtrón 1 *tr* betrügen
mashtrónjës I. -i *Subst/m, Pl* – Betrüger *m*; **II.** -e *Adj* betrügerisch
mashtrúes -i *m, Pl* – = **mashtronjës**
mashúrka -t *Pl* grüne Bohnen *Pl*
¹**mat** -i *m* Flußufer *n*
²**mat** 22 *tr* messen; *übertr* abwägen; -et *refl* sich anschicken, im Begriff sein; sich mit jmdm. messen; **i** ~ **et** er droht ihm
³**mat** *Indekl* matt *(Schachspiel)*
matánë I. *Adv* auf der anderen Seite; auf die andere Seite; **II.** *Präp (mit Abl)* jenseits
matánsh|ëm (i), -me (e) *Adj* gegenüberliegend, jenseitig
matará -ja *f, Pl* – Feldflasche *f*; Blechgefäß *n* zur *Aufbewahrung von Milch*
matém -i *m* zehntägiges Fasten *n der Anhänger der Bektaschi-Sekte*
matematík, -e *Adj* mathematisch
matematikán -i *m, Pl* -ë Mathematiker *m*
matematík|ë -a *f* Mathematik *f*
matematikísht *Adv* mathematisch
materiál I. -i *Subst/m, Pl* -e Material *n*; ~ **e lidhëse** Bindemittel *Pl*; **II.** -e *Adj* materiell
materialíst I. -i *Subst/m, Pl* -ë *od* -a Materialist *m*; **II.** -e *Adj* materialistisch
materialísht *Adv* materiell
materialíz|ëm -mi *m* Materialismus *m*; ~ **i historik** der historische Materialismus; ~ **i dialektik** der dialektische Materialismus
materializím -i *m* materielle Umsetzung *f*
materiálo-tekník, -e *Adj* materielltechnisch
matéri|e -a *f, Pl* -e Materie *f*; Stoff *m*
maternitét -i *m, Pl* -e Frauenklinik *f*, Entbindungsheim *n*
mátës -i *m, Pl* – **1.** Meßbecher *m*; **2.** Vermesser *m*; ~ **tokash** Landvermesser
mátj|e -a *f, Pl* -e Messen *n*, Messung *f*
matkáp -i *m, Pl* -ë Bohrkurbel *f*; kleiner Bohrer *m der Uhrmacher und Juweliere*
mátk|ë -a *f, Pl* -a **1.** Bienenkönigin *f*; **2.** Leitente *f*, Leittier *n eines Entenschwarmes*; **3.** Truthenne *f die Junge aufgezogen hat*
matorík -u *m, Pl* -ë Bewässerungsgrube *f*; Wassersammelgrube *in Gemüsegärten*
matrapáz -i *m, Pl* -ë *od* -a Aufkäufer *m*, Zwischenhändler *m*; Schwarzhändler
matrapazllëk -u *m, Pl* matrapazllëqe Zwischenhandel *m*, Aufkauf *m*; Schwarzhandel
matravíd|ë -a *f, Pl* -a *Tech* Kluppe *f*
matriarkát -i *m* Matriarchat *n*
matríc|ë -a *f Math, Pl* -a Matrix *f*
matríç|e -ja *f, Pl* -e Matrize *f*
matrís|ë -a *f, Pl* -a Matrize *f*
mátsh|ëm (i), -me (e) *Adj* meßbar
matúf I. -i *Subst/m, Pl* -ë Tattergreis *m*, vertrotteller Alter *m*; **II.** -e *Adj* vertrottelt, kindisch
matuflëk -u *m* kindisches Wesen *n*, Trottelhaftigkeit *f*
matufóset 21 *refl* kindisch werden, vertrotteln, vergreisen
matufósj|e -a *f* Vergreisung *f*, Verblödung *f*, Vertrottelung *f*

matufósur (i) *Adj* greisenhaft, kindisch, vertrottelt

mátur (i) *Adj* gemessen; *übertr* ausgeglichen; wohlüberlegt

maturánt -i *m*, *Pl* -ë Abiturient *m*

matúr|ë -a *f* Abitur *n*, Reifeprüfung *f*

maún|ë -a *f*, *Pl* -a großes Boot *n*, Lastkahn *m*

máur -i *m*, *Pl* -ë Maure *m*

mauthí -a *f Myth* Goldfee *f*, *in Gold gekleidetes Mädchen*

mauzér -i *m*, *Pl* -ë Mauserpistole *f*

mauzolé -ja *f*, *Pl* – Mausoleum *n*

mauzoléum -i *m*, *Pl* -e = **mauzole**

maví *Adj* blau, dunkelblau

mavijón 1 *tr* blau färben

maxhallék -u *m*, *Pl* -e Stützbalken *m*

maxhár I. -i *Subst/m*, *Pl* -ë Ungar *m*, Magyare *m*; **II.** -e *Adj* ungarisch, magyarisch

mazatór|e I. -ja *Subst/f*, *Pl* -e einjähriges, weibliches Kalb *n*; **II.** *Adj/f*: **lopë ~ Kuh** *f die gekalbt hat*

máz|ë -a *f*, *Pl* -a 1. Rahm *m*, Milchhaut *f*; Rahmkäse *m*; 2.: ~ e qepës Zwiebelhäutchen *n*

mazgáll -i *m*, *Pl* -ë *od* -a 1. Schießscharte *f*; 2. Wandnische *f am Kamin*

¹**mazí** -u *m*, *Pl* – Gallapfel *m*

²**mazí** -a *f* für die Saat vorbereiteter Boden *m*

mazít 22 *tr* entrahmen

mazút -i *m* Masut *n*

mbájs|ë -a *f*, *Pl* -a Stützgabel *f*, Stütze *f für Bäume u. Sträucher*

mbájt|ë -a *f* Lebensstandard *m*; **mbajta e mirë** gutes Leben *n*, gute Ernährung *f*

mbájtës, -e *Adj* haltend, tragend, Träger-,

mbájtës|e -ja *f*, *Pl* -e *Bauw* Träger *m*, Basis *f*

mbájtj|e -a *f* 1. Erhaltung *f*, Unterhaltung *f*; Aufbewahrung *f*; 2. Einhaltung *f eines Versprechens*; 3. Abzug *m*, Einbehalten *n von Geld*; 4. Durchführung *f*, Abhalten *n eines Kongresses*; 5. Halten *n einer Rede*

mbájtur (i) *Adj* 1. zurückhaltend; beherrscht; 2. abgetragen; getragen; 3.: **një plakë e ~ mirë** eine gepflegte und rüstige Greisin; 4. gehalten *(Rede)*; 5. festgehalten; bewahrt; aufrechterhalten

mbájtur (i) *m/best* der Gelähmte

mballés|ë -a *f* Weide *f*

mballím -i *m* Trift *f*, Weg *m* zum Viehtreiben

mballomaxhí -u *m*, *Pl* – *od* -nj Flickschuster *m*

mballóm|ë -a *f*, *Pl* -a Flicken *m auf Kleidung od. Schuhen*

mballón 1 *tr* auf die Weide treiben *(Vieh)*

mballós 21 *tr* flicken

mba|n 10 *tr* 1. halten, festhalten; **mbaje dorën!** sei sparsam!, halte das Geld beisammen!; **e ~ veten** a) er behauptet sich, er hält sich; b) er beherrscht sich; **e ~ nëpër gojë** er spricht ständig von ihm; 2. anhalten, zurückhalten, aufhalten; **mba gojën!** halt den Mund!; **s'mbajta të qeshurit** ich konnte das Lachen nicht unterdrücken; **~ frymën** den Atem anhalten; hinausschieben; **e mbajti dy muaj dasmën** er schob die Hochzeit zwei Monate hinaus; bei sich behalten; 3. unterhalten, ernähren, für jmdn. sorgen; **~ prindët** er ernährt seine Eltern; *Tiere* halten, züchten; **i ~ mëri** ist böse auf ihn, er hegt Groll gegen ihn; 4. führen; **~ ditar** ein Tagebuch führen; 5. halten für, ansehen als; **unë atë e kam mbajtur për të mençëm** ich habe ihn immer für klug gehalten; **e mbaj për të vërtetë** ich halte es für wahr; 6. behalten, bewahren, (sich) aufheben; **e ~ si kujtim** er hebt es sich als Andenken auf; **e ~ paren** er hält das Geld zusammen; zurückhalten, abziehen; **më mbajti 10 lekë** er hat von mir 10 Lek einbehalten; **~ fjalën** er hält sein Wort; **7.** zielen; treffen; **mbaja mirë!** ziel gut darauf!; **8.** aufrecht erhalten, in einem guten Zustand halten; **e ~ shpresa** die Hoffnung hält ihn aufrecht; **9.** zu jmdm. halten, jmdn. begünstigen; **mbaj nga ai** *od* **mbaj me të** ich halte es mit ihm; **i mbaj anën** ich stehe auf seiner Seite; **10.** tragen; **~ armë** Waffen tragen; **~ zi** Trauer tragen, trauern; **~ erë** es riecht; **~ përgjegjësinë** die Verantwortung tragen; **11.: ~ fjalë** *od* **~ një fjalim** eine Rede halten; **12.** hinhalten; **e ~ me fjalë** *od* **e ~ me shpresë** er vertröstet ihn; **13.** einhalten, beachten; **~ ramazan** fasten *(Mohammedaner)*; **14.** feilhalten; **sa e ~ këtë?** wieviel willst du dafür haben?; **15.** fernhalten; **mos më mba diellin!** geh mir aus der Sonne!; **16.** enthalten, bedeuten; **ç'~ kjo fjalë?** was willst du damit sagen?; **ç'~ kjo kështu?** was soll denn das bedeuten?; **17.** halten, stabil sein, tragen; **ky tra s'~ më** dieser Balken hält nicht mehr; **18.** anhalten, andauern, sich halten; **po ~ koha** das schöne Wetter hält an; **çfaqja teatrore s'mbajti shumë** die Theatervorstellung dauerte nicht lange; **19.** entfernt sein; **sa ~ Shkodra?** wie weit ist es bis Shkodra?, wie lange braucht man bis Shkodra?; **20.** sich in der Brunft befinden, brunftig sein; **21.** eine Richtung nehmen, einen Weg einschlagen; **cilën rrugë duhet të mbaj?** welchen Weg muß ich gehen?; **ia mbajti për Durrës** er ist nach Durrës aufgebrochen; **ai s'di nga t' ia mbajë** er weiß nicht mehr

aus noch ein; **22.: ~ mend** sich an etw. erinnern; **do ta mbaj mend** ich werde mich an ihn erinnern; ich werde daran denken; **23.: ~ vesh** a) hören; b) belauschen; c) auf jmdn. hören; **24.** *unpers:* **s'ma ~** ich wage es nicht, ich traue mich nicht; **-het** *refl* **1.** sich festhalten; sich halten; **a mbahe dot mbi kalë?** kannst du dich überhaupt auf dem Pferd halten?; **mbahet në një fill** es hängt an einem Faden; **2.: ajo u mbajt pak** sie zögerte ein Weilchen; **3.** sich zusammennehmen; sich halten; **ai mbahet mirë** a) er ist noch gut bei Kräften; b) er hält auf sich; sich ernähren; **4.: me kë mbahet ai?** mit wem hält er es?; **5.** sich halten an; sich richten nach; **t'i mbahesh tekstit** du mußt dich an den Text halten; **6.** so tun als ob; **mbahet i madh** er tut (sich) groß; **shumë po mbahet** er gibt furchtbar an, er schneidet schrecklich auf; **7.: i mbahet goja** er stottert; **i mbahet ujë** er kann kein Wasser lassen; **8.** *unpers:* **s' iu mbajt pa ia thënë** er hielt es nicht mehr aus und sagte es ihm

mbánë *Adv* daneben, seitlich, an der Seite

mbánsh|ëm (i), **-me** (e) *Adj* seitlich

mbar 14¹ *tr* tragen; wegtragen, wegbringen; **-et** *refl* umziehen, umsiedeln

mbárazi *Adv* von der rechten Seite, richtig herum

mbarés|ë -a *f, Pl* **-a** *Gramm* Endung *f*, Flexionssuffix *n*

mbár|ë I. *Adv* **1.** richtig herum, von der rechten Seite; **s'e ke veshur ~ këmishën** du hast das Hemd verkehrt herum angezogen; **2.** erfolgreich; glücklich; **puna ~ !** Erfolg bei der Arbeit, viel Erfolg!; **Mbarë paç!** sei erfolgreich!; **nuk më vjen ~** es gelingt mir nicht; **3.: e mban për**

~ er hält ihn zur Zucht; **4.: folë
~!** rede vernünftig!; **mos folë ~
e prapë!** rede nicht gleich drauflos!;
5. ganz, alle; **bota ~ od ~ bota**
die ganze Welt; **II.** (i) *Adj* **1.: ana
e ~** die rechte Seite *des Stoffes*;
2. glückbringend; glücklich; **ka
dorë të ~** er hat eine glückliche
Hand; **Udhë të Mbarë!** glückliche
Reise!; **Me këmbë të Mbarë!** Hals-
und Beinbruch!, alles Gute!; **3.: ky
fëmijë vjen i ~** dieses Kind ent-
wickelt sich prächtig; **vit i ~** ein
erfolgreiches Jahr; ein ertragreiches
Jahr; **III.** -a (e) *Subst/f, Pl* -a (të)
od -ët (të) *Subst/n* **1.** Gelingen *n*,
Glück *n*, Erfolg *m*; **mori për së
mbari** es geht gut voran; **2.** rechte
Seite *f*, Außenseite *des Stoffes*

mbarësí -a *f, Pl* – Gelingen *n*,
Erfolg *m*; Fortschritt *m*

mbarësó|n 1 *tr* auf die rechte Bahn
bringen; ins richtige Gleis bringen;
zum Erfolg führen; **-het** *refl* auf die
rechte Bahn kommen; ins richtige
Gleis kommen

mbarështím -i *m* Ordnen *n*, Regeln *n*,
Regelung *f*

mbarështón 1 *tr* in Ordnung bringen,
regeln, ordnen

mbarëvájtj|e -a *f* Erfolg *m*, Gelin-
gen *n*, erfolgreiches Vorankom-
men *n*

mbarím -i *m* Ende *n*, Beendigung *f*,
Abschluß *m*

mbaró|n 1 *tr* beenden, abschließen,
fertig machen; zu Ende bringen;
alles aufessen; *itr* enden, zu Ende
gehen; **mbaroi** a) es ist aus; b) er
ist gestorben; **-het** *refl* **1.** herunter-
kommen; verkümmern, zusam-
menschrumpfen; **2.** beschlossen
werden, zu einem Abschluß kom-
men; **u mbarua** es ist abgemacht

mbarós|ë -a *f, Pl* -a Frau *f (die die
Braut schmückt u. ankleidet)*

mbars 21 *tr* schwängern; *Zool*
besamen, decken; **-et** *refl* schwan-
ger werden; *Zool* gedeckt werden;
u ~ lopa die Kuh ist trächtig

mbársë *Adj* schwanger, geschwän-
gert; *Zool* trächtig, gedeckt; *übertr*
geschwängert, angereichert

mbársj|e -a *f* Schwangerschaft *f*

mbart 20 *tr* wegtragen, wegbringen;
überbringen; bringen; befördern

mbártës -i *m, Pl* – *Tech* Träger *m*

mbártj|e -a *f, Pl* -e Transport *m*,
Beförderung *f*, Tragen *n*

mbarúar (i) *Adj* **1.** beendet, abge-
schlossen; **2.** vollendet, vollkom-
men

mbas **I.** *Präp (mit Abl)* hinter;
nach; **II.** *Adv* dahinter; danach

mbasandáj *Adv* dann, danach

mbasdárk|ë -a *f* Abendzeit *f* Zeit
nach dem Abendbrot

mbasdít|e -ja *f, Pl* -e Nachmittag *m*

mbáse *Adv* vielleicht

mbasgrúsht|ë -a *f, Pl* -a Manschette *f*

mbasí *Konj* **1.** da, weil; **2.** sowie,
wenn, sobald

mbaskré -ja *f* Hinterkopf *m*

mbasnésër *Adv* übermorgen

mbasqáf|e -ja *f* Nacken *m*

mbath 14 *tr* **1.** Unterhosen, Schlüp-
fer, Schuhe, Strümpfe anziehen;
2. *Pferd* beschlagen; **3.** düngen;
4.: ua ~ i këmbëve er nahm die
Beine in die Hand, er suchte das
Weite; **ia ~ i mirë** er hat es ihm
gegeben; **-et** *refl* sich anziehen
(Schuhe, Strümpfe, Unterwäsche)

mbáth|ë -a *f* **1.** Beschlagen *n des
Pferdes*; **2.** Schuhwerk *n*; Strümp-
fe *Pl*

mbáthës -i *m, Pl* – Schuhanzieher *m*

mbáthje -t *Pl* Unterhose *f*; Schlüp-
fer *m*

mbathtár -i *m, Pl* -ë Hufschmied *m*

mbáthura -t (të) *Pl* = **mbathje**

mbés|ë -a *f, Pl* -a Nichte *f*; Enkelin *f*

mbesóll|ë -a *f, Pl* -a = **mbesë**

mbet 22 *itr*; **-et** *refl* **1.** bleiben;

Mbeç me shëndet! bleib gesund!, es soll dir gut ergehen!; ~ **emi miq** wir bleiben Freunde; **2.** übrigbleiben; **kjo ~ i nga buka** das ist vom Brot noch übrig; **më ~ eshin pak të holla** ich behielt nur wenig Geld übrig; **u ~ në klasë** er ist sitzengeblieben; **3.** dableiben; **~ a pa shkuar atje** ich konnte nicht hingehen; **4.** ausbleiben; **pse ~ i?** warum ist er nicht gekommen?; **5.** in einen neuen (oft schlechteren) Zustand geraten; **~ i e ve** sie wurde Witwe; **~ i jetim** er blieb als Waise zurück, er verwaiste; **~ i me barrë** sie wurde schwanger; **ka ~ ur keq** es ist ihm schlecht ergangen; **6.** aufhören; versiegen; **~ i shiu** der Regen hat aufgehört; **i ~ i qejfi** er war verstimmt; **rëndësia e librit nuk ~ et me kaq** die Bedeutung des Buches erschöpft sich damit nicht; **7.** auf dem Schlachtfeld bleiben, im Kampf fallen

mbétj|e -a *f*, *Pl* -e Rest *m*, Überbleibsel *n*; *Math* Rest

mbétur (i) *Adj* **1.** übriggeblieben; **gjellë e ~** Speiserest *m*; *übertr* zurückgeblieben; **2.** langsam, phlegmatisch, träge; langweilig; **3.**: **vajzë e ~** ein immer noch unverheiratetes Mädchen

mbétura -t (të) *Pl* **1.** Speisereste *Pl*; **2.** Abfälle *Pl*

mbeturín|ë -a *f Math* Rest *m*; -a *Pl* Abfälle *Pl*; Überreste *Pl*, Überbleibsel *Pl*

mbeturinór, -e *Adj* Relikt-, Überbleibsel-

mbë *Präp (mit Akk)* in, auf; an; nach

mbëltím -i *m* Stecken *n* von Zwiebeln usw.; Pflanzen *n*

mbëltón 1 *tr* **1.** Zwiebeln stecken; pflanzen; **2.** begraben, beerdigen

mbërdhé *Adv* zu Boden, auf die Erde

mbërdhók -u *m*, *Pl* -ë Kieselstein *m*

mbërthéck|ë -a *f*, *Pl* -a Knopf *m*; -a *Pl* Wirrnisse *Pl*; Unruhen *Pl*; Mißverständnisse *Pl*

mbërthé|n 3 *tr* **1.** zuknöpfen; **2.** zunageln, vernageln; *übertr* **ia mbërtheu sytë** er starrte ihn an; **3.** greifen, schnappen; **4.** füllen, vollstopfen; **-het** *refl sich die Kleidung* zuknöpfen; *übertr* sich ineinander verkrallen, in ein Handgemenge geraten

mbërthím -i *m* Zuknöpfen *n*; Zunageln *n*, Verschließen *n*

mbërthýer -a (e) *f*, *Pl* -a (të) **1.** Fuge *f*; Naht *f*; **2.** *Anat* Gelenk *n*

mbërrín 11 *itr* ankommen, eintreffen; *tr* erreichen, einholen

mbërrítj|e -a *f* **1.** Ankunft *f*, Ankommen *n*, Eintreffen *n*; **2.** Erreichen *n*, Einholen *n*

mbëshél 17¹ *tr* schließen, abschließen, zumachen; einschließen, einsperren

mbëshílte 17¹ *Imperf →* **mbëshel**

mbështét 20 *tr* stützen, abstützen; anlehnen; **-et** *refl* (**në** *od* **më**) sich stützen auf; sich verlassen auf; **duke u ~ ur në** ausgehend von

mbështëtës|e -ja *f*, *Pl* -e Stütze *f*, Stützbalken *m*

mbështëtj|e -a *f*, *Pl* -e **1.** Stütze *f*, Strebe *f*, Pfeiler *m*; **2.** Stützung *f*, Halt *m*, Unterstützung; **në ~ të** gestützt auf; **3.** Grundlage *f*, Basis *f*, Träger *m*

mbështíllet 16¹ *refl* **1.** sich versammeln; **2.** gerinnen *(Milch)*; eindicken, dick werden *(Flüssigkeiten)*; **3.** sich zusammenziehen, sich zusammenkauern; **i ~ rreth** *od* **i ~ gardh** jmdn. einkreisen, umzingeln; *→* **mbështjell**

mbështíllte 16¹ *Imperf →* **mbështjell**

mbështjéll 16¹ *tr* **1.** Fäden aufwickeln, zu einem Knäuel wickeln; **2.** zu

einem Bündel zusammenpacken;
3. einwickeln, einpacken, einschlagen; 4. versammeln; → **mbështillet**
mbështjéllës, -e *Adj* einhüllend, umhüllend; Einwickel-, Umschlag-; **letër** ~ **e** Packpapier *n*, Einschlagpapier
mbështjéllës|**e** -ja *f*, *Pl* -e Hülle *f*, Haut *f*, Schale *f*; Umhüllung *f*
mbështjéllj|**e** -a *f* 1. Einpacken *n*, Einwickeln *n*; 2. Hülle *f*, Verhüllung *f*; Einwickelpapier *n*, Verpackung *f*; 3. Aufwickeln *n*, Aufspulen *n* von *Fäden*; Knäuelwickeln
mbështólli 16¹ *Aor* → **mbështjell**
mbëtráz|**ë** -a *f*, *Pl* -a Mansarde *f*
mbi *Präp (mit Akk)* 1. über, auf; ~ **ujë** auf dem Wasser; über dem Wasser; 2. über; **flet** ~ **librin** über das Buch sprechen; 3. bei; ~ **ato fjalë** bei diesen Worten
mbiçmím -i *m*, *Pl* -e Überschätzung *f*; Überbewertung *f*
mbiçmón 1 *tr* überschätzen; überbewerten
mbidhésh|**ëm** (i), -me (e) *Adj* über der Erdoberfläche befindlich; Hoch-
mbiém|**ër** -ri *m*, *Pl* -ra 1. *Gramm* Adjektiv *n*; 2. Familienname *m*
mbiemërúar (i) *Adj* mit einem Beinamen versehen
mbijetón 1 *itr* fortleben, bestehen bleiben
mbikqýr 14¹ *tr* beaufsichtigen, überwachen, kontrollieren; beobachten; auf jmdn. aufpassen
mbikqýrës -i *m*, *Pl* – Aufseher *m*, Aufpasser *m*
mbikqýrj|**e** -a *f* Aufsicht *f*, Überwachung *f*, Beobachtung *f*
mbíllte 16¹ *Imperf* → **mbjell**
mbin 6 *itr* aufgehen *(Saat)*; **mbijnë ngatërresa** es entstehen Verwicklungen; *übertr* **na mbiu në derë** er ging uns nicht von der Pelle, er fiel uns auf den Wecker; **na mbiu në bark** wir haben es über *(eine Speise)*, es hängt uns zum Halse heraus
mbinatýrsh|**ëm** (i), -me (e) *Adj* übernatürlich, überirdisch
mbindémj|**e** -a *f El* Überspannung *f*
mbinxéhës -i *m Tech* Überhitzer *m*
mbinxéhj|**e** -a *f Tech* Überhitzung *f*
mbinjerëzór, -e *Adj* übermenschlich
mbinjerí -u *m* Übermensch *m*
mbiqúajtj|**e** -a *f* Beiname *m*; Spitzname *m*
mbiqúan 9 *tr* jmdn. mit einem Beinamen versehen; jmdm. einen Spitznamen geben
mbírës, -e *Adj* aufgehend, keimend; **fuqi** ~ **e** Keimfähigkeit *f*, Keimkraft *f*
mbishkrím -i *m*, *Pl* -e Überschrift *f*; Inschrift; ~ **varri** Grabinschrift
mbishkrúan 2 *tr* mit einer Überschrift *od* Inschrift versehen, überschreiben
mbitáks|**ë** -a *f*, *Pl* -a *Fin* Aufschlag *m*; ~ **për importim** Importaufschlag
mbitensión -i *El* Überspannung *f*
mbitrusní -a *f Tech* Überdruck *m*
mbivleftësím -i *m*, *Pl* -e Überbewertung *f*
mbivleftësón 1 *tr* überbewerten
mbivlér|**ë** -a *f*, *Pl* -a Mehrwert *m*
mbizotërím -i *m* beherrschende Stellung *f*; Oberhoheit *f*
mbizotërón 1 *itr* vorherrschen; vorwiegen, überwiegen
mbjell 16¹ *tr* Acker besäen; bepflanzen; aussäen, säen; pflanzen
mbjélla -t (të) *Pl* 1. besäte Äcker *Pl*, bestellte Felder *Pl*; 2. Zeit *f* der Aussaat
mbjéll|**ë** -a *f*, *Pl* -a Aussaat *f*, Bestellung *f* des *Ackers*; Pflanzen *n*
mbjéllës -i *m*, *Pl* – Säer *m*, Sämann *m*
mbjéllës|**e** -ja *f*, *Pl* -e Säerin *f*
mbjéllj|**e** -a *f*, *Pl* -e Aussaat *f*, Bestellung *f* des *Ackers*; ~**et** *Pl*

a) die Zeit der Aussaat; b) die bestellten Äcker

mblak 14³ *tr* 1. alt machen; 2. jmdm. auf die Nerven gehen; **-et** *refl* altern, alt werden

mblákur (i) *Adj* gealtert

mblát|ë -a *f, Pl* -a Hostie *f*, geweihtes Brot *n bei Orthodoxen*

mbledh 16 *tr* 1. sammeln, einsammeln, aufsammeln; auflesen; ~ **lule** Blumen pflücken; 2. versammeln, zusammenrufen; ~ **ushtarë** Soldaten rekrutieren; 3. zusammenlegen, zusammenziehen; ~ **velat** die Segel einholen; 4. zusammenzählen, addieren; 5.: ~ **vehten** a) sich sammeln; b) sich erholen; ~ **mendjen** a) sich beruhigen; b) seine Gedanken sammeln; c) zur Einsicht kommen; **mblidhe mendjen!** komm zu dir!; **mblidhe djalin!** bring den Jungen zur Räson!; ~ **supet** mit den Schultern zucken; ~ **buzët** den Mund halten; **si e mblodhët?** wie habt ihr es festgelegt?; **ia mblodhi** er hat ihn zusammengestaucht; → **mblidhet**

mblédhës -i *m, Pl* – Sammler *m*

mbledhëtár -i *m, Pl* -ë Versammlungsteilnehmer *m*

mblédhj|e -a *f, Pl* -e 1. Sammeln *n*; Ernte *f*; 2. Versammlung *f*; **liria e** ~**s** Versammlungsfreiheit *f*; 3. Addition *f*

mbleks 14 *tr* flechten, verflechten; **-et** *refl* sich verstricken; sich einlassen

mbles -i *m, Pl* -ë Brautwerber *m*, Heiratsvermittler *m*

mblés|ë -a *f, Pl* -a Verlobung *f*

mblesërí -a *f, Pl* – Brautwerbung *f*, Heiratsvermittlung *f*, Ehevermittlung

mblesërón 1 *tr* die Brautwerbung übernehmen; eine Heirat vermitteln

mblésës|e -ja *f, Pl* -e Heiratsvermittlerin *f*, Brautwerberin *f*

mblésk|ë -a *f* = **mblesëse**

mblídhet 16 *refl* 1. sich versammeln; 2. zusammensinken; sich zusammenziehen; sich zusammenkauern; *übertr* vernünftig werden, zur Räson kommen, ruhiger werden; zu sich kommen; → **mbledh**

mblídhte 16 *Imperf* → **mbledh**

mblódhi 16 *Aor* → **mbledh**

¹**mblon** 1 *tr* anfüllen, füllen

²**mblo|n** 1 *tr* verloben; **-het** *refl* sich verloben

mbllaçít 22 *tr* 1. kauen; 2. brummeln, undeutlich sprechen; **-et** *refl* wiederkäuen

mbodhí -a *f* Verzögerung *f*; Behinderung *f*, Hindernis *n*

mbodhís 21 *tr* verzögern; aufhalten; behindern; **-et** *refl* sich verzögern, sich verspäten; sich aufhalten lassen

mbólli 16¹ *Aor* → **mbjell**

mbrápa I. *Adv* hinten, hinterher, dahinter; später, danach, hinterher; II. *Präp (mit Abl)* hinter; III. *Präf*; → **prapa**-

mbrapambétur (i) *Adj* zurückgeblieben, rückständig

mbraparój|ë -a *f, Pl* -a *Mil* Nachhut *f*

mbrapaskén|ë -a *f, Pl* -a *Theat* Kulisse *f*; *übertr* Machenschaften *Pl hinter den Kulissen*

mbrapashtés|ë -a *f, Pl* -a *Gramm* Suffix *n*

mbrapavíj|ë -a *f, Pl* -a *Mil* Hinterland *n*

mbráp|ëm (i), -me (e) *Adj* 1. hinterer, letzter, Hinter-; 2. *Gramm* postpositiv, nachgestellt

mbrápësht *Adv* = **mbrapsht**

mbrápmi (së) *Adv* schließlich, endlich, zu guter Letzt

mbraps 14 *tr* 1. entfremden, auseinanderbringen; 2. umstimmen; 3. zurückdrängen, zurückschlagen, zum Rückzug zwingen; **-et** *refl* sich zurückziehen

mbrapsht *Adv* gemein, niederträchtig; ungezogen, frech

mbrápshtë (i) *Adj* schlecht, bösartig; niederträchtig, hinterhältig, gemein; flegelhaft, ungezogen, frech

mbrapshtí -a *f, Pl* – Gemeinheit *f,* Niederträchtigkeit *f,* Niedertracht *f*

mbrapshtím -i *m, Pl* -e Unordnung *f;* Ärger *m*

mbrapshtón 1 *tr* **1.** durcheinanderbringen, in Unordnung bringen; verwirren; **2.** ruinieren, verderben; **3.** stören; **4.** verleumden; **5.** verderben, demoralisieren

mbrápthi (së) *Adv* von hinten; rückwärts

mbren 8 *tr Ochsen* einspannen

mbrénda I. *Adv* drinnen, innen; hinein; **II.** *Präp (mit Abl)* innerhalb

mbrendí -a *f, Pl* – Inhalt *m*

mbréndsh|ëm (i), **-me** (e) *Adj* innerer, Innen-

mbrés|ë -a *f, Pl* -a Narbe *f; übertr* Eindruck *m*

¹**mbret** 22¹ *tr* stoßen *(Arm, Bein);* ~ **a dorën** ich habe mir die Hand gestoßen; **-et** *refl* sich stoßen; eine Quetschung erleiden; Druckstellen bekommen *(Obst);* **m'u** ~ **dora** meine Hand ist vereitert

²**mbret** -i *m, Pl* -ër König *m; übertr* ~ **i i shtazëve** der König der Tiere

mbretërésh|ë -a *f, Pl* -a **1.** Königin *f;* **2.** Bienenkönigin; **3.** Dame *f im Schachspiel*

mbretërí -a *f, Pl* – Königreich *n;* Reich

mbretërón 1 *itr* als König herrschen; *übertr* ~ **qetësia** es herrscht Ruhe

mbretërór, -e *Adj* königlich, Königs-

mbréma *Adv* abends; **dje** ~ gestern abend; ~ **për** ~ Abend für Abend, allabendlich; **mirë** ~ **!** Guten Abend!

mbrémanet *Adv* am Abend, gegen Abend

mbrémë *Adv* gestern abend

mbrémj|e -a *f, Pl* -e Abend *m;* ~ **vallëzimi** Tanzabend

mbrodh 14 *tr* jmdm. guttun, wohltun; **më** ~ **i havaja e detit** die Seeluft hat mir gut getan

mbrójtës I. -i *Subst/m, Pl* – Verteidiger *m;* Behüter *m,* Beschützer *m;* **II.** -e *Adj* Verteidigungs-; **fuqi** ~ **e** Verteidigungskraft *f; Jur* **avokat** ~ Verteidiger

mbrójtës|e -ja *f, Pl* -e Verteidigerin *f;* Beschützerin *f*

mbrójtj|e -a *f* **1.** Verteidigung *f;* Schutz *m;* ~ **kundërajrore** Luftschutz; ~ **në punë** Arbeitsschutz; **2.** *Jur* Verteidigungsrede *f;* Verteidigung

mbro|n 9³ *tr* verteidigen; bewahren; behüten, beschützen; **-het** *refl* sich schützen; sich verteidigen

mbrújtj|e -a *f* **1.** Kneten *n des Teiges;* **2.** Bildung *f,* Formung *f des Charakters*

mbrújtur (i) *Adj* geknetet; Sauerteig-, mit Sauerteig

mbrúme (e) *Adj/f:* **bukë e** ~ Sauerteigbrot *n,* gesäuertes Brot

mbrun 8 *tr Teig* kneten; *Teig* ansetzen; *übertr* formen, bilden

mbrus 21 *tr* vollstopfen, füllen

mbrydh 14 *tr* weich machen; **-et** *refl* weich werden *(Früchte)*

mbrýdhët (i) *Adj* weich *(Früchte)*

mbrrútet 20 *refl* vertrocknen, welken, verwelken

mbufát 22¹ *tr* aufblasen, aufblähen; **-et** *refl* anschwellen, schwellen; sich füllen

mbuják, -e *Adj* unter Wasser stehend, überschwemmt

mbulés|ë -a *f, Pl* -a **1.** Bedeckung *f,* Abdeckung *f;* Decke *f;* **shtresë e** ~ Bettzeug *n; Bauw* Bedeckung; ~

çatie Dachbedeckung; ~ e shtëpisë Dach *n*; 2. Deckel *m*, Verschluß *m*

mbulíc|ë -a *f*, *Pl* -a Gesichtsschleier *m*

mbulím -i *m* 1. Deckel *m*, Verschluß *m*; 2. Beerdigung *f*, Begräbnis *n*

mbulój|ë -a *f*, *Pl* -a Decke *f*; Bedeckung *f*; ~ **e shtëpisë** Dach *n*

mbulóm|ë -a *f*, *Pl* -a = **mbulesë**

mbuló|n 1 *tr* 1. zudecken, bedecken; verhüllen, einhüllen; 2. beerdigen, begraben; 3. verbergen, verstekken; verschleiern; **-het** *refl* 1. sich zudecken; 2. sich einhüllen; sich verschleiern; 3. *alt* sich verloben

mbulúar *Adv* verschleiert

mburés|ë -a *f*, *Pl* -a Geländer *n*; Gitter *n*

mburój|ë -a *f*, *Pl* -a Schild *m*; *übertr* Schutz *m*

mburr 14 *tr* rühmen, loben, preisen; **-et** *refl* sich brüsten, sich großtun, aufschneiden; angeben, prahlen

mburracák I. -u *Subst/m*, *Pl* -ë Prahlhans *m*, Angeber *m*; Aufschneider *m*; II. -e *Adj* angeberisch, prahlerisch

mburramán, -e *Adj* großsprecherisch; prahlerisch; angeberisch

mburraník, -e *Adj* = **mburraman**

mburravéc I. -i *Subst/m*, *Pl* -ë; II. -e *Adj* = **mburracak**

mburrësí -a *f*, *Pl* – Prahlerei *f*, Angeberei *f*

mburrítet 20 *refl* *Zool* sich mit Hörnern bekämpfen

mbúrrj|e -a *f*, *Pl* -e Stolz *m*; Ruhm *m*; Angeberei *f*, Prahlerei *f*

mbush 14² *tr* füllen, voll machen; erfüllen; ausfüllen *(Fragebogen usw.)*; ~ **pushkën** das Gewehr laden; ~ **jastëkun** das Kissen stopfen; ~ **ujë** Wasser schöpfen; ~**i dhjetë vjet** er ist zehn Jahre alt geworden; **s'ma** ~ **synë** sein Äußeres überzeugt mich nicht; **ia** ~**i mendjen** er hat ihn überzeugt; **ia** ~**i me të katra** er nahm Reißaus; **-et** *refl* dicker werden; sich füllen; zunehmen; **u** ~ **hëna** es ist Vollmond; **u** ~ **java** die Woche ist abgelaufen; **u** ~ **një vit** ein Jahr ist vergangen, ein Jahr ist um; **u** ~ **kupa** das Maß ist voll; ~**u!** hau ab!, scher dich weg!; **s'i** ~**et koka** er will es nicht einsehen, er bleibt stur; **u** ~**a** ich war geladen, ich war wütend

mbúshj|e -a *f*, *Pl* -e Füllen *n*; Laden *n des Gewehres*; Erfüllen; Ablaufen *n*

mbushullím -i *m* Reichtum *m*, Überfluß *m*

mbushullón 1 *tr* im Übermaß geben, mit etw. überhäufen; bis obenhin füllen

mbúshur (i) *Adj* 1. voll, angefüllt; 2. dick, füllig, mollig; 3. *Kochk* gefüllt; **domate të** ~**a** gefüllte Tomaten; 4. geladen *(Gewehr)*; 5. erfüllt; 6. ungereinigt *(Getreide)*

mbutón 1 *tr* verkorken, verstöpseln, verschließen

mbyll 14 *tr* 1. verschließen, abschließen, zuschließen; zumachen, schließen; *El* ~ **qarkun** den Stromkreis schließen; **i** ~**i sytë** er schloß die Augen, er starb; **sa çel e** ~ **sytë** im Handumdrehen, im Nu; 2. einschließen, einsperren; **e** ~ **me kllapa** etw. einklammern; 3. abschließen, beschließen; beenden; **ia** ~**a gojën** dem hab' ich aber meine Meinung gegeigt; **-et** *refl* 1. zu Ende kommen, beendet werden; 2. sich schließen *(Wunde)*; 3. sich einschließen

mbyllasýza -t *Pl* Blindekuhspiel *n*

mbýllës -i *m*, *Pl* – Deckel *m*, Verschluß *m*

mbýllët (i) *Adj* 1. dunkel, gedeckt *(Farben)*; **e kuqe e** ~ dunkelrot; 2. geschlossen, verschlossen; *übertr* verschlossen, reserviert, zurückhaltend

mbýllj|e -a *f* Schluß *m*; **fjala e** ~**s** das Schlußwort; Schließung *f*

mbýllur (i) *Adj* verschlossen, geschlossen; **gjyq me dyer të** ~**a** Prozeß unter Ausschluß der Öffentlichkeit, geschlossene Verhandlung; *übertr* verschlossen, reserviert, zurückhaltend

mbyt 22 *tr* erwürgen, erdrosseln; ertränken; erstechen; erschlagen; *übertr* **lotët po ia** ~**nin zërin** die Tränen erstickten ihre Stimme; **e** ~ **i lumi fushën** der Fluß hat das Tal überschwemmt; **më** ~**ën punët** ich ersticke in Arbeit; **më** ~**ën hallet** die Sorgen erdrücken mich; -**et** *refl* ertrinken; ersticken; untergehen, versinken; *übertr* ~**et në borxhe** in Schulden ersticken

mbýtas *Adv* gedämpft, leise

mbýtës, -e *Adj* Erstickungs-; **gaze** ~ **e** Stickgase *Pl*

mbýtj|e -a *f*, *Pl* -e Ersticken *n*; Ertränken *n*; Versenkung *f*; Überflutung *f*, Überschwemmung *f*; Untergang *m*; ~ **e anijes** Schiffsuntergang

mbýtur I. *Adv*: ~ **në** versunken in ..., erstickt in ...; ~ **në borxhe** in Schulden erstickt; **ma solli** ~ **er** ließ mich im unklaren; **II.** (i) *Adj* 1. ertrunken; 2. überlastet; **III.** -i (i) *Subst*/*m*, *Pl* – (të) Ertrunkener *m*

mdhésk|ë -a *f*, *Pl* -ë Kate *f*, ebenerdige Hütte *f*

me *Präp (mit Akk)* 1. mit, zusammen mit; **erdhi** ~ **të motrën** er kam mit seiner Schwester; **njeri** ~ **mend** ein Mensch mit Verstand; ~ **ethe në shtat** mit Fieber, fiebernd; **u hëngra** ~ **një** ich habe mich mit einem gestritten; 2. mit, mittels, mit Hilfe von; **e hapa** ~ **çelës** ich öffnete mit dem Schlüssel; 3. zur Zeit, bei; ~ **kohë** beizeiten, rechtzeitig; ~ **të dalë dielli** bei Sonnenaufgang; 4.: ~ **të mirë** im Guten; 5. aus, bestehend aus; **mur** ~ **tulla** Ziegelwand *f*; voll, mit; **qyp** ~ **mjaltë** ein Topf mit Honig; 6. hinsichtlich, betreffend; **i madh** ~ **trup** körperlich groß; 7. zu (*bei Zahlen mit dem Pluralsuffix* -ra); ~ **mijëra** zu Tausenden; ~ **mijëra lekë** Tausende von Lek; 8.: ~ **sot** ~ **nesër** von heut auf morgen; 9.: ~ **anë të** *Präp (mit Gen)* mit Hilfe von, mittels, durch; ~ **anë të një fjalori** mit Hilfe eines Wörterbuches; 10.: ~ **sa** *Konj* soviel, soweit; ~ **sa di unë** soweit ich weiß; 11.: ~ **konditë që** ... unter der Bedingung, daß ...; 12.: ~ **gjithë atë** = megjithatë; ~ **qenë se** = meqenëse; **do** ~ **thënë** = domethënë

meazalláh *Interj* Gott behüte!, keineswegs!

mecén -i *m*, *Pl* -ë Mäzen *m*

mecenát|ë -a *f* Mäzenatentum *n*

méç|e -ja *f*, *Pl* -e kleiner Wasserkrug *m*

méçk|ë -a *f*, *Pl* -a Bärin *f*; Hündin *f*; *übertr* Hure *f*

medálj|e -a *f*, *Pl* -e Medaille *f*; ~ **ari** Goldmedaille; ~ **argjendi** Silbermedaille

medét I. *Indekl*: **kërkon** ~ **i sëmuri** der Kranke braucht Hilfe; **II.** *Interj* ach!, o weh!

medián|ë -a *f*, *Pl* -a *Math* Mediane *f*, Mittellinie *f*

medicín|ë -a *f* Medizin *f*; ~ **legale** Gerichtsmedizin

mediók|ër, -re *Adj* mittelmäßig

médium -i *m*, *Pl* -e Medium *n*

medoemós *Adv* unbedingt

medresé -ja *f*, *Pl* – Medresse *f*, islamische Hochschule *f für Juristen und Theologen*

medúz|ë -a *f* 1. Meduse *f*, Qualle *f*; 2. *Myth* Medusa *f*

méfshtë (i) *Adj* träge, energielos, phlegmatisch
mefshtësí -a *f* Trägheit, Energielosigkeit *f*
megafón -i *m*, *Pl* -e *od* -a Megaphon *n*
megalomán I. -i *Subst/m*, *Pl* -ë Größenwahnsinniger *m*; II. -e *Adj* größenwahnsinnig
megalomaní -a *f*, *Pl* – Megalomanie *f*, Größenwahn *m*
megón 1 *itr*: **megoi dita** der Tag brach an
megjithaté *Adv* dennoch, trotzdem
megjithëkëté *Adv* dennoch, trotzdem
megjíthëqë *Konj* obwohl, obgleich
megjíthëse *Konj* obwohl, obgleich
mejdán -i *m*, *Pl* -e Platz *m*, Kampfplatz; **fushë ~ i** Schlachtfeld *n*; **dolli në ~** es kam heraus, es kam ans Licht
méje *Pers Pron Abl* → **unë**
mejtím -i *m*, *Pl* -e = **mendim**
mejtón 1 *tr*, *itr* = **mendon**
mejtúar (i) *Adj* nachdenklich
mekaník I. -u *Subst/m*, *Pl* -ë Mechaniker *m*; Maschinist *m*; II. -e *Adj* mechanisch, Mechanik-; *übertr* mechanisch, automatisch
mekaník|ë -a *f* Mechanik *f*; **~ kuantike** Quantenmechanik
mekanikísht *Adv* mechanisch; automatisch, schablonenhaft
mekaníz|ëm -mi *m* Mechanismus *m*; *El* **~ i shkyçjes** Auslöser *m*
mekanízim -i *m* Mechanisierung *f*
mekanizón 1 *tr* mechanisieren
mekanizúar (i) *Adj* mechanisiert
méket 14³ *refl*: **mekem** a) ich habe Atembeschwerden, ich bekomme kaum Luft; b) ich falle in Ohnmacht; *übertr* **u mek së qeshuri** er stirbt fast vor Lachen; **i ~ goja** er stottert
mekërín 6 *itr* meckern *(Ziege)*
mékët (i) *Adj* feucht
Meksík -u *m* Mexiko *n*
meksikán I. -i *Subst/m*, *Pl* -ë Mexikaner *m*; II. -e *Adj* mexikanisch
meksh -i *m*, *Pl* -a Büffelkalb *n*
mektón 1 *tr* anfeuchten, einfeuchten; naß machen
mekth -i *m* Ohnmacht *f*, Bewußtlosigkeit *f*
mel -i *m* Hirse *f*
melankolí -a *f* Melancholie *f*
melankolík, -e *Adj* melancholisch
melás -i *m* Melasse *f*
melekúq|e -ja *f* Mohrenhirse *f*
meléz, -e *Adj* gemischt, vermischt, vermengt; gekreuzt, hybrid
meléz|e -ja *f* Halbseide *f*
melhém -i *m*, *Pl* -e Salbe *f*; *übertr* Balsam *m*, Trost *m*
melingón|ë -a *f*, *Pl* -a Ameise *f*
melisdráv -i *m*, *Pl* -e Weichselkirsche *f*
melodí -a *f*, *Pl* – Melodie *f*
melodík, -e *Adj* melodisch, melodiös, wohlklingend; Melodie-
melodrám|ë -a *f*, *Pl* -a Melodram *n*
melór|e -ja *f*, *Pl* -e Hirsefeld *n*
méltë (i) *Adj* Hirse-, aus Hirse
mellán -i *m* Tinte *f*
méll|ë -a *f* Löß *m*; Lehm *m*; Töpfererde *f*, Kaolin *n*
membrán|ë -a *f*, *Pl* -a 1. Membrane *f*; 2. *Anat* Hülle *f*, Haut *f*; Trommelfell *n*
meméc I. -i *Subst/m*, *Pl* -ë *od* -a Taubstummer *m*; Stummer *m*; II. -e *Adj* stumm; taubstumm
memorandúm -i *m*, *Pl* -e Memorandum *n*
memúr -i *m*, *Pl* -ë *alt* Beamter *m*
memzí *Adv* kaum, mit Mühe, mühsam
menátet *Adv* morgens, am Morgen; am nächsten Morgen; morgen früh
menáti *Adv* am frühen Morgen, vor Tagesanbruch
ménç|ëm (i), **-me** (e) *Adj* klug, intelligent
ménçur (i) *Adj* klug, intelligent

mençurí -a *f* Klugheit *f*, Intelligenz *f* **mend** -të *Pl* **1.** Intellekt *m*, Geist *m*, Verstand *m*; Klugheit *f*; **njeri me ~** ein kluger Mensch; **2.** Gedächtnis *n*, Erinnerung *f*; **e mbaj ~** ich erinnere mich daran; **e ka ndër ~** a) er denkt daran; b) er hat es vor; **më bie ndër ~** mir fällt ein; **po ta sjell ndër ~** ich erinnere dich daran, ich rufe es dir ins Gedächtnis; **ka vënë ~** *od* **i erdhën ~ të** er ist zur Einsicht gekommen, er ist zur Besinnung gekommen; **mblidh ~ të!** reiß dich zusammen!, komm zu dir!; **e marr me ~** ich kann es mir vorstellen; **mos të shkojë ndër ~** daß du ja nicht auf die Idee kommst; **doli ~ sh** *od* **luajti ~ sh** er hat den Verstand verloren; **është afër ~ sh** das ist naheliegend, das versteht sich von selbst; **me gjithë ~** allen Ernstes, ernsthaft
ménd|e -ja *f*, *Pl* -e Geist *m*, Verstand *m*; Absicht *f*; **e ka ~ n top** er ist fest entschlossen; **ki ~ n!** sieh dich vor!, nimm dich in acht!; **ia bëri ~ n firifiu** sie hat ihm den Kopf verdreht
ménd|ër -ra *f*, *Pl* -ra Pfefferminze *f*
ménderz -a *f*, *Pl* -a = **mendër**
mendësí -a *f*, *Pl* – Mentalität *f*
mendím -i *m*, *Pl* -e Denken *n*; Gedanke *m*; Auffassung *f*, Meinung *f*; **është i ~ it** er ist der Meinung; **pas ~ it tim** meiner Meinung nach, meines Erachtens; **s'kam ~ të mirë për të** ich habe keine gute Meinung von ihm
mendimtár -i *m*, *Pl* -ë Denker *m*
méndj|e -a *f*, *Pl* -e **1.** Verstand *m*; **~ e hollë** Scharfsinn *m*; **~ e trashë** Begriffsstutzigkeit *f*; Sinn *m*; **s'ta pret mendja** du kannst es dir nicht vorstellen; **i vate në ~** es fiel ihm ein, er kam auf die Idee; **i vate mendja** er erinnerte sich; **vuri në ~ të saj që...** sie beschloß, daß ...;
është me dy ~ er ist unschlüssig; **vret ~ n** er grübelt; **na ngrite ~ n** du hast uns arg beunruhigt; **e fjeti ~ n** er zerbricht sich darüber nicht mehr den Kopf; **më vjen mendja rrotull** ich weiß nicht, was ich machen soll; **a ta ha mendja ty?** kannst du es glauben?; **më dolli nga mendja** ich habe es vergessen; **e ka ~ n e madhe** er ist überheblich; **mos të gënjejë mendja** mach dir keine Illusionen!; **kaq i pret mendja** er ahnt es; **2.** Meinung *f*, Auffassung *f*; **është i ~ s** er ist der Meinung; **pas ~ s sime** meiner Meinung nach; **ia mbushi ~ n** er hat ihn überzeugt; **ia ktheva ~ n** ich habe ihn umgestimmt; **3.** Aufmerksamkeit *f*; **vë ~ n** sich konzentrieren; **4.** Ziel *n*, Absicht *f*; **s'ka ~ të mirë ai** er hat nichts Gutes im Sinn
mendjeflútur *Adj* leichtsinnig, flatterhaft
mendjegjerësí -a *f* umfassende Bildung *f*, weiter Gesichtskreis *m*
mendjehóllë *Adj* scharfsinnig, geistreich, klug
mendjeléhtë *Adj* leichtsinnig, leichtfertig; oberflächlich
mendjelehtësí -a *f* Leichtsinn *m*, Leichtfertigkeit *f*
mendjemádh, -e *Adj* überheblich, hochnäsig; angeberisch
mendjemadhësí -a *f* Überheblichkeit *f*, Hochnäsigkeit *f*; Angeberei *f*
mendjempréhtë *Adj* = **mendjehollë**
mendjendrýshkur *Adj* geistig zurückgeblieben; rückständig
mendjezí -u *m* Pessimist *m*, Schwarzseher *m*
mendó|n 1 *itr, tr* denken; überdenken, bedenken; überlegen; beurteilen; *itr* beabsichtigen; sich sorgen um, nachdenken über; **-het** *refl* grübeln; nachdenken, sich Gedanken machen

mendór, -e *Adj* geistig
mendúar I. *Adv* nachdenklich, gedankenversunken; **II.** (i) *Adj* 1. nachdenklich; 2. durchdacht, gut überlegt
mengjené -ja *f, Pl* – Schraubstock *m*
meningjít -i *m Med* Meningitis *f,* Hirnhautentzündung *f*
méns|ë -a *f, Pl* -a Kantine *f,* Speiseraum *m*; Mensa *f*
menstruacióne -t *Pl* Menstruation *f*
menshevík I. -u *Subst/m, Pl* -ë Menschewik *m*; **II.** -e *Adj* menschewistisch
menshevíz|ëm -mi *m* Menschewismus *m*
menták, -e *Adj* klug
mentalitét -i *m, Pl* -e Mentalität *f*; Denkungsart *f*
mentór -i *m, Pl* -ë Mentor *m*
menjëhérë *Adv* sofort, unmittelbar
menjëhérsh|ëm (i), -me (e) *Adj* sofortig, unmittelbar
meqénëse *Konj* da, weil
meqé *Konj* = **meqenëse**
merá -ja *f, Pl* – Weide *f,* Weideplatz *m*
merák -u *m, Pl* -e 1. Neugierde *f*; **m'u bë** ~ es läßt mir keine Ruhe, die Neugierde bringt mich um; 2. Liebe *f,* Leidenschaft *f*; **ka** ~ **më të** er hat sich in sie verliebt; 3. Sorge *f*; **jam në** ~ **për të** *od* **jam bërë** ~ **për të** ich mache mir Sorgen um ihn; **më ha** ~**u** mich quält die Sorge; 4. Sorgfalt *f,* Hingabe *f*
meraklí I. -e *Adj* leidenschaftlich, passioniert; **II.** -u *Subst/m, Pl* -nj leidenschaftlicher Anhänger *m*; Liebhaber *m*; ~ **gjuetie** passionierter Jäger *m*; ~ **muzike** Musikliebhaber
merakós 21 *tr* in Sorge versetzen, bei jmdm. Besorgnis erregen; **-et** *refl* sich sorgen, sich Sorgen machen; **mos u** ~! mach dir keine Gedanken!, sei unbesorgt!

mercenár I. -i *Subst/m, Pl* -ë Söldner *m*; **II.** -e *Adj* Söldner-; **trupa** ~ **e** Söldnertruppen *Pl*
meremetím -i *m, Pl* -e Reparatur *f,* Instandsetzung *f*; Instandhaltung *f*; Ausbesserung *f*
meremetón 1 *tr* reparieren, instandsetzen; überholen; ausbessern
merendón 1 *tr* einordnen, eingliedern, einreihen; ordnen
¹**mér|ë** -a *f* Furcht *f,* Schrecken *m*
²**mér|ë** -a *f* Maß *n*; **i mori** ~**n** er nahm bei ihm Maß
³**mér|ë** -a *f* Duft *m,* Wohlgeruch *m*
mér|ëm (i), -me (e) *Adj* wohlriechend, duftend
meridián -i *m, Pl* -ë Meridian *m*
merimáng|ë -a *f, Pl* -a Spinne *f*
merít|ë -a *f, Pl* -a Verdienst *n*; **njeri me merita** ein verdienstvoller Mensch
meritón 1 *tr* verdienen, einer Sache würdig sein
meritúar (i) *Adj* verdient; verdienstvoll
merkúr -i *m* Quecksilber *n*
mermér -i *m, Pl* -e Marmor *m*
mermértë (i) *Adj* marmorn, Marmor-, aus Marmor
mérm|ë (i), -e (e) *Adj* = **i merëm**
meróhet 1 *refl* 1. sich fürchten; 2. leiden; erschöpft sein
mersín|ë -a *f* Myrte *f*
merudhí -a *f* 1. Minze *f*; 2. Gewürz *n*; Aroma *n*
merxhán -i *m, Pl* -ë *od* -a Koralle *f*
merr 19¹ *tr* 1. nehmen, ergreifen, erfassen; **i** ~ **dorën e këmbën** er bittet ihn inständig; **ia ka marrë dorën punës** er hat sich eingearbeitet; **mori fjalën** er ergriff das Wort; **mori hov** a) er nahm Anlauf; b) es nahm einen Aufschwung; **e** ~ **nëpër gojë** er spricht schlecht von ihm; **e** ~ **nëpër këmbë** a) er

merr 316

behandelt ihn schlecht; b) er tritt des anderen Rechte mit Füßen; ~ **masa** Maßnahmen ergreifen; **e marr me mend** ich kann es mir vorstellen; ~ **përsipër** a) übernehmen; b) auf sich nehmen; ~ **pjesë** teilnehmen, sich beteiligen; **e ~ në qafë** a) er tut ihm ein Unrecht an; b) er fügt ihm einen großen Schaden zu; ~ **sy e faqe** Mut fassen; **e ~ parasysh** er berücksichtigt es, er beachtet es; **e ~ më sysh** er behext ihn; **e ~ në sy rrezikun** er sieht der Gefahr fest ins Auge; ~ **shënim** notieren; ~ **vesh** a) hören; b) verstehen; ~ **veten** sich erholen, genesen; ~ **zemër** Mut fassen; **më mori gjumi** a) ich bin müde; b) ich schlief ein; **më mori malli** ich habe Sehnsucht; **s'ma ~ mendja** ich kann es nicht glauben; **më mori të qarët** ich mußte weinen; **më mori uria** ich habe Hunger; ich wurde hungrig; **2.** behandeln; **e ~ me të mirë** a) mit Liebe erziehen, nett behandeln; b) jmdm. gut zureden; **e ~ me lajka** jmdm. schmeicheln; **e ~ nëpër këmbë** er behandelt ihn schlecht; **3.** wegnehmen, entziehen; zurücknehmen; **i mori gjak** er nahm ihm Blut ab, er entnahm ihm eine Blutprobe; **ia mori gjakun** er tötete ihn *(Blutrache)*; **më mori mendtë** er tötete mir den Geist; **m'i mori mendtë** er betörte mich; ~ **prapë** *ein Wort* zurücknehmen; **kjo dritë të ~ sytë** dieses Licht blendet einen; **i mori shpirtin** a) er tötete ihn; b) er quälte ihn; **më është marrë zëri** ich bin heiser; **4.** einnehmen, erobern; ~ **kalanë** die Festung erobern; **lajmi mori dhenë** die Nachricht verbreitete sich; **5.** annehmen; ~ **formë të re** es nimmt eine neue Form an; **plaga mori pezmë** die Wunde ist schlimmer geworden; **kjo stofë s'~ bojë** dieser Stoff nimmt keine Farbe an; ~ **erë** einen Geruch annehmen, riechen; **6.** in Anspruch nehmen; **të ~ dy dit të shkosh prej Sarande në Korçë** du brauchst zwei Tage, um von Saranda nach Korça zu gelangen; **ç'~ prej Elbasanit deri në Tiranë** alles, was zwischen Elbasan und Tirana liegt; **7.** empfangen; erhalten, bekommen; ~ **një letër** einen Brief empfangen; ~ **hua** ein Darlehen aufnehmen, sich etw. borgen; ~ **të ftohtë** sich erkälten; ~ **një sëmundje** eine Krankheit bekommen; **i mori zanatin** er hat bei ihm das Handwerk gelernt; ~ **mësime** er bekommt Unterricht; **mori lejë** er bekam die Erlaubnis; **e marrim nga jashtë** wir importieren es; **8.** gedeckt werden; **pela mori** die Stute wurde gedeckt; **9.** an sich nehmen, sich aneignen; aufnehmen; ~ **frymë** Atem holen, atmen; ~ **një zakon** einen Brauch übernehmen; **mori zjarr** es fing Feuer; ~ **darkën** das Abendbrot zu sich nehmen; ~ **gjumin** schlafen; **10.** aufnehmen, auffassen; **ai çdo fjalë e ~ për keq** er nimmt jedes Wort übel; **për budalla më more?** hältst du mich denn für blöd?; fassen; **sa ~ kjo enë?** wieviel faßt dieses Gefäß?; kaufen; **marrin e japin** sie haben Beziehungen zueinander, sie haben Verbindungen miteinander; **11.** heiraten; ~ **grua** sich eine Frau nehmen; ~ **burrë** sich einen Mann nehmen; **12.** einschlagen, nehmen *(Richtung, Weg)*; ~ **fushat** ausreißen, sich davonmachen; **mori malet** a) er ist geflohen; b) er ist zu den Partisanen gegangen; ~ **rrugën** a) sich auf den Weg machen; b) in die Welt hinaus ziehen; ~ **tatëpjetën** a) er steuert dem Abgrund zu; b) es geht abwärts; ~ **mbrapa jmdm.** folgen, jmdm. nachgehen; **muarën Italinë** sie gingen nach Italien; **13.** beginnen; **mori e tha** er fing an zu sprechen; **ia mori këngës** er stimmte das Lied an, er begann zu singen; **14.** versuchen; ~ **të dalë, po s'mundet** er versucht hinauszugehen, aber es ist nicht möglich; **15.** einstellen, engagieren; ~ **me rrogë** gegen Lohn einstellen; **16.** *itr* **ka marrë dita** der Tag ist länger geworden; **ka marrë vapë** es ist heiß geworden; **-et** *refl* **1.** sich beschäftigen, sich befassen; **2.** gelten, aufgefaßt werden; **3.**: ~**emi vesh** a) wir verstehen uns; b) wir verständigen uns, wir einigen uns; **kjo gjë s'** ~**et vesh** das ist nicht zu verstehen; **i** ~**et fryma** er bekommt kaum Luft, er ringt nach Atem; **4.**: **i** ~**et goja** er stottert; **i** ~**en këmbët** er taumelt, er torkelt; **i** ~**en mendtë** ihm wird schwindlig; **i** ~**et zëri** er wird heiser

mes -i *m, Pl* -e Mitte *f*; **në** ~ **të oborrit** mitten auf dem Hof; ~ **për** ~ mittendurch, mitten hindurch; **në** ~ **tyre** zwischen ihnen, unter ihnen; **ta thomi në** ~ **tonë** unter uns gesagt; **në këtë** ~ hierbei, in diesem Zusammenhang; **hyn në** ~ einschreiten, dazwischengehen; Taille *f*; **më dhëmb** ~**i** ich habe Kreuzschmerzen

mesáp -i *m, Pl* -ë Messape *m*

mesatár, -e *Adj* mittlerer; mittelmäßig; durchschnittlich

mesatár|e -ja *f, Pl* -e **1.** Durchschnitt *m*; Durchschnittsnote *f*, Zensurendurchschnitt; **2.** *Math* Mittelgröße *f*, Durchschnittszahl *f*, Durchschnittsgröße

mesatarísht *Adv* durchschnittlich; mittelmäßig

mesázh -i *m, Pl* -e Ansprache *f*, Botschaft *f* (*schriftlich oder mündlich*) *eines Staatsoberhauptes*

mesdít|ë -a *f* Mittag *m*, Mittagszeit *f*; **për** ~ zum Mittagessen; **ana e** ~**s** die Südseite

mesdítës -i *m, Pl* – Meridian *m*, Mittagslinie *f*

Mesdhé I. -u *Subst/m* Mittelmeer *n*; **II.** *Adj*: **deti** ~ das Mittelländische Meer

mesdhetár, -e *Adj* Mittelmeer-, mediterran

més|ë-a *f* **1.** Häutchen *n der Zwiebel*; **2.** *Zool* Fettgewebe *n bei Ziegen od. Schafen*; **3.**: ~ **e qumështit** Milchhaut *f*, Rahm *m*

més|ëm (i), -me (e) *Adj* mittlerer, Mittel-; **koha e mesme** das Mittelalter; **shkollë e mesme** Mittelschule *f*; **i** ~ **nga shtati** mittelgroß

mésës -i *m, Pl* – Vermittler *m*

meshóllë *Adj* schlank, mit schlanker Taille

mesít -i *m, Pl* -ë Zwischenhändler *m*, Kommissionär *m*

mesjetár, -e *Adj* mittelalterlich

mesjét|ë -a *f* Mittelalter *n*

mesképútur *Adj* = **meshollë**

mésm|ë (i), -e (e) = **i mesëm**

mesnát|ë -a *f* Mitternacht *f*

mesník -u *m, Pl* -ë Fleischpastete *f*

mesobúrr|ë -i *m Mann in mittleren Jahren*

mesór|e I. -ja *Subst/f, Pl* -e **1.** Korridor *m*; **2.** *Math* Seitenhalbierende *f*; **II.** *Adj/f*: **folje** ~ Gramm mediales Verb *n* (*intransitives Verb, das nur in der Passiv-Reflexivform vorkommt*)

mesunázë *Adj* = **meshollë**

mésh|ë -a *f, Pl* -ë *Rel* Messe *f*; geweihtes Brot *n*

meshín -i *m* feines Leder *n* (*Schaf- od Ziegenleder*)

meshk -u *m, Pl* meshq Jungbulle *m*

méshkuj *Pl* → **mashkull**

meshnóhet 1 *refl* senil werden, kindisch werden, vertrotteln
meshó|n 1 *itr* die Messe lesen; -het *refl* die Messe hören
meshtár -i *m*, *Pl* -ë Priester *m*
meshtón 1 *itr* = meshon
metafizík, -e *Adj* metaphysisch
metafizík|ë -a *f* Metaphysik *f*
metafór|ë -a *f*, *Pl* -a Metapher *f*
metaforík, -e *Adj* metaphorisch
metakárp -i *m Anat* Mittelhand *f*
metál -i *m*, *Pl* -e Metall *n*; ~ me ngjyra Buntmetall
metál|e -ja *f*, *Pl* -e Schneehaufen *m*
metalík, -e *Adj* metallisch, Metall-
metaloíd -i *m*, *Pl* -e Metalloid *n*
metáltë (i) *Adj* metallen, Metall-
metalurgjí -a *f* Metallurgie *f*; ~ e zezë Schwarzmetallurgie; ~ e ngjyrosur Buntmetallurgie
metalurgjík, -e *Adj* metallurgisch
metalurgjíst -i *m*, *Pl* -ë *od* -a Schmelzer *m*; Metallarbeiter *m*; Hochöfner *m*
metamorfóz|ë -a *f*, *Pl* -a Metamorphose *f*
metán -i *m* Methan *n*
metastáz|ë -a *f*, *Pl* -a Metastase *f*
metatéz|ë -a *f*, *Pl* -a Metathese *f*
metelík -u *m*, *Pl* -ë *alte türkische Münze*; *übertr* s'ka asnjë ~ er hat keinen roten Heller
metempsikóz|ë -a *f* Seelenwanderung *f*, Metempsychose *f*
meteór -i *m*, *Pl* -ë 1. Meteor *m*; 2. meteorologische Erscheinung *f*
meteorít -i *m*, *Pl* -ë *od* -e Meteorit *m*
meteorologjí -a *f* Meteorologie *f*
meteorologjík, -e *Adj* meteorologisch
meteríq -i *m* Gebärmutter *f*
meteríz -i *m*, *Pl* -e Schützengraben *m*
¹**métë** I. (i) *Adj* unvollständig; unzulänglich; **buka është njëzet gram e ~** am Gewicht des Brotes fehlen zwanzig Gramm; mangelhaft; defekt; dumm, beschränkt; II. *Adv* zu wenig; **ma dhe ~ qumështin** du hast mir zu wenig Milch gegeben; **janë dy ~** es fehlen zwei; III. -a (e) *Subst/f*, *Pl* -a (të) Fehler *m*, Mangel *m*
²**mét|ë** -a *f*, *Pl* -a Schluck *m*
¹**mét|ër** -ri *m*, *Pl* -ra 1. Meter *n od m*; ~ **katror** Quadratmeter; ~ **kub** Kubikmeter; 2. Metermaß *n*; Zollstock *m*; ~ **druri** Zollstock
²**mét|ër** -ra *f*, *Pl* -ra kleines Tongefäß *n mit Henkeln*
metilík, -e *Adj* Methyl-; **alkool** ~ Methylalkohol *m*
metíng -u *m*, *Pl* metíngje Meeting *n*, Versammlung *f*, Kundgebung *f*; ~ **masiv** Massenkundgebung
metód|ë -a *f*, *Pl* -a Methode *f*
metodík, -e *Adj* methodisch
metodík|ë -a *f* Methodik *f*
metodikísht *Adv* methodisch
metodíst -i *m*, *Pl* -ë *od* -a Methodiker *m*
metodologjí -a *f* Methodologie *f*
metonimí -a *f*, *Pl* – Metonymie *f*
metóq -i *m*, *Pl* -e Stall *m*; Scheune *f*
metrázh -i *m* Filmlänge *f*; **film i ~ it të gjatë** Spielfilm *m*; **film i ~ it të shkurtër** Kurzfilm *m*
metrík, -e *Adj* metrisch
metrík|ë -a *f* Metrik *f*
metró -ja *f* Untergrundbahn *f*, U-Bahn *f*, Metro *f*
metropól -i *m* 1. Metropole *f*; 2. Mutterland *n*
mezé -ja *f*, *Pl* -ra pikanter Imbiß *m* *(Kurzgebratenes od. Käse, mit Oliven od. Essiggemüse bzw. rohem Gemüse garniert) zu alkoholischen Getränken*; *übertr* Beste *n*, Auserwählte *n*
mezelléqe -t *Pl verschiedene Arten Imbiß*; → **meze**
mezí *Adv* mit Mühe, kaum
mezolít -i *m* Mesolithikum *n*
mézhd|ë -a *f*, *Pl* -a Ackerrain *m*, Ackergraben *m*; Erde *f*

¹më *f*: ime ~ meine Mutter
²më *Adv* **1.** mehr; **do** ~ **?** willst du noch mehr?; **s'vete** ~ **atje** ich gehe nicht mehr dorthin; ~ **në fund** schließlich und endlich; **2.** *Gramm Partikel der Steigerung*; **Liria është** ~ **e bukur se Ornela** Liri ist hübscher als Ornela; **Liria është vajza** ~ **e bukur** Liri ist das hübscheste Mädchen; ~ **e bukura** die Schönste; **shkrimtari** ~ **i vjetër** der älteste Schriftsteller; ~ **shpejt** schneller; ~ **mirë** besser; ~ **së miri** bestens

³më *Pers Pron Kurzform Dat und Akk* → **unë**

⁴më *Präp (mit Akk)* auf, am, um; ~ **dhjetë mars** am zehnten März; ~ **orën shtatë** um sieben Uhr; **rri** ~ **këmbë** ich stehe; **dorë** ~ **dorë** von Hand zu Hand; **gjezdiste shtëpi** ~ **shtëpi** er wanderte von Haus zu Haus; *(mit Abl)* **e ndau** ~ **dysh** er teilte es in zwei Teile

mëditës -i *m*, *Pl* – Tagelöhner *m*
mëditj|e -a *f*, *Pl* -e Tagelohn *m*
mëdhá (të) *Pl/f* → **i madh**
mëdhénj (të) *Pl/m* → **i madh**
mëgásht|ër -ra *f*, *Pl* -ra Salbei *m od f*
mëháll|e -a *f*, *Pl* -a Stadtbezirk *m*, Wohngebiet *n*, Viertel *n*
mëkát -i *m*, *Pl* -e Sünde *f*; **bën** ~ **od bie në** ~ sündigen
mëkatár -i *m*, *Pl* -ë Sünder *m*
mëkatár|e -ja *f*, *Pl* -e Sünderin *f*
mëkatón 1 *itr* sündigen
mëkëmb 14 *tr* auf die Beine bringen; wiederherstellen, wiederaufbauen, restaurieren; **-et** *refl* **1.** zu laufen beginnen; **2.** wiederhergestellt werden; wirtschaftlich vorwärtskommen, florieren
mëkëmbës -i *m*, *Pl* – Stellvertreter *m*; Platzhalter *m*
mëkëmbj|e -a *f* Wiederherstellung *f*; Wiederaufbau *m*; Aufschwung *m*
mëkón 1 *tr* füttern

mëkrés|ë -a *f*, *Pl* -a Grabstein *m*
mëlcón 1 *tr* süßen, versüßen
mëlçí -a *f*, *Pl* – : ~ **e bardhë** Lunge *f*; ~ **e zezë** Leber *f*
mëlmén 3 *tr* Fettigkeiten an das Essen geben
mëlmés|ë -a *f* Fett *n für Speisen*
mëlmyesh|ëm (i), -me (e) *Adj* fettig, fett
mëltón 1 *tr* *Bot* veredeln
mëllág|ë -a *f*, *Pl* -a Malve *f*; ~ **uji** Eibisch *m*
mëllénj|ë -a *f*, *Pl* -a Amsel *f*
mëlléz|ë -a *f*, *Pl* -a Hopfenbuche *f*
mëllë -ri *m*, *Pl* -nj Beule *f*, gutartige Geschwulst *f*; *übertr* **më mbeti** ~ es bedrückt mich
mëllénkshur (i) *Adj* geronnen, sauer *(Milch)*
mëllénj|ë -a *f*, *Pl* -a **1.** Amsel *f*, Amselweibchen *n*; **2.** schwarze Ziege *f*
mëllijàn -i *m*, *Pl* -a Amselmännchen *n*
mëllúg|ë -a *f*, *Pl* -a *Bot* Schuppe *f*
mëm|ë -a *f*, *Pl* -a **1.** Mutter *f*; **2.** Gebärmutter; **3.** Quelle *f*; *übertr* Ursprung *m*; Wesen *n*, Kern *m*
mëmëdhé -u *m* Heimat *f*, Vaterland *n*
mëmëdhetár -i *m*, *Pl* -ë Patriot *m*
mëmëlál|ë -a *f* Großmutter *f (väterlicherseits)*
mëmëlíg|ë -a *f*, *Pl* -a Maisbrei *m*, Polenta *f*
mëmëzónj|ë -a *f* Großmutter *f (väterlicherseits)*
mënç|ëm (i), -me (e) = **i mençëm**
¹**mënd** -i *m* = **mend**
²**mënd** -i *m*, *Pl* -e Augenblick *m*; **një** ~ augenblicklich, sofort
³**mënd** 14 *tr* stillen; säugen; saugen; ein saugendes Jungtier einem anderen Muttertier beigeben
⁴**mënd** *Adv* beinahe, fast
mëndáfsh -i *m*, *Pl* -ra Seide *f*; Seidenstoff *m*; ~ **artificial** Kunstseide;

mëndáfshtë

ve ~ Seidenraupen züchten; **kë-mishë** ~**i** Seidenhemd *n*

mëndáfshtë (i) *Adj* seiden, Seiden-
mëndarák -u *m von einem anderen Muttertier gesäugtes Lamm*
mëndésh|ë -a *f*, *Pl* -a Amme *f*
ménd|ër -ra *f* Pfefferminze *f*
méndj|e -a *f* = mendje
mëndýshj|e -a *f* Zweifel *m*; me ~ zweifelnd
mënés|ë -a *f* Verspätung *f*
mëngásh I. -i *Subst/m*, *Pl* -ë Linkshänder *m*; II. -e *Adj* linkshändig
mëngásh|e -ja *f*, *Pl* -e Linkshänderin *f*
méng|ë -a *f*, *Pl* -ë 1. Ärmel *m*; 2. Armvoll *m*; 3. *Geogr* ~ **deti** Meerbusen *m*; ~ **e lumit** Flußarm *m*
méng|ër -ra *f*, *Pl* -ra 1. Ölpresse *f*; 2. Flachsbreche *f*
mëngój|ë -a *f alt* Nahrung *f die kinderlosen Witwen zugesichert wird*
mëngón 1 *itr* sehr zeitig aufstehen, im Morgengrauen aufstehen
mëngór|e -ja *f*, *Pl* -e Filzmantel *m*, Tuchmantel *m mit Kordeln*
méngut *Adv* = mangut
mëngjarásh I. -i *Subst/m*, *Pl* -ë Linkshänder *m*; II. -e *Adj* linkshändig
mëngjarásh|e -ja *f*, *Pl* -e Linkshänderin *f*
mëngjés -i *m*, *Pl* -e 1. Morgen *m*; Vormittag *m*; **mirë** ~**i** Guten Morgen!; 2. Frühstück *n*
mëngjesór, -e *Adj* Früh-, morgendlich, Morgen-; Vormittags-
mëngjesór|e -ja *f*, *Pl* -e Frühstückszimmer *n*
méngjër I. (i) *Adj* linke; më të ~ linkerhand; II. *Adv* links; ~ **nga syu** schielend, schieläugig
mëngjërásh I. -i *Subst/m*, *Pl*-ë; II. -e *Adj* = mëngjarash

mëngjí -a *f*, *Pl* – 1. Heilung *f mit Hausmitteln*; 2. Zauberei *f*
mëngjís 21 *tr mit Hausmitteln* heilen
mëní -a *f*, *Pl* – Zorn *m*; Haß *m*; e **ka** ~ er haßt ihn; **i mban** ~ er zürnt ihm
mëník -u *m*, *Pl* -ë junger Hund *m*, Hündchen *n*
mëní|n 6 *tr* hassen; -**het** *refl* 1. zürnen; in Zorn geraten, wütend werden; 2. gehaßt werden, verhaßt sein
mëníshm|ëm I. (i), -me (e) *Adj* hassenswert; II. *Adv* zornig, wütend, wutschnaubend
mënísht|e -ja *f*, *Pl* -e Zistrose *f*
mënój|ë -a *f*, *Pl* -a Messergriff *m*
mënón 1 *tr* aufhalten; *itr* sich verspäten
mënúar *Adv* verspätet, mit Verspätung; **erdhi** ~ er kam zu spät; **pa** ~ unverzüglich
mënúarj|e -a *f* Verspätung *f*; Verzögerung *f*
mënýr|ë -a *f*, *Pl* -a Art *f*, Weise *f*; ~ **e jetesës** Lebensweise; ~ **të thëni** Redensart; **në këtë** ~ auf diese Weise, so; **në asnjë** ~ keinesfalls; niemals; **në një** ~ **ose në një tjetër** so oder so; **në** ~ **që** so daß; dergestalt, daß; *Gramm* ~ **e foljes** Modus *m des Verbs*
mënjánet 14 *refl* beiseite treten; beiseite rücken; sich zurückziehen
mënjánë *Adv* seitlich, auf der Seite; abseits; seitwärts; **rri** ~ a) zurückgezogen leben; b) abseits stehen; c) sich zurückhalten; **vë** ~ auf die Seite legen, beiseite legen
mënjaním -i *m*, *Pl* -e Beseitigung *f*, Entfernung *f*
mënjanó|n 1 *tr* beseitigen; aussondern; beiseite lassen; vermeiden; ~ **akcidente** Unfälle vermeiden; -**het** *refl* zur Seite treten, beiseite gehen; ausweichen, sich entfernen

mënjanuar (i) *Adj* beseitigt, beiseite gelassen

mënjánur (i) *Adj* = i mënjanuar

mënj|ë -a *f* Nieselregen *m*

mënjíll -i *m* Vorabend *m*; Abendessen *n vor einem Feiertag*

mënjíll|e -ja *f, Pl* -e Fasten *n an a katholischen Feiertagen*; Fastenzeit *f*

mënjóll|ë -a *f, Pl* -a *Bot* Sproß *m*, Schößling *m*

mëpársh|ëm (i), -me (e) *Adj* vorherig, vorhergehend; einstmalig, früher, ehemalig

mëpastájm|ë (i), -e (e) *Adj* zukünftig, nachfolgend, kommend

mëráj|ë -a *f, Pl* -a Fenchel *m*

mërdhác, -e *Adj* leicht frierend, kälteempfindlich

mërdhacán, -e *Adj* = mërdhac

mërdhás 26³ *1. Pers Sg Präs* → **mërdhet**

mërdhét 26³ *itr* frieren, frösteln

mërdhín 11 ² *itr* = **mërdhet**

mërdhíste 26³ *Imperf* → **mërdhet**

mëréhet 3 *refl* 1. staunen, sich wundern; 2. verhext werden, vom bösen Blick getroffen werden

mërgím -i *m, Pl* -e 1. Auswanderung *f*, Emigration *f*; 2. Fremde *f*, fremdes Land *n*

mërgó|n 1 *tr* des Landes verweisen, ausweisen; -het *refl* auswandern, emigrieren

mërgúar I. (i) *Adj* vertrieben; ausgewandert, emigriert; II. *Adv* weit weg, in der Fremde

mërgjýz|e -ja *f, Pl* -e Ringelblume *f*

mërí -a *f* Haß *m*; **e ka** ~ er haßt ihn; **i mban** ~ er ist auf ihn böse

mërihet 6 *refl* = **mëritet**

mëritet 11 *refl* in Zorn geraten, sich erzürnen; **u mërit** er ist eingeschnappt

mëritur (i) *Adj* beleidigt; verfeindet

mërkósh -i *m, Pl* -a *hist* Mann *m im Männerkindbett*

mërkúr|ë -a (e) *f, Pl* -a (të) Mittwoch *m*

mërláqet 14 *refl* gierig schlingen

mërmërít 22 *itr* murmeln; brummen

mërmërítj|e -a *f* Gemurmel *n*, Murmeln *n*; Gebrumm *n*, Brummen *n*

mërqí -a *f, Pl* -a *Bot* Stechdorn *m*

mërsín|ë -a *f, Pl* -a Myrte *f*

mërsh|ë -a *f* Kadaver *m*, Aas *n*; verfaultes Fleisch *n*

mërshët (i) *Adj* verfault *(Fleisch)*

mërshín|ë -a *f, Pl* -a Weinschlauch *m*

mërték -u *m, Pl* -ë Dachsparren *m*

mërtíset 21 *refl* das Gesicht verschleiern

mërú -ri *m, Pl* -rë Messergriff *m*

mërzén 3 *itr* im Schatten Mittagsrast halten *(Weidetiere)*

mërzí -a *f, Pl* - 1. Langeweile *f*; ~ **ra** *Pl* langweiliges Zeug *n*; **e kam** ~ er geht mir auf die Nerven; 2. Traurigkeit *f*, Schwermut *f*

mërzím -i *m, Pl* -e schattiger Platz *m für die Mittagsrast*; Mittagsrast *f der Weidetiere*

mërzít 22 *tr* langweilen; -et *refl* 1. sich langweilen; langweilig werden; genug haben; **jam** ~**ur me këtë punë** ich bin dieser Sache überdrüssig; 2. bedrückt sein, traurig sein, schwermütig sein; **mos u** ~ ! nimm es dir nicht zu Herzen!; sei nicht traurig!

mërzítj|e -a *f* 1. Langweilen *n*; Langeweile *f*; Überdruß *m*; 2. Traurigkeit *f*, Schwermut *f*

mërzítsh|ëm I. (i), -me (e) *Adj* 1. langweilig, eintönig, monoton; 2. langweilig, nicht unterhaltsam; 3. lästig, aufdringlich; 4. traurig, schwermütig, bedrückt; II. *Adv* **është** ~ es ist langweilt sich

mërzítur (i) *Adj* 1. gelangweilt, von Langeweile geplagt; verdrossen; 2. traurig, schwermütig; sich vor Sehnsucht verzehrend; 3. langweilig; verdrießlich

mërrín 11 *itr* ankommen, eintreffen
mësá *Konj* während; soviel wie
mësáll|ë -a *f, Pl* -a Serviette *f*; Tischdecke *f*; Speisetisch *m*; Gastmahl *n*, Abendessen *n*; ~ **djathi** Seihtuch *n*; *übertr* **si mësalla me dy faqe** heuchlerisch, mit zwei Gesichtern
mësím -i *m, Pl* -e 1. Unterricht *m*; Unterrichten *n*; 2. Lernen *n*; Übungsstoff *m*, Hausaufgabe *f*; 3. Stoff *m*, Unterrichtsstoff; 4. Lehre *f*; **pësimi bëhet** ~**i** aus Schaden wird man klug
mësimór, -e *Adj* Lehr-, Unterrichts-; **mjete** ~**e** Lehrmittel *Pl*; **trupi** ~ der Lehrkörper
mësípërm (i), -e (e) *Adj* obenerwähnt; weiter oben befindlich; höher, nächsthöherer
mësó|n 1 *tr* 1. unterrichten; ausbilden, anlernen; dressieren; 2. lernen; erfahren; **kush pëson** ~ aus Schaden wird man klug; 3. jmdm. raten, jmdm. einen Rat geben; -**het** *refl* sich etw. angewöhnen, sich eingewöhnen; **mësohet me ...** sich gewöhnen an ...; **u mësova me klimën malore** ich habe mich an das Gebirgsklima gewöhnt
mësónjës -i *m, Pl* – = **mësúes**
mësúar (i) *Adj* 1. gebildet; geschult; 2. gewohnt, Gewohnheits-; **është i** ~ **me duhan** er ist Raucher
mësúes I. -i *Subst/m, Pl* – Lehrer *m*; II. -e *Adj* lehrend, unterrichtend
mësúes|e -ja *f, Pl* -e Lehrerin *f*
mësýmj|e -a *f* Angriff *m*, Sturm *m*; Attacke *f*
mësýn 11[1] *tr* 1. angreifen; überfallen; attackieren; stürmen, erstürmen; 2.: **ia** ~ a) er bittet ihn um Hilfe; b) er besucht ihn
mësýsh *Adv*: **e muarën** ~ sie trafen ihn mit dem bösen Blick
mëshíkëz -a *f, Pl* -a Blase *f*; ~**a e ujit** die Harnblase; ~**a e krimbit**

të mëndafshit der Seidenraupenkokon
mëshír|ë -a *f* 1. Mitleid *n*, Mitgefühl *n*; 2. Barmherzigkeit *f*, Gnade *f*; **kam** ~ **për të** a) ich verzeihe ihm; b) er tut mir leid
mëshirón 1 *tr* bemitleiden; jmdm. vergeben, verzeihen
mëshírsh|ëm (i), -me (e) *Adj* mitleidig, mitfühlend; barmherzig; vergebend
mëshkénj|ë -a *f, Pl* -a Kadaver *m*, Aas *n*
mëshón 1 *itr, tr* schwer sein, lasten; belasten; sich schwer machen; **i mëshoi rakisë** er hat zu viel Schnaps getrunken; **mëshoi!** los!, drauf!; *übertr* **ajo fjalë i mëshoi** jenes Wort hat ihn schwer getroffen
mëshqérr|ë -a *f, Pl* -a Färse *f*
mështék|ër -ra *f, Pl* -ra Birke *f*
mështekóhet 1 *refl* wild werden
mëtéh -u *m, Pl* -a Ackergrenze *f*, Rain *m*
mëtéjm|ë (i), -e (e) *Adj* = **i mëtejshëm**
mëtéjsh|ëm (i), -me (e) *Adj* weiter, folgend; **zhvillimi i** ~ die weitere Entwicklung; **pasojat e mëtejshme** die späteren Folgen
mëvónë (i) *Adj* späterer
mëvónsh|ëm (i), -me (e) *Adj* später; **ngjarjet e mëvonshme** die folgenden Ereignisse
mëz -i *m, Pl* -a Fohlen *n*, Füllen *n*; junges Pferd *n*
mëzát -i *m, Pl* mëzét *od* mëzétër Jungbulle *m*, junger Stier *m*
mëzatór|e -ja *f, Pl* -e Milchkuh *f*
mëzdrák -u *m, Pl* -ë 1. Speer *m*, Lanze *f*; 2. Keule *f* *(Waffe)*
mëz|e -ja *f, Pl* -e junge Stute *f*
mëzém|ër -ra *f* Vesper *f*, Jause *f*; Vesperzeit *f*
mëzón 1 *tr* säugen
mëzór|e -ja *f, Pl* -e = **mëshqerrë**
mëzhdráv|ë -a *f, Pl* -a Weichselkirsche *f*

m'i *Pers Pron Kombination der Kurzform* → **më** *(Dat) und* → **i** *(Akk)*; ~ **dha** er gab sie *(Pl)* mir
¹**mi,** -a (e, të) *Poss Pron* mein; **shokët e** ~ meine Kollegen; **shokëve të** ~ meinen Kollegen; **shoqet e** ~ **a** meine Kolleginnen; **shoqeve të** ~ **a** meinen Kolleginnen
²**mi** -u *m, Pl* -nj Maus *f*; ~ **arash** *od* ~ **fushe** Feldmaus, Waldmaus
miázm|ë -a *f, Pl* -a Miasma *n*; Aasgeruch *m*, Pesthauch *m*
micák -u *m, Pl* -ë *Zool* Zaunkönig *m*
míc|ë -a *f, Pl* -a Mieze *f*, Katze *f*
midé -ja *f* Magen *m*
míd|ër -ra *f, Pl* -ra Himbeerstrauch *m*; Himbeere *f*
midís I. -i *Subst/m, Pl* -e **1.** Mitte *f*; **në** ~ **të** mitten in; mitten auf; **i ra për** ~ er ging mitten hindurch; **2.** Häkelborte *f*, Häkelkante *f*; **II.** *Präp (mit Abl)* zwischen; ~ **Tiranës e Elbasanit** zwischen Tirana und Elbasan; unter; ~ **të tjerave** unter anderem; ~ **nesh** unter uns, zwischen uns
míell -i *m* Mehl *n*; ~ **gruri** Weizenmehl; ~ **orizi** Reismehl; ~**ra** *Pl* Mehlsorten *Pl*
mielláz|ë -a *f* Pulverschnee *m*
miellísht|ë -a *f, Pl* -a Mehlspeise *f*, Backware *f*
míelltë (i) *Adj* Mehl-, aus Mehl; mehlig; **mollë e** ~ ein mehliger Apfel
miellzím -i *m, Pl* -e Zermahlen *n*, Pulverisieren *n*
miellzón 1 *tr* zermahlen, pulverisieren
mih 14³ *tr* graben, umgraben; hacken, aufhacken; *übertr* ~ **në ujë** nutzlose Dinge tun, seine Zeit vergeuden; unnütz reden
míj|ë -a *f, Pl* -ë *od* -ëra *od* -a Tausend *f*; **me** ~ **ra njerëz** Tausende von Menschen, zu Tausenden

míjësh|e -ja *f, Pl* -e Tausender *m* *(Banknote)*, Tausendlekschein *m*
mijëvjeçár, -e *Adj* tausendjährig
mik I. -u *Subst/m, Pl* miq **1.** Freund *m*; **2.** Gastfreund; **3.** *jeder männliche Verwandte aus der Familie der Frau*; **II.** *Adj* Freundes-, befreundet; **vend** ~ Freundesland *n*; **ekip** ~ Gastmannschaft *f*
mikésh|ë -a *f, Pl* -a Freundin *f*
mík|ë -a *f* Glimmer *m*
miklón 1 *tr* **1.** streicheln; **2.** umschwänzeln, umschmeicheln
mikprítës, -e *Adj* gastfreundlich
mikprítj|e -a *f* Gastfreundschaft *f*; Gastfreundlichkeit *f*
mikrób -i *m, Pl* -e Mikrobe *f*; *übertr* **i ka hyrë** ~ **i** da ist der Wurm drin; **na u bë** ~ er ist uns lästig
mikrobiológ -u *m, Pl* -ë Mikrobiologe *m*
mikrobiologjí -a *f* Mikrobiologie *f*
mikrobiologjík, -e *Adj* mikrobiologisch
mikroborgjéz, -e *Adj* kleinbürgerlich
mikroborgjezí -a *f* Kleinbürgertum *n*
mikrofílm -i *m, Pl* -a Mikrofilm *m*
mikrofón -i *m, Pl* -e *od* -a Mikrophon *n*
mikromét|ër -ri *m, Pl* -ra Mikrometer *n*
mikroorganíz|ëm -mi *m, Pl* -ma Mikroorganismus *m*
mikroskóp -i *m, Pl* -e Mikroskop *n*; ~ **elektronik** Elektronenmikroskop
mikroskopík, -e *Adj* mikroskopisch
milák -u *m, Pl* -ë **1.** Hasenjunges *n*; **2.** Kleinkind *n* bis zu zwei Jahren
mílc|ë -a *f, Pl* -a Melisse *f*
míl|ë -a *f, Pl* -a Meile *f*; ~ **detare** Seemeile
miliárd -i *m, Pl* -ë Milliarde *f*
miligrám -i *m, Pl* -ë Milligramm *n*
milimét|ër -ri *m, Pl* -ra Millimeter *m od n*
milingón|ë -a *f, Pl* -a Ameise *f*
milión -i *m, Pl* -a Million *f*

milionár I. -i *Subst/m, Pl* -ë Millionär *m*; II. -e *Adj* Millionen-
milióntë (i) *Adj* millionster, Millionen-
militánt I. -i *Subst/m, Pl* -ë Kämpfer *m für eine Idee*, glühender Anhänger *m*; II. -e *Adj* militant, kämpferisch
militaríst I. -i *m, Pl* -ë *od* -a Militarist *m*; II. -e *Adj* militaristisch
militaríz|ëm -mi *m* Militarismus *m*
militarizím -i *m* Militarisierung *f*
militarizón 1 *tr* militarisieren
militón 1 *itr* kämpfen, streiten
militúes, -e *Adj* kämpferisch
milj|e -a *f, Pl* -e Meile *f*
milór -i *m, Pl* -ë junger Hammel *m*, Schafbock *m (bis zu zwei Jahren)*
mílte 16² *Imperf* → **mjel**
¹**mill** -i *m El* Leuchten *n*, Glimmen *n*, Glühen *n*
²**mill** -i *m, Pl* -e Scheide *f von Stichwaffen*
mimík, -e *Adj* mimisch
mimík|ë -a *f* Mimik *f*
minahédhës -i *m, Pl* – *Mil* Minenwerfer *m*
minaré -ja *f, Pl* – Minarett *n*
minatór -i *m, Pl* -ë 1. Bergmann *m*; 2. *Mil* Minenleger *m*
mindér -i *m, Pl* -e Sofa *n*; gepolsterte Sitzbank *f*
minerál I. -i *Subst/m, Pl* -e Mineral *n*; II. -e *Adj* mineralisch, Mineral-; **ujë** ~ Mineralwasser *n*
mineralogjí -a *f* Mineralogie *f*
mineralogjík, -e *Adj* mineralogisch
mín|ë -a *f, Pl* -a 1. Bergwerk *n*, Grube *f*; 2. Sprengloch *n*; 3. Mine *f*
miniatúr|ë -a *f, Pl* -a Miniatur *f*; **në** ~ en miniature, im kleinen, verkleinert
miniér|ë -a *f, Pl* -a Bergwerk *n*, Grube *f*, Zeche *f*
minimál, -e *Adj* minimal
minimizím -i *m* Verniedlichung *f*
minimizón 1 *tr* verringern

minimúm -i *m, Pl* -e Minimum *n*; *Jur* Mindeststrafe *f*; Mindestpreis *m*
miníst|ër -ri *m, Pl* -ra Minister *m*; ~ **pa portofol** Minister ohne Portefeuille
ministrí -a *f, Pl* – Ministerium *n*; **Ministria e Punëve të Jashtme** das Ministerium für Auswärtige Angelegenheiten, das Außenministerium; **Ministria e Punëve të Brendshme** das Ministerium des Innern, das Innenministerium; **Ministria e Arsimit dhe e Kulturës** das Ministerium für Volksbildung und Kultur; **Ministria e Shëndetësisë** das Ministerium für Gesundheitswesen
ministrór, -e *Adj* Minister-, ministerial
minón 1 *tr* verminen, minieren; *übertr* unterminieren, unterhöhlen, untergraben
minoritár I. -e *Adj* Minoritäts-, Minderheiten-; II. -i *Subst/m, Pl* -ë Angehöriger *m einer nationalen Minderheit*
minoritét -i *m, Pl* -e Minorität *f*, nationale Minderheit *f*
mintán -i *m, Pl* -ë wattierte Jacke *f*
minúk -u *m, Pl* -ë Mäuschen *n*
minús -i *m* Minus *n*
minúsh|ë -a *f, Pl* -a Mäuseweibchen *n*
minút|ë -a *f, Pl* -a Minute *f*
mióp, -e *Adj* kurzsichtig
miopí -a *f* Kurzsichtigkeit *f*
miq *Pl* → **mik**
miqësí -a *f, Pl* – Freundschaft *f*; Freundeskreis *m*
miqësím -i *m, Pl* -e Freundschaftschließen *n*, Anfreunden *n*
miqësísht *Adv* freundschaftlich, wie unter Freunden
miqësóhet 1 *refl* sich mit jmdm. befreunden, mit jmdm. Freundschaft schließen
miqësór, -e *Adj* freundschaftlich
míra -t (të) *Pl* 1. alles für

den Lebensunterhalt Notwendige; **kishte në shtëpi gjithë të ~ t er hatte zu Hause alles, was er brauchte;** Güter *Pl*; **të ~t materiale** die materiellen Güter; **2.** *Myth* Schicksalsfeen *Pl*

miradíj|e -a *f* **1.** Dankbarkeit *f*; **2. -e** *Pl* Luxusgegenstände *Pl*

mirakánd|e -ja *f*: **për ~** zum Vergnügen, aus Liebhaberei

miratím -i *m*, *Pl* -e Zustimmung *f*, Billigung *f*

miratón 1 *tr* billigen, einer Sache zustimmen

mír|ë I. (i) *Adj* gut; **për fat të ~** zum Glück, glücklicherweise; **gur i ~** Edelstein *m*; **fëmijë e ~** ein artiges Kind; **mot i ~** schönes Wetter *n*; **oda e ~** die gute Stube, das Gästezimmer; **vend i ~** ein heiliger Ort; **me të ~** im Guten; **më së miri** bestens, aufs beste; **natën e ~!** Gute Nacht!; gut, reichlich; **duhen pesë orë të mira** gut fünf Stunden sind erforderlich; **II.** *Adv* gut, richtig; **më vjen ~** es tut mir gut, es gefällt mir, es freut mich; **dola ~** *od* **u ndava ~** ich habe gut abgeschnitten *(in Prüfungen)*; **të bën ~** das tut dir gut, das hilft dir; **të bëftë ~!** wohl bekomms!, guten Appetit!; **është ~ të shkosh** es wäre gut, wenn du gingest; **shkon ~ me të** er versteht sich gut mit ihm; **ai është ~ nga gjendja** es geht ihm gut; **i sëmuri u bë ~** der Kranke ist geheilt; **Mirë se vjen!** *od* **Mirë se erdhe!** herzlich willkommen!; **një herë e ~** ein für allemal; **si më ~** sehr gut; **~ dita!** Guten Tag!; **~ mbrëma!** Guten Abend!; **~ mëngjesi!** Guten Morgen!; **s'e ke ~** du bist auf dem Holzweg; **III. -a (e)** *Subst/f* **1.** das Gute; Gefallen *m*; **më ka bërë një të ~** er hat mir einen Gefallen getan; **ia di për të ~** ich rechne es ihm hoch an; **2.** das Beste; das Wohl, Nutzen *m*; **për të ~n e popullit** für das Wohl des Volkes; **për të ~n tënde** zu deinem Besten; **unë të dua të ~n** ich will dein Bestes; **për të ~n!** zum Wohle!; **IV. -ët (të)** *Subst/n* das Gute; das Beste

mirëbesím -i *m*: **në ~** in gutem Glauben

mirëbérës I. -i *Subst/m*, *Pl* – Wohltäter *m*; **II. -e** *Adj* wohltätig

mirëbërësí -a *f* Wohltätigkeit *f*

mirëdáshës I. -i *Subst/m*, *Pl* – Gönner *m*; **II. -e** *Adj* wohlwollend

mirëdíta! *Interj* Guten Tag!

mirëfílli *Adv*: **e di ~** er weiß es ganz genau

mirëfílltë (i) *Adj* eigen, eigentlich; echt, authentisch

mirëkuptím -i *m* gutes Einvernehmen *n*

mirëmbájtj|e -a *f* Instandhaltung *f*, Pflege *f*

mirëmbán 10 *tr* erhalten, pflegen, instandhalten

mirëmbréma! *Interj* Guten Abend!

mirëmëngjési! *Interj* Guten Morgen!

mirënjóhës, -e *Adj* dankbar

mirënjohësí -a *f* = **mirënjohje**

mirënjóhj|e -a *f* Dankbarkeit *f*

mirënjóhur (i) *Adj* bekannt, wohlbekannt

mírëpo *Konj* aber, doch, jedoch; hingegen

mirëprítës I. -i *Subst/m*, *Pl* – guter Gastgeber *m*, gastfreundlicher Mensch *m*; **II. -e** *Adj* gastfreundlich

mirëqéni|e -a *f* Wohlbefinden *n*; Wohlstand *m*

mirërrítj|e -a *f* gute Erziehung *f*

mirëseárdhj|e -a *f* Willkommen *n*, freundlicher Empfang *m*

mirësí -a *f*, *Pl* – **1.** Güte *f*; **2.** Ehre *f*; Gunst *f*

mirësjéllj|e -a *f* gutes Benehmen *n*,

Anstand *m*, Höflichkeit *f*; **vizitë mirësjelljeje** Höflichkeitsbesuch *m*
mirësóhet 1 *refl* genesen, wieder zu Kräften kommen
miriapódë -t *Pl* Tausendfüßler *Pl*
míro -ja *f* Salböl *n*
mirós 21 *tr Rel* salben, ölen
miróset 21 *refl* **1.** genesen, wieder zu Kräften kommen; **2.** wirtschaftlich wieder auf die Beine kommen, einen wirtschaftlichen Aufschwung nehmen
mirupáfshim *Interj* Auf Wiedersehen!
mírr|ë -a *f* Myrrhe *f*
mírrte 19¹ *Imperf* → **merr**
mis -i *m, Pl* -a *od* -e **1.** Mitglied *n*; **2.** Glied *n*; **3.** Gesichtszug *m*
mis|ër -ri *m, Pl* -ra Mais *m*
misërísht|e -ja *f, Pl* -e = **miserishtë**
misërísht|ë -a *f, Pl* -a entkörnter Maiskolben *m*; Maisfeld *n*
misërník|e -ja *f, Pl* -e Maisbrot *n*
misërók -u *m, Pl* -ë Truthahn *m*, Puter *m*
misërór|e -ja *f, Pl* -e Maisfeld *n*
mísërt (i) *Adj* Mais-, aus Mais
misión -i *m, Pl* -e Mission *f*
misionár -i *m, Pl* -ë Missionar *m*
Misír -i *m alt* Ägypten *n*
mísk|e -a *f, Pl* -a Pute *f*, Truthenne *f*
mistér -i *m, Pl* -e Mysterium *n*, Geheimnis *n*; **-e** *Pl* Mysterien *Pl*; Mysterienspiele *Pl*
misterióz, -e *Adj* mysteriös, rätselhaft, geheimnisvoll
mistík, -e *Adj* mystisch
mistréc I. -i *Subst/m, Pl* -ë **1.** Kümmerling *m*; Knirps *m*; **2.** Lausejunge *m*; **II.** *Adj* **1.** klein, winzig, mickrig; **2.** böse, ungezogen
mistrí -a *f, Pl* – Maurerkelle *f*
misúr -i *m, Pl* -ë tiefer Teller *m*; Schüssel *f*
mish -i *m od* -të *n, Pl* -ra Fleisch *n*; ~ **i dhëmbëve** Zahnfleisch; ~ **i huaj** Tumor *m*; ~ **i varfër** Zwerchfell *n*; Fruchtfleisch; *übertr* ~ **për top** Kanonenfutter *n*; **me** ~ **e me shpirt** mit Leib und Seele
mishaták, -e *Adj* fleischig
mishërím -i *m* Verkörperung *f*
mishërón 1 *tr* verkörpern
mishërónjës -i *m, Pl* – Verkörperer *m*, Repräsentant *m*
mishmásh I. -i *Subst/m* Mischmasch *m*, Durcheinander *n*; **II.** *Adv* verworren, durcheinander
míshm|ë (i), -e (e) *Adj* fleischig
mishngrënës *Zool* **I.** -it *Subst/Pl* Fleischfresser *Pl*; **II.** -e *Adj* fleischfressend
míshnj|e -a *f, Pl* -a Baumflechte *f*
mishshítës -i *m, Pl* – Fleischverkäufer *m*
mishtár -i *m, Pl* -ë Fleischer *m*, Schlächter *m*
míshtë (i) *Adj* Fleisch-, aus Fleisch, mit Fleisch
mishtórm|ë (i), -e (e) *Adj* dick, mollig, füllig
mit -i *m, Pl* -e Mythe *f*, Mythos *m*
mitár, -e *Adj* zahm; gezähmt
¹**mít|ë** -a *f, Pl* -a *Bot* Schoß *m*, Schößling *m am Baumstumpf*
²**mít|ë** -a *f* Bestechungsgeld *n*
¹**mít|ër** -ra *f, Pl* -ra Gebärmutter *f*
²**mít|ër** -ra *f, Pl* -ra Mitra *f*
mitërí -a *f* Gastgeschenk *n bes. Obst*
míting -u *m, Pl* mitíngje Meeting *n*, Versammlung *f*, Kundgebung *f*
mitologjí -a *f* Mythologie *f*
mitologjik, -e *Adj* mythologisch
mitós 21 *tr* bestechen
mitralím -i *m, Pl* -e Schießen *n* mit dem Maschinengewehr; Maschinengewehrfeuer *n*
mitralón 1 *tr, itr* mit dem Maschinengewehr schießen; beschießen *(mit dem Maschinengewehr)*
mitralóz -i *m, Pl* -a Maschinengewehr *n*, MG *n*; ~ **dore** leichtes Maschinengewehr; ~ **i rëndë** schweres Maschinengewehr

mitropolí -a *f*, *Pl* – orthodoxe Diözese *f*
mitropolít -i *m*, *Pl* -ë Metropolit *m*
mítur I. (i) *Adj* unerfahren; unschuldig; unbefangen; *Jur* unmündig; II. -it (të) *Subst/Pl* kleine Kinder *Pl*; Unmündige *Pl*
miturí -a *f* 1. Kindheit *f*; alle kleinen Kinder *Pl*; 2. Unerfahrenheit *f*; Unschuld *f*
miturísht *Adv* kindlich naiv
mituríshte *Adj/f* Kinder-; **këngë** ~ Kinderlied *n*
míxh|ë -a *m*, *Pl* -a Onkel *m* *(väterlicherseits)*
mizantróp I. -i *Subst/m*, *Pl* -ë Misanthrop *m*, Menschenfeind *m*; II. -e *Adj* menschenfeindlich
mizérj|e -a *f*, *Pl* -e Misere *f*, Not *f*, Elend *n*; **ai është** ~ **fare** er ist eine miese Type, er ist ein Lump; ~! Mist!
míz|ë -a *f*, *Pl* -a Fliege *f*; ~ **trolli** *od* ~ **përdhecke** Ameise *f*; ~ **mjalti** Biene *f*; ~ **gruri** Kornkäfer *m*; ~ **pashke** Marienkäfer *m*; ~ **c ullirit** Olivenfliege; *übertr* **i djeg miza** *od* **e ka** ~**n nën këusulë** er hat Angst, entdeckt zu werden, er hat Dreck am Stecken; **njeh miza** er liegt auf der faulen Haut, er sitzt untätig herum; **m'u bë dora miza-miza** meine Hand ist eingeschlafen; **m'u bë trupi miza-miza** mich kribbelt es am ganzen Körper
mizërí -a *f* Menschenmenge *f*, Menschengewühl *n*, Gewimmel *n*
mizërón 1 *itr*: **më** ~ **trupi** mich kribbelt es am ganzen Körper
mizón 1 *unpers* es schneit in feinen Flocken
mizór I. -i *Subst/m*, *Pl* -ë Blutsauger *m*, grausamer Mensch *m*, Bestie *f*; II. -e *Adj* grausam, unmenschlich; erbarmungslos; Mord-; **armë** ~**e** Mordwaffe *f*

mizorí -a *f*, *Pl* – Bluttat *f*, Grausamkeit *f*
mizorísht *Adv* grausam
mjaft *Adv* genug, genügend; ~ **më!** genug jetzt!; ~ **që** genug, daß
mjáftë (i) *Adj* genügend, ausreichend
mjaftó|n 1 *itr* genügen, ausreichen; -**het** *refl* sich begnügen
mjaftúesh|ëm (i), -**me** (e) *Adj* genügend, ausreichend
mjálc|ë -a *f*, *Pl* -a Biene *f*
mjált|ë -i *m* *od* -ët *n* Honig *m*; **muaji i mjaltit** der Honigmond, die Flitterwochen
mjaullím|ë -a *f* Miauen *n*; Katzenmusik *f*
mjaullín 6 *itr* miauen; jammern
mjaullít 22 *itr* miauen
mjedís I. -i *Subst/m*, *Pl* -e Mitte *f*; *Chem* Medium *n*; II. *Präp (mit Abl)* zwischen, unter, inmitten
mjédh|ër -ra *f*, *Pl* -ra Himbeerstrauch *m*; Himbeere *f*
mjégull -a *f*, *Pl* -a 1. Nebel *m*; **ra** ~ es ist neblig; *übertr* **kam një** ~ **në sy** ich habe einen Schleier vor den Augen; 2. *Bot* Oidium *n*
mjegullí -a *f* starker Nebel *m*
mjegullím|ë -a *f* leichter Nebel *m*, Dunst *m*; Nebelwetter *n*
mjegullón 1 *tr* vernebeln, mit Nebel überziehen; *übertr* verschleiern, vernebeln
mjegullór, -e *Adj* nebelig
mjégullt (i) *Adj* = **i mjegulluar**
mjegullúar (i) *Adj* nebelig; vernebelt; verschleiert, verschwommen
mjek -u *m*, *Pl* -ë Arzt *m*; ~ **specialist** Facharzt; ~ **u i shtëpisë** der Hausarzt; ~ **krahine** Kreisarzt
mjék|e -ja *f*, *Pl* -e Ärztin *f*
mjekésh|a -a *f*, *Pl* -a = **mjeke**
mjék|ër -ra *f*, *Pl* -ra 1. Kinn *n*; 2. Bart *m*
mjekërbárdhë *Adj* weißbärtig
mjekërbúall *Adj* mit riesigem Kinn

mjekërcjáp *Adj* zickenbärtig
mjekërgjátë *Adj* mit langem Bart
mjekërkúq *Adj* rotbärtig
mjékës -i *m*, *Pl* – Heilpraktiker *m*, Homöopath *m*
mjekësí -a *f* Medizin *f*; Heilkunde *f*; Arztberuf *m*
mjekësór, -e *Adj* medizinisch; ärztlich, Arzt-; **vizítë** ~ e Arztvisite *f*; **bimë** ~ e Heilpflanze *f*
mjekí -a *f*, *Pl* – ärztliche Behandlung *f*
mjekím -i *m*, *Pl* -e ärztliche Behandlung *f*; Heilung *f*
mjekó|n 1 *tr* ärztlich behandeln, heilen; **-het** *refl* sich in ärztlicher Behandlung befinden, behandelt werden
mjekrósh -i *m*, *Pl* -ë Langbärtiger *m*
mjektár -i *m*, *Pl* -ë = **mjekës**
mjel 16² *tr* melken; *übertr* melken; **e moli** er hat ihm das Geld aus der Tasche gezogen
mjélc|ë -a *f*, *Pl* -a Melkeimer *m*
mjélës -i *m*, *Pl* – Melker *m*
mjélës|e I. -ja *Subst/f*, *Pl* -e 1. Melkerin *f*; 2. Milchkuh *f*; Milchschaf *n*; II. -e *Adj/f*: **lopë** ~ Milchkuh *f*
mjelm -i *m* Euter *n*; Zitze *f*
mjelláz|ë -a *f* beim Schneesturm hochgewirbelter Pulverschnee *m*
mjéllm|e -ja *f*, *Pl* -e Schwan *m*; Höckerschwan; **Liqeni i Mjellmeve** Schwanensee *(Ballett)*
mjéqe -t *Pl* Volksheilkunde *f*
mjërë I. (i) *Adj* elend, arm, bedauernswert; **unë i mjeri!** ich Armer! II. *Interj* wehe!, o weh!; ~ **ti!** wehe dir!
mjérgull -a *f*, *Pl* -a = **mjegull**
mjerí -a *f*, *Pl* – Not *f*, Elend *n*; Armut *f*
mjerím -i *m*, *Pl* -e Unglück *n*, Jammer *m*; Not *f*, Elend *n*; Verelendung *f*
mjerísht *Adv* unglücklicherweise, leider, zu allem Unglück

mjeró|n 1 *tr* 1. bemitleiden; 2. einsam zurücklassen; unglücklich machen; **-het** *refl* 1. jammern, klagen; 2. *Kummer* durchmachen, *Unglück* erleben
mjerúar (i) *Adj* bemitleidenswert; arm, elend, unglücklich
mjerúesh|ëm (i), -me (e) *Adj* bemitleidenswert, beklagenswert, bedauernswert
mjeshták -u *m*, *Pl* -ë Schwager *m* *(Mann der Schwester)*
mjésht|ër -ri *m*, *Pl* -ër *od* -ra 1. Meister *m*; **Mjeshtër i sportit** Meister des Sports; 2. Maurer *m*; 3. *alt* Lehrer *m*
mjeshtërí -a *f*, *Pl* – 1. Meisterschaft *f*; 2. Beruf *m*
mjeshtërísht *Adv* meisterhaft
mjeshtërók -u *m*, *Pl* -ë ungehobelter Mensch *m*; Tölpel *m*
mjeshtërón 1 *tr* Beruf ausüben; *itr* meisterhaft arbeiten
mjeshtërór, -e *Adj* meisterhaft, Meister-; meisterlich
mjet -i *m*, *Pl* -e 1. Mittel *n*; ~ **transporti** Transportmittel; ~ **udhëtimi** Verkehrsmittel; ~ **et e prodhimit** die Produktionsmittel; ~ **et e punës** die Arbeitsmittel, die Arbeitsinstrumente; ~ **e** *Pl* finanzielle Mittel *Pl*, Fonds *m*; 2. Trennwand *f*
mjét|ë -a *f* Streichwolle *f*
mkéqet 14 *refl* sich verschlechtern, schlechter werden
mlysh -i *m*, *Pl* -a Hecht *m*
mllef -i *m* Zorn *m*, Wut *f*; Haß *m*
mnér|ë -a *f* Angst *f*, Furcht *f*, Entsetzen *n*
mnérsh|ëm (i), -me (e) *Adj* entsetzlich, furchtbar; furchterregend
mnjíll|e -ja *f*, *Pl* -e Fastenzeit *f der Katholiken*
mo *Adv* = **mos**
mobilím -i *m*, *Pl* -e Möblierung *f*, Zimmereinrichtung *f*

mobilizím -i *m, Pl* -e Mobilmachung *f*; Mobilisierung *f*
mobilizó|n 1 *tr Mil* mobilmachen; mobilisieren; **-het** *refl* mobilisiert werden
mobilizónjës, -e *Adj* mobilisierend
mobilj|e -a *f, Pl* -e Mobiliar *n*, Möbel *Pl*, Hausrat *m*
mobiljerí -a *f* Möbelgeschäft *n*
mobilón 1 *tr* möblieren, *Wohnung* einrichten
mobilúar (i) *Adj* möbliert, eingerichtet
móc|ë -a *f* Alter *n*
moç -i *m, Pl* -a einjähriger Hammel *m*
moçál -i *m, Pl* -e Sumpf *m*, Morast *m*, Moor *n*; **vend ~** Sumpfland *n*
moçalór, -e *Adj* sumpfig, morastig
móç|ëm (i), -me (e) *Adj* alt, uralt; alt, bejahrt, betagt
moçím -i *m* Beleidigung *f*
moçón 1 *tr* beleidigen
modél -i *m, Pl* -e Modell *n*, Vorbild *n*
modelím -i *m* Modellieren *n*, Modellierung *f*
modelón 1 *tr* modellieren
modérn, -e *Adj* modern
modernísht, -e *Adj* modernistisch
moderníz|ëm -mi *m* Modernismus *m*
modernizím -i *m, Pl* -e Modernisierung *f*
modernizó|n 1 *tr* modernisieren; **-het** *refl* modern werden, sich modernisieren
modést, -e *Adj* bescheiden
modestí -a *f* Bescheidenheit *f*
mód|ë -a *f, Pl* -a Mode *f*; **pas ~ s** nach der neuesten Mode; **është e ~ s** es ist modern; **ka dalë jashtë mode** es ist aus der Mode gekommen
modíst|e -ja *f, Pl* -e Modistin *f*
modulación -i *m, Pl* -e *Mus* Modulation *f*

módhull -a *f, Pl* -a Ranken-Platterbse *f*
moh -u *m*: **i ra ~ ut** er verneinte es, er lehnte es ab; er verleugnete es
mohím -i *m* Verneinung *f*, Ablehnung *f*; Negierung *f*; Leugnen *n*; Nichtanerkennung *f*
mohón 1 *tr* verneinen, ablehnen; negieren; leugnen; abschwören; nicht anerkennen, verweigern
mohónjës, -e *Adj* verneinend; negierend
mohór, -e *Adj Gramm* negiert, Negations-
mohúes, -e *Adj* negierend
moj *Interj, grammatische Partikel zum Ausdruck des Vokativs bei Feminina* o!, he du!; **~ vajzë** Mädchen!, o, Mädchen!, he, Mädchen!; **ç'ke ~ ?** was hast du denn?
mók|ër -ra *f, Pl* -ra Mühlstein *m*, Mahlstein *m*
mók|ërr -rra *f, Pl* -rra Tausendfüßler *m*
molár, -e *Adj* dreckig, schmutzig, schmuddelig
mól|e -ja *f Chem* Mol *n*
molekulár, -e *Adj* molekular, Molekular-; **peshë ~ e** Molekulargewicht *n*
molekúl|ë -a *f, Pl* -a Molekül *n*
moléps 21 *tr* anstecken, infizieren; **-et** *refl* sich anstecken; *übertr* sich mitreißen lassen
mól|ë -a *f, Pl* -a Motte *f*; **bar mole** Mottenpulver *n*, Naphthalin *n*
mólëz -a *f, Pl* -a = **molë**
móli 16² *Aor* → **mjel**
molibdén -i *m* Molybdän *n*
molík|ë -a *f, Pl* -a Rumelische Strobe *f*
molís 21 *tr* müde machen, erschöpfen, schwächen; **më ~ i gjumi** der Schlaf hat mich übermannt; **-et** *refl* schwach werden, geschwächt werden; **u ~ për gjumë** er ist todmüde

¹**molít** 22 *tr* = **molís**
²**molít** 20 *tr* zerfressen, zerlöchern *(Motten)*; *übertr* **është ~ur nga lia** er ist pockennarbig
molív|ë -a *f*, *Pl* -a Bleistift *m*
mólo -ja *f*, *Pl* – Mole *f*
molúske -t *Pl* Mollusken *Pl*, Weichtiere *Pl*
mollaft|úa -ói *m*, *Pl* -ónj Quittenapfel *m*
mollakúq|e -ja *f*, *Pl* -e Marienkäfer *m*
mollatárt|ë -a *f*, *Pl* -a Tomate *f*
mollçín|ë -a *f*, *Pl* -a kleiner säuerlicher Apfel *m*
molldrág|ë -a *f*, *Pl* -a **1.** *Med* Umlauf *m*, Eitergeschwulst *f um den Fingernagel*; **2.** *Bot* Portulak *m*
móll|ë -a *f*, *Pl* -ë Apfelbaum *m*; Apfel *m*; **~ t e faqes** *Pl* die Backenknochen, die Wangen; **molla e Adamit** der Adamsapfel; **është ~ e pandarë me të** sie sind ein Herz und eine Seele
mollëkúq|e -ja *f*, *Pl* -e = **mollakuqe**
möllët (i) *Adj* apfelfarben; apfelsinenfarben
móllëz -a *f*, *Pl* -a **1.** Backenknochen *m*, Wange *f*; **2.** Fingerkuppe *f*; **3. ~ e shpatës** Schwertknauf *m*
mollmúç|e -ja *f*, *Pl* -e Mispel *f*; Mispelbaum *m*
mollók I. -u *Subst/m*, *Pl* -ë Stein *m*, Pflasterstein; **~ akulli** Eisscholle *f*, Eisstück *n*; **II.** -e *Adj* groß, wuchtig, massig
momént -i *m*, *Pl* -e Moment *n*
monárk -u *m*, *Pl* -ë Monarch *m*
monarkí -a *f* Monarchie *f*
monarkík, -e *Adj* monarchisch
monarkíst I. -i *Subst/m*, *Pl* -ë *od* -a Monarchist *m*; **II.** -e *Adj* monarchistisch
mondán, -e *Adj* mondän
monédh|ë -a *f*, *Pl* -a Münze *f*; **~ floriri** Goldmünze; **~ ergjëndi** Silbermünze
monetár, -e *Adj* Münz-

mongól I. -i *Subst/m*, *Pl* -ë Mongole *m*; **II.** -e *Adj* mongolisch
mongól|e -ja *f*, *Pl* -e Mongolin *f*
monogamí -a *f* Monogamie *f*
monografí -a *f*, *Pl* – Monographie *f*
monokotiledón, -e *Adj Bot* einkeimblättrig
monolít -i *m*, *Pl* -e Monolith *m*
monolitík, -e *Adj* monolithisch
monológ -u *m*, *Pl* -ë Monolog *m*
monopát -i *m*, *Pl* -e Pfad *m*, Ziegenpfad
monopól -i *m*, *Pl* -e Monopol *n*
monopolíst I. -i *Subst/m*, *Pl* -ë *od* -a Monopolist *m*; **II.** -e *Adj* monopolistisch
monopolizím -i *m*, *Pl* -e Monopolisierung *f*
monopolizón 1 *tr* monopolisieren
monoteíst I. -i *Subst/m*, *Pl* -ë *od* -a Monotheist *m*; **II.** -e *Adj* monotheistisch
monoteíz|ëm -mi *m* Monotheismus *m*
monotón, -e *Adj* monoton, eintönig
monotoní -a *f* Monotonie *f*, Eintönigkeit *f*
montatór -i *m*, *Pl* -ë Monteur *m*
montázh -i *m*, *Pl* -e Montage *f*
montím -i *m*, *Pl* -e Montieren *n*, Montage *f*
montón 1 *tr* montieren
monumént -i *m*, *Pl* -e Monument *n*, Denkmal *n*; **Monumenti i Skënderbeut** das Skanderbeg-Denkmal
monumentál, -e *Adj* monumental
mor *Interj, grammatische Partikel* = **more**
moráç|ë -a *f* Dill *m*
morái|ë -a *f* Fenchel *m*
morál I. -i *Subst/m* Moral *f*; **II.** -e *Adj* moralisch
moralísht *Adv* moralisch, der Moral entsprechend
moralizúes, -e *Adj* moralisierend
moratoriúm -i *m*, *Pl* -e *Fin* Zahlungsaufschub *m*, Stundung *f*
moré *Interj, grammatische Partikel*

zum *Ausdruck des Vokativs bei Maskulina* he!, o!, he du!; **folë** ~! sprich!; ~ **ku shkon?** he, wohin gehst du?; **ç'ke** ~ ? was hast du denn?; ~ **mik!** he, Freund!

Moré -ja *f alt* Peloponnes *m*

morén|ë -a *f, Pl* -a Moräne *f*

morfém|ë -a *f, Pl* -a Morphem *n*

morfín|ë -a *f* Morphin *n*, Morphium *n*

morfologjí -a *f* Morphologie *f*

morfologjík, -e *Adj* morphologisch

móri 19[1] *Aor* → **merr**

¹**morí** -a *f* Menschenmenge *f*, Menschenauflauf *m*, Menschenansammlung *f*

²**morí** *Interj, grammatische Partikel* = **moj**

morín|ë -a *f, Pl* -a Salweide *f*

mornícа -t *Pl* Schüttelfrost *m*; Gänsehaut *f*; **më shkuan** ~ es lief mir kalt über den Rücken; ich bekam eine Gänsehaut

morovín|ë -a *f* Schwüle *f*

mórs|ë -a *f, Pl* -a *Tech* Zwinge *f*, Zange *f*; Klemme *f*, Schraubstock *m*; ~ **ballore** Hinterzange; ~ **e bangos** Vorderzange

mort -i *m* Tod *m*; *übertr* **po shkoj për** ~ ich gehe, um mein Beileid auszusprechen; **e kam** ~ er ist mein Todfeind; **është** ~ er ist todhäßlich; **s'ka** ~ *od* **s'di** ~ unverwüstlich sein, haltbar sein *(vor allem Stoffe)*

mortáj|ë -a *f, Pl* -a *Mil* Mörser *m*

mortalitét -i *m* Sterblichkeit *f*; Sterblichkeitsziffer *f*

mortár, -e *Adj*: **mëkat** ~ Todsünde *f*

mórt|e -ja *f* Tod *m*; *übertr* Gevatter Tod

mórtsh|ëm (i), -me (e) *Adj* sterblich

morth -i *m* Frostbeule *f*, Erfrierung *f*

morr -i *m, Pl* -a 1. Laus *f*, Kopflaus; Filzlaus; Kleiderlaus; ~ **i pulës** Hühnerlaus; 2. Blattlaus

morrác I. -i *Subst/m, Pl* -ë verlauster Mensch *m*, Lauskopf *m*; II. -e *Adj* verlaust

morracák I. -u *Subst/m, Pl* -ë; II. -e *Adj* = **morrac**

morramán I. -i *Subst/m, Pl* -ë; II. -e *Adj* = **morrac**

morrásh I. -i *Subst/m, Pl* -ë; II. -e *Adj* = **morrac**

morrát 22[1] *tr* entlausen, lausen; -et *refl* sich lausen

morrc -i *m, Pl* -a 1. Hühnerlaus *f*; 2. Blattlaus *f*

morrít 22 *tr* = **morrat**

morríz -i *m, Pl* -a Weißdorn *m*

mos I. *Adv* nicht 1. *beim Imperativ, Konjunktiv, Optativ und Jussiv*: ~ **folë!** sprich nicht!; **të** ~ **dalsh pa lejen time!** gehe ja nicht ohne meine Erlaubnis weg!; **kurrë** ~ **ardhsh!** du sollst niemals (wieder) kommen!; **le të** ~ **flasim më për atë** wir wollen nicht mehr über ihn sprechen; 2. *nach der Fallsetzungspartikel* **në** *beim Optativ, aber auch beim Indikativ:* **në** ~ **do të të pyesin...** wenn du nicht willst, daß man dich fragt...; **në** ~ **u kthefsha unë...** falls ich nicht zurückkommen sollte...; 3. *beim Gerundium und anderen infiniten Formen*: **duke** ~ **ardhur** nicht kommend, wenn man nicht kommt, ohne zu kommen; **për të** ~ **shkuar** um nicht zu gehen; 4. *in elliptischen (verblosen) Ausdrücken*: **mos!** (tu das) nicht!; **mosni!** (tut das) nicht!; **(si)** ~ **më keq** äußerst schlecht, ganz schlimm; II. *dubitative Partikel* 1. *in Fragesätzen* vielleicht, etwa, nicht; ~ **di gjë për atë punë?** weißt du vielleicht etwas von dieser Sache?; 2. *nach Verben des Fürchtens und Achtgebens*: **kam frikë të** ~ **vritet** ich fürchte, er könnte getötet werden; **kam frikë se** ~ **ta bëj oborrin pis** ich fürchte,

ich könnte dir den Hof schmutzig machen; **ki mëndjen ~ sëmuresh!** paß auf, daß du nicht krank wirst!; paß auf, du könntest krank werden!; **3.** *in bestimmten Finalsatztypen*: **dhanë këtej dhanë andej ~ gjejnë ndonjë shpëtim** sie liefen hierhin und dorthin, um vielleicht einen Ausweg zu finden
mosárdhj|e -a *f* Nichtkommen *n*
mosbarazí -a *f* Ungleichheit *f*
mosbesím -i *m* Mißtrauen *n*, Argwohn *m*
mosbíndj|e -a *f* Ungehorsam *m*; Widerstand *m*; **~ pa violencë** gewaltloser Widerstand
mosdëgjím -i *m* Ungehorsam *m*, Unfolgsamkeit *f*
mosgjé *Indef Pron*: **e bleu për ~** er bekam es fast umsonst, er hat es spottbillig gekauft
moshápj|e -a *f* Nichteröffnung *f*
moshýrj|e -a *f*, *Pl* -e Nichteintreten *n*; Nichteintritt *m*
mosinteresím -i *m* Uninteressiertheit *f*
moskalím -i *m*: **~ i klasës** Sitzenbleiben *n in der Schule*
Mósk|ë -a *f* Moskau *n*
moskokëçárj|e -a *f* Fahrlässigkeit *f*; Nachlässigkeit *f*; Gleichgültigkeit *f*, Interesselosigkeit *f*
moskonsekuénc|ë -a *f* Inkonsequenz *f*
moskovít I. -i *Subst/m*, *Pl* -ë Moskauer *m*; **II.** -e *Adj* Moskauer
moskufizím -i *m* Unbegrenztheit *f*; Unbeschränktheit *f*
moskujdésj|e -a *f* Unachtsamkeit *f*, Unaufmerksamkeit *f*; Nachlässigkeit *f*
moskúnd *Adv* nirgends, nirgendwo; nirgendwohin
moskuptím -i *m*, *Pl* -e Mißverständnis *n*; Unverständnis *n*
moskúrrë *Adv*: **si ~** wie nie zuvor
moskúsh *Indef Pron* niemand
mosmarrëvéshj|e -a *f*, *Pl* -e Mißverständnis *n*, Unstimmigkeit *f*, Mißhelligkeit *f*; Meinungsverschiedenheit *f*; Uneinigkeit *f*
mosmbájtj|e -a *f* Nichthalten *n*; Nichtbehalten *n*; **mosmbajtja parasysh** die Nichtbeachtung
mosmirënjóhës, -e *Adj* undankbar
mosmirënjóhj|e -a *f* Undankbarkeit *f*
mosnjerí *Indef Pron* keiner, niemand
mosnjëhérë *Adv* niemals, nie
mosnjóhj|e -a *f* = **mosnjohurí**
mosnjohurí -a *f* Unwissenheit *f*, Unkenntnis *f*
mospajtím -i *m* Unvereinbarkeit *f*; *Geol* Diskordanz *f*
mospëlqím -i *m* Ablehnung *f*, Mißfallen *n*
mospërfíllës, -e *Adj* achtlos; verächtlich
mospërfíllj|e -a *f* Nichtbeachtung *f*; Gleichgültigkeit *f*; Geringschätzung *f*, Mißachtung *f*
mospërkím -i *m*, *Pl* -e Nichtübereinstimmung *f*
mospërmbúshj|e -a *f* Nichtbefolgung *f*, Nichteinhaltung *f*; Nichterfüllung *f*
mospërpúthj|e -a *f*, *Pl* -e Nichtübereinstimmung *f*
mospërzíerj|e -a *f* Nichteinmischung *f*
mosplotësím -i *m* Nichterfüllung *f*
mospraním -i *m* Ablehnung *f*, Weigerung *f*
mosrealizím -i *m*, *Pl* -e Nichterfüllung *f*, Nichtausführung *f*, Nichtrealisierung *f*
mossuksés -i *m*, *Pl* -e Mißerfolg *m*
mossulmím -i *m*: **pakt ~ i** Nichtangriffspakt *m*
móst|ër -ra *f*, *Pl* -ra **1.** Muster *n*, Warenmuster; **2.** Vitrine *f*, Schaufenster *n*
mostjétër *Adv* mindestens
mostopít|e -ja *f* Art Süßspeise *aus Wein und Mehl*
mosveprím -i *m* Untätigkeit *f*; Nichtfunktionieren *n*
mosviolénc|ë -a *f* Gewaltlosigkeit *f*

moszbatím -i *m* Nichterfüllung *f*, Nichtausführung *f*
moshatár I. -i *Subst/m*, *Pl* -ë Altersgenosse *m*, Gleichaltriger *m*; **II.** -e *Adj* gleichaltrig
mósh|ë -a *f* Alter *n*; **ç'~ ke?** wie alt bist du?; **është në ~** er ist alt genug (für etw.); **është në ~ të thyer** er ist über sechzig
moshúar (i) *Adj* gealtert, alt
mot I. -i *Subst/m*, *Pl* -e **1.** Wetter *n*; **2.** Jahr *n*; **~ për ~** Jahr für Jahr; **nga ~** jedes Jahr; **~ e jetë** ewig; **një herë ~ i** *od* **aty ~ i** einst, einstmals, in alten Zeiten; **II.** *Adv* im kommenden Jahr, im nächsten Jahr; **~ si sot** heute in einem Jahr
moták, -e *Adj* einjährig
motár, -e *Adj* = **motak**
mót|ër I. -ra *Subst/f*, *Pl* -ra **1.** Schwester *f*; **2.** Ordensschwester; Krankenschwester, Schwester; **II.** *Adj*: **partitë motra** die Bruderparteien; **gjuhë motra** genetisch verwandte Sprachen *Pl*, Schwestersprachen
motëri -a *f* alle Schwestern *Pl*
mótërm|ë -a *f*, *Pl* -a Blutsschwester *f*
motërmém|ë -a *f*, *Pl* -a Tante *f* (*Schwester der Mutter*)
motërtát|ë -a *f*, *Pl* -a Tante *f* (*Schwester des Vaters*)
motërzím -i *m* **1.** Verschwisterung *f* (*Blutsschwester werden*); **2.** Variante *f*
motërzóhet 1 *refl* sich verschwistern, Blutsschwester werden
motëshón 1 *itr* reifen
mótit *Adv* einst, einstmals, in alten Zeiten
motiv -i *m*, *Pl* -e Motiv *n*
motivación -i *m*, *Pl* -e Motivation *f*; Begründung *f*
motivím -i *m* Motivierung *f*, Begründung *f*
motivón 1 *tr* motivieren, begründen
motkéq|e -ja *f* Südwind *m* (*Wind, der Regen bringt*)

motmoçár, -e *Adj* = **motak**
motmót -i *m* Zeitraum *m* eines Jahres, Jahr *n*
motmoták, -e *Adj* = **motak**
motobárk|ë -a *f*, *Pl* -a Motorboot *n*
motoçiklét|ë -a *f*, *Pl* -a Motorrad *n*
motoçiklíst -i *m*, *Pl* -ë *od* -a Motorradfahrer *m*
motóhet 1 *refl* alt werden (*Lebensmittel*)
motolúnd|ër -ra *f*, *Pl* -ra Motorboot *n*
motór -i *m*, *Pl* -ë *od* -a Motor *m*; **~ elektrik** Elektromotor; **~ seri** Reihenmotor; **~ njëfazësh** Einphasenmotor
motorík, -e *Adj* motorisch, Motoren-
motoríst -i *m*, *Pl* -ë *od* -a Motorenschlosser *m*; Motorist *m*
motorizón 1 *tr* motorisieren
motoskáf -i *m*, *Pl* -e *od* -ë Motorboot *n*, Barkasse *f*
motoveliér -i *m*, *Pl* -ë *od* -a Motorsegelboot *n*, Motorsegler *m*
motovíl|e -ja *f*, *Pl* -e Haspel *f*, Weife *f*, Garnwinde *f*
mótsh|ëm (i), -me (e) *Adj* = **i moçëm**
motúar (i) *Adj* gealtert, alt
mozaík -u *m*, *Pl* -ë Mosaik *n*
mpiks 21 *tr* gerinnen lassen; eindicken; **-et** *refl* gerinnen; dick werden (*Flüssigkeiten*); verkleben
mpi|n 6 *tr* erstarren lassen; Zähne stumpf machen; empfindungslos machen; **-het** *refl* **1.** einschlafen (*Gliedmaßen*); **m'u ~ë gishtërinjtë** meine Finger sind wie abgestorben; **2.** stumpf werden (*Zähne*)
mpírë (i) *Adj* gefühllos; stumpf (*Zähne*); eingeschlafen, erstarrt (*Gliedmaßen*); **ishim të gjithë si të ~** wir alle waren wie gelähmt
mpírj|e -a *f* Starre *f*, Erstarrung *f*; Einschlafen *n* von Gliedmaßen
mpítë (i) *Adj* = **i mpirë**

mplak 14³ *tr* alt machen; **-et** *refl* altern, alt werden

mposht 14 *tr* unterwerfen, bezwingen, niederwerfen; unterdrücken, unterjochen; **-et** *refl* sich unterwerfen; sich demütigen, sich unterordnen, sich fügen

mpóshtës, -e *Adj* erdrückend, überwältigend; erniedrigend, demütigend

mpóshtj|e -a *f* Unterwerfung *f*, Unterdrückung *f*; Niederwerfung *f*, Niederringung *f*; Erniedrigung *f*, Demütigung *f*

mpóshtur (i) *Adj* unterworfen, unterdrückt; überwältigt; gedemütigt, erniedrigt

mpreh 14³ *tr* schärfen, schleifen; anspitzen; verschärfen; ~ **vigjilencën** die Wachsamkeit verschärfen

mpréhj|e -a *f* Schärfen *n*, Schleifen *n*; Abziehen *n von Messern usw.*; Anspitzen *n*; **mprehja e vigjilencës** die Verschärfung der Wachsamkeit

mpréhtë (i) *Adj* scharf, geschliffen; spitz; *übertr* **mendje e** ~ Scharfsinn *m*; **e ka mendjen të** ~ er ist scharfsinnig

mprehtësí -a *f* Schärfe *f*; Scharfsinn *m*; **me** ~ mit Geist

mpsaltërón 1 *itr* Psalmen singen

mraz -i *m, Pl* -e **1.** Regensturm *m*, Sturmregen *m*; Unwetter *n*; **2.** starker Frost *m*

mréç|ë -a *f, Pl* -a Baumheide *f*

mrekullí -a *f, Pl* – *od* -ra Wunder *n*; **për** ~ wunderbar, großartig

mrekullísht *Adv* wunderbar

mrekulló|n 1 *tr* verwundern, in Erstaunen versetzen; **-het** *refl* sich wundern, staunen

mrekullúesh|ëm (i), **-me** (e) *Adj* wunderbar; bewundernswert

mret -i *m, Pl* -a Mittelblättrige Steinlinde *f*; ~ **i egër** Stechender Mäusedorn *m*

mrézh|ë -a *f, Pl* -a Fangnetz *n*

mriz -i *m, Pl* -e Mittagsrast *f der Herde*; schattige Stelle *f*, Rastplatz *m*

mrizím -i *m* = **mriz**

mrizón 1 *itr* Mittagsrast halten *(Herden)*

mrrúdhet 14 *refl* sich zusammenkauern; sich zusammenziehen; sich zusammenrollen

mu *Adv* direkt, genau, ganz genau; **hyri** ~ **në odë** er kam direkt ins Zimmer; ~ **si zog** ganz wie ein Vogel

múa *Pers Pron Gen Dat Akk* → **unë**

múaj -i *m, Pl* – Monat *m*; **me** ~ monatlich; **ato të** ~ **it** Menstruation *f*; ~ **i i mjaltit** der Honigmond, die Flitterwochen

muajór, -e *Adj* monatlich

muçítet 20 *refl* anschwellen; **më** ~ **zemra** mich packt die Wut

muf *Adj/m* unreif

mufát 22¹ *tr* zum Schwellen bringen; aufplustern, aufpusten

mug -u *m, Pl* **múgje** Dämmerung *f*

múget 14³ *unpers* dämmern

múg|ë -a *f* Halbschatten *m*

mugëllón 1 *itr* dämmern, dämmrig sein; schimmern; hinter einem Dunstschleier oder Wolken hervorschimmern, hindurchschimmern

mugësí -a *f* = **mugësirë**

mugësír|ë -a *f* Halbdunkel *n*; Dämmerung *f*

múgët -it (të) *n* **1.** Halbdunkel *n*; Halbschatten *m*; **2.** Dämmerung *f*

múgull -i *m, Pl* **múguj** *Bot* Auge *n*, Knospenansatz *m*; Trieb *m*

mugullím -i *m* Knospen *n*, Knospentreiben *n*

mugullón 1 *itr* knospen, Knospen treiben, sprießen

muhabét -i *m, Pl* -e Unterhaltung *f*, Gespräch *n*; **bëjnë** ~ sie unterhalten sich; **s'më hahet** ~ **i me të** mir behagt seine Gesellschaft nicht

muhamedán I. -i *Subst/m, Pl* -ë Mohammedaner *m*; **II.** -e *Adj* mohammedanisch

muhamedán|e -ia *f, Pl* -e Mohammedanerin *f*

muhamedaníz|ëm -mi *m* Mohammedanismus *m*

muhaxhír -i *m, Pl* -ë Auswanderer *m*; Flüchtling *m*, Heimatloser *m*

muják, -e *Adj* unter Wasser stehend, überschwemmt

mujón 1 *tr* widerlegen

mujór, -e *Adj* monatlich

mukón 1 *itr* muhen

mukóz|ë -a *f, Pl* -a Schleimhaut *f*

múl|ë -a *f, Pl* -a Maultier *n*

mulkón 1 *tr* = **mëlkon**

mullác, -e *Adj* dicklich, aufgedunsen, aufgeschwemmt

mulláçk|ë -a *f, Pl* -a *Bot* Auswuchs *m*, Knorz *m*

mullág|ë -a *f, Pl* -a Malve *f*; ~ **uji** Eibisch *m*

mullár -i *m, Pl* -ë Schober *m*, Feimen *m*; **bën** ~ *od* **ve** ~ aufschobern

mullárthi *Adv* rundherum rennend

múll|ë -a *f* **1.** Bauch *m*; Magen *m*; **2.** *Zool* Labmagen

mullénj|ë -a *f, Pl* -a Amsel *f*, Schwarzdrossel *f*; ~ **e bardhë** Singdrossel *f*

mullëz -a *f, Pl* -a *Zool* Labmagen *m*; Lab *n*

mullí -ri *m, Pl* -nj Mühle *f*; ~ **vaji** Ölmühle; ~ **i kafes** Kaffeemühle; ~ **i revoles** Trommel *f* des Revolvers

mullibárdh|ë -a *f, Pl* -ë Singdrossel *f*

mullinár -i *m, Pl* -ë Müller *m*

mullís -i *m, Pl* – = **mullinar**

mulliújc|ë -a *f, Pl* -ë Eisvogel *m*

mullíthi *Adv* = **mullarthi**

mullixhí -u *m, Pl* – *od* -nj = **mullinar**

mullizéz|ë -a *f, Pl* -a = **mullënjë**

múmi|e -a *f, Pl* -e Mumie *f*

mund I. -i *Subst/m* **1.** Qual *f*, Mühe *f*; **me** ~ mühevoll; **2.** schwere Arbeit *f*, Schwerstarbeit *f*; **3.** *übertr* Frucht *f*, Ertrag *m* der Arbeit; **II.** 14 *itr* **1.** können; mögen; **sot s'** ~ heute fühle ich mich nicht wohl; **2.** *tr* bezwingen, besiegen; **3.** *Gramm Partikel, die mit den Formen des Konjunktivs kombiniert werden kann;* **a** ~ **të më tregoni shtëpinë?** können Sie mir das Haus zeigen?; **plaku s'** ~ **të dinte gjë** der Alte konnte nichts wissen; **plaku** ~ **të mos dinte gjë** der Alte wußte vielleicht gar nichts; ~ **të ketë ndodhur diçka** es kann sich etwas ereignet haben, es hat sich vielleicht etwas ereignet; **-et** *refl* **1.** können; **s'më** ~ **et** es gelingt mir nicht, es geht mir nicht von der Hand; **2.** ringen; **3.** unterliegen, besiegt werden, bezwungen werden

mundbjérrët *Adj* erfolglos; ~ **a ti!** du Arme, die du dich unnütz abgemüht hast!

múnd|ërr -rra *f* Rückstand *m*, Satz von Öl, Honig *od. Butter*

múndës -i *m, Pl* – **1.** *Sport* Ringer *m*; **2.** Sieger *m*, Bezwinger *m*

mundësí -a *f, Pl* – Möglichkeit *f*; **s'ka** ~ a) es ist nicht möglich, es geht nicht; b) er hat keine Möglichkeit, er kann nicht

mundësísht *Adv* nach Möglichkeit, wenn es möglich ist, eventuell

mundím -i *m, Pl* -e Mühe *f*, Anstrengung *f*; **s'vlen** ~ **i** es lohnt die Mühe nicht; ~ **e** *Pl* Leid *n*, Leiden *Pl*, Qualen *Pl*

mundímsh|ëm (i), -me (e) *Adj* mühevoll, anstrengend

múndj|e -a *f* **1.** *Sport* Ringen *n*; **2.** Besiegen *n*, Bezwingen *n*

mundó|n 1 *tr* anstrengen; quälen; **-het** *refl* sich bemühen, sich anstrengen; **mundohu!** reiß dich zusammen!

mundqár -i *m*, *Pl* -ë körperlich schwer arbeitender Mensch *m*
múndsh|ëm (i), -me (e) *Adj* **1.** anstrengend, mühevoll; **2.** möglich
mundshtón 1 *tr* ausschimpfen, anschnauzen, anbrüllen
mundúar (i) *Adj* leidgeprüft, gepeinigt, gequält
múndur (i) *Adj* **1.** besiegt, bezwungen, unterlegen; **2.** möglich; **s'është e ~** es ist unmöglich
mund|zí, -zézë *Adj* = **mundbjerrët**
mungés|ë -a *f*, *Pl* -a **1.** Mangel *m*; **2.** Fehlen *n*, Abwesenheit *f*; Versäumnis *n*; **dënim në ~** Verurteilung in Abwesenheit
mungón 1 *itr* fehlen
mungónjës, -e *Adj* fehlend; mangelnd
municón -i *m*, *Pl* -e Munition *f*
Muníh -u *m* München *n*
múnx|ë -a *f*, *Pl* -ë *od* -a Geste *f* *(gegen jmdn. – mit ausgestreckter geöffneter Hand), die einen Fluch und höchste Verachtung ausdrücken soll*
munxós 21 *tr* jmdn. durch eine Geste beleidigen; → **munxë**
mur -i *m*, *Pl* -e Mauer *f*; Wand *f*; **~ i thatë** Steinmauer ohne Mörtel; **~ ballor** Fassadenwand; **~ mbajtës** tragende Wand; **~ ndarës** Trennwand; **~ zjarrqëndrues** Brandmauer; *Anat* **~ i barkut** Bauchwand; **~ i ka veshë** die Wände haben Ohren
murán|ë -a *f*, *Pl* -a *alt* Steinhaufen *m* *zum Gedenken an einen Erschlagenen*
muratór -i *m*, *Pl* -ë Maurer *m*
muratorí -a *f* Maurerhandwerk *n*
muratúr|ë -a *f* Mauerwerk *n*
murdár, -e *Adj* schmutzig, dreckig; gemein
murén|ë -a *f*, *Pl* -a Muräne *f*
murés|ë -a *f* Mauerwerk *n*
murëtím -i *m*, *Pl* -e Mauerverband *m*
murg -u *m*, *Pl* murgj Mönch *m*; Einsiedler *m*; *übertr* Einsiedler, Sonderling *m*; Bedauernswerter *m*
murgár -i *m*, *Pl* -ë = **murg**
murgásh, -e *Adj* dunkel
murgésh|ë -a *f*, *Pl* -a Nonne *f*
¹**múrg|ë** -a *f* Satz *m*, Rückstand *m* *von Öl*
²**múrg|ë** -a *f*, *Pl* -a Nonne *f*; *übertr* Einsame *f*; Bedauernswerte *f*
murgján -i *m*, *Pl* -ë *Zool* Schimmel *m*
murgjín -i *m*, *Pl* -ë dunkelbraunes Pferd *n*, Brauner *m*
murísht|ë -a *f*, *Pl* -a Ruine *f*
múrm|ë (i), -e (e) *Adj* dunkel; schwärzlich; schwarzbraun; grau, dunkelgrau
murmurím -i *m*, *Pl* -e **1.** Flüstern *n*, Geflüster *n*; Murmeln *n*; **2.** Plätschern *n*, Murmeln *des Wassers*
murmurís 21 *itr* flüstern; murmeln
murmurísj|e -a *f* Gemurmel *n*; Geflüster n
murmurón 1 *itr* **1.** flüstern; murmeln; **2.** plätschern, murmeln
murón 1 *tr* einmauern, zumauern
murtáj|ë -a *f* Pest *f*
murté|n 3 *tr* dunkel machen, verdunkeln; **-het** *refl* dunkel werden, sich verdunkeln; dunkelblau werden
murrák **I.** -u *Subst/m*, *Pl* -ë; **II.** -e *Adj* = **murrash**
murrásh **I.** -i *Subst/m*, *Pl* -ë Sperling *m*, Spatz *m*; **II.** -e *Adj* dunkel, dunkelgrau, schwärzlich; rötlichbraun *(Tiere)*
murrçím, -e *Adj* dunkelgrün, graugrün
murrél|ë -a *f*, *Pl* -a Stechfliege *f*; *Zool* Bremse *f*
murrë́ -ri *m* kalter Nordwind *m*
múrrët (i) *Adj* dunkel, trübe
murrëté|n 3 *tr* dunkel machen; verdüstern; **-het** *refl* sich eintrüben *(Wetter)*; **murrëtehet** es dämmert
murríz -i *m*, *Pl* -a Weißdorn *m*; **~**

deti *od* ~ **i kuq** *od* ~ **qeni** Feuerdorn *m*; ~ **i zi** Schwarzdorn *m*
murríztë (i) *Adj* Weißdorn-
musaká -ja *f*, *Pl* – Mussaka *n*, Art Auflauf *aus Gehacktem, Eiern und Kartoffeln*
musánd|ër -ra *f*, *Pl* -ra Wandschrank *m*
músk|ël -li *m*, *Pl* -la Muskel *m*
muskulatúr|ë -a *f* Muskulatur *f*
muskulór, -e *Adj* Muskel-
muskulóz, -e *Adj* muskulös
múskull -i *m*, *Pl* múskuj = **muskël**
musllúk -u *m*, *Pl* -ë *od* musllúqe Wasserhahn *m*; Hahn *m*, Zapfhahn
musták -u *m*, *Pl* -ë *od* mustéqe 1. Schnurrbart *m*; *Zool* Schnurrhaare *Pl*; 2. Art Karpfen
mustakóç *Adj* schnurrbärtig, mit dichtem Schnurrbart
mustáq|e -ja *f*, *Pl* -e 1. Schnurrbart *m*; *Zool* Schnurrhaare *Pl*; 2. *Bot* Bart *m*, Büschel *n am Maiskolben*
mustaqemádh *Adj/m* schnurrbärtig, mit großem Schnurrbart
mustaqepadírsur *Adj/m* bartlos, noch ohne Bartwuchs; **djalë** ~ Milchbart *m*
mustárd|ë -a *f*, *Pl* -a Senf *m*, Mostrich *m*
mustárdh|ë -a *f* = **mustardë**
mushamá -ja *f*, *Pl* – *od* -ra Wachstuch *n*; Regencape *n*, Regenmantel *m*, Regenumhang *m*
mushíc|ë -a *f*, *Pl* -a Art Sandfliege
mushíq|e -ja *f*, *Pl* -e Mücke *f*
mushk -u *m*, *Pl* múshqe Maulesel *m*; Maultier *n*
mushkáz|ëm (i), -me (e) *Adj* honiggelb, falb *(Tiere)*
múshk|ë -a *f*, *Pl* -a Mauleselin *f*; weibliches Maultier *n*
mushkëllýer (i) *Adj* dunkelrot, rotbraun
mushkërí -a *f*, *Pl* – Lunge *f*
mushkónj|ë -a *f*, *Pl* -a Mücke *f*

mushllínz|ë -a *f*, *Pl* -a Ackerwinde *f*
mushmúll|ë -a *f*, *Pl* -a Mispelbaum *m*; Mispel *f*
musht -i *m* 1. Traubenmost *m*, Traubensaft *m*; 2. : ~ **mollësh** Apfelsaft *m*; 3. Obstgelee *n*
mushtëkóhet 1 *refl* sich einleben, sich eingewöhnen, sich akklimatisieren
mushtúar (i) *Adj* volljährig; reif *(Mensch)*
mut -i *m*, *Pl* -ra Scheiße *f*, Kacke *f*, Kot *m*
mutáf -i *m*, *Pl* -ë Pferdedecke *f*; Decke *f aus Ziegenwolle*
mutësí -a *f*, *Pl* – Schweinerei *f*, Mist *m*
muzát -i *m*, *Pl* muzétër Jungstier *m*
muzé -u *m*, *Pl* – Museum *n*
múz|ë -a *f*, *Pl* -a Muse *f*
muzg -u *m* Dämmerung *f*; Halbdunkel *n*
múzget 14³ *refl unpers* dämmern
múzgët (i) *Adj* trübe; dämmrig
muzgëtín|ë -a *f* 1. Abenddämmerung *f*; 2. trübes Wetter *n*
muzikál, -e *Adj* musikalisch, Musik-
muzikalitét -i *m* Musikalität *f*
muzikánt -i *m*, *Pl* -ë Musiker *m*; Musikant *m*
muzík|ë -a *f* Musik *f*; ~ **dhome** Kammermusik; ~ **vallëzimi** Tanzmusik; ~ **instrumentale** Instrumentalmusik; Musikgruppe *f*
muzikór, -e *Adj* Musik-; **vegla** ~ **e** Musikinstrumente *Pl*
muziktár -i *m*, *Pl* -ë 1. Musiker *m*; Musikant *m*; 2. Komponist *m*
muzháng|ë -a *f*, *Pl* -a *Zool* Wamme *f*
muzhík -u *m*, *Pl* -ë *hist* Mushik *m*; *übertr* Ungebildeter *m*, Tölpel *m*
mvar 14¹ *tr* aufhängen; **-et** *refl* hängen; abhängen
mvárës, -e *Adj* abhängig, untergeordnet
mvarësí -a *f* Abhängigkeit *f*
mvartësí -a *f* = **mvarësi**

mvehtësí -a *f* Selbständigkeit *f*, Unabhängigkeit *f*
mvehtësísh|ëm (i), -me (e) *Adj* selbständig, unabhängig
mvesh 17² *tr* umkleiden; verkleiden; verputzen
mvéshj|e -a *f*, *Pl* -e *Bauw* Umkleidung *f*; Verkleidung *f*, Verputz *m*; Verschalung *f*
mvrójtur (i) *Adj* finster blickend, mürrisch
mýc|ë -a *f*, *Pl* -a Reisig *n*, trockenes Geäst *n*, trockenes, morsches Holz *n*
myezín -i *m*, *Pl* -ë Muezzin *m*
myflíz I. -i *Subst/m*, *Pl* -ë Bankrotteur *m*; ka dalë ~ er hat bankrott gemacht; II. -e *Adj* bankrott, pleite
myftár -i *m*, *Pl* -ë *alt* Dorfältester *m*, Gemeindevorsteher *m*
myftí -u *m*, *Pl* myftilérë Mufti *m*
myhýr -i *m*, *Pl* -ë *alt* Petschaft *n*; Siegelring; Ring *m*
mýj|ë -a *f* Kern *m des Holzes*; ~ e dimrit Mitte *f* des Winters
myk -u *m Bot* Schimmel *m*
mýket 14³ *refl* schimmeln, verschimmeln; *übertr* verschimmeln, vergammeln
mýk|ë -a *f* stumpfe Seite *f*, Rücken *m des Schwertes usw.*; Messerrücken

mýkur (i) *Adj* verschimmelt, schimmelig
mýkz|ë -a *f* Faulschimmel *m*; Fäule *f bei Getreide oder Zwiebeln*
mynxýr|ë -a *f*, *Pl* -a großes Unglück *n*, Unheil *n*
mynxyrósur (i) *Adj* unglücklich; sorgenvoll
mýq|e -ja *f* = mykë
¹mys -i *m* 1. Scholle *f*, Erdscholle; Balken *m zwischen zwei Furchen*; 2. Brotrücken *m*, Kruste *f*; ~ i i dorës der Handrücken
²mys *Adj* konvex
mysafír -i *m*, *Pl* -ë Gast *m*
mysafír|e -ja *f*, *Pl* -e weiblicher Gast *m*; e kemi ~ sie ist unser Gast
mýsët (i) *Adj* konvex
myslimán I. -i *Subst/m*, *Pl* -ë Mohammedaner *m*; II. -e *Adj* mohammedanisch
myslimán|e -ia *f*, *Pl* -e Mohammedanerin *f*
¹myshk -u *m*, *Pl* mýshqe Moos *n*
²myshk -u *m* Aroma *n*, Duft *m*; rrush ~ Muskatellertraube *f*
mýshnj|ë -a *f* = ¹myshk
myshterí -u *m*, *Pl* – *od* -nj Kunde *m*, Stammkunde
mýtë (i) *Adj Bot* Kern-
myzáv|ë -a *f*, *Pl* -a Gang *m* des Holzwurmes
mzith -i *m* Knöchel *m des Fußes*

N

¹na *Pers Pron Kurzform Dat u. Akk* →ne
²na *Interj* 1. da!, nimm!; 2. Begleitwort zur Geste → munxë
nación -i *m*, *Pl* -e Nation *f*
nacionál, -e *Adj* national; kostum ~ Nationaltracht *f*; ekonomia ~ e die Volkswirtschaft
nacionalçlirimtár, -e *Adj* Volksbefreiungs-; lufta ~ e der Volksbe-

freiungskampf, der nationale Befreiungskampf; **lëvizje** ~ **e** nationale Befreiungsbewegung
nacionalíst I. -i *Subst/m, Pl* -ë *od* -a Nationalist *m*; **II.** -e *Adj* nationalistisch
nacionalitét -i *m, Pl* -e Nationalität *f*
nacionalíz|ëm -mi *m* Nationalismus *m*
nacionalizím -i *m, Pl* -e Nationalisierung *f*, Verstaatlichung *f*
nacionalizón 1 *tr* nationalisieren, verstaatlichen
nacíst I. -i *Subst/m, Pl* -ë *od* -a; **II.** -e *Adj* = **nazist**
nád|e -ja *f* Morgen *m*; **nadja e mirë!** Guten Morgen!
nadír -i *m Geogr* Nadir *m*, Fußpunkt *m des Himmels*
nafaká -ja *f* 1. Schicksal *n*; Glück *n*; 2. *alt* Alimente *Pl*; Unterhalt *m*
nafák|ë -a *f* Schicksal *n*; Glück *n*
nafór|ë -a *f, Pl* -a *Rel* Hostie *f*
naftalín|ë -a *f* Naphthalin *n*; Mottenpulver *n*
núft|ë -a *f* Erdöl *n*
naftëgazmbájtës, -e *Adj*: **shtresa** ~ erdgashaltige Schichten
naftëmbájtës, -e *Adj* erdölhaltig; **në zonat** ~ **e** in den Erdölförderungsgebieten
naftëtár -i *m, Pl* -ë Erdölarbeiter *m*; Erdölförderer *m*
nagáç|e -ja *f, Pl* -e kleines Beil *n*
nahí|e -a *f, Pl* -e *alt* Bezirk *m*
naív, -e *Adj* naiv
naivitét -i *m* Naivität *f*
najlón -i *m* Nylon *n*
nakár -i *m* Neid *m*, Mißgunst *f*
nakarmádh, -e *Adj* neidisch, mißgünstig
nakatós 21 *tr* durcheinanderbringen, vermengen, vermischen; **-et** *refl* sich einmischen; **më** ~ **et** mir wird übel, ich habe einen Brechreiz
naks, -e *Adj* jähzornig, aufbrausend, leicht reizbar

nalt *Adv* oben
náltë (i) *Adj* hoch; hochgelegen; hervorragend, herausragend; erhaben
nallán|e -ia *f, Pl* -e = **nallëne**
nallbán -i *m, Pl* -ë Hufschmied *m*
nállç|ë -a *f, Pl* -a Eisenbeschlag *m* *für Schuhsohlen*
nallën|e -ia *f, Pl* -e Holzsandale *f mit einem Riemen*
nam -i *m, Pl* -e Ruf *m*, Ruhm *m*; **i ka dalë** ~ **i** er ist berühmt geworden; **me** ~ berühmt, namhaft
namatís 21 *itr Zaubersprüche* unverständlich murmeln
namatísj|e -a *f, Pl* -e Murmeln *n von Zaubersprüchen*
namáz -i *m* Gebet *n der Mohammedaner*
namús -i *m* Ehre *f*, Ehrbarkeit *f*, Ehrsamkeit *f*; **njeri me** ~ ein ehrenwerter Mensch; **i merr** ~ **in** jmdm. die Ehre antasten, jmds. Ehrgefühl verletzen
namuslí, -e *Adj* ehrsam, ehrenhaft
namusqár, -e *Adj* = **namusli**
nanáç -i *m, Pl* -ë Starrkopf *m*, Dickkopf *m*
nanúq -i *m, P!* -a Netzmagen *m der Wiederkäuer*
nanurís 21 *od* 22 *tr Kind* in den Schlaf singen, einlullen
náp|ë -a *f, Pl* -a 1. *Geol* Schicht *f*; 2. Seihtuch *n*; weißes Kopftuch *n*, weißes Gesichtstuch *n*
naplúng|ë -a *f, Pl* -a Seihtuch *n*
napolitán, -e *Adj* neapolitanisch, von Neapel, aus Neapel
napolón -i *m, Pl* -a *alt* Goldmünze *im Wert von 20 Goldfranken*, Napoleondor *m*
nargjilé -ja *f, Pl* – Wasserpfeife *f*, Nargileh *n od f*
narkotík I. -u *Subst/m, Pl* -ë Narkotikum *n*, Betäubungsmittel *n*; **II.** -e *Adj* narkotisch, betäubend

narkotizón 1 *tr* betäuben, narkotisieren

narkóz|ë -a *f* Narkose *f*, Betäubung *f*

nártë (i) *Adj* klar, rein *(Wasser)*

nasqirí -a *f* Aufräumen *n*, Saubermachen *n des Hauses*

nasqirís 21 *tr Haus* saubermachen, aufräumen, in Ordnung bringen

nát|ë -a *f*, *Pl* net *od* nétë 1. Nacht *f*; ~ për ~ *od* nata me ~ *od* nata ~ s Nacht für Nacht, jede Nacht; ~n e mirë! Gute Nacht!; shkollë nate Abendschule *f*; 2. Morgendämmerung *f*, früher Morgen *m*; që me ~ im Morgengrauen

nátën *Adv* nachts, in der Nacht

nátrium -i *m* Natrium *n*

naturál, -e *Adj* 1. naturgetreu; **madhësi** ~ e natürliche Größe; 2. natürlich, naturell; Natur-; **mëndafsh** ~ Naturseide *f*

naturalíst -i *m*, *Pl* -ë *od* -a Naturalist *m*

naturalíz|ëm -mi *m* Naturalismus *m*

naturalizím -i *m* Naturalisation *f*, Einbürgerung *f*

naturalizón 1 *tr* naturalisieren, einbürgern

naturalizúar (i) *Adj* eingebürgert, naturalisiert

natyralíst -i *m*, *Pl* -ë *od* -a Naturwissenschaftler *m*, Naturforscher *m*

natýr|ë -a *f* Natur *f*; **në gji të** ~ s am Busen der Natur; **pagim në** ~ Naturallohn *m*; *übertr* Natur, Charakter *m*, Wesensart *f*

natyrísht *Adv* natürlich, zweifellos

natyrór, -e *Adj* Natur-, naturhaft, natürlich; **shkencat** ~ e die Naturwissenschaften; **lëndë** ~ e Naturprodukte *Pl*; **pasuritë** ~ e të një vendi die natürlichen Reichtümer eines Landes

natýrsh|ëm (i), -me (e) *Adj* natürlich, ungekünstelt; selbstverständlich

navíg -u *m*, *Pl* navígje Stange *f*, Staken *m* zur Fortbewegung des Bootes in seichtem Wasser

navllí -a *f*, *Pl* – Gewehrlauf *m*

navlló -ja *f*, *Pl* – Fahrgebühr *f*; Frachttarif *m*, Fracht *f auf Schiffen*

naxhák|e -ja *f*, *Pl* -e kleines Beilchen *n*

nazál -i *m*, *Pl* -e *Gramm* Nasal *m*

náze -t *Pl* Koketterie *f*, Affekthascherei *f*; Ziererei *f*; Geziertheit *f*; Laune *f*, Launenhaftigkeit *f*; **bën** ~ a) sich zieren; b) launisch sein

nazelí, -e *Adj* affektiert, geziert

nazeqár, -e *Adj* kokett

nazetór, -e *Adj* sich zierend, affektiert; mäkelig

nazíst I. -i *Subst*/*m*, *Pl* -ë *od* -a Nazi *m*, Nationalsozialist *m*; II. -e *Adj* Nazi-, nazistisch, nationalsozialistisch

nazíz|ëm -mi *m* Nazismus *m*, Nationalsozialismus *m*

ndaj I. *Präp* *(mit Abl od Akk)* 1. gegen *(Zeit)*; ~ **të gdhirë** gegen Morgen; 2. nahe bei; gegen, gegenüber *(Ort)*; ~ **zjarrit** nahe beim Feuer; 3. :~ **meje** mir gegenüber; **dashuria** ~ **atdheut** die Liebe zur Heimat; 4. im Vergleich zu, verglichen mit; ~ **atij** im Vergleich zu ihm; II. *Konj* deswegen, deshalb, folglich

ndajfólj|e -a *f*, *Pl* -e Adverb *n*

ndajfoljór, -e *Adj* adverbial; **shprehje** ~ e Adverbialbestimmung *f*

ndajnáte *Adv* gegen Abend, in der Abenddämmerung

ndajnát|ë -a *f* Abenddämmerung *f*, Abend *m*

ndajnatëhérë *Adv* = **ndajnate**

ndajshtím -i *m*, *Pl* -e Apposition *f*

ndajthíth 14 *tr* adsorbieren

ndajthíthj|e -a *f* Adsorption *f*

ndal 14¹ *tr* anhalten, aufhalten, behindern; zurückhalten; dabehalten, bei sich behalten; e ~ **nga rroga** er zieht es vom Lohn ab; ~ **dritën** das Licht löschen; **-et** *refl* Halt machen, stehenbleiben; sich aufhalten, verweilen; verlöschen, ausgehen *(Feuer od Licht)*

ndalés|ë -a *f, Pl* -a Hindernis *n*

ndál|ë -a *f, Pl* -a kurzer Aufenthalt *m*, Rast *f*; Verschnaufpause *f*

ndalím -i *m, Pl* -e **1.** Behinderung *f*; Aufhalten *n*, Anhalten *n*; **2.** Verbieten *n*; Verbot *n*

ndálj|e -a *f, Pl* -e Anhalten *n*, Aufhalten *n*; kurzer Aufenthalt *m*, Halt *m*

ndalk -u *m, Pl* ndalq Schildfisch *m*

ndaló|n 1 *tr* **1.** anhalten, aufhalten, zum Stehen bringen; verhindern; *Mil* **ndalo!** halt!, stehenbleiben!; **ndalo zjarrin!** Feuer einstellen!; **2.** verbieten; **3.** *itr* sich aufhalten, verweilen; stehenbleiben; **-het** *refl* **1.** sich aufhalten, verweilen; stehenbleiben; **ndalohu!** halt!; **2.** verboten sein, unerlaubt sein; **ndalohet duhanl** Rauchen verboten; **ndalohet hyrja** Eintritt verboten

ndalúar (i) *Adj* verboten

nda|n 5 *tr* **1.** teilen, zerteilen; **2.** verteilen, austeilen; Almosen geben; **3.** abteilen, abschneiden; zurücklegen, beiseitelegen; **4.** unterscheiden; erkennen; **5.** trennen, voneinander entfernen, auseinanderbringen; abtrennen; scheiden; ~ **gruan** er läßt sich von seiner Frau scheiden; **6.** *Streitende* trennen; **7.** jmdn. durch eine Gedenkfeier ehren; **8.** *itr* sich unterscheiden; **nuk** ~ **nga i vëllai** er unterscheidet sich nicht von seinem Bruder; **-het** *refl* sich trennen; **nuk më ndahet ai** er läßt mich nicht los, er hängt sich an mich; **u nda nga jeta** er ist gestorben; **ndahemi në mendime** wir sind nicht einer Meinung; **nuk më ndahen ethet** mein Fieber hört nicht auf

ndánë *Präp (mit Abl)* neben, nahe bei, in der Nähe von

ndárazi *Adv* getrennt, allein

ndár|ë **I.** (i) *Adj* getrennt; geteilt, aufgeteilt; **grua e** ~ eine geschiedene Frau; **II.** -a (e) *Subst/f, Pl* -a (të) Raum *m*, Zimmer *n*

ndárës -i *m, Pl* – **1.** *El* Steuerung *f*, Schaltung *f*; **2.** *Math* Divisor *m*; **3.** Schiedsrichter *m*, Vermittler *m* *bei Streitfällen*

ndárj|e -a *f* **1.** Verteilung *f*; ~ **e çmimeve** Preisverteilung; Aufteilung *f*, Teilung *f*; **2.** Trennung *f*, Entzweiung *f*

ndeh 14³ *tr* = **nden**

ndéjas *Adv* sitzend, im Sitzen

ndéj|ë -a *f* **1.** Sitzen *n*; Zusammensitzen, Gesprächsrunde *f von Männern*; **2.** Aufenthaltsort *m*; Aufenthalt *m*

ndéjm|e -ja (e) *f* Wohnort *m*, Wohnsitz *m*, Aufenthaltsort *m*

ndéjshëm *Adv* gelassen, ruhig; langsam; gesetzt

ndéjti 50 *Aor* → **rri**

ndéjtj|e -a *f* Sitzen *n*

ndémj|e -a *f Tech, El* Spannung *f*; ~ **sipërfaqore** Oberflächenspannung

nde|n 3¹ *od* 8 *tr* ausbreiten, ausstrecken; **-het** (i) *refl* jmdm. folgen, hinterherlaufen

ndénjës -i *m, Pl* – Einwohner *m*, Anwohner *m*, Bewohner *m*; Eingesessener *m*

ndénjës|e -ja *f, Pl* -e **1.** Einwohnerin *f*, Anwohnerin *f*, Bewohnerin *f*; Eingesessene *f*; **2.** Sitzgelegenheit *f*

ndénji 50 *Aor* → **rri**

ndénjur **I.** (i) *Adj* abgestanden *(Wasser)*; **II.** -it (të) *Subst/n* Gesäß *n*, Hinterteil *n*

¹**nder** **I.** -i *Subst/m* **1.** Ehre *f*, Ruf *m*, guter Name *m*; Würde *f*; Ruhm

m; **fjalë e ~it** Ehrenwort *n*; **anëtar ~i** Ehrenmitglied *n*; **kryetar ~i** Ehrenvorsitzender *m*; **i prekur në ~** in seiner Ehre gekränkt, in seiner Würde verletzt; **i dha ~in në dorë** er entehrte sie; **~i i katundit** der Stolz des Dorfes; **2.** Ehrbarkeit *f*, Ehrsamkeit *f*; **me ~** ehrbar, ehrsam; **grua me ~** eine anständige Frau; **3.** Ehrung *f*, Ehrerbietung *f*, Ehrfurcht *f*; **për ~ të** zu Ehren von; **për ~ të mysafirit** zu Ehren des Gastes; **për ~!** bei meiner Ehre!, wirklich!; **e ka për ~** es ist ihm eine Ehre; **4.** Gunst *f*; **bëmë një ~!** tu mir einen Gefallen!; **5.** Wert *m*, Gewinn *m*, Nutzen *m*; **e shiti me ~** er verkaufte es mit Gewinn; **tregëtia e leshit s'ka ~** der Wollhandel bringt nichts ein; **të falem ~it** danke!, ich danke dir; **me ~ qofsh!** vielen Dank!; **II.** 14¹ *tr* ehren, achten

²**nder** 14¹ *tr* ausbreiten, ausstrecken

ndér|e -ja *f* = ¹nder

¹**ndér|ë** -a *f* = ¹nder

²**ndërë** (i) *Adj* = **i ndërë**

nderím -i *m*, *Pl* -e **1.** Ehrung *f*, Würdigung *f*; **2.** militärischer Gruß *m*; **~e** *Pl* Ehrenbezeigungen *Pl*; **~et e mia** meine Hochachtung!; **me ~e** hochachtungsvoll

ndermírë *Adj* wohltätig; gefällig

nderó|n 1 *tr* ehren, verehren; achten, hochschätzen; ehren, jmdm. Ehre einbringen; **-het** *refl* sich auszeichnen *(bei der Arbeit)*

ndërsh|ëm (i), **-me** (e) *Adj* ehrenwert, ehrenhaft, anständig; ehrbar, ehrsam, ehrlich; geehrt, geachtet

ndershmërí -a *f* Ehrenhaftigkeit *f*, Ehrlichkeit *f*, Anständigkeit *f*

¹**ndértë** (i) *Adj* geehrt, verehrt *bes. in der Anrede*

²**ndértë** (i) *Adj* flach, eben, platt; glatt; offen

nderúar (i) *Adj* geehrt, verehrt, ge-
achtet; **i ~i zotëri** sehr geehrter Herr; ehrenhaft, ehrenwert, ehrbar

ndes 21 *itr* mit jmdm. Unglück haben, durch jmdn. Scherereien kriegen; **-et** *refl* sich verfitzen, sich verheddern *(Fäden)*

¹**ndesh** 14² *tr*, *itr* jmdn. treffen, jmdm. begegnen; jmdn. finden, antreffen; auf etwas stoßen, auf jmdn. treffen; **-et** *refl* sich treffen, einander begegnen; aufeinanderstoßen; zusammenprallen

²**ndesh** *Adv*: **bie ~** widersprechen, in Widerspruch stehen, im Gegensatz stehen; **i rashë ~** ich trat ihm entgegen

ndëshj|e -a *f*, *Pl* -e **1.** *Sport* Begegnung *f*, Spiel *n*; **2.** Kampf *m*, Gefecht *n*

ndez 17¹ *tr* **1.** anzünden, anbrennen; *Kerze* anzünden; *Feuer* entfachen; *Licht* einschalten, anknipsen; **2.** *Tech* zünden; **~ motorin** den Motor zünden; **3.** verhetzen, aufwiegeln; **4.**: **më ~ën këto petka** diese Sachen sind mir zu warm; **5.** *itr* zünden; **nuk i ~i pushka** sein Gewehr hat nicht gezündet, sein Gewehr ging nicht los; **6.**: **~i vapa** es ist heiß geworden; **7.**: **nuk i ~i** er hat sein Ziel nicht erreicht, er hatte kein Glück; → **ndizet**

ndezç, **-e** *Adj* Zünd-, Feuer-; **gur ~** Feuerstein *m*

ndézç|ë -a *f*, *Pl* -a Feuerzeug *n*

ndéz|ë -a *f* Neid *m*; **e ka ~** er ist auf ihn neidisch

ndézj|e -a *f* **1.** Anzünden, Anbrennen *n*; Einschalten *n* von *Licht*; Entfachen *n*; *Tech* Zünden *n*; **2.** Ohrfeige *f*

ndezullí -a *f* **1.** Fieber *n*; **2.** Eifer *m*, Fleiß *m*

ndézur (i) *Adj* angezündet, angebrannt; eingeschaltet; entfacht; *Tech* gezündet; *übertr* entfacht, entflammt; gerötet *(Gesicht)*;

glänzend, strahlend *(Farben)*; **e kuqe e ~** strahlendes Rot
ndë *Präp (mit Akk)* = **në**
ndëgjés|ë -a *f* Gehorsam *m*
ndëgjón 1 *tr* hören; jmdm. gehorchen, auf jmdn. hören
ndëgjónjës -i *m*, *Pl* – Hörer *m*, Zuhörer; Gasthörer
ndëgjúesh|ëm (i), -me (e) *Adj* gehorsam, folgsam
ndéjti 50 *Aor* → **rri**
ndën *Präp (mit Akk)* = **nën**
ndénë *Präp (mit Akk)* = **nën**
ndénji 50 *Aor* → **rri**
ndénjur (i) *Adj* nicht frisch, überlagert *(Obst)*; **ujë të ~** abgestandenes Wasser
¹**ndër** 14¹ *tr* ausbreiten, auseinanderlegen; ausstrecken; **~ këmbët sa ke plafin** man muß die Beine nach der Decke strecken; **-et** *refl* sich ausstrecken; sich ausbreiten
²**ndër** *Präp (mit Akk)* unter, zwischen; **~ të tjera** unter anderem; in; **~ male** in den Bergen; zu; **~ ne** zu uns
ndëraleát, -e *Adj* interalliiert
ndërçéles -i *m*, *Pl* – *El* Umschalter *m*, Kommutator *m*
ndërçélj|e -a *f El* Umschaltung *f*, Kommutation *f*
ndërdialektór, -e *Adj* zwischen den Dialekten, interdialektal
ndërdý|n *itr*; **-het** *refl* zweifeln; zaudern
ndërdýsh *Adv* unentschlossen, unschlüssig, im Zweifel
ndërdýshas *Adv* = **ndërdysh**
ndërdýzash *Adv* = **ndërdysh**
ndërdhëmbëzím -i *m*, *Pl* -e Verzahnung *f*
ndérë (i) *Adj* flach; **pjatë e ~** flacher Teller
ndërgíshtëz -a *f*, *Pl* -a *Med* Umlauf *m*, Fingerentzündung *f*
ndërgón 1 *tr* saugen; **viçi ~ lopën** das Kalb saugt bei der Kuh

ndërgjégj|e -ja *f* **1.** Verantwortungsgefühl *n*; Bewußtsein *n*; **2.** Gewissen *n*; **më vret ndërgjegjja** ich habe Gewissensbisse; **me ~** a) ehrlich, gewissenhaft; b) bewußt, verantwortungsvoll
ndërgjégjsh|ëm (i), -me (e) *Adj* gewissenhaft; bewußt, verantwortungsvoll
ndërgjýqës -i *m*, *Pl* – *Jur* streitende Partei *f*, prozeßführende Partei
ndërhundëzón 1 *itr* unfreundlich sprechen
ndërhýn 13 *itr* **1.** sich einmischen; intervenieren; einschreiten; **2.** eintreten, sich einsetzen; dazwischentreten; sich einschalten, vermitteln
ndërhýrës, -e *Adj* intervenierend, sich einmischend; vermittelnd, Vermittler-
ndërhýrj|e -a *f*, *Pl* -e Intervention *f*, Einmischung *f*; Vermittlung *f*
ndërkáq *Adv* inzwischen, unter dessen
ndërkóh|ë I. -a *Subst/f* Zwischenzeit *f*; **në këtë ~** in der Zwischenzeit, in diesem Zeitabschnitt; II. *Adv* inzwischen
ndërkombëtár, -e *Adj* international
ndërkombëtaríz|ëm -mi *m*, *Pl* -ma *Ling* Internationalismus *m*
ndërkréhet 3 *refl* **1.** den Kopf verlieren, in Verwirrung geraten; **2.** den Verstand verlieren, irre werden
ndërkrýer (i) *Adj* **1.** verdutzt, verwirrt; **2.** irre, wahnsinnig, verrückt; **3.** tobsüchtig, wild
ndërkrýhet 5 *refl* = **ndërkrehet**
ndërláket 14³ *refl* sich satt essen
ndërlídhës I. -i *Subst/m*, *Pl* – **1.** Verbindungsmann *m*; **2.** *Mil* Melder *m*; II. -e *Adj* verbindend, Verbindungs-
ndërlídhj|e -a *f*, *Pl* -e Verbindung *f*; *Mil* Nachrichtendienst *m*
ndërlídhur (i) *Adj* miteinander verbunden

ndërlidhurí -a *f* Korrelation *f*, Wechselbeziehung *f*
ndërlík 14³ *tr* = **ndërliq**
ndërlík|e -ja *f* geflochtenes Gatter *n* am *Pferch*
ndërlík|ë -a *f*, *Pl* -a geflochtener Zaun *m*, Flechtzaun; Flechtwerk *n*; geflochtenes Fenstergitter *n*
ndërlikím -i *m*, *Pl* -e Durcheinanderbringen *n*; Durcheinander *n*; Verwicklung *f*, Verwirrung *f*; Komplikation *f*
ndërlikón 1 *tr* verwickeln, durcheinanderbringen, verwirren; komplizieren
ndërlikúar (i) *Adj* verworren, verwickelt; kompliziert; **punë e** ~ eine verzwickte Sache; komplex
ndërlíq 14 *tr* verheddern, verfitzen *(Fäden)*; verwickeln; durcheinanderbringen, verwirren; komplizieren; **-et** *refl* sich verwickeln, durcheinanderkommen; **u** ~**a me të** ich geriet mit ihm aneinander
ndërlíq|e -ja *f*, *Pl* -e = **ndërlikim**
ndërluftúes, -e *Adj* miteinander Krieg führend, sich bekämpfend; **palët** ~**e** die kriegführenden Seiten
ndërmárr 19¹ *1. Pers Sg Präs* → **ndërmerr**
ndërmárrj|e -a *f*, *Pl* -e 1. Unternehmen *n*, Vorhaben *n*; 2. Unternehmen, Betrieb *m*; **hist** ~ **industriale shtetërore (NISH)** Volkseigener Betrieb (VEB)
ndërménd -i *m* Erinnerung *f*
ndërméndet 14 *refl* wieder zu sich kommen, zur Besinnung kommen
ndërmérr 19¹ *tr* unternehmen; auf sich nehmen, übernehmen
ndërmírrte 19¹ *Imperf* → **ndërmerr**
ndërmjét I. *Adv* in der Mitte, mitten drin; dazwischen; in die Mitte; **hyn** ~ schlichtend einschreiten, vermittelnd eingreifen; **II.** *Präp (mit Abl)* zwischen; ~ **teje e meje** zwischen dir und mir; **kjo fjalë le të mbesë** ~ **nesh** das soll unter uns bleiben
ndërmjétës I. -i *Subst/m*, *Pl* – Schlichter *m*, Vermittler *m*; Heiratsvermittler; **II.** -e *Adj* vermittelnd, schlichtend
ndërmjétës|e -ja *f*, *Pl* -e Vermittlerin *f*, Schlichterin *f*; Heiratsvermittlerin
ndërmjetësí -a *f*, *Pl* – Vermittlung *f*, Schlichtung *f*; Heiratsvermittlung
ndërmjetësím -i *m*, *Pl* -e Vermitteln *n*, Schlichten *n*; Vermittlung *f*; Heiratsvermittlung
ndërmjetësón 1 *itr* vermitteln, schlichten
ndërmóri 19¹ *Aor* → **ndërmerr**
ndërmvarësí -a *f* wechselseitige Abhängigkeit *f*
ndërprérë (i) *Adj* unterbrochen
ndërprérës -i *m*, *Pl* – *El* Unterbrecher *m*
ndërprérj|e -a *f*, *Pl* -e 1. Unterbrechung *f*; Abbruch *m*; **pa** ~ ununterbrochen, fortwährend; *El* Unterbrechung *des Stromkreislaufes*; 2. *Geom* Schnittpunkt *m*
ndërprét 31 *tr* unterbrechen, abbrechen
ndërpréu 31 *Aor* → **ndërpret**
ndërpríste 31 *Imperf* → **ndërpret**
ndërprítet 31 *refl* sich gegenseitig umbringen
ndërsá *Konj* während, in der Zeit als; während *(Gegensatz)*, wohingegen
ndërsén 3 *tr* **1.** den Hund auf jmdn. hetzen; aufhetzen, aufstacheln, aufwiegeln; **2.** *Zool* paaren, decken; besamen
ndërsím -i *m* **1.** Aufhetzen *n*; Aufwiegelei *f*; **2.** *Zool* Beschälen *n*; Decken *n*, Besamen *n*; **stacion** ~**i** Beschälstation *f*, Besamungsstation *f*
ndërsjélltë (i) *Adj Math* reziprok
ndërshtetërór, -e *Adj* zwischenstaatlich

ndërtés|ë -a *f*, *Pl* -a Gebäude *n*, Bauwerk *n*

ndërtím -i *m*, *Pl* -e Bauen *n*; Erbauen; Aufbau; Errichtung *f*; *Gramm* ~ **i një fjalie** Satzbau, Satzkonstruktion *f*; Bau *m*, Gebäude *n*; Bauweise *f*, Konstruktion *f*; ~ **e metalike të lehta** Leichtmetallkonstruktionen

ndërtimtár, -e *Adj* schöpferisch

ndërtón 1 *tr* bauen; aufbauen, erbauen; errichten; *übertr* ~ **jetën e re** das neue Leben aufbauen; *Gramm Satz* konstruieren; *Speisen* zubereiten, anrichten

ndërtúes I. -i *Subst/m*, *Pl* – Erbauer *m*; II. -e *Adj* erbauend, aufbauend, bauend

ndërvárur (i) *Adj* voneinander abhängig

ndërzé|n 3 *tr Tiere* paaren, zum Paaren bringen; **-het** *refl* sich paaren *(Tiere)*

ndërzím -i *m*, *Pl* -e Paarung *f* von *Tieren*

ndërrésa -t *Pl* Unterwäsche *Pl* und Strümpfe *Pl*

ndërrím -i *m*, *Pl* -e Wechseln *n*, Verändern *n*; Wechsel *m*; Veränderung *f*

ndërró|n 1 *tr* **1.** wechseln, auswechseln; ~ **plagët** die Wunden frisch verbinden, den Verband wechseln; *übertr* **i ndërroi fytyra** sein Gesicht verfärbte sich, er wechselte die Farbe; **ndërroi jetë** er starb; **2.** verwechseln; *itr* **1.** sich unterscheiden; ~ **me atë** er unterscheidet sich von ihm; **2.** sich ändern, sich verändern; **-het** *refl die Wäsche* wechseln; sich umziehen; *übertr* **iu ndërrua fytyra** sein Gesicht verfärbte sich, er erbleichte

ndërrúesh|ëm (i), -me (e) *Adj Gramm* flektierbar

ndëshkím -i *m*, *Pl* -e Strafe *f*, Bestrafung *f*

ndëshkimór, -e *Adj* Straf-; **masa** ~ **e** Strafmaßnahmen *Pl*

ndëshkón 1 *tr* bestrafen, strafen

ndíç|ëm (i), -me (e) *Adj* alt, nicht mehr frisch *(Speisen)*

ndí|en 7[1] *tr* **1.** fühlen; empfinden; **s'e** ~ **vehten mirë** er fühlt sich nicht wohl; ~ **gëzim** Freude empfinden, sich freuen; **e** ~ **për detyrë** er betrachtet es als seine Pflicht; fühlen, spüren, verspüren; wahrnehmen; ~ **të ftohët** die Kälte spüren; **s'e ndjeva rrugën** der Weg hat mir nichts ausgemacht; **2.** hören; **3.** verstehen, *Verständnis* haben; **e** ~ **muzikën** er versteht die Musik; **ai s'** ~ **nga këto** er kümmert sich nicht darum; **-het** *refl* zu hören sein; sich bemerkbar machen; **s'ndihet** er ist nicht zu hören, man bemerkt ihn nicht; **më ndihet** mir scheint; **më ndot** mir schien; **kjo gjellë më ndihet e mirë** dieses Essen scheint mir gut zu sein

ndíer (i) *Adj* berühmt, bekannt

ndiesh|ëm (i), -me (e) *Adj* = i ¹**ndjeshëm**

ndih 14[3] *tr* erleichtern; jmdm. Erleichterung verschaffen; unterstützen, jmdm. helfen, jmdm. beistehen

ndihmés|ë -a *f* Beitrag *m*

ndihm|ë -a *f*, *Pl* -a Hilfe *f*; **ndihma e shpejtë** die Erste Hilfe; **i jep** ~ er hilft ihm; **i vjen në** ~ er kommt ihm zu Hilfe; **ndihma** *Pl* a) Spenden *Pl*; Hilfeleistungen *Pl*; b) Hilfstruppen *Pl*

ndihmëqár -i *m*, *Pl* -ë Helfer *m*

ndihmëqár|e -ja *f*, *Pl* -e Helferin *f*

ndihmës I. -i *Subst/m*, *Pl* – Helfer *m*, Beistand *m*; Gehilfe *m*; **pa** ~ ohne Hilfe; II. -e *Adj* helfend, beistehend; Hilfs-; **folje** ~ **e** Hilfsverb *n*; **ekonomi** ~ **e** Nebenwirtschaft *f*

ndihmés|ë -ja *f*, *Pl* -e Helferin *f*; Gehilfin *f*

ndihmësmjék -u *m*, *Pl* -ë Arzthelfer *m*
ndihmón 1 *tr* jmdm. helfen, beistehen; jmdn. unterstützen
ndíj|ë -a *f*, *Pl* -a Sinn *m*; **të pesë ndijat** die fünf Sinne
ndijím -i *m*, *Pl* -e Wahrnehmung *f*
ndijór, -e *Adj* Sinnes-; **nerv ~** Sinnesnerv *m*; **organet ~ e** die Sinnesorgane
ndikím -i *m*, *Pl* -e Beeinflussung *f*; Einwirkung *f*; Einfluß *m*; *Phys* Influenz *f*
ndikón 1 *tr* beeinflussen; **~ mbi...** einwirken auf...
ndíllte 16¹ *Imperf* → **ndjell**
ndíqet 18¹ *refl* verfolgt werden; Nachfolger haben; sich paaren *(Tiere)*; → **ndjek**
ndíqte 18¹ *Imperf* → **ndjek**
ndishk -u *m* Lungentuberkulose *f*
ndízet 17¹ *refl* Feuer fangen, sich entzünden; **u ndez zjarri** das Feuer brennt; gezündet werden; *übertr* **iu ndez gjaku** er ist in Wut geraten; **~ shpejt ai** er braust schnell auf; **~ në fytyrë** erröten; **u ndez hëna** es ist Neumond; → **ndez**
ndízte 17¹ *Imperf* → **ndez**
ndjek 18¹ *tr* 1. verfolgen; 2. sich an jmdn. hängen, jmdm. nachlaufen, hinterherlaufen; 3. *einer Sache* nachgehen, *ein Problem* verfolgen; 4. *Schule* besuchen; 5. hinauswerfen, ausweisen; 6. *itr* folgen; **në kapitujt që ~ in** in den folgenden Kapiteln; → **ndiqet**
ndjékës -i *m*, *Pl* – Verfolger *m*; Anhänger *m*
ndjékj|e -a *f*, *Pl* -e Verfolgung *f*; Hetze *f*; *Jur* Verfahren *n*
ndjell 16¹ *tr* 1. *Haustiere* locken, anlocken, rufen; **ia ~ gjumin** *ein Kind* in den Schlaf singen; 2. ahnen, voraussehen, eine Vorahnung haben; **mos na ndill zi!** mal nicht den Teufel an die Wand!

ndjellamírë *Adj* optimistisch, lebensbejahend
ndjella|zí, -zézë *Adj* pessimistisch, schwarzseherisch
¹**ndje|n** 3¹ *tr* fühlen, empfinden; spüren, wahrnehmen; **-het** *refl* sich fühlen; **ndjehem mirë** ich fühle mich wohl, es geht mir gut; fühlbar sein, sich bemerkbar machen
²**ndje|n** 3¹ *tr* jmdm. verzeihen, vergeben; **-het** *refl* sich aussöhnen, sich versöhnen
ndjénj|ë -a *f*, *Pl* -a Gefühl *n*, Empfindung *f*; Fühlen *n*; **~ e detyrës** Pflichtgefühl, Pflichtbewußtsein *n*
ndjérë (i) *Adj* bekannt, berühmt, bedeutend
ndjér|i (i), -a (e) *Adj* verstorben; **i ndjeri** der Selige
ndjérset 21 *refl* schwitzen, in Schweiß geraten
ndjés|ë -a *f* Verzeihung *f*, Vergebung *f*; *Rel* **~ e plotë** Absolution *f*; **~ pastë!** Gott sei seiner Seele gnädig!; er ruhe in Frieden!
ndjesí -a *f*, *Pl* – Gefühl *n*, Fühlen *n*, Empfindung *f*
¹**ndjésh|ëm** (i), -me (e) *Adj* 1. spürbar, fühlbar; fühlend, empfindend; gefühlvoll; feinfühlig, empfindsam *übertr* **aparat i ~** ein empfindliches Gerät; 2. auffällig, augenfällig
²**ndjésh|ëm** (i), -me (e) *Adj* verzeihlich, entschuldbar
ndobáre *Adv* mindestens, wenigstens
ndocá *Adv* etwas, ein bißchen
ndodh 14 *unpers* geschehen, sich ereignen, vorkommen; *itr*; **-et** *refl* sich befinden; zufällig dasein; sein; **u ~ a dhe unë atje** ich war auch dort; **s'më ~ en pare me vete** ich habe zufällig kein Geld bei mir; **i ~ et** jmdm. beistehen
ndodhí -a *f*, *Pl* – Ereignis *n*, Vorkommnis *n*, Begebenheit *f*
ndódhj|e -a *f* 1. Situation *f*, Lage *f*;

2. Anwesenheit *f*; Vorhandensein *n*; **3.** Ereignis *n*; Vorfall *m*

ndófta *Adv* möglicherweise, vielleicht; wahrscheinlich

ndoht I. 14 *tr* beschmutzen, verdrecken; **-et** *refl* sich schmutzig machen, sich beschmutzen; **II.** *Adv*: **më vjen ~** es ekelt mich, mir wird übel

ndóhtë (i) *Adj* schmutzig, dreckig, unsauber

ndohtësí -a *f* Schmutz *m*, Dreck *m*, Unrat *m*

ndóhtura -t (të) *Pl* Schmutz *m*; Kot *m*

ndokúnd *Adv* irgendwo; irgendwohin

ndokúsh *Indef Pron* irgendwer, irgendjemand, jemand

ndólli 16¹ *Aor* → **ndjell**

ndónëse *Konj* obwohl, obgleich

ndonjá *Adv* etwa, zirka

ndónjë *Indef Pron* irgendwer; irgendeiner; **~ ditë** eines Tages; **~ fshat** irgendein Dorf

ndonjëhérë *Adv* irgendwann, eines Tages

ndonjër|i, -a *Indef Pron* irgendeiner, einer

ndopák *Adv* etwas, ein bißchen

ndóqi 18¹ *Aor* → **ndjek**

ndór|e -ja *f*: **në ~ të** unter der Obhut von, unter dem Schutz von; **bie ~** er tritt unter jmds. Schutz; **nuk bie ~** er ergibt sich nicht; **prish ~** er verrät den unter seinem Schutz Stehenden

ndóresh *Adv*: **i vjen ~** es geht ihm leicht von der Hand

ndórm|ë (i), -e (e) *Adj* ungesäuert, ohne Sauerteig *(Brot)*

ndórmtë (i) *Adj* gewöhnlich, alltäglich

ndóshta *Adv* vielleicht, möglicherweise; wahrscheinlich

¹**ndot** 14 *tr* = **ndoht**

²**ndot** 7¹: **u ~** *Aor Pass* → **ndien**

ndótj|e -a *f* Beschmutzen *n*; Verschmutzung *f*; **ndotja e ambientit** die Umweltverschmutzung

ndrag 14³ *tr*, *itr* Schmutz machen; beschmutzen, verdrecken; **-et** *refl* sich beschmutzen, sich dreckig machen; sich vollmachen *(Säugling)*

ndrágët (i) *Adj* schmutzig, dreckig; eingekotet; vollgeschissen

ndreq 14 *tr* **1.** in Ordnung bringen, herrichten, zurechtmachen; fertig machen; **~ tryezën** den Tisch decken; **2.** ausbessern, reparieren; **3.** korrigieren, verbessern, berichtigen; **4.**: **i ~ a borxhlitë** ich habe die Schuldner zufriedengestellt; **i ~ a punëtorët** ich habe die Arbeiter entlohnt; **5.**: **do të ta ~ qejfin!** ich werde es dir schon zeigen!, ich werde dir die Flausen austreiben!; **6.** versöhnen; **-et** *refl* **1.** sich bessern; in Ordnung kommen; **2.** sich aufhellen, sich aufklären *(Wetter)*; **3.** sich schmücken, sich zurechtmachen; **4.** dicker werden, zunehmen

ndréqës -i *m*, *Pl* – **1.** Schlichter *m* von *Streitigkeiten*; **2.** Korrektor *m*; Reparateur *m*; **~ sahatesh** Uhrmacher *m*

ndréqj|e -a *f* Korrektur *f*, Korrigieren *n*; **~ gabimesh** Fehlerkorrektur; Reparieren *n*

ndriçím -i *m* Leuchten *n*, Strahlen *n*; Beleuchtung *f*

ndriçón 1 *tr* beleuchten, erhellen; *übertr* klären, aufklären

ndriçúes -i *m*, *Pl* – Lichtquelle *f*

ndríkull -a *f*, *Pl* -a Trauzeugin *f*; Taufpatin *f*; Gevatterin *f*; Frau *f des Taufpaten*

ndrin 6 *itr* leuchten, glänzen, strahlen

ndrit 20 *itr* leuchten, strahlen; glänzen; *übertr* **s'më ~ i** es ist mir nicht gelungen; *tr* beleuchten, erhellen

ndrítsh|ëm (i), -me (e) *Adj* licht, hell; leuchtend; glänzend

ndrítur (i) *Adj* leuchtend; strahlend, glänzend; *übertr* njeri i ~ ein hochgebildeter Mensch

ndríz|ë -a *f*, *Pl* -a Windel *f*, Wickelband *n*

ndrójtet 20 *refl* sich fürchten

ndrójtj|e -a *f* Zurückhaltung *f*, Schüchternheit *f*; Angst *f*

ndrúajtur (i) *Adj* reserviert; schüchtern, zurückhaltend; furchtsam, ängstlich

ndrú|an 9 *od* 9¹ *itr*; **-het** *refl* Hemmungen haben; Angst haben

ndrydh 14 *tr* 1. verrenken, ausrenken; ~a dorën ich habe mir die Hand verstaucht; 2. pressen, zerdrücken, quetschen; ~ brumin den Teig kneten; **-et** *refl* sich etwas verrenken, sich etw. ausrenken

ndrýdhët (i) *Adj* gedrückt, gequetscht, gepreßt; matschig

ndrýmj|e -a *f*, *Pl* -e *Geol* Inklusion *f*

ndry|n 5 *tr* mit dem Schlüssel zuschließen, verschließen; **-het** *refl* sich einschließen; sich zurückziehen

ndryp 14 *tr* zerdrücken, kneten, pressen

ndrýqet 14 *refl* sich recken, sich strecken; sich ausstrecken

ndrys 21 *tr* massieren

ndrýshe *Adv* 1. anders; ~ nga... anders als...; 2. andernfalls, sonst

ndryshés|ë -a *f* Variation *f*, Wechsel m, Veränderung *f*

ndrýsh|ëm (i), -me (e) *Adj* andersartig, unterschiedlich; verschieden, verschiedenartig

ndryshím -i *m*, *Pl* -e 1. Unterschied *m*; ~ mendimesh Meinungsverschiedenheit *f*; 2. Änderung *f*, Ändern *n*; Veränderung *f*

ndryshk I. -u *Subst/m* Rost *m*; *Bot* Rost *am Mais*; **II.** 14³ *tr* rosten

lassen; **-et** *refl* verrosten, rosten; *übertr* einrosten, alt werden

ndrýshkët (i) *Adj* rostig; *übertr* eingerostet, veraltet; altmodisch, konservativ

ndrýshkj|e -a *f* Rosten *n*, Rostbildung *f*

¹**ndrýshkull** -i *m*, *Pl* ndrýshkuj *Bot* 1. Diptam *m*; 2. Zypressenwolfsmilch *f*

²**ndrýshkull** -a *f*, *Pl* -a Eiterbeule *f*

ndrýshkur (i) *Adj* verrostet, eingerostet; *übertr* verrostet, veraltet; altmodisch; konservativ

ndryshón 1 *tr* ändern, verändern; *itr* sich ändern; ~ me... sich unterscheiden von...

ndryshór|e -ja *f*, *Pl* -e *Math* veränderliche Größe *f*, Variable *f*

ndryshúesh|ëm (i), -me (e) *Adj* 1. veränderlich, unbeständig; 2. wandelbar, veränderlich; variabel

nduk 14³ *tr* 1. zwicken; kneifen; 2. ziehen, zerren; reißen; ~ tërkuzën das Seil straffen; 2. *Federn usw.* herausziehen, herauszupfen; rupfen; herausreißen

ndúlket 14³ *refl* nachreifen *(von Obst, das unreif geerntet wird)*

ndúlkët (i) *Adj* nachgereift

ndy|n 13 *tr* beschmutzen, verdrekken; ~ gojën unflätig sprechen; besudeln; **-het** *refl* sich beschmutzen; sich besudeln; **më ndyhet** a) mir wird übel, es ekelt mich; b) er ekelt mich an

ndynaráq -i *m*, *Pl* – Schmutzfink *m*, Dreckspatz *m*; unflätig redender Mensch *m*, Zotenreißer *m*

ndyracák, -e *Adj* dreckig, schmutzig; unflätig sprechend, schweinisch redend

ndýrazi *Adv* unflätig; gemein

ndýrë I. (i) *Adj* unsauber, schmutzig, schmierig; ekelhaft, widerwärtig; *übertr* unanständig, unflätig, zotig; **II.** *Adv* unflätig; gemein

ndyrësí -a *f* Unsauberkeit *f*; Unreinheit *f*; ~ *Pl* Dreck *m*, Unrat *m*, Kehricht *m*
ndýtë (i) *Adj* = i **ndyrë**; **po më vjen të** ~ mir wird übel, es ekelt mich
¹**ne** *Pers Pron* wir; uns
²**ne** *Präp (mit Nom)* bei; zu
néç|e -ja *f*, *Pl* -e wollene Schürze *f*
néd|ër -ra *f*, *Pl* -ra Anis *m*
nefés -i *m* Asthma *n*
nefrít -i *m* Nierenentzündung *f*
negación -i *m* Negation *f*
negatív I. -i *Subst/m*, *Pl* -e Negativ *n (Film)*; II. -e *Adj* negativ; **personazhet** ~ **e** die negativen Gestalten
negativísht *Adv* negativ
nég|ër -ri *m*, *Pl* -ër Neger *m*
negligjénc|ë -a *f* Nachlässigkeit *f*, Fahrlässigkeit *f*; Gleichgültigkeit *f*
negligjént, -e *Adj* nachlässig, unachtsam, fahrlässig; gleichgültig
negligjón 1 *tr* vernachlässigen; unachtsam behandeln
neglizhón 1 *tr* = **negligjon**
negociát|ë -a *f*, *Pl* -a Verhandlung *f*
nejç, -e *Adj Bot* knotig
néje *Pl* → **nyje**
néjse *Adv* wie dem auch sei!; das macht nichts!, das schadet nichts!; schon gut
nekrologjí -a *f* Nekrolog *m*, Nachruf *m*
nekropól -i *m*, *Pl* -e Nekropole *f*
nektár -i *m* Nektar *m*, Göttertrank *m*; *Bot* Nektar
nemák, -e *Adj* stotternd, stammelnd
neméc -i *m*, *Pl* -a Stummer *m*, Taubstummer
nemítet 20 *refl* stumm werden, die Sprache verlieren; verstummen; sprachlos sein *vor Schreck oder Staunen*
nemítur (i) *Adj* schweigsam
nemosé *Adv* wenigstens, mindestens
nemrút -i, *Pl* -ë Bösewicht *m*

nen -i *m*, *Pl* -e Artikel *m eines Gesetzes usw.*
nén|e -ia *f*, *Pl* -e Tante *f (Frau des Bruders der Mutter)*
neofashíst I. -i *Subst/m*, *Pl* -ë *od* -a Neofaschist *m*; II. -e *Adj* neofaschistisch
neofít -i *m*, *Pl* -e Neophyt *m*
neolatín, -e *Adj* romanisch; **gjuhët** ~ **e** die romanischen Sprachen
neolitík, -e *Adj* neolithisch, jungsteinzeitlich
neologjíz|ëm -mi *m*, *Pl* -ma *Ling* Neologismus *m*, Neubildung *f*
nepérk|ë -a *f*, *Pl* -a Viper *f*
nerdén -i *m* Pflaumensirup *m*
nerénx|ë -a *f*, *Pl* -a Pomeranze *f*, Bitterorange *f*
nérgut *Adv* absichtlich
nerv -i *m*, *Pl* -a Nerv *m*
nervór, -e *Adj* Nerven-; **qendrat** ~ **e** die Nervenzentren
nervóz, -e *Adj* 1. nervös; reizbar; 2. nervlich, Nerven-; **sistem** ~ Nervensystem *n*
nervozitét -i *m* Nervosität *f*; Nervenschwäche *f*
nervozíz|ëm -mi *m* Erregtheit *f*
nésër *Adv* morgen
nesëréjt *Adv* am nächsten Tag, am Tage darauf
nésërm (i), -e(e) *Adj* morgig
nésërm|e -ja (e) *f* Morgen *n*; Zukunft *f*
nésërmen (të) *Adv* am nächsten Tag; morgen
nésërmet (të) *Adv* = të **nesërmen**
neshtér -i *m*, *Pl* -ë Operationsmesser *n*; Lanzette *f*
neshtrásh|ë -a *f*, *Pl* -a Zeichen *n*, Anzeichen, Vorzeichen; *übertr* **i bleu** ~ **n** er bemerkte seine Absicht, er durchschaute ihn
net *Pl* → **natë**
néto *Adj* netto, Netto-; **pesha** ~ das Nettogewicht
netón 1 *tr* blind machen

neurológ -u *m*, *Pl* -ë Neurologe *m*
neurologjí -a *f* Neurologie *f*
neuróm|ë -a *f* Neurom *n*
néut|ër -ri *m*, *Pl* -ra **1.** *Gramm* Neutrum *n*; **2.** *El* neutrale Leitung *f*
neutrál, -e *Adj* neutral
neutralitét -i *m* Neutralität *f*
neutralizím -i *m* Neutralisation *f*, Neutralisierung *f*
neutralizón 1 *tr* neutralisieren
neutrón -i *m*, *Pl* -e Neutron *n*
neverí -a *f* **1.** Ekel *m*, Widerwille *m*, Aversion *f*; Antipathie *f*, Abneigung *f*; **2.** Vernachlässigung *f*
neverít 20 *tr* **1.** verlassen, seinem Schicksal überlassen; vernachlässigen; außer acht lassen; **2.** anekeln, anwidern; bei jmdm. Ekel erregen, Übelkeit hervorrufen; **kjo punë më ~** diese Sache widert mich an; **-et** *refl*: **më ~et** mir wird übel, es ekelt mich; **më është ~ur** a) das ist mir widerwärtig; b) er widert mich an
neverítj|e -a *f* = neveri
neverítsh|ëm (i), -me (e) *Adj* ekelerregend, ekelhaft, widerwärtig
neverítur (i) *Adj* vernachlässigt
nevojár **I.** -i *Subst/m*, *Pl* -ë; **II.** -e *Adj* = nevojtar
nevój|ë -a *f*, *Pl* -a **1.** Bedürfnis *n*, Erfordernis *n*; Notwendigkeit *f*; Bedarf *m*; **ka ~ për...** er braucht...; **bën ~n** er verrichtet seine Notdurft, er geht austreten; **është nevoja** es ist nötig, man muß; **2.** Not *f*, Notlage *f*; **në rasë nevoje** im Notfall
nevojísht *Adv* notwendigerweise; unbedingt
nevojítet 20 *refl* erforderlich sein; **s'nevojitem unë këtu** ich werde hier nicht gebraucht; brauchen, nötig haben; **më ~** ich brauche es; **më nevojiten këta libra** ich brauche diese Bücher

nevójsh|ëm (i), -me (e) *Adj* notwendig, erforderlich
nevojtár **I.** -i *Subst/m*, *Pl* -ë Notleidender *m*, Hilfebedürftiger *m*; **II.** -e *Adj* bedürftig, arm, notleidend
nevojtór|e -ja *f*, *Pl* -e Abort *m*, Klosett *n*, Toilette *f*
nevralgjí -a *f* Neuralgie *f*, Nervenschmerz *m*
nevralgjík, -e *Adj* neuralgisch
nevrastení -a *f* Neurasthenie *f*, Nervenschwäche *f*
nevrasteník, -e *Adj* neurasthenisch
nevrík, -e *Adj* nervös, reizbar
nevrikós 21 *tr* nervös machen; irritieren; **-et** *refl* nervös werden; sich erregen, sich aufregen
në **I.** *Präp (mit Akk)* in; nach; auf; an; **banoj ~ Tiranë** ich wohne in Tirana; **do të shkoj ~ Tiranë** ich werde nach Tirana fahren; **~ shtëpi** a) im Hause; b) zu Hause; c) ins Haus; d) nach Hause; **~ tavolinë** a) auf dem Tisch; b) auf den Tisch; **~ derë** a) an der Tür; b) an die Tür; **~ dollap** a) im Schrank; b) in den Schrank; **II.** *Konj* **1.** wenn *(Bedingung)*; **~ vjen** wenn du kommst; **~ mos vjen** wenn du nicht kommst; **2.** ob; **nuk di ~ vjen** ich weiß nicht, ob er kommt
¹**ném** 14 *tr* verfluchen, verwünschen
²**ném** 53 *Imp* → jep
ném|ë -a *f*, *Pl* -ë Fluch *m*, Verwünschung *f*
némës -i *m*, *Pl* – Verfluchender *m*, Fluchender *m*
nëmëson 1 *tr* = ¹ném
némur (i) *Adj* verflucht, verwünscht, fluchbeladen
nën *Präp (mit Akk)* unter; **~ dhe** a) unter die Erde; b) unter der Erde
nënbárkëz -a *f*, *Pl* -a Sattelgurt *m*

nënbísht|e -ja *f, Pl* -e Schwanzriemen *m*
nënçmím -i *m* Unterbewertung *f*; Unterschätzung *f*
nënçmón 1 *tr* unterbewerten; unterschätzen
nëndétës|e -ja *f, Pl* -e Unterseeboot *n*
nëndétsh|ëm (i), -me (e) *Adj* Untersee-, Unterwasser-
néndë *Num* = nëntë
nëndór -i *m* = nëntor
nëndrejtór -i *m, Pl* -ë Vizedirektor *m*, stellvertretender Direktor *m*
nëndhésh|ëm (i), -me (e) *Adj* unterirdisch
¹nén|ë -a *f, Pl* -a Mutter *f*
²nénë *Präp (mit Akk)* = nën
nënëgjýsh|e -ja *f, Pl* -e Großmutter *f*
nënëmádh|e -ja *f, Pl* -e = nënëgjyshe
nënërí -a *f* Mutterschaft *f*; alle Mütter *Pl*
nënërít 22 *itr* Selbstgespräche führen, vor sich hinmurmeln; murmeln
nénëz -a *f* Mütterchen *n*, Mütterlein *n*
nënflét|ë -a *f, Pl* -ë Feuilletonartikel *m*; Fortsetzungsteil *m eines Romanes in der Zeitung*
nëngrúp -i *m, Pl* -e Untergruppe *f*
nënkolonél -i *m, Pl* -a Oberstleutnant *m*
nënkónsull -i *m, Pl* nënkónsuj Vizekonsul *m*
nënkréjc|ë -a *f, Pl* -a Kopfkissen *n*
nënkréj|ë -a *f, Pl* -a = nënkrejcë
nënkryetár -i *m, Pl* -ë stellvertretender Vorsitzender *m*, zweiter Vorsitzender
nënkuptó|n 1 *tr* andeuten, (indirekt) zu verstehen geben; erschließen; -het *refl* indirekt geht daraus hervor; es versteht sich von selbst
nënndárj|e -a *f, Pl* -e Unterteilung *f*
nënoficér -i *m, Pl* -ë *od* -a Unteroffizier *m*

nënprodúkt -i *m, Pl* -e Nebenprodukt *n*
nënqésh 14² *itr* lächeln
nënqéshj|e -a *f* Lächeln *n*
nënrendítës, -e *Adj Gramm* hypotaktisch; unterordnend
nënshkrím -i *m, Pl* -e Unterschrift *f*
nënshkrúan 2 *tr, itr* unterschreiben, unterzeichnen
nënshkrúar I. (i) *Adj* unterschrieben, unterzeichnet; II. -i (i) *Subst/m, Pl* – (të) Unterzeichneter *m*; III. -a (e) *Subst/f, Pl* -a (të) Unterzeichnete *f*
nënshtétas -i *m, Pl* – Staatsbürger *m*
nënshtétas|e -ja *f, Pl* -e Staatsbürgerin *f*
nënshtetësí -a *f* Staatsbürgerschaft *f*, Staatsangehörigkeit *f*
nënshtrím -i *m* Unterwerfung *f*; Beherrschung *f*
nënshtró|n 1 *tr* unterwerfen; beherrschen; unterordnen; **ia ~ një analize** er unterzieht es einer Analyse; **-het** *refl* sich unterwerfen, sich beugen
nëntésh|ëm (i), -me (e) *Adj* darunterliegend
nént|ë I. *Num* neun; II. (i) *Adj* neunter; III. -a *Subst/f* Neun *f*
nëntëdhjétë *Num* neunzig
nëntëmbëdhjétë *Num* neunzehn
nëntëqínd *Num* neunhundert
nëntíp -i *m, Pl* -e Untertyp *m*
nëntogér -i *m, Pl* -ë *od* -a Unterleutnant *m*
nëntók|ë -a *f* Unterirdische *n*, Erdinnere *n*; **pasuritë e ~s** die Bodenschätze
nëntokësór, -e *Adj* unterirdisch, in der Erde liegend; **pasuritë ~ e** die Bodenschätze
nëntór -i *m* November *m*
nëntrúall -i *m Geol* Untergrund *m*
nënújsh|ëm (i), -me (e) *Adj* Unterwasser-, unter Wasser befindlich

nënvizón 1 *tr* unterstreichen; *übertr* unterstreichen, betonen

nënvleftësím -i *m* Unterbewertung *f*; Unterschätzung *f*

nënvleftësón 1 *tr* unterbewerten; unterschätzen

népër *Präp (mit Akk)* durch, hindurch; über; ~ **trup** durch den Körper hindurch; ~ **male** durch das Gebirge, über die Berge; **na iku ~ duar** a) er ist uns durch die Lappen gegangen; b) er ist uns unter den Händen weggestorben

nëpërmés *Präp (mit Abl)* mitten durch, mitten hindurch, quer durch; ~ **arës** quer über das Feld

nëpërmjét *Präp (mit Abl)* mit Hilfe von, durch, mittels

nëpërndéshj|e -a *f Opt* Interferenz *f*

nëpúnës -i *m*, *Pl* – Angestellter *m*

nëpúnës|e -ja *f*, *Pl* -e Angestellte *f*

nëpunësí -a *f*, *Pl* – Verwaltungsarbeit *f*, Büroarbeit *f*

nësé *Konj* wenn, falls

nga I. *Präp (mit Nom)* 1. aus, aus... heraus; aus...hinaus; **sot nuk dola ~ shtëpia** ich habe heute das Haus nicht verlassen; von, von... her; ~ **jashtë** von draußen; ~ **zyra ime gjer këtu** von meinem Büro bis hierher; **shpëtova ~ rreziku** ich bin der Gefahr entgangen; 2. von... an; ~ **mëngjesi gjer në drekë** vom Morgen bis zum Mittag; seit; ~ **kohërat më të vjetra** seit den ältesten Zeiten; 3. wegen; **qan ~ zemërimi** er weint vor Kummer; **erdha ~ nevoja** ich bin aus Not gekommen; 4. an; **e njoha ~** ~ **rrobat** ich habe ihn an seinen Sachen erkannt; **u sëmur ~ gripi** er ist an Grippe erkrankt; **vuan ~ zemra** er ist herzkrank; 5. von Seiten; **e kam nip ~ motra** er ist mein Neffe von Seiten meiner Schwester; hinsichtlich, betreffend; **janë të rinj ~ mosha** sie sind noch jung an Jahren; **është mirë ~ shëndeti** es geht ihm gesundheitlich gut; ~ **sa di unë** soweit ich weiß; 6. von, aus der Zahl der; **njëri ~ të dënuarit** einer der Verurteilten; **disa ~ më të mirët lojtarë** einige der besten Spieler; 7. durch, über; **erdha ~ kjo rrugë** ich bin auf dieser Straße gekommen; 8. auf, an; **e kisha ~ ana e mëngjër** ich hatte ihn an meiner linken Seite; **e zura ~ dora** ich faßte ihn an der Hand; 9. hin... zu; **po shkoj ~ shkolla** ich gehe (gerade) zur Schule; **dritaret janë ~ rruga** die Fenster gehen nach der Straße hinaus; herzu; **u kthye ~ unë** er wandte sich mir zu; 10. ungefähr zur Zeit; um... herum; ~ **vjeshta** etwa im Herbst; 11. durch, von *(beim Agens in Passivkonstruktionen)*; **u vra ~ armiku** er wurde vom Feind getötet; 12. als *(im Vergleich)*: **është më i mirë ~ unë** er ist besser als ich; 13. je; **bëju zonjave ~ një kafe!** mache den Damen (je) einen Kaffee!; **u dha ~ dy mollë** er gab jedem von ihnen zwei Äpfel; **dy ~ dy** zu zweit, immer zwei zusammen, je zwei; II. *Adv* 1. woher, von wo, aus welcher Richtung; ~ **vjen ti?** woher kommst du?; ~ **jeni?** woher seid ihr?; 2. wo, auf welcher Seite; **nuk dinte ~ është vera** er wußte nicht, wo der Wein ist; 3. wohin, in welche Richtung; ~ **po shkon?** wo gehst du denn hin?, wohin gehst du?; III. *Konj* 1. dorthin wo; ~ **të vesh ti, vij edhe unë** wohin du auch gehst, komme ich mit; 2. zur Zeit da, während, als; ~ **shkonte udhës** als er gerade des Weges kam

ngacmím -i *m*, *Pl* -e 1. Reizen *n*, Aufhetzen *n*, Anstacheln *n*; Necken *n*, Hänseln *n*; 2. Versuchung *f*

ngacmón 1 *tr* reizen, anstacheln, aufhetzen; necken, hänseln

ngacmúes -i *m*, *Pl* – El Erreger *m*

ngadále *Adv* = **ngadalë**

ngadálë *Adv* langsam, bedächtig; allmählich; **folë ~!** sprich leise!

ngadalësí -a *f* Langsamkeit *f*, Bedächtigkeit *f*; Trägheit *f*

ngadalësím -i *m* Verlangsamen *n*, Verlangsamung *f*

ngadalësó|n 1 *tr* verlangsamen; -het *refl* sich verlangsamen; langsamer werden

ngadálsh|ëm (i), -me (e) *Adj* langsam; bedächtig

ngadáltë (i) *Adj* = i ngadalshëm

ngadíta *Adv* täglich

ngadó që *Adv* wohin auch immer

ngadhënjén 3 *itr* siegen, gewinnen

ngadhënjím -i *m*, *Pl* -e Sieg *m*, Triumph *m*, Gewinnen *n*

ngadhënjimtár I. -i *Subst/m*, *Pl* -ë Sieger *m*, Gewinner *m*; II. -e *Adj* siegreich

ngadhënjýes -i *m*, *Pl* – Sieger *m*, Gewinner *m*

ngáha *Adv* woher

ngahéra *Adv* immer, fortwährend

ngahérë *Adv* = **ngahera**

ngahérsh|ëm (i), -me (e) *Adj* ständig, ununterbrochen, fortwährend

ngáj|ë -a *f* Ursache *f*, Grund *m*

ngalakáq, -e *Adj* langsam, bedächtig; träge, phlegmatisch

ngalc -i *m*, *Pl* -a Abzug *m* am Gewehr

ngálet 14 *refl* lahm sein, lahmen *(an den Beinen)*; hinken, humpeln; **ngalem** ich kann kaum laufen

ngálët (i) *Adj* lahm, gelähmt *(Bein)*; langsam

ngaliróhet 1 *refl* am Baum hochranken, sich am Baum hochwinden

ngaló|n 1 *itr*; -het *refl* = **ngalet**

ngalóset 21 *refl* = **ngalet**

ngallíc|ë -a *f*, *Pl* -a 1. Schößling *m*, Sproß *m*; *übertr* Intrigantin *f*; 2. Schlotte *f der Zwiebel*, Zwiebellauch *n*; 3. Bart *m des Maiskolbens*

ngallít 22 *tr* 1. reizen; necken; anstacheln, aufstacheln; 2. *itr* sprießen, aufgehen *(Saat)*

ngallítës -i *m*, *Pl* – Hetzer *m*, Aufhetzer; Stänker *m*

ngallmón 1 *tr* 1. nageln; 2. reizen; necken; mit jmdm. herumstänkern

ngallón 1 *tr* 1. *Speise* abschmecken, kosten; 2. *itr* sprießen, aufgehen *(Saat)*

ngandonjëhérë *Adv* = **nganjëherë**

nganjëhérë *Adv* manchmal, zuweilen, hin und wieder

ngáqë *Konj* weil

ngardhulíq|e -ja *f*, *Pl* -e Stieglitz *m*

ngarénd 14 *itr* schnell laufen, rennen, eilen

ngarkáç|e -ja *f*, *Pl* -e Forke *f*, Gabel *f zum Beladen*

ngarkés|ë -a *f*, *Pl* -a Last *f*, Ladung *f*; Fracht *f*, Fuhre *f*, Fuder *n*; *El* Ladung; **~ elektrike** elektrische Ladung

ngarkíc|ë -a *f*, *Pl* -a kleine Last *f*, kleine Ladung *f*

ngarkím -i *m*, *Pl* -e 1. Beladung *f*, Belastung *f*; Aufladen *n*, Beladen *n*; *El* Aufladung *f*; 2. Sorge *f*, Verantwortung *f*; **ka shtatë veta në ~** er hat sieben Personen zu versorgen; **janë në ~ tim** ich habe die Verantwortung für sie

ngarkím-shkarkím -i *m*: **punëtorët e ~it** die Transportarbeiter

ngarkón 1 *tr* 1. beladen; **mos ia ngarko fajin tjetrit!** schieb nicht einem anderen die Schuld in die Schuhe!; *El* laden; 2. jmdn. beauftragen; jmdm. etw. übertragen, auftragen

ngarkúar I. (i) *Adj* 1. beladen; belastet; 2. *El* geladen, aufgeladen; 3. beauftragt; 4.: **e ~** schwanger; II. -i (i) *Subst/m*, *Pl* – (të): **i ~ i me punë** der Geschäftsträger

ngarmón 1 *tr* **1.** vertreiben, verjagen; **2.** reizen, anstacheln; zwingen

ngarrít 22 *itr Zeit* vertrödeln, vergeuden, verbummeln

ngas 30¹ *1. Pers Sg Präs* → **nget**

¹**ngás|e** -ja *f* Anstacheln *n*, Anspornen *n*; Aufhetzen *n*, Reizen *n*

²**ngáse** *Konj* da, weil

ngásj|e -a *f*, *Pl* -e Versuchung *f*; **vë në** ~ in Versuchung führen

ngást|ër -ra *f*, *Pl* -ra **1.** Abschnitt *m*, Stück *n*; **2.** *Verw* Gebiet *n*; Kreis *m*; Stadtteil *m*, Wohnbezirk *m*; **3.** Stück *n einer Pastete*

ngashëré|n 3 *tr* rühren, bewegen, erschüttern *(seelisch)*; **-het** *refl* **1.** schluchzen; **2.** Rührung empfinden; erschüttert werden

ngashërí -a *f* Gemütsbewegung *f*, Rührung *f*; seelische Erschütterung *f*

ngashërím -i *m*, *Pl* -e **1.** Schluchzen *n*; **2.** Rührung *f*; seelische Erschütterung *f*

ngashëron 1 *tr* = **ngashëren**

ngashërúar (i) *Adj* gerührt, bewegt; erschüttert

ngashëryer (i) *Adj* = i **ngashëruar**

ngashnjén 3 *tr* locken, anlocken

ngatërrés|ë -a *f*, *Pl* -a Hindernis *n*, Schwierigkeit *f*; Sorge *f*; Unstimmigkeit *f*, Mißverständnis *n*; **-a** *Pl* Unruhen *Pl*; Wirren *Pl*

ngatërrestár **I.** **-i** *Subst/m*, *Pl* **-ë** Intrigant *m*, Unruhestifter *m*; **II.** **-e** *Adj* intrigant, hinterhältig; unruhestiftend

ngatërrí -a *f*, *Pl* – Durcheinander *n*, Verwicklung *f*, Verwirrung *f*; Intrige *f*

ngatërrím -i *m*, *Pl* -e Verwicklung *f*, Durcheinander *n*; **-e** *Pl* Unruhen *Pl*; Wirren *Pl*

ngatërró|n 1 *tr* **1.** verheddern, verfitzen *(Fäden)*; verwirren; durcheinanderbringen; **2.** verwechseln, durcheinanderbringen; **3.** *Menschen* auseinanderbringen, entzweien; *Unstimmigkeiten* hervorrufen; *Streit* entfachen; **-het** *refl* **1.** sich verheddern; sich verfitzen; durcheinandergeraten; **2.** durcheinandergeraten, den Faden verlieren; sich verwirren lassen; **3.** sich streiten, aneinandergeraten

ngatërrúar (i) *Adj* verwickelt, kompliziert

ngáthet 14 *refl* erstarren, starr werden; ermatten; träge werden

ngáthët (i) *Adj* erstarrt, starr; träge, phlegmatisch; schlaff

ngathtësí -a *f* Erstarrung *f*, Starrheit *f*; Trägheit *f*, Schlaffheit *f*

ngáu 30¹ *Aor* → **nget**

ngazëllím -i *m*, *Pl* -e große Freude *f*, Jubel *m*

ngazëlló|n 1 *tr* erfreuen, jmdm. Freude bringen; Fröhlichkeit verbreiten; **-het** *refl* sich freuen, jubeln

nge -ja *f* Freizeit *f*, Muße *f*; **s'kam** ~ ich habe keine Zeit; **është me** ~ er hat frei, er hat Zeit; **s'ta kam** ~**në** ich habe keine Zeit, auf dich zu warten; **s'ia kam** ~**në** ich habe nicht die Möglichkeit dazu; **me** ~ a) wenn die zeitliche Möglichkeit besteht; b) in Ruhe, mit Muße

ngec 14 *itr* **1.** steckenbleiben, hängenbleiben; *übertr* zurückbleiben, hängenbleiben; **2.** *tr* annähen; hinhängen, aufhängen; **-et** *refl* **1.** bleiben, zurückbleiben; **2.** sich schlagen, sich prügeln

ngéc|e -a *f* dicker Schlamm *m*, Matsch *m*; *übertr* Hindernis *n*

ngécj|e -a *f* **1.** Steckenbleiben *n*; Zurückbleiben *n*; Verharren *n*; **2.** Annähen *n*; Aufhängen *n*

ngécull -a *f*, *Pl* -a Hindernis *n*

ngéhur (i) *Adj* mit freier Zeit, frei

ngel **I.** 14 *itr* hängenbleiben, steckenbleiben; zurückbleiben; bleiben; ~ **në klasë** sitzenbleiben; ~ **i plaku** der Alte hat keine Kraft mehr; *tr* anhalten, aufhalten, festhalten; sitzenbleiben lassen; **II.** -i *Subst/m* Muskelkrampf *m*

ngelác, -e *Adj* lahm; kraftlos; träge, schlaff

ngeláq, -e *Adj* = ngelac

ngeq 14 *tr* verschlechtern, schlechter machen

ngésh|ëm (i), -me (e) *Adj* Zeit habend; **është i** ~ er hat Zeit, er ist frei; **kohë e ngeshme** Freizeit *f*, Mußestunde *f*

nget 30¹ *tr* **1.** reizen; aufstacheln, anstacheln; antreiben, anspornen; *Auto* starten; fahren; *übertr* **ku e** ~ **fjalën?** was soll das heißen?, worauf willst du hinaus?; **mos më nga!** laß mich in Ruhe!; **lëre mos e nga!** laß nur!, laß es dabei bewenden!; **më ngasin ethet** mich schüttelt das Fieber; **2.** *itr* schnell laufen, rennen, eilen; → ngitet

ngërcëllím -i *m* Zähneknirschen *n*

ngërcëllín 6 *od* 11 *tr*: ~ **dhëmbët** mit den Zähnen knirschen

ngërç -i *m* Muskelkrampf, Krampf *m*

ngërdhéshet 14² *refl* spöttisch grinsen, verächtlich die Lippen verziehen, feixen

ngërdhéshj|e -a *f* spöttisches Grinsen *n*, verächtliches Grinsen

ngërdhúcet 14 *refl* = ngërdhéshet

ngërfóset 21 *refl* **1.** sich aufplustern, sich großtun; **i** ~ jmdm. drohen; **2.** sich schlagen, sich prügeln

ngërhít 22 *itr* schnarchen

ngërléshet 14² *refl* **1.** sich sträuben, zu Berge stehen *(Haare)*; **2.: i** ~ jmdm. drohen

ngërth -i *m* = ngërç

ngërthé|n 3 *tr* pressen, zusammendrücken; einschließen, in sich einschließen; *Bauw* verankern; *übertr* ~ **vetullat** die Brauen zusammenziehen, die Stirn runzeln; **-het** *refl* sich verzahnen; ineinandergreifen; sich ineinander verhaken

ngërthés|ë -a *f*, *Pl* -a *Tech* Verzahnung *f*; Zahnradmechanismus *m*

ngërthím -i *m Bauw* Verankerung *f*; Ineinandergreifen *n* von *Zahnrädern*, Verzahnung *f*

ngërzít 22 *tr* reizen, ärgern; Verwirrung stiften

ngi|n 6 *tr* sättigen, satt machen; **-het** *refl* sich sättigen, sich satt essen; satt werden; *Chem* gesättigt werden, angereichert werden; *übertr* Schadenfreude empfinden, gehässig sein

ngínjur (i) *Adj* satt, gesättigt

ngiste 30¹ *Imperf* → nget

ngísht|e -ja *f*, *Pl* -e Fingerhut *m*

ngítet 30¹ *refl* einander ärgern; sich necken; sich gegenseitig reizen; → nget

ngojé -ja *f* Kandare *f*

ngóje *Adv*: **e zë** ~ in den Mund nehmen, erwähnen

ngojón 1 *tr* über jmdn. reden, über jmdn. herziehen; jmdn. durchhecheln; jmdn. verleumden; etw. hinterbringen

ngolón 1 *tr* abschmecken, kosten

ngop 14 *tr* satt machen, sättigen; **-et** *refl* sich satt essen, sich sättigen; satt werden; **nuk** ~ **et së dëgjuari** er kann sich nicht satthören

ngópj|e -a *f* Sattheit *f*, Sattsein *n*, Sättigung *f*

ngópur (i) *Adj* satt, gesättigt, voll; *Chem* gesättigt

ngordh 14 *itr* verrecken; krepieren; *übertr* umkommen; ~**a së ftohtit** ich bin schon halb erfroren; ~**a për gjumë** ich bin todmüde, ich komme fast um vor Müdigkeit; *tr* quälen; **e** ~**e kalin** du quälst das Pferd ja zu Tode

ngordhacák, -e *Adj* = ngordhaq

ngordháq, -e *Adj* halbtot, ausgemergelt und entkräftet; **është** ~ er ist eine lahme Ente

ngordhësír|ë -a *f*, *Pl* -a Aas *n*, Kadaver *m*; *übertr* lebender Leichnam *m*, lahme Ente *f*

ngórdhët (i) *Adj* verreckt, verendet; *übertr* ausgemergelt, halbtot

ngórdhj|e -a *f* Verrecken *n*, Verenden *n*, Krepieren *n*

ngórdhur (i) *Adj* verreckt, krepiert

ngos 21 *tr* = **ngop**

ngrátë (i) *Adj* unglücklich, arm, bedauernswert

ngráthët (i) *Adj* rauhhaarig, borstig

ngre 37 *tr* **1.** heben; hochheben, erheben; ~ **çmimet** die Preise erhöhen; ~ **krye** a) wieder auf die Beine kommen; b) das Haupt erheben, sich nicht beugen; einen Aufstand machen, sich erheben; ~ **në gjyq** anklagen, vors Gericht bringen; **e** ~ **në qiell** jmdn. in den Himmel heben; **2.** aufheben, aufrichten; ~ **në katror** quadrieren, ins Quadrat erheben; aufstehen lassen, zum Aufstehen veranlassen; **sot më ngriti profesori** heute hat mich der Lehrer drangenommen; **3.** errichten, erbauen; **4.** wegtragen, wegbringen; → **ngrihet**

ngrefóset 21 *refl* = **ngërfoset**

ngreh 14³ *tr* **1.** in Gang bringen, betriebsfertig machen, funktionstüchtig machen; *Beziehungen* zuspitzen; herrichten; ~ **sahatin** die Uhr aufziehen; ~ **çarkun e pushkës** das Gewehr entsichern; ~ **një kurth** eine Falle aufstellen; ~ **dasmë** eine Hochzeit ausrichten; ~ **veshët** die Ohren spitzen; **2.** erbauen, errichten; ~ **çadrën** das Zelt aufschlagen; **-et** *refl* sich aufplustern, sich großtun, angeben

ngrehalúc -i *m*, *Pl* -a Angeber *m*, Prahlhans *m*; Geck *m*

ngréh|ë -a *f*, *Pl* -a **1.** Gerüst *n*, Gebälk *n*; Dachstuhl *m*; ~ **çatije** Dachgerüst; **2.** : ~ **e trupit** Skelett *n*, Knochengerüst

ngréhës -i *m*, *Pl* – **1.** Pendel *n*; **2.** *hölzerne Vorrichtung zum Heben u. Senken des oberen Mühlsteins*

ngrehín|ë -a *f*, *Pl* -a Gebäude *n*, Fabrikgebäude

ngréhj|e -a *f* Errichtung *f*; Hinaufziehen *n*, Hochziehen *n*; ~ **në gjyq** Vorladung *f*

ngréhur (i) *Adj* **1.** hochnäsig, eingebildet; **2.** aufgestellt *(Falle)*; gespannt

ngréjti 37 *Aor* → **ngre**

ngrëna -t (të) *Pl* Essen *n*, Speise *f*, Nahrung *f*

ngrënë I. (i) *Adj* **1.** aufgegessen; **2.** zerfressen, zernagt *(Holz usw.)* **3.** gesättigt, mit dem Essen fertig; **II.** 49 *Part* → **ha**

ngrënës I. -i *Subst*/*m*, *Pl* – Esser *m*; Fresser *m*, Vielfraß *m*; **II.** -e *Adj* verfressen, gefräßig

ngrëni|e -a *f* **1.** Essen *n*, Speisen *n*; **2.** Essen *n*, Speise *f*

ngríc|ë -a *f*, *Pl* -a Frost *m*

ngrídhet 14 *refl* **1.** gehen, backfertig werden *(Teig)*; **2.** brünstig werden, hitzig werden *(Pferd)*

ngríhet 37 *refl* aufstehen; sich erheben; ansteigen *(Preise)*; anwachsen, ansteigen; eine leitende Position erringen; aufgehoben werden; **u ngrit kjo ligjë** dieses Gesetz ist aufgehoben, dieses Gesetz ist außer Kraft gesetzt; → **ngre**

ngrím|ë (i), -e (e) *Adj* gefroren; erstarrt; **ushqime të ngrime** Tiefkühlkost *f*

ngri|n 6 *itr* gefrieren, zu Eis werden; erstarren; *übertr* **më ngriu gjaku** mir gerann das Blut in den Adern, mir blieb das Herz fast stehen *(vor Schreck)*; *tr* erstarren lassen; **na ngrive gjakun** du hast uns zu Tode erschreckt; **-het** *refl* steif werden, erstarren *(Glieder)*

ngrínte 37 *Imperf* → **ngre**
ngrírë (i) *Adj* gefroren, eingefroren; vereist; erstarrt; gefrostet, tiefgefroren *(Lebensmittel)*; *übertr* ungelenk, steif; lahm, träge
ngrírj|e -a *f* Gefrieren *n*, Einfrieren *n*; Erfrieren *n*; Erstarren *n*
ngríte 37 *Imperf* → **ngre**
ngrítës -i *m*, *Pl* – **1.** *Tech* Hebel *m*; Hebelstange *f*; **2.** *Sport* ~ **i peshave** Gewichtheber *m*
ngríti 37 *Aor* → **ngre**
ngrítj|e -a *f* Hebung *f*, Erhöhung *f*, Steigerung *f*; ~ **e çmimeve** Preissteigerung; *Wirtsch* Aufschwung *m*, Entwicklung *f*, Aufstieg *m*; *übertr* Vorwärtskommen *n*; ~ **profesionale** berufliche Weiterbildung; ~ **peshe** Gewichtheben *n od*
ngritja e peshave das Gewichtheben
ngroh 14³ *tr* erwärmen, warm machen; brüten, ausbrüten; **ai s'më** ~ ich habe nicht viel Vertrauen zu ihm, er überzeugt mich nicht; **kjo punë s'më** ~ diese Arbeit begeistert mich nicht; **ky premtim më** ~**u** dieses Versprechen gab mir Mut; **-et** *refl* sich erwärmen, sich erhitzen; sich wärmen
ngróhës -i *m Tech* Vorwärmer *m*; ~ **i ajrit** Luftvorwärmer
ngrohësimátës I. -i *Subst/m*, *Pl* – Kalorimeter *n*, Wärmemesser *m*; **II.** -e *Adj* kalorimetrisch
ngrohësiveçúes, -e *Adj* wärmeisolierend
ngróhët I. (i) *Adj*; **II.** *Adv* = **ngrohtë**
ngróhj|e -a *f* Erwärmung *f*, Erhitzung *f*; Heizung *f*
ngróhtë I. (i) *Adj* warm, heiß; *übertr* herzlich, warmherzig; **II.** *Adv* warm; **bën** ~ es ist warm
ngrohtësí -a *f* Wärme *f*
ngrohtësísht *Adv* heiß, warm; herzlich

ngrushtón 1 *tr Wäsche* wringen, auswringen, auswinden
ngrýdhet 14 *refl* zusammenströmen, sich ansammeln, sich versammeln *(Menschen)*
ngrýdhët (i) *Adj* hart, fest *(Gebackenes)*; fest, dicht *(Gewebe)*
ngrýkas *Adv* = **ngrykë**
ngrýkë *Adv*: **merre** ~ **foshjen!** nimm das Kind auf den Arm!; **u mora** ~ **me të** ich bin ihm um den Hals gefallen
ngrykón 1 *tr* jmdm. um den Hals fallen, jmdn. umarmen; auf den Arm nehmen
ngrys 21 *tr*: **e** ~ **jetën** sein Leben verbringen, alt werden, dahinvegetieren; jmdn. aufhalten; *übertr* **i** ~ **i vetullat** er hat ihn finster angeblickt; **-et** *refl* **1.** von der Nacht überrascht werden, sich abends verspäten; **si u** ~ **e?** wie hast du den Tag verbracht? *(als Begrüßung)*; **2.** finster blicken, *die Stirn* runzeln; **3.** *unpers*: ~**et** es dunkelt, es wird Nacht; **në dimër** ~**et shpejt** im Winter wird es schnell dunkel; **4.**: **kur** ~**et jeta** an der Neige des Lebens
ngrysaláq, -e *Adj* finster blickend, grimmig
ngrýsët I. *Adv* **1.** düster, dunkel, trübe; **erdhi** ~ er kam spät; **2.** finster blickend, grimmig; **II.** (i) *Adj* finster blickend
ngrýsur I. *Adv* spät, in der Abenddämmerung; **II.** -it (të) *Subst/n* Abend *m*, Abenddämmerung *f*; **ndaj të** ~ gegen Abend; **më të** ~ als es dunkelte, bei Einbruch der Dämmerung
nguc I. -i *Subst/m*, *Pl* -a Feind *m*, Widersacher *m*; Anstifter *m*, Hetzer *m*; **II.** 14 *tr* reizen, anstacheln, antreiben; aufhetzen; unterdrükken, niederdrücken; **-et** *refl* einander reizen, miteinander stänkern

ngufát 22¹ *tr (vor Gier)* die Augen aufreißen, gierig glotzen

ngujím -i *m* Blockierung *f*, Umzingelung *f*; Einschließen *n*; **mbetëm në** ~ wir waren eingeschlossen

ngujón 1 *tr* einschließen, einkreisen, umzingeln; belagern; blockieren

¹ngul *Adv* geradewegs, direkt

²ngul 14 *tr* hineinstecken, hineinstoßen, einschlagen; *übertr* ~ **sytë** die Augen auf etw. heften; ~ **këmbë** auf etw. beharren, auf etw. bestehen; beharrlich sein; ~! nimm Platz!, setzen!; *itr* sich niederlassen; **-et** *refl* sich niederlassen; sich festsetzen

ngúlas *Adv* unerschütterlich, beharrlich, unbeirrbar

ngúlët (i) *Adj* **1.** unbeweglich, starr; **yll i** ~ Fixstern *m*; **2.** unerschütterlich, unumstößlich; beharrlich, unbeirrbar

ngulím -i *m*, *Pl* -e Ansiedlung *f*; Niederlassung *f*; Kolonie *f*

ngulítet 20 *refl* **1.** sich ansiedeln, festen Fuß fassen, sich niederlassen; wohnen; **2.** *unpers*: **më** ~ es geht mir im Kopf herum, ich komme nicht mehr *(von dem Gedanken)* los

ngulítj|e -a *f* Fixierung *f*

ngúlj|e -a *f* Einschlagen *n*

ngulm -i *m* = **ngulmë**

ngúlm|ë -a *f* Beharren *n*, Beharrlichkeit *f*, Ausdauer *f*; **ve** ~ **n** auf etw. beharren, auf etw. bestehen

ngulmësí -a *f Phys* Zähigkeit *f*, Festigkeit *f*, Widerstandsfähigkeit *f*

ngúlmët (i) *Adj* zäh, fest, widerstandsfähig; reißfest; dehnbar

ngulmím -i *m*, *Pl* -e Beharren *n*, Beharrlichkeit *f*, Hartnäckigkeit *f*

ngulmón 1 *itr* auf seiner Meinung beharren; auf etw. bestehen; hartnäckig bleiben

ngulón 1 *itr* sich niederlassen, ansässig werden, festen Fuß fassen

ngúlsh|ëm (i), -me (e) *Adj* = **i ngulët**

ngúlthi *Adv* kopfüber

nguq 14 *tr* röten, rot machen; *itr* rosig aussehen; **-et** *refl* erröten; rot werden; braun werden

¹ngurón 1 *itr* = **ngurron**

²ngurón 1 *tr* härten, festigen; steinhart machen; versteinern

³ngurón 1 *itr* heulen *(Hund)*

ngurós 21 *tr* versteinern; erstarren lassen; **-et** *refl* versteinern, zu Stein werden; erstarren *(vor Entsetzen)*

ngurósj|e -a *f* Versteinerung *f*

ngúrtë (i) *Adj* fest, hart; hartgekocht *(Ei)*; hartgetrocknet; steif; *Phys* fest; *übertr* starr, unnachgiebig

ngurtësí -a *f* Härte *f*, Festigkeit *f*; Starrheit *f*

ngurtësón 1 *tr* härten, hart machen

ngurr 14¹ *tr* erstarren lassen; hemmen, hindern, aufhalten; **ia** ~ **ën hovin** sie bremsten seinen Elan

ngurrím -i *m*, *Pl* -e Unentschlossenheit *f*, Zögern *n*, Zaudern *n*; Bedenken *n*; Schwanken *n*

ngurrón 1 *itr* unschlüssig sein, zögern; zaudern; schwanken

ngush 14² *tr* umarmen, umhalsen

ngushëllím -i *m* = **ngushullim**

ngushëllón 1 *tr* = **ngushullon**

ngúshtë **I.** (i) *Adj* eng, schmal; knapp; engherzig, kleinlich; vertraut, intim; **janë miq të** ~ sie sind eng befreundet; **në kuptimin e** ~ **të fjalës** im engeren Sinne des Wortes; **II.** *Adv* knapp, eng; **pantallonat më rrinë** ~ a) die Hosen sind mir zu eng; b) meine Hosen sind enganliegend; beengt; **jemi** ~ **me shtëpi** wir wohnen sehr beengt; **jam** ~ a) es geht mir nicht gut, ich leide Not; b) ich bin in Schwierigkeiten; **jam** ~ **për para** ich bin knapp bei Kasse; **rashë** ~ **atje** ich geriet dort in eine schwierige Situation

ngushtësír|ë -a *f*, *Pl* -a Bedrängnis *f*, Schwierigkeit *f*, Verlegenheit *f bes. finanzielle*

ngushtíc|ë -a *f*, *Pl* -a **1.** Meerenge *f*; ~a e Bosforit der Bosporus; ~a e Gjibraltarit die Straße von Gibraltar; **2.** Bedrängnis *f*, Verlegenheit *f*, Schwierigkeit *f bes. finanzielle*

ngushtím -i *m* Verengung *f*, Einengung *f*; Beengung *f*

ngushtó|n 1 *tr* verengen, einengen; enger machen, schmaler machen; *übertr* bedrängen, in Schwierigkeiten bringen; -het *refl* den Mut verlieren, verzagen

ngushullím -i *m* Trost *m*; Tröstung *f*, Trösten *n*; -e *Pl* Beileid *n*, Kondolenz *f*

ngushullimtár -i *m*, *Pl* -ë Trostspendender *m*; Kondolierender *m*

ngushulló|n 1 *tr* trösten, jmdm. Trost spenden; jmds. Schmerz lindern; jmdm. sein Beileid bezeigen, jmdm. kondolieren; -het *refl* sich trösten, Trost finden

ngushullúes, -e *Adj* trostbringend, trostspendend, tröstend

ngut I. 22 *tr* **1.** anstacheln, aufstacheln; **2.** antreiben, anspornen; hetzen, drängen; **mos i ~ punët!** übereile die Dinge nicht! übereile nichts!; -et *refl* sich übereilen, sich überhasten, sich abhetzen; übereilt handeln; **II.** -i *Subst/m* Eile *f*, Hast *f*; **është për ~** er ist in Eile; **me ~** a) hastig; b) übereilt, voreilig

ngútas *Adv* eilig, in Eile

ngutësí -a *f* Dringlichkeit *f*; Eile *f*, Hast *f*; **me ~** eilig

ngútsh|ëm (i), -me (e) *Adj* **1.** eilig, dringlich; vordringlich; **2.** hastig, ungestüm; voreilig

ngutshmërí -a *f* Dringlichkeit *f*

ngútthi *Adv* = ngutas

ngútur (i) *Adj* hastig, eilig; eilfertig; überstürzt

ngjál|ë -a *f*, *Pl* -a Aal *m*

ngjall 14 *tr* **1.** mästen; *Tiere* halten, züchten, aufziehen; **2.** wiederbeleben; heilen; **3.** verursachen, hervorbringen, bewirken; -et *refl* **1.** dicker werden, zunehmen; **2.** wieder zu sich kommen; auferstehen; sich beleben, wieder aufleben; gesunden, genesen

ngjállj|e -a *f* Wiederbelebung *f*; Auferstehung *f*; Genesung *f*; Hervorrufen *n*, Hervorbringen *n*

ngjállm|ë (i), -e (e) *Adj* fett, dick

ngjállur (i) *Adj* dicker geworden; wohlgenährt, dick, füllig; mollig

¹**ngjan** 5 *itr* ähneln

²**ngjan** 5 *unpers* geschehen, passieren, sich ereignen; vorkommen

ngjárë -t (të) *n*: **ka të ~** es ist möglich, es kann sein, es dürfte (so) sein

ngjárj|e -a *f*, *Pl* -e Ereignis *n*, Geschehen *n*; *Jur* **vend i ~s** Tatort *m*

ngjas 30¹ **1.** *Pers Sg Präs* → ngjet

ngjasím -i *m* Ähnlichkeit *f*, Ähnlichsein *n*

ngjásh|ëm (i), -me (e) *Adj* ähnlich, vergleichbar, analog

ngjashmërí -a *f* Analogie *f*, Ähnlichkeit *f*

ngjat I. 22 *tr* **1.** in die Länge ziehen, ausdehnen; **t'u ~ të jeta!** Ein langes Leben! *(häufig verwendete ehrerbietige Grußformel)*; **2.** ausstrecken; *itr* dauern, sich erstrecken; sich in die Länge ziehen; lange ausbleiben; -et *refl* sich in die Länge ziehen; sich ausdehnen, sich ausstrecken; **II.** *Adv* nahe bei, daneben; **III.** *Präp (mit Abl)* neben, nahe bei; **~ meje** neben mir

ngjatím -i *m*, *Pl* -e Verlängerung *f*, Ausdehnung *f*

ngjatjetón 1 *tr* begrüßen, jmdm. ein langes Leben wünschen

ngjáu 30¹ *Aor* → ngjet

ngjelmësí -a *f* Salzgehalt *m*
ngjelmësón 1 *tr* salzen; versalzen
ngjélmët (i) *Adj* salzig
¹**ngjesh** 17² *tr* gürten, umschnallen, umbinden; *Waffen* umhängen, umschnallen; → ¹**ngjishet**
²**ngjesh** 17² *tr* 1. *Teig* kneten; *Filz* pressen; kneten, massieren; 2. *Phys* verdichten, zusammenpressen; 3. bekleben, bekleistern; bewerfen; *übertr* ia ~i një dackë er klebte ihm eine, er gab ihm eine Ohrfeige; → ²**ngjishet**
¹**ngjéshj**|e -a *f* Gürten *n*; Festschnallen *n*
²**ngjéshj**|e -a *f* Kneten *n*, Pressen *n*; Massage *f*; *Phys* Kompression *f*, Verdichtung *f*
ngjeshmërí -a *f Tech* Kompressibilität *f*
¹**ngjéshur** (i) *Adj* gegürtet; bewaffnet
²**ngjéshur** (i) *Adj* durchgeknetet; zusammengepreßt; vollgestopft; stattlich, kräftig, stämmig *(Körper)*
¹**ngjet** 30¹ *itr* ähneln, ähnlich sein; vergleichbar sein, gleichen
²**ngjet** 30¹ *unpers* geschehen, passieren, vorkommen
ngjeth 14 *tr* erzittern lassen, erschauern lassen; -et *refl* zittern, erschauern, erzittern; m'u ~ shtati *od* m'u ~ mishtë mir jagte ein Schauer über den Rücken, es schauderte mich
ngjéthj|e -a *f*, *Pl* -e Schauder *m*, Entsetzen *n*, Grauen *n*
ngjéthura -t (të) *Pl* Zittern *n*, Schauer *m*; Schüttelfrost *m*
¹**ngjërón** 1 *tr Speise* kosten, abschmecken
²**ngjërón** 1 *tr* 1. umkreisen, einkreisen, umzingeln; belagern; 2. überspringen, überschreiten, überqueren
ngjir -i *m*, *Pl* -e Wirbel *m*

ngjíret 14 *refl* heiser werden, die Stimme verlieren
ngjirís 21 *tr* gerinnen lassen, säuern, *Milch* eindicken; -et *refl* gerinnen, sauer werden, dick werden *(Milch)*
ngjírrj|e -a *f* Heiserkeit *f*
ngjírur (i) *Adj* heiser
ngjíste 30¹ *Imperf* → **ngjet**
¹**ngjíshet** 17² *refl* sich gürten; u vesh e u ngjesh er ist geschniegelt und gebügelt; → ¹**ngjesh**
²**ngjíshet** 17² *refl* aufgehen *(Teig)*; *übertr* u ngjesha ich habe gut gegessen; → ²**ngjesh**
¹**ngjísht**|e -ja *f*, *Pl* -e Fingerhut *m*
²**ngjíshte** 17² *Imperf* → **ngjesh**
ngjit 22 *tr* 1. leimen, zusammenkleben; ankleben; zusammenlöten; *übertr* i ~ dorën jmdm. helfen, jmdm. die Hand reichen; 2. anstecken, infizieren; 3. jmdm. etw. anhängen; jmdm. etw. aufladen, anlasten; ia ~ën atij këtë vrasje man hat ihm diesen Mord angelastet; e ~i me barrë er hat sie geschwängert; si ia ~ët emrin? welchen Namen habt ihr ihm gegeben?; 4. hinaufbringen, hochtragen, hochbringen; *itr* hinaufgehen, hochsteigen; 5. haften bleiben, liegen bleiben; -et *refl* 1. hinaufsteigen, hinaufgehen; i ~et pemës er steigt auf den Baum, er klettert auf den Baum; 2. in die Lehre treten; 3. sich an jmdn. hängen; sich jmdm. an die Fersen heften; 4. auf etw. versessen sein; i ~et mësimit er lernt eifrig; 5.: u ~ me barrë sie ist schwanger
ngjitas *Adv* dicht beieinander; dicht daneben
ngjítë I. *Adv* dicht beieinander; dicht daneben; II.: ~ me *Präp (mit Akk)* dicht neben, angrenzend an, anstoßend an
ngjítës I. -i *Subst/m*, *Pl* – 1. Klebkraut *n*; 2. Efeu *m*; II. -e *Adj* 1.

klebend, klebrig; **2.** ansteckend, infizierend; **sëmundje** ~ **e** Infektionskrankheit *f*

ngjítj|e -a *f* **1.** Ansteckung *f*; **2.** Leimen *n*, Kleben *n*, Ankleben; Befestigen *n*; Kupplung *f*; **3.** Aufstieg *m*, Hinaufsteigen; Steigen *n*; Heben *n*, Hinaufbringen *n*

ngjítur I. (i) *Adj* **1.** zusammengeleimt, zusammengeklebt; **2.** eng anliegend *(Kleidung)*; angrenzend, dicht beieinanderliegend; **3.** angesteckt; infiziert; **II.** *Adv* dicht; dicht daneben; dicht nebeneinander; **III.:** ~ **me** *Präp (mit Akk)* dicht neben, angrenzend an, anstoßend an; ~ **me shtëpinë e tij** direkt neben seinem Haus

ngjízet 14 *refl* gerinnen, sauer werden, dick werden *(Milch)*; dick werden *(Essen)*; *übertr* sich entwickeln

ngjízj|e -a *f* Gerinnen *n*, Sauerwerden *n* von *Milch*

ngjý|en 4 *tr* **1.** eintauchen, eintunken; **2.** färben, einfärben; **-het** *refl* **1.** sich verfärben; sich schminken; **2.** sich einmischen

ngjýerj|e -a *f* Färben *n*, Einfärben

ngjýr|ë -a *f*, *Pl* -a **1.** Farbe *f*; Farbstoff *m*; ~ **e flokëve** Haarfärbemittel *n*; **metale me ngjyra** Buntmetalle *Pl*; **ngjyra-ngjyra** bunt, farbig; **2.** Tinte *f*

ngjyrím -i *m* Färben *n*; Anstreichen *n*

ngjyrón 1 *tr* färben

ngjyrós 21 *tr* = **ngjyron**

ngjyrósj|e -a *f* = **ngjyrim**

ngjyrósur (i) *Adj* gefärbt

ngjýrsh|ëm (i), **-me** (e) *Adj* farbig, bunt

Niderlánd -i *m* Niederlande *Pl*

nihilíst -i *m*, *Pl* -ë *od* -a Nihilist *m*

nihilíz|ëm -mi *m* Nihilismus *m*

nikél -i *m* Nickel *n*

nikelón 1 *tr* vernickeln

nikelúar (i) *Adj* vernickelt

nikoqír I. -i *Subst/m*, *Pl* -ë Hausherr *m*, Hausvater *m*; guter Haushälter *m*; Reicher *m*; **II.** -e *Adj* haushälterisch, wirtschaftlich

nikoqír|e -ja *f*, *Pl* -e gute Hausfrau *f*; Hausherrin *f*

nikotín|ë -a *f* Nikotin *n*

nim -i *m*, *Pl* -e **1.** gepolsterte Wandbank *f*; **2.** Loggia *f*

nímf|ë -a *f*, *Pl* -a Nymphe *f*

nína-nána *Indekl* eiapopeia

nín|ë -a *f fam* Wiege *f*

nínëz -a *f* **1.** Pupille *f*; Augenlicht *n*; **2.** Bildchen *n*; Abbild *n*

ninúll|ë -a *f*, *Pl* -a Wiegenlied *n*

nip -i *m*, *Pl* -a *od* -ër Neffe *m*; Enkel *m*; ~**ër** *Pl* Nachkommen *Pl*

nípash -i *m* = **nip**

nipëri -a *f* Enkelkinder *Pl*; Neffen und Nichten; Nachkommen *Pl*, Nachkommenschaft *f*

nipóll -i *m*, *Pl* -ë = **nip**

nis 21 *tr* **1.** beginnen, starten; **ia** ~ **i këngës** er stimmte das Lied an, er begann zu singen; **2.** schmücken, zurechtmachen, putzen; **3.** abschicken, absenden; schicken; wegschicken; **4.** *itr* beginnen, anfangen; ausbrechen; **-et** *refl* **1.** aufbrechen, losgehen, abreisen; **2.** sich schmücken; ~ **et e stoliset** sie macht sich zurecht *(die Braut)*

niseshté -ja *f* Stärke *f*, Stärkemehl *n*

nisí -a *f*, *Pl* – Insel *f*

nisiatív|ë -a *f*, *Pl* -a Initiative *f*

nisiatór -i *m*, *Pl* -ë Initiator *m*

nísj|e -a *f* Aufbruch *m*; Abreise *f*, Abfahrt *f*; Start *m*

nísm|ë -a *f* Initiative *f*

nismës -i *m*, *Pl* – Initiator *m*, Urheber *m*

nismëtár -i *m*, *Pl* -ë = **nismës**

nísur (i) *Adj* **1.** geschmückt, geputzt; **2.** begonnen, angefangen; **3.** abgesendet, abgeschickt; weggeschickt, losgeschickt

nishadér -i *m* Salpeter *m*
nishán -i *m*, *Pl* -e **1.** Ziel *n*, Zielscheibe *f*; **merr** ~ zielen auf; **një ~ dyfeku** Schußweite *f*; **2.** Zeichen *n*, Mal *n*, Merkmal; Kennzeichen; Muttermal; Brandmal, Narbe *f*; **3.** Orden *m*, Medaille *f*; **4.: këmbyen ~ in** sie tauschten die Geschenke zur Verlobung aus; *übertr* **ajo vajzë është** ~ sie ist ein ideales Mädchen; **ditë me** ~ ein besonderer Tag, ein bedeutender Tag
nishanxhí -u *m*, *Pl – od* -nj guter Schütze *m*
nishesté -ja *f* = niseshte
nitrát -i *m*, *Pl* -e Nitrat *n*
nitrík, -e *Adj* Stickstoff-; **acid** ~ Salpetersäure *f*
nitroglicerín|ë -a *f* Nitroglyzerin *n*
nitrollák -u *m* Nitrolack *m*
nitrór, -e *Adj*: **acid** ~ salpetrige Säure *f*
nivél -i *m*, *Pl* -e **1.** Niveau *n*, Höhenlage *f*, Wasserspiegel *m*; **~ uji** Wasserstand *m*; **~i i jetesës** der Lebensstandard; *übertr* Niveau, Bildungsstand *m*; **2.** Wasserwaage *f*
nivelím -i *m* Nivellierung *f*, Ebnung *f*
nivelón 1 *tr* nivellieren, ebnen
nizám -i *m*, *Pl* -ë *alt* Soldat *m*, Rekrut *m*
nobót -i *m*, *Pl* -ë Art Forke *zum Aufladen von Garben*
nóca -t *Pl* Schmuckplättchen *Pl*, Metallringel *Pl*, Flitter *m*, Glitzerschmuck *m*
noción -i *m*, *Pl* -e Gedanke *m*, Idee *f*; Begriff *m*
nóçk|ë -a *f*, *Pl* -a **1.** Knöchel *m*; **2.** *Bot* Verdickung *f*, Auswuchs *m*; **3.** Schnauze *f*; *übertr* **pse m'i përdredh noçkat?** warum maulst du mit mir?
nófk|ë -a *f*, *Pl* -a Spitzname *m*
nófull -a *f*, *Pl* -a Kiefer *m*; **~ e sipërme** Oberkiefer; **~ e poshtme** Unterkiefer

nójm|e -ja *f*, *Pl* -e Zeichen *n*, Wink *m*
noksán *Adj* mangelhaft, dürftig
nomé -ja *f* Weide *f*, Weideplatz *m*; Hürde *f*, Pferch *m*
nominatív -i *m* Nominativ *m*
nónius -i *m* *Tech* Nonius *m*
nor -i *m*, *Pl* -ë *Zool* Seetaucher *m*; Rotkehltaucher
normál, -e *Adj* normal; gewöhnlich; **gjendje ~ e** normale Lage *f*, Normalzustand *m*
normál|e -ja *f*, *Pl* -e **1.** *Math* Normale *f*; **2.** *alt* Lehrerseminar *n*
normalísht *Adv* gewöhnlich, normalerweise
normalizón 1 *tr* normieren; normalisieren
normalizúes, -e *Adj* normierend; normalisierend
normatív I. -i *Subst/m* Normativ *n*, Richtwert *m*; **II.** -e *Adj* normativ, als Norm geltend; normierend
normatív|ë -a *f*, *Pl* -a Normative *f*
nórm|ë -a *f*, *Pl* -a Norm *f*; **normat juridike** die gesetzlichen Normen; *Wirtsch* Norm, Leistungssoll *n*
normíst -i *m*, *Pl* -ë *od* -a Normer *m*, Normierer *m*
normúar (i) *Adj* genormt, normiert; geregelt, festgelegt
norvegjéz I. -i *Subst/m*, *Pl* -ë Norweger *m*; **II.** -e *Adj* norwegisch
norvegjéz|e -ja *f*, *Pl* -e Norwegerin *f*
Norvegjí -a *f* Norwegen *n*
norvegjísht *Adv* auf norwegisch
norvegjísht|e -ja *f* Norwegisch *n*
nosít -i *m*, *Pl* -ë Pelikan *m*
nósht|ër -ra *f*, *Pl* -ra *Bot* Sproß *m*, Trieb *m*; Schoß *m*, Schößling *m*
not -i *m* Schwimmen *n*; **bie më ~** ins Wasser springen und losschwimmen; **bën ~** schwimmen; **di ~** er kann schwimmen; **me ~** schwimmend; *übertr* prassen
notár -i *m*, *Pl* -ë Schwimmer *m*; Fährmann *m*

notarák, -e *Adj* schwimmend; **zogj ~ ë** Schwimmvögel *Pl*
notér -i *m*, *Pl* -ë Notar *m*
noterí -a *f*, *Pl* – Notariat *n*
noteriál, -e *Adj* notariell, notarisch
nót|ë -a *f*, *Pl* -a *Mus* Note *f*; Note, Zensur *f*; Note, schriftliche Mitteilung *f*
notí -a *f* Südwind *m*; Regenwetter *n*; Feuchtigkeit *f*, Nässe *f*
notím -i *m* Schwimmen *n*
notísht|e -ja *f*, *Pl* -e Quellgebiet *n*
notón 1 *itr* schwimmen
notúes -i *m*, *Pl* – Schwimmer *m*
novación -i *m*, *Pl* -e Novation *f*, Neuerung *f*
novatór I. -i *Subst/m*, *Pl* -ë Neuerer *m*; II. *Adj* Neuerer-; neuartig
novatór|e -ja *f* Neue *n*; Neuerung *f*
novatoríst, -e *Adj* Neuerer-; **lëvizje ~ e** Neuererbewegung *f*
novatoríz|ëm -mi *m* Neuererwesen *n*
novél|ë -a *f*, *Pl* -a Novelle *f*
novelíst -i *m*, *Pl* -ë *od* -a Novellist *m*
nózull -i *m*, *Pl* -a Nahrung *f*, Proviant *m*
nozullím -i *m*, *Pl* -e 1. Versorgung *f* mit Lebensmitteln; Verproviantierung *f*; 2. Nahrungsmittel *Pl*, Lebensmittel *Pl*
nuánc|ë -a *f*, *Pl* -a Nuance *f*
nuhár -i *m*, *Pl* -ë Lager *n* des Rotwildes
nuhát 22[1] *itr* riechen; schnüffeln, schnuppern
nuhátj|e -a *f* = **të nuhátur**
nuhátur -it (të) *n* Riechen *n*, Witterung *f*
nuhurít 20 *itr* Witterung aufnehmen, Spur aufnehmen *(Hund)*
nuk *Adv* nicht; **~ e di** ich weiß es nicht; **~ di asgjë** ich weiß gar nichts
nukleár -e *Adj* Nuklear-, Kern-
núl|ë -a *f* Oma *f*
núll|ë -a *f* Zahnfleisch *n*
núllëz -a *f* = **nullë**

numeri̇́k, -e *Adj* numerisch
numerikísht *Adv* numerisch, zahlenmäßig
núm|ër -ri *m*, *Pl* -ra 1. Nummer *f*; **një ~ njerëzish** eine Anzahl Menschen; **numri i sotëm i gazetës** die heutige Nummer der Zeitung, die heutige Zeitung; **numri i shtëpisë** die Hausnummer; **numri i këpucës** die Schuhnummer, die Schuhgröße; 2.: **s'e shtie në ~** ich stelle es nicht in Rechnung, ich berücksichtige es nicht; 3. Zahl *f*; **~ i thyer** Bruch *m*, Bruchzahl; **~ i plotë** ganze Zahl; **~ prim** Primzahl; **~ dhjetor** Zehner *m*; 4. Zahl, Ziffer *f*; 5. *Gramm* Numerus *m*
numërím -i *m*, *Pl* -e Numerierung *f*, Numerieren *n*; **me ~** durchnumeriert, durchgezählt
numëró|n 1 *tr* numerieren; zählen, aufzählen; **~ një nga një** einzeln aufzählen; *übertr* **s'e ~ fare** das bedenkt er gar nicht, er berücksichtigt es gar nicht; **-het** *refl* zählen zu, gelten als
numërór -i *m*, *Pl* -ë Numerale *n*, Zahlwort *n*; **~ themelor** Kardinalzahl *f*, Grundzahlwort; **~ rrjeshtor** Ordinalzahl *f*, Ordnungszahl *f*
numërúes -i *m*, *Pl* – *Math* Zähler *m*
numizmatík, -e *Adj* numismatisch; **koleksion ~** Münzensammlung *f*
numizmatík|ë -a *f* Numismatik *f*
nun -i *m*, *Pl* -ë 1. Pate *m*; Trauzeuge *m*; 2. Beichtvater *m*
nún|ë -a *f*, *Pl* -a Patin *f*; Trauzeugin *f*
núnël -a *f*, *Pl* -a *fam* Großmutter *f*
nunëri -a *f* 1. Patenschaft *f*; **kemi ~** wir sind durch Patenschaftsbeziehungen verbunden; Amt *n* des Trauzeugen; 2. alle Paten *Pl*; alle Trauzeugen *Pl*
nunëróhet 1 *refl* 1. beichten; 2. jmdn. als Paten bitten
nunós 21 *tr* die Beichte abnehmen; **-et** *refl* beichten

nur -i *m*, *Pl* -e Aussehen *n*; angenehmes Äußeres *n*; Anmut *f*; Glanz *m*, Licht *n*

núrsh|ëm (i), -me (e) *Adj* anmutig, reizend; angenehm aussehend, anziehend; glänzend

nús|e -ja *f*, *Pl* -e Braut *f (am Hochzeitstage)*; junge Frau *f*; Jungverheiratete *f*; die jüngste Schwiegertochter; **ditë e ~ s** Hochzeitstag *m*; **~ e ujërave** Wassernixe *f*; **~ t e malit** die Bergelfen; **~ e lalës** Wiesel *n*

nuselál|ë -a *f*, *Pl* -a Wiesel *n*

núsël -a *f* = **nuselalë**

nusërí -a *f* **1.** *für die jungverheiratete Frau die Zeit bis zur Geburt des ersten Kindes*; **2.** alle junge Frauen *Pl*, alle Bräute *Pl*

nusërón 1 *itr*: **nusja ~** die junge Frau empfängt nach der Trauung zwei Tage lang stehend und in demütiger Haltung die Hochzeitsgäste; *übertr* untätig sein, die Hände in den Schoß legen

nusërór|e -ja *f* Brautgemach *n*, Hochzeitsgemach *n*

núsëz -a *f*, *Pl* -a = **nuselalë**

nusísht *Adv* wie eine Braut

núsk|ë -a *f*, *Pl* -a **1.** Puppe *f*; **2.** Amulett *n*, Talisman *m*

núskëz -a *f*, *Pl* -a Maispuppe *f*

nxeh 14³ *tr* erwärmen; erhitzen; *übertr* erzürnen; **-et** *refl* sich erhitzen; sich erwärmen, warm werden; *übertr* erzürnen, wütend werden, ergrimmen; sich erregen, sich aufregen

nxéhj|e -a *f* **1.** Erwärmung *f*; Erwärmen *n*; Erhitzen *n*, Aufheizung *f*; **2.** Erregung *f*, Reizung *f*

nxéht|ë **I.** (i) *Adj* sehr warm, heiß; erhitzt; **bisedime të nxehta** hitzige Gespräche; **II.** *Adv* heiß; **sot bën ~** heute ist es heiß; **kam ~** mir ist heiß; **III.** -ët (të) *od* -it (të) *Subst/n* **1.** Hitze *f*; *übertr* **mos e merr punën me të ~ !** reg dich nicht darüber auf!; **2.** Fieber *n*; **IV.** -a (të) *Subst/Pl*: **është me të nxehta** er hat Fieber

nxehtësí -a *f* Hitze *f*, Wärme *f*; *Phys* Wärme

nxehtësísht *Adv* lebhaft, temperamentvoll; begeistert

nxë 39 *tr* **1.** fassen, aufnehmen; **kjo enë ~ dy kilo** dieses Gefäß faßt zwei Kilo; **s'më ~ më barku** in meinen Bauch geht nichts mehr hinein; *übertr* **s'e ~ vendi** es hält ihn nicht auf seinem Platz, er sitzt wie auf Kohlen; **2.** lernen; **~ përmendsh** *od* **~ më gojë** auswendig lernen

nxënës -i *m*, *Pl* – Schüler *m*

nxënës|e -ja *f*, *Pl* -e Schülerin *f*

nxënësí -a *f* Fassungsvermögen *n*, Kapazität *f*

nxi|n 6 *tr* schwarz färben, schwärzen, dunkel färben; **e nxiu dielli** die Sonne hat ihn gebräunt; *übertr* **na nxiu faqen** er hat uns Schande gemacht; **vdekja e të birit ia nxiu jetën** der Tod seines Sohnes hat ihm die Freude am Leben genommen; *itr* dunkel werden, sich verdunkeln; **-het** *refl* schwarz werden; sich verdunkeln, sich bewölken *(Himmel)*; bräunen, braun werden; *übertr* unglücklich werden; **iu nxi jeta** sein Leben ist freudlos geworden

nxínte 39 *Imperf* → **nxë**

nxírë **I.** (i) *Adj* geschwärzt, gedunkelt; sonnengebräunt; **II.** *Subst/m*: **i nxiri** der Selige

nxirím -i *m* Schwärzung *f*, Schwarzfärben *n*

nxírj|e -a *f* Schwärzung *f*; Schwarzfärbung *f*

nxirón 1 *tr* schwärzen, schwarz machen, schwarz färben; *übertr* ermorden, töten

nxírrte 18 *Imperf* → **nxjerr**

nxit 1. 22 *tr* **1.** antreiben; drängen, zur Eile treiben; **2.** stimulieren; anregen; **3.** aufhetzen, aufwiegeln; **II.** -i *Subst/m* Schnelligkeit *f*

nxítës I. -i *Subst/m, Pl* – Antreiber *m*; Anstifter *m*, Provokateur *m*, Aufwiegler *m*; ~ **it e luftës** die Kriegshetzer; *El* Erreger *m*; **II.** -e *Adj* stimulierend, anregend; anspornend

nxitím -i *m* Hasten *n*, Eilen *n*; Hast *f*, Eile *f*; **me** ~ a) eilig, hastig; b) übereilt; vorschnell; c) eilfertig

nxítj|e -a *f* **1.** Antreiben *n*, Drängen *n*; Aufhetzen *n*, Anstiften *n*; **2.** Ansporn *m*; Stimulieren *n*; Antrieb *m*, Anstoß *m*, Impuls *m*; **3.** *El* Erregung *f*

nxitó|n 1 *itr* hetzen, hasten, eilen; **-het** *refl* sich übereilen, sich überhasten, sich überstürzen

nxjerr 18 *tr* **1.** herausziehen, herausnehmen; ~ **një dhëmb** einen Zahn ziehen; ~ **mësim nga...** eine Lehre aus... ziehen; **i** ~ **gjak** er nimmt ihm Blut ab; ~ **në shesh** ans Tageslicht bringen; ~ **taksa** Steuern eintreiben; **2.** *Chem* extrahieren; **3.** exzerpieren; **4.** gewinnen, verdienen; **sa** ~ **me atë punë?** wieviel verdienst du mit dieser Arbeit?; **5.** produzieren; hergeben; **ç'**~ **ky vend?** was produziert dieses Land?; **6.** (aus sich) hervorbringen; ~ **frymë** ausatmen; ~ **psherëtima të thella** tief seufzen; **nuk nxori asnjë fjalë** er brachte kein einziges Wort hervor; **i** ~ **këngë** er singt ihm ein Lied vor; **trëndafili nxori lule** die Rose hat Blüten hervorgebracht; **kjo krahinë ka** ~**ë shumë trima** diese Gegend hat viele Helden hervorgebracht; **7.** loswerden; **nxori linë** er ist von den Blattern geheilt; **nxori inatin** er hat seinem Zorn Luft gemacht; **8.** ausziehen; ~ **rrobat** die Sachen ausziehen; ~ **këpucët** die Schuhe ausziehen; ~ **kapelën** den Hut ziehen; **9.** herausbringen, verkünden; ~ **një dekret** ein Dekret erlassen; ~ **një libër** ein Buch veröffentlichen; **gjyqi e nxori të pafajshëm** das Gericht sprach ihn frei; ~ **vehten time të drejtë** ich rechtfertige mich; **10.** verursachen; ~ **ngatërresa** Schwierigkeiten bereiten; **11.** hinauswerfen, vertreiben; **e nxuarën jashtë** man vertrieb ihn; **e nxuarën nga puna** man entließ ihn (aus dem Arbeitsverhältnis); **i** ~ **gjumin** er weckt ihn, er vertreibt ihm den Schlaf; **12.** exportieren, ausführen; **13.** hinausstecken, hinausstrecken; **nxori dorën** er streckte die Hand hinaus; **nxirrni kryet në penxheren e odës suaj!** steckt den Kopf aus dem Fenster eures Zimmers hinaus!; **14.** vorsetzen, bewirten mit; **nusja na nxori kafenë** die junge Frau setzte uns den Kaffee vor; vorführen, zeigen; **krushqve u** ~ **in nusen** man zeigt den Brautgevattern die Braut; **15.** überleben, überdauern; **s'e** ~ **dimrin** er überlebt den Winter nicht; **s'e** ~ **dimrin me këtë pallto** mit dem Mantel kommst du nicht über den Winter; **16.** : ~ **mbë krye** zuwege bringen, vollenden, zustande bringen

nxjérrës, -e *Adj* fördernd, Förder-; Rohstoff-

nxjérrët (të) *n/best*: **të** ~ **frymë** das Ausatmen, die Ausatmung

nxjérrj|e -a *f* **1.** Herausziehen *n*; **2.** Ausziehen *n*, Auskleiden *n*; **3.** Verdienst *m*; Ertrag *m*, Ausbeute *f*; **4.** Export *m*; **5.** Entlassung *f*; ~ **nga puna** Entlassung; **6.**: ~ **e tatimeve** Eintreiben *n* der Steuern

nxóri 18 *Aor* → **nxjerr**

nxórri 18 *Aor* → **nxjerr**

nxúcet 14 *refl* sich um einen Baum winden

nxúri 39 *Aor* → **nxë**
nyç, -e *Adj* hart, fest, stark; **arrë** ~ e eine Nuß, die sich nicht knacken läßt; knorrig, knorzig *(Holz)*
nýell -i *m*, *Pl* nýej **1.**: ~ **i këmbës** Knöchel *m*; **2.** Knorren *m*, Knorz *m*, Auswuchs *m*
nýj|e -a *f*, *Pl* -e *od* néje **1.** Knoten *m*; ~ **komunikacioni** Verkehrsknotenpunkt *m*; **lidh** ~ Knoten machen, verknoten, verknüpfen; *übertr* **m'u lidh puna** ~ meine Arbeit ist ins Stocken geraten; **2.** *Anat* Gelenk *n*; **3.** Knorren *m*, Auswuchs *m am Baum*; **4.** *Gramm* Artikel *m*
nýj|ë -a *f*, *Pl* -a **1.** *Gramm* Artikel *m*; **2.** Knoten *m*
nýjsh|ëm (i), -me (e) *Adj Gramm* mit einem präpositiven Artikel versehen; **mbiemër i** ~ Adjektiv *n mit Artikel*
nyjtím -i *m*, *Pl* -e Scharnier *n*
Nyrembérg -u *m* Nürnberg *n*

Nj

nja *Adv* etwa, ungefähr, annähernd; ~ **katër javë** ungefähr vier Wochen
njáça -t *Pl Zool* Laich *m*; Rogen *m*
njaj -ó *Dem Pron* ebender, ebendieser
njajzím -i *m*, *Pl* -e *Gramm* Assimilation *f*
njajzón 1 *tr* angleichen
njashtú *Adv* ebenso, geradeso
njatý *Adv* ebendort, ebenda
¹njeh 14³ *tr* numerieren, zählen; aufzählen; in der Totenklage die Verdienste des Toten aufzählen; berechnen, berücksichtigen, in Rechnung stellen
²njeh 17⁴ *tr* **1.** kennen; **2.** erkennen; **e** ~ **nga...** jmdn. erkennen an...; **3.** anerkennen; **e** ~ **për...** anerkennen als...; **4.** zugestehen, eingestehen; *übertr* **s'** ~ **qeni të zonë** es geht drunter und drüber, es herrscht ein fürchterliches Durcheinander; → **njihet**
njehsím -i *m*, *Pl* -e *Math* Rechnen *n*; Rechnung *f*
njehsón 1 *tr Math* rechnen

njehsór -i *m*, *Pl* -ë Zähler *m*, Zähleruhr *f*; ~ **energjie** Stromzähler
njélmë (i) *Adj* salzig
njelmësón 1 *tr* salzen
njélmët (i) *Adj* = **i njelmë**
njerëzí -a *f* **1.** Menschheit *f*; Leute *Pl*; **po flasin** ~ a die Leute reden; **2.** Anständigkeit *f*; Höflichkeit *f*; **me** ~ höflich, liebenswürdig; **3.** Verwandtschaft *f*, Verwandte *Pl*
njerëzillék -u *m* Höflichkeit *f*, Liebenswürdigkeit *f*; Anstand *m*
njerëzísh|ëm (i), -me (e) *Adj* höflich, liebenswürdig; anständig
njerëzísht *Adv* höflich, liebenswürdig; anständig
njerëzór, -e *Adj* menschlich, Menschen-; **shoqëria** ~ e die menschliche Gesellschaft
njerí **I.** -u *Subst/m*, *Pl* njérëz **1.** Mensch *m*; **2.** Mann *m*, Mensch; **është** ~ **i mirë** er ist ein guter Mensch; *übertr* ~ **prej bore** Schneemann; **3.** **njerëz** *Pl* Verwandtschaft *f*, Verwandte *Pl*, Elternhaus *n*; **II.** *Indef Pron* **1.**

irgendwer, irgendeiner, jemand; **a ka ardhur** ~ **?** ist jemand gekommen?; **2.** keiner, niemand *(in verneinten Sätzen)*; **s'e di** ~ das weiß keiner; **s'ka ardhur** ~ es ist niemand gekommen

njér|i, -a *Indef Pron* = **njëri**

njeríth -i *m Anat* Zäpfchen *n*

njerk -u *m* Stiefvater *m*; **i** ~**u** sein Stiefvater, ihr Stiefvater

njërk|ë -a *f, Pl* -a Stiefmutter *f*; **jot** ~ deine Stiefmutter

njéthet 14 *refl* **1.** knospen, Knospen bekommen; ausschlagen *(Bäume)*; **2.** sich beleben, aufleben; **3.** *Zool* gedeckt werden; sich paaren; sich decken lassen

një I. *Num* eins; ~ **e** ~ **bëjnë dy** eins und eins ist zwei; ~ **mbi** ~ eins über dem anderen, übereinander; ~ **nga** ~ nacheinander, einer nach dem anderen, eins nach dem anderen; einzeln; ~ **pas** ~ hintereinander; **pa** ~ **pa dy** ohne Umstände, ohne viel Federlesens; **II.** *Art* ein, eine; ~ **djalë** ein Junge; ~ **grua** eine Frau; **III.** *Adv* einerlei, egal, gleich; **për mua është** ~ für mich ist es gleich; **si** ~ ~ gleichartig, gleichwertig; ~ **me atë** a) ebenso; b) genau wie er; ~ **me** ~ bestimmt, sicher

njëáktësh|e -ja *f, Pl* -e Einakter *m*

njëanësí -a *f* Einseitigkeit *f*

njëánsh|ëm (i), -me (e) *Adj* einseitig

njëanshmërí -a *f* Einseitigkeit *f*

njëdialektór, -e *Adj* auf der Basis eines Dialektes

njëdítëzaj *Adv* vorgestern; vor ein paar Tagen

njëfazór, -e *Adj* Einphasen-

njëfísh I. *Adv* einfach; **II.** -e *Adj* einfädig *(Stoff)*

njëfórmësh, -e *Adj* mit einer Form

njëhérazi *Adv* gleichzeitig; zugleich

njëhérë *Adv* einmal, irgendwann einmal; einmal, eines Tages, dereinst;
na ishte ~ **një mbret** es war einmal ein König; gleichzeitig

njëhérësh *Adv* auf einmal, im Ganzen

njëhérsh|ëm (i), -me (e) *Adj* **1.** einstig, früher; altertümlich, alt; **2.** einmalig

njëjavór, -e *Adj* einwöchig

njëjës -i *m* Einzahl *f*, Singular *m*

njëjtë (i) *Adj* gleich; **është i** ~ **me atë** er ist ihm gleich, sie sind einander gleich; derselbe; **i njëjti shkrimtar** derselbe Schriftsteller; **e njëjta grua** dieselbe Frau; **e njëjta gjë** dasselbe, dieselbe Sache; **në të** ~**n kohë** a) zur gleichen Zeit, gleichzeitig; b) in der gleichen Zeit

njëkohësí -a *f* Gleichzeitigkeit *f*

njëkohësísht *Adv* gleichzeitig

njëkóhsh|ëm (i), -me (e) *Adj* gleichzeitig

njëllój *Adv, Adj* gleich, egal; einheitlich

njëllójtë (i) *Adj* gleich, gleichartig; einheitlich

njëmbëdhjétë I. *Num* elf; **II.** (i) *Adj* elfter

njëmbëdhjétësh -i *m, Pl* -a *Sport* Elf *f*

njëménd *Adv* = **njëmendi**

njëméndi *Adv* jetzt, in diesem Moment, in diesem Augenblick

njémësht (i) *Adj* einfach, einfädig

njëmëzaj *Adv* einfach

njëmijë *Num* tausend, eintausend

njëmíjësh|e -ja *f, Pl* -e Tausender *m* *(Banknote)*

njëmíjtë (i) *Adj* tausendster

njëmiliárdtë (i) *Adj* milliardster

njëmilióntë (i) *Adj* millionster

njënátëzaj *Adv* vorgestern nacht, vorgestern abend; vor einigen Nächten

njënjé *Adv* gleich

njënjésh|ëm (i), -me (e) *Adj* gleich, gleichartig, gleichwertig

njëpasnjésh|ëm (i), -me (e) *Adj* aufeinanderfolgend; **me hapa të njëpasnjëshme** Schritt für Schritt,

nacheinander; **suksese të njëpas-njëshme** allmähliche Erfolge
njëqelizór, -e *Adj* einzellig
njëqínd *Num* hundert, einhundert
njëqíndtë (i) *Adj* hundertster
njëqindvjetór -i *m, Pl* -ë Hundertjahrfeier *f*, hundertster Jahrestag *m*, hundertjähriges Jubiläum *n*
njër|i, -a *Indef Pron* einer, der eine; ~ **këndonte, tjetri lexonte** der eine sang, der andere las; **njëra prej tyre** eine von ihnen; ~**-tjetrin** *Akk/m od* ~**-tjetrit** *Dat/m* einander; **njëra-tjetrën** *Akk/f od* **njëra-tjetrës** *Dat/f* einander
njërrókësh, -e *Adj Gramm* einsilbig
njësí -a *f, Pl* – 1. Einheit *f*, Maßeinheit; ~ **e matjes** *od* ~ **e masave** Maßeinheit; ~ **e monedhës** Währungseinheit; 2. *Mil* Einheit; 3. Einheit, Einheitlichkeit *f*; ~**a politike** die politische Einheit; ~**a e veprimit** die Aktionseinheit
njësím -i *m* Vereinheitlichung *f*
njësít -i *m, Pl* -e Abteilung *f*, Trupp *m von 10-15 Partisanen*
njësój *Adv, Adj* gleich, gleichwertig, gleichartig; ~ **është** das ist gleich
njëson 1 *tr* vereinheitlichen
njësór, -e *Adj* einheitlich
njësúar (i) *Adj* vereinheitlicht
njësh I. -i *Subst/m, Pl* -e Eins *f*; ~ **e** *Pl* Einer *Pl*, Einerzahlen *Pl*; **II.** *Adv* zusammen, miteinander
njësh|e -ja *f, Pl* -e gestieltes Kaffeetöpfchen *n für eine Tasse Kaffee*
njëtrajtësísht *Adv* gleichmäßig, gleichförmig
njëtrájtsh|ëm (i), -me (e) *Adj* gleichförmig, gleichmäßig
njëthundrák, -e *Adj Zool* unpaarhufig
njëthundrákë -t *Pl Zool* Unpaarhufer *Pl*
njëvjeçár, -e *Adj* einjährig
njëvléfsh|ëm (i), -me (e) *Adj* = i **njëvleftshëm**

njëvleftësí -a *f* Gleichwertigkeit *f*, Äquivalenz *f*
njëvléftsh|ëm (i), -me (e) *Adj* gleichwertig, äquivalent
njëvlérës -i *m* Äquivalent *n*
njëvlerësí -a *f* = **njëvleftësi**
njëzét *Num* zwanzig
njëzétë (i) *Adj* zwanzigster
njëzetfishón 1 *tr* verzwanzigfachen
njëzë e njëz|ë -a *f, Pl* -a Rätsel *n*
njëzéri *Adv* einstimmig
njëzím -i *m* = **njësim**
njëzón 1 *tr* = **njëson**
njíc|ë -a *f, Pl* -a großes Fangnetz *n der Fischer*
njihet 17⁴ *refl* bekannt sein; sich kennen; **njihem me të** wir kennen uns; **ai s'** ~ **fare** er ist gar nicht wiederzuerkennen; →* ²njeh
njíhte 17⁴ *Imperf* → ²njeh
njíl|ë -a *f, Pl* -a Schleie *f*
njoftím -i *m, Pl* -e Bekanntmachung *f*, Bekanntgabe *f*; Kenntnis *f*; **për** ~ zur Kenntnisnahme; ~ **e** *Pl* Kenntnisse *Pl*
njoftón 1 *tr* jmdm. etw. bekanntgeben, kundtun; bekanntmachen; jmdn. informieren
njoh 17⁴ 1. *Pers Sg Präs* → ²njeh
njóhës -i *m, Pl* – Kenner *m*
njóhj|e -a *f* Erkennen *n*; Kennenlernen *n*; Bekanntschaft *f*; Anerkennung *f*
njóhur (i) *Adj* bekannt, berühmt; **bën të** ~ a) etw. bekannt machen; b) jmdn. informieren, benachrichtigen, unterrichten
njohurí -a *f, Pl* – Begriff *m*, Vorstellung *f*, Idee *f*; Wissen *n*, Kenntnis *f*; ~ *Pl* Kenntnisse *Pl*
njóll|ë -a *f, Pl* -a Fleck *m*, Klecks *m*; ~ **drite** Lichtfleck; *übertr* Mal *n*, Schandfleck, Makel *m*
njolló|n 1 *tr* beflecken, bekleckern; *übertr* besudeln, jmdn. einen Makel anhängen; **-het** *refl* fleckig wer-

den; sich bekleckern; *übertr* sich in Schande bringen, sich besudeln

njollós 21 *tr* = **njollon**

njom 14 *tr* befeuchten, anfeuchten; bespritzen, besprühen, besprengen; bewässern; *übertr* **i** ~ **dorën** jmdn. unterstützen, jmdm. Almosen geben; **-et** *refl* feucht werden, naß werden

njómë (i) *Adj* feucht, naß; *Bot, Zool* frisch, jung, zart; grün; **dru e** ~ grünes Holz *n*; **fasule të njoma** grüne Bohnen *Pl*; **qepë të njoma** Lauchzwiebeln *Pl*; **sallatë e** ~ frischer grüner Salat *m*; **peshk i** ~ Frischfisch *m*; **mish i** ~ zartes Fleisch *n*; *übertr* jung, zart

njomësí -a *f* Feuchtigkeit *f*, Nässe *f*; Frische *f*, Zartheit *f*; Jugend *f*

njómëz -a *f*, *Pl* -a Schößling *m*, junger Trieb *m*

njuhát 22¹ *itr* riechen; schnüffeln, schnuppern

Nju-Jork -u *m* New York *n*

O

o I. *Konj*: ~ ... ~ ... entweder ... oder ...; **II.** *Interj* o!; los!; drauf!; **III.** *Gramm* Partikel zur Bildung des Vokativs ~ **mëmëdhe!** o, Heimat!; ~ **Agim!** Agim!

oáz|ë -a *f*, *Pl* -a Oase *f*

obelísk -u *m*, *Pl* -ë Obelisk *m*

objékt -i *m*, *Pl* -e **1.** Objekt *n*; Gegenstand *m*; ~ **studimi** Studienobjekt, Forschungsgegenstand; **2.** Thema *n*, Gegenstand, Stoff *m*; ~ **bisedimi** Gesprächsthema; **3.** *Gramm* Objekt

objektív I. -i *Subst/m*, *Pl* -e **1.** Ziel *n*, Planziel; militärisches Ziel, Zielpunkt *m*; **2.** *Opt* Objektiv *n*; **II.** -e *Adj* **1.** objektiv, sachlich; **2.** *Phil* objektiv; **realiteti** ~ die objektive Realität

objektivísht *Adv* objektiv

objektivitét -i *m* Objektivität *f*, Sachlichkeit *f*

objektivíz|ëm -mi *m Phil* Objektivismus *m*

obobó *Interj (klagend)* o weh!; ach!

obó|e -ja *f*, *Pl* -e Oboe *f*

obórr -i *m*, *Pl* -e **1.** Hof *m*; **2.**: ~ **i i mbretit** der königliche Hof

oborrësí -a *f* Höflichkeit *f*

oborrtár -i *m*, *Pl* -ë Höfling *m*

observatór -i *m*, *Pl* -e Observatorium *n*, Sternwarte *f*

obskurantíz|ëm -mi *m* Obskurantismus *m*

obstruksión -i *m*, *Pl* -e *Pol* Obstruktion *f*

obstruksioníst I. -i *Subst/m*, *Pl* -ë *Pol* Obstruktionspolitiker *m*; **II.** -e *Adj* obstruierend; Obstruktions-; **politikë** ~ **e** Obstruktionspolitik *f*

obstruksioníz|ëm -mi *m Pol* Obstruktionismus *m*

obús -i *m*, *Pl* -e Haubitze *f*

ód|e -ja *f*, *Pl* -e *Lit* Ode *f*

¹**ód|ë** -a *f*, *Pl* -a = **ode**

²**ód|ë** -a *f*, *Pl* -a Raum *m*, Zimmer *n*, Stube *f*; ~ **e bukës** *od* ~ **buke** Speisezimmer; ~ **e gjumit** Schlafzimmer; **oda e pritjes** *od* **oda e mirë** die gute Stube, das Empfangszimmer; **oda-oda** kariert

of! *Interj* o weh! *(Schmerz, Kummer)*

ofendím -i *m, Pl* -e Beleidigung *f,* Kränkung *f*

ofendó|n 1 *tr* beleidigen, kränken; **-het** *refl* sich beleidigt fühlen; **ofendohet shpejt ai** er ist schnell beleidigt

ofendúes, -e *Adj* beleidigend

ofensív|ë -a *f, Pl* -a Offensive *f,* Angriff *m*

ofért|ë -a *f, Pl* -a Offerte *f,* Angebot *n;* **oferta e kërkesa** Angebot und Nachfrage

ofertúes -i *m, Pl* – Offerent *m,* Bietender *m,* Anbietender

oficér -i *m, Pl* -ë *od* -a Offizier *m;* ~ **madhor** höherer Offizier; ~ **rezervist** Reserveoffizier

oficín|ë -a *f, Pl* -a Werkstatt *f;* Werkhalle *f;* Betrieb *m,* Fabrik *f*

ofíq -i *m, Pl* -e **1.** Stellung *f,* Funktion *f,* Amt *n;* ~ **i lartë** ein hohes Amt; **2.** Spitzname *m*

ofiqár -i *m, Pl* -ë Angestellter *m,* Beamter *m;* ~ **i gjendjes civile** Standesbeamter

ofrón 1 *tr* offerieren, anbieten; jmdm. eine Offerte machen, ein Angebot machen

ófsh|ë -a *f* Fluch *m*

oftík|ë -a *f* Tuberkulose *f*

oftikósur (i) *Adj* tuberkulös

ogíç -i *m, Pl* -ë **1.** Leithammel *m;* **2.** Hauslämmchen *n*

ográj|ë -a *f, Pl* -a Weideland *n* mit *Baumbestand,* Waldweide *f*

ogúr -i *m* Schicksal *n,* Zukunft *f;* Zeichen *n,* gutes Zeichen, günstiges Vorzeichen; Voraussage *f*

ogurkéq, -e *Adj* = **ogurzi**

ogurmírë *Adj* glückverheißend

ogurséz -i *m, Pl* -ë Griesgram *m;* verfluchter, böser Mensch *m;* Unglücklicher *m,* Unglücksrabe *m*

ogur|zí, -zézë *Adj* unheilverkündend, unglückverheißend; unglückbringend

ój|ë -a *f, Pl* -a Spitzenbesatz *m z.B. an Hemden od Kopftüchern*

ójme -t *Pl* = **ojë**

ojník -u *m* Seebrise *f*

okatár I. -i *Subst/m, Pl* -ë *Maß, das eine Oka faßt;* **II.** -e *Adj* eine Oka fassend

okatár|e -ja *f, Pl* -e = **okatar**

ók|ë -a *f, Pl* -ë Oka *f Maßeinheit von 1,4 kg*

ók|ër -ra *f* Einkorn *n*

ókës -i *m, Pl* – = **okatar**

okít|ë -a *f* gefrorener Schnee *m bes. an Ästen und Zweigen*

okllaí -a *f, Pl* – Stock *m* zum Ausrollen des Teiges, Art Nudelholz, Teigrolle *f*

okóll *Adv* rings, ringsherum, rundherum; **i bie** ~ umzingeln

oksíd -i *m, Pl* -e Oxid *n*

oksidím -i *m* Oxydation *f*

oksidón 1 *tr* oxydieren

oksidúesh|ëm (i), -me (e) *Adj* oxydierbar

oksigjén -i *m* Sauerstoff *m*

oksitón, -e *Adj Gramm* oxyton, endbetont

oktaéd|ër -ri *m, Pl* -ra Oktaeder *n*

oktapódh -i *m, Pl* -ë *Zool* Krake *m,* Achtfüßler *m,* Oktopode *m*

oktáv|ë -a *f, Pl* -a *Mus, Lit* Oktave *f*

okulíst -i *m, Pl* -ë *od* -a Augenarzt *m*

okupación -i *m, Pl* -e Okkupation *f,* Besetzung *f,* Aneignung *f*

okupatór -i *m, Pl* -ë Okkupator *m,* Okkupant *m*

okupón 1 *tr* okkupieren, besetzen

oleacé -të *Pl* Oleazeen *Pl,* Ölbaumgewächse *f*

oligarkí -a *f* Oligarchie *f*

oligarkík, -e *Adj* oligarchisch

olimpiád|ë -a *f, Pl* -a Olympiade *f;* Olympische Spiele *Pl;* Festspiele *Pl;* ~ **teatrore** Theaterfestspiele

olimpík, -e *Adj* olympisch

om -i *m Phys* Ohm *n*
omán -i *m, Pl* -a Alant *m*, Helenenkraut *n*
ombelifére -t *Pl* Umbelliferen *Pl*, Doldengewächse *Pl*
ombrél|ë -a *f, Pl* -a Schirm *m*
omëlét|ë -a *f, Pl* -a Omelett *n*, Eierkuchen *m*
ondulación -i *m* Ondulation *f*, Ondulieren *n*
onomatopé -ja *f* Lautmalerei *f*, Schallnachahmung *f*, Onomatopöie *f*
onomatopeík, -e *Adj* lautmalend, schallnachahmend
opáng|ë -a *f, Pl* -a = **opingë**
ópera *f, Pl* – *Mus* Oper *f*; Oper, Opernhaus *n*
operación -i *m, Pl* -e Operation *f*
operatór -i *m, Pl* -ë **1.** Operateur *m*, Chirurg *m*; **2.** Kameramann *m*; Filmvorführer *m*
operét|ë -a *f, Pl* -a Operette *f*
operó|n 1 *tr Med* operieren; **-het** *refl* sich operieren lassen
opingár -i *m, Pl* -ë Opankenmacher *m*
opingaxhí -u *m, Pl* –*od* -nj = **opingar**
opíng|ë -a *f, Pl* -a Opanke *f*
opinión -i *m, Pl* -e Meinung *f*, Ansicht *f*; ~ **i publik** die öffentliche Meinung
opiúm -i *m* Opium *n*
oponént -i *m, Pl* -ë Opponent *m*, Widersacher *m*
opopó! *Interj* oh! *(staunend)*
oportuníst I. -i *Subst/m, Pl* -ë *od* -a Opportunist *m*; **II.** -e *Adj* opportunistisch
oportuníz|ëm -mi *m* Opportunismus *m*
opozitár, -e *Adj* Oppositions-
opozít|ë -a *f, Pl* -a Opposition *f*
optatív -i *m Gramm* Optativ *m*
optík, -e *Adj* optisch, Licht-, Seh-; **nerv** ~ Sehnerv *m*
optík|ë -a *f* Optik *f*

optimíst I. -i *Subst/m, Pl* -ë *od* -a Optimist *m*; **II.** -e *Adj* optimistisch, zuversichtlich, lebensbejahend
optimíz|ëm -mi *m* Optimismus *m*
opúta -t *Pl* Senkel *Pl*, Schnürsenkel *der Opanken*
oqeán -i *m, Pl* -e Ozean *m*; **Oqeani Atlantik** der Atlantik; **Oqeani Paqësor** der Pazifik; **Oqeani i Ngrirë i Veriut** das Nördliche Eismeer; **Oqeani i Ngrirë i Jugut** das Südliche Eismeer
oqeaník, -e *Adj* ozeanisch, Ozean-
or *Interj* = ²**ore**
orákull -i *m, Pl* orákuj Orakel *n*
orál, -e *Adj* oral, mündlich; **provim** ~ mündliche Prüfung
orangutáng -u *m, Pl* -e Orang-Utan *m*
orár -i *m, Pl* -ë Stundenplan *m*, Zeitplan *m*, Plan; ~ **i mësimeve** Stundenplan; ~ **i trenave** Fahrplan; ~ **i punës** Arbeitszeit *f*; **me** ~ fahrplanmäßig
oratór -i *m, Pl* -ë Redner *m*; Rhetor *m*, Orator *m*
oratorí -a *f* Rhetorik *f*, Redekunst *f*
orbít|ë -a *f* Orbit *m*; Erdumlaufbahn *f*
ordinánc|ë -a *f, Pl* -a Ordonnanz *f*
ordinánt|ë -a *f, Pl* -a Ordinate *f*
ordhí -a *f, Pl* – Horde *f*, bewaffnete Bande *f*
¹**oré** -ja *f* Aufmerksamkeit *f*; **vini** ~ ! Achtung!
²**oré I.** *Interj* hör mal!; **II.** *Gramm Partikel zum Ausdruck des Vokativs bei Maskulina*: ~ **ti!** he du!; ~ **shok!** Kollege!
oréks -i *m* Appetit *m*; Verlangen *n*, Wunsch *m*
orendí -të *Pl* Einrichtung *f*, Mobiliar *n*, Möbel *Pl*
¹**ór|ë** -a *f, Pl* -ë **1.** Stunde *f*; **në** ~ **n gjashtë** um sechs Uhr; **një** ~ **e më parë** so bald als möglich; **me** ~ stundenlang; **merr me** ~ stunden-

weise mieten; **2.** Uhr *f*; ~ **dore** Armbanduhr; **sa është ora?** wie spät ist es?; **3.** Zeit *f*; **ka ardhur ora** die Zeit ist gekommen

²**ór|ë** -a *f, Pl* -ë *Myth* gute Fee *f*, Schutzengel *m*, Schutzgeist *m*; **iu lig ora** sein Mut hat ihn im Stich gelassen, sein Schutzengel hat ihn im Stich gelassen; **njeri me** ~ ein launenhafter Mensch

orëbárdhë (i) *Adj* glücklich, erfolgreich, vom Glück begünstigt

orëlíg, -ë *Adj* unglücklich, vom Pech verfolgt

orëndréqës -i *m, Pl* – Uhrmacher *m*

orë|zí, -zézë *Adj* unglückselig, unglücklich

orgán -i *m, Pl* -e Organ *n*; ~**et gjyqësore** die Justizorgane

organík, -e *Adj Med* organisch, Organ-; **sëmundje** ~**e** eine organische Krankheit; organisch, belebt; **kimi** ~**e** organische Chemie *f*; organisch, harmonisch, geordnet

organík|ë -a *f Verzeichnis der Mitarbeiter und deren Funktionen in Institutionen*

organikisht *Adv* organisch

organizát|ë -a *f, Pl* -a Organisation *f*; **Organizata e Kombeve të Bashkuara (OKB)** die Organisation der Vereinten Nationen (UNO); organisierte Gruppe *f*; ~ **e partisë** Parteiorganisation; ~**-bazë** Grundorganisation

organizatív, -e *Adj* organisatorisch, Organisations-

organizativisht *Adv* organisatorisch

organizatór -i *m, Pl* -ë Organisator *m*

organizatór|e -ja *f, Pl* -e Organisatorin *f*

organíz|ëm -mi *m, Pl* -ma Organismus *m*; *übertr* Organismus, Ganzes *n*

organizím -i *m, Pl* -e Organisieren *n*, Organisierung *f*; Organisation *f*

organizón 1 *tr* organisieren; gründen, einrichten

organizúes, -e *Adj* organisierend

organó -ja *f, Pl* – Orgel *f*

orgjí -a *f, Pl* – Orgie *f*

orí I. *Interj* e!, he!; **II.** *Gramm Partikel zum Ausdruck des Vokativs bei Feminina*: ~ **ti** he du!; ~ **shoqe!** Kollegin!

oriént -i *m* Orient *m*

orientál, -e *Adj* orientalisch

orientalíst -i *m, Pl* -ë *od* -a Orientalist *m*

orientím -i *m* Orientieren *n*, Orientierung *f*

orientó|n 1 *tr* orientieren, unterweisen; jmdm. eine Orientierung geben; **-het** *refl* sich orientieren

origjinál I. -i *Subst*/*m, Pl* -e Original *n*, Erstschrift *f*, Urtext *m*; Urbild *n*; **II.** -e *Adj* original, ursprünglich, echt; **vepër** ~**e** Originalwerk *n*; originär, neu, neuartig; **mendim** ~ ein neuer Gedanke; originell

origjín|ë -a *f, Pl* -a Ursprung *m*, Herkunft *f*; Abstammung *f*

oríz -i *m* Reis *m*; ~ **me qumësht** Milchreis

orizónt -i *m, Pl* -e Horizont *m*

orizór|e -ja *f, Pl* -e Reisfeld *n*, Reispflanzung *f*

orkést|ër -ra *f, Pl* -ra **1.** Orchester *n*; ~ **simfonike** Symphonieorchester; **2.** Orchesterraum *m*

órk|ë -a *f, Pl* -a Melodie *f*

orkidacé -të *Pl* Orchidazeen *Pl*

ormí -të *Pl* Vorbereitungen *Pl*

ormís 21 *tr* vorbereiten, zubereiten, bereit machen; **-et** *refl* sich zurechtmachen; **u** ~ **nusja** die Braut ist angezogen und geschmückt

ornamént -i *m, Pl* -e Ornament *n*

orók -u *m* Termin *m*

oróq|e -ja *f, Pl* -e Wunsch *m*, Gefallen *m*

orospí -a *f, Pl* – Hure *f*

orták -u *m*, *Pl* -ë Partner *m*, Geschäftsfreund *m*
ortakëri -a *f*, *Pl* - = **ortaki**
ortaki -a *f* Partnerschaft *f*
orték -u *m*, *Pl* ortíqe Lawine *f*
órt|ë -a *f*, *Pl* -a Kategorie *f*, Gruppe *f* von Menschen
ortodóks **I.** -i *Subst/m*, *Pl* -ë Orthodoxer *m*; **II.** -e *Adj* orthodox; *übertr* orthodox, starr
ortodoksí -a *f* Orthodoxie *f*
ortografí -a *f* Orthographie *f*, Rechtschreibung *f*
ortografík, -e *Adj* orthographisch
ortopedí -a *f* Orthopädie *f*
orúm -i *m* Goldstück *n*, Goldmünze *f*
orvátet 20 *refl* sich anstrengen, sich bemühen, versuchen
orvátj|e -a *f*, *Pl* -e Anstrengung *f*, Bemühung *f*; Versuch *m*
orrl -i *m*, *Pl* -a Mäusebussard *m*; Rauhfußbussard *m*
óse *Konj* oder; ~... ~... entweder...oder...
osmóz|ë -a *f* Osmose *f*
óst|e -ja *f*, *Pl* -e Oblate *f*, Hostie *f*
ostén -i *m*, *Pl* -e Ochsenstachel *m*
ostrí -a *f* schädlicher Südwestwind *m*

osh *Adv* über den Boden schleifend, am Boden entlang ziehend; **e heq** ~ jmdn. über den Boden schleifen
osháf -i *m*, *Pl* -e Kompott *n* aus Backpflaumen od anderem Dörrobst
oshënár -i *m*, *Pl* -ë Eremit *m*, Einsiedler *m*
oshëtím|ë -a *f*, *Pl* -a Hallen *n*, Dröhnen *n*; Brausen *n*, Geheul *n*, Getöse *n*
oshëtín 6 *itr* hallen, dröhnen; tosen, brausen
oshilográf -i *m*, *Pl* -ë Oszillograph *m*
ósht|ë -a *f*, *Pl* -a Wagendeichsel *f*
otáv|ë -a *f* zweite Heumahd *f*
otomán, -e *Adj* ottomanisch, osmanisch
otrá -ja *f*, *Pl* – Bindfaden *m*; Schnürsenkel *m*
oturák -u *m*, *Pl* -ë Nachttopf *m*
ovál, -e *Adj* oval, eiförmig
ovúl -i *m*, *Pl* -e *Bot* Fruchtknoten *m*
oxhák -u *m*, *Pl* -ë *od* oxháqe **1.** Kamin *m*, Esse *f*; Herd *m*; ~ **vullkani** Vulkanherd; *übertr* alteingesessene Familie *f*; Adelsfamilie; **2.** Melonenbeet *n*; Reisfeld *n*
oxhakfshírës -i *m*, *Pl* – Schornsteinfeger *m*

P

¹**pa** **I.** *Präp (mit Akk)* **1.** ohne; ~ **dyshim** ohne Zweifel, zweifelsohne; **2.** *Math* minus, weniger; **tetë** ~ **dy** acht minus zwei; **ora është një** ~ **dhjetë** es ist 10 (Minuten) vor eins; **II.** *Gramm vor dem Partizip Partikel zur Bildung des Privativs*; **1.** ohne zu; **qëndruan një copë herë** ~ **folur** sie verharrten eine Weile, ohne zu sprechen; ~ **qenë ai puna nuk bëhet** wenn er nicht da ist, läßt sich die Sache nicht machen; **2.** ehe, bevor; ~ **gdhirë mirë** bevor es richtig hell war

²**pa** *Adv* dann, danach
³**pa** *Gramm Partikel im Imperativsatz*: ~ **më thuaj!** sag es mir doch!
⁴**pa** 51 *Aor* → ¹**sheh**
paafirmúar (i) *Adj* 1. unbestätigt; nicht unterschrieben; 2. nicht anerkannt
paafrúar (i) *Adj* unnahbar, verschlossen; nicht umgänglich; zurückgezogen lebend
paafrúesh|ëm (i), -me (e) *Adj* = i **paafruar**
paáftë (i) *Adj* 1. unfähig; 2. ungeeignet, untauglich
paaftësí -a *f* Unfähigkeit *f*; Untauglichkeit *f*
paánë (i) *Adj* = i **paanshëm**
paanësí -a *f* Unparteilichkeit *f*, Objektivität *f*; Neutralität *f*; Unbestechlichkeit *f*
paanësísht *Adv* unparteiisch; neutral; unbestechlich
paánsh|ëm (i), -me (e) *Adj* 1. unparteiisch, objektiv; unbestechlich; neutral; 2. endlos, grenzenlos
paárdhur (i) *Adj* nicht gegangen *(Brot)*; ungegoren *(Teig)*
paarësýesh|ëm (i), -me (e) *Adj* unvernünftig; ungerechtfertigt, grundlos, unbegründet; absurd; **mungesë e paarësyeshme** unentschuldigtes Fehlen
paargásur (i) *Adj* ungegerbt; nicht abgehärtet; unpraktisch; unerfahren
paarmatósur (i) *Adj* unbewaffnet
paarrírë (i) *Adj* unreif
pabábë (i) *Adj* vaterlos
pabáft (i) *Adj* unglücklich, erfolglos
pabanúar (i) *Adj* unbewohnt
pabanúesh|ëm (i), -me (e) *Adj* unbewohnbar
pabarabártë (i) *Adj* ungleich; nicht gleichwertig; nicht gleichberechtigt
pabarazí -a *f* Ungleichheit *f*
pabarazím -i *m Math* Ungleichheit *f*

pabarazúesh|ëm (i), -me (e) *Adj* unvergleichlich
pabéft *Adv* plötzlich, unerwartet, unvorhergesehen
pabésë (i) *Adj* treulos, untreu; verräterisch; treubrüchig; **me të** ~ durch Verrat; **doli i** ~ er wurde zum Verräter
pabesí -a *f* Treulosigkeit *f*, Untreue *f*; Verrat *m*
pabesím -i *m* Unglauben *m*, Ungläubigkeit *f*; Mißtrauen *n*
pabesúar (i) *Adj* 1. unzuverlässig; unglaubwürdig; 2. unglaublich, unwahrscheinlich; unfaßbar, undenkbar
pabesúesh|ëm (i), -me (e) *Adj* 1. = i **pabesuar**; 2. mißtrauisch
pabérë (i) *Adj* 1. unreif; 2. noch nie dagewesen, unerhört; ungehörig
pabíndur (i) *Adj* ungehorsam; unartig; unbotmäßig, undiszipliniert; uneinsichtig
pabisedúesh|ëm (i), -me (e) *Adj* = i **padiskutueshëm**
pabotúar (i) *Adj* unveröffentlicht
pabrúmë (i) *Adj* ohne Sauerteig
pabúk|ë -a *f* Nahrungsmittelknappheit *f*; Hungersnot *f*
pabúksh|ëm (i), -me (e) *Adj* bettelarm
pabúkur (i) *Adj* unschön; unziemlich
paburrërí -a *f* 1. Unmännlichkeit *f*; 2. Unmenschlichkeit *f*
pacák (i) *Adj* unstet, haltlos
pacaktúar (i) *Adj* unbestimmt, undefiniert
pacaktúesh|ëm (i), -me (e) *Adj* unbestimmbar, undefinierbar
pacén (i) *Adj* fehlerlos, makellos, tadellos
pacenúar (i) *Adj* unberührt; noch nicht angefangen; unversehrt, heil, unbeschädigt
pacenúesh|ëm (i), -me (e) *Adj* unantastbar, unverletzbar

pacilësúar (i) *Adj* unqualifiziert, unbestimmt, undefiniert
pacilësúesh|ëm (i), -me (e) *Adj* unqualifizierbar; unter aller Kanone, sehr häßlich, unbeschreiblich schlecht
pacípë (i) *Adj* schamlos, unverschämt, unanständig
paç 55 2. *Pers Sg Optativ* → ¹ka
paçá -ja *f* **1.** Tiermagen *m*; **2.** Fleischgericht *n Art warme Sülze*
paçamúr -i *m* Frühstücksgericht *n Art* «*Arme Ritter*»
paçaríz -i *m*, *Pl* -e **1.** Durcheinander *n*; Tumult *m*; **2.** Blutvergießen *n*, Gemetzel *n*
paçavúr|e -ja *f*, *Pl* -e **1.** Topflappen *m*; **2.** *iron* Käseblatt *n für Zeitung*; **e bëri** ~ er hat ihn zusammengestaucht
páç|e -ja *f*, *Pl* -e = **paça**
paçmúar (i) *Adj* = i **paçmueshëm**
paçmúesh|ëm (i), -me (e) *Adj* unschätzbar, wertvoll; **gur i** ~ Edelstein *m*
padálë (i) *Adj* zurückgeblieben, rückständig; unerfahren; wenig herumgekommen
padallúesh|ëm (i), -me (e) *Adj* nicht unterscheidbar, nicht zu unterscheiden
padáshj|e -a *f* Unabsichtlichkeit *f*, Versehen *n*; **me** ~ aus Versehen, versehentlich, unabsichtlich
padáshka *Adv* = **padashur**
padáshur *Adv* unabsichtlich, ungewollt; aus Versehen, versehentlich; unwillkürlich
padashurí -a *f* Lieblosigkeit *f*, Herzenskälte *f*
padénjë (i) *Adj* unwürdig; **është i** ~ er verdient es nicht
padepërtúesh|ëm (i), -me (e) *Adj* undurchlässig; undurchdringlich; unzugänglich; *übertr* undurchsichtig, unergründlich
padëgjúar (i) *Adj* **1.** ungehorsam, unfolgsam; **2.** unerhört; **3.** merkwürdig
padëgjúesh|ëm (i), -me (e) *Adj* ungehorsam
padémsh|ëm (i), -me (e) *Adj* nicht schädlich, harmlos; ungiftig *(Schlange)*
padëmtúar (i) *Adj* unbeschädigt
padëshirúar (i) *Adj* unerwünscht
padëshirúesh|ëm (i), -me (e) *Adj* unerwünscht
padí -a *f*, *Pl* – *Jur* **1.** Klage *f*, Anklage; **2.** Anzeige *f*
padíj|e -a *f* Unwissenheit *f*; Unkenntnis *f*
padijení -a *f* Unkenntnis *f*, Ahnungslosigkeit *f*
padíjsh|ëm (i), -me (e) *Adj* ungebildet, unwissend; ahnungslos
padiktúesh|ëm (i), -me (e) *Adj* unmerklich; unerkennbar; nicht zu bemerken, nicht zu entdecken; schwer unterscheidbar
padiskutúesh|ëm (i), -me (e) *Adj* unumstößlich; unwiderlegbar, unbestreitbar
padishiplinúar (i) *Adj* undiszipliniert, disziplinlos
padít 22 *tr Jur* anklagen, verklagen; anzeigen; **-et** *refl* unter Anklage stehen
padítës I. -i *Subst/m*, *Pl* – Kläger *m*; **II.** -e *Adj* anklagend, Kläger-; **ana** ~**e** die Klägerpartei
padítj|e -a *f* = **padije**
¹**padítur I.** (i) *Adj* angeklagt, verklagt; **II.** -i (i) *Subst/m*, *Pl* – (të) Angeklagter *m*
²**padítur** (i) *Adj* ungebildet, unwissend
paditurí -a *f* = **padije**
padjallëzí -a *f* Arglosigkeit *f*, Naivität *f*, Harmlosigkeit *f*; Unverdorbenheit *f*
padjallëzúar (i) *Adj* arglos, naiv, harmlos; unverdorben

padjégsh|ëm (i), -me (e) *Adj* nicht brennbar, feuerfest, brandsicher
padobísh|ëm (i), -me (e) *Adj* unnütz, nutzlos, unnötig; zwecklos, sinnlos
padréjt|ë I. (i) *Adj* ungerecht; ungerechtfertigt; unrichtig; II. -a (e) *Subst/f* Ungerechtigkeit *f*
padrejtësí -a *f* Ungerechtigkeit *f*
padrójtur (i) *Adj* unerschrocken
padúksh|ëm (i), -me (e) *Adj* unsichtbar
padúkur (i) *m* Teufel *m* (*euphemistisch*)
padurím -i *m* Ungeduld *f*; **me ~** ungeduldig
padurúar (i) *Adj* ungeduldig; unerträglich; unausstehlich
padurúesh|ëm (i), -me (e) *Adj* = i paduruar
padyshím *Adv* zweifellos, ohne Zweifel
padyshímtë (i) *Adj* unzweifelhaft, zweifelsfrei
padhímbsh|ëm (i), -me (e) *Adj* gefühllos, herzlos, hartherzig
padhunúesh|ëm (i), -me (e) *Adj* unantastbar
padhunueshmí -a *f* Unantastbarkeit *f*
paedukátë (i) *Adj* unhöflich; ungezogen
paém|ër I. -ra (e) *Subst/f* Art Krätze; Milzbrand *m* (*euphemistisch*); II. -ri (i) *Subst/m* Teufel *m* (*euphemistisch*)
paépur (i) *Adj* unbeugsam; hartnäckig; unnachgiebig
paevitúesh|ëm (i), -me (e) *Adj* unvermeidlich, unerläßlich; unumgänglich
pafáj (i) *Adj* unschuldig, schuldlos
pafajësí -a *f* Schuldlosigkeit *f*, Unschuld *f*; **merr** ~**në** sich als unschuldig erweisen; **vendos** ~**në** jmdn. freisprechen
pafájsh|ëm (i), -me (e) *Adj* unschuldig; **e nxjerr të** ~ jmdn. freisprechen
pafálsh|ëm (i), -me (e) *Adj* unverzeihlich, unentschuldbar
pafárë (i) *Adj* **1.** zahllos, zahlreich; **njerëz të** ~ zahllose Menschen; **2.** samenlos, ohne Kern
pafát (i) *Adj* erfolglos, vom Pech verfolgt; unglücklich
pafé (i) *Adj* ungläubig; nicht religiös gebunden; atheistisch
pafëllíqur (i) *Adj* sauber, rein; makellos, unbefleckt
pafíll|e -ja *f*, *Pl* -e Blech *n*
pafílltë (i) *Adj* blechern, Blech-
pafjálë I. (i) *Adj* **1.** ruhig, nicht zänkisch; **2.** unbescholten; **3.**: **truall i** ~ ein Grundstück, dessen Besitzverhältnisse klar sind; II. *Adv* zweifellos, unbedingt
pafré (i) *Adj* zügellos, hemmungslos, ungehemmt
pafrenúesh|ëm (i), -me (e) *Adj* nicht zu zügeln
pafríkë (i) *Adj* unerschrocken, furchtlos
pafrýt (i) *Adj* ohne Früchte
pafrýtsh|ëm (i), -me (e) *Adj* unfruchtbar, wenig ertragreich; nutzlos, erfolglos, wirkungslos
páft|ë -a *f*, *Pl* -a Paillette *f*, dünnes, rundes Metallplättchen *n* *bes. für Schmuckzwecke*
paftúar (i) *Adj* unaufgefordert, uneingeladen
pafúnd I. (i) *Adj* unendlich; endlos; **i paanë e i** ~ unendlich weit; II. -i *Subst/m Math* unendliche Größe *f*
pafundësí -a *f* Unendlichkeit *f*, Endlosigkeit *f*; große Tiefe *f*
pafúndsh|ëm (i), -me (e) *Adj* unendlich, endlos
pafuqí I. -a *Subst/f* Kraftlosigkeit *f*, Schwäche *f*; Entkräftung *f*; II. (i) *Adj* kraftlos, schwach, schwächlich; kränklich

pafuqísh|ëm (i), -me (e) *Adj* kraftlos, schwach, schwächlich
pafytýrë (i) *Adj* schamlos, unanständig, unverschämt
pagabúar (i) *Adj* unfehlbar; fehlerlos; **dola i ~** ich hatte recht
pagabúesh|ëm (i), -me (e) *Adj* = **i pagabuar**
pagabueshmërí -a *f* Unfehlbarkeit *f*; Fehlerlosigkeit *f*
pagájle (i) *Adj* sorglos, unbesorgt, unbekümmert; gleichgültig
pagán I. -i *Subst/m, Pl* -ë *Rel* Heide *m*; **II.** -e *Adj* heidnisch
paganíz|ëm -mi *m Rel* Heidentum *n*
pagdhéndur (i) *Adj* begriffsstutzig, einfältig; ungebildet; roh, ungehobelt, unzivilisiert
pagés|ë -a *f, Pl* -a Bezahlung *f*; Zahlen *n*, Zahlung *f*; **ditë pagese** Zahltag *m*; **pa ~** gratis, frei, unentgeltlich
pág|ë -a *f, Pl* -a Bezahlung *f*, Zahlung *f*; Lohn *m*, Gehalt *n*; Sold *m*
pagëtýr|ë -a *f, Pl* -a = **pagë**
pagëzím -i *m, Pl* -e **1.** Taufe *f*, *übertr* **~ i zjarrit** Feuertaufe; **2.** Baptisterium *n*, Taufkapelle *f*
pagëzimtár -i *m, Pl* -ë Täufer *m*
pagëzón 1 *tr* taufen
pagëzór -i *m, Pl* -ë = **pagëzimtar**
pagëzúar (i) *Adj* getauft; getauft, benannt
pagím -i *m* Zahlung *f*; Bezahlung, Auszahlung
pagód|ë -a *f, Pl* -a Pagode *f*
pagójë (i) *Adj* stumm
pagrát (i) *Adj* nutzlos, effektlos
pagrátsh|ëm (i), -me (e) *Adj* **1.** unfruchtbar, fruchtlos; **2.** minderwertig, wertlos; **oriz i ~** Reis, der nicht gut quillt
pag|úa -ói *m, Pl* -ónj Pfau *m*
pagúan 2 *tr* bezahlen, zahlen; abzahlen; *übertr* sühnen, büßen; **do të ma paguash këtë!** dafür wirst du mir büßen!

pagúesh|ëm (i), -me (e) *Adj* zahlbar, bezahlbar
pagúr -i *m, Pl* -ë Art Feldflasche *der Bauern*
paguxím (i) *Adj* mutlos; ängstlich; ohne Initiative
pagják (i) *Adj* blutarm, anämisch
pagjakësí -a *f* Blutarmut *f*, Anämie *f*
pagjárë (i) *Adj* unwahrscheinlich
pagjásë (i) *Adj* = **i pagjarë**
pagjásh|ëm (i), -me (e) *Adj* unschicklich, unziemlich; unschön
pagjúm|ë -i *m* Schlaflosigkeit *f*; **vuan nga pagjumi** er leidet an Schlaflosigkeit
pagjumësí -a *f* = **pagjumë**
¹pah -u *m* **1.** Kopfgrind *m der Kinder*; **2.** Staub *m*, Staubwolke *f beim Maisdreschen*; **3.** Feinmehl *n*
²pah -i *m*: **e vë në ~** etw. betonen, hervorheben, herausstellen
pahá -ja *f* Wert *m*; Preis *m*; *übertr* **s'ka ~** es ist sehr wertvoll, es ist unbezahlbar
paháir (i), -e (e) *Adj* nutzlos
paharrúar (i) *Adj* unvergeßlich; unvergessen
paharrúesh|ëm (i), -me (e) *Adj* unvergeßlich
pahí -a *f, Pl* – Lattenzaun *m*
pahíesh|ëm (i), -me (e) *Adj* = **i pagjashëm**
pahír *Adj* unabsichtlich, unwillkürlich; ungewollt; **me ~** mit Gewalt, unfreiwillig; **haje me ~, se të bën mirë** zwinge es in dich hinein, denn es wird dir guttun; **me hir a me ~** wohl oder übel
pahíri *Adv* = **pahir**
paják|ë -a *f Bot* Mehltau *m*
pajambájtas *Adv* parteiisch
pajánd|ër -ra *f, Pl* -ra Stützbalken *m*
pajazhín|ë -a *f, Pl* -a Spinngewebe *n*
pajétë (i) *Adj* frühverstorben *(als Kind)*
pajetërsúesh|ëm (i), -me (e) *Adj Jur* unveräußerlich

¹páj|ë -a *f* Mitgift *f*, Aussteuer *f*
²páj|ë -a *f* Seite *f*, Partei *f*; i mban ~ er ergreift für ihn Partei
pajíme -t *Pl* Ausstattung *f*; *Mil* Ausrüstung *f*, Ausstattung *eines Soldaten*; ~t e pushkës der Gewehrriemen; Geschirr *n der Pferde*
pajís 21 *tr* ausrüsten, ausstatten; *übertr* ~ me talent mit Talent ausstatten
pajisj|e -a *f*, *Pl* -e Ausstattung *f*, Ausrüstung *f*; Einrichtung *f*
pajísur (i) *Adj* ausgerüstet, ausgestattet
pajmák, -e *Adj*: këmbë ~ e X-Beine *Pl*
pajón 1 *tr* ausstatten, mit einer Mitgift versehen
pajtím -i *m*, *Pl* -e 1. Versöhnung *f*, Aussöhnung *f*; Schlichtung *f*; 2. Übereinstimmung *f*; 3. Anrecht *n*, Abonnement *n*; ~ në një gazetë Zeitungsabonnement; 4. Dingen *n*, Einstellen *n von Arbeitern*
pajtimtár -i *m*, *Pl* -ë Abonnent *m*
pajtó|n 1 *tr* 1. versöhnen, aussöhnen; schlichten; 2. dingen, einstellen, in den Dienst nehmen; 3. *itr* übereinstimmen, in Einklang stehen mit; -het *refl* 1. sich versöhnen, sich aussöhnen; 2. abonnieren; 3. bei jmdm. in den Dienst treten, sich verdingen
pajt|úar -óri *m*, *Pl* -órë Schutzheiliger *m*, Patron *m*
pajtúes, -e *Adj* versöhnend, ausgleichend; besänftigend
pajtueshmërí -a *f* 1. Versöhnlichkeit *f*; 2. Versöhnlertum *n*
pajustifikúar (i) *Adj* ungerechtfertigt
pajván -i *m*, *Pl* -a Fußfessel *f des Pferdes*
pak I. *Adv* wenig, etwas, ein bißchen; nga ~ jeweils ein bißchen, immer wieder ein bißchen; për ~ fast, beinahe; ~ a shumë mehr oder weniger; II. *Indef Pron* wenig; ~ njerëz wenige Menschen; me ~ fjalë mit wenig Worten, kurz und bündig; III.: ~ se... Konj nicht genug, daß...
páka (e) *f*/*best* das Kleinste, das Geringste; das Wenigste; das Bißchen; e ~ s'të prish das Bißchen schadet dir nicht
pakalúesh|ëm (i), -me (e) *Adj* ungangbar, unwegsam, unbefahrbar; unüberwindlich; notë e pakalueshme eine Zensur, die nicht zur Versetzung reicht
pakállur (i) *Adj* unbeerdigt: *übertr* i vdekur i ~ halbtot, völlig ausgemergelt *(durch Krankheit)*
pakapërcýesh|ëm (i), -me (e) *Adj* unübersteigbar, unüberwindlich
pakápur (i) *Adj* nicht zu fassen, nicht zu ergreifen
pakaraktér (i) *Adj* charakterlos
páket 14³ *refl* ohnmächtig werden, in Ohnmacht fallen
pakét -i *m*, *Pl* -e Päckchen *n*
pakét|ë -a *f*, *Pl* -a = pakét
paketím -i *m*, *Pl* -e Verpackung *f*
paketón 1 *tr* verpacken, einpacken
¹pák|ë -a *f*, *Pl* -ë Rückenfett *n*, Bauchfett *n vom Schwein*
²pákë (i) *Adj* wenig, gering; klein, schmächtig; vjen i ~ nga shtati er ist klein und schmächtig; *übertr* klein und unbedeutend; edhe ai s'është i ~ auch er kann sich sehen lassen
pakënaqësí -a *f* Unzufriedenheit *f*
pakënáqsh|ëm (i), -me (e) *Adj* unbefriedigend, unzureichend
pakënáqur (i) *Adj* unzufrieden, unbefriedigt; nicht zufrieden zu stellen
pakëpútur (i) *Adj* 1. ungebrochen, ungeknickt; 2. ununterbrochen, fortwährend
pakësím -i *m* Verringerung *f*, Verminderung *f*; ~ i armatimeve Rüstungsbeschränkung *f*

pakësón i *tr* verringern, vermindern; verkleinern; kürzen; beschränken

pákët I. (i) *Adj* wenig, gering; klein, winzig; **II.** (të) *Subst/n* Ohnmacht *f*; **më ra të ~** ich fiel in Ohnmacht, ich wurde bewußtlos

pákëz *Adv* ein wenig, ein bißchen, etwas

pakíc|ë -a *f*, *Pl* -a **1.** kleine Menge *f*; geringe Anzahl *f*; **shitje me ~** Verkauf en detail; **2.** Minderheit *f*, Minorität *f*; **~ kombëtare** nationale Minderheit

pakidérme -t *Pl Zool* Dickhäuter *Pl*

pakmós *Adv* wenigstens, mindestens; ungefähr, etwa

páko -ja *f*, *Pl* – Paket *n*

pakóhë (i) *Adj* vorzeitig; verfrüht, voreilig

pakóhsh|ëm (i), -me (e) *Adj* vorzeitig, frühzeitig; **vdekje e pakohshme** früher Tod

pakó|n 1 *tr* verringern, vermindern; **-het** *refl* abnehmen, sich verringern, sich verkleinern

pakontestúar (i) *Adj* unbestritten; unbestreitbar

pakontrollúesh|ëm (i), -me (e) *Adj* unkontrollierbar

pakór|ë I. (i) *Adj* unmäßig essend und trinkend, gefräßig, verfressen; **II.** -a *Subst/f* Unmäßigkeit *f*, Gefräßigkeit *f*, Schlemmerei *f*

pakrahasúesh|ëm (i), -me (e) *Adj* unvergleichbar, unvergleichlich

pakrasítur (i) *Adj* **1.** ungestutzt, unbeschnitten *(Baum)*; **2.** *übertr* mit einer überflüssigen und störenden Sache behangen

pakrípur (i) *Adj* ungesalzen, salzlos

pakritikúesh|ëm (i), -me (e) *Adj* nicht zu kritisieren, einwandfrei

pakrýe (i) *Adj* sinnlos, unsinnig; unüberlegt, nicht durchdacht

pakrýer I. -a (e) *Subst/f* Imperfekt *n*; **II.** (i) *Adj* unvollendet; **kohë e ~** Imperfekt

pakrýpë (i) *Adj* ungesalzen, salzlos; ungewürzt; *übertr* geschmacklos, fade; **njeri i ~** ein langweiliger Mensch; **shaka e ~** ein Witz ohne Pointe

páksa *Adv* etwas, ein wenig, ein bißchen

paksëpáku *Adv* mindestens, wenigstens

pakt -i *m*, *Pl* -e Pakt *m*, Vertrag *m*, Abkommen *n*; **~ mossulmimi** Nichtangriffspakt; **~ i paqes** Friedensvertrag

páktën (të) *Adv* = **paksëpaku**

pakufí (i) *Adj* = **i pakufishëm**

pakufísh|ëm (i), -me (e) *Adj* unbegrenzt, grenzenlos, unbeschränkt; endlos; *Gramm* unbestimmt, indefinit; **përemër i ~** Indefinitpronomen *n*

pakufizúar (i) *Adj* unbegrenzt, unbeschränkt, grenzenlos, schrankenlos

pakujdesí -a *f* Unaufmerksamkeit *f*, Unachtsamkeit *f*; Sorglosigkeit *f*; Nachlässigkeit *f*; Fahrlässigkeit *f*

pakujdéssh|ëm (i), -me (e) *Adj* unaufmerksam, unachtsam; sorglos, unbekümmert; nachlässig, fahrlässig

pakujdésur (i) *Adj* = **i pakujdesshëm**

pakujtímas *Adv* plötzlich, unerwartet, unverhofft

pakujtúesh|ëm (i), -me (e) *Adj* einfältig, beschränkt, begriffsstutzig

pakundërshtúesh|ëm (i), -me (e) *Adj* unwiderlegbar, unanfechtbar, unbestreitbar

pakundshóq (i), -e (e) *Adj* unvergleichlich, einmalig

pakuptím -i *m* Unverständnis *n*, Unverstand *m*

pakuptúar (i) *Adj* **1.** unverständlich, mißverständlich; dunkel, verwor-

ren; **2.** begriffsstutzig, schwerfällig *(im Denken)*
pakuptúesh|ëm (i), -me (e) *Adj* unverständlich; unbegreiflich
pakursýer (i) *Adj* selbstlos, opferfreudig, sehr hilfsbereit
pakúsht (i), -e (e) *Adj* bedingungslos
pakushtúesh|ëm (i), -me (e) *Adj* billig; wenig aufwendig
paláço -ja *m, Pl* – Clown *m*, Bajazzo *m*; *übertr* Hanswurst *m*
palaçollék -u *m, Pl* palaçolléqe Clownerie *f*, Narretei *f*
palakúesh|ëm (i), -me (e) *Adj Gramm* indeklinabel
palaník -u *m, Pl* -ë Art Pastete; Art Kringel *aus Blätterteig*
palapétë *Adj, Adv* flach, plattgedrückt
palára -t (të) *Pl* schmutzige Sachen *Pl*; Gemeinheiten *Pl*
palaré -ja *f, Pl* – flacher Teller *m*
palárë (i) *Adj* ungewaschen, unsauber, schmutzig
palatál -i *m, Pl* -e Palatal *m*
palaví -a *f, Pl* – **1.** Zote *f*, ordinäres Reden *n*; **flet** ~ unanständig sprechen; **2.** Eiter *m*
palavíg -u *m, Pl* palavígj Holzbrücke *f*, Steg *m*
palavón 1 *itr* unanständig reden, ordinäre Dinge sagen
palavós I. -i *Subst/m, Pl* -a Schmutzfink *m*, Dreckspatz *m*; **II.** 21 *tr* beschmutzen
palavós|e -ja *f, Pl* -e Schlampe *f*
palcár -i *m* grüner Maiskolben *m*
pálc|ë -a *f* Mark *n*, Knochenmark; *Bot* Mark; *übertr* **i ka hyrë deri në** ~ es hat ihn bis ins Mark getroffen; **në** ~**n e dimrit** im tiefsten Winter, mitten im Winter
palcór|e -ja *f, Pl* -e **1.** kleiner Behälter *m für Mark oder Öl zum Einfetten der Flinte*; **2.** frischer grüner Maiskolben *m*
palé 1. *Gramm Partikel zum Ausdruck einer Aufforderung* ~ **ta shoh!** laß es mich mal sehen!; **2.** *Gramm Partikel zur Einleitung eines indirekten Fragesatzes* **të shohim** ~ **kush do të vijë sot** wir wollen sehen, wer heute kommen wird; **të shohim** ~ **ka ardhur** wir wollen sehen, ob er gekommen ist
palejúar (i) *Adj* unerlaubt, verboten, unstatthaft
palejúesh|ëm (i), -me (e) *Adj* unzulässig, unstatthaft; verboten
paleográf -i *m, Pl* -ë Paläograph *m*
paleografí -a *f* Paläographie *f*
paleografík, -e *Adj* paläographisch
paleolít -i *m* Paläolithikum *n*
paleolitík, -e *Adj* paläolithisch
paleontológ -u *m, Pl* -ë Paläontologe *m*
paleontologjí -a *f* Paläontologie *f*
paleontologjík, -e *Adj* paläontologisch
palést|ër -ra *f, Pl* -ra Turnhalle *f*, Gymnastiksaal *m*
palestinéz I. -i *Subst/m, Pl* -ë Palästinenser *m*; **II.** -e *Adj* palästinensisch, Palästina-
palexúesh|ëm (i), -me (e) *Adj* unlesbar, unleserlich
¹**pál|ë** -a *f, Pl* -a Falte *f*, Kniff *m*; **vë** ~ falten, kniffen; *Geol* Falte
²**pál|ë** -a *f, Pl* -ë **1.** Paar *n*; **një** ~ **këpucë** ein Paar Schuhe; zweiteiliger Gegenstand; **një** ~ **gërshërë** eine Schere; **2.** Paar *n (Mann u. Frau)*, Pärchen *n*; **3.** Gruppe *f*; **u ndanë dy** ~**sh** sie teilten sich in zwei Gruppen; Seite *f*, Partei *f*, Partner *m*; **të dy** ~ **t** die beiden Seiten; **të dy** ~**t kundërshtare** die beiden gegnerischen Parteien; **të dy** ~**t kontraktuese** die beiden Vertragspartner; Sorte *f*, Art *f*, Kategorie *f*; **një** ~ **njerëz** eine Sorte von Menschen; **një** ~ **ethe** heftiges Fieber; ~–~ gruppenweise, grüppchenweise, in Gruppen

³**pál|ë** -a *f*, *Pl* -a getrocknete Feige *f*; **një varg palash** ein Ring Feigen
palëkúndsh|ëm (i), -me (e) *Adj* unerschütterlich, unbeirrbar, standhaft
palëmúar (i) *Adj* uneben, unpoliert, rauh *(Oberfläche)*
palédët (i) *Adj* immateriell, unkörperlich
palërúar (i) *Adj* unbestellt, unbebaut, brach; unbearbeitet
palëvízsh|ëm (i), -me (e) *Adj* unbeweglich, starr
¹**pálëz** -a *f*, *Pl* -a Ohrläppchen *n*
²**pálëz** -a *f* = **palcë**
palídhur (i) *Adj* ungebunden; unverbunden, beziehungslos, zusammenhanglos
¹**palígj|ë** -a *f* Tier *n* das vorzeitig wirft
²**palígjë** (i) *Adj* ungesetzlich, illegal
palígjsh|ëm (i), -me (e) *Adj* = i ²**paligjë**
palmét|ë -a *f*, *Pl* -a Koje *f*, Schiffskabine *f*
pálm|ë -a *f*, *Pl* -a Palme *f*
pálnj|ë -a *f*, *Pl* -a Ahorn *m*
palódhsh|ëm (i), -me (e) *Adj* unermüdlich
palódhur (i) *Adj* = i **palodhshëm**
palogjíksh|ëm (i), -me (e) *Adj* unlogisch, unvernünftig
palombár -i *m*, *Pl* -ë Taucher *m*
palór|e -ja *f*, *Pl* -e Taschenflasche *f*; Feldflasche *f*
palós 21 *tr* falten, in Falten legen; kniffen; zusammenlegen; *übertr* e ~ **i** er hat ihn umgelegt
palósj|e -a *f* Falten *n*; Zusammenlegen *n*; *Geol* Faltenbildung *f*
paltím -i *m* Faltenlegen *n*
paltón 1 *tr* = **palos**
palúejtsh|ëm (i), -me (e) *Adj* unbeweglich, fest; **pasuri e paluejtshme** unbewegliches Vermögen, Liegenschaften *Pl*, Immobilien *Pl*
palundrúesh|ëm (i), -me (e) *Adj* unbeschiffbar, unschiffbar

palúz|e -ja *f* Art Pudding
palýer (i) *Adj* ungeweißt, ungetüncht; unverputzt *(Mauer, Wand)*
pall 14 *itr* brüllen *(Rinder)*; iahen *(Esel)*
palláck|ë -a *f*, *Pl* -a Patronengürtel *m*
pallánx|ë -a *f*, *Pl* -a Gewicht *n* der Waage
pallát -i *m*, *Pl* -e Palast *m*, Schloß *n*; großes, modernes Wohnhaus *n*; **Pallati i Kulturës** der Kulturpalast
pallávra -t *Pl* Palaver *n*, Gerede *n*, Geschwätz *n*
¹**páll|ë** -a *f*, *Pl* -a 1. Schwert *n*, Degen *m*; **me** ~ mit Gewalt, gewaltsam; ~ **e parmendës** Pflugschar *f*; 2. Bleuel *m*, Wäscheschlegel *m*
²**pállë** *Indekl*: **bën** ~ sich um nichts kümmern, sich dem Nichtstun hingeben; rasten, sich ausruhen
pálli 26³ *Aor* → **pëllet**
pállj|e -a *f*, *Pl* -e = **pallmë**
pállm|ë -a *f*, *Pl* -a Gebrüll *n* der Rinder u. Esel
pallogarítsh|ëm (i), -me (e) *Adj* unzählbar, unzählig; unschätzbar
pallogarítur (i) *Adj* ungezählt: unberechnet, ungerechnet
pállto -ja *f*, *Pl* – Mantel *m*, Wintermantel
pall|úa -ói *m*, *Pl* -ónj Pfau *m*
pamájm|ë (i), -e (e) *Adj* mager *(Fleisch)*
pamartúar (i) *Adj* unverheiratet, ledig
pamásë I. (i) *Adj* unermeßlich groß; II. *Adv* unermeßlich
památsh|ëm (i), -me (e) *Adj* unmeßbar; endlos, grenzenlos
památur (i) *Adj* 1. ungemessen; 2. endlos, grenzenlos; 3. unvorsichtig, unüberlegt; 4. maßlos, unmäßig
pambarúar (i) *Adj* unvollendet
pambárrë (i) *Adj* schamlos, unverschämt
pambrójtur (i) *Adj* schutzlos, ungeschützt

pambrúmë (i) *Adj* ungesäuert *(Brot)*
pambúk -u *m* **1.** Baumwollpflanze *f*; Baumwolle *f*; **pëlhurë** ~ **u** Baumwollstoff *m*; **fije** ~ **u** Baumwollgarn *n*; **2.** Watte *f*; ~ **qelqi** Glaswolle *f*
pambúktë (i) *Adj* baumwollen, Baumwoll-; **çorape të pambukta** Baumwollstrümpfe *Pl*
pamént (i) *Adj* geistlos; gedankenlos; unüberlegt, nicht durchdacht
pamendúar (i) *Adj* unüberlegt, unbedacht, unbesonnen
pameritúar (i) *Adj* unverdient
paméta *Adv* = **pamëta**
pám|ë -it (të) *n* **1.** Aussehen *n*, Äußeres *n*; **2.** Sehen *n*; **nervi i të pamit** der Sehnerv
pamëkátë (i) *Adj* unschuldig, sündenfrei
pamësúar (i) *Adj* ungebildet, unwissend; unerfahren
pamëshírsh|ëm (i), -me (e) *Adj* mitleidlos, gnadenlos, erbarmungslos
pámëta *Adv* wieder, wiederum
pamflét -i *m*, *Pl* -e Pamphlet *n*
pamiradíj|e -a *f* Undankbarkeit *f*
pamiradíjsh|ëm (i), -me (e) *Adj* undankbar
pamírë (i) *Adj* unschön; schlecht
pamjaftúar (i) *Adj* ungenügend, unzulänglich, unzureichend
pamjaftúesh|ëm (i), -me (e) *Adj* = i **pamjaftuar**
pámj|e -a *f* **1.** Anblick *m*; Ansicht *f*, Aussicht *f*, Panorama *n*; ~ **e brendshme** Interieur *n*; ~ **e jashtme** Exterieur *n*; **2.** Sehvermögen *n*, Sehkraft *f*; **3.** *Theat* Szene *f*; **4.**: **në** ~ **n e parë** auf den ersten Blick
pamohúar (i) *Adj* unleugbar, unbestreitbar; unbestritten
pamohúesh|ëm (i), -me (e) *Adj* unleugbar, unbestreitbar, nicht zu leugnen
pamórt (i) *Adj* unsterblich; unvergänglich; unverwüstlich
pamóshë (i) *Adj* minderjährig
pampóshtësh|ëm (i), -me (e) *Adj* unbeugsam
pampóshtur (i) *Adj* unbeugsam; ungebeugt
pamundësí -a *f* Unmöglichkeit *f*
pamúndur (i) *Adj* **1.** unmöglich, ausgeschlossen; **gjë e** ~ Unmögliches *n*; **2.** unbesiegt: **3.** unpäßlich, unlustig; **jam i** ~ ich fühle mich krank
pamungúesh|ëm (i), -me (e) *Adj* stets anwesend, nie fehlend
pamvarësí -a *f* Unabhängigkeit *f*
pamvársh|ëm (i), -me (e) *Adj* = i **pamvarur**
pamvárur (i) *Adj* unabhängig, selbständig
panafákë (i) *Adj* **1.** unglücklich, vom Pech verfolgt; **2.** ungezogen; wild, quirlig
panaír -i *m*, *Pl* -e *Hdl* Messe *f*; Jahrmarkt *m*
panamá -ja *f*, *Pl* – **1.** Panamahut *m*; **2. Panama** Panama *n*
pancír -i *m*, *Pl* -ë Panzerhemd *n*
pandáj *Konj* deshalb
pandálsh|ëm (i), -me (e) *Adj* = i **pandalueshëm**
pandalúesh|ëm (i), -me (e) *Adj* unaufhaltsam
pandárë (i) *Adj* ungeteilt, ganz; unzertrennlich, untrennbar, unteilbar
pandásh|ëm (i), -me (e) *Adj* unzertrennlich, untrennbar, unteilbar
pandéh 14³ *tr* annehmen, glauben, meinen; **s'e** ~ **a!** das hätte ich nie geglaubt!; halten für; **ç'e** ~ **ti atë?** was hältst du von ihm?; **ç'më** ~ **ti mua?** für wen hältst du mich denn?
pandéhj|e -a *f* Verdacht *m*; *Jur* Anklage *f*
pandéhur I. -i (i) *Subst/m*, *Pl* – (të) *Jur* Angeklagter *m*; **II.** -a (e) *Subst/f*, *Pl* -a (të) Angeklagte *f*
pandér (i) *Adj* unehrenhaft, ehrlos
pandëgjés|ë -a *f* Ungehorsam *m*

pandëgjúesh|ëm (i), -me (e) *Adj* ungehorsam, unfolgsam

pandërgjégjsh|ëm (i), -me (e) *Adj* 1. gewissenlos, unverantwortlich; 2. unbewußt

pandërgjegjshmërí -a *f* Gewissenlosigkeit *f*; Mangel *m* an Bewußtsein

pandërmjém|ë (i), -e (e) *Adj* unmittelbar

pandërprérë (i) *Adj* ununterbrochen, laufend, fortwährend

pandërrúar (i) *Adj* in der alten Unterwäsche; noch im Negligé

pandërrúesh|ëm (i), -me (e) *Adj* unveränderlich; *Gramm* nicht flektierbar

pandëshkúesh|ëm (i), -me (e) *Adj* nicht strafbar; nicht zu bestrafen

pandíer (i) *Adj* geräuschlos, nicht zu hören, still *(Kind)*

pandíhmë (i) *Adj* ohne Hilfe, ohne Unterstützung

pandjésh|ëm (i), -me (e) *Adj* 1. nicht fühlbar, nicht spürbar; 2. gefühllos, gefühlsarm

pandonjëtëmétë (i) *Adj* fehlerlos, makellos, tadellos

pandréqsh|ëm (i), -me (e) *Adj* unverbesserlich; irreparabel

pandryshúar (i) *Adj* unverändert

pandryshúesh|ëm (i), -me (e) *Adj* unveränderlich; *Gramm* nicht flektierbar

panegjirík I. -u *Subst/m*, *Pl* -ë Panegyrikus *m*; Lobrede *f*; überschwengliches Lob *n*; II. -e *Adj* panegyrisch, lobredend

panél -i *m*, *Pl* -a Paneel *n*

panevójsh|ëm (i), -me (e) *Adj* unnötig

pán|ë -a *f* Milchhaut *f*; Schale *f* von Eiern, Zwiebeln usw.; Schleier *m* vor den Augen

pangéhur (i) *Adj* geschäftig, eilig, beschäftigt

pangésh|ëm (i), -me (e) *Adj* = i pangehur

pangínjur (i) *Adj* unersättlich, gierig

pangísh|ëm (i), -me (e) *Adj* = i panginjur

pangopësí -a *f* Unersättlichkeit *f*, Gefräßigkeit *f*; Gier *f*

pangópur (i) *Adj* unersättlich, gierig; ungesättigt; *Chem* **komponim i** ~ ungesättigte Verbindung

pangósur (i) *Adj* = i pangopur

pangrénë I. (i) *Adj* nüchtern *(Magen)*; **është i** ~ er hat noch nicht gegessen; hungrig, ausgehungert; unterernährt; II. -t (të) *Subst/n* Nüchternheit *f (ohne Nahrung)*; Hunger *m*; Unterernährung *f*

pangushullúesh|ëm (i), -me (e) *Adj* untröstlich

pangjásh|ëm (i), -me (e) *Adj* unpassend, unschicklich, unziemlich; unschön

pangjýrë (i) *Adj* farblos; *Opt* achromatisch

paník -u *m* Panik *f*

panín|e -ja *f*, *Pl* -e Brötchen *n*; kleines Weißbrot *n*

panísur (i) *Adj* (noch) nicht begonnen, nicht angefangen

pankárt|ë -a *f*, *Pl* -a Transparent *n*; Spruchband *n*

pánkreas -i *m* Bauchspeicheldrüse *f*, Pankreas *n*

panorám|ë -a *f*, *Pl* -a Panorama *n*, Aussicht *f*, Rundblick *m*

pantallóna -t *Pl* lange Hosen *Pl*, Hose *f*

panteíst I. -i *Subst/m*, *Pl* -ë od -a Pantheist *m*; II. -e *Adj* pantheistisch

panteíz|ëm -mi *m* Pantheismus *m*

panteón -i *m* Pantheon *m*

pantér|ë -a *f*, *Pl* -a Panther *m*

pantóf|ël -la *f*, *Pl* -la Pantoffel *m*

pantomím|ë -a *f*, *Pl* -a Pantomime *f*

panúmërt (i) *Adj* unzählig, zahllos

panumërúar (i) *Adj* ungezählt, zahllos

panumërúesh|ëm (i), -me (e) *Adj* unzählbar, unzählig
panxhár -i *m, Pl* -e Rübe *f*; Runkelrübe; ~ **sheqeri** Zuckerrübe
panxharsheqér -i *m* Zuckerrübe *f*
pánxh|ë -a *f, Pl* -a **1.** Pranke *f*, Tatze *f der Raubtiere*; *übertr* Pranke, Pfote *f*; **2.** kleiner Riegel *m*
panýesh|ëm (i), -me (e) *Adj Gramm* ohne Artikel, ohne vorangestellten Artikel; **mbiemër i** ~ ein artikelloses Adjektiv
panjerëzí (i) *Adj* ungesittet, unhöflich
panjerëzísh|ëm (i), -me (e) *Adj* = i **panjerëzi**
panjerí (i) *Adj* einsam, alleinstehend, ohne Angehörige
pánj|ë -a *f, Pl* -a Ahorn *m*
panjóhur (i) *Adj* unbekannt
panjóllë (i) *Adj* übertr makellos, moralisch sauber
papagáll -i *m, Pl* papagáj Papagei *m*
papagúar (i) *Adj* unbezahlt
papajtúesh|ëm (i), -me (e) *Adj* unversöhnlich, unerbittlich; unverträglich, unvereinbar
papajtueshmërí -a *f* Unversöhnlichkeit *f*; Unvereinbarkeit *f*
papandéhur I. (i) *Adj* unerwartet, unvorhergesehen, plötzlich; **II.** *Adv* = **papandehurazi**
papandéhurazi *Adv* unerwartet, unvorhergesehen, plötzlich
paparamendúar (i) *Adj* nicht vorsätzlich, nicht mit Vorbedacht, versehentlich
paparapárë (i) *Adj* = i **paparashikuar**
paparashikúar (i) *Adj* unvorhergesehen; nicht vorgesehen
papár|e -ja *f, Pl* -e Frühstücksgericht *n Art* « *Arme Ritter* »
papartí (i) *Adj* parteilos; **është i** ~ er ist parteilos, er ist Parteiloser
papásj|e -a *f* Armut *f*, Mangel *m*
papástër (i) *Adj* unsauber, unrein, schmutzig; vermischt, vermengt; ungereinigt
papastërtí -a *f* Unsauberkeit *f*, Unreinheit *f*
papastrí -a *f* Verunreinigung *f*
papásh|ëm (i), -me (e) *Adj* **1.** unsichtbar; **2.** unansehnlich, häßlich
papengúar (i) *Adj* ungehindert; unbehindert
¹**páp|ë** -a *m, Pl* -ë **1.** Papst *m*; **2. Papa** Vater *als Titel und Bestandteil des Namens bei orthodoxen Geistlichen*
²**páp|ë** -a *f fam* Essen *n*, Pappchen *n in der Kindersprache*
papëlqýer (i) *Adj* unerfreulich, unerquicklich, unangenehm; unschön
papëlqýesh|ëm (i), -me (e) *Adj* = i **papëlqyer**
papërcaktúar (i) *Adj* unbestimmt
papërdórsh|ëm (i), -me (e) *Adj* unbrauchbar, nicht verwendbar
papërdórur (i) *Adj* ungebraucht, unbenutzt, neu
papërdhók -u *m, Pl* -ë **1.** rundes Steinchen *n*, Kieselstein *m*; **2.** Eselsmist *m*
papërfíllur (i) *Adj* unbeachtet, vernachlässigt, unberücksichtigt
papërgjegjësí -a *f* Unverantwortlichkeit *f*; Unzurechnungsfähigkeit *f*
papërgjégjsh|ëm (i), -me (e) *Adj* unverantwortlich; unzurechnungsfähig
papërkthýer (i) *Adj* unübersetzt
papërkthýesh|ëm (i), -me (e) *Adj* unübersetzbar, nicht wörtlich übertragbar
papërkujdéssh|ëm (i), -me (e) *Adj* unaufmerksam; unvorsichtig; unsorgfältig
papërkúlsh|ëm (i), -me (e) *Adj* nicht biegsam, starr; *übertr* unbeugsam
papërlýer (i) *Adj* makellos, sauber (*moralisch*)

papërmbájtsh|ëm (i), -me (e) *Adj* unbeherrscht, aufbrausend, heftig; zügellos; schwer zu bändigen

papërmbájtur (i) *Adj* = i **papërmbajtshëm**

papërmirësúesh|ëm (i), -me (e) *Adj* nicht mehr zu verbessern

papërsósur (i) *Adj* unvollkommen, unvollendet

papërshkrúar (i) *Adj* unbeschreiblich, unbeschreibbar; nicht beschrieben

papërshkrúesh|ëm (i), -me (e) *Adj* unbeschreibbar, unbeschreiblich

papërshkúesh|ëm (i), -me (e) *Adj* ungangbar, unwegsam, undurchdringbar

papërshtátsh|ëm (i), -me (e) *Adj* unangemessen, unpassend, ungeeignet; nicht übereinstimmend, nicht entsprechend; unvereinbar

papërtúar (i) *Adj* unermüdlich, aktiv, eifrig; sehr hilfsbereit

papërtúesh|ëm (i), -me (e) *Adj* = i **papërtuar**

papërzíer (i) *Adj* unvermischt, unvermengt; unverfälscht, rein; abseits stehend, zurückhaltend; **është i** ~ er mischt sich nicht ein

papísh|ëm (i), -me (e) *Adj* nicht trinkbar; **ujë i** ~ ungenießbares Wasser, kein Trinkwasser

papjékur (i) *Adj* ungebacken; unreif; **pemë e** ~ unreife Frucht; *übertr* unreif, unfertig; unerfahren; **njeri i** ~ ein unreifer Mensch

papjekurí -a *f* Unreife *f*

papjéllë (e) *Adj/f*: **grua e** ~ eine Frau, die noch nicht geboren hat

papjesëtúesh|ëm (i), -me (e) *Adj* unteilbar, nicht zerlegbar

papjési (i) *m/best* der Teufel *(euphemistisch)*

paplásur (i) *Adj* nicht gerissen, nicht gesprungen; nicht explodiert

paplótë (i) *Adj* unvollständig

paplotësúar (i) *Adj* nicht vervollständigt

papní -a *f* Papsttum *n*, Papat *n*

papnór, -e *Adj* päpstlich; **Selia Papnore** der Apostolische Stuhl

papranúesh|ëm (i), -me (e) *Adj* unannehmbar

paprapsúesh|ëm (i), -me (e) *Adj* irreversibel

papregatítur (i) *Adj* unvorbereitet

papréksh|ëm (i), -me (e) *Adj* unantastbar

paprekshmërí -a *f* Unantastbarkeit *f*, Unverletzlichkeit *f*

paprékur (i) *Adj* unberührt

paprérë (i) *Adj* ununterbrochen, fortlaufend

paprishur (i) *Adj* unverdorben; unbeschädigt, unzerstört

paprítmas *Adv* unerwartet, unverhofft, plötzlich

paprítur (i) *Adj* unerwartet, unverhofft, plötzlich

paprovúar (i) *Adj* unerprobt, ungeprüft

paprovúesh|ëm (i), -me (e) *Adj* unbeweisbar, nicht überprüfbar

papúç|e -ja *f*, *Pl* -e Pantoffel *m*, Filzpantoffel

papún|ë I. (i) *Adj* arbeitslos; II. -i (i) *Subst/m*, *Pl* -ë (të) Arbeitsloser *m*

papunësí -a *f* Arbeitslosigkeit *f*

papunúar (i) *Adj* unbearbeitet; unbestellt *(Feld)*

papushtúesh|ëm (i), -me (e) *Adj* unüberwindlich, unbezwingbar

papushúar (i) *Adj* ununterbrochen; unaufhörlich

papyllëzúar (i) *Adj* unbewaldet

¹**paq** -i *m* Frieden *m*; **gjyq i** ~ **it** Friedensgericht *n*; **gjykatës i** ~ **it** Friedensrichter *m*

²**paq** *Adv* **1.** sauber, rein; **e mban** ~ **shtëpinë** sie hält das Haus sauber; **2.** quitt; **jemi** ~ wir sind quitt; **3.** nach Gebühr; **e**

pësoi ~ **es** ist ihm ganz recht geschehen
paqártë (i) *Adj* unklar, dunkel, verworren
páq|e -ja *f* Frieden *m*; Friedensschluß *m*; **pëllumbi i** ~**s** die Friedenstaube; **lufta për** ~ der Friedenskampf; **bën** ~ Frieden schließen
paqedáshës, -e *Adj* friedliebend
paqéjf (i) *Adj* unlustig, lustlos; deprimiert, niedergeschlagen; unpäßlich
paqén|ë I. (i) *Adj* nicht existent, unreal, unwirklich; unwahr; II. -a (të) *Subst/Pl* Verleumdungen *Pl*, üble Erfindungen *Pl*
¹**paqét|ë** -a *f, Pl* -a Päckchen *n*, Schachtel *f Zigaretten*
²**paqétë** (i) *Adj* unruhig
paqéthur (i) *Adj* ungeschoren, ungeschnitten *(Haare)*
paqëndrúar (i) *Adj* unbeständig, unzuverlässig; labil
paqëndrúesh|ëm (i), -me (e) *Adj* = i **paqëndruar**
paqëndrueshmërí -a *f* Unbeständigkeit *f*
paqënë (i) *Adj* = i **paqenë**
paqërúar (i) *Adj* ungereinigt; ungeschält
paqësón 1 *tr* einem Land Frieden bringen; beruhigen, besänftigen; lindern
paqësór, -e *Adj* friedlich; friedliebend; **politikë** ~**e** Friedenspolitik *f*
paqllék -u *m* Sauberkeit *f*, Reinheit *f*
páqm|ë (i), -e (e) *Adj* sauber, reinlich
paqó|n 1 *tr*: ~ **punën** die Sache in Ordnung bringen, die Angelegenheit regeln; *itr*; -**het** *refl* sich beruhigen; sich legen *(Wind)*; nachlassen *(Schmerz)*

paqortúesh|ëm (i), -me (e) *Adj* untadelig
paqýll (i) *Adj* begriffsstutzig; beschränkt, dümmlich; **është i** ~ bei ihm ist eine Schraube locker, er hat nicht alle Tassen im Schrank
paqytetërúar (i) *Adj* unzivilisiert
par -i *m, Pl* – Paar *n*; *Math* gerade Zahl *f*; ~ **a tek** *od* ~ **a cub** gerade oder ungerade *(beim Knobeln)*
pará -ja *f, Pl* – Geld *n*; *Münze* Para *f*
¹**pára** I. *Adv* vorher, früher; voran; nach vorn; II. *Präp (mit Abl)* vor; ~ **shtëpisë** a) vor dem Haus; b) vor das Haus; ~ **ca kohe** vor einiger Zeit; ~ **afatit** vorfristig; III. *Konj*: ~ **se** bevor; IV. (e) *Subst/f/best* der Anfang, der Beginn; **nga e** ~ von Anfang an
²**pára** *Gramm Partikel in negierten Sätzen zur Relativierung der Negation*; **nuk** ~ **shoh nga sytë** ich kann nicht gerade gut sehen; **s'**~ **flenë** sie schlafen nicht eben viel; **s'**~ **e vizitonte** er besuchte sie nicht gerade oft
paraárdhës -i *m, Pl* – Vorfahr *m*; Vorgänger *m*, Vorläufer *m*
paraból|ë -a *f, Pl* -a Parabel *f*, Gleichnis *n*; *Math* Parabel
paraburgím -i *m* Untersuchungshaft *f*
paracaktím -i *m, Pl* -e vorherige Festlegung *f*; Vorherbestimmung *f*, Prädestination *f*
paracaktón 1 *tr* vorher festlegen; vorsehen; vorherbestimmen, prädestinieren
paracaktúar (i) *Adj* vorherbestimmt, prädestiniert; vorher festgesetzt; vorgesehen
paracúk|ël -li *m* Kurzform *f eines Namens*, Kosename *m*
paraçlirímit (i) *Adj* vor der

«Befreiung» *(1944)* liegend; **peri-udha e para-dhe pasçlirimit** die Periode vor und nach 1944

paród|ë -a *f, Pl* -a Parade *f,* Vorbeimarsch *m;* ~ **ushtarake** Militärparade, Truppenschau *f;* ~ **fiskulturale** Sportparade

paradígm|ë -a *f, Pl* -a Paradigma *n*

paradít|e I. -ja *Subst/f* Vormittag *m;* **II.** *Adv* vormittags

paradóks -i *m, Pl* -e Paradoxon *n*

paradoksál, -e *Adj* paradox, widersinnig

paradrék|e I. -ja *Subst/f;* **II.** *Adv* = **paradite**

paradhéni|e -a *f* Vorschuß *m*

paradhítur (i) *Adj* unordentlich; ungeordnet; *Typ* noch nicht gesetzt

paradhóm|ë -a *f, Pl* -a Vorzimmer *n,* Diele *f,* Entree *n*

parafín|ë -a *f, Pl* -a Paraffin *n;* Paraffine *Pl*

parafjál|ë -a *f, Pl* -ë Präposition *f*

parafjalór, -e *Adj* präpositional; **rasa** ~ **e** der Präpositiv

parafólës -i *m, Pl* – Vorredner *m*

parafráz|ë -a *f, Pl* -a Paraphrase *f,* Umschreibung *f*

parafrazón 1 *tr* umschreiben

parafúndit (i) *Adj* vorletzter

parafundór, -e *Adj Gramm:* **rrokje** ~ **e** Pänultima *f,* vorletzte Silbe *f*

parafytyrím -i *m, Pl* -e Vorstellung *f*

parafytyrón 1 *tr* sich etw. vorstellen

paragatítj|e -a *f, Pl* -e Vorbereitung *f,* Vorkehrung *f;* Vorfertigung *f*

paragatítur (i) *Adj* vorgefertigt

paragráf -i *m, Pl* -ë Paragraph *m*

Paraguaí *m* Paraguay *n*

paragjykím -i *m, Pl* -e Vorurteil *n;* Voreingenommenheit *f*

parahatí -a *f* innere Unruhe *f,* Beunruhigung *f*

parahistorí -a *f* Prähistorie *f,* Urgeschichte *f*

parahistorík, -e *Adj* prähistorisch, urgeschichtlich

parájs|ë -a *f* Paradies *n*

parakalím -i *m* Vorbeimarsch *m,* Parade *f;* Demonstration *f*

parakalón 1 *itr* vorbeimarschieren, paradieren; demonstrieren

parakapitalíst, -e *Adj* vorkapitalistisch

parakóhsh|ëm (i), -me (e) *Adj* verfrüht, vorzeitig, zu früh

parakuptón 1 *tr* stillschweigend voraussetzen

paralajmërím -i *m, Pl* -e Vorankündigung *f,* vorherige Benachrichtigung *f;* Warnung *f;* **vërejtje me** ~ Verwarnung *f*

paralajmërón 1 *tr* jmdn. vorher benachrichtigen, jmdn. etw. vorher mitteilen; jmdn. vorher aufmerksam machen; jmdn. warnen

paralél I. -i *Subst/m, Pl* -e **1.** *Geogr* Breitengrad *m,* Breite *f;* **2.** -e *Pl* Barren *m;* **II.** -e *Adj* parallel

paralél|e -ja *f, Pl* -e *Math* Parallele *f a.* übertr

paralelísht *Adv* parallel, gleichzeitig

paralelíz|ëm -mi *m, Pl* -ma *Math* Parallelismus *m; übertr* paralleler Verlauf *m*

paralelográm -i *m, Pl* -e Parallelogramm *n*

paralíndës -i *m, Pl* – Erstgeborener *m*

paralíndj|e -a *f* Erstgeburt *f;* Status *m* des Erstgeborenen

paralíndur I. (i) *Adj* erstgeboren; **II.** -i (i) *Subst/m* Erstgeborener *m*

paralitík I. -u *Subst/m, Pl* -ë Gelähmter *m,* Paralytiker *m;* **II.** -e *Adj* paralytisch, gelähmt

paralizí -a *f* Paralyse *f,* Lähmung *f*

paralizím -i *m* Paralysierung *f*

paralizó|n 1 *tr* paralysieren; *übertr* etw. lähmen, erlahmen lassen; **-het** *refl* paralytisch werden; *übertr* erlahmen, zum Erliegen kommen

paralizúar (i) *Adj* paralysiert; gelähmt, lahm
paralúftës (i) *Adj* vorkriegszeitlich, Vorkriegs-
paramendím -i *m Jur* **1.** Vermutung *f*, Mutmaßung *f*, Annahme *f*; **2.** Vorsatz *m*; **vrasje me** ~ vorsätzlicher Mord
paramendón 1 *tr* **1.** vermuten, annehmen, voraussetzen; **2.** voraussehen, vorhersehen, vorsehen
paramendúar (i) *Adj* **1.** vorhergesehen, vorausgesehen; vorgesehen; **2.** vorsätzlich, beabsichtigt
parametër -ri *m*, *Pl* -ra Parameter *m*
parandéj *Adv* früher, vorher, zuvor
parandíen 7[1] *tr* = **parandjen**
parandjén 3[1] *tr* ahnen, vorausahnen
parandjénj|ë -a *f*, *Pl* -a Ahnung *f*, Vorahnung *m*, Vorgefühl *n*
paraník -u *m*, *Pl* -ë **1.** wollene Schürze *f*; **2.** -ë *Pl* Vorfahren *Pl*
parapá 51 *Aor* → **parasheh**
parapagés|ë -a *f* = **parapagim**
parapagím -i *m* Vorausbezahlung *f*; Vorschuß *m*
parapagúan 2 *tr* vorausbezahlen; *Geld* vorschießen
parapáme -t (të) *Pl* Voranschlag *m*; Etat *m*
parapámj|e -a *f*, *Pl* -e Kostenvoranschlag *m*
parapárë (i) *Adj* vorhergesehen, vorausgesehen; vorgesehen
parapáshë 51 *1. Pers Sg Aor* → **parasheh**
parapé 51 *2. Pers Sg Aor* → **parasheh**
parapëlqén 3 *tr* etw. vorziehen, jmdn. bevorzugen
parapëlqím -i *m* Bevorzugung *f*, Vorziehen *n*
paraprák, -e *Adj* vorhergehend, einleitend; **hetime** ~ **e** Voruntersuchungen *Pl*; präliminar; **masa** ~ **e** vorläufige Maßnahmen *Pl*
parapregatít 22 *tr* vorbereiten
paraqét 32 *tr* = **paraqit**

paraqít 22 *tr* **1.** jmdn. vorstellen; jmdn. (miteinander) bekanntmachen; **2.** unterbreiten; ~ **një lutje** ein Gesuch vorbringen, eine Bitte vortragen; vorlegen; ~ **dokumentet** die Unterlagen einreichen; **3.** anschaulich schildern; **4.** hervorbringen, mit sich bringen; **kjo punë** ~ **vështirësi të mëdha** diese Sache bereitet große Schwierigkeiten; **-et** *refl* **1.** sich vorstellen; sich (mit jmdm.) bekanntmachen; **2.** sich zeigen, erscheinen
paraqíti 32 *Aor* → **paraqet**
paraqítj|e -a *f* **1.** Vorstellung *f*; **2.** Unterbreitung *f*; Vorlegen *n*; **3.** Schilderung *f*; **4.** Erscheinen *n*
pararój|ë -a *f Mil* Vorhut *f*; *übertr* Vorhut, Avantgarde *f*, Vortrupp *m*
parasýsh *Adv*: **e merr** ~ etw. berücksichtigen, in Betracht ziehen, beachten; **nuk e merr** ~ a) er berücksichtigt es nicht; b) er lehnt es ab; **e kam** ~ ich behalte es im Auge; **duke pasur** ~ **këtë fakt** in Anbetracht dieser Tatsache
parashéh 51 *tr* vorsehen; **s'e** ~ **ligji** das Gesetz sieht es nicht vor
parashíhte 51 *Imperf* → **parasheh**
parashikím -i *m* Vorausblick *m*; Voraussicht *f*; Prognose *f*; **-e** *Pl* Voranschlag *m*; Vorhergesehenes *n*; ~ **et e kohës** die Wettervorhersage
parashikón 1 *tr* **1.** vorhersehen; **2.** vorsehen; veranschlagen
parashikúes, -e *Adj* vorhersehend; voraussehend
parashkollór, -e *Adj* Vorschul-; **arsimi** ~ die Vorschulerziehung
parashkrím -i *m Jur* Verjährung *f*
parashóh 51 *1. Pers Sg Präs* → **parasheh**
parashtés|ë -a *f*, *Pl* -a Vorsilbe *f*, Präfix *n*

parashtrím -i *m* Vorlegen *n*, Darlegen *n*; Unterbreiten *n einer Frage*
parashtrón 1 *tr* vorlegen, darlegen; Fragen unterbreiten
parashút|ë -a *f*, *Pl* -a Fallschirm *m*
parashutíst -i *m*, *Pl* -ë *od* -a Fallschirmspringer *m*; *Mil* Fallschirmjäger *m*
paratífo -ja *f* Paratyphus *m*
parathá 44 *Aor* → **parathotë**
paratháshë 44 *1. Pers Sg Aor* → **parathotë**
parathém 44 *1. Pers Sg Präs* → **parathotë**
parathénë 44 *Part* → **parathotë**
parathënës -i *m*, *Pl* – Prophet *m*
parathéni|e -a *f*, *Pl* -e Vorwort *n*
parathótë 44 *tr* voraussagen, prophezeien
parathúa 44 *2. Pers Sg Präs* → **parathotë**
paraushtarák I. -e *Adj* vormilitärisch; **stërvitje** ~**e** vormilitärische Ausbildung; II. -u *Subst/m*, *Pl* -ë in der vormilitärischen Ausbildung Befindlicher *m*
paravér|ë -a *f* Frühling *m*
paravésh -i *m*, *Pl* -a Ohrfeige *f*, Backpfeife *f*
paravíth|e -ja *f*, *Pl* -e Pferdedecke *f*
parazít -i *m*, *Pl* -ë Parasit *m*, Schmarotzer *m*
parazitár, -e *Adj* parasitär, schmarotzend, Schmarotzer-
parazitíz|ëm -mi *m* Parasitismus *m*, Schmarotzertum *n*
parcél|ë -a *f*, *Pl* -a Parzelle *f*, Grundstück *n*
pardesý -ja *f*, *Pl* – Sommermantel *m*; Übergangsmantel *m*
pardjé *Adv* vorgestern
pardjésh|ëm (i), -me (e) *Adj* vorgestrig
pár|e -ja *f*, *Pl* -e 1. Geld *n*; **ha** ~ Bestechungsgeld nehmen, sich bestechen lassen; **s'bën një** ~ **es** ist keinen roten Heller wert; 2.:~ **peshku** Schuppe *f vom Fisch*
parealizúar (i) *Adj* unrealisiert
parealizúesh|ëm (i), -me (e) *Adj* unrealisierbar
parégjur (i) *Adj* ungegerbt; nicht eingelegt, nicht eingesalzen *(Gurken usw.)*; *übertr* unerfahren, unerprobt
parentéz|ë -a *f*, *Pl* -a Parenthese *f*, Klammer *f in der Schrift*
páresh *Adv* kurz zuvor; vor kurzem
paréshtur (i) *Adj* ununterbrochen, fortwährend, ständig
parét -i *m*, *Pl* -e Bretterwand *f*, Trennwand *f*
parétk|ë -a *f*, *Pl* -a Latte *f*, Zaunlatte
¹**pár|ë** -a *f*, *Pl* -ë Paar *n*
²**pár|ë** I. (i) *Adj* erster; **ditën e** ~ am ersten Tag; **për të** ~**n herë** zum ersten Mal; **ne e** ~ zuerst, zu Anfang; **njohuritë e para** die Grundkenntnisse, die Anfangskenntnisse; **lëndët e para** die Rohstoffe; erster, bester; **miell i dorës së** ~ Mehl der ersten Qualität; II. *Adv* früh; **më** ~ a) früher; b) einstmals, damals; c) zuerst; **më** ~ **se** a) früher als; b) bevor; **që** ~ a) unlängst, neulich; b) kurz zuvor; **që më** ~ a) schon früher, schon vorher; b) im voraus; **sa më** ~ so bald wie möglich, baldmöglichst; III. -i (i) *Subst/m*, *Pl* -ë (të) Erster *m*; Bester *m*; Vorsitzender *m*; **i pari i valles** der Vortänzer; **i pari i klasës** der Klassenbeste, der Klassenerste; **të** ~**t tanë** unsere Vorfahren *Pl*, unsere Vorväter *Pl*; IV. -a (e) *Subst/f*, *Pl* -a (të) die Erste; die Beste; Vorsitzende *f*
³**párë** I. -t (të) *Subst/n* 1. Sehen *n*, Blicken *n*; 2. Aussehen, Äußeres *n*; **për së pari** äußerlich, vom Aussehen her; 3. Gesichtssinn *m*, Sehen; **humbi të** ~**t e syve** er hat

sein Augenlicht verloren); **4.: më të** ~ auf Sicht; nach Vorlage, auf Vorzeigen; **II.** 51 *Part* → **sheh**
parëmbrémë *Adv* vorgestern nacht; vorgestern abend
parëndësí (i) *Adj* = i **parëndësishëm**
parëndësísh|ëm (i), -me (e) *Adj* unwichtig, unbedeutend, belanglos
parësí -a *f* 1. Führungsschicht *f*; Führung *f*; Adel *m*, Aristokratie *f*; 2. Vorrang *m*, Primat *n*, höchster Rang *m*; erster Platz *m*
párëz -a *f*, *Pl* -a Bienenkönigin *f*
parëzím -i *m*, *Pl* -e Paarung *f*
parëzón 1 *tr* 1. paaren; 2. paarweise anschirren; 3. *Generatoren* paarweise zusammenschalten
parfúm -i *m* Parfüm *n*
parfumerí -a *f* Parfümerie *f*
parí -a *f* = **parësi**
¹**pári** (së) *Adv* zum ersten Mal; anfangs, zu Beginn; erstens
²**pári** *Adv*: **kur kalova aty** ~ als ich dort in der Nähe vorbeiging; **nga viti 1900 a aty** ~ etwa um 1900
paríc|ë -a *f*, *Pl* -a = **parëz**
parím -i *m*, *Pl* -e Prinzip *n*, Grundsatz *m*, Regel *f*; **në** ~ im Prinzip, grundsätzlich
parimísht *Adv* im Prinzip, grundsätzlich, vom Prinzip her
parimór, -e *Adj* prinzipiell, grundsätzlich, Prinzipien-; **çështje** ~ **e** Grundsatzfrage *f*
park -u *m*, *Pl* párqe 1. Park *m*; 2. Fuhrpark
parkét -i *m*, *Pl* -e Parkett *n*
parketón 1 *tr* parkettieren
parlamént -i *m*, *Pl* -e Parlament *n*
parlamentár, -e *Adj* parlamentarisch, Parlaments-
parlamentaríz|ëm -mi *m* Parlamentarismus *m*
párma -t *Pl*: ~**t e fytit** die Halsschlagadern
parmák -u *m*, *Pl* -ë Geländer *n*; Brüstung *f*, Balustrade *f*

parmbrémë *Adv* = **parëmbrëmë**
parménd|ë -a *f*, *Pl* -a Pflug *m*
párm|ë (i), -e (e) *Adj* vorderer, Vorder-; **këmbët e parme** die Vorderbeine; *Gramm* **fjalë e parme** Simplex *n*
parodí -a *f*, *Pl* – Parodie *f*
paroksitón, -e *Adj Gramm* paroxyton
partáll|e -ja *f*, *Pl* -e altes Zeug *n*, Gerümpel *n*
partallís 21 *tr* zerschlagen, aufreiben, auseinanderjagen
partí -a *f*, *Pl* – 1. Partei *f*; *hist* **Partia Komuniste e Shqipërisë** die Kommunistische Partei Albaniens; *hist* **Partia e Punës e Shqipërisë** die Partei der Arbeit Albaniens; 2. Gastmahl *n des Brautvaters für den Bräutigam*; 3. Partie *f*
particíp -i *m*, *Pl* -e Partizip *n*
partikularíz|ëm -mi *m*, *Pl* -ma Partikularismus *m*; partikularistische Bestrebung *f*
partín|ë -a *f*, *Pl* -a 1. Rahmen *m*, Bilderrahmen; *Bauw* Rahmen, Einfassung *f*; 2. Ohrfeige *f*, Maulschelle *f*, Backpfeife *f*
partísh|ëm (i), -me (e) *Adj* parteilich, parteimäßig
partishmërí -a *f* Parteilichkeit *f*
partizán I. -i *Subst/m*, *Pl* -ë Partisan *m*; Parteigänger *m*; **II.** -e *Adj* Partisanen-; **luftë** ~ **e** a) Partisanenkrieg *m*; b) Partisanenkampf *m*
partizán|e -ia *f*, *Pl* -e Partisanin *f*
partnér -i *m*, *Pl* -ë Partner *m*
parúll|ë -a *f*, *Pl* -a Parole *f*, Kennwort *n*; Losung *f*
parváz -i *m*, *Pl* -e 1. Türrahmen *m*, Fensterrahmen *m*; 2. Wandbrett *n*
parvjém|ë (i), -e (e) *Adj* vorvorjährig
parvjét *Adv* vor zwei Jahren, im vorvorigen Jahr
parvjétsh|ëm (i), -me (e) *Adj* = i **parvjemë**
párz|ëm -ma *f*, *Pl* -ma Brust *f*, Brustkorb *m*

parzmór|e -ja *f, Pl* -e Brustpanzer *m*
parráhur (i) *Adj* **1.: qumësht i** ~ Vollmilch *f*; **2.** selten befahren *(Straße)*; **3.** unerfahren; unkundig, unbewandert
parregullí -a *f* Unregelmäßigkeit *f*; Unordnung *f*
parregullsí -a *f* = **parregulli**
parrégullt (i) *Adj* unordentlich; regellos, regelwidrig; unregelmäßig; **folje e** ~ unregelmäßiges Verb
parrëfýer (i) *Adj* unsagbar, unaussprechlich, unbeschreiblich
parrëfýesh|ëm (i), -me (e) *Adj* = i **parrëfyer**
parrítur (i) *Adj* minderjährig; noch klein
parríz -i *m* Paradies *n*
parrójtur (i) *Adj* unrasiert
parrúar (i) *Adj* unrasiert
parrúdhë (i) *Adj* glatt, ohne Runzeln *(Haut)*
pas I. *Präp (mit Abl)* **1.** hinter; an, bei; ~ **meje** hinter mir; hinter mich; ~ **derës** hinter der Tür; **mbështetur** ~ **murit** an die Mauer gelehnt; **2.** nach *(Zeit)*; ~ **një viti** nach einem Jahr; **3.** nach, gemäß, entsprechend; ~ **meje** meiner Meinung nach; ~ **zakonit të vjetër** nach altem Brauch; **4.: e la** ~ **dore** er vernachlässigte es; **5.** mit Hilfe, durch; **i çova lajm** ~ **të vëllait** ich benachrichtigte ihn über seinen Bruder; **II.** *Adv* hinten; nach; hinterher; **nga** ~ von hinten; **i vete** ~ er geht ihm hinterher; **më** ~ später
pasagjér -i *m, Pl* -ë Passagier *m*, Fahrgast *m*
pasáktë (i) *Adj* ungenau
pasaktësí -a *f* Ungenauigkeit *f*
pasandáj *Adv* darauf, danach
¹**pasaník I.** -u *Subst/m, Pl* -ë Reicher *m*; **II.** -e *Adj* reich, wohlhabend, vermögend
²**pasaník** -u *m, Pl* -ë *alt* Anhänger *m*

pasaník|e -ja *f, Pl* -e Reiche *f,* wohlhabende Frau *f*
pasapórt|ë -a *f, Pl* -a Paß *m*, Reisepaß; Ausweis *m*, Personalausweis
pasárdhës -i *m, Pl* – **1.** Nachfolger *m*; **2.** *Pl* Nachfahren *Pl*, Nachkommen *Pl*
pasçlirímit (i) *Adj* aus der Zeit nach der «Befreiung»; **vitet e** ~ die Jahre nach der «Befreiung» *(1944)*
pasdárke *Adv* abends, nach dem Abendbrot
pasdárk|ë -a *f* Abend *m* *(Zeit vom Abendbrot bis zum Schlafengehen)*
pasdíte *Adv* nachmittags
pasdréke *Adv* = **pasdite**
pasdrék|e -ja *f* Nachmittag *m*
¹**pás|ë** -a *f* Besitz *m*, Vermögen *n*, Hab und Gut *n*
²**pás|ë** -a *f, Pl* -a *Sport* Paß *m*
pasí -a *f* erster Besuch *m der jungen Frau bei ihren Eltern nach der Hochzeit*; Besuch
pasí *Konj* wenn; sobald, nachdem; da ja
pasigurí -a *f* Unsicherheit *f*
pasígurt (i) *Adj* unsicher, ungewiß
pasigurúar (i) *Adj* ungesichert
pasión -i *m, Pl* -e Passion *f*, Leidenschaft *f*; **mos gjyko me** ~! urteile objektiv!; große Vorliebe *f*, Begeisterung *f*
pasionóhet 1 *refl* eine Leidenschaft haben, begeistert sein, sich begeistern
pasionúar (i) *Adj* begeistert, leidenschaftlich
pasív I. -e *Adj* passiv, untätig, unbeteiligt; *Wirtsch* passiv, Verlust-; **bilanc** ~ Verlustbilanz *f*; *Gramm* passiv; **folje** ~**e** passives Verb *n*; **II.** -i *Subst/m* **1.** *Wirtsch* Passiva *Pl*, Verbindlichkeiten *Pl*, Schulden *Pl*; **2.** *Gramm* Passivum *n*
pásj|e -a *f* = ¹**pasë**
pasjéllë (i) *Adj* ungesittet, unhöflich, unmanierlich

paskáj|ë -a *f* Feinmehl *n*
paskajór, -e *Adj*: mënyrë ~ e Infinitiv *m*
paskajór|e -ja *f* Infinitiv *m*
paskëtáj *Adv* von nun an, künftig, fernerhin
paslúftës (i) *Adj* Nachkriegs-
pasmbés|ë -a *f*, *Pl* -a Urenkelin *f*
pásm|ë (i), -e (e) *Adj* **1.** hinterher, Hinter-; **këmbët e pasme** die Hinterbeine, die Hinterpfoten; **2.** zurückgeblieben, rückständig
pásmi (së) *Adv* schließlich, endlich
pasnésër *Adv* übermorgen
pasnésërm (i), -e (e) *Adj* übermorgig
pasój|ë -a *f*, *Pl* -a Folge *f*; Folgerung *f*, Konsequenz *f*
pasón 1 *itr* **1.** folgen; *tr* **2.** verfolgen, jmdm. nachgehen, hinterhergehen; **3.** übergeben, aushändigen; *Sport* abgeben, zuspielen *(Ball)*; **4.** das Vaterhaus nach der Hochzeit besuchen
pasósur (i) *Adj* unendlich, unbegrenzt; ewig
paspalíst|ë -a *f*, *Pl* -a *Bot* Gemeiner Gänsefuß *m*
pasprovúar (i) *Adj* unerfahren; unerprobt
pasqarúar (i) *Adj* ungeklärt
pasqýr|ë -a *f*, *Pl* -a Spiegel *m*; ~ **parabolike** Parabolspiegel; ~ **parashikues** Rückspiegel; **përmbi** ~ **n e detit** über dem Meeresspiegel; *übertr* Spiegel, Liste *f*, Tabelle *f*, Verzeichnis *n*; ~ **e shtypit** Pressespiegel; ~ **e lëndës** Inhaltsverzeichnis *n*
pasqyrím -i *m* Widerspiegelung *f*, Abbildung *f*; Reflex *m*; *Opt* Reflexion *f*
pasqyró|n 1 *tr* widerspiegeln, abbilden, darstellen; reflektieren; **-het** *refl* sich widerspiegeln
pasqyrúes, -e *Adj Opt* reflektierend
pasrrégull -a *f* Ohnmacht *f*

passhkrím -i *m* Nachschrift *f*, Postskriptum *n*
pastáj *Adv* **1.** danach; später; dann; **më** ~ später, nachher; **2.** und dann, außerdem; ~ **ne nuk kemi punuar edhe aq** außerdem haben wir auch nicht so besonders gearbeitet
pastájm|ë (i), -e (e) *Adj* späterer; folgender; letzter; **të pastajmen** schließlich, endlich
pastél -i *m*, *Pl* -e Pastell *n*, Pastellbild *n*; Pastellstift *m*
pást|ë -a *f*, *Pl* -a **1.** Torte *f*, Kremtorte; Stück Torte *n*; **2.** Paste *f*, Creme *f*; ~ **dhëmbësh** Zahnpasta *f*
¹**pástër** (i) *Adj* sauber, rein; *übertr* anständig; ordentlich
²**pást|ër** -ra *f*, *Pl* -ra *Zool*: ~ **deti** Seestern *m*
pastërmá -ja *f* gesalzenes Rauchfleisch *n*
pastërmón 1 *tr Fleisch* einsalzen und räuchern
pastërtí -a *f* Sauberkeit *f*
pastërvítur (i) *Adj* ungeübt; unerfahren
pastiçerí -a *f*, *Pl* – Konditorei *f*
pastíço -ja *f*, *Pl* – Nudelauflauf *m*
pastolí (i) *Adj* schmucklos, ungeschmückt, einfach
pastréhë (i) *Adj* obdachlos
pastrí -a *f* Sauberkeit *f*, Reinheit *f*
pastrím -i *m* Säuberung *f*, Reinigung *f*; Saubermachen *n*, Reinigen *n*
pastrón 1 *tr* sauber machen, rein machen; säubern, reinigen
pastrúes, -e *Adj* reinigend, säubernd
pasthéni|e -a *f*, *Pl* -e Nachwort *n*; Epilog *m*
pasthírrm|ë -a *f*, *Pl* -a Interjektion *f*
pásur **I.** (i) *Adj* reich, wohlhabend, vermögend; reichhaltig, reich; **II.** 55 *Part* → ¹**ka**
pasurí -a *f*, *Pl* – Reichtum *m*, Wohlstand *m*; *Jur* Vermögen *n*; ~ **e patundshme** unbewegliche Habe *f*, Immobilien *Pl*; ~ **e shtetit** Volks-

eigentum, staatliches Eigentum *n*; ~ të e nëntokës die Bodenschätze
pasurím -i *m* Bereicherung *f*; Anreicherung *f*
pasuró|n 1 *tr* reich machen; bereichern; anreichern; **-het** *refl* reich werden; sich bereichern
pash -i *m*, *Pl* – **1.** *Längenmaß, etwa 1,60 m bis 1,80 m,* Armspanne *f*; **e ke lejën plot ~ in** *od* **e ke lejën me ~** du hast meine Vollmacht, du hast mein völliges Einverständnis; **~ më ~** sich angeberisch in den Hüften wiegend
pashá -i *m*, *Pl* pashallárë Pascha *m*
pashaí -a *f*, *Pl* – Schaltuch *n*, Halstuch *n*, Schal *m der Frauen*
pashallék -u *m*, *Pl* pashalléqe Paschalik *n*
pashapórt|ë -a *f*, *Pl* -a Paß *m*, Reisepaß; **~ diplomatike** Diplomatenpaß; Ausweis *m*, Kennkarte *f*, Personalausweis
pashaportizím -i *m* **1.** Paßausstellung *f*; **zyra e ~ it** die Meldestelle; **2.** Wohnrecht *n*
pashémbëllt (i) *Adj* = **i pashembullt**
pashémbullt (i) *Adj* beispiellos
pashérr (i) *Adj* arglos, gutmütig, harmlos; ohne Hintergedanken; naiv
pashésh|ë -a *f*, *Pl* -a Frau *f des Paschas*
pasheshúar (i) *Adj* ungeebnet, unplaniert; uneben
¹**páshǀë** -a *m*, *Pl* pashallárë = **pasha**
²**páshë** 51 *1. Pers Sg Aor* → ¹**sheh**
páshǀëm (i), -me (e) *Adj* stattlich, ansehnlich; gut aussehend; anmutig, hübsch
pashëndét (i) *Adj* kränklich, kränkelnd
pashërúar (i) *Adj* unheilbar
pashërúeshǀëm (i), -me (e) *Adj* = **i pashëruar**
pashfáqshǀëm (i), -me (e) *Adj* unaussprechlich, unsagbar, unbeschreibbar
pashfrytëzúar (i) *Adj* nicht ausgebeutet; ungenutzt, nicht ausgenutzt
pashí -a *f* Ansehnlichkeit *f*, Stattlichkeit *f*, angenehmes Äußeres *n*
pashíjshǀëm (i), -me (e) *Adj* nicht schmackhaft; **kjo gjellë është e pashijshme** dieses Essen schmeckt nicht
pashítur (i) *Adj* unverkäuflich; unverkauft
páshkǀë -a *f*, *Pl* -ë Ostern *n od Pl*; **~ t** *Pl od* **~ t e mëdha** *Pl* Ostern; **~ e vogël** *od* **~ t e vogla** Weihnachten *n od Pl*
pashkëpútur (i) *Adj* unzertrennlich; untrennbar; ungeteilt, vollständig
pashkóllë (i) *Adj* ungebildet, ohne Schulbildung
pashkrúar (i) *Adj* ungeschrieben; **ligjë e ~** ein ungeschriebenes Gesetz; unbeschrieben *(Papier)*
pashkúeshǀëm (i), -me (e) *Adj* nicht umgänglich, ungesellig, menschenscheu; unfreundlich, nicht verträglich
pashlýeshǀëm (i), -me (e) *Adj* unauslöschlich, unauslöschbar
pashmangësí -a *f* Unvermeidlichkeit *f*, Unvermeidbarkeit *f*
pashmángshǀëm (i), -me (e) *Adj* unvermeidlich, unvermeidbar; unausweichlich
pashmërí -a *f* Sicht *f*, Sichtbarkeit *f*
pashník -u *m*, *Pl* -ë leichte Decke *f*; Leichendecke, Sargdecke; **~ u i kresë** die Schädeldecke
pashóq (i), -e (e) *Adj* unvergleichlich, unvergleichbar, einzigartig
pashoqërúar (i) *Adj* ungesellig, unnahbar, unzugänglich
pashoshítur (i) *Adj* ungeklärt, ungelöst
pashpírt (i) *Adj* hartherzig, herzlos; grausam, böse

pashpjegúesh|ëm (i), -me (e) *Adj* unerklärlich; unverständlich
pashpréhsh|ëm (i), -me (e) *Adj* unausdrückbar, unaussprechlich
pashprésë (i) *Adj* hoffnungslos
pashpresúar (i) *Adj* unverhofft, unerwartet
pashqiptúesh|ëm (i), -me (e) *Adj* unaussprechbar, nicht auszusprechen, schwer auszusprechen
pashqúar (i) *Adj Gramm* undeterminiert, unbestimmt; **trajta e ~ e emrit** die unbestimmte Form des Substantivs
pashtég (i) *Adj* unwegsam
pashtérsh|ëm (i), -me (e) *Adj* unversiegbar, unerschöpflich
pashterúar (i) *Adj* unversiegbar; unversiegt; unerschöpflich; unausgeschöpft
pashtrúar (i) *Adj* **1.** ungehorsam, unfolgsam, verstockt; ungezähmt; **2.** unbeugsam; nicht unterworfen; **3.** ohne Dielen *(Zimmer)*
pashúar (i) *Adj* ungelöscht; **gëlqere e ~** ungelöschter Kalk
pashúesh|ëm (i), -me (e) *Adj* unlöschbar; unauslöschlich
pat -i *m, Pl* -e **1.** Stockwerk *n*, Etage *f*; Geschoß *n*; **2.**: **jemi ~** wir sind quitt
patalók -u *m, Pl* palalóqe Platz *m*; Kampfplatz, Duellplatz
patár -i *m, Pl* -ë Gänsehirt *m*
patát|e -ja *f, Pl* -e Kartoffel *f*; Kartoffelpflanze *f*
patatór|e -ja *f, Pl* -e *od* **~ e artë** Kartoffelkäfer *m*
patáv|ër -ra *f, Pl* -ra Dachlatte *f*; Dachschindel *f*
patejdukëshmërí -a *f* Undurchsichtigkeit *f*; Trübheit *f*
paték|ë -a *f, Pl* -a enge Straße *f*, Gasse *f*
patént|ë -a *f, Pl* -a Patent *n*
patenzónë (i) *Adj* unbarmherzig, mitleidlos

pateríc|ë -a *f, Pl* -a Krücke *f*; Hirtenstab *m der Bischöfe*
patetík, -e *Adj* pathetisch
pát|ë -a *f, Pl* -a **1.** Gans *f*; **~ e egër** Graugans; **2.** Plektron *n*
patëkéq (i), -e (e) *Adj* unschuldig, arglos, naiv; gutmütig, harmlos
patëllxhán -i *m, Pl* -a Aubergine *f*, Eierfrucht *f*
patëmétë (i) *Adj* fehlerlos, fehlerfrei, makellos
patërshán|ë -a *f, Pl* -a Lanze *f*, Speer *m*
patështín|ë -a *f* Treber *Pl*, Trester *Pl*; Rückstand *m beim Pressen*
páti 55 *Aor* → **ka**
patím -i *m, Pl* -e Dielung *f*
patína -t *Pl* Schlittschuhe *Pl*
patinatór -i *m, Pl* -ë Schlittschuhläufer *m*
patinázh -i *m* Eislaufen *n*, Eislauf *m*; **~ artistik** Eiskunstlauf
patjétër *Adv* zweifellos, sicherlich, ganz bestimmt; unbedingt
patk|úa -ói *m, Pl* -ónj Hufeisen *n*
patók -u *m, Pl* -ë Gänserich *m*, Ganter *m*
patókë (i) *Adj* landlos
patolerúesh|ëm (i), -me (e) *Adj* nicht zu dulden; unerträglich
patológ -u *m, Pl* -ë Pathologe *m*
patologjí -a *f* Pathologie *f*
patologjík, -e *Adj* pathologisch; krankhaft
patóm|ë -a *f, Pl* -a **1.** Stockwerk *n*, Etage *f*; Geschoß *n*; **2.** Fußsohle *f*; Strumpfsohle *f*
patón 1 *tr Bauw* dielen
patorík -u *m* kurze Schurwolle *f von Lämmern*
patós -i *m* Pathos *n*
patóz -i *m, Pl* -e Stall *m*; *Raum im Erdgeschoß, in dem Tiere, Holz, landwirtschaftliche Geräte usw. untergebracht werden*
patrazúar (i) *Adj* **1.** abseits stehend;

është i ~ er mischt sich nicht ein; 2. ganz, unberührt; unangefangen
patrédhur (i) *Adj Zool* unverschnitten, nicht kastriert
patregúar (i) *Adj* unaussprechlich; gëzim i ~ unbeschreibliche Freude
patrémbur (i) *Adj* unerschrocken, mutig
patrétsh|ëm (i), -me (e) *Adj* unlöslich, unauflöslich; unverdaulich
patrétur (i) *Adj* ungelöst, ungeschmolzen; unverdaut; nicht zersetzt; unverwest
patriárk -u *m, Pl* -ë Patriarch *m*
patriarkál, -e *Adj* 1. patriarchalisch, vaterrechtlich; 2. patriarchalisch, altehrwürdig
patriarkát -i *m* 1. Patriarchat *n*, Vaterrecht *n*; 2. *Rel* Patriarchat
patríc -i *m, Pl* -ë *hist* Patrizier *m*
patrík -u *m, Pl* -ë *Rel* Patriarch *m*
patrikán|ë -a *f Rel* Patriarchat *n*; Sitz *m* des Patriarchen
patrióт -i *m, Pl* -ë Patriot *m*; Mitbürger *m*
patriotík, -e *Adj* patriotisch
patriotíz|ëm -mi *m* Patriotismus *m*
patronázh -i *m* Patronat *n*, Schirmherrschaft *f*; Patenschaft *f*
patrondítur (i) *Adj* unerschütterlich, standhaft
patrúll|ë -a *f, Pl* -a *Mil* Patrouille *f*, Spähtrupp *m*; Streife *f*
patúndsh|ëm (i), -me (e) *Adj* 1. unbeweglich; *Jur* **pasuri e patundshme** unbewegliche Habe, Immobilien *Pl*; 2. unerschütterlich, standhaft
patúndur (i) *Adj* unerschütterlich, standhaft
patúrp (i) *Adj* schamlos, unverschämt
paturpësí -a *f* Schamlosigkeit *f*, Unverschämtheit *f*
paturpësísht *Adv* ohne Scham, schamlos, unverschämt; hemmungslos

patúrpsh|ëm (i), -me (e) *Adj* = i paturp
patushtín|ë -a *f* = patështinë
patheksúar (i) *Adj Gramm* unbetont
pathemélтë (i) *Adj* grundlos, unbegründet; unfundiert; **lajm i ~** unbestätigte Meldung
páthos -i *m* = patos
pathýesh|ëm (i), -me (e) *Adj* unzerbrechlich; unverbrüchlich; unbesiegbar, unschlagbar
pathyeshmërí -a *f* Unzerbrechlichkeit *f*; Unverbrüchlichkeit *f*; Unbesiegbarkeit *f*, Unschlagbarkeit *f*
paúdha -t (të) *Pl* Unrechtes *n*; Missetaten *Pl*; Ungerechtigkeiten *Pl*
paúdhë (i) *Adj* unrecht, ungerecht, ungesetzlich; falsch
paudhësí -a *f, Pl* – Ungerechtigkeit *f*, Unrecht *n*; Missetat *f*, Untat *f*, Böses *n*
paúdhi (i) *m/best* der Teufel
paurtí -a *f* Unvernunft *f*
paushqím -i *m* Unterernährung *f*
paushqýer (i) *Adj* unterernährt
pavarësí -a *f* Unabhängigkeit *f*
pavarësísht *Adv* unabhängig; ~ **nga** unabhängig von
pavárur (i) *Adj* unabhängig; *Gramm* **fjali e ~** Hauptsatz *m*
pavdekësí -a *f* Unsterblichkeit *f*
pavdekësón 1 *tr* unsterblich machen
pavdéksh|ëm (i), -me (e) *Adj* unsterblich
pavdekshmërí -a *f* = pavdekësi
pavdékur (i) *Adj* = i pavdekshëm
pavénd (i) *Adj* unangebracht, unpassend; unvernünftig
pavendosmërí -a *f* Unentschlossenheit *f*
pavendósur (i) *Adj* unentschlossen, unschlüssig, zaudernd; ungelöst, ungeklärt
pavetëdij|ë -a *f* Unbewußtheit *f*
pavetëdíjsh|ëm (i), -me (e) *Adj* unbewußt
pavetësór, -e *Adj* = pavetor

pavetór, -e *Adj Gramm* unpersönlich
pavënëré (i) *Adj* unbeachtet; unbeobachtet; unbemerkt
pavërtetúar (i) *Adj* unbestätigt; nicht bewiesen, unbewiesen
pavijón -i *m*, *Pl* -e Pavillon *m*; *Med* Station *f*
pavijúesh|ëm (i), -me (e) *Adj* unterbrochen, diskontinuierlich
pavijueshmërí -a *f* Diskontinuität *f*
pavléfsh|ëm (i), -me (e) *Adj* wertlos; unnütz
pavód|ë -a *f*, *Pl* -a Pfau *m*
pavolítsh|ëm (i), -me (e) *Adj* unpassend, ungeeignet
pavullnétsh|ëm (i), -me (e) *Adj* unfreiwillig; unabsichtlich
payndýrë (i) *Adj* fettarm, fettlos; *übertr* fad, langweilig
pazár -i *m*, *Pl* -e **1.** Basar *m*, Markt *m*; **ditë** ~ **i** Markttag *m*; **2.** Feilschen *n*; **3.** Preis *m*; **i preu** ~ **in** er hat ihm seinen endgültigen Preis gesagt; **sa e ke** ~ **in?** was kostet es bei dir?; **u bë** ~ es ging zu wie im Taubenschlag
pazarákë -t *Pl* Bauern *Pl (die am Markttag den Basar aufsuchen, um zu kaufen oder zu verkaufen)*
pazarllék -u *m*, *Pl* pazarlléqe Feilschen *n*; *übertr* Kuhhandel *m*
pazbatúesh|ëm (i), -me (e) *Adj* unausführbar, undurchführbar, unrealisierbar
pazbulúar (i) *Adj* unentdeckt; unerforscht
pazbútsh|ëm (i), -me (e) *Adj* unzähmbar, unbändig, wild
pazésh|ëm (i), -me (e) *Adj Gramm* stimmlos
pazëvendësúar (i) *Adj* unersetzt, nicht ersetzt
pazëvendësúesh|ëm (i), -me (e) *Adj* unersetzbar, unersetzlich
pazgjídhsh|ëm (i), -me (e) *Adj* unlösbar
pazgjidhshmërí -a *f* Unlösbarkeit *f*

pazgjidhshmërísht *Adv* unlösbar
pazgjídhur (i) *Adj* ungelöst, ungeklärt
pazí -a *f* Mangold *m*
pazíer (i) *Adj* ungekocht; roh; noch nicht gar
pazónja (e) *Adj/f* unfähig
pazotësí -a *f* Unfähigkeit *f*
pazóti (i) *Adj/m* unfähig
pazhvillúar (i) *Adj* unentwickelt, zurückgeblieben
¹**pe** -ri *m*, *Pl* -nj *od* -një Faden *m*; *übertr* **lëshon** ~ Zugeständnisse machen
²**pe** 51 *1. Pers Sg Aor* → ¹**sheh**
pec I. -i *Subst/m* Kurzsichtiger *m*; Sehschwacher *m*; Blinder *m*; **II.** -e *Adj* kurzsichtig; sehschwach; blind
pecét|ë -a *f*, *Pl* -a Serviette *f*
péc|ë -a *f*, *Pl* -a **1.** Wischtuch *n*, Staubtuch *n*; Lappen *m*; **2.** Binde *f*
péç|e -ja *f*, *Pl* -e *alt* Gesichtsschleier *m mohammedanischer Frauen*
pedagóg -u *m*, *Pl* -ë Pädagoge *m*
pedagóg|e -ia *f*, *Pl* -e Pädagogin *f*
pedagogjí -a *f* Pädagogie *f*
pedagogjík, -e *Adj* pädagogisch; **shkollë** ~ **e** Lehrerbildungsanstalt *f*; **institut** ~ pädagogische Hochschule
pedánt I. -i *Subst/m*, *Pl* -ë Pedant *m*; **II.** -e *Adj* pedantisch
pedanterí -a *f* Pedanterie *f*
pediát|ër -ri *m*, *Pl* -ër Kinderarzt *m*
pediátr|e -ja *f*, *Pl* -e Kinderärztin *f*
pediatrí -a *f* Pädiatrie *f*, Kinderheilkunde *f*
pegél|ë -a *f*, *Pl* -a große Ansteckstecknadel *f*, Brosche *f*
pégull -a *f* Teer *m*
pegullón 1 *tr* teeren
pegún -i *m*, *Pl* -ë Häschen *n*, Hasenjunges *n*
pehár -i *m*, *Pl* -ë **1.** Glas *n*; Kelch *m*; Abendmahlskelch; **2.** Kochlöffel *m*
pehliván -i *m*, *Pl* -ë Seiltänzer *m*;

Akrobat *m*, Artist *m*; **djalë** ~ ein hübscher u. tapferer Bursche; *übertr* Lebenskünstler *m*

pehlivanllék -u *m* Seiltänzerei *f bes. übertr*

pehríz -i *m* Diät *f*

pejsázh -i *m*, *Pl* -e Landschaft *f*

péjz|ë -a *f*, *Pl* -a Muskelfibrille *f*, Muskelfaser *f*

pejzór, -e *Adj* Muskel-; **ind** ~ Muskelgewebe *n*

pek -u *m*, *Pl* péqe Sorge *f*; **më mbeti** ~ ich habe (es) bereut

pekméz -i *m* eingedickter Fruchtsaft *m*; Gelee *n*

peksimádh -i *m*, *Pl* -e = peksimet

peksimét -i *m*, *Pl* -e Zwieback *m*

pekúl -i *m*, *Pl* -e 1. Besitz *m*, Eigentum *n von Brüdern oder Ehegatten*; 2. Freund *m der Familie*; Verwandter *m*; **e kam me** ~ er ist ein guter Freund von mir; **është rritur me** ~**e** er ist in den besten Verhältnissen aufgewachsen

pekulát|ë -a *f*, *Pl* -a = pekuli

pekulí -a *f*, *Pl od* -a Geschenk *n*; Trinkgeld *n*; kleines Geschenk für Kinder *(Nüsse, getrocknete Feigen od. Kleingeld)*

pelár -i *m*, *Pl* -ë Pferdehirt *m*

pelegrinázh -i *m*, *Pl* -e Wallfahrt *f*, Pilgerfahrt *f*

pelén|ë -a *f*, *Pl* -a Windel *f*

peleqís 21 *tr* zerstückeln, zerhacken, zerkleinern

pelerín|ë -a *f*, *Pl* -a Umhang *m*, Pelerine *f*

pél|ë -a *f*, *Pl* -a Stute *f*

pelíç|e -ja *f*, *Pl* -e Pelzmantel *m*

peligórk -u *m* Bienenfresser *m*

pelikán -i *m*, *Pl* -ë Pelikan *m*

pelikór -i *m* Ohnmacht *f*

pelín -i *m* Wermut *m*; Absinth *m*

pelq 14 *tr* Wasser trüben

pélt|e -ja *f*, *Pl* -e kalte Geleespeise *f aus Stärke, Zucker und Obstsaft*

pellázg, -e *Adj* pelasgisch

péll|ë -a *f*, *Pl* -a Kamm *m*, Webkamm *des Teppichwebstuhls*

pellg -u *m*, *Pl* péllgje 1. Weiher *m*, Tümpel *m*; Wasserloch *n*, Wassergrube *f*; tiefe Stelle *f im Wasser*; **në** ~ **të detit** in der Tiefe des Meeres; 2. *Geogr* Becken *n*, Ebene *f*; **Pellgu i Donecit** das Donezbecken

pellgáç|e -ja *f*, *Pl* -e Tümpel *m*; Pfütze *f*; Wasserloch *n*, Wassergrube *f*

pellgovín|ë -a *f*, *Pl* -a Sumpfland *n*, Sumpfgebiet *n*

pemaxhí -u *m*, *Pl* – *od* -nj Obsthändler *m*, Obstverkäufer *m*

pém|ë -a *f*, *Pl* -ë Obstbaum; Baum *m*; **pema e Vitit të Ri** der Neujahrsbaum; Frucht *f*; ~ *Pl* Obst *n*

pemëshítës -i *m*, *Pl* – = pemaxhi

pemëtór|e -ja *f*, *Pl* -e Obstgeschäft *n*

pemísht|e -ja *f*, *Pl* -e Obstplantage *f*

pemurína -t *Pl* Obst *n*, Obstsorten *Pl*

penál, -e *Adj* strafrechtlich; **kodi** ~ das Strafgesetzbuch

penalíst -i *m*, *Pl* -ë *od* -a Strafverteidiger *m*; Strafrechtler *m*

penalísht *Adv* strafrechtlich

penalitét -i *m*, *Pl* -e *Jur* Strafe *f*; Strafmaß *n*; Strafbarkeit *f*

penállti *Indekl Sport* Strafstoß *m*

pendár -i *m*, *Pl* -ë Flurschütz *m*; Feldhüter *m*; *alt* leibeigener Bauer *m*

pendaríc|ë -a *f*, *Pl* -a Wächterhäuschen *n auf dem Feld*

pendaróhet 1 *refl* 1. sich verheiraten, heiraten; 2. sich paaren

pendárt|ë -a *f*, *Pl* -a Seelenmesse *f*, Totenmesse *f*

pendés|ë -a *f*, *Pl* -a *Rel* Beichte *f*; Buße *f*, Sühne *f*

pendestár -i *m*, *Pl* -ë Beichtender *m*, Beichtkind *n*

pendestár|e -ja *f*, *Pl* -e Beichtende *f*

¹**pénd|ë** -a *f*, *Pl* -ë 1. Feder *f*, Vogelfeder; *übertr* **i ranë** ~**t** er

péndë läßt den Kopf hängen; **2.** Schreibfeder; **3.** elastische Feder

²**pénd|ë** -a *f, Pl* -ë **1.** Paar *n,* Gespann *n* von *Tieren;* **një ~ qe** ein Ochsengespann; **një ~ dhe** Ackerfläche, die mit einem Gespann innerhalb eines Tages bearbeitet werden kann; **nget ~ t** das Feld bestellen; **2.** Wehr *n*

pendëkúq -i *m, Pl* -ë Rotfeder *f*

pénd|ël -la *f, Pl* -la Flaumfeder *f,* Daune *f*

péndëz -a *f, Pl* -a Plektron *n*

pendikostí -a *f* Pfingsten *Pl*

pendím -i *m* Reue *f,* Bereuen *n*

pendímas *Adv* = **pendueshëm**

pendóhet 1 *refl* bereuen

pendór|e -ja *f* Joch *n* Feldmaß

pendréc -i *m* Sech *n,* Schneidemesser *n am Pflug*

pendúar (i) *Adj* reumütig, reuevoll, zerknirscht; bereut

pendúeshëm *Adv* zögernd, nicht von Herzen, schweren Herzens

péndull -a *f, Pl* -a Feder *f*

penetrím -i *m* Durchdringung *f,* Eindringen *n,* Penetration *f*

penetrón 1 *tr* durchdringen, eindringen, penetrieren

penéz -i *m, Pl* -a Silbermünze *f als Schmuck verwendet*

penezór|e -ja *f, Pl* -e kleiner Wasserkrug *m*

pén|ë -a *f, Pl* -a Schreibfeder *f*

peng -u *m, Pl* péngje **1.** Pfand *n;* **ve ~** verpfänden; **lë ~** als Pfand hinterlassen; **2.** Bürge *m;* Geisel *f;* übertr **~ nderimi** Ehrenbezeigung *f;* **më mbeti ~ në zemër që** ... ich bereue, daß ..., es tut mir jetzt noch leid, daß ...

pengát|ë -a *f, Pl* -a Fessel *f für Pferde*

péngc|ë -a *f, Pl* -a Pfand *n*

pengés|ë -a *f, Pl* -a Hindernis *n;* Hemmnis *n; Sport* **vrapim me pengesa** Hindernislauf *m*

péng|ë -a *f, Pl* -a = **pengatë**

pengím -i *m, Pl* -e Behindern *n,* Behinderung *f;* Hindernis *n*

pengójc|ë -a *f, Pl* -a Fußfessel *f*

pengó|n 1 *tr* **1.** *Tiere* fesseln; **2.** behindern, erschweren; verhindern; **3.** verpfänden; als Pfand hinterlegen; **-het** *refl* auf ein Hindernis stoßen; stolpern

peník -u *m* **1.** Art Hirse; **2.** Hirsebrot *n*

pensión -i *m, Pl* -e **1.** Pension *f,* Rente *f;* **2.** Pension, Fremdenheim *n*

pensioníst -i *m, Pl* -ë *od* -a Pensionär *m,* Rentner *m*

pentaéd|ër -ri *m, Pl* -ra Pentaeder *n*

penxhér|e -ja *f, Pl* -e Fenster *n*

pénjëz -a *f* = **pejzë**

pénjtë (i) *Adj* Faden-, -fädig; Garn-

pepéq -i *m, Pl* -e Art Quarkkuchen *mit Sorbett übergossen*

peperún|ë -a *f Myth* Regenjunge *m*

pepsín|ë -a *f* Pepsin *n*

perandór -i *m, Pl* -ë Kaiser *m*

perandorák, -e *Adj* Kaiser-, kaiserlich

perandorésh|ë -a *f, Pl* -a Kaiserin *f*

perandorí -a *f, Pl* – Kaiserreich *n,* Reich *n;* **Perandoria Romake** das Römische Reich

pérç|e -ja *f, Pl* -e Haarschopf, Schopf *m der Männer*

perçollák -u *m, Pl* -ë Skorpion *m*

perdáh -u *m* **1.** Reibebrett *n,* Aufziehbrett *n,* Kartätsche *f der Maurer;* **2.** Marmorstein *m der Filzkappenhersteller (der als Form zum Pressen der Kappen dient)*

pérd|e -ja *f, Pl* -e Gardine *f;* Vorhang *m; Theat* Vorhang; *Film* Leinwand *f;* übertr Schleier *m vor den Augen;* **nuk këndon me ~** er ist unmusikalisch, er singt falsch; **nuse me ~** eine anständige junge Frau

perëndésh|ë -a *f, Pl* -a Göttin *f*

perëndí -a *m* Gott *m*
perëndím -i *m* **1.** Sonnenuntergang *m*; **2.** Westen *m*; **Perëndimi** *od* **shtetet e Perëndimit** der Westen, die westliche Welt, die westlichen Staaten; **3.** Untergang *m*, Niedergang *m*, Verfall *m*
perëndimór, -e *Adj* westlich, West-; **Evropa Perëndimore** Westeuropa *n*
perëndísh|ëm (i), -me (e) *Adj* göttlich
perëndítet 20 *refl* **1.** Hemmungen haben; sich nicht trauen; **2.** sich fürchten
perëndón 1 *itr* **1.** untergehen (Sonne); **2.** vorbeigehen, zu Ende gehen; niedergehen, in Verfall geraten; **3.**: ~ **pas asaj** er verzehrt sich nach ihr; *tr* **4.**: **perëndoi sytë** er hat die Augen geschlossen, er ist gestorben
perfeksión -i *m* Perfektion *f*, Vollkommenheit *f*, Vollendung *f*
perfeksioním -i *m* Perfektionierung *f*, Vervollkommnung *f*; **kurs i ~it** Kursus für Fortgeschrittene, Weiterbildungskursus *m*
perfeksionó|n 1 *tr* perfektionieren, vervollkommnen; verbessern; **-het** *refl* sich vervollkommnen
perfeksionúar (i) *Adj* perfektioniert, perfekt, vollkommen; vollendet
perfeksionúesh|ëm (i), -me (e) *Adj* verbesserungsfähig
perfékt I. -i *Subst/m Gramm* Perfekt *n*; **II.** -e *Adj* perfekt
pergamén|ë -a *f* Pergament *n*
pergjél -i *m*, *Pl* -a Zirkel *m*
periferí -a *f* **1.** Peripherie *f*, Stadtrand *m*; **2.** *Math* Peripherie, Umkreis *m*
periferík, -e *Adj* Rand-, peripher(isch); **lagjet ~e** das Randgebiet, die Außenbezirke *einer Stadt*; **nervat ~e** die peripheren Nerven
perifráz|ë -a *f*, *Pl* -a Periphrase *f*, Umschreibung *f*

perifrazón 1 *tr* umschreiben
perikót -i *m*, *Pl* -e Ziegel *m*
períme -t *Pl* Gemüse *n*
perimét|ër -ri *m*, *Pl* -ra Perimeter *n*
perinják -u *m* Seidelbast *m*
periód|ë -a *f*, *Pl* -a **1.** Periode *f*, Zeitraum *m*, Zeitabschnitt *m*; **2.** *Geol* Zeitalter *n*, Zeit *f*; ~ **akullnajore** Eiszeit; ~ **e kretës** Kreidezeit; ~ **jurasike** Jura *m*; **3.** *Gramm* Periode
periodík, -e *Adj* periodisch, regelmäßig; **botime ~e** Periodika *Pl*
periodikísht *Adv* in Perioden, periodisch
periodizím -i *m* Periodisierung *f*
peripecí -a *f*, *Pl* – = **peripeti**
peripetí -a *f*, *Pl* – Peripetie *f*, Schicksalswendung *f*, unvorhergesehenes Ereignis *n*; Abenteuer *n*
perisháne -t *Pl* Stirnschmuck *m*
perishtúp, -e *Adj* Schalt-; **vit** ~ Schaltjahr *n*
peritonít -i *m* Peritonitis *f*, Bauchfellentzündung *f*
periúdh|ë -a *f*, *Pl* -a = **periodë**
perivól -i *m*, *Pl* -e Garten *m*, Hausgarten
períz -i *m* Diät *f*; **mban** ~ Diät halten
perkuizím -i *m*, *Pl* -e Hausdurchsuchung *f*; Leibesvisitation *f*
pérl|ë -a *f*, *Pl* -a Perle *f*
permanént I. -e *Adj* permanent, anhaltend, ununterbrochen; **II.** -i *Subst/m* Dauerwelle *f*
permanganát -i *m* Permanganat *n*
permanganík, -e *Adj* permangan; **acid** ~ Übermangansäure *f*
permutación -i *m Math* Permutation *f*, Umstellung *f*
perón|ë -a *f*, *Pl* -a Nagel *m*, Stift *m*; *übertr* **më mbeti** ~ **në zemër** ich bereue es, es tut mir jetzt noch leid
perpendikulár|e -ja *f*, *Pl* -e *Math* Senkrechte *f*

persekutím -i *m*, *Pl* -e Verfolgung *f*
persekutón 1 *tr* verfolgen
Persí -a *f* Iran *m*; Persien *n*
persián **I.** -i *Subst/m*, *Pl* -ë Perser *m*; **II.** -e *Adj* persisch; **qilim** ~ Perserteppich *m*
persísht *Adv* auf persisch
persísht|e -ja *f* Persisch *n*
persón -i *m*, *Pl* -a Person *f*; ~ **juridik** juristische Person; *Lit* Person, Figur *f*; Gestalt *f*
personál, -e *Adj* persönlich, eigen
personalísht *Adv* persönlich, selbst
personalitét -i *m*, *Pl* -e Persönlichkeit *f*, Personalität *f*; Persönlichkeit, bekannte Person *f*; ~ **e të larta** hohe Persönlichkeiten
personázh -i *m*, *Pl* -e *Theat*, *Lit* Person *f*, Gestalt *f*, Figur *f*; ~**i kryesor** der Haupttheld, die Zentralfigur
personél -i *m* Personal *n*, Belegschaft *f*
personifikím -i *m* Personifikation *f*, Personifizierung *f*
personifikón 1 *tr* personifizieren
perspektív|ë -a *f*, *Pl* -a Perspektive *f*, Raumsicht *f*; **-a** *Pl* Perspektiven *Pl*, Aussichten *Pl*, Zukunft *f*
perustí -a *f*, *Pl* – kleiner Dreifuß *m*
perrí -a *f*, *Pl* – *Myth* Peri *f*, schöne Fee *f*; *übertr* **është** ~ **sie ist** wunderschön
perrupí -a *f* = **porropi**
pés|ë **I.** *Num* fünf; **II.** -a *Subst/f* Fünf *f*; *übertr* **s'ia kam për** ~ er ist mir gleichgültig, ich kümmere mich nicht um ihn
peseçípash, -e *Adj* fünfeckig; **yll** ~ fünfzackiger Stern
pesëdhjétë *Num* fünfzig
pesëdhjetëvjetór -i *m*, *Pl* -ë Fünfzigjahrfeier *f*, fünfzigster Jahrestag *m*
pesëfísh *Adv* fünffach
pesëfishón 1 *tr* verfünffachen
pesëgárësh -i *m* Fünfkampf *m*
pesëkéndësh -i *m*, *Pl* – Fünfeck *n*

pesëmbëdhjétë *Num* fünfzehn
pesëqínd *Num* fünfhundert
pesëqíndtë (i) *Adj* fünfhundertster
pésësh -i *m*, *Pl* -a Fünf *f*; Fünfer *m alte Münze*; *übertr* **s'ka një** ~ **në xhep** er hat keinen roten Heller in der Tasche, er hat keinen Sechser in der Tasche
pesëvjeçár **I.** -i *Subst/m*, *Pl* -ë Jahrfünft *n*; Fünfjahrplan *m*; **II.** -e *Adj* Fünfjahr-; **plani** ~ der Fünfjahrplan
pesimíst **I.** -i *Subst/m*, *Pl* -ë *od* -a Pessimist *m*; **II.** -e *Adj* pessimistisch
pesimíz|ëm -mi *m* Pessimismus *m*
pesmérç -i *m* Sohn, der nach dem Tod des Vaters geboren wird
péstë (i) *Adj* fünfter
pestíl -i *m* dünne Fladen *Pl* aus getrocknetem Pflaumenbrei zum Würzen bestimmter Fleischgerichte
pestílk|ë -a *f*, *Pl* -a längliche Pflaume *f (die sich zum Trocknen eignet)*
pestróv|ë -a *f*, *Pl* -a Forelle *f*
pésh|ë **I.** -a *Subst/f*, *Pl* -a Gewicht *n*, Schwere *f*; Gewicht *der Waage*; *Phys* Gewicht, Wichte *f*; ~ **specifike** spezifisches Gewicht; ~ **atomike** Atomgewicht; *Sport* Gewicht, Gewichtsklasse *f*; ~ **e mesme** Mittelgewicht; ~ **e puplës** Federgewicht; ~ **e këndezit** Fliegengewicht; **ngritja e peshave** das Gewichtheben; Gewicht, Wichtigkeit *f*; **pa** ~ unwichtig; **s'ngre** ~ das fällt nicht ins Gewicht; **ai s'ka** ~ a) er ist bedeutungslos, er hat nichts zu sagen; b) er hat kein gutes Urteilsvermögen; **djathë peshe** Hartkäse *m*, Schnittkäse *m*; Last *f*, Bürde *f*; **II.** *Adv* hochgehoben, angehoben *(um das Gewicht eines Gegenstandes zu schätzen)*; **ngre** ~ **atë dash!** heb mal den Hammel an!; **e çon** ~ a) jmdn. aufwiegeln, aufhetzen;

b) jmdn. ermuntern; **çon ~ popullin** das Volk mobilisieren; **u çua ~ gjithë fshati** das ganze Dorf erhob sich, das ganze Dorf trat in den Aufstand; **ma çoi zemrën ~** es hat mich tief erschüttert

peshím -i *m* Abwiegen *n*, Wiegen *n*; **me ~** nach Gewicht; Abwägen *n*, Erwägen *n*

peshímthi *Adv* = **peshë II**

peshín *Adv* bar; **paguan ~** bar zahlen

peshk -u *m*, *Pl* peshq *od* pishq 1. Fisch *m*; **~ sharrë** Sägefisch; **~ shpatë** Säbelfisch; 2. *Anat* **~ u i kurrizit** das Rückgrat, die Wirbelsäule

peshkaqén -i *m*, *Pl* -a Hai *m*

peshkatár -i *m*, *Pl* -ë Fischer *m*; Angler *m*

peshkatarí -a *f* Fischerei *f*; Angeln *n*

peshkím -i *m* Fischen *n*, Fischfang *m*; Angeln *n*; **barkë ~ i** Fischerboot *n*

peshkón 1 *tr* fischen; angeln; *übertr* **~ në ujë të turbullt** im trüben fischen

peshkóp -i *m*, *Pl* -ë orthodoxer Bischof *m*

peshkopát|ë -a *f*, *Pl* -a orthodoxes Bistum *n*

peshkth -i *m*, *Pl* -a Kleidermotte *f*

péshkv|e -ja *f Min* Pech *n*

peshój|ë -a *f*, *Pl* -a Waage *f*; **~ dhjetore** Dezimalwaage

peshó|n 1 *tr* 1. wiegen, abwiegen; *übertr* **~ fjalët** die Worte abwägen; 2. erwägen, in Erwägung ziehen; beachten; 3. *itr* wiegen, schwer sein; **sa ~ kjo?** wieviel wiegt es?; **fjala e tij ~** sein Wort hat Gewicht; **-het** *refl* sich wiegen; sich wiegen lassen

peshónjës -i *m*, *Pl* – Waagemeister *m*

peshór|e -ja *f*, *Pl* -e = **peshojë**

peshqésh -i *m*, *Pl* -e Geschenk *n*; **bën ~** schenken

peshqír -i *m*, *Pl* -ë Handtuch *n*; *Anat* **~ i zorrëve** Bauchfell *n*

peshtáf -i *m*, *Pl* -e Schmuckkästchen *n*; Kosmetikkästchen *n*

peshtamáll -i *m* großes Handtuch *n*; Badetuch *n*

peshúar (i) *Adj* gewogen, abgewogen; *übertr* ausgeglichen; wohl abwägend; gut durchdacht

pet -i *m*, *Pl* -a Treppenstufe *f*

petál -i *m*, *Pl* -e *Bot* Blütenblatt *n*

petaník -u *m*, *Pl* -ë Blätterteigpastete *f mit Reis oder Fleisch gefüllt*

petaríshte -t *Pl* getrocknete Blätterteiglagen als Wintervorrat

pétas *Adv*: **lozim ~** wir spielen mit Steinplättchen

petashúq, -e *Adj* abgeplattet, platt

petatór, -e *Adj* runzelig, mit runzeligem Gesicht

petáv|ër -ra *f*, *Pl* -ra = **patavër**

pét|ë -a *f*, *Pl* -ë *od* -a 1. Lage *f*, Schicht *f einer Blätterteigpastete*; Blätterteig *m*; 2. Blätterteigpastete, Pastete *f*; 3. Plättchen *n*, Platte *f (Metall)*; Folie *f (Metall)*; **e bëri ~** er hat es platt gewalzt; 4. flacher, abgeplatteter Stein *m*; Steinplättchen *n*; 5.: **i plasi peta** er hat jede Scham verloren

pétës -i *m*, *Pl* – 1. Nudelholz *n*, Teigrolle *f*; 2. *Anat* Psalter *m*, Blättermagen *m*

pétëz -a *f*, *Pl* -a 1. *Opt* Schliff *m*; 2. dünnes Plättchen *n*; dünne Teigschicht *f*; *Mus* Plektrum *n zum Anreißen der Saiten des* → **buzuk**

petëzím -i *m* Walzen *n*; **uzinë e ~ it të metaleve** Walzwerk *n*

petëzón 1 *tr Metall* auswalzen, walzen

petk -u *m*, *Pl* -a Kleidungsstück *n*; Gewand *n*; **petka** *Pl* Kleidungsstücke *Pl*, Kleidung *f*, Sachen *Pl*; **~ a të leshta** Wollkleidung *f*

pétkash *Adv* = petas
petkíc|ë -a *f, Pl* -a Kleidchen *n*
petón 1 *tr Blätterteig* ausrollen
pétra -t *Pl* = **petarishte**
petrahíl -i *m, Pl* -a Priesterstola *f*
petrifikím -i *m* Versteinerung *f*
petrifikóhet 1 *refl* versteinern
petrít -i *m, Pl* -ë Habicht *m*; *übertr* tapferer Mensch *m*, kühner Held *m*
petrografí -a *f* Gesteinskunde *f*
petrokimí -a *f* Petrochemie *f*
petrokimík, -e *Adj* petrochemisch
pétull -a *f, Pl* -a 1. Art Zuckerschnekke; 2. kleiner, flacher Stein *m*
petullák, -e *Adj* flach, platt, abgeplattet und rund
petullíc|ë -a *f, Pl* -a flaches Maisbrot *n*
petulló|n 1 *tr* abplatten; flach machen, plattdrücken, flach drücken; **-het** *refl übertr:* **i petullohem** ich bitte ihn inständig
pezaúl -i *m, Pl* -ë Netz *n*, Wurfnetz *zum Fischfang*
péz|ëm -mi *m* 1. Entzündung *f einer Wunde;* **plaga ka marrë** ~ die Wunde hat sich entzündet; 2. Ärger *m*; Streit *m*, Zank *m*
pezmatím -i *m* Entzündung *f einer Wunde;* Verschärfung *f*, Verschlimmerung *f*
pezmató|n 1 *tr* 1. entzünden, reizen *(Wunde);* 2. reizen, erzürnen, ärgern; **-het** *refl* 1. sich entzünden; sich verschlimmern; 2. sich ärgern, in Zorn geraten, sich aufregen
pezúl -i *m, Pl* -e 1. Graben *m*, Grenzgraben *zwischen zwei Äckern;* 2. Bank *f*, Sitz *m aus Stein;* Steinmauer *f*; oberer Rand *m der Mauer,* Mauerkrone *f;* ~ **i penxheres** *od* ~ **i dritares** Fensterbrett *n*
pézull *Adv* schwebend, in der Luft hängend; *übertr* in der Schwebe, ungewiß, offen ; **është** ~ er verhält sich abwartend; **lë punën** ~ er läßt die Sache in der Schwebe;

mbeti ~ es blieb offen, es blieb in der Schwebe
pezullím -i *m* 1. vorübergehende Amtsenthebung *f*, Suspension *f*; 2. zeitweilige Einstellung *f*, Aussetzung *f*; Unterbrechung *f*, Vertagung *f*
pezullón 1 *tr* 1. vorübergehend suspendieren, des Dienstes entheben; 2. zeitweilig unterbrechen; aussetzen; vertagen
pézhgv|e -ja *f Min* Pech *n*
pezhíshk|ë -a *f, Pl* -a Spinnwebe *f*
pëgén 5 *tr* beschmutzen, verschmutzen
pëgërë (i) *Adj* schmutzig, dreckig, verschmutzt
pëlcás 23 *od* 28¹ *1. Pers Sg Präs* → **pëlcet**
pëlcét 23 *od* 28¹ *itr* 1. platzen, bersten, zerspringen; explodieren; **plasi nga zilia** er platzte fast vor Neid; **plasa së këshilluari** ich habe mir schon den Mund fusselig geredet; **ia plasi këngës** er stimmte ein Lied an; **plasa vape** ich komme fast um vor Hitze; 2. ausbrechen, hervorbrechen; **plasi lufta** der Krieg brach aus; 3. *übertr* vor Kummer sterben; *tr* 4.: **më plasi shpirtin** a) er hat mich gequält; b) er geht mir auf die Nerven; 5. werfen, hinwerfen, schmettern; sprengen; 6. zur Verzweiflung bringen
pëlcíste 23 *od* 28¹ *Imperf* → **pëlcet**
pëlcíti 23 *Aor* → **pëlcet**
pëlhúr|ë -a *f, Pl* -a 1. Gewebe *n*, Stoff *m*; **bën** ~ weben; ~ **merimange** Spinn(en)gewebe; 2. Segel *n*; *übertr* **ngre** ~ die Segel hissen; in See stechen
pëlqén 3 *tr* etw. schön finden, an etw. (od. an jmdm.) Gefallen finden; **e pëlqej këtë njeri** dieser Mensch gefällt mir; bevorzugen, vorziehen; billigen, gutheißen, einer Sache zustimmen; *itr* **i** ~

jmdm. gefallen; **më ~ es** gefällt mir

pëlqím -i *m* Zustimmung *f*, Billigung *f*; **jap ~ in tim** ich gebe meine Zustimmung

¹**pëlqýer** (i) *Adj* 1. ansprechend, angenehm; 2. gebilligt, bestätigt; 3. annehmbar, passend; ziemlich

²**pëlq|ýer** -éri *m*, *Pl* -ërë Daumen *m*

pëlqýesh|ëm (i), -me (e) *Adj* passend, annehmbar; ziemlich

pëllás 23 *od* 26³ *1. Pers Sg Präs* → **pëllet**

pëllé -ja *f*, *Pl* pëllá Milchziege *f*; Milchschaf *n*; Milchkuh *f*

pëllét 23 *od* 26³ *itr* brüllen, muhen *(Esel, Rinder)*

pëllémb|ë -a *f*, *Pl* -ë 1. Handfläche *f*; **një ~ toke** ein winziges Stück Land; *übertr* **e mban në ~ të dorës** er hütet ihn wie seinen Augapfel; 2. Spanne *f*; *übertr*: **i kam matur me ~ ato vende** ich kenne jene Gebiete wie meine Westentasche; 3. Ohrfeige *f*

pëllíste 23 *od* 26³ *Imperf* → **pëllet**

pëllíti 23 *Aor* → **pëllet**

pëllítj|e -a *f* Brüllen *n*, Gebrüll *n von Eseln, Rindern*

pëllór, -e *Adj* fruchtbar, ertragreich

pëllór|e -ja *f*, *Pl* -e Milchschaf *n*

pëllúa *Indekl* lebend

pëllúmb -i *m*, *Pl* -a Taube *f*; **~ i egër** Felsentaube

pëllumbésh|ë -a *f*, *Pl* -a Täubchen *n*, weibliche Taube *f*

pëndár -i *m*, *Pl* -ë Weinberghüter *m*; Ackersmann *m*, Sämann *m*

pëqí -ri *m*, *Pl* -nj 1. Saum *m an Kleidung*; 2. Schoß *m*; **e mban në ~** jmdn. auf dem Schoß halten

pëqís|ë -a *f*, *Pl* -a gebrannter Ziegelstein *m*

për *Präp (mit Akk)* 1. für, nach, zu, um *(Ziel)*; **punon ~ nesër** für morgen arbeiten; **vete ~ ujë** nach Wasser gehen; **bojë ~ të shkruar** Tinte zum Schreiben; **~ shumë vjet** auf viele Jahre, du sollst lange leben! *(Wunsch)*; **~ të mirë** zum Wohl!; **të betohem ~ kokën e djalit** ich schwöre dir beim Kopfe meines Sohnes; **~ nder!** bei meiner Ehre!; 2. von, über; wegen, um; **flet ~ trimërinë** über den Mut sprechen, von der Tapferkeit reden; **~ këto fjalë** wegen dieser Worte; 3. in, innerhalb *(Zeit)*; **~ tri javë** in drei Wochen, innerhalb von drei Wochen; **~ pak kohë** in kurzer Zeit; **~ së shpejti** bald, in Kürze; **~ së gjalli** solange er lebte, zu Lebzeiten; **~ së dyti** *od* **~ të dytën herë** zum zweiten Mal; 4. nach; an; von *(Ort)*; **~ Shkodër** nach Shkodra; **~ së largu** von fern; **~ së gjati** der Länge nach, längs; **më doli ~ hundësh** es mißlang mir, ich hatte Pech; 5. für, um; pro; **~ ditë** täglich; **vit ~ vit** Jahr für Jahr; **100 lekë ~ njeri** 100 Lek pro Person; **~ qind** pro Hundert, Prozent; **~ dreq!** verflucht!; **~ bukuri!** sehr gut, bestens!; 6. als; **i shkoj ~ mik** ich gehe zu ihm als Gast; 7. betreffend; **sa ~ mua** was mich betrifft; 8. durch, mittels, vermittels; **i çoj letrën ~ djalë** ich schicke ihm den Brief durch den Jungen; 9. **:~ në** a) wenn; b) nach *(Ort)*; 10. *Gramm* zur Bildung des sogenannten *Infinitivs*; **~ të blerë** um zu kaufen, zu kaufen

përafërím -i *m Opt* Approximation *f*

përafërsísht *Adv* etwa, ungefähr, annähernd

përáfërt (i) *Adj* angenähert, annähernd

përánsh|ëm (i), -me (e) *Adj* indirekt, mittelbar; seitlich, am Rande befindlich

përarëndít 22 *tr Bäume* umpflanzen, umsetzen; *übertr* stören

përbálc|ë -a *f* Ringkampf *m*

përbált 20 *tr* mit Schlamm bespritzen, mit Schmutz bewerfen; -et *refl* sich beschmutzen
përbáltës -i *m*, *Pl* – Ringer *m*
përbáll 14 *tr* = **përballon**
përbállë I. *Adv* gegenüber; **i rri** ~ jmdm. gegenüber sitzen; **i vuri** ~ er stellte sie (einander) gegenüber; II. *Präp (mit Abl)* gegenüber; ~ **shtëpisë** dem Haus gegenüber
përballím -i *m* Überwindung *f*, Bewältigung *f von Schwierigkeiten*; Deckung *f*, Bestreiten *n von Ausgaben*
përballón 1 *tr* jmdm. entgegentreten, trotzen, widerstehen; ~ **shpenzimet** die Ausgaben decken
përbáshkët (i) *Adj* gemeinsam; Gemeinschafts-; **pronë e** ~ Gemeineigentum *n*
përbé|n 8 *tr* 1. unter Eid stellen, schwören lassen; 2. beschwören, anflehen; -het *refl* 1. schwören; 2.: **i përbehet** jmdm. drohen
përbetím -i *m*, *Pl* -e Verschwörung *f*
përbetó|n 1 *tr* schwören lassen, unter Eid stellen; -het *refl* 1. schwören; 2. jmdm. drohen
përbetúar -i (i) *m*, *Pl* – (të) Verschwörer *m*
përbé|n 12 *tr* ausmachen, darstellen, bilden; -het *refl*: **përbëhet nga ...** *od* **përbëhet prej ...** bestehen aus..., sich zusammensetzen aus ...
përbérë (i) *Adj* zusammengesetzt
përbérës I. -i *Subst/m*, *Pl* – Bestandteil *m*; II. -e *Adj*: **pjesë** ~ **e** Bestandteil
përbérj|e -a *f*, *Pl* -e Zusammensetzung *f*
përbíndsh -i *m*, *Pl* -a *Myth* phantastisches Ungeheuer *n*
përbíndsh|ëm (i), -me (e) *Adj* ungeheuerlich, ungeheuer
përbír 14¹ *tr* durch ein Loch schieben oder ziehen
përblúan 2 *od* 9 *od* 9¹ 1. etw. Böses ersinnen, etw. aushecken; 2. wiederkäuen; 3. gründlich durchdenken
përbór 14¹ *tr* mit Schnee bedecken
përbórm (i), -e (e) *Adj* schneebedeckt, verschneit
përbótsh|ëm (i), -me (e) *Adj* Welt-
përbrénda I. *Adv* drinnen, innen, innerhalb; von innen, von drinnen; II. *Präp (mit Abl)* innerhalb; ~ **portës** hinter der Tür
përbréndësa -t *Pl* Eingeweide *Pl*, Innereien *Pl*
përbréndsh|ëm (i), -me (e) *Adj* innerer
përbrénda *Adv* = **përbrenda**
përbréndëshme -t (të) *Pl* = **përbrendësa**
përbrí I. *Adv* nebeneinander, nebenan, daneben; an... vorbei, (daran) vorbei; II. *Präp (mit Abl)* neben, bei; ~ **shtëpisë** neben dem Haus
përbújtë (i) *Adj*: **ujë i** ~ abgestandenes Wasser; **bukë e** ~ altbackenes Brot
përbún 10² *tr* 1. übernachten lassen; 2. bei jmdm. Nachtwache halten *(bei einem Kranken)*; die Totenwache halten
përbúz 14 *tr* verachten, mißachten, geringschätzen; verschmähen
përbúzës, -e *Adj* verächtlich, geringschätzig, wegwerfend
përbúzj|e -a *f* Verachtung *f*, Geringschätzung *f*, Mißachtung *f*
përbúzsh|ëm (i), -me (e) *Adj* verachtungswürdig, verachtenswert
përbúzur (i) *Adj* verachtet, verschmäht, mißachtet
përbýth 14 *tr* schlecht behandeln, peinigen; jmds. Rechte mit Füßen treten
përcaktím -i *m*, *Pl* -e Bestimmung *f*, Festlegung *f*; Definition *f*; Eingrenzung *f*
përcaktón 1 *tr* 1. bestimmen, festlegen; eingrenzen; definieren; 2.

ermöglichen, bewirken, bestimmen; **gatitja e mirë ~ suksesin e një pune** eine gute Vorbereitung entscheidet über den Erfolg einer Arbeit
përcaktúar (i) *Adj* bestimmt, festgelegt, definiert
përcél -i *m* Einkorn *n*
përcëllák -u *m, Pl* -ë *kleiner, in Asche gebackener Fladen*
përcëllím|ë -a *f, Pl* -a abgebrannter Wald *m*; abgebrannte Wiese *f*
përcëllín 11 *tr* = **përcëllon**
përcëllín|ë -a *f, Pl* -a = **përcëllimë**
përcëlló|n 1 *tr* anrösten, rösten; bräunen; versengen; **përcëllova vetullat** ich habe mir die Augenbrauen versengt; **-het** *refl* sich (etw.) versengen; sich (etw.) verbrennen; **m'u përcëlluan leshrat** ich habe mir die Haare versengt
përcëllúar (i) *Adj* versengt, leicht angebrannt, angesengt
përcíllet 16¹ *refl* 1. Begleitung haben; 2. würgen *(an einem Bissen)*; → **përcjell**
përcíllte 16¹ *Imperf* → **përcjell**
përcípe *Adv* = **përciptazi**
përcíptas *Adv* = **përciptazi**
përcíptazi *Adv* oberflächlich
përcíptë (i) *Adj* oberflächlich
përcjéll 16¹ *tr* 1. begleiten; *Mus* auf einem Instrument begleiten; *übertr* **e ~ me fjalë** er vertröstet ihn; 2. schlucken; hinunterschlucken; → **përcillet**
përcjéll|ë -a *f* Begleitung *f*, Geleit *n*, Eskorte *f*
përcjéllës -i *m, Pl* – 1. Begleiter *m*; 2. *El* Leiter *m*; Leitung *f*, Draht *m*, Kabel *n*; **~ i dhënies** *od* **~ i ushqimit** Zuleitung; **~ tokëzimi** Erdleitung, Erdung *f*
përcjellësí -a *f El* Leitfähigkeit *f*
përcjéllj|e -a *f* 1. Begleitung *f*; Eskorte *f*, Geleit *n*; 2. *Tech* Übermittlung *f*, Übertragung *f*; Verbindung *f*
përcjellór|e -ja *f Gramm* Gerundium *n*
përcjellshmërí -a *f El* Leitfähigkeit *f*
përcólli 16¹ *Aor* → **përcjell**
përç -i *m, Pl* -a unverschnittener Ziegenbock *m*
përçák -u *m, Pl* -ë = **përç**
përçán 5 *tr* 1. spalten; zerhacken, durchschneiden; 2. spalten; entzweien; 3. *das Meer* durchkreuzen; *das Land* bereisen, durchwandern; 4.: **përçaj e sundo** teile und herrsche
përçáp 14 *tr* kauen; wiederkäuen
¹**përçápje** -t *Pl* amtliche Schritte *Pl*, Maßnahmen *Pl*; Versuch *m*; **bën ~** a) Schritte unternehmen; b) einen Versuch machen
²**përçápj|e** -a *f* Wiederkäuen *n*
përçárë (i) *Adj* gespalten; zerstritten, entzweit
përçárj|e -a *f* Spaltung *f*; Bruch *m*; Streit *m*, Zwist *m*
përçárt *Adv* im Wahn, im Fieber; **flet ~** er phantasiert, er redet irre
përçés -i *m* = **përçor**
përçík -u *m, Pl* -ë kleine Spanne *f* *(vom Daumen bis zum Zeigefinger)*
përçítet 20 *refl* sich paaren, gedeckt werden *(Ziege)*
përçítës -i *m, Pl* – Ziegenbock *m zur Zucht*, Zuchtbock *m*
përçmím -i *m* Verachtung *f*; Mißachtung *f*, Geringschätzung *f*; Verschmähung *f*
përçmó|n 1 *tr* 1. verachten; mißachten, geringschätzen; verschmähen; 2. verunstalten, häßlich machen; **-het** *refl* häßlich werden
përçmúar (i) *Adj* 1. verachtet, mißachtet, verschmäht; 2. verunstaltet, häßlich, garstig
përçollák -u *m, Pl* -ë Art Skorpion
përçón 1 *tr* führen, anführen, leiten
përçór -i *m, Pl* -ë Leittier *n*, Leithammel *m*, Leitbock *m*

përçudnón 1 *tr* verunstalten, häßlich machen
përçúes -i *m, Pl – El* Leiter *m;* Leitung *f*
përçuesí -a *f* = **përçueshmëri**
përçueshmërí -a *f El* Leitfähigkeit *f*
përdálë (e) *Adj/f* verworfen, lasterhaft
përdán 5 *tr* = **përndan**
përdás I. -e *Adj* distributiv; Verteilungs-; II. -i *Subst/m, Pl –* Briefträger *m*
përdát 20 *tr* jmdn. in Angst und Schrecken versetzen; -et *refl* erschrecken, von Entsetzen gepackt werden
përdéget 14³ *refl* sich verzweigen
përdéret 14¹ *refl* betteln, bettelnd von Tür zu Tür gehen
përdérës -i *m, Pl –* Bettler *m*
përderisá *Konj* insoweit, insofern; während; solange bis
përdëllén 3 *tr* sich jmds. erbarmen, mit jmdm. Mitleid haben; jmdm. verzeihen; jmdn. verschonen; jmdn. trösten, bedauern
përdëllés|ë -a *f* Erbarmen *n,* Mitleid *n;* Trost *m*
përdëllestár I. -i *Subst/m, Pl* -ë Trostspender *m,* Tröster *m;* II. -e *Adj* mitleidig, mitleidvoll; tröstend, trostspendend
përdëllím -i *m* = **përdëllesë**
përdëllimtár I. -i *Subst/m, Pl* -ë; II. -e *Adj* = **përdëllestar**
përdëllýesh|ëm (i), -me (e) *Adj* mitfühlend, mitleidvoll
përdígjni 18² *Imperf* → **përdjeg**
përdín 6 *tr* hinunterschlucken; verschlucken, verschlingen
përditë *Adv* täglich, tagtäglich
përditsh|ëm (i), -me (e) *Adj* täglich; shtyp i ~ Tagespresse *f*
përdjég 18² = **përcëllon**
përdógji 18² *Aor* → **përdjeg**
përdór 14 *tr* benutzen, verwenden, anwenden; handhaben; gebrauchen, nutzen; behandeln
përdorák, -e *Adj* leicht anwendbar, handlich
përdorím -i *m, Pl* -e Verwendung *f;* Anwendung *f,* Gebrauch *m;* Nutzung *f*
përdorón 1 *tr* = **përdor**
përdórs|e -ja *f, Pl* -e Werkzeug *n,* Arbeitsgerät *n*
përdórsh|ëm (i), -me (e) *Adj* verwendbar, brauchbar; nutzbar
përdórur (i) *Adj* gebraucht, schon verwendet, benutzt
përdrédh 16 *tr* drehen, zusammendrehen; herumdrehen, verdrehen; ~ **mustaqet** den Schnurrbart zwirbeln; ~ **flokët** sich die Haare eindrehen; ~ **këmbën** sich den Fuß verrenken; ~ **zverkun** erdrosseln, erwürgen, den Hals umdrehen; **mos i përdridh fjalët!** verdreh nicht die Worte!; **përdrodhi buzët** er verzog verächtlich den Mund; → **përdridhet**
përdrédhës I. -i *Subst/m* Wirbel *m an Saiteninstrumenten;* II. -e *Adj* gefallsüchtig
përdrédhj|e -a *f, Pl* -e Verdrehung; Verrenkung *f;* Erdrosselung *f; Tech* Drehung *f,* Umdrehung
përdrédhur (i) *Adj* gedreht; gewunden; verdreht; gekrümmt, verbogen; verrenkt
përdreqnón 1 *tr* verderben, versauen
përdrídhet 16 *refl* sich drehen; sich (in den Hüften) wiegen; sich um etw. winden; sich verbiegen; sich eine Verrenkung zuziehen; → **përdredh**
përdrídhte 16 *Imperf* → **përdredh**
përdródhi 16 *Aor* → **përdredh**
përduársh *Adv:* më vjen ~ es geht mir leicht von der Hand
përdýt 20 *tr* wiederholen, zweimal sagen; zum zweiten Mal tun

¹**përdhé** -u *m* Arthritis *f*, Gelenkentzündung *f*
²**përdhé** *Adv* zu Boden, zur Erde; **me sy ~** mit niedergeschlagenen Augen, zu Boden blickend; **bie ~** herunterfallen, hinunterfallen
përdhéc -i *m* Pflugsohle *f*
përdhéck, -e *Adj* Erd-; **mizë ~ e** Ameise *f*; **shtëpi ~ e** ein niedriges Haus, ein ebenerdiges Haus
përdhél 14 *tr* jmdn. durch Schmeichelei täuschen, jmdm. etw. vormachen
¹**përdhés** -i *m* = ¹**përdhe**
²**përdhés,** -e *Adj* ebenerdig, zu ebener Erde; **shtëpi ~ e** ein einstöckiges Haus; **odë ~ e** ein Zimmer zu ebener Erde
përdhés|ë -a *f*, *Pl* -a Ameise *f*
përdhós 21 *tr* entweihen, entehren, schänden; verunreinigen, beschmutzen; entarten lassen; **-et** *refl* entarten, ausarten, degenerieren
përdhósur (i) *Adj* entartet; verdorben; verwöhnt
përdhúnë (me) *Adv* mit Gewalt, gewaltsam
përdhúni *Adv* = **përdhunë**
përdhuním -i *m*, *Pl* -e 1. Vergewaltigung *f*; Entehrung *f*, Entweihung *f*, Schändung *f*; 2. Nötigung *f*, Gewaltanwendung *f*, Zwang *m*
përdhunísht *Adv* gewaltsam, mit Gewalt
përdhunón 1 *tr* 1. vergewaltigen; entehren, schänden; 2. nötigen, zwingen, gewaltsam zu etw. bringen
përdhunónjës -i *m*, *Pl* - Gewalttäter *m*; Schänder *m*
përdhúnsh|ëm (i), -me (e) *Adj* gewaltsam; gewalttätig
përém|ër -ri *m*, *Pl* -ra Pronomen *n*; **~ déftor** Demonstrativpronomen; **~ lídhor** Relativpronomen; **~ i pakufishëm** Indefinitpronomen; **~**

pronor Possessivpronomen; **~ pyetës** Interrogativpronomen; **~ vetor** Personalpronomen
përfálet 14 *refl* sich grüßen, sich begrüßen
përfáq 14 *tr* zeigen, darstellen; ans Licht bringen; **-et** *refl* sich zeigen, erscheinen
përfáqe *Adv* 1. nur zum Schein, nur der Form halber, nur nach außen hin; 2.: **e qiti ~** er hat es ans Licht gebracht
përfáqez *Adv* freimütig, offen
përfaqësí -a *f*, *Pl* - Vertretung *f*, Repräsentanz *f eines Staates*
përfaqësím -i *m* Vertretung *f*, Repräsentation *f*
përfaqësimtár, -e *Adj* repräsentativ
përfaqësón 1 *tr* vertreten, repräsentieren
përfaqësónjës I. -i *Subst*/*m*, *Pl* –; II. -e *Adj* = **përfaqësues**
përfaqësúar (i) *Adj* vertreten
përfaqësúes I. -i *Subst*/*m*, *Pl* - Vertreter *m*, Repräsentant *m*; **~ i popullit** Volksvertreter; II. -c *Adj* vertretend, repräsentierend
përfáqtë (i) *Adj* formal, nur formal
përfarím -i *m* Ausrottung *f*, Vernichtung *f*, Vertilgung *f*
përfarón 1 *tr* ausrotten, vernichten, vertilgen
përfetón 1 *tr* erzählen; zeigen
përfëlít 20 *tr* = **përcëllon**
përfík 14³ *tr* 1. anfeuchten, befeuchten, besprühen; 2. leicht trocknen
përfiktó|n 1 *tr* leicht trocknen; **-het** *refl* trockener werden
¹**përfíll** *Adv* kaum; ein wenig, ein bißchen
²**përfíll** 14 *tr* berücksichtigen, beachten; vorsehen, in Erwägung ziehen; erwähnen; **-et** *refl* Achtung genießen; Berücksichtigung finden
përfíllj|e -a *f* Berücksichtigung *f*; Achtung *f*, Wertschätzung *f*; **në ~ të** unter Berücksichtigung von

përfísk 14³ *tr* = **përfíkton**
përfitím -i *m*, *Pl* -e Gewinn *m*, Profit *m*; Nutzen *m*, Vorteil *m*
përfitón 1 *itr* gewinnen, profitieren, Nutzen ziehen; ~ **nga rasti** die Gelegenheit nutzen
¹**përflák** 14³ *tr* wegwerfen, wegschmeißen; hinschmeißen
²**përflák** 14³ *tr* versengen, anrösten; ansengen; leicht bräunen lassen
përflakón 1 *tr* = ²**përflak**
përflákshǀëm (i), -me (e) *Adj* leicht brennbar, leicht entzündbar, entflammbar; feuergefährlich
përflás 29 *1. Pers Sg Präs* → ¹**përflet**
¹**përflǀét** 29 *tr* verleumden, über jmdn. herziehen, über jmdn. klatschen; **ia** ~ jmdm. etw. *(das Gute, das man für ihn getan hat)* vorhalten; **-ítet** *refl* sich streiten, sich zanken; **-ítet** *unpers* man sagt, es geht das Gerücht um
²**përflét** 22¹ *tr Seiten* umblättern, umschlagen; *Buch* durchblättern
përflíste 29 *Imperf* → ¹**përflet**
përfóli 29 *Aor* → ¹**përflet**
përforcím -i *m* Verstärkung *f*
përforcóǀn 1 *tr* verstärken; **-het** *refl* weiter erstarken, stärker werden
përforcúes -i *m*, *Pl* – *El, Mus* Verstärker *m*
përfshín 6 *tr* 1. umfassen, erfassen; einschließen, einbeziehen; enthalten; 2. erfassen, ergreifen; 3. *fam* alles aufessen; **i përfshiu të gjitha** er hat alles verputzt
përfshírjǀe -a *f* Umfassen *n*; Einbeziehen *n*, Einschließen *n*, Einschluß *m*; Erfassen *n*
përftésǀë -a *f*, *Pl* -a Produkt *n*, Frucht *f*
përftím -i *m*, *Pl* -e 1. Gebären *n*; Zeugen *n*; Erzeugen *n*; 2. Produkt *n*
përftóǀn 1 *tr* gebären; werfen; zeugen; erzeugen, hervorbringen, bilden; **-het** *refl* werden, entstehen, sich bilden
përftórǀe -ja *f Math* Erzeugende *f*
përfúndi *Adv* unten; nach unten, hinunter, hinab; **e vuri** ~ er warf ihn nieder, er bezwang ihn
përfundím -i *m*, *Pl* -e 1. Abschluß *m*, Beendigung *f*; 2. Ergebnis *n*, Resultat *n*; Schlußfolgerung *f*, Schluß *m*; **nxjerr** ~ **in nga** ... die Schlußfolgerung ziehen aus ...
përfundimísht *Adv* endgültig
përfundimtár, -e *Adj* End-, Schluß-; endgültig
përfundón 1 *tr* beenden, abschließen; *itr* zu Ende gehen, enden; ausgehen; **ndeshja përfundoi 1:1** das Spiel endete 1:1
përfúndshǀëm (i), -me (e) *Adj* unterer, tiefer, niedriger; **ana e përfundshme** die Unterseite
përfundúar (i) *Adj* abgeschlossen, beendet
përfúshtë (i) *Adj* flach, eben, platt; **pjatë e** ~ ein flacher Teller
përfýtet 20 *refl* einander an der Gurgel packen, sich prügeln
përfýtjǀe -a *f* Handgemenge *n*, Schlägerei *f*
përfytyrím -i *m*, *Pl* -e 1. Vorstellung *f*; 2. *Lit* Bild *n*; Gestalt *f*; Verkörperung *f*
përfytyrón 1 *tr* sich etw. vorstellen
përgáçǀe -ja *f*, *Pl* -e Schürze *f*
përgatít 20 *tr* vorbereiten; zurechtmachen; bereitmachen; zubereiten; **-et** *refl* sich vorbereiten; sich bereitmachen; sich zurechtmachen
përgatítjǀe -a *f*, *Pl* -e Vorbereitung *f*; Zurechtmachen *n*
përgënjeshtrím -i *m*, *Pl* -e Widerlegung *f*; Dementierung *f*
përgënjeshtrón 1 *tr* widerlegen; dementieren
përgëzíme -t *Pl* Glückwünsche *Pl*, Gratulation *f*

përgëzó|n 1 *tr* 1. beglückwünschen, jmdm. gratulieren; 2. streicheln, liebkosen; **-het** *refl*: **përgëzohet me të** er gratuliert ihm, er beglückwünscht ihn

përgojón 1 *tr* 1. durchhecheln, über jmdn. klatschen, über jmdn. herziehen; 2. erwähnen

përgják 14³ *tr* blutig machen; **-et** *refl* sich blutig machen; sich (einander) blutig schlagen

përgjáksh|ëm (i), **-me** (e) *Adj* blutig; **luftë e përgjakshme** ein blutiger Krieg

përgjákur (i) *Adj* blutig

përgján 5 *itr* ähneln; *tr* **ia ~** er macht es ihm nach, er ahmt ihn nach

përgjasím -i *m* Ähnlichkeit *f*; **në ~ me...** nach dem Vorbild von..., nach dem Muster von..., analog zu...

përgjásh|ëm (i), **-me** (e) *Adj* ähnlich

përgjégj 14 *itr*; **-et** *refl* antworten, entgegnen

përgjégj|e -ja *f*, *Pl* -e Antwort *f*, Entgegnung *f*

përgjégjës I. -i *Subst/m*, *Pl* – Verantwortlicher *m*; Leiter *m*; II. -e *Adj* verantwortlich

përgjegjësí -a *f*, *Pl* – Verantwortung *f*; Verantwortlichkeit *f*; **kam ~** ich trage die Verantwortung

¹**përgjërát|ë** -a *f*, *Pl* -a Kinderschreck *m*, Schwarzer Mann *m*, Popanz *m*

²**përgjërát|ë** -a *f* 1. Gelübde *n*, Gelöbnis *n*, Schwur *m*; 2. Sehnsucht *f*

përgjërím -i *m* = ²**përgjëratë**

përgjëró|n 1 *tr* schwören lassen, vereidigen; **-het** *refl* 1. schwören; 2. **përgjërohet për...** sich sehnen nach..., sich verzehren nach...; sich glühend wünschen; für jmdn. eingenommen sein, für jmdn. schwärmen

përgjërúar (i) *Adj* erwünscht, ersehnt; sich sehnend, voller Sehnsucht

përgjígj|e -ja *f*, *Pl* -e Antwort *f*, Entgegnung *f*

përgjígjet 14 *refl* 1. jmdm. antworten; jmdm. entgegnen, erwidern; 2. entsprechen; analog sein; 3. jmdm. helfen, für jmdn. dasein; 4. für jmdn. oder etw. die Verantwortung tragen

përgjím -i *m* Lauschen *n*; Belauschen; **-e** *Pl* Geschenke *Pl* für die Wöchnerin am 3. Abend nach der Geburt des Kindes

përgjithësí -a *f*: **në ~** im allgemeinen

përgjithësím -i *m*, *Pl* -e Verallgemeinerung *f*

përgjithësisht *Adv* im allgemeinen, allgemein; meistens; gewöhnlich

përgjithësón 1 *tr* verallgemeinern; verbreiten, zum Gemeingut machen

përgjithësúes,-e *Adj* verallgemeinernd

përgjithmónë *Adv* für immer, für alle Zeiten, auf ewig

përgjithnjé *Adv* = **përgjithmonë**

përgjithsh|ëm (i), **-me** *Adj* allgemein, generell; **sekretar i ~** Generalsekretär *m*; **emër i ~** Gattungsname *m*

përgjíthtë (i) *Adj* = **i përgjithshëm**

përgjón 1 *tr*, *itr* 1. lauschen, horchen; belauschen; 2. bei jmdm. Nachtwache halten

përgjónjës I. -e *Adj*; II. -i *Subst/m*, *Pl* – = **përgjues**

përgjúes I. -e *Adj* lauschend, horchend; II. -i *Subst/m*, *Pl* – Horcher *m*, Lauscher *m*

përgjumësí -a *f* Schläfrigkeit *f*; Schlaftrunkenheit *f*

përgjúmësh *Adv* = **përgjumshëm**

përgjúmshëm *Adv* schläfrig; verschlafen, schlaftrunken

përgjúmur (i) *Adj* schläfrig; schlaftrunken, verschlafen

përgjúnj 14 *tr* jmdn. auf die Knie zwingen, beugen; demütigen; **-et** *refl* auf die Knie fallen; sich hinknien, niederknien; sich beugen; sich demütigen; krumm werden
përgjýsmë *Adv* zur Hälfte, halb; **ndan** ~ halbieren
përgjysmón 1 *tr* halbieren; sich die Hälfte nehmen; die Hälfte verbrauchen; nicht zu Ende führen
përgjysmór|e -ja *f*, *Pl* -e *Math* Winkelhalbierende *f*
përháp 14 *tr* 1. verbreiten, ausbreiten; 2. vertreiben, auseinanderjagen; **-et** *refl* sich verbreiten, sich ausbreiten; sich erstrecken; sich zerstreuen, auseinandergehen
përhápës -i *m*, *Pl* – Verbreiter *m*; Überträger *m*
përhápj|e -a *f* Verbreitung *f*; Ausbreitung *f*
përhápur I. (i) *Adj* verbreitet, ausgebreitet; **shumë i** ~ weitverbreitet; verstreut; **II.** -it (të) *Subst/n* Verbreitung *f*
përhéra *Adv* immer, ständig
përhérë *Adv* = **përhera**
përhérsh|ëm (i), -me (e) *Adj* ständig, fortwährend, unaufhörlich; ewig
përhíhet 6 *refl*: **më** ~ ich habe eine Vision, mir erscheint (nebelhaft)
përhím|ë (i), -e (e) *Adj* aschegrau, grau; ergraut
përhín 11 *od* 6 *tr* mit Asche bestreuen, mit Asche beschmutzen
përhíqte 18¹ *Imperf* → **përhjek**
përhirím -i *m* Gratulation *f*
përhirón 1 *tr* beglückwünschen, jmdm. gratulieren
Përhítura: Maro ~ Aschenbrödel *n*, Aschenputtel *n*
përhjék 18¹ *itr* mit dem Tode ringen
përhjék|ë -a *f* Todeskampf *m*, Agonie *f*
përhóqi 18¹ *Aor* → **përhjek**

përjárg 14³ *tr* besabbern, mit Speichel bekleckern; einspeicheln, mit Speichel befeuchten; **-et** *refl* sich besabbern
përjáshta I. *Adv* draußen; nach draußen, hinaus; im Ausland; ins Ausland; **II.** *Präp (mit Abl)* außerhalb; vor; ~ **derës** vor der Tür
përjásht|ëm (i), -me (e) *Adj* äußerer, Außen-, außen befindlich; **forma e përjashtme** die äußere Form, das Äußere
përjashtím -i *m*, *Pl* -e 1. Ausschluß *m*; Vertreibung *f*, Entfernung *f*; 2. Ausnahme *f*; **me** ~ **të** mit Ausnahme von, außer
përjashtón 1 *tr* 1. ausschließen, entfernen; 2. ausklammern; befreien (von)
përjashtúar (i) *Adj* ausgeschlossen; ausgenommen, ausgeklammert; ausgeschlossen, hinausgeworfen
përjávsh|ëm (i), -me (e) *Adj* wöchentlich, Wochen-; **revistë e përjavshme** Wochenzeitschrift *f*
përjavshm|e -ja (e) *f* Wochenzeitschrift *f*
përjétë *Adv* auf ewig, auf immer
përjetësí -a *f* Ewigkeit *f*
përjetësím -i *m* Verewigung *f*
përjetësón 1 *tr* verewigen
përjétsh|ëm (i), -me (e) *Adj* ewig; *Jur* lebenslänglich; **burgim i** ~ lebenslängliche Gefängnishaft
përkás 23 *od* 27² *1. Pers Sg Präs* → **përket**
përkátës, -e *Adj* betreffend; entsprechend, dazugehörig
përkatesí -a *f* Zugehörigkeit *f*; Zuständigkeit *f*; **për** ~ an die zuständige Stelle
përkáv|ë -a *f*, *Pl* -a Satteldecke *f*; Decke *f*, Wolldecke
përkét 23 *od* 27² *tr* 1. berühren, anfassen; *itr* 2. betreffen, angehen, sich beziehen auf; **përsa i**

~ **matematikës** was die Mathematik anbelangt; **3.** gehören; zustehen; **kjo më ~ mua** das gehört mir

përkëdhél 14 *tr* **1.** streicheln, liebkosen; **2.** jmdm. schmeicheln; **3.** freundlich behandeln

përkëdhéle -t *Pl* **1.** Liebkosung *f*; Zärtlichkeiten *Pl*; **2.** Schmeichelei *f*

përkëdhélës, -e *Adj* **1.** liebkosend, streichelnd; zärtlich; **2.** schmeichelnd

përkëdheli -a *f* = **përkëdhelje**

përkëdhélj|e -a *f*, *Pl* -e **1.** Liebkosung *f*, Zärtlichkeit *f*, Streicheln *n*; **2.** Schmeichelei *f*

përkémbet 14 *refl* **1.** zu laufen beginnen *(Kind)*; **2.** wieder auf die Beine kommen, sich erholen *(Kranker)*

përkëmbím -i *m Math* Permutation *f*

përkëtéj I. *Adv* hier drüben; von hier aus; **II.** *Präp (mit Abl)* diesseits; ~ **lumit** diesseits des Flusses

përkím -i *m Gramm*, *Math* Kongruenz *f*

përkíste 23 *od* 27² *Imperf* → **përket**

përkítazi (me) *Präp (mit Akk)* in Bezug auf, bezüglich

përkíti 23 *Aor* → **përket**

përkohësísht *Adv* einstweilen, vorläufig; vorübergehend, zeitweilig

përkóhsh|ëm (i), -me (e) *Adj* zeitweilig; vorläufig, provisorisch

përkóhshm|e -ja (e) *f*, *Pl* -e (të) Zeitschrift *f*

përkón 1 *itr Gramm*, *Math* kongruieren; übereinstimmen; ~ **me** übereinstimmen mit

përkóq 14 *tr* aufsammeln; auslesen

përkór|e -ja *f* Maßhalten *n im Essen und Trinken*

përkórë (i) *Adj* maßvoll, zurückhaltend *(im Essen und Trinken)*

përkráh I. 14³ *tr* unterstützen, beistehen; befürworten; -et *refl* (i) jmdm. helfen, jmdm. beistehen, jmdn. unterstützen; **II.** *Adv* nebeneinander; daneben

përkráhës -i *m*, *Pl* – Helfer *m*; Verfechter *m*, Befürworter *m*

përkráhj|e -a *f* Unterstützung *f*, Beistand *m*, Hilfe *f*; Befürwortung *f*

përkrenár|e -ja *f*, *Pl* -e Helm *m*, Stahlhelm

përkrés -i *m* Kopfkissen *n*

përkrýer (i) *Adj* abgeschlossen, vollendet

përkthén 3 *tr* übersetzen; dolmetschen

përkthénjës -i *m*, *Pl* – = **përkthyes**

përkthím -i *m*, *Pl* -e Übersetzung *f*; Übersetzen *n*; Dolmetschen *n*

përkthýes -i *m*, *Pl* – Übersetzer *m*; Dolmetscher *m*

përkufizím -i *m*, *Pl* -e Definition *f*; Bestimmung *f*; Festlegung *f*

përkufizón 1 *tr* definieren; bestimmen, festlegen

përkujdéset 21 *refl* sich sorgen um, sich kümmern um

përkujdésj|e -a *f* Aufmerksamkeit *f*; Sorgfalt *f*, Fürsorge *f*

përkujdéssh|ëm (i), -me (e) *Adj* aufmerksam; vorsichtig, behutsam; umsichtig

përkujtím -i *m*, *Pl* -e Gedenkfeier *f*, feierliches Begehen *n eines Jahrestages, Jubiläums od. dgl.*

përkujtimór, -e *Adj* Erinnerungs-, Gedenk-; **kremtim** ~ Gedenkfeier *f*

përkujtimór|e -ja *f*, *Pl* -e Denkmal *n*; Denkschrift *f*

përkujtón 1 *tr* jmds. od. eines Ereignisses gedenken; *ein Jubiläum od. dgl.* festlich begehen, feiern

përkúl 14 *tr* biegen, beugen, neigen; *übertr* brechen, bezwingen *(Willen)*; -et *refl* sich biegen, sich

beugen; sich neigen; sich bücken;
übertr sich beugen
përkúlj|e -a *f* Biegen *n*; Beugen *n*;
Krümmung *f*, Biegung *f*
përkúlsh|ëm (i), -me (e) *Adj* biegsam;
übertr nachgiebig, gefügig; willfährig
përkúnd 14 *tr Wiege* schaukeln;
übertr ~ **ëndërrat** Träume hegen;
-et *refl* sich schaukeln; sich wiegen, sich hin und her bewegen;
~ **et në shpresa të kota** er wiegt sich in falschen Hoffnungen
përkúndër I. *Präp (mit Abl)* gegen;
II. *Adv* = **përkundrazi**
përkúndërt (i) *Adj* entgegengesetzt, gegenüberliegend; gegensätzlich
përkúndj|e -a *f* Wiegen *n der Kinder*; Schaukeln *n*
përkúndra I. *Präp (mit Abl)* gegen;
II. *Adv* = **përkundrazi**
përkúndrazi *Adv* im Gegenteil; umgekehrt
përkundréjt I. *Präp (mit Abl)* gegenüber; II. *Adv* gegenüber, auf der gegenüberliegenden Seite
përlá|n 5 *tr* alles wegnehmen; völlig ausrauben; alles verputzen;
-het *refl*: **përlahet me një** er rauft sich mit einem
përlëshet 14² *refl*: ~ **me** sich mit jmdm. raufen oder prügeln; mit jmdm. kämpfen; sich mit jmdm. streiten
përléshj|e -a *f*, *Pl* -e Rauferei *f*, Handgemenge *n*, Prügelei *f*; Zusammenstoß *m*, Gefecht *n*, Scharmützel *n*; Streit *m*
përlëfýtet 20 *refl* sich an die Gurgel gehen, sich raufen, sich prügeln
përlëkúret 14¹ *refl* sich bei jmdm. einschmeicheln; jmdn. umgarnen
përlíast (i) *Adj* pockennarbig, blatternarbig
përlígj 14 *tr* 1. entlohnen, vergelten; 2. rechtfertigen; 3. zum Gesetz machen, legalisieren;
4. beglaubigen; bestätigen
përlígj|ë -a *f* 1. Aufgabe *f*, Pflicht *f*;
2. Bezahlung *f*, Entlohnung *f*
përlím -i *m*, *Pl* -e Aufgabe *f*, Pflicht *f*
përloshán, -e *Adj* weinerlich
përlóshet 14² *refl* ohne Tränen weinen; *übertr* **i** ~ jmdn. inständig bitten, anflehen
përlótet 20 *refl* in Tränen ausbrechen; **përlotem** mir kommen Tränen in die Augen
përlótur (i) *Adj* tränennaß, voller Tränen; **me sy të** ~ mit Tränen in den Augen
përlugtóhet 1 *refl* gern und viel essen und trinken
përlý|en 4 *tr* fettig machen; bekleckern, beflecken, fleckig machen; **-het** *refl* fettig werden; *übertr* sich beflecken, sich besudeln
përlýer (i) *Adj übertr* befleckt, besudelt, beschmutzt
përlýerj|e -a *f* Beschmieren *n*, Beschmutzen *n*, Besudeln *n*; Schmiererei *f*
përllogarít 22 *tr* zusammenzählen; auszählen
përllogarítj|e -a *f* Zusammenzählen *n*; Auszählung *f*
përmallím -i *m*, *Pl* -e Rührung *f*, Ergriffenheit *f*; Schwermut *f*, Wehmut *f*
përmalló|n 1 *tr* rühren, bewegen, ergreifen *(seelisch)*; **-het** *refl* von Rührung ergriffen werden; sich beunruhigen; wehmütig werden
përmállsh|ëm (i), -me (e) *Adj* ergreifend, rührend; wehmütig
përmás|ë -a *f*, *Pl* -a Dimension *f*
përmbá|n 10 *tr* 1. anhalten, zügeln, halten; 2. enthalten, beinhalten, umfassen; **ç'** ~ **ky libër?** was enthält dieses Buch?; ~ **vehten** sich beherrschen; **-het** *refl* sich beherrschen, sich zusammennehmen

përmbájtj|e -a *f* Inhalt *m*; Inhaltsverzeichnis *n*

përmbájtur (i) *Adj* zurückhaltend, maßvoll; sich beherrschend, beherrscht

përmbarím -i *m Jur* Vollstreckung *f*, Vollzug *m*

përmbarúes -i *m, Pl – Jur* Gerichtsvollzieher *m*

përmbárrsh|ëm (i), -me (e) *Adj* schamhaft, verschämt; schnell errötend

përmbás *Präp (mit Abl)* hinter, nach; ~ **teje** hinter dir, nach dir

përmbështjéll 16¹ *tr* = **përmbledh**

përmbí *Präp (mit Akk)* **1.** über; ~ **shtëpi** über dem Haus; über das Haus; ~ **ujë** auf dem Wasser; ~ **këtë temë** über dieses Thema; **2.** über, mehr als; ~ **pesë vjet** über fünf Jahre; ~ **këto** außerdem, darüber hinaus; **3.** von; **s'lyp kush gjë** ~ **të** keiner fordert etwas von ihm

përmbipardjé *Adv* vorvorgestern

përmbipasnésër *Adv* übcrübcrmorgcn

përmbísh|ëm (i), -me (e) *Adj* höherer, oberer, darüber befindlich

përmblédh 16 *tr* **1.** aufsammeln, auflesen, zusammenlesen; **2.** umfassen; umspannen; **3.** zusammenfassen; resümieren; **4.** einschließen, erfassen; **5.** zusammenfassen, sammeln; ~ **forcat** die Kräfte konzentrieren; **6.**: ~ **veten** zu sich kommen; **ia** ~ a) jmdn. zusammenstauchen; b) jmdn. ohrfeigen; → **përmblidhet**

përmblédhës, -e *Adj* zusammenfassend, gedrängt; Sammel-; *Gramm* **emër** ~ Kollektivum *n*

përmblédhj|e -a *f* Zusammenfassung *f*, Resümee *n*, Überblick *m*; Sammlung *f*; ~ **këngësh popullore** Volksliedsammlung

përmblédhtazi *Adv* zusammenfassend

përmblídhet 16 *refl* sich sammeln; sich konzentrieren; sich zusammennehmen, sich beherrschen; **i** ~ sich auf jmdn. stürzen, über jmdn. herfallen; → **përmbledh**

përmblídhte 16 *Imperf* → **përmbledh**

përmblódhi 16 *Aor* → **përmbledh**

përmbrápa **I.** *Adv* dahinter; **lë** ~ hinterlassen, zurücklassen; **II.** *Präp (mit Abl)* hinter

përmbréndësa -t *Pl* Innereien *Pl*, Eingeweide *Pl*

përmbréndsh|ëm (i), -me (e) *Adj* innerer; intim, vertraut

përmbshtíllte 16¹ *Imperf* → **përmbështjell**

përmbshtólli 16¹ *Aor* → **përmbështjell**

përmbúsh 14² *tr* erfüllen, ausführen

përmbúshj|e -a *f* Erfüllung *f*, Ausführung *f*

përmbýs **I.** 21 *tr* umwerfen, umstürzen; umdrehen, umwenden; auf den Bauch legen; herunterwerfen, hinabstürzen; *übertr* eine alte Ordnung stürzen; *gesellschaftliche Verhältnisse* von Grund auf verändern; **-et** *refl* umfallen, sich überschlagen; sich auf den Bauch legen, auf den Bauch fallen; *übertr* **u përmbys rendi i vjetër** die alte Ordnung wurde gestürzt; **II.** *Adv* umgekehrt, umgedreht; auf dem Bauche; mit dem Gesicht nach unten; **kthen** ~ herumdrehen, umwerfen; **bie** ~ mit dem Gesicht nach unten fallen

përmbýsj|e -a *f* Umsturz *m*, Umschwung *m*; Sturz *m*

përmbýt 20 *tr* überschwemmen, überfluten

përmbýtj|e -a *f, Pl* -e Überschwemmung *f*; Sintflut *f*

përménd 14 *tr* **1.** erwähnen; zitieren; **2.** wecken, aufwecken; **3.** erinnern, ins Gedächtnis rufen; **ia ~ a** ich erinnerte ihn daran; **-et**

refl erwachen, aufwachen; das Bewußtsein wiedererlangen
përmendór|e -ja *f*, *Pl* -e Gedenkstein *m*, Denkmal *n*, Mahnmal *n*
përméndsh *Adv* auswendig; e mëson ~ etw. auswendig lernen
përméndur (i) *Adj* **1.** erwähnt, zitiert; **i** ~ **më lart** obenerwähnt; **2.** berühmt, bekannt
përmés **I.** *Adv* hindurch; quer darüber hinweg; **mes** ~ mitten hindurch; **II.** *Präp (mit Abl)* durch; über; ~ **arës** quer über den Acker hinweg
përmëlét 22[1] *tr* beim Fasten stören, das Fasten unterbrechen lassen; **-et** *refl* (selbst) das Fasten unterbrechen
përmënón 1 *tr* jmdm. Zeit lassen, jmdn. verschnaufen lassen, auf jmdn. warten
përmíell 14 *tr* mit Mehl bestäuben; **-et** *refl* sich mit Mehl bedecken
përmíh 14[3] *tr* umgraben; aufhacken, hacken
përmíret 18 *refl* einnässen; sich naß machen, sich in die Hosen machen; → **përmjerr**
përmirësím -i *m*, *Pl* -e Verbesserung *f*, Besserung *f*
përmirësó|n 1 *tr* verbessern, bessern; **-het** *refl* sich verbessern; sich bessern; besser werden; sich erholen; **u përmirësua** es geht ihm besser
përmírrte 18 *Imperf* → **përmjerr**
përmjált 14 *tr* mit Honig süßen
përmjérr 18 *tr*, *itr* harnen, urinieren, Wasser lassen; pissen; naß machen, bepissen; → **përmíret**
përmjérrë (i) *Adj* eingenäßt; vollgepißt
përmjét -i *m* Mitte *f*
përmjetón 1 *tr* bis zur Mitte füllen
përmóri 18 *Aor* → **përmjerr**
përmórtsh|ëm (i), -me (e) *Adj* trauernd; Trauer-; **fjalim i** ~ Trauerrede *f*
përmórtur (i) *Adj* trauernd
përmórrtë (i) *Adj* verlaust
përmót *Adv* alljährlich
përmótsh|ëm (i), -me (e) *Adj* jährlich, alljährlich
përmúajsh|ëm (i), -me (e) *Adj* monatlich
përmútet 20 *refl* einkoten; sich mit Kot beschmieren; sich beschmutzen, sich schmutzig machen
përnár -i *m*, *Pl* -ë Kermeseiche *f*
përnátë *Adv* jede Nacht
përnátsh|ëm (i), -me (e) *Adj* allnächtlich
përndá|n 5 *tr* **1.** verteilen; austeilen; **2.** zerstreuen, auseinanderjagen; *Mil* auflösen; **-het** *refl* **1.** sich ausbreiten, sich verbreiten; **2.** sich verteilen; auseinandergehen
përndárës -i *m*, *Pl* – *Tech* Verteiler *m*
përndárj|e -a *f* **1.** Verteilung *f*; **2.** Zerstreuen *n*, Auseinanderjagen *n*; **3.** Auflösung *f* militärischer Einheiten
përndíqte 18[1] *Imperf* → **përndjek**
përndjék 18[1] *tr* verfolgen
përndjékj|e -a *f*, *Pl* -e Verfolgung *f*
përndóqi 18[1] *Aor* → **përndjek**
përndrýshe *Adv* andernfalls, sonst, ansonsten
përngján 5 *itr* = **përgjan**
përngjásh|ëm (i), -me (e) *Adj* ähnlich
përngjét 30[1] *itr* = **përgjan**
përngjítur (i) *Adj Gramm* zusammengesetzt; **fjalë e** ~ Kompositum *n*
përnjëhérë *Adv* sofort, sogleich; auf einmal; plötzlich
përnjëhérësh *Adv* = **përnjëherë**
përnjëhérsh|ëm (i), -me (e) *Adj* sofortig
përnjëménd *Adv* **1.** sofort, augenblicklich; **2.** fast, beinahe; **3.** tatsächlich, wirklich; **a** ~ **e ke?** meinst du das im Ernst?

përpájna -t *Pl Bot* Rebschößlinge *Pl*, Reblinge *Pl*
përpák *Adv* fast, beinahe; sofort
përpál|ë -a *f*, *Pl* -a Schürze *f*
përpáll 14 *tr* ausposaunen, ausplaudern
përpára I. *Adv* 1. vorn; voraus, voran; vorwärts; vor; **shko** ~ ! geh voran!; **shkon** ~ fortschreiten, Fortschritte machen, vorankommen; **e ve** ~ **armikun** er bezwingt den Feind; **e ve** ~ **punën** er bringt die Sache voran; **bën** ~ weitergehen, vorwärtsgehen; 2. zuvor, vorher, früher; **tre vjet** ~ a) drei Jahre zuvor; b) vor drei Jahren; II. *Präp (mit Abl)* 1. vor; ~ **shtëpisë** vor dem Haus; vor das Haus; ~ **kohës** vor der Zeit, vorfristig; vor, in Gegenwart von; ~ **babait** vor dem Vater; 2. gegenüber, im Vergleich zu; ~ **atij** im Vergleich zu ihm
përpárazi *Adv* vorn; nach vorn; voran, voraus; zuvor, vorher
përpárc|ë -a *f*, *Pl* -a = **përparje**
përparím -i *m*, *Pl* -e 1. Fortschritt *m*; 2. Mil Vorrücken *n*
përparimtár, -e *Adj* fortschrittlich
përpárj|e -a *f*, *Pl* -e Schürze *f*, Arbeitsschürze
përpárm|ë (i), -e (e) *Adj* vorderer, Vorder-; **këmbët e përparme** die Vorderbeine; vorangestellt, präpositiv; *Gramm* **nyje e përparme** vorangestellter Artikel
përparón 1 *itr* vorwärtsgehen, vorangehen; vorwärtskommen, Fortschritte erzielen
përpárs|e -ja *f*, *Pl* -e 1. Schürze *f*; 2. Latz *m*, Lätzchen *n*
përpársh|ëm (i), -me (e) *Adj* vorhergehend; vorangegangen; vorvergangen; **e ardhme e përparshme** zweites Futur *n*
përparúar (i) *Adj* fortgeschritten, entwickelt

përpëlít 22 *tr* : ~ **sytë** mit den Augen zwinkern; -et *refl* sich hin und her wälzen, sich herumwälzen; sich winden; zucken; *übertr* sich abmühen
përpëlítj|e -a *f* Hinundherwälzen *n*, Herumwerfen *n*; Zuckung *f*; *übertr* Anstrengung *f*, Abmühen *n*
përpikërí -a *f* Genauigkeit *f*, Exaktheit *f*; Pünktlichkeit *f*; Sorgfalt *f*
përpíkët (i) *Adj* genau, exakt; pünktlich; sorgfältig
përpikmërí -a *f* = **përpikëri**
përpíktë (i) *Adj* = **i përpikët**
përpilím -i *m*, *Pl* -e Zusammenstellung *f*, Ausarbeitung *f*; Formulierung *f*, Abfassung *f*
përpilón 1 *tr* zusammenstellen; ausarbeiten; formulieren, abfassen
përpín 6 *tr* verschlingen, verschlucken; *übertr* **e përpiu të gjallë** er hat ihn lebendig verschlungen; er hat ihn völlig vernichtet
¹**përpíqet** 18¹ *refl* 1. anstoßen; aufprallen; zusammenstoßen, zusammenprallen; zuknallen *(Tür, Fenster)*; 2. sich begegnen, sich treffen; aufeinandertreffen; → **përpjek**
²**përpíqet** 18¹ *refl* 1. sich bemühen, sich Mühe geben; sich anstrengen; versuchen; 2. sich hin und her wälzen *(vor Schmerzen)*
përpíqte 18¹ *Imperf* → **përpjek**
përpírës I. -i *Subst/m*, *Pl* − Vielfraß *m*, Freßsack *m*; II. -e *Adj* verfressen, gefräßig
përpjék 18¹ *tr* 1. an etw. anstoßen, anschlagen, pochen; stoßen; klatschen; knallen; ~ **duart** in die Hände klatschen, applaudieren; ~ **këmbët** mit den Füßen stampfen, trampeln; ~ **kryet pas murit** a) mit dem Kopf gegen die Wand stoßen; b) sich den Kopf an der Wand stoßen; **i përpoqën gotat** sie stießen mit den Gläsern an; **i përpoqën fjalët** sie hatten einen Wort-

përpjékë wechsel; 2. *itr* übereinstimmen, vereinbar sein; **s'~in këto dy gjëra** diese beiden Dinge passen nicht zueinander; **s'~ ti aty da** reichst du nicht heran; → **¹përpiqet**

përpjék|ë -a *f, Pl* -ë Mühe *f,* Qual *f*

¹përpjékj|e -a *f, Pl* -e 1. Zusammenstoß *m,* Zusammenprall *m;* Aufprall *m;* 2. Aufeinandertreffen *n;* Scharmützel *n,* Geplänkel *n*

²përpjékj|e -a *f, Pl* -e Bemühung *f,* Anstrengung *f;* Versuch *m*

¹përpjékur (i) *Adj* zusammengestoßen; aufeinandergeprallt; angestoßen, aufgeprallt

²përpjékur (i) *Adj* sehr bemüht; angestrengt arbeitend

përpjesetím -i *m, Pl* -e Verhältnis *n,* Größenverhältnis; Ausmaß *n;* Umfang *m;* Proportion *f;* **në ~e të mëdha** in großem Ausmaß

përpjesëtimísht *Adv* proportional

përpjéssh|ëm (i), -me (e) *Adj* proportional, korrelativ

përpjét|ë I. -a *Subst/f, Pl* -a Steigung *f,* Anstieg *m;* steiler Aufstieg *m;* steiler Abhang *m,* Steilhang *m;* **II.** (i) *Adj* steil ansteigend, aufsteigend; nach oben führend; **III.** -a (e) *Subst/f, Pl* -a (të) = **përpjetë I.;** **IV.** *Adv* nach oben, aufwärts, in die Höhe; bergauf, bergan; *übertr* **s'bën ~** es geht nicht voran; **V.** *Präp (mit Abl)* hinauf; **~ malit** den Berg hinauf

përpjét|ëm (i), -me (e) *Adj* steil ansteigend, aufsteigend; steil, schroff, in die Höhe ragend

përpjetón 1 *tr* sehr loben, in den Himmel heben

përpjétsh|ëm (i), -me (e) *Adj* = i **përpjetëm**

përplás 21 *tr* 1. zusammenstoßen lassen, aufeinanderprallen lassen; 2. werfen, schmettern; **~ përdhe** hinunterwerfen, hinwerfen, zu Boden schleudern; zuschlagen, zuwerfen, zuknallen *(Tür);* 3.: **~ duart** in die Hände klatschen, Beifall klatschen; **~ këmbët** mit den Füßen stampfen, trampeln; 4.: **ia ~a** a) ich habe es ihm rundheraus gesagt; b) ich habe ihm die Meinung gezeigt; **s'kam ku të ~ kryet** ich habe keinerlei Unterstützung; **-et** *refl* zusammenstoßen, zusammenprallen, aufeinanderprallen; herabstürzen, auf die Erde fallen; **u ~ në mur** es prallte gegen die Mauer; **u ~ përdhe** es stürzte zu Boden; **u ~ën trenat** die Züge stießen zusammen

përplásj|e -a *f, Pl* -e 1. Zusammenstoß *m;* Aufeinanderprallen *n;* Aufprall *m;* 2. Schmettern *n,* Werfen *n,* Schleudern *n;* Hinwerfen *n*

përplót *Adv*: **plot e ~** bis oben hin voll; gerammelt voll, überfüllt

përpóqi 18[1] *Aor* → **përpjek**

përpós *Präp (mit Abl)* außer; **~ kësaj** außerdem

përpósh I. *Adv* hinab, nach unten, abwärts; bergab; unten; **II.** *Präp (mit Abl)* unter; unterhalb; **~ tryezës** unter dem Tisch

përpuním -i *m, Pl* -e Bearbeitung *f;* Verarbeitung *f;* Ausarbeitung *f*

përpunón 1 *tr* bearbeiten; verarbeiten; **~ lëndët e para** die Rohstoffe verarbeiten; ausarbeiten

përpunúar (i) *Adj* bearbeitet; verarbeitet; ausgearbeitet

përpunúes, -e *Adj* verarbeitend; bearbeitend; Verarbeitungs-; **industria ~e** die verarbeitende Industrie

përpúrth I. -i *Subst/m Med* Durchfall *m;* **II.** 14 *tr* mit Kot beschmutzen; **-et** *refl* einkoten, sich in die Hosen machen

përpúsh 14[2] *tr* schüren, aufstochern; **~ zjarrin** das Feuer schüren; **-et** *refl*: **~ en pulat** die Hühner scharren; *übertr* **mos u ~ !** spiel dich nicht so auf!

përpúth 14 *tr* **1.** einpassen, anpassen; fest aneinanderfügen, zusammenfügen; **2.** festdrücken, andrücken; **-et** *refl* passen, zusammenpassen; übereinstimmen; ~ **et me** übereinstimmen mit, harmonieren mit

përpúthj|e -a *f*, *Pl* -e enge Verbindung *f*, enge Berührung *f*; Anstoßen *n*; Übereinstimmung *f*; **në** ~ **me** in Übereinstimmung mit

përqáfet 14 *refl* sich umarmen; **u përqafa me të** wir umarmten uns; **u përqafën** sie umarmten einander

përqafím -i *m*, *Pl* -e Umarmung *f*

përqafó|n 1 *tr* **1.** jmdn. umarmen, jmdm. um den Hals fallen; **2.** sich etw. aneignen, sich etw. zu eigen machen; **3.** einschließen, enthalten; **-het** *refl* sich umarmen, einander umarmen, sich umhalsen

përqállet 14 *refl* schmusen, schmeicheln, sich anschmiegen *(Katzen)*; *übertr* jmdn. umschmeicheln, jmdm. schmeicheln, jmdm. um den Bart gehen

përqárk I. -u *Subst/m*, *Pl* përqárqe Umrandung *f*; **II.** *Adv* ringsherum, ringsumher; im Umkreis; **III.** *Präp (mit Abl)* um ... herum, rings um; ~ **oborrit** rings um den Hof, um den Hof herum

përqás 21 *tr* vergleichen

përqásj|e -a *f*, *Pl* -e Vergleich *m*

përqésh 14² *tr* verspotten, verlachen, auslachen; *Sprachfehler od Gebrechen* nachäffen, ins Lächerliche ziehen; sich über jmdn. lustig machen

përqéshës, -e *Adj* höhnisch; nachäffend; verspottend

përqéshj|e -a *f*, *Pl* -e Verspottung *f*; Verhöhnung *f*; Nachäffen *n*

përqéthet 20 *refl*: **më** ~ **shtati** mich schaudert, mir läuft ein Schauer über den Rücken

përqéthë -t (të) *n* Schauer *m*, Schauder *m*

përqéthës, -e *Adj* erschütternd; schauerlich, entsetzlich

përqéthj|e -a *f* Erbeben *n*, Erschauern *n*; Schauder *m*

përqéthura -t (të) *Pl* Schauer *Pl*, Rückenschauer

përqëndrím -i *m* Konzentration *f*; Sammlung *f*; ~ **i mendjes** Aufmerksamkeit *f*; **kamp** ~ **i** *od* **fushë** ~ **i** Konzentrationslager *n*; *Chem* Konzentration

përqëndró|n 1 *tr* konzentrieren; ~ **mendjen** sich konzentrieren, sich sammeln; **-het** *refl* sich konzentrieren

përqí -a *f*, *Pl* – Aussteuer *f*, Mitgift *f*

përqíndj|e -a *f*, *Pl* -e Prozent *n*, Prozentsatz *m*, Anteil *m*; *Fin* Zinssatz *m*

përqók 14³ *tr* **1.** aufpicken, anpicken; **2.** *Oliven* auflesen

përqokón 1 *tr* = **përqok**

përqúllet 14 *refl* beim Sprechen Speichel im Mund haben, geifern

përqýrret 14¹ *refl* sich mit Nasenschleim beschmieren

përsé *Adv* warum, weshalb; **s'ka** ~ keine Ursache

përsëri *Adv* wieder, erneut, von neuem

përsërit 22 *tr* wiederholen; **mos e** ~ ! tu das nicht wieder!, mach das nicht noch einmal!; **-et** *refl* sich wiederholen, wiederkehren

përsërítës I. -e *Adj* wiederholt, sich wiederholend, Wiederholungs-; **II. -i** *Subst/m*, *Pl* – Sitzenbleiber *m*

përsërítj|e -a *f*, *Pl* -e Wiederholung *f*

përsiát 21¹ *tr* etw. überdenken, etw. durchdenken; abwägen; sich von einer Sache einen Begriff machen; **-et** *refl* nachdenken, überlegen

përsiátj|e -a *f* Sinnen *n*, Grübeln *n*, Nachdenken *n*

përsípër *Adv* darüber; darauf; oben; **nuk ia bën dot** ~ er gesteht es

përsjéll

(Fehler, Schuld) nicht ein; **e merr ~ etw.** übernehmen
përsjéll 16[1] *tr* = **përcjell**
përsós 21 *tr* vollenden, vervollständigen, vervollkommnen; verbessern
përsósj|e -a *f* Vollendung *f*; Vervollkommnung *f*
përsosmërí -a *f* Vollendung *f*
përsósur (i) *Adj* vollendet, vollkommen
përsosurí -a *f* Vollkommenheit *f*, Vollendung *f*
përsýktë (i) *Adj* rötlich, rötlichgrau *(Tiere)*
përsýsh 14[2] *tr* durch den bösen Blick behexen
përshá|n 5 *tr*: **e shau e e përshau** er hat ihn schwer beleidigt, er hat ihn mächtig beschimpft; **-het** *refl*: **u shanë e u përshanë** sie haben sich (gegenseitig) mächtig beschimpft
përshésh I. -i *Subst*/*m* **1.** *in Milch oder Joghurt Eingebrocktes*; **2.** Art süße Weizengrütze; **~ me kulaç** zerbröckeltes und in Butter aufgebackenes Weißgebäck; **bën ~ Brot** einbrocken; **3.** *übertr* Durcheinander *n*; II. 14[2] *tr* **1.** einbrocken; **2.** dem Erdboden gleichmachen; **~ hundët** die Nase breitschlagen; **-et** *refl* zerbröckeln, zerfallen
përshëndét 20 *tr* grüßen, begrüßen; **-et** *refl* sich begrüßen, sich grüßen
përshëndétj|e -a *f*, *Pl* -e Gruß *m*, Begrüßung *f*; **~ *Pl*** Grüße *Pl*
përshëndósh 14[2] *tr* = **përshëndet**
përshín 6 *tr* **1.** zerbröckeln *(Brot)*; einbrocken *(Brot)*; **2.** umfassen; **3.** verschlingen, alles aufessen
përshítet 32 *refl*: **u shita e u përshita** ich habe totalen Ausverkauf gemacht, ich habe alles verkauft
përshkárdh 14 *tr* versklaven; jmdn. schlecht behandeln, quälen
përshkím -i *m* **1.** Heften *n*; **2.** Eindringen *n*; Durchdringen *n*

përshkó|n 1 *tr* **1.** durchführen; durchstecken; durchdringen; **~ fijen nëpër vrimë të gjilpërës** er fädelt den Faden ein; durchlaufen, durchfließen; **2.** *Wäsche* spülen; **3.** lose heften, zusammenheften; **-het** *refl* hindurchgehen; *Phys* leitfähig sein, leiten; *übertr* durchdrungen werden
përshkóq 14 *tr* auseinandertreiben, zerstreuen; in alle Winde zerstreuen; **-et** *refl* sich zerstreuen, auseinanderlaufen
përshkrím -i *m*, *Pl* -e Beschreibung *f*
përshkrúan 2 *tr* beschreiben, schildern
përshkrúesh|ëm (i), **-me** (e) *Adj* beschreibbar
përshkúar (i) *Adj* **1.** durchdrungen, durchlaufen; **2.** *Phys* leitend; **3.** *übertr* durchdrungen
përshkúesh|ëm (i), **-me** (e) *Adj* durchlässig; permeabel; gangbar, passierbar
përshkueshmërí -a *f* Durchlässigkeit *f*; Permeabilität *f*; Gangbarkeit *f*, Passierbarkeit *f*
përshkúl 14 *tr* aussiedeln, umsiedeln; ausweisen; **-et** *refl* emigrieren; umsiedeln; umziehen
përshpírtet 14 *refl* (i) jmdn. inständig bitten
përshpírtj|e -a *f*, *Pl* -e Seelenmesse *f*, Totenmesse *f*
përshpírtsh|ëm (i), **-me** (e) *Adj* religiös, fromm, gläubig; **vjersha të përshpirtshme** geistliche Gedichte
përshqúan 2 *tr* unterscheiden, auseinanderhalten
përshtát 20 *tr* anpassen, passend machen; umarbeiten; **-et** *refl* (i) sich anpassen; **njeriu duhet t'i ~ et ambientit** man muß sich seiner Umgebung anpassen; übereinstimmen; entsprechen
përshtátj|e -a *f* Anpassung *f*; **në ~**

me in Übereinstimmung mit, übereinstimmend mit

përshtátsh|ëm (i), -me (e) *Adj* geeignet, passend; entsprechend

përshtíllte 16¹ *Imperf* → **përshtjell**

përshtjéll 16¹ *tr* = **pështjell**

përshtólli 16¹ *Aor* → **përshtjell**

përshtýpj|e -a *f, Pl* -e Eindruck *m*; **bën** ~ das wirkt; **më bëri** ~ es hat mich beeindruckt; **lë** ~ einen Eindruck hinterlassen

përshúrr 14¹ *tr* anpinkeln; vollpinkeln

përshút|ë -a *f, Pl* -a geräucherter Schinken *m*

përtác I. -i *Subst/m, Pl* -ë Faulpelz *m*; II. -e *Adj* faul, träge

përtací -a *f* Faulheit *f*

përtéj I. *Adv* 1. jenseits, drüben; hinüber; 2. mehr; **njëqind vjet e** ~ mehr als 100 Jahre, 100 Jahre und mehr; II. *Präp (mit Abl)* über, jenseits; ~ **detit** a) über das Meer; b) jenseits des Meeres

përtéjm|ë (i), -e (e) *Adj* jenseits, drübenliegend, auf der anderen Seite befindlich; **nga ana e përtejme** von drüben, von der gegenüberliegenden Seite

përtéjsh|ëm (i), -me (e) *Adj* = i **përtejmë**

përtér 14¹ *tr* trocknen, austrocknen

përtés -i *m, Pl* – Faulpelz *m*, Nichtstuer *m*

përtés|ë -a *f* Faulheit *f*

përtesí -a *f* Müßiggang *m*

përtërí|n 5 *tr* erneuern; **-het** *refl* sich erneuern, wie neu werden; sich verjüngen; **u përtëri hëna** es ist Neumond

përtërítj|e -a *f, Pl* -e Erneuerung *f*; Verjüngung *f*

përtím -i *m* Faulheit *f*; Müßiggang *m*

përtókë *Adv* zu Boden

përtón 1 *itr* unlustig sein, keine Lust haben; **po përtoj të ngrihem** ich bin zu faul aufzustehen; faulenzen

përtónjës -i *m, Pl* – Faulpelz *m*, Faulenzer *m*

përtróll 14 *tr* niederstrecken, töten

përtrollít 22 *tr* zu Boden werfen, auf die Erde schleudern, hinwerfen

përtúar (i) *Adj* unlustig; faul

përtúesh|ëm (i), -me (e) *Adj* = i **përtuar**

përtýp 14 *tr* kauen; wiederkäuen; *übertr* **i** ~ **fjalët** er traut sich nicht mit der Sprache heraus, er macht Umschweife

përtýpës -it *Pl Zool* Wiederkäuer *Pl*

përtýpj|e -a *f* Kauen *n*; Wiederkäuen *n*

përthá|n 5 *tr* eine Wunde heilen; **-het** *refl* 1. heilen, verheilen, zuheilen *(Wunde)*; abheilen *(Pickel)*; 2. trocknen, vertrocknen, austrocknen

përthárë (i) *Adj* verheilt, verschorft *(Wunde)*

përthárj|e -a *f* Heilen *n*, Verschorfen *n einer Wunde*

përthíhet 6 *refl* ergrauen, grau werden

përthím|ë (i), -e (e) *Adj* aschgrau; ergraut; weißhaarig

përthíth 14 *tr* absorbieren; aufsaugen, einsaugen

përthíthës -i *m, Pl – Phys* Absorber *m*

përthíthj|e -a *f* Absorption *f*; Aufsaugen *n*, Einsaugen *n*

përthý|en 4 *tr* falten, kniffen; knicken; brechen; **-het** *refl Opt* sich brechen

përthýer -it (të) *n Opt* Brechung *f*

përthýerj|e -a *f Opt* Brechung *f*, Refraktion *f*

përthýes -i *m, Pl – Opt* Refraktor *m*

përúdh 14 *tr* belehren, anleiten; jmdm. Anweisungen geben; in Ordnung bringen, in die richtige Bahn lenken

përúl 14 *tr* beugen, erniedrigen, demütigen; **mos e** ~ **veten!** erniedrige dich nicht!; **-et** *refl* sich demütigen,

sich erniedrigen, sich beugen; sich unterordnen; sich fügen, nachgeben; **u ~ prej lutjeve të gjyshit** er gab den Bitten des Großvaters nach; sich vor jmdm. verneigen *(aus Verehrung)*; krumm werden
përulësí -a *f* Ergebenheit *f*, Demut *f*, Unterwürfigkeit *f*
përúlj|e -a *f* Demütigung *f*, Unterwerfung *f*; Erniedrigung *f*, Unterordnung *f*; Ergebenheit *f*, Unterwürfigkeit *f*; Verehrung *f*
përúlur (i) *Adj* demütig, unterwürfig; gedemütigt, erniedrigt; unterworfen, untergeordnet
përúnj 14 *tr* = **përul**
përunjësí -a *f* = **përulësi**
përunjësísht *Adv* ergeben, untertänigst
përúnjët (i) *Adj* demütig, ergeben, untertänig
përvájsh|ëm (i), -me (e) *Adj* klagend, wehmütig; elegisch; traurig, traurig stimmend
përvajtím -i *m* Betrauern *n*, Beweinen *n*
përvajtón 1 *tr* betrauern, beklagen, beweinen
përvár 14[1] *tr* das Gesetz hintergehen, die Lücken des Gesetzes ausnutzen; *itr*; **-et** *refl* sich neigen, überhängen; *übertr* **i ~et** jmdn. inständig bitten
përvdíret 14, 18 *refl* **1.** verschwinden, unsichtbar werden; **2.: më përvdiren sytë** ich muß die Augen zusammenkneifen, ich muß blinzeln
përvdjérrë 18 *Part* → **përvdiret**
përvdór 18: **u ~** *Aor Pass* → **përvdiret**
përvéç *Präp (mit Abl)* außer, mit Ausnahme von; **~ teje** außer dir; **~ kësaj** außerdem
përvéç|ëm (i), -me (e) *Adj*: **emër i ~** Eigenname *m*
përveçqë *Konj* außer daß
përveçse *Konj* = **përveçqë**

përvehtësím -i *m* **1.** Aneignung *f*, Erlernung *f*, Meisterung *f*; **~ i i teknikës** die Meisterung der Technik; **2.** Aneignung, Entwendung *f*
përvehtësón 1 *tr* **1.** sich etw. aneignen; etw. erlernen, etw. meistern, beherrschen; **përvehtësuan metodat e reja** sie haben sich die neuen Methoden angeeignet; **2.** sich etw. aneignen, etw. an sich reißen, etw. entwenden
përvehtësúar (i) *Adj* **1.** angeeignet; gelernt; **2.** angeeignet, entwendet
përvéset 21 *refl* mit Tau benetzt werden, sich mit Tau bedecken
përvés|ë -a *f*, *Pl* -a Probe *f*, Versuch *m*
përv|ésh 17[2] *tr die Ärmel* hochkrempeln; **-ishet** *refl* sich die Ärmel hochkrempeln; **i përvishet punës** er stürzt sich in die Arbeit
përvetësím -i *m* = **përvehtësim**
përvetësón 1 *tr* = **përvehtëson**
përvetím -i *m Jur* Entwendung *f*, Aneignung *f fremden Eigentums*
përvetón 1 *tr Jur* etw. entwenden, sich fremdes Eigentum aneignen
përvelák -u *m* **1.** Maisbrei *m*, Polenta *f*; **2.** *Speise aus zerbröckeltem Weißbrot, das mit Sorbett übergossen und gebacken wird*; Art Fladen *(der zur Feier am 3. Tag nach der Geburt eines Kindes zubereitet wird)*
përvelón 1 *tr* **1.** abbrühen; überbrühen, mit kochendem Wasser übergießen; **~ një tëmbël** eine Süßigkeit mit kochendem Sorbett übergießen; aufbrühen; **2.** verbrühen; **përvélova dorën** ich habe mir die Hand verbrüht; *übertr* **më përvëloi zemrën** er hat mir großen Kummer bereitet; **3.** *itr* brennen; sengen; **~ dielli** die Sonne brennt
përvelór|e -a *f* eingebrocktes Brot *(das mit heißem Schmalz übergossen wird – Frühstücksgericht)*
përvídhet 16[5] *refl* sich fortstehlen,

sich heimlich davonmachen; **i ~** vor jmdm. heimlich davonlaufen
përvíer 16⁵ *Part* → **përviret**
përvijón 1 *tr* = **përvijos**
përvijós 21 *tr* skizzieren; abzeichnen
përvílte 16² *Imperf* → ¹,²**përvjel**
përvíret 16⁵ *refl* nach einer Seite hängen, überhängen, sich zur Seite neigen
përvítsh|ëm (i), -me (e) *Adj* jährlich, alljährlich
përvjédhur 16³ *Part* → **përvidhet**
¹**përvjél** 16² *tr* = **përvesh**
²**përvjél** 16² *tr* : **~ dhentë** die Bauchwolle der Schafe scheren
përvjéla -t (të) *Pl* = **përvjelë**
përvjél|ë -a *f* Bauchwolle *f von Schafen*
përvjetór -i *m*, *Pl* -ë Jahrestag *m*
përvódh 16³: **u ~** *Aor Pass* → **përvidhet**
përvój|ë -a *f* Erfahrung *f*
përvóli 16² *Aor* → ¹,²**përvjel**
përvór 16⁵: **u ~** *Aor Pass* → **përviret**
përvúajtur (i) *Adj* erfahren, mit Lebenserfahrung; leidgeprüft
përzemërsí -a *f* Herzlichkeit *f*; **me ~** herzlich, von Herzen
përzemërsísht *Adv* herzlich, von Herzen
përzémërt (i) *Adj* herzlich
përzé 39 *tr* vertreiben, verjagen
përzí|en 7¹ *tr* mischen, vermischen, vermengen; durcheinanderbringen, in Unordnung bringen; umrühren; *übertr* Verwirrung stiften, in Unruhe versetzen; **-het** *refl* 1. sich vermischen, sich vermengen; 2. sich einmischen; **u ~ njerëzia** es gab einen Tumult; 3. sich eintrüben, sich verschlechtern *(Wetter)*; **më përzihet** mir wird übel, ich muß brechen
përzíer (i) *Adj* vermischt, vermengt; verworren, durcheinander gebracht

përzíerj|e -a *f* Mischung *f*; Gemisch *n*; Vermischung, Vermengung *f*
përzíhet 39 *refl* *Zool* sich paaren
përzínte 39 *Imperf* → **përzë**
përzísh|ëm (i), -me (e) *Adj* trauernd, in Trauer; traurig, schmerzlich
përzítës -it *Pl* Herdenbesitzer *Pl (die ihr Vieh zeitweilig zusammen weiden lassen)*
përzítur (i) *Adj* trauernd
përzjén 7 *tr* = **përzíen**
përzjérës|e -ja *f*, *Pl* -e *Bauw* Mischmaschine *f*, Mischer *m*
përzjérj|e -a *f*, *Pl* -e **1.** Mischen *n*, Vermischen *n*; Mischung *f*, Gemisch *n*; **2.** Durcheinander *n*, Tumult *m*, Wirrwarr *m*; **3.** Einmischung *f*, Einschreiten *n*
përzúri 39 *Aor* → **përzë**
përzhít 22 *tr* versengen, ansengen; anrösten, anbraten
përrállet 14 *refl* herumtrödeln, die Zeit durch Plaudern vertrödeln; plaudern, faseln
përráll|ë -a *f*, *Pl* -a Märchen *n*; *übertr* Märchen, Unsinn *m*; **u bë ~** alle reden über ihn
përrállëz -a *f*, *Pl* -a Märlein *n*
përrallís 21 *itr* = **përrallos**
përrallón 1 *itr* = **përrallos**
përrallór, -e *Adj* Märchen-, märchenhaft; ungewöhnlich, außergewöhnlich
përrallós 21 *tr*, *itr* plaudern, schwatzen; **-et** *refl* dummes Zeug reden, faseln
përrallzatór -i *m*, *Pl* -ë Märchenerzähler *m*
përrénj *Pl* → **përrua**
përréth **I.** *Adv* ringsherum, ringsumher, im Umkreis; **II.** *Präp (mit Abl)* rings um; um ... herum; **~ kopshtit** um den Garten herum; **~ kësaj çështjeje** um diese Frage, zu dieser Frage
përrl|ë -a *f*, *Pl* -a Steinsplitter *m*; *übertr* Streit *m*, Zwietracht *f*

përr|úa -ói *m*, *Pl* -énj *od* -ónj
1. Bach *m*, Sturzbach, Wildbach;
2. Bett *n des Baches*

pësím -i *m*, *Pl* -e Leid *n*; Prüfung *f*, schweres Erlebnis *n*; ~ **et bëhen mësime** aus Schaden wird man klug

pësón 1 *itr*, *tr* leiden, dulden; erleiden, erdulden, ertragen; **kush** ~ **mëson** aus Schaden wird man klug; **e pësova** es ist mir übel ergangen; ~ **ndryshime** Veränderungen erfahren

pësór, -e *Adj Gramm* passiv; **trajta** ~ **e** *od* **diateza** ~ **e** das Passiv

pësúar -i (i) *m* Leidgeprüfter *m*; ein Mensch, der viel durchgemacht hat; **i** ~ **i i mësuari** (ein) gebranntes Kind scheut das Feuer

pëshkón 1 *tr Wäsche* spülen

pëshpërít 20 *tr*, *itr* flüstern, wispern, tuscheln; **-et** *refl unpers* man munkelt

pëshpërítës, -e *Adj* flüsternd

pëshpëritj|e -a *f* Flüstern *n*, Geflüster *n*; Getuschel *n*

pështíllet 16¹ *refl* 1. gerinnen; dick werden; 2. eingewickelt werden; **po më** ~ mir wird übel, ich muß brechen; → **pështjell**

pështíllte 16¹ *Imperf* → **pështjell**

pështírë (i) *Adj* ekelerregend, ekelhaft; schlecht, schlimm *(moralisch)*

pështjéll 16¹ *tr* einwickeln, einschlagen; umhüllen, umwickeln; Fäden aufwickeln, zu einem Knäuel wickeln

pështjellák -u *m*, *Pl* -ë 1. Art Kopftuch; 2. Art Schürze

pështjéllas *Adv* durcheinander

pështjéllë -t (të) *n*: **më çohet të** ~ **t** mir wird übel, ich muß brechen

pështjéllës|e -ja *f*, *Pl* -e Hülle *f*, Haut *f*, Schale *f*; Umhüllung *f*

pështjéllët (i) *Adj* verworren, verwickelt, verzwickt

pështjellím -i *m*, *Pl* -e Wirrwarr *m*; Verwicklung *f*; Durcheinander *n*; Tumult *m*

pështjéllj|e -a *f*, *Pl* -e *Tech* Wickeln *n*, Spulen *n*; Wicklung *f*

pështjelló|n 1 *tr* verwirren, verwickeln; durcheinander bringen, in Unordnung bringen; **-het** *refl* durcheinander geraten, sich verfitzen

pështólli 16¹ *Aor* → **pështjell**

pështým 14 *tr* Holz trocknen; **-et** *refl* austrocknen, trocken werden

¹**pështým|ë** -a *f*, *Pl* -a Speichel *m*, Spucke *f*; **gjëndrat e** ~ **s** die Speicheldrüsen

²**pështým|ë** -a *f* Ruß *m*

pështýn 11¹ *itr* spucken; *tr* anspucken, bespucken, anspeien; **miza e ka pështyrë mishin** die Fliege hat ihre Eier auf dem Fleisch abgelegt

pështýrj|e -a *f* Spucken *n*, Speien *n*

pi 35 *tr* 1. trinken; saufen; ~ **një bar** eine Arznei nehmen; *übertr* **të** ~ **u e zeza** das Unglück hat dich getroffen; **na** ~ **u miza** uns hat eine regelrechte Fliegenplage befallen; 2.: ~ **duhan** rauchen; 3. saugen, aufsaugen; **-het** *refl* sich betrinken, sich besaufen; **më** ~ **het ujë** ich möchte Wasser trinken

pianéc -i *m*, *Pl* -ë *od* -a Säufer *m*, Trinker *m*

pianík -u *m*, *Pl* -ë = **pianec**

pianíst -i *m*, *Pl* -ë *od* -a Pianist *m*, Klavierspieler *m*

piáno -ja *f*, *Pl* – Piano *n*, Klavier *n*; **i bie** ~ **s** er spielt Klavier

piavíc|e -a *f*, *Pl* -a Blutegel *m*

picák *Adv* nackt

picát 22¹ *tr* mausen, stibitzen

picét|ë -a *f*, *Pl* -a Serviette *f*

píc|ë -a *f* Mädelchen *n*

píc|ël -la *f*, *Pl* -la Nadelstich *m*

picëlím -i *m* feine Stickerei *f*; Eleganz *f*

picëló|n 1 *tr* elegant kleiden; **-het** *refl* sich elegant kleiden

pícërr, -e *Adj* klein, schmächtig

picërrón 1 *itr* 1. die Augen zusammenkneifen, blinzeln; 2. *tr* mausen, stibitzen

picërrúk, -e *Adj* klein, winzig

picigón|ë -a *f*, *Pl* -a = **pilipizgë**

picigját|ë, -e *Adj* länglich, spitz zulaufend

picimájë *Adv* kopfüber

picimájthi *Adv*: **lozim** ~ wir spielen Messerwerfen *Spiel, bei dem ein Messer so geworfen wird, daß es sich mit der Spitze in die Erde bohrt*

picingúl *Adv* kopfüber; **bie** ~ kopfüber herunterfallen

picingúlthi *Adv* = **picingul**

picír, -e *Adj* getupft, gesprenkelt

pickát|ë -a *f*, *Pl* -a 1. Stechmücke *f*; 2. Stich *m*

pickím -i *m* Kneifen *n*, Zwicken *n*; Stechen *n*, Stich *m*, Biß *m*

pickón 1 *tr* kneifen, zwicken; stechen

pickónjës, -e *Adj* kneifend; stechend; beißend; **fjalë** ~ **e** spöttische Worte

pickúar I. (i) *Adj* gebissen, gestochen; gekniffen; **II.** -a (e) *Subst/f*, *Pl* -a (të) Stich *m*; Biß *m*

picórr, -e *Adj* klein, winzig *(von Gestalt)*

picrrák I. -u *Subst/m*, *Pl* -ë Salamander *m*, Feuersalamander; **II.** -e *Adj* = **picorr**

piedestál -i *m*, *Pl* -e Piedestal *n*, Sockel *m*

pigál -i *m*, *Pl* -a Tülle *f* der Kanne

pigmént -i *m*, *Pl* -e Pigment *n*

pigún -i *m*, *Pl* -ë junger Hase *m*, Hasenjunges *n*

pihátet 20 *refl* ermattet sein, abgespannt sein; sich bis zur Erschöpfung anstrengen

píj|e -a *f*, *Pl* -e (alkoholisches) Getränk *n*; Trinken *n*; Saufen *n*; **e mori në qafë pija** der Suff hat ihn ruiniert

pijetór|e -ja *f*, *Pl* -e Kneipe *f*, Schenke *f*

píjsh|ëm (i), -me (e) *Adj* trinkbar; Trink-

¹**pik** -u *m* = **pikth**

²**pik** 14³ *tr* verbittern, kränken; **-et** *refl* sich grämen, sich ärgern; verbittert sein

³**pik** 14³ *tr* 1. Löcher zustopfen; löten; ~ **shtëpinë** das Dach reparieren, das Dach ausbessern; *itr* 2. tropfen; lecken; Löcher haben; ~ **shtëpia** das Haus hat ein undichtes Dach; 3.: **që se** ~**u dita** bei Tagesbeginn; **-et** *refl* zu Boden fallen, herabfallen; **u** ~ **përnjëherë** er fiel sofort (tot) um

pikakúq, -e *Adj* rotgetupft, rotgesprenkelt

pikalárm|ë, -e *Adj* sommersprossig; gefleckt, gescheckt

pikaláshr, -e *Adj* = **pikalosh**

pikalí, -e *Adj* = **pikalosh**

pikalór, -e *Adj* sommersprossig

pikalósur (i) *Adj* getupft, gesprenkelt, mit Pünktchen

pikalósh, -e *Adj* gescheckt, getupft, gesprenkelt

pikás 21 *tr* entdecken, ausfindig machen; hinter etw. kommen; merken; bemerken

pikát 22¹ *tr* 1. besprühen, bespritzen, besprengen; **këtu të** ~ **era** hier sitzt man im Durchzug; 2. *itr* sich auszeichnen; sich unterscheiden

pikatór|e -ja *f*, *Pl* -e Arzneiflasche *f* *mit Tropfvorrichtung*

pikátsh|ëm (i), -me (e) *Adj* hervorragend, herausragend, hervorstechend

pík|ë -a *f*, *Pl* -a *od* -ë *meist zu* 4. 1. Tropfen *m*; ~–~ *od* **pika-pika**

pikëçudítëse

a) tropfenweise; b) ein Tropfen nach dem anderen; **pika-pika uji shkon gurin** steter Tropfen höhlt den Stein; **i ranë lotët ~-~** sie zerfloß in Tränen; **heq ~n e zezë** fürchterlich leiden, die schlimmsten Strapazen erdulden; **i rrinë rrobat ~** seine Sachen sitzen wie angegossen; **2.** Schlaganfall *m*, Schlagfluß *m*; **~ e diellit** Sonnenstich *m*; **të raftë pika!** der Schlag soll dich treffen!; **3.** Tupfen *m*, Punkt *m*; **pika-pika** getupft, gesprenkelt; **shami me pika** ein gepunktetes Tuch; Mal *n*, Narbe *f*; **pika lie** Pockennarben *Pl*; kleines Zeichen *n*; *übertr* **pa ~ mëshire** ohne eine Spur von Mitleid; **një gjë pa ~n e vleftës** eine absolut wertlose Sache; **pa ~ dyshimi** ohne den geringsten Zweifel; **4.** *Gramm*, *Mus*, *Math* Punkt; **~ vatërore** Brennpunkt; *übertr* Punkt, Thema *n*, Gebiet *n*; **mos prek atë ~** ! erwähne diesen Punkt nicht!, erinnere mich nicht daran!; **~ për ~** Punkt für Punkt, haargenau, haarklein; **erdhi ~ më ~** er kam prompt; *Sport* **10 ~** 10 Punkte; **gjer më një ~** *od* **gjer në një farë pike** bis zu einem gewissen Punkt, bis zu einem gewissen Grad; **pikat kardinale** die vier Himmelsrichtungen; **5.** Höhepunkt *m*; **në ~ të dimrit** mitten im Winter; **në ~ të natës** mitten in der Nacht; **në ~ të mëngjesit** am frühen Morgen; **në ~ të hallit** in der größten Not; **në ~ të vapës** in der größten Hitze; **pika e djalit** ein Prachtstück von einem Jungen; **~ e gjak** sündhaft teuer

pikëçudítj|e -a *f*, *Pl* -e Ausrufezeichen *n*

pikëgjállë *Adv*: **ra ~ e fiel** tot um

pík|ël -la *f*, *Pl* -la **1.** Tröpfchen *n*, Tröpflein *n*; **2.** Sommersprosse *f*, Leberfleck *m*; runder Fleck *m*; Pünktchen *n*, Tüpfelchen *n*; **3.** wurmstichige Olive *f* (*die von selbst vom Baum fällt*)

pikëlón 1 *itr* tröpfeln, tropfen; **~ shiu** es tröpfelt, es nieselt; einzeln herunterfallen

pikëlór, -e *Adj* sommersprossig; gefleckt, gescheckt

pikëlór|e -ja *f*, *Pl* -e **1.** Gefleckter Salamander *m*, Feuersalamander; **2.** Art getüpfelte Weintraube

pikëlúar (i) *Adj* getupft, gepunktet, gesprenkelt

pikëllím -i *m* Kummer *m*, Gram *m*, Leid *n*

pikëlló|n 1 *tr* verbittern, bekümmern; jmdm. Kummer bereiten; grämen; **-het** *refl* sich grämen, sich härmen, verbittert sein

pikëllúar (i) *Adj* verbittert, vergrämt, verhärmt; kummervoll

pikëmbërrítj|e -a *f*, *Pl* -e Endpunkt *m*

pikëmbështétj|e -a *f*, *Pl* -e Stützpunkt *m*; *Mil* Basis *f*, Stützpunkt; Anhaltspunkt *m*

pikënísj|e -a *f*, *Pl* -e Ausgangspunkt *m*

pikëpámj|e -a *f*, *Pl* -e Gesichtspunkt *m*, Standpunkt *m*; Ansicht *f*, Meinung *f*

pikëpjékj|e -a *f*, *Pl* -e Zusammenkunft *f*, Stelldichein *n*

pikëprés|ë -a *f*, *Pl* -a Semikolon *n*

pikëpýetj|e -a *f*, *Pl* -e Fragezeichen *n*; *übertr* **kjo është një ~** das ist noch eine offene Frage

pikërënë *Adj* einer, den der Schlag treffen soll (*im Fluch*)

pikërísht *Adv* genau, haargenau; **~ për këtë arësye** eben aus diesem Grund, gerade deshalb

pikërrím -i *m* Husche *f*, Regenhusche *f*

pikërrón 1 *unpers* regnen (*mit wenigen, aber großen Tropfen*)

píkës -i *m*, *Pl* – Kesselflicker *m*; Löter *m*
pikësëpári *Adv* zuerst, in erster Linie, vor allem; zunächst einmal
pikësím -i *m* Interpunktion *f*; **shenjat e ~ it** die Interpunktionszeichen
pikësyním -i *m*, *Pl* -e Ziel *n*, Zielpunkt *m*
píkët (i) *Adj* verbittert, vergrämt, bekümmert; bitter; scharf
pikëtakím -i *m*, *Pl* -e Treffpunkt *m*
pikëthírrës|e -ja *f*, *Pl* -e Ausrufezeichen *n*
píkëz -a *f*, *Pl* -a Tröpfchen *n*; Pünktchen *n*
pikím -i *m* Punktschweißung *f*
píkj|e -a *f* Schweißen *n*; **~ e ftohtë** Kaltschweißen
piknik -u *m*, *Pl* -ë *od* -e Picknick *n*
¹pikó|n 1 *tr* bespritzen, besprenkeln; *itr* tropfen, tröpfeln; kullern; lecken; **pikojnë djersët** der Schweiß rinnt, der Schweiß perlt; **~ shtëpia** das Haus hat ein undichtes Dach; **-het** *refl* 1. tröpfeln; 2. tropfenweise ausscheiden; 3. sich bespritzen
²pikón 1 *tr* = **pikëllon**
¹piks -i *m* Buchsbaum *m*
²piks 21 *tr* erstarren lassen, gerinnen lassen; **-et** *refl* gerinnen, erstarren
píksur (i) *Adj* geronnen
piktór -i *m*, *Pl* -ë Kunstmaler *m*, Maler *m*
piktorésk, -e *Adj* malerisch
piktúr|ë -a *f*, *Pl* -a Malerei *f*; Gemälde *n*, Bild *n*; bildhafte Schilderung *f*
pikturón 1 *tr*, *itr Kunst* malen, zeichnen
pikth -i *m*, *Pl* -a Großer Buntspecht *m*
pikúar (i) *Adj* mit Flecken übersät; besprüht
pikulésh|ë -a *f*, *Pl* -a Klageweib *n* bei Trauerfeiern
píkur (i) *Adj* verbittert
piláf -i *m* Pilaf *m*
pílc|ë -a *f*, *Pl* -a Hebel *m*, Hebearm *m*
pilcón 1 *tr* einen Hebel ansetzen; *übertr* jmdm. ein Bein stellen
¹píl|ë I. -a *Subst/f*, *Pl* -a Höhe *f*, Gipfel *m*; Bergabhang *m*; **vë ~** stapeln, auf einen Haufen legen; **vjen në ~** ansteigen; II. *Adv* auf Umwegen
²píl|ë -a *f*, *Pl* -a 1. *Bauw* Längsbalken *m*, Längsträger *m bes. Balken für den Brückenbau*; *übertr* **~ më ~** unsicher, in der Schwebe, noch offen; 2. Spur *f*, Fährte *f*; **e ndoqa ~ më ~** ich blieb ihm ständig auf der Spur; 3. zwei *bzw.* vier *übereinandergelegte Walnüsse zum Spielen*
³píl|ë -a *f*, *Pl* -a *El* Element *n*, Zelle *f*; **~ e thatë** Trockenelement; **~ galvanike** galvanisches Element; **~ xhepi** Taschenbatterie *f*; **~ e Voltës** Voltelement
pilikór -i *m*: **më ra ~ i** ich fiel in Ohnmacht
pilikúri *Adv* nackt, bloß
pilipízg|ë -a *f*, *Pl* -a Pfeifchen *n* vom Klarinettentyp (*aus einem Getreidehalm*)
pilivés|ë -a *f*, *Pl* -a *Zool* Libelle *f*
pilivróm -i *m* Syphilis *f*
piló|n 1 *tr* häufen, aufhäufen, anhäufen; stapeln; *itr* eilig davonlaufen; **-het** *refl*: **i pilohet** jmdm. nachlaufen, jmdn. verfolgen
pilót -i *m*, *Pl* -ë Pilot *m*, Flugzeugführer *m*
pilotón 1 *tr* ein *Flugzeug* fliegen, steuern
pilotúar (i) *Adj* geflogen, gesteuert
pillát -i *m*, *Pl* -e Brunnentrog *m*
píll|e -ja *f*, *Pl* -e = **¹pillë**
¹píll|ë -a *f*, *Pl* -a *großer rechteckiger Steinbehälter für Öl*; Steintrog *m*; Tonkrug *m zum Aufbewahren von Milcherzeugnissen, Gemüse usw.*

²píll|ë -a *f, Pl* -a Flachshechel *f*
³píll|ë -a *f, Pl* -a kleines Steinchen *n zum Spielen*
pillóhet 1 *refl* sich zurechtmachen, sich schön machen
pillón 1 *tr Flachs* kämmen, hecheln
píllte 16¹ *Imperf* → **pjell**
pínc|ë -a *f, Pl* -a Pinzette *f*; Zange *f*; ~ **prerëse** Schneidzange; ~ **e rrafshtë** Flachzange; ~ **për tuba** Rohrzange; ~ **me nofulla të rrumbullakta** Rundzange
pín|ë -a *f, Pl* -a Luftblase *f im Wasser*
píng|ë I. -a *Subst/f, Pl* -a Spitze *f*; ~ **e drurit** Baumspitze, Wipfel *m*; ~ **e malit** Berggipfel *m*; II. *Adv* voll
píng|ël -li *m* Stock *m für eine Art Stockspiel*
pingpóng -u *m* Tischtennis *n*
pingrón 1 *itr* klingen, tönen; **më** ~ **veshi** mir klingt das Ohr; ~ **zogu** der Vogel zwitschert
pinguín -i *m, Pl* -ë Pinguin *m*
pingúl *Adv* senkrecht, vertikal; kopfüber
pingúl|e -ja *f, Pl* -e *Math* Vertikale *f*, Senkrechte *f*
pingúltë (i) *Adj* vertikal; *Math* **vijë e** ~ Senkrechte *f*; *Sport* **shtyllë e** ~ Torpfosten *m*
pingúlthi *Adv* kopfüber
pinók -u *m, Pl* -ë *Bot* Schößling *m*
pínz|ë -a *f, Pl* -a Pinzette *f des Uhrmachers*
pinjóll -i *m, Pl* -ë *Bot* Sproß *m*, Schößling *m*, Ableger *m*; *übertr* Abkomme *m*, Abkömmling *m*, Sproß
pionér -i *m, Pl* -ë = **pionier**
pioniér -i *m, Pl* -ë Pionier *m*, Bahnbrecher *m*; Junger Pionier *(10-15 Jahre)*
¹pip -i *m, Pl* -a 1. Zigarettenspitzchen *n*; 2. *Bot* Schößling *m*, Sproß *m*; 3. Pfropfreis *n*; 4. Trillerpfeife *f*

²pip 14 *itr* piepsen, piepen
pipéq -i *m, Pl* -e Art Quarkkuchen *(mit heißem Sorbett übergossen)*
pipér -i *m Bot* Schwarzer Pfeffer *m*; Pfeffer *m*; ~ **i kuq** Paprika *m*
pipérk|ë -a *f, Pl* -a *Bot* Paprikaschote *f*
píp|ë -a *f, Pl* -a 1. Pfeife *f*, Tabakspfeife; *übertr* **i kanë pipat bashkë** sie sind ein Herz und eine Seele; 2. Anblasrohr *n des Dudelsackes*
pipëllín 6 *itr* = ²**pip**
pipëtín 6 *itr*: **s'** ~ er gibt keinen Laut von sich, er gibt keinen Mucks von sich
pípëz -a *f, Pl* -a 1. Pfeife *f aus einem Rohrstengel oder Strohhalm*; *übertr* **i ka veshët** ~ er hört wie ein Luchs; **i mban veshët** ~ er spitzt die Ohren; 2. Blattspitzen *Pl zum Füttern der Seidenraupen*
pipirúq, -e *Adj* eitel, putzsüchtig
piptón 1 *itr*: ~ **druri** der Baum treibt Schößlinge
¹pipth -i *m, Pl* -a Großer Buntspecht *m*
²pipth -i *m, Pl* -a Pfropfreis *n*
¹píqet 18¹ *refl* reifen; **u poqën fiqtë** die Feigen sind reif; *übertr* reifen, reifer werden, erfahrener werden; ~ **në diell** sich in der Sonne braun brennen lassen; → ¹**pjek**
²píqet 18¹ *refl* sich treffen, sich begegnen; **mirë u pjekshim!** auf Wiedersehen!; → ²**pjek**
píqte 18¹ *Imperf* → ¹, ²**pjek**
pir -i *m*: **pilafi e ka** ~**in me gjalpë** Pilaf schmeckt gut mit Butter; **i shkon për** ~**i** er hat es im Blut; **e ka për** ~**i** er hat die Angewohnheit
píra -t (të) *Pl* Getränke *Pl (die bei einem Fest getrunken werden)*
pirájk|ë -a *f, Pl* -a Wäscheschlegel *m*, Bleuel *m*
piramíd|ë -a *f, Pl* -a 1. Pyramide *f*; *Math* Pyramide; 2. Grenzstein *m*

pirásh -i *m*, *Pl* -ë Trinker *m*, Säufer *m*, Trunkenbold *m*
¹**pirát** -i *m*, *Pl* -ë Pirat *m*, Seeräuber *m*
²**pirát** 20 *tr* schlagen, verdreschen
pírdhte 16³ *Imperf* → **pjerdh**
píret 18 *refl* sich neigen, überhängen, seitlich herabhängen; neigen zu, tendieren zu; → **pjerr**
¹**pír|ë** -a *f*, *Pl* -a Pore *f*, Hautpore
²**pir|ë** -a *f* Stachel *m*, Dorn *m*
³**pírë** I. (i) *Adj* 1. betrunken, besoffen; 2. säugend, saugend; II. -t (të) *Subst/n* Trinken *n*
pírës I. -i *Subst/m*, *Pl* – Trinker *m*, Säufer *m*; II. -e *Adj* saugend, säugend
pirg -u *m*, *Pl* pírgje Turm *m*; Wartturm, Wachtturm; Schober *m*; Stapel *m*; *übertr* **e la** ~ **er streckte ihn nieder**
pirí -a *f*, *Pl* – Trichter *m*; ~ **të e hundës** die Nasenhöhlen
pirít -i *m*, *Pl* -e *Min* Pyrit *m*
pirján -i *m*, *Pl* -ë = **pirës**
pir|úa -ói *m*, *Pl* -únj = **pirun**
pirún -i *m*, *Pl* -ë Gabel *f*
pirrác I. -i *Subst/m*, *Pl* -ë Geizhals *m*; II. -e *Adj* geizig, knauserig
pírr|ë -a *f*, *Pl* -a *Bot* Seslerie *f*
pírrte 18 *Imperf* → **pjerr**
pis, -e *Adj* schmutzig, dreckig, unsauber
¹**pís|ë** -a *f* 1. *Min* Pech *n*; 2. Hölle *f*
²**pís|ë** -a *f fam* Mieze *f*, Miezekätzchen *n*; ~ ~ Miez Miez *(Lockruf für Katzen)*
pisërëng|ë -a *f*, *Pl* -a Salamander *m*
pisk -u *m* 1. fester Knoten *m*; **e lidh** ~ etw. zu einem Knoten binden, etw. verknoten; **e kap** ~ jmdn. kneifen, jmdn. zwicken; *übertr* **për një** ~ um ein Haar; **e pa punën** ~ er sah, daß die Dinge schlecht standen; **e kam punën** ~ es steht schlecht um meine Angelegenheit, ich bin übel dran; 2. **një** ~ **burrnot** eine Prise Schnupftabak; 3. Höhepunkt *m*, Gipfel *m*; **në** ~ **të vapës** in der größten Hitze; **në** ~ **un e dimrit** im tiefsten Winter
piskám|ë -a *f*, *Pl* -a Schrei *m*, lauter Ruf *m*
piskát 22¹ *itr* 1. schreien, laut rufen; 2. *tr* bespritzen, besprengen, besprühen
piskatór|e -ja *f*, *Pl* -e Pinzette *f*
písk|ë -a *f*, *Pl* -a Kiebitz *m*
pískëz -a *f*, *Pl* -a = **piskatore**
piskím -i *m* Kreuzschmerzen *Pl*
piskó|n 1 *tr* 1. verknoten, zu einem Knoten binden; 2. heften, mit Heftstichen versehen; 3. zwicken, kneifen; stechen; **-het** *refl* Kreuzschmerzen bekommen
pispillóhet 1 *refl* sich schönmachen, sich zurechtmachen
pispillóset 21 *refl* = **pispillohet**
pispúth -i *m vulg* Scheißkerl *m*
pisqóll|ë -a *f*, *Pl* -a Pistole *f*; *übertr* Dummkopf *m*, Tölpel *m*
pisqollís 21 *tr* auf jmdn. mit der Pistole schießen
pistállet 14 *refl* mit neuer Kleidung angeben
píst|ë -a *f*, *Pl* -a 1. Piste *f*; Kampfbahn *f*; 2. Tanzfläche *f*
pistól|ë -ja *f*, *Pl* -e Pistole *f*
pistolét|ë -a *f*, *Pl* -a Pistole *f*
pistón -i *m*, *Pl* -e *Tech* Kolben *m*, Pumpenkolben
pistrák, -e *Adj* unreif *(Feigen)*
pishák -u *m*, *Pl* -ë 1. Kienfackel *f*, Kienspan *m*; 2. große Hitze *f*, Glut *f*
písh|ë -a *f*, *Pl* -a 1. *Bot* Kiefer *f*; ~ **e butë** Pinienkiefer; ~ **e egër** Aleppokiefer; ~ **e kuqe** Panzerkiefer; ~ **e zezë** Schwarzkiefer; ~ **e detit** Seekiefer; 2. Span *m*, Kleinholz *n*; Kienspan, Kienfackel *f*; **i vuri** ~**n shtëpisë** er steckte das Haus in Brand; **me** ~

në dorë drohend, in drohender Haltung; **3.** Glut *f*, Gluthitze *f*; **në ~ të diellit** in der Sonnenglut
písh|ëm I. (i), -me (e) *Adj* trinkbar; **ujë i ~** Trinkwasser *n*; **II.** *Adv* betrunken, besoffen
pishëvénë (i) *Adj* intrigant
pishín|ë -a *f*, *Pl* -a Schwimmbecken *n*, Schwimmbassin *n*
pishkullón 1 *itr* flüstern
pishllón 1 *tr* wispern, flüstern
pishmán *Adv*: **bëhet ~** Reue empfinden
pishnáj|ë -a *f*, *Pl* -a Kiefernwald *m*; Pinienhain *m*
pishq *Pl* → **peshk**
pishtár -i *m*, *Pl* -ë Kienspanhalter *m*, Leuchter *m*; Fackel *f*, Kienspan *m*; *übertr* Leuchte *f*
píshtë (i) *Adj* Kiefern-; **dru e ~** Kiefernholz *n*
pishtëllím|ë -a *f*, *Pl* -a Flüstern *n*, Geflüster *n*
pishtëllín 6 *tr* = **pishkullon**
písht|ër -ra *f*, *Pl* -ra Waldweide *f*
¹pitár -i *m*, *Pl* -ë Seelenmesse *f*, Totenmesse *f*
²pitár -i *m*, *Pl* -ë Wabe *f*, Honigwabe
pítas *Adv* starr *(vor Kälte)*
pít|e -ja *f*, *Pl* -e **1.** feines Weißbrot *n*; **2.** Art Blätterteigpastete; **3.** Honigwabe *f*
pít|ë -a *f*, *Pl* -a getrocknete Rosenblätter *Pl (die in die Schränke gelegt werden)*
pitër (i) *Adj* oftmalig, häufig
pitigón|ë -a *f*, *Pl* -a leichtfertige und geschwätzige Frau *f*
pitók -u *m*, *Pl* -ë kräftiges Pferd *n*, Ackergaul *m*
pitúsh -i *m*, *Pl* -a kleines Brot *n*
pizërí -a *f*: **flet me ~** er teilt Spitzen aus, er macht Anspielungen
pízg|ë -a *f*, *Pl* -a Blasinstrument *n (der Kinder aus der Rinde des Judasbaumes u.a.)*

pízgull -a *f*, *Pl* -a Stückchen *n*, Teilchen *n*; Splitter *m*
pják|ë -a *f*, *Pl* -a **1.** Platz *m*, Marktplatz; Markt *m*; *übertr* **s'del në ~** er läßt sich nicht sehen; **2.** Preis *m*
pjalm -i *m* **1.** feiner Staub *m*, Pulver *n*; **~ bore** Pulverschnee *m*; *Bot* **~ lulesh** Blütenstaub, Pollen *m*; **2.** Feinmehl *n*
pját|ë -a *f*, *Pl* -a Teller *m*
pjavíc|ë -a *f*, *Pl* -a Blutegel *m*
pjégull -a *f* Teer *m*
pjegullón 1 *tr* teeren
¹pjek 18¹ *tr* backen; braten; **~ tjegulla** Ziegel brennen; **~ raki** Schnaps brennen; **ma piq një kafe!** mach mir einen Kaffee!; **ky bar e ~ kollën** diese Medizin lindert den Husten; → **¹piqet**
²pjek 18¹ *tr* jmdn. treffen, jmdm. begegnen; berühren; → **²piqet**
pjekallárthi *Adv* zufällig
¹pjék|ë -a *f* gebratenes Fleisch *n*
²pjék|ë -a *f*, *Pl* -a Begegnung *f*, Treffen *n*
³pjék|ë -a *f*, *Pl* -ë Wimper *f*
⁴pjék|ë -a *f*, *Pl* -a Fußfessel *f der Pferde*
¹pjékj|e -a *f*, *Pl* -e **1.** Reifen *n*; Reife *f*; **2.** Backen *n*; Braten *n*
²pjékj|e -a *f*, *Pl* -e Treffen *n*, Begegnung *f*
pjekón 1 *tr Pferde* an den Füßen fesseln
pjekur (i) *Adj* **1.** gebraten; gebacken; **mish i ~** gebratenes Fleisch *n*; **2.** reif; **pemë e ~** reife Frucht *f*; *übertr* reif, erfahren; **moshë e ~** Erwachsenenalter *n*; **njeri i ~** ein reifer, erfahrener Mensch
pjekurí -a *f* Reife *f*; **provimet e ~së** die Reifeprüfung
pjelm -i *m* feines Maismehl *n*
pjell 16¹ *tr* gebären; *Zool* werfen, Junge kriegen; **~ pula** das Huhn legt Eier; *Bot* ansetzen; *übertr* **i ~ mendja** er hat Einfälle

pjellák I. -u *Subst/m, Pl* -ë ein- bis zweijähriger Widder *m*; II. -e *Adj/f Zool* fruchtbar

pjéll|ë -a *f* Kind *n*; ~ **e barkut** eigenes Kind; ~ **e botës** a) fremdes Kind; b) angenommenes Kind; *übertr* geistiges Produkt *n*; Ausgeburt *f*

pjéllj|e -a *f* Geburt *f*; Werfen *n* von Jungen

pjellór, -e *Adj* fruchtbar; ergiebig

pjellorí -a *f* Fruchtbarkeit *f*

pjellshmërí -a *f* = **pjellori**

pjelltóre *Adj/f*: **pulë** ~ Legehenne *f*

pjép|ër -ri *m, Pl* -ra Zuckermelone *f*

pjerdh 16³ *itr vulg* furzen

pjérgull -a *f, Pl* -a Pergola *f*; Weinlaube *f*; rankender Weinstock *m*

pjerk, -e *Adj* hängend, herabhängend

pjerr 18 *tr* zur Seite neigen, beugen; → **piret**

pjerrakéq, -e *Adj* zum Schlechten neigend

pjérrë (i) *Adj* = **i pjerrët**

pjerrësí a *f* Neigung *f*, Beugung *f*; geneigte Fläche *f*, Neigungsfläche *f*; Schräge *f*; Abschüssigkeit *f*; Abhang *m*

pjerrësír|ë -a *f, Pl* -a Neigung *f*; Böschung *f*, Abhang *m*

pjérrët (i) *Adj* geneigt; schräg; abschüssig, steil

pjérrj|e -a *f* Neigung *f*; Schräge *f*

pjés|ë -a *f, Pl* -ë 1. Teil *m*; Anteil; **nga nxënësit një** ~ **shkuan në teatër** von den Schülern ging ein Teil ins Theater; ~ **këmbimi** *od* ~ **shkëmbimi** Ersatzteil *n*; ~ **përbërëse** Bestandteil *m*; **merr** ~ teilnehmen; **bën** ~ **në** er ist ein Bestandteil von, er bildet einen Teil von; **sa për** ~ **n time** ich für mein Teil, was mich betrifft; **e ndau** ~ – ~ er hat es zerteilt, er hat es eingeteilt; **paguan** ~–~ ratenweise bezahlen; 2.

Sport Halbzeit *f*; 3. *Theat* Rolle *f*; Musikstück *n*; Theaterstück *n*

pjesëmárrës -i *m, Pl* – Teilnehmer *m*

pjesëmárrj|e -a *f* Teilnahme *f*

pjesërísht *Adv* teilweise, teils, zum Teil

pjesëtár -i *m, Pl* -ë Teilhaber *m*; Mitglied *n*; ~**ët e familjes** die Familienmitglieder

pjesëtár|e -ja *f, Pl* -e Teilhaberin *f*; weibliches Mitglied *n*

pjesëtím -i *m, Pl* -e Teilung *f*, Aufteilung; *Math* Division *f*

pjesëtón 1 *tr* teilen, aufteilen; *Math* dividieren

pjesëtónjës -i *m, Pl* – = **pjesëtues**

pjesëtúes -i *m, Pl* – *Math* Divisor *m*

pjesëtúesh|ëm I. (i), -me (e) *Adj* teilbar; II. -mi (i) *Subst/m, Pl* -ëm (të) *Math* Dividend *m*

pjesëtueshmërí -a *f* Teilbarkeit *f*

pjésëz -a *f, Pl* -a 1. Partikel *f*; 2. Teilchen *n*; ~ **e elektrizuar** elektrisch geladenes Teilchen

pjesór|e -ja *f, Pl* -e *Gramm* Partizip *n*

pjéssh|ëm (i), -me (e) *Adj* Teil-, teilweise

pjestár -i *m, Pl* -ë = **pjesëtar**

pjéshk|ë -a *f, Pl* -ë *od* -a Pfirsich *m*; Pfirsichbaum *m*

pjétet 14 *refl* einen Leistenbruch bekommen

pjetëpóshtë *Adv* abwärts

pjetís 21 *tr Strümpfe* stricken; flechten; stricken

plaç! *Interj* platzen sollst du!; Ruhe!

pláçk|ë -a *f, Pl* -a 1. Gegenstand *m*, Ding *n*; Stoff *m*; Gewebe *n*; Kleidungsstück *n*; **pláçka** *Pl* a) Sachen *Pl*, Dinge *Pl*; b) Kleidungsstücke *Pl*, Sachen *Pl*; c) Gerümpel *n*; **pláçkat e shtëpisë** der Hausrat; **pláçkat e nuses** die Aussteuer; *übertr* **ai s'është** ~ **e mirë** er ist kein guter Mensch; 2. Teilchen *n* (Staub, Splitter, Haar od. dgl.); **më hyri një** ~ **në sy** mir ist etwas ins Auge

geflogen; 3. Beute *f*; *Mil* Beutestück *n*; Trophäe *f*; ~ **e luftës** Kriegsbeute; **bën** ~ etw. rauben, erbeuten
plaçkít 22 *tr* etw. rauben; erbeuten; jmdn. berauben, jmdn. ausrauben
plaçkítës -i *m*, *Pl* – Räuber *m*
plaçkítj|e -a *f* Raub *m*, Rauben *n*; Erbeutung *f*
plaçkítur (i) *Adj* geraubt, erbeutet
plaçkurína -t *Pl* Gerümpel *n*, altes Zeug *n*
plaf -i *m*, *Pl* plëfënj *od* -e Decke *f* aus Ziegenwolle; *übertr* **ndër këmbët sa ke** ~ **in!** man muß die Beine nach der Decke strecken
plág|ë -a *f*, *Pl* -ë Wunde *f*; Verletzung *f*; *übertr* Wunde, Schmerz *m*; wunde Stelle *f*, wunder Punkt *m*; ~ **shoqërore** gesellschaftliches Übel *n*; **vë gishtin në** ~ den wunden Punkt berühren
plagón 1 *tr* = **plagos**
plagós 21 *tr* verwunden; verletzen; *übertr* verwunden, jmdm. Schmerz bereiten
plagosj|e -a *f* Verwundung *f*, Verletzung *f*
plagósur I. (i) *Adj* verwundet, verletzt; II. -i (i) *Subst/m*, *Pl* – (të) Verwundeter *m*, Verletzter *m*
plagjiát -i *m*, *Pl* -ë Plagiat *n*
plah 14[3] *tr* bedecken, zudecken
pláj|ë -a *f* Hobel *m*
plak I. -u *Subst/m*, *Pl* pleq 1. Alter *m*, alter Mann *m*, Greis *m*; **pleq e të rinj** alt und jung; 2. Friedensrichter *m*; 3. Alter *m* *(als Kosebezeichnung für den Vater od. den Ehemann)*; ~ **u i shtëpisë** das Familienoberhaupt; ~ **u i katundit** alt der Dorfvorsteher, der Dorfälteste; II. -ë *Adj* alt; III 14[3] *tr* alt machen; *übertr* jmdn. aufhalten, jmdm. lästig werden; **-et** *refl* altern, alt werden

plakaréc, -e *Adj* alt, vertrocknet, verschrumpelt; verhutzelt
plakarúsh -i *m* Alter *m*, Greis *m*
plák|ë -a *f*, *Pl* -a Alte *f*, alte Frau *f*, Greisin *f*; Alte *(als Kosebezeichnung für die Mutter od. die Ehefrau)*; **plakat** *Pl* die Eisheiligen *(in Albanien drei kalte Tage Ende März od. Anfang April)*
plakós 21 *tr* 1. erdrücken, niederdrücken, zerdrücken; überfahren; ~ **pazarin me mallra** den Markt mit Waren überschwemmen; 2. überraschen, überrumpeln; *itr* 3. überraschend ankommen; hereinbrechen; ausbrechen
plakrúq -i *m*, *Pl* -a böser Alter *m*
plákur (i) *Adj* gealtert
plan -i *m*, *Pl* -e 1. Plan *m*; ~ **i pesëvjeçar** der Fünfjahrplan; Plan, Vorhaben *n*, Absicht *f*; **bën** ~ **e në hava** er baut Luftschlösser; Projekt *n*, Entwurf *m*; 2. Plan, Grundriß *m*; *Math* Fläche *f*, Ebene *f*; Stadtplan; 3.: **vë në** ~ **të parë** *od* **nxjerr në** ~ **të parë** etw. in den Vordergrund stellen
plánd|ër -ra *f*, *Pl* -ra schweres Gewicht *n*
plandós 21 *tr* gegen etw. schleudern; **-et** *refl* gegen etw. prallen, aufprallen auf
planét -i *m*, *Pl* -ë Planet *m*
planetár, -e *Adj* Planeten-; **sistemi** ~ das Planetensystem
[1]**plán|ë** -a *f* Wasserlache *f*, Wassermulde *f*
[2]**planë** *Adv* 1. unbeweglich, still; 2. unlustig, träge
[3]**planë** *Adv* eben, flach
plang -u *m*, *Pl* plángje = **plëng**
plangpríshës I. -i *Subst/m*, *Pl* –; II. -e *Adj* = **plëngpríshës**
planifikím -i *m* Planung *f*, Planen *n*
planifikón 1 *tr* planen
planifikúar (i) *Adj* geplant, Plan-; **ekonomi e** ~ Planwirtschaft *f*

planimét|ër -ri *m* Planimeter *n*
planimetrí -a *f* Planimetrie *f*
planón 1 *tr* ebnen, planieren
planós -i *m*, *Pl* -ë Lockvogel *m*, Beizvogel *m*; ausgestopfter Pirol *m*
¹**plántë** (i) *Adj* eben, plan, flach; platt
²**plántë** (i) *Adj* langsam, träge, faul
plas 21 *itr* platzen, zerplatzen, zerspringen; **ia ~ i ndër sy** er gab es ihm deutlich zu verstehen; **~ i gazi** es brach Freude aus, es brach Gelächter aus
plasarítet 20 *refl* Risse bekommen, rissig werden, Sprünge bekommen
plasdárm -i *m* Angriffsbasis *f*
¹**plás|ë** -a *f*, *Pl* -a Riß *m*, Sprung *m*; **plasa-plasa** rissig, voller Risse, voller Sprünge
²**plás|ë** -a *f*, *Pl* -a = ²**plasje**
plásës I. -i *Subst/m*, *Pl – El* Entlader *m*; II. -e *Adj* explosiv
plási 28¹ *Aor* → **pëlcet**
¹**plásj|e** -a *f* Platzen *n*, Zerplatzen; Krachen *n*; **më erdhi ~** ich hätte platzen können
²**plásj|e** -a *f* Anthrax *m*, Milzbrand *m*
plaskóm -i *m*, *Pl* -e Abgrund *m*, Schlucht *f*
plasticitét -i *m* Plastizität *f*
plastík, -e *Adj* plastisch; *Chem* Plast-, Plastik-; **lëndë ~ e** Plaste *Pl*
plastík|ë -a *f* Plastik *f*; Bildhauerkunst *f*
plastmás -i *m* Plast *m*; **prej ~ i** aus Plast, Plast-
plastmás|ë -a *f* Plast *m*, Kunststoff *m*
plásur (i) *Adj* geplatzt, zerplatzt; explodiert; gesprungen, gerissen; *übertr* kummervoll, leidgeprüft
platé -ja *f*, *Pl* – Parterre *n*
platelmíntë -t *Pl* Plattwürmer *Pl*
platfórm|ë -a *f*, *Pl* -a Plattform *f*
platíc|ë -a *f*, *Pl* -a junger Fisch *m*
platín -i *m* Platin *n*
platít 20 *tr* 1. drücken, pressen; eindrücken; zerdrücken; 2. Feuer klein halten; Licht abblenden; 3. etw. vertuschen; **-et** *refl* glimmen
plázm|ë -a *f* Plasma *n*
plazh -i *m*, *Pl* -e Strand *m*
plázh|ë -a *f*, *Pl* -a = **plazh**
plazhít 20 *tr* hinabrollen, hinabkullern; rollen; **-et** *refl* rollen, kullern
plebeján, -e *Adj hist* plebejisch, Plebejer-
plebéjas -i *m*, *Pl –* *hist* Plebejer *m*
plebishít -i *m*, *Pl* -e Volksabstimmung *f*, Plebiszit *n*
pleh -u *m*, *Pl* -ra Mist *m*, Dung *m*, Dünger *m*; **~ ra kimike** Kunstdünger; **~ ra** *Pl* Kehricht *m*; *übertr* **është ~** das ist Mist, das taugt nichts
plehërím -i *m*, *Pl* -e Düngen *n*, Düngung *f*
plehërísht|e -ja *f*, *Pl* -e Misthaufen *m*; Kehrichthaufen *m*
plehërón 1 *tr* düngen
plehím -i *m*, *Pl* -e = **plehërim**
plehísht|ë -a *f*, *Pl* -a Misthaufen *m*; Mistgrube *f*
plehón 1 *tr* = **plehëron**
plehraxhí -u *m*, *Pl – od -nj* Müllkutscher *m*; Straßenkehrer *m*
plejád|ë -a *f* *Astron* Plejaden *Pl*, Siebengestirn *n*; *übertr* hervorragende Gruppe *f*, Elite *f*
pleks 21 *od* 17¹ *tr* 1. flechten; verflechten; 2. stricken; 3. verwickeln, durcheinanderbringen; *Fäden* verheddern; **-et** *od* **plíkset** *refl* 1. durcheinandergeraten; sich verwickeln, sich verheddern; 2. verkehren, Umgang haben; **mos u ~ me atë!** laß dich nicht mit dem ein!
pleksír|ë -a *f*, *Pl* -a Zopfband *n*
pléksj|e -a *f* Flechten *n*; Stricken *n*
plém|e -ja *f*, *Pl* -e Scheune *f*; Schuppen *m*; Heuboden *m*
plemení -a *f* Regensturm *m*, Unwetter *n*

plenár, -e *Adj* Plenar-; **mbledhje** ~ **e Plenarversammlung** *f*
plén|ër -ra *f*, *Pl* -ra *Bot* Alant *m*
¹**pleng** -u *m* Binde *f*, Verband *m*
²**pleng** -u *m* Schande *f*, Schandtat *f*
³**pleng** -u *m*, *Pl* pléngje schwerer Gegenstand *m*; **buka më ra** ~ **në bark** das Essen liegt mir wie Blei im Magen
pléng|ë -a *f* Katapult *m od n*, Wurfschleuder *f*
plenúm -i *m*, *Pl* -e Plenum *n*
pleonastík, -e *Adj* pleonastisch
pleonáz|ëm -mi *m*, *Pl* -ma Pleonasmus *m*
plep -i *m*, *Pl* -a Pappel *f*; ~ **i butë** Pyramidenpappel; ~ **i egër** Zitterpappel; ~ **i bardhë** Silberpappel; ~**i zi** Schwarzpappel
plepísht|ë -a *f*, *Pl* -a Pappelhain *m*
pleq *Pl* → **plak**
pleqërí -a *f* **1.** Alter *n*; **2.** alle Alten *Pl*; **3.** *hist* Ältestenrat *m*
pleqërísht *Adv* wie die Alten
pleqërón 1 *tr* jmdn. im Alter versorgen
pleqësí -a *f*, *Pl* – *hist* Ältestenrat *m*
pleqësím -i *m* Besprechung *f*, Erörterung *f*; Prüfen *n*, Erwägen *n*
pleqësó|n 1 *tr* im Ältestenrat erörtern; beraten, besprechen, erörtern; **-het** *refl* (me) sich beraten mit
plesht -i *m*, *Pl* -a Floh *m*; *übertr* **i ve fre** ~**it** er macht aus einer Mücke einen Elefanten
pleshtítet 20 *refl* sich flöhen
pleshtón 1 *tr* flöhen; *itr* sich flöhen
pléur|ë -a *f Anat* Brustfell *n*, Rippenfell *n*
pleurít -i *m* Rippenfellentzündung *f*
plevát 22¹ *itr* sich auf dem Wasser bewegen, sich über Wasser halten; schwimmen
plevíc|ë -a *f*, *Pl* -a **1.** Scheune *f*; Schuppen *m*; Heuboden *m*; **2.** kleine Hütte *f*
plevít -i *m* Rippenfellentzündung *f*

plevitós 21 *tr* eine Rippenfellentzündung hervorrufen; **mbylle derën se na** ~ **e** mach die Tür zu, sonst frieren wir uns noch tot; **-et** *refl* an Rippenfellentzündung erkranken
plevitósur (i) *Adj* an Rippenfellentzündung erkrankt
plëfénj *Pl* → **plaf**
pléndës -i *m*, *Pl* -a *Zool* Magen *m der Vierbeiner, bes. der Wiederkäuer*; Pansen *m*; **-a** *Pl* Gericht aus kleingeschnittenem Pansen; *übertr* **e mbushi** ~**in** er hat sich den Bauch vollgeschlagen
plëng -u *m*, *Pl* pléngje Eigentum *n*, Besitz *m*, Vermögen *n*; Haus und Hof; **iku nga** ~**u** er hat Haus und Hof verlassen; ~ **e shtëpi** Hab *n* und Gut *n*
plëngpríshës **I.** -i *Subst*/*m*, *Pl* – Verschwender *m*; **II.** -e *Adj* verschwenderisch
plíko -ja *f*, *Pl* – Kuvert *n*, Briefumschlag *m*
plíkste 17¹ *Imperf* → **pleks**
plim *Adv* in Scharen, in Haufen, haufenweise
pliq -i *m*, *Pl* -e Wollschnur *f*
¹**plis** -i *m*, *Pl* -a Erdscholle *f*; Sode *f*, Rasenstück *n*
²**plis** -i *m*, *Pl* -a Filz *m*; Filzmatte *f*, Filzdecke *f*; Filzkappe *f*; Filz oder Strohsack *m als Sattelunterlage od. Jochpolster*
plish -i *m*, *Pl* -a Schilf *n*, Teichschilf, Schilfrohr *n*
plít|ë -a *f*, *Pl* -a = **plithar**
plithár -i *m*, *Pl* -ë in der Sonne getrockneter Ziegel *m*, Lehmziegel
plog -u *m*, *Pl* plógje Schober *m*, Feimen *m*
plóg|ë **I.** (i) *Adj* = **i plogët**; **II.** -a *Subst*/*f* = **plogështi**
plogështí -a *f* Trägheit *f*
plógët (i) *Adj* träge, schwerfällig
plogëtí -a *f* Trägheit *f*
plógshtas *Adv* träge

plógshtë (i) *Adj* = i plogët
plój|e -a *f, Pl* -e Blutvergießen *n*, Gemetzel *n*
plómb|ë -a *f, Pl* -a Plombe *f*, Zahnfüllung *f*
plot *Adv* 1. voll, gefüllt; **koburja ishte ~ die Pistole war geladen; me duar ~** mit vollen Händen; **mund të themi ~ gojën** wir können voller Überzeugung sagen; **~ e përplot** übervoll, überfüllt; **me ~ kuptimin e fjalës** im wahrsten Sinne des Wortes; **~ me lule** voller Blumen; **mbush ~** voll füllen; **~ shëndet** kerngesund; 2. :**~ një vit** genau ein Jahr; **një muaj ~** einen ganzen Monat, einen vollen Monat; 3. viel; genug; **ka ~** es ist viel da, es ist genug da; **kishte njerëz ~** es waren viele Leute da
plótë (i) *Adj* voll, gefüllt; **enë e ~** ein volles Gefäß; **hënë e ~** Vollmond *m*; **pëlhurë e ~** ein dichtes Gewebe; **vjen i ~** er wird voller
plótës -i *m, Pl – Gramm* Ergänzung *f*
plotësí -a *f* Vollständigkeit *f*
plotësím -i *m* 1. Ergänzung *f*; 2. Füllen *n*; 3. Erfüllung *f*; Erfüllen *n*; **~ i detyrimeve** Pflichterfüllung; Verwirklichung *f*; Ausführung *f*
plotësísht *Adv* voll und ganz, vollkommen
plotëson 1 *tr* 1. ergänzen; 2. auffüllen, anfüllen; 3. erfüllen, verwirklichen
plotësúes, -e *Adj* ergänzend, Ergänzungs-
plotfuqísh|ëm (i), -me (e) *Adj* 1. bevollmächtigt; 2. allmächtig
pl|úar -óri *m, Pl* -órë Pflugschar *f*
plug -u *m, Pl* plúgje Pflug *m*, Eisenpflug
plugím -i *m* Pflügen *n*
plugón 1 *tr* pflügen
plugúar (i) *Adj* gepflügt
pluhrizón 1 *tr* pulverisieren
pluhrizór -i *m, Pl* -ë Pulverisator *m*

plúhur -i *m* Staub *m*; Pulver *n*; **sheqer ~** Puderzucker *m*, Staubzucker *m*; **~ sharre** Sägemehl *n*
pluhurón 1 *tr* = pluhuros
pluhurós 21 *tr* bestauben, mit Staub bedecken; **-et** *refl* verstauben, einstauben, staubig werden
plumb -i *m* 1. Blei *n*; **i rëndë ~** schwer wie Blei, bleischwer; 2. -a *Pl* Bleikugel *f*, Kugel *f*; **e vunë në ~a** man hat ihn erschossen; 3. Plombe *f*, Bleisiegel *n*
plúmbç|e -ja *f, Pl* -e *Bauw* Lot *n*, Senkblei *n*
plúmbç|ë -a *f, Pl* -a Art Fischnetz *mit Bleikugeln*
plúmbtë (i) *Adj* Blei-, bleiern, aus Blei
plumç -i *m, Pl* -a Bleistift *m*
plurál -i *m* Plural *m*, Mehrzahl *f*
plus -i *m* Plus *n*
plusk -u *m* feines Mehl *n*; Staub *m*, Pulver *n*; feine Asche *f*; **~ bore** Pulverschnee *m*
pluskím -i *m* Schwimmen *n*
pluskón 1 *itr* = plevat
plush -i *m* Plüsch *m*
plutokrací -a *f* Plutokratie *f*
plutokrát I. -i *Subst*/*m, Pl* -ë Plutokrat *m*; II. -e *Adj* plutokratisch
plym *Adv* haufenweise; **~ me kokrra** voller Früchte
pllájë -a *f, Pl* -a sanft abfallender Abhang *m*, sanft ansteigendes Land *n*; Hochebene *f*
pllakáq|e -ja *f, Pl* -e Steinplatte *f*; Fliese *f*
pllakát -i *m, Pl* -e Plakat *n*
pllák|ë -a *f, Pl* -a 1. Steinplatte *f*; Fliese *f*; dicke Metallplatte, Metalltafel *f*; **~ përkujtimore** Gedenktafel; Plakette *f*; 2. Tafel *f*, Schiefertafel *f*; 3. Platte *f*, Schallplatte *f*; 4. *Bauw* Platte *f*; **~ e gatshme** Fertigplatte *f*; **~ guri për veshje** Verkleidungsplatte, Fassadenelement *n*;

5. *El* Platte, Lamelle *f*, Blättchen *n*; ~ **kontakti** Kontaktplatte
pllakós 21 *tr* = **plakos**
¹**pllláng|ë** -a *f*, *Pl* -a Fleck *m*
²**plláng|ë** -a *f*, *Pl* -a Stützbalken *m*, Stütze *f*
pllashíc|ë -a *f*, *Pl* -a Weißfisch *m*
pllaz -i *m* Pflugsohle *f*
pllením -i *m* *Zool* **1.** *Tier, das geworfen hat*, Muttertier; **2.** Decken *n*, Besamen *n*
pllenón 1 *tr* Tiere decken, besamen
pllésh|ëm (i), -me (e) *Adj* fruchtbar, ertragreich
pllëmbár|e -ja *f* Garbenbindestock *m*
pllockár -i *m*, *Pl* -ë Vorhängeschloß *n*
pllóç|ë -a *f*, *Pl* -a Platte *f*, Steinplatte; **oborr me plloça** mit Steinplatten ausgelegter Hof
pllósk|ë -a *f*, *Pl* -a hölzernes Gefäß *n* für Wein
pllum *Interj* plumps!
pllúsk|ë -a *f*, *Pl* -a Blase *f*; ~ **sapuni** Seifenblase
pllúsh|ë -a *f*, *Pl* -a Söckchen *n*, Socke *f*; Strumpf *m*
pllýmëz -a *f*, *Pl* -a Netz *n* zum Fischen in Sümpfen
¹**po** *Adv* ja; ~ **e** ~ auf jeden Fall, unbedingt, zweifellos
²**po** *Konj* **1.** aber, jedoch; **2.** wenn *(Bedingung)*; ~ **qe se** falls
³**po** *Adv Gramm* **1.** *Partikel zur Bildung der Progressiv-Form*; ~ **shkruaj** ich schreibe gerade, ich bin am Schreiben; **2.** *Partikel zur Verstärkung*; ~ **ashtu** gleichfalls; ~ **ai** derselbe; ~ **ai vend** dieselbe Stelle
pocaqí -a *f*, *Pl* – Leid *n*, Qual *f*; Quälerei *f*, Marter *f*
pocaqíset 21 *refl* leiden, sich quälen, sich martern
pocaqísur (i) *Adj* gepeinigt, leidgeprüft
poç -i *m*, *Pl* -e *od* -a **1.** bauchiges Glasgefäß *n* oder Tongefäß *n* für *Wasser, Öl, Wein, Essig u. dgl.*; Kürbisflasche *f*; **2.** Glühbirne *f*, Glühlampe *f*
poçár -i *m*, *Pl* -ë Töpfer *m*
póç|e -ja *f*, *Pl* -e Topf *m*; Schmelztiegel *m bes. des Silberschmiedes*
poçék -u *m*, *Pl* -ë Pferch *m für Schweine*
poçërína -t *Pl* Töpferwaren *Pl*, Tongefäße *Pl*; Keramik *f*
pod -i *m*, *Pl* -e **1.** Stockwerk *n*, Etage *f*; Geschoß *n*; Podest *n*; **2.** Platz *m*; Hochebene *f*; **3.**: ~ **i qerres** Boden *m* des Wagens
podrúm -i *m*, *Pl* -e Keller *m*
podhé -ja *f*, *Pl* – Schürze *f*
podhíq|e -ja *f*, *Pl* -e wollene Schürze *f*
poém|ë -a *f*, *Pl* -a Poem *n*
poét -i *m*, *Pl* -ë Dichter *m*, Poet *m*
poetík, -e *Adj* poetisch
poetík|ë -a *f* Poetik *f*
poezí -a *f*, *Pl* – Poesie *f*, Dichtkunst *f*; Dichtung *f*; ~**a popullore** die Volksdichtung; ~**a e detit** die Poesie des Meeres; Vers *m*, Gedicht *n*
pófk|ë -a *f*, *Pl* -a Puffmais *m*
póft|e -ja *f*, *Pl* -e Muster *n*, Modell *n*
pogáç|e -ja *f*, *Pl* -e Fladenbrot *n aus Weizenmehl*; Art Blätterteiggebäck
poganík -u *m*, *Pl* **poganíqe** *Fest, das am 3. Abend nach der Geburt eines Sohnes gefeiert wird*; Kuchen *m* oder Süßspeise *f aus eingebrocktem Kuchen, der aus Anlaß dieses Festes gegessen wird*
pohím -i *m*, *Pl* -e **1.** Bestätigung *f*, Bekräftigung *f*; Bejahung *f*; **2.** Geständnis *n*; Eingeständnis *n*, Bekenntnis *n*
pohón 1 *tr* **1.** bejahen; bestätigen; **2.** zugeben, gestehen, bekennen
pohónjës, -e *Adj* bejahend, zustimmend, bestätigend; positiv
pohór, -e *Adj Gramm* bejahend; affirmativ; **fjali** ~ **e** nichtnegierter

Satz *m*; **shkalla** ~ **e** der Positiv *in der Komparation*
poják -u *m*, *Pl* -ë Feldhüter *m*, Flurhüter *m*
pojátǀë -a *f*, *Pl* -a **1.** mit Laub bedeckte Hütte *f für das Vieh*; **2.** Windfang *m*, kleiner Vorbau *m an der Haustür*
pokróvǀë -a *f*, *Pl* -a Laken *n*
¹**pol** -i *m*, *Pl* -e *Geogr* Pol *m*; **Poli i Veriut** der Nordpol; **Poli i Jugut** der Südpol
²**pol** -i *m*, *Pl* -a Angel *f von Tür und Fenster*
³**pol** -i *m*, *Pl* -a Falte *f*
¹**polák I.** -u *Subst/m*, *Pl* -ë Pole *m*; **II.** -e *Adj* polnisch
²**polák** -u *m*, *Pl* -ë = **pojak**
polár, -e *Adj* polar; **zonat** ~ **e** die Polargebiete; **Ylli Polar** der Polarstern
polarizím -i *m* Polarisation *f*; Polarisierung *f*
polemík, -e *Adj* polemisch
polemíkǀë -a *f*, *Pl* -a Polemik *f*
polenizím -i *m* *Bot* Bestäubung *f*
polenizón 1 *tr Bot* bestäuben
poléskǀë -a *f*, *Pl* -a Schlüsselblume *f*
poliambuláncǀë -a *f*, *Pl* -a Ambulatorium *n*
poliandrí -a *f* Polyandrie *f*
políc -i *m*, *Pl* -ë Polizist *m*
¹**polícǀë** -a *f*, *Pl* -a Warenbegleitschein *m*
²**polícǀë** -a *f*, *Pl* -a Küchenbord *n*, Wandbord *n*, Wandbrett *n*
policí -a *f* Polizei *f*
policór, -e *Adj* Polizei-; **organet** ~ **e** die Polizeiorgane
poliédǀër -ri *m*, *Pl* -ra Polyeder *n*
poligám I. -i *Subst/m*, *Pl* -ë Polygamist *m*; **II.** -e *Adj* polygam
poligamí -a *f* Polygamie *f*
poliglót I. -i *Subst/m*, *Pl* -ë Polyglotte *m*; **II.** -e *Adj* polyglott
poligón -i *m*, *Pl* -e Vieleck *n*, Polygon *n*

poligonál, -e *Adj* polygonal, vieleckig
poligráf -i *m*, *Pl* -e *od* -ë Vervielfältigungsapparat *m*
poligrafón 1 *tr* vervielfältigen
poligjenézǀë -a *f* Polygenese *f*
polík -u *m*, *Pl* -ë **1.** Flaschenkürbis *m*; **2.** Bewässerungskanal *m*, Bewässerungsgraben *m*
polimerizím -i *m* Polymerisation *f*
poliomielít -i *m* Poliomyelitis *f*, spinale Kinderlähmung *f*
Polinezí -a *f* Polynesien *n*
políp -i *m*, *Pl* -ë Polyp *m*
polísht -i *m*, *Pl* -a Eselsfüllen *n*
politeíst I. -i *Subst/m*, *Pl* -ë *od* -a Polytheist *m*; **II.** -e *Adj* polytheistisch
politeízǀëm -mi *m* Polytheismus *m*
politeknik I. -u *Subst/m*, *Pl* -ë Polytechniker *m*; **II.** -e *Adj* polytechnisch
politeknikúm -i *m*, *Pl* -e Polytechnikum *n*
politík, -e *Adj* politisch
politikán I. -i *Subst/m*, *Pl* -ë Politiker *m*; **II.** -e *Adj* politisierend; **njeri** ~ Politikus *m*
politíkǀë -a *f* Politik *f*; ~ **e jashtme** Außenpolitik
politikísht *Adv* politisch
politíko-kulturór, -e *Adj* kulturpolitisch
politíko-shoqërór, -e *Adj* sozialpolitisch
polmonít -i *m* Lungenentzündung *f*
polonéz I. -i *Subst/m*, *Pl* -ë Pole *m*; **II.** -e *Adj* polnisch
Poloní -a *f* Polen *n*
polonísht *Adv* auf polnisch
polonísht|e -ja *f* Polnisch *n*
poltrónǀë -a *f*, *Pl* -a Sessel *m*, Lehnsessel, Armstuhl *m*
póllǀë -a *f*, *Pl* -a Schürze *f*
pólli 16¹ *Aor* → **pjell**
pomátǀë -a *f*, *Pl* -a Pomade *f*; Salbe *f*

pomendór|e -ja *f*, *Pl* -e Denkmal *n*, Mahnmal *n*; Gedenkstein *m*
pómp|ë -a *f*, *Pl* -a **1.** Pumpe *f*; Luftpumpe; ~ **cirkuline** Kreiselpumpe; **2.** Flitspritze *f*; Spray *m*; Sprühgerät *n*
pompóz, -e *Adj* pompös, bombastisch; **me një ton** ~ in einem pathetischen Tonfall
poníc|ë -a *f*, *Pl* -a Blumentopf *m*; *übertr* **vate të bëjë ponica** er hat ins Gras gebissen
pop -i *m*, *Pl* -a Pope *m*
popár|e -ja *f*, *Pl* -e = **papare**
póp|ël -la *f*, *Pl* -la Stein *m*, Pflasterstein, Kopfstein
poplín I. -i *Subst*/*m* Popeline *f*; **II.** *Adj* Popeline-; **këmishë** ~ Popelinehemd *n*
pópull -i *m*, *Pl* pópuj Volk *n*; Bevölkerung *f*; Leute *Pl*, Menschen *Pl*
popullaritét -i *m* Popularität *f*, Beliebtheit *f*
popullarizím -i *m* Popularisierung *f*
popullarizón 1 *tr* popularisieren
popullát|ë -a *f*, *Pl* -a Bevölkerung *f*
popullón 1 *tr* = **popullzon**
popullór, -e *Adj* Volks-, volkstümlich; **republikë popullore** Volksrepublik *f*; **arti** ~ die Volkskunst; **këngë** ~ **e** Volkslied *n*; **muzikë** ~ **e** Volksmusik *f*
popullsí -a *f*, *Pl* – Bevölkerung *f*
popullúar (i) *Adj* bewohnt, bevölkert
popullzím -i *m* Bevölkern *n*
popullzón 1 *tr* bevölkern
poqé *Konj* sobald, wenn
póqë *Konj* wenn, falls
póqi 18[1] *Aor* → [1]**pjek** *od* [2]**pjek**
[1]**por I.** *Konj* aber, doch; sondern; **II.** *Adv* nur; **erdhi** ~ **një** es kam nur einer
[2]**por** -i *m*, *Pl* -e Ofen *m*
[3]**por** -i *m*, *Pl* -e Pore *f*, Hautpore
porcelán|ë -a *f* Porzellan *n*
porción -i *m*, *Pl* -e Portion *f*
pordhamán -i *m*, *Pl* -ë Furzer *m*
pordhásh -i *m*, *Pl* -ë Furzer *m*; *übertr* Angsthase *m*
pordhashákull -i *m*, *Pl* pordhashákuj Windhose *f*
pórdh|ë -a *f*, *Pl* -ë Furz *m*
pórdhi 16[3] *Aor* → **pjerdh**
pór|e -ja *f*, *Pl* -e Pore *f*
poréndh -i *m*, *Pl* -a Dornenhecke *f*
poréz -i *m*, *Pl* -e Steuer *f*
porfír -i *m*, *Pl* -e Porphyr *m*
póri 18 *Aor* → **pjerr**
porosí -a *f*, *Pl* – **1.** Auftrag *m*, Bestellung *f*; **me** ~ *od* **në** ~ auf Bestellung; **2.** Anweisung *f*, Anordnung *f*, Geheiß *n*; ~ **a e mjekut** die ärztliche Anweisung; **3.** Vermächtnis *n*; **4.** Rat *m*, Empfehlung *f*
porosít 20 *tr* **1.** bestellen, in Auftrag geben; **2.** anweisen, anordnen; gebieten; **3.** raten, empfehlen; **e** ~ **a të mos vonohet** ich trug ihm auf, sich nicht zu verspäten
porosítës -i *m*, *Pl* – Kunde *m*, Besteller *m*, Auftraggeber *m*
porosítj|e -a *f*, *Pl* -e **1.** Auftrag *m*; Auftragserteilung *f*; **2.** Anweisung *f*, Anordnung *f*, Geheiß *n*; Anordnen *n*; **3.** Vermächtnis *n*; **4.** Empfehlung *f*; Empfehlen *n*
porosítur (i) *Adj* **1.** bestellt, in Auftrag gegeben; **2.** beauftragt; **3.** angeordnet; empfohlen; **4.** eingeschrieben; **letër e** ~ Einschreibebrief *m*
poróz, -e *Adj* porös
porsá I. *Konj* sobald; kaum, kaum daß; **II.** *Adv* kaum; eben erst, soeben, gerade
porsaárdhur I. (i) *Adj* soeben eingetroffen, gerade angekommen; **II.** -i (i) *Subst*/*m*, *Pl* – (të) Neuankömmling *m*, Neuangekommener *m*
porsafejúar (i) *Adj* frisch verlobt
porsafillúar (i) *Adj* gerade begonnen
porsalíndur I. (i) *Adj* neugeboren; **II.** -i (i) *Subst*/*m*, *Pl* – (të) Neugeborenes *n*

porsalýer (i) *Adj* frisch gestrichen, frisch getüncht
porsamartúar (i) *Adj* jungverheiratet
porsambarúar (i) *Adj* soeben beendet
porsé *Konj* aber, jedoch
porsí *Adv* so wie, genau wie
port -i *m, Pl* -e Hafen *m*, Überseehafen; ~ **ushtarak** Kriegshafen
portár|e -ja *f, Pl* -e Zauntür *f*, Gattertür *f*; Portal *n*
portatív, -e *Adj* tragbar, transportabel; **maqinë shkrimi** ~ **e** Reiseschreibmaschine *f*
pórt|ë -a *f, Pl* -a Pforte *f*, Tür *f*; Tor *n*
portiér -i *m, Pl* -ë Portier *m*, Pförtner *m*; Torwart *m*
portofól -i *m, Pl* -e Brieftasche *f*, Geldtasche *f*; *übertr* Portefeuille *n*, Ministerposten *m*; **ministër pa** ~ Minister *m* ohne Portefeuille
portogaléz I. -i *Subst/m, Pl* -ë Portugiese *m*; II. -e *Adj* portugiesisch
Portogalí -a *f* Portugal *n*
portogéz I. -i *Subst/m, Pl* -ë; II. -e *Adj* = **portogalez**
portokáll -i *m, Pl* -a *od* -e *od* portokáj Apfelsine *f*
portrét -i *m, Pl* -e Porträt *n*, Bildnis *n*; *Lit* Porträt
portretíst -i *m, Pl* -ë *od* -a Porträtist *m*
portretizón 1 *tr* porträtieren
porrc -i *m Zool* Netzmagen *m*
porrít 22 *tr* löschen, ausmachen; beseitigen; ~ **grindjen** den Streit schlichten; **-et** *refl* erlöschen
porropí -a *f* Verwüstung *f*; Ruin *m*; Abgrund *m*; Unglück *n*
posá I. *Konj*; II. *Adv* = **porsa**
posáç|ëm (i), -me (e) *Adj* besonderer, Sonder-; Extra-, speziell; **botim i** ~ Sondernummer *f*, Extraausgabe *f* *einer Zeitschrift*; **korrespondent i** ~ Sonderkorrespondent *m*
posaçërísht *Adv* besonders, insbesondere; speziell

posedím -i *m Jur* Besitz *m*
posedón 1 *tr Jur* besitzen
posedúes -i *m, Pl* – *Jur* Besitzer *m*
pósë I. *Adv* allein, extra, getrennt; II. *Präp (mit Abl)* außer
posí I. *Adv* ja, gewiß, natürlich; selbstverständlich; II. *Konj* wie, so wie; **e bardhë** ~ **bora** so weiß wie Schnee
posikúr *Konj* wie, so wie
posikúndër që *Konj* wie
¹**post** -i *m, Pl* -e Posten *m*, Amt *n*; Thron *m*; *Mil* Posten, Wachposten; ~ **policie** Polizeiposten
²**post** -i *m, Pl* -e = **postiqe**
postáf -i *m, Pl* -e steinerner Trog *m* *an Brunnen zum Viehtränken und zum Wäschewaschen*
postafát *Adv* extra, speziell; absichtlich
postáh|e -ja *f, Pl* -e = **postiqe**
postár, -e *Adj* Post-, postalisch; **shërbimi** ~ der Postdienst
¹**postát** -i *m, Pl* -e 1. Ackerabschnitt *m den ein Bauer auf einmal bestellt*; Beet *n*; 2. Parzelle *f auf einem Ölberg, auf der ein Sammler die Oliven sammelt*
²**postát** 20 *itr*; **-et** *refl* sich abrackern; schlapp werden; **u** ~ **a** ich bin völlig erschöpft
postbllók -u *m, Pl* postbllóqe Posten *m*, Wachposten, Kontrollposten
postérk -u *m, Pl* -ë Stiefsohn *m*
posterkínj|ë -a *f, Pl* -a Stieftochter *f*
póst|ë -a *f, Pl* -a 1. Post *f*; Postamt *n*; ~ **ajrore** Luftpost; 2. :~ **kufitare** Grenzposten *m*
póstë-telegráf -i *m* Post- und Telegrafenamt *n*
postiér -i *m, Pl* -ë Postbote *m*, Briefträger *m*
postíq|e -ja *f, Pl* -e Schaffell *n od* Ziegenfell *n als Sitzunterlage*
postré -ja *f, Pl* – Windfang *m*, kleiner Vorbau *m an der Haustür*
postulát -i *m, Pl* -e Postulat *n*

póshtazi *Adv* von unten
póshtë I. *Adv* unten; hinunter, herunter, hinab, herab; ~ **në fushë** unten im Tal; **zbres** ~ a) hinabsteigen, heruntersteigen; b) nach unten gehen; **vë** ~ niederwerfen, niederringen, besiegen; **dhjetë vjeç e** ~ zehn Jahre und darunter; **s'e jep më** ~ er verkauft es nicht billiger; ~ **lufta!** nieder mit dem Krieg!; ~ **e lartë** hier und da; ~ **-lart** ungefähr; **më të** ~ abwärts, bergab; **hedh** ~ a) wegwerfen; b) ablehnen, verwerfen; c) widerlegen; d) hinabstürzen, hinunterstürzen; **bie** ~ a) herunterkommen *(gesundheitlich, wirtschaftlich od. moralisch)*; b) abfallen *(gegenüber jmdm.)*; **II.** *Präp (mit Abl)* unter; unterhalb
pósht|ëm (i), **-me** (e) *Adj* **1.** unterer; **pjesa e poshtme** der untere Teil; **prej së poshtmi** von unten; **2.** *übertr* gemein, niederträchtig
póshtër (i) *Adj* **1.** gemein, niederträchtig; **2.** unterer; **ana e** ~ **e lumit** der Unterlauf des Flusses
poshtërí -a *f* = **poshtërsi**
poshtërím -i *m*, *Pl* -e Erniedrigung *f*, Entwürdigung *f*, Entehrung *f*
poshtërm (i), -e (e) *Adj* = **i poshtëm**
poshtërón 1 *tr* erniedrigen, entwürdigen, entehren
poshtërónjës, -e *Adj* erniedrigend, entwürdigend, beleidigend
poshtërsí -a *f*, *Pl* -a Gemeinheit *f*, Niederträchtigkeit *f*, Niedertracht *f*
poshtërsísht *Adv* gemein, niederträchtig
poshtëshënúar (i) *Adj* untenerwähnt, untenstehend
póshtm|e -ja (e) *f* unterer Teil *m*; **mori të** ~ **n e malit** er stieg den Berg hinab
¹**pot** -i *m*, *Pl* -a Tiegel *m*, Schmelztiegel *aus Ton bes. des Silberschmieds*; ~ **i mullirit** Mahlmetze *f* der Mühle

²**pot** -i *m* kleiner Junge *m*, Kleinkind *n*
potás -i *m* Kalium *n*
potás|ë -a *f* Kaliumkarbonat *n*, Pottasche *f*; ~ **kaustike** Kaliumhydroxid *n*, Ätzkali *n*
poténc|ë -a *f*, *Pl* -a *Math*, *Phys* Potenz *f*
potenciál -i *m*, *Pl* -e Potential *n*
potér|e -ja *f* Lärm *m*, Krach *m*; Spektakel *n*; Getöse *n*, Gepolter *n*
poterexhí -u *m*, *Pl*- *od* -nj Krachmacher *m*, Lärmender *m*
potír -i *m*, *Pl* -ë *od* -e *od* -a Glas *n*; Pokal *m*; Likörglas; Kelch *m*
potís 21 *tr* Vieh tränken; gießen; begießen, bewässern
pótk|ë -a *f*, *Pl* -a **1.** Vogelscheuche *f*; **2.** Grabstein *m*; **3. potka** *Pl Spiel der Kinder mit kleinen runden Steinchen*; **4.** *alt* in eine Wiese gesteckter Weidenast *m (der anzeigt, daß eine Wiese gemäht werden soll und deshalb nicht abgeweidet werden darf)*
potk|úa -ói *m*, *Pl* -ónj Hufeisen *n*
potrés|ë -a *f*, *Pl* -a Qual *f*, Marter *f*; Anstrengung *f*, Mühsal *f*
potresít 20 *tr* quälen, martern; **-et** *refl* sich quälen
potúre -t *Pl* weite Kniehosen *Pl der Bauern*
pothúaj *Adv* fast, beinahe
pothúajse *Adv* = **pothuaj**
póz|ë -a *f*, *Pl* -a Pose *f*
pozición -i *m*, *Pl* -e *Mil* Position *f*, Stellung *f*, Lage *f*
pozít|ë -a *f*, *Pl* -a **1.** Position *f*, hohe Stellung *f*; **2.** Lage *f*, Situation *f*; **3.** politische Haltung *f*; Standpunkt *m*
pozitív I. -i *Subst/m*, *Pl* -e Positiv *n*; **II.** -e *Adj* positiv; *Math*, *Phys* positiv
pozitivíst I. -i *Subst/m*, *Pl* -ë *od* -a Positivist *m*; **II.** -e *Adj* positivistisch
pozitivísht *Adv* positiv

pozitivíz|ëm -mi *m* Positivismus *m*
pra *Konj* also, folglich, demzufolge; **apo vjen ~ ?** kommst du nun?; **hajde ~ !** also komm!; los nun!
prafullím|ë -a *f*, *Pl* -a Sprühfunke *m*
prag -u *m*, *Pl* prágje Schwelle *f*; **~ dritareje** Fensterbrett *n*; **~ i derës** Türschwelle; *übertr* Schwelle, Vorabend *m*
Prág|ë -a *f* Prag *n*
pragmatíz|ëm -mi *m* Pragmatismus *m*
prak -u *m*, *Pl* práqe *od* preq = prag
praksím -i *m* *übertr* Verkommen *n*
praksóhet 1 *refl* *übertr* auf die schiefe Bahn geraten, verkommen
prakticíz|ëm -mi *m* 1. Praktizismus *m*; 2. praktische Veranlagung *f* für eine Arbeit
praktík, -e *Adj* praktisch, geschickt, erfahren; **njeri ~** ein praktischer Mensch; praktisch, zweckdienlich
praktikánt -i *m*, *Pl* -ë Praktikant *m*
praktikánt|e -ja *f*, *Pl* -e Praktikantin *f*
praktík|ë -a *f* 1. Praxis *f*; Erfahrung *f*; **vë në ~** in die Praxis umsetzen; 2. Praktikum *n*
praktikísht *Adv* praktisch; effektiv, tatsächlich
praktikó|n 1 *tr* 1. praktizieren; in der Praxis anwenden; 2. einüben, einstudieren; **-het** *refl* üben, Übung erwerben
pramatár -i *m*, *Pl* -ë Straßenhändler *m*; Hausierer *m*
pramatí -a *f* ambulanter Handel *m*, Straßenhandel; Hausieren *n*
prandáj *Konj* deshalb, darum
pránë I. *Adv* in der Nähe, daneben; **rri ~** daneben sitzen; II. *Präp (mit Abl)* neben, bei; **~ meje** neben mir; **~ shkollës** bei der Schule; **~ kësaj çështjeje** neben dieser Frage, außer dieser Frage

pránga -t *Pl* Handschellen *Pl*; *übertr* Fesseln *Pl*, Ketten *Pl*
praní -a *f* Anwesenheit *f*; **në ~ të** in Anwesenheit von, in Gegenwart von
praním -i *m* Annahme *f*; Aufnahme *f*
praním/ish|ëm I. (i), -me (e) *Adj* anwesend; II. -mi (i) *Subst/m*, *Pl* -ëm (të) Anwesender *m*
pranó|n 1 *tr* annehmen; akzeptieren; **pranoj gabimin tim** ich gebe meinen Fehler zu; zulassen, dulden; **s'pranoj kundërshtim** ich dulde keinen Widerspruch; **e pranuan në shkollë** sie haben ihn in der Schule angenommen; **-het** *refl* Zustimmung erhalten
pranúar (i) *Adj* anerkannt; erwünscht
pranúesh|ëm (i), -me (e) *Adj* annehmbar
pranvér|ë -a *f* Frühling *m*
pranverór, -e *Adj* Frühlings-
prápa I. *Adv* nach; hinten; nach hinten, rückwärts, zurück; hinterher; dahinter; **nga ~** von hinten; **mbetet ~** zurückbleiben, nachhinken; **mos i shko ~ atij!** eifere ihm nicht nach!; **bjeri ~ kësaj çështjeje!** verfolge dieses Problem!; **mori dy veta ~** er nahm zwei Leute mit; II. *Präp (mit Abl)* hinter; **~ malit** hinter dem Berg; III. (e) *Subst/f/best* die Rückseite, die Kehrseite; **të ~** *Pl* Gemeinheiten *Pl*
prapagój|ë -a *f* Schlund *m*
prapakók|ë -a *f* Hinterkopf *m*; **ashti i ~ s** das Scheitelbein
prapambétës I. -i *Subst/m*, *Pl* – Zurückgebliebener *m*; II. -e *Adj* rückständig; zurückgeblieben
prapambétj|e -a *f* Rückständigkeit *f*; Zurückgebliebenheit *f*
prapambétur I. (i) *Adj* zurückgeblieben; II. -a (të) *Subst/Pl* Rückstände *Pl*, Restbeträge *Pl*

prapamendím -i *m*, *Pl* -e Hintergedanke *m*

prapaník, -e *Adj* rückschrittlich, konservativ; zurückgeblieben, veraltet

praparój|ë -a *f*, *Pl* -a *Mil* Nachhut *f*

prapaskén|ë -a *f*, *Pl* -a Kulisse *f*; *übertr* Machenschaften *Pl*, Intrigen *Pl*

prapashtés|ë -a *f*, *Pl* -a Suffix *n*

prapaveprúes, -e *Adj* rückwirkend, mit Rückwirkung; **ligj me fuqi** ~ **e** ein Gesetz mit rückwirkender Geltung

prapavíj|ë -a *f*, *Pl* -a *Mil* Hinterland *n*

prápazi *Adv* von hinten

prápë I. (i) *Adj*: **anë e** ~ Rückseite *f*, Kehrseite *f*; linke Seite *f* (*Stoff*); *übertr* schlecht, gemein, bösartig; **njeri i** ~ ein gemeiner Mensch; **fëmijë e** ~ ein ungezogenes Kind; **udhë e** ~ ein schlechter Weg; **ka këmbën e** ~ er bringt Unglück; **II.** *Adv* **1.** verkehrt, verkehrt herum; **merr** ~ etw. zurücknehmen; **2.** wieder, wiederum, erneut; **erdhi** ~ er kam wieder; **III.** *Konj* trotzdem, dennoch, doch

práp|ëm (i), -me (e) *Adj* hinterer; hinterster, letzter

prapëseprápë *Konj* trotzdem, dennoch

prapësi -a *f*, *Pl* – 1. Zurückgehen *n*; 2. Unglück *n*, Pech *n*; Mißerfolg *m*, Fehlschlag *m*; 3. Gemeinheit *f*, Niedertracht *f*; Missetat *f*

prapësím -i *m Geol* Regression *f*; Zurücknahme *f*, Aufhebung *f*, Annullierung *f*

prápësm (i), -e (e) *Adj* hinterer, Hinter-; **këmbët e** ~**e** die Hinterbeine

prapësó|n 1 *tr* **1.** zurücknehmen, aufheben, annullieren; **2.** zurücklenken; zurückdrängen; **-het** *refl* zurückweichen, sich zurückziehen

prapështó|n 1 *tr* zerstören, ruinieren; **-het** *refl* durcheinandergeraten; umkippen

prápët I. *Adv*: **ra** ~ er fiel auf den Rücken; **II.** (i) *Adj* = **i prapë**

prápëta *Adv* auf den Rücken

prápm|e -ja (e) *f* Abschluß *m*, Ende *n einer Sache*

prapmót *Adv* heute in zwei Jahren

prapó|n 1 *tr* jmdn. zurückwerfen; zurückschieben, zurückstoßen; **-het** *refl* sich zurückziehen; **prapohu!** zurück!

praps 21 *tr* **1.** zurückdrängen, zum Rückzug zwingen; wegzugehen veranlassen; verdrängen; **2.** abwenden; **-et** *refl* zurückweichen, sich zurückziehen; sich entfernen, weggehen

prapsín|ë -a *f* Schattenseite *f*

prápsj|e -a *f*, *Pl* -e *Mil* Rückzug *m*, Rückmarsch *m*

práptazi *Adv* verkehrt herum; mit dem Rücken zuerst; auf den Rücken

práptë (i) *Adj* = **i prapë**

praptó|n 1 *tr* umkippen; stürzen; **-het** *refl* umfallen; zur Seite fallen

prápthi (për së) *Adv* verkehrt, verkehrt herum

práqe -t *Pl* Steigbügel *Pl*

prarán -i *m*, *Pl* -ë Graben *m*; Schützengraben

prarím -i *m* Vergoldung *f*

prarón 1 *tr* vergolden

prarúar (i) *Adj* vergoldet

pras -i *m*, *Pl* -ë Porree *m*

prás|ëm (i), -me (e) *Adj* hinterster, letzter

prashít 20 *tr* hacken, aufhacken; auflockern, aufgraben

prashítj|e -a *f* Hacken *n*; Aufhacken *n*, Auflockern *n*

pravullím -i *m*, *Pl* -e Heißwaschung *f*; Inhalieren *n*; Heizen *n*

pravullón 1 *tr* heiß waschen, heiß baden; ~ **hundët** inhalieren; ~ **odën** das Zimmer überheizen

prázhd|ë -a *f*, *Pl* -a Katapult *m* od *n*, Wurfschleuder *f*
pre -ja *f* Beute *f*, Jagdbeute; **hajdutët i ranë katundit** ~ die Räuber überfielen und plünderten das Dorf; *übertr* Beute
precedént -i *m*, *Pl* -e Präzedens *n*, Präzedenzfall *m*
precizión -i *m* Präzision *f*
predestinúar (i) *Adj* vorausbestimmt; prädestiniert
predikát -i *m*, *Pl* -e Prädikat *n*
predikatár -i *m*, *Pl* -ë Prediger *m*, Pfarrer *m*
predikím -i *m*, *Pl* -e Predigt *f*; Predigen *n*
predikón 1 *itr* predigen
predikónjës -i *m*, *Pl* - = **predikatar**
predisponón 1 *tr* prädisponieren, empfänglich machen
predk -u *m* Predigt *f*
predominón 1 *itr* dominieren, vorherrschen
predominónjës, -e *Adj* vorherrschend, dominierend
prédh|ë -a *f*, *Pl* -a Mil Kugel *f*, Geschoß *n*
pref 14 *tr* = **preh**
prefékt -i *m*, *Pl* -ë od -a Präfekt *m*
prefektúr|e -a *f*, *Pl* -a Präfektur *f*
preferím -i *m* Präferenz *f*, Vorzug *m*, Bevorzugung *f*
preferón 1 *tr* bevorzugen, vorziehen, einer Sache den Vorrang geben, etw. einer Sache vorziehen
preferúar (i) *Adj* bevorzugt, Lieblings-, beliebt
preferúesh|ëm (i), -me (e) *Adj* zu bevorzugen, vorzuziehen
préfës|e -ja *f*, *Pl* -e Bleistiftspitzer *m*
prefíks -i *m*, *Pl* -e Präfix *n*
prefiksím -i *m* Präfigierung *f*
préfull -i *m* in glühender Asche gebackenes Fladenbrot
pregatít 20 *tr* vorbereiten; zubereiten; ausarbeiten; **-et** *refl* sich fertig machen; sich vorbereiten

pregatítës, -e *Adj* vorbereitend, Vorbereitungs-
pregatítj|e -a *f*, *Pl* -e Vorbereitung *f*
pregatitór, -e *Adj* vorbereitend, Vorbereitungs-; **kurs** ~ Vorbereitungskursus *m*
preh 14³ *tr* schärfen, scharf machen
préhet 14³ *refl* → **preh**; 8 *refl* → **pren**
prehalúq, -e *Adj* ausgemergelt, ausgezehrt, abgemagert
préh|ër -ri *m* Schoß *m*; *übertr* Schoß; **në** ~ **të familjes** im Schoß der Familie; **një** ~ **grurë** eine Schürze voll Getreide; Schoß *an Kleidungsstücken*
prehistorí -a *f* Prähistorie *f*
prehistoрík, -e *Adj* prähistorisch
préhj|e -a *f* Erholung *f*, Entspannung *f*
préhtë (i) *Adj* scharf; scharfgeschnitten *(Gesichtszüge)*
prej *Präp (mit Abl)* 1. von, durch *(in Passivsätzen)*; **shkruar** ~ **meje** von mir geschrieben; 2. aus, von; ~ **Korçe** aus Korça; ~ **turqishtes** aus dem Türkischen; ~ **Tirane gjer në Durrës** von Tirana bis nach Durrës; 3. bestehend aus; **shuall** ~ **gome** Gummisohle *f*, Sohle aus Gummi; **një popull** ~ **barinjsh** ein Hirtenvolk, ein Volk von Hirten; **një udhëtim** ~ **dhjetë ditsh** eine Reise von zehn Tagen; aus der Zahl von; **dy** ~ **nesh** zwei von uns; seit; ~ **shumë kohësh** seit geraumer Zeit; ~ **mesnate** seit Mitternacht; ~ **se erdhi ai** seitdem er da ist; 4. vor, begründet durch; ~ **inatit** vor Wut; **vdiq** ~ **pike** er starb am Schlagfluß; **dridhet** ~ **së ftohti** er zittert vor Kälte; 5. nach *(Richtung)*; **ka marrë rrugën** ~ **malësie** er ist zum Gebirge hin aufgebrochen; **bën udhë** ~ **Jerusalemit** er reist nach Jerusalem; 6. in der Art von; **qëndrim** ~ **armiku** eine feindliche Haltung;

një qetësi ~ varri eine Grabesruhe; një zemër ~ burri ein mannhaftes Herz; me fytyrën ~ majmuni mit einem Affengesicht; **7.** an; zë ~ dore an die Hand nehmen; e zuri ~ veshit er faßte ihn am Ohr; e mbaj ~ dore ich halte ihn an der Hand

prejárdhj|e -a *f* Ursprung *m*, Herkunft *f*

prejárdhur (i) *Adj Gramm* abgeleitet

prejsé *Konj* woraus, woher

prek 14³ *tr* **1.** berühren; anrühren; e ~u në nder es traf ihn in seiner Ehre; *übertr* bewegen, ergreifen; e ~u në zemër es ergriff ihn, es stimmte ihn wehmütig; **2.** beschädigen; in Mitleidenschaft ziehen; **3.** erwähnen; betreffen

prék|ë -a *f* **1.** Berühren *n*; seelische Rührung *f*; **2.** Art Mehltau

prék|ël -la *f*, *Pl* -la *Zool* Fühler *m*

prékës, -e *Adj* **1.** kleptomanisch, diebisch; **2.** rührend, ergreifend, bewegend

prékj|e -a *f* Berühren *n*; *El* Kontakt *m*; *übertr* Rührung *f*, Ergriffenheit *f*

préksh|ëm (i), -me (e) *Adj* **1.** fühlbar, spürbar, merklich; **2.** empfindlich, leicht beleidigt; **3.** gefühlvoll; empfindsam; mitfühlend

préku 27² *Aor* → **përket**

prékur (i) *Adj* **1.** ergriffen, gerührt, bewegt; **2.** tuberkulös

prekursór -i *m*, *Pl* -ë Vorläufer *m*

prelát -i *m*, *Pl* -ë Prälat *m*

prelúd -i *m* Präludium *n*, Vorspiel *n*

prell -i *m* Sonnenseite *f*

premiér|ë -a *f*, *Pl* -a Premiere *f*

premís|ë -a *f*, *Pl* -a Prämisse *f*

prémt|e -ja (e) *f* Freitag *m*

premtím -i *m*, *Pl* -e Versprechen *n*

premtón 1 *tr*, *itr* versprechen

premtúar (i) *Adj* versprochen, verheißen

pre|n 8 *tr* erfreuen, befriedigen; kjo gjellë më ~jti dieses Essen hat mir geschmeckt; -het *refl* **1.** zufrieden sein, Freude empfinden; më prehet shpirti ich bin voller Freude; **2.** sich erholen, sich ausruhen

preokupím -i *m*, *Pl* -e Beunruhigung *f*; Sorge *f*

preokupón 1 *tr* jmdn. beunruhigen, jmdm. Sorge bereiten; **ky problem më ~ shumë** dieses Problem beschäftigt mich sehr

preparát -i *m*, *Pl* -e Präparat *n*

prepoténc|ë -a *f* Überheblichkeit *f*

preq *Pl* → **prak**

prérazi *Adv* kurz und bündig

prérë I. (i) *Adj* **1.** geschnitten, zerschnitten, abgeschnitten; **dru i ~** ein gefällter Baum; **marrëdhënie të prera** abgebrochene Beziehungen *Pl*; **2.**: **qumësht i ~** verdorbene Milch *f*; **verë e ~** mit Wasser verdünnter od. gepanschter Wein; **3.** bestimmt, festgelegt, festgesetzt; **çmime të prera** feste Preise *Pl*; **4.** definitiv, endgültig; **vendim i ~** ein unumstößlicher Beschluß; II. *Adv* ganz sicher, bestimmt

prérës|e -ja *f*, *Pl* -e *Math* Sekante *f*

prérj|e -a *f*, *Pl* -e **1.** Schneiden *n*, Zerschneiden *n*, Zerhacken *n*; Zuschneiden *n*; ~ **e qepje** Zuschneiden und Nähen; Holzschlag *m*, Fällen *n*; ~ **e rrogës** Lohnkürzung *f*; *Tech* Schnitt *m*, Profil *n*; **2.** Aufhalten *n*, Anhalten *n*; Unterbrechung *f*

pres -i *m*, *Pl* -a **1.** Taschenmesser *n*; **2.** Sorge *f*; **mos ki ~!** mach dir keine Gedanken!

¹**prés|ë** -a *f*, *Pl* -a **1.** Schneide *f* von Messern usw.; **2.** *Gramm* Komma *n*; **3.** Verrat *m*, Treuebruch *m*

²**prés|ë** -a *f*, *Pl* -a *Tech* Presse *f*; ~ **hidraulike** hydraulische Presse

presidént -i *m*, *Pl* -ë Präsident *m*

presidént|e -ja *f, Pl* -e Präsidentin *f*
presidiúm -i *m, Pl* -e Präsidium *n*
presión -i *m, Pl* -e Druck *m*; ~ i ajrit Luftdruck; ~ i gjakut Blutdruck; *übertr* bën ~ einen Druck ausüben
présj|e -a *f, Pl* -e Komma *n*
prestár -i *m, Pl* -ë Schneider *m*; Zuschneider
prestarí -a *f* Schneiderei *f*
prestígj -i *m* Prestige *n*, Ansehen *n*, Geltung *f*
presupozón 1 *tr* voraussetzen, bedingen
presh -i *m, Pl* – Porree *m*; Porreepflanze *f*; *übertr* e zunë në ~ sie haben ihn auf frischer Tat ertappt
preshájk|ë -a *f, Pl* -a Art Hacke
préshtë (i) *Adj* grün, lauchgrün, porreefarben
preshtón 1 *itr* grünen
¹pret 31 *tr* 1. abschneiden; abhacken; *Bäume* fällen; stutzen; amputieren; *übertr* i preu udhën er stellte sich ihm in den Weg; shirat kanë prerë rrugën die Regenfälle haben die Straße unpassierbar gemacht; ua preu hovin er bremste ihren Elan; i preu fjalën er schnitt ihm das Wort ab, er unterbrach ihn; ia preva shkurt ich machte dem Gespräch ein (schnelles) Ende; i preu gjakun er stillte seine Blutung; 2. verschneiden; beschneiden; kürzen; *den Weg* abkürzen; i preu rrogën er hat ihm den Lohn gekürzt; sich schneiden; preva gishtin ich habe mich in den Finger geschnitten; 3. zerschneiden, zerstückeln; zerhacken; preu drutë er hat das Holz gehackt; 4. schlachten; abschlachten; töten; dahinraffen; të preftë murtaja! die Pest möge dich dahinraffen!; e preu uria er ist Hungers gestorben; *übertr* më preu barku ich habe entsetzliche Bauchschmerzen *(vor Hunger)*; e preu në besë a) er hat ihn verraten; b) er hat ihn meuchlings ermordet; 5. einstellen, aufgeben, aufhören mit; kam prerë duhanin ich habe mir das Rauchen abgewöhnt; kam prerë rakinë ich habe mit dem Schnapstrinken aufgehört; e preva shpresën ich habe die Hoffnung aufgegeben; i prenë punimet man stellte die Arbeiten ein; 6. *Preis, Urteil* festlegen, bestimmen; ia prenë dy vjet sie haben ihn zu zwei Jahren verurteilt; 7.: ~ pare a) Geld prägen; b) viel Geld verdienen; 8. sich etw. *(vom Schneider)* machen lassen; preva një kostum ich habe mir einen Anzug schneidern lassen; 9. anrichten, würzen; preu supën me ve e me limon er hat Ei und Zitrone an die Suppe gegeben; 10. mit Wasser verdünnen; verwässern, panschen, verschneiden; 11.: s'ma ~ mendja das glaube ich nicht, das kann ich mir nicht vorstellen; *itr* 12. schneiden, scharf sein; thika s'~ das Messer ist stumpf; 13. kürzer sein; kjo rrugë ~ shkurt auf diesem Weg kann man abschneiden; 14. urteilen; ai ~ shkurt er urteilt unbedacht; ai ~ hollë er hat ein gutes Urteilsvermögen; → ¹pritet
²pret 32 *itr, tr* 1. warten; ç'prisni? worauf wartet ihr?; erwarten; e presim javën që vjen wir erwarten ihn nächste Woche; s'dinte se ç'e priste er wußte nicht, was ihn erwartete; këtë nuk e prisnja kurrë prej teje! das hätte ich niemals von dir erwartet!; 2. empfangen; ~ e qet er führt ein offenes Haus; *übertr* ma priti mirë fjalën er nahm mein Wort gut auf; ia priti a) er zögerte nicht mit der Antwort; b) er schoß

sofort zurück; **ia priti rrezikun** er rettete ihn aus der Gefahr
pretár -i *m, Pl* -ë Räuber *m*
pretékst -i *m, Pl* -e Vorwand *m*; **me ~ in** unter dem Vorwand
preténc|ë -a *f, Pl* -a *Jur* Plädoyer *n*
pretendím -i *m, Pl* -e Anspruch *m*; Anmaßung *f*
pretendón 1 *tr* prätendieren, auf etw. Anspruch erheben, beanspruchen; vorgeben, behaupten
pretendúes -i *m, Pl* – Prätendent *m*; **~ i fronit** Thronbewerber *m*
pretím -i *m, Pl* -e Beutemachen *n*, Plündern *n*; Raub *m*
pretón 1 *itr* Beute machen; plündern
préu 31 *Aor* → ¹**pret**
preváz -i *m, Pl* -e Fensterflügel *m*
preventív I. -i *Subst/m, Pl* -e Voranschlag *m*, Kostenanschlag *m*; vorgesehene Ausgabe *f*; II. -e *Adj* präventiv, vorbeugend; **masa ~ e** Präventivmaßnahmen *Pl*
prév|ë -a *f, Pl* -a Landstraße *f*, Chaussee *f*; **~ e lumit** Flußübergang *m*, Furt *f*
prezantím -i *m* Vorstellen *n*, Bekanntmachen *n*
prezantó|n 1 *tr* jmdn. vorstellen, jmdn. bekanntmachen; **-het** *refl* **1.** sich vorstellen; sich (mit jmdm.) bekanntmachen; sich kennenlernen; **2.** darstellen, sich als etw. erweisen
prezbít, -e *Adj Med* weitsichtig
prezénc|ë -a *f* Anwesenheit *f*, Gegenwart *f*; **në ~ të** in Anwesenheit von
prezént -i *m* Präsens *n*
prëmúllz|ë -a *f, Pl* -a *Zool* Labmagen *m*
prën 8 *tr* = **pren**
prëndvér|ë -a *f* Frühling *m*
prëndverór, -e *Adj* Frühlings-
prënjk|ë -a *f, Pl* -a Sommersprosse *f*; Leberfleck *m*
priáls -i *m* Puls *m*, Pulsschlag *m*

prí|er 16⁵ *tr* wenden, abwenden, zur Seite drehen; *itr*: **~ kali** das Pferd ist einseitig beladen; **-ret** *refl* **1.** sich neigen; tendieren; sich leiten lassen; **2.** sich abwenden; sich drehen; zurückkehren; **priru më të djathtë!** bieg rechts ab!, halte dich rechts!
príerj|e -a *f, Pl* -e = **prirje**
prift -i *m, Pl* -ërínj *od* -ër Priester *m*
priftërésh|ë -a *f, Pl* -a **1.** Frau des Priesters; **2.** Priesterin *f (in der Antike)*
priftërí -a *f* Priestertum *n*, Priesterschaft *f*; Geistlichkeit *f*, Klerus *m*
priftërór, -e *Adj* priesterlich, Priester-
prijatár -i *m, Pl* -ë Führer *m*, Anführer; Vortänzer *m*; Vorsänger *m*
príj|e -a *f, Pl* -e Abflußgraben *m*, Rinne *f*
¹**príj|ë** -a *f, Pl*-a: **~ qepësh** Zwiebelfeld *n*; Zwiebelpflanzung *f*; Porreepflanzung *f*
²**príj|ë** -a *f* Führung *f*, Leitung *f*
príjës I. -i *Subst/m, Pl* – *od* -a Führer *m*, Anführer; II. -e *Adj* führend, leitend
prik -u *m* Schräge *f*, Neigung *f*; **me ~** schief, schräg
prík|ë -a *f, Pl* -a Mitgift *f an* Geld
prill -i *m* April *m*
príme -t *Pl* volkstümliche Heilkunde *f*, Volksmedizin *f*
primitív, -e *Adj* primitiv
primitivíz|ëm -mi *m* Primitivismus *m*
primulacé -të *Pl* Primeln *Pl*; Primelgewächse *Pl*
prin 13¹ *od* 6 *tr, itr* **1.** jmdn. führen, leiten; jmdn. anführen, jmdm. vorangehen; **2.** jmdm. gut tun, wohltun, nützlich sein
princ -i *m, Pl* -ër *od* -a Prinz *m*; Fürst *m*
princésh|ë -a *f, Pl* -a Prinzessin *f*; Fürstin *f*

princíp -i *m*, *Pl* -e Prinzip *n*
principát|ë -a *f*, *Pl* -a Fürstentum *n*
principiál, -e *Adj* prinzipiell; prinzipientreu, prinzipienfest
principalitét -i *m* Prinzipienfestigkeit *f*, Prinzipientreue *f*; Prinzipielles *n*, Grundsätzliches *n*; **me ~** prinzipiell, grundsätzlich
princór, -e *Adj* prinzlich, Prinzen-; fürstlich
prind -i *m* Vater *m*; -ët *od* -ërit *Pl* die Eltern
prinxh -i *m* Messing *n*
prioritét -i *m*, *Pl* -e Priorität *f*
pripál|ë -a *f*, *Pl* -a Schürze *f*
príqe -t *Pl* Gelenkentzündung *f*
¹**prírë** (i) *Adj* geführt, geleitet, angeführt
²**prír|ë** -a *f*, *Pl* -a: **~ e këmbës** Fußrücken *m*, Rist *m*
prírët (i) *Adj* schief, schräg, geneigt; abschüssig
prírj|e -a *f*, *Pl* -e Neigung *f*, Veranlagung *f*; **me ~** begabt; talentiert
prírte 16⁵ *Imperf* → **prier**
priskón 1 *tr* sprühen, spritzen; besprühen, bespritzen
¹**príste** 31 *Imperf* → ¹**pret**
²**príste** 32 *Imperf* → ²**pret**
prish 14² *tr* **1.** zerstören, vernichten; verwüsten; kaputtmachen, entzweimachen; **2.** ausstreichen, auslöschen; **3.** umbringen; **4.** annullieren; abbrechen; unterbrechen; **~ benë** den Eid brechen; **s'ia ~i fjalën** er ließ ihn ausreden; **~ kontratën** den Vertrag annullieren; **~ miqësinë** die Freundschaft aufkündigen; **e ~a me të** ich habe mit ihm gebrochen; **5.** verderben; **më ~i djalin** er hat meinen Jungen verdorben; **s'ia ~ qejfin** ich will ihm die Freude nicht verderben, ich tue ihm den Gefallen; **6.** ausgeben, verbrauchen; verschwenden; **~ pare** a) Geld ausgeben; b) Geld *(in Kleingeld)* wechseln; **7.** abtragen, abnutzen *(Kleidung, Schuhwerk)*; **8.** beschädigen; jmdm. od einer Sache schaden; **s'~ punë** das schadet nichts, das macht nichts; **~ shtëpinë** das Haus in Unordnung bringen; **të ~ stomakun** es schadet deinem Magen; **~ qetësinë** die Ruhe stören; **i ~i gjakun** a) er hat ihn fürchterlich erzürnt; er hat ihn auf die Palme gebracht; b) er hat ihn furchtbar erschreckt; **9.**: **ia ~i mendjen** er hat ihn umgestimmt; -**et** *refl* **1.** kaputtgehen, entzweigehen; **2.** verderben, schlecht werden; **u ~ veja** das Ei ist verdorben; **ka qenë djalë i mirë, po u ~** er war einmal ein guter Junge, aber jetzt ist er verdorben; **u ~ koha** das Wetter hat sich verschlechtert; **3.** sich verzanken; **jemi ~ur me ata** wir sprechen nicht mehr miteinander, wir haben uns verkracht; **4.**: **~et mënç** verrückt werden; **5.** abmagern; **pse je ~ur kështu?** weshalb bist du bloß so dünn geworden?; **6.**: **u ~ëm në pazar** wir konnten nicht handelseinig werden
prishaqéfas *Adv* widerwillig, unwillig
príshës I. -i *Subst/m*, *Pl* – **1.** Verschwender *m*; **2.** Zerstörer *m*, Vernichter *m*; **II.** -e *Adj* **1.** verschwenderisch; **2.** zerstörerisch, vernichtend
príshj|e -a *f*, *Pl* -e **1.** Zerstörung *f*, Verwüstung *f*, Vernichtung *f*; Verderben *n*; **2.** Beschädigung *f*; Störung *f*; **3.** Verlotterung *f*; **4.** Verausgabung *f*; Verschwendung; **~** *Pl* übermäßige Ausgaben *Pl*
príshur I. (i) *Adj* **1.** kaputt; zerstört, vernichtet; böse; verdorben; ge-

wechselt *(Geld)*; **2.** beschädigt, schadhaft; **maqinë e** ~ eine defekte Maschine; **3.** verausgabt; **4.: i** ~ **menç** verrückt; **II. -i** (i) *Subst/m, Pl* – (të) Verschwender *m*
príshura -t (të) *Pl* Ausgaben *Pl*
¹**prítet** 31 *refl* **1.** sich schneiden; **2.** schlecht werden; sauer werden *(Milch)*; **3.** aufhören; **iu pre të ngrënët** er hat keinen Appetit (mehr), er kann nicht mehr essen; **iu pre qumështi lehonës** die Wöchnerin hat keine Milch mehr; **m'u prenë leqet** die Knie versagten mir den Dienst; **u prenë miqtë** die Gäste bleiben aus; **u pre ky zakon** dieser Brauch wurde aufgegeben, dieser Brauch besteht nicht mehr; **4.** erbleichen, blaß werden; → ¹**pret**
²**prítet** 32 *refl*: **s'm'u prit** ich konnte nicht mehr warten, ich hatte keine Geduld mehr; → ²**pret**
prít|ë -a *f, Pl* -a Lauer *f*, Hinterhalt *m*; Falle *f*; **ra në** ~ er geriet in einen Hinterhalt; **zë** ~ jmdm. einen Hinterhalt legen, sich auf die Lauer legen; **qëndron në** ~ im Hinterhalt lauern, auf der Lauer liegen
prítës, -e *Adj* gastfrei, gastlich; Empfangs-; **odë** ~**e** Empfangszimmer *n*, Gästezimmer *n*
príti 32 *Aor* → ²**pret**
prítj|e -a *f, Pl* -e **1.** Empfang *m*; **2.** Warten *n*; Erwarten; Erwartung *f*
pritmení -a *f* zeitweilige Beurlaubung *f vom Dienst, bes. durch Krankschreibung*
prítsh|ëm (i), -me (e) *Adj* gastfreundlich; gastfrei, gastlich
prítur (i) *Adj* **1.** gastfreundlich, gastfrei, gastlich; **2.** empfangen; **3.** erwartet
privát I. -i *Subst/m, Pl* -ë Privatperson *f*; Privatunternehmer *m*; Privathändler *m*; Privatmann *m*;
II. -e *Adj* privat, persönlich; **punë** ~**e** eine persönliche Angelegenheit; **jeta** ~**e** das Privatleben; **pronë** ~**e** a) persönliches Eigentum *n*; b) Privateigentum
privatísht *Adv* privat
privilégj -i *m, Pl* -e Privileg *n*, Vorrecht *n*
privilegjúar (i) *Adj* privilegiert, bevorzugt
privím -i *m Jur*: ~ **lirie** Freiheitsentzug *m*; ~ **i i të drejtave** die Aberkennung der (bürgerlichen) Rechte
privón 1 *tr* berauben
¹**príz|ë** -a *f, Pl* -a Rinne *f vom Wasser ausgewaschen*
²**príz|ë** -a *f, Pl* -a *od* ~ **elektriku** Steckdose *f*; ~ **uji** Hydrant *m*
príz|ëm -mi *m, Pl* -ma Prisma *n*
prizmatík, -e *Adj* prismenförmig, prismatisch
prízm|ë -a *f, Pl* -a = **prizëm**
probabilitét -i *m* Wahrscheinlichkeit *f*
probatésh|ë -a *f, Pl* -a Blutsschwester *f*
probatín -i *m, Pl* -a Blutsbruder *m*
probatinóhet 1 *refl* sich durch Blutsbrüderschaft verbinden; **u probatinuan** sie sind Blutsbrüder (geworden)
problém -i *m, Pl* -e Problem *n*
problematík, -e *Adj* problematisch
problematík|ë -a *f* Problematik *f*
procedím -i *m, Pl* -e **1.** Gang *m*, Verlauf *m einer Angelegenheit*; **2.** Verfahren *n*, Methode *f*, Prozedur *f*; **3.** gerichtliche Belangung *f*, Einleitung *f* von gerichtlichen Schritten
procedón 1 *itr* **1.** prozedieren, vorgehen, verfahren; *tr* **2.** gerichtlich belangen, gerichtlich zur Verantwortung ziehen
procedúr|ë -a *f, Pl* -a Prozedur *f*, Verfahren *n*; *Jur* Prozeßordnung *f*,

Prozeßverfahren; ~ **civile** Zivilprozeßordnung *f*; ~ **penale** Strafprozeßordnung *f*
procés -i *m, Pl* -e Prozeß *m,* Verlauf *m*; ~ **i punës** Arbeitsprozeß; ~ **i sëmundjes** Krankheitsverlauf; ~ **i prodhimit** Produktionsprozeß; *Jur* Prozeß, Strafverfahren *n*
procesión -i *m, Pl* -e Prozession *f*
procesverbál -i *m, Pl* -e Protokoll *n*; ~**et e mbledhjes** die Versammlungsprotokolle
proçés -i *m, Pl* -e = **proces**
próçk|ë -a *f, Pl* -a Mißgriff *m*, Schnitzer *m*; Tolpatschigkeit *f*; **kam bërë një** ~ ich habe eine Dummheit gemacht
prodúkt -i *m, Pl* -e Produkt *n*, Erzeugnis *n*; *Math* Produkt
produktív, -e *Adj* produktiv, ertragreich, ergiebig
produktivitét -i *m* Produktivität *f*; ~**i i punës** *od* ~**i në punë** die Arbeitsproduktivität
prodhím -i *m, Pl* -e **1.** Produzieren *n*, Erzeugung *f*, Herstellung *f*; **2.** Produktion *f*, Produktionsprozeß *m*; ~**i i çelikut** die Stahlproduktion; **mjetet e** ~**it** die Produktionsmittel; **punon në** ~ in der Produktion arbeiten; **3.** Produkt *n*, Erzeugnis *n*; Produktion *Gesamtheit der Erzeugnisse*
prodhimtarí -a *f* **1.** Produktivität *f*; **2.** Fruchtbarkeit *f*
prodhón 1 *tr* produzieren, herstellen; hervorbringen, schaffen; Erträge bringen; **kjo tokë** ~ **shumë** dieser Boden ist sehr ertragreich
prodhónjës -i *m, Pl* — = **prodhues**
prodhúes I. -i *Subst/m, Pl* – Produzent *m*, Hersteller *m*, Erzeuger *m*; **II.** -e *Adj* produktiv, ergiebig, ertragreich; **forcat** ~**e** die Produktivkräfte; **mjetet** ~**e** die Produktionsmittel
prodhúes|e -ja *f, Pl* -e Produzentin *f*, Herstellerin *f*
profán, -e *Adj* laienhaft; profan, weltlich
profanón 1 *tr* profanieren, entweihen
profecí -a *f, Pl* – Prophezeiung *f*
profesión -i *m, Pl* -e Beruf *m*, Handwerk *n*
profesionál, -e *Adj* professionell, beruflich; **shkollë** ~ **e** Berufsschule *f*; **Bashkimet** ~**e** die Gewerkschaften
profesioníst I. -i *Subst/m, Pl* -ë *od* -a Professioneller *m*; Berufssportler *m*, Profi *m*; Berufskünstler *m*; **II.** -e *Adj* berufsmäßig, professioniert
profesór -i *m, Pl* -ë Professor *m*; Lehrer *m*, Fachlehrer
profesorésh|ë -a *f, Pl* -a Professorin *f*; Lehrerin *f*, Fachlehrerin
profét -i *m, Pl* -ë Prophet *m*
profetésh|ë -a *f, Pl* -a Prophetin *f*
profetík, -e *Adj* prophetisch
profetizón 1 *tr* prophezeien, voraussagen; weissagen
profíl -i *m, Pl* -e Profil *n*, Seitenansicht *f*; *Tech* Profil; Profilstahl *m*; *Geol* Profil, Aufriß *m*
profilaksí -a *f* Prophylaxe *f*
profiláktik, -e *Adj* prophylaktisch, vorbeugend
profít -i *m, Pl* -ë = **profet**
prófk|ë -a *f, Pl* -a **1.** Wasserspritze *f der Kinder*; **2. profka** *Pl* Lügen *Pl*, Erfindungen *Pl*; Geschwätz *n*, Unsinn *m*, dummes Zeug *n*
prog -u *m, Pl* **prógje** Nagel *m*; Zwecke *f*
prognóz|ë -a *f, Pl* -a Prognose *f*
prográm -i *m, Pl* -e Programm *n*
programatík, -e *Adj* programmatisch
programór, -e *Adj* programmatisch
progresión -i *m, Pl* -e *Math* Pro-

gression *f*; ~ **aritmetik** arithmetische Reihe *f*; ~ **gjeometrik** geometrische Reihe
progresíst I. -i *Subst/m, Pl* -ë *od* -a Fortschrittler *m*; **II.** -e *Adj* fortschrittlich
progresív, -e *Adj* **1.** progressiv, fortschreitend; **2.** progressiv, fortschrittlich
projeksión -i *m, Pl* -e Projektion *f*
projékt -i *m, Pl* -e **1.** Projekt *n*, Entwurf *m*; **2.** Plan *m*, Vorhaben *n*; **3.** Skizze *f*; ~ **ndërtimi** Bauzeichnung *f*
projektbuxhét -i *m, Pl* -e Voranschlag *m*
projektdirektíva -t *Pl* Plandirektiven *Pl*
projektím -i *m, Pl* -e Projektieren *n*, Projekt *n*; Projizieren *n*
projektlígj -i *m, Pl* -e Gesetzentwurf *m*, Gesetzesvorlage *f*
projektón 1 *tr* **1.** projizieren; **2.** projektieren
projektór -i *m, Pl* -ë **1.** Scheinwerfer *m*; **2.** Projektor *m*, Bildwerfer *m*, Projektionsapparat *m*; ~ **me thjerrëz** Linsenprojektor
projektplán -i *m, Pl* -e Planentwurf *m*
projektrezolút|ë -a *f, Pl* -a Resolutionsentwurf *m*
projekttraktát -i *m, Pl* -e Vertragsentwurf *m*
projektúes I. -i *Subst/m, Pl* – Projektant *m*; **II.** -e *Adj* projektierend
prój|ë -a *f* Raub *m*, Beute *f*
prók|ë -a *f, Pl* -a **1.** Schuhnagel *m*, Zwecke *f*; **këpucë me proka** Nagelschuhe *Pl*; **2.** Gabel *f*
proklamát|ë -a *f, Pl* -a Proklamation *f*
proklamón 1 *tr* proklamieren, verkünden
proklitík, -e *Adj Gramm* proklitisch
prokopí -a *f, Pl* – **1.** Nutzen *m*, Vorteil *m*, Gewinn *m*; **2.: humbi të gjithë** ~ **në e tij** er verlor sein ganzes Hab und Gut
prokúr|ë -a *f, Pl* -a *Jur* Prokura *f*, Vollmacht *f*
prokurór -i *m, Pl* -ë Staatsanwalt *m*; ~ **i përgjithshëm** Generalstaatsanwalt
prokurorí -a *f* Staatsanwaltschaft *f*
proletár I. -i *Subst/m, Pl* -ë Proletarier *m*; **II.** -e *Adj* proletarisch
proletariát -i *m* Proletariat *n*
proletarizón 1 *tr* proletarisieren
prológ -u *m, Pl* -ë *Lit* Prolog *m*
promemórj|e -a *f, Pl* -e Promemoria *n*, Merkblatt *n*, Denkschrift *f*
Prometé -u *m* Prometheus *m*; **një** ~ **i ditëve tona** ein Prometheus unserer Tage
pronár I. -i *Subst/m, Pl* -ë Eigentümer *m*, Besitzer *m*; **II.** -e *Adj* Eigentums-, Besitz-
pronár|e -ja *f, Pl* -e Eigentümerin *f*, Besitzerin *f*
pronárth -i *m, Pl* -ë Kleineigentümer *m*
prón|ë -a *f, Pl* -a Eigentum *n*, Besitz *m*; ~ **kolektive** Kollektiveigentum
pronësí -a *f Jur* Eigentumsrecht *n*
pronór, -e *Adj Gramm* possessiv; **përemër** ~ Possessivpronomen *n*
propagánd|ë -a *f* Propaganda *f*
propagandím -i *m* Propagierung *f*
propagandíst -i *m, Pl* -ë *od* -a Propagandist *m*
propagandistík, -e *Adj* propagandistisch, Propaganda-; **material** ~ Propagandamaterial *n*
propagandón 1 *tr* propagieren
propagandúes, -e *Adj* propagierend, Propaganda-
proporción -i *m, Pl* -e Proportion *f*
proporcionál, -e *Adj* proportional
proporcionalísht *Adv* proportional
propozím -i *m, Pl* -e Vorschlag *m*
propozón 1 *tr* vorschlagen

próre *Adv* stets und ständig, ständig
próri 16⁵ *Aor* → **prier**
prosék -u *m, Pl* prosíqe Viehhütte *f*
prostitución -i *m* Prostitution *f*
prostitút|e -a *f, Pl* -a Prostituierte *f*
proshút|ë -a *f, Pl* -a geräucherter Schinken *m*
protagoníst -i *m, Pl* -ë *od* -a Protagonist *m*; Hauptdarsteller *m*; Hauptheld *m eines Werkes*; *übertr* Schlüsselfigur *f*
proteín|ë -a *f, Pl* -a Protein *n*, Eiweiß *n*
protektorát -i *m* Protektorat *n*
protestánt I. -i *Subst/m, Pl* -ë Protestant *m*; II. -e *Adj* protestantisch
protestantíz|ëm -mi *m* Protestantismus *m*
protést|ë -a *f, Pl* -a 1. Protest *m*, Widerspruch *m*; Einspruch *m*; 2. *Fin* Wechselprotest
protestím -i *m, Pl* -e Protestieren *n*, Protest *m*
protestón 1 *itr* protestieren; widersprechen; Einspruch erheben; *tr Fin* ~ **një kambial** einen Wechsel protestieren
protéz|ë -a *f, Pl* -a 1. *Med* Prothese *f*; 2. *Gramm* Prothese, Prothesis *f*
protokól -i *m, Pl* -e = **protokoll**
protokóll -i *m, Pl* -e 1. Protokoll *n bes. von diplomatischen Verhandlungen*; Protokoll, Bestimmungen *Pl über diplomatisches Zeremoniell*; 2. Register *n*; Registratur *f*
protokollíst -i *m, Pl* -ë *od* -a Protokollant *m*, Schriftführer *m*; Protokollführer *m*
protokollón 1 *tr* protokollieren
protón -i *m, Pl* -e Proton *n*
protoplázm|ë -a *f* Protoplasma *n*
prototíp -i *m, Pl* -e Prototyp *m*, Vorbild *n*; Urbild *n*
provérb -i *m, Pl* -e Sprichwort *n*, Proverb *n*
proverbiál, -e *Adj* sprichwörtlich; **shprehje** ~**e** sprichwörtliche Redewendung *f*

próv|ë -a *f, Pl* -a Probe *f*, Beweis *m*; **ai ka dhënë prova zotësie** er hat Proben seiner Fähigkeit gegeben; Probe, Überprüfung *f*; Probe, Versuch *m*; Theaterprobe; Anprobe *beim Schneider*
provím -i *m, Pl* -e Prüfung *f*; ~ **me gojë** mündliche Prüfung; **jep** ~**e** Prüfungen ablegen; ~**et e pranimit** die Aufnahmeprüfung; ~**et e shtetit** das Staatsexamen
provinciál, -e *Adj* provinziell
provincialíz|ëm -mi *m, Pl* -ma *Ling* Provinzialismus *m*
provizór, -e *Adj* provisorisch
provokación -i *m, Pl* -e Provokation *f*
provokatór I. -i *Subst/m, Pl* -ë Provokateur *m*; II. -e *Adj* provokatorisch; **agjent** ~ Lockspitzel *m*
provokatór|e -ja *f, Pl* -e Provokateurin *f*
provokím -i *m* Provozieren *n*; ~ **e** *Pl* Provokationen *Pl*
provokón 1 *tr* 1. provozieren, herausfordern, reizen; 2. verursachen, hervorrufen
provokúes, -e *Adj* provozierend, herausfordernd
provó|n 1 *tr* 1. beweisen; 2. proben; probieren; 3. prüfen, ausprobieren, versuchen; 4. prüfen, überprüfen, einer Prüfung unterziehen; -**het** *refl unpers* es bestätigt sich
provúar (i) *Adj* 1. erwiesen, bewiesen; 2. erprobt; 3. ausprobiert; 4. überprüft
prozaík, -e *Adj* prosaisch; **stil** ~ Prosastil *m*; *übertr* prosaisch, nüchtern, phantasiearm
prozatór -i *m, Pl* -ë Prosaist *m*, Prosaschriftsteller *m*
próz|ë -a *f* Prosa *f*
prozodí -a *f* Prosodie *f*
prózh|ëm -mi *m, Pl* -me Wäldchen

n zum Holzschlagen; Gemeindewald *m*

prozhmím -i *m*, *Pl* -e Verleumdung *f*; Durchhecheln *n*

prozhmón 1 *tr* verleumden; durchhecheln, über jmdn. herziehen

prúrë -t (të) *n* Benehmen *n*; **s'ka të ~ të mirë** er hat kein (gutes) Benehmen, er hat keinen Anstand

prúrës -i *m*, *Pl* – Überbringer *m*

prúri 47 *Aor* → ²**bie**

prush -i *m* Glut *f*, Feuerglut, Kohlenglut; *übertr* **i kanë dalë puçrrat ~** sein Körper ist mit Pickeln übersät

prushërím|ë -a *f*, *Pl* -a Ausschlag *m*, Hautausschlag, Pickel *Pl*; **jam bërë ~** mein Körper ist mit Pickeln übersät

prushít 22 *tr Feuer* schüren, anfachen

prúzh|ë -a *f*, *Pl* -a Tischbesen *m*, Tischbürste *f*

prridh 14 *tr* ersticken, zum Ersticken bringen; -**et** *refl* ersticken

prrósk|ë -a *f*, *Pl* -a kleiner Sturzbach *m*, Wildbach *m*; Rinne *f* am Berghang

psal 14 *itr* Kirchenlieder singen

psalm -i *m*, *Pl* -e 1. Psalm *m*; 2. Kirchenlied *n*

psalt -i *m*, *Pl* -ë Kirchensänger *m*

psaltér -i *m*, *Pl* -ë Psalter *m*

pse I. *Adv* warum, weshalb; II. *Konj* weil, da; III. -**ja** *Subst/f* Grund *m*, Ursache *f*, Warum *n*

pseudoním -i *m*, *Pl* -e Pseudonym *n*, Deckname *m*

psík|e -ja *f* Seele *f*, Psyche *f*

psikiát|ër -ri *m*, *Pl* -ër Psychiater *m*

psikiatrí -a *f* Psychiatrie *f*

psikík, -e *Adj* psychisch, seelisch

psikológ I. -u *Subst/m*, *Pl* -ë Psychologe *m*; II. -e *Adj* psychologisch

psikologjí -a *f* Psychologie *f*

psikologjík, -e *Adj* psychologisch

psikometrí -a *f* Psychometrie *f*

psikopát -i *m*, *Pl* -ë Psychopath *m*

psikopatí -a *f* Psychopathie *f*

psikóz|ë -a *f* Psychose *f*; **~ e luftës** Kriegspsychose

psitacídë -t *Pl* Papageien *Pl*

psonís 21 *tr* auf dem Markt einkaufen

psonísj|e -a *f* Einkaufen *n*

p.sh. *Abk* z.B.; → **shembull**

psherëtím|ë -a *f*, *Pl* -a Seufzer *m*; Seufzen *n*

psherëtín 6 *itr* seufzen

psherëtít 22 *itr* = **psherëtín**

pshikárt|ë -a *f* Blasenstrauch *m*

pshík|ë -a *f*, *Pl* -a Blase *f*

pshikëllón 1 *tr* mit der Rute schlagen, jmdm. mit der Rute eins überziehen

pshikshúrr|ë -a *f* Harnblase *f*

pshon 1 *itr* seufzen

pshtjéllc|e -a *f*, *Pl* -a Wirbelsturm *m*, Windhose *f*

pshurr 14[1] *itr* Wasser lassen, urinieren; pissen; -**et** *refl* einnässen; sich bepissen

publicíst I. -i *Subst/m*, *Pl* -ë *od* -a Publizist *m*; II. -**e** *Adj* publizistisch

publicistík|ë -a *f* Publizistik *f*

publík I. -u *Subst/m* Öffentlichkeit *f*, Allgemeinheit *f*; Publikum *n*, Zuhörer *Pl*, Zuschauer *Pl*; II. -**e** *Adj* publik, öffentlich; **opinioni ~** die öffentliche Meinung

publikísht *Adv* öffentlich, in aller Öffentlichkeit

publikón 1 *tr* publizieren, veröffentlichen

¹**puç** -i *m*, *Pl* -e Putsch *m*

²**puç** -i *m* Scheitel *m*, Scheitelbein *n* *des Kopfes*

púç|ërr -rra *f*, *Pl* -rra Pickel *m*, Hautpickel, Pustel *f*

puçít 20 *tr*: **~ buzët** den Mund verzerren, einen Flunsch ziehen

puçkërróhet 1 *refl* Pickel bekommen, Hautausschlag bekommen

puçrríza -t *Pl* Bläschen *Pl*, Pickelchen *Pl*; Hautausschlag *m*
púd|ër -ra *f* Puder *m*, Gesichtspuder
puding -u *m* Pudding *m*
púf|e -ja *f fam* Glimmstengel *m* *(für Zigarette)*
púfk|ë -a *f, Pl* -a 1. Blase *f*; 2. Puffmais *m*
púfte *Adj/f*: **arrë** ~ taube Nuß *f*; *übertr* 1. hohl, aufgeblasen, angeberisch; 2. feig, ängstlich
puhác|ë -a *f* Blasebalg *m des Schmieds*
puhát 22¹ *tr* den Blasebalg aufblasen
puhí -a *f* leichter Wind *m*, Lüftchen *n*, leichte Brise *f*
pulagjél -i *m* Art Alpenveilchen
puldásh -i *m, Pl* -a Puffmais *m*
puléq|ër -ra *f, Pl* -ra Zwergtrappe *f*
pulénd|ër -ra *f, Pl* -ra Maisbrei *m*, Polenta *f*
puléxh|ë -a *f, Pl* -a Getriebe *n*; ~ e shkallëzuar Wechselgetriebe
puléxhio -ja *f, Pl* – = **pulexhë**
púl|ë -a *f, Pl* -a Henne *f*, Huhn *n*; ~ **deti** Pute *f*, Truthenne; ~ **uji** Teichralle *f*; ~ **e egër** Zwergtrappe *f*; **fle me pulat** er geht mit den Hühnern schlafen
pulëbárdh|ë -a *f, Pl* -a Möwe *f*
pulëhín|e -ia *f, Pl* -e Perlhuhn *n*
púlëza -t *Pl Astr* Plejaden *Pl*
pulís -i *m, Pl* – Hühnerlaus *f*
pulísht -i *m, Pl* -a Eselsfüllen *n*, junger Esel *m*
pulítet 20 *refl* 1. in einem Hinterhalt lauern, auf der Lauer liegen; 2. sich zusammenrollen, sich zusammenkauern
púlk|ë -a *f, Pl* -a Pute *f*
pulóv|ër -ri *m, Pl* -ra Pullover *m*
púlp|ë -a *f, Pl* -a Wade *f*
pulqér -i *m, Pl* -ë Daumen *m*
pulqýer -i *m, Pl* pulqérë = **pulqer**
puls -i *m* Puls *m*, Pulsschlag *m*; Puls, Pulsgegend *f*
pullánd|ër -ra *f* Waschwasser *n*; Seifenlauge *f*, Waschlauge *f*; Fußbad *n*
pulláz -i *m, Pl* -e Dach *n*
pullazín|ë -a *f, Pl* -a Dachsparren *m*
púll|ë -a *f, Pl* -a 1. Knopf *m*; 2. Briefmarke *f*; Stempelmarke *f*; 3. runde Marke *f*, Kontrollmarke; 4. runder Flicken *m auf Schuhen*; rundes Mal *n auf der Haut*; runder Fleck *m bei Tieren*; **pullapulla** gefleckt, gescheckt, buntscheckig; 5. Punkt *m*, Pünktchen *n*, Tupfen *m auf Stoffen*
pullúmb -i *m, Pl* -a = **pëllumb**
pumbós 21 *tr* Feuer durch Abdecken mit Holz ersticken
punés|ë -a *f, Pl* -a 1. Arbeit *f*, Werk *n*, Tagewerk; 2. Ackerland *n*, Getreidefeld *n*
pún|ë -a *f, Pl* -ë 1. Arbeit *f*; Beschäftigung *f*; **qendra e** ~ **s** die Arbeitsstelle; ~ **krahu** körperliche Arbeit; **ndarja e** ~ **s** die Arbeitsteilung; **mbrojtja e** ~ **s** der Arbeitsschutz; **ditë pune** Arbeitstag *m*, Werktag *m*; ~ **dore** Handarbeit; **ka** ~ er ist beschäftigt; ~ **t bujqësore** die landwirtschaftlichen Arbeiten; **jetoj me** ~ **n time** ich lebe von meiner eigenen Arbeit; **hyn në** ~ a) eine Arbeit aufnehmen; b) nützlich sein; **s'na hyri në** ~ es war für uns wertlos, wir konnten es nicht verwenden; **kjo hyn në** ~ das ist nützlich; **ç'të hyn në** ~ **ty të përzihesh këtu?** was mußt du dich hier eigentlich einmischen?; **Puna mbarë** od **Punë të mbarë!** Viel Erfolg bei der Arbeit!; 2. Sache *f*, Angelegenheit *f*; **kështu qënka puna?** so steht die Sache also?; **kam një** ~ **me ty** ich habe etwas mit dir zu klären; **Ministria e Punëve të Jashtme** das Ministerium für Auswärtige Angelegenheiten; **nuk është puna jote** das ist nicht deine Sache, das

geht dich nichts an; **si e ke ~n?** wie geht es dir?, wie stehts?; **puna që...** die Tatsache, daß...; **është puna që...** es geht darum, daß...; **ajo ~** die Epilepsie; **e bie puna** das ergibt sich zufällig; **kështu ma do puna mua** so gefällt es mir; **si të jetë puna** je nach den Umständen; **të rrinë rrobat ~ e madhe** die Sachen passen dir ausgezeichnet; **~ e madhe!** das ist egal!, das ist unwichtig!, na wenn schon!; **e parë e ~s** in erster Linie, vor allem; 3. Ursache *f*, Grund *m*; **nga ajo ~** aus diesem Grund; **bëhet merak pa ~** er sorgt sich grundlos; **për këtë ~** aus diesem Grund, darum; **për ~ të atij** seinetwegen; 4. *Tech* Funktion *f*, Funktionieren *n*

punëbárdhë *Adj* glücklich; erfolgreich

punëbúkur *Adj* sorgfältig arbeitend, gute Arbeit liefernd

punëdhënës -i *m*, *Pl* – Arbeitgeber *m*

punëhér|e -a *f* Epilepsie *f*

punëmádh, -e *Adj* prahlerisch, aufschneiderisch

punërryesh|ëm (i), -me (e) *Adj* bedächtig arbeitend

punëtór I. -i *Subst/m*, *Pl* -ë Arbeiter *m*; **~ fabrike** Fabrikarbeiter; **~ mendje** Geistesarbeiter; **~ me mëditje** Tagelöhner *m*; **~ i kualifikuar** Facharbeiter; **~ sezonal** Saisonarbeiter; **~ sulmonjës** Aktivist *m*; II. -e *Adj* 1. arbeitsam, fleißig; 2. Arbeiter-; **klasa ~e** die Arbeiterklasse; **lëvizja ~e** die Arbeiterbewegung; 3.: **ditë ~e** Arbeitstag *m*, Werktag *m*

punëtór|e -ja *f*, *Pl* -e Arbeiterin *f*

punëtorí -a *f* Arbeiterschaft *f*, Arbeiter *Pl*

púnëz -a *f* Sache *f*, Angelegenheit *f*; **shiko ~ën tënde!** kümmere dich um deine eigenen Angelegenheiten!

punë|zí, -zézë *Adj* unglücklich, erfolglos

puním -i *m*, *Pl* -e: **~ me dorë** Handarbeit *f*; Bearbeitung *f*; **-e** *Pl* Arbeiten *Pl*; **~et e kongresit** die Arbeiten des Kongresses

punísht|e -ja *f*, *Pl* -e Werkstatt *f*; Fabrik *f*; **~ e qumështit** Molkerei *f*

punón 1 *itr* 1. arbeiten; schaffen, wirken; tätig sein, funktionieren; **sahati s'~** die Uhr funktioniert nicht; **zemra s'~ më** das Herz arbeitet nicht mehr; **Elbasani ka punuar me Durrësin** Elbasan und Durrës hatten Handelsbeziehungen; **i ~ shumë fantazia** er hat eine lebhafte Phantasie; **kjo shkollë ~ me orar unik** in dieser Schule gibt es einen einheitlichen Stundenplan; **automobili ~ me benzinë** das Auto wird mit Benzin betrieben; **sa të më punojë këmba e dora** solange meine Arme und Beine noch wollen; 2. *tr* bearbeiten; verarbeiten; arbeiten, herstellen, fabrizieren; ausarbeiten; durcharbeiten; betreiben *(als Beruf)*; **ai ~ hamallëk** er arbeitet als Lastträger; *übertr* **ai ta ~ të keqen** von dem hast du nichts Gutes zu erwarten; **mirë ia ka punuar** dem hat er es richtig gegeben

punónjës I. -i *Subst/m*, *Pl* – Werktätiger *m*, Arbeiter *m*; II. -e *Adj* werktätig; **masat ~e** die werktätigen Massen

punóv|e -ja *f* Ackerland *n*, Boden *m* *der sich bearbeiten läßt*

punúar (i) *Adj* bearbeitet; erarbeitet, ausgearbeitet; hergestellt

punjásh|e -ja *f*, *Pl* -e Beutel *m für Tabak od Geld*

púpas *Adv* = **pupthi**

pupçík *Adv* hockend, kauernd; **rri ~** kauern

¹púp|ë -a *f, Pl* -a **1.** Troddel *f*, Quaste *f*; **2.** Wiedehopf *m*; **3.** Sprung *m*, Hüpfer *m der mit beiden Beinen gleichzeitig ausgeführt wird*
²púp|ë -a *f* Heck *n*, Hinterschiff *n*
púp|ël -la *f, Pl* -la Daunenfeder *f*
púpëz -a *f, Pl* -a **1.** Wiedehopf *m*; **2.** Troddel *f*, Quaste *f*; **3.** Knospe *f*
pupláj|ë -a *f* Gefieder *n*
puplásh, -e *Adj* mit Daunen bedeckt, flaumbedeckt
puplésh|e -ja *f, Pl* -e flacher Pantoffel *m*
puprrí -të *Pl* Bläschen *Pl auf der Zunge od auf der Haut*
puprróhet 1 *refl* Bläschen bekommen
púpthi *Adv* springend, hüpfend, hopsend *(mit beiden Beinen gleichzeitig)*; **harabeli ecën ~** der Sperling hüpft
pupú *Interj* o weh! *(klagend od ängstlich)*
pupulón 1 *tr* bis an den Rand füllen
pupurít 20 *tr, itr* scharren; hervorscharren; zerscharren *(Hühner)*
pupurríqet 14 *refl* erschauern
puq 14 *tr* fest zusammenfügen, genau anpassen; vereinigen, näherbringen; *übertr* **i ~ëm fjalët bashkë** wir haben eine Übereinkunft erzielt; **-et** *refl* übereinstimmen, sich treffen
púqë me *Präp (mit Akk)* angrenzend an, an!ehnend an; **~ kopshtin tonë** an unseren Garten angrenzend, direkt neben unserem Garten
púqj|e -a *f, Pl* -e Angrenzen *n*, Nachbarschaft *f*
puré -ja *f* Püree *n*, Brei *m*
púro -ja *f, Pl* – Zigarre *f*
purón 1 *tr* beruhigen; zurückhalten; schützen
púrpur -i *m* Purpur *m*
púrpurt (i) *Adj* purpurrot
purpúrtë (i) *Adj* = i **purpurt**
purték|ë -a *f, Pl* -a Rute *f*, Gerte *f*; langer Stock *m zum Herabschlagen von Nüssen, Oliven u. dgl.*
purth -i *m Med* Durchfall *m*
púrthet 14 *refl* einkoten, sich mit Kot beschmutzen
pus -i *m, Pl* -e *od* -a Brunnen *m*; **~et e vajgurit** die Petroleumquellen, die Bohrlöcher; Schacht *m*; **~ kabli** Kabelschacht; *übertr* **është errët ~** es ist stockdunkel; **qielli u bë ~** der Himmel wurde schwarz
pusí -a *f, Pl* – Lauer *f*, Hinterhalt *m*; Falle *f*; **zë ~** sich auf die Lauer legen; **i vë ~në** jmdm. einen Hinterhalt legen
pusúll|ë -a *f, Pl* -a Zettel *m*, Notizzettel *m*; *übertr* **ka humbur ~n** er hat den Faden verloren
push -i *m* Flaum *m*, Flausch *m*
pushaták, -e *Adj* flaumig, flauschig
púshet 14² *refl* Flaum bekommen, von Flaum bedeckt werden
pushím -i *m, Pl* -e **1.** Pause *f*; **~ i gjatë** große Pause; Unterbrechung *f*; **~ i luftimeve** Kampfpause; **i sëmuri ka nevojë për ~** der Kranke muß sich ausruhen; Urlaub *m*; **-e** *Pl* Ferien *Pl*; **vend ~i** Urlaubsort *m*, Ferienort *m*; **2.** Entlassung *f*
pushkalíq|e -ja *f, Pl* -e Art Blasrohr *der Kinder*
pushkatár -i *m, Pl* -ë Schütze *m*
pushkatím -i *m, Pl* -e Erschießung *f*; **vdekje me ~** Tod durch Erschießen
pushkatón 1 *tr* erschießen
púshk|ë -a *f, Pl* -ë Gewehr *n*; Flinte *f*; *übertr* mit einem Gewehr Bewaffneter; **bënë ~** sie führten Krieg
pushkërríza -t *Pl* = **puçrriza**
pushkërróhet 1 *refl* Pickelchen bekommen, Bläschen bekommen
púshkëz -a *f, Pl* -a Pickelchen *n*, Bläschen *n*
pushón 1 *itr* **1.** sich erholen; Ferien

machen; sich ausruhen, pausieren; 2. aufhören; **pushoi era** der Wind hat sich gelegt; **i pushoi zemra** sein Herz hat aufgehört zu schlagen; **nuk ~ te së qari** es hörte nicht auf zu weinen; **i pushoi gjaku** seine Blutung hat aufgehört; *tr* 3. entlassen; 4. unterbrechen, einstellen; **pushoje vajin!** hör auf zu weinen!; **pushoje fëmijën!** beruhige das Kind!, sorg dafür, daß, das Kind aufhört zu weinen!; **~ gjakun** das Blut stillen

pusht -i *m*, *Pl* -ër *vulg* Lustknabe *m*; Schandbube *m*

pushtét -i *m*, *Pl* -e 1. Macht *f*, Staatsmacht; Behörde *f*; **~i popullor** die Volksmacht; **~i lokal** die örtlichen Behörden; 2. Macht *f*; **s'kam ~ mbi të** a) ich habe keine Gewalt über ihn; b) ich habe darauf keinen Einfluß; 3. Möglichkeit *f*

pushtétsh|ëm (i), -me (e) *Adj* machtvoll, mächtig

pushtím -i *m*, *Pl* -e Eroberung *f*, Unterwerfung *f*; Okkupation *f*, Besetzung *f*

pushtón 1 *tr* 1. erobern, okkupieren, besetzen, unterwerfen; 2. jmdm. um den Hals fallen, jmdn. umarmen

pushtónjës -i *m*, *Pl* – Okkupant *m*, Eroberer *m*, Besatzer *m*

pushtúes -i *m*, *Pl* – = **pushtonjës**

pút|ë -a *f*, *Pl* -a 1. Fußsohle *f*; 2. Socke *f*, Söckchen *n*

pút|ër -ra *f*, *Pl* -ra Fußsohle *f*

puth 14 *tr* küssen; **-et** *refl* sich küssen; **u ~a me të** wir haben uns geküßt

puthadór -i *m*, *Pl* -ë Kriecher *m*, unterwürfiger Mensch *m*, Liebediener *m*

puthít 22 *tr* aneinanderfügen, fest zusammenfügen, genau anpassen; festdrücken, andrücken; einpassen; **-et** *refl* zusammenpassen, fest anliegen; **s'~et dera** die Tür schließt nicht richtig; sich fest anschließen

puthítj|e -a *f* genaues Zusammenpassen *n*; Übereinstimmung *f*; *Math* Kongruenz *f*

puthítsh|ëm (i), -me (e) *Adj* eng anliegend, genau zusammenpassend; übereinstimmend; *Math* kongruent

púthj|e -a *f*, *Pl* -e Küssen *n*; Kuß *m*

puthós 21 *tr* = **puthit**

puthtón 1 *tr* = **puthit**

púthur I. -a (e) *Subst|f*, *Pl* -a (të) Kuß *m*; II. (e) *Adj|f*: **rimë e ~** Reimpaar *n*

pýet 22[1] *tr* 1. fragen; 2. verhören, vernehmen; **-et** *refl*: **atje ai ~et** dort gilt seine Meinung

pýetës I. -i *m*, *Pl* – *alt* Untersuchungsrichter *m*; II. -e *Adj Gramm* Frage-, interrogativ; **përemër ~** Fragepronomen *n*

pýetj|e -a *f*, *Pl* -e Frage *f*; *Jur* **e merr në ~** jmdn. vernehmen, verhören

pyjór, -e *Adj* Wald-

pýk|ë -a *f*, *Pl* -a Keil *m*; *übertr* **~ nga mendja** stumpfsinnig, schwachköpfig, beschränkt

pýlk|ë -a *f*, *Pl* -a = **pykë**

pyll -i *m*, *Pl* pýje Wald *m*; *übertr* **kam hyrë në një ~** ich bin in ein wahres Labyrinth geraten

pyllëzím -i *m*, *Pl* -e Aufforstung *f*; Bewaldung *f*

pyllëzón 1 *tr* aufforsten; bewalden

pyllëzúar (i) *Adj* aufgeforstet; bewaldet

pyllísht|ë -a *f*, *Pl* -a bewaldetes Land *n*, Waldgebiet *n*

pyllnáj|ë -a *f*, *Pl* -a = **pyllishtë**

pyrg -u *m*, *Pl* pýrgje = **pirg**

Q

Qabé -ja *f* Kaaba *f*
qaf 14 *tr* umhalsen, umarmen, jmdm. um den Hals fallen; **-et** *refl* sich umarmen
qafalík -u *m*, *Pl* -ë schmaler Gebirgspaß *m*
qáfas *Adv*: **u rrokën ~** sie umarmten sich, sie fielen sich um den Hals
qafé -ja *f*, *Pl* – dichter Wollschal *m*
qafér|e -ja *f*, *Pl* -e Gebirgspaß *m*
qáf|ë -a *f*, *Pl* -a **1.** Hals *m*; **e rrok në ~** jmdm. um den Hals fallen, jmdn. umhalsen, jmdn. umarmen; **~ më ~** umschlungen; *übertr* **e merr në ~** *od* **e merr më ~** a) jmdm. Schaden zufügen, jmdm. Unannehmlichkeiten einbringen; b) jmdn. zugrunde richten; **të merr në ~** sie betört einen durch ihre Schönheit, sie ist hinreißend schön; **më ra në ~** er hat mich belästigt; **i ka hypur në ~** er hat ihn bezwungen; **e heq ~s** jmdn. davonjagen; **në ~ time** auf meine Verantwortung; **në ~ më paç** a) du bist schuld, daß mir das passiert ist; b) wenn mir was passiert, bist du schuld; **më mbeti në ~** a) er hat mich belästigt, er wurde zudringlich; b) er ging mir nicht von der Pelle, er gab mir keine Ruhe (bis ich seinen Wunsch erfüllte); **2.**: **~ e dorës** Handgelenk *n*; **~ e këmbës** Fußgelenk *n*, Fessel *f*; **~ e këmishës** Hemdkragen *m*; **~ e çorapit** Strumpflänge *f*; **~ e shishes** Flaschenhals *m*; **këpucë me qafa** hohe Schuhe *Pl*, Knöchelschuhe *Pl*, Stiefeletten *Pl*; **3.** *Geol* Paß *m*; **~ mali** Gebirgspaß
qafëgját|ë I. *Adj* mit langem Hals, mit einem Schwanenhals; **II.** -a *Subst/f*: **~ e madhe** Silberreiher *m*; **~ e vogël** Seidenreiher *m*
qafëhóllë *Adj* mit dünnem Hals, mit schlankem Hals
qafëkëpútur *Adj* einer, dessen man überdrüssig ist
qafëkúq, -e *Adj* mit rotem Hals
qafëshkúrtë *Adj* mit kurzem Hals
qafështrémbët *Adj* mit schiefem Hals
qafëtráshë *Adj* mit dickem Hals
qafëthýer *Adj* = qafëkëputur
qáfëz -a *f*, *Pl* -a **1.** Hemdkragen *m*; **2.**: **~ e dorës** Handgelenk *n*; **3.** Jochpolster *n*
qafëzí *Adj/m* = qafëkëputur
qafír -i *m*, *Pl* -ë Ungläubiger *m*, Gottloser *m*
qafón 1 *tr* = qaf
qafór|e -ja *f*, *Pl* -e **1.** Halskette *f*, Halsband *n*; **2.** dichter Wollschal *m*; **3.** Kragen *m*, Hemdkragen; **4.** Kummet *n*, Halsjoch *n*
qafós 21 *tr* Tiere am Hals scheren
qafúk -u *m*, *Pl* -ë = qafalik
qafúr -i *m* Kampfer *m*
qahí -a *f*, *Pl* – *od* -a **1.** Art Weißgebäck *mit Ei bestrichen*; **2.** Art Krautpastete
qamét -i *m*, *Pl* -e **1.** Überschwemmung *f*; Regenguß *m*, Platzregen *m*; **2.** Unglück *n*, Katastrophe *f*; Weltuntergang *m*
qa|n 5 *itr* **1.** weinen; heulen; **~ me ligje** Totenklagen singen; *übertr* **~ më të** gegen jmdn. Klage führen, gegen jmdn. Klage erheben; **më ~ zemra më të** ich hege ihm gegenüber Zweifel, ich mißtraue ihm; **2.** tropfen, tröpfeln; **hardhia ~** die Rebe tränt; lecken, undicht sein; **~ muri** die Wand schwitzt; *tr* einen Toten beklagen, beweinen; *übertr* **e qava atë gjë** das habe ich

schon abgeschrieben, dem trauere ich nicht mehr nach; **s'e qaj këtë** das ist mir gleichgültig, das läßt mich kalt; **i ~ hallin** a) jmdm. sein Leid klagen; b) jmdm. bemitleiden, mit jmdm. mitfühlen; **-het** *refl* klagen, jammern; **i qahet** sich bei jmdm. beklagen; **qahet nga** sich über jmdm. beschweren

qáp|ë -a *f*, *Pl* -a Fußfessel *f für Pferde oder Rinder*

qapón 1 *tr* fangen, fassen, ergreifen

qar -i *m* Vorteil *m*, Gewinn *m*

qaramán I. -i *Subst/m*, *Pl* -ë Heulsuse *f*, Schreihals *m*; II. -e *Adj* weinerlich, viel weinend *(Kind)*

qaramásh I. -i *Subst/m*, *Pl* -ë; II. -e *Adj* = qaraman

qarásh I. -i *Subst/m*, *Pl* -ë; II. -e *Adj* = qaraman

qárë -t (të) *n* Weinen *n*; Klagen *n*; Klagelied *n*

qárj|e -a *f*, *Pl* -e Klage *f*, Beschwerde *f*

qark -u *m*, *Pl* qárqe 1. *Geom* Kreis *m*, Kreisfläche *f*; 2. *Tech* Kreis, Kreislauf *m*; Stromkreis; ~ **elektrik** Stromkreis; ~ **i shkurtër** Kurzschluß *m*; 3. *Verw* Bezirk *m*; ~**u i Beratit** der Bezirk Berat; 4. Kreis, Gruppe *f*; **qarqet zyrtare** die amtlichen Kreise

qarkatón 1 *tr* einkreisen, umgeben; umzingeln, belagern; mit einer Mauer umgeben

qárk|e -ja *f*, *Pl* -e Dickdarm *m der Schlachttiere*

qarkón 1 *tr* = qarkaton

qarkór, -e *Adj* Bezirks-; **komiteti ~** die Bezirksleitung

qarkór|e -ja *f*, *Pl* -e Rundschreiben *n*, Zirkular *n*

qárkull -i *m*, *Pl* qárkuj = qark

qarkullím -i *m* Umlauf *m*, Zirkulation *f*; Verkehr *m*; ~ **i pares** Geldumlauf *m*; ~ **i gjakut** Blutzirkulation; ~ **i automjeteve** Autoverkehr; ~ **bujqësor** Saatfolge *f*, Fruchtfolge *f*; **ve në ~** in Umlauf setzen; **heq nga ~ i** aus dem Verkehr ziehen, außer Kurs setzen; **del në ~** *od* **vihet në ~** erscheinen, in Umlauf gelangen

qarkullón 1 *itr* zirkulieren, umlaufen; sich in Umlauf befinden, kursieren; verkehren

qarkullúes, -e *Adj* in Umlauf befindlich, im Verkehr befindlich; **monedha ~e** im Umlauf befindliche Münzen

qártas *Adv* klar, deutlich

qártazi *Adv* = qartas

¹**qárt|ë** -a *f*, *Pl* -a Streit *m*, Zank *m*

²**qártë** (i) *Adj* klar, deutlich, unmißverständlich; **s'e kam të ~** das ist mir nicht klar

qartësí -a *f* Klarheit *f*, Deutlichkeit *f*

qarr -i *m*, *Pl* -a 1. Zerreiche *f*; ~ **i kuq** Mazedonische Eiche *f*; 2. Zerreichenwald *m*

qas 21 *tr* 1. annähern, annehmen, hereinlassen, empfangen; 2. entfernen; **-et** *refl* 1. sich nähern, näherkommen; ~**u më këtej** komm näher heran!; 2. sich entfernen; ~**u mënjanë!** geh zur Seite!

qás|e -ja *f*, *Pl* -e *od* **qasé** -ja *f*, *Pl* – *Getreidemaß von 40 kg*; tiefe Schüssel *f*

qásët (i) *Adj* abgelegen

qatý *Adv* ebendort; ~ **pari** 1. dort in der Nähe; 2. so ungefähr

qaz -i *m*, *Pl* -ë Backglocke *f*

qázhn|ë -a *f*, *Pl* -a grober, weißer Wollstoff *m*

¹**qe** 54 *Aor* → është

²**qe** *Pl* → ²ka

³**qe** *Interj* sieh da!; da!

qebáp -i *m*, *Pl* -e *am Spieß gebratenes Fleisch*, Braten *m*; Art Hackbraten

qebaptór|e -ja *f*, *Pl* -e Garküche *f*

qedér -i *m*, *Pl* -e Schaden *m*; Trauer

f, Kummer *m*, Betrübnis *f*; Leid *n*, Schmerz *m*
qederóset 21 *refl* großen Kummer erfahren, von Leid betroffen werden
qefíl -i *m*, *Pl* -ë *od* -a Garant *m*, Bürge *m*; **hyn** ~ bürgen
qeft -i *m*, *Pl* -e Trinkglas *n*, Trinkbecher *m*
qéfull -i *m*, *Pl* qéfuj Meeräsche *f*, Harder *m*
qehajá -i *m*, *Pl* -llárë *alt* Gutsverwalter *m*, Güterverwalter *m eines Beis oder Agas*
qehlibár -i *m* Bernstein *m*
qehlibártë (i) *Adj* aus Bernstein, Bernstein-
qejf -i *m*, *Pl* -e Vergnügen *n*, Freude *f*, Spaß *m*; **bën** ~ sich amüsieren, sich vergnügen; **ai është shumë pas** ~ **eve** er amüsiert sich gern, er jagt dem Vergnügen nach; Wohlbehagen *n*, Befriedigung *f*; Lust *f*; Wunsch *m*, Gefallen *m*; **ia bën** ~ **in** er tut ihm den Gefallen, er macht ihm die Freude; **i prishi** ~ **in** er hat ihm die Laune verdorben; **me gjithë** ~ mit Vergnügen, sehr gern; **ka** ~ gern mögen, Lust haben; **s'ka** ~ er hat keine Lust; **s'ka** ~ **për të ngrënë** er hat keinen Appetit; **është me** ~ er ist in Stimmung, er ist gut aufgelegt; **është pa** ~ a) er ist unpäßlich; b) er ist nicht in Stimmung; **për** ~ **in tënd** deinetwegen, dir zuliebe; **më mbeti** ~ **i** a) ich bin beleidigt; b) es ärgert mich
qejflí I. -u *Subst/m*, *Pl* -nj Liebhaber *m*, leidenschaftlicher Anhänger *m*; **II.** *Adj* passioniert, -liebhaber; ~ **kafeje** Kaffeeliebhaber *m*, leidenschaftlicher Kaffeetrinker *m*; ~ **pas muzikës** Musikliebhaber *m*; ~ **gjuetie** ein Freund der Jagd, ein passionierter Jäger; fröhlich
qéjz|ë -a *f*, *Pl* -a 1. Niednagel *m*; 2. Splitter *m in der Haut*

qek 14³ *tr* erwähnen, zitieren
qel -i *m*, *Pl* -a Grindkopf *m*
qelb I. -i *Subst/m*, *Pl* -ra Eiter *m*; **II.** 14 *tr* mit Gestank erfüllen, verpesten; zum Faulen bringen, verrotten lassen; beschmutzen; **-et** *refl* stinken, übel riechen; verwesen, faulen
qelbáç I. -e *Adj* stinkend, stinkig, übelriechend; **II.** -i *Subst/m*, *Pl* -ë Stinkender *m*; *übertr* Stinktier *n*, Mistfink *m*
qelbaník I. -e *Adj*; **II.** -u *Subst/m*, *Pl* -ë = **qelbaç**
qelbásh I. -i *Subst/m*, *Pl* -ë; **II.** -e *Adj* = **qelbaç**
qélbës -i *m*, *Pl* – 1. Iltis *m*; 2. Terebinthenpistazie *f*
qelbësír|ë -a *f*, *Pl* -a Stinkendes *n*, stinkende Masse *f*; Fäulnis *f*; *übertr* stinkender Kerl *m*, Stinktier *n*, Mistfink *m*
qelbësó|n 1 *tr* = **qelb II.**
qélbët (i) *Adj* = i **qelbur**
qelbëzó|n 1 *itr*; **-het** *refl* eitern
qélbur (i) *Adj* 1. stinkend, übelriechend; eiternd; 2. faul, verfault; 3. schmutzig
qelepír -i *m* kostenloses Essen und Trinken; **ha** ~ umsonst essen, nassauern
qelepirxhí -u *m*, *Pl* – *od* -nj *übertr* Nassauer *m*
qelér -i *m*, *Pl* -ë Keller *m*; Vorratsraum *m*
qelésh|e -ja *f*, *Pl* -e weißer Fes *m*, weiße Filzkappe *f als Teil der albanischen Männertracht*
qeleshepunúes -i *m*, *Pl* – = **qeleshexhi**
qeleshexhí -u *m*, *Pl* – *od* -nj Hersteller der → **qeleshe**, Filzkappenhersteller *m*
qél|ë -a *f*, *Pl* -a *Haus des Priesters*
qélëz -a *f*, *Pl* -a *Biol* Zelle *f*; Wabenzelle *f*
qelí -a *f*, *Pl* – 1. Zelle *f*; Einzelzelle;

qelibár Klosterzelle; **2.** Verschlag *m im Keller*
qelibár -i *m* = qehlibar
qelibártë (i) *Adj* = i qehlibartë
qelíz|ë -a *f, Pl* -a *Biol* Zelle *f*
qelizór, -e *Adj* Zellen-, Zell-
qelq -i *m, Pl* -e **1.** Glas *n*; ~ **flint** Flintglas; ~ **zmadhues** Vergrößerungsglas; **2.** Glas, Trinkglas
qélq|e -ja *f, Pl* -e Glas *n*, Trinkglas
qélqtë (i) *Adj* gläsern, Glas-; **kupë e** ~ Glasbecher *m*
qelquórina -t *Pl* Gläser *Pl*; Glaswaren *Pl*
qell 14[1] *tr* jmdn. aufhalten; **-et** *refl* sich verspäten, zu spät kommen
qéllë -t (të) *n* Verspätung *f*
qem -i *m* Weihrauch *m*
qemál|e -ja *f, Pl* -e = qemane
qemán|e -ia *f, Pl* -e Geige *f*
qemér -i *m, Pl* -ë **1.** steinerner Bogen *m*; Türbogen *m*; Brückenbogen *m*; Gewölbe *n*; ~ **kryq** Kreuzgewölbe; ~ **kupole** Kuppelgewölbe; ~ **i këmbës** Fußhöhle *f; übertr* **del** ~ **it** vom rechten Weg abkommen, auf die schiefe Bahn geraten; **2.** breiter Ledergürtel *m zur Aufbewahrung von Geld*; silberner oder vergoldeter Ziergürtel *m der Braut*, Brautgürtel *m*
qém|ër -ra *f, Pl* -ra Schlangenbewegung *f*
qemëzón 1 *tr* = qemos
qemós 21 *tr* mit Weihrauch beräuchern
qen -i *m, Pl* – *od* -ër Hund *m*; ~ **stani** Hirtenhund; ~ **hekurash** Kettenhund; *übertr* ~ **i i** ~ **it!** Hundesohn!; **kujto** ~ **in, bëj gati shkopin** wenn man vom Teufel spricht, ist er nicht weit; ~ **e shpend** groß und klein; **për dhjamë** ~ **i** a) für einen Pappenstiel; b) für die Katz
qenár -i *m, Pl* -ë Rand *m*, Seite *f*; Rain *m*; Marge *f*, Rand *eines beschriebenen Blattes*; ~ **i cohës** Stoffkante *f*
qénçe *Adv* = qenërisht
qénd|ër -ra *f, Pl* -ra Mitte *f*, Mittelpunkt *m*, Zentrum *n*; ~ **e gravitetit** Gravitationszentrum; ~ **studimesh** Forschungszentrum; Zentrale *f*
qendëríkës, -e *Adj* zentrifugal
qendërsynúes, -e *Adj* zentripetal
qendís 21 *tr, itr* sticken
qendrór I. -i *Subst*/*m, Pl* -ë Zentrale *f einer Partei usw.*; **II.** -e *Adj* Zentral-, zentral; **Komiteti Qendror** das Zentralkomitee; Haupt-; **rrugë** ~ **e** Hauptstraße *f*, Magistrale *f*
qénë I. -t (të) *Subst*/*n* Sein *n*, Existenz *f*; **të** ~ **t shoqëror** das gesellschaftliche Sein; **II.** 54 *Part* → **është**
qenërí -a *f* **1.** alle Hunde *Pl*; **ulërijnë** ~ **a** die Hunde jaulen; Meute *f von Hunden*; **2.** Gemeinheit *f*, Schweinerei *f*
qenërísht *Adv* wie ein Hund, wie die Hunde; **rron** ~ er lebt wie ein Hund; grob, unhöflich; verbissen; **luftuan** ~ sie kämpften verbissen
qenësí -a *f* Wesen *n*, das Wesentliche
qenësór, -e *Adj* wesentlich, grundlegend, Kern-
qénëz -a *f, Pl* -a **1.** Niednagel *m*; **2.** Splitter *m in der Haut*
qéng|ël -la *f, Pl* -la Bauchriemen *m der Tiere*
qengj -i *m, Pl* -a *od* shqërra *od* shtjérra Lamm *n*, Lämmchen *n*; *übertr* zartes Kind *n*; gutmütiger Mensch *m*
qéngj|ë -a *f, Pl* -a Bienenkorb *m*, Bienenstock *m*
qéni|e -a *f, Pl* -e **1.** Sein *n*, Existenz *f*; **2.** das Existierende; lebendes Wesen *n*; **3.** Anwesenheit *f*, Aufenthalt *m*
qen-újk -u *m, Pl* qen-újq Schäferhund *m*
[1]**qep** -i *m, Pl* -a **1.** Schnabel *m*; *übertr* Mund *m*; **iu çel** ~ **i** endlich

hat er den Mund aufgemacht; **2.** Hammer *m zum Behauen des Mühlsteins*

²**qep** 14 *tr* **1.** nähen, zusammennähen; *übertr* ~ **sytë** die Augen auf etw. heften; ~ **gojën** *od* ~ **buzën** den Mund halten; **2.** fassen, ergreifen; -**et** *refl* **1.** *seine Kleider nähen;* *übertr* **iu** ~**ën sytë** ihm fielen die Augen zu; **2.** sich in die Haare geraten, in Streit geraten; **3.** hinaufklettern, hinaufgehen; **4. i** ~**et** sich an jmdn. heften, sich jmdm. aufdrängen

qepáll|ë -a *f*, *Pl* -a **1.** Lid *n*, Augenlid; **2.** Wimper *f*

qepáze *Adj*: **u bëmë** ~ wir sind blamiert, wir sind bloßgestellt

qepç, -**e** *Adj* dornig, mit Dornenspitzen

qepéng -u *m*, *Pl* -a *Laden aus Brettern; Verschluß aus Brettern oder Eisen, um das Geschäft auf dem Basar zu verschließen;* Falltür *f*, Luke *f*

qép|e -a *f*, *Pl* -ë Zwiebel *f*; ~ **e detit** Meerzwiebel

qép|ër -ra *f*, *Pl* -ra Dachsparren *m*, Sparre *f*

qepëróhet 1 *refl* sich streiten, sich zanken, sich raufen

qepërón 1 *tr* Dach mit Sparren versehen

qepërós 21 *tr* = **qepëron**

qépës I. -**i** *Subst*/*m*, *Pl* – Schneider *m*; **II.** -**e** *Adj* Näh-; **makinë** ~ **e** Nähmaschine *f*

qépës|e -ja *f*, *Pl* -e Näherin *f*; Schneiderin *f*

qepgjir -i *m*, *Pl* -ë Schaumlöffel *m*

qépj|e -a *f* Nähen *n*, Näherei *f*

qepón 1 *tr* nach jmdm. werfen, etw. bewerfen *mit Steinen oder Holz*

qepór|e -ja *f* Schmelz *m*, Glasur *f*

qeprát|ë -a *f*, *Pl* -a *Bauw* Binder *m*, Dachbalken *m*

qepshé -ja *f*, *Pl* – **1.** Schöpflöffel *m*, Kelle *f*; **2.** Verbindungspflock *m zwischen Deichsel und Joch*

qepújk|ë -a *f*, *Pl* -a Steckzwiebel; Zwiebel *f als Pflanzenteil*

qepúl|e -ja *f*, *Pl* -e = **qepujkë**

qépur -a (e) *f*, *Pl* -a (të) Naht *f*

qepúshk|ë -a *f*, *Pl* -a = **qepujkë**

qer -i *m*, *Pl* -e rundes Nudelbrett *n*, Teigbrett *n*; Brotbrett *n*

qeramídh|e -ja *f*, *Pl* -e Ziegel *m*

qeramík|ë -a *f* Keramik *f*

qerás 21 *tr* = **qiras**

qér|e -ja *f* Kopfgrind *m*

qeréç -i *m* Mörtel *m*

qeresté -ja *f*, *Pl* – Bauholz *n*

qerestexhí -u *m*, *Pl* – *od* -nj Holzhändler *m*

qerm -i *m*, *Pl* -e erhöhter Teil *der Feuerstelle, wo das Brennholz liegt*; erhöhter Feldrain *m*; ~ **i pusit** Brunneneinfassung *f*

qerós -i *m*, *Pl* -ë *od* -a Grindkopf *m in albanischen Märchen*

qeróset 21 *refl* Kopfgrind bekommen

qerós|ë -a *f* – **qerc**

qerpí -a *f* Lot *n*, Senkwaage *f*

qerpíç -i *m*, *Pl* -ë *od* -a luftgetrockneter Ziegel *m*, Lehmziegel

qerpík -u *m*, *Pl* -ë Wimper *f*

qérs|ë -a *f*, *Pl* -a Brachland *n*

qershí -a *f*, *Pl* – Kirschbaum *m*; Kirsche *f*, Süßkirsche *f*; ~ **e egër** Weichselkirsche *f*; ~ **toke** Heidelbeere *f*

qershór -i *m* Juni *m*

qershór|e -ja *f*, *Pl* -e Klarapfel *m*

qerth -i *m* kleines Nudelbrett *n*

qérthull I. -**i** *Subst*/*m*, *Pl* **qérthuj** Garnwinde *f*, Haspel *f*; **II.** *Adv* ringsum, ringsherum

qerthullím -i *m* Drehen *n*; Drehung *f*; Umringen *n*

qerthullón 1 *tr* umringen, umgeben; umkreisen

qerr -i *m*, *Pl* -e = **qerre**

qerratá -i *m*, *Pl* qerraténj Schlaukopf *m*, listiger Mensch *m*, Fuchs *m*

qerratallék -u *m*, *Pl* qerratalléqe Hinterlist *f*, Heuchelei *f*; **me ~** mit Hintergedanken

qerraxhí -u *m*, *Pl* – *od* -nj Stellmacher *m*, Wagner *m*

qérr|e -ja *f*, *Pl* -e Wagen *m*; Karren *m*; **~ dore** Handwagen; *Astron* **Qerrja e Madhe** der Große Wagen; **Qerrja e Vogël** der Kleine Wagen

qerrtár -i *m*, *Pl* -ë Kutscher *m*, Fuhrmann *m*

qesár -i *m* Fluch *m*; Sünde *f*

¹qesát 22¹ *tr Zweige* absägen, *Äste* aussägen

²qesát -i *m*, *Pl* -e wirtschaftliche Krise *f*; Not *f*, Mangel *m*; Notzeit *f*; Hungersnot *f*

qesatllék -u *m*, *Pl* -ë *od* **qesatlléqe** wirtschaftliche Krise *f*

qés|e -ja *f*, *Pl* -e 1. Beutel *m*; Geldbeutel; Tabaksbeutel; *übertr* **tunde ~ n!** gib einen aus!, spendier etwas!; **qesja e ujit** die Harnblase; 2. *alt Summe von* 500 → **grosh**

qesemér -i *m*, *Pl* -e Pinzette *f des Uhrmachers*

qesér -i *m*, *Pl* -ë aushöhlendes Breitbeil *n*

qeséndí -a *f*, *Pl* – Spott *m*, Hohn *m*; Hänselei *f*

qeséndís 21 *tr, itr* spotten; jmdn. verspotten, auslachen, lächerlich machen

qeséndísës, -e *Adj* spottend; ironisch

qeséndísj|e -a *f* 1. Verspottung *f*, Verspotten *n*; 2. Spott *m*, Hohn *m*; Ironie *f*

qésk|ë -a *f*, *Pl* -a Beutelchen *n*

qést|e -ja *f*, *Pl* -e *lyraähnliches Saiteninstrument*

qesh 14² *itr* 1. lachen; **i ~ fytyra** er hat gute Laune, er ist fröhlich, er strahlt übers ganze Gesicht; 2. *tr* auslachen, verlachen; 3. belügen, betrügen; **-et** *refl*: **më ~et** ich muß lachen, mir ist zum Lachen

qesharák, -e *Adj* lächerlich, lachhaft; **bëhet ~** sich lächerlich machen

qéshë 54 *1. Pers Sg Aor* → **është**

qésh|ër -ra *f*, *Pl* -ra Dachlatte *f*

qéshj|e -a *f* Lachen *n*; Lächeln *n*

qeshqék -u *m* Art Graupensuppe

qéshur I. (i) *Adj* lachend; fröhlich, heiter; II. -it (të) *Subst/n* Lachen *n*, Gelächter *n*; **ia dha të ~it** er begann zu lachen

qeshurí -a *f* komische Sache *f*

qétas *Adv* ruhig

qetásh *Adv* sofort, augenblicklich

qétazi *Adv* = **qetas**

¹qét|ë -a *f*, *Pl* -a gezackter Fels *m*; Felsabhang *m*

²qétë (i) *Adj* ruhig, unbeweglich; ruhig, still; ruhig, beruhigt

qétës, -e *Adj* scheinheilig, tückisch, heimtückisch

qetësí -a *f* Ruhe *f*, Unbeweglichkeit *f*; Ruhe, Stille *f*; **ka ~** es herrscht Ruhe; Ruhe, Ausgeglichenheit *f*; **~ e shpirtit** Seelenfrieden *m*, seelische Ruhe; **jeton në ~** in Ruhe leben

qetësím -i *m* 1. Beruhigung *f*; 2. Beschwichtigung *f*, Besänftigung *f*; 3. Nachlassen *n*, Abflauen *n*

qetësísht *Adv* ruhig, still

qetësó|n 1 *tr* die Ruhe wiederherstellen; beruhigen, besänftigen; **-het** *refl* Ruhe finden, sich beruhigen; **qetësohu!** *Mil* rührt euch!

qetësúes, -e *Adj* beruhigend; lindernd

qetí -a *f* = **qetësi**

qetón 1 *tr* = **qetëson**

qétthi (së) *Adv* ruhig, still; heimlich

qeth 14 *tr Haare* schneiden; *Schafe* scheren; *übertr eine Summe* kürzen, *einen Kredit* beschneiden; **-et** *refl* sich die Haare schneiden lassen

qethár -i *m*, *Pl* -ë Schafscherer *m*, Scherer *m*

qéth|ë -a *f* Schafscheren *n*, Schur *f*

qéthj|e -a *f* Scheren *n*; Schafschur *f*

qéthur I. (i) *Adj* geschnitten *(Haare)*; geschoren; **II.** -it (të) *Subst/n* Schafschur *f*

qeverí -a *f*, *Pl* – 1. Regierung *f*; 2. Ordnung *f*, Regime *n*; 3. Diät *f*, Krankenkost *f*; 4. *alt* Geschenk *n* in Form von Lebensmitteln

qeverím -i *m*, *Pl* -e Regieren *n*, Regierung *f*, Regierungsweise *f*

qeverís 21 *tr* 1. regieren, die Macht ausüben; Macht haben über; 2. *Haushalt* besorgen, in Ordnung halten; regeln; 3. *Kranke* versorgen, pflegen

qeveritár I. -i *Subst/m*, *Pl* -ë Regierender *m*; **II.** -e *Adj* Regierungs-; **organet** ~ e die Regierungsstellen

qezáp -i *m* Salzsäure *f*; Salpetersäure *f des Goldschmieds*

qéz|ë -a *f*, *Pl* -ë Brotschieber *m*

qéz|ër -ri *m*, *Pl* -ra Eckzahn *m*, Augenzahn *m*

¹**që** -ri *m* rundes Nudelbrett *n*, Teigbrett *n*

²**që** 1. *Gramm Partikel zur Bildung von Adverbialbestimmungen* seit; schon, bereits; von...(bis); von... an; ~ **vjet** seit vorigem Jahr, schon im vergangenen Jahr; ~ **dje** seit gestern, bereits gestern; ~ **tani** von jetzt an, von nun an, schon jetzt; ~ **sot** *od* ~ **sot e tutje** *od* ~ **sot e tej** von heute an; ~ **herën e parë** vom ersten Mal an, schon beim ersten Mal; ~ **më parë** schon im voraus, bereits vorher; **është i sëmurë** ~ **prej dy javësh** er ist seit zwei Wochen krank; ~ **nga** *(mit Nom)*; ~ **nga ajo kohë** seit jener Zeit; ~ **nga djepi gjer te varri** von der Wiege bis zum Grabe; ~ **në të ritë tim** seit meiner Jugend, schon in meiner Jugend; ~ **në fillim** von Anfang an, gleich zu Beginn; ~ **më dy të prillit** seit dem zweiten April; ~ **më natë** schon vom frühesten Morgen an, noch zur Nachtzeit; ~ **nga vjen?** woher kommst du?; ~ **nga Vlora (e) gjer në Tepelenë** *od* ~ **në Vlorë e Tepelenë** von Vlora nach Tepelena; 2. *Part zur Bildung der Konjunktion* ~ **kur** seitdem; ~ **kur ra dëborë u ftoh** seitdem es geschneit hat, ist es kalt geworden; 3. *mit Zahlwörtern zur Verstärkung* alle; **shkuan** ~ **të katër** alle vier sind weggegangen; **erdhën** ~ **të dy** alle beide sind gekommen

³**që** *Konj* 1. daß; **e di** ~ **ti nuk rren** ich weiß, daß du nicht lügst; 2. wenn *(Bedingung)*; **është mirë** ~ **të ndodhësh edhe ti atje** es wäre gut, wenn auch du dort wärest; 3. daß, damit *(Zweck)*; **nder këmishët** ~ **të thahen!** breite die Hemden aus, damit sie trocknen!; 4.: **sa** ~ so daß, daß *(Folge)*; 5.: **sado** ~ so sehr auch, obgleich, obwohl; **sido** ~ **të jetë** wie dem auch sei; **kudo** ~ wo auch, wo immer; wohin auch, wohin immer; **nga** ~ *od* **me** ~ da, weil

⁴**që** *Rel Pron* der, welcher; die, welche; das, welches; **shoku** ~ **erdhi** der Kollege, der kam; **e këndova librin** ~ **më dërgove** ich habe das Buch gelesen, das du mir geschickt hast; **ai** ~ **i fole ti është miku im** derjenige, mit dem du gesprochen hast, ist mein Freund; in dem; zu dem; **kohën** ~ **flinin** zur Zeit, da sie schliefen; **atje** ~ **do të vesh** dort, wohin du gehen wirst

qëkúr *Adv* längst, vor langem; **ka** ~ **kjo punë** das ist lange her;

seit langem; **kam ~ që po të pres** ich warte schon lange auf dich
qëkursé *Konj* seitdem, seit
qëkúrsh|ëm (i), -me (e) *Adj* vor langer Zeit geschehen; damalig, einstig
qëkúrthi *Adv* = qëkur
qëllát|ë -a *f* Aufmerksamkeit *f*, Sorgfalt *f*
qëllím -i *m*, *Pl* -e Ziel *n*, Absicht *f*, Zweck *m*; **ia arriti ~it** er hat sein Ziel erreicht; **me ~** a) absichtlich; b) mit der Absicht, mit dem Ziel; c) wenn es geschieht, wenn es sich trifft
qëllimísht *Adv* = qëllímthi
qëllímthi *Adv* absichtlich, mit Absicht
qëllón 1 *itr* sich zufällig befinden; **qëllova aty** ich war zufällig dort; **a të qëllojnë 100 lekë në xhep?** hast du zufällig 100 Lek bei dir?; sich zufällig ereignen, sich zutragen; *tr* 1. schlagen, treffen; auf jmdn. oder etw. zielen; 2. erlangen, erreichen, erwischen; *übertr* **s'ia qëllove kësaj pune** du bist der Sache nicht beigekommen, die Arbeit ist dir nicht (gut) gelungen
qëmóti *Adv* früher, einst, in alten Zeiten
qëmótsh|ëm (i), -me (e) *Adj* ehemalig, früher, alt
qëmtón 1 *tr* sammeln, aufsammeln, auflesen
qëndím|ë -a *f*, *Pl* -a Stickerei *f*, gestickte Arbeit *f*
qëndís 21 *tr*, *itr* sticken; *übertr* **i ~a një letër** ich schrieb ihm einen ausgefeilten Brief
qëndísj|e -a *f* Sticken *n*; Stickerei *f*
qëndistár -i *m*, *Pl* -ë Sticker *m*
qëndistár|e -ja *f*, *Pl* -e Stickerin *f*
qëndrák, -e *Adj* standhaft, fest, unerschütterlich
qëndrés|ë -a *f* 1. Widerstand *m*; 2. Standhaftigkeit *f*, Festigkeit *f*;

Widerstandsfähigkeit *f*; *Tech* Festigkeit *f*, Stabilität *f*; 3. *Mil*: **pikë qëndrese** Stützpunkt *m*
qëndrím -i *m*, *Pl* -e 1. Stellung *f*, Lage *f*; 2. Haltung *f*, Verhalten *n*; **~ politik** politische Haltung, politisches Verhalten; **~ i mirë** eine gute Haltung; 3. Aufenthalt *m*, Verweilen *n*
qëndrón 1 *itr* 1. anhalten, haltmachen, stehenbleiben; 2. verweilen, sich aufhalten; bleiben; 3. halten, haltbar sein, fest stehen; **ky mur s'~** diese Wand hält nicht mehr; 4. stehen; sitzen; **s'~ dot më këmbë** er kann sich nicht mehr auf den Beinen halten; **~te në karrige** er saß auf dem Stuhl; **nuk mund të ~te pa lëvizur** er konnte nicht still sitzen; 5. widerstehen; standhaft sein; Widerstand leisten; etw. überwinden; 6. sich halten an, bleiben bei, stehen zu; **i ~ fjalës** er steht zu seinem Wort; **ai ~ në mendimin e parë** er beharrt auf seiner vorherigen Meinung; 7. sich verhalten, eine Haltung zeigen; **si ~ ai?** welche Haltung zeigt er?, wie ist seine Haltung?; 8. sich verhalten, stehen; **kjo ~ në faktin ...** das besteht in der Tatsache..., das besteht darin...; **si ~ kjo punë?** wie steht es um diese Sache?; 9. *tr* anhalten, zum Halten bringen, stoppen
qëndrór I. -i *Subst/m*, *Pl* -ë; II. -e *Adj* = qendror
qëndrúesh|ëm (i), -me (e) *Adj* 1. beharrlich; standhaft; beständig; zuverlässig; 2. widerstandsfähig; fest, stabil; 3. lang andauernd, dauerhaft
qëndrueshmërí -a *f* 1. Beharrlichkeit *f*; Standhaftigkeit *f*; Beständigkeit *f*, Zuverlässigkeit *f*; 2. Widerstandsfähigkeit *f*; Festig-

keit *f*, Stabilität *f*; **3.** Dauerhaftigkeit *f*

qënë 54 *Part* → **është**

qëpárë *Adv* = **qëpari**

qëpári *Adv* kurz zuvor; vor kurzem, vorhin

qëpársh|ëm (i), -me (e) *Adj* kurz zuvor geschehen; vor kurzem erfolgt

qërím -i *m* Reinigung *f*, Reinigen *n*; Ausästen *n*; Schälen *n*

qëró|n 1 *tr* reinigen; auslesen; ~ **grurin** das Getreide reinigen; *Bäume* ausästen, aufästen; *Früchte* schälen; ~ **kanalin** den Kanal ausbaggern; **era e qëroi kohën** der Wind vertrieb die Wolken; ~ **hesapin** die Rechnung begleichen; *übertr* **e qëruan** sie brachten ihn um; **-het** *refl* sich reinigen lassen; sich schälen lassen; **portokalli qërohet kollaj** die Apfelsine läßt sich leicht schälen; *übertr* **qërohu!** pack dich!, hau ab!, scher dich weg!

qërtím -i *m*, *Pl* -e Mißbilligung *f*, Tadeln *n*; Tadel *m*, Zurechtweisung *f*

qërtó|n 1 *tr* tadeln, zurechtweisen; **-het** *refl* (me) sich mit jmdm. streiten, mit jmdm. einen Wortwechsel haben

qërúar (i) *Adj* **1.** gereinigt; verlesen; geschält; ausgeästet; **2.** rein, sauber, klar

qíell -i *m*, *Pl* qíej Himmel *m*, Firmament *n*; **bojë ~ i** himmelblau; *übertr* **e ngre në** ~ jmdn. in den Himmel heben, etw. über alle Maßen loben; **as në ~ as në dhe** in der Luft (hängend), in der Schwebe

qiellór, -e *Adj* Himmels-, himmlisch; **trupat ~ë** die Himmelskörper

qíellz|ë -a *f* **1.** *Anat* Gaumen *m*; **2.** Wölbung *f*, Bogen *m*, Kuppel *f*; **~ e derës** Torbogen

qiellzór|e -ja *f*, *Pl* -e *Gramm* Gaumenlaut *m*, Palatal *m*

qift -i *m*, *Pl* -ë Roter Milan *m*

qík|ël -la *f*, *Pl* -la Spitze *f*; Bergspitze, Gipfel *m*

qikëlósh, -e *Adj* spitzig, spitz

qilár -i *m*, *Pl* -e *od* -ë Keller *m*, Vorratsraum *m*

qilím -i *m*, *Pl* -e *od* -a Teppich *m*, Kelim *m*

qilízm|ë -a *f* Neuland *n*, Neubruch *m*; **hap ~** Neuland gewinnen, neues Ackerland erschließen

qill|ë -a *f*, *Pl* -ë *Getreidemaß von 84 kg*

qim|e -ja *f*, *Pl* -e **1.** einzelnes Haar *n*, Körperhaar *n*; **-e** *Pl* Haare *Pl*, Haar *n*; Fell *n*; Strich *m* *auf Stoffen*; Anrauhung *f*; *übertr* **për një ~** *od* **për ~sh** um ein Haar; **kërkon ~ në vezë** er sucht ein Haar in der Suppe; **as një ~** nicht die Bohne, überhaupt nichts; **e ndan ~ n dysh** *od* **e ndan ~ n katërsh** er ist außerordentlich scharfsinnig; **s'e nxjerr ~ n nga qulli** er ist ungeeignet, er ist untauglich, er taugt nichts; **2.** fadendünner, im Wasser lebender Wurm *m*; **3.** Gangrän *f*; **~ e gjallë** a) Art Insekt; b) gefährlicher Mensch *m*, heimlicher Feind; c) Gangrän *f*; **4.**: **~ e sahatit** Spiralfeder *f*, Feder *f der Uhr*

qimekúq, -e *Adj* rothaarig; mit rötlichem Fell

qimevérdhë *Adj* blond; falb, mit gelblichem Fell

qime|zí, -zézë *Adj* schwarzhaarig; mit schwarzem Fell

qímëz -a *f* Leberegelseuche *f*

qimnón -i *m* Kümmel *m*

qimtón 1 *unpers* schneien *(in feinen Flocken)*

qin 6 *tr vulg* beschlafen

qind -i *m*, *Pl* -a *od* -ra Hundert *f*; **sa për ~** wieviel Prozent?; ~

për ~ hundertprozentig, vollständig; me ~ ra zu Hunderten, in Massen; *übertr* ia punoi ~ in er hat ihm die Flausen ausgetrieben
qindár|e -ja *f* Flüssigkeitsmaß von 350 cm³
qindárk|ë -a *f*, *Pl* -a Qindarka *f* *(albanische Währungseinheit, hundertster Teil eines → Lek)*
qíndësh|e -ja *f*, *Pl* -e **1.** Hunderter *m*, Hundertlekschein *m*; **2.** Gefäß, das 100 g oder 100 cm³ faßt
qindvjetór -i *m*, *Pl* -ë Hundertjahrfeier *f*, hundertster Jahrestag *m*, hundertjähriges Jubiläum *n*
qíng|ël -la *f*, *Pl* -la Bauchgurt *m* der Lasttiere
qingj -i *m*, *Pl* -a Lamm *n*
qingjé -ja *f*, *Pl* – = qingël
qinosiár -i *m*, *Pl* -ë = përzitës
qip -i *m*, *Pl* -e Schnabel *m*
qiparís -i *m*, *Pl* -e Zypresse *f*
qipí -a *f*, *Pl* – Feime *f*, Schober *m*; ~ me bar Heuschober
qipriót I. -e *Adj* zypriotisch, Zypern-; II. -i *Subst*/*m*, *Pl* -ë Zypriot *m*
Qípro -ja *f* Zypern *n*
qipshte *Pl* → kopsht
qíq|ër -ra *f*, *Pl* -ra Kichererbse *f*
qiqërvíq|ër -ra *f*, *Pl* -ra = qiqiriq
qiqiríq -i *m*, *Pl* -e Erdnuß *f*; Erdnußpflanze *f*, Erdnußstaude *f*
qirá -ja *f*, *Pl* – Miete *f*; Mietgeld *n*; Fracht *f*, Frachtgeld *n*; **nuk e vlen barra** ~ në es lohnt nicht die Mühe
qiradhénës -i *m*, *Pl* – Vermieter *m*
qiramárrës -i *m*, *Pl* – Mieter *m*
qirás 21 *tr* **1.** jmdn. freihalten, jmdm. etw. spendieren, jmdn. in ein Lokal einladen und für ihn bezahlen; **2.** jmdn. mit Getränken oder Süßigkeiten bewirten
qiraxhí -u *m*,° *Pl* – *od* -nj **1.** Pferdevermieter *m*; Fuhrmann *m*; **2.** Mieter *m*
qirí -u *m*, *Pl* -nj **1.** Kerze *f*, Licht *n*; *übertr* i rri ~ er steht ehrerbietig vor ihm; **ta këkosh me** ~ **s'e gjen** so einen kannst du lange suchen; **2.** *Tech* Kerze; *El* Kerze *(Maßeinheit)*
qiríç -i *m* Art Klebstoff
qiríthi *Adv* auf den Hinterbeinen stehend *(Tiere)*
qit 22 *tr* **1.** herausziehen, herausreißen, ziehen; ~ **i shpatën** er zog das Schwert; ~ **një dhëmbë** einen Zahn ziehen; ~ **prej zemre** aus dem Herzen verbannen, vergessen; **2.**: ~ **jashtë** hinauswerfen; **më** ~ **i gjumin** er hat mich aus dem Schlaf gerissen, er hat mir den Schlaf geraubt; ~ **e se s'duhet!** wirf es weg, denn wir brauchen es nicht!; **3.** hervorbringen; herausholen; ~ **gjak** Blut spucken; **sa dhjamë** ~ **i kau?** wieviel Fett hat der Ochse gehabt?; ergeben, erzeugen; **nga panxhari** ~ **im sheqer** aus der Zuckerrübe gewinnen wir Zucker; Nutzen ziehen; **4.** herausbringen, verbreiten; in Umlauf setzen; ~ **për fushë** an die Öffentlichkeit bringen, offenkundig machen; **monedha të** ~ **ura nga Banka Kombëtare** von der Nationalbank ausgegebene Münzen; **5.** hineintun, dazutun; **i** ~ **i pak sheqer kafesë** er hat ein wenig Zucker in den Kaffee gegeben; **6.** schießen; ~ **pushkë** mit dem Gewehr schießen; **7.**: **e** ~ **i në krye** er hat es geschafft, er hat es zuwege gebracht, er hat es zu Ende geführt; **8.**: **ku të** ~ **kjo rrugë?** wohin führt dich die Reise?, wohin des Wegs?; **e** ~ **i shtegu** sein Weg führte ihn vorbei
qít|ër -ra *f*, *Pl* -ra Zitronatszitrone *f*
qítës -i *m*, *Pl* – *Sport* Schütze *m*
qítës|e -ja *f*, *Pl* -e Schützin *f*
qítj|e -a *f* Schießen *n*; Schießübung *f*
qítro -ja *f*, *Pl* – = qitër

qithár|ë -a *f, Pl* -a Gitarre *f*
qivúr -i *m, Pl* -e **1.** mit Steinen eingefaßtes Grab *n*, Grabmal *n*; Grabstein *m*; Steinhaufen *m* zum Gedenken an einen Erschlagenen; **2.** Sarg *m*
qófk|ë -a *f, Pl* -a Amsel *f*
qofsh 54 **2.** *Pers Sg Optativ* → **është**
qóft|e -ja *f, Pl* -e gebratenes Fleischklößchen *n*, Art Bulette
qóftë 54 *Optativ* → **është**
qoftëlárgu *m*/*best* der Teufel *(euphemistisch)*
¹**qok** -u *m, Pl* -ë Zwergohreule *f*
²**qok** 14³ *tr* anfassen, berühren; anpicken; jmdm. die Hand geben, jmds. Hand ergreifen
qokáç -i *m, Pl* -e **1.** Specht *m*; **2.** Holzhammer *m* zum Kastrieren von Tieren
qokatár, -e *Adj* ausgeglichen, abwägend; mit gutem Urteilsvermögen
¹**qók|ë** -a *f, Pl* -a Glucke *f*
²**qók|ë** -a *f, Pl* -a *Tech* Markierung *f*, Kennzeichen *n*, Richtungspunkt *m*; Kerbe *f*, Zeichen *n*, Marke *f* an Bäumen usw.; Stellung *f*, festgelegter Ort *m*; Grenze *f*, Gemarkung *f*; **ve qokat** die Grenzen setzen; Maß *n*, Grenze; **pi me ~** in Maßen trinken; **fjalë me ~** wohlabgewogene Worte
qokth -i *m, Pl* -a = ¹**qok**
qól|e -ja *f*: **bëhet ~** sich erniedrigen, sich zum Sklaven machen
qollít 20 *itr* **1.** Erfolg haben, Glück haben; **2.** sich ereignen, sich zutragen, sich begeben
qo|n 1 *tr* wecken; **-het** *refl* aufwachen
qopál -i *m, Pl* -ë Katzenkopf *m*, Pflasterstein *m*
qór|e -ja *f, Pl* -e Wasserloch *n* im Gebirge, das als Tränke dient
qortím -i *m, Pl* -e **1.** Tadeln *n*; Tadel *m*, Zurechtweisung *f*; **2.** Verbesserung *f*, Berichtigung *f* von Fehlern
qortón 1 *tr* **1.** tadeln, zurechtweisen, rügen; **2.** korrigieren, Fehler berichtigen
qorr, -e *Adj* blind; **zorrë ~ e** Blinddarm *m*
qórras *Adv* blind; blindlings
qórrazi *Adv* = **qorras**
qórr|e -ja *f, Pl* -e = **qore**
qorrfishék -u *m, Pl* -ë Platzpatrone *f*; Leuchtkugel *f*; Feuerwerkskörper *m*; Feuerwerk *n*
qorró|n 1 *tr* blenden, blind machen; **-het** *refl* erblinden, blind werden; anlaufen; blind werden *(Spiegel)*; stumpf werden *(Axt usw.)*
qorrsokák -u *m, Pl* -ë *od* **qorrsokáqe** Sackgasse *f*
qórrthi *Adv* = **qorras**
qos 21 *tr* beenden, abschließen; **s' ~ e gjë** du hast nichts zustande gebracht; **s'u ~** es ist nichts herausgekommen
qós|e -ja *m, Pl* -e Bartloser *m*
qosték -u *m, Pl* -ë Uhrkette *f*; **-ë** *Pl* Fußfesseln *Pl* für Pferde zum Erlernen des Paßganges
qóst|ër -ra *f, Pl* -ra Schleifmaschine *f*, Schleifstein *m*
qósh|e -ja *f, Pl* -e Ecke *f*, Winkel *m*; Kante *f*; **e vuri në ~** er setzte ihn an die Spitze; **~-~** eckig, winklig, verwinkelt
qoshk -u *m, Pl* qóshqe **1.** Erker *m*; **2.** Kiosk *m*
qoshtér|e -ja *f, Pl* -e Kantenhobel *m*
qúajtur (i) *Adj* benannt, genannt
qú|an 9 *tr* **1.** nennen, benennen, bezeichnen; **si të quajnë?** wie heißt du?; **2.** ansehen als, betrachten als, halten für; **e ~ të tepërt** er hält es für überflüssig; **-het** *refl* heißen; **si quhesh?** wie heißt du?
qúar qóri *m, Pl* qóre **1.** Gefäng-

nis *n*; **2.** Vorratsraum *m*; Keller *m*; **3.** Zuflucht *f*, Zufluchtsort *m*
¹quk -u *m, Pl* -a = **¹qukë**
²quk 14³ *tr* anpicken; berühren; stechen; *übertr* mit Worten kränken, verletzen; **-et** *refl* sich hacken *(Vögel)*
qukalós I. -i *Subst/m, Pl* -ë Mensch mit Blatternarben oder Grübchen im Gesicht; **II.** -e *Adj* blatternarbig; mit Grübchen
qukán -i *m, Pl* -ë Truthahn *m*
qukapík -u *m, Pl* -ë Specht *m*
qukát 22¹ *tr* = **²quk**
¹qúk|ë -a *f, Pl* -a **1.** Grübchen *n* im Gesicht; **2.** Blatternarbe *f*; Punkt *m*, Tüpfel *m*
²qúk|ë -a *f, Pl* -a **1.** Steinkauz *m*; **2.** Pute *f*
quklín|ë -a *f, Pl* -a Grübchen *n* in Wange oder Kinn
qúkm|ë -a *f, Pl* -a Stachel *m* von Wespen usw.
¹qull -i *m* Brei *m*, Mehlbrei; dicke Tunke *f*; *übertr* **e la në** ~ er ließ ihn im Stich; **mos hyr në atë** ~ ! laß dich nicht in diese (faule) Sache ein!; **lë punën** ~ eine Sache nicht zu Ende bringen; **s'e nxjerr qimen nga** ~ **i** er taugt nichts, er bringt nichts zustande
²qull I. 14 *tr* ganz naß machen, völlig durchnässen; **II.** *Adv* völlig durchnäßt, pitschnaß; **bëhet** ~ pitschnaß werden
qullác I. -i *Subst/m* Blätterteigpastete *f mit Porree und Eiern*; **II.** -e *Adj* weichlich; phlegmatisch
qúllët (i) *Adj* weich, breiig, teigig; *übertr* verweichlicht, ohne Energie
qullník -u *m* Quarkpastete *f*
qullón 1 *tr* durchnässen, pitschnaß machen
qullopít|ë -a *f* Art Gemüsepastete *f*; Art dünnes Brot
qullós 21 *tr* feucht machen; naß machen; *übertr* **s'** ~ **e gjë** du hast nichts zustande gebracht
qulltóhet 1 *refl* breiig werden
qúmësht -i *m* Milch *f*; Molke *f*
qumështór -i *m* **1.** Art Milchpudding; **2.** Milchträger *m von der Almhütte*; Milchhändler *m*
qumështór|e I. -ja *Subst/f, Pl* -e **1. Bot** Wolfsmilch *f*; **2.** *Astr* Milchstraße *f*; **II.** *Adj/f*: **lopë** ~ Milchkuh *f*
quplák -u *m, Pl* -ë Kieselstein *m*
quplóhet 1 *refl* stumpf werden *(Messer usw.)*
qúrra -t *Pl* Rotz *m*, Nasenschleim *m*
qurrásh, -e *Adj* rotznäsig, mit laufender Nase
qýe qéu *m, Pl* qej Gipfel *m*, Bergspitze *f*; ~ **thike** Messerrücken *m*
qyfýr -i *m, Pl* -e Witz *m*
qyfyrexhí -u *m, Pl* – od -nj Witzbold *m*, Witzemacher *m*
qyl -i *m* Schlamm *m*, Schlick *m*
qýlçe *Adj* rein, pur, nicht legiert *(Metalle)*; *übertr* offen, gerade, sauber *(Charakter)*
qylýk|e -ja *f, Pl* -e große Axt *f*
qyméz -i *m, Pl* -e Hühnerstall *m*; Taubenschlag *m*
qymsýre -t *Pl* herabgefallene Oliven *Pl*; alte Lumpen *Pl*
qymýr -i *m* Kohle *f*; ~ **guri** Steinkohle; ~ **druri** Holzkohle
qymyrdrú -ri *m* Holzkohle *f*
qymyrgúr -i *m* Steinkohle *f*
qymyrxhí -u *m, Pl – od* -nj Köhler *m*; Holzkohlenverkäufer *m*; Kohlenhändler *m*
qyng -u *m, Pl* qýngje Wasserrohr *n*; Abflußrohr *n*; Ofenrohr *n*
qýngj|e -ja *f, Pl* -e = **qyng**
qyp -i *m, Pl* -e *od* -a großer Tonkrug *m*, Steintopf *m*; *übertr* **është bërë si** ~ er ist dick wie ein Faß; **e di** ~ er weiß es ganz genau, er hat es gut begriffen
qýp|e -ja *f, Pl* -e kleines Tongefäß *n*

qyq -i *m* Unglücklicher *m*; einsamer Mensch *m*; **ka mbetur** ~ er ist mutterseelenallein (geblieben)

qyqán, -e *Adj* = **qyqar**

qyqár, -e *Adj* einsam; arm, unglücklich

qýq|e -ja *f*, *Pl* -e **1.** Unglückliche *f*; einsame Frau *f*; **2.** Kuckuck *m*

qyr 14¹ *tr* schauen, blicken

qyrék -u *m*, *Pl* -ë Schaufel *f*, Kohlenschaufel

qýr|ë -a *f* Rücken *m* von Messer usw.

qyrk -u *m*, *Pl* qýrqe Pelz *m*, Pelzmantel *m*, pelzgefütterter Mantel *m*

qýrra -t *Pl* = **qurra**

qyrrásh, -e *Adj* = **qurrash**

qyrravéc, -e *Adj* = **qurrash**

qyrrón 1 *tr* vollrotzen, mit Nasenschleim beschmutzen; *übertr* etw. versauen, ruinieren

qysqí -a *f*, *Pl* – Brecheisen *n*, Brechstange *f*; Stößel *m*, Mörserkeule *f*; **i vuri** ~ **në** er hat es eingerissen, er hat es zerstört

qysh *Adv* wie, auf welche Weise; ~ **je?** wie geht es dir?; ~ **atëherë** a) seit damals; b) schon damals, bereits damals; ~ **se** seit, seitdem; ~ **prej...deri në...** von...bis...

qýsh|e -ja *f* Art und Weise *f*

qyshkúr *Adv* längst, vor langer Zeit

qytét -i *m*, *Pl* -e Stadt *f*; **u mblodh gjithë** ~ **i** die ganze Stadt hat sich versammelt; ~ **i i Fierit** die Stadt Fier; ~ **-hero** Heldenstadt; ~ **-muze** unter Denkmalschutz stehende Stadt

qytetár I. -i *Subst*/*m*, *Pl* -ë Städter *m*, Stadtbewohner *m*; Bürger *m*, Staatsangehöriger *m*; **II.** -e *Adj* städtisch, Stadt-

qytetár|e -ja *f*, *Pl* -e Städterin *f*; Bürgerin *f*, Staatsangehörige *f*

qytétas -i *m*, *Pl* – Städter *m*, Stadtbewohner *m*

qyteterí -a *f* = **qytetërim**

qytetërím -i *m*, *Pl* -e Zivilisieren *n*; Zivilisationsgrad *m*; Zivilisation *f*

qytetërón 1 *tr* zivilisieren

qytetërúar (i) *Adj* zivilisiert

qytétth -i *m* Städtchen *n*

qytéz|ë -a *f*, *Pl* -a Burg *f*, Festung *f*

qýt|ë -a *f*, *Pl* -a **1.** Gewehrkolben *m*; **2.** stumpfe Seite *f der Axt*

R

¹**ra** 48 *Aor* → ¹**bie**

²**ra** (të) *Pl*/*f* → **i ri**

rabéck|ë -a *f*, *Pl* -a Sperling *m*, Spatz *m*

rabín -i *m*, *Pl* -ë Rabbiner *m*

rabúsh -i *m*, *Pl* -a **1.** Kerbholz *n*; **e ve në** ~ ich notiere es mir; *übertr* **ve në** ~ etw. vermerken, etw. notieren; **s'e fut në** ~ er berücksichtigt es nicht; **2.** Stengel *m*, Schaft *m der Zwiebel*

rác|ë -a *f*, *Pl* -a Rasse *f*

raciál, -e *Adj* rassisch, Rassen-

ración -i *m*, *Pl* -e Ration *f*, Essenration, Verpflegungssatz *m*

racionál, -e *Adj* rational, vernünftig, vernunftsmäßig; rationell; **përdorim** ~ rationelle Verwendung *f*; *Math* **numra** ~ **ë** rationale Zahlen *Pl*

racionalíst -i *m*, *Pl* -ë *od* -a Rationalist *m*

racionalísht *Adv* rationell
racionalizatór -i *m*, *Pl* -ë Rationalisator *m*
racionalíz|ëm -mi *m* Rationalismus *m*
racionalizím -i *m*, *Pl* -e Rationalisierung *f*
racionalizón 1 *tr* rationalisieren
racionalizúar (i) *Adj* rationalisiert
racionón 1 *tr* rationieren
racionúar (i) *Adj* rationiert
racíst I. -i *Subst/m*, *Pl* -ë *od* -a Rassist *m*, Rassenfanatiker *m*; II. -e *Adj* rassistisch, rassenfanatisch
racíz|ëm -mi *m* Rassismus *m*, Rassenwahn *m*
radár -i *m*, *Pl* -ë Radar *m*, Radargerät *n*
radiatór -i *m*, *Pl* -ë Radiator *m*, Heizkörper *m*; Rückflußkühler *m*
radikál I. -i *Subst/m*, *Pl* -ë 1. *Pol* Radikaler *m*; 2. *Chem* Radikal *n*; *Math* Radikal, Wurzelzeichen *n*; II. -e *Adj* radikal, gründlich; *Pol* radikal
radikalísht *Adv* radikal, gründlich
radikalíz|ëm -mi *m* Radikalismus *m*
rádio -ja *f*, *Pl* - Radio *n*, Rundfunk *m*; Radiogerät *n*, Rundfunkempfänger *m*
radioaktív, -e *Adj* radioaktiv
radioaktivitét -i *m* Radioaktivität *f*
radioamatór -i *m*, *Pl* -ë Funkamateur *m*
radioantén|ë -a *f*, *Pl* -a Rundfunkantenne *f*
radioaparát -i *m*, *Pl* -e Radioapparat *m*, Rundfunkgerät *n*
radiodhénës -i *m*, *Pl* - Sendegerät *n*
radiofoník, -e *Adj* radiophonisch
radiografí -a *f* Radiographie *f*
radiográm -i *m*, *Pl* -e Radiogramm *n*; Funktelegramm *n*
radioizotópe -t *Pl* Radioisotopen *Pl*
radiológ -u *m*, *Pl* -ë Radiologe *m*
radiológ|e -ia *f*, *Pl* -e Radiologin *f*

radiologjí -a *f* Radiologie *f*
radiolokatór -i *m* = **radar**
radiomárrës -i *m*, *Pl* - Empfangsgerät *n*
radiopërhápj|e -a *f* Verbreitung *f* durch Rundfunk; Rundfunksendung *f*
radioskopí -a *f* Radioskopie *f*
radiostación -i *m*, *Pl* -e Rundfunksender *m*, Rundfunkstation *f*, Funkstation *f*
radiotekník -u *m*, *Pl* -ë Rundfunktechniker *m*, Rundfunkmechaniker *m*
radiotekník|ë -a *f* Rundfunktechnik *f*
radiotelegrafí -a *f* Radiotelegrafie *f*, drahtlose Telegrafie *f*
radiotelevizión -i *m* Rundfunk- und Fernsehstation *f*, Fernsehen *n*
radioterapí -a *f* Radiotherapie *f* Strahlenbehandlung *f*
radíst -i *m*, *Pl* -ë *od* -a Funker *m*
radít 22 *tr Speisen* vorbereiten, zubereiten; *itr* sich bemühen, für etw. arbeiten
radítj|e -a *f* Zubereitung *f*, Vorbereitung *f von Speisen*
radiúm -i *m* Radium *n*
rádha *Adv* hintereinander, nacheinander; **dy dit** ~ zwei Tage hintereinander
rádhas *Adv* = **radhazi**
rádhazi *Adv* der Reihe nach, hintereinander; in einem fort, regelmäßig, häufig
rádh|ë -a *f*, *Pl* -ë 1. Reihe *f von Dingen, Menschen usw.*; 2. Zeile *f im Buch*; *Mil* Reihe, Glied *n*, Linie *f*; 3. Reihe, Folge *f*; **tani e ke** ~**n ti** jetzt bist du an der Reihe; **këtë** ~ diesmal; **në** ~ **të parë** in erster Linie; **e kështu me** ~ und so weiter; **me** ~ **der** Reihe nach; *übertr* **sa për të shkuar** ~**n** so lala, irgendwie; 4. gesellschaftliche Schicht *f*;

s'është i ~ s sonë er gehört nicht zu uns
radhím -i *m Typ* Satz *m*
radhíq|e -ja *f, Pl* -e Zichorie *f*; Chicorée *m od. f*
radhít 22 *tr* reihen, ordnen; *Typ* setzen; **-et** *refl* sich einreihen, sich einordnen
radhítës -i *m, Pl* – *Typ* Setzer *m*
radhítj|e -a *f, Pl* -e Reihen *n*, Einreihen, Ordnen *n*; *Typ* Setzen *n*
radhón 1 *tr* = **radhit**
radhór -i *m, Pl* -ë *alt* Heft *n*; Register *n*
radhós 21 *tr* = **radhit**
radh|úa -ói *m, Pl* -ónj Heft *n*, Schreibheft
radhúes -i *m, Pl* – *Typ* Setzer *m*
rafinerí -a *f, Pl* – Raffinerie *f*
rafiním -i *m* Raffinieren *n*, Raffinage *f*
rafinón 1 *tr* raffinieren, reinigen
rafinúar (i) *Adj* raffiniert, gereinigt; *übertr* raffiniert, durchtrieben, abgefeimt
raft -i *m, Pl* -e Schrank *m*, Wäscheschrank, Bücherschrank; Regal *n*
rahaní -a *f* Traubensaft *m*, Most *m*
rahát *Adv* **1.** ruhig, ungestört; **rri ~ !** sei ruhig!, beunruhige dich nicht!; **2.** bequem; komfortabel, gemütlich; **3.** reich, wohlhabend
rahatí -a *f* Ruhe *f*; Bequemlichkeit *f*, Gemütlichkeit *f*
raható|n 1 *tr* ordnen, in Ordnung bringen; jmdn. versorgen; **-het** *refl* sich beruhigen; Ruhe finden; sich einleben, sich einrichten
rahátsh|ëm (i), **-me** (e) *Adj* **1.** ruhig, still; ruhig, geruhsam; **2.** bequem, komfortabel, gemütlich; **shtëpi e rahatshme** ein bequemes Haus
rajá *Indekl* unterwürfiger Mensch *m*, Speichellecker *m*; **bëhet ~** sich erniedrigen, sich demütigen, dienstbeflissen sein

ráj|e -a *m, Pl* -e *alt* Christ *m (im osmanischen Reich)*; Rajah *m*
rajón -i *m, Pl* -e *Pol* Bezirk *m*, Rayon *m*
rakét|ë -a *f, Pl* -a **1.** *Mil* Leuchtrakete *f*; Rakete *f*; **2.** Rakett *n*, Tennisschläger *m*
rakí -a *f* Branntwein *m*, Schnaps *m*; Raki *m*; **~ e shuar** Verschnitt *m*
rakitík I. -u *Subst/m, Pl* -ë Rachitiker *m*; **II.** -e *Adj* rachitisch
rakitíz|ëm -mi *m* Rachitis *f*
ram -i *m* Kupfer *n*
ramazán -i *m* Ramadan *m*; **mban ~ od ka ~** fasten *(Mohammedaner)*
rang -u *m, Pl* rángje Rang *m*, Kategorie *f*; Rang, Stufe *f*
ráng|ë -a *f, Pl* -ë Hausarbeit *f*
raníshť|e -ja *f, Pl* -e = **ranishtë**
raníshť|ë -a *f, Pl* -a Sandstrand *m*; Flußsand *m*, sandiges Ufer *n*
ranór -i *m* Sandstein *m*
rapórt -i *m, Pl* -e **1.** Rapport *m*, Bericht *m*, Arbeitsbericht; Berichterstattung *f*; **2.** *Med* Gutachten *n*, Bericht; **3.** Verbindung *f*, Beziehung *f*, Wechselbeziehung; **~ et shoqërore** die gesellschaftlichen Beziehungen; **~ i midis gjuhës e ndërgjegjes** das Verhältnis zwischen Sprache und Bewußtsein
raportím -i *m, Pl* -e Berichterstattung *f*
raportón 1 *tr* **1.** berichten, Bericht erstatten; **2.** anzeigen, vor Gericht bringen
raportór -i *m, Pl* -ë *Tech* Transporteur *m*
rapsód -i *m, Pl* -ë Rhapsode *m*; Sänger *m* von *epischen Volksliedern*, Volkssänger *m*
rapsodí -a *f, Pl* – Rhapsodie *f*; Heldenlied *n*, episches Volkslied *n*
rasát -i *m* **1.** *Zool* Rasse *f*; Zucht *f*; **e mban për ~** zur Zucht halten; **2.** Saatgut *n*

¹rás|ë -a *f, Pl* -a 1. Ereignis *n*; Fall *m*; Gelegenheit *f*, Anlaß *m*; 2. *Gramm* Fall, Kasus *m*
²rás|ë -a *f, Pl* -a langes, schwarzes Gewand *n der orthodoxen Priester*
raskál -i *m, Pl* raskáj Weinblatt *n*
raskapít 22 *tr* ermüden, anstrengen, zur Erschöpfung bringen; -et *refl* müde werden, ermüden; sich überanstrengen; bis zur Erschöpfung arbeiten, sich abrackern
raskapítj|e -a *f* Ermüdung *f*, Erschöpfung *f*
raskapítur (i) *Adj* ermüdet, ermattet, erschöpft; überanstrengt, abgerackert
rast -i *m, Pl* -e 1. Zufall *m*; kjo nuk është një gjë e ~it das ist nicht zufällig; 2. Gelegenheit *f*, Anlaß *m*; Möglichkeit *f*; Fall *m*; me ~ in e... aus Anlaß des..., anläßlich des...; fjalim i ~it Festrede *f*; në ~ im Falle; në ~ nevoje im Notfall, notfalls, falls es erforderlich ist; në ~ se falls; në çdo ~ in jedem Fall, auf jeden Fall; përfitoj nga ~i *od* shfrytëzoj ~in ich nutze die Gelegenheit
rastësí -a *f* Zufälligkeit *f*; Zufall *m*
rastësísht *Adv* zufällig; gelegentlich
rastís 21 *itr* sich zufällig befinden; gelegentlich vorkommen, sich zutragen
ráshë 48 *1. Pers Sg Aor* → ¹bie
rashqél -i *m, Pl* -a Rechen *m*, Harke *f*
rátë *Adv* horizontal, waagerecht, liegend
ratifikím -i *m* Ratifikation *f*, Ratifizierung *f*
ratifikón 1 *tr* ratifizieren
ratifikúes, -e *Adj* ratifizierend
ravén -i *m* Rhabarber *m*
ráv|ë -a *f, Pl* -a 1. Pfad *m im Gebirge*, Ziegenpfad; 2. Spur *f im Schnee*, Schneespur; 3. Reihe *f*, Linie *f*

ravít|ë -a *f* Anschwemmung *f*
ravizón 1 *tr* skizzieren, zeichnen
¹re -ja *f, Pl* – 1. Wolke *f*; e vrau ~ja der Blitz hat ihn erschlagen; 2. Schleier *m vor den Augen*
²re I. -ja *Subst/f* junge Frau *f*, Schwiegertochter *f*; Braut *f*; II. -ja (e) *Subst/f, Pl* -ja (të) 1. Schwiegertochter *f*, junge Frau *f*; 2. Jugendliche *f*, junges Mädchen *n*; III. -ja (e) *Subst/f, Pl* -ja (të) Neuigkeit *f*, Nachricht *f*; të ~jat e ditës die Neuigkeiten vom Tage; kam një të ~ ich habe eine Neuigkeit
³re *Indekl*: vë ~ aufpassen, achtgeben; bemerken; mos ia vër ~! nimm es ihm nicht übel!
⁴re 48 *2. Pers Sg Aor* → ¹bie
reaksión -i *m, Pl* -e Reaktion *f*; ~ varg Kettenreaktion
reaksionár I. -i *Subst/m, Pl* -ë Reaktionär *m*; II. -e *Adj* reaktionär
reaktív, -e *Adj* reaktiv, rückwirkend; aeroplan ~ Düsenflugzeug *n*
reaktór -i *m, Pl* -ë Reaktor *m*; ~ atomik *od* ~ bërthamor Atomreaktor, Kernreaktor
reál, -e *Adj* real, wirklich, tatsächlich; real, realisierbar, durchführbar; plan ~ ein realer Plan
realíst I. -i *Subst/m, Pl* -ë *od* -a Realist *m*; II. -e *Adj* realistisch
realísht *Adv* real, auf reale Weise, tatsächlich
realitét -i *m, Pl* -e Realität *f*, Wirklichkeit *f*
realíz|ëm -mi *m* Realismus *m*
realizím -i *m, Pl* -e Realisierung *f*, Verwirklichung *f*, Erfüllung *f*
realizón 1 *tr* realisieren, verwirklichen; ~ planin den Plan erfüllen
realizúar (i) *Adj* realisiert, verwirklicht
realizúesh|ëm (i), -me (e) *Adj* realisierbar
rebél -i *m, Pl* -ë *od* -a Rebell *m*, Aufrührer *m*, Aufständischer *m*

rebelím -i *m* Rebellion *f,* Rebellieren *n,* Aufbegehren *n*
rebelíz|ëm -mi *m* Rebellion *f,* Aufruhr *m,* Aufstand *m*
rebelóhet 1 *refl* rebellieren, sich auflehnen
rebs -i *m Med* Pellagra *f*
recensión -i *m, Pl* -e Rezension *f,* Besprechung *f,* Kritik *f*
recensón 1 *tr* rezensieren
recensór -i *m, Pl* -ë Rezensent *m*
receptór -i *m, Pl* -ë Telefonhörer *m*
recét|ë -a *f, Pl* -a Rezept *n*
recín|ë -a *f Bot* Rizinus *m*; **vaj recine** Rizinusöl *n*
reciprocitét -i *m* Reziprozität *f,* Wechselseitigkeit *f,* Gegenseitigkeit *f*
reciprók, -e *Adj* reziprok, wechselseitig, gegenseitig; **ndihmë** ~ **e** gegenseitige Hilfe
reciprokísht *Adv* reziprok, wechselseitig
recitím -i *m, Pl* -e Rezitation *f*; Rezitieren *n*
recitón 1 *tr* rezitieren, vortragen, aufsagen
recitúes -i *m, Pl* − Rezitator *m,* Vortragender *m*; Vortragskünstler *m*
réck|ë -a *f, Pl* -a = **rreckë**
reçél -i *m, Pl* -e Konfitüre *f (eingekochte Früchte mit Zucker)*
red -i *m* Reihe *f,* Reihenfolge *f*
redaksí -a *f, Pl* − Redaktion *f*
redaktím -i *m* Redigierung *f,* Redaktion *f,* Bearbeitung *f eines Textes*
redaktón 1 *tr* redigieren
redaktór -i *m, Pl* -ë Redakteur *m*
reduktím -i *m* Reduktion *f*
reduktón 1 *tr* reduzieren
refené -ja *f, Pl* − Picknick *n (dessen Kosten von den Teilnehmern gemeinsam bestritten werden)*
refér -i *m, Pl* -ë *Sport* Schiedsrichter *m*

referát -i *m, Pl* -e Referat *n*
referendúm -i *m, Pl* -e Referendum *n*
referént -i *m, Pl* -ë Referent *m*
referím -i *m, Pl* -e 1. Berichterstattung *f,* Referieren *n*; 2. Anmerkung *f,* Fußnote *f*
referó|n 1 *tr* 1. über etw. referieren, Bericht erstatten; ein Referat halten; 2. *eine Akte usw.* an die zuständige Stelle weiterleiten; **-het** *refl* (i) sich auf etw. beziehen; sich auf etw. richten; jmdm. zukommen, jmdm. gebühren
referúes -i *m, Pl* − Berichterstatter *m,* Vortragender *m*
refkëtí -të *Pl* Schlag *m* des Herzens, Herzschlag
refkëtím|ë -a *f* Puls *m,* Pulsgegend *f*
refkëtín 6 *itr* schlagen *(Herz)*
refléks -i *m, Pl* -e Reflex *m*; ~ **i kondicionuar** bedingter Reflex
refleksión -i *m* Reflexion *f*
refleksív, -e *Adj Gramm* reflexiv, rückbezüglich; **përemër** ~ Reflexivpronomen *n*
reflektón 1 *tr,* *itr* reflektieren, widerspiegeln; reagieren
reflektór -i *m, Pl* -ë Reflektor *m*
reflektúes, -e *Adj* reflektierend
reformatór -i *m, Pl* -ë Reformator *m*
refórm|ë -a *f, Pl* -a 1. Reform *f*; **Reforma Agrare** die Agrarreform, die Bodenreform; 2. Reformation *f*
reformím -i *m, Pl* -e Reformierung *f*
reformíst -i *m, Pl* -ë *od* -a Reformist *m*
reformíz|ëm -mi *m* Reformismus *m*
reformón 1 *tr* reformieren, umgestalten
refraktár, -e *Adj* feuerfest, hitzebeständig; **tullë** ~ **e** feuerfester Stein *m,* Schamottestein
refrén -i *m, Pl* -e Refrain *m,* Kehrreim *m*
refugját -i *m, Pl* -ë Flüchtling *m,* Flüchtiger *m*; Verbannter *m*
refuzím -i *m, Pl* -e Ablehnung *f*;

Zurückweisung *f*; Verweigerung *f*, Weigerung *f*
refuzón 1 *tr* ablehnen; zurückweisen; verweigern, einer Sache seine Zustimmung verweigern
regëtís 21 *itr* Todesqualen erleiden; in Agonie liegen
¹regj -i *m*, *Pl* -ër *alt* König *m*
²regj 14 *tr* **1.** gerben; **2.** einlegen, einmarinieren, einsalzen; **3.** *übertr* abhärten; *jmds.* Erfahrungen bereichern; **-et** *refl übertr* sich üben, *Erfahrungen* sammeln; sich abhärten; sich an etw. gewöhnen, sich mit etw. abfinden
régj|e -ja *f* Gerben *n*; *übertr* Abhärtung *f*; Sammeln *n*, Weitergeben *n* von *Erfahrungen*
regjénc|ë -a *f* Regentschaft *f*
regjént -i *m*, *Pl* -ë Regent *m*
regjí -a *f* Regie *f*, Spielleitung *f*
regjím -i *m*, *Pl* -e **1.** *Pol* Regime *n*; **2.** Regime; ~ **kursimi** Sparsamkeitsregime; **3.** *El* Tourenzahl *f*; **4.** *Med* Diät *f*; geregelte Lebensweise *f*
regjimént -i *m*, *Pl* -e *Mil* Regiment *n*
regjinésh|ë -a *f*, *Pl* -a *alt* Königin *f*
regjisór -i *m*, *Pl* -ë Regisseur *m*
regjíst|ër -ri *m*, *Pl* -ra Register *n*; ~ **themeltar** Personenstandsregister; Matrikel *f*
regjistrím -i *m*, *Pl* -e Registrierung *f*; ~ **i popullsisë** Volkszählung *f*
regjistró|n 1 *tr* registrieren, eintragen, einordnen; **-het** *refl* sich eintragen, sich eintragen lassen; sich immatrikulieren lassen
regjistrúar (i) *Adj* registriert, eingetragen; immatrikuliert
regjistrúesh|ëm (i), -me (e) *Adj Tech* verstellbar
régjur (i) *Adj* gegerbt; **lëkurë e** ~ Leder *n*; *übertr* erfahren, geübt, gewiegt; **ai është i** ~ **në këto punë** er ist in diesen Dingen erfahren
rehabilitón 1 *tr* rehabilitieren

rehát *Adv* = **rahat**
rehatí -a *f* Bequemlichkeit *f*
rehátsh|ëm (i), -me (e) *Adj* = i **rahatshëm**
rekëtím|ë -a *f* = **refkëtimë**
reklám|ë -a *f*, *Pl* -a Reklame *f*, Werbung *f*
reklamíst -i *m*, *Pl* -ë *od* -a Angeber *m* der sich über die Maßen lobt
reklamón 1 *tr*, *itr* **1.** anpreisen, für etw. Reklame machen; **2.** reklamieren
rekomandím -i *m*, *Pl* -e **1.** Empfehlung *f*; **2.** Vorstellen *n*, Bekanntmachen *n*
rekomandón 1 *tr* **1.** anempfehlen; empfehlen; **2.** vorstellen, bekanntmachen
rekomandúesh|ëm (i), -me (e) *Adj* empfehlenswert
rekórd -i *m*, *Pl* -e Rekord *m*, Höchstleistung *f*; ~ **botëror** Weltrekord
rekordíst -i *m*, *Pl* -ë *od* -a Rekordhalter *m*, Rekordinhaber *m*
rekordíst|e -ja *f*, *Pl* -e Rekordhalterin *f*, Rekordinhaberin *f*
rekrút -i *m*, *Pl* -ë Rekrut *m*
rekrutím -i *m Mil* Rekrutierung *f*, Einberufung *f*
rekrutón 1 *tr Mil* rekrutieren, *Soldaten* einberufen, *Rekruten* ausheben; *Mitglieder* werben; *Arbeitskräfte* anwerben
rektifikím -i *m*, *Pl* -e **1.** Berichtigung *f*, Richtigstellung *f*, Korrektur *f*; Reparatur *f*; **2.** Schleifen *n*; **maqinë** ~ **i** Schleifmaschine *f*
rektifikón 1 *tr* **1.** berichtigen, richtigstellen, korrigieren; **2.** schleifen
rektím -i *m* Todeskampf *m*, Todesröcheln *n*
rektím|ë -a *f*, *Pl* -a Herzschlag *m*
rektín 6 *itr* schlagen *(Herz)*; **më** ~ **zemra** ich habe Herzklopfen
rektón 1 *itr* **1.** schlagen *(Herz)*; **2.** leise schluchzen

rektór -i *m*, *Pl* -ë Rektor *m*
rektorát -i *m* Rektorat *n*
rékuiem -i *m*, *Pl* -e Requiem *n*
rekuizím -i *m*, *Pl* -e Requisition *f*, Beschlagnahme *f*
rekuizón 1 *tr* requirieren, beschlagnahmen
relación -i *m*, *Pl* -e 1. Relation *f*, Beziehung *f*, Verbindung *f*; 2. Bericht *m*, Mitteilung *f*
relatív, -e *Adj* relativ
relativísht *Adv* relativ, verhältnismäßig, vergleichsweise
relativitét -i *m* Relativität *f*
relativíz|ëm -mi *m* Relativismus *m*
reliév -i *m*, *Pl* -e *Mal*, *Geol* Relief *n*
relíke -t *Pl* Reliquien *Pl*
rem -i *m* Kupfer *n*
rém|e -ja *f*, *Pl* -e Kupfergefäß *n*; Kupfer *n*
rém|ë -a *f*, *Pl* -a Mühlgraben *m*
reminishénc|ë -a *f*, *Pl* -a Reminiszenz *f*
remónt -i Reparatur *f*; Instandsetzung *f*; ~ **kapital** Generalüberholung *f*
remtár -i *m*, *Pl* -ë Kupferschmied *m*
rémtë (i) *Adj* kupfern, Kupfer-
¹**rend** -i *m*, *Pl* -e 1. Reihe *f*, Kette *f*; Reihenfolge *f*, Anordnung *f*; **në ~ in alfabetik** in alphabetischer Reihenfolge; 2. Brauch *m*, Gewohnheit *f*; **ashtu e kishin ~ in** so war es bei ihnen Brauch; 3. Ordnung *f*, System *n*; **~ i shoqëror** die Gesellschaftsordnung; **~ i socialist** das sozialistische System, die sozialistische Ordnung; *Biol* Ordnung; **~ i i shtazëve grabitqare** die Ordnung der Raubtiere; **~ i i ditës** die Tagesordnung; **është në ~ in e ditës** es steht auf der Tagesordnung, es ist ein aktuelles Problem; **~ i publik** die öffentliche Ordnung; 4. *alt* Klasse *f in der Schule*
²**rend** 14 *itr* rennen; eilen, laufen

rénd|e -ja *f*, *Pl* -e Reibeisen *n*, Gurkenhobel *m*
rénd|ë -a *f.* Laufen *n*, Rennen *n*; Eile *f*, Geschwindigkeit *f*; **shkoi me ~ me** er rannte schnell los, er lief schnell los
réndës -i *m*, *Pl* – Läufer *m*; eilig Laufender *m*
rendím -i *m* Einordnung *f*, Einordnen *n*
rendimént -i *m*, *Pl* -e 1. Produktivität *f*, Arbeitsleistung *f*; **~ i i punës** die Arbeitsproduktivität; Ertrag *m*, Fruchtbarkeit *f des Bodens*; 2. Fortschritte *Pl*, Grad *des Vorankommens*; 3. *Tech* Wirkungsgrad *m*, Nutzeffekt *m*
rendit 22 *tr* anordnen, ordnen *nach einer bestimmten Reihenfolge*
renditj|e -a *f* Anordnen *n in einer bestimmten Reihenfolge*
réndj|e -a *f* Rennen *n*; Wettrennen; *Sport* Rennen, Lauf *m*
rendóm *Adv* = **rëndom**
rendómtë (i) *Adj* = i **rëndomtë**
¹**rendón** 1 *tr* = **rendit**
²**rendón** 1 *tr* mit dem Reibeisen reiben; raspeln
rendór, -e *Adj* laufend; **numër ~** laufende Nummer
renegát -i *m*, *Pl* -ë Renegat *m*, Überläufer *m*, Abtrünniger *m*; Konvertit *m*
rén|ë -a *f*, *Pl* -a Rentier *n*, Ren *n*
rentáb|ël -ile *Adj* rentabel; **ndërmarrje rentabile** ein rentables Unternehmen
rentabilitét -i *m* Rentabilität *f*
rént|ë -a *f*, *Pl* -a Grundrente *f*, Vermögensrente *f*
rentiér -i *m*, *Pl* -ë Rentier *m*
repán -i *m*, *Pl* -e Rettich *m*; Radieschen *n*; **~ i kuq** Rote Rübe *f*
repán|e -ia *f*, *Pl* -e = **repan**
reparación -i *m*, *Pl* -e Reparation *f*; **-e** *Pl* Reparationen *Pl*, Wiedergutmachungsleistungen *Pl*

reparím -i *m, Pl* -e Reparatur *f,* Instandsetzung *f,* Ausbesserung *f;* Reparieren *n*
reparón 1 *tr* reparieren, ausbessern, instandsetzen
repárt -i *m, Pl* -e Abteilung *f eines Amtes, einer Klinik usw.*; *Mil* Zug *m,* Abteilung
reperkusión -i *m, Pl* -e Rückwirkung *f,* Auswirkung *f,* Reperkussion *f*
repertór -i *m, Pl* -ë Repertoir *n*
¹**rép|ë** -a *f* Ödland *n,* Wüstenei *f*
²**rép|ë** -a *f, Pl* -a Rübe *f;* ~ **sheqeri** Zuckerrübe; Rettich *m,* Radieschen *n*
reportázh -i *m, Pl* -e Reportage *f*
reportér -i *m, Pl* -ë Reporter *m*
represálje -t *Pl* Repressalien *Pl*
reptílë -t *Pl* Reptilien *Pl,* Kriechtiere *Pl*
republikán I. -i *Subst/m, Pl* -ë Republikaner *m*; II. -e *Adj* republikanisch
republík|ë -a *f, Pl* -a Republik *f; hist* **Republika Popullore Socialiste e Shqipërisë** (RPSSH) die Sozialistische Volksrepublik Albanien (SVRA)
repúq, -e *Adj* zerrissen, zerlumpt, abgerissen
resaták, -e *Adj* mißgünstig, neidisch
¹**rés|ë** -a *f* Neid *m,* Mißgunst *f*
²**rés|ë** -a *f, Pl* -a 1. Hinterhalt *m;* 2. Wache *f*
resít 20 *tr* auslöschen; tilgen
resón 1 *tr* 1. beneiden; 2. mit dem bösen Blick behexen
respékt -i *m, Pl* -e Respekt *m,* Ehrfurcht *f,* Hochachtung *f*
respektím -i *m, Pl* -e Respektierung *f*
respektón 1 *tr* respektieren, ehren; einhalten, beachten
restár, -e *Adj* = **resatak**

restaurím -i *m, Pl* -e Restaurierung *f,* Wiederherstellung *f*
restaurón 1 *tr* restaurieren, wiederherstellen
restoránt -i *m, Pl* -e Restaurant *n,* Gaststätte *f*
res|zí, -zézë *Adj* neidisch, mißgünstig
resh 14² *itr*; **po** ~ **borë** es schneit; **po** ~ **shi** es regnet; *übertr tr* jmdn. überschütten, überhäufen; **e** ~ **i me të mira** er überschüttete ihn mit allem Guten
réshje -t *Pl* Niederschläge *Pl*
réshm|e -ja *f, Pl* -e = **reshpe**
réshp|e -ja *f, Pl* -e 1. Schneelawine *f;* 2. steiniger Steilabhang *m,* Geröllhang *m*
reshpér -i *m, Pl* -ë *alt* Händler *m*
resht 20 *tr* 1. fernhalten, sich vom Leibe halten; fortjagen; verscheuchen; 2. zum Schweigen bringen; **e** ~ **i fëmijën** er hat das Kind beruhigt; **e** ~ **i sherrin** er hat den Streit geschlichtet; 3. vor sich her treiben; *Vieh* in eine bestimmte Richtung treiben; *Pferde* in eine bestimmte Richtung lenken, 4.: **e** ~ **i arën** er hat den Acker umzäunt; 5. *itr* aufhören; ~ **i shiu** der Regen hat aufgehört; ~ **i së qari** er hat aufgehört zu weinen; **-et** *refl* 1. sich zurückziehen, zurückgehen, zur Seite gehen; 2.: **u reshtën fëmija** die Kinder sind versorgt und beruhigt; 3.: **i** ~ **et** er weicht ihm aus, er meidet ihn
rét|ër -ra *f, Pl* -ra gedrehter Ledersenkel *m*
retifikatór -i *m, Pl* -ë Schleifer *m*
retifík|ë -a *f, Pl* -a Schleifmaschine *f;* ~ **cilindrike** Zylinderschleifmaschine; ~ **e përgjithshme** Universalschleifmaschine
retifikón 1 *tr* schleifen
retín|ë -a *f* Netzhaut *f des Auges*
retorík, -e *Adj* rhetorisch

retorík|ë -a *f* Rhetorik *f*, Redekunst *f*; Schönrednerei *f*
retoromanísht|e -ja *f* Rhätoromanisch *n*
retrospektív, -e *Adj* retrospektiv
retrospektív|ë -a *f* Retrospektive *f*
reumatíz|ëm -mi *m*, *Pl* -ma Rheumatismus *m*
revánˈ -i *m* Trab *m*
revaní -a *f*, *Pl* – Art orientalische gebackene Süßspeise
revíst|ë -a *f*, *Pl* -a Zeitschrift *f*
revizión -i *m*, *Pl* -e Revision *f*, Überprüfung *f*
revizioním -i *m*, *Pl* -e Revidierung *f*, Überprüfung *f*; Revision *f*
revizioníz|ëm -mi *m* Revisionismus *m*
revizionón 1 *tr* revidieren, überprüfen
revizór -i *m*, *Pl* -ë Revisor *m*, Rechnungsprüfer *m*
revokón 1 *tr* widerrufen, annullieren, außer Kraft setzen
revól|e -ja *f*, *Pl* -e Revolver *m*
revoltó|n 1 *tr* jmdn. sehr ärgern, jmdn. zur Weißglut bringen; **-het** *refl* in Weißglut geraten, sich entrüsten
revolución -i *m*, *Pl* -e Revolution *f*; ~ **kultural** Kulturrevolution; **Revolucioni i Madh Socialist i Tetorit** die Große Sozialistische Oktoberrevolution
revolucionár I. -i *Subst/m*, *Pl* -ë Revolutionär *m*; II. -e *Adj* revolutionär, Revolutions-
revolucionarizím -i *m* Revolutionierung *f*
revolucionarizón 1 *tr* = **revolucionon**
revolucionón 1 *tr* revolutionieren
revolvér -i *m*, *Pl* -ë Revolver *m*
revý -ja *f*, *Pl* – Revue *f*
réz|e -ja *f*, *Pl* -e 1. Riegel *m*; 2. = **rreze**
rezervát, -e *Adj* vertraulich; **shkresë** ~ **e** ein vertrauliches Schreiben
rezérv|ë -a *f*, *Pl* -a 1. *Mil* Reserve *f*; oficer rezerve Reserveoffizier *m*; rezerva *Pl* Reservetruppen *Pl*; 2. Reserve, Vorrat *m*; *übertr* **me** ~ unter Vorbehalt, mit Bedenken, mit Einschränkung
rezervíst -i *m*, *Pl* -ë *od* -a Reservist *m*
rezervó|n 1 *tr* reservieren, zurücklegen, aufbewahren; **-het** *refl* sich reserviert verhalten, sich zurückhalten; sich etw. vorbehalten
rezervúar (i) *Adj* **1.** reserviert, vorbestellt, vorgemerkt; **2.** zurückhaltend, reserviert
rezíl, -e *Adj* **1.** gemein, niederträchtig; **2.**: **u bë** ~ er hat sich bloßgestellt; **e bën** ~ jmdn. abkanzeln, herunterputzen, bloßstellen
rezisténc|ë -a *f* Resistenz *f*, Widerstandsfähigkeit *f*; Widerstandskraft *f*, Zähigkeit *f*; Widerstand *m*; **lëvizja e** ~ **s** die Widerstandsbewegung; *Phys* Widerstand; ~ **elektrike** elektrischer Widerstand; ~ **e rrjedhjes së rrjetës** Netzwiderstand
rezisténtˈ, -e *Adj* Widerstand leistend; resistent, widerstandsfähig; zäh; strapazierfähig, haltbar
rezistón 1 *itr* resistieren, widerstehen; Widerstand leisten, die Stirn bieten; resistent sein
rezolút|ë -a *f*, *Pl* -a Resolution *f*, Entschließung *f*, Beschluß *m*
rezonánc|ë -a *f* Resonanz *f*
rezultánt|e -ja *f*, *Pl* -e Resultante *f*, Resultierende *f*
rezultát -i *m*, *Pl* -e Resultat *n*, Ergebnis *n*
rézhd|ë -a *f*, *Pl* -a 1. Läppchen *n* am Kinn der Ziege; Ziege *f* mit Läppchen am Kinn; 2. *Bot* Kätzchen *n*
rézhg|ë -a *f*, *Pl* -a Wabenzelle *f*
rëfýr|ë -a *f*, *Pl* -a Knorz *m*, Auswuchs *m* am Baum
rëkím -i *m*, *Pl* -e = **rënkim**
rëkón 1 *itr* = **rënkon**
rëkósh -i *m* vollfetter Käse *m*

rëlé -ja *f, Pl – El* Relais *n*

rëmíh 14³ *tr* = **rëmon**

rëmíme -t *Pl* Grabungen *Pl*, Ausgrabungen; Untersuchungen *Pl*, Forschungen *Pl*

rëmójc|ë -a *f, Pl* -a Zahnstocher *m*

rëmón 1 *tr* **1.** graben, ausgraben; Ausgrabungen durchführen; **2.** durchwühlen; herumkramen, herumwühlen; **3.** untersuchen, einer Sache nachgehen

rëndés|ë -a *f* Schwere *f*, Schwerkraft *f*

réndë I. (i) *Adj* schwer; **plumbi është i ~** Blei ist schwer; **gjellë e ~** Essen, das schwer im Magen liegt; **kafe e ~** starker Kaffee; **stofë e ~** hochwertiger Stoff; **punë e ~** a) eine schwere Arbeit; b) eine schwierige Aufgabe; **mësim i ~** schwieriger Lehrstoff; **gabim i ~** ein schwerwiegender Fehler; **faj i ~** eine schwere Schuld; **sëmundje e ~** eine schwere Krankheit, eine gefährliche Krankheit; **gjumë i ~** tiefer Schlaf; **njeri i ~** a) ein langweiliger, verdrießlicher Mensch; b) eine Person mit Einfluß; **fjalë e ~** ein beleidigendes Wort; **ka erë të ~** es stinkt; **II.** *Adv*: **i foli ~** er hat ihn beleidigt, er hat ihn beschimpft; **mos të të vijë ~**! nimm es nicht übel!; **më vjen ~ të vete atje** es fällt mir schwer, dorthin zu gehen; **më rri ~** er spielt sich mir gegenüber auf; **III.** -t (të) *Subst/n* Gewicht *n*, Schwere *f*; **i ra të ~t** er fiel in Ohnmacht

rëndësí -a *f* Bedeutung *f*, Wert *m*, Wichtigkeit *f*; **i jep ~** (einer Sache) Bedeutung beimessen; **s'ka ~** das ist unwichtig, das ist nicht von Bedeutung; Einfluß *m*, Autorität *f*; **njeri me ~** ein einflußreicher Mensch, ein bedeutender Mensch

rëndësír|ë -a *f* Gewicht *n*, Schwere *f*

rëndësísh|ëm (i), -me (e) *Adj* bedeutend, bedeutsam, wichtig; einflußreich

rëndóm *Adv* gewöhnlich, normalerweise

rëndómtë (i) *Adj* gewöhnlich, normal, üblich; durchschnittlich; **njeri i ~** ein einfacher Mensch

rëndó|n 1 *itr* schwer wiegen, schwer sein; **shpenzimet rëndojnë mbi bleresin** die Kosten gehen zu Lasten des Käufers; *tr* schwer beladen; *übertr* **këto fakte ia rëndojnë fajin** diese Fakten erschweren seine Schuld; **-het** *refl* sich belasten, sich beladen; *übertr* **iu rëndova atij** ich bin ihm zur Last gefallen; **hëngra shumë dhe jam rënduar** ich habe viel gegessen und habe ein Völlegefühl

rënë I. -t (të) *Subst/n* Fallen *n*, Fall *m*; **II.** 48 *Part* →¹**bie**

réng|ë -a *f, Pl* -a Geläut *n*, Gebimmel *n*

réni|e -a *f* Fall *m*, Fallen *n*, Abfallen *n*; **~ temperature** Temperaturabfall *m*; *Phys* Fall *m*; **~ e lirë** freier Fall

rënkím -i *m, Pl* -e Jammern *n*, Stöhnen *n*

rënkó|n 1 *itr* **1.** jammern, ächzen, stöhnen *vor Schmerzen*; **2.** jmdm. Trost zusprechen; *übertr* schmachten, leiden; **-het** *refl*: **i rënkohet** jmdm. sein Leid klagen

rëntgen *Indekl*: **rreze ~** Röntgenstrahlen *Pl*; **fotografi me ~** Röntgenaufnahme *f*

rëpjét|ë I. -a *Subst/f, Pl* -a steil ansteigender Hang *m*, Steilhang; Aufstieg *m*; **II.** (i) *Adj* steil, steil ansteigend; **III.** *Adv* hinauf, hinan; **ngjitem malit ~** ich steige auf den Berg, ich gehe den Berg hinauf

rëpósh *Adv* = **përposh**

rér|ë -a *f* Sand *m*

rérët (i) *Adj* sandig, Sand-

rëvít 20 *tr* hochwirbeln, davontragen
ri I. (i), re (e) *Adj* 1. jung; *übertr*
unerfahren; 2. neu; frisch; **djathë
i ~** Frischkäse *m*; **verë e re**
heuriger Wein; 3. neu, neuwertig;
rroba të reja neue Kleidung; **koha
e re** die Neuzeit; **Viti i Ri** das
Neujahrsfest; II. -u (i) *Subst/m*,
Pl -nj (të) Jugendlicher *m*, junger
Bursche *m*; III. -të (të) *Subst/n*
Jugend *f*, Jugendalter *n*
riarmatím -i *m* Wiederaufrüstung *f*,
Wiederbewaffnung *f*
riarmatós 21 *tr* wieder aufrüsten,
wiederbewaffnen
riatdhesím -i *m* Repatriierung *f*
riatdhesón 1 *tr* repatriieren
ribashkím -i *m* Wiedervereinigung *f*
ribotím -i *m*, *Pl* -e Neuauflage *f*
ribotón 1 *tr* Buch neu auflegen
ricín|ë -a *f* Rizinus *m*
riedukón 1 *tr* umerziehen
rifillón 1 *tr* wiederbeginnen, wieder-
aufnehmen
rifitón 1 *tr* wiedergewinnen, zurück-
erhalten
rig -u *m*, *Pl* -a *Kart* König *m*;
Bube *m*
rigásh -i *m*, *Pl* -ë Truthahn *m*
¹**ríg|ë** -a *f* Sprühregen *m*, Niesel-
regen *m*
²**ríg|ë** -a *f*, *Pl* -a Lineal *n*
¹**rigón** -i *m* Majoran *m*; *übertr*
Kleinster *m*, Benjamin *m*
²**rigón** 1 *itr* nieseln
rigoróz, -e *Adj* rigoros, streng, hart
rigorozitét -i *m* Rigorosität *f*, Strenge
f, Härte *f*
rík|ë -a *f*, *Pl* -a 1. Entenküken *n*;
Ente *f*; 2. Pute *f*
rikumbím -i *m* *Akust* Resonanz *f*,
Widerhall *m*; *Opt* Resonanz
rilínd 14 *itr* wiederentstehen, wieder-
erwachen
rilíndas – i *m*, *Pl* – Rilindja-Vertre-
ter *m*, Repräsentant der → **Rilindja
Kombëtare**

rilíndës -i *m*, *Pl* – = **rilindas**
rilíndj|e -a *f* Wiedergeburt *f*; **Rilindja**
die Renaissance; **Rilindja Kombë-
tare Shqiptare** die Albanische Na-
tionale Wiedergeburt *(nationale
und literarische Bewegung in Al-
banien zwischen der Mitte des 19.
Jahrhunderts und 1912)*
ríll|ë -a *f Bot* Linse *f*
rim -i *m* vom Regen ausgewaschene
Bodenrinne *f*; Pfad *m*, enge Gasse *f*
rimérr 19¹ *tr* wiederaufnehmen
rím|ë -a *f*, *Pl* -a Reim *m*, Gleich-
klang *m*
rimëkémb 14 *tr* wiederherstellen,
wiederaufrichten, wiederaufbauen;
-et *refl* wieder auf die Beine kom-
men, sich finanziell *od* ökonomisch
erholen
rimëkémbj|e -a *f* Wiederherstellung
f, Wiederaufbau *m*; Erholung *f*
(finanziell od ökonomisch)
rimón 1 *itr* sich reimen
rimórk -u *m*, *Pl* -ë Anhängewagen
m, Anhänger *m*
rímtë (i) *Adj* hellblau; blau
rindërtím -i *m*, *Pl* -e Wiederaufbau *m*
rindërtón 1 *tr* wiederaufbauen
ringjáll 14 *tr* wiederbeleben, er-
neuern; **-et** *refl* sich erholen, wieder
zu Kräften kommen
ringjállj|e -a *f* Wiederbelebung *f*;
Wiederaufleben *n*
riní -a *f* 1. Jugend *f*, Jugendzeit *f*,
Jugendalter *n*; 2. Jugend, Jugend-
liche *Pl*
rinoqerónt -i *m*, *Pl* -ë Nashorn *n*
rinór, -e *Adj* jugendlich, Jugend-
riorganizím -i *m*, *Pl* -e Reorganisa-
tion *f*
riorganizón 1 *tr* reorganisieren
riparím -i *m*, *Pl* -e Reparatur *f*
riparón 1 *tr* reparieren
rípet 16³ *refl* sich schälen, sich pel-
len; → **rjep**; **u rop muri** der Putz ist
von der Mauer abgeblättert; **të janë
rjepur rrobat** dir fallen die Kleider

in Fetzen vom Leibe; *übertr* sich schinden, sich abquälen
ripërtýpës -i *m*, *Pl* – Wiederkäuer *m*
riprodhím -i *m*, *Pl* -e **1.** Reproduktion *f*, Kopie *f*, Nachbildung *f*; Nachdruck *m*, Wiederabdruck *m*; **2.** Fortpflanzung *f*; **3.** *Wirtsch* Reproduktion; ~ **i thjeshtë** einfache Reproduktion
riprodhó|n 1 *tr* **1.** reproduzieren, nachbilden, nachdrucken; **2.** *Wirtsch* reproduzieren; **-het** *refl* sich fortpflanzen, sich vermehren
riprovím -i *m*, *Pl* -e Wiederholungsprüfung *f*, Wiederholungsexamen *n*
rípte 16³ *Imperf* → **rjep**
ripuním -i *m*, *Pl* -e Überarbeitung *f*, nochmalige Ausführung *f einer Arbeit*
ripunón 1 *tr* überarbeiten, noch einmal bearbeiten
ripyllëzím -i *m*, *Pl* -e Aufforstung *f*
ripyllëzón 1 *tr* aufforsten
ríq|e -ja *f*, *Pl* -e Heidekraut *n*, Erika *f*
ris -i *m*, *Pl* -ër Luchs *m*
risí -a *f*, *Pl* – Neuerung *f*; Neubildung *f*
risím -i *m*, *Pl* -e Neubildung *f*, Innovation *f*
risk -u *m* Schicksal *n*, Los *n*, Bestimmung *f*
rishfáqj|e -a *f* Wiederauftreten *n einer Krankheit usw.*
rishikím -i *m*, *Pl* -e nochmalige Überprüfung *f*
rishikón 1 *tr* nochmals überprüfen
rishítës -i *m*, *Pl* – Wiederverkäufer *m*, Einzelhändler *m*
rishítj|e -a *f* Wiederverkauf *m*, Einzelhandel *m*
ríshmë *Adv* neulich, kürzlich, dieser Tage
rishqyrtím -i *m*, *Pl* -e Wiederbeobachtung *f*; nochmalige Untersuchung *f*
rishqyrtón 1 *tr* wiederbeobachten; nochmals untersuchen

rishtár -i *m*, *Pl* -ë Neuling *m*, Anfänger *m*
ríshtas *Adv* **1.** neulich, kürzlich, vor kurzem; **2.** wieder, von neuem
ríshtazi *Adv* = **rishtas**
¹**ríshte** -t *Pl Anat* Knorpel *Pl*
²**ríshte** -t *Pl getrockneter, als Vorrat aufbewahrter Blätterteig*
rishtór, -e *Adj* Knorpel-, knorpelig
rishtýp 14 *tr* neu auflegen, nachdrukken
rishtýpj|e -a *f* Neuauflage *f*, Nachdruck *m*; Neuauflegen *n*, Nachdrucken *n*
rit -i *m*, *Pl* -e Ritus *m*
rít|ëm -mi *m*, *Pl* -me **1.** Metrum *n*; **2.** *Mus* Rhythmus *m*; **3.** Rhythmus; Tempo *n*; **me ritme të shpejta** in schnellem Tempo
ritmík, -e *Adj* rhythmisch
rituál, -e *Adj* ritual; rituell
rivál -i *m*, *Pl* -ë Rivale *m*; Nebenbuhler *m*
rivalitét -i *m*, *Pl* -e Rivalität *f*; Nebenbuhlerschaft *f*
rivalizón 1 *itr* rivalisieren
rivendikíme -t *Pl* Forderungen *Pl nach politischen u. sozialen Rechten*
rivendós 21 *tr* wiedererrichten, wiederherstellen
rivendósj|e -a *f* Wiedererrichtung *f*, Wiederherstellung *f*
rivleftësím -i *m* Umwertung *f von Geld*
rivleftësón 1 *tr* Geld umwerten
rixhá -ja *f* Gebet *n*
ríz|ë -a *f*, *Pl* -a **1.** Handtuch *n*; **2.** weißes, besticktes Tuch *n*; **3.** *Anat* Netz *n*
rizgjédh 16 *tr* wiederwählen
rizgjídhte 16 *Imperf* → **rizgjedh**
rizgjódhi 16 *Aor* → **rizgjedh**
rjep 16³ *tr Haut od Rinde* abziehen; schinden, häuten, schälen, entrinden; rupfen; *übertr* jmdn. völlig ausrauben; → **ripet**
rjepacák I. -e *Adj* zerlumpt, abge-

rissen; **II.** -u *Subst*/*m*, *Pl* -ë Zerlumpter *m*, Abgerissener *m*

rjepacák|e -ja *f*, *Pl* -e Frau *f* mit abgerissener Kleidung

rjép|ë -a *f*, *Pl* -a Schuppe *f*, Hautschuppe; Plättchen *n*; **rjepa-rjepa** schuppig; abgebröckeltes Stück Putz

rjépës -i *m*, *Pl* – **1.** Schinder *m*, Abdecker *m*; **2.** Räuber *m*

rjépj|e -a *f* Schindung *f*, Abziehen *n* der Haut

rjét|ë -a *f*, *Pl* -a *od* -ë = **rrjétë**

rob -i *m*, *Pl* – *od* -ër **1.** Leibeigener *m*; **bujk** ~ leibeigener Bauer; **2.** Gefangener *m*; **e zë** ~ gefangennehmen; **bie** ~ in Gefangenschaft geraten; ~ **lufte** Kriegsgefangener; **3.** Sklave *m*; **4.** Mensch *m*; **këtë s'e di** ~ **i gjallë** das weiß kein Mensch; ~ **të e shtëpisë** die Familienangehörigen

robdëshámb|ër -ri *m*, *Pl* -ra Morgenrock *m*

robërésh|ë -a *f*, *Pl* -a **1.** Gefangene *f*; **2.** Sklavin *f*

robërí -a *f* **1.** Gefangenschaft *f*; **2.** Sklaverei *f*; Unfreiheit *f*; Sklavendasein *n*

robërím -i *m* **1.** Gefangennahme *f*; **2.** Versklavung *f*, Unterwerfung *f*, Knechtung *f*

robërón 1 *tr* gefangennehmen; versklaven; *itr* wie ein Sklave arbeiten, sich schinden

robí -a *f*: **me rob e** ~ mit Kind und Kegel, mit der ganzen Familie

robínj|ë -a *f*, *Pl* -a Robinie *f*

robít 22 *tr* **1.** ausrauben, ausplündern; **2.** versklaven; gefangennehmen; **-et** *refl* sich schinden, sich maßlos anstrengen

robót -i *m*, *Pl* -ë Roboter *m*

robtís 21 *tr* schwer arbeiten lassen, schinden; **-et** *refl* bis zum Umfallen arbeiten, sich abrackern, sich schinden

robtísur (i) *Adj* entkräftet, abgearbeitet

robtó|n 1 *itr*; **-het** *refl* sich abplacken, sich abrackern, sich schinden

rod -i *m* Geschlecht *n*, Sippe *f*, Familie *f*

rodhán -i *m*, *Pl* -e **1.** Garnrolle *f*, Garnspule *f*; **2.** *Tech* Winde *f*

ródhj|e -a *f* Knochentuberkulose *f*

rogéçë -t *Pl* maskierte Personen *Pl* im Karneval

rogovéc|ë -a *f*, *Pl* -a **1.** Akazie *f*; **2.** Johannisbrotbaum *m*

rogjé -ja *f*, *Pl* – kleiner Ölkrug *m*, Ölkännchen *n*

rogjéz|ë -a *f*, *Pl* -a Ampulle *f*

roít 20 *itr* **1.** schwärmen, ausfliegen *(Bienen)*; *übertr* **mos** ~ **e?** bist du verrückt geworden?; **2.** auslaufen, lecken; undicht sein; **po** ~ **ena** das Gefäß läuft aus

roítj|e -a *f* Schwärmen *n* der Bienen

roítur (i) *Adj*: **mur i** ~ verfallene Mauer, baufällige Wand

roj -i *m*, *Pl* -e Bienenschwarm *m*, Bienenvolk *n*

rój|ë -a *f*, *Pl* -ë *od* -a **1.** Wacht *f*, Wachdienst *m*, Bewachung *f*; **në** ~ **të paqes** auf Friedenswacht; **2.** Wache *f*, Patrouille *f*; Wächter *m*, Posten *m*; ~ **nderi** Ehrenwache; **roja e shtëpisë** *Myth* der Hausgeist

rójës -i *m*, *Pl* – **1.** Wächter *m*; **2.** Sicherung *f* an *Waffen*

rójk|ë -a *f*, *Pl* -a Biene *f* die geschwärmt ist; *übertr* Plaudertasche *f*

rójm|ë -a *f*, *Pl* -a Bienenschwarm *m*

rojtár -i *m*, *Pl* -ë Wächter *m*, Wärter *m*; Hüter *m*; ~ **i burgut** Gefängniswärter; ~ **pyjesh** Waldhüter

rójtës -i *m*, *Pl* – Wachposten *m*; Wärter *m*, Wächter *m*, Hüter *m*

rokán -i *m*, *Pl* -e Hobel *m*; *übertr* Nervensäge *f*

rol -i *m*, *Pl* -e Rolle *f*; **lot një** ~ eine

Rolle spielen; **s'lot** ~ das ist unwesentlich
rolét|ë -a *f, Pl* -a Jalousie *f*, Rolladen *m*
romák I. -u *Subst/m, Pl* -ë Römer *m*; II. -e *Adj* römisch
¹**román** -i *m, Pl* -e Roman *m*
²**román** -i *m* Türriegel, Riegel *m*
³**román**, -e *Adj* 1. romanisch; 2. römisch
románc|ë -a *f, Pl* -a Romanze *f*
romanciér -i *m, Pl* -ë Romancier *m*, Romanschriftsteller *m*
romantík I. -u *Subst/m, Pl* -ë Romantiker *m*; II. -e *Adj* 1. romantisch; 2. romantisch, stimmungsvoll; **vend** ~ ein romantischer Ort, ein lauschiges Plätzchen
romantíz|ëm -mi *m* 1. Romantik *f*; 2. romantische Haltung *f*, romantische Einstellung *f*
romb -i *m, Pl* -e Rhombus *m*
romboéd|ër -ri *m, Pl* -ra Rhomboeder *n*
romboíd -i *m, Pl* -e *od* -ë Rhomboid *n*
romúze -t *Pl* Anspielungen *Pl*, Sticheleien *Pl*
ronítet 20 *refl* zerbröckeln
ronítur (i) *Adj* zerbröckelt, morsch, zerfallen
rópi 16³ *Aor* → **rjep**
rosák -u *m, Pl* -ë Erpel *m*, Enterich *m*
¹**rós|ë** -a *f, Pl* -a Ente *f*; ~ **e egër** Wildente
²**rós|ë** -a *f, Pl* -a Nachttopf *m*, Ente *f*
rósto -ja *f, Pl* – Rostbraten *m*
roshníca -t *Pl* Eiergräupchen *Pl*, kleine Nudeln *Pl*
rotór -i *m, Pl* -a *Tech* Rotor *m*; Läufer *m*
rozacé -të *Pl* Rosengewächse *Pl*
¹**róz|ë** -a *f, Pl* -a Knoten *m*, Knorren *m*, Ast *m im Holz*
²**rózë** *Adj* rosa; **bojë** ~ rosafarben
rozmarín|ë -a *f, Pl* -a Rosmarin *m*
rúajtës -i *m, Pl* – Bewahrer *m*

rúajtj|e -a *f* Bewachen *n*; Bewahren *n*; Beobachten *n*; Einhalten *n*
rú|an 9 *tr* 1. hüten, bewachen; beschützen, bewahren; 2. aufbewahren, sparen; 3. einhalten, sich nach etw. richten; 4. beachten, beobachten; 5. *Tech* pflegen; **-het** *refl* sich hüten, aufpassen
rúaz|ë -a *f, Pl* -a 1. Glasperle *f für Schmuck*; Glaskugel *f als Amulett*; 2. Blutkörperchen *n*
rúb|ë -a *f, Pl* -a Tuch *n*, Kopftuch *der Frauen*
rúb|ël -la *f, Pl* -la Rubel *m*
rubín -i *m, Pl* -ë *od* -a Rubin *m*
rubinét -i *m* Wasserhahn *m*
rubrík|ë -a *f, Pl* -a Rubrik *f*
rúdë *Adj* kurz u. weich *(Wolle)*; **lesh** ~ kurzfasrige, weiche Wolle; **dash** ~ Hammel mit kurzem, weichem Fell
rudín|ë -a *f, Pl* -a ebene Gebirgswiese *f*, Alm *f*
rufaí -u *m, Pl* – *od* -nj heulender Derwisch *m*
rufét -i *m, Pl* -e Zunft *f*, Gilde *f*
rufít 22 *tr* einsaugen; schlürfen
rúfkë *Adj*: **ve** ~ sehr weich gekochtes Ei
rúhet 9 *refl* → **ruan**
rum -i *m* Rum *m*
Rumaní -a *f* Rumänien *n*; **Republika Socialiste e** ~ **së** die Sozialistische Republik Rumänien
rumanísht *Adv* auf rumänisch
rumanísht|e -ja *f* Rumänisch *n*
rumún I. -i *Subst/m, Pl* -ë Rumäne *m*; II. -e *Adj* rumänisch
rumúze -t *Pl* = **romuze**
rún|ë -a *f* Rauchabzug *m am Kamin*
rungá -ja *f, Pl* – = **rungajë**
rungáj|ë -a *f, Pl* -a 1. Lawine *f*; 2. Hochmoor *n*; 3. Ablagerung *f von Flüssen*, Flußgeröll *n*; 4. Flußbett *n*; 5. Wildbach *m der Steine u.a. mit sich führt*
rúr|e -ja *f* = **rurëz**

rúrëz -a *f* quälender Zweifel *m*
¹rus I. -i *Subst*|*m*, *Pl* -ë Russe *m*; II.
-e *Adj* russisch
²rus, -e *Adj* rothaarig, rotblond; fuchsfarben; **pelë** ~ **e** rotbraune Stute *f*, Fuchsstute
rúset 21 *refl* hinabsteigen, herabsteigen; herabhängen
rusgjér *Indekl*: **po bie shi** ~ es regnet in Strömen
Rusí -a *f* Rußland *n*
rusísht *Adv* auf russisch
rusísht|e -ja *f* Russisch *n*
rúskë *Adj* = ²rus
rutín|ë -a *f* Routine *f*; **punë** ~ Routinearbeit *f*
ryshfét -i *m*, *Pl* -e Bestechungsgeld *n*, Schmiergeld *n*
ryshfetçí -u *m*, *Pl* – *od* -nj bestechlicher Mensch *m*, korruptes Subjekt *n*
rytbé -ja *f*, *Pl* – *alt* Grad *m*, Titel *m*, Würde *f*
rýz|ë -a *f*, *Pl* -a *Bot* Raute *f*

Rr

rra -ja *f*, *Pl* – Spulwurm *m*
rráb|e -ja *f*, *Pl* -e Ödland *n* mit Steinen und Gesträuch
rrabérr -i *m* Tier, das am Verenden ist
rrabósht|ë -a *f Bot* Pfaffenhütlein *n*
rradák|e -ja *f*, *Pl* -e Schädel *m*, Schädeldecke *f*; **s'ta kupton rradakja** es will nicht in deinen Schädel
rráf ës -i *m*, *Pl* – Stempel *m*, Quirl *m* des Butterfasses
rrafsh -i *m*, *Pl* -e **1.** Ebene *f*, Flachland *n*; **bën** ~ einebnen; **e mbush** ~ bis an den Rand füllen; **2.** *Geom* Ebene
rráfshët (i) *Adj* eben, flach
rrafshím -i *m* Einebnung *f*, Planieren *n*; Gleichmachung *f*
rrafshín|ë -a *f*, *Pl* -a flache Stelle *f*, Plateau *n*; Flachland *n*, Ebene *f*
rrafshnált|ë -a *f*, *Pl* -a Hochebene *f*, Hochplateau *n*
rrafshón 1 *tr* **1.** Sack, Gefäß füllen, vollmachen; **2.** einebnen, planieren; ~ **një qytet** eine Stadt dem Erdboden gleichmachen
rrafshúar (i) *Adj* eingeebnet; planiert
rrafshúlt|ë -a *f*, *Pl* -a Tiefebene *f*
rrag -u *m* Arbeitsschürze *f aus Sackleinen*
rragátet 20 *refl* sich zanken, sich streiten, sich ein Wortgefecht liefern
rragát|ë -a *f*, *Pl* -a Zank *m*, Streit *m*, Wortgefecht *n*
rragátj|e -a *f*, *Pl* -e = rragatë
rragníc|ë -a *f*, *Pl* -a grobes Handtuch *n*; Wischlappen *m*
rrágj|ë -a *f* Zank *m*, Streit *m*
¹rrah -u *m*, *Pl* -e Rodung *f*; **çel** ~ einen Wald roden
²rrah 17³ *1. Pers Sg Präs* → rreh
rráhc|ë -a *f* Ladestock *m*
rráhës -i *m*, *Pl* – Bleuel *m*, Wäscheklopfer *m*
rráhj|e -a *f*, *Pl* -e **1.** Schlagen *n*; Schlag *m*; **2.** Schlägerei *f*, Prügelei *f*
rrahón 1 *tr Bäume od. Äste* zu Boden werfen; herunterreißen;

umstürzen; roden; *übertr* **i rrahoi lufta** der Krieg hat sie zerstört

rráhur (i) *Adj* **1.** gestampft, geschlagen, gehämmert; **2.**: **cjap i ~** verschnittener Bock *m*; **3.** *übertr* erfahren, bewandert, gewiegt; **i ~ me vaj e me uthull** mit allen Wassern gewaschen

rráj|ë -a *f, Pl* -a freigeschaufelter Pfad *m im Schnee*; Schleifspur *f von Bäumen*

rrakél -i *m, Pl* -a Garnwinde *f*, Haspel *f*

rraketák|e -ja *f, Pl* -e Klapper *f*

rrállas *Adv* spärlich gesät oder gepflanzt

rrállë I. (i) *Adj* spärlich, schütter; **flokë të ~** schütteres Haar *n*; selten, ungewöhnlich; **raste të rralla** seltene Fälle *Pl*; **më të ~** selten einmal; **II.** *Adv* spärlich, lose, in großen Abständen; **~ e për mall** zu selten; **~ e tek** a) ab und zu, bisweilen; b) da und dort

rrallëhérë *Adv* selten

rrallëkúsh *Indef Pron* selten einmal jemand, nur wenige

rrallím -i *m* Verringerung *f der Häufigkeit*; *Landw* Verziehen *n*

rralló|n 1 *tr* **1.** *Landw* verziehen, auslichten; **2.** seltener machen; **~ vizitat** die Besuche einschränken; **-het** *refl* sich lichten, dünn werden *(Haar)*; **rrallohu këtej!** verzieh dich!, mach dich dünne!

rrángulla -t *Pl* Gerümpel *n*, Plunder *m*; Hausrat *m*

rraníc|ë -a *f, Pl* -a großes Stück *n* Brot, Runks *m*; Kanten *m*; großes Stück Pastete

rrap -i *m, Pl* -a *od* **rrépe** Platane *f*

rrapám|ë -a *f, Pl* -a Gepolter *n*, Krach *m*

rrapashýt I. *Adj* untersetzt, gedrungen; **II.** -i *Subst/m* untersetzter Mensch *m*, kleiner und dicker Mensch

rrapátet 20 *refl* sich anstrengen, sich mühen, bestrebt sein

rrapatóset 21 *refl* absichtlich Lärm machen, lärmen, poltern

rrapçáll|e -ja *f, Pl* -e Kleinkram *m*, Plunder *m*

rrapëllím|ë -a *f, Pl* -a Lärm *m*, Krach *m*, Gepolter *n*

rrapëllín 11 *itr* = **rrapëllon**

rrapëllón 1 *itr* lärmen, Lärm machen, Krach machen

rrapín|ë -a *f, Pl* -a Leiterbaum *m am Leiterwagen*

rrapísht|ë -a *f, Pl* -a Platanenwald *m*

rrapshténjtë (i) *Adj* schrumplig *(Äpfel u. Quitten)*

rraptím|ë -a *f* Lärm *m*, Krach *m*

rraptón 1 *itr* Lärm machen, Krach machen, lärmen

rráqe -t *Pl* = **rrangulla**

rras 21 *tr* zwängen, drücken, stopfen; **-et** *refl* sich hineinzwängen, sich hineindrängeln; **u ~ me bukë** er hat sich mit Brot vollgestopft

rrasallít 22 *tr* stampfen, pressen, zusammenpressen

rrás|ë -a *f, Pl* -a Steinplatte *f*, Fliese *f*; **~ varri** Grabstein *m*; Stein *m*, Ziegel *m*; **~ çatie** Dachziegel

rrasët I. (i) *Adj* ganz voll, dicht; **pëlhurë e ~** dichtes Gewebe *n*; stark, hoch; **ethe të rrasta** hohes Fieber *n*; **II.** *Adv* gestopft voll, gesteckt voll, ganz voll; **e mbush ~** bis obenhin füllen

rrasík, -e *Adj* flach, zusammengedrückt

rrásj|e -a *f* Pressen *n*, Zusammenpressen

rraskapít 22 *tr* ermüden, müde machen; **-et** *refl* müde werden, ermatten

rraskapítj|e -a *f* Ermüdung *f*, Erschöpfung *f*

rraskapítur (i) *Adj* müde, matt, erschöpft

rrásk|ë -a *f, Pl* -a Lab *n*

rrasóll -i *m, Pl* rrasój Essiggemüse *n*, Mixed Pickles *Pl*

rrashqél -i *m, Pl* -a Rechen *m*, Harke *f*

rrasht -i *m, Pl* rréshtna Knochen *m*, Gebein *n*

rrásht|ë -a *f, Pl* -a Schädelknochen *m*, Schädel *m*; ~ **e breshkës** Schildkrötenpanzer *m*; *übertr* **e la ~n atje** er ließ dort sein Leben

rrashtín|ë -a *f, Pl* -a 1. Ebene *f*; 2. schirmlose Mütze *f*, Kappe *f*

rráthë -t *Pl* Art Fischreuse

rráthj|e -a *f, Pl* -e Echter Reizker *m*

rravgím -i *m* Umherlaufen *n*, Umherschlendern *n*

rravgón 1 *itr* umherlaufen, umherschlendern

¹**rráxh|ë** -a *f, Pl* -a Dornrochen *m*

²**rráxh|ë** -a *f* Streichbrett *n am Getreidemaß*; **ishte mbushur me ~** es war gestrichen voll; **gjithë ishin një ~** sie waren alle gleich

rrazbítet 20 *refl* schwach werden; mager werden, abmagern

rrbýthet 14 *refl* sich zurückziehen, zurückweichen

rre -ja *f, Pl – od* rra Spulwurm *m*

rrebán I. -e *Adj* launisch, launenhaft, eigensinnig; **II.** -i *Subst/m, Pl* -ë launischer Mensch *m*

rréb|e -ja *f, Pl* -e Laune *f*, Stimmung *f*; **njeri me ~** launenhafter Mensch *m*; **e gjeta me ~** ich fand ihn bei schlechter Stimmung

rrebésh -i *m, Pl* -e Wolkenbruch *m*; *übertr* Katastrophe *f*

rrébull -i *m* Milchschorf *m*; *übertr* Zorn *m*, Wut *f*, üble Laune *f*

rreckamán I. -i *Subst/m, Pl* -ë Zerlumpter *m*, in Lumpen gekleideter Mensch *m*; **II.** -e *Adj* zerlumpt, abgerissen

rréck|ë -a *f, Pl* -a Lumpen *m*, Fetzen *m*

rreckós 21 *tr* in Fetzen reißen, zerreißen, zerfetzen; **-et** *refl* zerreißen, in Fetzen gehen

rreckósur (i) *Adj* zerlumpt, abgerissen, in Fetzen

rréfkët (i) *Adj* finster, zornig, wütend

rrefkëtóhet 1 *refl* zornig werden, aufbrausen; sich verschlimmern *(Wunde)*

rrég|e -ia *f, Pl* -e brachliegendes Feldstück *n*, Brachacker *m*

¹**rrégull** -i *m* Ordnung *f*; **këtu ka ~** hier herrscht Ordnung; **ve ~** in Ordnung bringen; Ordnungsliebe *f*; Disziplin *f*; **me ~** regelmäßig, in regelmäßigen Abständen; **në ~** in Ordnung, richtig, vorschriftsmäßig; **e ka si ~** er hat die Angewohnheit

²**rrégull** -a *f, Pl* -a Regel *f*, Norm *f*; **~at e gramatikës** die Regeln der Grammatik; *Math* **~a e treshit** der Dreisatz, die Regeldetri

rregullí -a *f* Verwandtschaft *f*

rregullím -i *m* Regulierung *f*, Regelung *f*, Ordnen *n*

rregullísht *Adv* ordentlich, regelmäßig; in der Regel, gewöhnlich

rregulló|n 1 *tr* regeln, regulieren, in Ordnung bringen; ordnen, systematisieren; **-het** *refl* sich einrichten; zurechtkommen

rregullór|e -ja *f, Pl* -e Reglement *n*; Regeln *Pl*; Ordnung *f*, Hausordnung *f*; Ausführungsbestimmungen *Pl eines Gesetzes*

rregullsí -a *f, Pl –* Regelmäßigkeit *f*; regelentsprechendes Verhalten *n*

rrégullsh|ëm (i), **-me** (e) *Adj =* **i rregullt**

rrégullt (i) *Adj* regelmäßig; einer Regel entsprechend, regelgemäß; exakt, ordentlich, zuverlässig; **njeri i ~** ein ordentlicher Mensch;

ordnungsgemäß, ordentlich; geordnet, geregelt; regelmäßig, ebenmäßig; **folje të** ~**a** regelmäßige Verben *Pl*

rregulltár -i *m*, *Pl* -ë Ordensbruder *m*

rregulltár|e -ja *f*, *Pl* -e Ordensschwester *f*

rregullúes, -e *Adj* regulierend

regjëní -a *f alt Rel* Königreich *n*, Reich *n Gottes*

rreh 17³ *tr* **1.** schlagen, hauen, prügeln; **2.**:~ **qumështin** buttern; ~ **vezë** Eierschaum schlagen; ~ **orizin** Reis durch Stampfen schälen; ~ **baltën** Lehm stampfen; **3.** einen Weg regelmäßig gehen, befahren; **4.** *übertr* Problem behandeln; ~ **benë** schwören; *itr* **1.** schlagen; ~ **zemra** das Herz schlägt; **2.** sich anstrengen, bestrebt sein; **e di ku** ~ **ai** ich weiß, worauf er abzielt; → ¹**rrihet**

rréjsh|ëm (i), -me (e) *Adj* = i ²**rrem**

rrek 14³ *tr* anstrengen; müde machen; -et *refl* sich anstrengen, sich bemühen

rrekëzín|e -a *f* Einlegesohle *f für Opanken*; *übertr* Fetzen *m*, Lappen *m*

rrékj|e -a *f*, *Pl* -e *Phys* Kraft *f*, Spannung *f*

¹**rrem** -i *m*, *Pl* -a Ruder *n*, Riemen *m*

²**rrem** (i), -e (e) *Adj* verlogen, falsch; **njeri i** ~ Lügner *m*, verlogener Mensch *m*; **ergjënd i** ~ falsches Silber *n*; **gjellë e** ~**e** fleischlose Speise *f*, Fastenspeise *f*

rréma (të) *Pl* = të **rreme**

rremásh, -e *Adj* verlogen, lügnerisch

rremb -i *m*, *Pl* -a **1.** Zweig *m*, Ast *m*; Sprosse *f des Geweihs*; **2.** Flußarm *m*; **3.** Heeresabteilung *f*; **4.**: ~**at e gjakut** die Blutgefäße, die Adern; **mermer** ~**a**- ~**a** geäderter Marmor

rrembth -i *m* Reis *n*, Zweiglein *n*

rréme -t (të) *Pl* Lügen *Pl*, Betrug *m*

rrémë (i) *Adj* = i ²**rrem**

rrémës -i *m*, *Pl* - Lügner *m*

rremóhet 1 *refl* sich verzweigen, sich gabeln, sich verästeln

rre|n 8 *tr* täuschen, betrügen, irreführen; **më rrejti mendja** *od* **më rrejti syu** ich ließ mich täuschen; *itr* lügen; -het *refl* sich irren, sich täuschen

rrenacák, -e *Adj* = **rremash**

rrén|ë -a *f*, *Pl* -a Lüge *f*, Betrug *m*

rrénës, -e *Adj* verlogen, falsch; *übertr* falsch, fleischlos; **qofte** ~**e** Art Hackbraten

rreng -u *m*, *Pl* rréngje Tücke *f*, heimtückische Handlung *f*; Ränkespiel *n*

rrengç|úer, -óre *Adj* heimtückisch, hinterhältig

rrenón 1 *tr* = **rrënon**

rrenór|e -ja *f*, *Pl* -e Ödland *n*, Wüstenei *f*

rrep -i *m*, *Pl* -a Rübenkohl *m*

rrépe *Pl* → **rrap**

rréptë (i) *Adj* streng, unerbittlich; schroff, rauh

rreptësí -a *f* Strenge *f*, Härte *f*; Schroffheit *f*, Rauheit *f*; *Sport* **zona e** ~**së** der Strafraum

rreptësisht *Adv* streng, unbedingt, kategorisch; **ndalohet** ~ streng verboten

¹**rreshk** 14³ *tr* rösten, toasten; ~ **bukën** Brot rösten; braten, grillen; ~ **mishin** Fleisch grillen; -et *refl* austrocknen; vertrocknen; **m'u** ~ **goja** mein Mund ist ausgetrocknet; **iu** ~ **dora** seine Hand ist welk geworden

²**rreshk** -u *m* **1.** Duft *m* von Gebackenem; **2.** Appetit *m*, Heißhunger *m*; **3.** Angewohnheit *f*

rreshkatáq, -e *Adj* runzelig, welk *vom Alter*

rréshkët (i) *Adj* ausgedörrt, ausgetrocknet; geröstet

rréshm|e -ja *f*, *Pl* -e **1.** Lawine *f*; **2.** Geröllabhang *m*
rréshp|e -ja *f*, *Pl* -e *Geol* Schiefer *m*
¹**rresht I.** -i *Subst/m*, *Pl* -a Reihe *f*, Zeile *f*; **II.** *Adv* der Reihe nach; in einer Reihe; **ndejtën ~ sie** saßen in einer Reihe; ununterbrochen, hintereinander; **dy javë ~** zwei Wochen hintereinander
²**rresht** 14 *itr* aufhören zu; **pa ~ur** ununterbrochen, ständig
rreshtér -i *m*, *Pl* -ë *od* -a Unteroffizier *m*
rreshtím -i *m*, *Pl* -e **1.** *alt* Verhaftung *f*, Festnahme *f*, Ergreifung *f*; **urdhër ~i** Haftbefehl *m*; **2.** Einreihung *f*, Einordnung *f*
rreshtó|n 1 *tr* **1.** verhaften, festnehmen; ergreifen; **2.** einreihen, einordnen; **-het** *refl* sich einreihen
rrét|ër -ra *f*, *Pl* -ra langer, gedrehter Lederstrick *m*
rreth I. -i *Subst/m*, *Pl* -e *od* rráthë **1.** Reifen *m*, Radreifen; Faßband *n*; Ring *m der Sense*; Reifen *als Spielzeug*; **~ i unazës** Ring, Fingerring; **2.** *Geom* Kreis *m*; **~ synor** Gesichtskreis; **3.** Gürtel *m*; **~ i fishekëve** Patronengürtel; **~ i sitës** Siebzarge *f*; **4.:~ e** *Pl* Umgebung *f*; **5.** *Verw* Kreis; **6.** Verwandtschaft *f*, Seite *f*; **~i i nuses** die Seite der Braut; **7.** Kreis, Zirkel *m*; **në një ~ artistësh** in einem Kreis von Künstlern; **~ letrar** literarischer Zirkel; **II.** *Adv* rings, ringsum, rundum; **mos eja ~!** treib dich nicht herum! bummle nicht herum!; **po vijmë ~** wir kommen aus, wir kommen zurecht; **~ e rrotull** *od* **~ e përqark** ringsherum, rundum; **~ e ~** ringsum, um...herum; **III.** *Präp (mit Abl)* um...herum; **~ shtëpisë** um das Haus herum; **~ orës pesë** gegen fünf Uhr; **~ asaj çështjeje** zu dieser Sache, über diese Frage
rrethák -u *m*, *Pl* -ë eingezäunter Platz *m*, Einfriedung *f*
rrethán|ë -a *f*, *Pl* -a, *meist Pl* **rrethana** Umstände *Pl*, Verhältnisse *Pl*; Bedingungen *Pl*, Situation *f*; **u rrit në rrethana të vështira** er wuchs in schwierigen Verhältnissen auf; **në ~ kritike** in einer kritischen Situation
rréthas *Adv* rundum; gemeinschaftlich
rrethatón 1 *tr* umgeben, umzingeln
rrethatór|e -ja *f*, *Pl* -e **1.** Patronengürtel *m*; **2.** Art runde Pfanne; **3.** Art weißer, oben abgeplatteter Fez
rréthçe *Adv* = **rrethas**
rréth|e -ja *f*, *Pl* -e **1.** von Steinmauer umgebene Waldweide *f*; **2.** zerrissener Schuh *m*
rrethím -i *m*, *Pl* -e Belagerung *f*, Umzingelung *f*; Umzäunen *n*
rrethína -t *Pl* Umgebung *f*
rrethój|ë -a *f*, *Pl* -a **1.** Umzäunung *f*, Bretterzaun *m*; **2.** *Tech* Kreis *m*, Stromkreis
rrethón 1 *tr* einzäunen, einhegen; umzingeln, belagern; umringen, umgeben; **~ me kujdes** umsorgen, mit Fürsorge umgeben
rrethór|e -ja *f*, *Pl* -e Art Blusenrock *in der Frauentracht Mittelalbaniens*
rrethós 21 *tr* = **rrethon**
rrethshkrím -i *m*, *Pl* -e *Math* Umschreibung *f*
rrethshkrúan 2 *tr Math* umschreiben
rrethúar (i) *Adj* eingezäunt; umzingelt; umgeben
rrév|ë -a *f* Los *n*; **shtie ~** losen
rréx|ë -a *f* **1.** Häkelsaum *m*; Häkelspitze *f*; **2.** Tüll *m*
rrezatím -i *m*, *Pl* -e **1.** Bestrahlung *f*; **2.** *Opt* Strahlung *f*, Ausstrahlung; **~i radioaktiv** die radioaktive Strahlung; **~e infrakuqe** Infra-

rotstrahlung; ~ **e ultravjollcë** Ultraviolettstrahlung
rrezatón 1 *tr* bestrahlen; ausstrahlen
rréz|e -ja *f*, *Pl* -e Strahl *m*; ~ **uzdaje** Hoffnungsstrahl, Hoffnungsschimmer *m*; *Geom* Radius *m*; ~ **e bredhur** Brechungsradius; ~**t** X *od* ~ **rëntgen** Röntgenstrahlen *Pl*; ~ **e qerres** Speiche *f*; ~ **veprimi** Ausstrahlungsbereich *m*
rrezetím -i *m*, *Pl* -e Ausstrahlung *f*
rrezetón 1 *tr* ausstrahlen
rréz|ë -a *f* = **rreze**
rrezg -u *m* Höhepunkt *m*; Blüte *f*, Blütezeit *f*
rrézga-bjézga *Adv* Hals über Kopf
rrézgull -a *f*, *Pl* -a Scheibe *f*, Schnitte *f*
rrezigáll -i *m* Gift *n*; Arsenik *n*
rrezík -u *m*, *Pl* rrezíqe Gefahr *f*; Risiko *n*
rrezikón 1 *tr* riskieren, wagen; einsetzen, aufs Spiel setzen; **ka rrezikuar jetën** er hat sein Leben aufs Spiel gesetzt
rrezíksh|ëm (i), -me (e) *Adj* gefährlich, gefahrvoll, bedrohlich; gewagt, riskant
rrezikshmërí -a *f* Gefährlichkeit *f*, Gefahr *f*; **nuk paraqet** ~ das stellt keine Gefahr dar
rrezikzéz|e -a *f* Pechvogel *m*, vom Pech verfolgte Frau
rrezikzí -u *m* Pechvogel *m*, Unglücksrabe *m*
rrezítet 20 *refl* sich sonnen, ein Sonnenbad nehmen
rrezm -i *m* 1. Zenit *m*, Höhepunkt *m* *einer Karriere*; 2.: **ka dalë toka** ~ **it** der Boden hat an Fruchtbarkeit eingebüßt
rrézhd|e -ja *f*, *Pl* -e unreife Maulbeere *f*
rrëcók -u *m* Vogelmagen *m*
rrëcók|e -ja *f*, *Pl* -e Gürtel *m*; Stoffstreifen *m*

rrëfán|ë -a *f*, *Pl* -a Henkel *m*; *übertr* **ia gjej** ~**n** ich finde die Lösung, ich weiß, wie die Sache anzupacken ist
rrëfángull -a *f*, *Pl* -a Knopfloch *n*
rrëfátet 20 *refl* sich verzweigen, sich gabeln
rrëfé|n 3 *tr* 1. erzählen, berichten, schildern; 2. zeigen, weisen; ~ **udhën** den Weg zeigen; aufweisen; sich erweisen als; **ai e rrëfeu vehten burrë** er erwies sich als Mann; 3. die Beichte abnehmen; **-het** *refl* sich erweisen als; **s'rrëfehet me gojë** das läßt sich gar nicht erzählen; beichten, die Beichte ablegen
rrëfénj|ë -a *f*, *Pl* -a Erzählung *f*, Geschichte *f*, Kurzgeschichte
rrëfénjës -i *m*, *Pl* – Erzähler *m*
rrëféshk -u *m*, *Pl* -ë Nickende Distel *f*; **zog** ~**u** Distelfink *m*
rrëfím -i *m*, *Pl* -e Erzählen *n*; Erzählung *f*, Bericht *m*; Beichte *f*
rrëfýes -i *m*, *Pl* – Beichtvater *m*
rrëgállet 14 *refl* sich wälzen, rollen
rrëgáll|ë -a *f*, *Pl* -a 1. mit Geröll bedeckter Ort *m*, Geröllhalde *f*; 2. tiefe, enge Schlucht *f* *voller Steine*
rrëgallín|ë -a *f* mit Geröll bedeckter Boden *m*, steiniger Acker *m*
rrëgjó|n 1 *tr* verkleinern; **-het** *refl* sich verkleinern, kleiner werden, schrumpfen
rrëgjúar (i) *Adj* verkleinert; geschrumpft
rrëgjýl -i *m*, *Pl* -a Geschwür *n* *am Fuß*
rrëkájë *Adv* in Strömen, reichlich; **shkoi gjaku** ~ das Blut floß in Strömen
rrëké -ja *f*, *Pl* – 1. strömendes Regenwasser *n*, Gießbach *m*; Bergbach *m*; **ra shi** ~ es regnete in Strömen; 2. Bächlein *n*, Rinnsal *n*
rrëkëllé|n 3 *tr* 1. rollen lassen;

2. umstürzen, umkippen; ~ **kupën** den Becher bis zur Neige leeren; **-het** *refl* sich wälzen; rollen; herabrollen
rrëkót|ë -a *f*, *Pl* -a Ring *m* aus *gehärtetem Wachs od Fett*
rrëmáç I. -e *Adj* linkshändig; **II.** -i *Subst/m* Linkshänder *m*
rrëmáktë (i) *Adj* linker
rrëmbé|n 3 *tr* **1.** rauben, packen; ergreifen, an sich reißen; **2.** versengen, verbrennen; **-het** *refl* **1.** versengen, verbrennen; **u rrëmbye buka** das Brot ist verbrannt; **2.** unbedacht handeln; sich hinreißen lassen; aufbrausen, in Wut geraten
rrëmbés -i *m*, *Pl* -ë Räuber *m*
rrëmbés|ë -a *f* Raub *m*; Gewalt *f*; Heftigkeit *f des Regens od eines Wasserlaufs*; Strömung *f*; **bie shi me ~** es regnet heftig
rrëmbím -i *m* Ergreifen *n*; Rauben *n*, Raub *m*; **me ~** a) jäh, heftig; b) mit Gewalt
rrëmbímthi *Adv* jäh, heftig; mit Gewalt
rrëmbýer (i) *Adj* **1.** geraubt; **2.** überstürzt, übereilt, hastig; **3.** jähzornig, unbeherrscht
rrëmbýes -i *m*, *Pl* – Räuber *m*
rrëmbýesh|ëm (i), -me (e) *Adj* **1.** reißend *(Wasser)*; **2.** jähzornig, unbeherrscht
rrëméjtë (i) *Adj* steil, abschüssig
rrëmét -i *m* Menge *f*, Menschenauflauf *m*
rrëméta -t *Pl* Bastschuhe *Pl*
rrëmíh 14³ *tr den Boden* aufhacken, auflockern
rrëmíq|e -ja *f*, *Pl* -e Steilhang *m*
rrëmór|e -ja *f*, *Pl* -e **1.** steiler Felsen *m*; **2.** abschüssiger Acker *m*; Geröll *n*, Steinschlag *m*
rrëmúj|ë -a *f* **1.** Durcheinander *n*, Wust *m*, Gewirr *n*; **2.** Beute *f*
rrënd -i *m* = **rrëndës**

rrëndës -i *m* Lab *n*
rrëngjén 3 *itr* strahlen, funkeln
rrëním -i *m*, *Pl* -e Zerstörung *f*, Vernichtung *f*; -e *Pl* Ruinen *Pl*
rrënón 1 *tr* **1.** zerstören, vernichten; **2.** ruinieren
rrënxák -u *m*, *Pl* -ë Bruchleidender *m*
rrënxóhet 1 *refl* sich einen Bruch zuziehen
rrënxúar (i) *Adj* bruchleidend
rrënjén 3 *itr* strahlen, funkeln
¹**rrënj|ë** -a *f* Eiche *f*, Stieleiche
²**rrënj|ë** -a *f*, *Pl* -ë **1.** Wurzel *f*; Stück *n bei Bäumen*; **sa ~ ullinj mund të ketë këtu?** wieviel Ölbäume mag es hier geben?; *übertr* **zë ~** *od* **ngul ~** Wurzeln schlagen, Fuß fassen; **e njoh ~ e degë** ich kenne ihn ganz genau; **2.** *Anat* Wurzel; **~ e dhëmbit** Zahnwurzel; **~ e flokut** Haarwurzel; **3.** Herkunft *f*, Ursprung *m*; **nga e ka ~n?** woher stammt er?; **4.** *Gramm*, *Math* Wurzel; **~ katrore** Quadratwurzel
rrënjëdálë *Adj* kinderlos, ohne Nachkommenschaft
rrënjës -i *m*, *Pl* – Einheimischer *m*
rrënjësísht *Adv* mit Stumpf und Stiel, gründlich; grundlegend, von Grund auf
rrënjësór, -e *Adj* tiefgreifend, tiefgehend, gründlich
rrënjëtór -i *m*, *Pl* -ë *Math* Radikal *n*, Wurzelzeichen *n*
rrënjós 21 *tr* eine Idee od ein Gefühl einpflanzen, verwurzeln; **-et** *refl* Wurzeln schlagen
rrënjósur (i) *Adj* eingewurzelt; verwurzelt
rrëpír|ë -a *f*, *Pl* -a **1.** Steilhang *m*; **2.** Platzregen *m*
rrëqáset 21 *refl* sich entfernen, sich zurückziehen
rrëqébull -i *m*, *Pl* **rrëqébuj** Luchs *m*
rrëqéthe -t *Pl* Schüttelfrost *m*, Zittern *n*

rrëqéthet 14 *refl* Schüttelfrost haben, zittern

rrëqúkull -a *f* kleine Frau *f*; kleines Kind *n*, Knirps *m*

¹**rrësháj**|ë -a *f*, *Pl* -a Viper *f*

²**rrëshájë** -t *Pl* Pfingsten *Pl*

rrëshék -u *m*, *Pl* -ë 1. Ziegenbalg *m*, Schlauch *m für Öl, Wein usw.*; *übertr* **bie shi me** ~ es gießt in Strömen; 2. Blasebalg *m*

rrëshíq -i *m*, *Pl* -e *od* -a = **rrëshek**

rrëshír|ë -a *f* Harz *n*; ~ **pishe** Kiefernharz

rrëshírtë (i) *Adj* harzig, Harz-

rrëshkát|ë -a *f* großes Unglück *n*, Unheil *n*

rrëshqánë *Adv* kriechend, schleppend, am Boden schleifend

rrëshqánës -it *Pl* Reptilien *Pl*, Kriechtiere *Pl*

rrëshqás 23 *1. Pers Sg Präs* → **rrëshqet**

rrëshqét 23 *itr* ausgleiten, ausrutschen; entgleiten, aus der Hand gleiten; *übertr* **këtu rrëshqite** hier hast du deine Zunge nicht im Zaum gehalten; **më rrëshqiti ky gabim** dieser Fehler ist mir herausgerutscht

rrëshqíste 23 *Imperf* → **rrëshqet**

rrëshqít *Adv*: **për** ~ = **rrëshqitas**

rrëshqítas *Adv* 1. kaum berührend; auf Zehenspitzen; 2. oberflächlich

rrëshqít|ë -a *f*, *Pl* -a matschige Stelle *f*, schmieriger Lehmboden *m auf dem man ausgleitet*

rrëshqítës -i *m*, *Pl* – 1. *Tech* Gleitkopf *m*; 2. ~ *Pl* Reptilien *Pl*, Kriechtiere *Pl*

rrëshqítj|e -a *f* 1. Ausgleiten *n*, Ausrutschen *n*; 2. Erdrutsch *m*

rrëshýell -i *m*, *Pl* rrëshéj wilder Lattich *m*; Giftlattich

rrëxím -i *m* Niederwerfen *n*, Hinwerfen *n*

rrëxón 1 *tr* = **rrëzón**

rrëzák -u *m*, *Pl* -ë 1. Herumtreiber *m*, Eckensteher *m*; 2. schwaches, mickriges Kind *n*; **ka mbetur** ~ er ist zurückgeblieben

rrëzáll -i *m*, *Pl* rrëzáje 1. Pflanze *f* einschließlich Wurzel; 2. Ablagerung *f von Flüssen nach Hochwasser*; *übertr* wertloses Zeug *n*

rréz|ë I. -a *Subst*|*f*, *Pl* -a Fuß *m eines Berges, Baumes usw.*; Ansatz *m eines Körperteiles usw.*; **në** ~ **të veshit** am Ansatz des Ohres; Ecke *f*, Winkel *m*; ~ **e syrit** Augenwinkel; **ai rri rrëzave** er sitzt in den Ecken herum; II. *Präp (mit Abl)* am Fuße; ~ **malit** am Fuß des Berges

rrëzím -i *m* 1. Niederwerfen *n*, Niederreißen *n*; Verwerfen *n*, Zufallbringen *n eines Beschlusses usw.*; Durchfallen *n in der Prüfung*; 2. Schlucht *f*, Abgrund *m*; 3. Einsturz *m*, Bergrutsch *m*

rrëzó|**n** 1 *tr* niederwerfen, zu Boden werfen, abwerfen; niederreißen, abreißen; *übertr* einen Gedanken verwerfen; *einen Beschluß* 'zu Fall bringen; *eine Regierung* stürzen, absetzen; **-het** *refl* einstürzen; herunterfallen, fallen; **rrëzohet përdhe** hinfallen; durchfallen *(Prüfung)*; verfallen *(gesundheitlich)*

rri 50 *itr* 1. sitzen; ~ **ndënjur** sitzen; ~ **shtuara** *od* ~ **më këmbë** stehen; ~ **shtrirë** liegen; ~ **më gjunjë** knien; 2. sich setzen, sich niederlassen; ~ **përdhe!** setz dich hin!; 3. bleiben, verweilen, sich aufhalten; herumsitzen; **kam ndejtur gjithë natën pa gjumë** ich habe die ganze Nacht kein Auge zugetan; 4. sich verhalten, eine Haltung einnehmen; ~ **urtë** sei gescheit! sei artig!; 5. leben, wohnen; **ku** ~ ? wo wohnst du?; 6. sitzen, passen *(Kleidung)*; **më** ~**në mirë këto rroba** diese Sachen passen mir gut; 7. stehen zu; **ai s'i** ~ **fjalës** er steht nicht zu seinem Wort; dabei bleiben; **ai i ~ punës sipër** er ist ständig bei der Arbeit; **8.: më ~ mir scheint, mich dünkt; më ~ se ti flet kot** mir scheint, du sprichst Unsinn; **uji s'më ~ i mirë** das Wasser kommt mir nicht gut vor; **-het** *refl*: **s'më ~ het** ich kann es nicht aushalten; **atij s'i rrihet pa folur** er kann seinen Mund nicht halten

rríb|ë -a *f* Windzug *m*; scharfer Wind *m*

rrídhte 16³ *Imperf* → **rrjedh**

rríg|ë -a *f*, *Pl* -a: ~ **matëse** Lineal *n*

¹**rríhet** 17³ *refl* **1.** sich streiten, sich zanken; **2.** sich befruchten *(Fische)*; → **rreh**

²**rríhet** 50 *refl* → **rri**

rríhte 17³ *Imperf* → **rreh**

rrík|ë -a *f*, *Pl* -a Löffelhalter *m*, Löffelkasten *m*

rrím|e -ja *f*, *Pl* -e Regenwurm *m*

rrip -i *m*, *Pl* -a = **rryp**; ~ a-~ a in Streifen

rrípet 16³ *refl* sich schälen, sich pellen; → **rrjep**

rríp|ë -a *f*, *Pl* -a steiler Abhang *m*, abschüssige Stelle *f*, Felswand *f*

rríqër -a *f*, *Pl* -a Holzbock *m*, Hundszecke *f*

rrísg|ë -a *f*, *Pl* -a Steinsplitter *m*

rrísk|ë -a *f*, *Pl* -a Scheibe *f*, Schnitte *f*

rrískull -a *f*, *Pl* -a = **rriskë**

rrit 22 *tr* **1.** aufziehen, erziehen; *Tiere* halten, züchten; **2.** vergrößern; übertreiben; **mos e ~ punën!** übertreibe die Sache nicht!; **3.** erhöhen, zu viel Ehre erweisen; **ti ia ke ~ur mendjen** du hast ihm Rosinen in den Kopf gesetzt; **-et** *refl* **1.** wachsen, aufwachsen; **2.** erwachsen werden; **3.** länger werden; **u ~ dita** der Tag ist länger geworden; **4.** steigen; ~ **en çmimet** die Preise steigen; **5.** sich selbst erhöhen; **iu ~ mendja** er hat Rosinen im Kopf; er ist überheblich geworden

rrítj|e -a *f* Aufziehen *n*, Erziehung *f*; ~ **e fëmijëve** Kindererziehung; Züchten *n*, Zucht *f*; Anwachsen *n*

rrítsh|ëm (i), -me (e) *Adj* erwachsen

rrítur I. -i (i) *Subst/m*, *Pl* – (të) Erwachsener *m*; **II.** (i) *Adj* erwachsen

rrizhgón 1 *tr* hinunterschlingen

rrjedh 16³ *itr* **1.** fließen, laufen *(Wasser)*; ~ **lumi** der Fluß fließt; **2.** tropfen, undicht sein, lecken; ~ **kazani** der Kessel läuft aus; **më ~ in sytë** mir tränen die Augen; **3.** zusammenlaufen, zusammenströmen; **rrodhi i gjithë qyteti** die ganze Stadt lief zusammen; **4.** stammen von, herkommen von, ausgehen von; sich ergeben; **kjo fjalë ~ nga greqishtja** dieses Wort kommt aus dem Griechischen; **nga kjo ~ se** daraus ergibt sich, daß; **këto pasoja ~ in nga gabimet tona** diese Folgen resultieren aus unseren Fehlern; **5.: i kanë ~ ur trutë** er ist vertrottelt

rrjédhc|ë -a *f*, *Pl* -a Rinnsal *n*

¹**rrjédh|ë** -a *f* Wasserlauf *m*; Lauf *m*; *übertr* **e ka marrë rrjedha** es geht abwärts; Verlauf; **rrjedha e ngjarjeve** der Gang der Ereignisse

²**rrjédh|ë** -a *f* Schwimmer *m*, Schwimmholz *n* an Fischfanggeräten

rrjédhës, -e *Adj* laufend, fließend; **ujë ~** fließendes Wasser; **llogari ~ e** laufende Rechnung

rrjedhím -i *m*, *Pl* -e **1.** Folge *f*, Ergebnis *n*, Nachwirkung *f*; **2.** *Math* Folgesatz *m*

rrjédhj|e -a *f* Fließen *n*, Fluß *m*; *übertr* Ursprung *m*, Herkunft *f*; Lauf *m*, Verlauf

rrjedhór, -e *Adj Gramm* konsekutiv; **fjali ~ e** Konsekutivsatz *m*

rrjedhór|e -ja *f* Ablativ *m*

rrjédhsh|ëm (i), -me (e) *Adj* fließend; flüssig, geläufig; **ujë i** ~ fließendes Wasser *n*; **stil i** ~ flüssiger Stil *m*
rrjédhur (i) *Adj* vertrottelt, vergreist
rrjep 16³ *tr Haut od Rinde* abziehen; schinden, häuten; schälen, entrinden; rupfen; *übertr* jmdn. völlig ausrauben; → **rripet**
rrjepacák I. -e *Adj* zerlumpt, abgerissen; **II.** -u *Subst/m, Pl* -ë in Lumpen gekleideter Mann *m*
rrjepacák|e -ja *f, Pl* -e in Lumpen gekleidete Frau *f*
rrjépës -i *m, Pl* – **1.** Schinder *m*, Abdecker *m*; **2.** Räuber *m*
rrjépj|e -a *f* Schinden *n*, Abziehen *n* der Haut
rrjesht -i *m, Pl* -a = ¹**rresht**
rrjeshtón 1 *tr* einreihen, ordnen
rrjeshtór, -e *Adj Gramm* Ordinal-; **numëror** ~ Ordinalzahl *f*
rrjet -i *m, Pl* -e *Tech* Netz *n*; ~ **i përndarjes** Verteilernetz; ~ **telefonik** Telefonnetz; ~ **rrugor** Straßennetz
rrjét|ë -a *f, Pl* -a *od* -ë Netz *n*; Fischernetz; ~ **flokësh** Haarnetz; *Sport* Netz; Netz *von Straßen usw.*; ~ **hekurudhore** Eisenbahnnetz; *Bauw* Geflecht *n*
rrjetín|ë -a *f Anat* Netzhaut *f*
rrobaqépës -i *m, Pl* – Schneider *m*
rrobaqépës|e -ja *f, Pl* -e Schneiderin *f*
rrobaqepësí -a *f* **1.** Schneiderhandwerk *n*; **2.** Schneiderwerkstatt *f*
rrób|e -ja *f, Pl* -e **1.** Stoff *m*; **2.** Bettzeug *n*
rrób|ë -a *f* Stoff *m*; ~ **e mirë** guter Stoff; **rroba** *Pl* Kleidung *f*; **një palë rroba** ein kompletter Anzug
rrobítet 20 *refl* schwach werden; ~ **nga pleqëria** altersschwach werden
rrobóç -i *m, Pl* -a Schößling *m*, Trieb *m am Stamm*
rrobón 1 *tr Sachen* herumwerfen; Haussuchung vornehmen

rróbull -i *m, Pl* rróbuj Panzerkiefer *f*; ~ **i kuq** Panzerkiefer; ~ **i bardhë** Rumelische Strobe *f*
rródh|e -ja *f, Pl* -e Klette *f*; *übertr* **m'u bë** ~ er hängt sich wie eine Klette an mich
rródhëz -a *f, Pl* -a = **rrodhe**
rródhi 16³ *Aor* → **rrjedh**
rróftë 9² *Optativ* → **rron**; ~ **miqësia midis popujve!** es lebe die Freundschaft zwischen den Völkern!
¹**rróg|ë** -a *f, Pl* -a Gehalt *n*, Monatsgehalt; Lohn *m von Dienern, Hirten usw.*
²**rróg|ë** -a *f, Pl* -a Almwiese *f ohne Baumbestand*
rrogëtár -i *m, Pl* -ë *alt* Diener *m*, Hausknecht *m*; Söldner *m*
rrogëtésh|ë -a *f, Pl* -a *alt* Bedienstete *f*, Hausmagd *f*
rrogón 1 *ttr* als Hausmagd *od* Hausknecht dienen, sich verdingen; *übertr* **punoi e rrogoi** er hat sich abgerackert
rrogóz -i *m, Pl* -a Matte *f*, Schilfmatte; **punon nën** ~ er ist hinterrücks am Werk
rrogzína -t *Pl* **1.** Art Hosen *aus Filz*; **2.** Streifen *Pl aus Filz für die Herstellung von Glockenröcken*
¹**rrój|ë** -a *f* Rasur *f*, Rasieren *n*; **sapun rroje** Rasierseife *f*; **brisk rroje** Rasiermesser *n*; **maqinë rroje** Rasierapparat *m*
²**rrój|ë** -a *f* Leben *n*, Lebensweise *f*
³**rrój|ë** -a *f* Bestechungsgeld *n*
rrójtj|e -a *f* Leben *n*, Lebensweise *f*, Lebensführung *f*
rrojtór|e -ja *f, Pl* -e Barbierstube *f*; Frisiersalon *m*
¹**rrok**, -e *Adj* roh, ungekocht
²**rrok** 14³ *tr* fassen, anfassen, berühren; ergreifen, festhalten; ~ **për dore** an die Hand fassen; ~ **në qafë** umarmen, umhalsen; **këtë odë s'e** ~ **dielli** in dieses Zimmer kommt keine Sonne; *übertr*

s'ma ~ **mendja** ich kann es nicht fassen, ich kann es nicht glauben; s'e ~ **kuptimin e kësaj fjale** ich verstehe den Sinn dieses Wortes nicht; -et *refl* **1.** sich streiten; **2.**: **u ~ën në qafë** sie umarmten sich; **3.**: **u ~ mirë ai** er ist reich geworden

rrokapjékthi *Adv* = **rrokopujë**

rrókas *Adv*: **u kapën ~ sie** faßten sich um die Taille

rrók|ë -a *f*, *Pl* -ë Spirale *f*, Schnekkenlinie *f*; Wendeltreppe *f*

rrókëz -a *f*, *Pl* -a: ~**a e veshit** die Schnecke im Ohr

rrokëzím -i *m* silbenweises Lesen *n*, Buchstabieren *n*

¹**rrokëzón 1** *tr* silbenweise lesen, buchstabieren

²**rrokëzón 1** *tr* übereinander nähen, aufsteppen

rrókj|e -a *f*, *Pl* -e Silbe *f*

¹**rrókm|e** -ja *f*, *Pl* -e Stempel *m*, Quirl *m des Butterfasses*

²**rrókm|e** -ja *f*, *Pl* -e **1.** Unternehmung *f*; **2.** Abenteuer *n*

rrokóll *Adv* schlecht; chaotisch

rrokopújë *Adv* schlecht, übel; **më shkojnë punët ~** um meine Dinge ist es schlecht bestellt; chaotisch; **mos i merr punët ~!** geh nicht planlos vor!

rrokotéle -t *Pl* Kleinkram *m*, Kram *m*

rrókull I. *Adv*; **II.** *Präp (mit Abl)* = **rrotull**

rrokullé|n 3 *tr* rollen, wälzen; **-het** *refl* rollen, sich wälzen

rrokullí -a *f* All *n*, Weltall, Universum *n*

rrokullím|ë -a *f*, *Pl* -a = **rrukullimë**

rrokullímthi *Adv* rollend, sich überschlagend

rrokullís 21 *tr* = **rrokullen**

rrokullísj|e -a *f* Rollen *n*

rrokullón 1 *tr* = **rrokullen**

rrol -i *m*, *Pl* -a ausgedienter Ochse *m*; *übertr* schwacher Greis *m*

rról|e -ja *f*, *Pl* -e schwache, gebrechliche Greisin *f*

rróm|e -ja *f*, *Pl* -e **1.** Maiskolben *m*; **2.** *übertr* Scherz *m*, Spottvers *m*

rron 9² *itr* **1.** leben, lebendig sein; leben von, sich nähren von; **me se ~ ai?** wovon lebt er?; **2.** wohnen, sich aufhalten, leben; **ai ~ në fshat** er lebt auf dem Dorfe; **3.** halten, haltbar sein; **kjo stofë nuk ~** dieser Stoff ist nicht haltbar

rrondokóp, -e *Adj* rundlich, untersetzt

rrónj|ë -a *f* = ¹**rrojë**

rrónjës, -e *Adj* Rasier-; **brisk ~** Rasiermesser *n*; **aparat ~** Rasierapparat *m*

rropák -u *m*, *Pl* -ë Anbau *m*

rropám|ë -a *f* Getöse *n*, Gepolter *n*, Krach *m*

rropátet 20 *refl* sich mühen, sich bemühen, sich anstrengen

rropós 21 *tr* ruinieren, vernichten, zerstören

rropullí -të *Pl* **1.** Eingeweide *Pl*, Innereien *Pl von Kleinvieh*; **2.** Obst *n*, Früchte *Pl*; **3.** Gerümpel *n*, Plunder *m*; **me fëmijë e ~** mit Kind und Kegel

rrospí -a *f*, *Pl* – Hure *f*, Dirne *f*

rroshpónj|ë -a *f*, *Pl* -a vom Fluß ausgewaschene Uferhöhle *f*

rrót|ë -a *f*, *Pl* -a **1.** Rad *n*; **qerre me katër rrota** vierrädriger Wagen *m*; **~ e mullirit** Mühlrad; **~ e dhëmbëzuar** Zahnrad; *übertr* **rrota e historisë** das Rad der Geschichte; **i ka zënë rrota bishtin** er hat keinen Ausweg mehr; **2.** *El* Spule *f*; **~ indukti** Induktionsspule

rrótëz -a *f*, *Pl* -a Rädchen *n*, Rolle *f*; **~ peri** Zwirnsrolle, Garnrolle; Garnspule *f*

rrótk|ë -a *f*, *Pl* -a Garnrolle *f*, Zwirnrolle *f*; Garnspule *f*

rrotón 1 *tr* **1.** Bäume niederreißen, fällen; **2.** abrunden, rund machen
rrotovíl|e -ja *f, Pl* -e **1.** Garnwinde *f*, Haspel *f*; **2.** Töpferscheibe *f*
rrótull I. -a *Subst/f, Pl* -a **1.** Scheibe *f*, runde Platte *f*; **2.** Laib *m* Brot; Rad *n* Käse; **3.** *Geom* Kreisfläche *f*; **4.** *Anat* Wirbel *m*; **5.** Zwirnsrolle *f*, Garnrolle *f*; Garnspule *f*; **II.** *Adv* rundum, rundherum; **vjen ~** herumlaufen; sich drehen; **i bie ~** einen Umweg machen; **mos më sill ~!** halte mich nicht auf!; **më vjen mendja ~** ich sehe nicht mehr durch, ich weiß nicht aus noch ein; **III.** *Präp (mit Abl)* um...herum; **~ shtëpisë** um das Haus herum
rrotullák, -e *Adj* = **rrotullar**
rrotullár, -e *Adj* rund
rrotullés -i *m, Pl* -ë Drechsler *m*
rrotullím -i *m, Pl* -e Drehung *f*, Umdrehung, Rotation *f*
rrotullímthi *Adv* rundherum; **vjen ~** sich drehen
rrotulló|n 1 *tr* drehen; **-het** *refl* sich drehen
rrotullúes, -e *Adj* sich drehend, Dreh-
rrozg I. -u *Subst/m* ausgedienter Ochse *m*; *übertr* altersschwacher Greis *m*; **II. -e** *Adj* altersschwach, vergreist
rrozgán -i *m* = **rrozg**
¹**rrózg|ë** -a *f* altersschwache Greisin *f*
²**rrózg|ë** -a *f, Pl* -a **1.** Dornengestrüpp *n*, mit Dornengestrüpp bewachsene Stelle; **2.** Schwemmholz *n*, angeschwemmte Baumstämme und Äste
rrshim -i *m* Platzregen *n*
rrúa rrói *m* Wasserlauf *m*
rrú|an 2 *tr* rasieren, abrasieren; *übertr* reinen Tisch machen; **e rroi dreqi** der Teufel hat ihn geholt; **-het** *refl* sich rasieren
¹**rrúar** (i) *Adj* langlebig, dauerhaft, strapazierfähig

²**rrúar** (i) *Adj* rasiert; abrasiert; kahl
rrúaz|ë -a *f, Pl* -a **1.** Glasperle *f* für Schmuck; Glaskugel *f* als Amulett; **-a** *Pl* Perlenkette *f*; **2.** Blutkörperchen *n*
rrudh 14 *tr* runzeln, kräuseln, zusammenziehen; **~ krahët** die Achseln zucken; *übertr* **~ dorën** sparsam sein, sein Geld zusammenhalten; **~ gojën** den Mund halten; **-et** *refl* sich zusammenziehen; sich einringeln; **u ~ populli** das Volk strömte zusammen
rrudhác -i *m, Pl* -ë Mann mit vielen Runzeln
rrudhác|e -ja *f, Pl* -e Frau mit vielen Runzeln
rrúdh|ë -a *f, Pl* -a **1.** Runzel *f*, Falte *f*; **2.** Falte *am Kleid*; Knitterfalte; **rrudha-rrudha** runzelig, faltig, zerfurcht; zerknittert
rrúdhët (i) *Adj* runzelig, faltig
rrúdhj|e -a *f* Schrumpfung *f*
rrufák, -e *Adj* zäh *(Fleisch)*
rrufç, -e *Adj* lockig, kraus *(Haar)*
rrufçón 1 *tr Haar* locken, kräuseln, ringeln; zwirbeln; **~ mustaqet** den Schnurrbart zwirbeln
rrufé -ja *f, Pl* - Blitz *m*; **ra ~ mbi armiq** er fiel wie der Blitz über die Feinde her; **bëri be e ~** er schwor Stein und Bein
rrufeprítës -i *m, Pl* - Blitzableiter *m*
rruféshém (i), **-me** (e) *Adj* blitzschnell, blitzartig
rrúf|ë -a *f* Schnupfen *m*
rrufít 22 *tr* aussaugen; einsaugen, aufsaugen
rrufítj|e -a *f* Aussaugen *n*; Aufsaugen *n*
rrúfkë *Adj/f*: **vezë ~** sehr weich gekochtes Ei
rrugáç I. -i *Subst/m, Pl* -ë Straßenjunge *m*, jugendlicher Vagabund *m*; **II. -e** *Adj* vagabundierend, sich herumtreibend

rrugáç|e -ja *f*, *Pl* -e jugendliche Vagabundin *f*, Herumtreiberin *f*

rrúg|ë -a *f*, *Pl* -ë **1.** Straße *f*; ~ **pa krye** Sackgasse *f*; ~ **të hekurta** Eisenbahnlinien *Pl*; ~ **pa** ~ überall, auf allen Wegen; **2.** Reise *f*, Fahrt *f*; **jam për** ~ ich begebe mich auf die Reise; *übertr* **e dua me** ~ ich verlange es zu Recht; **e shoh me** ~ ich halte es für richtig, ich finde es vernünftig; **më çon rruga** ich halte es für meine Pflicht, ich kann nicht umhin; **s'di si t'i jap** ~ **kësaj çështjeje** ich weiß nicht, wie dieser Sache beizukommen ist; ~ **daljeje** Ausweg *m*; **një** ~ **e dy punë** zwei Fliegen mit einer Klappe schlagen; **e la në** ~ **të madhe** er ließ sie im Stich; **s'vjen në** ~ **ky** er kommt nicht auf den rechten Weg; **i lëshon** ~ jmdm. den Weg freigeben; **i dhashë rrugat** ich warf ihn hinaus, ich jagte ihn weg

rrugëdálj|e -a *f* Ausweg *m*

rrugëtár -i *m*, *Pl* -ë Reisender *m*

rrugíc|ë -a *f*, *Pl* -a Gasse *f*

rrugín|ë -a *f*, *Pl* -a Korridor *m*, Gang *m*

rrugóhet 1 *refl* aufbrechen, sich auf die Reise begeben, sich auf den Weg machen

rrugór, -e *Adj* Straßen-, Verkehrs-; **policia** ~ **e** die Verkehrspolizei

rrukullé|n 3 *tr* rollen, wälzen; **-het** *refl* rollen, sich wälzen

rrukullím|ë -a *f* **1.** Rollen *n*, Wälzen *n*; **2.** Steilhang *m*, Gebirgswand *f*; *übertr* **ka marrë** ~ **n** es geht abwärts mit ihm

rrukullímthi *Adv* rollend, wälzend, sich überschlagend

rrukullís 21 *tr* = **rrukullen**

rrum -i *m* **1.** Klöppel *m*, Schwengel *m der Glocke*; **2.** entkörnter Maiskolben *m*

rrúmbull *Adv* geknäuelt, zu einem Knäuel zusammengerollt; *übertr* **ia tha** ~ er sagte es ihm rundheraus; **qe bërë** ~ er war betrunken, er war voll

rrumbullák I. -e *Adj* rund; *übertr* rund, voll; **fytyrë** ~ **e** ein volles Gesicht; **numër** ~ runde Zahl; **II.** *Adv* rundheraus, offen, deutlich; **ia tha** ~ er sagte es ihm rundheraus; **i dëftova** ~ ich gab es ihm deutlich zu verstehen

rrumbullák|e -ja *f*, *Pl* -e **1.** runde, weiße Filzkappe *f*; **2.** Häuserblock *m*; Block *m* von Läden auf dem Basar

rrumbullákët (i) *Adj* rund

rrumbullakón 1 *tr* = **rrumbullakos**

rrumbullakós 21 *tr* runden, rund machen; abrunden

rrumbullakósj|e -a *f Tech* Runden *n*

rrumbulláktë (i) *Adj* = i **rrumbullakët**

rrumbulló|n 1 *tr* runden, abrunden, glätten; *übertr* **e rrumbulloi** er hat es aufgegessen; **-het** *refl* sich betrinken, sich vollaufen lassen

rrumbullós 21 *tr* = **rrumbullon**

rrunák -u *m*, *Pl* -ë männliches Lamm *n*

rrún|ë -a *f*, *Pl* -a weibliches Lamm *n*

rrungá -ja *f*, *Pl* - Lawine *f*

rrungáj|ë -a *f*, *Pl* -a = **rrunga**

rruníc|ë -a *f*, *Pl* -a **1.** unbearbeitetes Stück Holz; **2.** großes Stück Brot

rrush -i *m*, *Pl* - Traube *f*, Weintraube; ~ **i egër** *od* ~ **gardhi** Wildrebe *f*; ~ **frëngu** *od* ~ **toke** Stachelbeere *f*; Stachelbeerstrauch *m*; ~ **mali** Heidelbeere *f*; ~ **qeni** Vogelbeere *f*; Vogelbeerbaum *m*; *übertr* **shkoi si qeni në** ~ er ging umsonst hin

rrushé -ja *f* Zistrose *f*

rrúshkull -i *m*, *Pl* **rrúshkuj** **1.** Stechender Mäusedorn *m*; **2.** Baumschlinge *f*

rruzár|e -ja *f*, *Pl* -e **1.** Rosenkranz *m*; **2.** Gebet *n*
rrúz|ë -a *f*, *Pl* -a **1.** Glasperle *f*; **2.** *Anat* Wirbel *m*; ~ **e qafës** Hals *m*; **i doli rruza** ~ er hat einen Buckel bekommen; **në** ~**n time** auf meinem Rücken; *übertr* **lashë** ~**n** ich habe alle meine Kräfte eingesetzt
rrúzull -i *m* Erdball *m*, Erdkugel *f*
rruzullím -i *m* All *n*, Weltall, Universum *n*
rrýell -i *m*, *Pl* rrýej *Bot* Wolfsmilch *f*
rrýeshëm *Adv* schleppend, langsam, mühsam; **puna vete** ~ die Arbeit geht schleppend voran, die Sache schleppt sich dahin
rrýetas *Adv* = **rryeshëm**
rryl -i *m* **1.** *Anat* Luftröhre *f*; **2.** Flaschenhals *m*; *übertr* Dummkopf *m*, Trottel *m*
rrýl|ë -a *f*, *Pl* -a *Bot* Linse *f*
rrym -i *m* Kielwasser *n*
rrým|ë -a *f*, *Pl* -a **1.** Strömung *f* von Wasser u. Luft; Luftzug *m*; Mühlgraben *m*; **2.** *übertr* Strömung, Bewegung *f*; ~ **letrare** literarische Strömung; **në** ~ **të moteve** im Laufe der Zeit; **e mori rryma** er wurde mitgerissen; **3.** *El* Strom *m*; ~ **elektrike** elektrischer Strom; ~ **alternative** *od* ~ **tjetërore** Wechselstrom; ~ **barazuese** *od* ~ **e vazhduar** Gleichstrom; ~ **e dobët** Schwachstrom; ~ **e fortë** Starkstrom
rrymëpërndárës -i *m* *El* Stromverteiler *m*
rryp -i *m*, *Pl* -a Gürtel *m*, Gurt *m*; Riemen *m*; Treibriemen; ~ **tejçimi** Transmissionsriemen; ~ **i fishekëve** Patronengürtel; Streifen *m*; ~ **toke** Feldstreifen; *übertr* **mishi ishte** ~ das Fleisch war zäh wie Leder; **ai është** ~ a) er ist lang und dünn; b) er ist begriffsstutzig
rrypák, -e *Adj* zäh, ledern
rrýp|e -ja *f*, *Pl* -e Stoffstreifen *m*
rrypín|ë -a *f*, *Pl* -a Feldstreifen *m*
rrypó|n 1 *tr* in Streifen teilen; **-het** *refl* zäh werden; abmagern
rrypshtéjsh|ëm (i), -me (e) *Adj* zäh, hart *(Obst)*

S

s' *Adv* nicht; **s'punon** a) er arbeitet nicht; b) es funktioniert nicht
sa **I.** *Interr Pron* wieviel; wie lange; wie; ~ **grurë ke?** wieviel Weizen hast du?; ~ **zgjati shfaqja?** wie lange dauerte die Vorstellung?; ~ **vjeç je?** wie alt bist du?; ~ **është ora?** wie spät ist es?; ~ **e gjerë është kjo dhomë?** wie breit ist dieses Zimmer?; **nga** ~ **i jep?** wieviel willst du dafür?; ~ **erdhën?** wieviele kamen?; **II.** *Adv* **1.** was für ein; wie; wie sehr; ~ **trim që ka qenë!** was für ein Held er war!; ~ **shpejt që ecën!** wie schnell er geht!; ~ **më pëlqen deti!** wie mir das Meer gefällt!; **2.** wie, so wie; soviel, soviel wie; **e vogël** ~ **një kuti** so klein wie eine Schachtel; ~ **gjerë gjatë** so lang wie breit; **punon** ~ **për dy veta** er arbeitet für zwei; **mora** ~ **desha** ich nahm, soviel ich wollte;

~ më shumë aqë më mirë je mehr, desto besser; të kam thënë ~ e ~ herë ich habe es dir so oft gesagt; 3. : ~ s'vdiq er wäre beinahe gestorben; ~ për sy e faqe nur zum Schein, nur der Form halber; ~ çel e mbyll sytë für einen Augenblick; im Nu; ~ kam ardhur ich bin gerade gekommen; të vish ~ më parë! komm so früh wie möglich!; ~ më mirë so gut wie möglich; e keqe ~ s'ka äußerst schlecht; e bukur ~ s'ka außerordentlich hübsch; **III.** *Konj* **1.** daß, so daß; **thirri aqë fort ~ u ngjir** er schrie so laut, daß er heiser wurde; **2.** bis, solange bis; während; solange; **prit ~ të vishem** warte, bis ich mich angezogen habe!; ~ **të më punojë këmba e dora** solange mir Arme und Beine gehorchen; **3.** sobald; als; wenn; ~ **e pa** sobald sie ihn sah, sobald sie ihn gesehen hatte; ~ **hynte njëri, dilte tjetri** sobald der eine hereinkam, ging der andere hinaus; **4.** anstatt; ~ **të rrish pa punë, më ndihmo!** anstatt untätig herumzusitzen, hilf mir!; **5.** so viel auch immer; so wenig auch immer; ~ **mos të dijë, këtë e di** so wenig er auch immer weiß, das weiß er; **6.** soviel; **me ~ di unë** *od* **nga ~ di unë** soviel ich weiß; **me ~ po flitet** nach dem, was man sagt; ~ **për mua** was mich betrifft; ~ **për atë punë** was jene Sache anbelangt; **IV.** *Rel Pron* der, welcher; **gjithë ~ qenë aty** alle, die dort waren; **gjithë ~ pat** alles, was er hatte; **V.** *Indef Pron* einige; etwas; **njëzet e ~ veta** mehr als 20 Personen

sabáh -u *m* Morgen *m*
sabé -ja *f*, *Pl* - Katapult *n*
sábj|e -a *f*, *Pl* -e Schwert *n*
sabotatór -i *m*, *Pl* -ë Saboteur *m*
sabotatór|e -ja *f*, *Pl* -e Saboteurin *f*
sabotím -i *m*, *Pl* -e Sabotage *f*
sabotón 1 *tr* sabotieren
sabotónjës -i *m*, *Pl* – = sabotator
saç -i *m*, *Pl* -e Backglocke *f*
saçmá -ja *f*, *Pl* – Schrotkugel *f*
sadéf -i *m* Perlmutter *f*, Perlmutt *n*
sadíz|ëm -mi *m* Sadismus *m*
sadó I. *Konj* wie auch immer, soviel auch, so sehr auch, so auch; ~ **e rëndë të jetë ajo punë, unë e bëj** so schwer die Arbeit auch sein mag, ich mache sie; ~ **t'i flasësh, ai s'dëgjon** soviel du auch auf ihn einredest, er hört nicht; **II.** *Adv* genug; ~ **fjete** du hast genug geschlafen; ~ **pive tani** du hast jetzt genug getrunken
sadomós I. *Konj* dennoch, trotzdem; **II.** *Adv* wenigstens
sadoqé *Konj* obwohl, obgleich; ~ **e këshillova nuk më dëgjoi** obwohl ich ihm riet, hörte er nicht auf mich
sáf|ë -a *f*, *Pl* -a Blechtasse *f*; Becher *m*, Henkeltöpfchen *n*; Wasserkanne *f*
safí *Adv* rein, unverfälscht; **një raki ~ rrush** ein reiner Traubenschnaps
safík, -e *Adj Lit* sapphisch
safrán -i *m* Safran *m*
saftján -i *m*, *Pl* -e Saffian *m*, Saffianleder *n*
ság|ë -a *f*, *Pl* -a *durchlöcherte Pfanne zum Rösten von Kastanien*
sagllám, -e *Adj* sicher; glaubwürdig; **njeri ~** ein glaubwürdiger Mann; makellos, vollkommen; **trup ~** ein makelloser Körper
ságj|e -a *f*, *Pl* -e Korb *m* zum Fischfang
sahán -i *m*, *Pl* -ë *od* -a tiefer Kupferteller *m*; Metallschüssel *f*
sahanlëpírës -i *m*, *Pl* – Schmarotzer *m*, Parasit *m*, Nassauer *m*
Sahár|ë -a *f* Sahara *f*
sahát -i *m*, *Pl* – (**1.**) *od* -e (**2.**) **1.** Stunde *f*; **katër ~ udhë** vier Stunden Weg; *übertr* **s'i ka ardhur ~i** seine

Zeit ist noch nicht gekommen; 2. Uhr *f*; **sa është** ~ **i**? wie spät ist es?; ~ **dore** Armbanduhr; ~ **i xhepit** Taschenuhr; **ra** ~**i** die Uhr hat geschlagen; *Tech* Uhr, Zähler *m*; ~ **elektrik** Stromzähler; ~ **Geiger** Geigerzähler

sahatçí -u *m*, *Pl* – *od* -nj Uhrmacher *m*

saj (i), *Pl* –, -a (të) *Poss Pron* ihr; **shoku i** ~ ihr Kollege; **shoqja e** ~ ihre Kollegin; **shokët e** ~ ihre Kollegen; **shoqet e** ~**a** ihre Kolleginnen

sajdí -a *f* Ehrung *f* gegenüber Gästen; Honneurs *Pl*

sajdís 21 *tr* die Honneurs machen, *Gäste* ehren

sáje *Indekl*: **në** ~ **të** aufgrund, wegen, durch; **në** ~ **të punës** durch die Arbeit

sáj|ë -a *f*, *Pl* -a Schlitten *m*

sajím -i *m*, *Pl* -e 1. Plan *m*, Vorhaben *n*; Entwurf *m*; 2. Erfindung *f*

sájn|ë -a *f*, *Pl* -a Gischt *f*, Sprühwelle *f*

sajón 1 *tr* 1. ausdenken, erfinden, ersinnen; entwerfen; 2. zubereiten, bereiten, vorbereiten; 3. beschaffen, finden

sak *Adv* tatsächlich, ganz sicher, bestimmt; **me** ~ tatsächlich?; **e di** ~ ich weiß es ganz sicher

sakáq *Adv* sofort

sakaqhérë *Adv* = **sakaq**

sakarín|ë -a *f* Saccharin *n*

sakát I. -e *Adj* verkrüppelt, verstümmelt; lahm; II. -i *Subst/m*, *Pl* -ë Krüppel *m*

sakatím -i *m*, *Pl* -e Verkrüppelung *f*, Verstümmelung *f*

sakatllék -u *m* Verkrüppelung *f*, Verstümmelung *f*, Entstellung *f*; Makel *m*, körperlicher Fehler *m*; **ka një** ~ er hat einen Körperfehler

sakatón 1 *tr* zum Krüppel machen, verkrüppeln; verstümmeln, entstellen; *übertr* allein lassen, zurücklassen

sakatós 21 *tr* = **sakaton**

sakavíc|ë -a *f*, *Pl* -a *langer Haken zum Herunterziehen der Äste*

sák|ë -a *f*, *Pl* -a Axt *f*, Beil *n*

sákëz -i *m* Kaugummi *m*

sakíc|ë -a *f*, *Pl* -a kleines Beil *n*

sakicón 1 *tr* zerhacken, zerstückeln

¹**sáko** -ja *f*, *Pl* – Kirchendiener *m*

²**sáko** -ja *f*, *Pl* – Stoffmantel *m für Männer*

sakrestán -i *m*, *Pl* -ë Sakristan *m*, Küster *m*

sakrifíc|ë -a *f*, *Pl* -a Opfer *n*

sakrifikím -i *m* Opfern *n*

sakrifikó|n 1 *tr* opfern; -**het** *refl* sich opfern

saksí -a *f*, *Pl* -a Blumentopf *m*, Blumenschale *f*

saksofón -i *m*, *Pl* -e Saxophon *n*

Saksoní -a *f* Sachsen *n*

sáktë (i) *Adj* exakt, genau; makellos, fehlerfrei, fehlerlos; glaubwürdig, zuverlässig; **lajm i** ~ eine sichere Nachricht

saktësí -a *f* Exaktheit *f*, Genauigkeit *f*; **s'e di me** ~ ich weiß es nicht mit Sicherheit

sakú *Konj* anstatt, anstelle

salamánd|ër -ra *f*, *Pl* -ra Salamander *m*

salbí -a *f*, *Pl* – Salbei *m*

sálc|ë -a *f* Soße *f*; ~ **domatesh** Tomatensoße; Tomatenmark *n*

saldatór -i *m*, *Pl* -ë Schweißer *m*; ~ **elektrik** Elektroschweißer

saldím -i *m* Schweißen *n*

saldón 1 *tr* schweißen

salép -i *m* Salep *m*

salikím -i *m* Beerdigung *f*, Trauerfeier *f*

salikón 1 *tr* eine Beerdigung durchführen, eine Trauerfeier ausrichten

salinitét -i *m* Salzgehalt *m*

salpét|ër -ri *m* Salpeter *m*

salvíme -t *Pl* Verfolgung *f*

salvón 1 *tr* verfolgen
sall *Adv* nur; allein
sallaís 21 *tr* Stoff heften
sallám -i *m*, *Pl* -e Wurst *f*, Salami *f*
sallamerí -a *f* Wurstgeschäft *n*
sallát|ë -a *f*, *Pl* -a Salat *m*; Salatpflanze *f*
sallatór -i *m*, *Pl* -ë Gurke *f*, Salatgurke
sáll|ë -a *f*, *Pl* -a Saal *m*; ~ **leximi** Lesesaal; ~ **e bukës** *od* ~ **buke** Speisesaal
sallhané -ja *f*, *Pl* – Schlachthaus *n*
sállo -ja *f* Rückenfett *n*; ausgelassenes Schmalz *n*
sallón -i *m*, *Pl* -e Salon *m*, Empfangsraum *m*
salltanét -i *m*, *Pl* -e übermäßige Eleganz *f*, Pomp *m*, Prunk *m*
samár -i *m*, *Pl* -ë **1.** Sattel *m*, Packsattel; *übertr* **ta ndreq ~ in** ich werde dir den Kopf waschen, ich werde dir den Kopf zurechtrücken; **2.** Brustknochen *m*, Hühnerbrust *f*; Knochen *m* *mit Fleisch*; **3.** Schildkrötenpanzer *m*; Schneckenhaus *n*; **4.** Steg *m* *bei Saiteninstrumenten*
samarbërës -i *m*, *Pl* – Saumsattelmacher *m*, Sattler *m*
samarós 21 *tr* satteln
samaroskút -i *m* Art Lodenstoff
samarpunónjës -i *m*, *Pl* – = **samarbërës**
samarxhí -u *m*, *Pl* – *od* -nj = **samarbërës**
sámet 14 *refl* einen üblen Geruch annehmen, schlecht werden *(Speisen)*
sám|ë -a *f* Hundekot *m*
samovár -i *m*, *Pl* -ë Samowar *m*
samsá -ja *f*, *Pl* – Art Nußtörtchen *aus Blätterteig*
sámtë (i) *Adj* nüchtern, fade *(Essen)*
samtím -i *m* Fadheit *f*, Nüchternheit *f* *(Essen)*
samtón 1 *tr* Essen nüchtern lassen

samún|e -ia *f*, *Pl* -e Art kleines, rundes Brot
sanatadíta *Indekl* Tagundnachtgleiche *f*
sandál|e -ja *f*, *Pl* -e Sandale *f*, Sandalet e *f*
sándall -i *m*, *Pl* -a kleines Boot *n*
sandërmá -ja *f* Sommerküche *f*
sán|ë -a *f* Heu *n*; **kullë e ~s** Heuschober *m*
sánëz -a *f* Gelber Enzian *m*
sanitár, -e *Adj* sanitär
sanksión -i *m*, *Pl* -e Zwangsmaßnahme *f*; -e *Pl* Sanktionen *Pl*
sanksioním -i *m*, *Pl* -e Sanktionierung *f*, Sanktion *f*, Erteilung *f* der Gesetzeskraft
sanksionón 1 *tr* sanktionieren, Gesetzeskraft verleihen
sanskrítisht|e -ja *f* Sanskrit *n*
sanxhák -u *m*, *Pl* -ë *od* sanxháqe *alt* Sandschak *n*
sapó **I.** *Konj* **1.** sobald, wenn; ~ **të vish, të paraqitesh** sobald du kommst, laß dich sehen; **2.**: ~ **që** da, wenn; solange; ~ **që e thua ti, unë e besoj** wenn du das sagst, glaube ich es; **II.** *Adv* gerade; **unë ~ kisha dalë** ich war gerade hinausgegangen
sapún -i *m*, *Pl* -ë Seife *f*; **një kallëp ~** ein Stück Seife; ~ **rroje** Rasierseife
sapunís 21 *tr* einseifen; abseifen, mit Seife waschen
sapunxhí -u *m*, *Pl* – *od* -nj Seifensieder *m*; Seifenhändler *m*
saráf **I.** -i *Subst*/*m*, *Pl* -ë Geldwechsler *m*; **II.** -e *Adj* geizig, knauserig; **njeri ~** Geizhals *m*, Knauser *m*
sarallék -u *m* Gelbsucht *f*
saránxh|ë -a *f*, *Pl* -a Zisterne *f*
saraxhá -ja *f* Erkrankung *f* der Lymphgefäße, Lymphdrüsenentzündung *f*
sardél|e -ja *f*, *Pl* -e Sardine *f*
Sardénj|ë -a *f* Sardinien *n*

sarék -u *m, Pl* saréqe Turban *m des Hodschas*

sargí -a *f, Pl –* Sackleinwand *f*

sarhósh I. -i *Subst/m, Pl* -ë Säufer *m*; **II.** -e *Adj* versoffen, trunksüchtig

sarkastík, -e *Adj* sarkastisch

sarkáz|ëm -mi *m, Pl* -ma Sarkasmus *m*

sárk|ë -a *f* 1. Körperbau *m*, Konstitution *f*; **ka ~ të dobët** er hat eine schwache Konstitution; 2. Art *f*, Eigenart; Tracht *f*

sarkofág -u *m, Pl* -ë Sarkophag *m*

sarmá -ja *f, Pl –* Kohlroulade *f*; Weinblätterroulade *f*

sasí -a *f, Pl –* Quantität *f*, Menge *f*, Anzahl *f*; Größe *f*; **një ~ librash** eine Anzahl Bücher; **një ~ drithë** eine Menge Getreide

sasiór, -e *Adj* quantitativ

sat *Poss Pron Gen Dat Abl*; → **jot**; **~ motre** deiner *(Dat)* Schwester

sataník, -e *Adj* satanisch, teuflisch

sáte *Poss Pron Gen Dat Abl*; → **jote**; **shoqes ~** deiner *(Dat)* Kollegin

satelít -i *m, Pl* -ë Satellit *m*; *übertr* **shtet ~** Satellitenstaat *m*

satén -i *m* Satin *m*

satér -i *m, Pl* -e großes Hackmesser *n des Fleischers*

sát|i (i), -a (e) *Adj* der wievielte; **i ~ je ti?** der wievielte bist du?

satír -i *m, Pl* -ë Satyr *m*

satír|ë -a *f, Pl* -a Satire *f*

satirík, -e *Adj* satirisch

satráp -i *m, Pl* -ë Satrap *m*

saván -i *m* Leichentuch *n*

savúrr|ë -a *f* Schiffsballast *m*

sáza *Adv* ein wenig, ein bißchen, etwas

sáz|e -ja *f, Pl* -e Art Mandoline *mit zehn Saiten*; **~ goje** Mundharmonika *f*; **~** *Pl* Volksmusikinstrumente *Pl*; Volksmusikgruppe *f*, Volksmusikorchester *n*

sazexhí -u *m, Pl –* *od* -nj Spieler *m* der → **saze**; Mundharmonikaspieler; Musikant *m*, Volksmusikant

se I. *Konj* 1. daß; **më tha ~ do ta mbarojë atë punë** er sagte mir, daß er diese Arbeit beenden würde; 2. als *(beim Vergleich)*; **më i ri ~ unë** jünger als ich; **më mirë të dish ~ të kesh** es ist besser zu wissen, als zu haben; 3. denn, weil; **s'erdha, ~ s'pata kohë** ich kam nicht, weil ich keine Zeit hatte; 4. sonst, andernfalls; **mos e bëj këtë punë, ~ do të pendohesh** tu das nicht, sonst wirst du es bereuen; 5.: **~ .. ~** ob .. oder; **~ e bardhë ~ e zezë është, nuk e di** ob es weiß oder schwarz ist, weiß ich nicht; 6.: **~ ç' od ~ çfarë** was; **nuk e di ~ ç'i ka ngjarë** ich weiß nicht, was ihm passiert ist; **nuk e di ~ çfarë të të them** ich weiß nicht, was ich dir sagen soll; **~ sa wie; nuk e di ~ sa është ora** ich weiß nicht, wie spät es ist; **nuk mund të përfytyrosh ~ sa u gëzova** du kannst dir nicht vorstellen, wie ich mich gefreut habe; **II.** *Interr Pron (in Verbindung mit Präp)*: **për ~** wofür, wozu; warum; **me ~** womit; **nga ~** wodurch, woraus, wovon; **sa mirë e ditke ~!** das weißt du aber gut!

seánc|ë -a *f, Pl* -a Sitzung *f*, Versammlung *f*

secíl|i, -a *Indef Pron* jeder

secílido *Indef Pron* jeder beliebige

sedéf -i *m, Pl* -e Perlmutter *f*, Perlmutt *n*

sedéftë (i) *Adj* perlmuttern, aus Perlmutt

séd|ër -ra *f* 1. Selbstachtung *f*, Selbstbewußtsein *n*; Stolz *m*, Würde *f*, Selbstgefühl *n*; **më preku në ~** er verletzte meinen Stolz; 2. Wetteifer *m*, Wettbewerb *m*; **vë ~** wetteifern

sedërqár, -e *Adj* selbstbewußt, stolz

sedíj|e -a *f*: **ma tha me ~** er sagte es mir, ohne sicher zu sein
séfk|ël -la *f*, *Pl* -la Mangold *m*
séft|e I. -ja *od* sefté -ja *Subst*/*f* Beginn *m*, Anfang *m*; II. *Adv* anfangs, zu Beginn, zuerst
segmént -i *m*, *Pl* -e **1.** Segment *n*, Abschnitt *m*; **2.** Kugelabschnitt; Kreisabschnitt
sehír -i *m*, *Pl* -e: **bën ~** zuschauen, gaffen; anschauen, besichtigen; **shtëpi me ~** ein Haus mit einer schönen Aussicht
sehirxhí -u *m*, *Pl* – *od* -nj Zuschauer *m*, Gaffer *m*
seicíl|i, -a *Indef Pron* = secili
sej *Konj* solange
séjtë (i) *Adj* aus welchem Material, woraus; **e ~ është kjo unazë?** woraus ist dieser Ring?
sek -u *m*, *Pl* seq viereckige Kelter *f*
sekánt|e -ja *f*, *Pl* -e *Math* Sekante *f*
sekondár, -e *Adj* sekundär
sekónd|ë -a *f*, *Pl* -a Sekunde *f*
sekreción -i *m* Sekretion *f*, Absonderung *f*, Ausscheidung *f*; Sekret *n*
sekrét I. -i *Subst*/*m*, *Pl* -e Geheimnis *n*; II. -e *Adj* sekret, geheim
sekretár -i *m*, *Pl* -ë **1.** Sekretär *m*; **~ i përgjithshëm** Generalsekretär; **~ i parë** Erster Sekretär; **2.** Protokollant *m*
sekretár|e -ja *f*, *Pl* -e **1.** Sekretärin *f*; **2.** Protokollantin *f*
sekretarí -a *f*, *Pl* – Sekretariat *n* *(als Büro)*
sekretariát -i *m*, *Pl* -e Sekretariat *n* *(Personen)*
seks -i *m*, *Pl* -e Sexus *m*, Geschlecht *n*; **~i i bukur** das schöne Geschlecht
seksér -i *m*, *Pl* -ë Zwischenhändler *m*, Makler *m*
sekserí -a *f* Zwischenhandel *m*, Maklerwesen *n*
seksión -i *m*, *Pl* -e Sektion *f*, Abteilung *f*

seksuál, -e *Adj* sexual, Geschlechts-; sexuell
sekt -i *m*, *Pl* -e Sekte *f*
sektár, -e *Adj* sektiererisch; Sekten-
sektaríz|ëm -mi *m* Sektenwesen *n*; Sektierertum *n*
sektór -i *m*, *Pl* -ë **1.** Sektor *m*, Kreisausschnitt *m*; **2.** *Mil* Sektor, Abschnitt *m*; **3.** Sektor, Gebiet *n*; **~ i i arsimit** der Sektor der Volksbildung
sekuést|ër -ra *f Jur* Sequestration *f*
sekuestrím -i *m*, *Pl* -e *Jur* Sequestrierung *f*
sekuestrón 1 *tr Jur* sequestrieren
sékull -a *f*, *Pl* -a = **sefkël**
seksión -i *m*, *Pl* -e Selektion *f*, Auslese *f*, Auswahl *f*; **~ natyror** natürliche Auswahl
seleksioním -i *m* Selektieren *n*, Auswählen *n*; Zuchtauswahl *f*
seleksionón 1 *tr* selektieren, auswählen
seleksionúar (i) *Adj* ausgewählt; aussortiert
selí -a *f*, *Pl* – **1.** Sitz *m einer Gesellschaft usw.*; **2.** Sitz, Stuhl *m*, Thron *m*; **Selia e Shenjtë** der Heilige Stuhl
sélino -ja *f* Sellerie *m*, Knollensellerie
selísht|ë -a *f*, *Pl* -a Hausgarten *m*
selít 22 *tr* erziehen, aufziehen, ausbilden; *Tiere* züchten, abrichten; *Pflanzen* ziehen; **-et** *refl* sich einrichten, sich niederlassen
selítj|e -a *f* **1.** Niederlassen *n*, Festsetzen *n*; **2.** Zucht *f*, Züchten *n*; Ziehen *n* *von Pflanzen*
selví -a *f*, *Pl* – Zypresse *f*
semafór -i *m*, *Pl* -ë Verkehrsampel *f*; Laterne *f*
semantík, -e *Adj* semantisch
semantík|ë -a *f* Semantik *f*
sémbër -t *Pl zwei Bauern, die je einen Ochsen stellen, um gemeinsam zu pflügen; zwei Bauern, die ihren Viehbestand zeitweilig vereinen*
semést|ër -ri *m*, *Pl* -ra Semester *n*

seminár -i *m*, *Pl* -e Seminar *n*; Priesterseminar

seminaríst -i *m*, *Pl* -ë Seminarist *m eines Priesterseminars*

semít -i *m*, *Pl* -ë Semit *m*

semitík, -e *Adj* semitisch

senát -i *m*, *Pl* -e Senat *m*

senatór -i *m*, *Pl* -ë Senator *m*

send -i *m*, *Pl* -e **1.** Ding *n*, Gegenstand *m*, Sache *f*; ~ **et e shtëpisë** der Hausrat; **2.** Ware *f*, Artikel *m*; ~ **e ushqimore** Lebensmittel *Pl als Waren*; **3.** Ding, Sache *(abstrakt)*; **do të të them një** ~ ich werde dir etwas sagen; **këto janë** ~ **e të papëlqyera** das sind unerfreuliche Dinge

sendërgjím -i *m*, *Pl* -e Erfindung *f*

sendërgjón 1 *tr* erfinden, sich etw. ausdenken

sendërtón 1 *tr* realisieren

sendón -i *m* weißes Laken *n*

sendth -i *m* wertloses Zeug *n*, Kinkerlitzchen *Pl*

senét -i *m*, *Pl* -e Urkunde *f*, Dokument *n*; Wechselbrief *m*, Wechsel *m*

sensér -i *m*, *Pl* -e = **sekser**

senkserí -a *f* = **sekseri**

sensación -i *m*, *Pl* -e Wahrnehmung *f*; Sensation *f*

sensibilitét -i *m* Sensibilität *f*, Empfindsamkeit *f*; Feinfühligkeit *f*, Empfindlichkeit *f*

sensuál, -e *Adj* sinnlich

sensualitét -i *m* Sensualität *f*; Sinnlichkeit *f*

sensualíz|ëm -mi *m Phil* Sensualismus *m*

sentimentál, -e *Adj* sentimental, empfindsam, gefühlvoll

sentimentalíz|ëm -mi *m* Empfindsamkeit *f*

separatíst I. -i *Subst/m*, *Pl* -ë *od* -a Separatist *m*; **II.** -e *Adj* separatistisch; **lëvizje** ~ **e** Separatistenbewegung *f*

separatíz|ëm -mi *m* Separatismus *m*

sepét -i *m*, *Pl* -e *od* -a = **sepete**

sepét|e -ja *f*, *Pl* -e Brauttruhe *f*

sepsé *Konj* da, weil

seq *Pl* → **sek**

séra -t *Pl* Treibhäuser *Pl*

seravít 22 *tr Holz* stapeln

serb I. -i *Subst/m*, *Pl* -ë Serbe *m*; **II.** -e *Adj* serbisch

serbés *Adv* frei; ungezwungen

Serbí -a *f* Serbien *n*

serbísht *Adv* auf serbisch

serbísht|e -ja *f* Serbisch *n*

serbokroatísht *Adv* auf serbokroatisch

serbokroatísht|e -ja *f* Serbokroatisch *n*

serdén -i *m* Geranie *f*, Pelargonie *f*

serenád|e -a *f*, *Pl* -a Serenade *f*

sér|ë -a *f* Pech *n*; Erdpech, Bitumen *n*

sergjén -i *m*, *Pl* -ë *od* -a Wandbrett *n*, Küchenbord *n*

serí -a *f*, *Pl* – Serie *f*, Reihe *f*, Folge *f*; ~ **pullash** Briefmarkenserie, ein Satz Briefmarken

seriόz, -e *Adj* seriös, ernsthaft; wichtig; **argument** ~ ein wichtiges Argument; **sëmundja është** ~ **e** die Krankheit ist ernst

seriozísht *Adv* im Ernst, ernsthaft; **e merr** ~ etw. ernst nehmen

seriozitét -i *m* Seriosität *f*, Ernsthaftigkeit *f*

sermáj|e -a *f*, *Pl* -e Kapital *n*, Kapitalanlage *f*; Ersparnisse *Pl*

seró|n 1 *tr* pichen, mit Pech überziehen; *itr übertr* schwarz sein; **po** ~ **nga inati** er ist schwarz vor Wut; **-het** *refl* schwarz werden, dunkel werden

serós 21 *tr* = **seron**

seróz, -e *Adj Anat* Schleim-

serpentín -i *m Min* Serpentin *m*

sert, -e *Adj* grob, unfreundlich, aufbrausend *(Menschen)*; stark *(Tabak)*

serúm -i *m*, *Pl* -e Serum *n*, Blutserum; Impfstoff *m*

servíl, -e *Adj* servil, unterwürfig, kriecherisch
servilíz|ëm -mi *m* Unterwürfigkeit *f*, Kriecherei *f*, Servilität *f*
servír 14[1] *tr* servieren, auftragen
servís -i *m*, *Pl* -e Service *n*
¹**sérr|ë** -a *f*, *Pl* -a hoher, zerklüfteter Felsen *m*
²**sérr|ë** -a *f*, *Pl* -a Treibhaus *n*
sesá *Konj* als daß; als zu; **më mirë të vdes, ~ të rroj kështu** lieber sterbe ich, als daß ich so lebe
sesí -a *f* Art und Weise *f*; **s'ka ~ es** geht auf gar keinen Fall
sesión -i *m*, *Pl* -e Session *f*, Sitzungsperiode *f*; Sitzung *f*, Beratung *f*, Veranstaltung *f*; Tagung *f*, Versammlung *f*; **~i i Kuvendit Popullor** die Tagung der Volksversammlung
setác -i *m*, *Pl* -a grobes Sieb *n*
sét|ë -a *f*, *Pl* -a Sieb *n*
sét|ër -ra *f*, *Pl* -ra Jackett *n*, Jacke *f*
seváp -i *m* Almosen *n*
sevdá -ja *f* Liebe *f*; **ka shtënë ~ në** verliebt sein in; Leidenschaft *f*; **leximin e kam me ~** das Lesen ist meine Leidenschaft
sevdallí I. -u *Subst/m*, *Pl – od* -nj Verliebter *m*; Liebhaber *m*; **~ njtë e kuajve** die Pferdeliebhaber; **II.** *Adj* verliebt; leidenschaftlich
sevdallíset 21 *refl* sich verlieben
së *Gramm vorangestellter Artikel*
sëkëllí -a *f*, *Pl* – Kummer *m*, Verdruß *m*, Leid *n*; Verlegenheit *f*; Last *f*; Unruhe *f*, Angst *f*, Beklemmung *f*
sëkëlldís 21 *tr* betrüben, verdrießen, beunruhigen; **-et** *refl* betrübt sein, bekümmert sein, besorgt sein; beklommen sein, sich ängstigen; in Verlegenheit sein
sëllí -a *f* Frühstück *n*; Frühstück *bei der Feldarbeit*
sëllín 6 *itr* auf dem Feld frühstücken
sëmbím -i *m* stechender Schmerz *m*; *übertr* Kummer *m*
sëmbón 1 *unpers* (më) schmerzen; *übertr* mir krampft sich das Herz zusammen
sëmúnd|ë -a *f*, *Pl* -a = **sëmundje**
sëmúndj|e -a *f*, *Pl* -e Krankheit *f*; *übertr* schlechte Angewohnheit *f*, Manie *f*
sëmúr 14[1] *tr* krank machen, die Gesundheit schädigen, der Gesundheit schaden; **më ~i duhani** der Tabak hat meiner Gesundheit geschadet; *übertr* **sevdaja jote më ~i** deine Liebe hat mich krank gemacht; **-et** *refl* erkranken, krank werden
sëmúr|ë I. -i (i) *Subst/m*, *Pl* -ë (të) Kranker *m*; **II.** (i) *Adj* krank
sëmúrj|e -a *f*, *Pl* -e Erkrankung *f*
séndíset 21 *refl* besorgt sein, sich Gedanken machen, bekümmert sein
sëndúk -u *m*, *Pl* -ë *od* **sëndúqe** hölzerne Truhe *f*
sëpáku *Adv* wenigstens, mindestens
sëpatár -i *m*, *Pl* -ë Holzfäller *m*
sëpát|ë -a *f*, *Pl* -a Beil *n*, Axt *f*
sér|ë -a *f*, *Pl* -ë Reihe *f*, Linie *f*; Reihenfolge *f*; **erdhi sëra ime** ich bin an der Reihe; **ia humba ~n** ich habe den Faden verloren
sërísh *Adv* wiederum, von neuem
sërmá -ja *f* Goldfaden *m*, Silberfaden *m zum Sticken*
sërós 21 *tr* einreihen, einordnen
sfák|ë -a *f*, *Pl* -a Jerusalems-Salbei *f*
sféjk|ë -a *f*, *Pl* -a Mangold *m*
sfér|ë -a *f*, *Pl* -a *Geom* Kugel *f*; Bereich *m*
sferík, -e *Adj* kugelig, Kugel-
sfilít 22 *tr* windelweich schlagen; quälen, peinigen; **-et** *refl* sich abrackern, sich fertigmachen; leiden
sfín|ë -a *f* Keil *m*
sfínks -i *m* Sphinx *f*; *übertr* ge-

heimnisvoller und rätselhafter Mensch

sfond -i *m, Pl* -e Hintergrund *m*

sfrat -i *m, Pl* -e Wehr *n im Fluß*

sfungjér -i *m, Pl* -ë Schwamm *m*

sfurk -u *m, Pl* sfurq *od* sfúrqe Skorpion *m*

sfurqí -a *f, Pl* – Handspanne *f als Längenmaß*

sfytyrín 6 *itr* schnauben

si I. *Adv* wie; ~ **the?** wie bitte?; ~ **i ke në shtëpi?** wie geht es deiner Familie?; II. *Konj* 1. wie *(Vergleich)*; als; ~ **baba, djali** wie der Vater, so der Sohn; **luftoi** ~ **luan** er kämpfte wie ein Löwe; **po të flas** ~ **shok** ich spreche zu dir als Freund; ~ **mos më keq** wie es schlimmer nicht geht; **s'kam se** ~ ich habe keine Möglichkeit; ~ **sot një javë** heute in einer Woche; ~ **edhe** wie auch; sowie; 2. nachdem; als *(Zeit)*; ~ **shkuan ca kohë** nachdem sie einige Zeit gegangen waren; 3.: ~...~ ...sowohl...als auch...; ~ **në verë** ~ **në dimër** sowohl im Sommer als auch im Winter, sommers wie winters

Siberí -a *f* Sibirien *n*

siberián I. -i *Subst/m, Pl* -ë Sibirier *m*; II. -e *Adj* sibirisch

sibilánt -i *m, Pl* -ë *Phon* Sibilant *m*, Zischlaut *m*

Sicilí -a *f* Sizilien *n*

sicilián I. -i *Subst/m, Pl* -ë Sizilianer *m*; II. -e *Adj* sizilianisch

siç *Konj* wie; so wie; ~ **më duket** wie mir scheint

siderurgjí -a *f* Siderotechnik *f*

siderurgjík, -e *Adj* siderotechnisch

sidó *Adv, Konj* wie auch immer; ~ **që të jetë koha, unë do të nisem** wie das Wetter auch sein mag, ich werde aufbrechen

sidokudó *Adv* jedenfalls, auf alle Fälle; irgendwie, in jedem Falle

sidomós *Adv* vor allem, besonders, hauptsächlich

sidoqóftë *Konj* wie auch immer, wie dem auch sei

sifilitík, -e *Adj* syphilitisch

sifilíz -i *m* Syphilis *f*

sifón -i *m, Pl* -a 1. Siphonflasche *f*, Siphon *m*; 2. Sodawasser *n*; 3. Regenwolke *f*

siguréc|ë -a *f, Pl* -a *El* Sicherung *f*; Sicherung *an Schußwaffen*

sigurés|ë -a *f, Pl* -a *El* Sicherung *f*

sigurí -a *f* Sicherheit *f*; **me** ~ sicherlich; unbedingt; zuverlässig, mit Sicherheit

sigurím -i *m, Pl* -e 1. Sicherung *f*, Sichern *n*; Sicherheit *f*, Garantie *f*; 2. öffentliche Sicherheit; **organe të** ~ **it** Sicherheitsdienst *m*, Sicherheitsorgane *Pl*; **Këshilli i Sigurimit** der Sicherheitsrat; 3. Versicherung *f*; ~ **et shoqërore** die Sozialversicherung; ~ **kundër zjarrit** Feuerversicherung

sigurísht *Adv* sicher, sicherlich

siguró|n 1 *tr* sichern; garantieren; versichern, beteuern; bei einer Versicherungsanstalt versichern; **-het** *refl* sich versichern; **u sigurova** a) ich bin versichert; b) ich bin mir sicher

sígurt (i) *Adj* sicher; zuverlässig

sigúrtë (i) *Adj* = **i sigurt**

siharíq -i *m, Pl* -e gute Nachricht *f*, Freudenbotschaft *f*

siklét -i *m* Schwierigkeit *f*, Zwangslage *f*; Beklemmung *f*; **është në** ~ er ist in großer Verlegenheit

siktér *Interj die Abscheu ausdrückt*; ~ **jashtë!** raus!

sikúndër *Konj* wie, so wie

sikúr *Konj* 1. als ob; **pse bën** ~ **s'di gjë?** warum tust du so, als ob du nichts wüßtest?; 2. so wie, wie; ~ **the ti më parë** wie du es vorher gesagt hast; 3. wenn

(Bedingung); ~ **të më vinte djali** wenn mein Junge käme; **4.** wenn doch, wenn nur *(Wunsch)*; **ah,** ~ **të isha atje!** ach, wenn ich doch dort wäre!

sikúrse *Adv* so wie, wie; ~ **e dini** wie ihr ja wißt

sikúsh *Indef Pron* jeder

siláb|ë -a *f*, *Pl* -a *Gramm* Silbe *f*

siláh -u *m*, *Pl* -e *breiter, bestickter Gürtel, an dem die Waffen hängen*

silázh -i *m* Einsilieren *n*, Ensilage *f*, Silage; -e *Pl* Silagefutter *n*, Gärfutter *n*

silíc -i *m* Silizium *n*

silícium -i *m* Silizium *n*

silíç -i *m* = **silic**

silikát -i *m*, *Pl* -e Silikat *n*

silogjíz|ëm -mi *m*, *Pl* -ma Syllogismus *m*

silos *od* **silós** -i *m*, *Pl* -ë Silo *m*

silúr -i *m*, *Pl* -ë Torpedo *m*

silurón 1 *tr* torpedieren; *übertr* torpedieren

silvikultúr|ë -a *f* Forstwirtschaft *f*

síllet 16¹ *refl* **1.** sich benehmen, sich verhalten; **2.** sich verspäten; **3.** sich drehen; **dheu** ~ **rreth diellit** die Erde dreht sich um die Sonne; ~ **rrugëve** sich herumtreiben; **s'di kujt t'i** ~ er weiß nicht, an wen er sich wenden soll; → **sjell**

síll|ë -a *f*, *Pl* -ë = **sëlli**

sillón 1 *itr* = **sëllin**

síllte 16¹ *Imperf* → **sjell**

simbás *Präp (mit Abl)* = **sipas**

simbióz|ë -a *f* Symbiose *f*

simból -i *m*, *Pl* -e Symbol *n*, Wahrzeichen *n*, Merkmal *n*; *Chem, Math* Zeichen

simbolík, -e *Adj* symbolisch, sinnbildlich

simbolíz|ëm -mi *m Lit* Symbolismus *m*

simbolizón 1 *tr* symbolisieren

síme *Poss Pron Gen Dat Abl* → **ime**; **shoqes** ~ meiner *(Dat)* Kollegin; ~ **motre** meiner *(Dat)* Schwester

simetrí -a *f* Symmetrie *f*, Gleichmaß *n*, Ebenmaß *n*

simetrík, -e *Adj* symmetrisch, gleichmäßig, ebenmäßig

simfoní -a *f*, *Pl* – Symphonie *f*; Sinfonie *f*

simfoník, -e *Adj* symphonisch, Symphonie-; Sinfonie-; **koncert** ~ Sinfoniekonzert *n*

simitçí -u *m*, *Pl* – *od* -nj Brötchenbäcker *m*, Brötchenverkäufer *m*

simít|e -ja *f*, *Pl* -e kleines, rundes Weißbrot *n*; Art Brötchen

simót|ër -ra *f*, *Pl* -ra Blutsschwester *f*

simpatí -a *f*, *Pl* – Sympathie *f*

simpatík, -e *Adj* sympathisch

simpatizánt -i *m*, *Pl* -ë Sympathisierender *m*, Gleichgesinnter *m*; Sympathisant *m*

simpatizón 1 *tr* sympathisieren

simpatizúes -i *m*, *Pl* – Anhänger *m*

simpozium -i *m*, *Pl* -e Symposium *n*

simptomatík, -e *Adj* symptomatisch; bezeichnend

simptóm|ë -a *f*, *Pl* -a Symptom *n*, Krankheitszeichen *n*; *übertr* Kennzeichen *n*, Merkmal *n*

sinagóg|ë -a *f*, *Pl* -a Synagoge *f*

sináp -i *m Bot* Senf *m*; Senf, Mostrich *m*

sinapíz|ëm -mi *m* Senfpflaster *n*

sindëkúr *Konj* = **sikundër**

sindikál, -e *Adj* gewerkschaftlich, Gewerkschafts-; **organizata** ~ **e** Gewerkschaftsorganisationen *Pl*

sindikalíst -i *m*, *Pl* -ë *od* -a Syndikalist *m*

sindikalíz|ëm -mi *m* Syndikalismus *m*

sindikát|ë -a *f*, *Pl* -a Gewerkschaft *f*

sindikúar -i (i) *m*, *Pl* – (të) Gewerkschaftsmitglied *n*

sindonjá *Adv* ungefähr

sinekdók|ë -a *f*, *Pl* -a Synekdoche *f*

sinemá -ja *f*, *Pl* – Kino *n*

sing|ër -ra *f*, *Pl* -ra *alt* Nebenfrau *f*
singulár -i *m* Singular *m*
siní -a *f*, *Pl* – **1.** *große, runde Kupfer- oder Messingplatte*; **2.** Hochzeitskleider *Pl die der Bräutigam der Braut schickt*
sinisí -a *f*, *Pl* – Halbinsel *f*
sinkóp|ë -a *f* **1.** *Med* kurzer Herzstillstand *m*; **2.** Synkope *f*
sinkroní -a *f* Synchronie *f*
sinkroník, -e *Adj* synchron, gleichzeitig, gleichlaufend; **lëvizje** ~ **e** synchrone Bewegung
sinkroníz|ëm -mi *m* Synchronismus *m*, Gleichzeitigkeit *f*
sinkronizím -i *m* Synchronisation *f*, Synchronisieren *n*
sinkronizón 1 *tr* synchronisieren
sinód -i *m*, *Pl* -e Synode *f*
sinoním -i *m*, *Pl* -e Synonym *n*
sinoptík, -e *Adj* synoptisch, übersichtlich angeordnet; **tabelë** ~ **e** Übersichtstabelle *f*
sinoptík|ë -a *f* Synopse *f*
sinór -i *m*, *Pl* -ë **1.** Grenze *f*; Ackergrenze, Rain *m*; **2.** Ackerland *n*, Acker *m*; Gebiet *n*, Ort *m*
sinqerísht *Adv* aufrichtig, offen
sinqeritét -i *m* Aufrichtigkeit *f*, Offenheit *f*
sinqértë (i) *Adj* aufrichtig, offen
sintágm|ë -a *f*, *Pl* -a Syntagma *n*
sintáks|ë -a *f* Syntax *f*
sintaksór, -e *Adj* syntaktisch
sintetík, -e *Adj* **1.** synthetisch; **2.** synthetisch, künstlich; **benzinë** ~ **e** synthetisches Benzin
sintéz|ë -a *f*, *Pl* -a Synthese *f*, Vereinigung *f*, Verbindung *f*; *Chem* Synthese
sinús -i *m* Sinus *m*
sinjál -i *m*, *Pl* -e Signal *n*
sipás *Präp (mit Abl)* gemäß, nach, entsprechend; ~ **lajmeve të fundit** nach den letzten Nachrichten; ~ **urdhërit** befehlsgemäß
sípër **I.** *Adv* oben; ~ **rrini apo poshtë?** wohnt ihr oben oder unten?; **e** ~ gerade bei, direkt bei *(Zeit)*; **në punë e** ~ direkt bei der Arbeit; ~ **e** ~ oberflächlich; **II.** *Präp (mit Abl)* über; auf; ~ **tryezës** auf dem Tisch
sipërfáq|e -ja *f*, *Pl* -e Oberfläche *f*; ~ **e dheut** Erdoberfläche; *Geom* Fläche *f*; ~ **e katrorit** Quadratfläche
sipërfitím -i *m*, *Pl* -e Mehrprofit *m*
sípërm (i), -e (e) *Adj* obere; **në katin e** ~ im oberen Stockwerk
sipërmárrës -i *m*, *Pl* – Unternehmer *m*
sipërmárrj|e -a *f*, *Pl* -e Unternehmen *n*
sipërór, -e *Adj* oberste; **shkalla** ~ **e** Superlativ *m*
sipërpërméndur (i) *Adj* obengenannt, obenerwähnt
sipraní -a *f* Souveränität *f*
sipsí -a *f*, *Pl* – Pfeifenkopf *m*
Siqelí -a *f* Sizilien *n*
sir -i *m*, *Pl* -e Zauberei *f*, Magie *f*
sirá **I.** -ja *Subst/f* Reihe *f*; **me** ~ der Reihe nach; **II.** *Adv* hintereinander; **dy net** ~ zwei Nächte hintereinander
sirén|ë -a *f*, *Pl* -a Sirene *f auch Myth*
Sirí -a *f* Syrien *n*
sirt -i *m*, *Pl* -e *od* -a **1.** hölzerner Türriegel *m*; **2.** Pflugbaum *m*; **3.** Ziehstein *m des Silberschmieds*
sirtár -i *m*, *Pl* -ë Schublade *f*, Schubfach *n*, Tischkasten *m*
sís|ë -a *f*, *Pl* -a weibliche Brust *f*, Busen *m*; Brustwarze *f*; Zitze *f*
sisórë -t *Pl* Säugetiere *Pl*
sistém -i *m*, *Pl* -e System *n*; ~ **elektoral** Wahlsystem; ~ **nervoz** Nervensystem; ~ **i socialist** das sozialistische System
sistematík, -e *Adj* systematisch; planmäßig
sistematík|ë -a *f* Systematik *f*
sistematikísht *Adv* systematisch
sistematizón 1 *tr* systematisieren

sistemó|n 1 *tr* systematisieren; **-het** *refl* sich einrichten
sit 22 *tr* sieben
sít|ë -a *f, Pl* -a Sieb *n*
sítj|e -a *f* Sieben *n*
sítka -t *Pl* Kleie *f*
sítk|ë -a *f* Teichbinse *f*, Seebinse
situát|ë -a *f, Pl* -a Situation *f*, Lage *f*
siujdhés|ë -a *f, Pl* -a Halbinsel *f*
sívë *Adj* grau *(Tiere)*; **mushkë** ~ grauer Maulesel *m*
sivjém|ë (i), -e (e) *Adj* diesjährig, heurig
sivjét *Adv* dieses Jahr, in diesem Jahr, heuer
sivjét|ëm (i), -me (e) *Adj* = i sivjemë
sivjétsh|ëm (i), -me (e) *Adj* = i sivjemë
sixhadé -ja *f, Pl* – kleiner Plüschteppich *m*
sixhím -i *m, Pl* -a starker Bindfaden *m*
sizmík, -e *Adj* seismisch
sizmográf -i *m, Pl* -ë Seismograph *m*
sjell 16¹ *tr* 1. bringen, mitbringen; **e solli rasti** die Gelegenheit ergab es; **e ~ ndër mend** erinnern an; **e ~ në vete** jmdn. zu sich bringen; 2. nach jmdm. zielen, auf jmdn. werfen; 3. jmdn. aufhalten; 4. lenken auf, richten auf; **sill sytë kah unë** richte deine Augen auf mich; 5. drehen; **~ rrotull** herumdrehen; → **sillet**
sjélla -t (të) *Pl* Anstand *m*, Benehmen *n*, Verhalten *n*
sjéll|ë I. -a *Subst/f* Wasserstand *m* eines Flusses; II. (i) *Adj* anständig, wohlerzogen; III. *Adv* spät
sjéllj|e -a *f, Pl* -e 1. Anstand *m*, Benehmen *n*, Verhalten *n*; 2. Wirbelwind *m*, Windhose *f*
sjéllsh|ëm (i), -me (e) *Adj* höflich, anständig, wohlerzogen
skadím -i *m* Fälligkeit *f* eines Wechsels
skadón 1 *itr* fällig werden *(Wechsel)*

skafánd|ër -ra *f, Pl* -ra Weltraumanzug *m*, Skaphander *m*
skaj -i *m, Pl* -e 1. Rand *m*, äußerstes Ende *n*, Spitze *f*; Kante *f*, Ecke *f*; 2. Terminus *m*
skajím -i *m Gramm* Determination *f*
skajón 1 *tr* 1. jmdn. *oder* etw. auf seinen Platz stellen, anbringen, installieren; 2. *Gramm* determinieren
skajúar (i) *Adj Gramm* bestimmt, determiniert
skaláb|ë -a *f* Schneeregen *m*
skalistír -i *m, Pl* -ë zweizinkige Hacke *f*, Karst *m*
skalít 22 *tr* 1. hacken, jäten; 2. *Holz* schnitzen; *Stein* behauen, meißeln
skalítës -i *m, Pl* – Schnitzer *m*; Steinmetz *m*; Graveur *m*
skalítj|e -a *f, Pl* -e 1. Hacken *n*; 2. Schnitzen *n*; Meißeln *n*; 3. Schnitzerei *f*; gemeißelte Arbeit *f*
skall|úa -ói *m, Pl* -ónj *Bot* Auge *n*; junges Reis *n*
skámës -i *m, Pl* – Armer *m*
skámj|e -a *f* Armut *f*, Mangel *m*, Not *f*
skámur (i) *Adj* arm, bedürftig, notleidend
skandál -i *m, Pl* -e Skandal *m*, Aufsehen *n*
skandalizó|n 1 *tr* skandalieren, skandalisieren, Skandal machen; randalieren; **-het** *refl* sich entrüsten; sich empören
skandalóz, -e *Adj* skandalös, aufsehenerregend
skandináv I. -i *Subst/m, Pl* -ë Skandinavier *m*; II. -e *Adj* skandinavisch
Skandinaví -a *f* Skandinavien *n*
skáp|e -ja *f, Pl* -e Gipfel *m*, Kuppe *f* eines Berges
skapullón 1 *tr* retten
skár|ë -a *f, Pl* -a Bratrost *m*, Grill *m*

skarlatín|ë -a *f* Scharlach *m*
skathár -i *m* Geflügelte Reblaus *f*
skeç -i *m*, *Pl* -e Sketch *m*
skedár -i *m*, *Pl* -ë Karteikasten *m*; Kartei *f*, Katalog *m*; ~ **alfabetik** alphabetischer Katalog; ~ **sistematik** systematischer Katalog
skéd|ë -a *f*, *Pl* -a Karteikarte *f*, Karteizettel *m*
skél|e -ja *f*, *Pl* -e **1.** Hafen *m*; Hafenstadt *f*; **2.** *Bauw* Gerüst *n*
skelerí -të *Pl Bauw* Gerüst *n*
skelét -i *m*, *Pl* -e Skelett *n*, Knochengerüst *n*; *übertr* Skelett, Gerüst *n*, Plan *m*; *Tech* Skelett, Gestell *n*
skematík, -e *Adj* schematisch
skematikísht *Adv* schematisch
skematíz|ëm -mi *m* Schematismus *m*
skematizón 1 *tr* schematisieren
ském|ë -a *f*, *Pl* -a Schema *n*
skenár -i *m*, *Pl* -ë **1.** Szenerie *f*; **2.** Szenarium *n*, Drehbuch *n*
skenaríst -i *m*, *Pl* -ë *od* -a Drehbuchautor *m*
skén|ë -a *f*, *Pl* -a **1.** Szene *f*; Bühne *f*; Bühnendekoration *f*; **2.** Auftritt *m*; **3.** *übertr* Szene, Schauplatz *m*
skeník, -e *Adj* szenisch, Theater-
skenográf -i *m*, *Pl* -ë Bühnenbildner *m*
skenografí -a *f* Bühnenbildmalerei *f*
skep -i *m*, *Pl* -a Ecke *f*
sképt|ër -ri *m* Zepter *n*
skepticíz|ëm -mi *m* **1.** *Phil* Skeptizismus *m*; **2.** Skeptizismus, skeptische Haltung *f*
skeptík **I.** -u *Subst/m*, *Pl* -ë Skeptiker *m*, Zweifler *m*; **II.** -e *Adj* skeptisch, zweifelnd
skérm|ë -a *f Sport* Fechten *n*
skërdéhet 14³ *refl* sich betrinken, sich besaufen
skërfítet 20 *refl* sich weit öffnen; aufreißen (Augen); **iu skërfitën sytë** er bekam große Augen
skërfýell -i *m*, *Pl* skërfýej Kehlkopf *m*

skërk|ë -a *f*, *Pl* -a zerklüfteter Felsen *m*, Felskluft *f*; Felsschlucht *f*
skërlút|ë -a *f* Augenbutter *f*
skërmít 22 *tr*: ~ **dhëmbët** mit den Zähnen knirschen
skëtérr|ë -a *f* **1.** Hölle *f*; *übertr* Hölle; **2.** Finsternis *f*, Dunkel *n*
ski -të *Pl* Ski *Pl*
skiatór -i *m*, *Pl* -ë Skisportler *m*, Skiläufer *m*, Skifahrer *m*
skíc|ë -a *f*, *Pl* -a Skizze *f*
skiftér -i *m*, *Pl* -ë Falke *m*
skilák -u *m*, *Pl* -ë männlicher Fuchs *m*
skíl|e -ja *f*, *Pl* -e Fuchs *m*, Füchsin *f*; Fuchspelz *m*; *übertr* Fuchs, Schlauberger *m*
skilí -a *f* List *f*, Schlauheit *f*
skilifác|ë -a *f* Grimasse *f*, Fratze *f*
skit **I.** -i *Subst/m*, *Pl* -ë Skythe *m*; **II.** -e *Adj* skythisch
skitár -i *m*, *Pl* -ë = **skiator**
skít|ë -a *f* Kot *m*
skizmatík **I.** -u *Subst/m*, *Pl* -ë Schismatiker *m*; **II.** -e *Adj* schismatisch
skízm|ë -a *f*, *Pl* -a Schisma *n*
sklép|ë -a *f*, *Pl* -a Augenbutter *f*
sklerotík|ë -a *f* Sklera *f*, Lederhaut *f des Auges*
skleróz|ë -a *f* Sklerose *f*
sklín|ë -a *f* Schwächlichkeit *f*, Schwäche *f*
skllaf -i *m*, *Pl* -a Brandung *f*, sich brechende Welle *f*
sklláp|ë -a *f*, *Pl* -a Mundstück *n von Volksinstrumenten vom Oboen- oder Klarinettentyp*
skllav -i *m*, *Pl* skllévër Sklave *m*
sklláv|e -ja *f*, *Pl* -e Sklavin *f*
skllavërí -a *f* Sklaverei *f*
skllavërím -i *m* Versklavung *f*
skllavërón 1 *tr* versklaven
skllavërúes, -e *Adj* Versklavungs-, Unterjochungs-; **me kondita** ~ **e** unter entwürdigenden Bedingungen

skllavopronár -i *m*, *Pl* -ë Sklavenhalter *m*
skllop -i *m* Schlamm *m*, Matsch *m*, Dreck *m*; Schneematsch
skllót|ë -a *f* Schneesturm *m*, Schneetreiben *n*; Sturm *m*
skllotín|ë -a *f* Schneeregen *m*; ~ **bore** Schneematsch *m*
skllup 14 *tr* schlingen, verschlingen, hinunterschlingen; fressen
skllúp|e -ja *f*, *Pl* -e starker Ast *m*
skocéz I. -i *Subst/m*, *Pl* -ë Schotte *m*; II. -e *Adj* schottisch; **stofë** ~ e Schottenstoff *m*
Skocí -a *f* Schottland *n*
skolastík I. -u *Subst/m*, *Pl* -ë Scholastiker *m*; Buchstabengelehrter *m*; II. -e *Adj* scholastisch
skolastík|ë -a *f* Scholastik *f*
skopát 22¹ *tr* *Zool* verschneiden, kastrieren
skopéc -i *m*, *Pl* -ë verschnittener Ziegenbock *m*
skopít 22 *tr* = skopat
skopítj|e -a *f* *Zool* Verschneiden *n*, Kastration *f*
skorbút -i *m* Skorbut *m*
skorrán, -e *Adj* = skorrë
skorratín|ë -a *f* Schneetreiben *n*, Schneesturm *m*
skórrë *Adj* abgezehrt, ausgemergelt, abgemagert
skót|ë -a *f*, *Pl* -a Stamm *m*, Art *f*, Rasse *f*
skrímtë (i) *Adj* maßvoll *(im Essen u. Trinken)*
skrodh -i *m*, *Pl* -a Schmarotzer *m*, Nassauer *m*
skrúp|ë -a *f* fehlerhafter Stoff *m*
skrúpull -i *m*, *Pl* skrúpuj Skrupel *Pl*, Bedenken *Pl*, Zweifel *m*; **pa skrupuj** skrupellos
skrút|ë -a *f* Aufgeblasenheit *f*, Eitelkeit *f*
skuád|ër -ra *f*, *Pl* -ra 1. Mannschaft *f*, Team *n*; ~ **kombëtare** Nationalmannschaft; 2. *Mil* Zug *m*; 3. Winkel *m*, Winkelmaß *n*
skuadríłj|e -a *f*, *Pl* -e *Flugw* Staffel *f*; **komandant** ~ Staffelkommandeur *m*
skulptór -i *m*, *Pl* -ë Bildhauer *m*
skulptúr|ë -a *f* 1. Bildhauerkunst *f*; 2. Skulptur *f*
skumbrí -a *f*, *Pl* – Makrele *f*
skúnd|ër -ra *f* Gegenwind *m*
skundíll -i *m*, *Pl* skundíj Kleidersaum *m*
skúp|ë -a *f*, *Pl* -a Schnitzmesser *n*
skupíra -t *Pl* Kehricht *m*, Müll *m*
skuq 14 *tr* röten, rot machen; rösten; bräunen; *übertr* **ia** ~ **a** dem habe ich es gegeben; **-et** *refl* erröten, rot werden; bräunen *(Fleisch)*; *übertr* **atij s'i** ~ **et faqja** er hat kein Schamgefühl
skúqj|e -a *f* Rotfärbung *f*, Rötung *f*
skúqur (i) *Adj* 1. gerötet; 2. gebräunt; gebraten
skuríq, -e *Adj* minderwertig, wertlos; bedeutungslos
skurrjál|ë -a *f*, *Pl* -a Gerippe *n*, Skelett *n*
skutér -i *m*, *Pl* -ë Schafhalter *m*, Herdenbesitzer *m*; Oberhirte *m*
skút|ë -a *f*, *Pl* -a 1. Ecke *f*, Winkel *m*; Versteck *n*; 2. Schürze *f*
skutín|ë -a *f*, *Pl* -a 1. Windel *f*; 2. Schürze *f*
skutlón 1 *tr* beiseite legen, aufheben, aufbewahren
skutón 1 *tr* = skutlon
slít|ë -a *f*, *Pl* -a *Tech* Schlitten *m* *an Maschinen*
slogán -i *m*, *Pl* -e Slogan *m*; Parole *f*
sllav I. -i *Subst/m*, *Pl* -ë Slawe *m*; II. -e *Adj* slawisch
sllavísht|e -ja *f* Slawisch *n*
sllog -u *m* bestelltes Feldstück *n*
sllovák I. -u *Subst/m*, *Pl* -ë Slowake *m*; II. -e *Adj* slowakisch
Sllovakí -a *f* Slowakei *f*
sllovakísht|e -ja *f* Slowakisch *n*

sllovén I. -i *Subst/m, Pl* -ë Slowene *m*; **II.** -e *Adj* slowenisch
Sllovení -a *f* Slowenien *n*
sllovenísht|e -ja *f* Slowenisch *n*
smag -u *m, Pl* -ë Pflock *m*, Holznagel *m*
smalt -i *m* 1. Emaille *f*; 2. Zahnschmelz *m*
smaltím -i *m* Emaillierung *f*, Emaillieren *n*
smaltón 1 *tr* emaillieren
smatós 21 *itr* aufgehen, sprießen (*Saat*)
smeráld -i *m, Pl* -e Smaragd *m*
smeríl -i *m* Schmirgel *m*; **letër** ~ **i** Schmirgelpapier *n*, Sandpapier *n*
smilár -i *m, Pl* -ë Meißel *m*
smilát 20 *tr* jmdm. schmeicheln, jmdm. lobhudeln, jmdn. umschmeicheln
smilátës -i *m, Pl* – Schmeichler *m*
smilón 1 *tr* = **smilat**
smir -i *m* = **smirë**
smirák, -e *Adj* neidisch
smír|ë -a *f* Neid *m*
smirë|zí, -zézë *Adj* neidisch
smirón 1 *tr* beneiden
smoking -u *m, Pl* -ë *od* smokíngje Smoking *m*
smuqth -i *m* Eingeweide *Pl*, Innereien *Pl*
snob -i *m, Pl* -ë Snob *m*
snobíz|ëm -mi *m* Snobismus *m*
sobaxhí -u *m, Pl* – *od* -nj Ofensetzer *m*
sób|ë -a *f, Pl* -a 1. Ofen *m*; 2. Zimmer *n der Frauen*; Empfangszimmer
sociál, -e *Adj* sozial, gesellschaftlich; **gjendja** ~ **e** die soziale Lage
socialdemokrací -a *f* Sozialdemokratie *f*
socialdemokrát I. -i *Subst/m, Pl* -ë Sozialdemokrat *m*; **II.** -e *Adj* sozialdemokratisch
socialíst I. -i *Subst/m, Pl* -ë *od* -a Sozialist *m*; **II.** -e *Adj* sozialistisch

socialíst|e -ja *f, Pl* -e Sozialistin *f*
socialíz|ëm -mi *m* Sozialismus *m*
socializím -i *m* Sozialisierung *f*; Vergesellschaftung *f*, Verstaatlichung *f*
socializón 1 *tr* sozialisieren; vergesellschaften, verstaatlichen
sociológ -u *m, Pl* -ë Soziologe *m*
sociologjí -a *f* Soziologie *f*
sociologjík, -e *Adj* soziologisch
sód|ë -a *f* Soda *n*; ~ **kaustike** Natriumhydroxid *n*, Ätznatron *n*
sodít 22 *tr* beobachten; betrachten; erspähen, erblicken; bemerken; **a e** ~ **e?** hast du es bemerkt?
sodítës -i *m, Pl* – Beobachter *m*, Betrachter *m*
soditj|e -a *f* Beobachten *n*, Betrachten *n*; Erspähen *n*
sódium -i *m* Natrium *n*
sodóm 14 *tr alt* dem Erdboden gleichmachen
sofá -ja *f, Pl* – 1. Steinbank *f vor der Haustür*; 2. Sofa *n*
sofát -i *m, Pl* -e = **sofa**
sóf|ër -ra *f, Pl* -ra niedriger, runder Tisch *m*; Eßtisch
sofíst -i *m, Pl* -ë *od* -a Sophist *m*
sofíz|ëm -mi *m* Sophismus *m*
Sófj|e -a *f* Sofia *f*
sofrabéz -i *m, Pl* -e Tischtuch *n*
soft -i *m, Pl* -a Fensterbank *f*
sogjetár -i *m, Pl* -ë Wächter *m*
sohí -a *f* schattige Stelle *f*, schattiger Platz *m*
sohísht|ë -a *f, Pl* -a = **sohi**
soj -i *m, Pl* -e Geschlecht *n*, Verwandtschaft *f*, Familie *f* (*im weitesten Sinne*); **nga ç'** ~ **je?** aus welchem Geschlecht bist du?; **jemi** ~ **me ata** wir sind mit ihnen verwandt; Rasse *f*, Gattung *f*; Art *f*, Sorte *f*; **çfarë** ~ **njeriu është ai?** was für eine Art Mensch ist er?; **dy** ~ **rroba** zwei Sorten Kleider
soják -u *m, Pl* -ë Taschenmesser *n*

sój|ë -a *f* Soja *f*, Sojabohne *f*; **vaj soje** Sojaöl *n*
sójk|ë -a *f*, *Pl* -a = **sojak**
soj|lí, **-léshë** *Adj* adlig; vornehm, hochgeboren; aus guter Familie; **kalë** ~ ein Rassepferd, ein edles Pferd
sojník, **-e** *Adj* = **sojli**
sójsh|ëm (i), **-me** (e) *Adj* = **sojli**
sokák -u *m*, *Pl* -ë *od* sokáqe Gasse *f*; *alt* Straße *f*; **fjalë** ~**u** Straßenklatsch *m*
sokëllás 23 *1. Pers Sg Präs* → **sokëllet**
sokëllét 23 *itr* laut schreien, brüllen
sokëllím|ë -a *f*, *Pl* -a Geschrei *n*, Gebrüll *n*
sokëllín 11 *itr* = **sokëllet**
sokëllíste 23 *Imperf* → **sokëllet**
sokól -i *m*, *Pl* -a Falke *m*; *übertr* tapferer Held *m*
solanacé -të *Pl* Nachtschattengewächse *Pl*
solecíz|ëm -mi *m*, *Pl* -ma Sprachwidrigkeit *f*, sprachlicher Fehler *m*
solémn, **-e** *Adj* feierlich, festlich, Fest-; **mbledhje** ~**e** Festversammlung *f*
solemnísht *Adv* festlich, feierlich
solemnitét -i *m* Feierlichkeit *f*; feierliche Form
solíd, **-e** *Adj* solid, fest, haltbar; *übertr* solid, gediegen, zuverlässig
solidár, **-e** *Adj* solidarisch; **është** ~ **me** sich mit jmdm. solidarisch erklären
solidarësí -a *f* Solidarität *f*, solidarisches Verhalten *n*
solidaritét -i *m* = **solidarësi**
solidarizóhet 1 *refl* sich solidarisieren, sich solidarisch erklären
solíst -i *m*, *Pl* -ë *od* -a Solist *m*
solstíc -i *m* Sonnenwende *f*
solución -i *m*, *Pl* -e Lösung *f*
solvént -i *m*, *Pl* -e *Chem* Lösungsmittel *n*
sollák, **-e** *Adj* linkshändig

sólli 16[1] *Aor* → **sjell**
somún|e -ia *f*, *Pl* -e rundes Weizenbrot *n*
sonát|ë -a *f*, *Pl* -a Sonate *f*
sond -i *m*, *Pl* -e = **sondë**
sondázh -i *m* **1.** Sondierung *f*, Untersuchung *f mit einer Sonde*; **bën** ~ sondieren, eine Probebohrung machen; **2.** Sondierung; Untersuchung
sónd|ë -a *f*, *Pl* -a Sonde *f*
sondón 1 *tr* sondieren
sonét -i *m*, *Pl* -e Sonett *n*
sónë *Poss Pron Gen Dat Abl* → **jonë**; **shoqes** ~ unserer *(Dat)* Kollegin
sónte *Adv* heute nacht; heute abend; ~ **s'kam fjetur** heute nacht habe ich nicht geschlafen; ~ **eja për darkë!** komm heute abend zum Essen!
¹**sop** -i *m*, *Pl* -a kleines Beil *n*
²**sop** -i *m*, *Pl* -a Damm *m*, Wall *m*; kleiner Hügel *m*; **me** ~**a** hügelig
³**sop** -i *m*, *Pl* -e Hahn *m am Faß*
sopál -i *m*, *Pl* -a kleiner Damm *m*, kleiner Wall *m*
sopát|ë -a *f*, *Pl* -a = **sëpatë**
sopoják -u *m*, *Pl* -ë Hainbuche *f*, Weißbuche *f*
sopráno -ja *f* Sopran *m*
sorkádh|e -ja *f*, *Pl* -e Reh *n*
soroláng -u *m*, *Pl* -je Spülwasser *n*, Abwaschwasser *n*; «trübe Brühe» *f*
sorollát 22[1] *tr* drehen, herumdrehen; **-et** *refl* sich drehen, sich im Kreise drehen; sich herumtreiben
sorollímthi *Adv* im Kreise, rundherum, ringsherum; **vjen** ~ sich herumtreiben
sorollóp -i *m* Stamm *m*, Art *f*, Rasse *f*; Verwandtschaft *f*; **i shau sojnë e** ~ **in** er beschimpfte ihre ganze Verwandtschaft
sorrák, **-e** *Adj* wertlos, unwürdig
sórr|ë I. **-a** *Subst/f*, *Pl* -a Krähe *f*,

Rabenkrähe, Nebelkrähe; **II.** (i) *Adj* brünett, dunkel; schwarzäugig; mit schwarzen Augenbrauen
sorrëshkín|ë -a *f, Pl* -a Mauersegler *m*
sórrm|ë (i), -e (e) *Adj* **1.** schwarzweißgefleckt *(Tiere)*; **2.** brünett, dunkel
¹**sos** 21 *tr* **1.** beenden; ausführen; erfüllen; **ia ~a dëshirën** ich erfüllte ihm seinen Wunsch; *itr* **2.** erreichen, ankommen; **~i në Durrës** er kam in Durrës an; **3.** ausreichen, reichen; **paret s'më ~in** ich komme mit dem Geld nicht aus; **-et** *refl* erreichen, ankommen; beenden
²**sos** *Adv Fragepartikel, wenn eine Verneinung erwartet wird* **~ nuk ka?** gibt es denn das etwa nicht?
sós|ë -a *f* Ende *n*; Beendigung *f*
sósj|e -a *f* Ende *n*; Beendigung *f*
sósur I. (i) *Adj* **1.** beendet; ausgeführt, erfüllt; **2.** angekommen; **II.** -it (të) *Subst/n* Ende *n*; **s'ka të ~** es nimmt kein Ende
sot *Adv* heute; **~ një javë** a) heute in einer Woche; b) heute vor einer Woche; **~ e tutje** von heute an; **~ për ~** einstweilen, vorläufig, im Augenblick
sót|ëm (i), -me (e) *Adj* heutig, gegenwärtig, Gegenwarts-; **gjuha e sotme shqipe** die albanische Sprache der Gegenwart
sotín|ë -a *f* leere Wabe *f der Biene*; Wabe *der Wespe*
sótsh|ëm (i), -me (e) *Adj* = **i sotëm**
sovájk|ë -a *f, Pl* -a Schiffchen *n*, Weberschiffchen
sovjét -i *m, Pl* -ë *hist* Sowjet *m*
sovjetík, -e *Adj hist* sowjetisch; **Bashkimi Sovjetik** Sowjetunion *f*
sovkóz -i *m, Pl* -e Sowchos *m*
sovrán, -e *Adj* souverän, unabhängig
sovranitét -i *m* Souveränität *f*, Unabhängigkeit *f*
spág|ë -a *f* Bindfaden *m*

spahí -u *m, Pl – od* -nj *alt* Sipahi *m*, Angehöriger der türkischen Feudalreiterei
spalét|ë -a *f, Pl* -a Epaulette *f*, Schulterstück *n an Uniformen*
spanák -u *m* Spinat *m*
spángo -ja *f, Pl –* = **spagë**
spanísht *Adv* auf spanisch
spanísht|e -ja *f* Spanisch *n*
Spánj|ë -a *f* Spanien *n*
spanjóll, I. -i *Subst/m, Pl* -ë Spanier *m*; **II.** -e *Adj* spanisch
spastrím -i *m, Pl* -e Saubermachen *n*, Säuberung *f*
spastrón 1 *tr* säubern, saubermachen, reinigen; *übertr* säubern
spathók -u *m, Pl* -ë Fetzen *m*, Lumpen *m*; Zerlumpter *m*
spec -i *m, Pl* -a Roter Pfeffer *m*, Paprika *m*; Paprikapulver *n*; *übertr* **është me ~** es ist heikel
speciál, -e *Adj* speziell, besonderer; Spezial-; **studime ~e** Spezialstudium *n*, Sonderstudium *n*; **armë ~e** Spezialwaffen *Pl*
specialíst I. -i *Subst/m, Pl* -ë *od* -a Spezialist *m*, Fachmann *m*; **II.** -e *Adj* Spezial-; **mjek ~** Facharzt *m*
specialitét -i *m, Pl* -e **1.** Spezialität *f*, Fachgebiet *n*, Spezialgebiet; **2.** Spezialität, Spezialprodukt *n*
specializím -i *m, Pl* -e Spezialisierung *f*
specializó|n 1 *tr* spezialisieren; **-het** *refl* sich spezialisieren auf
specializúar (i) *Adj* spezialisiert
spéc|ie -ja *f, Pl* -ie *Naturw* Spezies *f*, Art *f*
specifík, -e *Adj* spezifisch, besonderer; **pesha ~e** das spezifische Gewicht
specifík|ë -a *f* Spezifik *f*
specifikím -i *m* Spezifizierung *f*, Spezifikation *f*
specifikón 1 *tr* spezifizieren
spejz -it *Pl Bot* Ranke *f*

spekták|ël -li *m*, *Pl* -le Spektakel *n*, Schauspiel *n*
spektatór -i *m*, *Pl* -ë Zuschauer *m*
spékt|ër -ri *m*, *Pl* -re *Phys* Spektrum *n*; ~ **diellor** Sonnenspektrum
spektrór, -e *Adj* spektral, Spektral-
spektroskóp -i *m*, *Pl* -e Spektroskop *n*
spekulatór -i *m*, *Pl* -ë Spekulant *m*
spekulím -i *m*, *Pl* -e Spekulation *f*, Spekulieren *n*; ~ **e në bursë** Börsenspekulationen
spekulón 1 *itr* **1.** spekulieren; **2.** *übertr* auf etw. spekulieren, auf etw. rechnen, mit etw. rechnen
spekullón 1 *itr* = **spekulon**
spermatofíte -t *Pl* Spermatophyten *Pl*
spërdr|édh 16 *tr* zusammendrehen; verdrehen; drehen; verstauchen, verrenken; **-ídhet** *refl* sich wiegen *(beim Gehen)*; sich etw. verrenken, sich etw. verstauchen
spërdrídhte 16 *Imperf* → **spërdredh**
spërdródhi 16 *Aor* → **spërdredh**
spëréng|ë -a *f*, *Pl* -a Spargel *m*
spërk -u *m Myth* Bartloser *m*
spërkás 23 *1. Pers Sg Präs* → **spërket**
spërkát 22¹ *tr* = **spërket**
spërkátës I. -i *Subst/m*, *Pl* -a Sprüher *m*, Spray *m*, Zerstäuber *m*; Spritzapparat *m*; **II.** -e *Adj* sprühend; **pompë** ~ **e** Sprüher, Zerstäuber; Farbenspritzapparat
spërkét 23 *tr* besprühen, bespritzen, besprengen
spërkíste 23 *Imperf* → **spërket**
spërkítj|e -a *f* Besprühen *n*, Bespritzen *n*, Besprengen *n*
spërndrít 22 **1.** *tr* glänzend machen; polieren, bohnern, putzen; **2.** *itr* leuchten, glänzen, strahlen
spíc|ë -a *f*, *Pl* -a **1.** Stachel *m*; Span *m*, Splitter *m*; **2.** Speiche *f* am Rad; **3.** *übertr* **spica** *Pl* Intrigen *Pl*, Machenschaften *Pl*; **fut spica** intrigieren, Zwietracht säen
spicëtár -i *m*, *Pl* -ë Intrigant *m*, Ränkeschmied *m*
spicëtár|e -ja *f*, *Pl* -e Intrigantin *f*
spik -u *m* wollene Schnur *f*, wollener Schnürsenkel *m*; Art Kordel
spikám|ë -a *f* Relief *n*
spikát 22¹ *itr*; **-et** *refl* in Erscheinung treten, hervortreten; sich hervortun, sich auszeichnen
spíker -i *m*, *Pl* – Sprecher *m*, Ansager *m*
¹**spikth** -i *m*, *Pl* -a Buntspecht *m*
²**spikth** -i *m*, *Pl* -a = **spik**
spilc -i *m*, *Pl* -a Radspeiche *f*
spináq -i *m* Spinat *m*
spirál|e -ja *f*, *Pl* -e Spirale *f*, Schneckenlinie *f*
spiránc|ë -a *f*, *Pl* -a Anker *m*
spír|ë -a *f Med* Durchfall *m*
spirëgják|e -ja *f Med* Ruhr *f*
spiriláng I. -u *Subst/m*, *Pl* spirilángje Spülwasser *n*, Abwaschwasser *n*; **II.** -e *Adj* verwässert, wäßrig *(für undefinierbare Flüssigkeit)*; **çorbë** ~ **e** Wassersuppe *f*, wäßrige Suppe *f*; **kafe** ~ **e** Lorke *f*, Plempe *f*, Brühe *f*
spiritíz|ëm -mi *m* Spiritismus *m*
spiróhet 1 *refl* Durchfall haben, Ruhr haben
spirúq -i *m*, *Pl* -ë Milchpastete *f*
spitál -i *m*, *Pl* -e Krankenhaus *n*, Spital *n*; ~ **ushtarak** Lazarett *n*
spitulláq, -e *Adj* hypermodern, aufgedonnert, gestriegelt und geschniegelt
spitullím -i *m*, *Pl* -e Herausputzen *n*, Schmücken *n*
spitullóhet 1 *refl* sich herausputzen, sich in Gala werfen
spith -i *m Med* Wassersucht *f*
spiún -i *m*, *Pl* -ë **1.** Spion *m*, Agent *m*; **2.** Spitzel *m*, Geheimpolizist *m*
spiunázh -i *m*, *Pl* -e Spionage *f*; **rrjetë** ~ **i** Spionagenetz *n*

spiunllék -u *m*, *Pl* spiunlléqe Spionieren *n*, Spitzeldienst *m*

spiunón 1 *tr* spionieren, bespitzeln; etw. ausspionieren

spjegím -i *m*, *Pl* -e Erklärung *f*, Erläuterung *f*

spjegó|n 1 *tr* erklären, erläutern; etw. auseinandersetzen; **-het** *refl* sich erklären; sich ausdrücken; Erklärung geben; **të spjegohemi** daß wir uns recht verstehen; verständigen wir uns doch

splon -i *m* überdachter Pferch *m*

spontán, -e *Adj* spontan, von selbst, aus eigenem Antrieb

spontaneísht *Adv* spontan, von selbst, aus eigenem Antrieb

spontaneitét -i *m* Spontaneität *f*

sporadík, -e *Adj* sporadisch, vereinzelt, verstreut

sporadikísht *Adv* sporadisch, vereinzelt, verstreut

spór|ë -a *f*, *Pl* -a *Bot* Spore *f*

sporofíte -t *Pl* Sporophyten *Pl*

sport -i *m*, *Pl* -e Sport *m*; **~ i cilësisë së lartë** der Leistungssport

sportdáshës -i *m*, *Pl* – Sportanhänger *m*

sportíst -i *m*, *Pl* -ë *od* -a Sportler *m*

sportív, -e *Adj* sportlich, Sport-; **gara ~ e** Sportwettkämpfe *Pl*

sprás|ëm (i), -me (e) *Adj* letzter

spreth -i *m*, *Pl* -e Dachvorsprung *m*, Dachgesims *n*; Hutkrempe *f*

spróv|ë -a *f* Probe *f*; **për ~** probeweise, zur Probe

sprovón 1 *tr* probieren, ausprobieren

sprucatór -i *m*, *Pl* -ë Zerstäuber *m*, Spray *m*

sprucím -i *m* *Tech* Zerstäubung *f*

spurdhíq -i *m*, *Pl* -ë Sperling *m*, Spatz *m*; *übertr* frecher Knirps *m*

spurdhís 21 *itr* unflätig sprechen, schlechte Worte gebrauchen

spurdhják -u *m*, *Pl* -ë = **spurdhiq**

spurdhjákës -i *m*, *Pl* – kleines Kind *n*; frecher Knirps *m*

sqap -i *m*, *Pl* sqep Ziegenbock *m*

sqaq 14 *tr* weich machen, mürbe machen; *Speisen* garen, weich kochen; *übertr* windelweich prügeln, durchprügeln, verdreschen

sqarím -i *m* Klärung *f*, Klären *n*, Aufklären; Erklären; Klarstellung *f*, Berichtigung *f*; **~ e** *Pl* Erklärung *f*, Darstellung *f*, Deutung *f*

sqaró|n 1 *tr* klären, aufklären; erklären, auslegen, deuten; **-het** *refl* sich Klarheit verschaffen

sqep -i *m*, *Pl* -a 1. Schnabel *m* der *Vögel*; 2. Ackerrand *m*, Rain *m*; 3. Saum *m*, Rand *m* an *Kleidern od Decken*

sqepár -i *m*, *Pl* -ë Axt *f*, Beil *n*

sqepgját|ë -a *f*, *Pl* -a *Zool* Austernfischer *m*

sqeplúg|ë -a *f*, *Pl* -a *Zool* Löffler *m*, Löffelreiher *m*

sqeptón 1 *tr* mit dem Schnabel hacken, anpicken

sqeptór|e -ja *f*, *Pl* -e Waldschnepfe *f*

sqétull -a *f*, *Pl* -a Achsel *f*, Achselhöhle *f*

sqetullár -i *m*, *Pl* -ë Passe *f*, Mantelpasse

sqiftér -i *m*, *Pl* -ë Falke *m*

sqimatár, -e *Adj* geckenhaft herausgeputzt, aufgedonnert

sqím|ë -a *f*, *Pl* -a Schmuck *m*, Putz *m*, Gala *f*; Prahlerei *f*, Großtuerei *f*; Geckenhaftigkeit *f*

sqímët (i) *Adj* = **sqimatar**

sqók|ë -a *f*, *Pl* -a Glucke *f*

sqoll -i *m*, *Pl* -a Waschbecken *n*; Abwaschbecken, Spülbecken

sqo|n 1 *tr* wecken, aufwecken; **-het** *refl* aufwachen

sqót|ë -a *f*, *Pl* -a Schneeregen *m*; Schneetreiben *n*; Pulverschnee *m*

squar (i) *Adj* aufgeweckt, klug

squarësí -a *f* Aufgewecktheit *f*, Klugheit *f*

squfur -i *m* Schwefel *m*

squfurór, -e *Adj* schweflig, Schwefel-
squfurós 21 *tr* schwefeln, ausschwefeln
sqúfurt (i) *Adj* = **squfuror**
squk 14³ *itr* glucken
sqúk|ë -a *f*, *Pl* -a = **sqokë**
squptrásh|ë -i *m*, *Pl* -ë *Zool* Neuntöter *m*
sqyré -ja *f*, *Pl* – tiefer Teller *m* aus Ton
sqyt -i *m*, *Pl* -a Schild *m*
stabilimént -i *m*, *Pl* -e Einrichtung *f*, Anstalt *f*; Stützpunkt *m*
stabilizím -i *m* Stabilisierung *f*; Stabilität *f*
stabilizó|n 1 *tr* stabilisieren; **-het** *refl* sich stabilisieren, stabil werden
stación -i *m*, *Pl* -e **1.** Bahnstation *f*, Bahnhof *m*; Haltestelle *f*; **2.** Station *f*; ~ **i radios** Rundfunkstation; **3.** Station, Beobachtungsstation; ~ **orbital** Orbitalstation; ~ **maqinash e traktorësh** Maschinen- und Traktorenstation
stad -i *m*, *Pl* -e Stadium *n*, Stufe *f*, Phase *f*
stadiúm -i *m*, *Pl* -e Stadion *n*
stafét|ë -a *f*, *Pl* -a Stafette *f*
stafídh|e -ja *f*, *Pl* -e Rosine *f*
stagón -i *m*, *Pl* -ë kleine Kupferschüssel *f*; kupfernes Weihwasserbecken *n*
stakanovíst I. -i *Subst*/*m*, *Pl* -ë Aktivist *m*; **II.** -e *Adj* Aktivisten-; **lëvizje** ~ **e** Aktivistenbewegung *f*
stakanovíz|ëm -mi *m* Aktivistenbewegung *f*
stalagmít -i *m*, *Pl* -e Stalagmit *m*
stalaktít -i *m*, *Pl* -e Stalaktit *m*
stalliér -i *m*, *Pl* -ë Stallarbeiter *m*, Stallmeister *m*
Stambóll -i *m* Istanbul *n*
stámp|ë -a *f* Druckstempel *m* des Schmieds
stampím -i *m* *Tech* Pressen *n*
stan -i *m*, *Pl* -e **1.** Pferch *m* für Schafe; Stall *m* für Schafe in den Bergen; Sennhütte *f*; **2.** Herde *f*, Schafherde
stanár -i *m*, *Pl* -e transhumanter Schafhirt *m*, Senn *m*
standárd -i *m*, *Pl* -e Standard *m*; Lebensstandard
standardizím -i *m* Standardisierung *f*
standardizón 1 *tr* standardisieren
stanór|e -ja *f*, *Pl* -e Sennerin *f*
stap -i *m*, *Pl* -e *od* -ínj großer, dicker Stock *m*, Knüppel *m*; Stock, Stab *m*
stapít 22 *tr* mit dem Stock verprügeln
stapítet 22 *refl* vor Schreck oder Verwunderung erstarren
stár|ë -a *f*, *Pl* -ë *Ölmaß* etwa 28 *kg*
statík, -e *Adj Phys* statisch
statík|ë -a *f* Statik *f*
statistík -u *m*, *Pl* -ë Statistiker *m*
statistík|ë -a *f*, *Pl* -a Statistik *f*
statistikór, -e *Adj* statistisch
statór -i *m*, *Pl* -ë *Tech* Fundament *n*, Untersatz *m* einer Maschine
statúj|ë -a *f*, *Pl*-a Statue *f*
státus -i *m* Status *m*; ~ **aktual** Status quo
statút -i *m*, *Pl* -e **1.** Statut *n*, Satzung *f*; ~ **i partisë** Parteistatut; **2.** Grundgesetz *n*, Verfassung *f*
stáv|ë -a *f*, *Pl* -a **1.** Holzstapel *m*; ~–~ stapelweise, übereinander gestapelt; **2.** Heuschober *m*, Heufeimen *m*
stazh -i *m*, *Pl* -e Lehrzeit *f*, Probezeit *f*; Praktikum *n*
stazhiér -i *m*, *Pl* -ë Volontär *m*; Praktikant *m*
stazhiér|e -ja *f*, *Pl* -e Volontärin *f*; Praktikantin *f*
stearín|ë -a *f*, *Pl* -a Stearin *n*
stég|ë -a *f*, *Pl* -a Patronengürtel *m*
stéj|ë -a *f*, *Pl* -a **1.** Docht *m*; **2.** Satteldecke *f*; Sattelfüllung *f*
sték|ë -a *f*, *Pl* -a **1.** Billardstock *m*, Queue *n*; **2.** Haarnadel *f*
stel -i *m*, *Pl* -a = **stelë**

stél|ë -a *f*, *Pl* -a **1.** Hundehütte *f*; **2.** Satteldecke *f*; Sattelfüllung *f*
stém|ë -a *f*, *Pl* -a Abzeichen *n*; Emblem *n*
sténd|ë -a *f*, *Pl* -a Stand *m*, Vitrine *f*, Schaukasten *m*
stén|ë -a *f*, *Pl* -a Bretterwand *f*
stenográf -i *m*, *Pl* -ë Stenograf *m*
stenografí -a *f* Stenografie *f*
stenografík, -e *Adj* stenografisch
stenografíst -i *m*, *Pl* -ë *od* -a Stenograf *m*
stenografón 1 *tr* stenografieren
step -i *m* spitzer Gipfel *m*, Felsspitze *f*
stépet 14 *refl* zaudern, zögern, sich zurückhalten; zur Seite gehen, ausweichen
stép|ë -a *f*, *Pl* -a Steppe *f*
stépj|e -a *f* Zögern *n*, Zurückhaltung *f*; me ~ zögernd
steré -ja *f*, *Pl* – Land *n*, Festland
stereometrí -a *f* Stereometrie *f*
stereometrík, -e *Adj* stereometrisch
stér|ë -a *f*, *Pl* -a Zisterne *f*
sterlín|ë -a *f*, *Pl* -a Sterling *m*
stérn|ë -a *f*, *Pl* -a = sterë
stérrë *Adj* finster, dunkel, schwarz; i zi ~ kohlrabenschwarz, pechschwarz
stërdítet 20 *refl* plötzlich zusammentreffen, sich zufällig begegnen
stërdhëmb -i *m*, *Pl* -ë schiefstehender Zahn *m*; Eckzahn
stërfálur (i) *Adj* bigott
stërfár 14¹ *tr* vollkommen auslöschen, vernichten, ausrotten
¹stërflók -u *m*, *Pl* -ë **1.** Nisse *f*; **2.** Bau *m*, Lager *n*, Höhle *f* *wilder Tiere*
²stërflók 14³ *tr* Haare zerwühlen, zerzausen
stërfók -u *m*, *Pl* -ë Bau *m*, Lager *n*, Höhle *f* *von Tieren*
stërfýc -i *m*, *Pl* -a Art Blasrohr *der Kinder*
stërfýt -i *m*, *Pl* -a Wasserrohr

stërgí -a *f* Knochentuberkulose *f*
stërgjátë (i) *Adj* ellenlang, sehr lang
stërgjí -a *f*, *Pl* – Aron *m*
stërgjýsh -i *m*, *Pl* -ë *od* -ër Urgroßvater *m*; ~ët tanë unsere Vorfahren
stërgjýsh|e -ja *f*, *Pl* -e Urgroßmutter *f*
stërhóllë (i) *Adj* haarfein
stërhollím -i *m*, *Pl* -e Verfeinerung *f*; Präzisierung *f*
stërhollón 1 *tr* verfeinern; verdünnen; auf Einzelheiten eingehen
stërhollúar (i) *Adj* verfeinert; spitzfindig
stërkándret 14 *refl* morsch werden, wurmstichig werden *(Holz)*
stërkás 23 *1. Pers Sg Präs* → stërket
stërkéqet 14 *refl* kränkeln; krank werden; gesundheitlich verfallen
stërkéqët (i) *Adj* krank, kränklich, schwächlich; verfallen
stërkét 23 *tr* bespritzen, besprühen, besprengen
stërkíste 23 *Imperf* → stërket
stërkít 22 *tr* = stërket
stërkít|ë -a *f*, *Pl* -a Wasserfleck *m* *auf Stoff*
stërkúngull -i *m* **1.** Drüsentuberkulose *f*; **2.** Rote Zaunrübe *f*
stërlágës -i *m* Wasserblasrohr *n* *der Kinder*
stërmádh (i), -e (e) *Adj* riesengroß
stërmbés|ë -a *f*, *Pl* -a Urenkelin *f*
stërmundím -i *m*, *Pl* -e Übermüdung *f*, Überanstrengung *f*
stërmundóhet 1 *refl* sich überanstrengen, sich verausgaben
stërníp -i *m*, *Pl* -ër *od* -a Urenkel *m*; ~a *od* ~ër *Pl* Nachkommen *Pl*
stërpík 14³ *tr* **1.** bespritzen, besprengen; **2.** zerstreuen; **3.** Weinreben die Geize entfernen; **4.** *itr* austreiben *(Baumstämme)*
stërpíkj|e -a *f*, *Pl* -a Anspritzen *n*, Besprengung *f*
stërpúj|ë -a *f*, *Pl* -a tönerne Backform *f* *für Brot*

stërqók|ë -a *f, Pl* -a Dohle *f*
stërshítet 32 *refl*: **u shita e u stërshita** ich habe alles bis auf den letzten Rest verkauft
stërtháshë 44 *1. Pers Sg Aor* → **stërthotë**
stërthém 44 *1. Pers Sg Präs* → **stërthotë**
stërthénë 44 *Part* → **stërthotë**
stërthótë 44 *tr*: **thom e stërthom** ich wiederhole es ständig
stërthúa 44 *2. Pers Sg Präs* → **stërthotë**
stërvín|ë -a *f, Pl* -a Aas *n*, Kadaver *m*
stërvít 20 *tr* jmdm. etw. einüben; ausbilden, erziehen; *Tiere* abrichten, dressieren; drillen; **-et** *refl* trainieren; üben; exerzieren; proben
stërvítj|e -a *f, Pl* -e Ausbildung *f*, Erziehung *f*; Dressur *f*, Abrichtung *f*; Training *n*; Probe *f*; Übung *f*; **~ ushtarake** Exerzierübung, Exerzieren *n*
stërvítur (i) *Adj* ausgebildet; versiert; trainiert; abgerichtet
stigmatizón 1 *tr* stigmatisieren; brandmarken; mit Brandzeichen versehen; zeichnen
stigmatizúes, -e *Adj* brandmarkend, anprangernd
stihí I. -a *Subst/f, Pl* – *Myth* feuerspeiendes, geflügeltes Ungeheuer *n*; Ungeheuer, Gespenst *n*; **II.** *Adj* ungeheuer groß, lang *od* dick; **burrë i gjatë ~** ein baumlanger Mann
stihón 1 *tr* reizen, aufstacheln
stík|ë -a *f, Pl* -a Piniennuß *f*
stil -i *m, Pl* -e Stil *m*; **~ i punës** Arbeitsstil; **në ~ të gjërë** breiten Stils
stilíst -i *m, Pl* -ë *od* -a Stilist *m*
stilistík, -e *Adj* stilistisch
stilistík|ë -a *f* Stilistik *f*
stilizím -i *m* Stilisierung *f*
stilizón 1 *tr* stilisieren

stilográf -i *m, Pl* -ë *od* -e Füllfederhalter *m*
stin|ë -a *f, Pl* -ë Jahreszeit *f*
stípës -i *m* Alaun *m*
stív|ë -a *f, Pl* -a = **stavë**
stivón 1 *tr* stapeln
stjégull -a *f, Pl* -a Dachrinne *f*, Dachtraufe *f*
stóf|ë -a *f, Pl* -a Stoff *m* (*Wolle usw.*)
stog -u *m, Pl* stógje Heuschober *m*, Heufeimen *m*
stoicíz|ëm -mi *m Phil* Stoizismus *m*; *übertr* Gleichmut *m*
stoík I. -u *Subst/m, Pl* -ë Stoiker *m*; **II. -e** *Adj* stoisch, gleichgültig
stok -u *m, Pl* -e *od* stóqe Warenlager *n*, Warenvorrat *m*
stol -i *m, Pl* -a Hocker *m*, Schemel *m*
stól|ë -a *f, Pl* -a Priesterstola *f*
stolí -a *f, Pl* – Schmuck *m*, Putz *m*; **vë ~** sich putzen, sich schmücken; sich schminken, sich zurechtmachen
stolís 21 *tr* schmücken, Schmuck anlegen; ausschmücken; **-et** *refl* sich schmücken
stolísj|e -a *f, Pl* -e Schmücken *n*; Ausschmücken; Schmuck *m*
stom -i *m, Pl* -e *od* -ije **1.** Wall *m*, Damm *m*; Ufer *n*; **2.** *Geol* Lage *f*, Schicht *f*
stomák -u *m, Pl* -ë Magen *m*
stómn|ë -a *f, Pl* -a tönerner Wasserkrug *m*, Krug; *übertr* **bie shi si me stomna** es gießt wie aus Eimern
stopán -i *m, Pl* -ë Senner *m*; Gehilfe *m* des Oberhirten
stopanésh|ë -a *f, Pl* -a Sennerin *f*
strájc|ë -a *f, Pl* -a Beutel *m*; Schulterbeutel
strall -i *m, Pl* -e *od* stráje **1.** Feuerstein *m*; **2.** Kiesel *m*, Kieselstein *m*
stramastík I. -u *Subst/m, Pl* -ë Bastard *m*, Hybride *m*; **II. -e** *Adj* hybrid
straníc|ë -a *f, Pl* -a **1.** Grabstein *m*,

Grabplatte *f*; 2. Leiterbaum *m* am *Leiterwagen*
strapác -i *m*, *Pl* -e Strapaze *f*, Anstrengung *f*
strapacón 1 *tr* strapazieren, abnutzen; jmdn. strapazieren, jmdn. über Gebühr in Anspruch nehmen
stratég -u *m*, *Pl* -ë Stratege *m*
strategjí -a *f* Strategie *f*
strategjik, -e *Adj* strategisch
stratifikím -i *m* *Geol* Stratifikation *f*, Schichtung *f*
stratigrafí -a *f* Stratigraphie *f*
stratosfér|ë -a *f* Stratosphäre *f*
stravéc|ë -a *f*, *Pl* -a Gürtel *m* albanischer Frauentrachten, vorn mit Troddeln versehen
strég|ë -a *f* Getreidepuppe *f*
stréh|ë -a *f*, *Pl* -ë 1. Dachgesims *n*; 2. Hutkrempe *f*; 3. Bleibe *f*, Unterkunft *f*; Unterschlupf *m*; gjen ~ Unterschlupf finden; 4. Asyl *n*
strehím -i *m* 1. Beherbergen *n*, Unterbringen *n*; Unterkunft *f*; zyra e ~it das Wohnungsamt; 2. Bunker *m*; 3. Asyl *n*
strehón 1 *tr* Unterschlupf gewähren; Unterkunft geben, beherbergen
strél|ë -a *f*, *Pl* -a Hundehütte *f*
strem -i *m*, *Pl* -a vierrädriger Karren *m*
strém|ë -a *f*, *Pl* -ë Feldmaß von etwa 10 Ar
streptokók -u *m*, *Pl* -ë Streptokokkus *m*
streptomicín|ë -a *f* Streptomycin *n*
strídh|ë -a *f*, *Pl* -a Auster *f*
striknín|ë -a *f* Strychnin *n*
stríng|ël -la *f*, *Pl* -la Brustgehänge *n* der albanischen Frauen
strofák -u *m* = **strofkë**
stróf|ë -a *f*, *Pl* -a Strophe *f*
strófk|ë -a *f*, *Pl* -a Lager *n*, Bau *m* wilder Tiere
strófull -i *m*, *Pl* strófuj = **strofkë**

strok 14³ *tr* Krätze oder Räude übertragen; **-et** *refl* Krätze oder Räude bekommen
strokáq, -e *Adj* krätzig, krätzekrank; räudig
strók|ë -a *f* Krätze *f*; Räude *f*
stróm|ë -a *f*, *Pl* -ë 1. Matratze *f*; ~ e samarit Satteldecke *f*; 2. Beet *n*
struc -i *m*, *Pl* -a *Zool* Strauß *m*
strug -u *m*, *Pl* strúgje Hobel *m*
strugát 22¹ *tr* hobeln
¹**strúg|ë** -a *f*, *Pl* -a Hobel *m*
²**strúg|ë** -a *f*, *Pl* -a wollenes Schultertuch *n*; Wolldecke *f*
³**strúg|ë** -a *f*, *Pl* -a Sumpfgesträuch *n*
strugón 1 *tr* hobeln
struják -u *m*, *Pl* -ë Dieb *m*
strúket 14³ *refl* sich zusammenkauern; sich verstecken, sich verkriechen
strúk|ë -a *f*, *Pl* -a Versteck *n*
strúkët (i) *Adj* zusammengekauert; versteckt, verborgen
struktúr|ë -a *f*, *Pl* -a Struktur *f*
strukturór, -e *Adj* strukturell
strúkull -i *m*, *Pl* strúkuj Hühnerstall *m*
strum -i *m* Wasserloch *n*, Kolk *m* unter einem Wasserfall
strúmbull -i *m*, *Pl* strúmbuj 1. Lage *f* eines Ortes; Ort *m*; 2. Heuschober *m*, Heufeimen *m*; 3. *Tech* Welle *f*; Zapfen *m*, Drehachse *f*
strumbullár -i *m*, *Pl* -ë 1. Pfahl *m* in der Mitte der Tenne, wo das Pferd zum Drusch angebunden wird; übertr Säule *f*, Stütze *f*, Hauptfaktor *m*; 2. Ochsenstachel *m*
strumbullón 1 *itr* *Tech* sich um eine Achse drehen
strung -u *m*, *Pl* strungj Flechtzaun *m*; Staketenzaun *m*
strúnx|ë -a *f* Stoß *m*, Schubs *m*
strup -i *m* schorfiger Schmutz *m* kleiner Kinder

strúpull -i *m, Pl* strúpuj Haarbüschel *n*; Wollbüschel *n*
struth -i *m, Pl* -a *Zool* Strauß *m*
stuardés|ë -a *f, Pl* -a Stewardeß *f*
studént -i *m, Pl* -ë *od* -a Student *m*
studént|e -ja *f, Pl* -e Studentin *f*
studentësk, -e *Adj* studentisch; **rinia** ~ **e** die studentische Jugend
studím -i *m, Pl* -e Studium *n*; Erforschung *f*; ~ **e universitare** Universitätsstudium
studimór, -e *Adj* Studien-; **puna** ~ **e** die Studienarbeit
stúdio -ja *f, Pl* – Studio *n*
studjón 1 *tr, itr* studieren; erforschen
studjóz, -e *Adj* fleißig, fleißig studierend
stúf|ë -a *f, Pl* -a Ofen *m*
stuhí -a *f, Pl* – Sturm *m*, Sturmwind *m*, Orkan *m*; Unwetter *n*
stuhísh|ëm (i), -me (e) *Adj* stürmisch, Sturm-; *übertr* stürmisch, ungestüm
stúko -ja *f* Stuck *m*
stukón 1 *tr* mit Stuck verkleiden
suádh|e -ja *f, Pl* -e Hämorrhoide *f*
súaj *Poss Pron Gen Dat Abl* → **juaj**/*f*; **shoqes** ~ eurer *(Dat)* Kollegin
suáz|ë -a *f, Pl* -a *Bauw* Rahmen *m*, Einfassung *f*; Bilderrahmen; *übertr* Rahmen
subjékt -i *m, Pl* -e *Phil* Subjekt *n*; *Gramm* Subjekt, Satzgegenstand *m*; Subjekt, Gegenstand *m*
subjektív, -e *Adj* subjektiv
subjektivíst, -e *Adj* subjektivistisch
subjektivísht *Adv* subjektiv
subjektivíz|ëm -mi *m* Subjektivismus *m*
substánc|ë -a *f, Pl* -a Substanz *f*, Kern *m*, Essenz *f*; *Chem* Substanz
substantív -i *m, Pl* -e Substantiv *n*
subvención -i *m, Pl* -e Subvention *f*
subvencioním -i *m* Subventionierung *f*
subvencionón 1 *tr* subventionieren

subversív, -e *Adj* subversiv, umstürzlerisch; **aktivitet** ~ subversive Tätigkeit
suedéz I. -i *Subst/m, Pl* -ë Schwede *m*; **II.** -e *Adj* schwedisch
Suedí -a *f* Schweden *n*
suedísht *Adv* auf schwedisch
suedísht|e -ja *f* Schwedisch *n*
Súez -i *m* Suez *n*; **kanali i** ~ **it** Suezkanal *m*
sufërín|ë -a *f* Unwetter *n*, Sturm *m*; leichte Brise *f*
suficít -i *m, Pl* -e Überbetrag *m*, Überschuß *m*
sufíks -i *m, Pl* -e Suffix *n*
sufiksím -i *m* Suffigierung *f*
sufrím -i *m* Einflüsterung *f*
sufrón 1 *tr* einflüstern, ins Ohr blasen; soufflieren
sufrúes -i *m, Pl* – Souffleur *m*; Ohrenbläser *m*
sugár -i *m, Pl* -ë saugendes Lamm *n od* Zickel *n*; *übertr* verwöhnter, verzogener Junge *m*
sugjerím -i *m, Pl* -e Suggerieren *n*; Vorsagen *n*; Eingeben *n*
sugjerón 1 *tr* suggerieren, jmdm. etw. einreden; vorsagen; eingeben
sugjestión -i *m, Pl* -e Suggestion *f*
suít|ë -a *f* Suite *f*, Gefolge *n*
súk|ë -a *f, Pl* -a niedriger Hügel *m*; Erhebung *f*, Erhöhung *f im Flachland*
sukór|e -ja *f, Pl* -e Hügel *m*; Bergkuppe *f in Hügelform*
suksés -i *m, Pl* -e Erfolg *m*; **me** ~ erfolgreich; **pa** ~ erfolglos; **më me** ~ erfolgreicher
sukséssh|ëm (i), -me (e) *Adj* erfolgreich
súkull -i *m, Pl* súkuj **1.** Staublappen *m*, Wischlappen *m*, Bohnertuch *n*; **2.**: ~ **vdore** große Schneeflocke *f*; **3.** Klumpen *m*; **4.** Aalnetz *n*
sukullár, -e *Adj* zerlumpt, zerfetzt
sukullón 1 *tr* zerfetzen, zerreißen;

einwickeln; *übertr* schlecht behandeln, knechten

sul -i *m, Pl* -a Einbaum *m*

súl|e -ja *f, Pl* -e aus Brettern gezimmertes Boot

súlet 14 *refl* sich stürzen auf, sich werfen auf, herfallen über; anfallen; angreifen

sulfát -i *m, Pl* -e Sulfat *n*

súlf|ër -ri *m* Schwefel *m*

sulfurík, -e *Adj* Schwefel-; **acid** ~ Schwefelsäure *f*

sulín|ë -a *f, Pl* -a Rohr *n*, Röhre *f*

sulm -i *m, Pl* -e Attacke *f*, Angriff *m*; ~ **ajror** Luftangriff; **e merr me** ~ etw. im Sturm nehmen; **me** ~ mit Elan; stürmisch, ungestüm

sulmím -i *m, Pl* -e Angreifen *n*, Attackieren *n*

sulmón 1 *tr* angreifen, attackieren; sich stürzen auf, herfallen über, überfallen

sulmónjës I. -i *Subst/m, Pl* –; **II.** -e *Adj* = sulmues

sulmúes I. -i *Subst/m, Pl* – Aktivist *m*, Bestarbeiter *m*; *Sport* Stürmer *m*; **II.** -e *Adj* angreifend, stürmend; **brigadë** ~ e Sturmbrigade *f*, Stoßbrigade *f*

sulmúes|e -ja *f, Pl* -e Aktivistin *f*, Bestarbeiterin *f*

sulltán -i *m, Pl* -ë Sultan *m*

súmbull -a *f, Pl* -a **1.** runder Knopf *m*; **2.** *Bot* Auge *n*, Knospe *f*

sumbullár|e -ja *f, Pl* -e Hopfen *m*

sumbullón 1 *itr Bot* ausschlagen, knospen, sprießen

sumbullór|e -ja *f, Pl* -e terrassenförmiges Land *n*, Terrasse *f*

súm|ë -a *f* Hintern *m*

sundím -i *m, Pl* -e Herrschen *n*; Beherrschen; Herrschaft *f*

sundimtár -i *m, Pl* -ë Herrscher *m*; Beherrscher

sundón 1 *tr, itr* **1.** herrschen, die Macht haben; **2.** Befehlsgewalt haben, befehlen; beherrschen

sundónjës I. -i *Subst/m, Pl* – errscher *m*; **II.** -e *Adj* herrschend

sup -i *m, Pl* -e Schulter *f*; **mbledh** ~ **et** die Schulter zucken, mit den Achseln zucken

superautomatík, -e *Adj* vollautomatisch

superfosfát -i *m* Superphosphat *n*

superiór I. -e *Adj* höher, höherstehend; höchster; überlegen; *Gramm* **shkallë** ~ e Superlativ *m*; **II.** -i *Subst/m, Pl* -ë Vorgesetzter *m*, Leiter *m*

superioritét -i *m* Superiorität *f*, Überlegenheit *f*; Übergewicht *n*

superlatív -i *m* Superlativ *m*

superprodhím -i *m, Pl* -e Überproduktion *f*

supersticíon -i *m, Pl* -e Aberglaube *m*

supersticióz I. -e *Adj* abergläubisch; **II.** -i *Subst/m, Pl* -ë abergläubischer Mensch *m*

superstruktúr|ë -a *f, Pl* -a *Gesellsch* Überbau *m*

súp|ë -a *f, Pl* -a Suppe *f*

súpëz -a *f, Pl* -a *Mil* Schulterstück *n*, Achselstück *n*

súpj|e -a *f, Pl* -e Tintenfisch *m*, Sepia *f*

supjér|ë -a *f, Pl* -a Suppenschüssel *f*, Terrine *f*

suplementár, -e *Adj* supplementär, ergänzend, Ergänzungs-; zusätzlich, Zusatz-

supór|e -ja *f, Pl* -e = supëz

supórt -i *m Tech* Support *m*, Werkzeugschlitten *m*

supozím -i *m, Pl* -e Annahme *f*, Vermutung *f*, Mutmaßung *f*; Vorstellung *f*

supozó|n 1 *tr* annehmen, vermuten; **-het** *refl* sich etw. vorstellen; *unpers* man nimmt an

suprém, -e *Adj* oberster, höchster; **Sovjeti Suprem i BRSS** der Oberste Sowjet der UdSSR

supremací -a *f* Vorrangstellung *f*, Oberherrschaft *f*, Oberhoheit *f*
suprimím -i *m* Supprimieren *n*, Supprimierung *f*; Auflösung *f*, Abschaffung *f*, Aufhebung *f*
suprimón 1 *tr* supprimieren; auflösen, abschaffen, aufheben
sur -i *m*, *Pl* -e *bes. im Pl* Gesichtszüge *Pl*, Gesichtsschnitt *m*
surb 14 *tr* schlückchenweise trinken, schlürfen
surbón 1 *tr* = **surb**
súrbull *Adj*: **ve** ~ weichgekochtes Ei
súr|e -ja *f*, *Pl* -e Sure *f*
surgjátë *Adj* mit einem länglichen Gesicht; **kumbull** ~ eine längliche Pflaume
súrl|e -ja *f*, *Pl* -e Surne *f* (*Volksinstrument vom Oboentyp*)
súrmë (i) *Adj* aschgrau, dunkelgrau
surrát -i *m*, *Pl* -e Gesicht *n*; Visage *f*, Fresse *f*; Vogelscheuche *f*
surrealíz|ëm -mi *m* Surrealismus *m*
surrík -u *m*, *Pl* -ë Hühnerstall *m*
surrogát -i *m*, *Pl* -e Surrogat *n*, Ersatz *m*
susák -u *m*, *Pl* -ë Flaschenkürbis *m*
susám -i *m Bot* Sesam *m*; **vaj** ~ **i** Sesamöl *n*
súsm|e -ja *f*, *Pl* -e Blumenstickerei *f*
súst|ë -a *f*, *Pl* -a *Tech* Feder *f*, Sprungfeder; Klingelknopf *m*
suták -u *m*: ~ **u i kresë** Schädeldecke *f*, Schädel *m*
sút|ë -a *f*, *Pl* -a Hirschkuh *f*; *übertr* scheues Mädchen *n*
suvá -ja *f Bauw* Bewurf *m*, Mörtelanwurf *m*, Verputz *m*
suvál|ë -a *f*, *Pl* -a Welle *f*, Woge *f*
suvatím -i *m Bauw* Putz *m*, Mörtelputz, Bewurf *m*; Stukkatur *f*; ~ **i ashpër** Rauhputz
suvatón 1 *tr* mit Mörtel verputzen
suvatór -i *m*, *Pl* -ë *Bauw* Putzer *m*, Putzmaurer *m*
suvaxhí -u *m*, *Pl* – *od* -nj = **suvator**
suxhúk -u *m*, *Pl* -ë *od* suxhúqe 1. Wurst *f*, Würstchen *n*; 2. *wurstförmige Süßigkeit aus Stärke und Nüssen*
súzh|ë -a *f* Dürre *f*, Trockenheit *f*
svicerán I. -i *Subst*/*m*, *Pl* -ë Schweizer *m*; II. -e *Adj* schweizerisch
Svíc|ër -ra *f* Schweiz *f*
sy -u *od* -ri *m*, *Pl* – 1. Auge *n*; Blick *m*; Gesicht *n*; **bebja e** ~**rit** *od* **drita e** ~**rit** die Pupille; ~ **për** ~ Auge in Auge; **bën** ~**rin e verbër** die Augen verschließen; **shikon me bisht të** ~**rit** aus den Augenwinkeln ansehen; **i shkel** ~**në** *od* **ia bën me** ~ jmdm. zuzwinkern; **më vret** ~**të** das blendet mich; **hap** ~**të** die Augen offen halten, aufpassen; **hiqmu** ~**sh** geh mir aus den Augen!; **ta ruash si** ~**të e ballit** bewahre es wie deinen Augapfel; **ia ka vënë** ~**në** er hat ein Auge darauf geworfen; **i mbylli** ~**të** er schloß die Augen, er starb; **mbyll një** ~ ein Auge zudrücken; **e ka halë në** ~ es ist ihm ein Dorn im Auge; **e ka marrë me** ~ **të keq** er ist bei ihm nicht gut angeschrieben; **e kanë me** ~ **të mirë** er ist bei ihnen beliebt; **mbas** ~**sh** hinterm Rücken; **s'kam** ~ **e faqe** ich traue mich nicht; **sa për** ~ **e faqe** nur zum Schein; **në** ~ **të botës** vor anderen; in aller Öffentlichkeit; **sa çel e mbyll** ~**të** sofort, in diesem Augenblick; im Nu; **s'ma mbush** ~**në** er überzeugt mich nicht; **një** ~ **gjumë** ein Auge voll Schlaf, ein Nickerchen; **s'i trembet** ~**ri** er hat keine Angst, er ist furchtlos; **i jep** ~ jmdn. verwöhnen; jmdn. verzärteln; **si e ke** ~**në?** was hast du vor?; **hedh një** ~ einen Blick werfen; **nuk ma zuri** ~**ri** ich konnte ihn nirgends erblicken; **më ra në** ~ das fiel mir auf; ~**ri i keq** der böse Blick; **e**

sybárdhë 520

merr më ~ sh jmdn. mit dem bösen Blick behexen; **më gënjen ~ ndër ~** er lügt mir mitten ins Gesicht; **2.: ~ dollapi** Schrankfach *n*, Wäschefach *n*
sybárdhë *Adj* helläugig
syç -i *m* Angst *f*, Furcht *f*
syçákërr *Adj* schielend, schieläugig
syçélë *Adj* aufgeweckt, munter, klug
sydréjtë *Adj* zielsicher
syfýr -i *m* Mahlzeit während des Ramadans (vor dem Morgengrauen)
sygácë *Adj* glutäugig, mit leuchtenden Augen
sygrífshë *Adj* helläugig
syhápët *Adj* wachsam, aufmerksam
sykáçkë *Adj* glotzäugig, mit hervorquellenden Augen
sykáltër *Adj* blauäugig
sykáth -i *m Med* Gerstenkorn *n*
sykéq, -e *Adj* mit dem bösen Blick behaftet
sýk|ëm (i), -me (e) *Adj* bunt, scheckig, gescheckt
sylárm|ë, -e *Adj* mit buntschimmernden Augen
sylarósh, -e *Adj* = **sylarmë**
sylésh, -e *Adj* leichtgläubig, gutgläubig
syltáç -i *m* = **syltepriç**
syltepríç -i *m* Reispudding *m*
sylugát, -e *Adj* mit weit aufgerissenen Augen; gierig glotzend
syll I. -i *Subst*/*m*, *Pl* -a Schielender *m*; **II.** -e *Adj* schielend, schieläugig
syllambýllthi *Adv* mit verbundenen Augen, Blindekuh spielend
syllít 20 *tr* jmdn. schief angucken
symbýllas *Adv* blind, blindlings
symbýllazi *Adv* = **symbyllas**
symbýllthi *Adv* mit verbundenen Augen; **lot ~** Blindekuh spielen
symbýllurazi *Adv* = **symbyllas**
synét -i *m* Beschneidung *f* der Mohammedaner

synetllék -u *m* Fest der Beschneidung bei Mohammedanern
syngjér -i *m*, *Pl* -ë Schwamm *m*; *Zool* Echter Badeschwamm; Levantinerschwamm; Schwamm *zum Waschen*
syngjí -a *f*, *Pl* – Bajonett *n*
syním -i *m*, *Pl* -e Absicht *f*, Vorhaben *n*
synón 1 *tr* beabsichtigen, vorhaben, ins Auge fassen
synór -i *m*, *Pl* -ë Okular *n*
sypangínjur (i) *Adj* habgierig; unersättlich, gierig
sypatrémbur *Adj* furchtlos, unerschrocken
sypetrít *Adj* scharfäugig, mit Adleraugen
sypërdhé *Adv* mit niedergeschlagenen Augen, gesenkten Blickes
sypërmbýs *Adj* mit gesenktem Blick; heimlichtuerisch
syplásur *Adj* erblindet, blind
syprín|ë -a *f*, *Pl* -a **1.** Fläche *f*; **2.** Oberfläche, Außenfläche; **~ e bukës** Kruste *f* des Brotes
syqénëz -a *f*, *Pl* -a *Myth* vieräugige Hexe *f*
syrgjýn *Indekl* Deportation *f*; Verbannung *f*; **dërgon ~** deportieren; verbannen
syrgjynós 21 *tr* deportieren; verbannen
syrgjynósur (i) *Adj* deportiert; verbannt
sýrm|ë -a *f* Silberfaden *m*; feiner Metalldraht *m*
syrrúsh *Adj* = **sykaçkë**
syshkëndíjë *Adj* = **sygacë**
syshkrúar *Adj* = **sylarmë**
syshqipónjë *Adj* mit Adleraugen
syshtrémbët *Adj* schielend
sytár -i *m*, *Pl* -ë zielsicherer Schütze *m*
sytliáç -i *m* Reispudding *m*
syth -i *m*, *Pl* -ë **1.** Masche *f* am

Netz; Masche, Laufmasche *am Strumpf*; Schlinge *f eines Strickes*; **2.** *Bot* Auge *n*, Knospe *f*; **3.** Schubfach *n*, Lade *f*; *übertr* **e di** ~ **er** weiß es sicher
sýza -t *Pl* Brille *f*; ~ **mbrojtëse** Schutzbrille
sýze -t *Pl* = **syza**
sýz|ë -a *f*, *Pl* -a **1.** Schubfach *n*, Schubkasten *m*, Fach; Lade *f*, Tischlade, Tischkasten; ~ **e dollapit** Schrankfach; **2.** Wabe *f*
sýzë -t *Pl* = **syza**
sy|zí, -zézë *Adj* schwarzäugig, braunäugig
syzó|n 1 *tr* **1.** unterscheiden, herausheben; **2.** gegenüberstellen; **-het** *refl* sich sehen

Sh

sha *Interj*: ~ **zotin!** bei Gott!
shabakóhet 1 *refl* in Saus und Braus leben, prassen
shabllón I. -i *Subst/m*, *Pl* -e Schablone *f*; **II.** -e *Adj* schablonenhaft
shabllón|e -ia *f*, *Pl* -e = **shabllon I.**
shabllonízˈëm -mi *m* Schablonenhaftigkeit *f*
shag -u *m*, *Pl* **shegj** Sackleinwand *f*, *die als Fußbodenbelag benutzt wird*
shág|e -ia *f*, *Pl* -e **1.** Topflappen *m*; **2.** grobe Leinenschürze *f*
shagít 20 *itr* bäuchlings kriechen
¹shah -u *m* Schach *n*, Schachspiel *n*
²shah -u *m* Schah *m*
shahíst -i *m*, *Pl* -ë *od* -a Schachspieler *m*
shahít -i *m*, *Pl* -ë Zeuge *m*; **ra** ~ **er** fiel als Märtyrer
shaják -u *m*, *Pl* -ë weißer Wollfilz *m*
shajáktë (i) *Adj* aus weißem Wollfilz, Filz-
shájk|ë -a *f*, *Pl* -a Stift *m*, kleiner Nagel *m*
shajtó|n 1 *tr* aufprallen, anschlagen; stauchen, stoßen; **shajtova dorën** ich habe mir die Hand gestoßen; **-het** *refl* sich heftig stoßen
shaká -ja *f*, *Pl* − *od* -ra Spaß *m*, Scherz *m*; Ulk *m*; **bën** ~ Spaß machen, scherzen; **pa** ~ Spaß beiseite, im Ernst; **me** ~ aus Spaß
shakatár -i *m*, *Pl* -ë Spaßvogel *m*, Spaßmacher *m*
shakatár|e -ja *f*, *Pl* -e Spaßmacherin *f*
shakaxhí I. -u *Subst/m*, *Pl* − *od* -nj Spaßvogel *m*, Spaßmacher *m*; **II.** -e *Adj* spaßig, lustig, zu Scherzen aufgelegt
shák|ë -a *f*, *Pl* -a Hündin *f*; *übertr* böses Weib *n*, Vettel *f*
shakllabán, -e *Adj* schwatzhaft, redselig, geschwätzig
shakmís 21 *tr* Fleisch unordentlich zerstückeln, zersäbeln
shakmísur (i) *Adj* mit zerzausten Haaren, zerzaust, zerwühlt
shaktís 21 *tr* verwirren, verwirrt machen
shákull -i *m*, *Pl* **shákuj 1.** Ziegenbalg *m*, Schlauch *m als Behälter für Milchprodukte*; *übertr* **mbeti** ~ er fiel wie ein Sack zu Boden; **2.** Wirbelsturm *m*, Windhose *f*; *Tech* Wirbel *m*
shakullín|ë -a *f* Wirbelsturm *m*, Windhose *f*

shakullís 21 *tr* hinunterrollen; rollen, wälzen

shakullón 1 *tr* = shakullis

shakullór|e -ja *f*, *Pl* -e Tabakbeutel *m*

shalakúq 14 *tr* *Hände od Füße am Feuer wärmen*; **-et** *refl* sich am Feuer wärmen

shalavríq, -e *Adj* krummbeinig

shalaxhí -u *m*, *Pl* – *od* -nj Sattler *m*

shálc|ë -a *f* gesalzener Joghurt *m* als Wintervorrat

¹**shál|ë** -a *f*, *Pl* -a Sattel *m*, Reitsattel; **kalë shale** Reitpferd *n*

²**shál|ë** -a *f*, *Pl* -ë Innenseite *f der Schenkel*; Oberschenkel *m*; Bein *n*; **i ka ~ t të gjata** er hat lange Beine

shalëgjátë *Adj* langbeinig

shálës -i *m* Flachsbreche *f*

shalësín|ë -a *f*, *Pl* -a unfruchtbarer Boden *m*

shalëshkúrtër *Adj* kurzbeinig

shalështrémbët *Adj* krummbeinig

shalón 1 *tr* satteln

shalqí -ri *m*, *Pl* -nj Wassermelone *f*

shaltér -i *m*, *Pl* -ë **1.** (Licht-) Schalter *m*; **2.** Schalter *(Post usw.)*

shalúar *Adv* huckepack, rittlings

shall -i *m*, *Pl* -e Schal *m*; Schultertuch *n aus Wolle od Seide*

shallváre -t *Pl* Art Pumphose, weite Männerhose

shamatatél -i *m* Flittergold *n*, Rauschgold *n*, Flitter *m*

shamataxhí -u *m*, *Pl* – *od* -nj Krakeeler *m*, Radaubruder *m*; Streithammel *m*

shamát|ë -a *f*, *Pl* -a Krach *m*, Lärm *m*, Spektakel *m*; Gezänk *n*, Streiterei *f*

shamatóhet 1 *refl* lärmen, Spektakel machen; sich zanken, sich streiten

shamërdán -i *m Bauw* Ramme *f*, Zugramme

shamí -a *f*, *Pl* – *od* -a Taschentuch *n*; Tuch *n*; **~ koke** Kopftuch

shamíz|ë -a *f*, *Pl* -a Tüchlein *n*

shamót -i *m*, *Pl* -e feuerfester Ton *m*, Schamott *m*

shampánj|ë -a *f* Champagner *m*, Sekt *m*

sha|n 5 *tr* beschimpfen, beleidigen, schmähen; verunglimpfen, verleumden, jmdn. schlechtmachen; **-het** *refl* sich streiten, sich zanken; **shahet me** sich gegenseitig beschimpfen, sich streiten mit; **s'shahet daran** ist nichts auszusetzen

shanc -i *m*, *Pl* -e Chance *f*

shandán -i *m*, *Pl* -ë Kerzenhalter, Leuchter *m*

Shangáj -i *m* Schanghai *n*

shantázh -i *m*, *Pl* -e Erpressung *f*, Nötigung *f*; Drohung *f*, Einschüchterung *f*

¹**shap** -i *m* Alaun *m*; *übertr* **ndahet ~ i nga sheqeri** die Spreu scheidet sich vom Weizen

²**shap** -i *m Vet* Maul- und Klauenseuche *f*

shapërtóhet 1 *refl* im Schlamm *od* Sumpf versinken

¹**shápk|ë** -a *f*, *Pl* -a Schirmmütze *f*; Hut *m*; **~ e gunës** Kapuze *f*

²**shápk|ë** -a *f*, *Pl* -a Pantoffel *m*; Latsch *m*, alter Schuh *m*

³**shápk|ë** -a *f*, *Pl* -a Waldschnepfe *f*

shapkëtór, -e *Adj* flach *(Geschirr)*

shapkëtór|e -ja *f*, *Pl* -e Schnepfe *f*

shaplón 1 *tr* Erdschollen zerkleinern

shapón 1 *tr* Glanz verleihen, polieren, putzen

shaptilográf -i *m*, *Pl* -ë *od* -e Vervielfältigungsapparat *m*

shaptilografón 1 *tr* vervielfältigen

shaptór|e -ja *f*, *Pl* -e = ³shapkë

shapth -i *m* = ²shap

shára -t (të) *Pl* Beleidigung *f*, Beschimpfung *f*; Schimpfworte *Pl*

sharandúk 14³ *tr* zwicken und zwacken, kneifen

sharán|ë -a *f* Steinhalde *f*, Steinfeld *n*, Stelle *f* mit Geröll

sharapóll -i *m*, *Pl* -a Wehrtürmchen *n* am *Haus*, Wachtturm *m*
sharaváz|e -ja *f*, *Pl* -e Unkraut *n*
sharavídh|e -ja *f*, *Pl* -e Auster *f*, Muschel *f*
shárë -t (të) *n* Beleidigung *f*, Beschimpfung *f*; **kjo punë s'ka të ~** dagegen ist nichts einzuwenden, an dieser Sache ist nichts auszusetzen
shárj|e -a *f*, *Pl* -e Beschimpfung *f*, Beleidigung *f*; Schimpfwort *n*
shark -u *m* 1. Fruchtfleisch *n* von *Steinobst*; grüne Schale *f* der *Walnuß*; 2. wollener Hirtenumhang *m*; 3.: **~ u i bollës** Schlangenhaut *f*, Natternhemd *n*
shárk|ë -a *f*, *Pl* -ë weißer wollener Umhang *m*
sharkí -a *f*, *Pl* – Musikinstrument mit 5 Saiten
sharlatán -i *m*, *Pl* -ë Scharlatan *m*
sharlataníz|ëm -mi *m* Scharlatanerie *f*
sharménd -i *m*, *Pl* – Rebschoß *m*
sharmón 1 *tr* Reben verschneiden
sharóv -i *m*, *Pl* -a großer Hund *m*
shart -i *m*, *Pl* -e 1. Bedingung *f*; 2.: **~et e fesë** die Glaubensregeln, die Gebote
shartés|ë -a *f*, *Pl* -a 1. Pfropfung *f*; 2. Pfropfreis *n*, Pfröpfling *m*; 3. gepfropfter Baum *m*
shartím -i *m*, *Pl* -e Pfropfung *f*, Veredelung *f*
shartón 1 *tr* 1. pfropfen; 2. *Tiere* kreuzen; **~ çorapin** den Strumpf stopfen; den Strumpf repassieren; **~ linë** gegen die Pocken impfen; *übertr* **ai ~ zi** er sieht schwarz
shárras -it *Pl* Wundstarrkrampf *m*, Tetanus *m*
shárr|ë -a *f*, *Pl* -a 1. Säge *f*; **~ çarku** *od* **~ qarkullore** Kreissäge; **~ dore** Handsäge, Fuchsschwanz *m*; **~ me shirit** Bandsäge; **~ e shtrëngueshme** Spannsäge; **~ me kurriz** Rückensäge, Fuchsschwanz; **~ e ngushtë** Stichsäge; 2. Sägewerk *n*; 3. Gebirgskette *f*; 4. Wundstarrkrampf *m*, Tetanus *m*
sharrëxhí -u *m*, *Pl* – *od* -nj 1. Säger *m*, Brettschneider *m*; Sägewerkarbeiter *m*; 2. Regenpfeifer *m*
¹**shárrëz** -a *f* = **sharras**
²**shárrëz** -a *f* 1.: **~ e kresë** Schädelnaht *f*, Kranznaht *f*; 2. Rückenflosse *f* der Fische
sharrím -i *m* Sägen *n*
sharrón 1 *tr* sägen, zersägen; *itr übertr* zugrunde gehen; **si sharroi ky njeri?** wie konnte dieser Mensch so herunterkommen; **sharrova për ujë** ich komme fast um vor Durst
sharrxhí -u *m*, *Pl – od* -nj = **sharrëxhi**
shásme -t *Pl* Schrotkugeln *Pl*
shastís 21 *tr* verwirren, verblüffen, in Erstaunen versetzen; **-et** *refl* erstaunen, stutzen, sich wundern
shastísj|e -a *f* Verwirrung *f*, Verblüffung *f*, Erstaunen *n*
shastísur (i) *Adj* verwirrt, verblüfft, erstaunt
shat -i *m*, *Pl* -a *od* shétër herzförmige Hacke *f*
shát|ë -a *f*, *Pl* -a = **shat**
shát|ër -ri *m*, *Pl* -ra Page *m*, Edelknabe *m*
shatërván -i *m*, *Pl* -e Fontäne *f*, Springbrunnen *m*
shatón 1 *tr* hacken
shatór -e *Adj* zeltförmig, schirmförmig; mit großer, dachartiger Krone *(Baum)*
shatórr|e -ja *f*, *Pl* -e Zelt *n*; Zeltdach *n*; Laubhütte *f*
shatrapátra *Indekl* Kauderwelsch *n*, Durcheinander *n*
shatriván -i *m*, *Pl* -e = **shatërvan**
shebój|ë -a *f*, *Pl* -a *Bot* Goldlack *m*
shef -i *m*, *Pl* -a Chef *m*; **~ i llogarisë** Hauptbuchhalter *m*; **~ i kuadrit** Kaderleiter *m*, Personalchef; **~ i shtabit** Stabschef
sheftelí -a *f*, *Pl* – Pfirsich *m*

shegán, -e *Adj* rotbraun *(Pferd od Kuh)*; mit frischer Gesichtsfarbe, von gesunder Farbe
shegát 22¹ *itr* spotten, höhnen, sich lustig machen
shegért -i *m, Pl* -a Lehrling *m*; Geselle *m*
shég|ë -a *f, Pl* -ë Granatapfelbaum *m*; Granatapfel *m*
shegj *Pl* → **shag**
¹sheh 51 *tr* **1.** sehen, schauen, anblicken; **pashë orën** ich sah nach der Uhr; **2.** sehen, verstehen; voraussehen; **e shoh se ku do të dalë kjo punë** ich sehe, wohin diese Sache führt; **3.** besuchen, ansehen; untersuchen; **mjeku erdhi e pa të sëmurin** der Arzt kam und untersuchte den Kranken; **4.:** **s'e shoh dot** ich kann ihn nicht ausstehen; **5.:** ~ **në ëndërr** träumen; → **shihet**
²sheh -u *m, Pl* shehlérë Scheich *m*
shejtán -i *m, Pl* -ë Teufel *m*, Satan *m*
shejtanllék -u *m, Pl* shejtanlléqe Teufelei *f*
shejth -i *m, Pl* -e Körpermal *n*, Muttermal *n*
shék|e -ja *f, Pl* -e hölzernes Gefäß *n* *für Milch und Käse*; Kübel *m*; Scheffel *etwa 63 od 140 kg*
shék|ë -a *f, Pl* -a = **sheke**
shékull -i *m, Pl* shékuj **1.** Jahrhundert *n*; **shekuj me radhë** jahrhundertelang; **2.** Welt *f*; **e di gjithë** ~ **i** das weiß alle Welt; **s'i di punët e** ~ **it** er hat keine Lebenserfahrung; **bukuri në** ~ unvergleichliche Schönheit
shekullár **I.** -e *Adj Rel* weltlich, Laien-; **II.** -i *Subst/m, Pl* -ë Laie *m*; Laienpriester *m*
shekullarizím -i *m* Säkularisation *f*, Verweltlichung *f*
shekullí -a *f* Leute *Pl*, Öffentlichkeit *f*, Welt *f*
shekullór, -e *Adj* jahrhundertelang, jahrhundertealt; hundertjährig; hundertjährlich
shelég -u *m, Pl* -ë einjähriges Lamm *n*; *übertr* sanftmütiger Mensch
shelg -u *m, Pl* shélgje *Bot* Weide *f*; ~ **i egër** Salweide; ~ **lotonjës** Trauerweide
shelgjísht|ë -a *f, Pl* -a Weidengebüsch *n*; Weidenwäldchen *n*
shelgjísht|ër -ra *f, Pl* -ra Korbweide *f*
shélk|ë -a *f, Pl* -a Deckel *m*
¹shélq|e -ja *f, Pl* -e = **shelg**
²shélq|e -ja *f, Pl* -e **1.** hölzerner Behälter für Besteck u. Salz; **2.** Essengefäß *n* der Hirten
shelqét -i *m* Melonenbeet *n*, Melonenfeld *n*
shelqísht|ë -a *f, Pl* -a = **shelqet**
shemb 14 *tr* einreißen, niederreißen, zerstören; stoßen; ~ **a këmbën** ich habe mir das Bein gestoßen; *übertr* **e** ~ **a më dru** ich habe ihn gehörig verprügelt; **-et** *refl* **1.** einstürzen, einfallen; sich senken *(Boden)*; **2.** sich einen Bruch heben; **3.** *übertr* sich den Bauch vollschlagen, sich überfressen; fressen
shémb|ë -a *f, Pl* -a **1.** abschüssiges, der Erosion ausgesetztes Land; absinkender Boden *m*; **2.** Verwüstung *f*, Zerstörung *f*
shémbull -a *f, Pl* -a = **shembull**
shembëllén 3 *itr* sich ähnlich sein, gleichen; **i** ~ **t'et** er ähnelt seinem Vater; *tr* unterscheiden, auseinanderhalten; **s'e** ~ **dot** er kann es nicht erkennen
shembëllés|ë -a *f, Pl* -a = **shembëllim**
shembëllím -i *m, Pl* -e Ähnlichkeit *f*; *Opt* Spiegelbild *n*
shembëllór, -e *Adj* beispielgebend, beispielhaft, vorbildlich; **dënim** ~ eine exemplarische Bestrafung
shembëlltýr|ë -a *f, Pl* -a Gleichnis *n*
shembëtír|ë -a *f, Pl* -a = **shembë** **1.**
shémbj|e -a *f* Zerstörung *f*, Ein-

sturz *m*; Erdrutsch *m*, Absinken *n* von Erde

shémbull -i *m, Pl* shémbuj Beispiel *n*; Vorbild *n*; **për ~** (p.sh.) zum Beispiel (z.B.)

shém|ë -a *f, Pl* -ë Bienenstock *m mit jungen Bienen*; Bienenschwarm *m*

shém|ër I. -ra *Subst/f, Pl* -ra Nebenfrau *f*; Rivalin *f*, Nebenbuhlerin *f*; *übertr* **shkojnë si shemra** sie sind wie Hund und Katze; **II.** -ra *Subst/m, Pl* -ra Rivale *m*, Nebenbuhler *m*

shemtýr|ë -a *f, Pl* -a Figur *f*, Parabel *f*

shend -i *m* große Freude *f*, Jubel *m*

shenjést|ër -ra *f, Pl* -ra Visier *n*

shénj|ë -a *f, Pl* -a **1.** Narbe *f*, Mal *n*; Zeichen *n*, Abdruck *m*; **2.** Zielscheibe *f*, Ziel *n*; **3.** Anzeichen, Symptom *n*; **ka shenja për borë** es sieht nach Schnee aus, es sieht aus, als ob es bald schneit; **~ marrëzie** Anzeichen von Irresein; Ausdruck *m*, Zeichen; **në ~ miqësie** als Zeichen der Freundschaft; **në ~ zle** als Ausdruck von Trauer; **4.** Zeichen; **ia bëri me ~** sie gab ihm ein Zeichen; **shenjat e pikësimit** die Satzzeichen, die Interpunktionszeichen

Shénjëza -t *Pl Astron* Plejaden *Pl*, Siebengestirn *n*

shenjím -i *m Tech* Anreißen *n*

shenjón 1 *tr* bedeuten, bezeichnen; hinweisen auf; bestimmen, auswählen; *Tech* anreißen

shenjt -i *m, Pl* -ër Heiliger *m*

shenjtár -i *m, Pl* -ë guter Schütze *m*

shénjtë (i) *Adj* heilig; **shkrim i ~** die Heilige Schrift, Bibel *f*; *übertr* heilig; **çështje e ~** eine heilige Sache

shenjtërésh|ë -a *f, Pl* -a Heilige *f*

shenjtërí -a *f* Heiligkeit *f auch als Titel*

shenjtërón 1 *tr* heiligen, heilighalten; heilig machen, heiligsprechen; *itr* wie ein Heiliger leben

shenjtór -i *m, Pl* -ë = **shenjt**

shépk|ë -a *f, Pl* -a Schnepfe *f*; **~ uji** Sumpfschnepfe, Bekassine *f*

shéq|e -ja *f, Pl* -e = **sheke**

sheqër -i *m* Zucker *m*; **~ katror** Würfelzucker; **~ pluhur** Staubzucker, Puderzucker; **~ kokrrizë** Kristallzucker; **sëmundja e ~it** Diabetes *m*, Zuckerkrankheit *f*

sheqérk|ë -a *f, Pl* -a Bonbon *n*

sheqerós 21 *tr* zuckern, süßen; einzuckern, verzuckern, überzuckern

sheqerxhí -u *m, Pl* – *od* -nj Süßwarenhändler *m*; Zuckerbäcker *m*, Konditor *m*

sherbél|ë -a *f, Pl* -a Salbei *m*, Gartensalbei

sherbét -i *m, Pl* -e Scherbett *m*, eingedicktes Zuckerwasser *n*; eisgekühltes Fruchtsaftgetränk *n*, Limonade *f*; *Bauw* **~ gëlqereje** Kalkmilch *f*; **i jap një ~ odës** ich tünche das Zimmer

shermashék -u *m, Pl* -ë Efeu *m*

shermend -i *m, Pl* – Rebschoß *m*

sherp -i *m* wilder Sellerie *m*

sherr -i *m, Pl* -e **1.** Streit *m*, Zank *m*, Hader *m*; Gezänk *n*, Streiterei *f*; **bën ~** sich streiten, sich zanken; **2.** Niedertracht *f*, Schlechtigkeit *f*; **ia kam parë ~in** ich habe ihn durchschaut; **3.** Neid *m*

sherrák, -e *Adj* streitsüchtig, zänkisch

sherrét -i *m* **1.** Streithammel *m*, streitsüchtiger Mensch *m*; **2.** Neidhammel *m*, neidischer Mensch

sherrét|e -ja *f, Pl* -e zänkische Frau *f*; neidische Frau

sherrí -a *f* Betrug *m*, Betrügerei *f*, Spitzbüberei *f*

sherrmádh, -e *Adj* streitsüchtig, zänkisch

sherrxhí -u *m, Pl* – *od* -nj **1.**

Streithammel *m*, streitsüchtiger Mensch *m*; **2.** Betrüger *m*, Spitzbube *m*

shést|ë -a *f*, *Pl* -a *Tech* Zirkel *m*

shestím -i *m*, *Pl* -e Skizzieren *n*, Entwerfen *n*; Planung *f*

shestón 1 *tr* skizzieren, entwerfen; planen

shesh -i *m*, *Pl* -e **1.** Ebene *f*, Flachland *n*, ebene Fläche *f*; **2.** Platz *m*; **Sheshi i Skënderbeut** der Skanderbegplatz; ~ **pushimi** Treppenabsatz *m*; **3.** Schauplatz; ~ **lufte** Kriegsschauplatz; **4.** Gebiet *n*; **në ~ in e letërsisë** auf dem Gebiet der Literatur; **5.** Grundstück *n*, Boden *m*; Erdboden; **6.**: ~ **i i kokës** Schädeldecke *f*; Schädel *m*; *übertr* **e nxjerr në** ~ etw. ans Tageslicht bringen, etw. entlarven; **doli e vërteta në** ~ die Wahrheit kam ans Licht; **ia bëri** ~ **me lule** er malte es ihm in den schönsten Farben aus; **gjeti** ~ er fand keinen Widerstand

shéshazi *Adv* = **sheshit**

shésh|e -ja *f*, *Pl* -e **1.** abgeflachte, weiße Filzkappe *f*; **2.** kleine Ebene *f*; kleines Tal *n*

shéshëla -t *Pl* = **sheshje**

sheshím -i *m* Einebnen *n*, Planieren *n*; Einebnung *f*, Planierung *f*

shéshit *Adv* klar, offen, deutlich; offenkundig, eindeutig; offen, öffentlich

shéshje -t *Pl* Pantoffeln *Pl*

sheshó|n 1 *tr* einebnen, planieren; ebnen; *übertr* ~ **punët** die Dinge in Ordnung bringen; **-het** *refl* sich niederlassen; sich ausstrecken, sich lang hinstrecken

shéshtë (i) *Adj* eben, flach; gleichmäßig, hügelfrei; **vend i** ~ ebenes Land, Flachland *n*

sheshtón 1 *tr* = **sheshon**

shet 32 *tr* verkaufen; *übertr* ~ **mend** angeben, sich großtun; → **shitet**

shéte -t *Pl* Kleie *f*

shétër *Pl* → **shat**

shetít 22 *itr* = **shëtit**

shetítj|e -a *f* = **shëtitje**

shétk|ë -a *f* Mähne *f*, Pferdemähne

shëgjetár -i *m*, *Pl* -ë Bogenschütze *m*

shëlbés|ë -a *f Rel* Erlösung *f*

shëlbím -i *m* = **shëlbesë**

shëlbón 1 *tr Rel* erlösen

shëlbúes -i *m*, *Pl* – *Rel* Erlöser *m*, Heiland *m*

shëlinók -u *m* Melisse *f*

shëllín 6 *tr* salzen, einsalzen, in Salzlake legen

shëllír|ë -a *f* Salzwasser *n*, Lake *f*; *übertr* **djathi qenka** ~ ! der Käse ist aber versalzen!

shëllírtë (i) *Adj* mit Lake; versalzen

shëmb 14 *tr* = **shemb**

shémbëll -a *f*, *Pl* -a = **shembull**

shëmbëllén 3 *itr* = **shembëllen**; *tr* vergleichen

shëmbëllés|ë -a *f*, *Pl* -a = **shembëllim**

shëmbëllím -i *m*, *Pl* -e = **shembëllim**

shëmbëllór, -e *Adj* = **shembëllor**

shëmbím -i *m*, *Pl* -e Aufschlagen *n*, Stoßen *n* *eines Körperteiles*

shémbj|e -a *f* = **shembje**

shëmbós 21 *tr* *Körperteile* stoßen, aufschlagen; ~ **i këmbën** er stieß sich am Bein

shémbull -i *m*, *Pl* **shémbuj** = **shembull**

shëmím -i *m* Keuchen *n*, Röcheln *n*; Asthma *n*

shëmón 1 *itr* keuchen, röcheln; schwer atmen

shëmták, -e *Adj* verunstaltet, häßlich

shëmtarák, -e *Adj* = **shëmtak**

shëmtí -a *f* Häßlichkeit *f*

shëmtím -i *m* **1.** Verunstalten *n*, Verunstaltung *f*; **2.** Verunstalteter *m*; **3.** Unglück *n*, schreckliches Ereignis *n*; Abscheulichkeit *f*

shëmtó|n 1 *tr* häßlich machen, verunstalten; *übertr* allein lassen; **-het** *refl* verunstaltet werden; häßlich werden; *übertr* verwaisen; **na u shëmtua shtëpia** unser Haus ist verwaist

shëmtúar (i) *Adj* verunstaltet, häßlich; gräßlich, abscheulich; **gjë e ~** Abscheulichkeit *f*

Shën *Adj* Sankt; **~ Gjoni** Sankt Johannes

shëndét -i *m* **1.** Gesundheit *f*; Wohlbefinden *n*; **Shëndet! od me Shëndet!** Gesundheit! *(beim Niesen)*; **~ paç!** ebenfalls Gesundheit! *(Antwort auf den Wunsch* **Shëndet!***)*; **për ~ të Shqipërisë!** auf das Wohl Albaniens!; **fal me ~!** herzliche Grüße!; auf Wiedersehen!; **na la ~ in** er verabschiedete sich von uns, er sagte uns Lebewohl; **2. ~e** *Pl* Toast *m*, Trinksprüche *Pl*; **piva pesë ~e për atë** ich prostete ihm fünf Mal zu; **me ~ fustanin!** viel Freude am neuen Kleid!

shëndetdóbët *Adj* schwächlich, kränklich

shëndetësí -a *f* Gesundheitswesen *n*; **Ministria e Shëndetësisë** das Ministerium für Gesundheitswesen

shëndetesór, -e *Adj* gesundheitlich, Gesundheits-; **masa ~e** hygienische Maßnahmen

shëndetlíg, -ë *Adj* = **shëndetdobët**

shëndétsh|ëm (i), -me (e) *Adj* gesund; gesundheitsfördernd, gesund; **gjellë e shëndetshme** eine gesunde Kost

shëndósh 14² *tr* gesund machen, heilen; **-et** *refl* gesund werden, gesunden; sich erholen; dicker werden

shëndóshë I. (i) *Adj* gesund; kräftig, robust, kraftstrotzend; stark; **tra i ~** ein starker Balken; *übertr* derb, hart, stark; **i dhanë një dackë të ~** sie gaben ihm eine kräftige Ohrfeige; **II.** *Adv* gesund; **~ e mirë** gesund und munter; *übertr* gesund, in Ordnung

¹**shëndrít** 22 *itr*, *tr* = **shëtit**

²**shëndrít** 22 *itr* leuchten, glänzen, strahlen; **~ me mungesën e tij** er glänzt durch Abwesenheit; *tr* erstrahlen lassen, glänzend machen; beleuchten

shëndrítsh|ëm (i), -me (e) *Adj* leuchtend, glänzend, strahlend

shëngjét|ë -a *f bester Teil der Jagdbeute*

shëním -i *m*, *Pl* -e **1.** Zeichnen *n*, Markieren *n*; **~ i bagëtisë** Zeichnen des Viehs; **2.** Impfen *n*, Immunisieren *n*; **~ i i lisë** Pockenimpfung *f*; **3.** Bemerkung *f*; Notiz *f*, Anmerkung *f*, Fußnote *f*; **mban ~ od merr ~** notieren, sich Notizen machen

shënón 1 *tr* **1.** zeichnen, bezeichnen, mit einem Zeichen versehen; **2.** impfen, immunisieren; **e ~ për li** er impft ihn gegen die Pocken; **3.** Notizen machen, notieren, eintragen; **4.** bestimmen, bezeichnen; **5.** *Sport* schießen; **kush e shënoi golin?** wer hat das Tor geschossen?; *itr* **6.** zielen; **7.** reif werden, reifen *(Obst usw.)*

shënt -i *m*, *Pl* -ër = **shenjt**

shënúar (i) *Adj* gezeichnet; bezeichnet; wichtig, bemerkenswert, bedeutend, bedeutsam; **ditë e ~** Feiertag *m*; **datë e ~** ein bedeutendes Datum; **ngjarje e ~** ein bedeutsames Ereignis

shënúesh|ëm (i), -me (e) *Adj* bezeichnend, bemerkenswert, hervorragend

shënj|ë -a *f*, *Pl* -a = **shenjë**

shënjërák I. -u *Subst/m*, *Pl* -ë Verunstalteter *m*, Häßlicher *m*; **II.** -e *Adj* verunstaltet, häßlich

shënjtë (i) *Adj* = **i shenjtë**

shënjtërón 1 *tr* = **shenjtëron**

shëpúll|ë -a *f*, *Pl* -a Ohrfeige *f*, Backpfeife *f*

shërbén 3 *itr* dienen, Diener sein; einen Dienst leisten; *Mil* dienen, seinen Dienst ableisten; ~ **në ushtri** er dient in der Armee; dienen, nützlich sein; *tr* bedienen

shërbés|ë -a *f, Pl* -a **1.** Beschäftigung *f*, Dienst *m*, Dienstleistung *f*; **shërbesat fetare** der Gottesdienst; **2.** Pflegearbeiten *bes. in der Landwirtschaft*

shërbëtór -i *m, Pl* -ë Diener *m*; *übertr* Diener, Lakai *m*

shërbëtór|e -ja *f, Pl* -e Dienerin *f*, Dienstmagd *f*

shërbím -i *m, Pl* -e **1.** Dienst *m*, Gefälligkeit *f*; **2.** Dienstaufgabe *f*; **është me** ~ Dienst haben *od* auf Dienstreise sein; **dhjetë vjet** ~ zehn Dienstjahre; ~ **ushtarak** Militärdienst; ~ **postar** Postdienst; ~ **e fetare** Gottesdienst; **3.** Bedienung *f*

shërbýes I. -i *Subst/m, Pl* – *Angehöriger des Hilfs-, Wach- oder Reinigungspersonals, z.B. Wächter, Hausmeister, Bote usw.*; II. *Adj* Hilfs-, Dienst-; **personeli** ~ das Hilfspersonal, Dienstpersonal

shërbýes|e -ja *f, Pl* -e *Angehörige des Hilfs-, Wach- oder Reinigungspersonals, bes. Reinigungskraft*

shërím -i *m* Heilung *f*, Heilen *n*

shërö|n 1 *tr* heilen, gesund machen; **-het** *refl* heilen, gesund werden

shërúesh|ëm (i), -me (e) *Adj* heilbar

shëshërít 20 *itr* zischen *(Schlange)*

shëtít 22 *itr* spazierengehen, spazieren; *tr* jmdn. führen, begleiten; **e** ~ **a nëpër Tiranë** ich habe ihn durch Tirana begleitet; durchwandern, durchlaufen

shëtítës, -e *Adj* umherziehend, wandernd, ambulant

shëtítj|e -a *f, Pl* -e Spaziergang *m*, Wanderung *f*

shëtitór|e -ja *f, Pl* -e Boulevard *m*; Promenade *f*

shfajësím -i *m* Rechtfertigung *f*; *Jur* Freisprechung *f*, Schuldloserklärung *f*

shfajësó|n 1 *tr* freisprechen; für unschuldig erklären; **-het** *refl* sich rechtfertigen

shfaq 14 *tr* **1.** darlegen, aufzeigen; offenlegen, bekunden; **2.** zum Ausdruck bringen, ausdrücken, aussprechen; ~ **një mendim** einen Gedanken äußern; **3.** *Theat* aufführen, spielen; *Film* zeigen, vorführen, spielen

shfáqj|e -a *f, Pl* -e **1.** Darlegung *f*, Aufzeigen *n*; **2.** Ausdruck *m*; **3.** *Theat* Aufführung *f*, Vorstellung *f*; *Film* Vorführung *f*, Vorstellung

shfarós 21 *tr* ausmerzen, ausrotten; vertilgen, vernichten

shfarósj|e -a *f* Ausmerzung *f*, Ausrottung *f*; Vertilgung *f*, Vernichtung *f*

shfletësón 1 *tr* = **shfleton**

shfletón 1 *tr Seiten* umblättern; *Buch* aufblättern, durchblättern

shflúkët (i) *Adj* träge, bequem, langweilig; kraftlos, schwach, schlapp

shformím -i *m, Pl* -e *Tech* Deformierung *f*, Verformung *f*

shformón 1 *tr* deformieren, verformen

shfren 3 *itr* frische Luft schnappen; *übertr* seinem Herzen Luft machen

shfrenúar (i) *Adj* ungezügelt, zügellos

shfronësím -i *m* Entthronung *f*

shfronësón 1 *tr* entthronen

shfry|n 5 *itr* schnauben; *tr* ~ **hundët** sich die Nase putzen, sich schneuzen; *übertr* schnauzen, anschnauzen; **-het** *refl* zurückgehen *(Schwellung)*; *übertr* **u shfry më të** er ließ seine Wut an ihm aus

shfrytëzím -i *m, Pl* -e Ausbeutung *f*; Ausnutzung *f*

shfrytëzón 1 *tr* **1.** ausbeuten; **2.** aus-

nutzen, nutzen, benutzen; ~ **rastin** die Gelegenheit nutzen
shfrytëzónjës -i *m, Pl* - = **shfrytëzues**
shfrytëzúar (i) *Adj* ausgebeutet, ausgenutzt
shfrytëzúes I. -i *Subst/m, Pl* - Ausbeuter *m*; II. -e *Adj* ausbeuterisch, ausbeutend, Ausbeuter-
¹**shi** -u *m, Pl* -ra Regen *m*; **bie** ~ **es regton; ana e** ~**ut** Süden *m*, Südseite *f; übertr* **nga** ~**u në breshër** vom Regen in die Traufe
²**shi** *Adv* genau, gerade, eben; ~ **në atë çast** gerade in dem Augenblick; ~ **në atë vend** genau an dem Ort
shíb|ë -a *f* Erkältung *f*, Schnupfen *m*; **shiba!** Gesundheit! *(beim Niesen)*
shíb|ël -la *f, Pl* -la Brotkrume *f*, Krümel *m*
shibëlón 1 *itr* sich verzetteln
shíf|ër -ra *f, Pl* -ra 1. Ziffer *f*, Zahl *f*; 2. Chiffre *f*; 3. **shifra** *Pl* Daten *Pl*, Zahlenangaben *Pl*
shifrár -i *m, Pl* -ë Chiffrebuch *n*, Geheimkode *m*
shifrón 1 *tr* chiffrieren, verschlüsseln
shigjetár -i *m, Pl* -ë Bogenschütze *m*
shigjét|ë -a *f, Pl* -a 1. Pfeil *m*; 2. *Web* Schiffchen *n*, Webschützen *m*; 3. Pfeilschlange *f*
shigjetón 1 *tr* mit Pfeil und Bogen jagen
shigjétull -a *f, Pl* -a Pfeilschlange *f*
shíhet 51 *refl* 1. zusammentreffen; 2. sich untersuchen lassen; → ¹**sheh**
shíj|e -a *f, Pl* -e Geschmack *m*; Genuß *m*; **kjo gjellë s'ka** ~ das Essen schmeckt nicht; **ju pastë** ~ **buka!** Guten Appetit!; *übertr* Geschmack; **ajo ka** ~ **në të veshur** sie kleidet sich geschmackvoll
shíj|ë -a *f, Pl* -a = **shije**
shijím -i *m* Schmecken *n*, Geschmack *m*
shijón 1 *tr* abschmecken, kosten; *itr*

schmecken; *übertr* genießen, sich erfreuen an, sich ergötzen an
shíjsh|ëm (i), -me (e) *Adj* schmackhaft, lecker
shikakúq -i *m, Pl* -a 1. Steinmispel *f*; 2. Spindelbaum *m*
shikárth -i *m* Blasenstrauch *m*
shíkëll -a *f, Pl* -a Gallapfel *m*
shikím -i *m* Sehen *n*, Blicken *n*, Blick *m*; Aufsicht *f*; Pflege *f*
shikó|n 1 *tr* blicken, gucken, schauen; aufpassen; **ti shiko punën tënde** kümmre du dich um deine Angelegenheiten!; jmdn. beaufsichtigen, bewachen, auf jmdn. aufpassen; betreuen, pflegen; **-het** *refl* sich betrachten, sich anschauen; **shikohet në pasqyrë** sich im Spiegel betrachten; **shikohet te doktori** sich vom Arzt untersuchen lassen, den Arzt konsultieren
shil -i *m* 1. Wunsch *m*, Verlangen *n*, Begierde *f*; 2. Zweifel *m*; **më ha** ~ **i te ai** ich zweifle an ihm
shiláret 14¹ *refl* schaukeln, baumeln
shilárës -i *m, Pl* -a Schaukel *f*
shilón 1 *tr* satteln
shilór -i *m, Pl* -ë 1. Trageholz *n*, Schulterjoch *n*; 2. Brust *f*, Bruststück *n von Rind u. Schwein*
shilté -ja *f, Pl* - kleine Matratze *f als Sitzgelegenheit*
shimpanzé -ja *f, Pl* - Schimpanse *m*
shimshír -i *m, Pl* -ë Buchsbaum *m*
shi|n 6 *tr* 1. Getreide dreschen; *Mais* auskörnen; 2. auskehren, ausfegen, saubermachen; 3. zerkrümeln, zerkleinern; mit dem Mörser zerstoßen; **-het** *refl* zerkrümeln, zerbröckeln, zerfallen
shinakót, -e *Adj* schrullig, launisch, launenhaft
shinakót|ë -a *f, Pl* -a Schrulle *f*, Laune *f*
shínd|ër -ra *f Bot* Harz *n*
shín|ë -a *f, Pl* -a 1. Schiene *f*; 2. Radreifen *m*

shiník -u *m, Pl* -ë Scheffel *(etwa 63 od 140 kg)*
shinobús -i *m, Pl* -e Schienenbus *m*
shiós|ë -a *f* rötlicher Ton *m*
shípk|ë -a *f, Pl* -a Ohrfeige *f*
shíra -t (të) *Pl* Dreschen *n*, Drusch *m*; Dreschzeit *f*
¹**shír**|ë -a *f Bot* Harz *n*
²**shírë** -a *f* Most *m von Wein od. Birnen*
shírës, -e *Adj* Drusch-, Dresch-; **maqinë** ~ **e** Dreschmaschine *f*
shiríng|ë -a *f, Pl* -a Injektion *f*, Spritze *f*
shirít -i *m, Pl* -a **1.** schmales Band *n*, Borte *f*, Tresse *f*; ~ **izolant** Isolierband; **2.** *Zool* Bandwurm *m*
shírj|e -a *f* Dreschen *n*, Drusch *m*
shirók -u *m* Schirokko *m, warmer Mittelmeerwind*
shirúp -i *m, Pl* -ë Sirup *m*
shís|e -ja *f, Pl* -e Sinn *m*; Sinnesorgan *n*
shist -i *m* Schiefergestein *n*
shíste 32 *Imperf* → **shet**
shish -i *m, Pl* -a **1.** Bratspieß *m*; Spieß; **2.** Spieß, Stoßdegen *m*
shísh|e -ja *f, Pl* -e Flasche *f*
shíshko -ja *m, Pl* – = **shishman**
shishmán -i *m, Pl* -ë Dickwanst *m*, Fettsack *m*, dicker Mann
shishqebáp -i *m, Pl* -e Art Schaschlyk
shitblérës -i *m, Pl* – Händler *m*, An- und Verkäufer *m*
shitblérj|e -a *f* An- und Verkauf *m*
shítet 32 *refl* sich verkaufen, sich anpreisen; sich ausgeben als; ~ **trim** er spielt sich als Held auf; → **shet**
¹**shít**|ë -a *f* **1.** Ohrfeigen *n*, Behexen *n durch Bergfeen u. andere Geister*; **2.** *Krankheit der Schafe u. Ziegen an den Hufen*; **3.** Wunde *f*
²**shít**|ë -a *f* = **shitje**
shítës -i *m, Pl* – Verkäufer *m*
shítës|e -ja *f, Pl* -e Verkäuferin *f*
shítj|e -a *f* Verkauf *m*
shítur (i) *Adj* **1.** verkauft; ausverkauft, vergriffen; **2.** *übertr* gedungen, käuflich *(Menschen)*
shkáb|ë -a *f, Pl* -a Adler *m*
shkabónj|ë -a *f, Pl* -a = **shkabë**
shkadhéc -i *m, Pl* -a Ackerschleife *f*, Eggenschleife *f*
shkadhít 22 *tr* Bäume verschneiden, ausästen
shkafanjít 22 *tr* Kleidung zerreißen, zerfetzen; **-et** *refl* sich überanstrengen, sich fertigmachen
shkagón 1 *tr* ablehnen; abweisen, zurückweisen
shkájti 30³ *Aor* → **shket**
shkak -u *m, Pl* **shkáqe** **1.** Ursache *f*, Grund *m*; **për** ~ **të** auf Grund von, wegen; Vorwand *m*; **2.** Schlinge *f*, Falle *f*
shkaktár -i *m, Pl* -ë **1.** Urheber *m*, Initiator *m*; **2.** Schuldiger *m*
shkaktón 1 *tr* verursachen, bewirken; hervorrufen, veranlassen
¹**shkal** -i *m* Regensturm *m*
²**shkal** 14 *tr* **1.** walken; **2.** verzaubern, behexen, versehren *(durch Bergfeen u. andere Geister)*
shkalarís 21 *tr* Getreide zur Herstellung von Stärke zerstampfen
shkalbësón 1 *tr* verfaulte Stellen oder Äste ausschneiden, abschneiden
shkalc -i *m, Pl* -a Mulde *f der Maurer*; Trage *f*, Kiepe *f*, Tragegerät *n*; Tragbahre *f*
¹**shkalít** 22 *tr* **1.** streicheln, liebkosen; verwöhnen, verzärteln; **2.** schwächen, entkräften; **-et** *refl* schwach werden
²**shkalít** 22 *itr* vom Pferd absteigen; im Hotel absteigen, übernachten
shkalitár I. -i *Subst/m, Pl* -ë verwöhntes Kind *n*; II. -e *Adj* verwöhnt, verzärtelt
¹**shkalítj**|e -a *f* Liebkosen *n*, Verzärteln *n*; Schwächen *n*; Schwächung *f*, Entkräftung *f*

²shkalítj|e -a f Absteigen n, Übernachten n

shkalós 21 tr ausladen, entladen; absetzen, an Land bringen; itr herabsteigen, heruntersteigen; absteigen (Hotel), übernachten

shkalláq, -e Adj leicht verrückt

shkallár|e -ja f, Pl -e Treppenstufe, Stufe f

shkáll|e -ja f, Pl -e Steigbügel m

shkáll|ë -a f, Pl -ë 1. Treppe f; Leiter f; ~ kërmillare Wendeltreppe; ~ lëvizëse Rolltreppe; ~ e zjarrfikësve Feuerwehrleiter; 2. Stufe f, Treppenstufe; 3. Stufe, Rang m; Stufenleiter; rrëzon nga shkalla degradieren; është në një ~ me... er steht auf einer Stufe mit...; Zustand m, Grad m, Punkt m; puna ka ardhur në këtë ~ die Sache gedieh bis zu diesem Punkt; Niveau n; ~ e lartë qytetërimi ein hohes Niveau an Zivilisation; 4. Qualität f; i ~s së parë erstklassig, erstrangig; 5. Kerbe f; 6. Geogr Steig m; 7. Maßstab m; 8. Ausmaß n, Größe f, Umfang m; në ~ të gjerë in breitem Maße; deri në një ~ bis zu einem gewissen Grade; 9. Tonleiter f; 10. Gramm ~t e krahasimit die Steigerungsstufen; ~-~ stufenweise, graduell, gestuft

shkallëzím -i m, Pl -e 1. Einstufung f, Klassifizierung f; Eskalation f, Steigerung f; ~i i luftës die Eskalation des Krieges; 2. Abstufung f

shkallëzón 1 tr abstufen; einstufen; eskalieren, steigern

shkállm|e -ja f, Pl -e = shkallmë

shkállm|ë -a f, Pl -a Schwert n; Degen m; Säbel m

shkallmím -i m Aufreißen n, Aufbrechen n; Herausbrechen n; Zerbrechen n, Zertrümmern n

shkallmón 1 tr Genageltes herausreißen, aufreißen, abreißen; aufbrechen, zerbrechen, zertrümmern; übertr zerrütten (gesundheitlich)

shkallóm|ë -a f = shkallare

shkallón 1 itr 1. mit Worten übertreiben, zu weit gehen, den Bogen überspannen; 2. verrückt werden, den Verstand verlieren

shkallúar (i) Adj verrückt, wahnsinnig, irrsinnig

shkancón 1 tr das Messer ziehen, aus der Scheide ziehen

shkándull -i m, Pl shkánduj 1. Versuchung f, Verführung f; schlechtes Vorbild n; 2. Beschimpfung f; Schimpfwort n, schlechte Redensart f; djalë ~ ein ungezogener Junge

shkandullí -a f, Pl – Bosheit f, Niedertracht f; Frechheit f, Ungezogenheit f

shkapét 22¹ tr hinwerfen; -et refl aufschlagen, aufprallen

shkapërcén 3 tr überqueren, überschreiten; übersteigen; überwinden; überspringen, auslassen

shkapërcím -i m, Pl -e Überschreiten n, Überqueren n, Überspringen n; Überwindung f; übertr Übertretung f eines Gesetzes

shkapërdán 5 tr verteilen, verbreiten; austeilen; auseinanderjagen, vertreiben

shkapërdár -i m, Pl -ë Verschwender m

shkapërdhí -a m Wildfang m, lebhaftes, wildes Kind n

shkapërthén 3 tr zertreten, zertrampeln

shkardhín|ë -a f, Pl -a Bruchbude f

shkárë 30³ Part → shket

shkarëzím|ë -a f, Pl -a glitschiger Abhang m von Kindern als Rutschbahn benutzt

shkarëzítet 20 *refl* gleiten, rutschen, hinunterrutschen
shkárj|e -a *f* **1.** Gleiten *n*, Rutschen *n*; **2.** *Geol* Spalte *f*; **3.** Entgleisung *f*; Abgleiten *n*
shkarkés|ë -a *f El* Entladung *f*
shkarkí -a *f*, *Pl* – Rechtfertigung *f*
shkarkím -i *m*, *Pl* -e Entladung *f*, Ausladung *f*, Abladen *n*; *El* Entladung; ~ **elektrik** elektrische Entladung; ~ **me xixa** Funkenentladung, Büschelentladung; Entlastung *f*; ~**i nga detyra** die Entbindung von der Funktion
shkarkó|n 1 *tr* **1.** abladen; ausladen, entladen; **2.** entlassen; absetzen; freistellen; entbinden, entlasten; **-het** *refl* (i) **1.** an jmdm. seine Wut auslassen; **2.** jmdn. beschimpfen, verleumden
shkarménd -i *m*, *Pl* – Unglückseliger *m*, Unglücklicher *m*
shkarmít 22 *tr* zerreißen, zerfetzen
¹**shkárp|ë** -a *f*, *Pl* -a Reisig *n*; Holz *n* zum Feueranmachen
²**shkárp|ë** -a *f*, *Pl* -a alter Schuh *m*, Latsch *m*
³**shkárp|ë** -a *f*, *Pl* -a Wabe *f* ohne Honig; *übertr* **u bë** ~ er steht nun mit leeren Taschen da
shkárpëza -t *Pl* = ¹**shkarpë**
shkartín|ë -a *f*, *Pl* -a **1.** wurmstichiges Holz *n*; **2.** baufälliges Haus *n*, Bruchbude *f*
shkartóhet 1 *refl* wurmstichig werden
shkartón 1 *tr* schlechte Waren aussortieren, auslesen
shkarth -i *m*, *Pl* -a **1.** Hausgehilfe *m*, Hausangestellter *m*, Diener *m*; **2.** Sklave *m*
shkárth|e -ja *f*, *Pl* -e Hausgehilfin *f*, Hausangestellte *f*, Dienstmädchen *n*
shkárthi *Adv* quer, schräg; schief
shkarzé|n 3 *tr* erniedrigen, beleidigen, demütigen; **-het** *refl* sich im Staub wälzen *(Pferd u. Esel)*

shkarravésh 14² *tr* zerteilen, zerstückeln; auseinanderreißen, auseinanderpflücken
shkarravín|ë -a *f*, *Pl* -a Gekritzel *n*, Krakelfüße *Pl*, Schmiererei *f*
shkarravít 22 *tr* kritzeln, krakeln, schmieren
shkarravítj|e -a *f* Kritzeln *n*; Gekritzel *n*, Krakelfüße *Pl*; Kritzelschrift *f*
¹**shkas** -i *m*, *Pl* -e Anstoß *m*, Impuls *m*, Antrieb *m*; Gelegenheit *f*, Veranlassung *f*
²**shkas** 30³ *1. Pers Sg Präs* → **shket**
shkatarráq I. -e *Adj* unordentlich, nachlässig, schlampig; **II. -i** *Subst/m*, *Pl* -ë liederlicher Mensch *m*, Liederjan *m*
shkatarráq|e -ja *f*, *Pl* -e Schlampe *f*
shkatërráq I. -i *Subst/m*, *Pl* -ë; **II. -e** *Adj* = **shkatarraq**
shkatërrés|ë -a *f*, *Pl* -a Verwüstung *f*
shkatërrím -i *m*, *Pl* -e Zerstörung *f*, Verwüstung *f*; Vernichtung *f*; Katastrophe *f*; ~**et e luftës** die Kriegszerstörungen
shkatërrimtár, -e *Adj* zerstörerisch, verwüstend, vernichtend
shkatërrín|ë -a *f*, *Pl* -a Bruchbude *f*, baufälliges Haus *n*
shkatërrón 1 *tr* **1.** zerstören, verwüsten, vernichten; kaputtmachen, ruinieren; *übertr* **na shkatërroi** er hat uns ruiniert; **2.** *Knäuel* entwirren; *Streitende* trennen; *übertr* eine Rechnung tilgen, liquidieren, begleichen; lösen, auflösen, klären
shkatërrúes, -e *Adj* zerstörend, zerstörerisch
shkath 14 *tr* jmdn. geschickter machen; **-et** *refl* geschickter werden, gewandter werden; sich beleben, aufleben
shkáthët (i) *Adj* flink, wendig, geschickt; lebhaft
shkathtësí -a *f*, *Pl* – Flinkheit *f*,

Wendigkeit *f*, Geschicklichkeit *f*; Lebhaftigkeit *f*

shkázm|ë -a *f*, *Pl* -a glitschiger Abhang *m*

shkel 14 *tr*, *itr* **1.** treten, stampfen, niedertreten; walken; **2.** betreten; eintreten; **3.** überfáhren; **e ~i maqina** das Auto überfuhr ihn; **4.** überfallen; betreten, besetzen, erobern; **5.** übertreten, verletzen, brechen; **~ i ligjën** er verletzte das Gesetz; **e ~ i fjalën** er brach sein Wort; **~ kurorën** die Ehe brechen; **6.** beschädigen; schaden; **7.** bestechen; **8.: i ~ i synë** er zwinkerte ihm zu; **9.: ~ e shko** oberflächlich, ohne Sorgfalt, sorglos; **10.: ai nuk ~ në dërrasë të kalbët** er läßt sich nicht auf fragwürdige Dinge ein

shkelc -i *m*, *Pl* -a Stufe *f*, Treppenstufe

shkélës -i *m*, *Pl* – **1.** Kelter *f*, Weinpresse *f*; Presse *des Schmiedes*; **2.** Übertreter *m*, Verletzer *m*; **~ i ligjës** Gesetzesverletzer; **3.** Invasor *m*

shkéli 29¹ *Aor* → **shklet** *u.* **shkel**

shkélj|e -a *f* Treten *n*, Niedertreten; Vergehen *n*, Verletzung *f*, Bruch *m*; **~ e kurorës** Ehebruch; **~ e ligjës** Gesetzesübertretung *f*, Rechtsbruch

shkelm -i *m*, *Pl* -a = **shqelm**

shkelmón 1 *tr* = **shqelmon**

shkénc|e -a *f*, *Pl* -a Wissenschaft *f*; **shkencat e natyrës** die Naturwissenschaften; **shkencat shoqërore** die Gesellschaftswissenschaften

shkencërísht *Adv* wissenschaftlich

shkencëtár -i *m*, *Pl* -ë Wissenschaftler *m*, Gelehrter *m*

shkencëtár|e -ja *f*, *Pl* -e Wissenschaftlerin *f*, Gelehrte *f*

shkencór, -e *Adj* wissenschaftlich, Wissenschafts-

shkencór-popullór, -e *Adj* populärwissenschaftlich

shkep 14 *tr* **1.** *eine Naht* auftrennen; loslösen, trennen, teilen; losreißen, wegbringen; **2.** *itr*: **i ~** jmdm. ähneln, gleichen; **i ~ t'et** er ist dem Vater ähnlich; **-et** *refl* sich auftrennen; sich trennen, sich lösen; **më ~ et** ich habe Appetit auf, ich habe Verlangen nach

shkesí -a *f* Heiratsvermittlung *f*

shket 30³ *itr* ausrutschen, ausgleiten; gleiten, rutschen; entgleiten; **i shkau gjuha** die Zunge entgleiste ihm; *übertr* sich irren

shkëf -i *m* Gebärmutter *f*; Mutterleib *m*; **vëllezër të dalë nga një ~** leibliche Brüder

shkëlbáz|ë -a *f* *Vet* Milzbrand *m*

shkëlbóz|ë -a *f*, *Pl* -a Rinde *f*, Baumrinde, Borke *f*

shkëlfítet 20 *refl* abmagern, dahinsiechen

shkëlqár 14¹ *tr Metall* polieren; **-et** *refl* aufklaren *(Wetter)*

shkëlqén 3 *itr* glänzen, strahlen, leuchten; *tr* polieren, glänzend machen

shkëlqés|ë -a *f*, *Pl* -a Exzellenz *f als Titel*

shkëlqesí -a *f*, *Pl* – = **shkëlqesë**

shkëlqím -i *m* Glanz *m*; Glänzen *n*, Strahlen *n*, Leuchten *n*; helles Licht *n*; *übertr* Pracht *f*, Herrlichkeit *f*

shkëlqýer (i) *Adj* glänzend, strahlend, leuchtend; *übertr* glänzend, ausgezeichnet; **nxënës i ~** ein glänzender Schüler

shkëlqýesh|ëm (i), **-me** (e) *Adj* = **i shkëlqyer**

shkëmb -i *m*, *Pl* -ínj Felsen *m*; *übertr* **e ka kokën ~** er ist starrköpfig

shkëmbén 3 *tr* **1.** tauschen, vertauschen, austauschen; **~ mendime** Gedanken austauschen; **~ letra** Briefe wechseln; **2.** verwechseln

shkëmbés|ë -a *f* **1.** = **shkëmbim**; **2.** Lösegeld *n*

shkëmbím -i *m*, *Pl* -e Tauschen *n*, Vertauschen, Austauschen; Tausch *m*, Wechsel *m*; Austausch, Warenaustausch; ~**i i eksperiencës** der Erfahrungsaustausch

shkëmbór, -e *Adj* felsig, Felsen-; **bregdeti** ~ Steilküste *f*

shkëmés|ë -a *f* Auslöschung *f*, Tilgung *f*

shkëndíj|ë -a *f*, *Pl* -a 1. Funke *m*; *übertr* **i lëshojnë sytë shkëndija** ihre Augen funkeln, ihre Augen sprühen Funken; **i bëri armët** ~ er polierte die Waffen blank; 2. Glühwürmchen *n*, Leuchtkäfer *m*

shkëndijím -i *m* Leuchten *n*, Aufleuchten *n*, Funkeln *n*; Funkensprühen *n*

shkëndít 22 *itr* funkeln, blitzen, leuchten; Funken sprühen

shkëpúrdh 14 *tr* scharren; **-et** *refl übertr* sich anspannen, sich alle Mühe geben, sich zusammenreißen

shkëpút 22 *tr* trennen, abtrennen; losreißen, abreißen, abbrechen; locker machen; **-et** *refl* sich losmachen, loskommen, sich freimachen

shkëpútj|e -a *f* Trennen *n*, Abtrennen; Abreißen *n*, Abbrechen *n*; Loslösung *f*, Freimachung *f*; *Sport* Reißen *n*

shkëpútur (i) *Adj* losgelöst, getrennt, abgetrennt; abgebrochen; abgerissen; unzusammenhängend; **mendime të** ~**a** zusammenhanglose Gedanken

shkërbá -ja *f*, *Pl* – phantastisches Ungeheuer *n*

shkërbé -ja *f*, *Pl* – Bestie *f*, Raubtier *n*; Wildvogel *m*

shkërbén 3 *tr* imitieren, nachahmen

shkërdhéc -i *m*, *Pl* -ë Butterfaß *n*

shkërmóq 14 *tr* zerbröckeln, zerkrümeln; zerstampfen, zerstoßen, zermalmen

shkërpíc|ë -a *f*, *Pl* -a Funken *m*; *übertr* Vorwand *m*

shkëshillón 1 *tr* jmdn. umstimmen, jmds. Meinung ändern, jmdm. abraten

shkill 14 *itr* ins Ohr flüstern, zuflüstern, zuraunen

shkim -i *m* 1. Verkehr *m* zwischen Menschen, Beziehungen *Pl*; Besuchemachen *n*; 2.: ~**i i derës** die Türschwelle; ~**i i syrit** die knöcherne Augenhöhle

shkímëz -a *f*, *Pl* -a Stück *n* Papier

shkíste 30³ *Imperf* → **shket**

shkishërím -i *m* Exkommunikation *f*, Kirchenbann *m*

shkishërón 1 *tr* exkommunizieren

shkíthet 14 *refl* schluchzen

shklas 29¹ *1. Pers Sg Präs* → **shklet**

shklép|ë -a *f*, *Pl* -a Augenbutter *f*

shklés|ë -a *f*, *Pl* -a Dachlatte *f*

shklet 29¹ *tr alt* = **shkel**

shklíste 29¹ *Imperf* → **shklet**

shklluq 14 *tr* in einem Zug trinken

shkmes 21 *tr Dornengestrüpp* lichten, *Hecken* verschneiden, ausschneiden; *übertr* säubern, reinigen

Shkód|ër -ra *f* Shkodra *n*; *alt* Skutari *n*

shkodrán I. -e *Adj* skutarinisch, aus Shkodra; II. -i *Subst/m*, *Pl* -ë Shkodraner *m*, Bewohner von *Shkodra*

shkójëz -a *f*, *Pl* -a Pore *f*, Hautpore

shkoklavít 20 *tr* entwirren; klarstellen

shkoklón 1 *tr* auskörnen, *Getreide* enthülsen

shkokrrón 1 *tr* = **shkoklon**

shkolít 22 *tr etwas Angeklebtes* lösen; **-et** *refl* aus dem Leim gehen

shkollár -i *m*, *Pl* -ë Mensch mit Schulbildung

shkollár|e -ja *f*, *Pl* -e Frau mit Schulbildung

shkóll|ë -a *f*, *Pl* -a Schule *f*; ~

fillore Grundschule; ~ **e mesme** Mittelschule, Oberschule; ~ **e natës** Abendschule; ~ **e lartë** Hochschule; *übertr* Schule; ~ **flamande** flämische Schule

shkollón 1 *tr* einschulen; in die Schule schicken

shkollór, -e *Adj* schulisch, Schul-; **detyrimi** ~ die Schulpflicht; **viti** ~ das Schuljahr; **librat** ~ **ë** die Schulbücher

shkollúar (i) *Adj* mit Schulbildung, gebildet

shkombëtarizím -i *m* Beraubung *f* der nationalen Eigenart

shkombëtarizón 1 *tr* der nationalen Eigenart berauben, entnationalisieren

shkon 1 *itr* **1.** gehen, laufen; fahren; ~ **me tren** mit dem Zug fahren; ~ **përpara** vorwärts gehen, vorwärts schreiten; Fortschritte machen; vorausgehen; **2.** vorbeigehen, vergehen; ~ **koha** die Zeit vergeht; **i** ~ **inati** sein Zorn geht vorbei; **3.** gelten, wert sein; **kjo pare nuk** ~ dieses Geld ist ungültig; **i** ~ **fjala** sein Wort hat Gewicht, sein Wort gilt; **sa** ~ **?** was kostet es?; **4.** miteinander auskommen, übereinstimmen mit, passen zu; **shkojnë mirë ata të dy** diese beiden passen gut zusammen, die beiden kommen gut miteinander aus; **kjo bojë nuk** ~ **me atë** diese Farbe paßt nicht zu der dort, diese beiden Farben passen nicht zusammen; **5.: ia** ~ jmdn. übertreffen; **6.: si** ~ *od* **si po** ~ **puna?** wie geht es?; **7.: më ka shkuar në mend** mir ist in den Sinn gekommen; **8.: s'më** ~ **buka** das Essen schmeckt mir nicht; **i** ~ **bark** er hat Durchfall; **i shkoi barra** sie hatte eine Fehlgeburt; *tr* **9.:** ~ **kafshatën** den Bissen hinunterschlucken, den Bissen verschlingen; **10.:** ~ **perin në gjilpërë** den Faden einfädeln; **11.:** ~ **jetë** das Leben angenehm verbringen; ~ **ditën** den Tag verbringen, verleben; **12.: shkoi tifon** er hat den Typhus schon gehabt

shkop -i *m, Pl* -ínj *od* **shqep** Stock *m*, Spazierstock; *übertr* Prügel *Pl*, Dresche *f*; **s'ia ha qeni** ~**in** er läßt sich nicht über's Ohr hauen

shkopít 22 *tr* **1.** *Tiere* kastrieren, -verschneiden; **2.** verprügeln, mit dem Stock schlagen

shkopítur (i) *Adj* verschnitten, kastriert

shkopsít 22 *tr* aufknöpfen; **-et** *refl* aufgehen *(von Zugeknöpftem)*; (bei sich) die Knöpfe aufmachen

shkoq 14 *tr* **1.** auskörnen, enthülsen; ~ **pare** Geld wechseln; **2.** losreißen, auseinanderreißen, abbrechen; *Streitende* trennen; **-et** *refl* **1.** ausfallen *(Körner)*; **2.** sich trennen; **u** ~ **nga sëmundja** er ist durch die Krankheit ganz heruntergekommen

shkoqít 22 *tr* erklären, erläutern

shkoqítj|e -a *f, Pl* -e Erläutern *n*, Erklären *n*; Erläuterung *f*, Erklärung *f*

shkóqur *Adv* klar, deutlich; **po ta them** ~ das sage ich dir klipp und klar

shkórdhet 14 *refl* abschwellen, zurückgehen *(Schwellung)*; gesundheitlich herunterkommen, abmagern

shkórdhët (i) *Adj* zurückgegangen, abgeklungen *(Schwellung)*

¹**shkórs|ë** -a *f, Pl* -a Teppich *m* aus Ziegenwolle

²**shkórs|ë** -a *f* Rauchfang *m*, Esse *f*

shkorré -ja *f, Pl* – Dickicht *n*, Gestrüpp *n*, Gebüsch *n*

shkórr|e -ja *f, Pl* -e Strauch *m*, Busch *m*

shkorrét -i *m, Pl* -e = **shkorré**

shkozét -i *m* Buchenwald *m*, Buchenhain *m*

shkóz|ë -a *f, Pl* -a Hainbuche *f*, Weißbuche *f*

shkozëbárdh|ë -a *f, Pl* -a = shkozë

shkozëzéz|ë -a *f, Pl* -a Orientalische Hainbuche *f*

shkráb|ë -a *f, Pl* -a Gekritzel *n*, Geschmiere *n*; **bën shkraba** kritzeln, krakeln, schmieren

shkrap -i *m, Pl* -a Skorpion *m*

shkrefëtín 6 *itr* wiehern

shkreh 14³ *tr* **1.** *ein Gewehr* entsichern; abfeuern; **2.** entspannen, lockern *(was gespannt war)*; **3.** annullieren, rückgängig machen; verlassen, liegenlassen; zunichte machen, zerstören; **e ~u sëmundja** die Krankheit hat ihn sehr geschwächt; **-et** *refl* einstürzen, einfallen, zusammenfallen; **u ~ në vaj** sie brach in Weinen aus, sie begann zu schluchzen

shkréhës -i *m, Pl* – *El* Auslöser *m*

shkréhj|e -a *f* **1.** Entsichern *n*; **~ pushkësh** Gewehrsalve *f*; **2.** Entspannen *n*, Lockern *n*; **3.** Zuschlagen *n*, Zuklappen *n einer Falle*

shkrél|ë -a *f, Pl* -a großes Maisblatt *n*

¹shkrep -i *m, Pl* -a Fels *m*, Felsen *m*

²shkrep 14 *tr* schlagen, aneinander schlagen *(bis die Funken sprühen)*; *Feuer* entfachen; *Gewehr* abfeuern; **e ~a për mur** ich feuerte es an die Wand; **~a derën** ich schlug die Tür zu; *itr* **~i dielli** die Sonne begann zu strahlen; **~i moti** es blitzte; **s'ia ~ në matematikë** er kapiert nichts in Mathematik; **-et** *refl*: **m'u ~** ich hatte Verlangen nach, ich hatte Appetit auf; **iu ~ të qarët** sie brach in Weinen aus; **u ~ për mur** es prallte gegen die Mauer

shkrépa -t *Pl*: **~t e miellit** Schrotmehl *n*

shkrépës I. -i *Subst/m, Pl* -a Streichholz *n*, Zündholz; **II.** **-e** *Adj* Zünd-, Feuer-; **gur ~** Feuerstein *m*

shkrepëtím|ë -a *f, Pl* -a Blitz *m*

shkrepëtin 6 *itr unpers* blitzen; *übertr* blitzen, funkeln

shkréps|e -ja *f, Pl* -e = shkrepës I.

shkrés|ë -a *f, Pl* -a amtliches Schreiben *n*, Bescheinigung *f*

shkresorí -të *Pl* Schreibutensilien *Pl*, Schreibzubehör *n*; Schreibwaren *Pl*

shkret 20 *tr* verlassen, einsam zurücklassen; **-et** *refl* einsam werden, vereinsamen

shkretán, -e *Adj* einsam, allein, verlassen

shkrét|ë I. (i) *Adj* verlassen; einsam, allein; unbewohnt, leer; **II.** **-i** (i) *Subst/m* der Selige *(für einen Verstorbenen)*; Unglücklicher *m*; **e harrova të ~n** ich habe das unglückselige Ding vergessen

shkretëtír|ë -a *f, Pl* -a Einöde *f*, verlassener Ort *m*; Wüste *f*, Wüstenei *f*

shkretí -a *f, Pl* – = shkretëtirë

shkretón 1 *tr* verwüsten, veröden; *übertr* allein lassen, einsam zurücklassen; *itr* vereinsamen

shkrídhet 16 *refl* emportauchen, auftauchen *(aus dem Wasser)*

shkrif 14 *tr* **1.** Boden lockern, auflockern; **2.** aufweichen, weich machen; **3.** locker kämmen

shkrifërím -i *m* Lockern *n*, Auflockern *n*

shkrifërón 1 *tr* = shkrif

shkrífët (i) *Adj* locker, mürbe; üppig *(Fell)*; locker, weich, füllig *(Haar)*; **borë e ~** flockiger Schnee; **bukë e ~** lockeres, gut ausgebackenes Brot

shkriftón 1 *tr* = shkrif

shkrífur (i) *Adj* = i shkrifët

shkríhet 17 *refl* sich die Zöpfe aufflechten; sich das Haar zerwühlen

shkrim -i *m, Pl* -e Schreiben *n*;

Schrift *f*, Handschrift; ~ **i shenjtë** die Heilige Schrift; **me** ~ schriftlich; ~ **e** *Pl* Schriften *Pl*, Schrifttum *n*; **nuk di** ~ **e këndim** er kann nicht lesen und schreiben, er ist Analphabet

shkrimb 14 *tr* = **shkrymb**

shkrimtár -i *m*, *Pl* -ë Schriftsteller *m*

shkrimtár|e -ja *f*, *Pl* -e Schriftstellerin *f*

shkri|n 6 *tr* schmelzen, zum Schmelzen bringen, auftauen; ~ **metale** Metalle schmelzen; *übertr* verschmelzen, zusammenschließen, zusammenlegen; *itr* schmelzen; **bora shkriu** der Schnee ist geschmolzen; **-het** *refl* schmelzen, auftauen, tauen; *übertr* schmelzen; **u shkri pas asaj** er verzehrte sich nach ihr

¹**shkrír|ë** -a *f*, *Pl* -a kahler Steilhang *m*

²**shkrírë** (i) *Adj* geschmolzen, aufgetaut

shkrírës -i *m*, *Pl* – Schmelzer *m*; Gießer *m*

shkrírj|e -a *f* Schmelzen *n*; Tauen *n*, Auftauen *n*; *Phys* Schmelzung *f*; Verschmelzung

shkrísh|ëm (i), -me (e) *Adj* schmelzbar

shkrolc -i *m*, *Pl* -a Wandbrett *n*, Gestell *n* zum *Aufhängen der Waffen*

shkrónj|ë -a *f*, *Pl* -a 1. Buchstabe *m*; ~ **e madhe** Großbuchstabe; ~ **e vogël** Kleinbuchstabe; 2. Schrift *f*; **e shenjta** ~ die Heilige Schrift; 3. Schicksal *n*, Geschick *n*

shkronjëbárdhë *Adj* glücklich

shkronjë|zí, -zézë *Adj* unglücklich

shkrúan 2 *tr* schreiben; aufschreiben, eintragen; schreiben, verfassen; ~ **me maqinë** maschineschreiben

shkrúar (i) *Adj* geschrieben, schriftlich, aufgeschrieben; ~ **me maqinë** maschinegeschrieben; **gjuha e** ~ Schriftsprache *f*; **sy i** ~ buntschillerndes Auge *n*; **çorape të** ~**a** gemusterte Strümpfe *Pl*

shkrúarj|e -a *f* Schreiben *n*

shkrúes -i *m*, *Pl* – Schreiber *m*

shkrumb -i *m* verkohlter Rest *m*, schwarze Asche *f*; **i zi** ~ kohlschwarz; **u bë** ~ **e hi** es wurde zu Schutt und Asche, es wurde vollkommen eingeäschert; *übertr* **m'u bë goja** ~ mein Mund ist vollkommen ausgetrocknet

shkrumbëzón 1 *tr* = **shkrumbon**

shkrumbó|n 1 *tr* total verbrennen, verkohlen lassen, schwarz werden lassen; **-het** *refl*: **m'u shkrumbua goja** mein Mund ist völlig ausgetrocknet

shkrumbós 21 *tr* = **shkrumbon**

shkrydh 14 *tr Wolle* zupfen; *übertr* **i** ~ **i paret** er verschwendete das Geld

shkrýdhët (i) *Adj* locker, weich, mürbe; im Munde zergehend *(Süßigkeiten)*; *übertr* flink, beweglich, locker

shkrymb 14 *tr* 1. lausen, entlausen; ~ **shtëpinë** das Haus gründlich saubermachen; 2. desinfizieren, säubern, sauberwaschen

shkrrý|en 4 *tr* sich die Kleider schmutzig machen, beschmutzen; *übertr* ~ **mallin** er verschwendet sein Gut, er vergeudet sein Hab und Gut; **-het** *refl* hinfallen und sich schmutzig machen

shkúar I. (i) *Adj* 1. vergangen; **vitin e** ~ im vergangenen Jahr; 2. bejahrt, alternd; **i** ~ **nga mosha** bejahrt; 3. umgänglich, verträglich, gesellig; II. -a (e) *Subst/f* Vergangenheit *f*

shkúes -i *m*, *Pl* – Heiratsvermittler *m*, Brautwerber *m*

shkúesh|ëm (i), -me (e) *Adj* umgänglich, verträglich, gesellig

shkuj -i *m* Zug *m*, Luftzug, Durchzug

shkujdéset 21 *refl* vernachlässigen, sich nicht kümmern

shkujdésj|e -a *f* Sorglosigkeit *f*, Fahrlässigkeit *f*; Vernachlässigung *f*

shkujdésur (i) *Adj* sorglos, fahrlässig, unbekümmert

¹shkul -i *m*, *Pl* -e *od* -a **1.** *Garnmaß wie Docke, Strähne*; **2.** *Schiffchen n des Webstuhls*

²shkul 14 *tr* herausreißen, herausziehen; entwurzeln; ~ **një dhëmb** einen Zahn ziehen; *übertr* **mezi e** ~**a** ich konnte ihn mit Mühe losreißen; ~**a barkun** ich habe mir den Mund fusselig geredet; **e** ~ **së qeshuri** ich bringe ihn zum Lachen; **-et** *refl* auswandern, emigrieren; *übertr* **u** ~**ën së qeshuri** sie brachen in schallendes Gelächter aus

shkularák, -e *Adj* ohne Eltern u. ohne Geschwister, mutterseelenallein

shkúlës, -e *Adj* entwurzelnd, herausreißend, herausziehend; **plug** ~ Rübenpflug *m*

shkúlj|e -a *f* Herausreißen *n*, Entwurzelung *f*; Extraktion *f*, Ziehen *n von Zähnen*; Auswanderung *f*

shkulm -i *m*, *Pl* -a Welle *f*, Woge *f*, Sturzwelle

shkulór|e -ja *f*, *Pl* -e warmes, rundes Kuchenbrot *n*

shkullój|ë -a *f*, *Pl* -a Feuerhaken *m*; Kohlenzange *f*

shkullór|e -ja *f*, *Pl* -e Kohlenzange *f*

shkumák, -e *Adj* schaumbedeckt; schäumend

shkumbavít 22 *itr* schäumen; **-et** *refl* vor Wut schäumen; Schaum vor dem Mund haben

shkúmbëz|e -ja *f*, *Pl* -e Seifenkraut *n*

shkumbullón 1 *itr* Schaum vor dem Maul haben

shkúm|ë -a *f*, *Pl* -ë Schaum *m*; ~ **sapuni** Seifenschaum; ~ **birre** Bierschaum, Blume *f*; *übertr* Epilepsie *f*

shkumëngárë *Adj* epileptisch

shkúmës -i *m* Schulkreide *f*, Tafelkreide *f*

shkumëzón 1 *itr* schäumen; **shkumëzoi nga inati** er schäumte vor Wut

shkumón 1 *itr* schäumen; ~ **deti** das Meer schäumt

shkúmtë -t (të) *n* Epilepsie *f*

shkund 14 *tr* schütteln, rütteln; ausschütteln, ausklopfen; ~ **gotën** das Glas leeren; *übertr* abwerfen, abstreifen; ~ **zgjedhën** das Joch abwerfen; **më** ~**i** er hat mich ausgeplündert; **-et** *refl* sich bewegen, sich regen; ~**u!** spute dich!, tummle dich!, reiß dich zusammen!, **tundet e** ~**et** sich spreizen

shkundëllím|e -a *f*, *Pl* -a Erdbeben *n*

shkundërmón 1 *itr* duften, gut riechen

shkúndj|e -a *f* Schütteln *n*; Abschütteln

shkundullón 1 *tr* kräftig schütteln, rütteln

shkúndur (i) *Adj* geschüttelt; abgeschüttelt; *übertr* **1.** ausgeplündert; **2.:** **i** ~ **nga trutë** dumm, bekloppt

shkúp|ë -a *f* warmer Frühlingswind *m*

shkurdís 21 *tr* ablaufen lassen *(Aufgezogenes)*; **-et** *refl* ablaufen

shkurdísj|e -a *f* Ablaufen *n einer Uhr*; Verstimmen *n eines Saiteninstruments*

shkurdísur (i) *Adj* abgelaufen; **sahati është i** ~ die Uhr ist abgelaufen, die Uhr steht; **kitarë e** ~ nicht gestimmte Gitarre; verstimmte Gitarre

shkurorëzím -i *m*, *Pl* -e Ehescheidung *f*

shkurorëzó|n 1 *tr* eine Ehe scheiden; **-het** *refl* sich scheiden lassen; geschieden werden

shkurorëzúar (i) *Adj* geschieden

shkurt I. -i *Subst/m* Februar *m*; **II.** *Adv* kurz, bündig; **që ta themi ~** um es kurz zu sagen, um uns kurz zu fassen; **pret ~ një rrugë** einen Weg abkürzen, abschneiden; **i bie (për) ~** abkürzen; **gjykon ~** er urteilt oberflächlich; er ist kurzsichtig

shkurtabíq -i *m*, *Pl* -ë *od* -a kleiner Mensch, Zwerg *m*, Knirps *m*

shkurtaláq -i *m*, *Pl* -ë *od* -a = **shkurtabiq**

shkúrtazi *Adv* kurz und bündig

shkúrt|e -ja *f*, *Pl* -e Hemd *n der Frau*

¹**shkúrt|ë** -a *f*, *Pl* -a Wachtel *f*

²**shkúrt|ë** -a *f*, *Pl* -a **1.** kleine Frau, Zwergin *f*; **2.** = ²**shkurtëz**

shkúrtër (i) *Adj* kurz; klein; knapp

shkurtësí -a *f* Kürze *f*; Knappheit *f*; kleiner Wuchs *m*

¹**shkúrtëz** -a *f*, *Pl* -a Wachtel *f*

²**shkúrtëz** -a *f*, *Pl* -a *zwei verschieden lange Strohhalme zum Losen;* **shtie ~** losen

shkurtím -i *m*, *Pl* -e **1.** Kürzung *f*; Senkung *f*; Verkürzung; **~i i kuadrit** die Personalreduzierung; **2.** Zusammenfassung *f*; **3.** Abkürzung, Abbreviatur *f*

shkurtimísht *Adv* kurz gesagt, mit wenig Worten

shkurtó|n 1 *tr* kürzen; verkürzen, abkürzen; **i shkurtuan kryet** sie haben ihn geköpft; **-het** *refl* kürzer werden; einlaufen *(Kleidung)*

shkurtór|e -ja *f*, *Pl* -e Abkürzung *f* eines Weges

shkurtúar (i) *Adj* gekürzt; verkürzt, abgekürzt

shkurráj|ë -a *f*, *Pl* -a Gebüsch *n*, Gestrüpp *n*, Dickicht *n*

shkúrr|e -ja *f*, *Pl* -e **1.** Strauch *m*, Busch *m*; **2.** Unterholz *n*; Dickicht *n*

shkurrét -i *m*, *Pl* -e Dickicht *n*, Gestrüpp *n*, Gebüsch *n*

shkurrít 22 *tr* Gebüsch lichten, eine Schneise schlagen

¹**shkurrón** 1 *tr* Gebüsch lichten, Gestrüpp entfernen; Hecken verschneiden

²**shkurrón** 1 *tr* austrinken, bis auf den Grund leeren; **e shkurroi dyqanin** er hat den Laden leer gekauft

shkyç 14 *tr* aufschließen; *Tech* entkuppeln, trennen; *El* ausschalten

shkýçj|e -a *f* *Tech* Entkuppelung *f*, Trennung *f*; *El* Ausschalten *n*, Ausschaltung *f*

shlív|ë -a *f* Slibowitz *m*, Pflaumenbranntwein *m*

shlíz|ë -a *f*, *Pl* -a *Bauw* Nut *f*, Nute *f*

shlizón 1 *tr* nuten; falzen

shlodh 14 *tr* = **çlodh**

shluk -u *m*, *Pl* shlúqe Brandblase *f*

shlukzón 1 *tr* sich die Haut verbrennen, Brandblasen bekommen

shlýen 4 *tr* löschen, tilgen, auslöschen; einlösen; **~ hesapin** die Rechnung begleichen; **~ gabimet** die Fehler korrigieren; **~ mikpritjen** die Gastfreundschaft erwidern

shlýerj|e -a *f*, *Pl* -e Tilgung *f*, Begleichung *f*, Löschung *f*

shlyrësón 1 *tr* entfetten

shlláger -i *m*, *Pl* -a *Mus* Schlager *m*

shllíg|ë -a *f*, *Pl* -a Viper *f*; Drachenjunges *n*; *übertr* böses Weib *n*

shmang 14³ *tr* entfernen, beseitigen; **-et** *refl* sich entfernen, den Rücken kehren; **i ~et** sich jmdm. entziehen; jmdm. ausweichen, jmdn. meiden; etw. vermeiden

shmángi|e -a *f* Beseitigung *f*, Entfernung *f*; Vermeidung *f*; *El* Ausschlag *m*, Abweichung *f*, Deviation *f*

shmbush 14² *tr* entleeren, ausleeren

shnderím -i *m*, *Pl* -e Entehrung *f*; Schändung *f*

shnderón 1 *tr* entehren, jmdm. die

Ehre nehmen; vergewaltigen, schänden

shndërsh|ëm (i), -me (e) *Adj* ehrlos; unehrenhaft, schändlich

shndërrím -i *m, Pl* -e Umwandlung *f,* Umänderung *f,* Transformation *f; Math* Umformung *f*

shndërrón 1 *tr* umwandeln, verändern, transformieren

shnot 20 *tr* sein Wort nicht halten; **-et** *refl* wortbrüchig sein

shndríz|ë -a *f* glänzender, strahlender Gegenstand

shofér -i *m, Pl* -ë *od* -a Chauffeur *m*

shog -u *m, Pl* -ë Kahlkopf *m,* Glatzkopf *m*

shogán, -e *Adj* kahl, kahlköpfig

shóget 14³ *refl* **1.** *die Haare* verlieren; sich haaren; *das Fell* wechseln; **2.** das Interesse an einer Sache verlieren

shóg|ë -a *f* Kahlköpfigkeit *f,* Glatze *f;* Kahlheit *f*

shógët (i) *Adj* kahl, kahlköpfig, glatzköpfig; kahl, nackt

shoh 51 *1. Pers Sg Präs* → **sheh**

shojníc|ë -a *f, Pl* -ë Scheune *f,* Getreidespeicher *m*

shójz|ë -a *f, Pl* -a **1.** Flunder *f;* **2.** *Bot flache, geflügelte Frucht mancher Bäume, wie Ulme, Esche, Ahorn*

shok -u *m, Pl* -ë **1.** Kamerad *m,* Altersgenosse *m;* Freund *m;* ~ **shkolle** Schulkamerad, Schulfreund; **e kam** ~ er ist mein Freund; ~ **armësh** Waffenbruder *m;* **2.** Kollege *m;* Genosse *m;* Gefährte *m;* **s'ka** ~ *od* **s'e ka** ~**un** er hat nicht seinesgleichen; ~ **u-** ~ **un** einander

shók|ë -a *f, Pl* -a Gürtel *m,* Gurt *m;* **shoka e zonjës** der Regenbogen

shókëz -a *f, Pl* -a schmaler Gürtel *m*

shóll|ë -a *f, Pl* -ë **1.** Fußsohle *f;* **2.** Schuhsohle *f;* **3.** Opanke *f,* leichter Schuh *m der Bauern*

shollxhí -u *m, Pl* - *od* -nj Opankenmacher *m*

shoq -i *m, Pl* - *od* **shókë 1.** Kamerad *m;* Genosse *m;* Kollege *m;* Freund *m;* **për** ~ pro Kopf, pro Person; **janë** ~ **me** ~ sie sind unter sich; ~ **i-**~ **in** einander; **2. i** ~**i** ihr Gatte, ihr Ehemann

shoqát|ë -a *f, Pl* -a Gesellschaft *f von Personen;* Vereinigung *f,* Verein *m*

shóq|e -ja *f, P¹* -e **1.** Kameradin *f,* Freundin *f,* Gefährtin *f;* Kollegin *f;* **s'e ka** ~**n** sie hat nicht ihresgleichen; **2.** Ehefrau *f,* Gattin *f;* **e shoqja** seine Gattin, seine Frau

shoqërí -a *f, Pl* - **1.** Gesellschaft *f;* ~ **a njerëzore** die menschliche Gesellschaft; Gesellschaftsordnung *f;* ~ **a socialiste** die sozialistische Gesellschaft; **2.** Gesellschaft, Verband *m,* Verein *m;* ~ **sportive** Sportverein; **3.** Umgebung *f;* Bekanntenkreis *m,* Freundeskreis *m*

shoqërím -i *m* **1.** Begleitung *f;* **2.** Verbindung *f,* Zusammenhang *m;* ~ **i i ideve** Gedankenverbindung

shoqërísht *Adv* freundschaftlich, kameradschaftlich; gemeinsam; **e paguan** ~ sie bezahlten es gemeinsam

shoqëró|n 1 *tr* begleiten; **-het** (me) *refl* mit jmdm. befreundet sein; sich mit jmdm. abgeben, mit jmdm. Umgang haben

shoqërór, -e *Adj* gesellschaftlich, sozial; Gesellschafts-; **struktura** ~ **e** die soziale Struktur; **punë** ~ **e** gesellschaftliche Arbeit; **organizata** ~ **e** gesellschaftliche Organisationen; **shkencat** ~ **e** die Gesellschaftswissenschaften

shoqëruar (i) *Adj* gesellig, umgänglich; begleitet; **i** ~ **nga** begleitet von

shoqërúes I. -i *Subst/m, Pl* –

Begleiter *m*; **II**. -e *Adj* begleitend, Begleit-
shoqërúesh|ëm (i), -me (e) *Adj* gesellig, umgänglich
shoqishóq|ëm (i), -me (e) *Adj* gegenseitig
shórd|e -ja *f, Pl* -ë **1.** Los *n*; **2.** Art Schlange
short -i *m* Los *n*; **shtie** ~ losen, auslosen; **heq** ~ ein Los ziehen
shortár -i *m, Pl* -ë Wahrsager *m*
shórtas *Adv* zufällig
shórt|ë -a *f, Pl* -ë **1.** Los *n*; **2.** Anteil *m*; Erbteil *n*
shortí -a *f, Pl* – Zauberei *f*; Aberglaube *m*
shorr 14¹ *tr* zusammenpressen; zwingen, in die Enge treiben
shosh 14² *tr* sieben; *übertr ein Problem* behandeln, erörtern, besprechen
shoshár -i *m, Pl* -ë Sieber *m*, Siebmacher *m*
shósh|ë -a *f, Pl* -ë Sieb *n*, Getreidesieb; *übertr* **e bënë** ~ sie haben ihn durchsiebt
shoshít 22 *tr ein Problem* erörtern, behandeln, besprechen
shoshítj|e -a *f* Erörterung *f*, Behandlung *f*, Besprechen *n eines Problems*; Abwägen *n*, Überprüfung *f*
shóshj|e -a *f* Sieben *n*
shoshlón 1 *tr* durchhecheln
shót|ë -a *f, Pl* -a große Ente *f*
shovinist **I.** -i *Subst/m, Pl* -ë *od* -a Chauvinist *m*; **II.** -e *Adj* chauvinistisch
shoviníz|ëm -mi *m* Chauvinismus *m*
shpabéset 21 *refl* untreu werden, sein Wort brechen
shpagés|ë -a *f* Rache *f*, Vergeltung *f*
shpagestár -i *m, Pl* -ë Rächer *m*
shpág|ë -a *f* Rache *f*, Vergeltung *f*; Blutrache
shpagëmárrës -i *m, Pl* – Rächer *m*
shpagím -i *m, Pl* -e Rache *f*, Vergeltung *f*; Blutrache; **merr** ~ Rache nehmen
shpagimtár -i *m, Pl* -ë = **shpagestar**
shpagú|an 2 *tr* belohnen, vergelten, zurückzahlen; heimzahlen, vergelten; **-het** *refl* sich rächen, Rache nehmen
shpálc|ë -a *f, Pl* -a Waschlappen *m*
shpalón 1 *tr* **1.** entfalten, auseinanderfalten; **2.** aufblättern, umblättern
shpalós 21 *tr* = **shpalon**
shpalósj|e -a *f* Entfalten *n*, Entfaltung *f*; Auseinanderfalten *n*
shpall 14 *tr* verkünden, bekanntmachen, bekanntgeben; ~ **pavarësinë** die Unabhängigkeit ausrufen; **i** ~ **luftën** jmdm. den Krieg erklären; ~ **konkurs** einen Wettbewerb ausschreiben
shpállës -i *m, Pl* – Verkünder *m*, Bekanntmacher *m*, Ausrufer *m*
shpállj|e -a *f, Pl* -e Bekanntmachung *f*, Verkündung *f*; Proklamation *f*; **shpallja e luftës** die Kriegserklärung; **ceremonia e** ~**s së fituesve** die Siegerehrung
shpárg|ër -ri *m, Pl* shpërgénj Windel *f*, Wickelband *n*
shpárgull -i *m, Pl* shpárguj Spargel *m*
shpartallím -i *m, Pl* -e Zerstörung *f*, Vernichtung *f*, Zerschlagung *f*
shpartallín|ë -a *f, Pl* -a Bruchbude *f*, baufälliges Gebäude *n*
shpartallís 21 *tr* = **shpartallon**
shpartallón 1 *tr* zerstören, vernichten, zerschlagen; *Armee* aufreiben; vertreiben
shpárt|ë -a *f, Pl* -a Ginster *m*
shpat -i *m, Pl* -e **1.** Steilhang *m*, Abhang *m*, Böschung *f*; **2.** Bergwald *m*
shpát|ë -a *f, Pl* -a **1.** Schwert *n*; Degen *m*; Säbel *m*; *übertr* **e ka gjuhën** ~ er hat eine scharfe Zunge; **i pret shpata nga të dy anët** man hört auf ihn; **2.** Schaft *m am*

Webstuhl; **3.** Flanke *f am Lastsattel*
shpátëz -a *f*, *Pl* -a **1.** Pflugsohle *f*; **2.** Schaft *m am Webstuhl*; **3.** Siegwurz *m*; Deutsche Schwertlilie *f*
shpatín|ë -a *f*, *Pl* -a kleiner Abhang *m*, Böschung *f*
shpatór|e -ja *f*, *Pl* -e Deutsche Schwertlilie *f*
shpatúk, -e *Adj* platt, plattgedrückt
shpátull -a *f*, *Pl* -a **1.** Schulterknochen *m*, Schulterblatt *n*; Schulter *f*; **me ~a të gjera** breitschultrig; **2.** Sattelflanke *f*; **3.** Sohle *f des Pfluges*
shpatullán I. -i *Subst/m*, *Pl* -ë breitschultriger Mann; **II.** -e *Adj* breitschultrig
shpatullár -i *m*, *Pl* -ë Wahrsager *m (der aus den Schulterknochen von Tieren wahrsagt)*
shpejt *Adv* **1.** schnell, rasch; **~ e ~** im Nu, sofort; **2.** zeitig; **është ~** es ist noch früh; **tani ~** *od* **aty ~ i** vor kurzem; **sa më ~** so bald wie möglich
shpéjtë (i) *Adj* schnell, rasch, flink; **për së shpejti** *od* **së shpejti** bald, in Kürze; **me të ~** fix, hurtig
shpejtësí -a *f* Schnelligkeit *f*; Geschwindigkeit *f*
shpejtësón 1 *tr* = **shpejton**
shpejtím -i *m Phys* Beschleunigung *f*; Eile *f*
shpejtón 1 *tr* beschleunigen, Tempo steigern, die Geschwindigkeit erhöhen; sich beeilen, eilen, sausen
shpéll|ë -a *f*, *Pl* -a Höhle *f*; Grotte *f*, Felsenhöhle
shpellín|ë -a *f*, *Pl* -a höhlenreiche Gegend *f*
shpellón 1 *tr* unterhöhlen, unterminieren; *übertr* jmdm. eine Grube graben
shpend -i *m*, *Pl* – *od* -ë Vogel *m*; **~ shtegëtarë** Zugvögel; **~ grabitqarë** Greifvögel, Raubvögel; **~ët**

këngëtarë die Singvögel; **~ët shtëpiakë** das Geflügel
shpénd|ël -la *f*, *Pl* -la Daune *f*, Flaumfeder *f*
shpénd|ër -ra *f*, *Pl* -ra Nieswurz *f*
shpendi -a *f* Hausgeflügel *n*, Geflügel, Federvieh *n*
shpendlón 1 *tr* Vögel rupfen
shpén|e -ia *f*, *Pl* -e Schneeglöckchen *n*
shpengím -i *m*, *Pl* -e **1.** Auslösung *f*, Einlösung *f eines Pfandes*; **2.** Lösen *n der Fußfesseln*
shpengón 1 *tr* **1.** ein Pfand einlösen, auslösen; **2.** die Fußfesseln lösen, entfesseln
shpengúar *Adv* frei, ohne Scheu
shpenkón 1 *tr Geflügel* ausnehmen
shpenzím -i *m* Geldausgabe *f*, Ausgabe; **~e** *Pl* Kosten *Pl*, Unkosten, Spesen *Pl*; **~et e udhëtimit** die Reisekosten; **~e të paparashikuara** unvorhergesehene Ausgaben
shpenzón 1 *tr Geld* ausgeben, verbrauchen, aufwenden
shperr 14[1] *tr Geld* abnehmen, abgewinnen *(beim Spiel)*; -et *refl* verlieren *(beim Spiel)*
shpes -i *m*, *Pl* -ë Vogel *m*
shpesh *Adv* häufig, oft
shpéshë (i) *Adj* = i **shpeshtë**
shpeshhérë *Adv* = **shpesh**
shpeshón 1 *tr* verdichten; häufiger machen, häufen; *itr* häufiger werden, sich häufen; sich verdichten
shpeshták -u *m*, *Pl* -ë dichtbewaldeter Berg *m*
shpéshtë (i) *Adj* **1.** dicht; **pyll i ~** ein dichter Wald; **stofë e ~** dichter Stoff *m*; **2.** häufig, oftmalig
shpeshtón 1 *tr* = **shpeshon**
shpet -i *m*, *Pl* -a Gartenzaun *m*
shpelán 5 *tr* = **shpërlan**
shpënë 40 *Part* → **shpie**
shpërbashkím -i *m El* Dissoziation *f*
shpërbéhet 12 *refl* verwesen, sich zersetzen, sich auflösen

shpërbérj|e -a *f*, *Pl* -e Verwesung *f*, Zersetzung *f*, Auflösung *f*

shpërblén 3 *tr* **1.** lohnen, belohnen, entschädigen; heimzahlen, vergelten; **2.** loskaufen, Lösegeld zahlen; **3.** aussprechen

shpërblés|ë -a *f*, *Pl* -a Lösegeld *n*

shpërblestár -i *m*, *Pl* -ë Zahler *m* von Lösegeld

shpërblím -i *m*, *Pl* -e Lohn m, Belohnung *f*; Vergütung *f*, Bezahlung *f*, Lohn; Auslösung *f*, Auslösen *n*

shpërblimtár -i *m*, *Pl* -ë = **shpërblestar**

shpërblýer (i) *Adj* belohnt, entlohnt

shpërbýth 14 *tr* schlecht behandeln, peinigen

shpërdór 14[1] *tr* = **shpërdoron**

shpërdorím -i *m*, *Pl* -e Mißbrauch *m*; Amtsmißbrauch

shpërdorón 1 *tr* mißbrauchen; ~ **pushtetin** die Macht mißbrauchen

shpërdrédh 16 *tr* aufdröseln, aufdrehen; abwickeln, aufwickeln; entwirren

shpërdrídhte 16 *Imperf* → **shpërdredh**

shpërdródhi 16 *Aor* → **shpërdredh**

shpërdhítë (i) *Adj* flink, gewandt, schnell

shpërfáq 14 *tr* ans Tageslicht bringen, an die Öffentlichkeit zerren; **-et** *refl* an die Öffentlichkeit kommen, publik werden

shpërgénj *Pl* → **shpargër**

shpërgëtí -a *f Med* Flechte *f*

shpërhápj|e -a *f* Diffusion *f*

shpërkás 23 *1. Pers Sg Präs* → **shpërket**

shpërkát 22[1] *tr* = **shpërket**

shpërkét 23 *tr* besprengen, bespritzen, besprühen

shpërkëndén 3 *tr* verführen; betrügen, belügen

shpërkíste 23 *Imperf* → **shpërket**

shpërkíti 23 *Aor* → **shpërket**

shpërkóq 14 *tr* Körner verstreuen, ausstreuen, umherstreuen; *übertr* verbreiten; in Kleingeld wechseln

shpërlákës -i *m*, *Pl* – Wäschebleuel *m*

shpërlán 5 *tr* spülen, abspülen; wegspülen

shpërlárj|e -a *f*, *Pl* -e Spülung *f*, Spülen *n*

shpërndá|n 5 *tr* verteilen, austeilen; verbreiten; auseinanderjagen, auseinandertreiben, zerstreuen; **-het** *refl* sich verbreiten, sich ausbreiten; sich verteilen, sich aufteilen; sich zerstreuen *(Menge)*, auseinanderströmen, auseinandergehen

shpërndárj|e -a *f* Verteilung *f*; Verbreitung *f*; Sprengung *f einer Versammlung*; Auseinanderjagen *n*, Zerstreuung *f einer Menge*; *Phys* Dispersion *f*

shpërndás -i *m*, *Pl* – Postzusteller *m*, Briefträger *m*

shpërngúl 14 *tr* aussiedeln, umsiedeln; **-et** *refl* auswandern, emigrieren; umsiedeln, übersiedeln; umziehen

shpërngúlj|e -a *f*, *Pl* -e Aussiedelung *f*, Umsiedelung *f*; Auswanderung *f*; Übersiedelung *f*; Umzug *m*

shpërpáll 14 *tr Nachricht* verkünden, verbreiten; **-et** *refl* sich verbreiten *(Wort, Nachricht usw.)*

shpërthén 3 *tr* **1.** herausreißen, herausbrechen; **2.** aufknöpfen; *itr* **3.** sich öffnen, aufbrechen; **shpërthyen lulet** die Knospen brachen auf; **4.** aufplatzen, platzen; **shpërtheu plaga** die Wunde platzte auf; **5.** herausplatzen; ausbrechen; **shpërtheu lufta** der Krieg brach aus; hervorquellen, herausfließen; **shpërtheu në vaj** sie brach in Weinen aus

shpërthím -i *m* Hervorbrechen *n*, Hervorquellen *n*, Ausbruch *m*; Platzen *n*, Herausplatzen; *Geol* Eruption *f*

shpërthíq 14 *tr* auspressen
shpërthúq 14 *tr* auskörnen, entkörnen; ~ **paret** Geld wechseln
shpërvílte 16² *Imperf* → **shpërvjel**
shpërv|jél 16² *tr die Ärmel* aufkrempeln; **-ílet** *refl* sich die Ärmel aufkrempeln; *übertr* **i shpërvílemi punës** wir stürzen uns in die Arbeit
shpërvóli 16² *Aor* → **shpërvjel**
shpëtés|ë -a *f Rel* Erlösung *f*
shpëtím -i *m* Rettung *f*, Errettung; **rrugë** ~**i** Ausweg *m*
shpëtimtár I. **-i** *Subst/m, Pl* **-ë** Retter *m*; II. **-e** *Adj* rettend
shpëtón 1 *tr* 1. retten, erretten; **ia shpëtoi jetën** er rettete ihm das Leben; *itr* 2. entgehen, davonkommen, der Gefahr entkommen; **shpëtoi i sëmuri** der Kranke ist gerettet; 3. entgleiten, aus der Hand gleiten; **i shpëtoi fjala** das Wort ist ihm herausgerutscht; **atij s'i** ~ **gjë** ihm entgeht nichts
shpíe 40 *tr* wegbringen, wegtragen; **ku** ~ **kjo rrugë?** wohin führt dieser Weg?; begleiten; wegschikken, schicken; **si ia** ~ **?** wie geht es dir?
shpif 14 *tr* verleumden; fälschlich beschuldigen; **-et** *refl* unerwartet kommen, plötzlich auftreten; **nga m'u** ~ **kjo sëmundje?** woher habe ich bloß plötzlich diese Krankheit?; **iu** ~ **në ëndërr** er träumte; **i** ~ **et** jmdn. verleumden
shpifacák I. **-u** *Subst/m, Pl* **-ë** Verleumder *m*; II. **-e** *Adj* verleumderisch
shpifacák|e **-ja** *f, Pl* **-e** Verleumderin *f*
shpifamán I. **-i** *Subst/m, Pl* **-ë**; II. **-e** *Adj* = **shpifacak**
shpifarák I. **-u** *Subst/m, Pl* **-ë**; II. **-e** *Adj* = **shpifacak**
shpifës I. **-i** *Subst/m, Pl* **-**; II. **-e** *Adj* = **shpifacak**

shpifj|e **-a** *f, Pl* **-e** Verleumdung *f*, üble Nachrede *f*
shpik 14³ *tr* 1. austrinken, leertrinken, bis zur Neige leeren; 2.: ~ **ujë në pus** Wasser aus dem Brunnen schöpfen; 3. erfinden, entdecken; 4. sich etw. ausdenken, etw. erfinden; 5. alles abgewinnen *(beim Spiel)*; **-et** *refl*: **u** ~ **kazani** der Kessel ist zerlöchert; *übertr* **u** ~**a** ich bin völlig blank
shpíkës **-i** *m, Pl* **–** Erfinder *m*
shpíkj|e **-a** *f, Pl* **-e** Erfindung *f*
shpikur (i) *Adj* erfunden; erdacht, ausgedacht
shpim **-i** *m* Durchbohren *n*; Bohren *n*; Lochen *n*; Durchstoßen *n*; Durchstechen *n*
shpim-kërkím **-i** *m, Pl* **-e**: **punime të** ~ **it** Versuchsbohrungen *Pl*
shpindél **-i** *m Tech* Spindel *f*
shpín|ë **-a** *f, Pl* **-a** Rücken *m*; **shpina e kurrizit** Rückgrat *n*, Wirbelsäule *f*; **shpina e dorës** der Handrücken; **shpina e këmbës** der Fußrücken, der Rist, der Spann; **i ktheu** ~**n** er kehrte ihm den Rücken zu *od übertr* er kehrte ihm den Rücken; **hedh mbas shpine** nicht in Betracht ziehen, etw. unbeachtet lassen, etw. unerwähnt lassen; Rückseite *f*; **shpina e shtëpisë** die Rückseite, die Rückfront des Hauses; **shpina e xhaketës** das Rückenteil des Jacketts; **shpina e karriges** die Stuhllehne
shpínz|ë **-a** *f, Pl* **-a** Rückenlehne *f*, Stuhllehne
shpirt **-i** *m, Pl* **-ëra** *od* **-e** *od* **–** 1. Seele *f*, Psyche *f*, Geist *m*; **m'u kënaq** ~**i** ich bin selig; **ai ka** ~ **të mirë** er hat ein gutes Herz, er hat einen guten Charakter; ~ **luftarak** ein kämpferischer Geist; **jep** ~ den Geist aufgeben, sterben; *übertr* **jep** ~ **in për të** er gibt sogar sein Leben für ihn; **më erdhi** ~ **i në vend**

ich kam wieder zu mir; **e dua me gjithë ~** ich liebe ihn von ganzem Herzen; **punon me gjithë ~** er ist mit ganzem Herzen dabei; **me mish e me ~** mit Leib und Seele; **të këput ~ in** er tut dir in der Seele leid; **është ~ njeriu** er ist eine Seele von Mensch; **~ i nënës** mein Herzchen *(Liebkosung der Mutter für das Kind)*; **e bën bir për ~** er adoptiert ihn, er nimmt ihn an Kindes Statt an; **me ~ ndër dhëmbë** mit heraushängender Zunge, mit äußerster Kraftanstrengung; **ma pruri ~ in në fyt** er nahm mir die Geduld, er fiel mir auf den Wecker; **më hëngri ~ in** er brachte mich zur Verzweiflung; **më nxori ~ in** er quälte mich, er marterte mich; **2.** Geist; **~ ërat e këqinj** die bösen Geister; **3.** *übertr* gute Seele *f*, guter Geist *m*; **4.** Seele, Person *f*; Einwohner *m*; **sa ~ ka ky fshat?** wieviel Einwohner hat dieses Dorf?
shpirt|e -ja *f* Liebste *f*, Geliebte *f* *(als Kosewort)*
shpirtërisht *Adj* seelisch, psychisch
shpirtërór, -e *Adj* seelisch, psychisch, geistig
shpirtgrýmët *Adj* = shpirtlig
shpirtkázmë *Adj* = shpirtzi
shpirtkéq, -e *Adj* = shpirtlig
shpirtkeqësí -a *f* Hartherzigkeit *f*, Herzlosigkeit *f*; Gewissenlosigkeit *f*
shpirtlíg, -ë *Adj* hartherzig, herzlos; schlecht, böse; gewissenlos
shpirtligësí -a *f* = shpirtkeqësi
shpirtmádh, -e *Adj* großmütig, edelmütig
shpirtmadhësí -a *f* Großmut *f*, Edelmut *m*
shpirtmírë *Adj* seelensgut, gutherzig
shpirtmirësí -a *f* Güte *f*, Seelengüte *f*
shpírto -ja *f*, *Pl* – **1.** Streichholz *n*, Zündholz *n*; **2.** Spiritus *m*, Sprit *m*; Alkohol *m*, Weingeist *m*

shpirtqén, -e *Adj* erbarmungslos, hartherzig, unbarmherzig
shpirtvógël *Adj* kleinmütig, kleinlich, engherzig
shpirt|zí, -zézë *Adj* hartherzig, unbarmherzig, gewissenlos
shpirráq -i *m*, *Pl* -ë Asthmatiker *m*
shpírr|ë -a *f* **1.** Asthma *n*; **2.** Art Lungenkrankheit *bei Tieren*
shpjegím -i *m*, *Pl* -e Erklärung *f*, Erläuterung *f*
shpjegón 1 *tr* erklären, erläutern
shpjér 40 *Imp* → shpie
shpla|n 5 *tr* spülen, ausspülen, durchspülen; **~ enët** Geschirr spülen; **-het** *refl* sich abspülen
shplára -t (të) *Pl* Spülwasser *n*, Abwaschwasser *n*
shplárë (i) *Adj* gespült, abgespült; *übertr* langweilig, reizlos, fade; **njeri i ~** ein fader Mensch
shpleks 14 *tr* aufflechten, aufräufeln
shpój|ë -a *f*, *Pl* -a Bau *m*, Höhle *f* *von Dachs u. Fuchs*
shpo|n 1 *tr* **1.** bohren, durchbohren; durchlöchern; durchstoßen, durchbrechen, durchstechen; **2.** aufritzen, aufstechen; **3.** *übertr* reizen; anstacheln, aufstacheln, antreiben; *itr* **më ~ në shpatull** es sticht mir in der Schulter; **-het** *refl*: **u shpua goma** der Schlauch ist kaputt; **m'u shpua lunga** mein Furunkel ist aufgegangen; *übertr* **më është shpuar kuleta** mein Geldbeutel ist leer
shpónjës, -e *Adj* Bohr-; bohrend
¹**shpor** -i *m*, *Pl* -ë Brustbein *n von Geflügel*, Hühnerbrust *f*
²**shpor** -i *m*, *Pl* -ë Sporn *m der Reiter*
shporét -i *m*, *Pl* -e Sparherd *m*, Küchenherd *m*
shporón 1 *tr* mit einer Stichwaffe durchbohren
shportár -i *m*, *Pl* -ë Korbmacher *m*, Korbflechter *m*
shportarí -a *f* Korbmacherhandwerk *n*

shpórt|ë -a *f, Pl* -a Korb *m*; Korbtasche *f*; *übertr* **u bë ~ er** ist durchlöchert; **~ pa fund** ein Klatschmaul

shporr 14¹ *tr* entfernen, beseitigen, verjagen; **-et** *refl* sich entfernen, sich zurückziehen; **~u!** hau ab!, scher dich weg!; **~ iu vajit!** hör auf zu weinen!; ablassen von; **~iu kësaj pune!** laß die Finger von dieser Sache!

shpotár I. -i *Subst/m, Pl* -ë Spötter *m*; **II.** -e *Adj* spottlustig, spottend, spöttisch

shpót|ë -a *f, Pl* -a Spott *m*, Scherz *m*

shpotít 22 *tr* verlachen, verspotten, auslachen; sich lustig machen über; **-et** *refl* scherzen, spaßen

shpráj|ë -a *f* Desinfektion *f*

shprájtës -i *m, Pl* – Desinfektionsmittel *n*

shpreh 14³ *tr* ausdrücken, äußern; **-et** *refl* sich äußern

shpréhet 14³ *refl* sich ausruhen, sich erholen, entspannen

shpréhës I. -e *Adj* ausdrucksvoll, sprechend; Ausdrucks-; **mjet ~** Ausdrucksmittel *n*; **II.** -i *Subst/m, Pl* – Vertreter *m*, Wortführer *m* einer Idee usw.

shprehí -a *f, Pl* – Gewohnheit *f*, Angewohnheit

shprehimísht *Adv* ausdrücklich; nachdrücklich

shpréhj|e -a *f, Pl* -e Ausdruck *m*, Äußerung *f*; Redeweise *f*; Redensart *f*, Sprichwort *n*; *Math* Formel *f*

shprés|ë -a *f, Pl* -a Hoffnung *f*

shpresëdhënës, -e *Adj* Hoffnung gebend, hoffnungsvoll; ermutigend, erfolgversprechend

shpresón 1 *tr* erhoffen, hoffen auf; *itr* hoffen, Hoffnung haben

shprétk|ë -a *f, Pl* -a Milz *f*

shprish 14² *tr* zausen, zupfen; **~ lesh** Wolle zupfen; **~ tokë** Neuland aufbrechen; *itr* frühstücken; **-et** *refl* sich bei der Totenklage die Haare raufen u. die Kleider zerreißen; *übertr* zerschlagen sein, kaputt sein

shprishalésh -i *m, Pl* -ë Wollkamm, *m*, Hechel *f*

shprísh|ë -a *f* Frühstück *n*

shpríshur (i) *Adj* zerzaust, zerrupft, zerrauft *(Haare)*

shpróh|ë -a *f* Tollkirsche *f*

shpronësím -i *m, Pl* -e *Jur* Enteignung *f*

shpronësón 1 *tr* enteignen

shpronësúes -i *m, Pl* – Enteigner *m*

shprushít 14² *tr* Glut schüren *(Ofen)*

shprrállës -i *m, Pl* – Klatschmaul *n*

shprrállës|e -ja *f, Pl* -e Klatschbase *f*, Klatschmaul *n*

shprrallón 1 *tr* herumtratschen, klatschen, herumerzählen

shpúarj|e -a *f* = shpim

shpulpón 1 *tr Fleisch* von den Knochen lösen

shpundrák, -e *Adj* mit sechs Fingern, sechsfingrig; mit sechs Zehen

shpuplón 1 *tr Federn* rupfen

shpupurísh 14² *tr* Glut schüren *(Ofen)*; *Haare* zerzausen

shpúr|ë -a *f* Begleitung *f*, Geleit *n*

shpúri 40 *Aor* → shpie

shpurrít 22 *tr* Glut schüren *(Ofen)*; zerstören, niederreißen, einreißen

shpút|ë -a *f, Pl* -a 1. Fußsohle *f*; 2. Socke *f*; 3. Ohrfeige *f*

shpuzák, -e *Adj* schlagfertig; verschlagen

¹**shpúz|ë** -a *f* glühende Asche *f*

²**shpúz|ë** -a *f, Pl* -a Schwamm *m*

shpuzít 22 *tr* Glut schüren *(Ofen)*

shpyllëzím -i *m, Pl* -e Roden *n*, Abholzen *n*; Entwalden *n*

shpyllëzón 1 *tr* roden, abholzen; entwalden

shqarth -i *m, Pl* -a 1. Marder *m*; 2. Eichhörnchen *n*

shqarr -i *m, Pl* -a Marder *m*

shqas 23 *od* 30 *1. Pers Sg Präs* → **shqet**

shqáu 30 *Aor* → **shqet**

shqék|ë -a *f*, *Pl* -a Tasche *f* ohne *Futter*

shqelm -i *m*, *Pl* -a *od* -e Fußtritt *m*, Tritt, Stoß *m*; **i ra me** ~ er gab ihm einen Fußtritt; *übertr* **i dha** ~ **in** er gab ihm einen Tritt, er warf ihn hinaus; **ai qet** ~**a** er stänkert, er nörgelt grundlos

shqelmón 1 *tr* einen Stoß versetzen, mit Füßen treten, ausschlagen; *übertr* einen Tritt versetzen, hinauswerfen; schlecht behandeln, mit Füßen treten

shqémbe *Pl* → **shkamb**

¹**shqep** 14 *tr* 1. Naht auftrennen, trennen; 2. zerreißen, zerfetzen, zerfleischen; 3. abtrennen, trennen; **-et** *refl* sich auftrennen, sich auflösen, auseinandergehen; sich trennen, sich lösen; *übertr* **m'u** ~ **të qarët** ich brach in Weinen aus; **u** ~**a mirë** ich habe mich vollgegessen

²**shqep** *Pl* → **shkop**

shqépët (i) *Adj* hinkend, lahm

shqépj|e -a *f* Auftrennen *n*; Zerreißen *n*; Abtrennen *n*

shqepón 1 *itr* hinken; *übertr* sich irren, einen Fehler machen

shqepúl, -e *Adj* hinkend

shqérëz -a *f*, *Pl* -a Riß *m im Gewebe*; Riß, Kratzer *m an der Haut*

shqerísht *Adv alt* auf slawisch

shqerísht|e -ja *f alt* Slawisch *n*

shqerr 18 *tr Stoff* zerreißen, zerfetzen; *Haut* zerkratzen, aufritzen; → **shqiret**

shqérra -t *Pl* Lämmer *Pl von Schafen*; Lämmerherde *f*; → **qengj**

shqérr|e -ja *f*, *Pl* -e gestickte Bordüre *an albanischen Trachtenhosen*

shqérr|ë I. -a *Subst/f* Riß *m in der Kleidung*; II. (i) *Adj* heiser

shqet 23 *od* 30 = **shket**

shqetësím -i *m*, *Pl* -e Unruhe *f*, Beunruhigung *f*; Sorge *f*

shqetësó|n 1 *tr* beunruhigen; stören; **-het** *refl* sich beunruhigen, unruhig sein

shqetësónjës, -e *Adj* beunruhigend

shqetësúar (i) *Adj* beunruhigt, gestört; unruhig

shqéto *Adj* einfach, ohne Zutat, pur; **kafe** ~ Kaffee ohne Milch und Zucker; **ia thashë** ~ ich sagte es ihm ohne Umschweife

shqéz|ë -a *f*, *Pl* -a Egge *f*

shqezón 1 *tr* eggen

shqílc|ë -a *f* Lab *n*

shqíl|e -ja *f* Lab *n*

shqilók -u *m*, *Pl* -ë kleines Holzgefäß *n*; Gefäß zur Aufbewahrung des Labs

shqímët (i) *Adj* unglücklich, mutterseelenallein, verlassen

¹**shqimth** -i *m* Schuppen *Pl*, Kopfschuppen, Schinnen *Pl*

²**shqimth** -i *m* Türschwelle *f*

shqind -i *m* Mastixstrauch *m*

shqip *Adv* albanisch; **ia thashë** ~ ich sagte es ihm unmißverständlich; **s'ha** ~ er kapiert nicht

¹**shqíp|e** I. -ja *Subst/f* Albanisch *n*; II. *Adj/f*: **gjuha** ~ die albanische Sprache

²**shqíp|e** -ja *f*, *Pl* -e Adler *m*

shqipëllón 1 *tr* erklären, erläutern

Shqipërí -a *f* Albanien *n*; *hist* **Republika Popullore Socialiste e** ~**së (RPSSH)** Sozialistische Volksrepublik Albanien (SVR)

shqipërím -i *m* Übersetzung *f*, Übertragung *f ins Albanische*

shqipërón 1 *tr* ins Albanische übertragen, übersetzen

shqipërúes -i *m*, *Pl* – jmd., der ein Werk ins Albanische überträgt

shqipón 1 *tr* klar und deutlich sagen, unmißverständlich reden

shqipónj|ë -a *f*, *Pl* -a Adler *m*

shqiptár I. -i *Subst/m*, *Pl* -ë Albaner *m*; **II.** -e *Adj* albanisch
shqiptárçe I. *Adv* nach albanischer Art; **II. Adj**: rroba ~ albanische Nationaltracht *f*
shqiptár|e -ja *f*, *Pl* -e Albanerin *f*
shqiptarësí -a *f* albanische Herkunft *f*, albanische Abstammung *f*; Albanertum *n*
shqiptarísht *Adv* nach albanischer Art, nach albanischem Brauch, typisch albanisch
shqiptaríz|ëm -mi *m* albanisches Nationalgefühl *n*; Albanertum *n*
shqiptarizón 1 *tr* albanisieren
shqiptím -i *m*, *Pl* -e Aussprechen *n*, Aussprache *f*
shqiptón 1 *tr* aussprechen
shqíret 18 *refl* sich die Sachen zerreißen; kaputt gehen, zerreißen *(Kleidung)*; sich heiser brüllen; → **shqerr**
¹**shqírr|ë** -a *f*, *Pl* -a *Bot* Rohr *n*; Spitzsegge *f*
²**shqírr|ë** -a *f*, *Pl* -a Gelttier *n*
shqírrte 18 *Imperf* → **shqerr**
shqís|e -ja *f*, *Pl* -e 1. Sinn *m*; Sinnesorgan *n*; të pesë ~t die fünf Sinne; 2. Verstand *m*
shqisór, -e *Adj* Sinnes-; organet ~e die Sinnesorgane
shqíste 23 *od* 30 *Imperf* → **shqet**
shqit 22 *tr* 1. abreißen, losreißen; abtrennen; lösen, herauslösen; 2. endgültig festlegen, beschließen; **-et** *refl*: **nuk na u ~** er ging uns nicht von der Pelle, er wurde uns lästig; **s'i ~en ethet** er leidet ständig unter Fieber
shqít|ë -a *f*, *Pl* -a glitschige Stelle *f*
shqóp|ë -a *f*, *Pl* -a Heidekraut *n*, Erika *f*
shqóri 18 *Aor* → **shqerr**
shqú|an 2 *tr* unterscheiden; hervorheben; erkennen; *Gramm* determinieren, in die bestimmte Form bringen; **-het** *refl* sich unterscheiden, herausragen; von anderen abstechen
shqúar (i) *Adj* hervorragend, bedeutend, bemerkenswert; ausgezeichnet; *Gramm* determiniert, bestimmt
shqý|en 4 *tr* zerreißen, zerfetzen, zerstückeln; abbrechen, abreißen; **-het** *refl* zerreißen; *übertr* **u shqyem gazit** wir platzten vor Lachen, wir haben uns halbtot gelacht
shqymb 14 *tr* löschen, auslöschen; vernichten, ausrotten
shqýmës -i *m*, *Pl* – Apostroph *m*
shqyrtím -i *m*, *Pl* -e Beobachtung *f*, Untersuchung *f*, Erforschung *f*; Analyse *f*, Prüfung *f*; Erwägung *f*, Erörterung *f*
shqyrtón 1 *tr* beobachten, untersuchen, erforschen; analysieren, prüfen; erwägen, erörtern
shqyt -i *m*, *Pl* -a Schild *m*
shqytár -i *m*, *Pl* -ë Schildknappe *m*
shr- *und* **shrr-** *s*. **çr-** *bzw.* **çrr-**
shrégull -a *f*, *Pl* -a Schaukel *f*
shtab -i *m*, *Pl* -e *Mil* Stab *m*; ~ **i i përgjithshëm** *od* ~ **i madhor** der Generalstab
shtág|ë -a *f*, *Pl* -a Stange *f*, Stock *m*; *lange Stange zum Herunterschlagen von Nüssen, Oliven usw.*
shtálb|ër -ri *m Bot* Baumschlinge *f*
shtálbës -i *m*, *Pl* -a = **shtalbër**
shtálk|ë -a *f*, *Pl* -a Rahmen *m*, Zarge *f*; Einrahmung *f*; **shtalkat e derës** der Türrahmen
shtalkón 1 *tr* viereckig machen
shtalp -i *m* Lab *n*
shtálp|ë -a *f* frisch geronnener Quark *m*
shtálpët (i) *Adj* zart
shtáll|ë -a *f*, *Pl* -a Stall *m*
shtambár -i *m*, *Pl* -ë = **shtëmbar**
shtambaxhí -u *m*, *Pl* – *od* -nj = **shtëmbar**
shtámb|ë -a *f*, *Pl* -a = **shtëmbë**

shtand -i *m, Pl* -e Stand *m*; ~ **i librave** Bücherstand

shtang I. 14³ *tr* erstarren lassen, starr machen; **-et** *refl* wie erstarrt stehenbleiben, wie angewurzelt stehenbleiben; **II.** *Adv* starr, sprachlos; **mbeti** ~ er blieb wie angewurzelt stehen

shtángët (i) *Adj Phys* fest; **trupa të** ~ feste Körper *Pl*

shtángi|e -a *f, Pl* -e Erstarrenlassen *n*; Erstarren *n*

shtangím -i *m* Versteinerung *f*, Erstarrung *f*

shtangíst -i *m, Pl* -ë *od* -a Gewichtheber *m*

shtangón 1 *tr* erstarren lassen, starr machen

shtárët (i) *Adj* bitter

shtarón 1 *tr* **1.** bitter machen; **2.** vergiften

shtat -i *m* **1.** Figur *f*, Gestalt *f*, Wuchs *m*; **ka lëshuar** ~ *od* **ka hedhur** ~ er ist langaufgeschossen; **2.** Körper *m*, Leib *m*

shtatanik -u *m, Pl* -ë Siebenmonatskind *n*, Frühgeburt *f*

shtát|ë I. *Num* sieben; **II.** (i) *Adj* siebenter; **III.** -a (e) *Subst/f* der *siebente Tag der Wöchnerin*; *der siebente Tag nach dem Tode*

shtatëdhjétë *Num* siebzig

shtatëmbëdhjétë *Num* siebzehn

shtatëmujór, -e *Adj* Siebenmonats-

shtatëvjeçár, -e *Adj* siebenjährig, Siebenjahres-; **shkollë** ~ **e** Siebenjahresschule *f*

shtatgjátë *Adj* lang, baumlang

shtathédhur *Adj* hochaufgeschossen

shtatkunáç|e -ja *f, Pl* -e *Anat* Netzmagen *m*

shtatmádh, -e *Adj* stattlich, imposant, groß

shtatmadhorí -a *f, Pl* – Generalstab *m*

shtatór -i *m* September *m*

shtatór|e -ja *f, Pl* -e Statue *f*, Standbild *n*

shtátsh|ëm (i), -me (e) *Adj* stattlich, imposant

shtatshkúrtër *Adj* kurz, klein (*Gestalt*)

shtatvógël *Adj* klein, grazil, schmächtig

shtatzánë *Adj* = **shtatzënë**

shtatzënë *Adj* schwanger

shtazarák, -e *Adj* = **shtazor**

shtáz|ë -a *f, Pl* -ë Tier *n*, Vieh *n*; ~ **shtëpiake** Haustier; ~ **e egër** wildes Tier, Bestie *f*; *übertr* Bestie, Unmensch *m*, Ungeheuer *n*

shtazërí -a *f* Unmenschlichkeit *f*, Bestialität *f*

shtazërísht *Adv* tierisch, wie ein Tier, viehisch

shtazór, -e *Adj* tierisch; **instinkte** ~ **e** tierische Instinkte *Pl*; *übertr* viehisch, bestialisch, unmenschlich

shteg -u *m, Pl* shtígje **1.** Schlupfloch *n im Zaun*; Pfad *m*, Steig *m im Gebirge*; Durchgang *m*, Gartenpforte *f*; ~ **i verbët** Sackgasse *f*; ~ **më** ~ auf allen Pfaden; **2.** Platz *m*, Versteck *n*, Anstand *m des Jägers*; **3.** Wanderung *f*; **bën** ~ wandern; **është për** ~ er ist reisefertig; **unë ia di** ~**un** ich kenne seine Schliche; **mos i le** ~ gib ihm keine Gelegenheit, gib ihm nicht die Möglichkeit; **gjen** ~ einen Vorwand finden; **kësi** ~ **u** dieses Mal; ~ **un tjetër** das nächste Mal; **4.**: ~ **u i flokëve** Scheitel *m*; ~ **u i ballit** Nasenwurzel *f*

shtegtár I. -i *Subst/m, Pl* -ë Wanderer *m*; **II.** -e *Adj* wandernd; **zogj** ~ **ë** Zugvögel *Pl*

shtegtí -a *f, Pl* – **1.** Wanderung *f*, Wandern *n*; **2.** Pilgerfahrt *f*, Wallfahrt *f*

shtegtím -i *m* Wanderung *f*; Zug *m* der Vögel; Pilgerfahrt *f*

shtegtón 1 *itr* wandern; reisen, verreisen; auswandern
shtegtúar (i) *Adj* weitgereist; ausgewandert, fern der Heimat
shtek -u *m, Pl* shtíqe *od* shtéqe = **shteg**
shtektí -a *f, Pl* – = **shtegti**
shtektím -i *m* = **shtegtim**
shtektón 1 *itr* = **shtegton**
shtekth -i *m, Pl* -a Scheitel *m* der Haare
shter 14 *itr*; **-et** *refl* austrocknen, versiegen, vertrocknen; ~ **i lopa** die Kuh gibt keine Milch mehr; **po më ~ drita e syrit** mein Augenlicht läßt nach; **po i ~ mendja** er wird einfältig, er wird kindisch
shtér|ë -a *f, Pl* -a Mörser *m in dem Kaffee od Salz zerstoßen werden*
shterím -i *m* **1.** Versiegen *n*, Austrocknen *n von Wasser*; **2.** Unfruchtbarkeit *f*
shterón 1 *itr* = **shter**
shtérp|ë I. *Adj* gelt, unfruchtbar *(Vieh)*; nicht tragend; **lule ~** samenlose Blume *f*; **kjo grua është ~** diese Frau ist unfruchtbar; **II. -a** *Subst/f, Pl* -a unfruchtbares Schaf *n*
shterpërón 1 *itr* unfruchtbar sein; *übertr* unfruchtbar verlaufen *(eine Sache)*
shterpësí -a *f* Unfruchtbarkeit *f auch übertr*
shterpón 1 *itr* = **shter**
shterpór|e -ja *f, Pl* -e zweijährige Ziege *f*
shterr 14¹ *itr* = **shter**
shtérr|ë -a *f, Pl* -a Färse *f*
shtérri 26² *Aor* → **shtërret**
shtés|ë -a *f, Pl* -a Vermehrung *f*, Steigerung *f*, Vergrößerung *f*; Zugabe *f*, Zulage *f*, Zuschlag *m*; Zusatz *m*; Anbau *m*; Zuwachs *m*
shtet -i *m, Pl* -e Staat *m*; **Shtetet e Bashkuara të Amerikës (SHBA)** die Vereinigten Staaten von Amerika (USA)
shtétas -i *m, Pl* – Bürger *m*, Staatsbürger
shtetërór, -e *Adj* staatlich, Staats-
shtetësí -a *f, Pl* – Staatsbürgerschaft *f*
shtetëzím -i *m, Pl* -e Verstaatlichung *f*, Nationalisierung *f*
shtetëzón 1 *tr* verstaatlichen, nationalisieren
shtetrrethím -i *m* Belagerungszustand *m*; Kriegsrecht *n*, Ausnahmezustand *m*
shtëllís 21 *tr* **1.** ausbreiten, ausstrecken; **2.** *Wolle* hecheln; *ein Thema* behandeln; **-et** *refl* sich ausstrecken
shtëllít 22 *tr* = **shtëllis**
shtëllón 1 *tr Wolle* hecheln
shtëllúng|ë -a *f, Pl* -a Wollflocke *f*; **një ~ lesh** Rohstoff *m* für einen Spinnrocken; *übertr* **~ tymi** Rauchschwade *f*; **shtëllunga-shtëllunga** schwadenweise, in Schwaden
shtëmbár -i *m, Pl* -ë Töpfer *m bes. von Krügen*; Hersteller *m von Krügen*
shtëmb|ë -a *f, Pl* -a Krug *m*, Wasserkrug *aus Ton od. Holz*
shtëméng 14³ *tr* beseitigen; beiseite stellen, zurückziehen; **-et** *refl* beiseite gehen; beiseite treten, sich zurückziehen
shtëméngët (i) *Adj* linker; abseitsstehend
shtén|ë I. -a (e) *Subst/f, Pl* -a (të) Schuß *m*; **të shtëna pushke** Gewehrschüsse *Pl*; **II.** 40 *Part* → **shtie**
shtënget 14³ *refl* = **shtanget**
shtëngéz|ë -a *f, Pl* -a Stütze *f*, Pfeiler *m*
shtëngër (i) *Adj* schielend
shtëpí -a *f, Pl* – *od* -a *od* -ra Haus *n*, Wohnhaus *n*; **Shtëpia e Bardhë** das Weiße Haus; *übertr* Hausarbeit *f*, Hauswirtschaft *f*, häusliche Angele-

genheiten *Pl*; Hausangehörige *Pl*, zum Haus Gehörige *Pl*; **bëmë ~** wir haben uns verschwägert; **jemi të ~ së** wir gehören zur Familie; **hap ~** *od* **çel ~** eine Familie gründen, heiraten; **~ botuese** Verlagshaus, Verlag *m*; **~a e unazës** das Standesamt; Heim *n*; **~ pushimi** Erholungsheim
shtëpiák, -e *Adj* 1. Haus-; **shtazë ~ e** Haustier *n*; 2. häuslich; **grua ~ e** eine häusliche Frau, hauswirtschaftliche Frau *f*, gute Hausfrau *f*
shtëpiákës I. -i *Subst*/*m*, *Pl* — Hausherr *m*; häuslicher Mensch *m*; II. -e *Adj* häuslich
shtëpiár I. -e *Adj* häuslich, hauswirtschaftlich; hausfraulich; II. -i *Subst*/*m*, *Pl* -ë Hausherr *m*; häuslicher Mensch *m*
shtëpíz|ë -a *f*, *Pl* -a Häuschen *n*
shtëprés|ë I. -a *Subst*/*f*, *Pl* -a Sennerin *f*; gute Hausfrau *f*; II. *Adj* hauswirtschaftlich, häuslich
shtërg -u *m*, *Pl* shtërgj Storch *m*
shtërgát|ë -a *f*, *Pl* -a Sturm *m* mit *Regen*, Regensturm; Unwetter *n*
shtërmén -i *m* Bohnenkraut *n*
shtërngíc|ë -a *f*, *Pl* -a Notlage *f*, Zwangslage *f*, Zwang *m*; **jam në ~** ich sitze in der Klemme, ich bin in einer Zwangslage
shtërón 1 *itr* versiegen, austrocknen; *tr* ausleeren; zum Versiegen bringen
shtërpínj -të *Pl* Kriechtiere *Pl*
shtërzím -i *m*, *Pl* -e Geburtswehen *Pl*, Geburtsschmerz *m*; **~ barku** Hartleibigkeit *f*, Verstopfung *f*
shtërrás 26² *1. Pers Sg Präs* → **shtërret**
shtërrét 26² *itr* kleiner werden, zusammenschrumpfen
shtërríste 26² *Imperf* → **shtërret**
shtërrón 1 *itr* kleiner werden, einschrumpfen, zusammenschrumpfen

shtiák -u *m*, *Pl* -ë Fehlgeburt *f*
shtí|e 41 *od* 40 *tr* eingießen, hineinschütten; hineintun, hineinlegen, hineinstecken; hinzutun; **~ me gur** mit Steinen werfen; **~ me shqelma** mit Füßen treten, mit Füßen stoßen; **~ sytë** Blicke werfen; **~ short** das Los werfen, losen; **~ pushkë** schießen; **~ kalla** *od* **~ keq** intrigieren, verleumden; **i ~ frikën** jmdm. einen Schreck einjagen, jmdn. erschrecken; **ia ~ ndër mend** jmdn. an etw. erinnern; **~ në dhe** beerdigen, begraben; **~ lesh** Wolle hecheln; **~ në dorë** sich etw. einverleiben, von etw. Besitz ergreifen; besetzen; **ia ~ fajin** jmdm. die Schuld zuschieben; **~ dashuri** sich verlieben, lieben; **~ në punë** verwirklichen, in die Tat umsetzen; **~ shurdhat** sich taub stellen; *itr* eine Fehlgeburt haben; **-het** *refl* so tun als ob, sich stellen als; **më shtihet** mir scheint, mir erscheint; **më shtihet mik** er tut mir gegenüber, als wäre er mein Freund; **më shtihet në ëndërr** mir erscheint im Traum, ich träume; sich streiten, sich zanken
shtiés -i *m*, *Pl* -ë Wahrsager *m*, Weissager *m*
shtiés|e -ja *f*, *Pl* -e Wahrsagerin *f*, Weissagerin *f*
shtigje *Pl* → **shteg**
shtiják -u *m*, *Pl* -ë = **shtiak**
shtíj|ë -a *f*, *Pl* -a 1. Speer *m*, Spieß *m*, Lanze *f*; 2. Strahl *m*, Sonnenstrahl *m*; 3. *Web* Schiffchen *n*, Webschützen *m*; 4. Pflugbaum *m*; 5. Deichsel *f*, Baum *m*, Stange *f* am *Wagen*
shtijkéq, -e *Adj* verleumderisch, intrigierend
shtíllte 16¹ *Imperf* → **shtjell**
shtim -i *m* Vermehrung *f*, Ver-

shtir 552

größerung *f*; Zuwachs *m*, Zunahme *f*
shtir 14 *tr* überqueren
shtiracák I. -e *Adj* heuchlerisch, heuchelnd; **II.** -u *Subst/m, Pl* -ë Heuchler *m*
shtíret 14 *refl* sich stellen als, so tun als ob; heucheln, vortäuschen, simulieren; ~ **i sëmurë** er tut, als wäre er krank; **më** ~ **mir** scheint, mir erscheint
¹**shtír|ë** -a (e) *f, Pl* -a (të) Schuß *m*, Gewehrschuß; **të shtira** *Pl* Schüsse, Salve *f*
²**shtírë** (i) *Adj* schwach, schwächlich *(körperlich)*
shtíri 41 *Aor* → shtie
shtírj|e -a *f* Vortäuschung *f*, Vorspiegelung *f*, Heucheln *n*
shtírrte 18 *Imperf* → shtjerr
shtizár -i *m, Pl* -ë Speerwerfer *m*; Lanzenreiter *m*, Ulan *m*
shtíz|e -a *f, Pl* -a **1.** Lanze *f*, Speer *m*, Spieß *m*; **2.** Stricknadel *f*; **3.** Pflugbaum *m*; **4.**: ~ **e qerres** Deichsel *f*, Wagenstange *f*, Baum *m* am Wagen; **5.** Fahnenmast *m*; **në gjysmë shtize** auf Halbmast
shtizón 1 *tr* mit der Lanze durchbohren, aufspießen
shtizór -i *m, Pl* -ë = shtizar
shtjell 16¹ *tr* schleudern, werfen, schmeißen; ~ **leshin** Wolle auflockern
shtjéllës -i *m, Pl* – Haspel *f*, Garnwinde *f*
shtjéllëz -a *f, Pl* -a = shtjellës
shtjellím -i *m, Pl* -e Entfaltung *f*, Ausbreitung *f*, Entwicklung *f*; Erklärung *f*, Erörterung *f*
shtjéllj|e -a *f, Pl* -e **1.** Haspel *f*, Garnwinde *f*; **2.** Strudel *m*, Wasserwirbel *m*
shtjellón 1 *tr* entfalten, ausbreiten, aufwickeln; aufspannen; entwickeln; erklären, erläutern, erörtern

shtjellúar (i) *Adj* entfaltet; entwikkelt
shtjerakéq, -e *Adj* = shtijkeq
¹**shtjér|ë** -a *f* Verleumdung *f*, Intrige *f*
²**shtjér** 40 *od* 41 *Imp* → shtie
shtjerr 18 *tr* **1.** aufdröseln; **2.**: ~ **çorapin** sich den Strumpf zerreißen
shtjérra *Pl* → qengj
shtog -u *m, Pl* shtógje Schwarzer Holunder *m*; ~ **i egër** Pimpernuß *f*
shtóg|ër -ra *f, Pl* -ra **1.** Europäische Forsythie *f*; **2.** Pimpernuß *f*
shtógtë (i) *Adj* Holunderholz-
shtojc, -e *Adj* vermehrend, vergrößernd; **oriz** ~ gut quellender Reis; **bagëti** ~ **e** Zuchtvieh *n*
shtójc|ë -a *f, Pl* -a Anhang *m*; Nachtrag *m*, Zugabe *f*, Ergänzung *f*
shtój|ë -a *f* Vermehrung *f*, Vergrößerung *f*; Zuwachs *m*, Zunahme *f*
shtojzováll|e -ja *f, Pl* -e *Myth* Waldfee *f*, Elfe *f*
shtólli 16¹ *Aor* → shtjell
shto|n 1 *tr* vermehren, vergrößern; anbauen; zulegen, hinzufügen; *itr* zunehmen, mehr werden, größer werden; aufquellen, quellen; -**het** *refl* sich vermehren, anwachsen; zunehmen
shtón|ë -a *f, Pl* -a Kloake *f*, Abflußkanal *m*, Kanalisation *f*
shtóri 18 *Aor* → shtjerr
shtrall -i *m* Satz *m* bei geschmolzenem Wachs übrigbleibend
shtráp|ër -ri *m Bot* Hirtentäschel *n*
shtrapëzóhet 1 *refl* sich ausbreiten, am Boden wuchern, am Boden ranken
shtrapëzúar (i) *Adj* ausgebreitet, wuchernd, rankend *(am Boden)*
shtrat -i *m, Pl* shtrétër **1.** Bett *n*, Lager *n*; ~ **i i vdekjes** das Totenbett; ~ **i i minderit** die Bank, Sitzbank; *übertr* Ehepaar *n*; **2.**

Lage *f*, Schicht *f*; ~ **bore** Schneedecke *f*; **3.** *Anat*: ~**i i pjellës** das Amnion, die Embryonalhülle; **4.**: ~**i i lumit** das Flußbett; ~**i i qerres** der Boden, die Ladefläche des Wagens; ~**i i merimangës** die Spinnwebe, das Netz der Spinne; ~**i i qelbit** der Eiterstock; **5. shtrete** *Pl*: **shtrete të nxehta** Treibhaus *n*; Treibhäuser *Pl*

shtratím -i *m Geol* Lager *n*

shtratór|e -ja *f*, *Pl* -e Weinlaube *f*

shtreb 14 *itr* Eier ablegen *(Fliegen)*

shtréb|ë -a *f*, *Pl* -a Fliegenmade *f*, Käsemade *f*

shtrég|ë -a *f* aufgeschichteter Holzstapel *m*, Holzdiemen *m*

shtrek -u *m*, *Pl* **shtríqe** Kadaver *m*, Aas *n*

shtremb -i *m* schief gewachsener Mensch *m*, mißgestalteter Mensch *m*

shtrémba-shtrémba *Adv* kurvenreich, in Kurven *(Straßen)*

shtrembák -u *m*, *Pl* -ë = **shtremb**

shtrembalúq -i *m*, *Pl* -a = **shtremb**

shtrembaník -u *m*, *Pl* -ë = **shtremb**

shtrémbet 14 *refl* sich krümmen, sich verbiegen; krumm werden, schief werden; sich verziehen; *übertr* entstellt werden, verzerrt werden, verdreht werden

shtrémb|ë -a *f*, *Pl* -a schiefgewachsene Frau *f*, mißgestaltete Frau *f*

shtrémbër I. (i) *Adj* krumm, gekrümmt, schief; gewunden; **II.** *Adv* krumm, gekrümmt, schief; **shikon** ~ scheel ansehen

shtrembërím -i *m*, *Pl* -e Verbiegen *n*; Krümmung *f*; Verzerrung *f*, Verdrehung *f*, Entstellung *f*

shtrembëron 1 *tr Gesicht* verzerren, verziehen; ~ **buzët** die Lippen verächtlich schürzen; schief machen, verbiegen, krümmen; *übertr* entstellen, verdrehen, verzerren

shtrembërúes -i *m*, *Pl* – Verdreher *m*, Verfälscher *m*

shtrémbët I. (i) *Adj* = i **shtrembër**; **II.** -a (e) *Subst*/*f* krumme Sache *f*, krummes Geschäft *n*

shtrembëtón 1 *tr* = **shtrembëron**

shtrémbtas *Adv* krumm, schief, verbogen

shtrénjtë I. (i) *Adj* **1.** teuer; kostbar, wertvoll; **2.** teuer, lieb, hochgeschätzt; **mik i** ~ ein teurer Freund; **3.** eng; **rrugë e** ~ eine enge Straße; **II.** *Adv* **1.** teuer; **e bleva** ~ ich habe es teuer erstanden; *übertr* **më kushtoi** ~ es kam mir teuer zu stehen; **2.** eng, beengt; *übertr* in Bedrängnis

shtrenjtësí -a *f* Teuerung *f*, Verteuerung *f*; hoher Preis *m*

shtrenjtó|n 1 *tr* verteuern, teurer machen; **-het** *refl* sich verteuern, teurer werden

shtrep -i *m*, *Pl* -a = **shtrebë**

shtrés|ë -a *f*, *Pl* -a **1.** Unterlage *f*, Matratze *f*; Streu *f* *als Tierlager*; **2.** *Geol* Schicht *f*, Lage *f*; **3.** soziale Schicht, Gruppe *f*

shtresëzím -i *m*, *Pl* -e Schichtung *f*

shtresím -i *m Geol* Schichtung *f*, Stratifikation *f*

shtresnáj|ë -a *f Geol* Schicht *f*

shtrétër *Pl* → **shtrat**

shtreth -i *m*, *Pl* -a **1.** Bord *n*, Küchenbord, Wandbrett *n*; **2.** schattige Blätterlaube *f*

shtréz|e -ja *f*, *Pl* -e Boden *m des Bootes*

shtrëngát|ë -a *f*, *Pl* -a **1.** Zwang *m*; Zwangslage *f*; **2.** Unwetter *n*

shtrëngés|ë -a *f*, *Pl* -a **1.** Zwang *m*; Zwangslage *f*, Notlage *f*; **2.** *Gerät zum Pressen der Filzkappen*

shtrëngím -i *m*, *Pl* -e **1.** Zwang *m*, Zwangslage *f*; **2.** Strenge *f*; **3.** Notlage *f*, Not *f*; Schwierigkeit *f*; **ka** ~ in Bedrängnis sein, in Not sein

shtrëngó|n 1 *tr* 1. zusammenpressen, zusammenschnüren, enger binden; ~ **rrypin** den Riemen enger schnallen; **i shtrëngoi dorën** er preßte ihre Hand, er drückte ihre Hand; 2. zwingen; **shtrëngoje djalin** zügele den Jungen, halte den Jungen streng; **shtrëngoje dorën** sei sparsam, sei nicht verschwenderisch; **-het** *refl* sich dem Zwange fügen; **shtrëngohuni!** rückt zusammen!; macht Platz!

shtrëngúar I. (i) *Adj* 1. eingeschnürt; fest zugeschnürt, zusammengepreßt; 2. sehr sparsam, geizig; **II.** *Adv* fest; beengt, eng; **jemi shumë** ~ wir sind sehr beengt

shtrig -u *m, Pl* shtrigj 1. Zauberer *m*, Hexenmeister *m*; 2. böser Alter *m*; 3. einsamer alter Mann *m*; 4. Geizkragen *m*, Geizhals *m*

shtríg|ë -a *f, Pl* -a 1. *Myth* Hexe *f*, Zauberin *f*; 2. einsame alte Frau *f*; 3. *übertr* böses Weib *n*, alte Hexe

shtrigní -a *f, Pl* – Hexerei *f*, Zauberei *f*

shtri|n 6 *tr* ausbreiten, ausdehnen, ausstrecken; hinlegen; **e shtriu përdhe** er streckte ihn zu Boden; *übertr* **shtri këmbët sa ke plafin** strecke die Beine nach der Decke; **nuk ia shtrij dorën kujt** ich bettle niemanden an; ~ **gojën** über jmdn. schlecht sprechen; **-het** *refl* 1. sich niederlegen, sich hinlegen, sich ausstrecken; sich erstrecken, sich ausdehnen, sich ausbreiten; sich dehnen, sich verbreitern; 2. sich rekeln

shtriq 14 *tr* Arme u. Beine ausstrecken, strecken; **-et** *refl* sich strecken, sich rekeln

shtriré I. (i) *Adj* ausgestreckt; **II.** *Adv* ausgestreckt; **e gjeta** ~ ich fand ihn im Bett liegend; ich traf ihn lang liegend an

shtrírj|e -a *f* Ausbreitung *f*, Ausdehnung *f*; Verbreitung *f*

shtrísh|ëm (i), -me (e) *Adj* dehnbar

shtrofák -u *m, Pl* -ë = **shtrofkë**

shtrófk|ë -a *f, Pl* -a Bau *m*, Höhle *f*, Lager *n wilder Tiere*

shtrófkull -a *f, Pl* -a = **shtrofkë**

shtrófull -a *f, Pl* -a = **shtrofkë**

shtróh|ë -a *f, Pl* -a Hundehütte *f*

shtrojér|ë -a *f* windgeschützter Ort *m*

shtrój|ë -a *f, Pl* -a Matratze *f*, Unterlage *f*; Streu *f*; ~ **e rrugës** Fahrbahnbelag *m*, Asphaltdecke *f*

¹**shtro|n** 1 *tr* auslegen, ausbreiten; ~ **sofrën** den Tisch decken; ~ **një darkë** ein Abendessen geben; **ia shtruam** wir haben gut gespeist; **a keni shtruar?** habt ihr die Betten zurechtgemacht?; ~ **me asfalt** asphaltieren; *übertr* ~ **vendin** das Land beherrschen; ~ **kuvend** *od* ~ **bisedë** ein Gespräch anfangen; ~ **një çështje** eine Sache ins Gespräch bringen, ein Problem anschneiden, eine Frage aufwerfen; ~ **klloçkë** eine Glucke zum Brüten ansetzen; **e** ~ **në dru** jmdn. kräftig durchprügeln; **-het** *refl* 1. sich ausbreiten; **shtrohet në sofër** sich an den Tisch setzen; 2. sich fügen; **djali është shtruar tani** der Junge hat sich jetzt gebessert; **shtrohet në spital** ins Krankenhaus gehen; **u shtrohet provimeve** er unterzieht sich den Prüfungen

²**shtron** 1 *itr* austrocknen, versiegen *(Wasser)*

shtrós|ë -a *f, Pl* -a Ziegenfell *n als Sitzkissen*

shtrúar I. (i) *Adj* artig, gehorsam, folgsam; **II.** *Adv*: **rri** ~ auf dem Boden sitzen; **ta marrim** ~ wir wollen es in aller Ruhe behandeln; **merria këngës** ~ sing das Lied langsam

shtrúarj|e -a *f* Auslegen *n*, Ausbreiten *n*; Bedecken *n mit Asphalt*;

Aufwerfen *n einer Frage*; Belag *m*, Decke *f einer Straße*

shtrúng|ë -a *f, Pl* -a Melkhürde *f*

shtrungtár -i *m, Pl* -ë Melker *m von Schafen*

shtrydh 14 *tr* auspressen; ~ **lungën** den Furunkel ausdrücken; *übertr* **e ~a** ich habe ihn in die Mangel genommen

shtrýdhës -i *m, Pl* – Weinpresse *f*, Kelter *f*; Fruchtpresse *f*, Presse *f*; ~ **i i limonëve** die Zitronenpresse

shtrýdhëz -a *f, Pl* -a Erdbeere *f*

shtrýdhj|e -a *f* Auspressen *n*, Ausquetschen *n*, Ausdrücken *n*; *übertr* Quälen *n*

shtrýdhur (i) *Adj* ausgepreßt; **si limon i ~** wie eine ausgequetschte Zitrone

shtrrak -u *m, Pl* shtrráqe **1.** Trennwand *f*; **2.** Hütte *f zum Absondern von krankem Vieh*; **3.** *Anat* Amnion *n*, Embryonalhülle *f*

shtúara *Adv* auf den Beinen, aufgestellt, aufrecht; **rri ~** stehen

¹**shtuf** -i *m Geol* Tuff *m*

²**shtuf** -i *m* Oberarmkopf *m*

shtuk -u *m* Kitt *m*, Spachtelkitt

shtún|ë -a (e) *f, Pl* -a (të) Sonnabend *m*

shtúp|ë -a *f* **1.** Werg *n*; **2.** Stöpsel *m*, Korken *m*; *übertr* **më doli puna ~** die Sache ist mir nicht geglückt, die Sache ist mißlungen; **3.** Bohnerlappen *m*, Wischlappen *m*, Staublappen *m*

shtupón 1 *tr* verkorken, stöpseln, mit dem Stöpsel verschließen

shtúr|ë -a *f, Pl* -a *Zool* Star *m*

shtúri 40 *Aor* → **shtie**

shtyllák I. -u *Subst/m, Pl* -ë Türpfosten *m*; *Arch* Pilaster *m*, Wandpfeiler *m*; **II.** *Adj*: **kalë ~** ein kräftiges Pferd

shtyllár -i *m, Pl* -ë Stützpfeiler *m*

shtýll|ë -a *f, Pl* -a Säule *f*, Stütze *f*; Mast *m*; **shtyllat e sallës** die Säulen des Saales; **~ e telegrafit** Telegrafenmast; **shtylla e kurrizit** Wirbelsäule, Rückgrat *n*; **shtylla e gazetës** Kolumne *f*, Druckspalte *f*; *übertr* **shtylla e shtëpisë** die Stütze der Familie

shtyllëngúl|ë -a *f, Pl* -a Pfahlwerk *n*

shtyllnáj|ë -a *f, Pl* -a Kollonade *f*, Säulengang *m*

shty|n 13 *od* 11¹ *tr* wegstoßen, wegschieben; anstoßen; vertagen, aufschieben; *übertr* jmdn. reizen, aufstacheln, antreiben; **-het** *refl* beiseite gehen, zur Seite treten; sich anstoßen, sich schieben, sich drängeln

shtyp I. 14 *tr* **1.** zerkrümeln, zerbröckeln, zerstoßen; **2.** zerdrücken; quetschen, zertreten; **~ rrushin** Trauben keltern, Trauben pressen; niedertreten; überfahren; **3.** massieren; **4.** Bücher drucken; **5.** *übertr* unterdrücken, knechten; **II.** -i *Subst/m* Presse *f*; **liria e ~it** die Pressefreiheit; **~ i përditshëm** Tagespresse; Presseerzeugnis *n*, Druckerzeugnis *n*; **doli nga ~i** es ist erschienen

shtypéc -i *m, Pl* -ë Stößel *m des Mörsers*, Mörserkeule *f*

shtýp|ël -la *f, Pl* -la Druckstelle *f*; blauer Fleck *m*

shtýpës -i *m, Pl* -a Mörser *m*; Mörserkeule *f*, Stößel *m*

shtýpj|e -a *f* **1.** Drucken *n*, Druck *m*, Buchdruck; **2.** Drücken *n*, Zerdrücken *n*, Zerquetschen *n*; **3.** *Phys* Druck *m*; **4.** Unterdrückung *f*

shtýpk|ë -a *f, Pl* -a Mauerwinkel *m*

shtypshkrónj|ë -a *f, Pl* -a Druckmaschine *f*, Druckerpresse *f*; Druckkerei *f*

shtypshkrónjës -i *m, Pl* – Drucker *m*, Buchdrucker

shtýpur (i) *Adj* **1.** gedrückt, gepreßt, gequetscht; eingedrückt; zerkrümelt, zerbröckelt; **2.** gedruckt; **3.** unterdrückt

shtyr 14¹ *tr* **1.** wegstoßen, anstoßen, wegschieben; aufschieben; *übertr* jmdn. reizen, anstacheln; **2.** *Fluß* überqueren

shtyranák -u *m, Pl* -ë Fehlgeburt *f*

shtýrë (i) *Adj* **1.** gestoßen, geschoben; **2.** veranlaßt; angestiftet, angezettelt, aufgehetzt

shtýri 41 *Aor* → shtie

shtýrj|e -a *f* Verschiebung *f*, Vertagung *f*, Aufschub *m*

shtýs|ë -a *f* **1.** Stoß *m*, Schubs *m*; *Geol* Erdstoß *m*; **2.** Anstoß, Impuls *m*, Anregung *f*

shtýtës -i *m, Pl* – Anstifter *m*

shtýtës|e -ja *f, Pl* -e Anstifterin *f*

shtýtj|e -a *f* **1.** Verschiebung *f*, Vertagung *f*, Aufschub *m*; **2.** *Sport* Stoßen *n*

shthur 14 *tr* entflechten; eine Öffnung in einem Flechtzaun schaffen; auflösen, entwirren; **-et** *refl* zügellos leben; auf die schiefe Bahn geraten

shthúrj|e -a *f* Entflechtung *f*; Auflösung *f*; Entwirren *n*; Zügellosigkeit *f*

shthúrur (i) *Adj* aufgeflochten; aufgelöst; enthemmt, zügellos

shúall -i *m, Pl* shóje Fußsohle *f*

shú|an 2 *od* 9 *od* 9¹ *tr* **1.** *Feuer* löschen, auslöschen, ersticken; *Licht* löschen, ausmachen; **2.** löschen; ~ **gëlqeren** den Kalk löschen; ~ **etjen** den Durst löschen; ~ **rakinë** den Schnaps verdünnen, verschneiden; **3.:** ~ **kryengritjen** den Aufstand unterdrücken, niederschlagen; **4.:** ~ **grindjen** den Streit schlichten; **5.** auslöschen, ausradieren; ~ **me gomë** mit dem Gummi radieren; **më shoi** er hat mich ruiniert; **6.** *itr* sterben; **shoi** er starb; **-het** *refl* **1.** erlöschen, verlöschen, ausgehen *(Licht, Feuer)*; **2.** verlöschen, untergehen, aussterben

shúar (i) *Adj* gelöscht, verloschen, erloschen; **gëlqere e** ~ Löschkalk *m*; ausgelöscht, ausgestorben, verloschen; **vullkani i** ~ der erloschene Vulkan

shúarj|e -a *f* Löschen *n*, Auslöschen; Verlöschen; Auslöschung *f*

shúf|ël -la *f, Pl* -la Flicken *m*, Fetzen *m*; Schnipsel *m*; ~ **letre** zerknülltes Stück Papier *n*

shúf|ër -ra *f, Pl* -ra Rute *f*, Gerte *f*; ~ **pushke** Ladestock *m*; *Tech* Stiel *m*, Stange *f*; Kern *m*

shuflák, -e *Adj* schlecht gekleidet, abgerissen, zerlumpt

shufrón 1 *tr* peitschen, mit der Peitsche schlagen, auspeitschen

shugátet 22¹ *refl* verlöschen; *übertr* dahinsiechen, dahinwelken

shugátur (i) *Adj* verlöschend; alternd; dahinsiechend

shugurím -i *m* Priesterweihe *f*, Ordination *f*, Weihe *f*

shugurón 1 *tr Priester* weihen

¹**shuk** -u *m, Pl* -a Ball *m*, Kugel *f*; Knäuel *n aus Lumpen*, Stoffball; ~ **a-**~**a** klumpenweise; **i shëndoshë si** ~ gesund und kugelrund; **u mblodh** ~ er krümmte sich, er rollte sich zusammen

²**shuk** 14³ *tr* hinwerfen, hinunterwerfen, zu Boden werfen; **ia** ~ **u kokën për mur** er stieß ihn mit dem Kopf an die Wand; schlagen; **-et** *refl* aufprallen; aufschlagen; sich an etw. stoßen

shúkthi *Adv*: **luan** ~ Ball spielen

shúkull -i *m, Pl* shúkuj Reseda *f*

shul I. -i *Subst|m, Pl* -e **1.** Pfahl *m*; Stange *f*, Pfosten *m*, Rundholz *n*; Mast *m*, Bootsmast, Mastbaum *m*; ~ **i i pushkës** das Gewehrschloß; **2.** Riegel *m*, Türriegel *m*; **3.** Kettbaum *m*; ~ **i pëlhurës** Zeugbaum *m*, Warenbaum *m*; **4.** *übertr* langer

Mensch, Latte *f*, Lulatsch *m*; ein Kerl wie ein Baum; **II.** *Adv* einseitig, seitwärts, schief; **u kthye** ~ er kehrte zurück, er kehrte um
shulájk|ë -a *f*, *Pl* -a = **shularkë**
shulák, -e *Adj* kräftig, stramm
shulamáq -i *m*, *Pl* -ë Humpelnder *m*, Hinkender *m*
shulamáq|e -ja *f*, *Pl* -e Humpelnde *f*, Hinkende *f*
shuláq -i *m*, *Pl* -ë = **shulamaq**
shulárk|ë -a *f*, *Pl* -a kleiner Pfahl *m*
shúlas *Adv* quer, in der Querrichtung, der Breite nach; **2.** horizontal, waagerecht; **ve** ~ hinlegen, auf die Erde legen
shulc -i *m*, *Pl* -a Riegel *m*, Türriegel
shúlet 14 *refl* seitlich herabhängen
shulíc|ë -a *f*, *Pl* -a **1.** Mast *m*, Mastbaum *m*; **2.** Lattentür *f*, Gittertür *f*
shulnáj|ë -a *f*, *Pl* -ë Abhang *m*, Böschung *f*
shuló|n 1 *tr* **1.** krümmen, krumm machen, biegen; **2.** Bäume fällen, schlagen; **3.** hinlegen, zu Boden legen, umlegen; **-het** *refl* zu Boden fallen, umfallen, hinfallen
shulór|e -ja *f*, *Pl* -e Serpentinenstraße *f*, Serpentinen *Pl*
shúlthi *Adv* = **shul II.**
shullát|ë -a *f*, *Pl* -a Abfluß *m*, Ausfluß *m einer Grube od. des Mühlbaches*
shullé -ri *m* sonnenbeschienene Stelle *f*, Sonnenplatz *m*
shullé|n 12 *tr*: **më shullëri dielli** die Sonne erwärmte mich, ich sonnte mich; **-het** *refl* sich in der Sonne wärmen, sich sonnen
shúma (e) *f*/*best* das meiste, der größte Teil
shumánsh|ëm (i), -me (e) *Adj* vielseitig, vielschichtig, vielfältig
¹**shúm|ë** -a *f*, *Pl* -a *Math* Ergebnis *n*, Summe *f*; Summe, Geldbetrag *m*
²**shúmë I.** (i) *Adj* zahlreich, viel; viele; **të** ~ **n e herës** meistens, fast immer; **në më të** ~ **n e rasave** in der Mehrzahl der Fälle, in den meisten Fällen; **II.** *Adv* viel; sehr; **më dha** ~ er gab mir viel; **e do** ~ er liebt sie sehr; ~ **i sëmurë** sehr krank; **III.** *Indef Pron* viel, viele; ~ **gabime** viele Fehler; ~ **sheqer** viel Zucker
shumëdégësh, -e *Adj* mit vielen Zweigen; vielseitig
shumëfazór, -e *Adj El* Mehrphasen-
shumëfísh -i *m*, *Pl* -e Vielfaches *n*
shumëfishó|n 1 *tr* vervielfältigen; vervielfachen, vermehren, vergrößern; **-het** *refl* sich vergrößern, sich vermehren, zunehmen
shumëfíshtë (i) *Adj* vielfach; mannigfaltig; mehrfach, vielmalig
shumëkémbësh, -e *Adj* vielfüßig
shumëkéndësh -i *m*, *Pl* -a Vieleck *n*, Polygon *n*
shumëkúsh *Indef Pron* manch einer, mancher
shumëllójsh|ëm (i), -me (e) *Adj* verschiedenartig, mannigfaltig
shumëngjýrësh, -e *Adj* vielfarbig, bunt
shumëngjýrsh|ëm (i), -me (e) *Adj* mehrfarbig, vielfarbig, bunt
shumëqelizór, -e *Adj* mehrzellig
shumërrókësh, -e *Adj* mehrsilbig
shúmës -i *m*, *Pl* -a Mehrzahl *f*, Plural *m*
shumëshekullór, -e *Adj* jahrhundertelang, Jahrhunderte während; jahrhundertealt
shumëvariántësh, -e *Adj* mit vielen Varianten, variantenreich
shumëvjeçár, -e *Adj* mehrjährig, jahrelang
shumëvójtur (i) *Adj* = **i shumëvuajtur**
shumëvúajtur (i) *Adj* leidgeprüft
shumëzím -i *m*, *Pl* -e Multiplikation *f*
shumëzón 1 *tr* multiplizieren
shumëzúar -i (i) *m* Multiplikand *m*
shumëzúes -i *m* Multiplikator *m*

shumíc|ë -a *f, Pl* -a **1.** große Anzahl *f*, Menge *f*, Haufen *m*; **2.** Mehrzahl *f*, Mehrheit *f*; **me ~ votash** mit Stimmenmehrheit; **shet me ~ en gros** verkaufen, im Großhandel verkaufen

shumím -i *m* Vervielfältigung *f*; Vergrößerung *f*, Vermehrung *f*; Zunahme *f*, Anwachsen *n*

shumó|n 1 *tr* vervielfältigen, vervielfachen; vermehren, vergrößern; **-het** *refl* sich vergrößern, sich vermehren; anwachsen, zunehmen

shúmta (e) *f*/*best* = e **shuma**

shúmtë (i) *Adj* zahlreich, viel; viele; **më të ~ t** die meisten; **më të ~ n e herës** meistens, fast immer; **shtëpi të shumta** die vielen Häuser; **njerëzit e ~** die vielen Menschen

shun 8 *itr* schweigen; **shuj!** schweig!, Ruhe!

shungullón 1 *tr* derb rütteln, kräftig schütteln; *itr* wackeln, beben; **~ te nga ethet** das Fieber schüttelte ihn

shuplák 14³ *tr* behexen, schlagen, ohrfeigen *(von Bergfeen)*

shuplák|ë -a *f, Pl* -a Handfläche *f*; *übertr* **e mban në ~ të dorës** er hält alles gut zusammen; Ohrfeige *f*, Backpfeife *f*; *übertr* Schicksalsschlag *m*; **kjo qe një ~ e rëndë për të** das war ein schwerer Schlag für ihn

shurdh -i *m, Pl* -ër Tauber *m*, Gehörloser *m*; *übertr* **na la ~** er verließ uns, er ließ uns einsam zurück

shurdhác -i *m, Pl* -ë **1.** Gehörloser *m*, völlig tauber Mensch *m*; **2.** Rohrkolben *m*

shurdhák -u *m, Pl* -ë tauber Mensch

shurdhamán -i *m, Pl* -ë = **shurdhak**

shúrdh|e -ja *f, Pl* -e Gehörlose *f*, taube Frau *f*

shurdhés|ë -a *f* **1.** Lager *n* auf dem *ein Tier jungt*; **2.** Wundflüssigkeit *f*

shúrdhër (i) *Adj* = i **shurdhët**

shúrdhët (i) *Adj* taub, gehörlos; *übertr* **bën veshin e ~** er stellt sich taub; **shtëpi e ~** eine kinderlose Familie

shurdhím -i *m* Taubheit *f*; Taubmachen *n*; Ertauben *n*

shurdhmeméc, -e *Adj* taubstumm

shurdhó|n 1 *tr* taub machen; **-het** *refl* taub werden, ertauben

shurdhónjës, -e *Adj* ohrenbetäubend

shurdhúes, -e *Adj* = **shurdhonjës**

shurqél -i *m, Pl* -a Wasserfall *m*

shurukám|ë -a *f* Brausen *n*, Donnern *n*, Getöse *n* *des Wassers*; *übertr* Name *m*, Ruf *m*

shurukón 1 *tr* lärmen, donnern, tosen

shurúp -i *m, Pl* -ë Fruchtsirup *m*, Sirup *m*

shurr 14¹ *itr* Wasser lassen, harnen

shurrák -u *m, Pl* -ë Bettnässer *m*

shurrák|e -ja *f, Pl* -e Bettnässerin *f*

shurráq -i *m, Pl* -ë = **shurrak**

shúrrc|ë -a *f Anat* Harnleiter *m*

shúrr|ë -a *f* Urin *m*, Harn *m*; **bën ~** urinieren, harnen, Wasser lassen

shurrëqénëz -a *f, Pl* -a **1.** Pickel *m*; **2.** Wundflüssigkeit *f*

shúrrëz -a *f* = **shurrcë**

shurrón 1 *tr* bepinkeln; *itr* urinieren, harnen

shurrtór|e -ja *f, Pl* -e Pissoir *n*

shusháll|ë -a *f, Pl* -a entkörnter Maiskolben *m*

shusháq, -e *Adj* = i **shushatur**

shushátet 22¹ *refl* vertrotteln, alt und kindisch werden

shushátur (i) *Adj* alt und kindisch, vertrottelt, trottelhaft

shúshet 14² *refl* = **shushatet**

shúshk|ël -la *f, Pl* -la *Bot* Hülse *f*, Schote *f*

shushúnj|ë -a *f, Pl* -a Blutegel *m*

shushurím|ë -a *f, Pl* -a Plätschern *n*, Murmeln *n* *des Wassers*; **shushurima e pyjeve** das Rauschen der Wälder

shushurít 22 *itr* plätschern, murmeln *(Wasser)*
shútra -t *Pl* Wollkamm *m*, Hechel *f*
shútull -a *f*, *Pl* -a Verrückte *f*, Dumme *f*
shylós 21 *tr* Tür verriegeln, zuriegeln
shyqýr *Indekl*: **po shkoj për** ~ ich gehe gratulieren; ~ **që erdhe** gut, daß du gekommen bist; ~! *od* ~ **zotit!** Gott sei Dank!, zum Glück!
shyt I. -i *Subst/m*, *Pl* -a Wasserkrug *m od* Kanne *f mit zerbrochener Tülle*; **II.** -**ë** *od* -**e** *Adj* ungehörnt, ohne Hörner *(Tiere)*; ohne Henkel, henkellos; unscharf, stumpf; *übertr* mangelhaft, unvollendet
shýta -t *Pl Med* Ziegenpeter *m*, Mumps *m*
shytán, -e *Adj* ungehörnt, ohne Hörner *(Tiere)*
shytón 1 *tr* Henkel *od* Tülle abbrechen, abschlagen; *Flasche* ansçhlagen; stutzen; *Spitze* abschlagen, abschneiden

T

ta *Pers Pron Kombination der Kurzformen* → **të** *(Dat) und* → **e** *(Akk)*; ~ **dha** er gab es dir
¹**tabák** -u *m*, *Pl* -ë Teller *m*, flache Schüssel *f aus keramischem Material*
²**tabák** -u *m*, *Pl* -ë **1.** *gefalteter Bogen Papier*; **2.** Blechplatte *f*, Blech *n*
³**tabák** -u *m*, *Pl* -ë Gerber *m*
tabaká -ja *f*, *Pl* – **1.** Teller *m*, flache Schüssel *f*; **2.** Dose *f*; Tabaksdose; **3.** Aschenbecher *m*
tabák|e -ja *f*, *Pl* -e Tablett *n*
tabáko -ja *f* Schnupftabak *m*
tabán -i *m*, *Pl* -e **1.** Fußsohle *f*; Schuhsohle *f*; **2.**: ~ **i i kokës** die Schädeldecke; **3.** Baugrund *m*; **4.** Dachbalken *m*
tabár|e -ja *f*, *Pl* -e langer Wintermantel *m*
tabél|ë -a *f*, *Pl* -a **1.** Tabelle *f*; **tabelat e logaritmeve** Logarithmentafel *f*; **2.** Liste *f*; **tabela e çmimeve** Preisliste; **3.** Tafel, Wandtafel; **4.** Schild *n*; **tabela e dyqanit** Firmenschild
tabéll|ë -a *f*, *Pl* -a = **tabelë**
tábj|e -a *f*, *Pl* -e Schützengraben *m*, Feldbefestigung *f*, Schanze *f*
tabló -ja *f*, *Pl* – **1.** Tafel *f*; ~ **treguese** Anzeigetafel; **2.** Bild *n*, Gemälde *n*; **3.** Aussicht *f*; **4.** Bild, Beschreibung *f*
tablló -ja *f*, *Pl* – Gemälde *n*, Bild *n*
tabút -i *m*, *Pl* -e Sarg *m*
taç -i *m* kleinstes Ferkel *n eines Wurfs*; *übertr* Nesthäkchen *n*, kleinster Junge *m einer Familie*
táç|e -ja *f*, *Pl* -e Nieswurz *f*
taft -i *m* übler Geruch *m*, Gestank *m*; Gluthitze *f*, Glutwind *m vom Feuer*
taftá -ja *f* Taft *m*
taftís 21 *itr*; -**et** *refl* von jmdm. angetan sein, von jmdm. begeistert sein; sich nach jmdm. verzehren
tagár -i *m*, *Pl* -ë **1.** Kohlenbecken *n*; **2.** *Maß von etwa 62 kg*
tagjí -a *f* Pferdefutter *n bes. Gerste u. Hafer*; Hafer *m*

tagjít 22 *tr* Pferde füttern
tahmín *Indekl*: **me** ~ nach Schätzung
taír|ë -a *f,* Brotschieber *m,* Brotschaufel *f*
tajár -i *m, Pl* -ë Dreher *m*
¹táj|ë -a *f, Pl* -a Amme *f,* Nährmutter *f*
²táj|ë -a *f* 1. Schraube *f*; 2. Drehbank *f*
tájf|ë -a *f, Pl* -a Seite *f,* Partei *f*; Gefolge *n*; Schiffsmannschaft *f,* Besatzung *f*
Tájg|ë -a *f* Taiga *f*
tajít 22 *tr* 1. nähren, säugen, die Brust geben; 2. *itr* tropfen, undicht sein, leck sein
Tajlánd|ë -a *f* Thailand *n*
takamís 21 *tr* möblieren, ausstatten, einrichten
takát -i *m* Kraft *f*; **s'ia kam** ~ **in** ich habe nicht die Kraft dazu, ich schaffe es nicht
ták|e -ja *f, Pl* -e Boot *n*
taketúk|e -ja *f, Pl* -e Aschenbecher *m*
ták|ë -a *f, Pl* -a Absatz *m des Schuhs*
takém -i *m, Pl* -e Service *n,* Satz *m*; ~ **i shtëpisë** Hauseinrichtung *f,* Möbel *Pl*; ~ **i kafes** Kaffeeservice; **një** ~ **rroba** ein kompletter Anzug; ~ **i shalës** Reitzeug *n*; *übertr* **një** ~ **njerëzish** eine Handvoll Menschen, ein paar Leute
ták|ër -ra *f* Eibisch *m*
takím -i *m, Pl* -e Begegnung *f,* Zusammentreffen *n*
takllímëz -a *f, Pl* -a: *Anat* **takllimëza e veshit** Trommelfell *n*
takó|n 1 *tr* treffen, jmdm. begegnen; auf Grund kommen, Grund haben *(im Wasser)*; *itr* zukommen, gehören; *übertr* ~ **që** es kommt vor, daß; **-het** *refl* sich treffen, sich begegnen
takraváte -t *Pl* Hausrat *m,* Hausgerät *n*

taks 14 *tr* versprechen, geloben; ein Gelübde tun
táks|ë -a *f, Pl* -a Steuer *f*
taksí -a *f, Pl* - Taxi *n*
taksirát -i *m, Pl* -e Unheil *n,* Unglück *n,* Ungemach *n*
taksishofér -i *m, Pl* -ë Taxifahrer *m*
taksón 1 *tr* besteuern
takt -i *m* Taktgefühl *n,* Takt *m*; **me** ~ taktvoll
taktík, **-e** *Adj* taktisch
taktík|ë -a *f, Pl* -a Taktik *f*
talént -i *m, Pl* -e 1. Talent *n,* Begabung *f*; **ka** ~ **për muzikë** er hat musikalisches Talent; 2. Talent, talentierter Mensch; ~ **et e reja** die jungen Talente
talentúar (i) *Adj* talentiert, begabt
tál|ë -a *f* Maß *n*; Ausmaß; **u mbush tala** das Maß ist voll; **gjeti puna** ~ **n** die Sache ist im Lot
tálër -i *m, Pl* -e Kelterbottich *m*; Bottich *zur Aufbewahrung von gesalzenem Käse*
talík|ë -a *f, Pl* -a kleiner Packwagen *m*
talk -u *m Min* Talkum *n,* Talk *m*
talúr|e -ja *f, Pl* -e großer, flacher Teller *m,* Platte *f*
tall 14 *tr* auslachen, verspotten, verhöhnen; **-et** *refl* 1. *Spaß* machen, spaßen, scherzen; ~ **et me** jmdn. verspotten, mit jmdm. seinen Spott treiben; 2. nicht mit Ernst bei der Sache sein; herumtrödeln, bummeln
tallagán -i *m, Pl* -e dunkler Männermantel *m aus Ziegen- od. Schafwolle*
tallásh -i *m, Pl* -e Hobelspan *m*
talláz -i *m, Pl* -e 1. Wellengang *m,* Wogen *n*; 2. Schwung *m,* Elan *m*; **mos e merr me** ~ **!** überstürze dich nicht dabei!; 3. Glanz *m* von *Seide*
tallazítet 20 *refl Wellengang* haben, bewegt sein

táll|ë -a *f* 1. entkörnter Maiskolben *m*; 2. Maisstroh *n*
tállës I. -i *Subst/m, Pl* – Spötter *m*; Spaßvogel *m*; II. -e *Adj* spöttisch, spottlustig; scherzhaft
tállj|e -a *f, Pl* -e Spott *m*, Hohn *m*, Verspottung *f*; Spaß *m*, Scherz *m*
tallós -i *m* Stroh *n*
tamám *Adv* genau, gerade; zutreffend; ~ **kështu është** genauso ist es
tamámtë (i) *Adj* genau
tambúr -i *m Tech* Zylinder *m*
tamburá -ja *f, Pl* – Art zweisaitige Mandoline
Támes -i *m* Themse *f*
tám|ërr -rra *f, Pl* -rra = **tambura**
tánë *Poss Pron Pl/m* unsere; **shokët** ~ unsere Kollegen; **shokëve** ~ unseren Kollegen
tangáll|ë -a *f, Pl* -a großer Wald *m*
tangár -i *m, Pl* -ë Kohlenbecken *n*
tángo -ja *f, Pl* – Tango *m*
tangjént -i *m, Pl* -e Tangente *f*
taní *Adv* jetzt; ~ **për** ~ vorläufig, einstweilen, vorderhand
tanín -i *m Chem* Tannin *n*
tanísh|ëm (i), -me (e) *Adj* jetzig; aktuell, gegenwärtig, Gegenwarts-; *Gramm* **kohë e tanishme** Gegenwart *f*, Präsens *n*
tank -u *m, Pl* -e = **tanks**
tankíst -i *m, Pl* -ë *od* -a Panzersoldat *m*
tanks -i *m, Pl* -a *Mil* Panzer *m*
Tanzaní -a *f* Tansania *n*
táp|ë -a *f, Pl* -a Kork *m*; Korken *m*; *übertr* **u bë** ~ er ist voll, er ist besoffen
tapí -a *f, Pl* – Grundbuchauszug *m*
tapinósur (i) *Adj* bescheiden, demütig
tar -i *m, Pl* -e Zufall *m*
tarabá -ja *f, Pl* – 1. Querriegel *m*, Querstange *f am Fensterladen*; 2. Fensterladen *m*
tarabác -i *m, Pl* -a kleiner Junge *m*

taráb|ë -a *f, Pl* -a = **taraba**
tarác|ë -a *f, Pl* -a = **tarracë**
taráf -i *m, Pl* -e Seite *f*, Partei *f*; **njeri me** ~ ein Mann mit Beziehungen, ein einflußreicher Mann
taralé *Adv* in der Schwebe, ohne feste Basis; **mbeti** ~ es hing in der Luft
taratór -i *m, Pl* -ë Kaltschale *f aus Joghurt, Knoblauch, Öl u. Essig*
tárb|ë -a *f*: **na i bëri** ~ **të gjitha** er hat uns das ganze Geld abgenommen, er hat uns keinen roten Heller gelassen
tarbós 21 *tr* im Spiel jmdm. das ganze Geld abknöpfen, alles abgewinnen
tarçúk -u *m, Pl* -ë lederner Brotbeutel *m der Hirten*
tár|e -ja *f* Tara *f*, Verpackungsgewicht *n*
tarhaná -ja *f mit Milch od. Joghurt angesäuerter Teig, der getrocknet und abgerieben wird*, Art Spätzle; Suppe aus diesem Teig
tarif|ë -a *f, Pl* -a Tarif *m*; ~ **ditore** Tagestarif; ~ **nate** Nachttarif; Preisliste *f*, Gebührenliste *f*; Lohnsatz *m*; **vë** ~ den Preis bestimmen, einen Tarif festlegen
tarkáç|e -ja *f, Pl* -e = **tarçuk**
tarógz|ë -a *f, Pl* -a Brustpanzer *m*
tarók -u *m, Pl* -ë Jungbulle *m*, Jungstier *m*
tars -i *m* Fußfessel *f Knöchel- u.Fersengegend am Fuß*
tartabíq|e -ja *f, Pl* -e Wanze *f*
tartakút -i *m* Schurke *m*, elender Kerl *m*
tartarík, -e *Adj*: **acid** ~ Weinsäure *f*
tartarós 21 *tr* sauer machen; säuern, einsäuern; **-et** *refl* sauer werden
tarr 14[1] *tr Weinstöcke* beschneiden

tarrabéc -i *m, Pl* -a Junge *m,* Knabe *m zwischen 12 u. 15 Jahren*

tarrác|ë -a *f, Pl* -a Terrasse *f eines Hauses,* Veranda *f*

tas -i *m, Pl* -e **1.** metallener Wassernapf *m;* **2.** Schüssel *f*

tasmá -ja *f* Streichriemen *m,* Riemen *zum Abziehen des Rasiermessers*

tasqebáp -i *m* Fleischhaschee *n*

tastiér|ë -a *f, Pl* -a Tastatur *f,* Klaviatur *f*

tasúk -u *m, Pl* -ë Näpfchen *n,* Schüsselchen *n*

tash *Adv* jetzt

tásh|ëm (i), -me (e) *Adj* jetzig; gegenwärtig, Gegenwarts-; aktuell

táshm|e -ja (e) *f* Jetztzeit *f,* Gegenwart *f; Gramm* Präsens *n*

tashmë *Adv* jetzt, nunmehr

tashtí *Adv* jetzt

tatalósh -i *m, Pl* -a argloser, gutmütiger Mann *m*

tatár I. -i *Subst/m, Pl* -ë Tatar *m;* **II.** -e *Adj* tatarisch

tát|ë -a *m* Vati *m,* Papa *m*

tatëmádh -i *m* Großvater *m,* Opa *m*

tatëpjét|ë I. -a *Subst/f, Pl* -a Abhang *m,* Hang, Steilwand *f; übertr* Niedergang *m,* Verfall *m;* **ka marrë ~n** es geht abwärts mit ihm *od.* damit; **II.** *Adv* abwärts, herab, hinab; **III.** *Präp (mit Abl)* herab, hinab; **~ shpatit** den Hang hinab

tatëzót -i *m* = **tatëmadh**

tatím -i *m, Pl* -e Besteuerung *f;* Steuer *f;* **~ fitimi** Einkommensteuer, Gewinnsteuer

tatón 1 *tr* besteuern

tatuázh -i *m* Tätowierung *f,* Tätowieren *n*

tátull -a *f* Stechapfel *m;* **piu ~ën** er hat Gift genommen

tautologjí -a *f* Tautologie *f*

taván -i *m, Pl* -e Decke *f,* Zimmerdecke

tavaním -i *m, Pl* -e *Bauw* Verschalung *f*

tavanón 1 *tr Bauw* verschalen

tavanxhí -u *m, Pl* – *od* -nj Bautischler *m*

tavérn|ë -a *f, Pl* -a Taverne *f,* Schenke *f,* Weinkeller *m;* Bar *f*

táv|ë -a *f, Pl* -a Pfanne *f;* Pfannengericht *n*

tavllá -ja *f Gefäß zur Aufnahme des Lötzinns*

távll|ë -a *f, Pl* -a **1.** Aschenbecher *m;* **2.** Tricktrackspiel *n;* **kalë tavlle** *od* **kalë i ~s** Reitpferd *n*

tavolín|ë -a *f, Pl* -a Tisch *m; Tech* **~ e zdrukthtarit** Hobelbank *f;* Aufspannvorrichtung *f*

taxhík I. -u *Subst/m, Pl* -ë Tadshike *m;* **II.** -e *Adj* tadshikisch

táze *Adj* frisch *(Speisen, Obst usw.);* **gjalpë ~** frische Butter *f*

te *Präp (mit Nom)* **1.** zu; **shko ~ ungji!** geh zum Onkel!; **gjer ~ gardhi** bis zum Zaun; **2.** an, bei; **isha ~ halla** ich war bei der Tante; **mu ~ muzeu** genau am Museum

teát|ër -ri *m, Pl* -ra *od* -ro Theater *n;* dramatisches Gesamtwerk *n eines Autors*

teatrál, -e *Adj* Theater-; **shfaqje ~e** Theatervorstellung *f; übertr* theatralisch

teatrór, -e *Adj* Theater-

tebeshír -i *m, Pl* -e Kreide *f*

tef -i *m, Pl* -a Schneide *f,* Klinge *f;* **më ~ të krahut** auf der Schulter; **më ~ të kodrës** oben auf dem Hügel; **i 'ra vendit ~ më ~** er durchwanderte das ganze Land

teferíç -i *m schattiges, am Wasser gelegenes Ausflugsziel*

teftér -i *m, Pl* -ë Heft *n*

tegél -i *m, Pl* -a *od* -e Naht *f mit der Nähmaschine;* **bën ~** steppen; **~ i saldimit** Schweißnaht

teh -u *m*, *Pl* -a Schneide *f*, Schärfe *f*, Klinge *f*; *Tech* Kante *f*, Rippe *f*

tehrí -a *f*, *Pl* -a Borte *f*, Litze *f*, Tresse *f für Trachten*

tej I. *Präp (mit Abl)* jenseits, auf der anderen Seite; ~ **Drinit** jenseits des Drin; **të kam ~ vëllait** du bist mir mehr als ein Bruder; *(mit Akk)* hinüber, auf die andere Seite; ~ **Drinin** über den Drin hinweg; **II.** *Adv* drüben; hinüber; **atje ~** dort drüben; **më ~** weiter weg, weiter drüben; später, späterhin; **sillet ~ tëhu** er treibt sich überall herum; **~ e ~** durch und durch; **e shpoi ~ e ~** er durchbohrte ihn völlig; **~ masës** maßlos, über die Maßen; **këtej e ~** von nun an

tejbártj|e -a *f Tech* Translation *f*

tejçím -i *m Tech* Transmission *f*; Übermittlung *f*, Übertragung *f*; **~ energjie** Energieübermittlung

tejçón 1 *tr* übermitteln, übertragen, übersenden

tejdúkj|e -a *f* Transparenz *f*

tejdúksh|ëm (i), -me (e) *Adj* durchscheinend, transparent

tejdukshmërí -a *f* Transparenz *f*

téje *Pers Pron Abl* → **ti**

tejendánë *Adv* durchgängig, durchgehend

tëjet *Adv* maßlos, extrem

tejetéj *Adv* durch und durch, mittendurch; **e shpoi ~** er durchbohrte ihn völlig

tejkalím -i *m* Übererfüllung *f der Norm usw.*, Überbieten *n*

tejkalón 1 *tr* die *Norm* übererfüllen, überbieten

tejmatánë *Adv* = **tejpërtej**

téjm|ë (i), -e (e) *Adj* von drüben, von der anderen Seite; auf der anderen Seite, drüben

tejngímë (i) *Adj* übersättigt

tejngróh 14³ *tr* überhitzen

tejpásh|ëm (i), -me (e) *Adj* durchsichtig

tejpërtéj *Adv* durch und durch, völlig hindurch; **i shkoi plumbi ~** die Kugel durchbohrte ihn völlig

tejqýr|ë -a *f*, *Pl* -a Fernglas *n*; Fernrohr *n*

tejshikím -i *m* Voraussicht *f*, Weitblick *m*

tejshikónjës, -e *Adj* weitblickend, vorausschauend

tejshkúar (i) *Adj*: **e kryer e ~** *Gramm* Zweiter Aorist *m*

tejshtrirësí -a *f Geol* Transgression *f*

téjz|ë -a *f*, *Pl* -a **1.** Sehne *f*; **2.** Saite *f*; **3.** dünne Wollschnur *f*

¹tek I. -e *Adj* einzeln, unpaarig; **këpucë ~ e** ein einzelner Schuh; **II.** *Adv* ungerade; **par a ~?** *od* **çift a ~?** gerade oder ungerade?; im Paar oder einzeln?

²tek I. *Konj* **1.** dort wo; **~ është fëmija** dort wo das Kind ist; **2.** gerade als; **~ po mendohej** gerade als er dachte; **II.** *Adv* da; **ja ~ është!** da ist er ja!; **III.** *Präp (mit Nom)* zu; **vajti ~ i biri** er ging zu seinem Sohn

téka -t *Pl* Launen *Pl*; **e ka punën me ~** er arbeitet nur, wenn er Lust hat; **njeri me ~** ein launischer Mensch

tekandéj *Adv* so ungefähr, um ...herum; jenseits

tekanjóz, -e *Adj* launisch

tekdó *Konj* wo immer, überall wo; **~ që** wohin auch immer

ték|e -ja *f*, *Pl* -e Jagdflinte *f mit einem Lauf*

téket (më) 14³ *unpers* Lust haben auf, Appetit haben auf, Verlangen haben nach; **kështu m'u tek** so gefiel es mir, so paßte es mir; **kur t'i ~** wenn es ihm paßt, wenn er Lust hat

tekëndéj *Adv* **1.** etwa hier, hier

teknік

herum, hier in der Gegend; 2. etwa jetzt; von nun an
tekník I. -u *Subst/m*, *Pl* -ë Techniker *m*; **II.** -e *Adj* technisch; **personeli** ~ das technische Personal; **redaktor** ~ technischer Redakteur *m*
teknік|ë -a *f* **1.** Technik *f*; **2.** Technik, Fertigkeit *f*; **teknika e muzikës** die musikalische Technik; **3.** Technik, technische Ausrüstung *f*; **teknika moderne** die moderne Technik
teknikísht *Adv* technisch; vom technischen Standpunkt
tekníko-materiál, -e *Adj* materielltechnisch
tekníko-shkencór, -e *Adj* wissenschaftlich-technisch
teknikúm -i *m*, *Pl* -e Technikum *n*
teknokrát -i *m*, *Pl* -ë Technokrat *m*
teknológ -u *m*, *Pl* -ë Technologe *m*
teknologjí -a *f* Technologie *f*
teknologjík, -e *Adj* technologisch
téksa *Adv* gerade, eben
tekst -i *m*, *Pl* -e Text *m*; Text, Wortlaut *m*; Urtext, Original *n*
tekstíl I. -e *Adj* textil, Textil-; **industria** ~ e Textilindustrie *f*; **II.** -i *Subst/m*, *Pl* -e Gewebe *n*; ~ e *Pl* Textilien *Pl*, Webwaren *Pl*; **kombinati i** ~ **it** Textilkombinat *n*
tekstilíst -i *m*, *Pl* -ë *od* -a Textilarbeiter *m*
tekstilíst|e -ja *f*, *Pl* -e Textilarbeiterin *f*
tekstualísht *Adv* wörtlich; **përkthimi** ~ die wörtliche Übersetzung
tektoník, -e *Adj* tektonisch
tektoník|ë -a *f* Tektonik *f*
tek tuk *Adv* hier und da; ab und zu, selten einmal
tel -i *m*, *Pl* -a **1.** Draht *m*; ~ **at e telegrafit** die Telegraphendrähte; *Tech* Draht, Kabel *n*, Leitung *f*; **heq** ~ **a** Draht ziehen; **2.** Metalldraht, Goldfaden *m*, Silberfaden zum Sticken; **3.** Saite *f*; *übertr* ~ **at e zemrës** die Saiten des Herzens; **4.** Fäden *Pl aus Flittergold zum Schmücken der Braut*; **5.** Telegramm *n*, Drahtnachricht *f*; **heq** ~ telegraphieren
teláshe -i *m*, *Pl* -e Unruhe *f*, Aufregung *f*; Kopfzerbrechen *n*, Sorge *f*; ~ **e** *Pl* Schwierigkeiten *Pl*, Klemme *f*; **vë në** ~ **e** in Schwierigkeiten bringen
telatín I. -i *Subst/m* Lackleder *n*; **këpucë** ~ **i** Lackschuhe; **II.** -e *Adj* aus Lackleder, Lack-; **këpucë** ~ **e** Lackschuhe
teleferík -u *m*, *Pl* -ë Seilbahn *f*, Schwebebahn *f*
telefón -i *m*, *Pl* -a *od* -e Telefon *n*, Fernsprecher *m*; **receptori i** ~ **it** der Telefonhörer; Telefongespräch *n*; **bën një** ~ telefonieren
telefoník, -e *Adj* Telefon-, Fernsprech-, telefonisch; **shërbim** ~ Fernsprechdienst *m*; **kabinë** ~ **e** Telefonzelle *f*
telefoníst -i *m*, *Pl* -ë *od* -a Telefonist *m*
telefonón 1 *itr* telefonieren, anrufen
telegráf -i *m*, *Pl* -ë Telegraf *m*
telegrafí -a *f* Telegrafie *f*
telegrafík, -e *Adj* telegrafisch
telegrafíst -i *m*, *Pl* -ë *od* -a Telegrafist *m*
telegrafón 1 *itr* telegrafieren
telegrám -i *m*, *Pl* -e Telegramm *n*
telekomandím -i *m*, *Pl* -e Fernlenkung *f*, Fernsteuerung *f*
telekomandón 1 *tr* fernlenken, fernsteuern
telekomandúar (i) *Adj* ferngelenkt, ferngesteuert
telemét|ër -ri *m*, *Pl* -ra Entfernungsmesser *m*, Telemeter *n*
telemetrí -a *f* Telemetrie *f*, Entfernungsmessung *f*
telemetrík, -e *Adj* telemetrisch

telepatí -a *f* Telepathie *f*, Gedankenübertragung *f*
teleskóp -i *m*, *Pl* -e Teleskop *n*, Fernrohr *n*
teleshmán I. -i *Subst/m* Dummkopf *m*, Blödian *m*, Verrückter *m*; **II.** -e *Adj* verrückt, blöd, irre
televizión -i *m* Fernsehen *n*
televizív, -e *Adj* Fernseh-; **stacion** ~ Fernsehsender *m*, Fernsehstation *f*
televizór -i *m*, *Pl* -ë Fernsehgerät *n*, Fernseher *m*
telikós 21 *tr* entkräften, schwächen, abmagern lassen *(Krankheit)*; **-et** *refl* kraftlos werden, schwach werden, abmagern
telísh -i *m* Filigranarbeit *f*
telózna -t *Pl* Tribut *m*
tellálí -i *m*, *Pl* -ë *alt* Herold *m*, Ausrufer *m*, Marktschreier *m*; Werbeverkäufer *m*; **nxjerr në** ~ feilbieten; versteigern; *übertr* **ai është** ~ er ist ein Schwätzer
tellallís 21 *tr* eine Nachricht ausrufen, verkünden
temálas -i (i) *m*, *Pl* - (të) *jemand von der anderen Seite des Berges*
tematík, -e *Adj* thematisch, Themen-; **plan** ~ Themenplan *m*
tematík|ë -a *f* Thematik *f*
temél -i *m*, *Pl* -e 1. *Bauw* Fundament *n*; 2. *Geom* Grundlinie *f*; Grundfläche *f*; Basis *f*; 3. *übertr* Basis, Grundlage *f*
temelím -i *m*, *Pl* -e 1. Grundsteinlegung *f*; Errichtung *f*; 2. Gründung *f*
temelón 1 *tr* 1. Grundstein legen; errichten; 2. gründen
temená -ja *f*, *Pl* – *orientalische Begrüßung u.Ehrenbezeigung*
tém|ë -a *f*, *Pl* -a Thema *n*, Stoff *m*, Gegenstand *m*; Aufsatz- *od.* Prüfungsthema
temján -i *m* Weihrauch *m*
temjaníc|ë -a *f*, *Pl* -a Weihrauchkessel *m*
temjanís 21 *tr* mit Weihrauch beräuchern
temperamént -i *m*, *Pl* -e Temperament *n*, Gemütsart *f*; Lebhaftigkeit *f*
temperatúr|ë -a *f*, *Pl* -a Temperatur *f*; Fieber *n*
temp -i *m*, *Pl* -e Tempo *n*, Zeitmaß *n*
témpull -i *m*, *Pl* témpuj Tempel *m*
tendénc|ë -a *f*, *Pl* -a Tendenz *f*; Absicht *f*
tendencióz, -e *Adj* tendenziös; zweckbestimmt
ténd|ë -a *f*, *Pl* -a Zelt *n*; Schirmdach *n*, Schutzdach *n*, Vordach *n*; ~ **prej doku** Markise *f*
tendós 21 *tr* die Kräfte anspannen; **-et** *refl* spannen; **palltua iu** ~ **në shpatullat** der Mantel war ihm an den Schultern zu eng
teneqé -ja *f*, *Pl* – verzinntes Eisenblech *n*; Kuchenblech; Blechbüchse *f*
teneqepunúes -i *m*, *Pl* – = **teneqexhi**
teneqexhí -u *m*, *Pl* – *od* -nj Blechschmied *m*, Blechner *m*
tenís -i *m* Tennis *n*; **fushë** ~**i** Tennisplatz *m*
tenór -i *m*, *Pl* -ë Tenor *m*
tensión -i *m*, *Pl* -e 1. Druck *m*; ~ **i i avullit** der Dampfdruck; ~ **i i gjakut** der Blutdruck; ~ **i ulët i gjakut** niedriger Blutdruck; 2. *Pol* Spannung *f*; 3. *El* Spannung; ~ **i rrjetit** Netzspannung; ~ **i ulët** Niedrigspannung; ~ **i lartë** Hochspannung; ~ **i tepërt** Überspannung
tentatív|ë -a *f*, *Pl* -a Anstrengung *f*, Bemühung *f*; Versuch *m*, Probe *f*, Vorstoß *m*
tentón 1 *tr* versuchen, erproben, ausprobieren; *itr* tendieren, abzielen; ~ **drejt ...** tendieren zu ...
tenxhér|e -ja *f*, *Pl* -e Kochtopf *m*,

Topf; *übertr* **gjeti tenxherja kapakun** der Topf hat seinen Deckel gefunden, die Richtigen haben sich gefunden
ténj|ë -a *f* **1.** Motte *f*, Kleidermotte; **2.** Holzwurm *m*; *übertr* **i ka hyrë tenja** da ist der Wurm drin
teodolít -i *m*, *Pl* -ë Theodolit *m*
teológ -u *m*, *Pl* -ë Theologe *m*
teologjí -a *f* Theologie *f*
teologjík, -e *Adj* theologisch
teorém|e -a *f*, *Pl* -a *Math* Theorem *n*, Lehrsatz *m*
teorí -a *f*, *Pl* – Theorie *f*, Lehre *f*
teoricién -i *m*, *Pl* -ë Theoretiker *m*
teorík I. -u *Subst/m*, *Pl* -ë Theoretiker *m*; **II.** -e *Adj* theoretisch
teorikísht *Adv* theoretisch
teorisién -i *m*, *Pl* -ë Theoretiker *m*
teorizím -i *m*, *Pl* -e Theoretisierung *f*
teozofí -a *f* Theosophie *f*
tepé -ja *f*, *Pl* – Hügel *m*; **~ ja e kokës** der Scheitel
tép|ë -a *f Bot* Einkorn *n*
tép|ër I. (i) *Adj* überschüssig, überzählig; überflüssig, unnötig; **është e ~ ta them** es ist nicht nötig, daß ich das sage; **për së tepri** zu viel, übermäßig viel; **me të ~** mit Zusatz, mit Zuschlag; **II.** *Adv* mehr, darüber hinaus; sehr; **më dhe ~** du hast mir zu viel gegeben; **pse ngute kaq ~?** warum hast du dich so beeilt?; **më ~ se** mehr als; **~ sekret** streng geheim; **III.** -ra (e) *Subst/f*, *Pl* -ra (të) Überflüssiges *n*; Überschüssiges *n*
tépërm (i) *Adj* = i **tepër**
tépërt (i) *Adj* = i **tepër**
tepósht|e -ja *f*, *Pl* -e Abhang *m*, Hang *n*, Steilhang; Verfall *m*, Niedergang *m*; **ka marrë ~n** es geht bergab mit ihm
tepóshtë *Adv* abwärts, hinab, herab; **zdrypi ~** er stieg herab; **pesëdhjetë vjet e ~** 50 Jahre und darunter

teprí -a *f* Maßlosigkeit *f*, Übermaß *n*; Übertreibung *f*
tepríc|ë -a *f*, *Pl* -a **1.** Rest *m*, Überrest, Überbleibsel *n*; **teprica gjellash** Speisereste; **2.** Überfluß *m*; **me ~** im Überfluß
teprón 1 *tr* übertreiben; zu weit gehen; **tani e teprove!** jetzt bist du aber zu weit gegangen!, jetzt ist es aber genug!; *tr* übrig bleiben
tepsí -a *f*, *Pl* – *od* -ra Pfanne *f zum Backen von Brot u. Blätterteig*, Backpfanne *bes. aus Kupfer*, rundes Kuchenblech *n*
teptís 21 *itr* sich ergießen, über die Ufer treten; **~ nëpër fshatrat** die Dörfer überschwemmen; ausbrechen *(Vulkan)*
teptísj|e -a *f* Überschwemmung *f*, Erguß *m*; Vulkanausbruch *m*
teqé -ja *f*, *Pl* – Derwischkloster *n*; *übertr* heiliger Ort *m*, Heiligtum *n*
¹**ter** -i *m*, *Pl* -ë *od* -a Stier *m*, Bulle *m*
²**ter** 14 *tr* trocknen, dörren; **-et** *refl* sich abtrocknen; **u ~ rruga** die Straße ist wie leergefegt; *übertr* blaß werden, erbleichen
¹**terák** -u *m*, *Pl* -ë Ochse *m*
²**terák**, -e *Adj* dürr, ausgetrocknet *(Gegend)*
terapeutík, -e *Adj* therapeutisch, Heil-
terapí -a *f* Therapie *f*, Heilbehandlung *f*
tercét -i *m*, *Pl* -e Terzett *n*
terciár -i *m* Tertiär *n*
terebentín|ë -a *f Bot* Harz *n*
terén -i *m*, *Pl* -e **1.** Hinterland *n*; **2.** Terrain *n*, Basis *f*; **ai punon në ~** er arbeitet an der Basis, er ist an Ort und Stelle
terezí -a *f*, *Pl* – Waage *f*; *übertr* **s'është në ~** er ist nicht im Gleichgewicht, er fühlt sich nicht wohl; **mban ~në** das Gleichgewicht halten; **me ~** abgewogen, gemessen, sorgfältig

terezít 22 *tr* wägen; *eine Sache abwägen*; sparsam verwenden
tér|ë -a *f* Festland *n*
terí -a *f* Brunstzeit *f des Rindes*
teríg -u *m* angenehmer Windhauch *m*, leichte Brise *f*, Lüftchen *n*
teri̇́k -u *m*, *Pl* teríqe Festland *n*, festes Land *n*
terín|ë -a* *f*, *Pl* -a Festland *n*, Trockene *n*; Wetterdach *n für Schafe*
térj|e -a *f* Trocknen *n*, Dörren *n*, Trocknung *f*
terlíq|e -ja *f*, *Pl* -e Hausschuh *m aus feinem Schaf- od. Ziegenleder*
term -i *m*, *Pl* -e Terminus *m*, Fachwort *n*, Fachausdruck *m*
termál, -e *Adj* thermal; **ujëra** ~ **e** Thermalquellen *Pl*
térm|ë (i), -e (e) *Adj* trocken, fest *(Land)*
termëzát -i *m* unverschnittener Jungstier *m*
termík, -e *Adj* thermisch
terminologjí -a *f* Terminologie *f*
terminologjík, -e *Adj* terminologisch
termíte -t *Pl* Termiten *Pl*
termobërthamór, -e *Adj* thermonuklear; **lufta** ~ **e** Atomkrieg *m*
termocentrál -i *m*, *Pl* -e Wärmekraftwerk *n*
termodinamík|ë -a *f* Thermodynamik *f*
termomét|ër -ri *m*, *Pl* -ra Thermometer *n*
termós -i *m*, *Pl* -e Thermosflasche *f*
terplót|e -ja *f*, *Pl* -e Worfel *f*, Worfschaufel *f*
ters I. -e *Adj* ungünstig, unglücklich, Unglücks-; **numër** ~ Unglückszahl *f*; unheilverheißend, unglückbringend; **e ka këmbën** ~ er bringt Unglück, er ist ein Pechvogel; **njeri** ~ unverträglicher Mensch; II. *Adv*: **e ke** ~ es ist schlecht um dich bestellt; **i shkon puna** ~ ihm geht die Arbeit nicht von der Hand; die Sache mißlingt ihm; **mos i merr** ~ **fjalët** nimm die Worte nicht übel, mißverstehe die Worte nicht
tersllék -u *m*, *Pl* terslléqe Unheil *n*, Unglück *n*, Pech *n*
tertíp -i *m*, *Pl* -e Plan *m*, Ordnung *f*
terr -i *m* Dunkel *n*, Dunkelheit *f*, Finsternis *f*
terratís 21 *tr* verdunkeln; **-et** *refl* dunkel werden
terrén -i *m*, *Pl* -e 1. Grund *m*, Boden *m*; 2. *übertr* Gebiet *n*, Bereich *m*
térrët (i) *Adj* dunkel, finster
territór -i *m*, *Pl* -e Territorium *n*, Gebiet *n*; ~ **i i shkollës** der Schulbezirk
terró|n 1 *tr* verdunkeln, verfinstern; **-het** *refl* dunkel werden
terrór -i *m* Terror *m*, Schreckensherrschaft *f*, Gewaltherrschaft *f*; Schrecken *m*, Angst *f*
terrorist -i *m*, *Pl* -ë *od* -a Terrorist *m*
terroristík, -e *Adj* terroristisch, Terror-
terrorizón 1 *tr* terrorisieren
térrsh|ëm (i), -me (e) *Adj* dunkel, finster
terrtóhet 1 *refl* die Brauen vor Zorn runzeln
tespí -të *Pl* = tespihe
tespíç|e -ja *f* = tespixhe
tespíhe -t *Pl* Gebetskette *f der Mohammedaner*
tespíxh|e -ja *f* Art süßer Nudelauflauf
testamént -i *m*, *Pl* -e Testament *n*
testamentár, -e *Adj* testamentarisch
¹**tést|e** -ja *f* Alter *n*, Altersgruppe *f*, Jahrgang *m*; Altersgenossen *Pl*, Gleichaltrige *Pl*; **është i** ~ **s sonë** er ist von unserer Art, er gehört zu uns
²**tést|e** -ja *f*, *Pl* -e Test *m*
³**tést|e** -ja *f*, *Pl* -e zehn Stück; **me** ~ dutzendweise

testërón 1 *tr* diskutieren, erörtern, besprechen; sprechen über, sich befassen mit

testikúl|ë -a *f, Pl* -ë Testikel *m*, Hoden *m*

tesh -i *m* **1.** Taugenichts *m*, Nichtsnutz *m*, Tunichtgut *m*; **2.** *Med* Syphilis *f*

téshet 14² *refl* niesen

tésh|ë -a *f* Staubkörnchen *n*, Härchen *n*, kleiner Splitter *m*; **teshat** *Pl* Sachen *Pl*, Hausrat *m*; Sachen, Kleidungsstücke *Pl*, Gegenstände *Pl*; *Med* **teshat e bardha** Ausfluß *m*, Weißfluß *m*

teshtím|ë -a *f, Pl* -a Niesen *n*

teshtín 6 *od* 11 *itr* niesen

tetanós -i *m* Tetanus *m*, Wundstarrkrampf *m*

tetár -i *m, Pl* -ë Gefreiter *m*; Korporal *m*

tét|ë I. *Num* acht; **II.** (i) *Adj* achter; **III.** -a *Subst/f* Acht *f*

tetëdhjétë *Num* achtzig

tetëfishón 1 *tr* verachtfachen

tetëkémbësh -i *m, Pl* -a *od* - Achtfüßler *m*, Oktopode *m*

tetëkéndësh -i *m* Achteck *n*

tetëmbëdhjétë *Num* achtzehn

tetëmujór, -e *Adj* Achtmonats-

tetëqínd *Num* achthundert

tétësh -i *m, Pl* -a Acht *f*

tetëvjeçár, -e *Adj* Achtjahres-; **shkollë** ~ **e** Grundschule *f*

této -ja *f, Pl* – Tante *f (Schwester der Mutter)*

tetór -i *m* Oktober *m*

tetórësh -i *m* Achtstundentag *m*

tetovím -i *m, Pl* -e Tätowierung *f*

tetraéd|ër -ri *m, Pl* -ra Tetraeder *n*

tétsh|e -ja *f, Pl* -e **1.** Acht *f*; **2.** Trommelrevolver *m mit 8 Ladungen*

teveqél I. -i *Subst/m, Pl* -ë gutmütiger Dummkopf *m*, harmloser Trottel *m*; **II.** -e *Adj* gutmütig u. vertrottelt

tevlíg -u *m, Pl* tevlígje Jochbogen *m*, Holzbügel *m des Jochs*

téz|e -ja *f, Pl* -e = **teto**

téz|ë -a *f, Pl* -a These *f*, Lehrsatz, Satz *m*

tézg|ë -a *f, Pl* -a **1.** Ladentafel *f*, Ladentisch *m*; **2.** Traggestell *n für Baumaterialien*

tezgjáh -u *m, Pl* -ë **1.** Webstuhl *m*; **2.** großer Amboß *m des Schmieds*

tezgjér|e -ja *f, Pl* -e Traggestell *n der Bauarbeiter*

¹**të** *Pers Pron Kurzform Dat Akk* → **ti**

²**të** *Pers Pron verkürzte Form Akk* → **ai** *od* **ajo**; **për** ~ für ihn; **nën** ~ darunter

³**të** *Gramm Partikel zur Bildung des Konjunktivs, Futur-Konditionals u. des Jussivs*; ~ **shkojë** er gehe, daß er gehe; **do** ~ **shkojë** er wird gehen; **le** ~ **shkojë** er soll gehen, mag er gehen

⁴**të** *Gramm Partikel zur Bildung bestimmter infiniter Konstruktionen*; **për** ~ **shkuar** um zu gehen; **me** ~ **shkuar ai** als er ging; sobald er geht

⁵**të** *Gramm vorangestellter Artikel*

tëbán|ë -a *f, Pl* -a Hirtenhütte *f auf der Alm*, Almhütte

tëhárr 14¹ *tr* Gehölze beschneiden, ausholzen; Äste ausschneiden

tëhóll 14 *tr* Teig dünn ausrollen

tëhólló|n 1 *tr* verdünnen; *Teig* dünn ausrollen; **-het** *refl* dünn werden, mager werden; *übertr* in Ohnmacht fallen

tëhú *Adv* auf dieser Seite, hier drüben; **eja më** ~ komm weiter herüber, komm näher heran; **tutje** ~ hier und da

tëlýer -i *m* Butter *f*; Öl *n*

tëmáll|ë -a *f, Pl* -ë Backenzahn *m*

¹**témb|ël** -la *f, Pl* -la Süßigkeit *f*

²**témb|ël** -lit *n* Gallenblase *f*

tëmbla -t *Pl* Schläfen *Pl*

tënd *Poss Pron Gen Dat Abl Akk* →

yt; shokut ~ deinem Kollegen;
shokun ~ deinen Kollegen
tënde *Poss Pron Akk* → **jote; shoqen**
~ deine Kollegin
ténd|ë -a *f, Pl* -a Laubhütte *f als Sonnenschutz*
tërbím -i *m* Tollwut *f*
tërbó|n 1 *tr* den Mund zusammenziehen *(von Säure)*; Kinder verhätscheln, verziehen; **-het** *refl* tollwütig werden; *übertr* in Wut geraten, wütend werden, vor Wut toben
tërbór|ë -a *f* Tollwut *f*
tërbúar (i) *Adj* 1. toll, tollwütig; 2. wütend, wutschnaubend, wild; rasend
tër|ë I. *Adj* ganz; ~ **ditën** den ganzen Tag; ~ **bota e di** alle Welt weiß es; II. *Adv* ganz; **mishi ishte** ~ **dhjamë** das Fleisch war das reinste Fett; **ai ishte** ~ **gjak** er war voller Blut; **është** ~ **babai** er ist ganz der Papa; III. (i) *Indef Pron* ganz, vollständig, alles; alle; **të** ~ **e dinë** alle wissen es; **unë jam i tëri** ich bin es selbst; IV. -a (e) *Subst/f* das Ganze, Gesamtheit *f*
tërëfuqísh|ëm (i), -me (e) *Adj* allmächtig
tërënjé *Adv* immer, ständig
tërëséj *Adv* völlig, vollständig, ganz; vollkommen
tërësí -a *f* das Ganze, Ganzheit *f*; Gesamtheit *f*; **në** ~ im ganzen, als Ganzes
tërësísht *Adv* gänzlich, insgesamt, vollständig; völlig, vollkommen
tërësór, -e *Adj* Gesamt-
tërfátet 20 *refl* schnauben *(Pferd)*
tërfíl -i *m* Klee *m*; ~ **mali** Waldklee
tërfúrc|ë -a *f, Pl* -a Krücke *f*
tërfúrk -u *m, Pl* tërfúrq Heugabel *f*, Heuforke *f*
tërhéq 16 *tr* 1. heranziehen; eine anziehende Wirkung ausüben, anziehen; **më tërhoqi vërejtjen** er zog meine Aufmerksamkeit auf sich; 2. wegziehen, zurückziehen; ~ **paret** Geld abheben; ~ **propozimin** den Vorschlag zurückziehen; → **tërhiqet**
tërhéqës, -e *Adj* 1. ziehend; **fuqia** ~ **e** Anziehungskraft *f*; 2. anziehend, reizvoll; anregend
tërhéqj|e -a *f, Pl* -e 1. Anziehung *f*; 2. Rücknahme *f*; Rückzug *m*, Zurückweichen *n*; ~ **të hollash** Abheben *n* von Geld; 3. *Tech* Zug *m*, Ziehen *n*; 4. Ziehung *f*
tërhíqet 16 *refl* 1. sich zurückziehen; zurückgezogen leben; zurückweichen, weichen; 2. sich strecken, sich recken; → **tërheq**
tërhíqte 16 *Imperf* → **tërheq**
tërhóll 14 *tr* verdünnen, dünner machen; **-et** *refl* mager werden, dünner werden
tërhóllës -i *m* Nudelholz *n*, Teigrolle *f*
tërhóqi 16 *Aor* → **tërheq**
tërhózët (i) *Adj* wütend, zornig; scheu, wild *(Pferd)*
tërhúz 14 *tr* Pferde scheu machen; **-et** *refl* scheu werden, scheuen *(Pferde)*; wild werden, wütend werden
tërhúzur (i) *Adj* wild, scheu *(Pferd)*; wild, wütend *(Mensch)*
tërkuzár -i *m, Pl* -ë Seiler *m*
tërkúz|ë -a *f, Pl* -a Seil *n*, Strick *m*, Strang *m*; *übertr* **mos e bën** ~ ! zieh es nicht in die Länge!
tërkuzór|e -ja *f, Pl* -e Seilbahn *f*, Schwebebahn *f*
tërlík -u *m* Frauenmantel *m*
tërmét -i *m, Pl* -e Erdbeben *n*; **lëkundje** ~ **i** seismische Schwingung *f*
tërmónë *Adv* immer, ständig
tërpí -a *f* Tuberkulose *f*, Schwindsucht *f*
tërpjétë *Adv* hinauf, herauf
tërpóshtë *Adv* hinunter, herunter

tërqéthet 14 *refl* schaudern, erschauern, frösteln

tërsír|ë -a *f, Pl* -a Seil *n*, Strick *m*

tërshér|ë -a *f* Hafer *m*

tërshërísht|e -ja *f, Pl* -e Haferfeld *n*

tërthorák -u *m, Pl* -ë Durchmesser *m*, Kreisdurchmesser *m*

tërthórazi *Adv* indirekt; **ia tha ~ er** sagte es ihm durch die Blume

tërthórc|ë -a *f, Pl* -a Querholz *n*, Querlatte *f*

tërthór|e -ja *f, Pl* -e **1.** Umgebung *f einer Stadt*; **2.** *Anat* **tërthorja e barkut** das Zwerchfell; **3.** Straße *f die um einen Berg herumführt*

tërthóri *Adv* **1.** indirekt, auf Umwegen; **2.** seitlich, von der Seite her; **3.** der Breite nach, quer; horizontal, waagerecht; flach; **rri ~** liegen; scheel, schief (anblickend)

tërthórtë (i) *Adj* indirekt

tërthorzón 1 *tr* umgehen

tërrkát 20 *itr* verstimmt sein *(Musikinstumente)*

tështín 6 *itr* niesen

tështítj|e -a *f* Niesen *n*

tët *Poss Pron Akk* → **yt** *od* **jot**; **~ vëlla** deinen Bruder; **~ motër** deine Schwester

t'i *Gramm* Form gebildet aus **të** *u.* **i**

ti *Pers Pron* du

t'ia *Gramm* Form gebildet aus **të** *u.* **i** *u.* **e** *od* **të** *u.* **i** *u.* **i**

Tibér -i *m* Tiber *m*

tífo -ja *f* Typhus *m*; **~ e morrit** Flecktyphus

tifóz -i *m, Pl* -ë leidenschaftlicher Anhänger *m*; **~ sporti** Sportenthusiast *m*; **~ futbolli** Fußballfan *m*

tifóz|e -ja *f, Pl* -e leidenschaftliche Anhängerin *f*; **~ sporti** Sportenthusiastin *f*

tiftík -u *m, Pl* tiftíqe Angorawolle *f*, Mohär *m*

tigán -i *m, Pl* -ë Tiegel *m*, Pfanne *f*

tiganís 21 *tr* im Tiegel braten; **-et** *refl übertr*: **ai ~ et në dhjamin e vet** er ist auf niemanden angewiesen

tiganísj|e -a *f* Braten *n*

tíg|ër -ri *m, Pl* -ra Tiger *m*

tij (i), *Pl* –, -a (të) *Poss Pron* sein; **shoku i ~** sein Kollege; **shoqja e ~** seine Kollegin; **shokët e ~** seine Kollegen; **shoqet e ~ a** seine Kolleginnen

tíllë (i) *Adj* solcher, solch ein, derartiger; **i tilli je?** so einer bist du?

tim *Poss Pron Gen Dat Abl Akk* → **im**; **shokun ~** meinen Kollegen; **shokut ~** meinem Kollegen; **~ vëllai** meinem Bruder

tíme *Poss Pron Akk* → **ime**; **shoqen ~** meine Kollegin; **~ motër** meine Schwester

timón -i *m, Pl* -ë *od* -a Steuer *n*, Steuerruder *n*; Steuerknüppel *m*, Leitwerk *n*; *übertr* **ai e mban ~ in** er hat das Steuer in der Hand

timoniér -i *m, Pl* -ë Steuermann *m*

tinár -i *m, Pl* -ë großer, konischer Bottich *m*

¹**tín|ë** **I.** -a *Subst*/*f* Schlick *m*, Schlamm *m* *auf dem Grund von Gewässern*; **II.** (i) *Adj* trübe *(Wasser)*

²**tín|ë** -a *f, Pl* -a Bottich *m*

tínëz I. *Adv* heimlich, verstohlen; still und leise; **II.** *Präp (mit Abl)* ohne Wissen von

tinëzóhet 1 *refl* sich heimlich davonmachen, sich fortstehlen, fortschleichen

tíng|ë -a *f, Pl* -a Schleie *f*

tingëllím -i *m, Pl* -e **1.** Klang *m*, Ton *m*; Klingen *n*, Läuten *n*; **2.** Widerhall *m*, Echo *n*; **3.** Sonett *n*

tingëllón 1 *itr* klingen, tönen, schallen; widerhallen

tingëllór, -e *Adj* stimmhaft

tíngëllt (i) *Adj Gramm* stimmhaft

tingëllúes, -e *Adj* klingend, tönend; wohlklingend
tíngthi *Adv* auf einem Bein hüpfend
tíngull -i *m*, *Pl* tínguj Ton *m*, Klang *m*; Laut *m*
tingullór, -e *Adj* = tingëllor
tinzák, -e *Adj* heimlich, verborgen, verstohlen
tinzár, -e *Adj* = tinzak
tinzísht *Adv* = tinëz
tip -i *m*, *Pl* -a *od* -e **1.** Typ *m*, Modell *n*, Form *f*; **2.** Typ, Typus *m*
tipáre -t *Pl* Gesichtszüge *Pl*; Wesenszüge *Pl*, Merkmale *Pl*
tipík, -e *Adj* typisch
tipík|e -ja *f* das Typische, das Wesenhafte
tipográf -i *m*, *Pl* -ë Typograph *m*, Schriftsetzer *m*, Buchdrucker *m*
tipografí -a *f*, *Pl* – Typographie *f*, Schriftsetzerei *f*, Buchdruckerkunst *f*
tipografík, -e *Adj* typographisch, Buchdrucker-; **arti** ~ die Buchdruckerkunst; **shkronjat** ~ **e** die Drucklettern, die Typen
tirán -i *m*, *Pl* -ë Tyrann *m*, Gewaltherrscher *m*
tiránas -i *m*, *Pl* – Einwohner *m* von Tirana
Tirán|ë -a *f* Tirana *n*
tiraní -a *f* Tyrannei *f*, Willkürherrschaft *f*; Tyrannei, Joch *n*
tiraník, -e *Adj* tyrannisch, rücksichtslos, Gewalt-
tiranizím -i *m* Tyrannisierung *f*
tiranizón 1 *tr* tyrannisieren
tirázh -i *m*, *Pl* -e Auflage *f* von Büchern usw.
tír|e -ja *f*, *Pl* -e **1.** Art grober Baumwollzwirn; **2.** ~ *Pl* Art weiße Gamaschen; *lange weiße Wollstrümpfe für Frauen*; **3.** Handtuch *n*
tíret 18 *refl übertr*: **më** ~ ich möchte, ich habe Sehnsucht; **i** ~ **për të rrahur** ihm juckt das Fell; → **tjerr**

¹**tír|ë** -a *f*, *Pl* -a großes Weinfaß *n*
²**tír|ë** -a *f*, *Pl* -a Bund *n*, Docke *f*, Strähne *f Garn*
tirjaqí, -e *Adj* süchtig
tirk -u *m Art* weißer Wollfilz
tiroíd -i *m* Schilddrüse *f*
tirq -të *Pl* Beinkleider *Pl der Albaner aus weißem Wollfilz*; Gamaschen *Pl*
tírrte 18 *Imperf* → **tjerr**
tisázh -i *m* Weben *n*, Weberei *f*
¹**titán** -i *m*, *Pl* -ë Titan *m*, Riese *m*; gewaltiger Mensch *m*
²**titán** -i *m* Titan *n*
titaník, -e *Adj* titanisch, riesig, gewaltig
títull -i *m*, *Pl* títuj **1.** Titel *m*, Rangbezeichnung *f*; ~ **nderimi** Ehrentitel; **2.** Titel, Buchtitel, Überschrift *f*; **3.** *Jur* Titel, Rechtsgrund *m*
titullár -i *m*, *Pl* -ë Bürovorsteher *m*, Amtsvorsteher *m*; Leiter *m* einer diplomatischen Vertretung
titullón 1 *tr* titulieren, betiteln
t'iu *Gramm* Form gebildet aus **të** *u*. **i** *u*. **u** *od* **të** *u*. **u** *u*. **u**
tjégull -a *f*, *Pl* -a Ziegel *m*
tjegullár -i *m*, *Pl* -ë Ziegler *m*, Ziegelbrenner *m*
tjegullór|e -ja *f*, *Pl* -e *Bot* Hirschzunge *f*
tjér|ë (të), -a (të) *Indef Pron/Pl* andere; → **tjétër**
tjerr I. 18 *tr* spinnen; *übertr* **mos e tir më!** zieh es nicht in die Länge!; ~ **shpifa** sich Verleumdungen ausdenken; ~ **valle** tanzen; → **tiret**; **II.** -i *Subst/m mit dem Spinnrocken gesponnenes Leinen*
tjérrës I. -e *Adj* Spinn-; **maqinë** ~ **e** Spinnmaschine *f*; **II.** -i *Subst/m*, *Pl* – Spinner *m*
tjérrës|e -ja *f*, *Pl* -e Spinnerin *f*
tjérrj|e -a *f* Spinnen *n*
tjérrm|ë (i), -e (e) *Adj* hohlwangig, abgezehrt, verhärmt

tjétër *Indef Pron* anderer; ~ **herë** ein andermal, ein anderes Mal; ~ **punë** etwas anderes; **muajin** ~ nächsten Monat; **tjetri** der andere; **tjetra** die andere; → **tjerë**
tjetërkáh *Adv* anderswo, woanders; anderswohin
tjetërkúnd *Adv* = **tjetërkah**
tjetërkúsh *Indef Pron* ein anderer, jemand anders
tjetërpasnésër *Adv* überübermorgen
tjetërsój *Adv* anders, auf andere Art
tjetërsón 1 *tr Jur* übereignen
t'ju *Gramm* Form gebildet aus **të** *u*. **ju**
t'jua *Gramm* Form gebildet aus **të** *u*. **ju** *u*. **e** *od* **të** *u*. **ju** *u*. **i**
tkurr 14 *tr* verkleinern, zusammendrücken; zusammenziehen; **-et** *refl* kleiner werden, sich zusammenziehen, schrumpfen; einlaufen
tkúrrj|e -a *f* Zusammenziehung *f*, Schrumpfung *f*, Einlaufen *n*
tkúrrsh|ëm (i), -me (e) *Adj* verkleinerungsfähig; zusammendrückbar
tlándër -a *f, Pl* -a Bündel *n*
tlloftár -i *m, Pl* -ë Fresser *m*, Freßsack *m*, Vielfraß *m*
tmer -i *m* = **tmerr**
tmerr -i *m* Schrecken *m*, Entsetzen *n*; **i hyri** ~**i** ihn befiel Entsetzen
tmérr|ë -a *f* = **tmerr**
tmerrím -i *m* Schrecken *n*; Erschrecken
tmerró|n 1 *tr* in Schrecken versetzen, schrecken, ängstigen; **-het** *refl* sich entsetzen, in Angst geraten, erschrecken
tmerrónjës, -e *Adj* erschreckend, schreckenerregend
tmérrsh|ëm (i), -me (e) *Adj* 1. schrecklich, entsetzlich, grauenvoll; 2. heftig, stürmisch, wuchtig
tmerrúar (i) *Adj* 1. entsetzt, erschreckt; 2. furchtbar, entsetzlich, grauenhaft
toç -i *m, Pl* -a 1. kleiner Maiskolben *m*; 2. Kahlgeschorener *m*; *übertr* harmloser Trottel *m*
toçíll|ë -a *f, Pl* -a 1. Töpferscheibe *f*; 2. Schleifstein *m*, Schleifmaschine *f*
toçít 22 *tr Wein* abfüllen, abziehen
tog -u *m, Pl* tógje Haufen *m*, Stoß *m*, Stapel *m*; Menge *f* von Menschen; **togje-togje** in einzelnen Haufen; *Geol* ~ **malor** Massiv *n*, Bergmassiv
togér -i *m, Pl* -ë Leutnant *m*
¹**tóg|ë** -a *f, Pl* -a *Mil* Zug *m*
²**tóg|ë** -a *f, Pl* -a Toga *f*
tój|ë -a *f, Pl* -a 1. Senkel *m*, Schnürsenkel, Schuhband *n*; Strumpfband *n*; 2. Docht *m*; dicke Seidenfäden *Pl*; 3. Angelleine *f*; 4.: **tojat e hardhisë** die Ranken des Weinstockes
¹**tok** 14³ *tr* 1. Fleisch zerhacken, hacken; 2. *Sense* dengeln, schärfen; 3. *an die Tür* klopfen, pochen
²**tok** *Adv* zusammen, gemeinsam
toká -ja *f, Pl* – = **tokëz**
¹**tók|ë** -a *f, Pl* -a 1. Erde *f*, Boden *m*; **bie në** ~ zu Boden fallen; *übertr* **s'i bie fjala për** ~ er weiß, was er sagt; **Toka** die Erde *als Himmelskörper*; **ajo e** ~**s** Epilepsie *f*; 2. Boden, Land *n*; Acker *m*, Feldstück *n*; *Chem* **toka të rralla** seltene Erden
²**tók|ë** -a *f, Pl* -a Art Gong
³**tók|ë** -a *f, Pl* -a = **tokëz**
tók|ël -la *f, Pl* -la Stück *n*, Stückchen *n*; ~ **sheqeri** Zuckerstückchen
tokësór, -e *Adj* Erd-, Boden-; **fuqitë** ~**e** die Landstreitkräfte
tokëz -a *f, Pl* -a Heftel *n*, Haken *m* und Öse *f*
tokëzím -i *m Tech* Erden *n*, Erdung *f*
tokëzón 1 *tr Tech* erden

tokíc|ë -a *f*, *Pl* -a Haufen *m*, Menge *f*, Gruppe *f*

tokmák -u *m*, *Pl* -ë **1.** Rammbär *m*, Rammbock *m*, Fallhammer *m*; **2.** großer Holzhammer *m*; Sattlerhammer *m*; Holzkeule *f* des Fesherstellers

toksín|ë -a *f* Toxin *n*

tóku (së) *Adv* zusammen, gemeinsam

toleránc|ë -a *f* Toleranz *f*

toleránt, -e *Adj* tolerant

tolerón 1 *tr* tolerieren, dulden

tollác, -e *Adj* kahl, glatzköpfig

tóll|ë -a *f* **1.** Glatze *f*; **2.** Fell *n*, Membrane *f* des Tamburins

tollombáz -i *m* Art Pauke; *übertr* Dummkopf *m*

tolloví -a *f* wüstes Durcheinander *n*, Unordnung *f*

tollovít 20 *tr* durcheinanderbringen, verwirren, das Unterste zuoberst kehren

tollúmba -t *Pl* Art Gummipantoletten

tom -i *m*, *Pl* -e *Typ* Band *m*

tómbola *f*/*best* Tombola *f*

¹**ton** -i *m*, *Pl* -a Thunfisch *m*

²**ton** -i *m*, *Pl* -e Tonne *f* *(Gewichtseinheit)*

³**ton** -i *m*, *Pl* -e Ton *m*; Tonart *f*

tóna *Poss Pron Pl*/*f* unsere; **shoqet** ~ unsere Kolleginnen; **shoqeve** ~ unseren Kolleginnen

tonelát|ë -a *f*, *Pl* -a Tonne *f* *(Gewichtseinheit)*

tonelázh -i *m* Tonnage *f*

¹**tónë** *Poss Pron* **1.** *Gen Dat Abl Akk* → **ynë**; **shokut** ~ unserem Kollegen; **shokun** ~ unseren Kollegen; **2.** *Akk* → **jonë**; **shoqen** ~ unsere Kollegin

²**tón|ë** -a *f*, *Pl* -a = ²**ton**

¹**toník**, -e *Adj Gramm* betont

²**toník**, -e *Adj Med* tonisch, kräftigend

top I. -i *Subst*/*m*, *Pl* -a **1.** Kanone *f*, Geschütz *n*; ~ **kundërajror** Flakgeschütz; **2.** Kugel *f*; Ball *m*; **loz me** ~ Ball spielen; **3.** Maßeinheit *für verschiedene Waren*; **një** ~ **letër** 100 Blatt Papier; **4.** breites Band *n in einem Seidengewebe*; **II.** *Adv* zusammen, gemeinsam; geballt; **bën** ~ zusammenknüllen; **e ka menden** ~ er hat seinen Verstand beisammen

topáll I. -i *Subst*/*m*, *Pl* -ë *od* -a Hinkender *m*, Lahmer *m*; Hinkefuß *m*, Hinkebein *n*; **II.** -e *Adj* hinkend, lahm

topánxh|ë -a *f*, *Pl* -a Art Feuersteinpistole

topáz -i *m*, *Pl* -e Topas *m*

tóp|ër -ra *f*, *Pl* -ra Art kleines Beil

topíl I. -i *Subst*/*m* wasserspeichernde Grube *f zur Bewässerung der Felder*; **II.** *Adv* durchnäßt; **u lag e u bë** ~ er wurde pitschnaß

topít 22 *tr* schrecken, einschüchtern; entmutigen, den Mut nehmen; beirren; **-et** *refl* stumpf werden, schartig werden; *übertr* erstarren, vor Benommenheit nicht sprechen können

topográf -i *m*, *Pl* -ë Topograph *m*

topografí -a *f* Topographie *f*; topographische Darstellung *f*

topografík, -e *Adj* topographisch

topoják, -e *Adj* pausbäckig, voll im Gesicht; klein und mollig

toponimí -a *f* Toponymie *f*

toponomastík|ë -a *f* Toponomastik *f*, Ortsnamenkunde *f*

toptán *Adv* pauschal, insgesamt; en gros

tópthi *Adv* mit dem Ball; **loz** ~ Ball spielen

topurrúk -u *m*, *Pl* -ë *fam* Wonneproppen *m*, Pummelchen *n für kleines, dickes Kind*

topúz -i *m*, *Pl* -e Keule *f*, Streitkeule

tórb|ë -a *f*, *Pl* -a **1.** Umhängetasche

f für Arbeitsgeräte usw.; Beutel *m*, Rucksack *m*; Brotsack *m*; *übertr* **s'ia var ~n** er ist mir gleichgültig; **me kokë në ~** unter Lebensgefahr; **2.** *Maßeinheit von 9 kg für Baumwollgarn*
tóri 18 *Aor* → **tjerr**
torísht|ë -a *f, Pl* -a Schafpferch *m*
tork -u *m, Pl* tórqe **1.** Balken *m der Ölpresse*; **2.** Kelter *f*, Weinpresse *f*
torním -i *m* Drehen *n* an der Drehbank
tornitór -i *m, Pl* -ë Dreher *m*; Drechsler *m*
tórno -ja *f, Pl* – Drehbank *f*; **~ universale** Universaldrehbank; **~ revolver** Revolverdrehbank; Drechselbank *f*
tornón 1 *tr* mit der Drehbank drehen
toroléc -i *m, Pl* -a Heimchen *n*, Grille *f*
toroling|ë -a *f, Pl* -a Pfeifchen *n der Kinder*; *übertr* **ai është ~** er ist leichtsinnig, er ist noch unreif
torolít 22 *tr* hätscheln
torollák I. -u *Subst/m, Pl* -ë Einfaltspinsel *m*, Schwachkopf *m*; **II.** -e *Adj* einfältig, dümmlich
torollák|e -ja *f, Pl* -e einfältige Frau, dümmliche Person
toromán, -e *Adj* begriffsstutzig, einfältig
tororís 21 *tr* **1.** *ein Kind* mit sanften Worten einschläfern, einlullen; **2.** liebkosen, hätscheln
torpediniér|ë -a *f, Pl* -a Torpedoboot *n*
torpíl|ë -a *f, Pl* -a Torpedo *m*
torpilím -i *m* Torpedieren *n*
torpilón 1 *tr* torpedieren
¹**tórt|ë** -a *f, Pl* -a Strick *m*; **~ gjethesh** Laubgewinde *n*, Girlande *f*; *übertr* **mos e ngjat ~!** zieh es nicht in die Länge!
²**tórt|ë** -a *f, Pl* -a Torte *f*

tortúr|ë -a *f, Pl* -a Tortur *f*, Folter *f*, Marter *f*; *übertr* Qual *f*, Tortur
torturón 1 *tr* foltern, martern, quälen
tórthi *Adv* rundherum, im Kreise
tor|úa -ói *m, Pl* -ónj **1.** Spur *f*, Fährte *f*; Wegzeichen *n*; *übertr* **e humbi ~n** er hat den Faden verloren; **ma prishi ~n** er hat mich ganz irre gemacht; **2.** geheimer Pfad *m*, Schleichweg *m*; **3.** Aufmerksamkeit *f*, Wachsamkeit *f*, Vorsicht *f*
tórr|ë I. -a *Subst/f* Kreis *m*, Rund *n*; **II.** *Adv* ringsum, herum, in der Nähe; **vinte ~** er drehte sich; **atje ~** irgendwo dort herum
tórrl|ë -a *f, Pl* -a Schraube *f*; **~ e llambës** Dochtschraube
torrlón 1 *tr* betrügen, täuschen, an der Nase herumführen
torrován -i *m, Pl* -ë Grille *f*, Heimchen *n*
tosk, -e *Adj* toskisch, südalbanisch
tósk|ë -a *m, Pl* -ë Toske *m*, Südalbaner *m*
toskërísht *Adv* auf toskisch
toskërísht|e -ja *f* Toskisch *n*
totolésh -i *m, Pl* -ë Gutgläubiger *m*, Leichtgläubiger *m*, Argloser *m*
totolésh|e -ja *f, Pl* -e Gutgläubige *f*, Leichtgläubige *f*, Arglose *f*
toz -i *m, Pl* -e Staub *m*, Staubkorn *n*
tra -ri *od* -u *m, Pl* -rë *od* trenj *od* trérë Balken *m*, Pfosten *m*; *Sport* **~u i ekuilibrit** der Schwebebalken
trabadár -i *m, Pl* -ë Dolle *f am Boot*
tradicionál, -e *Adj* traditionell, überliefert
tradít|ë -a *f, Pl* -a Tradition *f*, Überlieferung *f*
tradhëtí -a *f* = **tradhti**
tradhëtón 1 *tr* = **tradhton**
tradhtár I. -i *Subst/m, Pl* -ë Verräter *m*; **II.** -e *Adj* verräterisch
tradhtí -a *f, Pl* – Verrat *m*

tradhtísht *Adv* verräterisch; durch Verrat

tradhtón 1 *tr* verraten; im Stich lassen

tradhtór -i *m*, *Pl* -ë = **tradhtar**

trafík -u *m* Verkehr *m*

trág|ë -a *f*, *Pl* -ë Spur *f*; **e humbi ~ n** er hat die Spur verloren

tragëzón 1 *tr* eine Spur verfolgen, einer Spur folgen

trágz|ë -a *f*, *Pl* -a Schlagholz *n der Mühle*

tragjedí -a *f*, *Pl* – Tragödie *f*, Trauerspiel *n*; *übertr* Tragödie, erschütterndes Ereignis *n*

tragjík, -e *Adj* tragisch; *poet* ~ Tragiker *m*; **aktor** ~ Tragöde *m*; *übertr* tragisch, erschütternd

tragjikomedí -a *f*, *Pl* -a Tragikomödie *f*

tragjikomík, -e *Adj* tragikomisch

trainér -i *m*, *Pl* -ë Trainer *m*

trajektór|e -ja *f*, *Pl* -e Flugbahn *f*, Geschoßbahn *f*; Trajektorie *f*

trájst|ë -a *f*, *Pl* -a Beutel *m*, Rucksack *m*

trájt|ë -a *f*, *Pl* -a Form *f*, Gestalt *f*; **në ~ veze** eiförmig; *Gramm* Form

trajtím -i *m*, *Pl* -e 1. Behandlung *f*, Erörterung *f einer Frage usw.*; 2. Bau *m*; Gebäude *n*

trajtón 1 *tr* 1. *Thema usw.* behandeln; 2. *Menschen usw.* behandeln, mit Menschen usw. umgehen; 3.: ~ **gjellë** Speisen zubereiten, kochen

trak, -e *Adj* thrakisch

trákas -i *m*, *Pl* – Thraker *m*

trakaxhík|e -ja *f*, *Pl* -e kleiner Brotbeutel *m der Hirten*

trakísht|e -ja *f* Thrakisch *n*

trakt -i *m*, *Pl* -e Traktat *n*, politische Broschüre *f*, Flugblatt *n*

traktát -i *m*, *Pl* -e 1. Vertrag *m*, Staatsvertrag; ~ **miqësie** Freundschaftsvertrag; ~ **tregëtie** Handelsvertrag; ~**i i paqes** der Friedensvertrag; ~**i i mossulmimit** der Nichtangriffspakt; 2. Traktat *n*, wissenschaftliche Abhandlung *f*

traktór -i *m*, *Pl* -ë Traktor *m*, Schlepper *m*

traktoríst -i *m*, *Pl* -ë *od* -a Traktorist *m*

traktoríst|e -ja *f*, *Pl* -e Traktoristin *f*

trakullím|ë -a *f*, *Pl* -a 1. Klopfen *n an die Tür*; 2. *Pl* Schlaghölzer *Pl der Mühle*

trakullín 11 *itr* an die Tür klopfen

trakullór|e -ja *f*, *Pl* -e Türklopfer *m*

trallís 21 *tr* berauschen, betrunken machen; verwirren

tramák -u *m*, *Pl* -ë Maisstengel *m*

tramb *Indekl* Tausch *m*; **bën** ~ tauschen; **bën** ~ **me** vertauschen, austauschen

tramplín -i *m* Trampolin *n*; Sprungbrett *n*

tramváj -i *m*, *Pl* -e Straßenbahn *f*; **linjë e ~ it** Straßenbahnlinie *f*

trángull -i *m*, *Pl* tránguj Gurke *f*

transaksión -i *m*, *Pl* -e Transaktion *f*

transatlantík, -e *Adj* transatlantisch, überseeisch

transferím -i *m*, *Pl* -e Versetzung *f an eine andere Arbeitsstelle*; Transferierung *f*

transferón 1 *tr* transferieren; *an eine andere Arbeitsstelle* versetzen

transferúesh|ëm (i), -me (e) *Adj* transferierbar; versetzbar

transformatór -i *m*, *Pl* -ë Transformator *m*

transformím -i *m*, *Pl* -e Transformation *f*; Umwandlung *f*, Umformung *f*, Umgestaltung *f*

transformón 1 *tr* transformieren; umwandeln, umformen, umgestalten

transfuzión -i *m*, *Pl* -e Transfusion *f*; ~ **i gjakut** Bluttransfusion

transistór -i *m*, *Pl* -ë Transistor *m*; **radio** ~ Transistorradio *n*

transít I. -i *Subst/m* Transit *m*, Durchgangsverkehr *m*; II. -e *Adj*

Transit-; **pasagjer** ~ Transitpassagier *m*; **mallra** ~ e Transitgüter *Pl*; **III.** *Adv* im Transitverkehr
transitív, -e *Adj Gramm* transitiv
transitór, -e *Adj* zeitweilig, vorübergehend; **periudhë** ~ e Übergangsperiode *f*; **flamur** ~ Wanderfahne *f*
transkriptím -i *m, Pl* -e Transkription *f*, Transkribierung *f*
transkriptón 1 *tr* transkribieren
translát -i *m, Pl* -e bildhafter Ausdruck *m*
transliterím -i *m, Pl* -e Transliteration *f*
transliterón 1 *tr* transliterieren
transmetím -i *m, Pl* -e Übertragung *f*, Übermittlung *f*, Weitergabe *f*
transmetón 1 *tr* übertragen, übermitteln, weitergeben
transmisión -i *m* Transmission *f*, Kraftübertragung *f*
transoqeaník, -e *Adj* überseeisch
transparént, -e *Adj* transparent, durchsichtig
transpórt -i *m, Pl* -e Transport *m*, Beförderung *f*; Transportmittel *n*
transportím -i *m, Pl* -e Transportieren *n*, Beförderung *f*, Transport *m*
transportón 1 *tr* transportieren, befördern
transportúes -i *m, Pl* – Transporteur *m*
transportúesh|ëm (i), -me (e) *Adj* transportabel
tránxh|ë -a *f, Pl* -a: ~ prerëse *Tech* Schneidemaschine *f*
tranzít **I.** -i *Subst/m*; **II.** -e *Adj* = transit
¹**trap** -i *m, Pl* trépe **1.** Graben *m*; **2.** Böschung *f*, Wand *f des Grabens*
²**trap** -i *m, Pl* -a Fähre *f*
trapán -i *m, Pl* -ë = trapano
trapanó -ja *f, Pl* – Bohrmaschine *f*; ~ **dore** Handbohrmaschine; ~ **elektrike** elektrische Bohrmaschine

trapaxhí -u *m, Pl* – *od* -nj Fährmann *m*
trapéz -i *m, Pl* -e *Geom* Trapez *n*
trapezerí -a *f* Speisezimmer *n*, Eßzimmer *n*
trapéz|ë -a *f, Pl* -a Tisch *m*, Tafel *f*
trapezoíd -i *m, Pl* -ë Trapezoid *n*
trasé -ja *f, Pl* – Trasse *f*, Linienführung *f*
trasím -i *m* Bestimmung *f*, Angabe *f*, Bezeichnung *f*
trasón 1 *tr* bestimmen, angeben, bezeichnen
trást|ë -a *f, Pl* -a = trajstë
trash 14² *tr* dicker machen; eindicken, zähflüssig machen; *übertr* **e kanë** ~ **ur miqësinë** ihre Freundschaft ist enger geworden, sie sind dicke Freunde geworden; **i** ~ **ën fjalët** sie begannen zu streiten; **-et** *refl* dicker werden, dick werden; **u** ~ **qumështi** die Milch ist geronnen
trashalúq **I.** -i *Subst/m, Pl* -ë Dicker *m*; **II.** -e *Adj* dick, dicklich, rundlich
trashalúq|e -ja *f, Pl* -e Dicke *f*
trashamán, -e *Adj* dick, fett; ungeschlacht, ungehobelt, schwerfällig
trashaník, -e *Adj* grob, ungehobelt, ungeschliffen; **fjalë** ~ e grobe Worte; **shpifje** ~ e plumpe Verleumdung; **më një mënyrë** ~ e auf unfeine Art, plump
tráshë **I.** (i) *Adj* dick, umfangreich; **libër i** ~ ein dickes Buch; dick, fett, stark; **me trup të** ~ mit einem massigen Körper; **bagëti e** ~ Rindvieh *n*, Rinder *Pl*; **mish i** ~ Rindfleisch *n*; **tokë e** ~ fetter, fruchtbarer Boden *m*; **zë i** ~ tiefe Stimme *f*; *übertr* **njeri i** ~ ein plumper Mensch; **i** ~ **nga mendja** begriffsstutzig; **fjalë të trasha** grobe Worte *Pl*, Schimpfworte *Pl*; **ai i vret të trasha** er gibt schwer an; **II.** *Adv* grob, grobkörnig; **punuar**

~ grob gearbeitet; *übertr* unüberlegt; ~ e ~ sehr grob

trashëgím -i *m*, *Pl* -e **1.** *Jur* Erbe *n*, Erbschaft *f*, Erbteil *n*; **2.** Erbe *(kulturelles usw.)*, Vermächtnis *n*, Überlieferung *f*; **3.:** me ~ ! seid glücklich bis ans Lebensende! *(Segenswunsch bei der Hochzeit)*

trashëgimí -a *f* **1.** *Jur* Erbschaft *f*; **radha e** ~ **së** die Erbfolge **2.** Vererbung *f*

trashëgimór, -e *Adj* Erbschafts-; **e drejta** ~ **e** das Erbschaftsrecht

trashëgimtár **I.** -i *Subst/m*, *Pl* -ë **1.** Erbe *m*; **2.** Thronfolger *m*; **II.** -e *Adj* erblich, Erb-; **princ** ~ Kronprinz *m*, Erbprinz *m*

trashëgimtár|e -ja *f*, *Pl* -e **1.** Erbin *f*; **2.** Thronfolgerin *f*

trashëgó|n 1 *tr* **1.** erben, eine Erbschaft antreten; *übertr* ein Vermächtnis hüten; **2.** eine Sache genießen, sich einer Sache erfreuen; **-het** *refl* mit der Familie ein langes gemeinsames Leben führen; **u trashëgofshi!** seid miteinander glücklich bis ans Lebensende! *(Glückwunsch für Brautleute)*

trashëgúar (i) *Adj* geerbt, ererbt

trashëgúesh|ëm (i), -me (e) *Adj* erblich, vererbbar

trashëkófsh|ë -a *f* Keule *f* vom *Geflügel*

trashësí -a *f* Dicke *f*, Dicksein *n*; Körperfülle *f*

tráshj|e -a *f* Verdickung *f*; Verfestigung *f*

trashó|n 1 *tr* dick machen; **-het** *refl* dicker werden, zunehmen, auslegen

trashtín|ë -a *f* Unwissenheit *f*; Plumpheit *f*

trát|e -a *f*, *Pl* -a großes Fangnetz *n* mit Schwimmkugeln u. Senkern

trath -i *m*, *Pl* -ë Dachlatte *f*

trathtár -i *m*, *Pl* -ë = **tradhtar**

trathtí -a *f*, *Pl* - = **tradhti**

trathtón 1 *tr* = **tradhton**

travái|ë -a *f*, *Pl* -ë Sorge *f*, Mühe *f*, Qual *f*

travajó|n 1 *tr* in Sorge versetzen, quälen; **-het** *refl* sich dahinquälen, sich abquälen

travérs|ë -a *f*, *Pl* -a *Tech* Traverse *f*, Querbalken *m*

travók -u *m* Molkenkäse *m*, Quarkkäse *m*, Ziger *m*

tráz|ë -a *f*, *Pl* -ë Räucherbalken *m* über dem offenen Herd

trazím -i *m*, *Pl* -e Vermischung *f*, Vermengung *f*; wüstes Durcheinander *n*, Unordnung *f*; Unruhe *f*, Aufruhr *m*

trazír|ë -a *f*, *Pl* -a = **trazim**

trazó|n 1 *tr* vermischen, vermengen; durcheinanderbringen; verrühren, umrühren; *übertr* **mos më trazo!** laß mich in Ruhe!; **i ka tzazuar punët** er hat die Dinge kompliziert, er hat die Dinge durcheinandergebracht; **-het** *refl* sich einmischen, sich einmengen; **nuk trazohet** er hält sich heraus

trazováç **I.** -i *Subst/m*, *Pl* -ë wildes Kind *n*, Wildfang *m*, Quirl *m*; **II.** -e *Adj* wild, quirlig

tre *Num/m* drei; **të** ~ alle drei

tredh 16 *tr* kastrieren, verschneiden; entmannen

tredhák **I.** -u *Subst/m*, *Pl* -ë verschnittener Hammel *m*, verschnittener Ziegenbock *m*; **II.** *Adj/m Zool* verschnitten

trédhj|e -a *f* Verschneidung *f*, Kastration *f*

trefísh **I.** -i *Subst/m* Dreifache *n*; **II.** *Adv* dreifach

trefishón 1 *tr* verdreifachen

treg -u *m*, *Pl* trégje **1.** Markt *m*; **2.** Handel *m*, Markt; ~ **i lirë** freier Markt, freie Marktwirtschaft *f*; ~ **i zi** Schwarzmarkt *m*; ~**u botëror** der Weltmarkt

tregëtár **I.** -i *Subst/m*, *Pl* -ë; **II.** -e *Adj* = **tregtar**

tregëtí -a *f* = **tregti**
tregím -i *m*, *Pl* -e Erzählung *f*; Bericht *m*; **për** ~ zum Beispiel
tregimtár I. -i *Subst/m*, *Pl* -ë Erzähler *m*; II. -e *Adj* Erzähl-, erzählend
tregó|n 1 *tr* **1.** zeigen, weisen, vorweisen; **2.** zeigen, beweisen, lehren; **kjo** ~ **se** das zeigt, daß; **3.** erzählen, berichten, darstellen; **-het** *refl* sich zeigen als, sich erweisen als; **nuk tregohet me gojë** das läßt sich nicht erzählen
tregtár I. -i *Subst/m*, *Pl* -ë Händler *m*, Kaufmann *m*; ~ **i madh** Großhändler; II. -e *Adj* Handels-, Markt-; **qendër** ~ **e** Handelszentrum *n*; **flotë** ~ **e** Handelsflotte *f*; **akord** ~ Handelsabkommen *n*; **atashe** ~ Handelsattaché *m*
tregtí -a *f* Handel *m*; ~ **a e brendshme** der Binnenhandel; ~ **a e jashtme** der Außenhandel
tregtíz|ë -a *f*, *Pl* -a kleiner Laden *m*
tregtón 1 *itr Handel* treiben, handeln
tregtór|e -ja *f*, *Pl* -e Laden *m*, Geschäft *n*
tregtúesh|ëm (i), -me (e) *Adj* für den Handel geeignet
tregúes I. -i *Subst/m*, *Pl* – **1.** Zeigefinger *m*; **2.** Kennziffer *f*; **3.** *Tech* Anzeiger *m*, Indikator *m*; **4.** *Math* Index *m*; Exponent *m*; Zähler *m*; Index; II. -e *Adj* zeigend; **gisht** ~ Zeigefinger
tregjýsh -i *m*, *Pl* -a Urgroßvater *m*
trekémbësh -i *m*, *Pl* -a **1.** Galgen *m*; **2.** Dreifuß *m*
trekéndësh I. -i *Subst/m*, *Pl* -a Dreieck *n*; II. -e *Adj* dreieckig
tremb 14 *tr* erschrecken, in Schrekken versetzen; jmdm. Angst machen, bange machen; verscheuchen, verjagen; **-et** *refl* erschrecken, vor Schreck erstarren; **i** ~ **et** a) sich fürchten vor; b) sich ängstigen um;

s'i ~ **et syri** er hat keine Angst, er ist mutig
trémb|ë -a *f* Schreck *m*, Entsetzen *n*
trembëdhjétë *Num* dreizehn
trembëlák I. -u *Subst/m*, *Pl* -ë Angsthase *m*; II. -e *Adj* ängstlich, furchtsam, schreckhaft
trémbës, -e *Adj* = **trembëlak**
trémbsh|ëm (i), -me (e) *Adj* schreckhaft
trémbur (i) *Adj* erschreckt, verängstigt
trém|e -ja *f*, *Pl* -e überdachter Vorplatz *m des Hauses*
tremúajsh -i *m*, *Pl* – Quartal *n*
tremujór I. -i *Subst/m*, *Pl* -ë Quartal *n*; II. -e *Adj* Dreimonats-, Quartals-
tren -i *m*, *Pl* -e *od* -a Zug *m*, Eisenbahn *f*
trendelín|ë -a *f*, *Pl* -a *Bot* Bockshorn *n*, Bockshornklee *m*
trénëz -a *f*, *Pl* -a Stützbalken *m*
treni -a *f* Narrheit *f*, Verrücktheit *f*
rením -i *m* Überschnappen *n*, Verrücktwerden *n*
trenó|n 1 *tr* verrückt machen, närrisch machen; *itr* verrückt werden, närrisch werden; **trenoi pas asaj** er ist verrückt nach ihr; **-het** *refl* verrückt werden, durchdrehen, überschnappen
tréntë (i) *Adj* verrückt, närrisch, übergeschnappt
trenj *Pl* → **tra**
trépe *Pl* → **trap**
treqind *Num* dreihundert
treqindtë (i) *Adj* dreihundertster
trérë *Pl* → **tra**
tresh -i *m*, *Pl* -a **1.** Drei *f*; **rregulla e** ~ **it** die Dreisatzrechnung, die Regeldetri; **2.** Dreier *m alte türkische Münze*; **3.** *Kart* Drei; **4.** *Spiel mit drei Steinen*
tret 22 *tr* **1.** auflösen, lösen; schmelzen; ~ **një metal** ein Metall schmelzen; **2.** verdauen; **3.** etw.

verlieren; fallenlassen, (achtlos) wegwerfen; **4.** verbannen, ins Exil schicken; **5.** abmagern lassen, schwächen; *itr* **6.** verloren gehen; **më ~i shamia** mir ist das Tuch verloren gegangen; **7.** erbleichen, erblassen; **i ~i fytyra** er erbleichte, er wurde verstört; **8.** irre werden, durchdrehen; **-et** *refl* zergehen, sich lösen; schmelzen, tauen; **~et bora** der Schnee schmilzt; abmagern, dünn werden; **është ~ur shumë** er ist sehr abgemagert

tréta (e) *f*/*best* Drittel *n*; **një e ~** ein Drittel; **dy të ~t** zwei Drittel

trétë (i) *Adj* dritter; **i treti i vërteti** aller guten Dinge sind drei

trétës **I.** -i *Subst*/*m*, *Pl* — *Chem* Lösungsmittel *n*; **II.** -e *Adj* Verdauungs-; **aparati ~** der Verdauungsapparat

tretësír|**ë** -a *f* *Chem* Lösung *f*

trétj|**e** -a *f Chem* Lösen *n*, Auflösen; Verdauung *f*; Schmelzen *n*; Zerschmelzen

tretónësh, -e *Adj*: **kamion ~** Dreitonner *m*

trétsh|**ëm** (i), -me (e) *Adj* löslich, lösbar; leicht verdaulich; schmelzbar

trétur **I.** (i) *Adj* aufgelöst; geschmolzen, getaut; verdaut; abgemagert, mager; **II.** -it (të) *Subst*/*n* Schmelzen *n*, Zerschmelzen; Auftauen *n*; Auflösen *n*; Verdauen *n*

trév|**ë** -a *f*, *Pl* -a **1.** Gegend *f*, Landstrich *m*; *Geol* Zone *f*, Region *f*; **2.** *übertr* Ruhe *f*, Frieden *m*

trevjeçár, -e *Adj* dreijährig, Dreijahres-

trezónj|**ë** -a *f*, *Pl* -a **1.** Stachel *m*, Dorn *m*; **2.** Blutblase *f*

trëndafíl -i *m*, *Pl* -a *od* -ë Rose *f*; **~ i egër** Heckenrose, Hundsrose

trëndafilísht|**ë** -a *f*, *Pl* -a Rosengarten *m*; Rosenbeet *n*

trëndëlín|**ë** -a *f*, *Pl* -a = **trendelinë**

tri *Num*/*f* drei; **~ vajza** drei Mädchen; **të ~a** alle drei

tribún|**ë** -a *f*, *Pl* -a Tribüne *f*, Rednerbühne *f*; Zuschauerbühne *f*, Tribüne

tridhëbót|**ë** -a *f* Türkenbundlilie *f*

tridhjétë **I.** *Num* dreißig; **II.** (i) *Adj* dreißigster

tridhjetëvjeçár, -e *Adj* dreißigjährig

tridhjetëvjetór -i *m* dreißigster Jahrestag *m*

trídhte 16 *Imperf* → **tredh**

trifazór, -e *Adj* Dreiphasen-

trifíl -i *m* Klee *m*

trigonometrí -a *f* Trigonometrie *f*

trigonometrík, -e *Adj* trigonometrisch

¹**trík**|**ë** -a *f*, *Pl* -a Stange *f*; Zweig *m*; Gerte *f*, Rute *f*

²**trík**|**ë** -a *f* Tausendgüldenkraut *n*

trikín|**ë** -a *f*, *Pl* -a Trichine *f*

tríko -ja *f*, *Pl* — Strickhemd *n*, Pullover *m*; Turnhemd *n*; Trikot *n*

trikotázh -i *m* Trikotage *f*, Wirkware *f*

trikúl -i *m*, *Pl* -ë dreizinkige Heugabel *f*

trilogjí -a *f*, *Pl* — Trilogie *f*

trill -i *m*, *Pl* -e wunderlicher Einfall *m*, Schnapsidee *f*, Anwandlung *f*

trillím -i *m*, *Pl* -e üble Erfindung *f*, Hirngespinst *n*, Lüge *f*; Ausbrüten *n*, Ausspinnen *n*

trillón 1 *tr* erdenken, ausbrüten, ausspinnen

trillúar (i) *Adj* ausgedacht, erfunden, erlogen

trillúes -i *m*, *Pl* — Ränkeschmied *m*, Intrigant *m*, Lügner *m*

trim **I.** -i *Subst*/*m*, *Pl* -a **1.** Held *m*, Recke *m*; **~ mbi ~a** großer Held; **këngë ~ash** episches Heldenlied *n*; **2.** ganzer Kerl *m*, ganzer Mann *m*; **3.** Bursche *m*;

~ **i ri** junger Bursche; **4.** *alt* Gefolgsmann *m*; **II.** -e *Adj* tapfer, mutig, kühn
trimáç -i *m*, *Pl* -a *iron* Held *m*, ein schöner Held
trimërésh|ë -a *f*, *Pl* -a Heldin *f*, mutiges Mädchen *n*, mutige Frau *f*
trimërí -a *f*, *Pl* – *od* -ra Tapferkeit *f*, Kühnheit *f*; ~ **të** *Pl* die Heldentaten
trimërísht *Adv* wie ein Held, heldenhaft, kühn
trimërón 1 *tr* ermutigen, ermuntern, anspornen
trimíjë *Num* dreitausend
trimósh -i *m*, *Pl* -ë junger Bursche *m*
trimotór **I.** -e *Adj* dreimotorig; **II.** -i *Subst*/*m*, *Pl* -ë dreimotoriges Flugzeug *n*
trimshór -i *m*, *Pl* -ë junger, kräftiger Bursche *m*, Prachtkerl *m*
trinákë -t *Pl* Drillinge *Pl*
trín|ë -a *f*, *Pl* -a **1.** Egge *f*; **2.** Hürde *f*, Darrhorde *f* *zum Trocknen von Feigen*; **3.**: **trina e dorës** der Handrücken
tringëllím -i *m* Klirren *n*; ~ **gotash** Gläserklirren
tringëllím|ë -a *f*, *Pl* -a **1.** Klopfen *n*; **2.** Klingen *n*, Klirren *n*
tringëllín 6 *itr* **1.** klopfen; **2.** klingen, klingeln, klirren
tringëllón 1 *itr* anklopfen; klopfen
triním -i *m*, *Pl* -e Eggen *n*
trínko *Adj*, *Adv* funkelneu, funkelnagelneu; neu eingekleidet
trinóm -i *m*, *Pl* -e *Math* Trinom *n*
trinón 1 *tr* eggen
tripálësh, -e *Adj* dreiseitig
tripjésësh, -e *Adj* dreiteilig
triqóshe *Adj*/*f* dreikantig; Dreikant-
trisk -u *m*, *Pl* trísqe Rebschoß *m*, Pfropfreis *n*
¹**trísk|ë** -a *f*, *Pl* -a Holzstück *n*, Abfall *m* *von Holz*
²**trísk|ë** -a *f*, *Pl* -a **1.** Lebensmittelkarte *f*, Bezugsschein *m*; **2.** Mitgliedsbuch *n*; **triska e partisë** das Parteibuch, das Parteidokument; **triska e anëtarësisë së BP** das Gewerkschaftsbuch
triskëtím -i *m* Lebensmittelkartensystem *n*, Bezugsscheinsystem *n*; **zyra e** ~ **it** die Kartenstelle
trískull -i *m*, *Pl* trískuj Trieb *m*, Schößling *m* *an Bäumen*
tristím -i *m* Entsetzen *n*, plötzliche Angst *f*
tristó|n 1 *itr* sich entsetzen, eine plötzliche Angst empfinden; -**het** *refl* vor Angst zittern, sich fürchten
trish *Adv* dreifach; **e ndau** ~ er teilte es in drei Teile; **rrap** ~ Platane mit drei Ästen
trísh|e -ja *f*, *Pl* -e Schößling *m*; Keimling *m*
trishtím -i *m* Schwermut *f*, Trübsinn *m*, Traurigkeit *f*
trisht|ón 1 *tr* betrüben, bedrücken; -**het** *refl* traurig werden, schwermütig werden
trishtúar (i) *Adj* **1.** betrübt, traurig; **2.** betrüblich, bedauerlich, traurig
trishtúesh|ëm (i), -me (e) *Adj* traurig, betrüblich; traurig stimmend, ergreifend
triúmf -i *m*, *Pl* -e Triumph *m*, Siegeszug *m*
triumfón 1 *itr* triumphieren
triumfúes, -e *Adj* triumphierend, siegreich
trív|ë -a *f*, *Pl* -a Fährte *f*; Spur *f*
trivjeçár, -e *Adj* = **trevjeçar**
tríz|ë -a *f* **1.** Dreiergruppe *f* *von Menschen od. Dingen*; **2.** Drei *f* (*Zahl*)
trobolíc|ë -a *f*, *Pl* -a Stempel *m*, Quirl *m* *im Butterfaß*
troç *Adv* geradeheraus, ohne Umschweife
tródhi 16 *Aor* → **tredh**
trofé -të *Pl* Trophäen *Pl*
tróft|ë -a *f*, *Pl* -a Forelle *f*

troglodít -i *m*, *Pl* -ë Troglodyt *m*, Höhlenbewohner *m*

troháll|ë -a *f*, *Pl* -a Auswaschung *f*, vom Wasser ausgehöhlte Stelle *f*

trohás 23, 21 *tr* zerbröckeln, bröseln, zerkrümeln; **-et** *refl* brökkeln, krümeln, zerbröckeln

trója *Pl* → **truall**

trójk|ë -a *f*, *Pl* -a Troika *f*, Dreigespann *n*

trok I. -u *Subst/m* Trab *m*; **II.** *Adv* im Trab; **ecën ~** Trab laufen, traben

trokaík, -e *Adj* trochäisch

trokál|e -ja *f*, *Pl* -e Glöckchen *n*

trokás 23, 24 *l. Pers Sg Präs* → **troket**

trók|e -ja *f*, *Pl* -e flache Herdenglocke *f*; *übertr* **kush i bie ~ s, kush këmborës** der eine sagt hü, der andere hott

troké -u *m*, *Pl* – Trochäus *m*

trokét 23 *tr* klopfen, anklopfen

trók|ë -a *f*, *Pl* -a Erdboden *m*, Erde *f*, Boden *m*; **~-~** gebietsweise, stellenweise; **është ~** *a)* ganz voll Staub sein; *b)* schmutzig sein, verdreckt sein; *c) umg* blank sein; *d)* betrunken sein

trokëllím|ë -a *f* Klopfen *n*; Getrappel *n*, Hufgetrappel; Lärm *m*

trokëllín 6 *itr* klopfen, anklopfen; trappeln

trokít 22 *tr* = **troket**

trokítj|e -a *f*, *Pl* -e Klopfen *n*, Geklopfe *n*

trokón 1 *tr* **1.** schmutzig machen, beschmutzen, besudeln; **2.** verwüsten, vernichten, ausrotten

trókthi *Adv* im Trab; **ecën ~** Trab laufen, traben

trolejbús -i *m*, *Pl* -ë *od* -a Trolleybus *m*

trómb|e -a *f*, *Pl* -a Trompete *f*

trombón -i *m*, *Pl* -e Posaune *f*

trondít 22 *tr* erschüttern, ins Wanken bringen; *übertr* außer Fassung bringen, erschüttern, aufregen; **-et** *refl* ins Wanken geraten; **iu ~ën themelet** es wurde in den Grundfesten erschüttert; *übertr* erschüttert werden, aus der Fassung geraten

trondítj|e -a *f*, *Pl* -e Erschütterung *f*; Wanken *n*; Erregung *f*, Aufregung *f*; **~ nervore** nervliche Zerrüttung

tronditur (i) *Adj* erschüttert; beunruhigt; ergriffen

tropál -i *m*, *Pl* -ë Felsblock *m*; großer Stein *m*

tropík -u *m*, *Pl* -ë *Astr* Wendekreis *m*; **~ u i Gaforres** der Wendekreis des Krebses; **~ u i Sqapit** der Wendekreis des Steinbocks

tropikál, -e *Adj* tropisch, Tropen-; **viset ~ e** die Tropengegenden

tropíkë -t *Pl* Tropen *Pl*

troshít 22 *tr* **1.** zerkleinern, zerbröckeln; **2.** rütteln; **-et** *refl* brechen, zersplittern, zerbröckeln

troshítj|e -a *f*, *Pl* -e Zerkleinerung *f*, Zerbröckeln *n*, Zerbrechen *n*

tróshk|ë -a *f*, *Pl* -a Krümel *m*, Bröckchen *n*, Brosamen *m*

trotuár -i *m*, *Pl* -ë Trottoir *n*, Bürgersteig *m*

tru -ri *m*, *Pl* – Hirn *n*, Gehirn *n*; *übertr* Verstand *m*; **ai s'ka ~** er ist ohne Verstand; **i kanë rrjedhur ~ të** er ist vertrottelt

trúall trúalli *m*, *Pl* tróje Baugrund *m*; Grundstück *n*; **mizë trolli** Ameise *f*; **troje-troje** hier und da, stellenweise

trúan 2 *tr* **1.** verfluchen; **2. ia ~** jmdm. widmen, jmdm. weihen; *itr* fluchen

trúbull *Adv* trüb *(Wasser)*; trüb, dunstig, verhangen *(Wetter)*; *übertr* unpäßlich, unwohl, elend; benommen

trubullím -i *m* Verwirrung *f*, Trübung *f*; **~ i mendjes** geistige Verwirrung, Geistestrübung; **-e** *Pl*

trubulló|n 1 *tr* trüben; verwirren; aufwühlen; *übertr* **mos më trubullo gjakun!** rege mich nicht auf!, bringe nicht mein Blut in Wallung!; **ai nuk ~ ujë** er kann kein Wässerchen trüben; **-het** *refl* verwirrt werden; sich beunruhigen; sich vergessen, in Wut geraten; verrückt werden

trúbullt (i) *Adj* trübe; **ujë i ~** trübes Wasser; **peshkon në ujë të ~** im Trüben fischen; **fotografi e ~** ein unscharfes Foto, eine verschwommene Aufnahme; **gjendje e ~** eine verworrene Lage

truc I. 14 *tr Erde* zusammenpressen, stampfen; **II.** *Adv* zusammengeknüllt; knäuelförmig; dicht, kompakt, gut gefüllt

truç I. -i *Subst/m* Haufen *m*, Gruppe *f*, Menge *f*; **II.** *Adv* auf einen Haufen, zusammen

trullós 21 *tr* verwirren, verrückt machen; **-et** *refl* staunen, stutzen; einfältig werden, vertrotteln

trullósur (i) *Adj* verwirrt; begriffsstutzig, einfältig; verrückt

trumbetár -i *m*, *Pl* -ë Trompeter *m*

trumbét|ë -a *f*, *Pl* -a Trompete *f*, *bes. Militärtrompete*, Fanfare *f*

trumbetím -i *m* Trompeteblasen *n*

trumbetón 1 *tr* etw. ausposaunen

trúmb|ë -a *f*, *Pl* -a 1. Wasserpumpe *f*; 2.: **~ ere** Wirbelwind *m*; 3. Kuppelgewölbe *n*

trumcák -u *m*, *Pl* -ë Sperling *m*, Spatz *m*

¹**trúm|ë** -a *f*, *Pl* -a Schar *f*, Menge *f*; Schwarm *m von Vögeln*; **truma-truma** in Schwärmen; **erdhën top e ~ sie** kamen alle auf einen Haufen

²**trúm|ë** -a *f*, *Pl* -a Wasserpumpe *f*

trumhás 21 *tr* auseinanderjagen, aufscheuchen, verscheuchen; **-et** *refl* auseinanderrennen, auseinanderstieben; durchgehen, scheuen *(Pferd)*

trúmz|ë -a *f*, *Pl* -a Thymian *m*; **~ e butë** Lavendel *m*

trundrýshkët *Adj* mit veralteten Ansichten, altmodisch denkend, verkalkt

trung -u *m*, *Pl* trúngje 1. Stamm *m*, Baumstamm; 2. Rumpf *m*; *Tech* **~ lëvizës** Reitstock *m*; 3. Hackklotz *m*; 4. *übertr* ungehobelter Kerl *m*, ungehobelter Klotz; Grobian *m*; 5. *Ling* Stamm, Abstammung *f*

trunggjátë *Adj* hochstämmig

trungón 1 *tr Stämme* abästen; verkrüppeln, verstümmeln

trunxh -i *m* Bronze *f*

trup -i *m*, *Pl* -a 1. Körper *m*; Leib *m*; 2. Körper, Stoff *m*; **~a organikë** organische Stoffe; **~a të ngurtë** feste Körper; 3.: **~ i diplomatik** das diplomatische Korps; **~ i mësimor** der Lehrkörper; **~ i gjykues** das Gericht; 4. Stamm *m eines Baumes*

trupazí -a *f Med* Wassersucht *f*

trupdérdhur *Adj* schlank u. rank, wohlgebaut

trúp|ë -a *f*, *Pl* -a *Mil* Truppe *f*; **trupa e cirkut** die Zirkustruppe

trupërísht *Adv* körperlich, mit dem Körper

trupëzím -i *m* Verkörperung *f*

trupëzóhet 1 *refl* sich verkörpern

trupíc|ë -a *f*, *Pl* -a Baumstumpf *m*, Holzklotz *m* als Sitzgelegenheit

trupmádh, **-e** *Adj* groß, massig, mit einem großen Körper

trupón 1 *tr* Bäume abästen, *Äste eines Baumes* abhacken

trupór, **-e** *Adj* körperlich

trupór|e -ja *f*, *Pl* -e Statue *f*, Standbild *n*, Bildsäule *f*

trupój|ë -a *f* Leibwache *f*

trups -i *m*, *Pl* -a Hackklotz *m*, Holzklotz *m*
trus 21 *tr* drücken, zusammendrücken, pressen; sich stoßen
trusní -a *f Phys* Druck *m*; ~ **atmosferike** atmosphärischer Druck
trust -i *m*, *Pl* -e Trust *m*
trushkím -i *m* Bestehlen *n geistlicher Institutionen*, Kirchenraub *m*
trushkýen 4 *tr* rauben *in Kirche, Moschee usw.*
truth -i *m* Kleinhirn *n*
truthár|ë -i *m*, *Pl-* ë Tapergreis *m*, Mummelgreis *m*
tryél|ë -a *f*, *Pl* -a Bohrer *m*; ~ **e dorës** Handbohrer, Bohrkurbel *f*
tryéz|ë -a *f*, *Pl* -a Tisch *m*; ~ **e bukës** Eßtisch, Tafel *f*; *übertr* Gastmahl *n*
trys 21 *tr* = trus
trýsa -t *Pl* Zahnfleisch *n*
trysní -a *f* = trusni
trýst|ë -a *f*, *Pl* -a Zusammenkunft *f*; Gastmahl *n*, Festmahl *n*
t'u *Gramm* Form gebildet aus **të** *und* **u**
tu, -a (të) *Poss Pron/Pl* deine; **shokët e** ~ deine Kollegen; **shokëve të** ~ deinen Kollegen; **shoqet e** ~**a** deine Kolleginnen; **shoqeve të** ~**a** deinen Kolleginnen
t'ua *Gramm* Form gebildet aus **të** *und* **u** *und* **e** *od* **të** *und* **u** *und* **i**
tuáf, -e *Adj* eigenartig, sonderbar; einfältig, töricht
túaj *Poss Pron* euer; 1. *Gen Dat Abl Akk* → **juaj**; **shokut** ~ eurem Kollegen; **shokun** ~ euren Kollegen; **shoqen** ~ eure Kollegin; 2. -, -a *Pl* **shokët** ~ eure Kollegen; **shokëve** ~ euren Kollegen; **shoqet** ~**a** eure Kolleginnen; **shoqeve** ~**a** euren Kolleginnen
tub -i *m*, *Pl* -a Rohr *n*, Röhre *f*; ~ **shkarkimi** Abflußrohr; ~ **i shpërndarjes** Verteilerrohr; ~ **i**

thithjes së stufës Ofenrohr; ~ **prej gome** Gummischlauch *m*
tubación -i *m*, *Pl* -e Rohrleitung *f*, Rohrleitungssystem *n*, Rohrsystem *n*; ~ **i marrjes së avullit** Abdampfleitung *f*
tuberkulóz I. -i *Subst/m* Tuberkulose *f*, Schwindsucht *f*; II. -e *Adj* tuberkulös, schwindsüchtig
tubó|n 1 *tr* sammeln; -**het** *refl* sich versammeln
tufán -i *m*, *Pl* -ë Sturm *m*, Orkan *m*, Sturmwind *m*
túf|ë I. -a *Subst/f*, *Pl* -a 1. Menge *f*, Haufen *m*, Schar *f*; 2. Herde *f*; 3. Blumenstrauß *m*; 4. Büschel *n*; Troddel *f*, Quaste *f*; *Tech* Bündel *n*; II. *Adv* **tufa-tufa** grüppchenweise, in Gruppen
túf|ël -la *f*, *Pl* -la 1. Häufchen *n*, Grüppchen *n*; 2. Büschel *n*; *Tech* Bündel *n*; ~ **drite** Lichtbündel; 3. kleine Herde *f*; 4. Sträußchen *n*
túfës, -e *Adj* buschig, dicht
túfëz -a *f*, *Pl* -a Troddel *f*, Quaste *f*
tufk -u *m* Pollen *m*, Blütenstaub *m*
túfk|ë -a *f*, *Pl* -a = **tufël**
tufshák, -e *Adj* büschelig, buschig
¹**tuhát** 22¹ *tr* vertreiben, auseinanderjagen, zerteilen
²**tuhát** 22¹ *itr* 1. *Tabak* rauchen; 2. überkochen; ~ **kusia** der Kessel kocht über
tuíd -i *m* Tweed *m*
tukéjm|ë (i), -e (e) *Adj* kränklich, bei schlechter Gesundheit
tul -i *m*, *Pl* -e *od* -a 1. schieres Fleisch *n*, Filetstück *n*; 2. Fruchtfleisch; 3. Krume *f des Brotes*
tulát 22 *tr* niederhalten, niederdrücken; -**et** *refl* 1. gestampft werden *(Erde)*; gelöscht werden, ausgemacht werden *(Feuer)*
tulíc|ë -a *f*, *Pl* -a schieres Fleisch *n*, Filetstück *n*
tulín|ë -a *f* weicher Boden *m*, weiche Erde *f*

tulipán -i *m, Pl* -ë Tulpe *f*
tulítet 20 *refl* sich zusammenringeln, sich zusammenrollen, sich krümmen; sich ducken, geduckt gehen, sich klein machen; sich kauern
tulták, -e *Adj* = i tultë
túltë (i) *Adj*: **mish i** ~ schieres Fleisch *n*, Fleisch ohne Knochen
tullác I. -i *Subst/m, Pl* -ë Glatzkopf *m*, Kahlkopf *m*; II. -e *Adj* kahl, glatzköpfig
¹**túll|ë** -a *f, Pl* -a Glatze *f*
²**túll|ë** -a *f, Pl* -a Ziegel *m*, Ziegelstein *m*; ~ **refraktare** feuerfester Ziegel, Schamottestein *m*; ~ **me bira** Hohlziegel
tullúmb -i *m, Pl* -a Wasserpumpe *f*
tullúmb|ë -a *f, Pl* -a Art zylinderförmiger Spritzkuchen *in Sorbett getaucht*
tumáne -t *Pl* Pumphosen *Pl der Frauen*
túmba -t *Pl* Hügelgräber *Pl*
tumbák -u *m* Bronze *f*
túmb|ë -a *f, Pl* -a Quaste *f*, Troddel *f*; Falte *f*; Rocksaum *m*
túm|e -ja *f, Pl* -e kahler Berggipfel *m*
tumór -i *m, Pl* -ë Tumor *m*
tumrrúk -u *m, Pl* -ë schwerer Hammer *m*
tumullác -i *m, Pl* -a Schwimmblase *f*; *Anat* Harnblase, Blase *f*; ~ **sapuni** Seifenblase
tun -i *m* Rücken *m des Messers usw.*: ~ **i i pushkës** der Gewehrkolben
tund 14 *tr* in Bewegung setzen, bewegen, erschüttern; rütteln, ins Wanken bringen; wiegen, schaukeln; wachrütteln, aufrütteln; *Bäume* schütteln; ~ **qumësht** buttern; *übertr* **e** ~ **i** er hat ihn zurechtgerückt; -et *refl* sich bewegen, sich rühren; schwanken; **u** ~ **dheu** die Erde bebte; sich auffällig bewegen;

übertr **nuk u** ~ er war nicht zu erschüttern
tundáç -i *m* = tundës
tundbíshtj|e -a *f, Pl* -e Bachstelze *f*
tundëllón 1 *tr* kräftig schütteln, rütteln
túndës -i *m, Pl* – 1. Butterfaß *n*; 2. Quirl *m des Butterfasses*
tundím -i *m, Pl* -e *Rel* Versucher *f*; Versucher *m*, Teufel *m*
túndj|e -a *f* 1. Erschütterung *f*, Bewegung *f*; Schaukeln *n*; Beben *n*; Schwanken *n*; 2. Butterfaß *n*; Quirl *m des Butterfasses*
tundón 1 *tr* 1. *Rel* in Versuchung führen, versuchen; 2. stören, ärgern, belästigen
túndsh|ëm (i), -me (e) *Adj* beweglich; **pasuri e tundshme** bewegliche Habe *f*
tunél -i *m, Pl* -e *od* -a Tunnel *m*
tún|ë -a *f* Gewehrkolben *m*
tungjatjéta *Interj* zu jeder Tageszeit verwendete albanische Grußformel *bei Begegnung und Abschied* (wörtl.: möge sich dein Leben verlängern!); ~**ni** Anrede für mehrere Personen, die man siezt
tuník|ë -a *f, Pl* -a Tunika *f*
Tunizí -a *f* Tunesien *n*
tunxh -i *m* Messing *n*
tupán -i *m, Pl* -ë trommelähnliches Schlaginstrument *n*
tur -i *m Sport* Runde *f*
túrb|ë -a *f* Torf *m*
turbín|ë -a *f, Pl* -a Turbine *f*; ~ **me avull** Dampfturbine
túrbull *Adv* = trubull
turbullím -i *m, Pl* -e = trubullim
turbullír|ë -a *f* Trübheit *f*; Durcheinander *n*, Unordnung *f*; ~ **në stomak** Magenverstimmung *f*; Verworrenheit *f*; Unruhe *f*
turbullón 1 *tr* = trubullon
túrbullt (i) *Adj* = i trubullt
túrç|e I. -ja *Subst/f* Türkisch *n*; II. *Adv* auf türkisch

turéçk|ë -a *f*, *Pl* -a Rüssel *m*; Schnauze *f*; *übertr* Gesicht *n*; **pse më rri me tureçka?** warum ziehst du einen Flunsch?, was hast du gegen mich?

turfullím -i *m*, *Pl* -e Schnauben *n*, Geschnaube *n*

turfullón 1 *itr* schnauben

turí -ri *od* -u *m*, *Pl* -nj Rüssel *m*; Schnauze *f*; *übertr* Fresse *f*, Schnauze; **më rri me ~** er schmollt mit mir; **është me ~ të varur** er zieht eine Flappe; **ia theu ~ njtë** er hat ihm eins in die Fresse gegeben

turidérr, -e *Adj* mit einer Schweineschnauze *(als Schimpfwort)*

turiqén, -e *Adj* mit einer Hundeschnauze *(als Schimpfwort)*; muffelig, mürrisch

turíst -i *m*, *Pl* -ë *od* -a Tourist *m*

turíst|e -ja *f*, *Pl* -e Touristin *f*

turistík, -e *Adj* touristisch, Reise-; **agjenci ~ e** Reisebüro *n*

turít 22 *tr Tiere* verscheuchen, auseinandertreiben

turíz|ë -a *f*, *Pl* -a Maulkorb *m*

turíz|ëm -mi *m* Tourismus *m*, Fremdenverkehr *m*

turjél|ë -a *f*, *Pl* -a Bohrer *m*; *übertr* neugieriger Mensch *m*, Schlüssellochgucker *m*

turk I. -u *Subst/m*, *Pl* turq Türke *m*; *alt* Mohammedaner *m*; **II.** -e *Adj* türkisch

turkésh|ë -a *f* Türkin *f*; *alt* Mohammedanerin *f*

turkmén I. -i *Subst/m*, *Pl* -ë Turkmene *m*; **II.** -e *Adj* turkmenisch

turlí -a *f*, *Pl* – Sorte *f*

túrm|ë -a *f*, *Pl* -a Haufen *m*, Menge *f*, Ansammlung *f von Menschen*

turn -i *m*, *Pl* -e Turnus *m*, Reihe *f*, Reihenfolge *f*; **ai e ka ~ in** er ist an der Reihe; Schicht *f*; **~ i i natës** die Nachtschicht; **ndërrim i ~ it** Schichtwechsel *m*; *Sport* Runde *f*

turné -ja *f od* -u *m*, *Pl* – Tournee *f*

turp -i *m* Scham *f*, Schamgefühl *n*; **më vjen ~** ich schäme mich; **ka ~** er schämt sich, er hat Hemmungen; **-e** *Pl* Schande *f*, Schmach *f*, Unehre *f*; **s'i la ~ e shtëpisë** er hat der Familie keine Schande gemacht

túrp|e -ja *f* = **turp**

turpërí -a *f* Schande *f*, schändliche Sache *f*, schmutzige Angelegenheit *f*

turpërísht *Adv* schändlich

turpëró|n 1 *tr* schänden, entehren, entwürdigen; blamieren; **-het** *refl* sich schämen, Scham empfinden; sich blamieren

turpmádh, -e *Adj* unverschämt; schändlich

túrpsh|ëm (i), -me (e) *Adj* 1. verschämt, schüchtern, schamhaft; befangen; scheu, zurückhaltend; 2. schandbar, ehrenrührig; schändlich; beschämend

Turqí -a *f* Türkei *f*

turqísht *Adv* auf türkisch

turqísht|e -ja *f* Türkisch *n*

turshén 3 *tr* 1. zerkleinern, zerbröckeln; 2. zerstören, vernichten

turshí -a *f*, *Pl* -a Einmariniertes *n*; *einmarinierte Oliven, einmariniertes Gemüse*; Art Mixpickles; **lakër ~** Sauerkraut *n*; **speca ~** einmarinierte Paprikaschoten *Pl*

túrt|ë -a *f*, *Pl* -a Torte *f*; Stück *n* Torte

túrtull -i *m*, *Pl* túrtuj Turteltaube *f*

turtullésh|ë -a *f*, *Pl* -a weibliche Turteltaube *f*

turr -i *m* Angriff *m*, Sturm *m*, Andrang *m*; **~ e vrap** mit voller Wucht, in vollem Lauf

turrahí -a *f*, *Pl* – Finte *f*; Hinterlist *f*, Spitzfindigkeit *f*; Ausflucht *f*, Ausrede *f*

turrahít 22 *tr* Spitzfindigkeiten aushecken; sich herausreden

turravráp *Adv* mit voller Wucht, in vollem Lauf

túrret 14 *refl* sich auf etw. stürzen, sich draufstürzen; stürmen, angreifen, losgehen auf

túrr|ë -a *f, Pl* -a **1.** Holzstoß *m*, Holzstapel *m*, Holzdiemen *m*; Stoß *m*, Haufen *m*; **një ~ libra** ein Stapel Bücher, ein Stoß Bücher; **një ~ fëmijë** ein Haufen Kinder; **2.** *ein Garnmaß*

turrnák 14³ *itr* girren, gurren *(Tauben)*

túrrsh|ëm (i), -me (e) *Adj* wuchtig, heftig, stürmisch; hitzköpfig

túrrthi *Adv* heftig, wuchtig, mit Wucht

tush -i *m* Dusche *f*

tut 22 *tr* einschüchtern, ängstigen, Angst einjagen; **-et** *refl* Angst haben, sich fürchten; **i ~et atij** er hat Angst vor ihm

¹tút|ë -a *f* Angst *f*, Furcht *f*

²tút|ë -a *f, Pl* -a Sportdreß *m*; **túta** *Pl* Trainingsanzug *m*; Trainingshose *f*

tút|ël -la *f, Pl* -la **1.** Falte *f*, Knitter *m*, Knitterfalte; **2.**: **~ flokësh** Haarbüschel *n*

tút|ër -ra *f, Pl* -ra List *f*, Hinterlist; **ia di tutrat atij** ich kenne seine Schliche

tútës I. -i *Subst/m, Pl* – Angsthase *m*; **II.** -e *Adj* ängstlich, furchtsam

tútje I. *Adv* drüben; weit weg; jenseits; entfernt; **ai bëri ~** er ging weit weg; **shko më ~** ! geh weiter (hinüber)!; **këtej e ~** von nun an; **më ~** später; **II.** *Präp (mit Abl)* jenseits; **~ malit** jenseits des Berges, auf der anderen Seite des Berges

tutkáll -i *m* Tischlerleim *m*, Fischleim, Leim *m*

tútk|ë -a *f iron* Schädel *m*, Birne *f*, Rübe *f für Kopf*; **s'ta pret tutka ty** das kapierst du nie

tutlón 1 *tr* **1.** zerknittern, zerknüllen *(Kleidung)*; **2.**: **~ zjarrin** das Feuer bedecken

tutór -i *m, Pl* -ë *Jur* Vormund *m*

tutorí -a *f* Vormundschaft *f*; Kuratel *n*

tútsh|ëm (i), -me (e) *Adj* furchtsam, ängstlich

tutulátet 22¹ *refl* sich beruhigen, sich besänftigen, Ruhe finden

tuturít 20 *itr* zwitschern *(Schwalben)*

ty *Pers Pron Gen Dat Akk* → **ti**

tyftáj|ë -a *f, Pl* -a Duft *m*, Geruch *m*; Gestank *m*

týk|ë -a *f, Pl* -a Kolben *m*; **~ e pushkës** Gewehrkolben

tyl -i *m* Tüll *m*

tym -i *m* **1.** Rauch *m*, Qualm *m*; *übertr* **ishte bërë ~** er kochte vor Wut; **u bë ~** es löste sich in Rauch auf, es verschwand; **nëpër ~** *od* **në ~ t** ins Blaue hinein; **2.** Feuerstelle *f*; Haus *n*

tymék -u *m* Art starker Tabak

tymít 22 *tr* räuchern, selchen

tymnáj|ë -a *f, Pl* -ë dichter Rauch *m*, Rauchschwaden *m*

tymón 1 *tr* = **tymos**

tymós 21 *tr* räuchern, verräuchern

tymósj|e -a *f* Räuchern *n*

tymósur (i) *Adj* geräuchert, geselcht; verräuchert, rauchgeschwärzt

tymtáj|ë -a *f* Dunstwolke *f aus Nebel, Rauch und Staub*

tymtár -i *m, Pl* -ë Feuerstätte *f*

tymtón 1 *itr* sich in Rauch auflösen, verschwinden

tymtór|e -ja *f, Pl* -e **1.** Räucherfaß *n*, Weihrauchkessel *m*; **2.** Feuerstätte *f*

typth -i *m, Pl* -a Hämmerchen *n*

tyrbé -ja *f, Pl* – Türbe *f*, Mausoleum *n*

týre (i) *Poss Pron/Pl* ihr; ihre; **shoku i ~** ihr Kollege; **shoqja e ~** ihre Kollegin; **shokët e ~** ihre Kollegen; **shoqet e ~** ihre Kolleginnen

tyrlí -a *f* Gemüseallerlei *n*; *übertr* Verschiedenartiges *n*, Zusammen-

gewürfeltes *n*; ~ **njerëzish** eine zusammengewürfelte Gesellschaft
¹**tyt** *Poss Pron Gen Dat Abl* → yt: ~ **vëllai** deinem Bruder
²**tyt** *Interj* schweig!; pack dich!
týt|ë I. -a *Subst/f, Pl* -a Lauf *m*, Rohr *n*, Röhre *f*; **tyta e veshit** der Gehörgang; **tyta e pushkës** der Gewehrlauf; **tyta e pusit** der Brunnenrand; **mbylle** ~**n!** halte den Mund!, halte den Rand!; II. *Adj* leer, hohl; *übertr* **është** ~ er ist ein Hohlkopf; III. (i) *Adj* unnütz, vergeblich, nutzlos

Th

tha 44 *Aor* → **thotë**
tha|n 5 *tr* 1. trocknen, austrocknen, trockenlegen; dörren; räuchern; 2. erstarren lassen, erfrieren lassen; 3. **i** ~ **krahët** allein lassen, verlassen; 4. *übertr* **e** ~ **greqishten** er beherrscht das Griechische gründlich; *itr* austrocknen, versiegen, vertrocknen; **thava** ich bin fast starr vor Kälte, ich bin halb erfroren; **-het** *refl* austrocknen, vertrocknen; verdorren; **iu thaftë dora!** seine Hand soll verdorren!; **m'u** ~**ë duart** mir frieren die Hände, meine Hände sind starr vor Kälte; **është tharë** er ist abgemagert
thán|ë -a *f, Pl* -a *od* -ë Kornelkirsche *f*
thánëz -a *f, Pl* -a kleine Kornelkirsche *f*
thanísht|ë -a *f, Pl* -a Kornelkirschengebüsch *n*
thántë (i) *Adj* aus Kornelkirsche; *übertr* mager, aber zäh; **i thatë e i** ~ rüstig
thar 14¹ *tr* Milch mit Joghurtferment versetzen
tháre (i) *Adj* getrocknet, trocken; gedörrt, welk; geräuchert, geselcht

tharësír|ë -a *f* Säure *f*, saurer Geschmack *m*
thárj|e -a *f* Trocknung *f*, Trockenlegung *f*; Trocknen *n*, Abtrocknen; Dörren *n*; Räuchern *n*
thark -u *m, Pl* **tharq** *od* **thárqe** 1. Gehege *n*, Hürde *f für Rinder und Schweine*; Pferch *m*; 2. geflochtene Kammer *f für Milchprodukte*; 3. Maisspeicher *m*, Maisschober *m*; 4.: ~ **thish** Saustall *m (für schmutziges Zimmer)*; 5. Wurf *m* von Tieren; **i** ~**ut të vjemë** aus dem vorjährigen Wurf; **nga** ~**u i parë** aus erster Ehe
tharm -i *m* 1. Sauerteig *m*; Joghurtferment *n*; 2. *Chem* Säure *f*
thartaník, -e *Adj* säuerlich, herb
thártë (i) *Adj* sauer; herb; *übertr* **fjalë të tharta** harte Worte *Pl*, beleidigende Worte
thartí -a *f* Säure *f*, saurer Geschmack *m*
thartim -i *m* saurer Geschmack *m*, Säure *f einer Speise usw.*; *Chem* Säurebildung *f*
thartír|ë -a *f* = **tharti**
thartó|n 1 *tr* säuern, sauer machen; *übertr* **i thartuan fjalët** sie gingen zu einem scharfen Ton über; **-het**

thartóre

refl sauer werden; *übertr* sich überwerfen, sich verfeinden

thartór|e -ja *f*, *Pl* -e Sauerampfer *m*

thartósh, -e *Adj* säuerlich, den Mund zusammenziehend, herb

thartúar (i) *Adj* gesäuert

thartúsh|ë -a *f*, *Pl* -a *Bot* Knöterich *m*

thásë *Pl* → thes

thashethéme -t *Pl* Gerüchte *Pl*, Gemunkel *n*, Gerede *n*

tháshë 44 *1. Pers Sg Aor* → thotë

tháshë e théme -t *Pl* = thashetheme

tháshëm *Adv* nüchtern, mit leerem Magen; **jam ~** ich habe noch nichts gegessen

tháta (e) *f*/*best* Trockenheit *f*, Dürre *f*

thataník I. -u *Subst*/*m*, *Pl* -ë Magerer *m*, dürrer Mensch *m*; II. -e *Adj* mager, dürr

¹**thát|ë** I. (i) *Adj* trocken; getrocknet, vertrocknet; dürr, ausgetrocknet; **male të thata** kahle Berge *Pl*; **mot i ~** trockenes Wetter *n*; **bar i ~** Heu *n*; **rrush të ~** Rosinen *Pl*; **fiq të ~** getrocknete Feigen *Pl*; **fjalë të thata** leeres Gerede *n*; II. *Adv* trocken, dürr; **e ha bukën ~** er ißt das Brot trocken; **me duar ~** mit leeren Händen; III. -ët (të) *Subst*/*n* Trockenheit *f*, Dürre *f*; Festland *n*, das trockene Land

²**thát|ë** -i (i) *m*, *Pl* -ë (të) Pickel *m*

thatësir|ë -a *f* Trockenheit *f*, Dürre *f*

thatík I. -u *Subst*/*m*, *Pl* -ë; II. -e *Adj* = thatanik

thatím I. -i *Subst*/*m*, *Pl* -ë; II. -e *Adj* = thatanik

thatín|ë -a *f* = thatësirë

thatíq, -e *Adj* mager, dürr, hager

thatúsh, -e *Adj* = thatiq

the 44 *2. Pers Sg Aor* → thotë

theát|ër -ri *m*, *Pl* -ro Theater *n*

theç, -e *Adj* zerbrechlich

¹**thek** -u *m*, *Pl* thákë 1. Troddel *f*, Franse *f*; *Bot* Staubgefäß *n*; 2. Granne *f*; **thakët e grurit** die Weizengrannen; **në ~un e zemrës** im Grunde des Herzens

²**thek** 14³ *tr Brot* rösten, toasten; **~ hapin** seinen Schritt beschleunigen; *itr* **po ~ borë** der Schnee rieselt; **-et** *refl* sich wärmen; *übertr* **u ~** er ist gerührt

théke -t *Pl* Hinterlist *f*, Tücke *f*

thék|ë -a *f*, *Pl* -ë *bes. im Pl* Fransen *Pl*, Troddeln *Pl*; *Bot* Staubgefäße *Pl*

thék|ër -ra *f* Roggen *m*

thekërór|e -ja *f*, *Pl* -e Roggenfeld *n*, Kornfeld *n*

thékërt (i) *Adj* Roggen-; **bukë e ~** Roggenbrot *n*

thekërríc|ë -a *f*, *Pl* -a geröstete Brotscheibe *f*, Toast *m*

thekërró|n 1 *tr* toasten, rösten; **-het** *refl* sich wärmen

¹**thék|ës** -si *m*, *Pl* -sa Brotröster *m*

²**thék|ës** -si *m* = theks

thékët (i) *Adj* schneidend, bohrend, stechend *(Schmerzen)*

theks -i *m*, *Pl* -e *Gramm* Akzent *m*

theksím -i *m* Betonung *f*

theksón 1 *tr Gramm* betonen, akzentuieren; mit Betonungszeichen versehen; *übertr* betonen, hervorheben

theksúar (i) *Adj* betont

théksh|ëm (i), -me (e) *Adj* pathetisch, eindringlich

thékur (i) *Adj* scharf gebacken; **bukë e ~** zu scharf gebackenes Brot; körnig *(Schnee)*

thel -i *m*, *Pl* -a 1. großer Nagel *m*; 2. Helm *m*, Joch *n des Glockenstuhles*

thelb -i *m*, *Pl* **thelpínj** *od* **thálba** 1. Kern *m*; Hauptsache *f*, Wesen *n*; **~ i i kësaj çështjeje** der Kern dieser Frage; **nga ~ i i zemrës** aus dem Grunde des Herzens, aus der Tiefe des Herzens; 2. Knoblauchzehe *f*

thelbësór, -e *Adj* wesentlich
thel|ë -a *f, Pl* -a Schnitte *f* Brot, Scheibe *f*; **thela-thela** in Scheiben, scheibenweise
thelëmón 1 *tr* in Scheiben schneiden, aufschneiden
thelp -i *m, Pl* thelpínj Kern *m*
théllë I. (i) *Adj* **1.** tief; **ujë i ~** tiefes Wasser *n*; **2.** dunkel *(Farben)*; **e kuqe e ~** dunkelrot; *übertr* **është i ~** a) er ist verschlossen; b) er ist gründlich; **II.** *Adv* tief; gründlich; **e punon tokën ~** er bearbeitet den Boden tief; **mendon ~** er denkt gründlich nach
thellësí -a *f, Pl* – Tiefe *f*; *übertr* **~ mendimesh** Gedankentiefe
thellësír|ë -a *f, Pl* -a tiefe Stelle *f* im Wasser
thellësísht *Adv* tief; gründlich
thellím -i *m* Vertiefung *f*, Vertiefen *n*
thelló|n 1 *tr* **1.** vertiefen, tief machen, aushöhlen; **2.** dunkler machen *(Farbe)*; **3.** *übertr* eine Sache gründlich abwägen; **-het** *refl* sich vertiefen
them 44 *1. Pers Sg Präs* → **thotë**
thémb|ër -ra *f, Pl* -ra **1.** Ferse *f am Fuß od Strumpf*; **thembra e Akilit** die Achillesferse; **2.** Brotkante *f*; Rand *m der Pastete*
themél -i *m, Pl* -e **1.** Grundmauer *f*, Fundament *n*; Grundfeste *f*; **2.** *Geom* Grundlinie *f*, Basis *f*; **3.** *übertr* Grundlage *f*, Basis; **vë ~et** *od* **hedh ~et** die Voraussetzungen schaffen, den Grundstein legen
themelí -a *f, Pl* – Grundmauer *f*, Fundament *n*
themelím -i *m* Gründung *f*, Errichtung *f*
themelón 1 *tr* bauen, errichten; gründen
themelónjës -i *m, Pl* – = **themelues**
themelór, -e *Adj* grundlegend, wesentlich, Haupt-; **guri ~** der Grundstein; **parimet ~e** die Grundprinzipien; **numëror ~** Kardinalzahl *f*
themeltár, -e *Adj* Grund-, Grundsatz-; **statuti ~** das Grundsatzstatut
themelúes I. -e *Adj* grundlegend, Gründungs-; **anëtarët ~** die Gründungsmitglieder; **II.** -i *Subst/m, Pl* – Gründer *m*, Erbauer *m*
thep I. -i *Subst/m, Pl* -a Zacke *f*, Spitze *f*; **gur me ~** spitzer Stein *m*, Felszacke, Felsspitze; **~a-~a** mit vielen Spitzen; **II.** -e *Adj* spitz, boshaft, verletzend
thép|ël -la *f, Pl* -la Splitter *m von Stein u. Metall*
thépët (i) *Adj* spitzig, zackig, gezackt
thepís 21 *tr* anspitzen, spitzen
thepísur (i) *Adj* angespitzt, spitz; steil, abschüssig; **bregdet i ~** Steilküste *f*
ther 14 *tr* **1.** schlachten; abschlachten; **2.** stechen, durchbohren; *übertr* mit Worten verletzen; *unpers* **më ~** es tut mir weh, es schmerzt mich, es verletzt mich; **-et** *refl* sich (gegenseitig) abschlachten; *übertr* sich schlagen, sich raufen
thérës, -e *Adj* schneidend; beißend, scharf
therísht|e -ja *f, Pl* -e Säugling *m*
thérj|e -a *f* Schlachten *n*, Schlachtung *f*, Abschlachtung *f*
thérk|ë -a *f, Pl* -a **1.** Trog *m*; **2.** Einbaum *m*
thérm|ë -it (të) *n* Stechen *n*, Reißen *n*, stechender Schmerz *m*
therór *Indekl* Opfer *n*, Märtyrer *m*; **ra ~** er fiel als Märtyrer; **u bë ~** er wurde ein Opfer *des Krieges usw.*; **bën ~** opfern; **bëhet ~** sich opfern
therór|e -ja *f, Pl* -e **1.** Altar *m*; **2.** Opfer *n*, Opfertier *n*
thertór|e -ja *f, Pl* -e Schlachtbank *f*, Schlachthaus *n*

thes -i *m*, *Pl* thásë Sack *m*; Sackvoll *m* *(Maß)*; **një ~ miell** ein Sack Mehl; *übertr* **marrëzi me ~** eine Riesendummheit; **~ i shpuar** verschwenderischer Mensch; **e fut në ~** er betrügt ihn; **merr derr në ~** die Katze im Sack kaufen; **e la ~** er streckte ihn zu Boden, er tötete ihn

thesár -i *m*, *Pl* -e Schatz *m*; Schatzkammer *f*; *übertr* Kostbarkeit *f*, Schatz

thëlléz|ë -a *f*, *Pl* -a Rebhuhn *n*; *Myth Symbol für die Braut od. die junge Frau*

thëllím -i *m*, *Pl* -e **1.** schneidender Wind *m*, kalter Wind; stürmischer Seegang *m*; **deti ka ~ të madh** das Meer ist stürmisch; **2.** trockene Kälte *f*, Frostwetter *n*

thën|ë I. -a (e) *Subst/f* Schicksal *n*, Bestimmung *f*; II. 44 *Part* → **thotë**

thëngjíll -i *m*, *Pl* thëngjíj glühende Kohle *f*, Glut *f*; Kohle; **~ guri** Steinkohle; *El* Kohle; *übertr* **~ i mbuluar** Heuchler *m*

thëngjillëzím -i *m* *Geol* Karbonisierung *f*, Verkohlung *f*

thëngjillgúr -i *m* Steinkohle *f*

thëngjillór, -e *Adj* Kohlen-, Steinkohlen-; **pellg ~** Kohlengrube *f*

thëni|e -a *f*, *Pl* -e Sagen *n*; Gesagtes *n*, Ausspruch *m*

thënúk|ël -la *f*, *Pl* -la *Bot* Roter Hartriegel *m*

thërí -a *f*, *Pl* – *od* -a Nisse *f*

thërmáqe -t *Pl* Bruchreis *m*

thërmí -a *f*, *Pl* -a = **thërrime**

thërmíjëz -a *f*, *Pl* -a winziges Teilchen *n*

thërmíqe -t *Pl* Krümel *Pl*

thërmón 1 *tr* = **thërrmon**

thërpéhet 3 *refl* befruchtet werden *(Ziege)*

thërrás 26¹ *od* 23 *1. Pers Sg Präs* → **thërret**

thërréck|ë -a *f*, *Pl* -a Nickende Distel *f*

thërrét 23 *od* 26¹ *tr* **1.** rufen; einberufen, einziehen; holen lassen; einladen; **2.** nennen; **si të thërrasin?** wie heißt du?; **3.** *itr* rufen, schreien; anschreien

thërrím|e -ja *f*, *Pl* -e **1.** Brotkrümel *m*, Brosame *m*; **2.** Teilchen *n*, Bröckchen *n*; *übertr* **asnjë ~** kein bißchen, gar nichts

thërrítës -i *m*, *Pl* – Bote *m*; Hochzeitsbitter *m*

thërríti 23 *Aor* → **thërret**

thërrmón 1 *tr* zerkrümeln, zerbröckeln, zerreiben

thëthín 6 *od* 11 *tr* = **thith**

thi -u *m*, *Pl* – Schwein *n*; **~ i egër** Wildschwein; *übertr* zäh, hartnäckig

thías *Adv* zäh, verbissen

thijósh, -e *Adj* grauhaarig

thikáç -i *m*, *Pl* -a Beitel *m*

thík|ë I. -a *Subst/f*, *Pl* -a *od* -ë **1.** Messer *n*; *übertr* **shkojnë ~ e brisk** sie sind wie Hund und Katze; **janë në ~ e në pikë** sie sind verfeindet; **i ka ardhur thika në kockë** ihm sitzt das Messer an der Kehle; **2.** Sech *n*, Pflugmesser; **3.** Drehmeißel *m*; **~ profiluese** Profilmeißel; **4.** stechender Schmerz *m*; II. *Adv* steil abfallend, schroff abgehend; **vend ~** steil abfallende Stelle *f*

thikëz -a *f*, *Pl* -a **1.** Pflock *m* *Grindel und Sterz am Pflug verbindend*; **2. ~a** *Pl* *Steine mit keilförmiger Spitze zur Herstellung der Backofenkuppel*

thilé -ja *f*, *Pl* – **1.** Knopfloch *n*; **2.** Masche *f*, Schlaufe *f*

thilíq|e -ja *f*, *Pl* -e Knopfloch *n*

thimáç, -e *Adj* = **thiman**

thimán, -e *Adj* grau *bes. Pferd*; ergraut, grauhaarig

thím|ë (i), -e (e) *Adj* grau, aschfarben
thimjám|ë -a *f* Weihrauch *m*
thimjatís 21 *tr* weihräuchern, mit Weihrauch beräuchern
thimjatón -i *m, Pl* -a Weihrauchkessel *m*
thimth -i *m, Pl* -a **1.** Stachel *m von Biene und Wespe*; **2.** Brustwarze *f*; **3.** Spitze *f der Radachse*
thináç *Adj/m* grau *(Pferd)*
thind -i *m, Pl* -a **1.** Schnabel *m*; **2.** Brustwarze *f*
thinésh|ë -a *f, Pl* -a Sau *f*
thinísht *Adv* zäh, mutig, verbissen
thinx -i *m, Pl* -a Dorn *m der Angel von Tür oder Fenster*
thinj 14 *tr* ergrauen lassen, grau machen; -et *refl* ergrauen, graue Haare bekommen
thinják, -e *Adj* graumeliert
thínj|e -a *f, Pl* -a graues Haar *n*, weißes Haar; **thinja** *Pl* graue Haare *Pl*
thínjur (i) *Adj* ergraut, grauhaarig
thírq|e -ja *f, Pl* -e Kichererbse *f*
thirr -i *m* Ruß *m*
thirraváj|ë -a *f Jur* Klage *f*; **i bën ~** jmdn. verklagen
thírrës -i *m, Pl* – Hochzeitsbitter *m*; Leichenbitter *m*
thírri 26¹ *Aor* → **thërret**
thírrj|e -a *f* Einladung *f*; Aufruf *m*; **~ nën armë** Einberufung *f*
thírrm|ë -a *f, Pl* -a Ruf *m*, Schrei *m*, Aufschrei
thirrór|e -ja *f Gramm* Vokativ *m*
¹thith -i *m, Pl* -a **1.** Dorn *m der Angel von Tür oder Fenster*; **2.** *Bauw* Stift *m*; **3.** Brustwarze *f*
²thith 14 *tr* saugen; einsaugen, aufsaugen; aussaugen; **~ ajrin** die Luft einatmen; *itr* **oxhaku nuk ~** der Schornstein zieht nicht; -et *refl* übertr **qenka ~ur** er ist ja völlig abgemagert
thithák -u *m, Pl* -ë Steckling *m*
thíth|ë -a *f, Pl* -a Brustwarze *f*

thithëlóp|ë -a *f, Pl* -ë Kröte *f*, Erdkröte
thíthës, -e *Adj* saugfähig, aufsaugend; **letër ~ e** Löschpapier *n*, Löschblatt *n*
thíthj|e -a *f* Saugen *n*; Ansaugen, Aufsaugen; Aussaugen
thíthk|ë -a *f* Schnuller *m*, Sauger *m*, Nuckel *m*
thíthur -it (të) *n* Ansaugen *n*, Aufsaugen; Aussaugen
thjérm|ë (i), -e (e) *Adj* grau, aschfarben
thjérr|e -a *f Bot, Opt* Linse *f*
thjérrëz -a *f, Pl* -a = **thjerrë**
thjesht *Adv* rein, pur, unvermischt; **~ lesh** reine Wolle *f*; **~ ar** aus purem Gold; einfach; **e ka punuar tepër ~** er hat es zu primitiv gemacht
thjéshtë (i) *Adj* **1.** einfach, rein, pur; **verë e ~** ungemischter Wein *m*; **ar i ~** pures Gold *n*; **2.** schlicht, einfach, bescheiden; **njeri i ~** ein einfacher Mensch; **3.** offenherzig, offen; **4.** einfach, unkompliziert, leicht; **çështje e ~** eine einfache Frage; **stil i ~** ein unkomplizierter Stil; **ushtar i ~** einfacher Soldat; *Gramm* einfach, synthetisch; **e kryer e ~** Aorist *m*
thjésht|ër **I.** -ri *Subst/m, Pl* – Stiefsohn *m*; **II.** -ra *Subst/f, Pl* -ra Stieftochter *f*
thjeshtësí -a *f* Einfachheit *f*, Bescheidenheit *f*, Schlichtheit *f*; Genügsamkeit *f*
thjeshtësím -i *m Pl* -e = **thjeshtim**
thjeshtësísht *Adv* einfach, schlicht; unkompliziert; bescheiden
thjeshtësón 1 *tr* = **thjeshton**
thjeshtëzón 1 *tr* = **thjeshton**
thjeshtím -i *m* Vereinfachung *f*, Erleichterung *f*
thjeshtón 1 *tr* vereinfachen, erleichtern
thjeshtrí -a *f* Stiefkinder *Pl*

thnég|ël -la *f*, *Pl* -la Ameise *f*
thom 44 *1. Pers Sg Präs* → **thotë**
thonj *Pl* → **thua**
thónjëza -t *Pl* Gänsefüßchen *Pl*, Anführungszeichen *Pl*
thónjtë (i) *Adj* Klauen-, Nagel-
thopç -it *Pl* Zwerge *Pl*, Wichtel *Pl*
thópërç -it *Pl* = **thopç**
thóshte 44 *Imperf* → **thotë**
thótë 44 *tr* **1.** sagen; **ç'the ashtu?** was sagst du da?; **po thonë** es heißt, man sagt; **2.** aufsagen, rezitieren; **3.** erzählen; ~ **meshë** die Messe zelebrieren; **4.** meinen; **më ~ mendja** *od* **them me mendjen time** mein Verstand sagt mir, ich denke mir; **ç'thua ti?** was sagst du dazu?, wie denkst du?, was meinst du?; *itr* **5.** heißen, sich nennen; **si i thonë kësaj gruaje?** wie heißt diese Frau?; **ç'e thonë këtë fshat?** wie heißt dieses Dorf?; **6.** singen; **ia thoshte këngës** er sang dieses Lied; **7. kështu ka qenë thënë** so war es bestimmt, so sollte es sein
thrashég|ër -ra *f*, *Pl* -ra Heidelbeere *f*
thrumbísht|ë -a *f*, *Pl* -a Pfefferkraut *n*, Bohnenkraut *n*
¹thúa thói *m*, *Pl* thonj *Anat* Nagel *m*; Klaue *f*; Sporn *m des Hahnes*; *übertr* **sa e zeza e thoit** soviel wie das Schwarze unter dem Fingernagel; **shpëtoi për të zezë të thoit** er entkam um ein Haar; **i dha thonjtë** er verjagte ihn, er vertrieb ihn; **s'ka thonj** er hat nichts in der Hand, er ist machtlos; **ai e ka në ~** er hat es im Blut, das ist so seine Art; **janë mish e ~** sie sind ein Herz und eine Seele; **s'ndahet mishi nga thoi** das Blut läßt sich nicht verleugnen; **s'të japin as thonjtë e bufit** sie geben dir keinen roten Heller
²thúa 44 *2. Pers Sg Präs* → **thotë**
thúajse *Adv* fast, beinahe
thuk I. -u *Subst/m*, *Pl* -ë Mörser *m* *für Salz, Kaffee usw.*; *übertr* **je bërë si ~** du bist dick geworden; II. 14³ *tr* zerstampfen, zerdrücken
thúkët (i) *Adj* drall *(Kinder)*
thumb -i *m*, *Pl* -a **1.** Stachel *m von Insekten*; **2.** Dorn *m*; **3.** Klöppel *m*, Glockenschwengel *m*; **4.** Stift *m aus Metall oder Holz*; **5.** El Stecker *m*; **6.** *übertr* Spitze *f*, boshafte Bemerkung *f*; **flet me ~a** er führt gehässige Reden, er teilt Spitzen aus; **u bë ~** er war sternhagelvoll, er war betrunken
thumbác -i *m*, *Pl* -a eiserne Spitze *f des Ochsenstachels*
thumbát -i *m*, *Pl* thumbétër **1.** Pflock *m zum Verschließen von Säcken*; **2.** kleiner Stift *m zum Öffnen von Maiskolben*
thúmb|ër -ra *f*, *Pl* -ra Kopfstütze *f*
thumbím -i *m* Stechen *n*; Anstacheln *n*; Stich *m*, Insektenstich
thumbón 1 *tr* stechen; Ochsen antreiben, stacheln, anstacheln; jmdm. einen Stich versetzen; mit dem Schnabel picken
thumbós 21 *tr* = **thumbon**
thúmbull -a *f*, *Pl* -a runder Knopf *m*; Knospe *f*
thumbullón 1 *itr* knospen, ausschlagen
thúnd|ër -ra *f*, *Pl* -ra **1.** Huf *m*; *übertr* **nën thundrën e turkut** unter dem Türkenjoch; *Bot* ~ **mushke** Huflattich *m*; **2.** Ferse *f*; Hacken *m des Schuhs*; **3.** *Geol* Sockel *m*; ~ **kontinentale** Kontinentalsockel
thúndërz -a *f*, *Pl* -a Huflattich *m*
thundrón 1 *tr* jmdm. einen Tritt versetzen, jmdn. treten *mit dem Huf*
thundrór, -e *Adj* Huf-
thundrórë -t *Pl* Huftiere *Pl*
thúp|ër -ra *f*, *Pl* -ra Gerte *f*, Rute *f*; Stange *f*; ~ **e violinës** Geigenbogen *m*; ~ **e pushkës** Ladestock *m*; ~ **metalike** Schweißdraht *m*

thuprák, -e *Adj* drahtig

thur 14 *tr* **1.** einhegen, mit einer Umzäunung versehen; **2.** flechten, ein Flechtwerk herstellen; ~ **një kurorë** einen Kranz flechten; **3.** stricken; *übertr* **u ~të ajo shtëpi!** jenes Haus soll ausgelöscht werden!; **i ~ lavde** er hebt ihn in den Himmel

thurím|ë -a *f*, *Pl* -a **1.** Zaun *m*, Flechtzaun; Flechtwerk *n*; **2.** Strickerei *f*, Strickarbeit *f*

thúrj|e -a *f* Flechten *n*; Stricken *n*; Einhegen *n*; *übertr* Verwicklung *f*

thúrur (i) *Adj* eingehegt; geflochten; gestrickt, Strick-

thuthák I. -i *Subst*/*m*, *Pl* -ë Lispler *m*; **II.** -e *Adj* lispelnd

thuthón 1 *itr* lispeln

thyç, -e *Adj* zerbrechlich

thý|en 4 *tr* zerbrechen, brechen; ~ **normën** die Norm brechen, die Norm überbieten; ~ **rekordin** den Rekord brechen; ~ **besën** die Treue brechen; ~ **një ushtri** eine Armee zerschlagen; *übertr* ~ **pare** Geld wechseln, Geld umtauschen; **e thyej me pare** ich besteche ihn; **e theu qafën** er verzog sich; **ma theu zemrën** er brach mir das Herz; **-het** *refl* zerbrechen, brechen; brechen; **thyhet drita** das Licht wird gebrochen; **u thye dita** der Tag geht zur Neige, der Abend ist angebrochen

thýer (i) *Adj* **1.** zerbrochen; gebrochen; **2.**: **vend i ~** steiler Ort; **3.**: **burrë i ~** älterer Mann *(über 50 Jahre)*

thýerj|e -a *f* Zerbrechen *n*; Brechung *f*; *Opt* Brechung *f*; Zerschlagung *f* *eines Heeres*

¹**thýes|ë** -a *f*, *Pl* -a Masche *f* bei Wirkwaren

²**thýes|ë** -a *f*, *Pl* -a *Math* Bruch *m*, Bruchzahl *f*; **thyesa dhjetore** Dezimalbrüche *Pl*

thyesór *Adj*/*m* *Math* gebrochen; **numër ~** gebrochene Zahl *f*

thyesúar (i) *Adj* *Tech* fraktioniert; **distilim i ~** fraktionierte Destillation

thýesh|ëm (i), **-me** (e) *Adj* **1.** zerbrechlich, brüchig; **2.** steil abfallend

thýez -a *f*, *Pl* -a Steinsplitter *m*, Mosaiksteinchen *n*

thyezím -i *m*, *Pl* -e Mosaik *n*

thyezón 1 *tr* mosaizieren, in Mosaik fertigen

U

¹**u** *Kurzform des Pers Pron Dat* → **ato** *od* **ata**

²**u** *Gramm Partikel zur Bildung des Passivs*

³**u** *Interj* ach!; oje! *(klagend)*

úa *Pers Pron* **1.** *Kombination der Kurzformen* → **u** *(Dat) und* → **e** *(Akk)*; ~ **dha** er gab es ihnen; **2.** *Kombination der Kurzformen* → **u** *(Dat) und* → **i** *(Akk)*; ~ **dha** er gab sie *(Pl)* ihnen

uá *Interj* oh! *(bewundernd)*

úb|ël -la *f*, *Pl* -la Wasserloch *n* im Gebirge als Viehtränke dienend

ububú *Interj* o weh! *(jammernd)*
udób *Adv* leicht, mühelos, bequem;
e kam ~ es fällt mir leicht
udobísht *Adv* = udob
udhák -u *m*, *Pl* -ë Reisender *m*;
Erkunder *m*
udhakím -i *m* Verkehrsdichte *f*;
Verkehr *m*
udhakón 1 *itr* häufig fahren, häufig gehen, häufig besuchen
údh|ë -a *f*, *Pl* -ë Weg *m*, Straße *f*; Reise *f*; ~s a) auf der Straße; b) auf der Reise, unterwegs; dy sahat ~ zwei Wegstunden; në mes të ~s auf halbem Wege; del jashtë ~s vom Weg abkommen, sich verirren; i zë ~n a) ich verstelle ihm den Weg; b) ich kreuze seinen Weg; bën ~ reisen; **Udha mbarë!** Gute Reise!; *übertr* s'e jep udha das ist ungesetzlich; ashtu është e ~s so gehört es sich, so schickt es sich; s'është me ~ es ist nicht recht, es ist ungehörig; s'e shoh me ~ ich halte es nicht für richtig; epi ~ kläre diese Frage, bringe die Sache in Ordnung; epi ~ t wirf ihn hinaus, schick ihn weg; e vura punën në ~ ich habe die Sache in Ordnung gebracht; këtë ~ diesmal; liron ~ od bën ~ klein beigeben, nachgeben, weichen
udhëhéq 16 *tr* führen, lenken, leiten; anleiten; regieren, an der Spitze stehen
udhëhéqës I. -i *Subst/m*, *Pl* – Führer *m*, Leiter *m*; II. -e *Adj* führend, leitend; kuadrot ~e die Führungskader, die Leitungskräfte; forca ~e die führende Kraft
udhëhéqj|e -a *f* 1. Führung *f*, Leitung *f*; 2. Führen *n*, Leiten *n*
udhëhíqte 16 *Imperf* → udhëheq
udhëhóqi 16 *Aor* → udhëheq
udhëkrýq -i *m*, *Pl* -e = udhëkryqe
udhëkrýq|e -ja *f* Kreuzung *f*, Kreuzweg *m*
udhëpúk|ë -a *f* Landstraße *f*, Chaussee *f*
udhërrëfím -i *m*, *Pl* -e Wegweiser *m*
udhërrëfýes -i *m*, *Pl* – Wegweiser *m*, Führer *m*, Reiseführer
udhëtár -i *m*, *Pl* -ë Reisender *m*; Wanderer *m*
udhëtár|e -ja *f*, *Pl* -e Reisende *f*
udhëtím -i *m*, *Pl* -e Reise *f*, Fahrt *f*; Wanderung *f*; ~ me det Schiffsreise, Seefahrt; **viti në** ~ das laufende Jahr
udhëtón 1 *itr* reisen; wandern
udhëtregónjës -i *m*, *Pl* – wegekundiger Führer *m*, Begleiter *m*
udhëzéz|ë -a *f* auf die schiefe Bahn Geratene *f*, Gestrauchelte *f*
udhëzí -u *m* auf die schiefe Bahn Geratener *m*, Gestrauchelter *m*
udhëzíme -t *Pl* Weisungen *Pl*, Richtlinien *Pl*; Anweisung *f*; ~ përdorimi Gebrauchsanweisung
udhëzón 1 *tr* Anweisungen erteilen, anweisen
udhëzúes I. -i *Subst/m*, *Pl* – Anweisender *m*, Befehlshaber *m*; II. -e *Adj* befehlend, anweisend
úf|ëm -ma *f* Schwüle *f*
ugár I. -i *Subst/m*, *Pl* -ë 1. Brache *f*, *Land, das für ein bis zwei Jahre unbestellt bleibt*; 2.: bën ~ Land bestellen, Boden pflügen; II. -e *Adj* 1. brach, brachliegend; 2. frisch bestellt; dhe ~ bestelltes Land *n*; tokë ~e bestellter Acker *m*
ugíç -i *m*, *Pl* -a Leithammel *m*
ugúr -i *m* Schicksal *n*; Vorbedeutung *f*, Vorzeichen *n*, Omen *n*; gutes Vorzeichen
ugúrsh|ëm (i), -me (e) *Adj* von guter Vorbedeutung
ujáks 14 *tr* anstarren, mit den Blicken verzehren
ujár -i *m*, *Pl* -ë Wasserverkäufer *m*; Wasserträger *m*
ujatór|e -ja *f*, *Pl* -e Wasserholerin *f*

ujcón 1 *itr* nässen *(Wunde)*; ~ **lisi** die Säfte steigen im Baum hoch

ujdí -a *f*, *Pl* – Übereinkunft *f*, Einigung *f*; Kompromiß *m*; **bie në** ~ eine Übereinkunft erzielen, übereinkommen, sich einigen

ujdís 21 *tr* in Ordnung bringen, regeln; reparieren; *itr* sich vertragen, passen zu; **kjo bojë** ~ **me atë** diese beiden Farben passen zueinander; **s'të** ~ **ty** es schickt sich nicht für dich; **-et** *refl* **1.** seine Kleidung in Ordnung bringen; **2.** sich verstehen, sich einigen; **u** ~**ën** sie haben eine Übereinkunft erzielt

ujdísj|e -a *f* Übereinkunft *f*, Einigung *f*

ujdísur (i) *Adj* geordnet, geregelt; in Ordnung gebracht, repariert; zustandegebracht; passend

ujdhés|ë -a *f*, *Pl* -a Insel *f*

ujém I. -i *Subst*/*m* **1.** Mahlgeld *n*; **2.** gemischtes Korn *n*; *übertr* **më bën** ~ er bringt mich durcheinander; **II.** *Adv* durcheinander, vermengt

ujéms|ë -a *f*, *Pl* -a Getreidemaß von 20 kg

ujérk -u *m* Wundwasser *n*, Wundflüssigkeit *f*

új|ë -i *m od* -ët *n*, *Pl* -ëra Wasser *n*; ~ **mineral** Mineralwasser, Selters *f*; ~ **burimi** Quellwasser; ~ **i ëmbël** Süßwasser; ~ **i pijshëm** *od* ~ **për të pirë** Trinkwasser; ~ **i Kolonjës** Kölnischwasser *n*; ~ **të bekuar** Weihwasser; ~ **i fjetur** stehendes Wasser; **mulli me** ~ Wassermühle *f*; ~**ra të zeza** Abwässer *Pl*; ~**ra territoritale** Territorialgewässer; *übertr* **shpie** ~**ra në mulli** Wasser auf die Mühle gießen; **kungulli nuk shkon gjithmonë nëpër** ~ der Krug geht solange zu Wasser, bis er bricht; **hedh** ~**ra** versöhnen, aussöhnen; **ai s'e ve ate** ~ **në zjarr** er will sich in die Sache nicht einmischen; **s'pi** ~ **kjo punë** das hat keinen Wert; **e bëri mësimin** ~ *od* **e di** ~ **mësimin** er beherrscht den Stoff ausgezeichnet; **derdh** ~ **t** *od* **bën** ~ **t** Wasser lassen, urinieren

újës, -e *Adj* **1.** Wasser-; **gjarpër** ~ Wasserschlange *f*; **breshkë** ~ **e** Wasserschildkröte *f*; **2.** saftig

ujësjéllës -i *m*, *Pl* – Wasserleitung *f*

ujít 22 *tr* bewässern, gießen

ujítës, -e *Adj* Bewässerungs-

ujítj|e -a *f* Bewässerung *f*

ujk -u *m*, *Pl* ujq *od* újqër Wolf *m*; *übertr* **je bërë si** ~ du hast Bärenkräfte

ujkésh|ë -a *f*, *Pl* -a = **ujkonjë**

ujkónj|ë -a *f*, *Pl* -a Wölfin *f*

ujkth -i *m* Wolfsfell *n*, Wolfshaut *f*

ujón 1 *tr* bewässern, gießen

ujqërísht *Adv* wie ein Wolf, mit roher Gewalt, gewaltsam

újsh|ëm (i), -me (e) *Adj* saftig, wasserreich

ujtí -a *f*, *Pl* – Plätteisen *n*, Bügeleisen *n*

ujtís 21 *itr* nässen, feucht sein

ujth -i *m* **1.** Wundwasser *n*; Pflanzensaft *m*; **2.** Harnblase *f*

ujvár|ë -a *f* Wasserfall *m*, Katarakt *m*

ukraínas I. -i *Subst*/*m*, *Pl* – Ukrainer *m*; **II.** -e *Adj* ukrainisch

Ukraín|ë -a *f* Ukraine *f*

ukrainísht *Adv* auf ukrainisch

ukrainísht|e -ja *f* Ukrainisch *n*

ul 14 *tr* **1.** herunterholen, hinunterlassen, herabziehen; abstellen, auf die Erde stellen; ~ **pëlhurët** die Segel einholen; **2.** senken; ~ **kokën** den Kopf senken; ~ **çmimet** die Preise senken; **3.** jmdn. zum Platznehmen auffordern; **e** ~ **i afër vetes** er ließ ihn neben sich Platz nehmen; **4.:** ~ **petkat** die Wäsche einweichen; *übertr* **i** ~ **i veshët** er ließ die Ohren hängen;

~ kryet! laß deine Überheblichkeit!; ai s'e ~ veten er beugt sich nicht; er demütigt sich nicht; -et *refl* 1. herabsteigen, absteigen; hinabgehen, hinabsteigen; 2. sich senken, sinken; 3. sich zusammenkauern; zusammenklappen; 4. sich demütigen; sich ergeben; 5.: u ~ plaga die Schwellung der Wunde ging zurück; 6. sich besänftigen; 7.: ~u ca! geh mit dem Preis etwas zurück!; 8. sich setzen

ulërím|ë -a *f*, *Pl* -a Geheul *n*, Gejaule *n des Hundes*; laute Klage *f*; Totenklage; vë ~ die Totenklage anstimmen

ulërín 11 *itr* heulen, jaulen *(Hunde usw.)*; laut klagen

ulërítur -it (të) *n* Geheul *n*, Gebrüll *n*

úlët (i) *Adj* tief, niedrig, tiefliegend; leise; me zë të ~ mit leiser, gedämpfter Stimme; niedrig, gemein *(Charakter)*

ulísht|ë -a *f*, *Pl* -a kleiner Waschbottich *m*

úlj|e -a *f* Senkung *f*, Herabsetzung *f*; ~ e çmimeve Preissenkung; ulja e flamurit das Einholen der Fahne; Verringerung *f*

ulók -u *m*, *Pl* -ë Gelähmter *m*, Lahmer *m*; Krüppel *m*

ultësír|ë -a *f*, *Pl* -a Flachland *n*, Tiefland *n*, Niederung *f*; Vertiefung *f*

ultratíngu|ll -lli *m*, *Pl* -j Ultraschall *m*; në zonën e ultratingujve im Ultraschallbereich

ultraviolét, -e *Adj* ultraviolett

ultravjóllcë *Adj* ultraviolett

úlz|ë -a *f*, *Pl* -a Tatarischer Ahorn *m*

ullár -i *m*, *Pl* -ë Halfter *n*

ullást|ër -ra *f*, *Pl* -ra Wilder Ölbaum *m*

ullí -ri *m*, *Pl* -nj Ölbaum *m*; Olive *f*; ~ i egër Wilder Ölbaum; vaj ~ri Olivenöl *n*

ullísht|ë -a *f*, *Pl* -a Olivenhain *m*

ullúk -u *m*, *Pl* -ë Dachrinne *f*

ullullá -ja *f* Wiegenlied *n*

umbréll|ë -a *f*, *Pl* -a Schirm *m*, Regenschirm

unák -u *m*, *Pl* -ë Herdstein *m*; Feuerbock *m*

unaním, -e *Adj*: me vota ~e einstimmig

unanímsht *Adv* einstimmig

unanimitét -i *m* Einstimmigkeit *f*; u zgjodh me ~ er wurde einstimmig gewählt

unáz|ë -a *f*, *Pl* -a Fingerring *m*; ~ e martesës Trauring *m*; gishti i ~s der Ringfinger; *übertr* Hochzeit *f*; Verlobung *f*; unaza e parë die erste Frau; Ring *m*, Reif *m*; Kettenglied *n*; Ringstraße *f*, Ring; *Astron* unaza e Saturnit der Ring des Saturn; unaza-unaza geringelt *(Locken)*

unazórë -t *Pl* Ringelwürmer *Pl*

undýr -a *f*, *Pl* -ë Fett *n*

undýrsh|ëm (i), -me (e) *Adj* fettig, fetthaltig, Fett-; djathë i ~ Fettkäse *m*

únë *Pers Pron* ich

ungrím|ë -a *f*, *Pl* -a Gequieke *n des Schweines*; Geheul *n*, Gejaule *n von Hund und Wolf*

ungrón 1 *itr* quieken *(Schwein)*; heulen, jaulen *(Hund und Wolf)*

ungj -i *m*, *Pl* -ër Onkel *m*; i ~i sein Onkel, ihr Onkel

ungjíll -i *m*, *Pl* ungjíj Evangelium *n*

ungjillór I. -i *Subst*/*m*, *Pl* -ë 1. Evangelist *m*; 2. Evangelischer *m*; II. -e *Adj* 1. evangelisch; 2. auf das Evangelium bezogen

ungjilltár -i *m*, *Pl* -ë = ungjillor

unifikím -i *m*, *Pl* -e Unifikation *f*, Vereinheitlichung *f*

unifikón 1 *tr* vereinheitlichen, unifizieren

unifórm|ë -a *f*, *Pl* -a Uniform *f*

uník, -e *Adj* Einheits-, einheitlich

unitét -i *m*, *Pl* -e Einheit *f*, Einheit-

lichkeit *f*; ~ **veprimi** Aktionseinheit
universál, -e *Adj* universell
universitár I. -i *Subst/m, Pl* -ë Student *m der Universität*; II. -e *Adj* Universitäts-; **studime** ~ e Universitätsstudien *Pl*
universitét -i *m, Pl* -e Universität *f*; ~ **i popullor** die Volkshochschule
únsh|ëm (i), -me (e) *Adj* hungrig
¹**únz|ë** -a *f, Pl* -a Federspitze *f*
²**únz|ë** -a *f Bot* Flugbrand *m*, Staubbrand *m*
unzóhet 1 *refl* vom Flugbrand befallen werden
unj 14² *tr* = **ul**
uprí -a *f Gruppe von Bauern, die einem Bauern ihres Dorfes unentgeltlich helfen*
uraniúm -i *m* Uran *n*
uratár -i *m, Pl* -ë Geistlicher *m*, Priester *m*
urát|ë -a *f, Pl* -ë *od* -a 1. Gebet *n*; ~ **t** *Pl* der Rosenkranz; 2. Segen *m*; 3. Priester *m*, Geistlicher *m*
uratím -i *m* Segen *m*
uratón 1 *tr* segnen
urbán I. -e *Adj* städtisch, Stadt-; II. -i *Subst/m, Pl* -ë Stadtomnibus *m*, Omnibus im städtischen Verkehr
urbanistík, -e *Adj* urbanistisch, Städtebau-
urbanistík|ë -a *f* Städtebau *m*
úrdh|ë -a *f, Pl* -a Efeu *m*
urdhënár, -e *Adj* 1. durchschnittlich, gewöhnlich, mittelmäßig; 2. Gebrauchs-; **enë** ~ **e** Gebrauchsgeschirr *n*
úrdh|ër -ri *m, Pl* -ra 1. Befehl *m*; Geheiß *n*; **me urdhrin e tij** auf seinen Befehl hin; ~ **epror** höhere Verfügung *f*; ~ **pagese** Zahlungsbefehl; ~ **rreshtimi** Haftbefehl; 2. *Rel* Orden *m*; ~ **i françeskan** der Franziskanerorden; 3. Orden; **Urdhri i Flamurit** der Bannerorden

urdhërát|ë -a *f, Pl* -a Hausdiener *m*, Bediensteter *m*
urdhërés|ë -a *f, Pl* -a Dekret *n*, Erlaß *m*, Anweisung *f*
urdhërím -i *m, Pl* -e Befehlsausgabe *f*, Befehlen *n*
urdhërón 1 *tr* befehlen, gebieten, vorschreiben; *itr* **urdhëro!** zu Befehl!; herein! **urdhëro** *od* **urdhëroni!** hier bitte!, bitte sehr!; **si** ~ **?** *od* **si** ~ **i?** wie bitte?; **pse s'na** ~ **i?** warum besuchen Sie uns nicht?, warum beehren Sie uns nicht?; **ç'** ~ **i?** was wünschen Sie?, was hätten Sie gern?; **ç'** ~ **i nga unë?** was wünschen Sie von mir?
urdhërór, -e *Adj Gramm* Befehls-, Imperativ-; **mënyrë** ~ **e** Imperativ *m*
urdhërór|e -ja *f* Imperativ *m*
úrdhj|e -a *f, Pl* -e *Med* Flechte *f*
urél|ë -a *f, Pl* -a Wassergraben *m*
uréz|ë -a *f* Kehlholz *n beim Ochsenjoch*
¹**úr|ë** -a *f, Pl* -a Brücke *f*; ~ **e varur** Hängebrücke; ~ **me harqe** Bogenbrücke; ~ **ngritëse** Hebebrücke; *übertr* **iu bë** ~ **atyre** er unterwarf sich ihnen
²**úr|ë** -a *f, Pl* -a brennendes Holzscheit *n*
úrët (i) *Adj* hungrig
urëtí -a *f* Hunger *m*
urëtóhet 1 *refl* Hunger haben, hungrig sein; Hunger bekommen
urëtúar (i) *Adj* = **i urët**
úrëz -a *f* 1. Feuerbock *m*; 2. Pulverpfanne *f*; 3. Pflugsohle *f*
urgjénc|ë -a *f* Dringlichkeit *f*, Eile *f*
urgjént, -e *Adj* dringend, dringlich, eilig; **letër** ~ **e** Eilbrief *m*
urgjentísht *Adv* dringend
¹**urí** -a *f* Hunger *m*; **ka** ~ Hunger haben
²**urí** -u *m, Pl* **nj** Maulwurf *m*
urím -i *m, Pl* -e Glückwunsch *m*, Gratulation *f*; **shkon për** ~ gratu-

urínë

lieren gehen; **-e** *Pl* meine besten Wünsche, herzliche Glückwünsche
urín|ë -a *f* Urin *m*
uríq -i *m*, *Pl* -ë Igel *m*; *Med* ~ **i zi** Krebs *m*
urítet 20 *refl* hungrig sein, Hunger haben
urítur (i) *Adj* hungrig
uríth -i *m*, *Pl* -ë **od** -a Maulwurf *m*
úrl|ë -a *f* **1.** *gekochte, gesalzene Milch*; **2.** Art Käse *(dem von Zeit zu Zeit Milch zugesetzt wird)*
urójm|ë -a *f*, *Pl* -a Pfosten *m*, Pfahl *m*; Säule *f*, Stütze *f*
uró|n 1 *tr* **1.** jmdm. Glück wünschen, jmdn. beglückwünschen, jmdm. gratulieren; wünschen; **të uroj suksese** ich wünsche dir Erfolge; **2.** segnen, Segen erteilen; **-het** *refl* sich beglückwünschen
urór -i *m*, *Pl* -ë Feuerstahl *m*
uróv -i *m* *Bot* Erve *f*
urovísht|ë -a *f*, *Pl* -a **1.** Ervenfeld *n*; **2.** Ervenstroh *n*
úrtë (i) *Adj* **1.** ruhig, verträglich, besonnen; artig, folgsam; **fëmijë e** ~ ein artiges Kind; **2.** klug, weise; **burrë i** ~ ein kluger Mann; **i urti** der Weise
urtësí -a *f* Besonnenheit *f*; Artigkeit *f*; Klugheit *f*
urtësísht *Adv* besonnen; artig; klug
urtësó|n 1 *tr* klug machen, zur Vernunft bringen; besänftigen; **-het** *refl* zur Vernunft kommen, klüger werden; artig werden
urtí -a *f* Besonnenheit *f*, Weisheit *f*; **me** ~ weise
urtikacé -të *Pl* Nesselgewächse *Pl*
urtísht *Adv* klug; artig
urtó|n 1 *tr* klug machen, besonnen machen; gut erziehen; **urtoj fëmijët** ich beschwichtige die Kinder, ich beruhige die Kinder; jmdm. Ratschläge erteilen; **-het** *refl* klüger werden, zu Verstand kommen; artig werden

¹**urth** -i *m* **1.** Efeu *m*; **2.** *Med* Flechte *f*
²**urth** -i *m* *Bot* Flugbrand *m*, Staubbrand *m*
urúar (i) *Adj* gesegnet, heilig; **vend i** ~ ein gesegneter Ort, ein heiliger Ort; **folë mor i** ~ ! sprich doch, mein Bester!
Uruguáj -i *m* Uruguay *n*
urrá *Interj* hurra!
urréjtës, **-e** *Adj* hassend, Haß-
urréjtj|e -a *f* Haß *m*, Abscheu *m*
urréjtur (i) *Adj* gehaßt, verhaßt; hassenswert, verabscheuungswert; verachtet
urrén 8 *od* 3 *tr* hassen, verabscheuen
úrr|ë -a *f* *Bot* Splint *m*, Splintholz *n*
urrýer (i) *Adj* = **i urrejtur**
usí -a *f* schlechter Geruch *m*, Gestank *m*
ustá -i *m*, *Pl* -llárë **1.** Maurer *m*; **2.** Handwerksmeister; **3.** Meister *m in seinem Fach*, Fachmann *m*, Könner *m*; **4.** raffinierter Mensch *m*
ustallék -u *m* Meisterschaft *f*; **me** ~ meisterhaft; *übertr* List *f*; **ia punoi me** ~ er hat ihn raffiniert hereingelegt
ustésh|ë -a *f*, *Pl* -a **1.** Meisterin *f*; **2.** Könnerin *f*; **3.** raffinierte Frau *f*
ushé -ja *f*, *Pl* - = **ushezë**
ushéz|ë -a *f*, *Pl* -a Anstand *m*, Hochstand *m*, Jagdkanzel *f*
ushëtím|ë -a *f*, *Pl* -a = **ushtimë**
ushëtín 5 *unpers* = ¹**ushton**
ushínth -i *m*, *Pl* -a *Bot* Feuerdorn *m*
ushkúr -i *m*, *Pl* -ë Hosenband *n*, Unterhosenband
ushqé|n 3 *tr* nähren, ernähren; speisen, verpflegen; füttern, zu essen geben; **kjo remë s'e** ~ **mullirin** dieser Graben speist die Mühle nicht; *übertr* **mos ia ushqe fjalën!** gib ihm nicht recht!; ~ **simpati** Sympathie hegen; **-het** *refl* sich nähren, sich ernähren; essen, gut essen

ushqím -i *m* Nahrung *f*, Ernährung *f*, Essen *n*; Verpflegung *f*, Versorgung *f*; **mjalti ka ~** der Honig hat einen hohen Nährwert; **-e** *Pl* Lebensmittel *Pl*

ushqimór, **-e** *Adj* Nähr-, Nahrungs-; **sende ~ e** Nahrungsmittel, Lebensmittel *Pl*

ushqýer (i) *Adj* genährt, ernährt; **i ~ mirë** wohlgenährt

ushqýesh|ëm (i), **-me** (e) *Adj* 1. wohlgenährt, gefüttert, gemästet; 2. nahrhaft

usht -i *m*, *Pl* -re Ähre *f*

ushtár -i *m*, *Pl* -ë Soldat *m*, Rekrut *m*; **~ i i panjohur** der unbekannte Soldat; **u vesh ~** er wurde einberufen; **merr ~ ë** Soldaten rekrutieren, Rekruten ausheben

ushtarák I. **-u** *Subst/m*, *Pl* -ë Armeeangehöriger *m*; II. **-e** *Adj* Militär-; **shërbimi ~** der Militärdienst

ushtarakísht *Adv* militärisch

ushtaráko-politík, **-e** *Adj* militärpolitisch

¹**úsht|ë** -a *f*, *Pl* -a Lanze *f*

²**úsht|ë** -a *f* Ähre *f*; unreife Ähre

úsht|ër I. **-ra** *Subst/f*, *Pl* -ra Ähre *f*; unreife Ähre; II. *Adj* unreif, grün *(Obst)*

ushtím|ë -a *f*, *Pl* -a Tönen *n*, Klingen *n*, Läuten *n*; Rauschen *n*, Heulen *n*; Hallen *n*, Dröhnen *n*, Lärmen *n*; Widerhall *m*, Echo *n*

¹**ushtón** 1 *itr* tönen, klingen, läuten; rauschen, heulen; hallen, dröhnen, lärmen; widerhallen

²**ushtón** 1 *tr* erproben, ausprobieren

ushtré I. **-ja** *Subst/f* unreifes Obst *n*; II. *Adj* unreif, grün *(Obst)*

ushtrí -a *f*, *Pl* – Armee *f*, Heer *n*, Streitkräfte *Pl*; *hist* **Ushtria Popullore Shqiptare** die Albanische Volksarmee

ushtrím -i *m*, *Pl* -e Übung *f*, Training

n; **~ e gjimnastikore** gymnastische Übungen; *Mil* Ausbildung *f*; Hausaufgabe *f*; Ausübung *eines Berufes usw.*; *Fin* Budgetzeitraum *m*

ushtrimór|e -ja *f*, *Pl* -e Schule *f* wo Lehrerstudenten ihr Praktikum ablegen

ushtró|n 1 *tr* 1. ausbilden; trainieren; 2. ausüben; **ushtroj influencën time** ich mache meinen Einfluß geltend, ich übe meinen Einfluß aus; **-het** *refl* sich üben, üben, trainieren

ushúnjëz -a *f*, *Pl* -a Blutegel *m*

ut -i *m*, *Pl* -e Art Mandoline

utilitár, **-e** *Adj* nützlich

utilitaríst I. **-i** *Subst/m*, *Pl* -ë *od* -a Utilitarist *m*, Nützlichkeitsmensch *m*; II. **-e** *Adj* utilitaristisch, Nützlichkeits-; **pikëpamje ~ e** Nützlichkeitserwägungen *Pl*

utilitaríz|ëm -mi *m* Utilitarismus *m*

utopí -a *f*, *Pl* – *od* -ra Utopie *f*

utopík, **-e** *Adj* utopisch

utopíst -i *m*, *Pl* -ë *od* -a Utopist *m*

uturím|ë -a *f*, *Pl* -a Donnern *n*, Dröhnen *n*, Hallen *n*

uturín 6 *unpers* donnern, dröhnen, hallen

¹**uth** -i *m* Sodbrennen *n*; **kam ~ od më djeg ~ i** ich habe Sodbrennen

²**uth** -i *m Med* Flechte *f*

úthët (i) *Adj* säuerlich, herb

uthtón 1 *tr* säuern, säuerlich machen

úthull -a *f* Essig *m*

uthullísht|e -ja *f*, *Pl* -e *Bot* Ampfer *m*

uthullník -u *m*, *Pl* -ë Essigflasche *f*, Essiggefäß *n*

uthullóhet 1 *refl* zu Essig werden; **vera u uthullua** der Wein ist zu Essig geworden

uvertýr|ë -a *f*, *Pl* -a *Mus* Ouverture *f*

úvj|e -a *f*, *Pl* -e Stoffrand *m*

úxh|ë -a *f*, *Pl* -a Höhle *f*, Felsenhöhle *f*

uzdáj|ë -a *f*, *Pl* -ë Hoffnung *f*

uzengjí -a *f*, *Pl* – Steigbügel *m*
uzín|ë -a *f*, *Pl* -a Betrieb *m*, Werk *n*
úzo -ja *f* Anisschnaps *m*, Mastixschnaps *m*

uzúr|ë -a *f* Zins *m*
uzurpatór -i *m*, *Pl* -ë Usurpator *m*
uzurpón 1 *tr* usurpieren
uzurpúes -i *m*, *Pl* – = **uzurpator**

V

¹**va** -ja *f od* -u *m*, *Pl* – Furt *f*; *übertr* **lyp** ~ einen Ausweg suchen; ~ **pa** ~ aufs Geratewohl, auf gut Glück
²**va (të)** *Pl* → ³**ve**
vadarósh -i *m* Henkel *m*; Stiel *m von Obst*
vadé -ja *f*, *Pl* – **1.** Termin *m*; Frist *f*; **i ka shkuar** ~**ja** die Frist ist abgelaufen; **2.** Aufschub *m* von Zahlungen
vád|ë -a *f*, *Pl* -a **1.** Bewässerungsanlage *f*, Berieselungsanlage *f*; Wassergraben *m*, Bewässerungsgraben *m*; **2.** Bewässern *n*
vadít 22 *tr* bewässern, berieseln; **-et** *refl* sich gewöhnen, sich angewöhnen
vadítës, -e *Adj* Bewässerungs-, Berieselungs-; **kanal** ~ Bewässerungskanal *m*
vadítj|e -a *f* Bewässerung *f*
vadítur (i) *Adj* geübt; erfahren, kundig
vádh|e -ja *f*, *Pl* -e *Bot* Speierling *m*; ~ **e egër** Vogelbeerbaum *m*; Vogelbeere *f*
vádh|ë -a *f*, *Pl* -a = **vadhe**
vaft -i *m* Zeit *f*; Gelegenheit *f*; **fol, se të erdhi** ~**i!** sprich, denn du bist an der Reihe!
vagabónd -i *m*, *Pl* -ë Landstreicher *m*; Gammler *m*; Strolch *m*

vagabondázh -i *m* Landstreicherei *f*; Gammlertum *n*
vagabónd|e -ja *f*, *Pl* -e Landstreicherin *f*; Gammlerin *f*
vagëllón 1 *tr* **1.** gierig anblinzeln; **2.** *itr* blinzeln; schlecht sehen; **3.** verlöschen, verglimmen
vagëllúar (i) *Adj* dämmrig, schummerig, fahl
vágët (i) *Adj* **1.** dämmrig, schummerig, düster; **2.** verschossen, ausgeblichen *(Stoff)*
vagín|ë -a *f Anat* Scheide *f*, Vagina *f*
vagón -i *m*, *Pl* -ë Waggon *m*, Eisenbahnwagen *m*; ~ **-restorant** Speisewagen *f*; ~ **mallrash** Güterwagen; ~ **gjumi** Schlafwagen; *Tech* ~ **dekovili** Lore *f*; ~ **-cisternë** Tankwagen
vagullés|e -a *f* Morgendämmerung *f*
vagullím -i *m* = **vagullese**
vagullón 1 *unpers* dämmern, tagen, hell werden
vagjëlí -a *f* kräftige Nahrung *f*, gesunde Nahrung *f*; kräftigende Kost *f*
vaht -i *m* = **vaft**
¹**vaj** -i *m*, *Pl* -ra Öl *n*; ~ **ulliri** *od* ~ **i mirë** Olivenöl; ~ **ricine** *od* ~ **i trashë** Rizinusöl; ~ **liri** Leinöl; ~ **trëndafilesh** Rosenöl; ~ **peshku** Lebertran *m*; ~ **guri** Erdöl; ~ **maqine** *od* ~ **maqinash** Maschinenöl; **bojë** ~**i** Ölfarbe *f*;

kandil me ~ Öllicht *n*, Öllämpchen *n*; ~ **e verë e uthull** Regenbogen *m*
²**vaj I.** -i *Subst/m, Pl* -e **1.** Totenklage; Klage *f*; **2.** Weinen *n*; **ia dha** ~**it** sie brach in Weinen aus; **të merr** ~**i** es jammert einen; **II.** *Interj* o weh! *(klagend, jammernd)*
vajc, -e *Adj* ständig heulend; **fëmijë** ~**e** weinerliches Kind, Heulsuse *f*, Heulpeter *m*
váj|ë -a *f, Pl* -a Amme *f*
vájës, -e *Adj* ölig, ölhaltig
vajgúr -i *m, Pl* -e Erdöl *n*; **llambë** ~**i** Petroleumlampe *f*
vajgurór, -e *Adj* Erdöl-; **puse** ~**e** Erdölquellen *Pl*; **fushë** ~**e** Erdölfeld *n*; **anije** ~**e** Öltanker *m*
vajgursjéllës -i *m, Pl* – Erdölleitung *f*, Pipeline *f*
vajník -u *m, Pl* -ë Ölkanne *f*, Ölbehälter *m*
vajón 1 *tr* ölen, schmieren; einölen
vajósur (i) *Adj* geölt, eingeölt
vájti 45 *Aor* → vete
vajtím -i *m, Pl* -e Totenklage; Klage *f*, Jammern *n*; **me një ton** ~**i** in einem klagenden Ton
vájtj|e -a *f* Gehen *n*, Weggehen *n*; Hinfahrt *f*; Hinflug *m*; ~ – **ardhje** Hin- und Rückfahrt, Hin- und Rückflug; **biletë** ~ **-ardhje** Rückfahrkarte *f*
vajtójc|ë -a *f, Pl* -a = vajtore
vajtón 1 *tr* **1.** die Totenklage singen, einen Toten beweinen; **2.** bemitleiden
vajtór|e -ja *f, Pl* -e Klageweib *n*
vájtshë 45 *1. Pers Sg Aor* → vete
vajtúar (i) *Adj* = i **vajtueshëm**
vajtúesh|ëm (i), -me (e) *Adj* beklagenswert, bedauernswert, elend
vájtur -it (të) *n* Hingehen *n*, Hinfahrt *f*, Hinreise *f*
vájz|ë -a *f, Pl* -a **1.** Mädchen *n*; **2.** junges Mädchen; unverheiratete Frau *f*; **3.** Tochter *f*

vajzërí -a *f* **1.** Mädchenzeit *f*; **2.** Gesamtheit der Mädchen, alle Mädchen eines Dorfes usw; **3.** Jungfräulichkeit *f*, Jungfernschaft *f*
vak 14³ *tr* lauwarm machen, anwärmen; **-et** *refl* lauwarm werden; sich leicht erwärmen
vakánt, -e *Adj* vakant, offen, unbesetzt *(Stelle)*
vakéf -i *m, Pl* -e Besitz *m*, Eigentum *n* geistlicher bes. mohammedanischer Institutionen
vakësír|ë -a *f* laue Wärme *f*, lauwarmer Zustand *m*
váket (i) *Adj* lauwarm, lau
vakí -a *f, Pl* -ra Ereignis *n*; **bën** ~ es ereignet sich; es passiert, es kommt vor; **s'ka bërë** ~! unerhört!, unglaublich!
vakón 1 *tr* = vak
vaksín|ë -a *f, Pl* -a Vakzine *f*, Impfstoff *m*
vaksiním -i *m, Pl* -e Impfung *f*, Schutzimpfung
vaksinón 1 *tr* impfen
vakt -i *m, Pl* -e Zeit *f*; glückliche Lage *f*; **ia ka** ~**in** a) es ist dafür an der Zeit; b) er ist dazu in der Lage; **që me** ~ schon früher, schon längst, vor langer Zeit; **në** ~ **dreke** um die Mittagszeit
vakuúm -i *m Tech* Vakuum *n*
valaníc|ë -a *f, Pl* -a Walkmühle *f*
valavít 22 *tr* wehen lassen; schwenken; **-et** *refl* im Winde wehen, flattern; **flamuri** ~**et** die Fahne flattert im Wind
valavítj|e -a *f* Flattern *n*, Wehen *n*; Schwenken *n*
valc -i *m, Pl* -e = valcer
válcer -i *m* Walzer *m*
valénc|ë -a *f* Valenz *f*
vál|ë I. -a *Subst/f, Pl* -ë **1.** Welle *f*; ~ **t e detit** die Meereswellen; *Phys* Welle; ~ **akustike** akustische Wellen; ~ **të mesme** Mittelwellen; ~ **të shkurtëra** Kurzwellen;

2. kurzes Aufkochen *n*; **mori një ~** es ist kurz aufgekocht; **3.** *Frühstücksgericht aus aufgekochten Brotstücken, die mit Butter überbacken werden*; **4.** Runde *f* eines Spieles; **këtë ~ më munde** dieses Mal hast du mich besiegt; **5.** Höhepunkt *m*; **në ~ të punës** als die Arbeit auf Hochtouren lief; **II.** *Adv* sehr heiß, kochendheiß; **oda ishte ~** im Zimmer war es sehr heiß; **~ - ~** a) wellig, mit Wellen, mit Wellengang; b) in Gruppen; **III.** (i) *Adj* = **i valët**

válët (i) *Adj* kochendheiß, siedendheiß, sehr heiß

valëvítet 22 *refl* = **valavitet**

valëzím -i *m*, *Pl* -e Wellenbewegung *f*; Wogen *n*; Schwingung *f*

valëzón 1 *tr* Wellen machen; *itr* wogen; schwingen

valík -u *m*: **në ~ të punës** als die Arbeit auf Hochtouren lief

valík|ë -a *f* geeignete Zeit für landwirtschaftliche Arbeiten

valím -i *m* Aufkochen *n*; Brodeln *n*, Kochen *n*

valísht|ë -a *f*, *Pl* -a Gesteinslawine *f*, Geröllawine *f*; **~ bore** Schneelawine *f*

valíxh|e -ja *f*, *Pl* -e Koffer *m*

valón 1 *tr* **1.** aufkochen; *itr* kochen, brodeln; **2.** wehen, flattern

valúar (i) *Adj* kochend; **ujë të ~** kochendes Wasser

valút|ë -a *f*, *Pl* -a Valuta *f*

valvítet 22 *refl* = **valavitet**

valvítj|e -a *f* = **valavitje**

valvól|ë -a *f*, *Pl* -a Ventil *n*; **~ e sigurimit** Sicherheitsventil

vallanídh -i *m* Walloneneiche *f*

váll|e -ja *f*, *Pl* -e Volkstanz *m*, albanischer Reigen *m*; **dredh ~** *od* **hedh ~** *od* **heq ~** Volkstänze tanzen; **ta marrim një ~** laßt uns ein Tanzlied anstimmen; *übertr* **hyj në ~** ich mache mit, ich bin dabei; **nuk i hyj kësaj ~je** da mache ich nicht mit; **jashtë ~s** abseits stehend, außenstehend

vállë *Indekl* wohl *(Fragepartikel)*; **~ kush do të jetë ai?** wer mag das wohl sein?

vallëzím -i *m*, *Pl* -e Tanz *m*, Tanzen *n*; **mbrëmje ~i** Tanzabend *m*

vallëzón 1 *itr* tanzen

vallëzúes -i *m*, *Pl* - Volkstänzer *m*, Tänzer

vallk|úa -ói *m*, *Pl* -ónj **1.** Art Fischreuse; **2.** Wäscheschlegel *m*, Bleuel *m*

vallón 1 *itr* Volkstanz tanzen

valltár -i *m*, *Pl* -ë Volkstänzer, Tänzer *m*

valltár|e -ja *f*, *Pl* -e Volkstänzerin, Tänzerin *f*

vámë 45 *1. Pers Pl Aor* → **vete**

vanadiúm -i *m* Vanadium *n*

vandák -u *m*, *Pl* -ë *od* vandáqe Bündel *n*; Armvoll *m*; **me ~ë** bündelweise, haufenweise

vandál -i *m*, *Pl* -ë Vandale *m*

vandalíz|ëm -mi *m*, *Pl* -ma Vandalismus *m*, Zerstörungswut *f*; **vandalizmat e fashistave** die Greueltaten der Faschisten

ván|ë -a *f*, *Pl* -a Falz *m*; Nut *f*, Fuge *f*

vang -u *m*, *Pl* vángje **1.** Radkranz *m*, Felge *f* des Wagenrades; **2.**: **~u i opangës** Ledersenkel *m* der Opanke

váng|ë -a *f*, *Pl* -a Spaten *m*

vangërón 1 *itr* schielen

vángët (i) *Adj* schief; **me sy të ~** schielend, scheel

vangósh, -e *Adj* schielend

vangjelizmó -i *m* Mariä Verkündigung *f*

vanílj|e -a *f*, *Pl* -e Vanille *f*

váp|ë -a *f* Hitze *f*, Gluthitze; **në pisk të ~s** in der größten Hitze; **bën ~n** sich ausruhen, Mittagsrast halten; **kam ~** mir ist sehr heiß

vapëhérë *Adv*: në ~ in der Mittagshitze, in der größten Hitze

vapór -i *m*, *Pl* -ë Dampfer *m*, Dampfschiff *n*

var 14 *tr* aufhängen, anhängen; aufhängen, erhängen, henken; *übertr* **të gjitha shpresat i kam ~ur tek ti** alle Hoffnungen habe ich auf dich gerichtet; **~i buzët** er zog eine Flappe; **s'ia ~ torbën** ich höre nicht auf ihn, ich beachte ihn nicht; **-et** *refl* **1.** hängen; **2.** hinabsteigen; **~u poshtë!** steig herab!; **3.** abhängen, abhängig sein; untergeben sein, untergeordnet sein; **s' ~em prej teje** ich bin nicht von dir abhängig; **kjo punë s' ~et prej meje** das hängt nicht von mir ab; **4.**: **i ~et** jmdm. lästig werden, sich an jmdn. hängen

varák -u *m* Goldbronze *f*, Kupferstaub *m*; Goldblättchen *n*

vardé -ja *f* freies Feld *n*, Freie *n*, Weite *f*

vardíset 21 *refl* jmdm. lästig werden, jmdn. belästigen; **i ~ atij** er fällt ihm auf die Nerven

vardhár I. -i *Subst/m* **1.** Wasserfall *m*; **2.** Reihe *f*; II. *Adv*: **janë ~** sie sind aneinandergereiht; **shkojnë ~** sie gehen hintereinander

varé -ja *f*, *Pl* – Schmiedehammer *m*

varél|ë -a *f*, *Pl* -a Faß *n*, Tonne *f*

varés|ë -a *f*, *Pl* -a Kette *f*

várë *Adv* hängend; unerledigt, ungelöst, in der Schwebe

várës|e -ja *f*, *Pl* -e **1.** Kleiderrechen *m*; Kleiderbügel *m*; **2.** Halskette *f*

varfanják, -e *Adj* **1.** arm; **2.** sich als arm ausgebend

várfër (i) *Adj* **1.** arm; kärglich, karg; *Anat* **mish i ~** Zwerchfell *n*; **2.** arm, unglücklich, bedauernswert

varfërí -a *f* **1.** Armut *f*; **2.** Gesamtheit der Armen, die armen Leute eines Dorfes usw.

varfërím -i *m* Verarmung *f*

varfërísht *Adv* **1.** in Armut; armselig, elend; **2.** leider

varfëró|n **1** *tr* arm machen, in Armut stürzen; **-het** *refl* verarmen, arm werden

varg I. -u *Subst/m*, *Pl* várgje **1.** Reihe *f*, Kette *f*, Ring *m*; **një ~ fiq** ein Ring Feigen; **~ malesh** Bergkette, Gebirgskette; **~u i zjarrit** die Herdkette, die Kette *zum Aufhängen des Kessels*; **2.** Vers *m*, Gedichtzeile *f*; **3.** *Math* Aufeinanderfolge *f*, Reihenfolge *f*; II. *Adv* in der Reihe, hintereinander; **u bënë ~** sie bildeten eine Reihe, sie standen hintereinander; **shkonin ~ e ~** sie gingen hintereinander

vargán I. -i *Subst/m*, *Pl* -e Karawane *f*, lange Reihe *f*; II. *Adv* in einer Reihe, in Reih und Glied; **shkojnë ~** sie gehen in einer Reihe; sie gehen in Reih und Glied

vargaré -ja *f*, *Pl* – **1.** Kette *f* mit *Goldmünzen als Brautschmuck*; **2.** Mitgift *f*, Aussteuer *f*

vargëním -i *m* Dichtkunst *f*, Dichten *n*

várgër -i *m*, *Pl* – *od* vërgénj unverschnittener Schafbock *m*; unverschnittener Ziegenbock *m*

várgës I. -i *Subst/m*, *Pl* – = **vargër**; II. *Adj/m* *Zool* unverschnitten

vargëtár -i *m*, *Pl* -ë Dichter *m*

vargëtóhet 1 *refl* sich aneinanderreihen

vargëzím -i *m* *Poet* Versbau *m*; Dichten *n*; Versschmieden *n*

vargëzón 1 *tr* ausdehnen, in die Länge ziehen

vargmál -i *m*, *Pl* -e Bergkette *f*, Gebirgskette *f*

vargó|n 1 *tr* eine Reihe bilden, eine Kette bilden; aneinanderreihen;

aneinanderketten; **-het** *refl*: **vargohen në valle** sie reihen sich beim Volkstanz ein, sie tanzen den Reigen mit

vargór -i *m*, *Pl* -ë Herdkette, Kette *f zum Aufhängen des Kessels*

vargós 21 *tr* eine Reihe bilden, einen Kreis bilden, eine Kette bilden; aneinanderreihen; aneinanderketten

varg|úa -ói *m*, *Pl* -ónj Kette *f*; Ketten *Pl*, Fesseln *Pl*; **thyen vargonjtë** die Ketten sprengen

variación -i *m*, *Pl* -e Variation *f*

variánt|e -ja *f*, *Pl* -e Variante *f*

varieté -ja *f*, *Pl* – Varieté *n*

varietét -i *m*, *Pl* -e Varietät *f*; *Naturw* Art *f*, Abart *f*

várj|e -a *f* Hängen *n*, Aufhängen *n*

varkár -i *m*, *Pl* -ë Schiffer *m*, Bootsmann *m*; Gondoliere *m*

várk|ë -a *f*, *Pl* -a Boot *n*, Schiff *n*, Kahn *m*

varósh -i *m*, *Pl* -e Vorstadt *f*, äußerer Stadtteil *m*

Varsháv|ë -a *f* Warschau *n*

vártas *Adv* hängend; in der Schwebe

vártës, -e *Adj* abhängig, untergeordnet

várur (i) *Adj* 1. hängend, herabhängend; 2. aufgehängt

varvát *Adj*/*m Zool* unverschnitten

varr -i *m*, *Pl* -e Grab *n*; **heshtje** ~**i** Grabesruhe *f*; **e këllas në** ~ ich beerdige ihn; *übertr* **gjer në** ~ bis ins Grab; **i bën** ~ **in** er bringt ihn noch ins Grab; **kush i bën** ~ **in shokut, bie vetë brënda** wer andern eine Grube gräbt, fällt selbst hinein

varrakát 22¹ *tr* bis zum nächsten Tag aufschieben, verschieben

varraslí, -e *Adj* pockennarbig

varréza -t *Pl* Friedhof *m*

várr|ë -a *f*, *Pl* -ë Wunde *f*; *übertr* **më ka mbetur** ~ **në zemër** ich bereue es zutiefst, es bedrückt mich

varrgërmónjës -i *m*, *Pl* – = **varrmihës**

varríc|ë -a *f*, *Pl* -a Holzmeiler *m*

varrím -i *m*, *Pl* -e Begräbnis *n*, Beerdigung *f*

varrmíhës -i *m*, *Pl* – Totengräber *m*

varró|n 1 *tr* verwunden, verletzen; **-het** *refl* sich verletzen

varrós 21 *tr* begraben, beerdigen, bestatten

varrósj|e -a *f* = **varrim**

vasál I. -i *Subst*/*m*, *Pl* -ë Vasall *m*; Abhängiger *m*; II. -e *Adj* Vasallen-; **shtet** ~ Vasallenstaat *m*

vasiét -i *m*, *Pl* -e letzter Wille *m*, Vermächtnis *n*

vásk|ë -a *f*, *Pl* -a Wanne *f*, Badewanne

vasták -u *m*, *Pl* -ë *Bot* Kätzchen *n*

vastárk|ë -a *f*, *Pl* -a Stange *f*, Staken *m*

vásh|ë -a *f*, *Pl* -a 1. Mädchen *n*, Mädel *n*; 2. Jungfrau *f*; 3. Tochter *f*; 4. Braut *f*, junge Frau *f*

vashërí -a *f* 1. Mädchenzeit *f*; 2. *alle Mädchen eines Dorfes usw.*

váshëz -a *f*, *Pl* -a Mädchen *n*, Mädelchen *n*

Vashingtón -i *m* Washington *n*

vat -i *m Phys* Watt *n*

váte 45 *Aor* → **vete**

vát|ër -ra *f*, *Pl* -ra 1. Feuerstelle *f*, Herd *m*; 2. Familie *f*, Haus *n*; *übertr* **ka një** ~ **fëmijë** er hat eine große Kinderschar; 3. Brennpunkt *m der Ellipse*; 4. *Opt* Brennpunkt, Fokus *m*; 5. *übertr* Herd; ~ **malarje** Malariaherd

váterz -a *f*, *Pl* -a Beet *n*

vath -i *m*, *Pl* -ë 1. Ohrring *m*; *übertr* **e kam** ~ **në vesh** ich vergesse es nicht; **vure** ~ **në vesh!** schreib es dir hinter die Ohren!; 2.: ~**ët e dhísë** die Ziegenläppchen

váth|ë -a *f*, *Pl* -a Pferch *m*, Schafhürde *f*

vathím -i *m*, *Pl* -e Düngung *f bes. mit Schafmist*

vathón 1 *tr* durch Pferchen düngen
vazelín|ë -a *f* Vaseline *f*
vázo -ja *f*, *Pl* – Vase *f*
vazhdár -i *m*, *Pl* -ë Treck *m*, Karawane *f*; **shkojnë** ~ sie gehen hintereinander
vázhdazi *Adv* fortwährend
vázhd|ë -a *f* 1. Spur *f*; 2. Rinne *f*; Rille *f*
vazhdím -i *m*, *Pl* -e Fortsetzung *f*, Weiterführung *f*; Fortdauer, Dauer *f*
vazhdimësí -a *f* lückenloser Zusammenhang *m*, Stetigkeit *f*, Kontinuität *f*; Verlauf *m*, Fortgang *m*
vazhdimísht *Adv* ununterbrochen, fortwährend; ständig, unaufhörlich, dauernd
vazhdón 1 *tr* fortsetzen, weiterführen; wiederaufnehmen; *itr* eine Spur verfolgen, einer Spur folgen; kontinuierlich arbeiten, fortfahren; dauern, andauern; **shfaqja vazhdoi tri orë** die Vorstellung dauerte drei Stunden
vazhdúar (i) *Adj* ständig, fortgesetzt
vazhdúes, -e *Adj* laufend; **në muajin** ~ im laufenden Monat
vazhdúesh|ëm (i), -me (e) *Adj* fortlaufend; ständig, kontinuierlich; unaufhörlich, ununterbrochen
vdék|ë -a *f* = **vdekje**
vdékj|e -a *f*, *Pl* -e Tod *m*; **e kam armik për** ~ er ist mein Todfeind; **dënim me** ~ Todesstrafe *f*; **dënon me** ~ zum Tode verurteilen; **për** ~ tödlich; **e urrej për** ~ ich hasse ihn tödlich; **ha për** ~ er ißt schrecklich viel; **u bë për** ~ er ist dem Sterben nahe
vdekjeprúrës, -e *Adj* todbringend, tödlich
vdéksh|ëm (i), -me (e) *Adj* sterblich
vdékur I. (i) *Adj* tot, gestorben; abgestorben; *übertr* tot, unbeweglich; II. -i (i) *Subst/m*, *Pl* – (të) Toter *m*

vdes 33 *itr* sterben; zugrunde gehen; absterben; *übertr* **vdiqa** ich bin fix und fertig; **vdiq nga frika** er ist vor Angst fast gestorben; **vdiqa gazit** ich bin vor Lachen fast gestorben; **vdisnin për të** sie brachten sich seinetwegen fast um; *tr* **e vdiqën në dru** sie schlugen ihn halbtot
vdiq 33 *Aor* → **vdes**
vdíret 18 *refl* 1. sich verirren; 2. herunterkommen; abnehmen *(Mond)*; 3. verschwinden; → **vdjerr**
vdírrte 18 *Imperf* → **vdjerr**
vdíste 33 *Imperf* → **vdes**
vdjerr 18 *tr* verlieren; **vdora rrugën** ich habe mich verirrt; → **vdiret**
vdjérrë (i) *Adj* abnehmend *(Gestirne)*; **hëna e** ~ abnehmender Mond
vdóri 18 *Aor* → **vdjerr**
¹**ve** 39¹ *tr* = **vë**
²**ve** -ja *f*, *Pl* – Ei *n*; ~**ja e pulës** Hühnerei; ~ **e gjallë** rohes Ei; ~ **surbull** weichgekochtes Ei; ~ **llukë** faules Ei; **kërkon qime në** ~ er sucht ein Haar in der Suppe
³**ve** I. (i) *Subst/m*, *Pl* – (të) Witwer *m*; II. -ja (e) *Subst/f*, *Pl* -ja *od* va (të) Witwe *f*; III. (i) *Adj* verwitwet
veç I. *Adv* getrennt; **ai rri** ~ er lebt getrennt; ~ **e** ~ jeder für sich, jedes für sich, jedes extra; nur, bloß; ~ **se s'kam shëndet** nur, daß ich nicht gesund bin; ~ **mos e harro!** vergiß es bloß nicht!; II. *Präp (mit Abl)* außer; ~ **kësaj** außer diesem; III. *Konj*: **jo** ~, **po** nicht nur, sondern
veçán *Adv* abseits, für sich, gesondert; **i foli secilit** ~ er sprach mit jedem einzeln; ~ **nga të tjerat** getrennt von den anderen
veçanërísht *Adv* besonders, insbesondere
veçántë (i) *Adj* besonderer; einzel-

veçantí ner, gesondert; **një rasë e ~ ein Sonderfall**

veçantí -a *f*, *Pl* – Besonderheit *f*; **në ~ im besonderen, insbesondere**

véças *Adv* getrennt, gesondert, für sich; besonders, extra

veçím -i *m* Absonderung *f*, Abtrennung *f*; Isolierung *f*

véçmas *Adv* = **veças**

veçó|n 1 *tr* absondern, isolieren; **-het** *refl* sich absondern, sich trennen, sich isolieren

veçorí -a *f*, *Pl* – Besonderheit *f*, besonderes Merkmal *n*, Charakterzug *m*

véçse *Konj* aber; nur, daß..., außer, daß...

veçúar (i) *Adj* abgesondert, isoliert; allein, einsam; einzeln, vereinzelt

veçúes, -e *Adj Gramm* adversativ; *Phys* Isolations-, isolierend

véd|ër -ra *f*, *Pl* -ra Holzeimer *m*, Melkeimer *m*

vég|ë -a *f*, *Pl* -a Henkel *m*

vég|ël -la *f*, *Pl* -la **1.** Instrument *n*, Werkzeug *n*, Gerät *n*; **veglat e punës** die Arbeitsinstrumente; **~ muzikore** Musikinstrument; **~ me frymë** Blasinstrument; **~ me tela** Saiteninstrument; *übertr* Werkzeug, Handlanger *m*; **2.** Webstuhl *m*; **3.** Henkel *m*

vegím -i *m*, *Pl* -e Vision *f*

vegón 1 *itr* kaum sichtbar sein, nebelhaft erscheinen; *tr* kaum erkennen, nebelhaft wahrnehmen

vegsh -i *m*, *Pl* -a Kochtopf *m aus Ton*; *übertr* **e di luga çka ka ~i** nur die Eingeweihten wissen wirklich Bescheid

vegshár -i *m*, *Pl* -ë Töpfer *m*

vegullí -a *f*, *Pl* – Phantasieerscheinung *f*, Vision *f*, Trugbild *n*

vegullón 1 *unpers* dämmern, anbrechen *(Tag)*; **posa vegulloi drita** bei Tagesanbruch

vegjetación -i *m*, *Pl* -e Vegetation *f*

vegjetarián **I.** -i *Subst*/*m*, *Pl* -ë Vegetarier *m*; **II.** -e *Adj* vegetarisch

végj|ë -a *f*, *Pl* -ë **1.** Henkel *m*; **2.** ~ *Pl* Webstuhl *m*; **bën ~** weben

végjël (të) *Pl*/*m* → **i vogël**

vegjëlí -a *f* **1.** armes Volk *n*, kleine Leute *Pl*; **~ fshatare** Dorfarmut *f*; **2.** Kinder *Pl*, die Kleinen; **3.** Kindesalter *n*, Kindheit *f*

vegjón 1 *itr* weben

vegjór|e -ja *f*, *Pl* -e Tonkrug *m mit Bügel*

véht|e -ja *f*, *Pl* -e Selbst *n*, die eigene Person; sich, sich selbst; **iu duk vehtja e bukur** sie kam sich schön vor; **shiko ~n tënde!** sieh dich selbst an!; kümmere dich um dich selbst!; **s'i ka kujdes ~s** er achtet nicht auf sich; **e vrau ~n** er beging Selbstmord; **e ndjej ~n keq** ich fühle mich schlecht; **~s e shtë mir** schlecht; **e kam me ~** ich habe es mit, ich habe es bei mir; **me ~** bei sich selbst, im Geiste

veján -i *m*, *Pl* -ë Witwer *m*

véjme -t *Pl* Klage *f*, Totenklage

vejní -a *f* Witwenschaft *f*, Witwentum *n*; Witwerschaft *f*, Witwertum *n*

vejnón 1 *itr* verwitwet sein

véjtur -it (të) *n* Weben *n*

vejúsh|ë -a *f*, *Pl* -a Witwe *f*

vejúshk|ë -a *f*, *Pl* -a junge Witwe *f*

¹**vel** -i *m*, *Pl* -a **1.** Schleier *m*; **2.** Segel *n*; **barkë me ~a** Segelboot *n*; **unj ~at** die Segel einholen

²**vel** 14¹ *tr* mehr als satt machen; **më ~i torta** die Torte hängt mir schon zum Halse heraus; **-et** *refl* sich überessen; sich überfressen; **u ~a me tortë** ich habe mich an Torte übergessen; *übertr* **më është velur** ich habe es satt, es ist mir über

veladán -i *m*, *Pl* -a Soutane *f*, Priesterrock *m*

velajrór|e -ja *f*, *Pl* -e Segelflugzeug *n*

velaní -a *f* Ohnmacht *f*
velaníj|e -a *f*, *Pl* -e Segelschiff *n*
vél|e -ja *f*, *Pl* -e **1.** Scharnier *n*; **2.**: ~ **t e peshkut** die Kiemen
velenís 21 *tr* walken
velénx|ë -a *f*, *Pl* -a Wolldecke *f*
velét, -e *Adj* schlau, listig, durchtrieben
veletí -a *f* Schlauheit *f*, List *f*, Hinterlist
¹**vél|ë** -a *f*, *Pl* -a Segel *n*
²**vélë** -t (të) *n* Übersättigung *f*; Ekel *m*, Abscheu *m*
vélët (i) *Adj* widerlich, eklig, ekelhaft
vélëz -a *f*, *Pl* -a Kiemen *Pl*
velítet 20 *refl* sich überessen; *übertr* überdrüssig werden, etw. überbekommen
vélo -ja *f*, *Pl* – Schleier *m*
vélur (i) *Adj* übersättigt; *übertr* überfüttert; überdrüssig
vém|e -ja *f*, *Pl* -e *Zool* **1.** Larve *f*, Fliegenlarve, Made *f*; **2.** Raupe *f*
veméndj|e -a *f* **1.** Aufmerksamkeit *f*, Beachtung *f*; **me** ~ aufmerksam; **2.** Aufmerksamkeit, Liebenswürdigkeit *f*, Zuvorkommenheit *f*
veméndsh|ëm (i), -me (e) *Adj* aufmerksam
¹**vemés|ë** -a *f*, *Pl* -a = **veme**
²**vemés|ë** -a *f* **1.** Zwiebelhäutchen *n*; **2.** Milchhaut *f*
vémëz -a *f*, *Pl* -a Arbeitsbiene *f*
vémi 45 *1. Pers Pl Präs* → ²**vete**
vemíz|ë -a *f*, *Pl* -a = **veme**
ven 8 *itr* weben
vénc|ë -a *f*, *Pl* -a = **venicë**
vénç|ë -a *f* Treberwein *m*
vend -i *m*, *Pl* -e Platz *m*, Ort *m*, Stelle *f*; Land *n*; **mall** ~**i** Landesprodukt *n*, Eigenerzeugnis *n*; **nga ç'~ je ti?** aus welcher Gegend bist du?; ~**e-**~**e** hier und da, stellenweise; **bëna** ~! mach uns Platz!; **e la në** ~ er ließ ihn auf der Strecke, er erledigte ihn; **e vë në** ~ etw. ersetzen; **e vuri në** ~ er hat ihn zur Vernunft gebracht; **çon në** ~ verwirklichen, ausführen; **ai flet me** ~ **e pa** ~ er muß immer seinen Senf dazugeben; **në** ~ **të** anstelle, anstatt; **në** ~ **teje** an deiner Stelle; **në** ~ **që** anstatt
vendalí -u *m*, *Pl* -nj = **vendarak**
vendarák -u *m*, *Pl* -ë Einheimischer *m*, Ortsansässiger *m*
véndas -i *m*, *Pl* – = **vendës**
vendbaním -i *m*, *Pl* -e Wohnort *m*, Wohnsitz *m*
vendburím -i *m*, *Pl* -e **1.** Ursprungsort *m*; Ursprungsland *n*; **2.** Quelle *f*, Fördergebiet *n*, Fundstätte *f*
véndçe *Adv* nach Art des Landes, nach Landessitte
véndës I. -i *Subst*/*m*, *Pl* – **1.** Einwohner *m*; **2.** Einheimischer *m*, Ortsansässiger *m*; **II.** -e *Adj* einheimisch, ortsansässig
vendím -i *m*, *Pl* -e Entschluß *m*; Beschluß *m*, Entscheidung *f*, Urteil *n*; ~**i i gjyqit** das Gerichtsurteil; **merr** ~ beschließen
vendimísht *Adv* entschieden, resolut
vendimtár, -e *Adj* entscheidend, Entscheidungs-; **beteja** ~**e** die Entscheidungsschlacht
vendkalím -i *m*, *Pl* -e Durchgang *m*; Übergangsstelle *f*
vendlíndj|e -a *f* Geburtsort *m*
vendón 1 *tr* unterbringen; hinstellen; ~ **në shkollë** einschulen; ~ **bagëtinë** das Vieh einstellen; ~ **shtëpinë** das Haus vermieten
vendór|e -ja *f* Lokativ *m*
vendós 21 *tr* **1.** beschließen, entscheiden; **2.** unterbringen; errichten, aufstellen; einrichten; in Ordnung bringen; ~ **rendin** die Ordnung wiederherstellen; **-et** *refl* sich ansiedeln, sich niederlassen
vendósj|e -a *f* **1.** Beschließen *n*; **2.** Unterbringung *f*; Errichtung *f*; Einrichtung *f*; **vendosja e pushtetit**

popullor die Errichtung der Volksmacht
vendosmërí -a *f* Entschlossenheit *f*, Entschiedenheit *f*
vendosmërísht *Adv* entschlossen, entschieden
vendósur (i) *Adj* **1.** beschlossen; **çështje e** ~ eine beschlossene Sache; **2.** angesiedelt; **3.** errichtet; eingerichtet; **4.** entschlossen, entschieden; **njeri i** ~ ein entschlossener Mensch
vendqëndrím -i *m*, *Pl* -e Aufenthaltsort *m*
vendstrehím -i *m*, *Pl* -e Zuflucht *f*, Unterschlupf *m*; Unterkunft *f*
vendtakím -i *m*, *Pl* -e Treffpunkt *m*
vendvarrím -i *m*, *Pl* -e Grabstätte *f*; Beerdigungsstätte *f*
vendverím -i *m*, *Pl* -e Sommerkurort *m*, Sommerfrische *f*
Venedík -u *m* Venedig *n*
venedíkas **I.** -i *Subst*/*m*, *Pl* – Venezianer *m*; **II.** -e *Adj* venezianisch
venerián, -e *Adj* venerisch; **sëmundje** ~ **e** Geschlechtskrankheit *f*
venetík **I.** -u *Subst*/*m*, *Pl* -ë Venezianer *m* *(Dukaten)*; **II.** -e *Adj* venezianisch; **një flori** ~ eine venezianische Goldmünze
venetíkas **I.** -i *Subst*/*m*, *Pl* – Venezianer *m*; **II.** -e *Adj* venezianisch
Venezuél|ë -a *f* Venezuela *n*
¹**vén**|ë -a *f*, *Pl* -a Vene *f*
²**vénë** 45 *3. Pers Pl Präs* → ²**vete**
³**vénë** 39¹ *Part* → **ëe**
veníc|ë -a *f*, *Pl* -a Kelterei *f*, Weinkellerei *f*
venítet 22 *refl* verlöschen, erlöschen *(Licht)*; verwelken; *übertr* dahinsiechen, welken
venítj|e -a *f* Verlöschen *n*; Verwelken; *übertr* Dahinsiechen *n*, Welken *n*
venítur (i) *Adj* verloschen, erloschen; verwelkt, welk; *übertr* schwermütig, melancholisch

vénte 45 *Imperf* → ²**vete**
ventíl -i *m*, *Pl* -e Ventil *n*
ventilatór -i *m*, *Pl* -ë Ventilator *m*; ~ **fryrës** Gebläse *n*; ~ **tymthithës** Absaugvorrichtung *f*
vép|**ër** -ra *f*, *Pl* -ra Werk *n*; Kunstwerk; Schöpfung *f*, Werk; **vepra** *Pl* Handlungen, Taten; Werke, Gesamtwerk *eines Künstlers*; **vepra të zgjedhura** ausgewählte Werke
veprím -i *m*, *Pl* -e Tat *f*, Handlung *f*; Betätigung *f*; Maßnahme *f*; Operation *f*; ~ **e luftarake** Kampfhandlungen; ~ **e ushtarake** militärische Operationen; ~ **e gjyqësore** gerichtliche Maßnahmen; ~ **kimik** chemischer Vorgang, chemischer Prozeß; **të katër** ~ **et** die vier Grundrechenarten; **e vë në** ~ verwirklichen; in Bewegung setzen, in Aktion setzen; **ligji hyn në** ~ das Gesetz tritt in Kraft
veprimtár, -e *Adj* arbeitend, werktätig; **popullsia** ~ **e** die arbeitende Bevölkerung
veprimtarí -a *f* Schaffen *n*; Tätigkeit *f*; Aktivität *f*
veprón 1 *itr* **1.** handeln; aktiv sein, tätig sein, sich betätigen; **s'ke vepruar mirë** du hast nicht richtig gehandelt; **2.** einwirken auf, einen Einfluß ausüben auf
veprór, -e *Adj Gramm* aktiv; **trajtë** ~ **e** Aktiv *n*
veprúes, -e *Adj* tätig, aktiv
verák **I.** -e *Adj* im Sommer reifend, Sommer-; **II.** -u *Subst*/*m*, *Pl* -ë = **verore**
¹**verb** -i *m*, *Pl* -e Verb *n*
²**verb** -i *m*, *Pl* -ë Blinder *m*
verbál, -e *Adj* **1.** *Gramm* verbal, Verb-, Verbal-; **2.** Verbal-; **notë** ~ **e** Verbalnote *f*, **proces** ~ Protokoll *n*; **3.** verbal, mündlich; **përgjigje** ~ **e** mündliche Antwort *f*
verbalísht *Adv* mündlich, verbal
vérbazi *Adv* blind, blindlings

vérbër I. (i) *Adj* blind; **zorrë e ~** Blinddarm *m*; **II.** -i (i) *Subst/m, Pl* – (të) Blinder *m*; **III.** *Adv* blindlings, blind
verbërí -a *f* Blindheit *f*
verbërísht *Adv* = **verbazi**
verbësír|ë -a *f* = **verbëri**
verbím -i *m* Erblindung *f*
verbó|n 1 *tr* jmdn. blind machen, blenden; *übertr* **dielli na verboi sytë** die Sonne hat uns geblendet; **-het** *refl* blind werden, erblinden; *übertr* blind werden, blind handeln, verblendet werden
verbúar (i) *Adj* **1.** blind; geblendet; **2.** verblendet, betört
verbúes, -e *Adj* blind machend; blendend; betörend
vercáll -i *m*, *Pl* vercáj Totenmahl *n*
verdh 14 *tr* gelb machen; **-et** *refl* gelb werden, gilben, vergilben; blaß werden, erblassen
vérdha (e) *f*/*best* Gelb *n*, gelbe Farbe *f*; **e ~ e vesë** das Eigelb, das Eidotter
verdhác, -e *Adj* bleich, blaß
verdhacák, -e *Adj* = **verdhac**
verdhaní -a *f* Gelbsucht *f*
verdhásh -i *m*, *Pl* -a Pirol *m*, Goldamsel *f*
verdhémët (i) *Adj* gelblich
vérdhë I. (i) *Adj* **1.** gelb; strohblond; blaß, bleich, fahl; goldfarben, golden; **i ~ si dylli** wachsbleich; **2.** grün *(poetisch)*; **lugjet e verdha** die grünen Fluren; **II.** -t (të) *Subst/n* Gelbsucht *f*
verdhësír|ë -a *f* gelbe Farbe *f*, Gelb *n*
vérdhëz -a *f* Gelbsucht *f*
verdhó|n 1 *itr* goldgelb sein, goldgelb leuchten *(Felder)*; **-het** *refl* gelb werden, vergilben; blaß werden, erbleichen
verdhósh, -e *Adj* gelblich
verdhúk, -e *Adj* blaß, bleich, fahl
verdhúl, -e *Adj* = **verdhuk**

verdhúsh, -e *Adj* = **verdhosh**
verém I. -i *Subst/m* Tuberkulose *f*; **II.** *Adj* Tb-krank, tuberkulös
vereníket 14³ *refl* dunkel anlaufen *(Wunde)*
veresíe *Adv* auf Kredit; **e bleva ~** ich habe es auf Kredit gekauft; *übertr* **ai flet ~** er drischt leeres Stroh
¹vér|ë -a *f* **1.** Sommer *m*; **2.** warme Jahreszeit *f (Frühling u. Sommer)*; **dita e ~s** der Frühlingsanfang *(in Albanien der 1. März)*
²vér|ë -a *f* Wein *m*; **~ e kuqe** Rotwein; **~ e bardhë** Weißwein; **~ brusko** herber Wein; **~ra** *Pl* Weine *Pl*, Weinsorten *Pl*
³vérë 39¹ *Imp* → **vë**
vergjí -a *f*, *Pl* – *alt* Steuer *f*, Haussteuer; Tribut *m*
¹verí -u *m* **1.** Norden *m*; **Veriu** der Norden *Albaniens*; **Shqipëria e Veriut** Nordalbanien *n*; **Irlanda e Veriut** Nordirland *n*; **Poli i Veriut** der Nordpol; **popujt e Veriut** die nördlichen Völker; **2.** Nordwind *m*; kühle Brise *f*
²verí -u *m* Fächer *m*
veriák I. -e *Adj* nördlich, Nord-; **II.** -u *Subst/m*, *Pl* -ë Nordalbaner *m*
veríg|ë -a *f*, *Pl* -a **1.** Kettenglied *n*; **2.** Traube *f*, Büschel *n*; **3.** -a *Pl* Kette *f*; **4.** *übertr* Art u. Weise *f*, Lösungsweg *m*; **ia gjeti ~n kësaj pune** er fand eine Lösung für diese Angelegenheit
verilíndj|e -a *f* Nordosten *m*
verilindór, -e *Adj* nordöstlich, Nordost-
verím -i *m* Sommerfrische *f*, Sommeraufenthalt *m*; Sommerweide *f*; Weiden *n der Herde im Sommer*; **vend ~i** Sommerkurort *m*, Sommerfrische
veriór, -e *Adj* nördlich, Nord-; **Shqipëria Veriore** Nordalbanien *n*; **Afrika Veriore** Nordafrika *n*

veriperëndím -i *m* Nordwesten *m*
veriperëndimór, -e *Adj* nordwestlich, Nordwest-
vermút -i *m* Wermutwein *m*, Wermut *m*
verník -u *m* Firnis *m*; Lack *m*; Politur *f*; Vergoldung *f*
verón 1 *itr* **1.** in die Sommerfrische gehen, den Sommer verbringen; **2.** sich mit dem Vieh auf der Sommerweide aufhalten; **3.** *tr* *Schafe* im Sommer auf die Alm bringen, sömmern
verór, -e *Adj* Sommer-, sommerlich; **pushimet** ~e die Sommerferien; im Sommer reifend, Sommer-; **dardhë** ~e Sommerbirne *f*
verór|e -ja *f*, *Pl* -e *rot-weiße Halsbänder, die Kinder zum Frühlingsanfang (1. März) tragen*
versión -i *m*, *Pl* -e Version *f*
vërst|ë -a *f*, *Pl* -a Werst *f*
vertéb|ër -ra *f*, *Pl* -ra *Anat* Wirbel *m*
vertebrátë -t *Pl* Wirbeltiere *Pl*
vertebrór, -e *Adj* Wirbel-; **shtylla** ~e die Wirbelsäule
vertebrórë -t *Pl* = **vertebratë**
vertikál, -e *Adj* vertikal, senkrecht
vertikál|e -ja *f*, *Pl* -e Vertikale *f*, Senkrechte *f*; Lot *n*
vertikalísht *Adv* vertikal, senkrecht
vertllón 1 *itr* schwatzen, viel reden
vérza -t *Pl* Kiemen *Pl*
verzión -i *m*, *Pl* -e Version *f*; ~i **zyrtar** die amtliche Version
verzóm|ë -a *f*, *Pl* -a Fischnetz *n*, Schleppnetz *n*
verr -i *m*, *Pl* -a Erle *f*; ~ **i zi** Schwarzerle; ~ **i egër** Grauerle
vérr|ë -a *f*, *Pl* -a Loch *n*, Höhle *f*
verrí -ri *m*, *Pl* -nj = **verr**
verrísht|ë -a *f*, *Pl* -a **1.** Erlenwald *m*; **2.** Erle *f*
vérrl|e -ja *f*, *Pl* -e Kreisel *m*
ves -i *m*, *Pl* -e Unsitte *f*, Untugend *f*, schlechte Angewohnheit *f*; **-e** *Pl* Laster *n*
vés|ë -a *f* **1.** Tau *m*; **2.** feiner Regen *m*, Nieselregen, Sprühregen
vesëtón 1 *unpers* tauen, Tau fallen
vesëtúar (i) *Adj* betaut, vom Tau benetzt
vesít 20 *unpers* = **vesëton**
vesk -u *m* Reiz *m*, Anziehungskraft *f*
veskéq, -e *Adj* mit schlechten Angewohnheiten; lasterhaft
vésket (i) 14[3] *unpers* **1.** einfallen, in den Sinn kommen; **më** ~ es fällt mir ein; **2.** sich etw. in den Kopf setzen; Appetit haben; Verlangen haben
vesón 1 *tr* bespritzen, besprenkeln; besprühen, benetzen; *unpers* Tau fallen, tauen; nieseln, fein regnen
¹**vesh** -i *m*, *Pl* -ë **1.** Ohr *n*; *übertr* **i heq** ~**in** ich ziehe ihm die Ohren lang; ich lese ihm die Leviten; **s'ka** ~ er ist unmusikalisch; **i vë** ~**in** a) aufmerksam zuhören; b) auf jmdn. hören, jmdm. gehorchen; c) jmdm. Gehör schenken; **mban** ~ a) hören, etw. mitkriegen; b) lauschen, horchen; c) die Ohren spitzen; **bën** ~**ët katër** mit größter Aufmerksamkeit lauschen; **merr** ~ a) erfahren; b) verstehen, kapieren; **merremi** ~ a) wir verstehen uns, wir kommen überein; b) wir können uns (sprachlich) verständigen; **i vate fjala në** ~ man hat es ihm zugetragen; **i flas në** ~ ich flüstere ihm zu; **më vret** ~**in** es gellt mir in den Ohren; **na çau** ~**ët** er hat uns in den Ohren gelegen; **i ra në** ~ es ist ihm zu Ohren gekommen; **nuk ma zuri** ~**i** ich habe es nicht mitbekommen, ich habe es überhört; **i vari** ~**ët** *od* **i uli** ~**ët** er ließ die Ohren hängen; **ka dhe dheu** ~**ë** auch die Wände

haben Ohren; *Anat* **daulle e ~it** Trommelfell *n*; **2.** Henkel *m*; **~ët e parmendës** die Streichbretter des Pfluges

²**vesh** -i *m*, *Pl* -ë Traube *f*; **një ~ rrush** eine Weintraube

³**vesh** 17² *tr* **1.** anziehen; **~ armët** sich die Waffen anlegen; **2.** bedecken, überdecken; abdecken; ausschmücken, schmücken; *übertr* **ia ~** ich schiebe ihm die Schuld in die Schuhe; → **vishet**

veshák -u *m*, *Pl* -ë kleine Weintraube *f*, Träubel *n*

vésh|ë -a *f* Kleidung *f*; Tracht *f*, Volkstracht

¹**véshël** -a *f*, *Pl* -a Niere *f*

²**véshël** (i) *Adj* fruchtbar *(Land u.Tiere)*

veshëli -a *f* Fruchtbarkeit *f*

veshëlít 20 *itr* fruchtbar sein

véshëz -a *f*, *Pl* -a **1.** Nadelöhr *n*; **2.** Streichbrett *n* am *Pflug*; **3.** Ohrwurm *m*

veshgját|ë -i *m* Langohr *n*, Esel *m*

¹**véshj|e** -a *f* **1.** Kleidung *f*, Kleidungsstück *n*; **2.** Kleiden *n*, Ankleiden, Anziehen *n*

²**véshj|e** -a *f*, *Pl* -e Niere *f*

veshk 14³ *tr* zum Welken bringen, welken lassen; ausdörren; **-et** *refl* welken, verwelken

véshk|e -ja *f*, *Pl* -e Niere *f*

veshkëlór, -e *Adj* Nieren-; nierenförmig

véshkët (i) *Adj* welk, verwelkt

véshkur (i) *Adj* = **i veshkët**

veshlépur -i *m* weiße Lichtnelke *f*

veshllapúsh I. -i *Subst/m*, *Pl* -ë Großohriger *m*; **II.** -e *Adj* großohrig

veshmbáthj|e -a *f* Bekleidung und Schuhwerk

veshník -u *m*, *Pl* -ë **1.** tönerne Backglocke *f*; **2.** Blumentopf *m*

veshók|e -ja *f*, *Pl* -e Scheuklappe *f*

veshqók, -e *Adj* flink, wendig; aufgeweckt, klug

veshshkúrtër *Adj* kurzohrig, mit kurzen Ohren

veshshpúar (i) *Adj* klug, verständig, aufgeweckt; einer, der das Gras wachsen hört

veshták, -e *Adj* klug, intelligent, aufgeweckt

veshtár, -e *Adj* = **veshtak**

véshtë (i) *Adj* = **veshtak**

veshtí -a *f* Aufmerksamkeit *f*, Sorgfalt *f*, Vorsicht *f*; **ec me ~!** geh vorsichtig!; Besonnenheit *f*

veshtón 1 *itr* hören, zuhören, hinhören

véshtull -i *m*, *Pl* véshtuj **1.** Mistel *f*; **2.** Leim *m* aus Misteln

veshtullí -a *f* Viskosität *f*; Klebrigkeit *f*, Zähflüssigkeit *f*

veshtullór, -e *Adj* klebrig, zähflüssig

veshúk, -e *Adj* großohrig

veshúl -i *m*, *Pl* -ë Weintraube *f*

véshur I. (i) *Adj* angezogen, bekleidet; überzogen, bedeckt; getragen *(Kleider)*; *übertr* **i ~ me fuqi të plota** bevollmächtigt, mit allen Rechten ausgestattet; **II.** -it (të) *Subst/n* Bekleidung *f*; Ankleiden *n*

vet (i) *Adj*, *Pron* sein eigener, ihr eigener; **djali i ~** der eigene Sohn; **nusja shkoi ke të ~ët** die junge Frau ging zu ihrer (des Vaters) Familie

véta -t *Pl* Personen *Pl*; **dy ~** zwei Personen, zwei Mann

¹**vét|e** -ja *f*, *Pron* **1.** die eigene Person, Selbst *n*; sich, selbst, sich selbst; **ç'të duket vetja?** was bildest du dir ein?; **e mblodhi ~n** er riß sich zusammen; **e ndjej ~n të lumtur** ich fühle mich glücklich; **vrau ~n** er beging Selbstmord; **erdhi në ~** er kam zu sich, er erlangte das Bewußtsein wieder; **ai s'është në ~** er ist verrückt;

për ~n time *od* sa për ~n time meinerseits, was mich betrifft; më ~ unabhängig, selbständig; shtet më ~ ein unabhängiger Staat; ai doli më ~ er machte sich selbständig; u vra në ~ er hat sich empfindlich gestoßen; **2.** *Gramm* Person *f*; vetja e parë die erste Person

²véte 45 *itr* **1.** gehen, weggehen, hingehen; fahren, wegfahren, hinfahren; më vajti mbarë ich hatte Erfolg; vajti dëm es war umsonst, es war für die Katz; vajti njëzet vjeç er ist zwanzig Jahre alt geworden; nuk ~ kjo ngjyrë me atë diese Farbe paßt nicht zu jener; u vajti shtrenjtë es wurde teuer für sie; **2.** dauern

veterán I. -i *Subst*/*m*, *Pl* -ë Veteran *m*; II. -e *Adj* Veteranen-; klub ~ Veteranenklub *m*

veterinár, -e *Adj* veterinär, Veterinär-

veterinarí -a *f* Veterinärwissenschaft *f*, Veterinärwesen *n*

veterinér -i *m*, *Pl* -ë Veterinär *m*, Tierarzt *m*

vét|ë I. *Adj*, *Pron* selbst, von selbst; e bëri ~ er hat es selbst gemacht; kjo derë mbyllet ~ diese Tür schließt von selbst; këtë e dëgjuam nga ~ goja e tij dies hörten wir aus seinem eigenen Mund; ai ~ er persönlich; ~ i treti selbdritt; erdhi ~ i treti er kam als dritter, sie kamen zu dritt; II. -a *Subst*/*f*, *Pl* -a *Gramm* Person *f*; veta e parë njëjës erste Person Singular; III. -ët *Subst*/*Pl* Personen; pesë ~ fünf Personen, fünf Mann

vetëbesím -i *m* Selbstvertrauen *n*, Selbstbewußtsein *n*; me ~ selbstbewußt, voll Selbstvertrauen, sicher

vetëdáshës, -e *Adj* freiwillig

vetëdáshj|e -a *f*: me ~ freiwillig, aus eigenem Antrieb

vetëdíj|ë -a *f* Bewußtsein *n*; Bewußtheit *f*; Selbsterkenntnis *f*; me ~ bewußt

vetëdíjsh|ëm (i), -me (e) *Adj* bewußt; wohlüberlegt; absichtlich, vorsätzlich

vetëfekondím -i *m* Selbstbefruchtung *f*

vetëhéqës, -e *Adj* automatisch

vetëizolóhet 1 *refl* sich selbst isolieren

vetëkënaqësí -a *f* Selbstzufriedenheit *f*; me ~ selbstzufrieden

vetëlëvízj|e -a *f* Selbstbewegung *f*

vét|ëm I. (i), -me (e) *Adj* einziger; djali i ~ der einzige Sohn; i vetmi der einzige; e vetmja die einzige; II. *Adv* allein; nur; ~ e ~ ausschließlich; jo ~ që... nicht nur, daß...; jo ~, po edhe... nicht nur..., sondern auch...

vetëmbrójtj|e -a *f* Selbstverteidigung *f*

vetëmí -a *f* = vetmi

vetëmohím -i *m* Entsagung *f*, Selbstverleugnung *f*

vetëmohónjës, -e *Adj* = vetëmohues

vetëmohúes, -e *Adj* selbstlos, aufopferungsvoll; mit Selbstverleugnung; entsagungsvoll

vetëmón 1 *tr* = vetmon

vetëqeverím -i *m* Selbstverwaltung *f*, Autonomie *f*

vetëqeverísës, -e *Adj* Selbstverwaltungs-

vetëqeverísj|e -a *f* = vetëqeverim

vetëquájtur (i) *Adj* von sich selbst behauptend, angeblich; selbsternannt; sogenannt

vetësundím -i *m* Unabhängigkeit *f*

vetëshërbím -i *m* Selbstbedienung *f*

vetëtím|ë -a *f*, *Pl* -a Blitz *m*, Blitzschlag *m*; Blitzlicht *n*; *übertr* iku ~ er verschwand blitzschnell, er verschwand wie der Blitz

vetëtímthi *Adv* wie der Blitz, blitzschnell, blitzartig

vetëtín 6 *unpers* es blitzt; *itr* blitzen, funkeln; ~ **guri i unazës** der Stein des Ringes leuchtet; *tr* zum Funkeln bringen, auf Hochglanz polieren

vetëvendósj|e -a *f* Selbstbestimmung *f*; **e drejta e** ~**s** das Recht auf Selbstbestimmung, das Selbstbestimmungsrecht

vetëveprím -i *m* selbständige Tätigkeit *f*

vetëveprúes, -e *Adj* selbsttätig

vetëvét|e -ja *f* = **vetvete**

vetëvetíu *Adv* = **vetvetiu**

vetëvrá 30: **u** ~ *Aor Pass* → **vetëvritet**

vetëvrásës -i *m, Pl* – Selbstmörder *m*

vetëvrásj|e -a *f* Selbstmord *m*

vetëvrítet 30 *refl* Selbstmord begehen

vetí -a *f, Pl* – Eigenschaft *f*, Merkmal *n*

vetíj|ë -a *f, Pl* -a = **veti**

vetím|ë -a *f, Pl* -a = **vetëtímë**

vetíu I. *Adv* von selbst; **vjen prej** ~ das versteht sich von selbst; II. *Subst/m*: **kasollja e** ~**t** die eigene Hütte

vetíut *Adv* = **vetiu**

vetják, -e *Adj* persönlich, individuell; **çështje** ~**e** eine persönliche Angelegenheit

vetllár -i *m, Pl* -ë Falzhobel *m*

vetllím -i *m* Falz *m*, Nut *f*, Aussparung *f* im Holz; Falzen *n*, Aussparen *n* von Holz

vetllón 1 *tr* falzen, aushöhlen, aussparen

vétmas *Adv* getrennt; allein, für sich; einsam

vetmí -a *f* Einsamkeit *f*, Abgeschiedenheit *f*, Alleinsein *n*

vetmitár -i *m, Pl* -ë Einsiedler *m*; einsamer Mensch *m*

vetmó|n 1 *tr* vereinsamen, allein lassen; isolieren; **-het** *refl* sich zurückziehen; vereinsamen

vetmór -i *m, Pl* -ë Einsiedler *m*

vetmúar (i) *Adj* vereinsamt, einsam, abgeschieden

véto -ja *f* Veto *n*; **e drejta e** ~**s** das Vetorecht

vetón 1 *unpers* blitzen

vetór, -e *Adj Gramm* Personal-; **përemër** ~ Personalpronomen *n*

vétull -a *f, Pl* -a **1.** Braue *f*, Augenbraue; **2.** Felsvorsprung *m*

vetullár, -e *Adj* mit buschigen Augenbrauen

vetullasórrë *Adj* mit rabenschwarzen Augenbrauen

vetullhóllë *Adj* mit schmalen Augenbrauen

vetullrréptë *Adj* mit streng zusammengezogenen Brauen

vetulltráshë *Adj* = **vetullar**

vetull|zí, -zézë *Adj* mit schwarzen Augenbrauen

vetúr|ë -a *f, Pl* -a Personenkraftwagen *m*, Auto *n*

vetvét|e -ja *f* die eigene Person, Selbst *n*; selbst, sich selbst; **ai flet me** ~ er führt Selbstgespräche; **i dhimbet vetvetja** er tut sich selbst leid

vetvetísh|ëm (i), -me (e) *Adj* von selbst entstehend; von sich aus, aus eigenem Antrieb, spontan; automatisch, selbsttätig

vetvetíu *Adv* von selbst

vetvetór, -e *Adj Gramm* reflexiv

veth -i *m, Pl* -ë Made *f*, Fliegenmade *f*

vezák, -e *Adj* eiförmig, oval

vezaráke *Adj/f*: **pulë** ~ Legehenne *f*

véz|ë -a *f, Pl* -ë Ei *n*

vezír -i *m, Pl* -ë Wesir *m*; ~ **i madh** Großwesir

vézm|e -ja *f, Pl* -e **1.** Patronentasche *f*; **2.** Ölschälchen *n* zur *Waffenreinigung*

vezór, -e *Adj* = **vezak**

vezór|e -ja *f, Pl* -e Eierstock *m*; *Bot* Fruchtknoten *m*

vezullím -i *m* Phosphoreszieren *n*; Leuchten *n*, Glänzen *n*; Glanz *m*; Glitzern *n*

vezullój|ë -a *f*, *Pl* -a Glühwürmchen *n*, Leuchtkäfer *m*

vezullón 1 *itr* leuchten, phosphoreszieren; glänzen, glitzern

vezhgím -i *m*, *Pl* -e = **vëzhgim**

vezhgón 1 *tr* = **vëzhgon**

vë 39¹ *tr* **1.** setzen, stellen, legen; ~ **në dispozicion** zur Verfügung stellen; ~ **në radhë** einordnen, einbeziehen; **i vuri në listë** er trug sie in die Liste ein; **2.** pflanzen, setzen; *Tiere* halten, züchten; **3.** unterbringen; aufstellen; anbringen; **i vura derës një shul** ich habe einen Riegel an der Tür angebracht; **i vura kopshtit gardh** ich habe den Garten eingezäunt; ~ **astar** *Kleid* füttern; installieren, legen; **kam** ~**në dritën e elektrikut** ich habe elektrisches Licht gelegt; ~ **themelet** den Grundstein legen; anmachen, ummachen, anstecken; ~ **unazën** den Ring anstecken; auftragen, auflegen; **ka** ~**në të kuq në buzë** sie hat Rouge aufgetragen; sie hat sich geschminkt; **vërmë pak kremë** creme mich mal ein bißchen ein; sich anlegen, aufsetzen; **4.** ernennen, einsetzen als; **e vunë mësues** sie setzten ihn als Lehrer ein; **i vunë gazin** sie haben ihn verspottet; ~ **në fije** *od* ~ **për fille** *od* ~ **në vijë** *od* ~ **në udhë** in Ordnung bringen, regeln, regulieren; **i** ~ **këmbën** a) betreten; b) verachten, mißachten; c) erledigen, abschließen; ~ **dorë** unterschreiben; ~ **dorë më** a) Hand an jmdn. legen, jmdn. schlagen; b) sich etw. aneignen; **i** ~ **gisht** mit dem Finger auf etw. zeigen; **ia** ~ **synë** ein Auge auf jmdn. werfen; auf etw. scharf sein; **s'ia** ~**në veshin plakut** sie hören nicht auf den Alten; **nuk ia** ~ **mendjen** er ist nicht bei der Sache, er ist unaufmerksam; **ai s'**~ **mend kurrë** er zieht keine Lehren daraus; ~ **re** a) beobachten; b) bemerken, feststellen; **s'i** ~ **faj atij** ich gebe ihm keine Schuld; **i** ~ **emrin** jmdm. einen Namen geben; **e** ~ **poshtë** ich bezwinge ihn; ~ **në gjumë** a) schlafen legen; b) einlullen; ~ **në veprim** in Gang bringen, in Kraft setzen; ~ **në praktikë** verwirklichen, praktisch anwenden; ~ **në dyshim** bezweifeln, in Zweifel ziehen; ~ **në dukje** hervorheben, betonen; **a** ~**më bast?** wollen wir wetten?; ~ **kurorë** heiraten; → **vihet**

vëgjíle -t *Pl* Vorabend *m* eines *Festes*; **në** ~ **të revolucionit** am Vorabend der Revolution

vëjýer (i) *Adj* wertvoll, kostbar, teuer

vëllá -i *od* -u *m*, *Pl* **vëllézër** Bruder *m*; ~ **prej babe** Halbbruder, Stiefbruder *(mit dem man den Vater gemeinsam hat)*; ~ **prej nëne** Halbbruder, Stiefbruder *(mit dem man die Mutter gemeinsam hat)*; **i** ~**i** sein Bruder, ihr Bruder; *übertr* bester Freund *m*, Freund, Bruder; **popull** ~ Brudervolk *n*

vëlláçko *Indekl* Brüderchen *n* als *Anrede*; **more** ~ Bruderherz *n*

vëllám -i *m*, *Pl* -ë **1.** Wahlbruder *m*, Blutsbruder; **2.** Brautführer *m*; **3.** *Kinder, die bei der Hochzeit neben dem Brautpaar sitzen*

vëllamërí -a *f* **1.** Wahlbruderschaft *f*, Blutsbruderschaft; **2.** alle Blutsbrüder *Pl*

vëllamí -a *f* = **vëllamëri**

vëlláth -i *m* Brüderchen *n*, Bruderherz *n* als *Anrede*

vëllavrásës I. -i *Subst/m*, *Pl* - Brudermörder *m*; **II.** -e *Adj*: **luftë** ~ **e** Bruderkrieg *m*

vëllavrásj|e -a *f* Brudermord *m*; Bruderkrieg *m*

vëllazërí -a *f*, *Pl* – **1.** alle Brüder *Pl*; **2.** Bruderliebe *f*; Brüderlichkeit *f*

vëllazërím -i *m* Verbrüderung *f*

vëllazërísht *Adv* brüderlich

vëllazëró|n 1 *tr* zu Brüdern machen; **-het** *refl* sich verbrüdern

vëllazërór, **-e** *Adj* brüderlich

vëllésh|ë -a *f*, *Pl* -a Schwägerin *f* *(Frau des Bruders)*

vëllím -i *m*, *Pl* -e **1.** Band *m* eines Buches; **2.** Volumen *n*; **3.** Stimmvolumen

vëllímsh|ëm (i), **-me** (e) *Adj* umfangreich, voluminös

vëméndj|e -a *f* = **vemendje**

vëméndsh|ëm (i), **-me** (e) *Adj* aufmerksam

vënd -i *m*, *Pl* -e = **vend**

vënë I. (i) *Adj* gesetzt, gestellt, gelegt; angestiftet; **II.** 39¹ *Part* → **vë**

vëngarásh, **-e** *Adj* = **i vëngërt**

vëngër I. (i) *Adj* schielend; **II.** *Adv* schielend, scheel, schief; *übertr* **e shikoi** ~ er sah ihn scheel an

vëngërí -a *f* Schielen *n*

vëngërón 1 *itr* schielen

vëngërt (i) *Adj* schielend, schielig, scheel

vëni|e -a *f* Setzen *n*, Stellen *n*, Legen *n*; **vënia në zbatim** die Inkraftsetzung

vërcák -u *m*, *Pl* -ë Schlachtmesser *n*, Fleischermesser

vërdáll|ë I. -a *Subst/f*: ~ **ere** Wirbelwind *m*, Windhose *f*; ~ **uji** Wasserwirbel *m*, Strudel *m*; **II.** *Adv* kreuz und quer; umher; **vjen** ~ a) sich drehen; b) hin und her laufen, sich hin und her bewegen; **më vjen koka** ~ a) ich weiß nicht, wo mir der Kopf steht; b) mich schwindelt

vëréjtj|e -a *f*, *Pl* -e **1.** Aufmerksamkeit *f*; **me** ~ aufmerksam; **më hoqi** ~ **n ky fakt** diese Tatsache fiel mir auf; **2.** Ermahnung *f*, Verwarnung *f*, Verweis *m*; **atij iu hoq vërejtja** er wurde verwarnt, ihm wurde ein Verweis erteilt; **3.** Beobachtung *f*; **është nën** ~ er steht unter Arrest; er ist in Untersuchungshaft

vërén 8 *tr* **1.** beobachten; aufmerksam betrachten; **2.** bemerken, feststellen

¹**vér|ë** -a *f*, *Pl* -a Loch *n*; **vërat e hundës** die Nasenlöcher; die Nüstern; *übertr* **një** ~ **në ujë** eine nutzlose Sache

²**vërë** 39¹ *Imp* → **vë**

vërgénj *Pl* → **vargër**

vërgjíllte (i) *Adj* wendig, flink, lebhaft

vérs|ë -a *f* Alter *n*; **janë të një vërse** sie sind gleichaltrig

vërsník I. -u *Subst/m*, *Pl* -ë Gleichaltriger *m*, Altersgenosse *m*; **II.** **-e** *Adj* gleichaltrig

vërsúlet 14 *refl* sich werfen, sich stürzen; sich stürzen auf, herfallen über

vërsúlj|e -a *f* Wurf *m*; Ansturm, Sturm *m*; Überfall *m*

vërshëllén 3 *itr* pfeifen; zischen; **plumbat u** ~ **in në vesh** die Kugeln pfiffen ihnen um die Ohren; **gjarpëri** ~ die Schlange zischt; rauschen, heulen *(Wind)*

vërshëllím|ë -a *f*, *Pl* -a Pfeifen *n*; Pfiff *m*; Zischen *n*; Heulen *n des Windes*

vërshím -i *m*, *Pl* -e Überschwemmung *f*

vërshón 1 *itr* über die Ufer treten *(Fluß)*; *übertr* übertreiben, über die Stränge schlagen

vërté *Adv* = **vërtet**

vërtét I. *Adv* tatsächlich, wirklich, in der Tat; **II.** 14 *tr* bestätigen; **-et** *refl* sich bewahrheiten

vërtét|ë I. -a (e) *Subst/f*, *Pl* -a (të)

vërtetësi Wahrheit *f*; **e vërteta del në shesh** die Wahrheit kommt ans Licht; **II.** (i) *Adj* wahr, echt; **verë e ~** unverfälschter Wein; **me të ~** tatsächlich, wirklich

vërtetësí -a *f* Wahrhaftigkeit *f*; Glaubwürdigkeit *f*; Echtheit *f*, Authentizität *f*; Richtigkeit *f*

vërtetím -i *m*, *Pl* -e Bestätigung *f*

vërtetó|n 1 *tr* bestätigen; **die Richtigkeit, die Echtheit** bestätigen; bekräftigen; beweisen; **-het** *refl* sich bestätigen; sich bewahrheiten

vërtík -u *m* Wucht *f*, Schwung *m*; **me ~** voller Wucht; Blitzesschnelle *f*; **me ~** blitzschnell

vërtít 22 *tr* drehen; *übertr* **di ta ~ë punën** er kann die Sache in Ordnung bringen; er kann die Sache zuwege bringen; **-et** *refl* sich drehen

vërtítj|e -a *f*, *Pl* -e Drehen *n*, Drehung *f*

vërtýt -i *m* 1. Körperkraft *f*, Kraft *f*; 2. Mühe *f*, Anstrengung *f*

vërtýtsh|ëm (i), -me (e) *Adj* stark, kräftig

vërvít 22 *tr* schleudern, werfen, wegschleudern; **-et** *refl* (i) sich stürzen auf, sich werfen auf

vërvítj|e -a *f* Wurf *m*; Werfen *n*, Schleudern *n*

vërrét 26 *itr* schreien; meckern *(Ziege)*

vërrí -a *f*, *Pl* – Winterweide *f*

vërrím|ë -a *f*, *Pl* -a Schrei *m*, Schreien *n*, Geschrei *n*

vërríste 26 *Imperf* → **vërret**

vërrísht|e -ja *f*, *Pl* -e = **vërri**

vërrón 1 *itr* auf der Winterweide überwintern *(Tiere)*

vëshník I. -u *Subst*/*m*, *Pl* -ë; **II.** -e *Adj* = **vërsnik**

vësht -i *m*, *Pl* vréshta Weinberg *m*

vështíllte 16¹ *Aor* → **vështjell**

vështír 14 *tr* verekeln; **ma ~i er** hat es mir verekelt; **-et** *refl* (i) übel werden, schlecht werden, Brechreiz bekommen; **më ~et** es ekelt mich, es ekelt mich an

vështíra -t (të) *Pl* Sorgen *Pl*, Mühen *Pl*

vështírë I. (i) *Adj* 1. schwer, schwierig; *übertr* schwierig, kompliziert, widrig; 2. übel, eklig, ekelerregend; **II.** -t (të) *Subst*/*n* Ekel *m*; Übelkeit *f*, Brechreiz *m*; **më vjen të ~** a) mir wird schlecht, mir wird übel; b) es ekelt mich

vështirësí -a *f*, *Pl* – Schwierigkeit *f*; Hindernis *n*

vështirësón 1 *tr* komplizieren, erschweren

vështirós 21 *tr* verekeln; **-et** *refl* sich ekeln vor; **m'u ~ kjo gjellë** a) dieses Essen ist mir verekelt; b) dieses Essen habe ich über

vështjéll 16¹ *tr* einwickeln, einschlagen, einpacken; bedecken, zudecken

vështólli 16¹ *Aor* → **vështjell**

vështrím -i *m*, *Pl* -e 1. Blick *m*; 2. Sinn *m*, Bedeutung *f*; **me ç' ~ përdoret kjo fjalë?** in welcher Bedeutung wird dieses Wort verwendet?

vështró|n 1 *tr*, *itr* 1. sehen, schauen, gucken; **~ sahatin** nach der Uhr sehen; betrachten, anschauen; 2. aufpassen, sich vorsehen, achtgeben; 3. sich kümmern um, nach jmdm. sehen, jmdn. versorgen; **~ kuajt** die Pferde versorgen; **-het** *refl* sich ansehen; sich ansehen lassen; sich untersuchen lassen

vështrúar -it (të) *n* Blicken *n*; Blick *m*

vëth -i *m*, *Pl* -ë Ohrring *m*, Ohrgehänge *n*

vëzëllím|ë -a *f* Summen *n*, Gesumme *n*

vëzëllín 6 *itr* summen *(Insekten)*

vëzhgím -i *m*, *Pl* -e Beobachtung *f*, Aufsicht *f*, Überwachung *f*; *Mil* Erkundung *f*, Aufklärung *f*; **trupa**

~i Erkundungstrupps *Pl*, Aufklärungseinheiten *Pl*; **aeroplan** ~i Aufklärungsflugzeug *n*, Aufklärer *m*
vëzhgón 1 *tr* beobachten; verfolgen; beaufsichtigen; erkunden, auskundschaften, aufklären
vëzhgúes -i *m*, *Pl* – Beobachter *m*; Kundschafter *m*, Aufklärer *m*
vgje -ri *m*, *Pl* -nj Schwarzkiefer *f*; Pinienkiefer; Aleppokiefer
vgjerísht|ë -a *f*, *Pl* -a = **vgjeshtë**
vgjésht|ë -a *f*, *Pl* -a Kiefernwald *m*
viásk|ë -a *f*, *Pl* -a **1.** Spur *f*, Schleifspur *bes. von Bäumen*; **2.** Kratzer *m*, Sprung *m in Gegenständen*
vibración -i *m*, *Pl* -e Schwingung *f*, Vibration *f*
vík|ë -a *f*, *Pl* -a Hufschlag *m*, Tritt *m*; *übertr* **ai hedh vicka** er stänkert
viç -i *m*, *Pl* -a *od* -ëra Kalb *n bis zu einem Jahr*
viç|e -ja *f*, *Pl* -e weibliches Kalb *n*
¹**víd|ë** -a *f*, *Pl* -a Taube *f*; *Symbol der schönen Frau*
²**víd|ë** -a *f*, *Pl* -a = **vidhë**
víd|ër -ra *f*, *Pl* -ra **1.** Fischotter *m*; **2.** graumeliertes Haar *n*; graumeliertes Fell *n*; **vidra-vidra** mit verschiedenfarbigen Streifen
vidulác, -e *Adj* schmeichlerisch
vidulón 1 *tr* kosen; umschmeicheln; sich bei jmdm. einkratzen
vidh -i *m*, *Pl* -a Ulme *f*, Feldulme
vídhet 16³ *refl* sich davonstehlen, entwischen; → **vjedh**
vídh|ë -a *f*, *Pl* -a Schraube *f*; **shtrëngon vidhat** die Schrauben anziehen; *übertr* **shtrëngo vidhat!** reiß dich am Riemen!, nimm dich zusammen!
vidhós 21 *tr* anschrauben, festschrauben, verschrauben
vídhte 16³ *Imperf* → **vjedh**
Vietnám -i *m* Vietnam *n*
vietnaméz **I.** -i *Subst/m*, *Pl* -ë Vietnamese *m*; **II.** -e *Adj* vietnamesisch
vietnamezojugór, -e *Adj* südvietnamesisch
vig -u *m*, *Pl* vigj *od* vígje **1.** Steg *m*; Behelfsbrücke *f*; **2.** einfacher Sarg *m*; Bahre *f*, Trage *f*; *übertr* **u bë për** ~ er steht schon mit einem Bein im Grabe; **3.** Pflugbalken *m*
vigán **I.** -i *Subst/m*, *Pl* -ë Riese *m*, Gigant *m*; **II.** -e *Adj* riesig, riesengroß; gigantisch, gewaltig
víg|ël -la *f*, *Pl* -la Gerät, *mit dem Kleinkinder das Laufen lernen*
vígje -t *Pl* **1.** Geschenke *Pl bes. zur Hochzeit, Geburt od. Einweihung eines Hauses*; **2.** Abendessen *n am 3. Tag nach der Geburt eines Kindes*
vigjëllón 1 *itr* wachsam sein, auf der Hut sein
vígjëz -a *f*, *Pl* -a *Bot* Wicke *f*
vigjilénc|ë -a *f* Wachsamkeit *f*
vigjilént, -e *Adj* wachsam
vigjílj|e -a *f* Vorabend *m*
víhet 39¹ *refl* sich machen an; **i** ~ **punës** er stürzt sich in die Arbeit; → **vë**
vij 52 *1. Pers Sg Präs* → **vjen**
vijanóz *Adv* ununterbrochen, dauernd, laufend
víj|ë -a *f*, *Pl* -a **1.** Linie *f*, Strich *m*; *Geom* Gerade *f*; **vija e kufirit** die Grenzlinie; **letër me vija** liniiertes Papier *n*; **me vija** liniiert; gestreift; **vija-vija** gestreift; **heq vija** Linien ziehen; **shkuan në** ~ **të parë** sie gingen in die vorderste Linie; **në vija të përgjithshme** in allgemeinen Zügen, im allgemeinen; *übertr* **e vë në** ~ er bringt es ins richtige Gleis, er bringt es in Ordnung; **2.** Graben *m*; Wassergraben, Mühlgraben; **3.** Furche *f*, Rinne *f*; Spur *f*; **vija e qerres** die Wagenspur
vijëdréjtë *Adj* geradlinig, gerade
vijëröjtës -i *m*, *Pl* – Linienrichter *m*
víjëz|ë -a *f*, *Pl* -a **1.** Strichelchen *n*;

vijím

Divis *n*, Bindestrich *m*; **2.** Narbe *f*, Wundmal *n*

vijím -i *m* Fortsetzung *f*, Fortgang *m*; **në** ~ **të punimeve** in Fortsetzung der Arbeiten

vijón 1 *tr*, *itr* folgen, nachfolgen; fortsetzen, weitermachen; **si** ~ wie folgt; ~ Fortsetzung folgt; **vijo!** weiter!; **me kushtet që vijojnë** unter den folgenden Bedingungen

vijós 21 *tr* Linien ziehen, linieren

vijósj|e -a *f*, *Pl* -e Linienziehung *f*, Liniierung *f*

vijósur (i) *Adj* liniiert; gestreift

vijúesh|ëm (i), -me (e) *Adj* fortlaufend, fortwährend, ständig

vijueshmërí -a *f* Kontinuität *f*

vikám|ë -a *f*, *Pl* -ë Schrei *m*; Brüllen *n*, Geschrei *n*, Gegröle *n*

vikát 22¹ *itr* schreien, brüllen, grölen

viktím|ë -a *f*, *Pl* -a Opfer *n*; **viktimat e agresionit** die Opfer der Aggression; **viktimat e tërmetit** die Erdbebenopfer; **u bë** ~ **e dëtyrës** er wurde ein Opfer seiner Pflicht; **ra** ~ er fiel als Märtyrer

vilaní -a *f* Ohnmacht *f*

vilanósur (i) *Adj* ohnmächtig

vilár -i *m*, *Pl* -ë **1.** Stück *n*, Stückchen *n* von Stoff; Streifen *m* von Stoff *od.* Leder; **2.** schmaler, langer Hausgarten *m*

vilát 22¹ *tr* Bäume beschneiden, abästen, ausästen

víl|e -ja *f*, *Pl* -e Traube *f*; **një** ~ **rrush** eine Weintraube

víl|ë -a *f*, *Pl* -a Villa *f*

vílte 16² *Imperf* → **vjel**

víllet 16¹ *refl* sich übergeben, brechen; **më** ~ **mir** wird übel, ich muß brechen; → **vjell**

víllte 16¹ *Imperf* → **vjell**

vinç -i *m*, *Pl* -a Kran *m*; *Tech* Winde *f*, Aufzug *m*; ~ **i shpejtë** Schnellaufzug

vinçiér -i *m*, *Pl* -ë Kranführer *m*

vinç-kúll|ë -a *f*, *Pl* -a Turmkran *m*

¹**víni** 45 *2. Pers Pl Präs* → ²**vete**
²**víni** 52 *2. Pers Pl Präs* → **vjen**
³**víni** 39¹ *2. Pers Pl Präs* → **vë**
¹**vínte** 39¹ *Imperf* → **vë**
²**vínte** 45 *Imperf* → ²**vete**
³**vínte** 52 *Imperf* → **vjen**

violénc|ë -a *f* Gewalt *f*

vióll|ë -a *f*, *Pl* -a Viola *f*, Bratsche *f*

violín|ë -a *f*, *Pl* -a Violine *f*, Geige *f*

violiníst -i *m*, *Pl* -ë *od* -a Geiger *m*

violonçél -i *m*, *Pl* -a Violoncello *n*

violonçelíst -i *m*, *Pl* -ë *od* -a Cellist *m*

vir -i *m*, *Pl* -e Wassergraben *m*

virán, -e *Adj* verlassen, öde, karg; *übertr* verwahrlost, verkommen; **njeri** ~ ein verwahrloster Mensch

vírdhet 16³ *refl* **1.** sich üben; probieren; **2.** jmds. Sympathie erwerben

vírgjër I. -a *Subst/f*, *Pl* -a Jungfrau *f*, Jungfer *f*; **II.** *Adj* jungfräulich, unschuldig; *übertr* **pyll** ~ unberührter Wald *m*

virgjërésh|ë -a *f*, *Pl* -a Jungfrau *f*, Jungfer *f*

virgjërí -a *f* Jungfernschaft *f*, Jungfräulichkeit *f*, Unschuld *f*

virgjërór, -e *Adj* jungfräulich, unschuldig

virók -u *m*, *Pl* -ë Docke *f*; großes Knäuel *n*; **një** ~ **lesh** ein Wollknäuel

virtuóz I. -i *Subst/m*, *Pl* -ë Virtuose *m*; **II.** -e *Adj* virtuos

virtút -i *m*, *Pl* -e = **virtyt**

virtýt -i *m*, *Pl* -e Tugend *f*

virtýtsh|ëm (i), -me (e) *Adj* tugendhaft, tugendsam

vir|úa -ói *m*, *Pl* -ónj Bach *m*; Rinnsal *n*

virús -i *m*, *Pl* -e *Med* Virus *m od n*

virusór, -e *Adj* Virus-

vírri 26 *Aor* → **vërret**

vírrte 18 *Imperf* → **vjerr**

visár -i *m*, *Pl* -e Schatz *m*, Hort *m*, Kostbarkeit *f*

vís|e -ja *f*, *Pl* -e Ort *m*, Stelle *f*, Platz *m*; ~ *Pl* Gegend *f*; Gebiet *n*;

zë ~ einen Hinterhalt beziehen; ~-~ stellenweise
visék *Adj*: **vit** ~ Schaltjahr *n*
visór|e -ja *f, Pl* -e Landschaft *f*
víst|ër -ra *f, Pl* -ra *aufgefädelte Fische; übertr* **varg e** ~ hintereinander, in einer Reihe
vistón 1 *tr* das Visum erteilen
vistrón 1 *tr* auffädeln; aneinanderreihen
Vistúl|ë -a *f* Wisła *f*
víshet 17[2] *refl* sich anziehen, sich ankleiden; sich kleiden; *übertr* **u vesh mali** der Berg ist mit Grün bedeckt; **u vesh lisi** die Eiche ist belaubt; **u vesh qelqi** das Glas ist beschlagen; **më vishen sytë** es verschwimmt mir vor den Augen; → [3]**vesh**
vishinádh|ë -a *f, Pl* -a Sauerkirschsirup *m*
vishkëllón 1 *itr* pfeifen, zischen; schnauben, heulen
vishkón 1 *tr* reiben; massieren; kratzen; kraulen
[1]**víshkull** -a *f, Pl* -a Gerte *f*, Rute *f*; **i hoqa një** ~ ich habe ihm eins mit der Rute übergezogen
[2]**víshkull** -i *m, Pl* víshkuj junges Bäumchen *n*
vishkullón 1 *tr* peitschen, auspeitschen
vishnják -u *m, Pl* -ë Kirschlikör *m*
víshnj|e -a *f, Pl* -e Sauerkirschbaum *m*; Sauerkirsche *f*; ~ **e egër** Weichselkirsche; **bojë** ~ dunkelrot, kirschrot, weinrot
víshte 17[3] *Imperf* → [3]**vesh**
vit -i *m, Pl* -e *od* vjet Jahr *n*; ~ **shkollor** Schuljahr; ~ **perishtup** *od* ~ **visek** *od* ~ **biseksëtil** *od* ~ **i brishtë** Schaltjahr; ~ **për** ~ *od* nga ~ jedes Jahr, alljährlich; **një** ~ **i** vor zwei Jahren; einst; **këtu e një** ~ vor einem Jahr; **Viti i Ri** das Neujahr, das Neujahrsfest; **sa vjeç je?** wie alt bist du?; **për shumë vjet** auf ein langes Leben! *(Glückwunsch)*

vitál, -e *Adj* vital, lebenswichtig; **nevojë** ~ **e** Lebensnotwendigkeit *f*
vitalitét -i *m* Vitalität *f*, Lebenskraft *f*
vitamín|ë -a *f, Pl* -a Vitamin *n*
vit-drí|ë -a *f, Pl* vjet-drítë Lichtjahr *n*
vitërk -u *m* Stiefvater
vít|o -ua *f, Pl* -o Taube *f*; Symbol für eine schöne Frau
vitór|e -ja *f, Pl* -e 1. *Myth* Schlange *f*; Hausschlange *als Wächter des Hauses*; 2. *Myth* Schicksalsfee *f*; *übertr* Schicksal *n*; 3. Frau, die viele Kinder geboren hat
vitore|zí, -zézë *Adj* unglücklich, vom Pech verfolgt
vitrín|ë -a *f, Pl* -a Schaufenster *n*, Vitrine *f*
vithapráptas *Adv* rückwärts, nach hinten; hinterher
víthe -t *Pl* Flanke *f*; Lende *f*; Kruppe *f*, Kreuz *n* des Pferdes
vithíset 21 *refl* sich senken, einsinken *(Erde)*
vivár -i *m, Pl* -ë Fischteich *m*
vizák, -e *Adj* rank und schlank
vizát 22 *tr* zeichnen; Linien ziehen
vizatím -i *m, Pl* -e 1. Zeichnung *f*; 2. Zeichnen *n*; ~ **teknik** technisches Zeichnen; Zeichenkunst *f*
vizatón 1 *tr* zeichnen
vizatúes -i *m, Pl* – Zeichner *m*
[1]**víz|ë** -a *f, Pl* -a Strich *m*; Linie *f*; Gerade *f*; **hiqi** ~! streich es aus!
[2]**víz|ë** -a *f, Pl* -a Visum *n*
vizgatór -i *m, Pl* -ë Pipette *f*
vízg|ë -a *f, Pl* -a 1. kleiner Strich *m*, Strichelchen *n*; feine Linie *f*; 2. Scheitel *m* der Haare
vizím -i *m, Pl* -e 1. Zeichnen *n*; Linienziehen *n*, Stricheziehen *n*; 2. Visumerteilung *f*
vizión -i *m* Ansicht *f*, Besichtigung *f*
vizít|ë -a *f, Pl* -a 1. Besuch *m*, Visite *f*; ~ **kurtoaze** Höflichkeitsbesuch; **kthen** ~ **n** den Besuch erwidern, einen Gegenbesuch machen; 2. Be-

such, Gast *m*, Gäste *Pl*; **3**. Besuch, Besichtigung *f*; **4**. Visite *des Arztes*; *Med* Untersuchung *f*
vizitím -i *m*, *Pl* -e Besuchen *n*; Besuch *m*; Visitemachen *n*
vizitó|n 1 *tr* einen Besuch machen, besuchen; Visite machen; besuchen, besichtigen; **-het** *refl* sich untersuchen lassen
vizitór -i *m*, *Pl* -ë Besucher *m*
vizitúes -i *m*, *Pl* – = **vizitor**
vizón 1 *tr* **1**. zeichnen; Linien ziehen, Striche ziehen; **2**. *Pässe* visieren, mit einem Visum versehen
vizór -i *m*, *Pl* -ë = **vizore**
vizór|e -ja *f*, *Pl* -e Lineal *n*; ~ **e milimetruar** Lineal mit Millimetereinteilung, Linearmaßstab *m*
vjeç, -e *Adj* alt *(bei Altersangaben)*; -jährig; **dymbëdhjetë** ~ zwölf Jahre alt, zwölfjährig; **verë tri** ~ **e** dreijähriger Wein
vjéç|ëm (i), -me (e) *Adj* vorjährig, vom vergangenen Jahr
vjedh 16³ *tr* stehlen; rauben; *übertr* **ia vodhi zanatin** er hat ihm das Handwerk abgeguckt; **ma vodhi veshi** ich habe es aufgeschnappt; → **vidhet**
vjedhacák I. -u *Subst/m*, *Pl* -ë Dieb *m*; **II.** -e *Adj* diebisch
vjedhacák|e -ja *f*, *Pl* -e Diebin *f*
vjedharák I. -u *Subst/m*, *Pl* -ë; **II.** -e *Adj* = **vjedhacak**
vjédhas *Adv* heimlich, verstohlen
vjédhës -i *m*, *Pl* – Dieb *m*
vjedhësí -a *f*, *Pl* – Dieberei *f*, Diebstahl *m*; Räuberei *f*, Raub *m*
vjédhj|e -a *f*, *Pl* -e Diebstahl *m*, Raub *m*; Stehlen *n*, Rauben *n*
vjédhm|e -ja (e) *f* Diebstahl *m*; *übertr* geistiger Diebstahl; **këtë zanat e kam me të** ~ dieses Handwerk habe ich mir abgeguckt
vjédhtas *Adv* = **vjedhas**
vjédhull -a *f*, *Pl* -a Dachs *m*
vjédhurazi *Adv* = **vjedhas**

vjéfsh|ëm (i), -me (e) *Adj* wertvoll; nützlich
vjég|ë -a *f*, *Pl* -a **1**. Henkel *m*; **2**. Knopfloch *n*; **3**. Pflugschar *f*
vjégëz -a *f*, *Pl* -a Schlinge *f*; Öse *f*; Aufhänger *m*; Kettenglied *n*; *übertr* Vorwand *m*, Aufhänger
vjégjës -i *m* Radginster *m*
vjéh|ërr I. -rri *Subst/m*, *Pl* -ërr Schwiegervater *m*; **i vjehrri** sein (ihr) Schwiegervater; **II.** -rra *Subst/f*, *Pl* -rra Schwiegermutter *f*; **e vjehrra** seine (ihre) Schwiegermutter
vjehërrí -a *f* alle Schwiegerväter *Pl*
vjel 16² *tr* *Wein* lesen; ernten, abernten, pflücken
vjéla (e) *f/best od* -t (të) *Pl/best* Weinlese *f*; Zeit *f* der Weinlese
vjélës -i *m*, *Pl* – Weinleser *m*; Pflükker *m*
vjélj|e -a *f* Lese *f*, Weinlese, Weinernte *f*; Ernte *f* von *Obst, Baumwolle, Tabak usw.*
vjell 16¹ *tr* brechen, erbrechen; *übertr* **kjo basmë e** ~ **bojën** dieser Stoff färbt, dieser Stoff ist nicht farbecht; **volli vrer** er spuckte Gift und Galle; → **villet**
vjélla -t (të) *Pl* Erbrochenes *n*
vjéllë -t (të) *n* Übelkeit *f*, Erbrechen *n*; **më vjen të** ~ **t** mir wird übel; *übertr* **më vjen të** ~ **t** es kotzt mich an, es steht mir bis zum Halse
vjéllj|e -a *f* Brechen *n*, Erbrechen *n*; Brechreiz *m*, Übelkeit *f*; Ekel *m*
vjém|ë (i), -e (e) *Adj* vom vorigen Jahr, vom vergangenen Jahr, vorjährig
¹**vjen** 52 *itr* **1**. kommen; **2**. wiederkommen, zurückkommen, zurückkehren; **3**. ankommen; **erdhi treni** der Zug ist da; **4**. herkommen, abstammen; stammen aus; **5**. vorkommen, scheinen; **më** ~ **sikur jemi parë diku** es kommt mir vor, als hätten wir uns schon irgendwo

einmal gesehen; **kjo stofë më ~ e bukur** dieser Stoff erscheint mir schön; **6.** passen; **s'më vijnë këpucët** die Schuhe passen mir nicht; **7**: **më ~ ndër mend** es fällt mir ein, ich erinnere mich; **më ~ uri** ich bekomme Hunger; **më ~ turp** es ist mir peinlich; **më ~ inat** ich werde wütend; **më ~ mirë** es freut mich; **më ~ keq** es tut mir leid; **mos të të vijë rëndë** a) nimm es nicht übel; b) scheue nicht die Mühe; **më ~ që të pëlcas** ich könnte platzen; **ai i ~ arësyes** er ist vernünftig; **erdhën më një fjalë të dy** die beiden haben sich geeinigt; **erdhi buka** der Brotteig ist aufgegangen; **sa ~ ky dash?** wieviel wiegt dieser Hammel?; **i vinte në vend ngjyra e fytyrës** sein Gesicht nahm wieder Farbe an; **i vinte për të qeshur** es kam ihm lächerlich vor; **i ~ rrotull** er läuft ihr nach; **nuk i vinte gjumi** sie konnte nicht einschlafen; **i vinte çudi** er wunderte sich, er war überrascht; **gjendja e tij sa ~ po përmirësohet** sein Zustand wird ständig besser; **erdhi në vete** er kam zu sich; **nuk di si më erdhi** ich weiß nicht, wie mir geschah; **fjala ~** zum Beispiel

²**vjen** 3 *od* 8 *itr* nützlich sein, nützen; wert sein; gelten

Vjén|ë -a *f* Wien *n*

vjenéz I. -i *Subst/m*, *Pl* -ë Wiener *m*; **II.** -e *Adj* Wiener, wienerisch

vjérdhur 16³ *Part* → **virdhet**

vjérsh|ë -a *f*, *Pl* -a Gedicht *n*

vjershërím -i *m* Dichten *n*, Dichtung *f*

vjershërón 1 *tr* dichten, in Versform bringen

vjershëtár -i *m*, *Pl* -ë Dichter *m*

vjershëtár|e -ja *f*, *Pl* -e Dichterin *f*

vjershëtór -i *m*, *Pl* -ë = **vjershëtar**

vjershëtór|e -ja *f*, *Pl* -e = **vjershëtare**

vjerr 18 *tr* anhängen, aufhängen; henken, aufhängen; *übertr* **vire**
këtë fjalë në vesh! schreib dir dieses Wort hinter die Ohren!

vjerrc -i *m*, *Pl* -a Kleiderhaken *m*; Kleiderbügel *m*, Bügel

vjérrj|e -a *f* Aufhängen *n*, Anhängen *n*; Aufhängen, Henken *n*

vjeshták, -e *Adj* im Herbst reifend, Herbst-, Spät-; **mollë ~ e** Spätapfel *m*

vjeshtár, -e *Adj* = **vjeshtak**

vjésht|ë -a *f*, *Pl* -a Herbst *m*; **~ e parë** September *m*; **~ e dytë** Oktober *m*; **~ e tretë** November *m*

vjeshtór, -e *Adj* = **vjeshtak**

vjeshtúk I. -e *Adj* im Herbst reifend, Herbst-; **duhan ~** später Tabak; **II.** -u *Subst/m*, *Pl* -ë Herbstfrucht *f*, späte Frucht; *übertr* **ka mbetur si ~** er ist zurückgeblieben

vjet I. -i *Subst/m*, *Pl* – = **vit**; **II.** *Adv* im vergangenen Jahr, im vorigen Jahr

vjeták, -e *Adj* einjährig

vjét|ëm (i), -me (e) *Adj* vom vorigen Jahr, vorjährig, vom vergangenen Jahr

vjétër (i) *Adj* alt, betagt; alt, lange getragen; **rroba të vjetra** alte Kleider *Pl*; **koha e ~** das Altertum; **fjalë e ~** Sprichwort *n*; **sëmundje e ~** chronische Krankheit *f*; **hëna e ~** abnehmender Mond *m*

vjetërí -a *f* = **vjetërsi**

vjetërím -i *m* Altern *n*; Veralten *n*; Abnutzung *f*, Verschleiß *m*

vjetëró|n 1 *tr* veralten lassen; alt machen; abnutzen, verschleißen, abtragen; **-het** *refl* altern, alt werden; veralten, altmodisch werden; **vjetërohet hëna** es ist abnehmender Mond

vjetërsí -a *f* **1.** Altertum *n*, Antike *f*; **2.** Dienstalter *n*, Dienstjahre *Pl*; **3.** Alter *n*, Zeit *f des Bestehens*

vjetërsíra -t *Pl* altmodische Sachen *Pl*, alter Kram *m*, alter Krempel *m*; Antiquitäten *Pl*

vjetërúar (i) *Adj* altmodisch, veraltet; **pallto e** ~ altmodischer Mantel; **zakone të** ~ **a** überholte Sitten und Bräuche

vjetór I. -e *Adj* jährlich, Jahres-; **plan** ~ Jahresplan *m*; **provimet** ~ **e** die Jahresabschlußprüfungen; **bimë** ~ **e** einjährige Pflanze *f*; **II.** -i *Subst/m* Jahrestag *m*

vjetrón 1 *tr* = **vjetëron**

vjetrúar (i) *Adj* = i **vjetëruar**

vjétsh|ëm (i), -me (e) *Adj* vorjährig, vom vergangenen Jahr

vjeturína -t *Pl* = **vjetërsira**

vjól|ë -a *f*, *Pl* -a Bratsche *f*, Viola *f*

vjolí -të *Pl* Volksmusikgruppe *f*; Volksmusikinstrumente *Pl*

vjolixhí -u *m*, *Pl* – *od* -nj Volksmusikant *m*

vjóllc|ë -a *f*, *Pl* -a Veilchen *n*; Veilchenblau *n*; **bojë vjollce** veilchenfarben, violett

vlag -u *m* Feuchtigkeit *f*

vlágët (i) *Adj* feucht

vlak -u *m*, *Pl* vleq Ledereimer *m*

vléfsh|ëm (i), -me (e) *Adj* wertvoll; nützlich

vléft|ë -a *f*, *Pl* -a **1.** Wert *m*; **letër me** ~ Wertbrief *m*; **me** ~ wertvoll; **2.** Nutzen *m*

vleftësím -i *m* **1.** Bewertung *f*, Einschätzung *f*; **2.** Würdigung *f*; **3.**: ~ **i i monedhës** die Geldaufwertung

vleftëson 1 *tr* **1.** bewerten, einschätzen; abschätzen; **2.** schätzen, würdigen, zu schätzen wissen; **3.** *Fin* aufwerten

vlen 3 *od* 8 *itr* **1.** einen Wert haben; wertvoll sein; *übertr* **nuk më** ~ das nützt mir nichts; **2.** verdienen; wert sein; sich lohnen; ~ **es lohnt sich**; **s'e** ~ **barra qiranë** das ist nicht der Mühe wert

vleq *Pl* → **vlak**

vlér|ë I. -a *Subst/f*, *Pl* -a **1.** Wert *m*; ~ **ushqimore** Nährwert; **sende me** ~ Wertgegenstände; **njeri me** ~ ein wertvoller Mensch; **s'ka** ~ **es** ist wertlos, es ist ungültig; **2.** Nutzen *m*, Nutzeffekt *m*; **II.** (i) *Adj* wertvoll; nützlich

vlerësím -i *m* = **vleftësim**

vlerëson 1 *tr* = **vleftëson**

¹**vlim** -i *m* Sieden *n*, Aufwallen *n*; Kochen *n*, Aufkochen

²**vlim** -i *m*, *Pl* -e Verlobung *f*

¹**vlon** 1 *tr*, *itr* kochen; sieden, aufwallen; *übertr* ~ **puna** die Arbeit brodelt; **i** ~ **gjaku** er ist aufs höchste erregt, sein Blut ist in Wallung; ~ **te rruga** auf der Straße wimmelte es von Menschen; **po vlojnë ata** sie streiten sich

²**vló|n** 1 *tr* verloben; **-het** *refl* sich verloben

vlonját -i *m*, *Pl* -ë Bewohner *m* von → **Vlorë**

Vlór|ë -a *f* Vlora *n*, *alt* Valona *n*

vlúar I. (i) *Adj* verlobt; **II.** -i (i) *Subst/m* Verlobter *m*; **i** ~ **i** ihr Verlobter; **III.** -a (e) *Subst/f* Verlobte *f*; **e** ~ **a** seine Verlobte

vlug -u *m*: **është në** ~ **të tij** er steht in der Blüte seines Lebens; **në** ~ **të punës** wenn die Arbeit auf Hochtouren läuft

vllah I. -u *Subst/m*, *Pl* vlleh Aromune *m*; **II.** -e *Adj* aromunisch

vlláhçe *Adv* aromunisch; nach Art der Aromunen; **flet** ~ er spricht aromunisch

vllahínk|ë -a *f*, *Pl* -a Aromunin *f*

vllahísht|e -ja *f* Aromunisch *n*

vllánj|ë -a *f*, *Pl* -a Beet *n*

vllastár -i *m*, *Pl* -ë **1.** *Bot* Sproß *m*, junger Trieb *m*; **2.** Sproß, Nachkomme *m*

vlleh *Pl* → **vllah**

vobeksí -a *f* Armut *f*

vobeksísht *Adv* ärmlich, in Armut

vobeksó|n 1 *tr* arm machen, in Armut stürzen; **-het** *refl* verarmen, arm werden

vobéktë (i) *Adj* arm

voc -i *m, Pl* -a Junge *m,* Knabe *m* bis zu 12 Jahren

vóc|e -ja *f, Pl* -e Mädchen *n* bis zu 12 Jahren

vócërr (i) *Adj* sehr klein, winzig

vocrrák I. -u *Subst/m, Pl* -ë kleiner Kerl *m,* Kleiner *m,* Knirps *m;* **II.** -e *Adj* klein

vocrrí -a *f* Kindesalter *n*

vódk|ë -a *f* Wodka *m*

vódhi 16³ *Aor* → **vjedh**

vodhvíç|e -ja *f, Pl* -e Mehlbeere *f*

vóg|ël I. (i) *Adj* klein; **vëllai i** ~ der kleine (jüngere) Bruder; **unë jam më i** ~ **se im vëlla** ich bin jünger als mein Bruder; **që për së vogli** schon von klein auf; geringfügig; **gjë e** ~ eine geringfügige Angelegenheit; **njeri i** ~ **në shpirt** ein kleinlicher Mensch; **II.** -li (i) *Subst/m, Pl* végjël (të) Kleiner *m,* kleines Kind *n; Zool* Junges *n,* Jungtier *n*

vogëlí -a *f* Kindheit *f*; **që në** ~ schon in frühester Kindheit, schon von klein auf

vogëlím -i *m* Verkleinerung *f,* Verkleinern *n*

vogëlím|e -a *f, Pl* -a Kleinigkeit *f*

vogëlín|ë -a *f, Pl* -a Feinheit *f*; Kleinkram *m*; winziges Ding *n,* kleiner Gegenstand *m*; **vogëlina** *Pl* Kinderkleidung *f,* Kindersachen *Pl*

vogëló|n 1 *tr* verkleinern, kleiner machen; ~ **moshën** (sich) jünger machen; **-het** *refl* kleiner werden; zu klein werden *(Kleider)*

vogëlsí -a *f* **1.** Kleinsein *n,* Kleinheit *f*; **2.** Kleinigkeit *f*; **-ra** *Pl* a) Krimskrams *m,* Kleinkram *m*; b) Lappalien *Pl*

vogëlsír|e -a *f, Pl* -a Kleinigkeit *f*

vogëlsón 1 *tr* = **vogëlon**

vogëlúsh|e -ja *f, Pl* -e Mädelchen *n,* kleines Mädchen *n,* Kleine *f*

vógëlth (i) *Adj* klein

voglák, -e *Adj* klein, gedrungen

vogjëlí -a *f* **1.** armes Volk *n,* arme Leute *Pl*; **2.** alle Kinder *Pl* eines Dorfes usw.; **3.** Kindheit *f*

vójce *Adj/f*: **pu!ë** ~ Legehuhn *n*

vójtës -i *m, Pl* – Leidender *m*

vójtj|e -a *f, Pl* -e Leid *n,* Leiden *n*

vójtur (i) *Adj* leidend; leidgeprüft; abgehärmt

vojvód|ë -a *m, Pl* -ë Wojewode *m*

vokál I. -i *Subst/m, Pl* -e Vokal *m*; **II.** -e *Adj* Vokal-, vokalisch; **muzikë** ~ **e** Vokalmusik *f*

vokatív -i *m* Vokativ *m*

volánt -i *m, Pl* -e Kurbelrad *n*

volejbóll -i *m* Volleyball *m*

volejbollíst -i *m, Pl* -ë *od* -a Volleyballspieler *m,* Volleyballer *m*

vól|ë -a *f* = **voltë**

volfrám -i *m* Wolfram *n*

volí -a *f* richtige Zeit *f*, günstiger Augenblick *m*; **i erdhi** ~ **a** dafür ist der richtige Augenblick gekommen; **më vjen** ~ es geht mir von der Hand, es gelingt mir

vóli 16² *Aor* → **vjel**

volít 20 *unpers*; **-et** *refl unpers*: **s'më** ~ **et** a) es paßt es mir nicht, es ist mir unbequem; b) es gelingt mir nicht, es geht mir nicht von der Hand

volitësí -a *f* Eignung *f*

volítsh|ëm (i), -me (e) *Adj* günstig, passend; **në kohën e volitshme** im günstigsten Augenblick, im passenden Moment

volt -i *m, Pl* – Volt *n*

Vólta e Sípërme *f/best* Obervolta *n*

voltázh -i *m, Pl* -e *El* Spannung *f*

vólt|ë -a *f* Todeskampf *m,* Agonie *f*

voltmét|ër -ri *m, Pl* -ra Voltmeter *n,* Spannungsmesser *m*

volúm -i *m* Volumen *n*

voluminóz, -e *Adj* voluminös, umfangreich

voll -i *m, Pl* -e = **volltë**

vóll|ë -a *f, Pl* -ë : ~ **e egër** Vogelbeerbaum *m*; Vogelbeere *f*

vólli 16¹ *Aor* → **vjell**

vóllt|ë -a *f*, *Pl* -a Wunsch *m*, Lust *f*; **i bën ~ n** er tut ihm den Gefallen

vonés|ë -a *f*, *Pl* -a Verspätung *f*; Verzögerung *f*; **pa ~** a) unverzüglich; b) pünktlich

vón|ë I. (i) *Adj* spät; **i ~ nga mendja** begriffsstutzig, schwer von Begriff; spätreifend; **misër i ~** später Mais *m*; **II.** *Adv* spät; **~ natën** spät in der Nacht; **u bë ~** es ist spät geworden, es ist schon spät; **u bëra ~** ich habe mich verspätet; **shpejt ose ~** früher oder später; **për më ~** auf später, für später; **III.** -a (e) *Subst/f/best*: **aty te e vona** gegen Abend; **te e vona** letzten Endes

voním -i *m* Verzögerung *f*, Verspätung *f*

vonó|n 1 *tr* aufhalten, zurückhalten; hinauszögern, verzögern, aufschieben; *itr* zu spät kommen, sich verspäten; **-het** *refl* sich verspäten, zu spät kommen; **u vonua treni** der Zug hatte Verspätung

vónsh|ëm (i), -me (e) *Adj* spät, Spät-, spät reifend

vorbár -i *m*, *Pl* -ë Töpfer *m*

vorbár|e -ja *f*, *Pl* -e großer Kochtopf *m aus Ton*

vórb|ë -a *f*, *Pl* -a Kochtopf *m aus Ton*, Tontopf

vórbës -i *m*, *Pl* – = **vorbar**

vorbëtín|ë -a *f*, *Pl* -a Tal *n*; trichterförmige Rille *f*

vordh 16³: **u ~** *Aor Pass* → **virdhet**

voré -ja *f*, *Pl* – Nordwind *m*

vóri 18 *Aor* → **vjerr**

vorr -i *m*, *Pl* -e Grab *n*

vorraxhí -u *m*, *Pl – od* -nj Totengräber *m*

vorréza -t *Pl* Friedhof *m*

vosk -u *m* Auster *f*, Muschel *f*

vósht|ër -ra *f*, *Pl* -ra Liguster *m*, Rainweide *f*

vót|ë -a *f*, *Pl* -a **1.** Stimme *f*; **vë në ~** zur Abstimmung bringen; **jep ~ n** a) abstimmen; b) stimmen für, seine Stimme geben für; **~ konsultative** beratende Stimme; **me vota të fshehta** in geheimer Abstimmung; **me shumicë votash** mit Stimmenmehrheit; **e drejta e ~ s** das Stimmrecht; **2.** Stimmzettel *m*, Wahlzettel *m*; Stimmkugel *f*

votëbesím -i *m* Vertrauensvotum *n*

votím -i *m*, *Pl* -e Abstimmung *f*; **e drejta e ~ it** das Stimmrecht; **kutia e ~ it** die Wahlurne; **abstenon nga ~ i** sich der Stimme enthalten

votón 1 *itr* abstimmen, seine Stimme abgeben; wählen; *tr* durch Abstimmung beschließen

votúes -i *m*, *Pl* – Stimmberechtigter *m*; Abstimmender *m*, Wähler *m*

vóv|ë -a *f*, *Pl* -a Kinderschreck *m*

voz -i *m*, *Pl* -a Bach *m*, Wiesenbach

vozaxhí -u *m*, *Pl – od* -nj = **vozgar**

vóz|ë -a *f*, *Pl* -a = **vozgë**

vozgár -i *m*, *Pl* -ë Böttcher *m*

vózg|ë -a *f*, *Pl* -a großes Weinfaß *n*, Tonne *f*

vozít 22 *itr* **1.** rudern; **2.** herumspazieren, herumlaufen; **3.** *tr Meere* befahren; mit Booten transportieren

vozítës -i *m*, *Pl* – Ruderer *m*; Bootsmann *m*, Fährmann *m*, Schiffer *m*

vozítj|e -a Rudern *n*; Schiffahrt *f*; Verkehr *m*

vozítsh|ëm (i), -me (e) *Adj* schiffbar, für Schiffe befahrbar; gangbar, begehbar *(Straße)*

voztár -i *m*, *Pl* -ë = **vozítës**

vraçí -a *f*, *Pl* – Gemetzel *n*; Blutvergießen *n*, Abschlachten *n*

vraçtín 6 *tr* abschlachten, niedermetzeln

vrah -u *m*, *Pl* -e Garbenbündel *n*, Dreschgut *n*

vráj|ë -a *f*, *Pl* -a **1.** Narbe *f*; **2.** Spundloch *n*; Spund *m*

vrángull *Adv* rundherum, ringsherum; **vjen** ~ einen Rundgang machen

vrap I. -i *Subst/m* Rennen *n*, Laufen *n*; Lauf *m*; **shkon me** ~ rennen; ~ **më** ~ in rasendem Lauf; **i rashë** ~ **it** ich bin gerast; **lësho** ~ **in sa ke hapin**! lauf, so schnell du kannst!; II. *Adv* schnell, fix; **shko** ~! sause!, renne!; ~ **si era** in Windeseile, schnell wie der Wind; ~ **e** ~ rasend, schnell

vrapëtón 1 *itr* = **vrapon**

vrapëtór, -e *Adj* schnellfüßig, schnell, Renn-; eilig

vrapím -i *m Sport* Lauf *m*, Rennen *n*; ~ **me pengesa** Hindernislauf; Hürdenlauf; ~ **e të gjata** Langstreckenlauf; ~ **i 100 metrave** Hundertmeterlauf; Wettrennen, Wettlauf

vrapón 1 *itr* laufen, rennen; sausen

vrapónjës -i *m, Pl* – = **vrapues**

vrapúes -i *m, Pl* – *Sport* Läufer *m*

vrárë (i) *Adj* erschlagen, ermordet; *übertr* zerschlagen, mitgenommen

vrarëlíjë *Adj* pockennarbig

vras 30 *l. Pers Sg Präs* → **vret**

vrásës -i *m, Pl* – Mörder *m*

vrasí -a *f* = **vrasje**

vrásj|e -a *f, Pl* -e Mord *m*; Morden *n*, Ermorden; ~ **e madhe** ein großes Blutvergießen

vrastár, -e *Adj* gut zielend; **pushkë** ~ **e** Gewehr mit hoher Zielgenauigkeit

vrásh|ëm (i), -me (e) *Adj* hart, groß; **fjalë e vrashme** ein hartes Wort; streng, finster; **fytyrë e vrashme** ein finsteres Gesicht

vráshtë (i) *Adj* = **i vrashëm**

vratíc|ë -a *f* Schattenseite *f*

vráu 30 *Aor* → **vret**

vrázhdë (i) *Adj* schroff, streng, hart; grob, rauh; **njeri i** ~ ein unfreundlicher Mensch; **fjalë të vrazhda** harte Worte *Pl*; **stofë e** ~ rauher Stoff *m*, grober Stoff *m*

vrazhdësí -a *f* Schroffheit *f*; Strenge *f*, Härte *f*, Schärfe *f*; Grobheit *f*, Rauheit *f*

vréjtj|e -a *f, Pl* -e = **vërejtje**

vren 8 *tr* 1. beobachten, aufmerksam betrachten; 2. bemerken, feststellen; vermerken

vrénjtur (i) *Adj* bewölkt, trübe, bedeckt; **qiell i** ~ bewölkter Himmel; *übertr* finster blickend, streng; unfreundlich, mürrisch

vrer -i *m* Galle *f*; *übertr* **u bëra** ~ mir lief die Galle über; **na mbushi** ~ er ist uns auf die Nerven gegangen; **volli** ~ er spuckte Gift und Galle

vrerón 1 *tr* vergiften

vreróset 21 *refl* wütend werden, giftig werden, sich ärgern

vrértë (i) *Adj* Gallen-; *übertr* mürrisch, gallig; wütend

vresht -i *m, Pl* -a Weinberg *m*

vréshta *Pl* → **vësht**

vreshtár -i *m, Pl* -ë Winzer *m*, Weinbauer *m*

vret 30 *tr* 1. töten, ermorden, umbringen; erschießen; *Vieh* abstechen, schlachten; ~ **veten** Selbstmord begehen; 2. sich stoßen; **vrava dorën** ich habe mir die Hand gestoßen; drücken; **më vrasin këpucët** mich drücken die Schuhe; 3. zerstören, vernichten; 4.: **mos dil se të** ~ **era**! geh nicht hinaus, denn es ist sehr windig!; ~ **mendjen** sich den Kopf zermartern; grübeln; **të** ~ **sytë** davon tun einem die Augen weh; **më** ~ **veshin** es gellt mir in den Ohren; **i** ~ **të trasha ai** er trägt dick auf, er gibt an; → **vritet**

vrév|ë -a *f* Alptraum *m*; Angst *f*, Furcht *f*

vréjtur (i) *Adj* = **i vrenjtur**

vrën 8 *od* 12 *tr* = **vrër**

vrënjt 14 *tr* = **vrër**

vrënjtur (i) *Adj* = **i vrëjtur**

vrër 14 *tr* verfinstern, verdüstern; runzeln, zusammenziehen; ~ **vetullat** die Augenbrauen runzeln, finster blicken; **-et** *refl* sich verdüstern, sich eintrüben *(Wetter)*; sich verfinstern, sich verdüstern *(Miene)*

vrërësír|ë -a *f* trübes Wetter *n*

vrërët (i) *Adj* bewölkt, bedeckt, trübe; *übertr* finster blickend, streng; unfreundlich

vrërón 1 *tr* = **vrër**

vriésk|ë -a *f*, *Pl* -a Thymian *m*

vrígull -i *m*, *Pl* vríguj *Bot* Lappen *m* am Blatt

vrígullt (i) *Adj Bot* gelappt

vrik *Adv* schnell, im Nu, unverzüglich; ~ **e** ~ in Windeseile, im Handumdrehen

vrím|ë -a *f*, *Pl* -a Loch *n*; **vrimat e hundës** die Nasenlöcher; Versteck *n*, Unterschlupf *m*; **vrima-vrima** a) zerlöchert; b) mit Lochmuster; *übertr* **béri një** ~ **në ujë** er hat nichts zustande gebracht

vrimón 1 *tr* lochen, ein Loch *od* Löcher machen; zerlöchern, durchlöchern; *übertr* belauschen, heimlich beobachten

vring *Adv* = **vrik**

vringëllím|ë -a *f*, *Pl* -a Klirren *n*, Geklirr *n*; Rasseln *n*, Gerassel *n*; ~ **vargonjsh** Kettengerassel; ~ **e armëve** Waffengeklirr

vringëllín 6 *itr* klirren, rasseln, klingeln

vringëllón 1 *tr* 1. *ein Schwert* schwingen; 2. *itr* klirren

vrión I. -i *Subst/m* Quelle *f*; II. 1 *itr* entspringen *(Bach usw.)*; spärlich hervorquellen, aus der Erde quellen

vríste 30 *Imperf* → **vret**

vrítet 30 *refl* 1. sich stoßen; 2. Bestürzung empfinden, außer Fassung geraten; 3.: ~ **me** sich gegenseitig umbringen; → **vret**

vrít|ë -a *f*, *Pl* -a = **vrasje**

vrojtím -i *m* 1. Beobachtung *f*; **pikë e** ~ **it** Beobachtungsstation *f*, Beobachtungspunkt *m*; 2. Bemerkung *f*; 3. Betrachtung *f*, Aufmerksamkeit *f*

vrojtúes -i *m*, *Pl* – Beobachter *m*

vrokth -i *m* Kopfschuppe, Schuppe *f*

vrug I. -u *Subst/m* 1. *Bot* Rost *m*; Peronospora *f*, Blattfallpilz *m*; *Bot* Mehltau *m*; ~ **u i grurit** Echter Mehltau, ~ **u i hardhisë** Falscher Mehltau, Äscherich *m*; 2. Sonnenregen *m*; II. 14³ *tr übertr*: **nuk e** ~ **fytyrën** ich werde meine Ehre nicht besudeln; **-et** *refl* von Rost *od* Mehltau befallen werden

vrúgët (i) *Adj* dunkel *(Farben)*; *übertr* finster, finster blickend

vrugó|n 1 *tr*; **-het** *refl* = **vrug** II

vrujím -i *m*, *Pl* -e Quelle *f*

vrujín|ë -a *f* Feuchtigkeit *f*, Bodenfeuchtigkeit

vrujísht|ë -a *f*, *Pl* -a 1. Lawine *f*, Schneelawine; 2. im Sommer allmählich schmelzender Schnee *m*

vrujón 1 *itr* entspringen, seinen Ursprung nehmen

vrull -i *m* Schwung *m*, Elan *m*, Anlauf *m*; Wucht *f*, Ungestüm *n*, Heftigkeit *f*; **merr** ~ Anlauf nehmen; **me** ~ schwungvoll, mit Wucht, heftig; ~ **i i punës** der Arbeitseifer; Schwung; ~ **i i ujit** die Gewalt des Wassers; *Wirtsch* Aufschwung *m*, Aufwärtsentwicklung *f*

vrúllet 14 *refl* sich stürzen auf, sich werfen auf; losstürzen, losstürmen

vrúllët (i) *Adj* = **i vrullshëm**

vrullí -a *f* = **vrull**

vrullón 1 *itr* sich stürzen auf, Anlauf nehmen, Schwung holen; losstürzen, losstürmen

vrúllsh|ëm (i), **-me** (e) *Adj* stürmisch,

schwungvoll; **schwunghaft**; **überschwenglich**; **heftig**
vrumbullít 20 *itr* brüllen *(Löwe)*; heulen *(Wolf)*
vrungullít 20 *itr* wackeln, beben, erbeben
vrrág|ë -a *f, Pl* -ë Spur *f*; Wagenspur; *übertr* Eindruck *m*; **më la** ~ es hat auf mich einen tiefen Eindruck gemacht
vrróm|ë -a *f, Pl* -a Schlampe *f*
vu 39[1]: **u** ~ *Aor Pass* → **vë**
vúajsh|ëm (i), -me (e) *Adj* erträglich
vúajtj|e -a *f, Pl* -e Leid *n*, Qual *f*, Schmerz *m*; Leiden *n*
vúajtur (i) *Adj* **1.** leidgeprüft; **2.** lebenserfahren, erfahren
vú|an 9 *od* 9[1] *od* 2 *itr* leiden, leidend sein; Qualen empfinden; ~ **nga një sëmundje e rëndë** er leidet an einer schweren Krankheit; **vuaj nga stomaku** ich bin magenleidend; ~ **për bukë** hungern; sich quälen; *tr*: **s'e vuaj këtë punë** ich schaffe diese Arbeit nicht; **-het** *refl* zu ertragen sein; **ky njeri s' vuhet** dieser Mensch ist unausstehlich
vúar (i) *Adj* = **i vuajtur**
vulák -u *m, Pl* -ë Beet *n*
vúl|ë -a *f, Pl* -a **1.** Stempel *m*; Stempel, Stempelabdruck *m*; **2.** blauer Fleck *m*; *übertr* **me** ~ **a)** berühmt; **b)** berüchtigt
vulgár, -e *Adj* **1.** vulgär; gemein, gewöhnlich, grob; **fjalë** ~ **e** ein vulgäres Wort; **2.** vulgär, volkstümlich; **latinishtja** ~ **e** das Vulgärlatein
vulgarizím -i *m* Vulgarisierung *f*
vulgarizón 1 *tr* vulgarisieren
vulóm|ë -a *f, Pl* -a Spund *m*, Holzzapfen *m*
vulón 1 *tr* = **vulos**
vulós 21 *tr* **1.** stempeln, abstempeln, mit einem Stempel versehen; siegeln, versiegeln; ~ **veshët** sich die Ohren zustopfen; **2.** abschließen, besiegeln; **3.** beglaubigen, bestätigen; *übertr* **kur flet** ~ er trifft stets den Nagel auf den Kopf
vulósj|e -a *f* **1.** Stempeln *n*; Siegeln *n*, Versiegeln; **2.** Besiegelung *f*
vulósur (i) *Adj* **1.** gestempelt; gesiegelt, versiegelt; **2.** besiegelt
vullkán -i *m, Pl* -e *od* -a Vulkan *m*; ~ **i shuar** erloschener Vulkan; ~ **në veprim** tätiger Vulkan
vullkaník, -e *Adj* vulkanisch
vullkanizím -i *m* Vulkanisierung *f*, Vulkanisieren *n*
vullkanizón 1 *tr* vulkanisieren
vullkanizúar (i) *Adj* vulkanisiert
vullnét -i *m* Wille *m*; ~ **i i fundit** der letzte Wille; ~ **i i popullit** der Volkswille; **kundra** ~ **it tim** gegen meinen Willen; **me** ~ **të fortë** willensstark; **ai ka** ~ **të mirë** er ist willig, er ist gutwillig
vullnetár I. -i *Subst/m, Pl* -ë Freiwilliger *m*; ehrenamtlicher Helfer *m*, ehrenamtlicher Funktionär *m*; **II.** -e *Adj* freiwillig; ehrenamtlich; **punë** ~ **e** freiwilliger Arbeitseinsatz *m*, ehrenamtliche Arbeit *f*
vullnetár|e -ja *f, Pl* -e Freiwillige *f*; ehrenamtliche Helferin *f*
vullnetarísht *Adv* freiwillig; ehrenamtlich
vullnetmírë *Adj* gutwillig, bereitwillig
vullnétsh|ëm (i), -me (e) *Adj* **1.** bereitwillig; freiwillig; **2.** willensstark, energisch
vúrc|e -a *f, Pl* -a Bürste *f*; ~ **flokësh** Haarbürste; ~ **petkash** Kleiderbürste; **fshin me** ~ ausbürsten, abbürsten
vurg -u *m, Pl* **vúrgje** schlammige Niederung *f*, Morast *m*, Sumpf *m*
vúri 39[1] *Aor* → **vë**
vurkollák -u *m, Pl* **vurkolléq** Vampir *m*

vurrát|ë -a *f*, *Pl* -a Narbe *f*; blauer Fleck *m*
vurrátur (i) *Adj* narbig
vúsh|ë -a *f*, *Pl* -ë Mistkäfer *m*
vuv I. -i *Subst/m*, *Pl* -ë Stummer *m*; **II.** -e *Adj* stumm
vuvóset 21 *refl* verstummen; **vuvosu!** halte den Mund!

výer (i) *Adj* wertvoll, kostbar, teuer; **gur i** ~ Edelstein *m*; **njeri i** ~ ein wertvoller Mensch
Vyrtembérg -u *m* Württemberg *n*
vyshk 14³ *tr* zum Welken bringen, welken lassen; ausdörren; **-et** *refl* welken, verwelken
výshkët (i) *Adj* welk, verwelkt

X

xamár|e -ja *f*, *Pl* -e Hirtenschalmei *f*, Schilfklarinette *f*
xán|ë -a *f*, *Pl* -a *Bot* Pfrieme *f*, spanischer Ginster *m*
xanxár, -e *Adj* wild, störrisch, ungezähmt *(Tiere)*
xánx|ë -a *f*, *Pl* -a **1.** schlechte Angewohnheit *f*, Untugend *f*; Starrsinn *m*; **mushkë me** ~ ein störrisches Maultier; **2.** Sorge *f*, Kummer *m*
xég|ël -la *f*, *Pl* -la Dasselfliege *f*, Rinderbremse *f*; Stechfliege *f*
xéh|e -ja *f*, *Pl* -e Bergwerk *n*, Grube *f*, Zeche *f*
xeherór I. -i *Subst/m* Erz *n*; **II.** -e *Adj* **1.** Erz-; **2.** Bergwerks-, Gruben-, Zechen-
xehetár -i *m*, *Pl* -ë Bergmann *m*, Bergarbeiter *m*
xéro -ja *f*, *Pl* – Null *f*
xerxél|e -ja *f*: **xerxelja e rendomtë** gemeiner Seidelbast *m*; **xerxelja fletëlari** Lorbeer-Seidelbast
xexeríca -t *Pl* Geschwätz *n*, leeres Gerede *n*
xëc *Indekl*: **u bë** ~ es ist stockdunkel geworden
xëgím -i *m*, *Pl* -e Reizen *n*, Necken *n*; Antreiben *n*; Anstacheln *n*

xëgít 22 *tr* reizen, necken; antreiben, anstacheln
xërmón 1 *tr* hinunterbringen; senken, hinunterlassen
xigán|e -ia *f*, *Pl* -e = **xamare**
xigëlís 21 *tr* kitzeln
xih|ë -a *f*, *Pl* -a Spitze *f der Schreibfeder*
xingón -i *m*, *Pl* -ë tiefer Abgrund *m*
xingón|ë -a *f*, *Pl* -a = **xingon**
xink -u *m* Zink *n*
xinxíf|e -ja *f*, *Pl* -e *Bot* Brustbeere *f*
xípk|ë -a *f* Spitze *f des Ochsenstachels*
xíx|ë -a *f*, *Pl* -a Funke *m*; **vë** ~ **n** in Brand stecken
xixëllím -i *m*, *Pl* -e Funkensprühen *n*
xixëllím|ë -a *f*, *Pl* -a = **xixëllojë**
xixëllój|ë -a *f*, *Pl* -a Glühwürmchen *n*, Leuchtkäfer *m*, Johanniskäfer *m*
xixëllón 1 *itr Funken* sprühen; funkeln, glänzen, glitzern; **i xixëllojnë sytë** seine Augen funkeln
xixëllónj|ë -a *f*, *Pl* -a = **xixëllojë**
xixëmón 1 *itr* **1.** jucken; **më** ~ **trupi** es juckt mich am ganzen Körper; **2.** *Funken* sprühen, funkeln
xixón 1 *itr* = **xixëllon**
xullúfe -t *Pl* Schläfenlocken *Pl*,

Haarbüschel *Pl an den Schläfen bei der Frisur der Nordalbanerinnen*
xunkth -i *m, Pl* -a Schilf *n*, Schilfrohr *n*; Binse *f*

xuq -i *m, Pl* -ë seniler Trottel *m*
xúrxull *Adv*: **bëhet** ~ pitschnaß werden; **u bë** ~ er ist total besoffen
xvar *Adv* schleifend
xverk -u *m* Nacken *m*

Xh

xha -ja *m* Onkel *m* *(Bruder des Vaters)*; Onkel, Vater *als Anrede gegenüber älteren Männern*; ~ **Mihali** Onkel Mihal
xhába *Adv* ohne zu bezahlen, kostenlos
xhabaxhí I. -u *Subst/m, Pl – od* -nj Nassauer *m*, Schmarotzer *m*; II. *Adj* nassauernd
xhadé -ja *f, Pl* – Landstraße *f*; Fernverkehrsstraße
xhahíl I. -i *Subst/m, Pl* -ë Dummkopf *m*, Tölpel *m*; Grünschnabel *m*; II. *Adj* unwissend; tölpelhaft
xháj|ë -a *m, Pl* -a = **xhaxha**
Xhakárt|ë -a *f* Djakarta *n*
xhakét|ë -a *f, Pl* -a Jacke *f*, Jackett *n*; Sakko *n*
xham -i *m, Pl* -e *od* -a 1. Glas *n*, Glasscheibe *f*; Glasschrank *m*, Vitrine *f*; 2. Tonschüssel *f*
xhamadán -i *m, Pl* -ë *od* -a Art Jacke *mit oder ohne Ärmel als Teil der albanischen Volkstracht*
Xhamájk|ë -a *f* Jamaika *n*
xhamásh -i *m* Gerbtrog *m*, Gerbermulde *f*
xhamaxhí -u *m, Pl – od* -nj Glaser *m*
xhambáz -i *m, Pl* -ë Pferdebändiger *m*; Tierhändler *m*; *übertr* durchtriebener Mensch *m*
xhamí -a *f, Pl* – Moschee *f*

xhámtë (i) *Adj* Glas-, gläsern
xhamtín|ë -a *f, Pl* -a Vitrine *f*
xhan -i *m* Seele *f*; Liebling *m*, Herzblatt *n als Anrede*
xhandár -i *m, Pl* -ë Gendarm *m*
xhandarmërí -a *f* Gendarmerie *f*
xhánëm -i *m Interj* mein Lieber; **hajde** ~ ! ach geh!; **jo** ~ ? nein wirklich?
xháng|ë -a *f* Geldbörse *f*
xhaunís 21 *tr* schwätzen, tratschen; **le të** ~ **in!** laß sie reden!
xháv|e -ja *f, Pl* -e Kläffer *m (Hund)*
xhaxhá -i *m, Pl* -llárë Onkel *m (Bruder des Vaters)*
xhaxhésh|ë -a *f, Pl* -a Tante *f (Frau des Vaterbruders)*
xháxhi *Indekl* Onkel *m (in der Kindersprache)*
xháxhk|ë -a *f, Pl* -a Tante *f (Schwester der Mutter)*
xheç *Indef Pron* irgendetwas, etwas
xhéfk|ë -a *f, Pl* -a Deckblatt *n des Maiskolbens*, Außenblatt *n*
xhehením -i *m* Hölle *f*
xhelá -ja *f* Schuhcreme *f*
xhelát -i *m, Pl* -ë Henker *m*, Scharfrichter *m*; *übertr* Unmensch *m*
xhelatín|ë -a *f* Gelatine *f*
xhelóz, -e *Adj* eifersüchtig
xhelozí -a *f* Eifersucht *f*

xhením -i *m* Hölle *f*
xhenét -i *m* Paradies *n*
xheniér -i *m*, *Pl* -ë *Mil* Pionier *m*
xhénio -ja *f Mil* Pioniertruppe *f*
xhep -i *m*, *Pl* -a *od* -e Tasche *f an Kleidungsstücken*; **sahat** ~**i** Taschenuhr *f*; *übertr* **rri me duar në** ~ er sitzt untätig herum; **jam hollë nga** ~**i** ich bin knapp bei Kasse; **e kam në** ~ ich habe ihn in der Hand
xhephané -ja *f*, *Pl* – *alt* Munition *f*; Munitionsdepot *n*, Arsenal *n*; Pulvermagazin *n*
xheráh -u *m*, *Pl* -ë Wundarzt *m*
xherime -t *Pl* Geldstrafe *f*, Geldbuße *f*
xhevahír -i *m*, *Pl* -ë **1.** Diamant *m*; Brillant *m*; Edelstein *m*; **2.** Kleinod *n*, Kostbarkeit *f*, Schatz *m*; *übertr* **djalë** ~ ein Prachtjunge
xhevahírtë (i) *Adj* diamanten, brillanten; **gur i** ~ Edelstein *m*
xhez -i *m* Jazz *m*
xhezá -ja *f*, *Pl* – Bestrafung *f*; Strafe *f*; Geldstrafe, Geldbuße *f*
xhezvé -ja *f*, *Pl* – *kleines Gefäß mit langem Stiel zum Bereiten von türkischem Kaffee*
xhiblík -u *m* Moskitonetz *n*
xhind -i *m*, *Pl* -e *Myth* Geist *m*, Nachtgespenst *n*
xhínd|e -ja *f*, *Pl* -e weiblicher Geist *m*; *übertr* sehr schöne Frau
xhindóset 21 *refl* wütend werden, sich erzürnen
xhindósur (i) *Adj* wütend, erzürnt; vom Teufel *od* bösen Geistern besessen
xhíng|ël -la *f*, *Pl* -la Metallschmuck *m der Frauen*
xhingërríma -t *Pl* = **xhingël**
xhip -i *m*, *Pl* -a Jeep *m*
xhiráf|e -a *f*, *Pl* -a Giraffe *f*
xhírg|ë -a *f*, *Pl* -a Pünktchen *n*; Sprenkel *m*, Fleck *m*; **me xhirga** mit Pünktchen, gepunktet; gesprenkelt
xhirím -i *m*, *Pl* -e Drehen *n von Filmen*; Dreharbeit *f*
xhíro -ja *f* **1.** Umsatz *m*; **2.** Giro *n*; **3.** Umlauf *m*; ~ **e mallrave** Warenumlauf; **4.** abendlicher Spaziergang *m*, Rundgang *m*
xhirón 1 *tr* **1.** girieren, *Wechsel* in Umlauf setzen; **2.** Filme drehen, aufnehmen
xhíxh|ë -a *f*, *Pl* -a **1.** Funke *m*; **2.** Kinkerlitzchen *Pl*
xhixhëllón 1 *itr* Funken sprühen, funkeln
xhixhibanóz -i *m* Johannisbrotbaum *m*
xhixhillój|ë -a *f*, *Pl* -a Johanniskäfer *m*, Glühwürmchen *n*, Leuchtkäfer *m*
xhók|ë -a *f*, *Pl* -a *dicker Wollmantel mit od ohne Ärmel als Teil der albanischen Volkstracht*
xhorák|e -ja *f*, *Pl* -e = **xhore**
xhór|e -ja *f*, *Pl* -e Keule *f*; Stock *m der Hirten*; *übertr* schwerfälliger Mensch, Tolpatsch *m*
xhublét|ë -a *f*, *Pl* -a Glockenrock *m aus dickem Filz als Teil der nordalbanischen Frauentracht*
xhúfk|ë -a *f*, *Pl* -a Quaste *f*, Bummel *f*, Fransenbüschel *n*
xhulí -a *f*, *Pl* – knielanger, schwarzer Hirtenumhang *m mit roten Kordeln*
xhullír|ë -a *f* Stempel *m*, Quirl *m des Butterfasses*
xhúmb|ë -a *f*, *Pl* -a = **xhungë**
xhúmb|ël -la *f*, *Pl* -la = **xhungë**
xhúng|ë -a *f*, *Pl* -a Beule *f*; **xhungaxhunga** verbeult; Buckel *m*, Höcker *m*; **një** ~ **me pare** ein schöner Haufen Geld
xhúng|ël -la *f* Dschungel *m*; *übertr* **ligjet e xhunglës** die Gesetze des Dschungels
xhup -i *m*, *Pl* -a Strickjacke *f*
xhurá -ja *f*, *Pl* – Hirtenflöte *f*

xhurdí -a *f*, *Pl* – schwarze, wollene Männerjacke *f mit halblangen Ärmeln, Kragen u. Bummeln auf dem Rücken als Teil der albanischen Volkstracht*

xhurít 20 *itr* ablaufen, abfließen

xhuvél|e -ja *f*, *Pl* -e Ast *m*, Zweig *m mit Früchten*

xhuxh -i *m*, *Pl* -ë *Myth* Zwerg *m*; *übertr* Zwerg, sehr kleiner Mensch

xhuxhimaxhúxh -i *m*, *Pl* -ë = **xhuxh**

xhv- *siehe* **zhv-**; *z.B.* **xhvat** = **zhvat**; **xhvesh** = **zhvesh** *usw*.

xhýb|e -ja *f*, *Pl* -e **1.** lange, goldbestickte Weste *f*; **2.** Gewand *n des Hodschas*

Y

ýçk|ël -la *f*, *Pl* -la **1.** Mangel *m*, Fehler *m*; **2.** Vorwand *m*, Ausrede *f*

ýen 9⁴ *itr* wachen, die Nacht schlaflos verbringen

yj *Pl* → **yll**

ylbér -i *m*, *Pl* -ë *od* -a Regenbogen *m*

yll -i *m*, *Pl* yj *od* ýje Stern *m*; ~ **me bisht** Schweifstern, Komet *m*; **Ylli i karvanit** der Abendstern; **Ylli i mëngjezit** der Morgenstern; **Ylli Polar** der Polarstern; *Zool* ~ **deti** Seestern; *übertr* **është** ~ sie ist bildhübsch; **ka lindur me** ~ er ist unter einem glücklichen Stern geboren

yndýr|ë -a *f*, *Pl* -a Fett *n*, Fettigkeit *f*; *übertr* **njeri pa** ~ ein langweiliger Mensch

yndýrsh|ëm (i), -me (e) *Adj* fettig, fett, Fett-; **djathë i** ~ Fettkäse *m*

ýnë *Poss Pron* unser; **shoku** ~ unser Freund; **yni** der Unsrige

yrt -i *m*, *Pl* -e Vorgarten *m*; Acker *m vor dem Haus*

yrýsh -i *m* Schwung *m*, Anlauf *m*; **me** ~ stürmisch; ~ **burra!** vorwärts, Männer!

yst -i *m* Zuschlag *m*, Aufschlag *m*

ysht 20 *tr Krankheiten* besprechen, mit Zauberformeln behandeln; *übertr* jmdn. willenlos machen

ýshtës|e -ja *f*, *Pl* -e alte Frau *f die Krankheiten bespricht*

ýshtj|e -a *f*, *Pl* -e Zauberformel *f*, Beschwörungsformel *f*

ýshtura -t *Pl* Beschwörungsformeln *Pl*, Zauberformeln *Pl*

yt *Poss Pron* dein; **djali** ~ dein Junge; ~ **i** der Deinige

yxhým -i *m* Anlauf *m*, Schwung *m*; **merr** ~ Anlauf nehmen

yzengjí -a *f*, *Pl* – Steigbügel *m*

Z

zabé -ja *f, Pl* – Katapult *n*, Schleuder *f*
zabél -i *m, Pl* -e *od* -a Wäldchen *n*, kleiner Wald *m zum Holzschlagen*
zab|úa -ói *m, Pl* -ónj Splint *m am Wagenrad*
zabullím|ë -a *f* Schwüle *f*
zabullóhet 1 *refl* unter der Schwüle leiden
zagál -i *m, Pl* zagáj *Zool* Bremse *f*, Rinderbremse
zagáll -i *m, Pl* zagáj Zügel *m*
zagár -i *m, Pl* -ë 1. Jagdhund *m*; 2. Herumtreiber *m*, Stromer *m*
zagár|e -ja *f, Pl* -e Herumtreiberin *f*
zagushí -a *f* drückende Schwüle *f*
zahiré -ja *f, Pl* – Wintervorrat *m*, Lebensmittelvorrat; Winterfutter *n*
zahmét -i *m* Mühe *f*, Mühsal *f*, Anstrengung *f*
zahmétsh|ëm (i), -me (e) *Adj* mühsam, mühselig, anstrengend
zakón -i *m, Pl* -e 1. Sitte *f*, Brauch *m*; 2. Gewohnheit *f*, Angewohnheit; **e kam ~ të hesht** ich pflege zu schweigen; 3. -e *Pl* Monatsblutung *f*, Menstruation *f*
zakonísht *Adv* gewöhnlich, normalerweise
zakónsh|ëm (i), -me (e) *Adj* gewöhnlich, normal
zalí -a *f* Ohnmacht *f*, Bewußtlosigkeit *f*; **i bie ~** in Ohnmacht fallen
zalíset 21 *refl* ohnmächtig werden, bewußtlos werden
zalísur (i) *Adj* ohnmächtig, bewußtlos
zall -i *m, Pl* záje 1. Flußsand *m*; Kiesel *m*; ausgetrocknete Seite *f eines Flußbettes*; 2. Flußufer *n*; Meeresufer; *übertr* **mbeti në ~** man ließ ihn im Stich

zallahí -a *f* Lärm *m*, Radau *m*, Streit *m*
zallém, -e *Adj* frech, ungezogen; böse; grausam
zallém|e -ja *f, Pl* -e herzlose Frau *f*, grausame Gebieterin *f*
zallín|ë -a *f, Pl* -a *mit Flußsand u. Kieseln bedeckte Stelle*
zallísht|ë -a *f, Pl* -a Anschwemmung *f*; *mit Kieseln u. Flußsand bedeckte Stelle*
zam -i *m* = zamkë
zamár|e -ja *f, Pl* -e Schilfklarinette *f*, Hirtenschalmei *f*
zambák -u *m, Pl* -ë Lilie *f*
zámk|ë -a *f* Leim *m*, Klebstoff *m*
zamzán|e -ia *f, Pl* -e große Korbflasche *f*
zanafíll|ë -a *f* Ursprung *m*; Herkunft *f*
zanát -i *m, Pl* -e 1. Beruf *m*; Handwerk *n*; **e ka ~** a) es geht ihm von der Hand; b) es ist sein Beruf; 2. Gewohnheit *f*, Angewohnheit
zanatçí -u *m, Pl* – *od* -nj Handwerker *m*; *übertr* Meister *m seines Faches*
zanatlí I. -u *Subst/m, Pl* -nj Meister *m seines Faches*; **II.** *Adj* meisterhaft
zán|ë -a *f, Pl* -a *Myth* Waldgöttin *f*, Fee *f der albanischen Märchen*
zanór, -e *Adj* Stimm-; **tejzat ~e** die Stimmbänder
zanór|e -ja *f, Pl* -e Vokal *m*
zapár -i *m* = zagushi
zaparít 22 *tr* zerknittern, knittern, knüllen; -**et** *refl* 1. knittern, Falten bekommen; 2. sich entzünden; sich verschlimmern, sich verschlechtern *(Wunde)*
zapërí -a *f, Pl* – Falte *f*, Knitterfalte
zapt *Indekl* Zügelung *f*, Zähmung *f*;

bën ~ zügeln, zähmen, bändigen; **bëje** ~ **djalin!** bringe dem Jungen Disziplin bei!

zaptím -i *m, Pl* -e Eroberung *f*; Okkupation *f*, Besetzung *f*

zaptón 1 *tr* erobern; okkupieren, besetzen, einnehmen

¹**zar** -i *m, Pl* -e Würfel *m*; **luan me** ~ **e** würfeln, mit Würfeln spielen; *übertr* **ka** ~ er hat Glück

²**zar** -i *m, Pl* -ë = **zagar**

zarán|ë -a *f* Majoran *m*

zarár -i *m, Pl* -e Schaden *m*; **s'ka** ~ das schadet nichts, das ist nicht schlimm

zarf -i *m, Pl* -e 1. Briefumschlag *m*, Kuvert *n*; 2. Metallbehälter *m für Glas- od. Porzellaneinsatz (Tasse, Glas od. dgl.)*

zarzavatçí -u *m, Pl* – od -nj = **zarzavatshítës**

zarzaváte -t *Pl* Gemüse *n*

zarzavatshítës -i *m, Pl* – Gemüsehändler *m*

zatén *Adv* genau, eben

zatét 22¹ *itr* Gefechtsstellung einnehmen, Stellung beziehen; *tr* treffen, begegnen; **-et** *refl* sich treffen, zusammentreffen, sich begegnen

zaváll I. -i *Subst/m, Pl* -ë armer Kerl *m*, bedauernswerter Mensch *m*; II. -e *Adj* bedauernswert, arm

zaválle -t *Pl* Sorgen *Pl*

záv|ë -a *f, Pl* -a Schließhaken *m*, Spange *f*, Schnalle *f*; Öse *f*

zavrát -i *m, Pl* -e Beet *n*; Ackerstreifen *m*

záz|ë -a *f, Pl* -a 1. harte Schale *f von Nüssen usw.*; Panzer *m*; 2. kleine Muschel *f*, Auster *f*

zbardh 14 *tr* 1. weißen, weiß machen; *übertr* **na** ~ **i faqen** er hat uns Ehre gemacht; ~ **dhëmbët** spöttisch lachen; 2. *alt* kopieren, abschreiben; *itr* weiß leuchten, weiß schimmern; ~ **i drita** der Tag brach an, es dämmerte; **sa** ~ **i drita** bei Tagesanbruch; **-et** *refl* weiß werden; erblassen; ausbleichen; ergrauen, weißes Haar bekommen

zbardhç -i *m* = **zbardhulinë**

zbardhëllén 3 *unpers* tagen, dämmern, anbrechen *(Tag)*

zbardhëllím -i *m* Tagesanbruch *m*, Morgengrauen *n*

zbardhón 1 *tr* 1. weiß machen; 2. sauber abschreiben, ins Reine schreiben; 3. *itr* weiß leuchten, hell leuchten

zbardhúlet 14 *refl* = **zbërdhulet**

zbardhúlët (i) *Adj* = **i zbërdhulët**

zbardhulín|ë -a *f Bot* Splint *m*, Splintholz *n*

zbardhulló|n 1 *itr unpers*; **-het** *refl unpers* tagen, dämmern; anbrechen *(Tag)*

zbárdhur (i) *Adj* geweißt, weiß gemacht; weißhaarig, grauhaarig; blaß, bleich; ausgeblichen, verschossen *(Stoff)*

zbárët (i) *Adj* fade, nüchtern, geschmacklos *(Essen)*; *übertr* farblos, fade *(Mensch)*

zbarítet 22 *refl* fade sein, farblos sein; uninteressant werden

zbarkím -i *m, Pl* -e Ausschiffung *f*, Landung *f*

zbarkón 1 *itr* landen *(Schiff)*; an Land gehen

zbarón 1 *tr* ausweiden, *Eingeweide* herausnehmen

zbatíc|ë -a *f* Ebbe *f*

zbatím -i *m, Pl* -e 1. Ausführung *f*; **vë në** ~ ausführen; 2. Verwirklichung *f*; 3. Anwendung *f*

zbatón 1 *tr* 1. ausführen; 2. verwirklichen; 3. anwenden

zbatúesh|ëm (i), -me (e) *Adj* ausführbar, realisierbar; anwendbar

zbath 14 *tr* Bein- und Fußbekleidung ausziehen; ~ **kalin** dem Pferd die

Hufeisen abnehmen; -et *refl* sich *Bein- und Fußbekleidung* ausziehen; **u zbathën bimët** die Wurzeln der Pflanzen liegen frei

zbatharák I. -u *Subst/m, Pl* -ë Barfüßiger *m*; II. -e *Adj* barfuß, barfüßig

zbáthur *Adv* barfuß, ohne Schuhe und Strümpfe

zbavít 22 *tr* zerstreuen, unterhalten, in Stimmung bringen; -et *refl* sich vergnügen, sich unterhalten, sich amüsieren

zbavítës, -e *Adj* unterhaltend, unterhaltsam, Unterhaltungs-; **muzikë** ~ e Unterhaltungsmusik

zbavítj|e -a *f, Pl* -e Vergnügen *n*, Unterhaltung *f*, Zerstreuung *f*

zbavítsh|ëm (i), -me (e) *Adj* vergnüglich, unterhaltsam

zbéhtë (i) *Adj* blaß, bleich *(Gesicht)*; fahl, schwach *(Licht)*

zbehtësí -a *f* Blässe *f*

zbe|n 8 *tr* bleich machen, blaß machen; -het *refl* erbleichen, erblassen, blaß werden; *übertr* **as kuqet as zbehet** er ist unverfroren

zbeq 14 *tr* durchprügeln, windelweich schlagen

zbeták, -e *Adj* bläßlich, etwas blaß

zbét|ë I. -a *Subst/f*; II. -ët (të) *Subst/n* 1. Blässe *f*, Gesichtsblässe; 2. Gelbsucht *f*; **i ra të** ~ **t** er ist an Gelbsucht erkrankt; III. (i) *Adj* blaß, bleich *(Gesicht)*; fahl, schwach, spärlich *(Licht)*

zbetësí -a *f* Blaßsein *n*, Blässe *f*; Fahlheit *f*

zbërdháhet 5 *refl* blaß werden

zbërdhúlet 14 *refl* verschießen, ausbleichen *(Stoff)*

zbërdhúlët (i) *Adj* verschossen, ausgeblichen *(Stoff)*

zbërdhýlur (i) *Adj* verschossen, ausgeblichen *(Stoff)*

zbërthén 3 *tr* 1. aufknöpfen; 2. Nägel herausziehen; auseinandernehmen, zerlegen; lösen, trennen; *übertr* Probleme lösen

zbërthím -i *m* Lösung *f* eines Problems

zbim -i *m* Ausweisung *f*, Vertreibung *f*; Hinauswerfen *n*

zbíret 18 *refl* 1. sich verirren; 2. verschwinden, abhanden kommen; → zbjerr

zbírrte 18 *Imperf* → zbjerr

zbjerr 18 *tr* verlieren; → zbiret

zbledh 16 *tr* entfalten, auseinandernehmen, ausbreiten; ~ **lëmshin** das Knäuel entwirren

zblídhte 16 *Imperf* → zbledh

zblódhi 16 *Aor* → zbledh

zblogurón 1 *tr* abschälen, enthäuten, entrinden

zblokím -i *m* Aufhebung *f* einer Blokkade

zblokón 1 *tr* eine Blockade aufheben; Eingeschlossene aus der Blockade befreien

zbokth -i *m* Schuppe *f*, Kopfschuppe

zbon 1 *tr* verjagen, hinauswerfen, ausweisen; rausschmeißen

zborák -u *m, Pl* -ë Buchfink *m*

zbóri 18 *Aor* → zbjerr

zbraz 14 *tr* leeren, entleeren; ausschütten, auskippen; räumen; verlassen; evakuieren; ~ **shtëpinë** das Haus räumen; ~ **pushkë** die Waffe entladen; *übertr* ~ **barkun** sein Herz ausschütten; -et *refl*: **u** ~ **ën qiejt** es hat in Strömen geregnet; **iu** ~ er hat ihm sein Herz ausgeschüttet

zbrazësír|ë -a *f* Leere *f*

zbrázët (i) *Adj* leer

zbrazëtí -a *f* Vakuum *n*

zbrázj|e -a *f* Leerung *f*, Entleerung; Räumung *f*, Evakuierung *f*; Entladung *f* einer Waffe

zbraztësí -a *f* Leere *f*

zbrazti -a *f, Pl* – Lücke *f*

zbret 32 *itr* hinuntersteigen, herunterkommen, hinuntergehen; anlegen, an Land gehen; landen, aussteigen; *tr* **1.** hinuntertragen; **2.** senken, kürzen; ~ **çmimet** die Preise senken; **3.** *Math* subtrahieren, abziehen

zbríste 32 *Imperf* → **zbret**

zbrítës -i *m Math* Subtrahend *m*

zbríti 32 *Aor* → **zbret**

zbrítj|e -a *f* **1.** Landung *f*; **2.** Senkung *f*, Kürzung *f*; ~ **e çmimeve** Preissenkung; **3.** *Math* Subtraktion *f*

zbrítsh|ëm (i), -me (e) *Adj Math* subtrahierbar

zbru|n 8 *tr* einweichen, weich machen; *übertr* windelweich schlagen; **-het** *refl* weich werden

zbukurím -i *m*, *Pl* -e Verschönerung *f*; **-e** *Pl* Schmuck *m*, Ausschmückung *f*, Verzierung *f*

zbukuró|n 1 *tr* verschönern; ausschmücken, schmücken; verzieren; **-het** *refl* sich schmücken, sich schön machen; schöner werden

zbukurónjës, -e *Adj* schmückend, verschönernd; Schmuck-

zbulím -i *m*, *Pl* -e **1.** Entdeckung *f*, Erfindung *f*; **2.** Aufdeckung *f*; *Mil* Aufklärung *f*, Erkundung *f*; **3.** Entdeckung, Fund *m*

zbuló|n 1 *tr* **1.** aufdecken, die Decke wegziehen, abdecken; **2.** entdecken; erfinden; **3.** aufdecken, finden, herausfinden; *Mil* aufklären, erkunden; **-het** *refl* sich aufdecken, sich bloßstrampeln

zbulónjës -i *m*, *Pl* − = **zbulues**

zbulór -i *m* Detektor *m*

zbulúar *Adv* **1.** aufgedeckt; **2.** unverschleiert, unverhüllt

zbulúes -i *m*, *Pl* − Entdecker *m*, Erfinder *m*; *Mil* Kundschafter *m*

zburím -i *m*, *Pl* -e Streit *m*, Zank *m*, Zänkerei *f*

zburrít 22 *tr* zum Manne erziehen

zbut 22 *tr* **1.** weich machen; einweichen; geschmeidig machen; **2.** beschwichtigen; milde stimmen; ausgeglichener machen; **3.** zähmen, bändigen; *Bäume* veredeln; **4.** verdünnen, verschneiden; ~ **rakinë** den Schnaps verdünnen; **-et** *refl* weich werden; milder werden; zahm werden

zbutím -i *m* Einweichen *n*; Milderung *f*; Beschwichtigung *f*; Zähmung *f*; Veredelung *f*

zbútj|e -a *f* = **zbutim**

zbutón 1 *tr* = **zbut**

zbyth 14 *tr* zurückstoßen, zurückwerfen, zurückschlagen; zum Rückzug zwingen; **-et** *refl* sich zurückziehen, zurückweichen; zurücktreten, zurückgehen, nach hinten gehen

zbýthj|e -a *f* Zurückstoßen *n*; Zurückweichen *n*, Rückzug *m*

zdap I. -i *Subst*/*m*, *Pl* -e Pfahl *m*; Knüppel *m*; *übertr* grober Klotz *m*; **II.** 14 *tr* = **zdapllon**

zdapllón 1 *tr* mit dem Knüppel schlagen

zdatk -u *m*, *Pl* -e Trennwand *f*, dünne Bretterwand

zdatkón 1 *tr* mit einer Trennwand abteilen

zdërhállet 14 *refl* in Saus und Braus leben, sorglos in den Tag hineinleben, prassen

zdërláq 14 *tr* geschmeidig machen, lappig machen; entspannen; **na ~i vapa** die Hitze hat uns träge gemacht; **-et** *refl* träge werden, sich gehen lassen

zdërlúg -u *m*, *Pl* **zdërlúgje** Felsspalte *f*

zdërr|e -ja *f*, *Pl* -e Schnatterliese *f*

zdírgjet 16[3] *refl* herabsteigen, hinuntergehen

zdorgj 16[4]: **u ~** *Aor Pass* → **zdirgjet**

zdrál|e -ja *f* Schiffstau *n*

zdrál|ë -a *f*, *Pl* -a Schmutz *m*, Dreck *m*

zdránkthi *Adv* im Trab

zdredh 16 *tr* Fäden aufdrehen, aufdröseln

zdrigj 14 *tr* herunterlassen, hinunterbringen; -et *refl* herabsteigen, hinuntergehen

zdrit 20 *itr* **1.** durchsichtig sein, lichtdurchlässig sein; **2.** erstrahlen, erleuchten; *tr* beleuchten; aufhellen, aufklären

zdrítsh|ëm (i), -me (e) *Adj* **1.** durchsichtig, lichtdurchlässig, transparent; **2.** leuchtend, strahlend

zdrug I. -u *Subst/m, Pl* zdrúgje Hobel *m*; ~ me bark Schiffshobel; **II.** 14³ *tr* = zdrugon

zdrugím -i *m* Hobeln *n*, Hobelarbeit *f*

zdrugón 1 *tr* hobeln, abhobeln, mit dem Hobel bearbeiten

zdrugulína -t *Pl* Hobelspäne *Pl*

zdrukth -i *m*, *Pl* -a Hobel *m*

zdrukthëtár -i *m*, *Pl* -ë Tischler *m*; Zimmermann *m*

zdrukthëtarí -a *f* **1.** Tischlerhandwerk *n*; Zimmermannshandwerk *n*; **2.** Tischlerei *f*; Zimmermannswerkstatt *f*

zdrukthím -i *m* = zdrugim

zdrukthón 1 *tr* = zdrugon

zdryp 14 *itr* absteigen, hinabsteigen, herabspringen; **i** ~ **kalit** vom Pferd steigen; *tr* senken, hinablassen, hinunterlassen; -et *refl* einsinken, sich senken

zdrýpj|e -a *f* Absteigen *n*; Senkung *f*

zéb|ër I. -ra *Subst/f, Pl* -ra Zebra *n*; **II.** (i) *Adj* schwarzweißgestreift

zefír -i *m* Zephir *m*, milder, leichter Wind *m*

zég|ël -li *m*, *Pl* -la = zekth

zehér -i *m*, *Pl* -e Gift *n*

zéj|e -a *f*, *Pl* -e Handwerk *n*; Meisterschaft *f*

zejtár -i *m*, *Pl* -ë Handwerker *m*

zejtarí -a *f*, *Pl* – Handwerk *n*, Einzelhandwerk

zekth -i *m*, *Pl* -a *Zool* Bremse *f*, Rinderbremse; Stechfliege *f*

Zelánda e Re *f/best* Neuseeland *n*

zell -i *m* Fleiß *m*, Eifer *m*

zéllsh|ëm (i), -me (e) *Adj* fleißig, eifrig, emsig

zelltár -i *m*, *Pl* -ë fleißiger Mensch *m*, eifriger Mensch *m*

zemberék -u *m*, *Pl* -e *Tech* Feder *f*

zém|ër -ra *f*, *Pl* -ra **1.** *Anat* Herz *n*; *übertr* Mut *m*, Courage *f*; Herz, Seele *f*; **mori** ~ er faßte sich ein Herz; **me gjithë** ~ von ganzem Herzen; **bëja zemrën!** tu ihm den Gefallen!; **s'mëbën zemra** ich bringe es nicht übers Herz; **i hap zemrën** jmdm. sein Herz ausschütten; **s'i hiqte zemra** es kam ihm nicht von Herzen; **ma ndjen zemra** ich ahne es, ich spüre es; **me** ~ **në dorë** a) ängstlich; b) unterwürfig; **më ha zemra më atë njeri** jenem Menschen gegenüber bin ich mißtrauisch; **ia hëngri zemrën** a) er ist ihm auf die Nerven gegangen; b) er hat ihn für sich gewonnen; **s'ma ngroh zemrën kjo punë** ich kann mich nicht dafür erwärmen; **ma prishi zemrën** a) er hat mir die Laune verdorben; b) er hat mich enttäuscht; **jemi të një zemre** wir sind einer Meinung; **gropa e zemrës** die Magengrube; **2.** Mitte *f*, Zentrum *n*, das Innere; Kern *m*, Kernstück *n*, Herzstück

zemërák, -e *Adj* **1.** reizbar, jähzornig; **2.** beherzt, mutig

zemëráshpër *Adj* hartherzig

zemërát|ë -a *f* Verstimmung *f*; Erzürnung *f*

zemërbárdhë *Adj* edel, gütig, großzügig

zemërbútë *Adj* weichherzig, sanftmütig, mitfühlend

zemërbutësí -a *f* Weichherzigkeit *f*, Sanftmut *f*

zemërdjégur *Adj* verzweifelt, mit gebrochenem Herzen

zemërdhénës, -e *Adj* ermutigend
zemërdhímbsh|ëm (i), **-me** (e) *Adj* mitfühlend, mitleidig
zemërgúr *Adj* hartherzig
zemërgjérë *Adj* weitherzig, großzügig, großmütig
zemërhápur *Adj* aufrichtig, offenherzig; treuherzig
zemërím -i *m* Erzürnen *n*; Verstimmung *f*
zemërkatrán, -e *Adj* grausam, herzlos; schlecht, böse
zemërkéq, -e *Adj* schlecht, böse, bösartig
zemërlëshúar *Adj* mutlos
zemërlíg, -ë *Adj* schlecht, böse, bösartig
zemërmírë *Adj* gut, gutherzig, gütig
zemërngúshtë *Adj* engherzig, kleinlich, intolerant
zemërö|n 1 *tr* **1.** erzürnen, in Wut bringen, ärgern; **2.** verstimmen, kränken, beleidigen; **-het** *refl* wütend werden, sich erzürnen, zornig werden; sich ärgern; übelnehmen, beleidigt sein, sich gekränkt fühlen
zemërpërvëlúar *Adj* = **zemërdjegur**
zemërplásët *Adj* = **zemërplasur**
zemërplásur *Adj* traurig, betrübt; verbittert, gekränkt
zemërqén, -e *Adj* grausam, unbarmherzig
zemërshkrétë *Adj* einsam, vereinsamt, verlassen
zemërúar (i) *Adj* **1.** wütend, erzürnt, zornig; **2.** gekränkt, beleidigt, verstimmt
zemërúlët *Adj* = **zemërdhimbshëm**
zemër|zí, -zezë *Adj* = **zemërkeq**
zemërzhurítur *Adj* verzweifelt, mit gebrochenem Herzen
zénë 39 *Part* → **zë**
zengjí -a *f*, *Pl* – Steigbügel *m*
zengjín I. -i *Subst/m*, *Pl* **-ë** Reicher *m*; **II. -e** *Adj* reich, wohlhabend
zenít -i *m* Zenit *m*
zerdé -ja *f* Art Reispudding

zerdelí -a *f*, *Pl* – Aprikose *f*; Aprikosenbaum *m* *(kleine gelblich-rötliche Aprikosenart)*
zéro -ja *f*, *Pl* – **1.** Null *f*; **2.** Nullpunkt *m*, Gefrierpunkt *m*; ~ **absolute** absoluter Nullpunkt; **njëzet grada nën** ~ zwanzig Grad unter Null
zervá -ja *f*, *Pl* – Pudding *m*
zeshk 14^3 *tr* bräunen, braunbrennen; **-et** *refl* braun werden
zeshkamán, -e *Adj* braungebrannt; dunkelhäutig, brünett
zeshkán, -e *Adj* = **zeshkaman**
zéshk|ël -la *f*, *Pl* **-la** Brünette *f*, dunkelhäutige Frau *f*
zéshkët (i) *Adj* = **zeshkaman**
zeshkóhet 1 *refl* braun werden
zevzék, -e *Adj* zänkisch, streitsüchtig
zezák I. -u *Subst/m*, *Pl* **-ë** Neger *m*; **II. -e** *Adj* schwarz; Neger-
zezák|e -ja *f*, *Pl* **-e** Negerin *f*
zezelín|ë -a *f* schattiges Plätzchen *n*
zéz|ë -a (e) *f*, *Pl* **-a** (të) **1.** schwarze Farbe *f*, Schwarz *n*; **vishet me të zeza** sie geht in Schwarz; **e zeza e syrit** die Pupille; *übertr* **shpëtova për të** ~ **të thoit** ich entkam um Haaresbreite; **2.** Unglück *n*, Pech *n*
zezón|ë -a *f* Unglück *n*
¹**zë -ri** *m*, *Pl* **-ra** Stimme *f*; ~ **tenori** Tenorstimme *f*; **flet me** ~ **të lartë** laut sprechen; **me dy** ~**ra** zweistimmig; Klang *m*, Ton *m*; **film pa** ~ Stummfilm *m*; *übertr* Stimme, Meinung *f*; ~**ri i popullit** die Stimme des Volkes; **Zëri i popullit** Volksstimme *(Organ des ZK der Partei der Arbeit Albaniens)*; **një** ~**ri od me** ~**ra të përbashkëta** einstimmig
²**zë** 39 *tr* **1.** fassen, anfassen; fangen; **e zunë të gjallë** sie erwischten ihn lebend; ~ **peshk** Fische fangen, angeln, fischen; *übertr* **e zunë në presh** sie ertappten ihn auf frischer Tat; **2.** erfassen, befallen; **më zuri**

kolla ich habe Husten bekommen; **i zuri gishtin dera** er hat sich den Finger in der Tür eingeklemmt; **e zuri belaja** ihm ist ein Unglück zugestoßen; **e zuri pija** er ist beschwipst; **e zuri gjumi** er ist eingeschlafen; **e zuri deti** er ist seekrank geworden; **e zuri meraku** er geriet in Sorge; **na zuri nata në udhë** die Nacht überraschte uns unterwegs; **këtë odë s'e ~ dielli** in dieses Zimmer dringt kein Lichtstrahl; **më zunë me gurë** man hat mit Steinen nach mir geworfen; *übertr* **e zura ngushtë** ich trieb ihn in die Enge; **ka ~ në rrugë të keqe** er ist auf die schiefe Bahn geraten; **3.** für sich nehmen; einnehmen, besetzen; **~ pusi** sich in den Hinterhalt legen; **~ pozitat e armikut** die feindlichen Stellungen einnehmen; **zura një odë** ich mietete mir ein Zimmer; *übertr* **~ vend fjala e tij** sein Wort hat Gewicht; **4.** versperren, blockieren; **~ vrimat** die Löcher verstopfen; **5.** etw. anfangen, aufnehmen; anstimmen; **zunë miqësi të trashë** sie sind dicke Freunde geworden; **na ~r një këngë** stimm ein Lied an! **zuri vajin** a) sie begann zu klagen; b) sie brach in Weinen aus; **6.** sich zuziehen, kriegen; sich füllen mit, ansetzen; **djathi zuri shtrepa** der Käse ist voller Maden; **plaga zuri qelb** die Wunde ist vereitert; **7.** erreichen, einholen; **8.** ein Mädchen verloben; sich mit einem Mädchen verloben; **9.** betrachten als, ansehen als, nehmen als; **~ri të humbura këto pare** betrachte dieses Geld als verloren; **po e ~ më se ...** nehmen wir an, daß ...; **ma zure shtrenjtë këtë plaçkë** das hast du mir teuer verkauft; **10.** aufnehmen, wahrnehmen; **s'ma zuri syri** ich habe es nicht gesehen, es ist mir nicht aufgefallen; **ma zuri veshi** ich habe es aufgeschnappt; **~ në gojë** in den Mund nehmen; *übertr* erwähnen; *itr* **1.** aufgehen *(Saat)*; Wurzeln fassen, einwurzeln; **2.** anfangen, beginnen; **zuri shiu** es fing an zu regnen; **zuri fill** es begann; → **zihet**

zëdhënës -i *m, Pl* – Sprecher *m*, Wortführer *m*

zëdhëni|e -a *f, Pl* -e Ankündigung *f*; Verlautbarung *f*, Verkündung *f*; Bekanntmachung *f*

zëëmbël *Adj* mit angenehmer Stimme; mit lieblicher Stimme

zëizolúes, -e *Adj* schallisolierend

zëm|ër -ra *f* Vesper *f*, Jause *f*, Nachmittagsbrot *n*

zëmërhérë *Adv* zur Vesperzeit

zënë I. (i) *Adj* **1.** besetzt; beschäftigt; **sot jam i ~** heute habe ich keine Zeit; **2.** verlobt; **3.** gefangen; **rob i ~** Kriegsgefangener *m*; **II.** 39 *Part* → ²**zë**

zënët (të) *n/best* **1.** Fassen *n*; Anfangen *n*; **të ~ e djathit** das Ansetzen von Käse; **të ~ për dore** das Anfassen an den Händen; **të ~ e hënës** die Mondfinsternis; **të ~ e diellit** die Sonnenfinsternis; **2.** Streit *m*

zëni|e -a *f* **1.** Erfassen *n*, Ergreifen *n*; Fangen *n*; **2.** Streit *m*, Streiterei *f*

zënk|ë -a *f, Pl* -a = **zënie**

zër 39 *Imp* → ²**zë**

zërmúrë -t *Pl* Feuer *Pl*, Feuerstellen *Pl*

zërón 1 *tr* anfangen, beginnen

zësjéllës, -e *Adj Phys* schalleitfähig

zësjéllj|e -a *f Phys* Schalleitfähigkeit *f*

zësh|ëm (i), -me (e) *Adj Gramm* stimmhaft

zët -i *m* Zorn *m*; Trotz *m*; **e kam ~** es ist mir widerlich

zëvéndës -i *m, Pl* – Vertreter *m*, Stellvertreter

zëvendësdrejtór -i *m*, *Pl* -ë stellvertretender Direktor *m*
zëvendësí -a *f* Vertretung *f*, Stellvertretung
zëvendësím -i *m*, *Pl* -e 1. Stellvertretung *f*; 2. Ersetzung *f*
zëvendëskryeredaktór -i *m*, *Pl* -ë stellvertretender Chefredakteur *m*
zëvendëskryetár -i *m*, *Pl* -ë stellvertretender Vorsitzender *m*
zëvendësminíst|ër -ri *m*, *Pl* -ra stellvertretender Minister *m*
zëvendësón 1 *tr* 1. jmdn. vertreten, für jmdn. Stellvertreter sein; 2. ersetzen
zëvendëssekretár -i *m*, *Pl* -ë stellvertretender Sekretär *m*, zweiter Sekretär
zëvendësúesh|ëm (i), -me (e) *Adj* ersetzbar
zëzëllón 1 *itr* summen *(Biene)*
zgaféll|e -ja *f*, *Pl* -e Stollen *m*, Minengang *m*, Galerie *f*; Tunnel *m*; Höhle *f*; unterirdischer Gang
zgafullón 1 *tr* 1. Graben oder Grube schaufeln, Grube ausheben; 2. die Brust freimachen, entblößen
zgál|e -ja *f* Loch *n*; Maueröffnung *f*
zgalém -i *m*, *Pl* -a Seeschwalbe *f*
zgallón 1 *unpers* dämmern, tagen
zgáqet 14 *refl* sich aufdecken, sich entblößen
zgárb|ë -a *f*, *Pl* -a Baumhöhle *f*
zgárbull -i *m*, *Pl* zgárbuj = zgarbë
zgarbullón 1 *tr* einen Baum aushöhlen
zgáv|ër -ra *f*, *Pl* -ra Höhlung *f*; Höhle *f*; *Anat* Höhle *f*; **zgavra e krahërorit** die Brusthöhle; **zgavra e gojës** die Mundhöhle
zgávërt (i) *Adj* hohl, ausgehöhlt; zerklüftet
zgavrón 1 *tr* aushöhlen
zgavrúq -i *m*, *Pl* -e kleine Höhle *f*, kleine Aushöhlung *f*
zgërdh|ë -a *f*, *Pl* -a Bronchie *f*
zgërbónj|ë -a *f*, *Pl* -a große Baumhöhle *f*; fauler, ausgehöhlter Baum *m*
zgërdhágët (i) *Adj* ausgehöhlt, hohl, zerklüftet *(Stein)*
zgërdhél|ë -a *f*, *Pl* -a 1. Zahnlücke *f*; 2. Loch *n* in der Mauer; Leere *f*, Lücke *f*
zgërdhéshet 14[2] *refl* = zgërdhíhet
zgërdhíhet 6 *refl* die Zähne blecken; feixen, höhnisch grinsen, spöttisch lachen
zgërmít 22 *tr* kratzen, zerkratzen, schrammen; unterhöhlen
zgërqéshet 14[2] *refl* = zgërdhíhet
zglébur (i) *Adj* triefäugig
zgobéll, -e *Adj* schlacksig, wie ein Lulatsch
zgorç I. -i *Subst/m*, *Pl* -e Höhlung *f*, Höhle *f*; II. -e *Adj* hohl, ausgehöhlt, zerklüftet
zgoríq -i *m* kleines Loch *n*
zgórk|ë -a *f*, *Pl* -a tiefe Stelle *f* in einem Flußbett; Kolk *m*; *übertr* kleines Loch *n*; Magen *m*, Bauch *m*
zgorkón 1 *tr* einen Baum aushöhlen
zgorováj|ë -a *f*, *Pl* -a große Holzschüssel *f*
zgórr|e -ja *f*, *Pl* -e Skelett *n*
zgrathón 1 *tr* *Flachs* hecheln
zgrip -i *m*, *Pl* -e Seite *f*, Rand *m*; **plot deri në** ~ voll bis zum Rand, voll bis obenhin; *übertr* **me** ~ wenig; **shpenzon me** ~ sie ist haushälterisch; **ha me** ~ er ißt mäßig; **e kam më** ~ ich bin mir noch im Zweifel darüber; **është më** ~ es ist unklar, es ist unsicher
zgrípet (i) *Adj* sparsam, haushälterisch; maßvoll
zgríptas *Adv* übertrieben sparsam, knauserig, knickerig
zgriptón 1 *tr* 1. sparen, sparsam verbrauchen; 2. zu Ende bringen
zgrop -i *m*, *Pl* -a Magen *m*
zgrópet 14 *refl*: **m'u zgrop barku**

mein Bauch ist vor Hunger schon eingefallen

zgropón 1 *tr* ein Loch oder eine Grube ausheben; graben

zgrovót -i *m, Pl* -ë Vampir *m*; Vielfraß *m*, unersättlicher Mensch *m*

zgurdullón 1 *tr die Augen* weit aufreißen; glotzen

zgúrdh|ë -a *f* Mastdarm *m*

zgjat 22 *tr* länger machen, verlängern; aufschieben, verschieben; ausstrecken; ~ **dorën** die Hand ausstrecken; *übertr* **mos e** ~! zieh es nicht so in die Länge!, machs kurz!; *itr* dauern, andauern; **sa ~ i koncerti?** wie lange hat das Konzert gedauert?; **-et** *refl* länger werden; größer werden; sich strecken; sich in die Länge ziehen

zgjatím -i *m* Verlängerung *f*, Verlängern *n*, Längen *n*; Aufschub *m*, Hinausschieben *n*, Verschieben *n eines Termins*

zgjátj|e -a *f* = zgjatim

zgjató|n 1 *tr* längen, verlängern, länger machen; *itr* länger werden; **zgjatoi dita** der Tag ist länger geworden; **-het** *refl* in die Höhe schießen, wachsen

zgjebaník I. -u *Subst/m, Pl* -ë **II.** -e *Adj* = zgjebarak

zgjebarák I. -u *Subst/m, Pl* -ë Krätzekranker *m*; **II.** -e *Adj* krätzig, krätzekrank; räudig

zgjéb|e -ja *f* Krätze *f*; Räude *f*

zgjébet 14 *refl* Krätze bekommen; Räude bekommen

zgjebóset 21 *refl* = zgjebet

zgjebósur (i) *Adj* krätzig, krätzekrank; räudig

zgjébur (i) *Adj* krätzig, krätzekrank; räudig; **gur i ~** poröser Kalkstein *m*

zgjedh 16 *tr* 1. auswählen, aussuchen, auslesen; 2. wählen; **e zgjodhën kryetar** sie wählten ihn zum Vorsitzenden; 3. lesen, vorlesen; 4. herausbekommen; **ia ~ mendjen** ich durchschaue ihn; **dua të ~ të drejtën** ich will die Wahrheit herausbekommen

zgjédh|ë -a *f, Pl* -a Joch *n*; *übertr* Joch, Knechtschaft *f*; **nën ~n e huaj** unter fremdem Joch

zgjédhës I. -i *Subst/m, Pl* – 1. Wähler *m*; 2. derjenige, der die erste Wahl hat; **II.** -e *Adj* wählerisch

zgjédhës|e -ja *f, Pl* -e Wählerin *f*

zgjedhím -i *m, Pl* -e *Gramm* Konjugation *f*

zgjédhj|e -a *f* 1. Wahl *f*, Auswahl, Auslese *f*; 2. Wahl, Abstimmung *f*; **e drejta e zgjedhjes** das Wahlrecht; **~ t** *Pl* die Wahlen

zgjedhón 1 *tr* 1. ins Joch spannen; 2. *Gramm* konjugieren

zgjédhur I. (i) *Adj* 1. ausgewählt; **vepra të ~a** ausgewählte Werke; 2. gewählt; 3. erlesen, auserlesen, hochwertig; ausgewählt, auserwählt; **II.** -i (i) *Subst/m, Pl* -it (të) Auserwählter *m*

zgjérb|e -ja *f, Pl* -e Motte *f*; Mottenlarve *f*

zgjerím -i *m, Pl* -e Verbreiterung *f*; Erweiterung *f*; Ausdehnung *f*, Ausweitung *f*

zgjerón 1 *tr* breiter machen, verbreitern; erweitern, weiter machen; *übertr* ausdehnen, ausweiten

zgjesh 14[2] *tr* abgürten, aus dem Gürtel herausziehen; den Gürtel lockern, abnehmen; **~ shpatën** das Schwert ziehen

zgjéshur *Adv* geradeheraus, ohne Umschweife

[1]**zgjidh** 14 *tr* losbinden, losmachen; *übertr* lösen; **~ një problem** ein Problem lösen; **~ kreshmët** die Fasten abbrechen, das Fasten unterbrechen; *Myth* einen Zauber brechen; *Rel* von Sünden erlösen;

-et *refl* sich lösen; *übertr*: **iu ~ goja** er fand seine Sprache wieder

²**zgjidh** 16 *Imp* → **zgjedh**

zgjídhj|e -a *f*, *Pl* -e Lösung *f*; Klärung *f*, Aufklärung

zgjídhsh|ëm (i), -me (e) *Adj* lösbar

zgjídhte 16 *Imperf* → **zgjedh**

zgjídhur (i) *Adj* gelöst; losgelöst; losgebunden

zgjim -i *m* Aufwachen *n*, Erwachen *n*; Wecken *n*; *Mil* Weckruf *m*

zgjírë (i) *Adj* konvex

zgjíshte 17² *Imperf* → **zgjesh**

zgjódhi 16 *Aor* → **zgjedh**

zgjo|n 1 *tr* 1. wecken; 2. *übertr* jmdm. die Augen öffnen, jmdn. warnen; 3. *geistige Fähigkeiten entwickeln*, wecken; 4. aufrütteln; beleben; erwecken; -het *refl* erwachen, aufwachen; *übertr* geistig reifen; sich beleben, in Schwung kommen

zgj|úa -ói *m*, *Pl* -ój *od* -óje Bienenstock *m*, Bienenkorb *m*

zgjúar (i) *Adj* aufgeweckt, gescheit; klug, intelligent

zgjuarsí -a *f* Aufgeweckheit *f*; Klugheit *f*, Intelligenz *f*

zgjýr|ë -a *f* Rost *m*; Schlacke *f*, Hammerschlag *m*, Zunder *m*

zgjyrós 21 *tr* rosten lassen; schwarz machen; **-et** *refl* rosten; verschlacken; schwarz werden

zi I. (i), zézë (e), *Pl* -nj (të) *od* zéz (të), zéza (të) *Adj* schwarz; **Deti i Zi** das Schwarze Meer; *übertr* **ka shpirt të ~** er hat eine schwarze Seele; arm, unglücklich; **e zeza nënë** die arme Mutter; **ditë e zezë** ein Unglückstag, ein schwarzer Tag; II. -a *Subst/f* 1. Trauer *f*; **mban ~** *od* **ka ~** *od* **është në ~** trauern; 2. große Not *f*; **~ buke** Hungersnot; III. -të (të) *Subst/n* Schwarz *n*; Schwärze *f*; **u vesh në të ~** er geht in Schwarz, er trägt Trauer; **hoqi të ~të e ullirit** er hat das Schlimmste durchmachen müssen); **si të ~të e bëre këtë punë?** wie zum Teufel hast du das geschafft?; IV. *Adv* schwarz; **ngjyen ~** schwarz färben, schwarz anstreichen; **u vesh ~** er geht in Schwarz; *übertr* böse; **ai sheh ~** er sieht schwarz, er ist pessimistisch

zí|en 7¹ *tr* kochen, abkochen; sieden, zum Sieden bringen; *itr* kochen; **po ~ mishi** das Fleisch kocht; gären; **po ~ vera** der Wein gärt; *übertr* **diç ~ këtu** irgendetwas ist hier im Gange, hier braut sich etwas zusammen; **më ~ koka** ich weiß nicht, wo mir der Kopf steht; **-het** *refl* gar werden

zíer (i) *Adj* gekocht, gesotten

zift -i *m* Teer *m*

zigzág -u *m*, *Pl* -e Zickzackkurve *f*

zíhet 39 *refl* 1. sich zanken, sich streiten; 2. sich anfassen; 3.: **m'u zu fryma** mir stockte der Atem; **u zu hëna** es ist Mondfinsternis; **u zu dielli** es ist Sonnenfinsternis; 4.: **jam zënë** ich bin beschäftigt, ich bin mit Beschlag belegt; 5.: **u zu** sie ist schwanger; → ²**zë**

zíhj|e -a *f* Streit *m*, Zank *m*

zikéq, -e *Adj* = i **ziosur**

zil|e -ja *f*, *Pl* -e Glocke *f*, Glöckchen *n*; Klingel *f*

zilí -a *f* Neid *m*, Mißgunst *f*; **e ka ~** er beneidet ihn; **plasi nga ~a** er platzte vor Neid

ziliqár I. -i *Subst/m*, *Pl* -ë Neidhammel *m*, neidischer Mensch *m*; II. -e *Adj* neidisch, mißgünstig

zilís 21 *tr* beneiden; *itr*; **-et** *refl* neidisch sein, neidisch werden

zíni 39 2. *Pers Pl Präs* → ²**zë**

zink -u *m* Zink *n*

zínte 39 *Imperf* → ²**zë**

zinxhír I. -i *Subst/m*, *Pl* -ë *od* -a 1. Kette *f*; *übertr* -e *Pl* Ketten *Pl*, Fesseln *Pl*; **~et e robërisë** die Ketten der Sklaverei; 2. Reißverschluß *m*; **II.** *Adv* verkettet, aneinandergereiht, aufeinanderfolgend

ziósur (i) *Adj* sehr hungrig, ausgehungert

ziósh, -e *Adj* gebräunt; dunkelhäutig, brünett

zjarm -i *m*, *Pl* -e = **zjarr**

zjarmí -a *f* Fieber *n*

zjarmísht|ë -a *f* Zimmer mit der Feuerstelle; Wohnzimmer *n*

zjármtë (i) *Adj* = i **zjarrtë**

zjarr -i *m*, *Pl* -e **1.** Feuer *n*; **oda e ~ it** das Zimmer mit der Feuerstelle, das Wohnzimmer; **2.** Brand *m*, Feuersbrunst *f*; **ra ~ i** ein Feuer ist ausgebrochen; **mori ~** es geriet in Brand, es fing Feuer; *Mil* **~!** Feuer!; **3.** Fieber *n*, erhöhte Temperatur *f*; *übertr* **mos hidh ~ në kashtë!** gieße nicht Öl ins Feuer!; **me ~** mit Feuereifer; **mori ~ ai** er geriet in Wut; **fut ~ in** den Streit schüren

zjarrfíkës I. -i *Subst*/*m*, *Pl* – Feuerwehrmann *m*; **-it** *Pl*/*best* die Feuerwehr; **II.** **-e** *Adj* löschend, Feuerwehr-

zjarrísht|ë -a *f*, *Pl* -a Kamin *m*, Feuerstelle *f*

zjárrtë (i) *Adj* feurig; *übertr* glühend, zündend; begeistert

zjarrvénës -i *m*, *Pl* – Brandstifter *m*

zjarrvéni|e -a *f* Brandstiftung *f*

zjen 3[1] *itr*, *tr* = **zien**

zjérë (i) *Adj* = i **zier**

zmadhím -i *m*, *Pl* -e Vergrößerung *f*, Erweiterung *f*; Vergrößerung *(Foto)*; *übertr* Übertreibung *f*, Überspitzung *f*

zmadhón 1 *tr* größer machen, vergrößern, erweitern; **~ një fotografi** ein Foto vergrößern; *übertr* übertreiben, überspitzen

zmadhúar (i) *Adj* vergrößert; erweitert; übertrieben, überspitzt

zmalt -i *m* Schmelz *m*; Zahnschmelz; Email *n*, Emaille *f*; Glasur *f*

zmaltím -i *m* Emaillieren *n*; Glasieren *n*

zmaltón 1 *tr* mit Schmelz überziehen; emaillieren, glasieren

zmbrap 14 *tr* zurückstoßen, zurückschlagen, zurückwerfen; **-et** *refl* sich zurückziehen, zurückweichen; zurücktreten, zurückgehen, nach hinten gehen

zmbrápj|e -a *f*, *Pl* -e Zurückstoßen *n*; Zurückweichen *n*, Zurückziehen *n*; Rückzug *m*

zmbraps 14 *tr* = **zmbrap**

zmeráld -i *m* Smaragd *m*

zmeríl -i *m* Schmirgel *m*; **letër ~ i** Schmirgelpapier *n*, Sandpapier *n*

zmój|ë -a *f* Wollfett *n*

zodiák -u *m* *Astr* Zodiakus *m*, Tierkreis *m*

zog -u *m*, *Pl* zogj **1.** Vogel *m*; **~ bore** Buchfink *m*; **~ delesh** Bachstelze *f*; **~ rrëfeshku** Distelfink *m*; **~ u i natës** Fledermaus *f*; **~ u i zi** Star *m*; Kuckuck *m* *(in Volksliedern)*; *übertr* **me një gur vret dy zogj** zwei Fliegen mit einer Klappe schlagen; **2.** Junges *n*; **harusha me gjithë zogj** die Bärin mit ihren Jungen; **~ pule** Kücken *n*; **~ thiu** Ferkel *n*; **3.** junger Mensch *m*; **4.:** **~ u i krahut** der Bizeps; **~ u i këmbës** die Wade

zóg|ë -a *f*, *Pl* -a **1.** Junghenne *f*; **2.** junge Biene *f*; **3.** *übertr* junge Frau *f*

[1]**zóg|ël** -la *f*, *Pl* -la Vögelchen *n*, Vöglein *n*

[2]**zóg|ël** -la *f*, *Pl* -la Faulbaum *m*

zógëz -a *f*, *Pl* -a = **zogë**

zogorí -a *f*, *Pl* – Rudel *n*

zojúsh|ë -a *f*, *Pl* -a Fräulein *n*

zokolatúr|ë -a *f* *Bauw* Sockel *m*

[1]**zokth** -i *m*, *Pl* -a **1.** kleiner Vogel *m*, Vögelchen *n*, Vöglein *n*; **2.** Bizeps *m*

²zokth -i *m*, *Pl* -a Mehlbeerbaum *m*
zonák, -e *Adj* taub *(Ähre)*
zón|ë -a *f*, *Pl* -a Zone *f*; zona tropikale die tropische Zone; ~ ushtarake militärische Zone; ~ kufitare Grenzgebiet *n*; ~ okupacioni Besatzungszone; *Sport* zona e rreptësisë der Strafraum
zónja I. (e) *Adj/f* fähig, tüchtig; imstande; jam e ~ ta bëj ich bin imstande, es zu tun; II. (e) *Subst/f/best* Besitzerin *f*, Eigentümerin *f*; e ~ e shtëpisë die Hausfrau; die Dame des Hauses
zónj|ë -a *f*, *Pl* -a Frau *f*; Dame *f*; ~ shtëpie Hausfrau; Hausherrin *f*, Dame des Hauses; zonja Frau *als Anrede*
zonjúsh|e -ja *f*, *Pl* -e = zojushë
zoogjeografí -a *f* Zoogeographie *f*
zoológ -u *m*, *Pl* -ë Zooioge *m*
zoologjí -a *f* Zoologie *f*
zoologjík, -e *Adj* zoologisch; kopsht ~ zoologischer Garten *m*, Zoo *m*
zooteknik I. -u *Subst/m*, *Pl* -ë Zootechniker *m*; II. -e *Adj* zootechnisch
zooteknik|ë -a *f* Zootechnik *f*
zor -i *m* 1. Gewalt *f*, Zwang *m*; ia mora me ~ ich habe es ihm gewaltsam entrissen; Not *f*, Notlage *f*, Zwangslage *f*; e bëri nga ~ i er tat es aus Not; 2. Schwierigkeit *f*; e ka të folurit me ~ es fällt ihm schwer zu sprechen; më vjen ~ es fällt mir schwer, ich habe Hemmungen
zorím -i *m*, *Pl* -e Gewalt *f*, Zwang *m*
zorít 22 *tr* zwingen
zorkádh -i *m*, *Pl* -ë Rehbock *m*
zorkádh|e -ja *f*, *Pl* -e Reh *n*
zórsh|ëm (i), -me (e) *Adj* schwer, schwierig
zórr|ë -a *f*, *Pl* -ë Darm *m*; ~ e trashë Dickdarm; ~ e verbët Blinddarm; ~ *Pl* Gedärme *Pl*; Eingeweide *Pl*; ~ t e kuqe die Speiseröhre
zorrëthárë *Adj* mit knurrendem Magen, halbverhungert
zot -i *m*, *Pl* -ërínj (1.) *od* -ër (2.) *od* -a (3.) 1. Herr *m*; ~ i Herr *als Anrede*; 2. Herr, Besitzer *m*; ~ shtëpie Hausherr, Familienoberhaupt *n*; 3. Gott *m*; i del ~ *od* i del për ~ a) beschützen, verteidigen; b) etw. übernehmen, sich zu etw. verpflichten
zótet 20 *refl eine Sache* übernehmen, sich verpflichten
zotërí -a *m*, *Pl* -nj Herr *m*; ~ a jote Sie *als vertraulich-ehrerbietige Anrede mit 2. Pers Sg*
zotërím -i *m* 1. Beherrschung *f*, Meisterung *f*; 2. Herrschaft *f*; nën ~ in e tij unter seiner Herrschaft
zotërísht *Adv* wie ein Herr; edelmütig, edel
zotërón 1 *tr* beherrschen, befehligen, Herrschaft ausüben; *übertr* beherrschen, meistern; e ~ këtë lëndë er beherrscht dieses Fach
zotërúes -i *m*, *Pl* – 1. Herrscher *m*, Beherrscher; *übertr* Kenner *m*; ai është ~ i mirë i shqipes er beherrscht das Albanische gut; 2. Eigentümer *m*
zotësí -a *f* Fähigkeit *f*, Meisterschaft *f*, Fertigkeit *f*
zóti I. (i) *Adj/m* fähig, imstande; stark, tapfer; tüchtig, ausgezeichnet, befähigt; është i ~ të të bëjë keq er bringt es fertig, dir Böses zuzufügen; II. (i) *Subst/m/best*, *Pl* -ët (të) Eigentümer *m*, Besitzer *m*; i ~ i shtëpisë der Hausherr; der Hauseigentümer
zotím -i *m* 1. Herrschen *n*; Beherrschen; 2. Verpflichtung *f*; ~ et e 1 Majit die Verpflichtungen zum 1. Mai
zotóhet 1 *refl* sich verpflichten; garantieren; versprechen; i ~

kësaj pune er übernimmt diese Arbeit
zotón 1 *tr* **1.** zügeln, bändigen; **2.** beherrschen; **3.** besitzen
zotróte *Indekl* Sie *(vertraulich-ehrerbietige Anrede)*
zuhádhe -t *Pl* Hämorrhoiden *Pl*
zukám|ë -a *f* Summen *n*, Gesumm *n* von Bienen
zukát 22¹ *itr* summen *(Biene)*
zúlm|ë -a *f* Ruhm *m*
zulláp -i *m*, *Pl* -ë **1.** Bestie *f*, wildes Tier *n*; Wolf *m* *(euphemistisch)*; **2.** abscheulicher Kerl *m*, Mißgeburt *f*
zullúm -i *m*, *Pl* -e Schaden *m*, Verlust *m*, Nachteil *m*; *übertr* **tepëron** ~ **in** zu weit gehen, aus dem Rahmen fallen
zumár|e -ja *f*, *Pl* -e Pfeifchen *n* vom Klarinettentyp *(aus einem Getreidehalm)*
zumpár|e -ja *f* Sandpapier *n*, Schmirgelpapier *n*
zungál -i *m*, *Pl* -e Schilfmoor *n*
zunkth -i *m*, *Pl* -a Schilf *n*, Schilfrohr *n*; Binse *f*
zúri 39 *Aor* → ²zë
zúrl|ë -a *f*, *Pl* -a = **zurna**
zurná -ja *f*, *Pl* – Surne *f*, orientalische Oboe *f*
zúsk|ë -a *f*, *Pl* -a leichtes Frauenzimmer *n*, Hure *f*
zúsh|ë -a *f* größte Hitze *f*, Mittagshitze
zuzár -i *m*, *Pl* -ë **1.** Stromer *m*, Gammler *m*, Herumtreiber *m*; Schürzenjäger *m*; **2.** Lump *m*, Strolch *m*
zuzërí -a *f* Herumtreiberei *f*; Schürzenjägerei *f*; Schurkerei *f*
zuzërón 1 *itr* **1.** schuften, sich abplacken, sich abrackern; **2.** sich herumtreiben, herumstromern
zvárgur *Adv* schleppend
zvarít 22 *tr* = **zvarris**

zvarraník, -e *Adj* kriechend; **shtazë** ~**e** Kriechtier *n*, Reptil *n*
zvárras *Adv* = **zvarrë II.**
zvárrazi *Adv* = **zvarrë II.**
zvárr|ë I. -a *Subst*/*f*, *Pl* -a Egge *f*; **II.** *Adv* schleifend, schleppend; **heq** ~ schleifen, schleppen; **hiqet** ~ kriechen; *übertr* **i merr punët** ~ er läßt die Dinge schleifen; **e merr** ~ jmdn. mißachten, verletzen
zvárrës, -e *Adj* schleifend, kriechend; **krehër** ~ Harke *f*
zvarrít 22 *tr* **1.** schleifen; *übertr* ~ **një punë** eine Sache schleifen lassen; **2.** eggen; -**et** *refl* kriechen; sich herumtreiben
zvarrítj|e -a *f* Hinschleppen *n*, Verschleppen *n*
zverdh 14 *tr* gelb machen; -**et** *refl* erbleichen, erblassen, blaß werden
zverdhák, -e *Adj* blaß, bleich
zverdhém|ë (i), -e (e) *Adj* blaß, bleich; gelblich
zvérdhj|e -a *f* Erbleichen *n*, Erblassen *n*
zverdhón 1 *tr* gelblich machen
zverdhúk, -e *Adj* = **zverdhak**
zvérdhur (i) *Adj* blaß, erbleicht, bleich; gelblich; vergilbt
zverk -u *m* Nacken *m*; *übertr* **na hypi në** ~ er hat uns besiegt; **thyej** ~ **un!** hau ab!, scher dich weg!
zverkdérr -e *Adj* stiernackig
zvërdhín 11 *tr* = **zvjerdh**
zviceán I. -i *Subst*/*m*, *Pl* -ë Schweizer *m*; **II.** -e *Adj* schweizerisch, Schweizer-
zviceán|e -ia *f*, *Pl* -e Schweizerin *f*
Zvíc|ër -ra *f* Schweiz *f*
zvilátet 20 *refl unpers* sich aufheitern, aufklaren *(Wetter)*
zvírdhet 16³ *refl* sich entfremden, sich fremd werden; → **zvjerdh**
zvírdhte 16³ *Imperf* → **zvjerdh**
zvjéllët (i) *Adj* flink, behende; geschickt
zvjerdh 16³ *tr* abstillen, entwöhnen,

einen Säugling od ein Jungtier absetzen; *übertr* entfremden; **i zvordhi myshteritë** er hat die Kunden vor den Kopf gestoßen; → **zvirdhet**
zvogëlím -i *m, Pl* -e Verkleinerung *f*; Einengung *f*; *Gramm* Verkleinerungsform *f*, Diminutivum *n*
zvogëló|n 1 *tr* verkleinern, kleiner machen; einengen, beschränken; **-het** *refl* kleiner werden; einlaufen
zvol -i *m, Pl* -e Erdscholle *f*
zvórdhi 16³ *Aor* → **zvjerdh**
zymbç -i *m, Pl* -a Ahle *f*, Pfriem *m*
¹**zymbýl** -i *m, Pl* -a *od* -e Hyazinthe *f*
²**zymbýl** -i *m, Pl* -a *od* -e = **zymbyle**
zymbýl|e -ja *f, Pl* -e Schilfkorb *m*
zýmtë (i) *Adj* finster blickend, finster; traurig, betrübt
zymtësí -a *f* Melancholie *f*, gedrückte Stimmung *f*, Düsterkeit *f*
zymtó|n 1 *tr* betrüben, traurig machen, traurig stimmen; **-het** *refl* traurig werden; sich verfinstern *(Miene)*
zýr|ë -a *f, Pl* -a 1. Büro *n*, Amt *n*, Dienststelle *f*; **zyra e postës** das Postamt; **zyra e informacionit** das Informationsbüro; **punë zyre** Büroarbeit *f*; 2. Amt, Aufgabe *f*, Dienststellung *f*
zyrtár I. -i *Subst/m, Pl* -ë Büroangestellter *m*, öffentlicher Angestellter *m*; Funktionär *m*; Offizieller *m*; II. -e *Adj* amtlich, dienstlich, offiziell; **nga burime** ~ **e** aus amtlichen Quellen
zyrtarísht *Adv* amtlich, offiziell
zyrtaríz|ëm -mi *m* Bürokratismus *m*

Zh

zhabarítet 20 *refl* in der Wanne planschen *(Säugling)*
zháb|ë -a *f, Pl* -a Frosch *m*; Kröte *f*
zhabín|ë -a *f, Pl* -a *Bot* Hahnenfuß *m*
zhabllím|ë -a *f* Geraschel *n*, Rascheln *n*
zhabllón 1 *itr* sich mit Geraschel bewegen, rascheln
zhagalán -i *m, Pl* -ë Lohe *f*, lodernde Flamme *f*
zhákra -t *Pl* Ablagerung *f bes. von Bächen wie Geröll, Schlamm, Blätter, Äste*; **u mbush ara plot me** ~ der Acker ist voller Ablagerungen
zhaluzí -të *Pl* Jalousie *f*, Rolladen *m*
zháng|ël -la *f, Pl* -la = **zhapë**
zhangllím|ë -a *f* Mißton *m*, Mißklang *m*; Gekreisch *n eines Instruments*
zhangllón 1 *itr* nicht stimmen, verstimmt sein *(Musikinstrumente)*; schlecht klingen, kreischen *(Musikinstrumente)*
zhap 14 *tr* in Fetzen abreißen, zerfetzen
zhaparít 22 *tr* Haut versengen, verbrennen; **-et** *refl* sich schälen, sich pellen *(Haut)*
zhápet 14 *refl* 1. sich satt essen, sich satt trinken, sich den Bauch vollschlagen; 2. mit den Füßen steckenbleiben, versinken
zháp|ë -a *f, Pl* -a Leder *n*; Hautfetzen *m*; zähes, sehniges Fleisch *n*; Wamme *f*; **zhapat** *Pl* Opanken aus Rindsleder
zhapí -u *m, Pl* -nj Smaragdeidechse *f*
zhapík -u *m, Pl* -ë = **zhapi**

zhardhók -u *m*, *Pl* -ë *Bot* Knolle *f*
¹**zharg** -u *m* **1.** Schlangenhaut *f*, Natternhemd *n*; **2.** Lederbezug *m* des *Lahuta-Bogens*; **3.** Bast *m*
²**zharg** *Adv* schleppend, schleifend; **heq** ~ schleifen
zhárg|ë -a *f*, *Pl* -a abgetragener Schuh *m*, Latsch *m*
zhargón 1 *tr* hinter sich herschleifen, ziehen
zhárr|ë -a *f*, *Pl* -a bewaldeter, mit Gras bewachsener Berg *m*
zhaurím|ë -a *f* Rauschen *n*, Tosen *n* von *Wind od Wasser*
zhavórr -i *m*, *Pl* -e Kies *m*, grober Sand *m*
zhbën 12 *tr* **1.** zerstören, kaputt machen; **bën e** ~ aufbauen und einreißen, herstellen und kaputt machen; **2.** abschaffen; veräußern
zhbirón 1 *tr* durchlöchern, durchbohren; lochen; *übertr* nachbohren
zhbllokím -i *m* Deblockierung *f*, Aufhebung *f einer Blockade*
zhbllokón 1 *tr* deblockieren, *Blockade* aufheben
zhbojatís 21 *tr* entfärben, ausbleichen, farblos machen
zhbren 8 *tr Ochsen* abschirren
zhbrengós 21 *tr* beruhigen, trösten, von Sorgen befreien
zhdavarít 20 *tr* zerstreuen, vertreiben; **-et** *refl* sich zerstreuen; **u** ~ **mjegulla** der Nebel löste sich auf
zhdëmtím -i *m*, *Pl* -e Entschädigung *f*
zhdëmtón 1 *tr* entschädigen
zhdërvjéllët (i) *Adj* gewandt, geschickt; flink
zhdërvjellëtí -a *f* Gewandtheit *f*, Geschick *n*; Flinkheit *f*
zhdoganón 1 *tr* zollpflichtige Waren durch Zollentrichtung auslösen
zhdredh 16 *tr* Fäden aufdröseln, aufdrehen
zhdréjtë (i) *Adj* indirekt, mittelbar; *Gramm* **kundrinë e** ~ indirektes Objekt; **pyetje e** ~ indirekte Frage; **ligjëratë e** ~ indirekte Rede
zhdrídhte 16 *Imperf* → **zhdredh**
zhdródhi 16 *Aor* → **zhdredh**
zhdryp 14 *itr, tr* hinuntersteigen, herabsteigen; senken, hinunterlassen
zhduk 14[3] *tr* **1.** vernichten, ausrotten; verschwinden lassen, beseitigen; **2.** zerstreuen, verjagen; **-et** *refl* **1.** verschwinden; **2.** zugrunde gehen
zhdúkj|e -a *f* **1.** Vernichtung *f*, Ausrottung *f*, Beseitigung *f*; **2.** Verschwinden *n*, Untergang *m*, Aussterben *n*
zheg -u *m* Gluthitze *f*, Mittagsglut *f*, Bullenhitze *f*
zhegít 22 *itr* die Gluthitze erleiden; **-et** *refl* in der Gluthitze schmachten, vor Hitze fast umkommen
zheglín|ë -a *f*, *Pl* -a Spille *f*, Jochspille
zhegón 1 *tr* anzünden, entzünden, entfachen
zhegulí -a *f* Schar *f* von kleinen Kindern
zhelán, **-e** *Adj* zerlumpt, abgerissen
zhél|e -ja *f*, *Pl* -e Lumpen *m*, Fetzen *m*; ~-~ a) völlig zerlumpt; b) vollkommen zerfetzt
zheng -u *m* Biestmilch *f*
zhezhí -a *f* schlechte Luft *f*, Gestank *m*, Mief *m*
zhezhín 11 *itr* stinken, schlecht riechen
zhezhítur (i) *Adj* stinkend, nach Bock riechend
zhgálet 14 *refl* ermatten, ermüden
zhgalít 22 *tr* einreißen, niederreißen; **-et** *refl* einfallen, zusammenstürzen, niederstürzen; *übertr* **u** ~ er ist völlig erschöpft
zhgënjén 3 *tr* enttäuschen
zhgërrý|en 4 *tr* schleppen, ziehen, schleifen; **-het** *refl* sich wälzen, sich sielen
zhgól|e -ja *f*, *Pl* -e Schneckenhaus *n*

zhgólk|ë -a *f*, *Pl* -a Becher *m der Eichel*
zhgozhdón 1 *tr* Nägel herausziehen; *übertr* befreien, lösen
zhgurít 22 *itr* scharren *(Huhn)*
zhgjëndërr *Adv* schlaflos, mit offenen Augen; aus dem Schlaf aufgeschreckt; **a je andërr a** ~ ? wachst du oder träumst du?
zhgjétull -a *f*, *Pl* -a Sparren *m*, Dachsparren
zhíb|ël -la *f*, *Pl* -la Schmutzfleck, Fleck *m*; *übertr* Makel *m*, Fleck; **folë pa zhibla!** sprich ohne Hintergedanken!
zhig -u *m* 1. *angebrannte Reste im Topf*, Angebranntes *n*; 2. Fleck *m*; Makel *m*
zhíg|ë -a *f* Hammerschlag *m*, Zunder *m*
zhíg|ël -la *f*, *Pl* -la 1. Griebe *f*, Griefe *f*; 2.: **arrë** ~ taube Nuß
zhigón 1 *tr* mit Rauch *od* Ruß schwärzen, berußen, verrußen; mit schwarzen Flecken beschmutzen; *übertr* die Ehre beflecken, verunglimpfen
zhir -i *m* 1. Hammerschlag *m*, Zunder *m*; 2. *Rückstände von angebrannten Speisen, von verbrannter Wolle u. dgl.*
zhív|ë -a *f* Quecksilber *n*; ~ **e bardhë** Sublimat *n*, Quecksilber-II-chlorid *n*; *übertr* **është** ~ er ist ein Quecksilber
zhízh|ë -a *f*, *Pl* -a Flitter *m*
zhonglér -i *m*, *Pl* -ë Jongleur *m*
zhúb|ër -ra *f*, *Pl* -ra Falte *f*, Knitterfalte *an Kleidung*; Runzel *f*
zhubravít 22 *tr* zerknittern, knittern; runzeln; **-et** *refl* zerknittern; runzelig werden
zhubrós 21 *tr* = **zhubravit**
zhubrósj|e -a *f*, *Pl* -e Knittern *n*, Zerknittern; Knitterfalte *f*; Runzel *f*
zhugán, -e *Adj* räudig

¹**zhúg|ë** -a *f* Räude *f*
²**zhúg|ë** -a *f* Binse *f*
zhúgëz -a *f* = ¹**zhugë**
zhúgull -i *m* Hitze *f*, Gluthitze
¹**zhul** -i *m* 1. Schmutz *m*, Dreck *m* *an Körper oder Kleidern*; 2. Satz *m*, Bodensatz
²**zhul** -i *m*, *Pl* – Joule *n*
zhúlgë *Adj* = **i zhungur**
zhumbín|ë -a *f*, *Pl* -a Zahnfleisch *n*
zhumhúr -i *m* dumpfer Lärm *m*; Getöse *n*
zhumíle -t *Pl* 1. Streu *f*; 2. Kehricht *m*
zhúnget 14³ *refl* überreif werden *(Obst)*
zhúngur (i) *Adj* sehr reif, überreif
zhup 14 *itr* 1. lärmen; 2. *tr* verprügeln, verdreschen
zhupón -i *m*, *Pl* -e weiter Unterrock *m*, Petticoat *m*
zhur -i *m* Kies *m*, grober Sand *m*
zhurí -a *f*, *Pl* – Jury *f*
zhurín|ë -a *f* = **zhurishtë**
zhurísht|ë -a *f* Ablagerung *f* von *Flußsand*
zhurít 22 *tr* verbrennen; verbrühen; **-et** *refl* sich verbrennen; sich verbrühen; *übertr* sich betrüben, traurig werden; sich vor Schmerz verzehren
zhurítj|e -a *f* Verbrennen *n*; Verbrühen *n*; Brand *m*
zhurk -u *m* mit Kieseln u. Flußsand bedeckter Boden; Sandbank *f*
zhúrm|ë -a *f*, *Pl* -a Krach *m*, Lärm *m*, Getöse *n*; Geklirr *n*; *Phys* Geräusch *n*
zhurmëmádh, -e *Adj* lärmend, geräuschvoll
zhúrmësh|ëm (i), **-me** (e) *Adj* = **zhurmëmadh**
zhúshka -t *Pl* Ziegenpeter *m*, Mumps *m*
zhuzhét 23 *itr* knistern *(Feuer)*
zhuzhít 20 *tr* Brot rösten, toasten

zhuzhít|ë -a *f* Angebranntes *n*, *angebrannte Schicht einer Speise*

zhvat 20 *tr* zerreißen, zerfetzen; **ujku ~ i dy dele** der Wolf riß zwei Schafe; *übertr* entreißen

zhvatarák, -e *Adj* zerlumpt, zerrissen, abgerissen

zhvátur (i) *Adj* = zhvatarak

zhvendós 21 *tr* verschieben, verrücken, umstellen; versetzen; *Entscheidungen* umstoßen, rückgängig machen

zhvendósj|e -a *f* Verschiebung *f*, Verrücken *n*, Umstellen *n*; Versetzung *f*; Umstoßen *n* von *Entscheidungen*

zhvesh 17² *tr* ausziehen, entkleiden; enthäuten; schälen; entrinden; *Mil* aus der Armee entlassen; **~ shpatën** das Schwert ziehen; → **zhvishet**

zhvéshj|e -a *f* Ausziehen *n*, Entkleiden *n*; Enthäuten *n*; Schälen *n*; Entrinden *n*

zhvéshur (i) *Adj* ausgezogen, entkleidet; nackt; *übertr* öde, kahl; **i ~ nga çdo cilësi morale** bar jeder moralischen Qualität

zhvidhós 21 *tr* aufschrauben; *Schraube* lockern

zhvillím -i *m*, *Pl* -e **1.** Entwicklung *f*, Entfaltung *f*; **2.** Entwicklung, Darlegung *f*; **3.** Ableitung *f*, Herleitung *f*

zhvilló|n 1 *tr* **1.** entwickeln, fördern; **2.** entwickeln, entfalten, durchführen; **3.** entwickeln, abhandeln; **~ një temë** ein Thema abhandeln; **4.** *Fotos* entwickeln; **-het** *refl* sich entwickeln; sich abspielen, stattfinden

zhvillúes, -e *Adj* Entwicklungs-, entwickelnd; entwicklungsfördernd

zhvíshet 17² *refl* sich ausziehen, sich entkleiden; *übertr* **~ nga paragjykimet** sich von Vorurteilen freimachen; → **zhvesh**

zhvíshte 17² *Imperf* → **zhvesh**

zhvleftësím -i *m*, *Pl* -e Entwertung *f*; Geldentwertung; Wertminderung *f*

zhvleftësón 1 *tr Geld* entwerten, abwerten; aus dem Verkehr ziehen, ungültig machen; *Wert* mindern

zhvleftësónjës, -e *Adj* entwertend, abwertend, Abwertungs-; wertmindernd

zhvlerësím -i *m*, *Pl* -e = zhvleftësim

zhvlerësón 1 *tr* = zhvleftëson

zhvoshk 14³ *tr Rinde* schälen, entrinden; schälen; enthäuten

zhvulós 21 *tr* entsiegeln

zhvulósj|e -a *f* Entsiegelung *f*

zhý|en 4¹ *tr* beschmutzen, beflecken; **-het** *refl* sich schmutzig machen, sich besudeln

zhyl -i *m* Mühlgraben *m*

zhym -i *m* Tabakasche *f*

zhyt **I.** 22¹ *tr* untertauchen, tauchen, eintauchen; **-et** *refl* eintauchen, tauchen; *übertr* **u ~a në borxhe** ich bin bis über beide Ohren verschuldet; **II.** *Adv*: **bie ~** kopfüber ins Wasser fallen; *übertr* **mbeti puna ~** die Sache blieb ungeklärt, die Sache blieb in der Schwebe; **~ e mbyt** sehr schlecht

zhýtas *Adv* = zhyt II.

zhýt|ër -ra *f*, *Pl* -ra *Zool* Seetaucher *m*; Ohrensteißfuß *m*

zhýtës -i *m*, *Pl* – *Sport* Taucher *m*, Sporttaucher

zhýtj|e -a *f Sport* Tauchen *n*, Sporttauchen

zhýtur (i) *Adj* getaucht, untergetaucht; *übertr* **i ~ në mendime** gedankenversunken; **i ~ në borxhe** tief verschuldet

Grammatik

Inhaltsverzeichnis

1. **Substantiv** 651
1.1. Genus 651
1.2. Numerus 652
1.3. Kasus 655
1.4. Bestimmtheit 656
1.5. Deklination der Substantive 656
2. **Adjektiv und Adverb** 662
2.1. Adjektiv 662
2.2. Adverb 671
3. **Vorangestellter Artikel** 673
3.1. Gelenkartikel 673
3.2. Isolierter Artikel 675
4. **Numerale** 676
4.1. Kardinalzahlen 676
4.2. Ordinalzahlen 678
4.3. Bruchzahlen 680
5. **Pronomen** 680
5.1. Personalpronomen 680
5.2. Reflexivpronomen 683
5.3. Demonstrativpronomen 683
5.4. Possessivpronomen 684
5.5. Interrogativpronomen 687
5.6. Relativpronomen 688
5.7. Indefinitpronomen 688
6. **Verb** 691
6.1. Finite Formen 691
6.2. Infinite Formen 696
6.3. Die Konjugation der albanischen Verben 697

   Konjugationstypen (1-53) 700
   Konjugation des Hilfsverbs është « sein » (54) 724
   Konjugation des Hilfsverbs ka « haben » (55) 726
   Bildung der Verbalformen 728

1. Substantiv

Das Substantiv wird im Albanischen im wesentlichen durch vier Kategorien charakterisiert: Genus, Numerus, Kasus und Bestimmtheit.

1.1. Genus

Die Substantive sind in ihrer überwiegenden Mehrheit Maskulina oder Feminina. Die Zahl der nichtabgeleiteten Substantive, die in der Gegenwartssprache noch als Neutra verwendet werden, ist verschwindend gering. Es handelt sich um etwa 15, von denen aber keines mehr ausschließlich als Neutrum vorkommt. In den meisten Fällen haben die ursprünglichen Neutra die grammatischen Kennzeichen von Maskulina erhalten.
Das Genus neutrum tritt in der modernen Literatursprache vor allem noch bei substantivierten Adjektiven oder Partizipien auf. Im Plural gibt es keine spezifischen Zeichen für das Genus neutrum. Sofern die Neutra pluralfähig sind (in der Regel handelt es sich um den Sortenplural), werden sie zu Feminina (vgl. die Bemerkungen zur Heterogenität 1.1).
Das Genus eines jeden Substantivs wird im Wörterbuch für den Singular angegeben, da es nicht von vornherein aus der Lautgestalt erschlossen werden kann. So haben die folgenden Substantive zwar gleiche Auslaute, aber unterschiedliches Genus:
m pjepër, kungull, lumë
f kodër, kumbull, fushë
Einige Substantive, deren Genus schwanken kann, haben im Wörterbuch zwei Genusangaben, z.B.: uj|ë -i *m od* -ët *n für* ujë — uji *m* und ujë — ujët *n*.
Vom Genus des Substantivs hängt das Genus seiner verschiedenen Attribute ab. So besteht beispielsweise zwischen Substantiven und adjektivischen Attributen Genuskongruenz:
Sg/m djalë i bukur *Pl/m* djem të bukur
  f vajzë e bukur   *f* vajza të bukura

Bei einer Reihe von Substantiven kommt es zu einem Wechsel des grammatischen Genus. Substantive, die im Singular Maskulina oder Neutra sind, können im Plural zu Feminina werden. Das kommt u.a. darin zum Ausdruck, daß die betreffenden Substantive im Plural mit Adjektiven auftreten, die feminine Endungen haben. Diese Erscheinung, hier als Heterogenität bezeichnet, hängt in erster Linie von der Art der Pluralbildung ab. Der Genuswechsel ist – entsprechend den schriftsprachlichen Normen, die auf dem Orthographiekongreß in Tirana im November 1972 fixiert wurden – obligatorisch für Maskulina und Neutra mit den Pluralsuffixen -e oder -ra. (Bei Neutra ist nur -ra möglich). Diesen Festlegungen zufolge muß es heißen: *Sg/n* djathë të mirë > *Pl/f* djathëra të mira, aber nicht: djathëra të mirë; *Sg/m* mall i jashtëm > *Pl/f* mallra të jashtme, aber nicht: mallra të jashtëm; *Sg/m* përshkrim i bukur > *Pl/f* përshkrime të bukura, aber nicht: përshkrime të bukur. Der Genuswechsel ist aber bisweilen auch bei Maskulina anzutreffen, deren Plural mit -ë, -a oder ohne Suffix gebildet wird, z.B. *Sg/m* dhëmb i gjatë, *Pl/f* dhëmbë të gjata. In diesen Fällen entspricht der Genuswechsel nicht der schriftsprachlichen Norm. Der Wechsel des grammatischen Genus ist nicht typisch für Bezeichnungen von Lebewesen.

Nach den Genusverhältnissen im Singular und Plural können die Substantive in zwei Gruppen eingeteilt werden: 1. nicht-heterogene Substantive; 2. heterogene Substantive. Zur ersten Gruppe gehören alle Feminina und die Maskulina, deren Genus im Plural unverändert bleibt (wie djalë, vajzë), zur zweiten Gruppe alle Neutra und die Maskulina, deren Genus im Plural wechselt (wie përshkrim, djathë).

Genus		Beispiele:	
Sg	*Pl*	*Sg*	*Pl*
m	m	djalë i mirë	djem të mirë
f	f	vajzë e mirë	vajza të mira
m	f	përshkrim i mirë	përshkrime të mira
n	f	djathë të mirë	djathëra të mira

1.2. Numerus

Die Kategorie des Numerus umfaßt zwei Subkategorien, den Singular und den Plural. Die Bedingungen, die die Numeruswahl im Albanischen bestimmen, unterscheiden sich nicht wesentlich von denen im Deutschen. Obwohl bei jedem pluralfähigen Substantiv die gebräuchlichste Pluralform (manchmal auch mehrere Varianten) im Wörterbuch angegeben wird, scheint es doch notwendig, auf einige Probleme, die mit der Pluralbildung zusammenhängen, hinzuweisen: In der modernen Literatursprache kommen ungefähr 100 Typen der Bildung des Plurals (Nominativ der unbestimmten Form) vor, (in den Mundarten liegt die Zahl der möglichen Typen um ein Mehrfaches höher), viele dieser Typen allerdings nur bei einem einzigen Substantiv.

1.2.1. Die Pluralbildung kann durch folgende Mittel erfolgen:

a) *ohne Veränderung* (Ø-Formativ), z.B.: mësues/mësues; shtëpi/shtëpi; armë/armë.

b) *Suffigierung* (einfach/mehrfach), z.B.: -ë: punëtor/punëtorë; -a: morr/ morra; pullovër/pullovra (unbetontes ë in der letzten Silbe fällt vor vokalisch anlautendem Suffix aus); -e: mur/mure; -ër: mbret/mbretër; -(ë)r-a: mall/mallra; bar/barëra; ujë/ujëra; -nj: hero/heronj; mi/minj; -nj-ë: gju/gjunjë; -inj (mit Betonungswechsel): shkëmb/shkëmbínj; -ër-ínj (mit Betonungswechsel): gisht/gishtërínj; -llarë (mit Betonungswechsel): baba/baballárë; -lerë (mit Betonungswechsel): bej/bejlérë.

c) *Konsonantenveränderung,* z.B.: k>q: armik/armiq; g>gj: zog/zogj; ll>j: artikull/artikuj; r>j: bir/bij; n>nj (auch -j); luan/luanj (luaj).

d) *Vokalveränderung,* z.B.: a>e: dash/desh; i>je: vit/vjet; ua>a: grua/ gra.

e) *Abfall des Auslautvokals,* z.B.: -ë>-Ø: ditë/dit.
In unterschiedlicher Weise können a) bis e) miteinander kombiniert sein:

f) *Suffigierung+Konsonantenveränderung,* z.B.: -e+k>q: qark/qarqe; -e+g>gj: varg/vargje; -e+ll>j: pyll/pyje.

g) *Suffigierung+Vokalveränderung,* z.B.: -ë+e>a: thes/thasë; -ë+ë>u (mit Betonungswechsel): dhëndër/dhëndúrë; -e+a>e: rrap/rrepe; -(j)e+ye>e: nye/neje; -ër+a>e: skllav/skllevër; -(ë)r-ë+ye>e: krye/krerë; -(ë)r-a+a>e: asht/eshtra; -nj+a>e: budalla/budallenj; -nj+ua>o: ftua/ftonj; -nj-e+ua>o: krua/kronje; -inj+a>e (mit Betonungswechsel): cap/cepínj; -z-ër+a>e: vëlla/vëllezër.

h) *Konsonantenveränderung+Vokalveränderung,* z.B.: k>q+e>i: derk/ dirq; k>q+a>e: lak/leq; ll>j+a>e: mashkull/meshkuj; ll>j+ ua>o: kapruall/kaproj; ll>j+ye>e: kërcyell/kërcej; n>nj+a>e: çoban/çobenj; r>nj+a>ë+ë>i (mit Betonungswechsel): gjárpër/ gjërpínj; r>nj+a>e+ë>i (mit Betonungswechsel): dráper/drepínj. Liegt eine Vokalveränderung vor, so können Konsonantenveränderungen auch im Wortinneren bzw. am Wortanfang erfolgen, z.B.: k>q+a>e: ka/qe; k>q+o>e: shkop/shqep.

i) *Abfall des Auslautvokals+Suffigierung* (Suffixwechsel), z.B.: -ë>-a: fushë/fusha; burrë/burra; -ë>-ënj (mit Betonungswechsel): lémë/ lëménj; -ë>enj (mit Betonungswechsel): lúmë/luménj; -i>-ëz (mit Betonungswechsel): njerí/njérëz; -i>-ëz-a (mit Betonungswechsel): kallí/kállëza.

j) *Abfall des Auslautvokals+Vokalveränderung,* z.B.: -ë>-Ø+a>e: natë/net; -ë>-Ø+o>ua: dorë/duar; -ë>-Ø+e>ye: derë/dyer.

k) *Suffigierung+Konsonantenveränderung+Vokalveränderung,* z.B.: -e+ k>q+e>i: ortek/ortiqe; -e+k>q+a>e: prak/preqe; -e+g>gj+ e>i: breg/brigje; -e+ll>j+ua>o: huall/hoje; -e+k>q (vor Vokalwechsel)+o>i: kopsht/qipshte; -e+g>gj (vor Vokalwechsel)+a>e: gardh/gjerdhe.

l) *Abfall des Auslautvokals+Konsonantenveränderung+Vokalveränderung,* z.B.: -e>-Ø+l>j+a>ua: kalë/kuaj.

m) *Suppletive Bildungen:* Pluralbildungen, die sich in diese 12 Gruppen nicht oder vom Standpunkt der modernen Literatursprache nicht mehr einordnen lassen, sind z.B.:
djalë/djem; vësht/vreshta; dele/dhen *od* dhën; qengj/shtjerra.

1.2.2. Regeln für die Pluralbildung

Die Form des Nominativs Plural läßt sich nach Regeln nur bei solchen Substantiven mit Sicherheit bilden, die bestimmte Wortbildungssuffixe (manchmal auch Auslaute ohne Suffixcharakter) aufweisen. Solche Regeln lassen sich nur für Substantive angeben, deren Pluralformen ohne Veränderung (Nullformativ) oder mit Hilfe der Suffixe -ë, -a *u* -e und der Kombination -nj+ua>o gebildet werden. Ø-Plural erhalten normalerweise die Maskulina (Personenbezeichnungen) auf -ës, -as, -ues *u* -yes (z.B.: gjykatës/gjykatës; tiranas/tiranas; mësues/mësues; përkthyes/përkthyes) und die Feminina auf unbetontes e *u* o sowie betontes i, e, a, u, o (z.B.: nuse/nuse; depo/depo; shtëpi/shtëpi; rrufe/rrufe; kala/kala). Bei den auf Vokale auslautenden Substantiven kommt auch das Formativ -ra vor. Es dient oft zur stilistischen Differenzierung. Das Suffix -ë erhalten die Maskulina mit den Suffixen oder als Suffix aufgefaßten Auslauten -ac, -aç, -ak, -al, -an, -ant, -aq, -ar, -ash, -at, -az, -ec, -ek, -el, -ent, -ik, -ist, -it, -jan, -jot, -oç, -ok, -ol, -oll, -or, -osh, -tar, -tor, -uc, -ul, -un, -uq und -ush z.B.: përtac/përtacë; ushtar/ushtarë; laborant/laborantë; student/studentë; artist/artistë; nicht normgerecht, aber relativ häufig sind Formen auf -a bei einigen dieser Suffixe, so bei -ant, -ist *od* -ent.[1]

Das Suffix -a erhalten alle Maskulina auf -ër (z.B. emër/emra; numër/numra) und alle Feminina auf -ër, -ull, -ël *u* -ur (z.B.: motër/motra; kumbull/kumbulla; pupël/pupla; flutur/flutura). Das Suffix -e erhalten alle Substantive auf -im *u* -ion (z.B.: mendim/mendime; revolucion/revolucione).

Das Suffix -nj in einer Kombination mit dem Vokalwechsel ua>o erhalten alle Maskulina auf -ua (z.B.: thua/thonj).

Die genannten Regeln betreffen nur einen relativ kleinen Teil der Substantive. Charakteristisch für das Albanische ist die Möglichkeit des Vorkommens mehrerer Bildungsweisen bei ein und demselben Substantiv. In den Mundarten und in der Umgangssprache sind bei Tausenden von Substantiven Schwankungen zwischen zwei Bildungsweisen, bei vielen Dutzenden zwischen drei und zehn verschiedenen Bildungsweisen und bei einigen wenigen zwischen mehr als zehn (etwa bis zu 25) verschiedenen Bildungsweisen möglich. Wenn auch durch den Vereinheitlichungsprozeß der letzten Jahrzehnte viele Variationsmöglichkeiten aus der modernen Literatursprache eliminiert worden sind, kommen doch noch viele Substantive mit zwei, drei und auch mehr Bildungsweisen vor. Besonders häufig sind Schwankungen zwischen den Suffixen -ë *u* -a (z.B.: bilbil/bilbilë *od* bilbila), -e *u* -a (z.B.: grusht/grushte *od* grushta) sowie -e *u* -ë (z.B. dyqan/dyqane *od* dyqanë), weiter Paare von Pluralbildungen ohne und mit Vokal- und Konsonantenveränderungen wie breg/bregje *od* brigje; byrek/byrekë *od* byreqe. Nur in wenigen Fällen werden solche Dubletten zur funk-

---

[1] Bei einigen dieser Suffixe bzw. Auslaute kommt jedoch nicht -ë, sondern -e bzw. -a dann in Frage, wenn es sich nicht um Lebewesen handelt, z.B.: formant/formante; dokument/dokumente; argument/argumente oder argumenta; element/elemente, aber elementë für Personen.

tionellen oder semantischen Differenzierung benutzt, etwa bei vit/vjet (nach Numeralia und dgl.), vite (sonst); frut/fruta (konkret), frute (abstrakt).

1.3. Kasus

Es werden im allgemeinen fünf Kasus unterschieden: Nominativ, Genitiv, Dativ, Akkusativ, Ablativ.[2] Die Verwendungsweise der Kasus ergibt sich in erster Linie aus den verschiedenen syntaktischen Funktionen, die ein Substantiv (mit oder ohne Ergänzungen) innerhalb eines Satzes ausüben kann.

1.3.1. Nominativ. Er wird normalerweise verwendet, wenn ein Substantiv folgende syntaktische Funktionen ausübt: Subjekt, Apposition des Subjekts, Prädikatsnomen nach është «sein» oder prädikative Ergänzung von Verben wie bëhet, del, quhet, emërohet, zgjidhet u.a. Im Albanischen erscheint der Nominativ auch nach Präpositionen, und zwar nach *nga* und *te*, z.B.: Agimi u sëmur nga gripi. «Agim ist an Grippe erkrankt». Auch nach *si* in Vergleichssätzen muß das Substantiv im Nominativ stehen.

1.3.2. Genitiv, Ablativ und Dativ. Der Genitiv tritt in erster Linie adnominal, in attributiver Funktion auf, z.B.: oborri i shkollës «der Hof der Schule» oder «der Schulhof», shumica e popullsisë «die Mehrheit der Bevölkerung»... Die attributive Funktion teilt der Genitiv mit dem Ablativ und zwar in folgender Weise: Genitiv- wie Ablativattribute spezifizieren das vorangehende Substantiv im Hinblick auf Besitz, Zugehörigkeit, Material, Zusammensetzung usw. Wenn das zu spezifizierende Substantiv

a) in der bestimmten Form auftritt, muß das Attribut im Genitiv stehen, z.B.: shtalla e lopëve «der Kuhstall»

b) in der unbestimmten Form auftritt, steht das Attribut normalerweise im Ablativ, z.B.: një shtallë lopësh «ein Kuhstall».

Beide Kasus kommen auch mit Präpositionen vor, etwa *Gen:* në vend të patateve «anstelle der Kartoffeln»; *Abl:* prej patatesh «aus Kartoffeln». Ein Substantiv im Ablativ kann – auch ohne Präposition – als Adverbialbestimmung dienen.
Genitiv und Dativ haben im Singular wie im Plural bei allen Substantiven die gleiche Endung – das wichtigste formale Merkmal zur Unterscheidung der beiden Kasus ist die obligatorische Anwesenheit des Gelenkartikels (zum Gelenkartikel vgl. 3.1.) vor dem Substantiv im Genitiv und das Fehlen desselben beim Dativ, z.B.: *Gen:* i djalit «des Jungen»; *Dat:*

---

[2] In einigen Grammatiken des Albanischen wird als ein weiterer Kasus der Vokativ genannt. Da jedoch kein formaler Unterschied zwischen dem Nominativ und dem Vokativ besteht, wird der Vokativ in den folgenden Schemata nicht berücksichtigt. Häufig wird das als Anrede fungierende Substantiv von der Interjektion *o* begleitet. Sie kann vor oder (als Endung) an dem Substantiv stehen, z.B.: O bir, më dëgjo. *oder* Biro, dëgjomë. («Sohn, hör mich an.»). Die Anwesenheit von *o* oder anderen Interjektionen (moj, bre, ore, mori ...) bei einer Anrede ist jedoch fakultativ.

djalit « dem Jungen ». Das *i* beim Genitiv in den Deklinationsschemata zeigt an, daß vor einem Substantiv im Genitiv jeweils ein Gelenkartikel stehen muß, *i* steht hier für eine beliebige Form des Gelenkartikels; die Form wird von dem vorangehenden Substantiv bestimmt.

Der Dativ dient im Albanischen hauptsächlich dem Ausdruck des indirekten Objektes und dessen Apposition. In vielen Fällen wird er auch zum Ausdruck von Possessiv- oder Pertinenzverhältnissen gewählt, z.B.: Ia di shtëpinë mësuesit. « Ich kenne das Haus des Lehrers », wörtl.: Ihm es kenne das Haus dem Lehrer.

In bestimmten syntaktischen Konstruktionen kann ein Substantiv im Dativ auch das Agens des Satzes reflektieren, z.B.: Djalit nuk i hahet. « Der Junge mag nicht essen ». Nach Präpositionen kommt der Dativ nicht vor.

1.3.3. Akkusativ. Er tritt am häufigsten als Kasus des direkten Objektes und dessen Apposition im Satz auf. Er kommt auch mit Präpositionen vor. Ein Substantiv im Akkusativ kann – auch ohne Präposition – zum Ausdruck von Adverbialbestimmungen verwendet werden, z.B.: Agimi mëson gjithë ditën. « Agim lernt den ganzen Tag ».

1.4. Bestimmtheit

Bei der Deklination der Substantive werden jeweils zwei Formen – die unbestimmte Form und die bestimmte Form – unterschieden. So wird auch in den folgenden Deklinationsschemata verfahren. Die Bedingungen für die Verwendung der bestimmten Form der Substantive im Albanischen entsprechen in vielen Fällen denen für die Verwendung der Substantive mit dem Artikel im Deutschen. Der Gebrauch der unbestimmten Form der Substantive im Albanischen entspricht in vielen Fällen der Verwendung der Substantive mit « ein(eine) » bzw. ohne Artikel im Deutschen.

Die bestimmte Form der Substantive ist charakterisiert durch die Anwesenheit eines Formativs, das häufig auch als bestimmter Artikel bezeichnet wird. Einige Grammatiken sprechen von einer Artikelendung. Dieses Formativ ist enklitisch, d.h. es wird an das Substantiv, zu dem es gehört, angehängt. Es verschmilzt mit dem Stammauslaut oder mit den Kasusendungen, und Substantiv+Artikelendung bilden zusammen ein Wort, z.B. ist populli « das Volk » die bestimmte Form von popull « Volk », -i ist hier die Artikelendung. Die Artikelendung kann im Nominativ folgende Formen haben:

Sg: -i *od* -u für Maskulina; -a für Feminina; -t *od* -të *od* -it für Neutra;
Pl: -t *od* -të *od* -it für alle Genera.

1.5. Deklination der Substantive

Die in 1.4. genannten Artikelendungen des Nominativs bilden die Grundlage für die Zuordnung der Substantive zu verschiedenen Deklinationsklassen.

Substantiv

Im Singular gibt es vier Grundtypen der Deklination: I-IV. Im Plural existiert nur ein Grundtyp (V), da die Kasusendungen für alle pluralfähigen Substantive einheitlich sind. Die einzelnen Typen umfassen:

Typ I: Maskulina mit der Artikelendung **-i**
Typ II: Maskulina mit der Artikelendung **-u**
Typ III: Feminina mit der Artikelendung **-a**
Typ IV: Neutra mit der Artikelendung **-t** bzw. **-të**
Typ V: alle Substantive im Plural mit der Artikelendung **-t** bzw. **-të**

Übersicht über die Kasusendungen innerhalb der einzelnen Deklinationstypen:

	Typ I		Typ II		Typ III	
	unbest	*best*	*unbest*	*best*	*unbest*	*best*
Nom	–	i	–	u	–	a
Gen	i	it	u	ut	e	s *od* së
Dat	i	it	u	ut	e	s *od* së
Akk	–	in *od* në	–	un *od* në	–	n *od* në
Abl	i	it	u	ut	e	s *od* së

	Typ IV		Typ V	
	unbest	*best*	*unbest*	*best*
Nom	–	t *od* të	–	t *od* të *od* it
Gen	i	it	ve	ve *od* vet
Dat	i	it	ve	ve *od* vet
Akk	–	t *od* të	–	t *od* të *od* it
Abl	i	it	sh *od* ve	ve *od* vet

1.5.1. Typ I. Dieser Typ umfaßt den größten Teil der Maskulina. Ausgenommen sind solche, die auf g, k, h oder auf einen betonten Vokal auslauten, vgl. aber I f!

I a. Die Endungen treten an den Stamm, ohne daß lautliche Veränderungen erfolgen;

I b. Der Stamm wird durch -r- vor den Endungen erweitert.

	I a		I b	
	unbest	*best*	*unbest*	*best*
Nom	(një) mur	muri	(një) pe	peri
Gen	i (një) muri	i murit	i (një) peri	i perit
Dat	(një) muri	murit	(një) peri	perit
Akk	(një) mur	murin	(një) pe	perin
Abl	(një) muri	murit	(një) peri	perit

I c. Bei Substantiven, die im Nominativ der unbestimmten Form auf unbetontes -ë enden, wird dieses vor -i, -it *od* -in eliminiert.

I d. Bei den Maskulina, die im Nominativ der unbestimmten Form auf -ër enden, fällt das unbetonte -ë- vor -i, -it *u* -in weg.

	I c		I d	
	unbest	best	unbest	best
Nom	(një) djalë	djali	(një) libër	libri
Gen	i (një) djali	i djalit	i (një) libri	i librit
Dat	(një) djali	djalit	(një) libri	librit
Akk	(një) djalë	djalin	(një) libër	librin
Abl	(një) djali	djalit	(një) libri	librit

I e. Bei einigen Substantiven, die im Nominativ der unbestimmten Form auf -ua enden, wird -ua zu -o- vor -i, -it *od* -in, vor -n bleibt es erhalten.

I f. Die Maskulina, die auf den betonten Vokal -a auslauten, erhalten im Akkusativ der bestimmten Form die Endung -në.

	I e		I f	
	unbest	best	unbest	best
Nom	(një) ftua	ftoi	(një) vëlla	vëllai
Gen	i (një) ftoi	i ftoit	i (një) vëllai	i vëllait
Dat	(një) ftoi	ftoit	(një) vëllai	vëllait
Akk	(një) ftua	ftuan *od* ftoin	(një) vëlla	vëllanë
Abl	(një) ftoi	ftoit	(një) vëllai	vëllait

I g. Bei den Substantiven, die auf -izëm enden, wird das unbetonte -ë- vor -i, -it *u* -in eliminiert, z.B. socializëm – socializmi, socializmit, socializmin.

1.5.2. Typ II. Dieser Deklinationstyp umfaßt die Maskulina, die auf -g -k, -h (Muster II a) oder einen betonten Vokal (Muster II b) auslauten (sofern sie nicht zum Typ I f gehören). Für Typ II ist charakteristisch, daß die Endungen an den Stamm treten, ohne daß sich lautliche Veränderungen ergeben.

	II a		II b	
	unbest	best	unbest	best
Nom	(një) shok	shoku	(një) njeri	njeriu
Gen	i (një) shoku	i shokut	i (një) njeriu	i njeriut
Dat	(një) shoku	shokut	(një) njeriu	njeriut
Akk	(një) shok	shokun	(një) njeri	njeriun[3]
Abl	(një) shoku	shokut	(një) njeriu	njeriut

1.5.3. Typ III. Dieser Typ umfaßt alle Feminina sowie einige männliche Eigennamen und Personenbezeichnungen, die auf -ë *oder* -o enden.

III a. Ist der Auslaut ein unbetontes -ë, wird dieses vor -e *u* -a eliminiert, bleibt aber in allen anderen Fällen erhalten.

---

[3] Bei den vokalisch auslautenden Maskulina (Muster II b) kann im Akkusativ der bestimmten Form auch die Endung -në auftreten. So kommt neben njeriun, dheun, kaun ... auch njerinë, dhenë, kanë ... vor.

III b. Ist der Auslaut ein unbetontes -e, fällt -e im Nominativ der bestimmten Form vor -a aus, während es in allen übrigen Fällen erhalten bleibt; vor -a und -e wird jeweils ein hiatustilgendes -j- eingeschoben.

	III a		III b	
	unbest	*best*	*unbest*	*best*
Nom	(një) çantë	çanta	(një) lule	lulja
Gen	i (një) çante	i çantës	i (një) luleje	i lules
Dat	(një) çante	çantës	(një) luleje	lules
Akk	(një) çantë	çantën	(një) lule	lulen
Abl	(një) çante	çantës	(një) luleje	lules

III c. Bei den Feminina, deren Auslaut ein betontes -a, -e *od* -ë ist, wird vor den Endungen -e *u* -a ebenfalls ein -j- eingefügt. Die genannten Auslautvokale werden nicht, auch nicht vor -a, eliminiert. Im Genitiv, Dativ und Ablativ der bestimmten Form erhalten diese Substantive die Endung -së, im Akkusativ dagegen -në.

III d. Ähnlich wie rrufe werden die Feminina dekliniert, deren Auslaut ein betontes -i ist. Ihre Deklination unterscheidet sich jedoch nach den Orthographieregelungen vom Typ III c dadurch, daß vor -e *u* -a kein -j- eingefügt wird.

	III c		III d	
	unbest	*best*	*unbest*	*best*
Nom	(një) rrufe	rrufeja	(një) qershi	qershia
Gen	i (një) rrufeje	i rrufesë	i (një) qershie	i qershisë
Dat	(një) rrufeje	rrufesë	(një) qershie	qershisë
Akk	(një) rrufe	rrufenë	(një) qershi	qershinë
Abl	(një) rrufeje	rrufesë	(një) qershie	qershisë

III e. Hierzu gehören auch einige wenige Substantive, die auf -ua enden, bei diesen erscheint vor -e und -a ein -j- (Muster III e, 1). Nach dem gleichen Muster werden die Feminina und Maskulina dekliniert, deren Auslaut ein unbetontes -o ist (Muster III e, 2).[4]

	III e, 1		III e, 2	
	unbest	*best*	*unbest*	*best*
Nom	(një) grua	gruaja	(një) teto	tetoja
Gen	i (një) gruaje	i gruas	i (një) tetoje	i tetos
Dat	(një) gruaje	gruas	(një) tetoje	tetos
Akk	(një) grua	gruan	(një) teto	teton
Abl	(një) gruaje	gruas	(një) tetoje	tetos

---

[4] Bisweilen tritt bei den Substantiven auf *-o* im Nominativ der bestimmten Form statt -oja die Form -ua auf, so kommt neben tetoja, depoja, Vitoja, ... auch tetua, depua, Vitua,... vor.

Substantiv

III f. Bei den Feminina, die auf -ur *u* -ull auslauten, werden die Endungen -e *u* -a unmittelbar an den Auslautkonsonanten angehängt, während zwischen den Auslautkonsonanten und die Endungen -s *od* -n noch ein unbetontes -ë- tritt.

III g. Bei den auf -ër *od* -ël endenden Substantiven wird das vor -r *u* -l stehende unbetonte -ë- eliminiert, wenn die Endungen -e, -a, -s *u* -n hinzutreten. Dafür wird vor den Endungen -s *u* -n nach -r *u* -l allerdings wieder ein -ë- eingefügt.

	III f		**III g**	
	unbest	*best*	*unbest*	*best*
Nom	(një) kumbull	kumbulla	(një) zemër	zemra
Gen	i (një) kumbulle	i kumbullës	i (një) zemre	i zemrës
Dat	(një) kumbulle	kumbullës	(një) zemre	zemrës
Akk	(një) kumbull	kumbullën	(një) zemër	zemrën
Abl	(një) kumbulle	kumbullës	(një) zemre	zemrës

1.5.4. Typ IV. Dieser Deklinationstyp umfaßt alle Neutra.

IV a. Bei den Neutra, die auf -ë enden, wird -ë vor -i *u* -it eliminiert; im Nominativ und Akkusativ der bestimmten Form haben diese Neutra die Artikelendung -t. Das unter (IV a, 2) gegebene Deklinationsmuster dient als Beispiel für die Deklination von Neutra verbaler oder adjektivischer Herkunft.

	IV a, 1		**IV a, 2**	
	unbest	*best*	*unbest*	*best*
Nom	(një) ballë	ballët	(një) të nxehtë	të nxehtët
Gen	i (një) balli	i ballit	i (një) të nxehti	i të nxehtit
Dat	(një) balli	ballit	(një) të nxehti	të nxehtit
Akk	(një) ballë	ballët	(një) të nxehtë	të nxehtët
Abl	(një) balli	ballit	(një) të nxehti	të nxehtit

IV b. Einsilbige, konsonantisch auslautende Neutra erhalten im Nominativ und Akkusativ der bestimmten Form die Artikelendung -të, vor den Endungen -i *u* -it ergeben sich keine Veränderungen.

IV c. Dieses Muster dient als Beispiel für die Deklination von Neutra, die aus Verben abgeleitet sind, deren Partizip auf -ur *od* -uar gebildet wird, sowie für die Deklination von Neutra adjektivischer Herkunft, die einen konsonantischen Auslaut haben.

Bei diesen Substantiven tritt zwischen den konsonantischen Auslaut und die Artikelendung -t im Nominativ und Akkusativ der bestimmten Form der Vokal -i-.

	IV b		**IV c**	
	unbest	best	unbest	best
Nom	(shumë) lesh	leshtë	(një) të folur	të folurit
Gen	i (shumë) leshi	i leshit	i (një) të foluri	i të folurit
Dat	(shumë) leshi	leshit	(një) të foluri	të folurit
Akk	(shumë) lesh	leshtë	(një) të folur	të folurit
Abl	(shumë) leshi	leshit	(një) të foluri	të folurit

1.5.5. Typ V. Die Pluraldeklination ist für alle Feminina und Maskulina im wesentlichen einheitlich, also unabhängig von deren Deklinationsklasse im Singular. Die Deklination im Plural geht von der Gestalt des Nominativs der unbestimmten Form aus, die Untertypen von V hängen von dem Auslaut und den Betonungsverhältnissen dieser Form ab. Für die Pluraldeklination kommen nur drei Endungen in Frage.

1.: -ve für Genitiv und Dativ der unbestimmten Form sowie für Genitiv, Dativ und Ablativ der bestimmten Form. In der bestimmten Form kommt neben -ve auch die Variante -vet vor, die jetzt veraltet ist.

2.: -t (bzw. -të, -ët *od* -it) im Nominativ und Akkusativ der bestimmten Form.

3.: -sh (bzw. -ësh *od* -ish) im Ablativ der unbestimmten Form. Im Ablativ Plural der unbestimmten Form kann statt -sh auch die Endung -ve auftreten. Nominativ und Akkusativ der bestimmten sowie der unbestimmten Form sind jeweils lautlich identisch.

V a. Die Substantive erhalten die Endungen -t, -sh *u* -ve (-vet), wenn ihr Auslaut im Nominativ der unbestimmten Form ein unbetonter Vokal ist (Muster V a, 1). Die gleichen Endungen erhalten Substantive, deren Auslaut ein Konsonant (außer -s) nach unbetontem steigendem oder betontem fallendem Diphthong (eine Vokalgruppe) ist (Muster V a, 2).

	V a, 1		**V a, 2**	
	unbest	best	unbest	best
Nom	mure	muret	dyer	dyert
Gen	i mureve	i mureve (murevet)	i dyerve	i dyerve (dyervet)
Dat	mureve	mureve (murevet)	dyerve	dyerve (dyervet)
Akk	mure	muret	dyer	dyert
Abl	muresh	mureve (murevet)	dyersh	dyerve (dyervet)

V b. Die Substantive, deren Auslaut im Nominativ Plural der unbestimmten Form ein betonter Vokal ist, erhalten die Endungen -të, -sh *u* -ve (-vet) (Muster V b, 1). Die gleichen Endungen erhalten die Substantive, die auf einen Konsonanten (außer -t *u* -sh) nach betontem Vokal auslauten (Muster V b, 2).

	V b, 1		V b, 2	
	unbest	best	unbest	best
Nom	shtëpi	shtëpitë	djem	djemtë
Gen	i shtëpive	i shtëpive (shtëpivet)	i djemve	i djemve (djemvet)
Dat	shtëpive	shtëpive (shtëpivet)	djemve	djemve (djemvet)
Akk	shtëpi	shtëpitë	djem	djemtë
Abl	shtëpish	shtëpive (shtëpivet)	djemsh	djemve (djemvet)

V c. Die Substantive, die im Nominativ Plural der unbestimmten Form auf zwei Konsonanten, die einem betonten Vokal folgen, auslauten, erhalten die Endungen -it, -ish *u* -ve (-vet) (Muster V c, 1). Die gleichen Endungen erhalten die Substantive auf -ues *u* -yes sowie diejenigen, deren Auslaut ein Konsonant (außer j) nach unbetontem nichtdiphthongischem Vokal ist (Muster V c, 2).

	V c, 1		V c, 2	
	unbest	best	unbest	best
Nom	bujq	bujqit	njerëz	njerëzit
Gen	i bujqve	i bujqve (bujqvet)	i njerëzve	i njerëzve (njerëzvet)
Dat	bujqve	bujqve (bujqvet)	njerëzve	njerëzve (njerëzvet)
Akk	bujq	bujqit	njerëz	njerëzit
Abl	bujqish	bujqve (bujqvet)	njerëzish	njerëzve (njerëzvet)

V d. Die Substantive, die im Nominativ Plural der unbestimmten Form auf -t *oder* -sh auslauten, erhalten, wenn der konsonantische Auslaut einem betontem Vokal folgt, die Endungen -ët, -ësh *u* -ve (-vet).

	V d	
	unbest	best
Nom	vjet	vjetët
Gen	i vjetve	i vjetve (vjetvet)
Dat	vjetve	vjetve (vjetvet)
Akk	vjet	vjetët
Abl	vjetësh	vjetve (vjetvet)

2. Adjektiv und Adverb

2.1. Adjektiv

Die Adjektive werden im Albanischen vorwiegend als Attribut oder Prädikativ verwendet.

Unter Berücksichtigung semantischer, syntaktischer und morphologischer Gesichtspunkte gibt es mehrere Möglichkeiten für die Einteilung der

Adjektive in Klassen. Eine Möglichkeit der Klassifizierung bietet sich dadurch an, daß ein Teil der Adjektive mit einem vorangestellten Artikel versehen ist, der andere Teil aber artikellos ist; demzufolge lassen sich zwei Klassen unterscheiden: 1. artikellose Adjektive und 2. Adjektive mit Artikel (Artikel-Adjektive).

2.1.1. Artikellose Adjektive.

Wenn die artikellosen Adjektive attributiv verwendet werden, ist die Stellung Substantiv+Adjektiv charakteristisch, z.B.: ndihmë ekonomike «wirtschaftliche Hilfe», wörtl: «Hilfe wirtschaftliche».

Zu dieser Klasse gehören u.a.:

A. Alle Adjektive, die auf -ak, -ar, -an, -ant, -ez, -ik, -ist, -iv, -or, -osh, -sor, -tar, -tor (in den meisten Fällen sind es Suffixe) enden;

B. Alle Adjektive mit dem Suffix -as und solche, die mit Hilfe des Suffixes -ës bzw. -s aus Verbformen abgeleitet sind;

C. Die meisten der zusammengesetzten Adjektive, z.B.: zemërgur, ...

D. Vereinzelte Adjektive wie trim, plak, budalla, ...

Genus- und Numeruskennzeichnung:

Bei den artikellosen Adjektiven gibt es nur maskuline und feminine Formen. Wenn ein Neutrum zusammen mit einem solchen Adjektiv auftritt, wird im Singular die maskuline, im Plural die feminine Form des Adjektivs gewählt.

I. Bei den unter A genannten Adjektivtypen wird die maskuline Singularform zur Ableitung der femininen Form sowie der Pluralformen zugrundegelegt. Die maskuline Pluralform wird mit Hilfe des Formativs -ë gebildet. Zur Ableitung der femininen Form im Singular und im Plural dient das Formativ -e, z.B.:

(1)

Adjektive auf:	maskulin		feminin	
	Sg	*Pl*	*Sg*	*Pl*
-ak	dinak	dinakë	dinake	
-an	gjerman	gjermanë	gjermane	
-ez	kinez	kinezë	kineze	
-ist	socialist	socialistë	socialiste	
-tar	guximtar	guximtarë	guximtare	

II. Die unter B genannten Adjektivtypen bilden die feminine Form (Singular und Plural) mit Hilfe des Formativs -e aus der maskulinen Form, die im Singular und im Plural gleich ist, z.B.:

Adjektiv und Adverb

(2)

Adjektiv auf:	maskulin Sg Pl	feminin Sg Pl
-as	tiranas	tiranase
-ës	goditës	goditëse
-ues	krijues	krijuese

III. Bei den zusammengesetzten Adjektiven C hängt die Bildung der femininen Form und der Pluralform von der Beschaffenheit des zweiten Elementes des Kompositums ab:

a) Wenn das zweite Glied des Kompositums ein auf -ës endendes Adjektiv ist, ist die maskuline Pluralform wie die des Singulars. Die femininen Formen – Singular und Plural – werden mit Hilfe des Formativs -e gebildet (Beispiele III a);

b) Wenn das Kompositum das Suffix -sh enthält, gelten die gleichen Regeln (Beispiele III b).

(3)

III a		III b	
maskulin	feminin	maskulin	feminin
Sg Pl	Sg Pl	Sg Pl	Sg Pl
mikpritës	mikpritëse	dykatësh	dykatëshe
paqedashës	paqedashëse	katerkëmbësh	katerkëmbëshe
largpamës	largpamëse	tringjyrësh	tringjyrëshe

c) Die Adjektive haben für beide Genera die gleichen Formen, sowohl im Singular als auch im Plural, wenn das zweite Glied des Kompositums ein feminines Substantiv ist (Beispiele III c);

d) Wenn das zweite Glied des Kompositums ein Adjektiv ist, das aus einem Partizip Perfekt abgeleitet ist, oder ein Adjektiv, das bei selbständiger Verwendung für beide Genera im Singular gleiche Lautformen hätte, sind die Formen gleich für maskuline Adjektive im Singular und im Plural sowie für feminine Adjektive im Singular. Im Plural erhält die feminine Form das Formativ -a (Beispiele III d).

(4)

III c		III d		
maskulin	feminin	maskulin	feminin	feminin
Sg Pl	Sg Pl	Sg Pl	Sg	Pl
sypishë		syshkruar		syshkruara
hundëshkabë		fatbardhë		fatbardha
kokëlopë		kokëfortë		kokëforta

e) Wenn das zweite Element des Kompositums ein maskulines Substantiv ist, wird die feminine Form für Singular und Plural mit Hilfe des Formativs -e gebildet.
Im Plural entspricht die maskuline Form des Adjektivs der Pluralform des zweiten Elementes. In einigen Fällen wird – von diesem Prinzip abweichend – das Formativ -ë zur Bildung der maskulinen Pluralform verwendet, so z.B. bei syleshë und buzëgazë.

(5)

III e

maskulin		feminin	
Sg	*Pl*	*Sg*	*Pl*
zemërgur	zemërgurë	zemërgure	
kokëderr	kokëderra	kokëderre	
sylesh	syleshë	syleshe	

f) Wenn das zweite Element des Kompositums ein Adjektiv ist, das bei selbständiger Verwendung unterschiedliche Formen für Singular und Plural sowie für beide Genera hat, entsprechen die Formen des zusammengesetzten Adjektivs denen des zweiten Elementes, z.B.:

(6)

III f

maskulin		feminin	
Sg	*Pl*	*Sg*	*Pl*
syzi	syzinj, syzez	syzezë	syzeza
flokëkuq	flokëkuq	flokëkuqe	flokëkuqe
zemërkéq	zemërkëqínj	zemërkéqe	zemerkëqía *od* zemërkéqe
shpirtlig	shpirtligj	shpirtligë	shpirtliga
mendjemádh	mendjemëdhénj	mendjemádhe	mendjemëdhá
shpirtvogël	shpirtvegjël	shpirtvogël	shpirtvogla

IV. Zu den unter D genannten Adjektiven vgl.:

(7)

maskulin		feminin	
Sg	*Pl*	*Sg*	*Pl*
trim	trima	trime	trime
plak	pleq	plakë	plaka
budalla	budallenj	budallaqe	budallaqe

V. Einige artikellose Adjektive (alte Bildungen und nichtassimilierte Fremdwörter) haben nur eine Form – unabhängig von Genus und Numerus, z.B. vendçe, allaturka, axhami, belik, falso, u.a.

Bei der Deklination einer Konstruktion aus Substantiv und artikellosem Adjektiv zeigt sich:

— daß Substantiv und Adjektiv bezüglich der Kategorien Genus und Numerus kongruieren,
— daß nur das Substantiv in Abhängigkeit von den Kategorien Kasus und Bestimmtheit flektiert wird und
— daß das Adjektiv in den einzelnen Kasus und in der unbestimmten wie in der bestimmten Form unverändert bleibt; als Beispiele geben wir folgende Schemata:

(8) **Substantiv+artikelloses Adjektiv**

(8a) maskulin

	Sg		Pl	
	unbest	best	unbest	best
Nom	djalë trim	djali trim	djem trima	djemtë trima
Gen [5]	djali trim	djalit trim	djemve trima	djemve trima
Dat	djali trim	djalit trim	djemve trima	djemve trima
Akk	djalë trim	djalin trim	djem trima	djemtë trima
Abl	djali trim	djalit trim	djemsh trima	djemve trima

(8b) feminin

	Sg		Pl	
	unbest	best	unbest	best
Nom	vajzë trime	vajza trime	vajza trime	vajzat trime
Gen [5]	vajze trime	vajzës trime	vajzave trime	vajzave trime
Dat	vajze trime	vajzës trime	vajzave trime	vajzave trime
Akk	vajzë trime	vajzën trime	vajza trime	vajzat trime
Abl	vajze trime	vajzës trime	vajzash trime	vajzave trime

2.1.2. Artikel-Adjektive

Der vorangestellte Artikel ist ein obligatorischer morphologischer Bestandteil dieser Adjektive. Zu dieser Klasse gehören u.a.:

alle Adjektive auf -ë, -ët, -t, -të, -shëm, -ëm, -m, -më;
alle aus dem Partizip Perfekt (ohne Suffix) abgeleiteten Adjektive;
alle aus Substantiven mit dem Präfix pa- gebildeten Adjektive.

Genus-, Numerus- und Kasusunterschiede dieser Akjektive werden in erster Linie durch den Artikel angezeigt. Der vorangestellte Artikel hat im Nominativ folgende Formen: *Sg/m:* i; *Sg/f:* e; *Sg/n:* të [6]; *Pl*/alle Genera: të.

---

[5] Der Gelenkartikel ist im Genitiv zur Raumersparnis weggelassen.
[6] Bisweilen kommt im Singular noch die neutrale Form des Adjektivs vor, sie ist bei attributiver Verwendung in allen Kasus durch den Artikel të und die Lautgestalt der maskulinen Form gekennzeichnet, z.B. të bukur, të këndshëm, ... Zur Deklination substantivierter neutraler Adjektive, vgl. 1.5.4. Typ IVa,2.

2.1.2.1. Genus- und Numeruskennzeichnung

I. Die auf -ë, -l, -r *u* -t endenden Adjektive, die aus dem Partizip Perfekt abgeleiteten sowie die mit Hilfe von pa- gebildeten Adjektive haben dieselbe Lautgestalt für die maskuline Form in Singular und Plural sowie für die feminine Form im Singular. Die feminine Form im Plural erhält das Formativ -a, wobei unbetontes -ë- eliminiert wird, z.B.:

(9)

maskulin		feminin	
Sg	*Pl*	*Sg*	*Pl*
i mirë	të mirë	e mirë	të mira
i ëmbël	të ëmbël	e ëmbël	të ëmbla
i poshtër	të poshtër	e poshtër	të poshtra
i bukur	të bukur	e bukur	të bukura
i hekurt	të hekurt	e hekurt	të hekurta
i gëzuar	të gëzuar	e gëzuar	të gëzuara
i pabesë	të pabesë	e pabesë	të pabesa

II. Alle Adjektive auf -m, -ëm *u* -shëm haben dieselbe Lautgestalt für die maskuline Form im Singular und im Plural. Ebenso verhält es sich mit der femininen Form, die mit Hilfe des Formativs -e aus der maskulinen Form abgeleitet wird. Singular und Plural werden jeweils durch den Artikel unterschieden (wenn -e auftritt, wird -ëm zu -me *u* -shëm zu -shme), z.B.:

(10)

maskulin		feminin	
Sg	*Pl*	*Sg*	*Pl*
i afërm	të afërm	e afërme	të afërme
i sotëm	të sotëm	e sotme	të sotme
i vlefshëm	të vlefshëm	e vlefshme	të vlefshme

III. Von den bisher gegebenen Regeln weichen u.a. ab:

(11)

maskulin		feminin	
Sg	*Pl*	*Sg*	*Pl*
i huaj	të huaj	e huaj	të huaja
i kuq	të kuq	e kuqe	të kuqe
i ve	të ve	e ve	të veja
i ri	të rinj	e re	të reja
i zi	të zinj *od* të zez	e zezë	të zeza
i këq	të këqínj	e këqe	të këqía
i madh	të mëdhénj	e madhe	të mëdhá
i vogël	të vegjël	e vogël	të vogla
i lig	të ligj	e ligë	të liga
i pashok	të pashokë	e pashoqe	të pashoqe

Adjektiv und Adverb

2.1.2.2. Bei der Deklination einer Konstruktion **Substantiv+Artikel-Adjektiv** wird nicht nur das Substantiv in Abhängigkeit von den Kasus und der Bestimmtheitsform flektiert, sondern auch der zum Adjektiv gehörende vorangestellte Artikel, während der übrige Teil des Adjektivs – nachdem die Genus- und Numeruskennzeichnung vorgenommen wurde – unverändert bleibt. Weiterhin spielt eine Rolle, ob das Adjektiv unmittelbar dem Substantiv folgt («Artikel des 1. Adjektivs») oder von ihm durch andere Satzteile – beispielsweise ein anderes Adjektiv oder ein Possessivpronomen – getrennt ist («Artikel des 2. Adjektivs»). Zur Illustration enthalten die Schemata je ein Substantiv mit zwei Artikel-Adjektiven.

(12) **Substantiv+Artikel-Adjektiv+Artikel-Adjektiv**

Gehört zum Substantiv nur ein Artikel-Adjektiv, so gelten die Spalten 1 bis 3 als Muster, wenn das Adjektiv unmittelbar dem Substantiv folgt, z. B. Tabelle (12d): djemtë e urtë «die artigen Jungen». Ist es dagegen durch ein anderes Satzglied getrennt, so gelten die Spalten 1, 5 und 6, z. B.:

djemtë e urtë e të zellshëm
« die Jungen artigen und fleißigen »

djemtë besnikë e të zellshëm
« die Jungen treuen und fleißigen »

djemtë tanë të zellshëm
« die Jungen unsere fleißigen »

(Das Substantiv djemtë und das Adjektiv të zellshëm sind hier durch ein Adjektiv mit Artikel (e urtë), ein artikelloses Adjektiv (besnikë) bzw. ein Possessivpronomen (tanë) getrennt.)

	1	2	3	4	5	6
(12a) *Subst: Sg/m/unbest*						
Nom	(një) djalë	i	urtë	e	i	zellshëm
Gen	i (një) djali	të	urtë	e	të	zellshëm
Dat	(një) djali	të	urtë	e	të	zellshëm
Akk	(një) djalë	të	urtë	e	të	zellshëm
Abl	(një) djali	të	urtë	e	të	zellshëm
(12b) *Subst: Sg/m/best*						
Nom	djali	i	urtë	e	i	zellshëm
Gen	i djalit	të	urtë	e	të	zellshëm
Dat	djalit	të	urtë	e	të	zellshëm
Akk	djalin	e	urtë	e	të	zellshëm
Abl	djalit	të	urtë	e	të	zellshëm
(12c) *Subst: Pl/m/unbest*						
Nom	(ca) djem	të	urtë	e	të	zellshëm
Gen	i (ca) djemve	të	urtë	e	të	zellshëm
Dat	(ca) djemve	të	urtë	e	të	zellshëm
Akk	(ca) djem	të	urtë	e	të	zellshëm
Abl	(ca) djemsh	të	urtë	e	të	zellshëm

(12d) *Subst: Pl/m/best*

Nom	djemtë	e	urtë	e	të	zellshëm
Gen	i djemve	të	urtë	e	të	zellshëm
Dat	djemve	të	urtë	e	të	zellshëm
Akk	djemtë	e	urtë	e	të	zellshëm
Abl	djemve	të	urtë	e	të	zellshëm

(12e) *Subst: Sg/f/unbest*

Nom	(një) vajzë	e	urtë	e	e	zellshme
Gen	i (një) vajze	të	urtë	e	të	zellshme
Dat	(një) vajze	të	urtë	e	të	zellshme
Akk	(një) vajzë	të	urtë	e	të	zellshme
Abl	(një) vajze	të	urtë	e	të	zellshme

(12f) *Subst: Sg/f/best*

Nom	vajza	e	urtë	e	e	zellshme
Gen	i vajzës	së	urtë	e	të	zellshme
Dat	vajzës	së	urtë	e	të	zellshme
Akk	vajzën	e	urtë	e	të	zellshme
Abl	vajzës	së	urtë	e	të	zellshme

(12g) *Subst: Pl/f/unbest*

Nom	(ca) vajza	të	urta	e	të	zellshme
Gen	i (ca) vajzave	të	urta	e	të	zellshme
Dat	(ca) vajzave	të	urta	e	të	zellshme
Akk	(ca) vajza	të	urta	e	të	zellshme
Abl	(ca) vajzash	të	urta	e	të	zellshme

(12h) *Subst: Pl/f/best*

Nom	vajzat	e	urta	e	të	zellshme
Gen	i vajzave	të	urta	e	të	zellshme
Dat	vajzave	të	urta	e	të	zellshme
Akk	vajzat	e	urta	e	të	zellshme
Abl	vajzave	të	urta	e	të	zellshme

Inhalt der Spalten in Tabelle 12:

1: Substantiv, z.T. mit një « ein » *oder* ca « einige » verbunden;
2: Artikel des ersten Adjektivs; **2+3**: erstes Adjektiv;
4: Konjunktion; **5**: Artikel des zweiten Adjektivs;
5+6: zweites Adjektiv; z.B. Schema (12a): 1: « (ein) Junge »; 2+3: « artig »; 4: « und »; 5+6: « fleißig »

Das Artikel-Adjektiv steht normalerweise hinter dem Substantiv, auf das es sich bezieht, vgl. die Stellung Substantiv+Adjektiv (+Adjektiv) in den Tabellen (12a) bis (12h).
Die Stellung Adjektiv+Substantiv ist jedoch möglich und dient häufig der Hervorhebung der durch das Adjektiv ausgedrückten Eigenschaft. Wenn das Adjektiv dem Substantiv vorangeht, wird nur das Adjektiv flektiert, während das folgende Substantiv unverändert bleibt und in der

unbestimmten Form verwendet wird. In dieser Stellung wird das Adjektiv hauptsächlich in der bestimmten Form verwendet, es ist dann gleichzeitig Träger des Bestimmtheitsformativs (vgl. die Beispiele (13a) und (13b). In der unbestimmten Form kommt die Kombination Adjektiv vor Substantiv selten und nur im Nominativ und Akkusativ vor. Beispiele für die bestimmte Form:

(13a) *Subst: m/Sg* *Subst: m/Pl*

Nom	i bukuri djalë	të bukurit djem
Gen	i të bukurit djalë	i të bukurve djem
Dat	të bukurit djalë	të bukurve djem
Akk	të bukurin djalë	të bukurit djem
Abl	të bukurit djalë	të bukurve djem

(13b) *Subst: f/Sg* *Subst: f/Pl*

Nom	e bukura vajzë	të bukurat vajza
Gen	i së bukurës vajzë	i të bukurave vajza
Dat	së bukurës vajzë	të bukurave vajza
Akk	të bukurën vajzë	të bukurat vajza
Abl	së bukurës vajzë	të bukurave vajza

2.1.2.3. Substantivierte Adjektive werden – wie die Substantive – in der unbestimmten wie in der bestimmten Form verwendet und den Kasus entsprechend flektiert (vgl. die Beispiele (14a) und (14b)). Ihre Zuordnung zu den verschiedenen Deklinationstypen geschieht auf Grund der gleichen Kriterien wie sie für die Substantive gelten.

(14a) *m/Sg* *m/Pl*

	unbest	best	unbest	best
Nom	një i ri	i riu	ca të rinj	të rinjtë
Gen	i një të riu	i të riut	i ca të rinjve	i të rinjve(t)
Dat	një të riu	të riut	ca të rinjve	të rinjve(t)
Akk	një të ri	të riun(të rinë)	ca të rinj	të rinjtë
Abl	një të riu	të riut	ca të rinjve	të rinjve(t)

(14b) *f/Sg* *f/Pl*

	unbest	best	unbest	best
Nom	një e re	e reja	ca të reja	të rejat
Gen	i një të reje [7]	i së resë	i ca të rejave	i të rejave(t)
Dat	një të reje [7]	së resë	ca të rejave	të rejave(t)
Akk	një të re	të renë	ca të reja	të rejat
Abl	një të reje [7]	së resë	ca të rejave	të rejave(t)

---

[7] Im Genitiv, Dativ und Ablativ tritt neben der Artikelform të auch die Variante së auf.

2.1.2.4. Komparationsformen der Adjektive

Die im Wörterbuch angegebenen Formen der Adjektive entsprechen jeweils dem *Positiv*, z.B.:

(a) Liria është e zellshme. « Liria ist fleißig. »

Der *Komparativ* wird mit Hilfe der Partikel më gebildet, z.B.:

(b) Liria është më e zellshme se Petriti. « Liria ist fleißiger als Petrit. »
(c) Liria është më punëtore se (sa) e bukur. « Liria ist eher fleißig als hübsch. »
(d) Liria është më pak punëtore se Flora. « Liria ist weniger fleißig als Flora. »

Der *absolute Superlativ* wird mit Hilfe von Adverbien wie shumë, fort, tepër, jashtëzakonisht u.a. gebildet, z.B.:

(e) Liria është shumë e zellshme. « Liria ist sehr fleißig. »
(f) Liria është fort e zellshme. « Liria ist sehr fleißig. »
(g) Liria është jashtëzakonisht e zellshme. « Liria ist außerordentlich fleißig. »

Der *relative Superlativ* wird – wie der Komparativ – mit Hilfe der Partikel më gebildet. Der formale Unterschied zwischen beiden Steigerungsstufen besteht darin, daß das Adjektiv im relativen Superlativ häufig in der bestimmten Form (vgl. die Beispiele (h) und (i)), im Komparativ dagegen in der unbestimmten Form verwendet wird (vgl. die Beispiele (b) bis (d)).

(h) Buzuku është më i vjetri i shkrimtareve të letërsisë shqipe.
(i) Buzuku është më i vjetri shkrimtar i letërsisë shqipe.

Aber das Adjektiv steht in der unbestimmten Form, wenn es einem Substantiv, das die bestimmte Form hat, folgt, z.B.:

(j) Buzuku është shkrimtari më i vjetër i letërsisë shqipe.

Übersetzung für (h) – (j): « Buzuku ist der älteste (der) Schriftsteller der albanischen Literatur ».

2.2. Adverb

Die Adverbien sind unflektierbare Wörter. Als solche haben sie nicht die grammatischen Kategorien, die Substantive, Adjektive, Artikel, Numeralia, Pronomina oder Verben kennzeichnen. Die Adverbien sind in der Regel, besonders wenn es sich um Stammwörter, zusammengesetzte oder durch Suffixe abgeleitete Wörter handelt, im Wörterbuchteil angegeben.

Im allgemeinen wurden jedoch solche, die in Bedeutung und Lautform mit einem Adjektiv übereinstimmen, nicht extra aufgeführt. Die Bedeutung ist dann unter dem entsprechenden Adjektiv, das Stichwort ist, ablesbar. Eine bedeutungsmäßige und lautliche Übereinstimmung besteht häufig zwischen Artikel-Adjektiven und Adverbien, z.B.:

(15)

Adjektiv		Adverb	Grundbedeutung
m:	f:		
i gjatë	e gjatë	gjatë	lang
i mirë	e mirë	mirë	gut
i keq	e keqe	keq	schlecht
i natyrshëm	e natyrshme	natyrshëm	natürlich
i gëzueshëm	e gëzueshme	gëzueshëm	fröhlich
i papritur	e papritur	papritur	plötzlich

Wie die Beispiele zeigen, besteht ein wichtiger formaler Unterschied in der obligatorischen Anwesenheit des vorangestellten Artikels beim Adjektiv und im Fehlen desselben beim Adverb. Das Adverb hat jeweils die Lautform eines attributiv verwendeten maskulinen Adjektivs im Singular.

Der wichtigste Unterschied zeigt sich bei diesen Adjektiven und Adverbien in syntaktischer Hinsicht – das Adjektiv dient als Attribut des Substantivs, das Adverb dagegen als Verbergänzung, z.B.:

Adj: Ai është një nxënës *i mirë*. « Er ist ein guter Schüler ».
Adv: Ai mëson *mirë*. « Er lernt gut ».

Sofern die Adverbien graduierbar sind, werden die Steigerungsstufen wie bei dem entsprechenden Adjektiv gebildet, z.B. Positiv: mirë; Komparativ: më mirë; absoluter Superlativ: fare mirë, fort mirë, shumë mirë, jashtëzakonisht mirë, ...

In einer Reihe von Fällen werden die Bedeutungen der Adverbien zwar im Wörterbuch gegeben, die Adverbien sind aber nicht als solche kategorisiert. So wird es beispielsweise gehandhabt, wenn gewisse Formen von Substantiven als Adverb dienen. Die Bedeutung des Adverbs erscheint dann häufig unter dem entsprechenden Substantiv, das als Stichwort gewählt wurde. So wird z.B. die Bedeutung der Adverbien ditën, natën, mot, rrugës, ... unter ditë, natë, mot bzw. rrugë aufgeführt. Ebenso werden Zusammensetzungen des Typs copa-copa, vende-vende, vija-vija, ... unter dem entsprechenden Substantiv (hier copë, vend, vijë) angegeben.

Adverbien werden häufig aus Vertretern anderer Wortarten mit Hilfe von Suffixen, z.B. -isht *od* -sht, -as, -azi, -tej, -thi u.a., abgeleitet. Besonders produktiv ist das Suffix -sht/-isht, Bestandteil von Adverbien wie absolutisht (abgeleitet aus absolut), besnikërisht (aus besnikëri), zakonisht (aus zakon), usw. Es gelangen ständig Neubildungen, die dieses Suffix enthalten, in die Literatursprache.

3. Vorangestellter Artikel

Er hat keine determinierende Funktion, im Gegensatz zum nachgestellten bestimmten Artikel (hier Bestimmtheitsformativ oder Artikelendung genannt), mit dem er den Ursprung gemeinsam hat. Es werden zwei Arten des vorangestellten Artikels unterschieden: Gelenkartikel und isolierter Artikel.

3.1. Gelenkartikel

Er verknüpft Substantive mit bestimmten Arten von Attributen und ist ein obligatorischer morphologischer Bestandteil einer Reihe von attributiv verwendbaren Wortarten, z.B.: von Artikel-Adjektiven, vgl. 2.1.2.; Ordinalzahlen, vgl. 4.2.; einigen Possessivpronomina, vgl. Kapitel 5., von substantivischen Genitivattributen, vgl. Schema (2) u.a. Seine Form unterscheidet sich nach seiner Stellung zum Substantiv.

3.1.1. Wenn die betreffende Wortart mit vorangestelltem Artikel *unmittelbar dem Substantiv folgt*, so wird der Artikel durch die Kategorien Kasus, Genus, Numerus und Bestimmtheit des Substantivs determiniert. Steht das Substantiv in der unbestimmten Form, so hat der Artikel die Formen in den Spalten 1-3, steht es dagegen in der bestimmten Form, so hat der Artikel die Formen in den Spalten 4-6/Schema (1).

(1) **Deklination des Gelenkartikels**

	1 *m/Sg*	2 *f/Sg*	3 *Pl+n/Sg*	4 *m/Sg*	5 *f/Sg*	6 *Pl+n/Sg*
Nom	i	e	të	i	e	e
Gen	të	të	të	të	së	të
Dat	të	të	të	të	së	të
Akk	të	të	të	e	e	e
Abl	të	të	të	të	së	të

Das Schema (2) zeigt die Deklination von Konstruktionen aus Substantiv+Substantiv (Genitivattribut) – das dem Attribut vorangehende Substantiv wird nach den Kasus flektiert, während sich beim Attribut nur der Gelenkartikel ändert. Die Ziffern in Schema (2) weisen auf die entsprechenden Spalten in Schema (1) hin.

(2) **Deklination von Konstruktionen Substantiv+Genitivattribut**

(2a) *erstes Subst: Sg/unbest*

	erstes Subst: m, vgl. 1	*erstes Subst: f*, vgl. 2
Nom	(një) shok i klasës	(një) shoqe e klasës
Gen	i (një) shoku të klasës	i (një) shoqeje të klasës
Dat	(një) shoku të klasës	(një) shoqeje të klasës
Akk	(një) shok të klasës	(një) shoqe të klasës
Abl	(një) shoku të klasës	(një) shoqeje të klasës

(2b) *erstes Subst: Pl/unbest*

	erstes Subst: m, vgl. 3	*erstes Subst: f*, vgl. 3
Nom	(ca) shokë të klasës	(ca) shoqe të klasës
Gen	i (ca) shokëve të klasës	i (ca) shoqeve të klasës
Dat	(ca) shokëve të klasës	(ca) shoqeve të klasës
Akk	(ca) shokë të klasës	(ca) shoqe të klasës
Abl	(ca) shokësh të klasës	(ca) shoqesh të klasës

(2c) *erstes Subst: Sg/best*

	erstes Subst: m, vgl. 4	*erstes Subst: f*, vgl. 5
Nom	shoku i klasës	shoqja e klasës
Gen	i shokut të klasës	i shoqes së klasës
Dat	shokut të klasës	shoqes së klasës
Akk	shokun e klasës	shoqen e klasës
Abl	shokut të klasës	shoqes së klasës

(2d) *erstes Subst: Pl/best*

	erstes Subst: m, vgl. 6	*erstes Subst: f*, vgl. 6
Nom	shokët e klasës	shoqet e klasës
Gen	i shokëve të klasës	i shoqeve të klasës
Dat	shokëve të klasës	shoqeve të klasës
Akk	shokët e klasës	shoqet e klasës
Abl	shokëve të klasës	shoqeve të klasës

3.1.2. Wenn die betreffende Wortart mit vorangestelltem Artikel *dem Substantiv nicht unmittelbar folgt*, sondern durch ein Element oder mehrere (Attribute, Komparationselemente wie më, shumë usw.) getrennt ist, so wird der Artikel durch die Kategorien Kasus, Genus und Numerus determiniert, während die Bestimmtheit nicht reflektiert wird, siehe Schema (3).

(3)

	m/Sg	f/Sg	Pl+n/Sg
Nom	i	e	të
Akk	të	të	të
Gen, Dat, Abl	të	të	të

Vgl. die folgenden Beispiele mit Genitivattributen:

a) librat e bibliotekës

b) librat e vlefshëm të bibliotekës

c) shumë libra të bibliotekës

d) shumë libra të vlefshëm të bibliotekës

wobei: a) und b) mit Substantiv in der bestimmten Form; c) und d) mit Substantiv in der unbestimmten Form; a) und c) mit unmittelbar vorangehendem Substantiv; b) und d) mit einem zwischen Substantiv und Genitivattribut stehenden Artikel-Adjektiv. Für a) und c) sind die Artikelformen dem Schema (1) zu entnehmen, in diesen Konstruktionen wird die Bestimmtheitsform des vorangehenden Substantivs reflektiert. Für b) und d) sind die Artikelformen dem Schema (3) zu entnehmen. Die Bestimmtheitsform des ersten Substantivs ist für die Form des vorangestellten Artikels beim Genitiv irrelevant.

3.2. Isolierter Artikel

In einer Reihe von Fällen ist der vorangestellte Artikel ebenfalls morphologischer Bestandteil des Wortes, seine Form hängt aber nicht von den Kategorien eines vorangehenden Substantivs ab/Formen in Schema (4). Das ist u.a. der Fall: a) bei einem vor dem Substantiv stehenden Artikel-Adjektiv (vgl. 13a+b); b) bei substantivierten Adjektiven (vgl. 2.1.2.3.) oder Partizipien (vgl. 2.1.2.1.); c) bei substantivierten Possessivpronomina wie të mitë oder të miat (vgl. die Possessivpronomina mit vorangestelltem Artikel in Tabelle (7), Kapitel 5.); d) bei substantivierten Kardinalzahlen, z.B. të dy oder të dyja (vgl. Schema (1/I), Kapitel 4.); e) bei Bezeichnungen der Wochentage wie e hënë; f) bei einigen Verwandtschaftsnamen wie i vëllai oder e motra (vgl. die entsprechenden Formen in Schema (8), Kapitel 5.), bei denen der isolierte Artikel die Funktion des Possessivpronomens hat; g) bei den Indefinitpronomina të gjithë und të tërë; h) bei dem Relativpronomen i cili bzw. e cila.

(4)	1	2	3	4	5	6
	m/Sg	f/Sg	Pl+n/Sg	m/Sg	f/Sg	Pl+n/Sg
Nom	i	e	të	i	e	të
Akk	të	të	të	të	të	të
Gen, Dat, Abl	të	të (së)	të	të	së	të

Der Artikel hat die in den Spalten 1-3 angegebenen Formen bei Auftreten der unbestimmten Form, die der Spalten 4-6 in der bestimmten Form. Fungiert eine der unter 3.2. genannten Wortarten a-h im Genitiv, d.h. als Attribut oder Attributsbestandteil, so treffen Gelenkartikel und isolierter Artikel zusammen. Der Gelenkartikel wird dabei – den Regeln entsprechend – von Genus, Numerus, Kasus und Bestimmtheit des voranstehenden Substantivs determiniert, der isolierte Artikel im Genitiv von Genus, Numerus und Bestimmtheit des Attributs, z.B. libri i së mjerës nënë « das Buch der armen Mutter »; gjurmën e së resë « die Spur des Neuen »; mbrojtja e të drejtave të të rinjve « der Schutz der Rechte der Jugendlichen »; vdekjen e së bijës « den Tod seiner Tochter »; proletarë të të gjitha vendeve « Proletarier aller Länder »; proletarët e të gjitha vendeve « die Proletarier aller Länder ».

4. Numerale

4.1. Kardinalzahlen

1 një	11 njëmbëdhjetë	10 dhjetë
2 dy	12 dymbëdhjetë	20 njëzet
3 tre/tri	13 trembëdhjetë	30 tridhjetë
4 katër	14 katërmbëdhjetë	40 dyzet
5 pesë	15 pesëmbëdhjetë	50 pesëdhjetë
6 gjashtë	16 gjashtëmbëdhjetë	60 gjashtëdhjetë
7 shtatë	17 shtatëmbëdhjetë	70 shtatëdhjetë
8 tetë	18 tetëmbëdhjetë	80 tetëdhjetë
9 nëntë	19 nëntëmbëdhjetë	90 nëntëdhjetë

Die übrigen Kardinalzahlen werden zusammengesetzt:

4.1.1. *ohne Konjunktion*, z.B.:

a) +qind	b) +mijë	c) +milion	d) +miliard
njëqind	një mijë	një milion	një miliard
dyqind	dy mijë	dy milion	dy miliard
treqind	tre mijë	tre milion	tre miliard

4.1.2. *mit Hilfe der Konjunktion* e «*und*», z.B.:

21 njëzet e një   36 tridhjetë e gjashtë
22 njëzet e dy   47 dyzet e shtatë
23 njëzet e tre *bzw.* njëzet e tri   101 njëqind e një

3.468.374   tre milion e katërqind e gjashtëdhjetë e tetë mijë e treqind e shtatëdhjetë e katër.

89.675.750   tetëdhjetë e nëntë milion e gjashtëqind e shtatëdhjetë e pesë mijë e shtatëqind e pesëdhjetë.

309.289.157   treqind e nëntë milion e dyqind e tetëdhjetë e nëntë mijë e njëqind e pesëdhjetë e shtatë.

Datumsangaben werden mit Hilfe von Kardinalzahlen konstruiert, z.B.:
Ai lindi më pesëmbëdhjetë shkurt. « Er wurde am 15. Februar geboren ».
Së shpejti do të festohet Një Maji (1 Maji). « Bald wird der 1. Mai gefeiert werden ».

Wenn die Kardinalzahlen in einer Nominalgruppe auftreten, gilt die Stellung: Kardinalzahl+Substantiv (+Attribut), z.B.:

dhjetë fletore (të bardha) – « zehn (weiße) Hefte »
pesë djem (të klasës së parë) – « fünf Jungen (der ersten Klasse) ».

Një (ein) kommt nur mit Substantiven im Singular vor, alle übrigen Zahlen (einschließlich zero) verlangen den Plural. Das Genus des nachfolgenden

Substantivs ist nur für die Verwendung der Zahl 3 relevant, tre steht vor Maskulina, tri dagegen vor Feminina, die übrigen Kardinalzahlen stehen vor Maskulina und Feminina (Singular oder Plural), z.B.:

tre djem (*m*)   tri vajza (*f*)   tri male (*f*)
katër djem (*m*)   katër vajza (*f*)   katër male (*f*).

Unter bestimmten syntaktischen und kontextuellen Bedingungen treten die Kardinalzahlen mit dem vorangestellten Artikel «të» auf, z.B.:

Të dy vajzat janë mjaft të zellshme. «Die beiden Mädchen sind sehr fleißig».

Të dyja janë mjaft të zellshme. «Die beiden sind sehr fleißig».

Ujku i gjeti të shtatë kecat në shtëpi. «Der Wolf fand die sieben Geißlein im Hause».

Ujku i gjeti të shtatë në shtëpi. «Der Wolf fand die sieben im Hause».

Wenn die Kardinalzahlen mit dem vorangestellten Artikel verwendet werden, haben sie eine maskuline oder eine feminine Form. Die feminine Form wird mit Hilfe des Formativs -a meist aus der maskulinen abgeleitet, z.B.:

(1)

m	*f*	*m*	*f*
të dy	të dyja	të dhjetë	të dhjeta
të tre	të tria	të trembëdhjetë	të trembëdhjeta
të katër	të katra	të njëzet	të njëzeta
të pesë	të pesa	të tridhjetë	të tridhjeta

Wenn dem mit dem vorangestellten Artikel versehenen Zahlwort ein Substantiv folgt, wird auch vor Feminina die maskuline Form verwendet, z.B.: të dy vajzat gegenüber der isoliert auftretenden Form të dyja. Bei tre/tri und den damit zusammengesetzten Kardinalzahlen ist jedoch die nach Genus differenzierte Verwendung zu beachten, z.B. *m:* të tre djemtë/të tre; *f:* të tri vajzat/të tria. Die Kardinalzahlen mit dem vorangestellten Artikel werden – bei isolierter Verwendung – wie substantivierte Adjektive im Plural dekliniert. Sie haben aber kein Bestimmtheitsformativ, vgl. (I) von Schema (2). Folgt den Kardinalzahlen mit dem vorangestellten Artikel ein Substantiv, wird nur dieses flektiert, vgl. (II) von Schema (2).

(2)   (I)   (II)

	m	*f*	*m*	*f*
Nom	të dy	të dyja	të dy djemtë	të dy vajzat
Gen	i të dyve	i të dyjave	i të dy djemve	i të dy vajzave
Dat	të dyve	të dyjave	të dy djemve	të dy vajzave
Akk	të dy	të dyja	të dy djemtë	të dy vajzat
Abl	të dyve	të dyjave	të dy djemve	të dy vajzave

Das Zahlwort një kann in der bestimmten Form auftreten, z.B. in Konstruktionen wie: Njëri lexonte, tjetri shkruante. «Der eine las, der andere schrieb». Njëra prej tyre ishte nga Tirana. «Eine von ihnen war aus Tirana».

Die Formen njëri und njëra werden wie Substantive in der bestimmten Form dekliniert:

(3) *maskulin* *feminin*
Nom njëri njëra
Gen i njërit i njërës
Dat njërit njërës
Akk njërin njërën
Abl (prej) njërit (prej) njërës

4.2. Ordinalzahlen

1. i parë   4. i katërt   7. i shtatë   10. i dhjetë
2. i dytë   5. i pestë   8. i tetë   11. i njëmbëdhjetë
3. i tretë 6. i gjashtë 9. i nëntë   12. i dymbëdhjetë ...

Die Ordinalzahlen sind durch die obligatorische Anwesenheit des vorangestellten Artikels gekennzeichnet. Außer i parë werden alle Ordnungszahlen aus den Kardinalzahlen abgeleitet. Enden diese auf -të, unterscheiden sich die Ordinalzahlen von ihnen nur durch die Anwesenheit des vorangestellten Artikels, z.B. gjashtë — i gjashtë, shtatë — i shtatë, tetë — i tetë, ...

Dy, tre, pesë und die zusammengesetzten Zahlen, deren letztes Element një, dy, tre, pesë, qind, mijë, milion oder miliard ist, erhalten den vorangestellten Artikel und das Suffix -të (wobei unbetontes -ë vor -të eliminiert wird), wie:

dy — i dytë njëzet e tre — i njëzetetretë
pesë — i pestë njëzet e pesë — i njëzetepestë
njëzet e një — i njëzetenjëtë një mijë — i njëmijtë
njëzet e dy — i njëzetedytë një milion — i njëmiliontë

Auch njëzet und dyzet erhalten den Artikel und das Suffix -të, jedoch wird -t vor -të eliminiert, z.B.: njëzet — i njëzetë; dyzet — i dyzetë. Bei den Zusammensetzungen mit -qind und -miliard bleibt -d vor -të erhalten, z.B.: një qind — i njëqindtë; një miliard — i njëmiliardtë. Ebenso enthält i katërt das Suffix -të, aus Betonungsgründen ist das unbetonte -ë des Suffixes weggefallen.

Die Ordnungszahlen verhalten sich in formaler Hinsicht wie die Artikel-Adjektive: wenn sie zusammen mit einem Substantiv vorkommen, folgen sie diesem normalerweise, und die Form des vorangestellten Artikels der Ordnungszahlen richtet sich nach Genus, Numerus, Bestimmtheitsform und Kasus des vorangehenden Substantivs, z.B. libri i parë, klasa e parë, librat e parë, klasat e para.

Die Ordnungszahlen haben dieselbe Lautgestalt für beide Genera im Singular sowie für die maskuline Form im Plural, die Genus- und Numerusunterschiede werden dann nur durch den Artikel angezeigt. Die feminine Form im Plural, die mit der maskulinen den Artikel gemeinsam hat, ist durch das Formativ -a gekennzeichnet (unbetontes -ë wird vor -a eliminiert), z.B.:

m/Sg libri i parë; *m/Pl* librat e parë; *f/Sg* klasa e parë; *f/Pl* klasat e para.
Für die Deklination der Konstruktionen Substantiv+Ordinalzahl können die Schemata (4a) und (4b) als Muster dienen.

(4a) *m/Sg* *m/Pl*

Nom	libri i parë	librat e parë
Gen	i librit të parë	i librave të parë
Dat	librit të parë	librave të parë
Akk	librin e parë	librat e parë
Abl	librit të parë	librave të parë

(4b) *f/Sg* *f/Pl*

Nom	klasa e parë	klasat e para
Gen	i klasës së parë	i klasave të para
Dat	klasës së parë	klasave të para
Akk	klasën e parë	klasat e para
Abl	klasës së parë	klasave te para

Die Ordnungszahlen können jedoch auch vor dem Substantiv stehen. Dann erhalten sie das Formativ der bestimmten Form, während das Substantiv in der unbestimmten Form erscheint und nicht flektiert wird, vgl. die Schemata (5a) und (5b).

(5a) *m/Sg* *m/Pl*

Nom	i pari libër	të parët libra
Gen	i të parit libër	i të parëve(t) libra
Dat	të parit libër	të parëve(t) libra
Akk	të parin libër	të parët libra
Abl	të parit libër	të parëve(t) libra

(5b) *f/Sg* *f/Pl*

Nom	e para klasë	të parat klasa
Gen	i së parës klasë	i të parave(t) klasa
Dat	së parës klasë	të parave(t) klasa
Akk	të parën klasë	të parat klasa
Abl	së parës klasë	të parave(t) klasa

Die Ordinalzahlen können auch substantiviert verwendet werden, vorwiegend in der bestimmten Form. Sie sind dann, wie in der Position vor dem Substantiv, Träger des vorangestellten Artikels und des Formativs der bestimmten Form, vgl. Schema (6):

(6)	m/Sg	f/Sg	m/Pl	f/Pl
Nom	i pari	e para	të parët	të parat
Gen	i të parit	i së parës	i të parëve(t)	i të parave(t)
Dat	të parit	së parës	të parëve(t)	të parave(t)
Akk	të parin	të parën	të parët	të parat
Abl	të parit	së parës	të parëve(t)	të parave(t)

4.3. Bruchzahlen

Die Bruchzahlen sind Zusammensetzungen aus Kardinalzahl (Zähler)+ Ordinalzahl (Nenner). Beim zweiten Element wird jeweils die substantivierte feminine Form verwendet. Der Numerus der Bruchzahl hängt vom Zähler ab; ist një der Zähler, erscheint der Singular, ist der Zähler größer als 1, wird der Plural verwendet, z.B.: *Sg* një e treta «ein Drittel»; *Pl* dy të tretat «zwei Drittel». Bei der Deklination von Bruchzahlen bleibt das erste Element unverändert, das zweite wird wie ein substantiviertes Adjektiv in der bestimmten Form dekliniert, z.B.:

(7)	Sg	Pl
Nom	një e treta	dy të tretat
Gen	i një së tretës	i dy të tretave(t)
Dat	një së tretës	dy të tretave(t)
Akk	një të tretën	dy të tretat
Abl	(prej) një së tretës	(prej) dy të tretave(t)

5. Pronomen

5.1. Personalpronomen

(1)	1. Person				2. Person			
	Sg	Kzf	Pl	Kzf	Sg	Kzf	Pl	Kzf
Nom	unë	–	ne	–	ti	–	ju	–
Gen	i mua	–	i neve	–	i ty	–	i juve	–
Dat	mua	më	neve	na	ty	të	juve	ju
Akk	mua	më	ne	na	ty	të	ju	ju
Abl	meje	–	nesh	–	teje	–	jush	–

(2) 3. *Person*

	Sg/m	Sg/f	Kzf	Pl/m	Pl/f	Kzf
Nom	ai	ajo	–	ata	ato	–
Gen	i atij	i asaj	–	i atyre	i atyre	–
Dat	atij	asaj	i	atyre	atyre	u
Akk [9]	atë	atë	e	ata	ato	i
Abl [8, 9]	atij	asaj	–	atyre	atyre	–

Kzf = Kurzform

Im Dativ und Akkusativ der Personalpronomina gibt es, wie die Tabellen zeigen, Kurzformen. Diese sind bei den Pronomina der 3. Person im Singular wie im Plural für beide Genera gleichlautend. Für die Verwendung dieser Kurzformen gibt es eine ganze Reihe von Bedingungen, auf die hier nur kurz eingegangen werden kann. Die Kurzformen können zur Verdopplung eines Objektes dienen, z.B.:

a) Profesori më njeh mua. «Der Professor kennt mich.»

b) Profesori i kritikoi studentët. «Der Professor hat die Studenten kritisiert.»

c) Fustani i pëlqen asaj. «Das Kleid gefällt ihr.»

So wird jedes Dativobjekt durch eine Dativ-Kurzform des Personalpronomens verdoppelt. Die Kurzformen können aber auch unter bestimmten syntaktischen und kontextuellen Bedingungen allein das Objekt vertreten, z.B.:

a) Profesori më njeh. «Der Professor kennt mich.»

b) Profesori i kritikoi. «Der Professor hat sie kritisiert.»

c) Fustani i pëlqen. «Das Kleid gefällt ihr.»

In Sätzen mit Imperativformen können sie – u.a. in Abhängigkeit von ihrer Lautgestalt – (getrennt) vor dem Verb (z.B. Mos e merr! «Nimm es nicht!»), innerhalb des Verbs (z.B. Merreni! «Nehmt es!») oder hinter dem Verb (z.B. Merre! «Nimm es!») stehen. In den übrigen Satztypen stehen die Kurzformen unmittelbar vor dem Verb. Wenn zwei Kurzformen vor ein Verb treten, steht die Kurzform des Dativs vor der des Akkusativs. Dabei entstehen folgende Kombinationen:

më+e = ma	të+e = ta	i +e = ia (Variante: ja)
më+i = m'i	të+i = t'i	i +i = ia (Variante: ja)
na +e = na e	ju+e = jua	u+e = ua
na +i = na i	ju+i = jua	u+i = ua

---

[8] Im Ablativ der Pronomina der 3. Person können auch ältere Varianten auftreten, u.a.: m/Sg asi *od* si; f/Sg aso *od* soje; m/Pl asish, sish *od* syresh; f/Pl asosh *od* sosh.

[9] Die Akkusativ- und Ablativformen der Pronomina der 3. Person werden nach Präpositionen häufig ohne das Element a- verwendet, im Akkusativ nach Präpositionen wie mbi, me, pa, për usw., wie mbi të, me ta, për to, ...; im Ablativ nach afër, pas, përpara, prej usw., wie afër saj, përpara tij, prej tyre, ...

Die Dativ- und Akkusativ-Kurzformen stehen als unbetonte Elemente beim Verb. Häufig treten zum Verb noch andere unbetonte Elemente, insbesondere Partikeln. Aus der Vereinigung von Partikeln und Kurzformen ergeben sich zahlreiche Kombinationen, darunter die folgenden:

Kombinationen aus Kurzform und der Partikel të [10]

a) të+Kurzform des Akkusativs
 të+më = të më
 të+na = të na
 të+të = të të
 të+ju = t'ju
 të+e = ta
 të+i = t'i

b) të+Kurzform des Dativs
 të+më = të më
 të+na = të na
 të+të = të të
 të+ju = t'ju
 të+i = t'i
 të+u = t'u

c) të+Kurzform des Dativs+Kurzform des Akkusativs
 të+më+e = të ma
 të+na +e = të na e
 të+të +e = të ta
 të+ju +e = t'jua
 të+i +e = t'ia
 të+u +e = t'ua

 të+më+i = të m'i
 të+na +i = të na i
 të+të +i = të t'i
 të+ju +i = t'jua
 të+i +i = t'ia
 të+u +i = t'ua

Kombinationen aus Kurzform des Dativs und der Partikel u [11]

më+u = m'u
na +u = na u
të +u = t'u
ju +u = ju u
i +u = iu (Variante: ju)
u +u = iu (Variante: ju)

Bisweilen kommen auch zwei Kurzformen des Dativs zusammen vor, z.B.: m'i und m'u bzw. m'ia und m'ua in den folgenden Beispielen. Es handelt sich um Kombinationen aus më+i und më+u bzw. më+ia und më+ua.

a) Të m'i bësh të fala!
 «Daß du mir ihm ja Grüße bestellst!»
b) Të m'u bësh të fala!
 «Daß du mir ihnen ja Grüße bestellst!»
c) Të mos m'ia prishni qejfin!
 «Daß ihr mir ihm ja nicht die Laune verderbt!»
d) Të mos m'ua prishni qejfin!
 «Daß ihr mir ihnen ja nicht die Laune verderbt!»

---

[10] Die Partikel të ist Bestandteil verschiedener Tempus- und Modusformen des Verbs, vgl. 6.1.3.;6.1.4.
[11] Die Partikel *u* ist Bestandteil verschiedener Passiv-Reflexiv-Formen des Verbs, vgl. 6.1.6.

In den Beispielen fungiert die erste Kurzform m' für më – als « ethischer Dativ ».

5.2. Reflexivpronomen

Als Reflexivpronomen werden vetja und vetvetja (Variante: vehtja bzw. vetvehtja) verwendet, unabhängig von Person und Numerus des Subjekts, z.B.:
Unë e lavdërova veten. « Ich habe mich (selbst) gelobt. »
Ti e lavdërove veten. « Du hast dich (selbst) gelobt. »
Ai e lavdëroi veten. « Er hat sich (selbst) gelobt. »
Ne e lavdëruam veten. « Wir haben uns (selbst) gelobt. »

Die Deklination erfolgt nach dem Muster femininer Substantive der bestimmten Form im Singular.

(3)

Nom	vetja	vetvetja
Gen	i vetes	i vetvetes
Dat	vetes	vetvetes
Akk	veten	vetveten
Abl	vetes	vetvetes

Das Reflexivpronomen kann im Akkusativ nach Präpositionen auch in der unbestimmten Form verwendet werden, z.B.: me vete, për vete, ...

5.3. Demonstrativpronomen

(4)

	Sg/m	Sg/f	Pl/m	Pl/f
Nom	ky	kjo	këta	këto
Gen	i këtij	i kësaj	i këtyre	i këtyre
Dat	këtij	kësaj	këtyre	këtyre
Akk	këtë	këtë	këta	këto
Abl	këtij	kësaj	këtyre	këtyre

Die Demonstrativpronomina ai, ajo, ata, ato stimmen (bei attributiver und isolierter Verwendung) in ihrer Lautgestalt mit den Personalpronomina der 3. Person überein, vgl. die Deklinationsschemata (2) unter 5. Wenn die Demonstrativpronomina attributiv verwendet werden, stehen sie vor dem Substantiv, auf das sie sich beziehen. In der Konstruktion Demonstrativpronomen+Substantiv werden beide Glieder dekliniert: das Demonstrativpronomen wie unter (2) bzw. (4) des Kapitels 5., das Substantiv entsprechend seiner Deklinationsklasse. In dieser Konstruktion wird das Substantiv normalerweise in der unbestimmten Form verwendet — vgl. Schema (5). Bisweilen kommt auch die bestimmte Form vor, z.B. ky djali, ai njeriu, u.a.

(5a)	Sg/m	Sg/f
Nom	ky djalë	kjo vajzë
Gen	i këtij djali	i kësaj vajze
Dat	këtij djali	kësaj vajze
Akk	këtë djalë	këtë vajzë
Abl	këtij djali	kësaj vajze

(5b)	Pl/m	Pl/f
Nom	këta djem	këto vajza
Gen	i këtyre djemve	i këtyre vajzave
Dat	këtyre djemve	këtyre vajzave
Akk	këta djem	këto vajza
Abl [12]	këtyre djemve	këtyre vajzave

Die Demonstrativpronomina i këtillë, i atillë und i tillë verhalten sich u.a. in Bezug auf Stellung und Deklination wie Adjektive, vgl. die Deklinationsschemata von një djalë i tillë und një vajzë e tillë.

(6a)	Sg/m	Sg/f
Nom	një djalë i tillë	një vajzë e tillë
Gen	i një djali të tillë	i një vajze të tillë
Dat	një djali të tillë	një vajze të tillë
Akk	një djalë të tillë	një vajzë të tillë
Abl	një djali të tillë	një vajze të tillë

(6b)	Pl/m	Pl/f
Nom	djem të tillë	vajza të tilla
Gen	i djemve të tillë	i vajzave të tilla
Dat	djemve të tillë	vajzave të tilla
Akk	djem të tillë	vajza të tilla
Abl	djemve të tillë	vajzave të tilla

5.4. Possessivpronomen

Die Form der Possessivpronomina hängt einerseits von Person, Genus und Numerus des «Besitzes», andererseits von Person, Genus und Numerus des «Besitzers» ab, vgl. die Tabellen (7a) und (7b). In einigen Fällen ist die Genusspezifizierung für die Form des Possessivpronomens nicht relevant. Das wird in der Tabelle durch einen Strich (-) angezeigt.

---

[12] Im Ablativ treten bisweilen auch die älteren Varianten kësi *(Sg/m)*, këso *(Sg/f)*, kësish *(Pl/m)* u kësosh *(Pl/f)* auf, kësish und kësosh aber nur mit der Ablativform -sh beim Substantiv: kësish djemsh, kësosh vajzash.

Das den « Besitz » bezeichnende Substantiv steht jeweils in der bestimmten Form, und es geht normalerweise dem Possessivpronomen voran. Die Possessivpronomina werden attributiv verwendet, siehe (7a). Unter bestimmten kontextuellen Bedingungen kommen sie auch isoliert (d.h. ohne Substantiv) vor, dabei treten die unter (7b) angeführten Formen auf.

(7a) **Possessivpronomina in attributiver Verwendung**

« Besitz »	« Besitzer »	Nominativ	Akkusativ	Genitiv/Dativ/Ablativ
	1. Pers			
Sg/m	*Sg/–*	shoku im	shokun tim	shokut tim
Sg/f	*Sg/–*	shoqja ime	shoqen time	shoqes sime
Sg/m	*Pl/–*	shoku ynë	shokun tonë	shokut tonë
Sg/f	*Pl/–*	shoqja jonë	shoqen tonë	shoqes sonë
Pl/m	*Sg/–*	shokët e mi	shokët e mi	shokëve të mi
Pl/f	*Sg/–*	shoqet e mia	shoqet e mia	shoqeve të mia
Pl/m	*Pl/–*	shokët tanë	shokët tanë	shokëve tanë
Pl/f	*Pl/–*	shoqet tona	shoqet tona	shoqeve tona
	2. Pers			
Sg/m	*Sg/–*	shoku yt	shokun tënd	shokut tënd
Sg/f	*Sg/–*	shoqja jote	shoqen tënde	shoqes sate
Sg/m	*Pl/–*	shoku juaj	shokun tuaj	shokut tuaj
Sg/f	*Pl/–*	shoqja juaj	shoqen tuaj	shoqes suaj
Pl/m	*Sg/–*	shokët e tu	shokët e tu	shokëve të tu
Pl/f	*Sg/–*	shoqet e tua	shoqet e tua	shoqeve të tua
Pl/m	*Pl/–*	shokët tuaj	shokët tuaj	shokëve tuaj
Pl/f	*Pl/–*	shoqet tuaja	shoqet tuaja	shoqeve tuaja
	3. Pers			
Sg/m	*Sg/m*	shoku i tij	shokun e tij	shokut të tij
Sg/f	*Sg/m*	shoqja e tij	shoqen e tij	shoqes së tij
Sg/m	*Sg/f*	shoku i saj	shokun e saj	shokut të saj
Sg/f	*Sg/f*	shoqja e saj	shoqen e saj	shoqes së saj
Pl/m	*Sg/m*	shokët e tij	shokët e tij	shokëve të tij
Pl/f	*Sg/m*	shoqet e tij	shoqet e tij	shoqeve të tij
Pl/m	*Sg/f*	shokët e saj	shokët e saj	shokëve të saj
Pl/f	*Sg/f*	shoqet e saj	shoqet e saj	shoqeve të saj
Sg/m	*Pl/–*	shoku i tyre	shokun e tyre	shokut të tyre
Sg/f	*Pl/–*	shoqja e tyre	shoqen e tyre	shoqes së tyre
Pl/m	*Pl/–*	shokët e tyre	shokët e tyre	shokëve të tyre
Pl/f	*Pl/*	shoqet e tyre	shoqet e tyre	shoqeve të tyre

(7b) **Possessivpronomina in isolierter Verwendung**

« Besitz »	« Besitzer »	Nominativ	Akkusativ	Genitiv/Dativ/Ablativ
	1. Pers			
Sg/m	Sg/–	imi	timin	timit
Sg/f	Sg/–	imja	timen	simes
Sg/m	Pl/–	yni	tonin	tonit
Sg/f	Pl/–	jona	tonën	sonës
Pl/m	Sg/–	të mitë	të mitë	të mive(t)
Pl/f	Sg/–	të miat	të miat	të miave(t)
Pl/m	Pl/–	tanët	tanët	tanëve(t)
Pl/f	Pl/–	tonat	tonat	tonave(t)
	2. Pers			
Sg/m	Sg/–	yti	tëndin	tëndit
Sg/f	Sg/–	jotja	tënden	sates
Sg/m	Pl/–	juaji	tuajin	tuajit
Sg/f	Pl/–	juaja	tuajën	tuajës
Pl/m	Sg/–	të tutë	të tutë	të tuve(t)
Pl/f	Sg/–	të tuat	të tuat	të tuave(t)
Pl/m	Pl/–	tuajt	tuajt	tuajve(t)
Pl/f	Pl/–	tuajat	tuajat	tuajave(t)
	3. Pers			
Sg/m	Sg/m	i tiji	të tijin (të tijnë)	të tijit
Sg/f	Sg/m	e tija	të tijën	së tijës
Sg/m	Sg/f	i saji	të sajin (të sajnë)	të sajit
Sg/f	Sg/f	e saja	të sajën	së sajës
Pl/m	Sg/m	të tijtë	të tijtë	të tijve(t)
Pl/f	Sg/m	të tijat	të tijat	të tijave(t)
Pl/m	Sg/f	të sajtë	të sajtë	të sajve(t)
Pl/f	Sg/f	të sajat	të sajat	të sajave(t)
Sg/m	Pl/–	i tyri	të tyrin	të tyrit
Sg/f	Pl/–	e tyrja	të tyren	së tyres
Pl/m	Pl/–	të tyret	të tyret	të tyreve(t)
Pl/f	Pl/–	të tyret	të tyret	të tyreve(t)

Das Possessivpronomen kann jedoch auch dem Substantiv vorangehen, nämlich dann, wenn es sich bei diesem um einen Verwandtschaftsnamen handelt, vgl. die Beispiele in Tabelle (8). Die Voranstellung ist normalerweise nur dann möglich, wenn der Besitzer für den Singular gekennzeichnet ist. In der 3. Person ist das Possessivpronomen hierbei mit dem vorangestellten isolierten Artikel (vgl. 3.2.) lautlich identisch.

(8)

« Besitz »	« Besitzer »	Nom	Gen, Dat, Abl	Akk
Sg/m	1. Pers/Sg	im vëlla	tim vëllai	tim vëlla
Sg/f	1. Pers/Sg	ime motër	sime motre	time motër
Sg/m	2. Pers/Sg	yt vëlla	tyt vëllai	tët vëlla
Sg/f	2. Pers/Sg	jot motër	sat motre	tët motër
Sg/m	3. Pers/Sg	i vëllai	të vëllait	të vëllanë
Sg/f	3. Pers/Sg	e motra	së motrës	të motrën

5.5. Interrogativpronomen

5.5.1. Einige Interrogativpronomina sind indeklinabel, so z.B. ç', çfarë, se u.a. Das Interrogativpronomen se kommt nur in Verbindung mit Präpositionen vor, z.B. me se, për se, prej se usw. Steht çfarë in der Bedeutung «was für ein» vor einem Substantiv, wird dieses im Ablativ der unbestimmten Form verwendet, z.B. Çfarë njeriu është ai? «Was für ein Mensch ist er?» Auch sa bleibt unflektiert, wenn es eine attributive Funktion ausübt, z.B. Sa njerëz do të vijnë? «Wieviel Menschen werden kommen?» Sa shfaqje ke parë? «Wieviel Vorstellungen hast du gesehen?»; Sa nxënësve u ke dhënë fletore? «Wieviel Schülern hast du Hefte gegeben?» Bei isolierter Verwendung wird sa dekliniert (vgl. 9).

5.5.2. Die deklinierbaren Interrogativpronomina haben folgende Formen:

(9)

Nom	sa
Gen	i save
Dat	save
Akk	sa
Abl	save

(10)

Nom	kush
Gen	i kujt
Dat	kujt
Akk	kë
Abl	kujt

(11)

	m/Sg	f/Sg	m/Pl	f/Pl
Nom	cili	cila	cilët	cilat
Gen	i cilit	i cilës	i cilëve(t)	i cilave(t)
Dat	cilit	cilës	cilëve(t)	cilave(t)
Akk	cilin	cilën	cilët	cilat
Abl	cilit	cilës	cilëve(t)	cilave(t)

(12)

	m/Sg	f/Sg	m/Pl	f/Pl
Nom	i sati	e sata	të satët	të satat
Gen	i të satit	i së satës	i të satëve(t)	i të satave(t)
Dat	të satit	së satës	të satëve(t)	të satave(t)
Akk	të satin	të satën	të satët	të satat
Abl	të satit	së satës	të satëve(t)	të satave(t)

5.6. Relativpronomen

Das Relativpronomen **i cili** wird wie folgt dekliniert:

(13)

	m/Sg	f/Sg	m/Pl	f/Pl
Nom	i cili	e cila	të cilët	të cilat
Gen	i të cilit	i së cilës	i të cilëve(t)	i të cilave(t)
Dat	të cilit	së cilës	të cilëve(t)	të cilave(t)
Akk	të cilin	të cilën	të cilët	të cilat
Abl	të cilit	së cilës	të cilëve(t)	të cilave(t)

Das Relativpronomen **që** ist indeklinabel. Es wird für beide Genera im Singular wie im Plural eingesetzt, jedoch nicht in allen Kasus. Es wird hauptsächlich im Nominativ und Akkusativ verwendet, bisweilen auch im Dativ. Im Genitiv und Ablativ kommt es nicht vor.

5.7. Indefinitpronomen

Eine Reihe von Indefinitpronomina sind Zusammensetzungen:

mit **kush**, an erster Stelle wie bei **kushdo** oder an zweiter Stelle wie bei **dikush**;
mit **njëri/njëra**, z.B. **asnjëri/asnjëra**
mit **cili/cila**, an erster Stelle wie bei **cilido/cilado** oder an zweiter Stelle wie z.B. **secili/secila**.

Bei diesen Indefinitpronomina werden nur die Elemente **kush, cili/cila** und **njëri/njëra** flektiert:

(14)

Nom	kushdo	dikush
Gen	i kujtdo	i dikujt
Dat	kujtdo	dikujt
Akk	këdo	dikë
Abl	kujtdo	dikujt

(15)

	m	f
Nom	asnjëri	asnjëra
Gen	i asnjërit	i asnjërës
Dat	asnjërit	asnjërës
Akk	asnjërin	asnjërën
Abl	asnjërit	asnjërës

(16)

	m	f	m	f
Nom	cilido	cilado	secili	secila
Gen	i cilitdo	i cilësdo	i secilit	i secilës
Dat	cilitdo	cilësdo	secilit	secilës
Akk	cilindo	cilëndo	secilin	secilën
Abl	cilitdo	cilësdo	secilit	secilës

(17) *Attributive* Verwendung von **tjetër**

(17a)

	m/Sg	f/Sg
Nom	një djalë tjetër	një vajzë tjetër
Gen	i një djali tjetër	i një vajze tjetër
Dat	një djali tjetër	një vajze tjetër
Akk	një djalë tjetër	një vajzë tjetër
Abl	një djali tjetër	një vajze tjetër

(17b)	m/Pl	f/Pl
Nom	djem të tjerë	vajza të tjera
Gen	i djemve të tjerë	i vajzave të tjera
Dat	djemve të tjerë	vajzave të tjera
Akk	djem të tjerë	vajza të tjera
Abl	djemve të tjerë	vajzave të tjera

(17c)	m/Sg	f/Sg
Nom	djali tjetër	vajza tjetër
Gen	i djalit tjetër	i vajzës tjetër
Dat	djalit tjetër	vajzës tjetër
Akk	djalin tjetër	vajzën tjetër
Abl	djalit tjetër	vajzës tjetër

(17d)	m/Pl	f/Pl
Nom	djemtë e tjerë	vajzat e tjera
Gen	i djemve të tjerë	i vajzave të tjera
Dat	djemve të tjerë	vajzave të tjera
Akk	djemtë e tjerë	vajzat e tjera
Abl	djemve të tjerë	vajzave të tjera

(18) *Isolierte* Verwendung von **tjetër**

	m/Sg	f/Sg	m/Pl	f/Pl
Nom	tjetri	tjetra	të tjerët	të tjerat
Gen	i tjetrit	i tjetrës	i të tjerëve(t)	i të tjerave(t)
Dat	tjetrit	tjetrës	të tjerëve(t)	të tjerave(t)
Akk	tjetrin	tjetrën	të tjerët	të tjerat
Abl	tjetrit	tjetrës	të tjerëve(t)	të tjerave(t)

Etliche Indefinitpronomina – diçka, diç, gjë, gjëkafshë, gjësendi, gjithëçka u.a. – treten nur isoliert auf. In Sätzen werden sie meist im Nominativ oder Akkusativ verwendet und bleiben unflektiert. Einige Indefinitpronomina wie çfarëdo, kurrfarë, një farë u.a. können nur zusammen mit einem Substantiv vorkommen. Sie stehen vor dem Substantiv, das im Ablativ der unbestimmten Form stehen muß, z.B. një farë djali « ein gewisser Junge ».

Andere Indefinitpronomina wie çdo, shumë, pak u.a. bleiben, wenn sie mit einem Substantiv zusammen vorkommen, im Verlauf der Deklination unverändert, vgl. (19a) bis (19c). Nach den genannten Pronomina muß das Substantiv in der unbestimmten Form stehen, nach çdo im Singular, nach den anderen genannten Pronomina im Plural.

(19a)		(19b)	
Nom	çdo nxënës	Nom	shumë nxënës
Gen	i çdo nxënësi	Gen	i shumë nxënësve
Dat	çdo nxënësi	Dat	shumë nxënësve
Akk	çdo nxënës	Akk	shumë nxënës
Abl	çdo nxënësi	Abl	shumë nxënësve

(19c)		(20)	
Nom	disa nxënës	*Nom*	disa
Gen	i disa nxënësve	*Gen*	i disave
Dat	disa nxënësve	*Dat*	disave
Akk	disa nxënës	*Akk*	disa
Abl	disa nxënësve	*Abl*	disave

Das Pronomen çdo kann nur attributiv verwendet werden. Wenn shumë und pak isoliert auftreten, erscheinen sie in der Regel nur im Nominativ oder Akkusativ und haben in beiden Kasus die gleiche Form. Disa kann bei isolierter Verwendung in allen Kasus vorkommen, vgl. (20).

Die Indefinitpronomina **gjithë** *und* **tërë** können sowohl attributiv als auch isoliert auftreten. Üben sie eine attributive Funktion aus, so treten sie vor das Substantiv, das in der bestimmten Form stehen muß. In attributiver Funktion können sie sowohl ohne Artikel – siehe (21a) und (21b) – als auch mit Artikel vorkommen – siehe (22a) und (22b). Vor einem Substantiv wird jedoch die artikellose Form von gjithë und tërë bevorzugt. Bei isolierter Verwendung müssen gjithë und tërë stets den vorangestellten Artikel haben – vgl. (23). Der Singular tritt bei isolierter Verwendung kaum auf, deshalb werden nur die Pluralformen aufgeführt. Da tërë in allen Fällen die gleichen Endungen und Artikelformen wie gjithë hat, werden nur die Deklinationsmuster von gjithë gegeben.

(21a)	*m/Sg*	*f/Sg*
Nom	gjithë fshati	gjithë klasa
Gen	i gjithë fshatit	i gjithë klasës
Dat	gjithë fshatit	gjithë klasës
Akk	gjithë fshatin	gjithë klasën
Abl	gjithë fshatit	gjithë klasës

(21b)	*m/Pl*	*f/Pl*
Nom	gjithë shokët	gjithë shoqet
Gen	i gjithë shokëve	i gjithë shoqeve
Dat	gjithë shokëve	gjithë shoqeve
Akk	gjithë shokët	gjithë shoqet
Abl	gjithë shokëve	gjithë shoqeve

(22a)	*m/Sg*	*f/Sg*
Nom	i gjithë fshati	e gjithë klasa
Gen	i të gjithë fshatit	i të gjithë klasës
Dat	të gjithë fshatit	të gjithë klasës
Akk	të gjithë fshatin	të gjithë klasën
Abl	të gjithë fshatit	të gjithë klasës

(22b)	*m/Pl*	*f/Pl*
Nom	të gjithë shokët	të gjitha shoqet
Gen	i të gjithë shokëve	i të gjitha shoqeve
Dat	të gjithë shokëve	të gjitha shoqeve
Akk	të gjithë shokët	të gjitha shoqet
Abl	të gjithë shokëve	të gjitha shoqeve

(23)	*m/Pl*	*f/Pl*
Nom	të gjithë	të gjitha
Gen	i të gjithëve	i të gjithave
Dat	të gjithëve	të gjithave
Akk	të gjithë	të gjitha
Abl	të gjithëve	të gjithave

6. Verb

Das albanische Verbsystem umfaßt finite und infinite Formen, die mit dreierlei Mitteln gebildet werden: Konjugationssuffixe, Hilfsverben und Partikeln.

6.1. Finite Formen

Es gibt drei Typen von finiten Formen:

(1) Durch Konjugationssuffixe gekennzeichnete, d.h. synthetische Formen.

(2) Analytische Formen, die aus einer synthetischen Form eines Hilfsverbs und mindestens aus einer infiniten Form des Verbs, evtl. noch aus zusätzlichen infiniten Formen von Hilfsverben, bestehen.

(3) Analytische Formen, die aus mindestens einer Partikel und einer Form des Typs 1 oder 2 bestehen.

Durch die Verbformen können zahlreiche morphologische Kategorien ausgedrückt werden. Die folgende Übersicht berücksichtigt im großen und ganzen nur die Kategorien, bei denen wenigstens zwei Subkategorien durch synthetische Mittel unterschieden werden. Das sind folgende Kategorien: Person, Numerus, Tempus, Modus, Nichtadmirativ/Admirativ,

Genus verbi. (Diese Kategorie fällt morphologisch mit der Kategorie Nichtreflexiv/Reflexiv zusammen.) [13]

6.1.1. Die Kategorie der *Person* umfaßt genau drei Subkategorien: erste Person, zweite Person, dritte Person. Die Unterscheidung erfolgt in jedem Fall durch Konjugationssuffixe (Homonymien eingeschlossen).

6.1.2. Die Kategorie des *Numerus* umfaßt genau zwei Subkategorien: Singular und Plural. Die Unterscheidung erfolgt in jedem Fall durch Konjugationssuffixe.

6.1.3. Die Kategorie des *Tempus* umfaßt mindestens zehn Subkategorien: Präsens, Imperfekt, Aorist, Perfekt, Plusquamperfekt, Aorist II, Futur, Futur Imperfekt, Futur Perfekt, Futur Plusquamperfekt. Die Einordnung der vier Futur-Tempusformen in die Kategorie des Tempus ist problematisch; Futur Imperfekt und Futur Plusquamperfekt werden oft als ein besonderer Modus Konditional bezeichnet. Die Formen des Präsens, Imperfekts und Aorists sind Formen des Typs 1; die Formen des Perfekts, Plusquamperfekts und Aorists II sind Formen des Typs 2: sie werden aus den Präsens-, Imperfekt- bzw. Aorist-Formen des Hilfsverbs ka «haben» und dem Partizip des Verbs gebildet; die vier Futur-Formen gehören zum Typ 3: sie bestehen aus der Futur-Partikel do, der Konjunktiv-Partikel të und den Formen des Konjunktivs Präsens, Imperfekt, Perfekt bzw. Plusquamperfekt.

Übersicht über die wichtigsten Funktionen der **Indikativ-Tempusformen:**

6.1.3.1. Präsens. Generelle Aussagen: Oksidi i karbonit është shumë i helmët. «Kohlenmonoxid ist sehr giftig»; Ausdruck der aktuellen Gegenwart: Pse hesht? «Warum schweigst du?»; Ausdruck der Zukunft: Nesër kemi gjashtë orë mësim. «Morgen haben wir sechs Stunden Unterricht»; Ausdruck der Vergangenheit (Praesens historicum; vor allem statt Aorist, Imperfekt oder Perfekt): Më 1464 për shqiptarët fillon periudha e fundit e rezistencës së udhëhequr nga Skënderbeu kundër shkelësve turq. «Im Jahre 1464 beginnt für die Albaner die letzte Periode des von Skanderbeg geführten Widerstandes gegen die türkischen Eindringlinge».

6.1.3.2. Imperfekt. Darstellung von Ereignissen in der Vergangenheit in ihrem Verlauf (Gegenwart in der Vergangenheit): Tani ato me siguri flinin. «Jetzt schliefen sie mit Sicherheit»; Darstellung von Handlungen, die sich in der Vergangenheit wiederholen: Herë pas here kthente kokën. «Von Zeit zu Zeit wandte er den Kopf».

6.1.3.3. Aorist. Zusammenfassende Darstellung von (abgeschlossenen) Ereignissen der Vergangenheit: Erdhi, më pa, qau dhe iku. «(Sie) kam, sah mich, brach in Tränen aus und ging weg»; Darstellung von zukünftigen

---

[13] Das albanische Verbsystem enthält noch eine Reihe weiterer Kategorien, zu deren Ausdruck keine Konjugationssuffixe, sondern nur analytische Mittel dienen, z.B. die Kategorie des Aspekts, vgl.: punon «er arbeitet»; po punon «er arbeitet gerade».

Ereignissen, die als unmittelbar bevorstehend charakterisiert werden sollen: Ika! « Ich gehe ja schon! »

6.1.3.4. Perfekt. Darstellung von Ereignissen, die in der Vergangenheit abgeschlossen wurden, jedoch mit der Gegenwart verbunden bzw. in ihr weiterwirkend sind: Bujqësia ka arritur një nivel të lartë. « Die Landwirtschaft hat ein hohes Niveau erreicht ».

6.1.3.5. Plusquamperfekt. Darstellung von Ereignissen, die vor einem bestimmten Zeitpunkt der Vergangenheit abgeschlossen waren und mit diesem Zeitpunkt verbunden sind: E kuptoi ai se çdo gjë kishte marrë fund. « Und er begriff, daß alles zu Ende war ». Es tritt auch in der Funktion des Aorists II auf: Dini provoi të kujtonte se si dikur kishte hypur në një carac. « Dini versuchte, sich daran zu erinnern, wie er einmal auf einen Zürgelbaum gestiegen war ».

6.1.3.6. Aorist II. Darstellung von Ereignissen, die vor einem bestimmten Zeitpunkt der Vergangenheit abgeschlossen waren und – in der Regel – mit diesem Zeitpunkt nicht mehr verbunden sind: Si pat vënë gjithëçka në rregull, u nis për në punë. « Nachdem er alles in Ordnung gebracht hatte, ging er zur Arbeit ».

6.1.3.7. Futur. Darstellung von Ereignissen der Zukunft: Do të çilen të tjera galeri, do të hidhen në erë shkëmbenjtë. « Weitere Stollen werden eröffnet werden, die Felsen werden in die Luft gesprengt werden »; Darstellung der Vermutung des Sprechers über ein gegenwärtiges oder zukünftiges Ereignis (nur bei den Verben ka « haben », është « sein » und di « wissen »): Ai do të jetë. « Er wird es (wohl) sein ».

6.1.3.8. Futur Imperfekt (= Konditional Präsens): Darstellung von Ereignissen, die vom Standpunkt einer vergangenen Handlung aus zukünftig sind: I ndjente vështrimet e tia të egra ... Kush e di ç'do t'i thonte. « Sie fühlte seine wilden Blicke ... Wer weiß, was er ihr sagen würde. »; Verwendung als Konditional der Gleichzeitigkeit: Këtë punë do ta bëja me gjithë dëshirë. « Diese Arbeit würde ich sehr gern machen » (auch mit Vorzeitigkeitsbedeutung: « ...würde ich sehr gern gemacht haben »).

6.1.3.9. Futur Perfekt. Darstellung von Ereignissen, die von der Zukunft aus betrachtet vergangen sind: Shumë gjak do të jetë derdhur. « Viel Blut wird vergossen worden sein ». Darstellung einer Vermutung des Sprechers hinsichtlich einer vergangenen Handlung (ohne lexikalische Beschränkung): Do të më ketë harruar fare; dhjetë ditë kaluan. « Sie wird mich wohl ganz vergessen haben; zehn Tage sind (nun) vergangen ».

6.1.3.10. Futur Plusquamperfekt (= Konditional Präteritum). Darstellung von Ereignissen, die vom Standpunkt einer Vorvergangenheit aus zukünftig sind: Në banka të shkollës rrinte e vogla çetë ... Për ca kohë do të kishte arritur një udhëtar. « Auf den Schulbänken saß die kleine Schar ... Nach einiger Zeit würde ein Reisender angelangt sein »; Verwendung als Konditional der Vorzeitigkeit: Atje do të kisha vajtur. « Dort wäre ich hingegangen ».

6.1.4. Die Kategorie des *Modus* umfaßt mindestens fünf Subkategorien: Indikativ, Konjunktiv, Jussiv, Optativ und Imperativ. Mit Ausnahme des Imperativs kommen alle Modi in mehreren Tempusformen vor. Die Präsens-Formen (d.h. die hinsichtlich der Tempuskategorie unmarkierten Formen) des Indikativs und Optativs und die Imperativ-Formen werden lediglich durch Konjugationssuffixe gebildet, die Formen des Konjunktivs in der Literatursprache der Gegenwart durch Suffixe und die Partikel të, die Formen des Jussivs durch die Partikel le und Konjunktiv-Formen. Es handelt sich also um Formen des Typs 3. Die Tempusformen der einzelnen Modi entsprechen im Typ und in der Bildung denen des Indikativs: die Hilfsverbkomponenten erscheinen mit den entsprechenden Moduszeichen.

6.1.4.1. Konjunktiv. Der *Konjunktiv Präsens* dient u.a. zur Bildung der folgenden Satztypen: Befehle (Ersatzform des Imperativs): Të shikojmë shpinën e medaljonit! «Betrachten wir die Kehrseite der Medaille!»; Wünsche oder Flüche usw. (Ersatzform des Optativs): Të na trashëgohen! «Mögen sie ein glückliches Leben führen!»; Deliberative Fragen: Të shkoj në Tiranë? «Soll ich nach Tirana fahren?»; Polemische Fragen: Unë të shkoj në Tiranë?. «Ich soll nach Tirana fahren?»; Finalsätze: Dolla (që) të marr pak erë. «Ich ging hinaus, um frische Luft zu schnappen»; Verwendung im komplexen Verbalprädikat nach Modalverben, Verben mit faktitiver Bedeutung, Verben des Sagens und Denkens, Phasenverben u.a.: Dua të ha. «Ich will essen»; Filloj të flas. «Ich beginne zu sprechen»; Verwendung in Subjekt-, Objekt- oder Attributsätzen, wenn es um zukünftige Handlungen oder solche, die man sich lediglich vorstellt, geht: Është e udhës t'i ndihmojmë shoqi-shoqit. «Es ist angebracht, einander zu helfen».

In vielen dieser Verwendungen vertritt der Konjunktiv einen in der Literatursprache nicht vorhandenen Infinitiv (zur Verwendung der Form «për të+Part» vgl. 6.2.3.).

Der *Konjunktiv Perfekt* hat im wesentlichen die gleichen Bedeutungen mit entsprechender temporaler Funktion, der *Konjunktiv Imperfekt* und *Plusquamperfekt* erfüllt, oft mit der vorangestellten Partikel po, zusätzlich zu den genannten Funktionen (mit entsprechender temporaler Geltung) vor allem noch die Funktion als irreale Fallsetzung im Nebensatz des Konditionalgefüges: (Po) të mos ishte dielli, s'do të kishte jetë. «Wenn die Sonne nicht wäre, gäbe es kein Leben»; (Po) të kishe ardhur mbrëmë në konferencë, do të mësoje shumë gjëra të reja. «Wärest du gestern abend zur Konferenz (zum Vortrag) gekommen, hättest du viel Neues erfahren».

6.1.4.2. Jussiv. Die Form des Jussivs drückt vor allem Gleichgültigkeit des Sprechers gegenüber der Ausführung oder dem Verlauf eines Ereignisses aus. Bisweilen kann er aber auch Befehle (Ersatzform des Imperativs) oder Wünsche usw. (Ersatzform des Optativs) ausdrücken: Le të shkojë kann somit u.a. bedeuten: «Mag er (ruhig) gehen»; «Er soll gehen»; «Wenn er doch ginge».

6.1.4.3. Optativ. Er dient vor allem zum Ausdruck von Wünschen, z.B.: Rroftë paqja! «Es lebe der Frieden!»; bzw. Flüchen: Ngordhsh! «Du sollst krepieren!». Besonders nach der Partikel në wird er auch in der Fallsetzung realer hypothetischer Perioden benutzt, ohne daß ein Wunsch ausgedrückt würde: Në u vonofsha sonte, mos më prit. «Falls ich mich heute abend verspäte, so warte nicht auf mich».

6.1.4.4. Imperativ. Der Imperativ dient in erster Linie zum Ausdruck von Befehlen: Zgjidh të njëqind kalorësit më të mirë dhe nisu! «Wähle die hundert besten Reiter aus und brich auf!»

6.1.5. Die Kategorie des *Nichtadmirativs/Admirativs* umfaßt mindestens zwei Subkategorien: Nichtadmirativ (d.h. alle Formen ohne Admirativzeichen) und Admirativ. Der **Admirativ** erscheint ebenso wie der Nichtadmirativ in verschiedenen Tempus- und Modusformen. Die *Indikativformen des Admirativs* sind Formen des Typs 1 (Präsens und Imperfekt), des Typs 2 (Perfekt und Plusquamperfekt – aus Admirativ-Formen des Präsens und Imperfekts des Hilfsverbs ka «haben») und des Typs 3 (Futur und evtl. weitere Futur-Tempusformen: sie bestehen aus der Partikel do und dem Konjunktiv des Admirativs). Der Admirativ drückt die Verwunderung des Sprechers aus. Es kann die Verwunderung über ein Ereignis sein, z.B.: Rënka shi! «Es regnet ja!» oder die Verwunderung des Sprechers über die Aussage eines anderen, z.B. Lavdi Zotit, s'ka asgjë! thirri V .... S'paska gjë, a? Kollaj është për të thënë kështu! «Gelobt sei Gott, es ist nichts, rief V .... Was, es soll nichts sein? So etwas kann man leicht behaupten!» Außerdem dient der Admirativ zur Wiedergabe von Gerüchten und dgl.: Tre kryengritës paskëshin zbritur nga mali. «Drei Aufständische sollten vom Berg herabgestiegen sein». Die *Konjunktiv-Formen des Admirativs* werden mit der Konjunktiv-Partikel të und den Admirativ-Formen des Indikativs gebildet. In ihrer Funktion stehen sie den Nichtadmirativ-Konjunktivformen näher als den Admirativ-Indikativformen; z.B. Të qenkësha si ti, s'gënjehesha me fjalë. «Wäre ich wie du, ließe ich mich nicht durch Worte täuschen». In der Literatursprache der Gegenwart werden vor allem Präsens, Imperfekt, Perfekt und Plusquamperfekt des indikativischen sowie Imperfekt und Plusquamperfekt des konjunktivischen Admirativs verwendet. Präsens und Perfekt des Konjunktivs, Futurformen und Jussivformen des Admirativs kommen nur sporadisch vor.

6.1.6. Die Kategorie des *Genus verbi* umfaßt mindestens zwei Subkategorien: Aktiv und Passiv. Die Formen des **Passivs** werden gleichzeitig zur Wiedergabe von Reflexivität und Reziprozität verwendet. Außerdem kommen zahlreiche Lexeme nur in Passivformen ohne Passivbedeutung vor. Die Passivformen werden aus den entsprechenden Aktivformen in unterschiedlicher Weise gebildet: Präsens und Imperfekt des Nichtadmirativs Indikativ – parallel auch die des Konjunktivs und Jussivs – und Futur sowie Futur Imperfekt und Imperativ unterscheiden sich durch besondere Konjugationssuffixe von den entsprechenden Aktivformen;

Optativ Präsens, Aorist (mit zusätzlicher Änderung des Konjugationssuffixes in der 3. Person Singular), Präsens, Imperfekt und Futur des indikativischen, konjunktivischen und jussivischen Admirativs erhalten die vorangestellte Partikel u, bei den anderen Formen wird die Hilfsverbkomponente ka «haben» durch die entsprechende (mit gleichen Tempus-, Modus- und Admirativzeichen versehene) von është «sein» ersetzt.

6.2. Infinite Formen

Es gibt nur eine infinite Form des Typs 1: das Partizip. Alle anderen infiniten Formen bestehen aus diesem Partizip und bestimmten vorangestellten Partikeln (Typ 3): das Gerundium Aktiv mit duke, Passiv mit duke u; der Privativ Aktiv mit pa, Passiv mit pa u, der sogenannte «Infinitiv» Aktiv mit për të, Passiv mit për t'u und der Absolutiv Aktiv mit me të, Passiv mit me t'u. Perfektformen gibt es vom Gerundium und vom «Infinitiv». Sie werden durch Einschieben von pasë bei den Aktiv- und qenë bei den Passivformen (wobei das u ausfällt) gebildet.

6.2.1. Partizip. In erster Linie dient es zur Bildung der Aktiv- und Passivformen des Typs 2 (s.o.), zur Bildung der übrigen infiniten Formen und zur Bildung der modalen Passivformen mit duhet bzw. do: Duhet filluar oder Do filluar. «Man muß anfangen». In selbständiger Funktion hat es im allgemeinen den Charakter des verbalen Elements eines Zustandspassivs: Eci me kokën ulur. «Er ging mit gesenktem Kopf»; Mbyllur është dera, apo hapur? «Ist die Tür geschlossen oder geöffnet?».

6.2.2. Privativ. Er hat u.a. die Funktionen des negierten Infinitivs vieler Sprachen: Qëndruan një copë herë pa folur. «Sie verharrten eine Weile, ohne zu sprechen»; außerdem dient er zur Bildung von Temporalsätzen: Pa gdhirë mirë dolli nga shtëpia. «Ehe es recht Tag geworden war, ging er aus dem Haus»; und Konditionalsätzen: Pa ngrënë hudhra, s'të vjen erë goja. «Wenn du keinen Knoblauch ißt, riechst du nicht aus dem Mund».

6.2.3. Der sogenannte **«Infinitiv»** mit për të. Diese Form kommt vor allem nach den Hilfsverben ka «haben» und është «sein» sowie bëhet «werden», mbetet «bleiben» und vjen «kommen» vor: Të kemi për të marrë. «Wir werden dich nehmen»; Qan, kur është për të qeshur. «Du weinst, wo es doch zum Lachen ist». Infinitivfunktionen erfüllt die Form z.B. in Finalsätzen: Do të vete në pazar për të blerë zarzavate. «Ich werde auf den Markt gehen, um Gemüse zu kaufen» und in Sätzen des Typs: Për të punuar, punon. «Arbeiten tut er.» Die meisten Funktionen z.B. des deutschen Infinitivs werden jedoch in der albanischen Literatursprache vom Konjunktiv wahrgenommen.

6.2.4. Absolutiv. Die Form wird vor allem für Temporalsätze verwendet: Me të parë Dekon, ai u ndal. «Als er Deko sah, blieb er stehen»; Me t'u martuar unë, do ta pajtojmë vajzën. «Sobald ich geheiratet habe, werden wir das Mädchen unterbringen».

6.2.5. Gerundium. Es wird ebenso wie der sogenannte «Infinitiv» nach bestimmten Verben oder isoliert verwendet. Nach është «sein» bildet es eine Ersatzform des mit der Partikel po gebildeten progressiven Aspekts: Jam duke folur = po flas «Ich spreche gerade», ansonsten begegnet es vor allem nach Verben der sinnlichen Wahrnehmung: E pashë duke punuar. «Ich sah ihn arbeiten». Es vertritt isoliert Modalsätze, Temporalsätze, Kausalsätze und Konditionalsätze, z.B.: Njeriu po afrohej duke ecur në mënyrë të çuditshme. «Der Mann näherte sich, eigenartig laufend»; Duke kaluar përpara Mapos, i ra ndërmend të blinte një suvenir. «Als er beim Warenhaus vorbeikam, fiel ihm ein, ein Souvenir zu kaufen».

6.3. Die Konjugation der albanischen Verben

Das Wörterbuch gibt bei jedem Verblexem eine der arabischen Ziffern 1-55 (bzw. ihre Varianten wie 4¹, 11² usw.) an, die den betreffenden Konjugationstyp symbolisiert. Die Konjugation ist in den Tabellen a und b dargestellt. Tabelle a bringt für jeden der Konjugationstypen 1 bis 53 neunzehn Stammformen (gekennzeichnet durch die römischen Ziffern I-XIX), mit deren Hilfe die in der Literatursprache gebräuchlichen Formen jedes im Wörterbuch verzeichneten Verbs gebildet werden können: [14] Diese neunzehn Stammformen sind:

I	3. Pers. Sg. Präs. Indikativ Nichtadmirativ Aktiv (Zitierform des Wörterbuchs)
II	1. Pers. Sg. Indikativ Nichtadmirativ Aktiv
III	1. Pers. Pl. Präs. Indikativ Nichtadmirativ Aktiv
IV	2. Pers. Pl. Präs. Indikativ Nichtadmirativ Aktiv
V	2. Pers. Sg. Präs. Konjunktiv Nichtadmirativ Aktiv (ohne Partikel të)
VI	3. Pers. Sg. Präs. Konjunktiv Nichtadmirativ Aktiv (ohne Partikel të)
VII	1. Pers. Sg. Imperf. Indikativ Nichtadmirativ Aktiv
VIII	3. Pers. Sg. Imperf. Indikativ Nichtadmirativ Aktiv
IX	1. Pers. Pl. Imperf. Indikativ Nichtadmirativ Aktiv
X	3. Pers. Sg. Präs. Indikativ Nichtadmirativ Passiv/Reflexiv
XI	2. Pers. Sg. Imp. Aktiv
XII	1. Pers. Sg. Aor. Aktiv
XIII	3. Pers. Sg. Aor. Aktiv
XIV	1. Pers. Pl. Aor. Aktiv
XV	3. Pers. Sg. Aor. Passiv/Reflexiv (ohne Partikel u)
XVI	2. Pers. Sg. Präs. Optativ Aktiv
XVII	3. Pers. Sg. Präs. Optativ Aktiv

---

[14] Die Normung der Morphologie des Verbs stellt einen erst gegenwärtig verlaufenden Prozeß dar. Wir haben versucht, den neuesten Stand der Entwicklung anzuführen (nach: «Gjuha letrare shqipe për të gjithë», Tirana 1976, und «Fjalori drejtshkrimor i gjuhës shqipe», Tirana 1976), bringen aber in Klammern auch Formen, die der jetzt festgelegten Norm nicht mehr entsprechen, aber in der Literatur der letzten Jahre noch auftreten. Im Wörterbuchteil konnten die letzten Entwicklungen auf diesem Gebiet nicht mehr konsequent berücksichtigt werden.

Verb

XVIII 1. Pers. Sg. Präs. Indikativ Admirativ Aktiv
XIX Partizip

Bei einigen wenigen Verben, den Typen 42, 44-46, 48, 51-53, ist die Angabe zusätzlicher Stammformen erforderlich. Die beiden Verben është « sein » und ka « haben » werden mit allen vorhandenen Formen angeführt. Die Angabe der Ziffer 1-55 bei einem Verb im Wörterbuch bedeutet allerdings nicht in jedem Fall, daß von dem betreffenden Verb jede Form gebräuchlich ist. Tabelle **b** bringt zusätzliche Regeln, die bei 1-53 für die Bildung der einzelnen Verbformen aus den Stammformen I bis XIX erforderlich sind. Die römische Ziffer symbolisiert das Verb in der betreffenden Stammform. Auf die römischen Ziffern folgen Erläuterungen, falls bei der Bildung der betreffenden Verbform eine Stammform verändert werden muß (so bedeutet z.B. « dabei m>n »: « ersetze das (letzte) m der betreffenden Stammform durch n »; oder « dabei kam>ke »: « ersetze die Gruppe kam durch die Gruppe ke »). Zusätze, die an der betreffenden Stammform ohne Rücksicht auf den Konjugationstyp vorgenommen werden, sind in ihrer eigentlichen (orthographischen) Gestalt angeführt und durch Pluszeichen mit dem Symbol der betreffenden Stammform verbunden. So bedeutet « kam+XIX »: « stelle vor die Stammform XIX des betreffenden Verbs das (mit der Stammform nicht zusammengeschriebene) Zeichen kam » oder « XVI+-a »: « füge an die Stammform XVI ein mit dieser Stammform zusammengeschriebenes a ». Zur Erläuterung und im Interesse einer leichteren Übersicht bringt die Tabelle **b** außerdem die vollständige Konjugation dreier Typen: 1 = punon, 14 = hap und 30 = vret. Dabei gelten die vor dem Schrägstrich stehenden Zeichen für die Formen jedes dieser drei Verben, also « kam / punuar, hapur, vrarë » = « kam punuar, kam hapur, kam vrarë ». Für die beiden Hilfsverben 54 është « sein » und 55 ka « haben » gelten die Regeln der Tabelle **b** nicht ausnahmslos, vgl. dazu die vollständigen Paradigmen von « është » und « ka ».

TABELLEN

zur Konjugation des Verbs

Tabelle a:
Konjugationstypen
1-53: Stammformen
  54: Hilfsverb është «sein»
  55: Hilfsverb ka «haben»

Tabelle b:
Bildung der Verbalformen

Konjugationstypen

Stammformen

Konjuga-tionstyp	I	II	III	IV	V
1	pun|on	–oj	–ojmë	–oni	–osh
2	shkr|uan	–uaj	–uajmë	–uani	–uash
3	kth|en	–ej	–ejmë	–eni	–esh
3 [1]	zj|en	–ej	–ejmë	–eni	–esh
4	l|yen	–yej	–yejmë	–yeni	–yesh
4 [1]	zh|yen	–yej	–yejmë	–yeni	–yesh
5	la|n	–j	–jmë	–ni	–sh
6	fshi|n	–j	–jmë	–ni	–sh
7	bl|en	–ej	–ejmë	–ini (–eni)	–esh
7 [1]	nd|ien	–iej	–iejmë	–ieni	–iesh
8	bre|n	–j	–jmë	–ni	–sh
9	r|uan	–uaj	–uajmë	–uani	–uash
	rr|uan	–uaj	–uajmë	–uani	–uash
9 [1]	l|uan	–uaj	–uajmë	–uani	–uash
9 [2]	rr|on	–oj	–ojmë	–oni	–osh
9 [3]	mbro|n	–j	–jmë	–ni	–sh
9 [4]	yen	yej	yejmë	yeni	yesh
10	mba|n	–j	–jmë	–ni	–sh
10 [1]	bëza|n	–j	–jmë	–ni	–sh
10 [2]	bu|n	–j	–jmë	–ni	–sh
11	arri|n	–j	–jmë	–ni	–sh
11 [1]	shty|n	–j	–jmë	–ni	–sh
11 [2]	mërdhi|n	–j	–jmë	–ni	–sh
11 [3]	dërsi|n	–j	–jmë	–ni	–sh
12	bë|n	–j	–jmë	–ni	–sh

Konjugationstypen 1-12

VI	VII	VIII	IX	X	Konjuga-tionstyp
–ojë	–oja	–onte	–onim	–ohet	1
–uajë	–uaja	–uante	–uanim	–uhet	2
–ejë	–eja	–ente	–enim	–ehet	3
–ejë	–eja	–ente	–enim	–ehet	3 [1]
–yejë	–yeja	–yente	–yenim	–yhet	4
–yejë	–yeja	–yente	–yenim	–yhet	4 [1]
–jë	–ja	–nte	–nim	–het	5, 6
–erë	–ija	–inte	–inim	–ihet	7
	(–eja)	(–ente)	(–enim)	(–ehet)	
–iejë	–ieja	–iente	–ienim	–ihet	7 [1]
(–jesë)					
–jë	–ja	–nte	–nim	–het	8
–uajë	–uaja	–uante	–uanim	–uhet	9
–uajë	–uaja	–uante	–uanim	–uhet	
–uajë	–uaja	–uante	–uanim	–uhet	9 [1]
–ojë	–oja	–onte	–onim	–ohet	9 [2]
–jë	–ja	–nte	–nim	–het	9 [3]
yejë	yeja	yente	yenim	yhet	9 [4]
–jë	–ja	–nte	–nim	–het	10
–jë	–ja	–nte	–nim	–het	10 [1]
–jë	–ja	–nte	–nim	–jtet	10 [2]
				(–het)	
–jë	–ja	–nte	–nim	(–tet)	11
				–het	
–jë	–ja	–nte	–nim	(–tet)	11 [1]
				–het	
–jë	–ja	–nte	–nim	–het	11 [2]
–jë	–ja	–nte	–nim	–het	11 [3]
–jë	–ja	–nte	–nim	–het	12

Fortsetzung nächste Seite

Konjugationstypen 1-12

Konjugationstyp	XI**	XII	XIII	XIV	XV
1	–o	–ova	–oi	–uam	–ua
2	–uaj	–ova	–oi	–uam	–ua
3	–e	–eva	–eu	–yem	–ye
3 [1]	–e (–er)	–eva	–eu	–emë	–e
4	–yej	–eva	–eu	–yem	–ye
4 [1]	–yej	–eva	–eu	–yem	–ye
5, 6	–j	–va	–u	–më	–ø
7	–i (–ej)	–eva	–eu	–emë	–e
7 [1]	(–ie) –iej	–jeva	–jeu	–jemë	–i (më ndot)
8	–j	–jta	–jti	–jtëm	–jt
9	–uaj	–uajta	–uajti	–uajtëm	–uajt
	–uaj	–ova	–oi	–uam	–ua
9 [1]	–uaj	–ojta (–uajta)*	–ojti (–uajti)*	–ojtëm (–uajtëm)*	–ojt (–uajt)*
9 [2]	–o	–ojta (–ova)	–ojti (–oi)	–ojtëm	
9 [3]	–ø	–jta	–jti	–jtëm	–jt
9 [4]	yej	yejta, yeva	yejti	yejtëm	yejt
10	(–ø) –j	–jta	–jti	–jtëm	–jt
10 [1]	–j	–jta	–jti	–jtëm	–jt
10 [2]	–j	–jta	–jti	–jtëm	–jt
11	–t	–ta	–ti	–tëm	–t
11 [1]	(–j)	–ta	–ti	–tëm	–t
		–va	–u	–më	–ø
11 [2]	–ø	mardha	mardhi	mardhëm	mardh
11 [3]	–ø	dirsa	dirsi	dirsëm	dirs
12	(–ø) –j –n	–ra	–ri	–më	–ø

Konjugationstypen 1-12

XVI	XVII	XVIII	XIX	Konjugationstyp
–ofsh	–oftë	–uakam (–okam)	–uar	1
–ofsh	–oftë	–uakam (–okam)	–uar	2
–efsh	–eftë	–yekam (–ekam)	–yer	3
–efsh	–eftë	–ekam	–erë	3 [1]
–efsh	–eftë	–yekam	–yer	4
–efsh	–eftë	–ykam	–yrë	4 [1]
–fsh	–ftë	–kam	–rë	5, 6
–efsh	–eftë	–ekam	–erë	7
–jefsh (–yfsh)	–jeftë (–yftë)	–iekam	–ier	7 [1]
–jtsh	–jttë	–jtkam	–jtur	8
–uajtëtsh	–uajttë	–uajtkam	–uajtur	9
–ofsh	–oftë	–uakam	–uar	
–uajtsh	–uajttë	–uajtkam	–ojtur (–uajtur)*	9 [1]
–ofsh	–oftë	–ojtkam	–ojtur	9 [2]
–fsh	–ftë	–jtkam	–jtur	9 [3]
yejtsh	yejttë	–yejtkam	yejtur	9 [4]
–jtsh	–jttë	–jtkam	–jtur (–jtë)	10
–jtsh	–jttë	–jtkam	–jtur (–jtë)	10 [1]
–jtsh	–jttë	–jtkam	–jtur (–jtë)	10 [2]
–tsh	–ttë	–tkam	–tur	11
–tsh	–ttë	–tkam	–tur	11 [1]
–fsh	–ftë	–kam	–ë	
mardhsh	mardhtë	mardhkam	mardhur	11 [2]
dirsç dirç	dirstë	dirskam	dirsur	11 [3]
–fsh	–ftë	–kam	–rë	12

Konjugationstypen 13-18

Konjuga-tionstyp	I	II	III	IV	V
13	hy|n	–j	–jmë	–ni	–sh
13 ¹	pri|n	–j	–jmë	–ni	–sh
14	hap	–ø	–im	–ni	–ësh
14 ¹	dëlir	–ø	–im	–ni	–ësh
14 ²	prish	–ø	–im	–ni	–ësh
14 ³	rrok	–ø	–im	–ni	–ësh
15	hip|ën	–i (–ëj)	–im	–ni	–ësh
16	heq	–e–ø	–e–im	–i–ni	–e–ësh
16 ¹	sjell	–je–ø	–je–im	–i–ni	–je–ësh
16 ²	vjel	–je–ø	–je–im	–i–ni	–je–ësh
16 ³	vjedh	–je–ø	–je–im	–i–ni	–je–ësh
16 ⁴	dridh	–i–ø	–i–im	–i–ni	–i–ësh
16 ⁵	prier	–ie–ø	–ie–im	–i–ni	–ie–ësh
17	fsheh	–e–ø	–e–im	–i–ni	–e–ësh
17 ¹	ndez	–e–ø	–e–im	–i–ni	–e–ësh
17 ²	ngjesh	–e–ø	–e–im	–i–ni	–e–ësh
17 ³	rreh	–a–ø	–a–im	–i–ni	–a–ësh
17 ⁴	njeh	–o–ø	–o–im	–i–ni	–o–ësh
18	nx|jerr	–jerrø	–jerrim	–irrni	–jerrësh

Konjugationstypen 13-18

VI	VII	VIII	IX	X	Konjugationstyp
–jë	–ja	–nte	–nim	–het	13
–jë	–ja	–nte	–nim	–het	13 [1]
–ë	–ja	–te	–nim	–et	14
–ë	–ja	–te	–nim	–et	14 [1]
–ë	–ja	–te	–nim	–et	14 [2]
–ë	–ja (–ia bei g–Auslaut)	–te	–nim	–et	14 [3]
–ë	–ja	–te	–nim	–et	15
–e–ë	–i–ja	–i–te	–i–nim	–i–et	16
–je–ë	–i–ja	–i–te	–i–nim	–i–et	16 [1]
–je–ë	–i–ja	–i–te	–i–nim	–i–et	16 [2]
–je–ë	–i–ja	–i–te	–i–nim	–i–et	16 [3]
–i–ë	–i–ja	–i–te	–i–nim	–i–et	16 [4]
–ie–ë	–i–ja	–i–te	–i–nim	–i–et	16 [5]
–e–ë	–i–ja	–i–te	–i–nim	–i–et	17
–e–ë	–i–ja	–i–te	–i–nim	–i–et	17 [1]
–e–ë	–i–ja	–i–te	–i–nim	–i–et	17 [2]
–a–ë	–i–ja	–i–te	–i–nim	–i–et	17 [3]
–o–ë	–i–ja	–i–te	–i–nim	–i–et	17 [4]
–jerrë	–irrja	–irrte	–irrnim	–irret (–iret)	18

Fortsetzung nächste Seite

Konjugationstypen 13-18

Konjuga-tionstyp	XI**	XII	XIII	XIV	XV
13	–r (–rë)	–ra	–ri	–më	–ø
13 ¹	–ø	–na –va	–ni –u	–më	–ø
14	–ø	–a	–i	–ëm	–ø
14 ¹	–ø	–a	–i	–ëm	–ø
14 ²	–ø	–a	–i	–ëm	–ø
14 ³	–ø	–a	–u	–ëm	–ø
15	–ø	–a	–i	–ëm	–ø
16	–i–ø	–o–a	–o–i	–o–ëm	–o–ø
16 ¹	–i–ø	–o–a	–o–i	–o–ëm (–ua–më) (–ua–ëm)	–ua–ø
16 ²	–i–ø	–o–a	–o–i	–o–ëm	–o–ø
16 ³	–i–ø	–o–a	–o–i	–o–ëm	–o–ø
16 ⁴	–i–ø	–o–a	–o–i	–o–ëm	–o–ø
16 ⁵	–i–ø	–o–a	–o–i	–o–ëm	–o–ø
17	–i–ø	–e–a	–e–u	–e–ëm	–e–ø
17 ¹	–i–ø	–e–a	–e–i	–e–ëm	–e–ø
17 ²	–i–ø	–e–a	–e–i	–e–ëm	–e–ø
17 ³	–i–ø	–a–a	–a–u	–a–ëm	–a–ø
17 ⁴	–i–ø	–o–a	–o–u	–o–ëm	–o–ø
18	–irrø (–irø)	–ora (–orra)	–ori (–orri)	–orëm (–orrëm) (–uarmë) (–uarrëm)	–orø (–uarrø)

Konjugationstypen 13-18

XVI	XVII	XVIII	XIX	Konjuga-tionstyp
–fsh	–ftë	–kam	–rë	13
–fsh	–ftë	–kam	–rë	13 [1]
–sh	–të	–kam	–ur	14
–sh	–të	–kam	–ë (–ur)	14 [1]
–ç	–të	–kam	–ur	14 [2]
–sh	–të	–kam	–ur	14 [3]
–sh	–të	–kam	–ur	15
–e–sh	–e–të	–e–kam	–e–ur	16
–je–sh	–je–të	–je–kam	–je–ë	16 [1]
–je–sh	–je–të	–je–kam	–je–ë	16 [2]
–je–sh	–je–të	–je–kam	–je–ur	16 [3]
–i–sh	–i–të	–i–kam	–i–ur	16 [4]
–ie–sh	–ie–të	–ie–kam	–ie–ø	16 [5]
–e–sh	–e–të	–e–kam	–e–ur	17
–e–sh	–e–të	–e–kam	–e–ur	17 [1]
–e–ç	–e–të	–e–kam	–e–ur	17 [2]
–a–sh	–a–të	–a–kam	–a–ur	17 [3]
–o–sh	–o–të	–o–kam	–o–ur	17 [4]
–jerrsh	–jerrtë	–jerrkam	–jerrë	18

Konjugationstypen 18-26

Konjuga-tionstyp	I	II	III	IV	V
18 [1]	p|jek	–jekø	–jekim	–iqni	–jekësh
18 [2]	d|jeg	–jegø	–jegim	–igjni	–jegësh
19	d|el	–alø	–alim	–ilni (–elni)	–alësh
19 [1]	m|err	–arrø	–arrim	–errni (–irrni)	–arrësh
20	stërvi|t	–t	–tim	–tni	–tësh
21	vendos	–ø	–im	–ni	–ësh
22	sheti|t	–tø (–sø)	–tim (–sim)	–tni (–sni)	–tësh (–sësh)
22 [1]	pye|t	–sø	–sim	–tni (–sni)	–sësh
23	spërk|et	–asø	–asim	–itni (–isni)	–asësh
24	trok|et	–asø	–asim	–itni (–isni)	–asësh
25	humb|ét	–ásø	–ásim	–ítni (–ísni)	–ásësh
26	vërr|ét	–ésø (–ásø)	–ésim (–ásim)	–ítni (–ísni)	–ésësh (–ásësh)
26 [1]	thërr|ét	–ásø (–ésø)	–ásim (–ésim)	–ítni (–ísni)	–ásësh (–ésësh)
26 [2]	shtërr|ét	–ásø	–ásim	–ítni (–ísni)	–ásësh
26 [3]	këll|ét	–ásø	–ásim	–ítni (–ísni)	–ásësh

Tabelle a

Konjugationstypen 18-26

VI	VII	VIII	IX	X	Konjugationstyp
–jekë	–iqja	–iqte	–iqnim	–iqet	18 [1]
–jegë	–igjja	–igjte	–igjnim	–igjet	18 [2]
–alë	–ilja (–elja)	–ilte (–elte)	–ilnim (–elnim)	–ilet (–elet)	19
–arrë	–errja (–irrja)	–errte (–irrte)	–errnim (–irrnim)	–erret (–irret)	19 [1]
–të	–tja	–ste (–tte)	–tnim	–tet	20
–ë	–ja	–te	–nim	–et	21
–të (–së)	–tja (–sja)	–ste (–tte)	–snim (–tnim)*	–tet	22
–së	–sja (–tja)	–ste (–tte)	–snim (–tnim)*	–tet	22 [1]
–asë	–itja (–isja)	–iste (–itte)	–isnim (–itnim)*	–itet	23
–asë	–itja (–isja)	–iste (–itte)	–isnim (–itnim)*	–itet	24
–ásë	–ítja (–ísja)	–íste (–ítte)	–ísnim (–ítnim)*	–et	25
–ésë (–ásë)	–ítja (–ísja)	–íste (–ítte)	–ísnim (–ítnim)*	vírret	26
–ásë (–ésë)	–ítja (–ísja)	–íste (–ítte)	–ísnim (–ítnim)*	thírret	26 [1]
–ásë	–ítja (–ísja)	–íste (–ítte)	–ísnim (–ítnim)*	shtérret	26 [2]
–ásë	–ítja (–ísja)	–íste (–ítte)	–ísnim (–ítnim)*	kállet	26 [3]

Fortsetzung nächste Seite

Konjugationstypen 18-26

Konjuga-tionstyp	XI**	XII	XIII	XIV	XV
18 ¹	–iqø	–oqa	–oqi	–oqëm	–oqø
18 ²	–igjø	–ogja	–ogji	–ogjëm	–ogjø
19	–ilø (–elø)	–ola (–olla)	–oli (–olli)	–olëm (–ollëm) (–uallëm) (–uallmë)	–olø (–ualø) (–uallø)
19 ¹	–errø (–irrø)	–ora	–ori	–orëm (–uarëm) (–uarmë)	–orø
20	–t	–ta	–ti	–tëm	–t
21	–ø	–a	–i	–ëm	–ø
22	–tø	–ta	–ti	–tëm	–tø
22 ¹	–tø	–ta	–ti	–tëm	–tø
23	–itø	–ita	–iti	–itëm	–itø
24	–itø	–ita	–iti	–itëm	–itø
25	–ø	–a	–i	–ëm	–ø
26	vírr (vírrë)	vírra	vírri	vírrëm	vírr
26 ¹	thírr (thírrë)	thírra	thírri	thírrëm	thírr
26 ²	shtérr	shtérra	shtérri	shtérrëm	shtérr
26 ³	káll	kálla	kálli	kállëm	káll

Konjugationstypen 18-26

XVI	XVII	XVIII	XIX	Konjuga-tionstyp
–jeksh	–jektë	–jekkam	–jekur	18 [1]
–jegsh	–jegtë	–jegkam	–jegur	18 [2]
–alsh	–altë	–alkam	–alë	19
–arrsh	–arrtë	–arrkam	–arrë	19 [1]
–tsh	–ttë (–tët)	–tkam	–tur	20
–ç (–sh)	–të	–kam	–ur	21
–tsh	–ttë (–tët)	–tkam	–tur	22
–tsh	–ttë (–tët)	–tkam	tur	22 [1]
–itsh	–ittë (–itët)	–itkam	–itur	23
–itsh	–ittë (–itët)	–atkam (–itkam)	–atur	24
–sh (–ítsh)	–të (–íttë) (–ítët)	–kam	–ur	25
vírrsh	vírrtë	vírrkam	vírrë (vírrur)*	26
thírrsh	thírrtë	thírrkam	thírrë (thírrur)*	26 [1]
shtérrsh	shtérrtë	shtérrkam	shtérrë (shtérrur)*	26 [2]
kállsh	kálltë	kállkam	kállur (kállë)	26 [3]

Konjugationstypen 27-32

Konjuga-tionstyp	I	II	III	IV	V
27	këlth|ét	–ásø	–ásim	–ítni (–ísni)	–ásësh
27 ¹	bërt|ét	–ásø	–ásim	–ítni (–ísni)	–ásësh
27 ²	përk|ét	–ásø	–ásim	–ítni (–ísni)	–ásësh
28	kërc|ét	–ásø	–ásim	–ítni –ísni	–ásësh
28 ¹	pëlc|ét	–ásø	–ásim	–ítni (–ísni)	–ásësh
29	fl|ét	–ásø	–ásim	–ítni (–ísni) Imp: fólni	–ásësh
29 ¹	shkl|ét	–ásø	–ásim	–ítni (–ísni)	–ásësh
30	vr|et	–asø	–asim	–itni (–isni)	–asësh
30 ¹	ng|et	–asø	–asim	–itni (–isni)	–asësh
30 ²	gërg|et	–asø	–asim	–itni (–isni)	–asësh
30 ³	shk|et	–asø	–asim	–itni (–isni)	–asësh
31	pr|et	–esø	–esim	–itni (–isni)	–esësh
31 ¹	dh|jet	–jesø	–jesim (–jejmë)	–itni (–isni)	–jesësh (–jesh)
32	pr|et	–esø	–esim	–itni (–isni)	–esësh

Konjugationstypen 27-32

VI	VII	VIII	IX	X	Konjugationstyp
–ásë	–ítja (ísja)	–íste (–ítte)	–ísnim (–ítnim)*	klíthet	27
–ásë	–ítja (–ísja)	–íste (–ítte)	–ísnim (–ítnim)*	brítet	27 [1]
–ásë	–ítja (–ísja)	–íste (–ítte)	–ísnim (–ítnim)*	préket	27 [2]
–ásë	–ítja –ísja	–íste –ítte	–ísnim (–ítnim)*	kríset	28
–ásë	–ítja (–ísja)	–íste (–ítte)	–ísnim (–ítnim)*	pláset	28 [1]
–ásë	–ítja (–ísja)	–íste (–ítte)	–ísnim (–ítnim)*	–ítet	29
–ásë	–ítja (–ísja)	–íste (–ítte)	–ísnim (–ítnim)*	shkélet	29 [1]
–asë	–itja (–isja)	–iste (–itte)	–isnim (–itnim)*	–itet	30
–asë	–itja (–isja)	–iste (–itte)	–isnim (–itnim)*	–itet	30 [1]
–asë	–itja (–isja)	–iste (–itte)	–isnim (–itnim)*	–itet	30 [2]
–asë	–itja (–isja)	–iste (–itte)	–isnim (–itnim)*	–itet	30 [3]
–esë	–itja (–isja)	–iste (–itte)	–isnim (–itnim)*	–itet	31
–jesë (–jejë)	–itja (–isja) (–íeja)	–iste (–itte) (–íente)	–isnim (–itnim)* (–íenim)	–itet (–íhet)	31 [1]
–esë	–itja (–isja)	–iste (–itte)	–isnim (–itnim)*	–itet	32

Konjugationstypen 27-32

Konjuga-tionstyp	XI**	XII	XIII	XIV	XV
27	klíth	klítha	klíthi	klíthëm	klíth
27 [1]	brít	bríta	bríti	brítëm	brít
27 [2]	prék	préka	préku	prékëm	prék
28	krís	krísa	krísi	krísëm	krís
28 [1]	plás	plása	plási	plásëm	plás
29	fól (fólë)	fóla	fóli	fólëm	fól
29 [1]	shkél	shkéla	shkéli	shkélëm	shkél
30	–it (–aj)	–ava	–au	–amë	–a
30 [1]	–a –it	–ava	–au	–amë	–a
30 [2]	–it –a	–ita (–ava)	–iti (–au)	–itëm (–amë)	–ít (–a)
30 [3]	–it –a	–ava (–ajta) (–ita)	–au (–ajti) (–it)	–amë (–ajtëm) (–itëm)	–a (–ajt) (–it)
31	–e (–i) (–it)	–eva	–eu	–emë	–e
31 [1]	–it (–ij)	–jeva	–jeu	–jemë	–ie
32	–it	–ita	–iti	–itëm	–it

Konjugationstypen 27-32

XVI	XVII	XVIII	XIX	Konjugationstyp
klíthsh	klíthtë	klíthkam	klíthur	27
brítsh	bríttë brítët	brítkam	brítur	27 [1]
préksh	préktë	prékkam	prékur	27 [2]
krísç (kríssh)	krístë	krískam	krísur	28
plásç (plássh)	plástë	pláskam	plásur	28 [1]
fólsh	fóltë	fólkam	fólur (fólë)	29
shkélsh	shkéltë	shkélkam	shkélur (shkélë)	29 [1]
–afsh	–aftë	–akam	–arë	30
–afsh	–aftë	–akam	–arë	30 [1]
–itsh (–afsh)	–ittë (–aftë)	–itkam	–itur	30 [2]
–afsh (–itsh)	–aftë (–ittë)	–akam (–itkam)	–arë (–itur)	30 [3]
–efsh	–eftë	–ekam	–erë	31
–jefsh	–jeftë	–íekam	–íer	31 [1]
–itsh	–ittë (–ittët)	–itkam	–itur	32

Konjugationstypen 33-44

Konjugationstyp	I	II	III	IV	V
33	vd|es	–esø	–esim	–isni	–esësh
34	lo|t lo|z	–z	–zim	–ni (–zni)	–zësh
35	pi	pi	pimë	pini	pish
36	di	di	dimë	dini	dish
37	ngre	ngre	ngremë	ngrini	ngresh
38	fle	fle	flemë	flini	flesh
39	zë	zë	zëmë	zini	zësh
39 [1]	vë (ve)	vë (ve)	vëmë (vemë)	vini	vësh (vesh)
40	shp|ie	–ie	–iem (–jemë)	–ini	–iesh
41	sht|ie	–ie	–iem (–jemë)	–ini	–iesh
42	lë	lë	lëmë	lini; 2. Pers Pl Imp: lini (lerni)	lësh
43	do (don)	dua	duam	doni	duash
44	thotë 2. Sg Präs: thua	them (thom)	themi (thomi) 3. Pl Präs: thonë	thoni	thuash

Konjugationstypen 33-44

VI	VII	VIII	IX	X	Konjugationstyp
–esë	–isja	–iste	–isnim	–iset	33
–zë	–ja (–zja)	–nte (–ste)	–nim (–znim)	–zet	34
pijë	pija	pinte	pinim	pihet	35
dijë	dija	dinte	dinim	dihet	36
ngrejë	ngrija	ngrinte (ngrite)	ngrini	ngrihet (ngritet)	37
flejë (flerë)	flija	flinte	flinim	flihet	38
zërë (zerë)	zija	zinte	zinim	zihet	39
vërë (verë)	vija	vinte	vinim	vihet	39 [1]
–jerë	–ija	–inte	–inim	–ihet	40
–jerë	–ija	–inte	–inim	–iret –ihet	41
lërë (lerë)	lija	linte	linim	lihet	42
dojë (detë)	doja	donte	donim	duhet	43
thotë (thetë)	thosha (thoja)	thoshte (thonte)	thoshnim (thonim)	thuhet (thohet)	44

Konjugationstypen 33-44

Konjuga-tionstyp	XI**	XII	XIII	XIV	XV
33	–is	–iqa	–iq	–iqëm	–iq
34	–j	–jta	–jti	–jtëm	–jt
35	pi	piva	piu	pimë	pi
36	di	dita	diti	ditëm	dit
37	ngre (ngri)*	ngrita (ngrejta)	ngriti (ngrejti)	ngritëm (ngrejtëm)	ngrit (ngre)
38	fli	fjeta	fjeti	fjetëm	fjet
39	zër (zërë)	zura	zuri	zumë	zu
39 [1]	(vurë) (vur) (ver) vër	vura	vuri	vumë	vu
40	–jer (–jerë)	–ura	–uri	–umë	–u
41	–jer (–jerë)	–yra (–ira)* (–iva)	–yri (–iri) (–iu)	–ymë (–imë)	–y (–i)
42	lër (lerë) (ler)	lashë 2. Sg Aor le	la	lamë	la
43	duaj (dua)	desha	deshi (desh)	deshëm	desh
44	thuaj (thua)	thashë 2. Sg Aor the	tha	thamë	tha

Tabelle a

Konjugationstypen 33-44

XVI	XVII	XVIII	XIX	Konjuga-tionstyp
–eksh	–ektë	–ekkam –iskam	–ekur	33
–fsh	–ftë	–jtkam	–jtur	34
pifsh	piftë	pikam	pirë	35
ditsh	dittë (ditët)	ditkam	ditur	36
ngritsh	ngrittë (ngritët)	ngritkam	ngritur	37
fjetsh	fjettë (fjetët)	fjetkam	fjetur	38
zënç	zëntë	zënkam (zenkam)	zënë zenë	39
vënç (vench)	vëntë (ventë)	vënkam (venkam)	vënë (venë)	39 [1]
–ënç (–ufsh)	ëntë (–uftë)	–ënkam (–ukam)	–ënë (–urë)	40
–yfsh (–ifsh)	–yftë (–iftë)	–ykam (–ikam)	(–yrë), –ënë (–irë) (–jerë)	41
lënç	lëntë	lënkam	lënë	42
dashç daç	dashtë	dashkam	dashur	43
thënç	thëntë	thënkam	thënë	44

Konjugationstypen 45-53

Konjuga-tionstyp	I	II	III	IV	V
45	**vete**	vete	vemi *3. Pl Präs:* venë	veni	vesh (vetsh)
46	**gjen**	gjej	gjejmë	gjeni	gjesh (gjensh)
46 [1]	**lind** **(len)**	lind (lej)	lindim (lejmë)	lindni (leni)	lindësh (lesh)
47	**bie**	bie	biem (bjemë)	bini	biesh
48	**bie**	bie	biem (bjemë)	bini	biesh
49	**ha**	ha	hamë	hani	hash
50	**rri**	rri	rrimë	rrini	rrish
51	**sheh**	shoh	shohim	shihni	shohësh
52	**vjen**	vij	vijmë	vini *2. Pl Imp:* ejani	vish
53	**jep**	jap	japim	jepni (jipni) (ipni)	japësh

Konjugationstypen 45-53

VI	VII	VIII	IX	X	Konjugationstyp
vejë	vija (veja)*	vinte (vente)	vinim	vehet	45
gjejë	gjeja	gjente	gjenim	gjindet (gjëndet) (gjendet)*	46
lindë (lejë)	lindja (leja)	lindte (lente)	lindnim (lenim)	lindet (lehet)	46 [1]
bjerë	bija	binte	binim	biret	47
bjerë	bija	binte	binim	biet bihet	48
hajë	haja	hante	hanim	hahet	49
rrijë	rrija	rrinte	rrinim	rrihet	50
shohë	shihja	shihte	shihnim	shihet	51
vijë	vija	vinte	vinim	vihet	52
japë	jepja (jipja) (ipja)	jepte (jipte) (ipte)	jepnim (jipnim) (ipnim)	jepet (jipet) (ipet)	53

Fortsetzung nächste Seite

Tabelle a

Konjugationstypen 45-53

Konjuga-tionstxp	XI**	XII	XIII	XIV	XV
45		vajta (vajtshë) 2. Sg Aor vajte	vajti (vate)	vajtëm (vamë)	
46	gjej (gje)	gjeta (gjetshë) 2. Sg Aor gjete	gjeti	gjetëm	gjet (gjind) (gjënd) (gjend)
46 [1]	lind lej	linda (leva)	lindi (leu)	lindëm (lemë)	lind (le)
47	bjerë (bjer)*	prura	pruri	prumë	pru
48	bjerë (bjer)*	rashë 2. Sg Aor re	ra	ramë	
49	ha	hangra (hëngra)*	hangri (hëngri)*	hangrëm (hëngrëm)*	hangër (hëngër)*
50	rri	ndejta (ndenja)* (ndëjta) (ndënja)	ndejti (ndenji)* (ndëjti) (ndënji)	ndejtëm (ndenjëm)* (ndëjtëm) (ndënjëm)	ndejt (ndenj)* (ndëjt) (ndënj)
51	shih	pashë 2. Sg Aor pe	pa	pamë	pa
52	eja	erdha (ardhtshë) 2. Sg Aor erdhe	erdhi	erdhëm	
53	jep (jip) (nëm)	dhashë 2. Sg Aor dhe	dha	dhamë	dha

* Die eingeklammerte Form ist jetzt die normgerechte.

Konjugationstypen 45-53

XVI	XVII	XVIII	XIX	Konjugationstyp
vajç vafsh	vajttë vaftë	vajtkam	vajtur (vatur)	45
gjetsh	gjettë (gjetët)	gjetkam	gjetur	46
Passiv auch				
(gjindsh) (gjëndsh) (gjendsh)	(gjindtë) (gjëndtë) (gjendte)			
lindsh (lefsh)	lindtë (leftë)	lindkam (lekam)	lindur (lerë)	46 [1]
prufsh	pruftë	prukam	prurë	47
rënç	rëntë	rënkam	rënë (rarë) (ratë)	48
ngrënç (hëngërsh)	ngrëntë (hëngërtë)	(hangërkam) (hëngërkam) ngrënkam	ngrënë	49
ndenjç (dënjç)	ndentë (ndëntë)	ndejtkam (ndenjkam) (ndëjtkam) (ndënjkam)	ndejtur (ndenjur) (ndëjtur) (ndënjur)	50
pafsh	paftë	pakam	parë	51
ardhsh	ardhtë	ardhkam	ardhur	52
dhënç	dhëntë	dhënkam	dhënë	53

** -j fällt vor dem suffigierten Objektzeichen -më (-ma...) aus, vokalischer Auslaut erhält -j- vor vokalischem Objektzeichen (-i, -e, -ua...), z.B. shkruamë «schreib mir», haje «iß es».

54 Hilfsverb është «sein»

Nichtadmirativische Aktivformen

	Pers	Indikativ	Futur-Konditional	Konjunktiv	Jussiv
Präsens	1. Sg	jam	do të jem	të jem	le të jem
	2. Sg	je	do të jesh	të jesh	le të jesh
	3. Sg	është	do të jetë	të jetë	le të jetë
	1. Pl	jemi	do të jemi	të jemi	le të jemi
	2. Pl	jeni (jini)	do të jeni (jini)	të jeni (jini)	le të jeni (jini)
	3. Pl	janë	do të jenë	të jenë	le të jenë
Imperfekt	1. Sg	isha	do të isha [3]	të isha [3]	le të isha [3]
	2. Sg	ishe	do të ishe	të ishe	le të ishe
	3. Sg	ishte (ish)	do të ishte (ish)	të ishte (ish)	le të ishte (ish)
	1. Pl	ishim	do të ishim	të ishim	le të ishim
	2. Pl	ishit	do të ishit	të ishit	le të ishit
	3. Pl	ishin	do të ishin	të ishin	le të ishin
Perfekt	1. Sg	kam qenë [1]	do të kem qenë [1]	të kem qenë [1]	le të kem qenë [1]
	2. Sg	ke qenë	do të kesh qenë	të kesh qenë	le të kesh qenë
	3. Sg	ka qenë	do të ketë qenë	të ketë qenë	le të ketë qenë
	1. Pl	kemi qenë	do të kemi qenë	të kemi qenë	le të kemi qenë
	2. Pl	keni qenë	do të keni qenë	të keni qenë	le të keni qenë
	3. Pl	kanë qenë	do të kenë qenë	të kenë qenë	le të kenë qenë
Plusquamperfekt	1. Sg	kisha qenë [1]	do të kisha qenë [1]	të kisha qenë [1]	le të kisha qenë [1]
	2. Sg	kishe qenë	do të kishe qenë	të kishe qenë	le të kishe qenë
	3. Sg	kishte qenë (kish)	do të kishte qenë (kish)	të kishte qenë (kish)	le të kishte qenë (kish)
	1. Pl	kishim qenë	do të kishim qenë	të kishim qenë	le të kishim qenë
	2. Pl	kishit qenë	do të kishit qenë	të kishit qenë	le të kishit qenë
	3. Pl	kishin qenë	do të kishin qenë	të kishin qenë	le të kishin qenë
Aorist	1. Sg	qeshë	—	—	—
	2. Sg	qe			
	3. Sg	qe			
	1. Pl	qemë			
	2. Pl	qetë			
	3. Pl	qenë			
Aorist II	1. Sg	pata qenë [1]	—	—	—
	2. Sg	pate qenë			
	3. Sg	pat(i) qenë			
	1. Pl	patëm qenë			
	2. Pl	patët qenë			
	3. Pl	patën qenë			

Hilfsverb është «sein» 54

Pers	Optativ	Imperativ	Indikativ	Konjunktiv [2]
			Admirativische Aktivformen	
1. Sg	qofsha	—	qenkam [1]	
2. Sg	qofsh	ji	qenke	
3. Sg	qoftë	—	qenka	—
1. Pl	qofshim	—	qenkemi	
2. Pl	qofshi	jini	qenkeni	
3. Pl	qofshin	—	qenkan	
1. Sg			qenkësha [4, 1]	të qenkësha [4, 1]
2 Sg			qenkëshe	të qenkëshe
3. Sg	—	—	qenkej (qenkësh)*	të qenkej (qenkësh)*
1. Pl			qenkëshim	të qenkëshim
2. Pl			qenkëshit	të qenkëshit
3. Pl			qenkëshin	të qenkëshin
1. Sg	paça qenë [1]		paskam qenë [1]	
2. Sg	paç qenë		paske qenë	
3. Sg	pastë qenë	—	paska qenë	—
1. Pl	paçim qenë		paskemi qenë	
2. Pl	paçi qenë		paskeni qenë	
3. Pl	paçin qenë		paskan qenë	
1. Sg			paskësha qenë [4, 1]	të paskësha qenë [4, 1]
2. Sg			paskëshe qenë	të paskëshe qenë
3. Sg	—	—	paskej qenë (paskësh)*	të paskej qenë (paskësh)*
1. Pl			paskëshim qenë	të paskëshim qenë
2. Pl			paskëshit qenë	të paskëshit qenë
3. Pl			paskëshin qenë	të paskëshin qenë

[1] Alle Formen mit dem Stamm qen- können auch mit qën- vorkommen.

[2] Formen des *Konj Adm Präs* oder *Perf*, die sehr selten vorkommen, werden aus den entsprechenden Indikativformen des *Adm* mit einem vorangestellten të gebildet. Die gleichfalls seltenen Formen des *Fut-Konditionals* sowie des *Jussiv des Adm* werden wie die Tempusformen des *Indikativs Adm* mit Voranstellung der Partikelkombination do të bzw. le të gebildet.

[3] Statt der Imperfektformen des Hilfsverbs kam (kisha, kishe...) kommen im *Fut*, *Konj* und Jussiv *Imperf* auch Aoristformen (qeshë, qe...) vor.

[4] Statt -kësha, -këshe... kommt auch -kisha, -kishe... vor.

[5] Die infiniten Formen werden wie bei den anderen Verben aus dem Partizip qenë (qënë) gebildet.

55 Hilfsverb ka «haben» [4]

Nichtadmirativische Aktivformen

	Pers	Indikativ	Futur-Konditional	Konjunktiv	Jussiv
Präsens	1. Sg	kam	do të kem	të kem	le të kem
	2. Sg	ke	do të kesh	të kesh	le të kesh
	3. Sg	ka	do të ketë	të ketë	le të ketë
	1. Pl	kemi	do të kemi	të kemi	le të kemi
	2. Pl	keni (kini)	do të keni (kini)	të keni (kini)	le të keni (kini)
	3. Pl	kanë	do të kenë	të kenë	le të kenë
Imperfekt	1. Sg	kisha	do të kisha	të kisha	le të kisha
	2. Sg	kishe	do të kishe	të kishe	le të kishe
	3. Sg	kishte [1]	do të kishte [1]	të kishte [1]	le të kishte [1]
	1. Pl	kishim	do të kishim	të kishim	le të kishim
	2. Pl	kishit	do të kishit	të kishit	le të kishit
	3. Pl	kishin	do të kishin	të kishin	le të kishin
Perfekt	1. Sg	kam pasur	do të kem pasur	të kem pasur	le të kem pasur
	2. Sg	ke pasur	do të kesh pasur	të kesh pasur	le të kesh pasur
	3. Sg	ka pasur	do të ketë pasur	të ketë pasur	le të ketë pasur
	1. Pl	kemi pasur	do të kemi pasur	të kemi pasur	le të kemi pasur
	2. Pl	keni pasur	do të keni pasur	të keni pasur	le të keni pasur
	3. Pl	kanë pasur	do të kenë pasur	të kenë pasur	le të kenë pasur
Plusquamperfekt	1. Sg	kisha pasur	do të kisha pasur	të kisha pasur	le të kisha pasur
	2. Sg	kishe pasur	do të kishe pasur	të kishe pasur	le të kishe pasur
	3. Sg	kishte [1] pasur	do të kishte [1] pasur	të kishte [1] pasur	le të kishte [1] pasur
	1. Pl	kishim pasur	do të kishim pasur	të kishim pasur	le të kishim pasur
	2. Pl	kishit pasur	do të kishit pasur	të kishit pasur	le të kishit pasur
	3. Pl	kishin pasur	do të kishin pasur	të kishin pasur	le të kishin pasur
Aorist	1. Sg	pata (paç)			
	2. Sg	pate			
	3. Sg	pati (pat)			
	1. Pl	patëm			
	2. Pl	patët			
	3. Pl	patën			

Aorist II / Indikativ

1. Sg	pata pasur		1. Pl	patëm pasur
2. Sg	pate pasur		2. Pl	patët pasur
3. Sg	pati pasur (pat)		3. Pl	patën pasur

Hilfsverb ka «haben» 55

	Admirativische Aktivformen			
Pers	Optativ	Imperativ	Indikativ	Konjunktiv [3]
1. Sg	paça	—	paskam	
2. Sg	paç	ki	paske	
3. Sg	pastë	—	paska	—
1. Pl	paçim	—	paskemi	
2. Pl	paçi	kini	paskeni (paski)	
3. Pl	paçin	—	paskan	
1. Sg			paskësha [2]	të paskësha
2. Sg			paskëshe	të paskëshe
3. Sg	—	—	paskej (paskësh)*	të paskej (paskësh)*
1. Pl			paskëshim	te paskëshim
2. Pl			paskëshit	të paskëshit
3. Pl			paskëshin	të paskëshin
1. Sg	paça pasur		paskam pasur	
2. Sg	paç pasur		paske pasur	
3. Sg	pastë pasur	—	paska pasur	—
1. Pl	paçim pasur		paskemi pasur	
2. Pl	paçi pasur		paskeni pasur	
3. Pl	paçin pasur		paskan pasur	
1. Sg			paskësha pasur	të paskësha pasur
2. Sg			paskëshe pasur	të paskëshe pasur
3. Sg	—	—	paske pasur (paskësh)*	të paskej pasur (paskësh)*
1. Pl			paskëshim pasur	të paskëshim pasur
2. Pl			paskëshit pasur	të paskëshit pasur
3. Pl			paskëshin pasur	të paskëshin pasur

An **Passivformen** kommen — z.B. in Sätzen wie «Të kihet parasysh» (Man halte sich vor Augen) — vor: **Nichtadm. Indikativ** (andere Modi mit den entsprechenden Partikelkombinationen):

Präs.	Imperf.	Aor.
3. Sg kihet	3. Sg kihej (kihësh)	3. Sg u pat
3. Pl kihen	3. Pl kiheshin	3. Pl u patën

[1] Statt kishte ist jeweils kish möglich.
[2] Vgl. Fußnote [4] beim Paradigma 54.
[3] Vgl. Fußnote [2] beim Paradigma 54.
[4] Die infiniten Formen werden wie bei den anderen Verben aus dem Partizip pasur gebildet.

Bildung der Verbalformen

Finite Formen

Nichtadmirativische Aktivformen

		Indikativ	Typ 1, Typ 14, Typ 30
Präsens	1. Sg	II	punoj, hap, vras
	2. Sg	I [1]	punon, hap, vret
	3. Sg	I	punon, hap, vret
	1. Pl	III	punojmë, hapim, vrasim
	2. Pl	IV	punoni, hapni, vritni (vrisni)
	3. Pl	III, m>n [2]	punojnë, hapin, vrasin
Imperfekt	1. Sg	VII	punoja, hapja, vritja (vrisja)
	2. Sg	VII, a>e	punoje, hapje, vritje (vrisje)
	3. Sg	VIII	punonte, hapte, vriste (vritte)
	1. Pl	IX	punonim, hapnim, vritnim (vrisnim)
	2. Pl	IX, m>t	punonit, hapnit, vritnit (vrisnit)
	3. Pl	IX, m>n	punonin, hapnin, vritnin (vrisnin)
Aorist	1. Sg	XII	punova, hapa, vrava
	2. Sg	XII, a>e [3]	punove, hape, vrave
	3. Sg	XIII	punoi, hapi, vrau
	1. Pl	XIV	punuam, hapëm, vramë
	2. Pl	XIV, m>t	punuat, hapët, vratë
	3. Pl	XIV, m>n	punuan, hapën, vranë
Perfekt	1. Sg	kam+XIX	kam / punuar, hapur, vrarë
	2. Sg	ke+XIX	ke / punuar, hapur, vrarë
	3. Sg	ka+XIX	ka / punuar, hapur, vrarë
	1. Pl	kemi+XIX	kemi / punuar, hapur, vrarë
	2. Pl	keni+XIX	keni / punuar, hapur, vrarë
	3. Pl	kanë+XIX	kanë / punuar, hapur, vrarë

[1] Vgl. aber den Typ 44.
[2] Vgl. aber die Typen 44, 45.
[3] Vgl. aber die Typen 42, 44, 45, 46, 48, 51, 52, 53.

Bildung der Verbalformen

Nichtadmirativische Passivformen / Reflexivformen

Indikativ	Typ 1, Typ 14, Typ 30
X, t>m	punohem, hapem, vritem
X, t>sh (t>o)	punohesh, hapesh, vritesh
	(punohe), (hape), (vrite)
X	punohet, hapet, vritet
X, t>mi	punohemi, hapemi, vritemi
X, t>ni	punoheni, hapeni, vriteni
X, t>n	punohen, hapen, vriten
X, t>sha	punohesha, hapesha, vritesha
X, t>she	punoheshe, hapeshe, vriteshe
X, t>j (t>sh)	punohej, hapej, vritej
	(punohesh), (hapesh), (vritesh)
X, t>shim	punoheshim, hapeshim, vriteshim
X, t>shit	punoheshit, hapeshit, vriteshit
X, t>shin	punoheshin, hapeshin, vriteshin
u+XII	u / punova, hapa, vrava
u+XII, a>e [3]	u / punove, hape, vrave
u+XV	u / punua, hap, vra
u+XIV	u / punuam, hapëm, vramë
u+XIV, m>t	u / punuat, hapët, vratë
u+XIV, m>n	u / punuan, hapën, vranë
jam+XIX	jam / punuar, hapur, vrarë
je+XIX	je / punuar, hapur, vrarë
është+XIX	është / punuar, hapur, vrarë
jemi+XIX	jemi / punuar, hapur, vrarë
jeni+XIX	jeni / punuar, hapur, vrarë
janë+XIX	janë / punuar, hapur, vrarë

Tabelle b

		Indikativ	Typ 1, Typ 14, Typ 30
Plusquamperfekt	1. Sg	kisha+XIX	kisha / punuar, hapur, vrarë
	2. Sg	kishe+XIX	kishe / punuar, hapur, vrarë
	3. Sg	kishte+XIX (kish)	kishte / punuar, hapur, vrarë (kish)
	1. Pl	kishim+XIX	kishim / punuar, hapur, vrarë
	2. Pl	kishit+XIX	kishit / punuar, hapur, vrarë
	3. Pl	kishin+XIX	kishin / punuar, hapur, vrarë
Aorist II	1. Sg	pata+XIX	pata / punuar, hapur, vrarë
	2. Sg	pate+XIX	pate / punuar, hapur, vrarë
	3. Sg	pati+XIX (pat)	pati / punuar, hapur, vrarë (pat)
	1. Pl	patëm+XIX	patëm / punuar, hapur, vrarë
	2. Pl	patët+XIX	patët / punuar, hapur, vrarë
	3. Pl	patën+XIX	patën / punuar, hapur, vrarë
Futur	1. Sg	do të+II	do të / punoj, hap, vras
	2. Sg	do të+V	do të / punosh, hapësh, vrasësh
	3. Sg	do të+VI	do të / punojë, hapë, vrasë
	1. Pl	do të+III	do të / punojmë, hapim, vrasim
	2. Pl	do të+IV	do të / punoni, hapni, vritni (vrisni)
	3. Pl	do të+III, m>n	do të / punojnë, hapin, vrasin
Futur Imperfekt (= Konditional Präsens)	1. Sg	do të+VII	do të / punoja, hapja, vritja (vrisja)
	2. Sg	do të+VII, a>e	do të / punoje, hapje, vritje (vrisje)
	3. Sg	do të+VIII	do të / punonte, hapte, vriste (vritte)
	1. Pl	do të+IX	do të / punonim, hapnim, vritnim (vrisnim)
	2. Pl	do të+IX, m>t	do të / punonit, hapnit, vritnit (vrisnit)
	3. Pl	do të+IX, m>n	do të / punonin, hapnin, vritnin (vrisnin)
Futur Perfekt	1. Sg	do të kem+XIX	do të kem / punuar, hapur, vrarë
	2. Sg	do të kesh+XIX	do të kesh / punuar, hapur, vrarë
	3. Sg	do të ketë+XIX	do të ketë / punuar, hapur, vrarë
	1. Pl	do të kemi+XIX	do të kemi / punuar, hapur, vrarë
	2. Pl	do të keni+XIX	do të keni / punuar, hapur, vrarë
	3. Pl	do të kenë+XIX	do të kenë / punuar, hapur, vrarë
Futur Plus-quamperfekt (= Kond. Perf.)	1. Sg	do të kisha+XIX	do të kisha / punuar, hapur, vrarë
	2. Sg	do të kishe+XIX	do të kishe / punuar, hapur, vrarë
	3. Sg	do të kishte+XIX (kish)	do të kishte / punuar, hapur, vrarë (kish)
	1. Pl	do të kishim+XIX	do të kishim / punuar, hapur, vrarë
	2. Pl	do të kishit+XIX	do të kishit / punuar, hapur, vrarë
	3. Pl	do të kishin+XIX	do të kishin / punuar, hapur, vrarë

Tabelle b

Indikativ	Typ 1, Typ 14, Typ 30
isha+XIX	isha / punuar, hapur, vrarë
ishe+XIX	ishe / punuar, hapur, vrarë
ishte+XIX	ishte / punuar, hapur, vrarë
(ish)	(ish)
ishim+XIX	ishim / punuar, hapur, vrarë
ishit+XIX	ishit / punuar, hapur, vrarë
ishin+XIX	ishin / punuar, hapur, vrarë
qeshë+XIX	qeshë / punuar, hapur, vrarë
qe+XIX	qe / punuar, hapur, vrarë
qe+XIX	qe / punuar, hapur, vrarë
qemë+XIX	qemë / punuar, hapur, vrarë
qetë+XIX	qetë / punuar, hapur, vrarë
qenë+XIX	qenë / punuar, hapur, vrarë
do të+X, t>m	do të / punohem, hapem, vritem
do të+X, t>sh	do të / punohesh, hapesh, vritesh
do të+X	do të / punohet, hapet, vritet
do të+X, t>mi	do të / punohemi, hapemi, vritemi
do të+X, t>ni	do të / punoheni, hapeni, vriteni
do të+X, t>n	do të / punohen, hapen, vriten
do të+X, t>sha	do të / punohesha, hapesha, vritesha
do të+X, t>she	do të / punoheshe, hapeshe, vriteshe
do të+X, t>j	do të / punohej, hapej, vritej
(t>sh)	(punohesh), (hapesh), (vritesh)
do të+X, t>shim	do të / punoheshim, hapeshim, vriteshim
do të+X, t>shit	do të / punoheshit, hapeshit, vriteshit
do të+X, t>shin	do të / punoheshin, hapeshin, vriteshin
do të jem+XIX	do të jem / punuar, hapur, vrarë
do të jesh+XIX	do të jesh / punuar, hapur, vrarë
do të jetë+XIX	do të jetë / punuar, hapur, vrarë
do të jemi+XIX	do të jemi / punuar, hapur, vrarë
do të jeni+XIX	do të jeni / punuar, hapur, vrarë
do të jenë+XIX	do të jenë / punuar, hapur, vrarë
do të isha+XIX	do të isha / punuar, hapur, vrarë
do të ishe+XIX	do të ishe / punuar, hapur, vrarë
do të ishte+XIX	do të ishte / punuar, hapur, vrarë
(ish)	(ish)
do të ishim+XIX	do të ishim / punuar, hapur, vrarë
do të ishit+XIX	do të ishit / punuar, hapur, vrarë
do të ishin+XIX	do të ishin / punuar, hapur, vrarë

Tabelle b

		Konjunktiv	Typ 1, Typ 14, Typ 30
Präsens	1. Sg	të+II	të / punoj, hap, vras
	2. Sg	të+V	të / punosh, hapësh, vrasësh
	3. Sg	të+VI	të / punojë, hapë, vrasë
	1. Pl	të+III	të / punojmë, hapim, vrasim
	2. Pl	të+IV	të / punoni, hapni, vritni (vrisni)
	3. Pl	të+III, m>n	të / punojnë, hapin, vrasin
Imperfekt	1. Sg	të+VII	të / punoja, hapja, vritja (vrisja)
	2. Sg	të+VII, a>e	të / punoje, hapje, vritje (vrisje)
	3. Sg	të+VIII	të / punonte, hapte, vriste (vritte)
	1. Pl	të+IX	të / punonim, hapnim, vritnim (vrisnim)
	2. Pl	të+IX, m>t	të / punonit, hapnit, vritnit (vrisnit)
	3. Pl	të+IX, m>n	të / punonin, hapnin, vritnin (vrisnin)
Perfekt	1. Sg	të kem+XIX	të kem / punuar, hapur, vrarë
	2. Sg	të kesh+XIX	të kesh / punuar, hapur, vrarë
	3. Sg	të ketë+XIX	të ketë / punuar, hapur, vrarë
	1. Pl	të kemi+XIX	të kemi / punuar, hapur, vrarë
	2. Pl	të keni+XIX	të keni / punuar, hapur, vrarë
	3. Pl	të kenë+XIX	të kenë / punuar, hapur, vrarë
Plusquamperfekt	1. Sg	të kisha+XIX	të kisha / punuar, hapur, vrarë
	2. Sg	të kishe+XIX	të kishe / punuar, hapur, vrarë
	3. Sg	të kishte+XIX (kish)	të kishte / punuar, hapur, vrarë (kish)
	1. Pl	të kishim+XIX	të kishim / punuar, hapur, vrarë
	2. Pl	të kishit+XIX	të kishit / punuar, hapur, vrarë
	3. Pl	të kishin+XIX	të kishin / punuar, hapur, vrarë

		Jussiv	Typ 1, Typ 14, Typ 30
Präsens	1. Sg	le të+II	le të / punoj, hap, vras
	2. Sg	le të+V	le të / punosh, hapësh, vrasësh
	3. Sg	le të+VI	le të / punojë, hapë, vrasë
	1. Pl	le të+III	le të / punojmë, hapim, vrasim
	2. Pl	le të+IV	le të / punoni, hapni, vritni (vrisni)
	3. Pl	le të+III, m>n	le të / punojnë, hapin, vrasin

Konjunktiv	Typ 1, Typ 14, Typ 30
të+X, t>m	të / punohem, hapem, vritem
të+X, t>sh	të / punohesh, hapesh, vritesh
të+X	të / punohet, hapet, vritet
të+X, t>mi	të / punohemi, hapemi, vritemi
të+X, t>ni	të / punoheni, hapeni, vriteni
të+X, t>n	të / punohen, hapen, vriten
të+X, t>sha	të / punohesha, hapesha, vritesha
të+X, t>she	të / punoheshe, hapeshe, vriteshe
të+X, t>j (t>sh)	të / punohej, hapej, vritej (punohesh), (hapesh), (vritesh)
të+X, t>shim	të / punoheshim, hapeshim, vriteshim
të+X, t>shit	të / punoheshit, hapeshit, vriteshit
të+X, t>shin	të / punoheshin, hapeshin, vriteshin
të jem+XIX	të jem / punuar, hapur, vrarë
të jesh+XIX	të jesh / punuar, hapur, vrarë
të jetë+XIX	të jetë / punuar, hapur, vrarë
të jemi+XIX	të jemi / punuar, hapur, vrarë
të jeni+XIX	të jeni / punuar, hapur, vrarë
të jenë+XIX	të jenë / punuar, hapur, vrarë
të isha+XIX	të isha / punuar, hapur, vrarë
të ishe+XIX	të ishe / punuar, hapur, vrarë
të ishte+XIX (ish)	të ishte / punuar, hapur, vrarë (ish)
të ishim+XIX	të ishim / punuar, hapur, vrarë
të ishit+XIX	të ishit / punuar, hapur, vrarë
të ishin+XIX	të ishin / punuar, hapur, vrarë

Jussiv	Typ 1, Typ 14, Typ 30
le të+X, t>m	le të / punohem, hapem, vritem
le të+X, t>sh	le të / punohesh, hapesh, vritesh
le të+X	le të / punohet, hapet, vritet
le të+X, t>mi	le të / punohemi, hapemi, vritemi
le të+X, t>ni	le të / punoheni, hapeni, vriteni
le të+X, t>n	le të / punohen, hapen, vriten

Tabelle b 734

		Jussiv	Typ 1, Typ 14, Typ 30
Imperfekt	1. Sg	le të+VII	le të / punoja, hapja, vritja (vrisja)
	2. Sg	le të+VII, a>e	le të / punoje, hapje, vritje (vrisje)
	3. Sg	le të+VIII	le të / punonte, hapte, vriste (vritte)
	1. Pl	le të+IX	le të / punonim, hapnim, vritnim (vrisnim)
	2. Pl	le të+IX, m>t	le të / punonit, hapnit, vritnit (vrisnit)
	3. Pl	le të+IX, m>n	le të / punonin, hapnin, vritnin (vrisnin)
Perfekt	1. Sg	le të kem+XIX	le të kem / punuar, hapur, vrarë
	2. Sg	le të kesh+XIX	le të kesh / punuar, hapur, vrarë
	3. Sg	le të ketë+XIX	le të ketë / punuar, hapur, vrarë
	1. Pl	le të kemi+XIX	le të kemi / punuar, hapur, vrarë
	2. Pl	le të keni+XIX	le të keni / punuar, hapur, vrarë
	3. Pl	le të kenë+XIX	le të kenë / punuar, hapur, vrarë
Plusquamperfekt	1. Sg	le të kisha+XIX	le të kisha / punuar, hapur, vrarë
	2. Sg	le të kishe+XIX	le të kishe / punuar, hapur, vrarë
	3. Sg	le të kishte+XIX (kish)	le të kishte / punuar, hapur, vrarë (kish)
	1. Pl	le të kishim+XIX	le të kishim / punuar, hapur, vrarë
	2. Pl	le të kishit+XIX	le të kishit / punuar, hapur, vrarë
	3. Pl	le të kishin+XIX	le të kishin / punuar, hapur, vrarë

		Optativ	Typ 1, Typ 14, Typ 30
Präsens	1. Sg	XVI+-a	punofsha, hapsha, vrafsha
	2. Sg	XVI	punofsh, hapsh, vrafsh
	3. Sg	XVII	punoftë, haptë, vraftë
	1. Pl	XVI+-im	punofshim, hapshim, vrafshim
	2. Pl	XVI+-i	punofshi, hapshi, vrafshi
	3. Pl	XVI+-in	punofshin, hapshin, vrafshin
Perfekt	1. Sg	paça+XIX	paça / punuar, hapur, vrarë
	2. Sg	paç+XIX	paç / punuar, hapur, vrarë
	3. Sg	pastë+XIX	pastë / punuar, hapur, vrarë
	1. Pl	paçim+XIX	paçim / punuar, hapur, vrarë
	2. Pl	paçi+XIX	paçi / punuar, hapur, vrarë
	3. Pl	paçin+XIX	paçin / punuar, hapur, vrarë

		Imperativ	Typ 1, Typ 14, Typ 30
	2. Sg	XI	puno, hap, vrit (vra)
	2. Pl	IV (vgl. aber die Typen 29, 42, 52)	punoni, hapni, vritni (vrisni)

Jussiv	Typ 1, Typ 14, Typ 30
le të+X, t>sha	le të / punohesha, hapesha, vritesha
le të+X, t>she	le të / puno heshe, hapeshe, vriteshe
le të+X, t>j (t>sh)	le të / punohej, hapej, vritej (punohesh), (hapesh), (vritesh)
le të+X, t>shim	le të / punoheshim, hapeshim, vriteshim
le të+X, t>shit	le të / punoheshit, hapeshit, vriteshit
le të+X, t>shin	le të / punoheshin, hapeshin, vriteshin
le të jem+XIX	le të jem / punuar, hapur, vrarë
le të jesh+XIX	le të jesh / punuar, hapur, vrarë
le të jetë+XIX	le të jetë / punuar, hapur, vrarë
le të jemi+XIX	le të jemi / punuar, hapur, vrarë
le të jeni+XIX	le të jeni / punuar, hapur, vrarë
le të jenë+XIX	le të jenë / punuar, hapur, vrarë
le të isha+XIX	le të isha / punuar, hapur, vrarë
le të ishe+XIX	le të ishe / punuar, hapur, vrarë
le të ishte+XIX (ish)	le të ishte / punuar, hapur, vrarë (ish)
le të ishim+XIX	le të ishim / punuar, hapur, vrarë
le të ishit+XIX	le të ishit / punuar, hapur, vrarë
le të ishin+XIX	le të ishin / punuar, hapur, vrarë

Optativ	Typ 1, Typ 14, Typ 30
u+XVI+-a	u / punofsha, hapsha, vrafsha
u+XVI	u / punofsh, hapsh, vrafsh
u+XVII	u / punoftë, haptë, vraftë
u+XVI+-im	u / punofshim, hapshim, vrafshim
u+XVI+-i	u / punofshi, hapshi, vrafshi
u+XVI+-in	u / punofshin, hapshin, vrafshin
qofsha+XIX	qofsha / punuar, hapur, vrarë
qofsh+XIX	qofsh / punuar, hapur, vrarë
qoftë+XIX	qoftë / punuar, hapur, vrarë
qofshim+XIX	qofshim / punuar, hapur, vrarë
qofshi+XIX	qofshi / punuar, hapur, vrarë
qofshin+XIX	qofshin / punuar, hapur, vrarë

Imperativ	Typ 1, Typ 14, Typ 30
X, dabei et>u	punohu, hapu, vritu
X, dabei et>uni	punohuni, hapuni, vrituni

Tabelle b 736

Admirativische Aktivformen

		Indikativ	Typ 1, Typ 14, Typ 30
Präsens	1. Sg	XVIII	punuakam [1], hapkam, vrakam
	2. Sg	XVIII, kam>ke	punuake, hapke, vrake
	3. Sg	XVIII, kam>ka	punuaka, hapka, vraka
	1. Pl	XVIII, kam>kemi	punuakemi, hapkemi, vrakemi
	2. Pl	XVIII, kam>keni	punuakeni, hapkeni, vrakeni
	3. Pl	XVIII, kam>kan	punuakan, hapkan, vrakan
Imperfekt	1. Sg	XVIII, kam>kësha	punuakësha [1], hapkësha, vrakësha
	2. Sg	XVIII, kam>këshe	punuakëshe, hapkëshe, vrakëshe
	3. Sg	XVIII, kam>kësh (kej)	punuakej, hapkej, vrakej (punuakësh), (hapkësh), (vrakësh)*
	1. Pl	XVIII, kam>këshim	punuakëshim, hapkëshim, vrakëshim
	2. Pl	XVIII, kam>këshit	punuakëshit, hapkëshit, vrakëshit
	3. Pl	XVIII, kam>këshin	punuakëshin, hapkëshin, vrakëshin
Perfekt	1. Sg	paskam+XIX	paskam / punuar, hapur, vrarë
	2. Sg	paske+XIX	paske / punuar, hapur, vrarë
	3. Sg	paska+XIX	paska / punuar, hapur, vrarë
	1. Pl	paskemi+XIX	paskemi / punuar, hapur, vrarë
	2. Pl	paskeni+XIX	paskeni / punuar, hapur, vrarë
	3. Pl	paskan+XIX	paskan / punuar, hapur, vrarë
Plusquamperfekt	1. Sg	paskësha+XIX	paskësha / punuar, hapur, vrarë
	2. Sg	paskëshe+XIX	paskëshe / punuar, hapur, vrarë
	3. Sg	paskësh+XIX (paskej)	paskësh / punuar, hapur, vrarë (paskej)
	1. Pl	paskëshim+XIX	paskëshim / punuar, hapur, vrarë
	2. Pl	paskëshit+XIX	paskëshit / punuar, hapur, vrarë
	3. Pl	paskëshin+XIX	paskëshin / punuar, hapur, vrarë

Gelegentlich vorkommende Futurformen des Admirativs werden wie die entsprechenden nichtfuturischen Tempusformen mit den vorangestellten Partikeln do + të gebildet.

		Konjunktiv	Typ 1, Typ 14, Typ 30
Imperfekt	1. Sg	të+XVIII, kam>kësha	të / punuakësha [1], hapkësha, vrakësha
	2. Sg	të+XVIII, kam>këshe	të / punuakëshe, hapkëshe, vrakëshe
	3. Sg	të+XVIII, kam>kej (kësh)*	të / punuakej, hapkej, vrakej (punuakësh), (hapkësh), (vrakësh)*
	1. Pl	të+XVIII, kam>këshim	të / punuakëshim, hapkëshim, vrakëshim
	2. Pl	të+XVIII, kam>këshit	të / punuakëshit, hapkëshit, vrakëshit
	3. Pl	të+XVIII, kam>këshin	të / punuakëshin, hapkëshin, vrakëshin

Tabelle b

Admirativische Passivformen

Indikativ	Typ 1, Typ 14, Typ 30
u+XVIII	u / punuakam [1], hapkam, vrakam
u+XVIII, kam>ke	u / punuake, hapke, vrake
u+XVIII, kam>ka	u / punuaka, hapka, vraka
u+XVIII, kam>kemi	u / punuakemi, hapkemi, vrakemi
u+XVIII, kam>keni	u / punuakeni, hapkeni, vrakeni
u+XVIII, kam>kan	u / punuakan, hapkan, vrakan
u+XVIII, kam>këshа	u / punuakësha [1], hapkësha, vrakësha
u+XVIII kam>këshe	u / punuakëshe, hapkëshe, vrakëshe
u+XVIII kam>kësh (kej)	u / punuakej, hapkej, vrakej (punuakësh), (hapkësh), (vrakësh)*
u+XVIII, kam>këshim	u / punuakëshim, hapkëshim, vrakëshim
u+XVIII, kam>këshit	u / punuakëshit, hapkëshit, vrakëshit
u+XVIII, kam>këshin	u / punuakëshin, hapkëshin, vrakëshin
qenkam [2]+XIX	qenkam [2] / punuar, hapur, vrarë
qenke+XIX	qenke / punuar, hapur, vrarë
qenka+XIX	qenka / punuar, hapur, vrarë
qenkemi+XIX	qenkemi / punuar, hapur, vrarë
qenkeni+XIX	qenkeni / punuar, hapur, vrarë
qenkan+XIX	qenkan / punuar, hapur, vrarë
qenkësha [2]+XIX	qenkësha [2] / punuar, hapur, vrarë
qenkëshe+XIX	qenkëshe / punuar, hapur, vrarë
qenkësh+XIX (qenkej)	qenkësh / punuar, hapur, vrarë (qenkej)
qenkëshim+XIX	qenkëshim / punuar, hapur, vrarë
qenkëshit+XIX	qenkëshit / punuar, hapur, vrarë
qenkëshin+XIX	qenkëshin / punuar, hapur, vrarë

Konjunktiv	Typ 1, Typ 14, Typ 30
t'u+XVIII, kam>këshа	t'u / punuakësha [1], hapkësha, vrakësha
t'u+XVIII, kam>këshe	t'u / punuakëshe, hapkëshe, vrakëshe
t'u+XVIII, kam>kej (kësh)*	t'u / punuakej, hapkel, vrakej (punuakësh), hapkësh), (vrakësh)*
t'u+XVIII, kam>këshim	t'u / punuakëshim, hapkëshim, vrakëshim
t'u+XVIII, kam>këshit	t'u / punuakëshit, hapkëshit, vrakëshit
t'u+XVIII, kam>këshin	t'u / punuakëshin, hapkëshin, vrakëshin

[1] Statt punuak- ist in allen Fällen auch punok- möglich (nicht normgerecht).
[2] Vgl. S. 725, Anm. 1.

	Konjunktiv		Typ 1, Typ 14, Typ 30
Plusquamperfekt	1. Sg	të+paskësha+XIX	të paskësha / punuar, hapur, vrarë
	2. Sg	të+paskëshe+XIX	të paskëshe / punuar, hapur, vrarë
	3. Sg	të paskej+XIX (paskësh)	të paskej / punuar, hapur, vrarë (paskësh)
	1. Pl	të+paskëshim+XIX	të paskëshim / punuar, hapur, vrarë
	2. Pl	të+paskëshit+XIX	të paskëshit / punuar, hapur, vrarë
	3. Pl	të+paskëshin+XIX	të paskëshin / punuar, hapur, vrarë

Gelegentlich vorkommende Präs.- bzw. Perf.-Formen des Adm. Konj. werden wie die entsprechenden Adm.-Indikativ-Formen mit einem zusätzlich vorangestellten të gebildet.

Infinite Formen

Aktivformen

Partizip (ein nichtpassivisches Part. kommt in der Regel nur bei intransitiven Verben vor (=XIX), z.B. shkuar « gegangen ».

Privativ / Präsens
pa+XIX   pa / punuar, hapur, vrarë

Privativ / Perfekt
pa+pasë+XIX   pa pasë / punuar, hapur, vrarë

Gerundium / Präsens
duke+XIX   duke / punuar, hapur, vrarë

Gerundium / Perfekt
duke+pasë+XIX   duke pasë / punuar, hapur, vrarë

« Infinitiv » Präsens
për të+XIX   për të / punuar, hapur, vrarë

« Infinitiv » Perfekt
për të pasë+XIX   për të pasë / punuar, hapur, vrarë

Absolutiv
me të+XIX   me të / punuar, hapur, vrarë

---

[1] Vgl. S. 725, Anm. 1

Konjunktiv	Typ 1, Typ 14, Typ 30
të+qenkësha[1]+XIX	të qenkësha[1] / punuar, hapur, vrarë
të+qenkëshe+XIX	të qenkëshe / punuar, hapur, vrarë
të+qenkej+XIX	të qenkej / punuar, hapur, vrarë
(qenkësh)	(qenkësh)
të+qenkëshim+XIX	të qenkëshim / punuar, hapur, vrarë
të+qenkëshit+XIX	të qenkëshit / punuar, hapur, vrarë
të+qenkëshin+XIX	të qenkëshin / punuar, hapur, vrarë

Passivformen

Partizip
XIX

punuar, hapur, vrarë

Privativ / Präsens
pa u+XIX
(alt auch pa+XIX)

pa u / punuar, hapur, vrarë
(pa)

Privativ / Perfekt
pa qenë[1]+XIX

pa qenë[1] / punuar, hapur, vrarë

Gerundium / Präsens
duke u+XIX
(alt auch duke+XIX)

duke u / punuar, hapur, vrarë
(duke)

Gerundium / Perfekt
duke qenë+XIX

duke qenë / punuar, hapur, vrarë

«Infinitiv» Präsens
për t'u+XIX

për t'u / punuar, hapur, vrarë

«Infinitiv» Perfekt
për të qenë+XIX

për të qenë / punuar, hapur, vrarë

Absolutiv
me t'u+XIX

me t'u / punuar, hapur, vrarë

Albanische Grammatik – umfassend und übersichtlich

Albanische Grammatik

Von O. Buchholz und W. Fiedler

582 Seiten, Format: 165 x 240 mm, gebunden

Erstmals wird hier die albanische Schriftsprache seit ihrer Vereinheitlichung und Normierung von 1972 in einer umfangreichen Grammatik systematisch beschrieben.

Besonders ausführlich wird die Morphologie behandelt, da es dem Lernenden erfahrungsgemäß schwerfällt, die zahlreichen Formen des Substantivs, Verbs oder Pronomens richtig zu erfassen.

Langenscheidt
Verlag Enzyklopädie